Das neue Friseurbuch

in Lernfeldern

Herausgeberin:
Britta Kleemiß

Autoren:
Ivonne Albinus
Silke Dreher
Hannelore Helbing
Britta Kleemiß
Karsten Meier
Inka Schweers
Iris Tully
Dieter Zack

3., überarbeitete Auflage

Handwerk und Technik
Hamburg

Autoren
Ivonne Albinus, Friseurin, Studienrätin, Rotenburg (Wümme)
Silke Dreher, Friseurin, Studienrätin, Hamburg
Hannelore Helbing, Friseurin, Diplom-Kosmetikerin, Modedesignerin (grad.), Studienrätin, Hamburg
Britta Kleemiß, Friseurin und Studienrätin, Glückstadt
Karsten Meier, Friseurmeister, Betriebswirt des Handwerks, EFQM-Assessor, Lehrer für Fachpraxis, Cadenberge
Inka Schweers, Friseurin, Studiendirektorin, Telgte
Iris Tully, Friseurin und Diplom-Kosmetologielehrerin, Studienrätin, Stuttgart
Dieter Zack, Friseur, Oberstudienrat, Hamburg

Unter Mitarbeit von
Margot Teufel, wissenschaftliche Lehrerin, Studiendirektorin, Sindelfingen

Für ihre Unterstützung bei der Erarbeitung dieses Buches danken wir ganz herzlich:
Berufliche Schule Burgstraße, Hamburg
Berufliche Schule, Elmshorn
Brühl Friseure, Rellingen
Haarstudio Manuel, Elmshorn
Overmann Frisuren, Rellingen
Steffi's Haarmonie, Moorrege
Oliver Schumacher, M.A., Erfolgstrainer für Beauty- und Lifestyle-Unternehmen, www.oliver-schumacher.de
Hamburger Friseurbedarf Willy Stopperka GmbH, Hamburg
Katherine Frances Williamson, Devon, England

Einige Begrifflichkeiten und Inhalte zum Thema Farbtypen/Farbberatung (Lernfelder 8 und 11) beruhen auf den Erkenntnissen von Beatrix Isabel Lied (www.beautyislife.de). Wir bedanken uns für die Erlaubnis, diese einfließen lassen zu dürfen.

Herrn Hans Schoeneberg danken wir für jahrzehntelange hervorragende Autoren- und Herausgebertätigkeit – und dafür, dass er dieses Buch mit auf den Weg gebracht hat.

ISBN 978-3-582-0**3936**-1

Verlag Handwerk und Technik GmbH, Lademannbogen 135, 22339 Hamburg;
Postfach 63 05 00, 22331 Hamburg – 2015

Internet: www.handwerk-technik.de
E-Mail: info@handwerk-technik.de

Umschlagsmotiv: tiff.any GmbH, Berlin
Layout und Satz: tiff.any GmbH, Berlin
Druck und Verarbeitung: Offizin Andersen Nexö Leipzig GmbH, 04442 Zwenkau

Gesamteindruck

Stil: ☐ natürlicher Typ ☐ avantgardistischer Typ ☐ romantischer Typ
☐ sportlicher Typ ☐ maskuliner Typ ☐ Mischtyp: ______
☐ klassischer Typ ☐ femininer Typ ☐ Sonstiges: ______

Farbtyp: ☐ hell-warm (Frühlingstyp) ☐ hell-kalt (Sommertyp)
☐ dunkel-warm (Herbsttyp) ☐ dunkel-kalt (Wintertyp)
☐ Mischtyp: ______

Körpergröße: ______
Körperbau: ______
Körperproportionen: ______
Kopfform: ______

Gesichtsform: ☐ oval ☐ viereckig ☐ trapezförmig
☐ rund ☐ dreieckig ☐ lang

Besonderheiten: ☐ Brille ☐ Sonstiges: ______

Kopfhautgegebenheiten

Schuppenbildung: ☐ nein ☐ Schuppenflechte ☐ trockene Schuppen
☐ wenige ☐ größere fettige Schuppen
☐ viele ☐ kleinere fettig wirkende Schuppen

Talgverteilung im Haar:
Ansatz: ☐ normal ☐ trocken ☐ fettig
Längen: ☐ normal ☐ trocken ☐ fettig
Spitzen: ☐ normal ☐ trocken ☐ fettig

Talgproduktion: ☐ gering (Sebostase) ☐ normal
☐ stark, ölig (Seborrhö oleosa) ☐ stark, wachsartig (Seborrhö sicca)

Veränderungen: ☐ Wunden ☐ Schorf ☐ Narben ☐ Pigmentveränderungen
☐ Juckreiz ☐ Grützbeutel ☐ Talgzysten ☐ Haarbalgentzündungen
☐ Warzen ☐ Rötung ☐ Pusteln ☐ Pilzerkrankung
☐ Sonstiges: ______
Wo? ______

Haargegebenheiten

Konturenverlauf: Besonderheiten: ______
Haarwirbel: Besonderheiten: ______
Haarwuchsrichtung: Besonderheiten: ______
Haarwellung: ☐ glatt ☐ gewellt ☐ gelockt ☐ Besonderheiten: ______
Haarlänge: ☐ schulterlang ☐ über schulterlang: ______
☐ kinnlang ☐ kürzer als kinnlang: ______
Haarfülle: Haardichte: ☐ dicht ☐ normal ☐ licht
☐ Kahlstellen ☐ Besonderheiten: ______
Haarstärke: ☐ fein (0,03 – 0,05 mm) ☐ mittel (0,06 – 0,07 mm) ☐ stark (0,08 – 0,12 mm)
Haarquerschnitt: ☐ rund ☐ oval ☐ bandförmig
Haarstruktur: ☐ normal ☐ weich ☐ hart/glasig ☐ stumpf/matt/glanzlos ☐ porös
Sonstiges: ______
Haaranomalien: ______
Weißanteil: ☐ 0 % bis ☐ 30 % bis ☐ 50 % bis ☐ 70 % bis ☐ 100 %
Derzeitige Haarfarbe: ☐ Naturhaarfarbe ☐ farblich verändert, Produkt: ______
☐ ganzer Kopf ☐ Strähnen ☐ Sonstiges ______
Ansatz: Farbtiefe: ______ Farbrichtung: ______
Längen: Farbtiefe: ______ Farbrichtung: ______
Spitzen: Farbtiefe: ______ Farbrichtung: ______
weitere Farben: ______

Chemische Vorbehandlungen: ☐ Färbung ☐ Blondierung ☐ Intensivtönung ☐ dauerhafte Umformung

Bart: Bartwuchs: ☐ stark ☐ mittel ☐ schwach
☐ dicht ☐ gleichmäßig ☐ ungleichmäßig
Wuchsrichtung der Barthaare: ☐ normal ☐ Besonderheiten: ______
☐ Hautveränderungen im Bartbereich: ______ Sonstiges: ______

Vorwort

Das neue Friseurbuch in Lernfeldern richtet sich konsequent nach dem Rahmenlehrplan von 2008. Die Lernfelder bauen aufeinander auf. So kann die Reihenfolge, wie im Lehrplan gefordert, im Unterricht eingehalten werden. Bei der Umsetzung der Inhalte stehen die Kundinnen und Kunden und deren Beratung im Mittelpunkt. Zugleich wird das betriebswirtschaftliche Denken gefördert.

Besonderen Wert haben wir auf eine klare, einheitliche **Struktur** gelegt. Die Lernfelder 3 bis 11 mit den Kernthemen der Friseurausbildung sind alle in gleicher Weise aufgebaut:

1 **Individuelle Kundengegebenheiten**
2 **Basiswissen**
3 **Arbeitsmittel, Präparate, Arbeitstechniken**
4 **Durchführung**
5 **Sonderfälle**
6 **Besonderheiten in der Kundenberatung**

Jedes Lernfeld hat eine **berufliche Handlung** zum Thema. Diese ist jeweils auf einer Einstiegsseite in sechs Schritten textlich und bildlich dargestellt. Lehrkräfte und Auszubildende werden dadurch mit dem Prinzip der vollständigen Handlung vertraut gemacht:

Informieren → Planen → Entscheiden → Ausführen → Kontrollieren → Bewerten

Methodisch-didaktische Ziele des **neuen Friseurbuchs in Lernfeldern**:

- Die Darstellung der **„beruflichen Handlung“** ermöglicht den Einstieg in das Lernfeld und fördert den handlungsorientierten Unterricht.
- Jedes Kapitel beginnt mit einer **Einstiegssituation**, die die Bedeutung des folgenden Fachwissens für die tägliche Berufspraxis aufzeigt.
- Das Fachwissen ist praxisnah und verständlich dargestellt. Der Text wird unterstützt durch **Fotos** sowie klare und anschauliche **Zeichnungen**, besonders zu den komplexen chemischen Sachverhalten sowie zur Frisurengestaltung.
- **Praxistipps** stellen den Bezug zum beruflichen Alltag her.
- **Aufgaben** in den einzelnen Kapiteln ermöglichen die Überprüfung des Lernerfolgs und die Vertiefung des Gelernten.
- **Fachrechenaufgaben** und **komplexe Aufgaben** am Lernfeldende unterstützen den ganzheitlichen Unterricht. Die Aufgaben werden zum Ende des Buches umfassender – den Fähigkeiten der Auszubildenden entsprechend.
- Durch die zahlreichen verschiedenartigen Aufgaben ist das Buch für den Lernfeldunterricht in **Theorie und Praxis** besonders geeignet.
- **Englischseiten zum Lernfeld** fördern durch entsprechende Aufgabenstellungen die Kompetenz der Auszubildenden im englischsprachigen Beratungsgespräch.

Da den Friseurberuf zu 90 % Frauen erlernen und Frauen auch den Großteil der Kundschaft eines Friseurbetriebs ausmachen, wird im Buch in beiden Fällen meist die weibliche Form verwendet. Die Ausführungen gelten aber ebenso für männliche Auszubildende bzw. männliche Kunden.

Autoren und Verlag

Inhaltsverzeichnis

Lernfeld 1 In Ausbildung und Beruf orientieren 12

1 Arbeitsplatz Friseursalon 14
1.1 Unternehmensform, Standort und Zielgruppe des Salons 14
1.2 Produkt- und Dienstleistungsangebot 15
1.3 Funktion, Ausstattung und Nutzung der Betriebsräume 16
1.4 Ihre Rolle im Team 18
1.4.1 Anforderungen im Beruf 18
1.4.2 Mobbing 19
1.5 Umweltschonendes Arbeiten im Friseursalon 20
1.5.1 Umweltbewusster Einkauf und Abfallentsorgung 20
1.5.2 Energie- und Wassereinsparung 21

2 Der Friseurberuf früher und heute 22
2.1 Berufsgeschichte 22
2.2 Gesetzliche und vertragliche Regelungen der Ausbildung 23
2.2.1 Ausbildungsordnung im Friseurhandwerk 23
2.2.2 Berufsausbildungs-, Arbeits- und Tarifverträge 25
2.2.3 Weitere wichtige rechtliche Regelungen 28
2.3 Interessenvertretung im Handwerk 28
2.4 Aus-, Fort- und Weiterbildungsmöglichkeiten 29

3 Gesundheitsschutz für Sie und Ihre Kundinnen 32
3.1 Rechtliche Regelungen und Berufsgenossenschaft 32
3.2 Hautschutz 34
3.2.1 Hauterkrankungen 34
3.2.2 Hautschutzmaßnahmen 37
3.3 Schutz der Atemwege 40
3.4 Ergonomisches Arbeiten 40
3.4.1 Schutz vor Gefäßerkrankungen – Krampfadern 40
3.4.2 Kleine Rückenschule 41
3.4.3 Fußgesundheit 42
3.5 Hygiene 43
3.5.1 Bereiche der Hygiene 44
3.5.2 Krankheitserreger 45
3.5.3 Ansteckungswege 46
3.5.4 Desinfektion und Reinigung 47
3.6 Unfallvermeidung und Erste Hilfe 48

Rechenaufgaben 50
Komplexe Aufgabe 50
English 51

Lernfeld 2 Kundinnen empfangen und betreuen 52

1 Kundinnen empfangen 54
1.1 Begrüßung – der erste Eindruck zählt 54
1.2 Wie wirke ich auf die Kundin? 55
1.2.1 Mein Erscheinungsbild 55
1.2.2 Mein Verhalten – Umgangsformen 55
1.2.3 Körpersprache 56
1.2.4 Spiegeln des Gegenübers 57
1.2.5 Selbstbild – Fremdbild 57
1.3 Wie wirkt die Kundin auf mich? – Kundentypen 58
1.4 Nähe und Distanz 60

2 Salonabläufe organisieren 61
2.1 Terminplanung 61
2.2 Erfassen von Kundendaten 62

3 Mit Kundinnen telefonieren 63

4 Serviceleistungen – Wartezeiten überbrücken 64
4.1 Kundenbindung durch Service 64
4.2 Small Talk 65

5 Kundenwünsche ermitteln 66
5.1 Gespräch zur Kundenwunschermittlung 66
5.1.1 Die vier Seiten einer Nachricht 66
5.1.2 Kommunikationsstörungen 67
5.1.3 Fragetechniken 68
5.1.4 Aktives Zuhören 69
5.2 Kaufmotive 70

6 Beschwerden entgegennehmen 71

7 Kundinnen verabschieden 72
Komplexe Aufgaben 73
English 74

Lernfeld 3 Haare und Kopfhaut pflegen 76

1 Individuelle Kundengegebenheiten 78
1.1 Kundenerwartungen und Kundenwünsche 78
1.2 Haarreinigungs- und Haarpflegegewohnheiten 78
1.3 Das Haar 79
1.3.1 Haarschaft und Haarfollikel 79
1.3.2 Schichten des Haares 80
1.3.3 Eigenschaften des Haares 81
1.3.4 Menschliche Haartypen 82
1.3.5 Veränderungen des Haares 83
1.4 Die (Kopf-)Haut 84
1.4.1 Aufbau der Haut 85
1.4.2 Drüsen der Haut 87
1.4.3 Schutzfunktionen der Haut 88
1.4.4 Hautsekretionstyp und Zustand der Kopfhaut 89
1.4.5 Hautveränderungen 91
1.4.6 Infektiöse pilzbedingte Kopfhauterkrankungen 93
1.4.7 Kopfläuse (Pediculi capitis) 93
1.5 Haar- und Kopfhautbeurteilung 94

2 Basiswissen Haar- und Kopfhautpflege 97
2.1 Wasser 97
2.2 Tenside und ihre Reinigungswirkung 98
2.3 Emulsionen und Lösungen 100

3 Arbeitsmittel und Präparate 101
3.1 Arbeitsmittel 101
3.2 Reinigungspräparate für Haar und Kopfhaut 101
3.2.1 Shampoo – Inhaltsstoffe und Wirkungsweise 101
3.2.2 Shampooarten 102
3.2.3 Besondere Reinigungspräparate 103
3.3 Pflegepräparate für Haar und Kopfhaut 104
3.3.1 Inhaltsstoffe und Wirkungsweise 104
3.3.2 Rinse-out-Präparate: Spülungen, Kuren, Packungen 106
3.3.3 Leave-in-Präparate: Schäume, Öle, Sprays 106
3.3.4 Haar- und Kopfhautwässer 107
3.4 Nomenklatur der Inhaltsstoffe – INCI 107

4 Durchführung der Reinigungs- und Pflegemaßnahmen 109
4.1 Vorbereitende Tätigkeiten 109
4.1.1 Auswahl der Präparate und Arbeitstechniken 109
4.1.2 Gesundheits- und Umweltschutz 110
4.1.3 Vorbereiten des Arbeitsplatzes 111
4.1.4 Vorbereiten der Kundin 111
4.2 Haarreinigung 112
4.3 Kopfmassage 113
4.4 Pflegemaßnahmen für Haar und Kopfhaut 114

5 Sonderfall der Haar-und Kopfhautpflege: Haarersatz 115
5.1 Haararten in Haarersatz 115
5.2 Reinigung und Pflege von Haarersatz 116

6 Besonderheiten in der Kundenberatung 117
6.1 Gesprächsführungstechniken 117
6.1.1 Phasen des Beratungs- und Verkaufsgesprächs 117
6.1.2 Das Preisgespräch 119
6.1.3 Überzeugen, nicht überreden 119
6.1.4 Kundengerecht Einwänden begegnen 120
6.2 Kritischer Umgang mit Werbeaussagen 121
6.3 Kundenkartei 122
Rechenaufgaben 123
Komplexe Aufgaben 124
English 125

Lernfeld 4 Frisuren empfehlen 126

1 Individuelle Kundengegebenheiten 128
1.1 Frisurenwunsch 128
1.2 Frisiergewohnheiten 128
1.3 Gesamteindruck 129
1.3.1 Erscheinungsbild, Stil 129
1.3.2 Körperproportionen und Körperbau 131
1.4 Kopfform 132
1.5 Gesichtsform 132
1.6 Haar- und Kopfhautgegebenheiten 134
1.6.1 Konturenverlauf 134
1.6.2 Haarwirbel und Haarwuchsrichtung 134
1.6.3 Haarwellung 135
1.6.4 Haarqualität 135
1.6.5 Haarfülle und Haardichte 135
1.6.6 Gegebenheiten der Kopfhaut 136

2 Basiswissen zur Frisurenempfehlung 137
2.1 Gestaltungsmerkmale von Frisuren 137
2.1.1 Einteilung des Kopfes 137
2.1.2 Frisurenform 138
2.1.3 Frisurenoberfläche 139
2.1.4 Frisurenelemente 140
2.2 Ausgleich und Betonung der individuellen Gegebenheiten 142
2.2.1 Ausgleich und Betonung von Körperproportionen 142
2.2.2 Ausgleich und Betonung von Kopf- und Gesichtsformen 143
2.3 Frisuren im Wandel der Zeit 146
2.3.1 Der Bob 146
2.3.2 Der Stufenhaarschnitt 148
2.3.3 Die Hochsteckfrisur 149

3 Arbeitsmittel 152
3.1 Sprache 152
3.2 Medien 153
3.2.1 Printmedien 153
3.2.2 PC-Programme für eine typgerechte Beratung 153

4 Durchführung einer Frisurenempfehlung . 154
4.1 Vorbereitende Tätigkeiten 154
4.1.1 Erstellen eines Beratungskonzepts 154
4.1.2 Vorbereiten des Arbeitsplatzes 155
4.2 Arbeitsablauf bei der Frisurenempfehlung 155
4.3 Fehler bei der Frisurenberatung und Vermeidungsmöglichkeiten 157

5 Sonderfälle der Frisurenempfehlung 158
5.1 Geringe Haarfülle 158
5.1.1 Ursachen 158
5.1.2 Gestaltungsmöglichkeiten 161
5.2 Bartgestaltung 162
Rechenaufgaben 164
Komplexe Aufgaben 164
English 165

Lernfeld 5 Haare schneiden 166

1 Individuelle Kundengegebenheiten 168
1.1 Kundenwunsch 168
1.2 Haar- und Kopfhautgegebenheiten 168
1.2.1 Konturenverlauf, Haarwirbel und Haarwuchsrichtung 168
1.2.2 Haarwellung 169
1.2.3 Haarqualität 169
1.2.4 Haarfülle 170
1.2.5 Gegebenheiten der Kopfhaut 170

2 Basiswissen zum Haareschneiden 171
2.1 Schematische Darstellung von Haarschnitten 171
2.2 Basisschnitte 172
2.2.1 Kompakte Form 172
2.2.2 Einheitlich gestufte Form 173
2.2.3 Ansteigend gestufte Form 173
2.2.4 Graduierte Form 174

3 Arbeitsmittel und Arbeitstechniken 175
3.1 Arbeitsmittel 175
3.1.1 Haarschneidegeräte 175
3.1.2 Weitere Werkzeuge und Hilfsmittel 182
3.2 Sicheres Arbeiten mit Haarschneidegeräten 185
3.2.1 Hygienische und gesundheitliche Aspekte . 185
3.2.2 Erste Hilfe bei Schnittverletzungen 186
3.3 Arbeitstechniken 187
3.3.1 Schnittlinien – Fachbegriffe 187
3.3.2 Abteilen 187
3.3.3 Kämmwinkel und Kämmrichtung 188
3.3.4 Fingerhaltung 189
3.3.5 Schneidetechniken 190
3.3.6 Schneiden von Übergängen 191
3.3.7 Objektverschiebung 192

4 Durchführung eines Haarschnitts 193
4.1 Vorbereitende Tätigkeiten 193
4.1.1 Auswahl des Haarschnitts und der Schneidetechnik 193
4.1.2 Gesundheitsschutz 195
4.1.3 Vorbereiten des Arbeitsplatzes 195
4.1.4 Vorbereiten der Kundin 195
4.2 Arbeitsweise beim Schneiden 196
4.3 Kontrolle des Haarschnitts und Fehlerkorrektur 197

5 Sonderfälle des Haareschneidens 199
5.1 Schneiden von Haarersatz und Perücken .. 199
5.2 Bartformung und Rasur 199
5.2.1 Individuelle Kundengegebenheiten 199
5.2.2 Rasierwerkzeuge und Rasierpräparate 199
5.2.3 Durchführen der Rasur 200
5.2.4 Übergang Frisur – Bart 201
Rechenaufgaben 202
Komplexe Aufgaben 204
English 205

Lernfeld 6 Frisuren erstellen 206

Möglichkeiten der Haarumformung 208

1 Individuelle Kundengegebenheiten 209
1.1 Kundenwunsch 209
1.2 Frisiergewohnheiten 209
1.3 Haar- und Kopfhautgegebenheiten 209
1.3.1 Haarlänge, Haarstärke, Haarquerschnitt 209
1.3.2 Haarwuchsrichtung, Wirbel 209
1.3.3 Haarwellung 209
1.3.4 Haarstruktur 210
1.3.5 Gegebenheiten der Kopfhaut 210
1.4 Weitere beeinflussende Gegebenheiten ... 210

2 Basiswissen zur Frisurenerstellung 211
2.1 Eigenschaften und Aufbau des Haares 211
2.2 Vorgänge im Haar bei der nicht dauerhaften Umformung 212
2.3 Historische Frisiertechniken 213

3 Arbeitsmittel, Arbeitstechniken und Präparate 216
3.1 Arbeitsmittel 216
3.1.1 Werkzeuge 216
3.1.2 Hilfsmittel 218
3.1.3 Wärmegeräte zum Trocknen 219
3.1.4 Wärmegeräte zum Trocknen und Formen ... 220
3.1.5 Sicheres Arbeiten mit elektrischen Geräten . 222
3.2 Arbeitstechniken 223
3.2.1 Allgemeine Regeln 223
3.2.2 Einlegetechniken 224
3.2.3 Föhntechniken 226
3.2.4 Umformungstechniken bei trockenem Haar 227
3.2.5 Finishtechniken 228
3.3 Präparate 230

4 Durchführung einer Frisurenerstellung 232
4.1 Vorbereitende Tätigkeiten 232
4.1.1 Auswahl der Arbeitsmittel, Arbeitstechniken und Präparate 232
4.1.2 Gesundheits- und Umweltschutz 233
4.1.3 Vorbereiten des Arbeitsplatzes 233
4.1.4 Vorbereiten der Kundin 233
4.2 Erstellen einer Föhnfrisur 234
4.3 Kontrolle der Frisur und Fehlerkorrektur ... 234

5 Besonderheiten in der Kundenberatung ... 235
5.1 Tipps für das Frisieren zu Hause 235
5.2 Dokumentation 236
Rechenaufgaben 237
Komplexe Aufgaben 238
English 239

Lernfeld 7 Haare dauerhaft umformen 240

1 Individuelle Kundengegebenheiten 242
1.1 Kundenwunsch 242
1.2 Frisiergewohnheiten 243
1.3 Haar- und Kopfhautgegebenheiten 243
1.3.1 Haarlänge – Kapillarität 243
1.3.2 Haarstärke 244
1.3.3 Haarquerschnitt 244
1.3.4 Haarwuchsrichtung, Wirbel 245
1.3.5 Haarstruktur – Saugfähigkeit 245
1.3.6 Vorbehandlungen 246
1.3.7 Gegebenheiten der Kopfhaut 247
1.4 Weitere beeinflussende Gegebenheiten ... 247

2 Basiswissen zur dauerhaften Haarumformung 248
2.1 Feinbau des Haares 248
2.2 Vorgänge im Haar bei der dauerhaften Haarumformung 248
2.2.1 „Öffnen" und „Schließen" des Haares durch Alkalien und Säuren 249
2.2.2 Lösen und Festigen der Form durch Reduktion und Oxidation 250
2.3 Geschichte der dauerhaften Haarumformung 253

3 Arbeitsmittel, Wickeltechniken und Präparate 255
3.1 Arbeitsmittel 255
3.1.1 Hilfsmittel 255
3.1.2 Wickler 255
3.2 Wickeltechniken 256
3.2.1 Wickeltechniken für komplette Haarumformungen 256
3.2.2 Wickeltechniken für Teilumformungen 258
3.3 Präparate 259
3.3.1 Hauptwirkstoffe dauerhaft umformender Präparate 259
3.3.2 Wellpräparate 261
3.3.3 Fixierpräparate 262
3.3.4 Vorbehandlungspräparate 263
3.3.5 Zwischenbehandlungspräparate 263

4 Durchführung einer dauerhaften Haarumformung 263
4.1 Vorbereitende Tätigkeiten 263
4.1.1 Auswahl der Präparate und Arbeitstechniken 263
4.1.2 Gesundheits- und Umweltschutz 266
4.1.3 Vorbereiten des Arbeitsplatzes 266
4.1.4 Vorbereiten der Kundin 267

4.2 Wickeln ... 267
4.3 Wellvorgang und Probewickler ... 268
4.3.1 Auftragen des Wellpräparats ... 268
4.3.2 Einwirken des Wellpräparats, Probewickler ... 269
4.4 Ausspülen und Abtupfen ... 270
4.5 Fixieren ... 270
4.5.1 Auftragen des Fixierpräparats ... 270
4.5.2 Abwickeln und Nachfixieren ... 271
4.6 Nachbehandeln ... 271
4.7 Kontrolle der Umformung und Fehlerkorrektur ... 272

5 Sonderfall der dauerhaften Haarumformung: Haarglättung ... 273

6 Besonderheiten in der Kundenberatung ... 274
6.1 Dauerhafte Haarumformungen aktiv anbieten ... 274
6.2 Kundeneinwänden begegnen ... 274
6.3 Präparate und Pflegemaßnahmen empfehlen ... 275
6.4 Kassieren ... 276
6.5 Dokumentation ... 276
Rechenaufgaben ... 277
Komplexe Aufgaben ... 278
English ... 279

Lernfeld 8 Haare tönen 280

Einteilung der farbverändernden Präparate 282

1 Individuelle Kundengegebenheiten ... 283
1.1 Kundenwunsch ... 283
1.2 Haarfarbe ... 284
1.2.1 Entstehung von Farbe ... 284
1.2.2 Ordnungssystem der Farben – Farbkreis ... 286
1.2.3 Natürliche Haarfarbe ... 288
1.2.4 Weißanteil ... 290
1.2.5 Farblich vorbehandelte Haare ... 291
1.3 Haarqualität ... 292
1.3.1 Haarstärke ... 292
1.3.2 Haarstruktur ... 292
1.4 Farbtyp ... 293
1.4.1 Merkmale der Farbtypen ... 293
1.4.2 Farbtypbestimmung ... 294
1.5 Weitere beeinflussende Gegebenheiten ... 295

2 Basiswissen Farbauswahl ... 297
2.1 Ordnungssystem der künstlichen Haarfarben – Farbkarten ... 297
2.2 Farbwirkung ... 299
2.2.1 Helle und dunkle Farben ... 299
2.2.2 Warme und kalte Farben ... 299
2.2.3 Wirkung von Farben auf Gefühle und Gedanken ... 299
2.2.4 Zusammenwirken mehrerer Farben ... 300
2.3 Farbempfehlungen für die vier Farbtypen ... 301
2.4 Besonderheiten bei der Auswahl direktziehender Farben ... 302

3 Tönungen – Arbeitsmittel, Präparate und Durchführung ... 302
3.1 Arbeitsmittel für Tönungen ... 302
3.2 Tönungspräparate ... 303
3.2.1 Einsatzmöglichkeiten und Grenzen von Tönungspräparaten ... 303
3.2.2 Wirkungsweise von Tönungspräparaten ... 304
3.2.3 Tönungspräparate: Übersicht, Anwendung und Inhaltsstoffe ... 305
3.2.4 Spezielle Tönungspräparate ... 306
3.3 Durchführung einer Farbveränderung mit Tönungspräparaten ... 307
3.3.1 Vorbereitende Tätigkeiten ... 307
3.3.2 Arbeitstechniken und Arbeitsablauf bei der Tönung ... 308
3.3.3 Kontrolle des Tönungsergebnisses und Fehlerkorrektur ... 309

4 Pflanzenfarben – Arbeitsmittel, Präparate und Durchführung ... 310
4.1 Arbeitsmittel für Pflanzenfarben ... 310
4.2 Pflanzenfarben – Präparate ... 310
4.2.1 Einsatzmöglichkeiten und Grenzen von Pflanzenfarben ... 310
4.2.2 Übersicht über die Pflanzenfarben ... 311
4.2.3 Wirkungsweise von Pflanzenfarben ... 313
4.3 Durchführung einer Farbveränderung mit Pflanzenfarben ... 313
4.3.1 Vorbereitende Tätigkeiten ... 313
4.3.2 Arbeitstechnik und Arbeitsablauf bei der Pflanzenfärbung ... 314
4.3.3 Kontrolle des Farbergebnisses und Fehlerkorrektur ... 316

5 Besonderheiten in der Kundenberatung ... 316
5.1 Tönung oder Pflanzenfarbe – Entscheidungshilfen ... 316
5.2 Farbverlust und Farbpflege ... 317
5.2.1 Ursachen für Farbverlust ... 317
5.2.2 Pflegeempfehlungen ... 318
5.3 Kritischer Umgang mit Werbeaussagen ... 319
5.4 Dokumentation ... 320
Rechenaufgaben ... 321
Komplexe Aufgabe ... 322
English ... 323

Lernfeld 9 Haare färben und blondieren 324

1 Individuelle Kundengegebenheiten 326
1.1 Kundenwunsch 326
1.2 Haar- und Kopfhautgegebenheiten 327
1.2.1 Ausgangshaarfarbe 327
1.2.2 Haarstärke und Haarquerschnitt 330
1.2.3 Haarstruktur 330
1.2.4 Gegebenheiten der Kopfhaut 331
1.3 Weitere beeinflussende Gegebenheiten ... 331

2 Basiswissen zu Färben und Blondieren 332
2.1 Vorgänge im Haar beim Färben und Blondieren 332
2.1.1 Oxidative Bildung von Farbstoffen 332
2.1.2 Abbau von unerwünschten Pigmenten und Farbstoffen 332
2.2 Geschichte der farblichen Haarveränderungen 334
2.2.1 Wunsch: dunkel oder rötlich 334
2.2.2 Wunsch: blond 335
2.3 Gestaltungsmöglichkeiten mit Farbe 335
2.3.1 Farbkombinationen 336
2.3.2 Farbanordnungen 337
2.3.3 Farbempfehlungen für die unterschiedlichen Farbtypen und Stile 337

3 Arbeitsmittel, Auftragetechniken und Präparate 338
3.1 Arbeitsmittel 338
3.2 Auftragetechniken 338
3.2.1 Auftragetechniken für komplette Haarfärbungen oder Blondierungen 338
3.2.2 Auftragetechniken für Teilfärbungen oder Teilblondierungen 340
3.3 Wasserstoffperoxid 343
3.4 Blondierpräparate 344
3.4.1 Einsatzmöglichkeiten und Grenzen von Blondierpräparaten 344
3.4.2 Blondierpräparate und ihre Hauptinhaltsstoffe 344
3.5 Oxidationshaarfarben 347
3.5.1 Einsatzmöglichkeiten und Grenzen von Oxidationshaarfarben 347
3.5.2 Oxidationshaarfarben und ihre Hauptinhaltsstoffe 348
3.5.3 Präparate zur Hellerfärbung 349
3.5.4 Ammoniakfreie Haarfarben 349
3.5.5 Intensivtönungen 350
3.6 Weitere Präparate 350
3.6.1 Vorbehandlungspräparate 350
3.6.2 Spezialpräparate zum Vorpigmentieren 350
3.6.3 Haarfarben für männliche Kunden 351
3.6.4 Farbentferner 351
3.7 Rechtliche Vorschriften für Präparate 351

4 Durchführung einer Farbveränderung mit oxidativen Präparaten 352
4.1 Vorbereitende Tätigkeiten 352
4.1.1 Auswahl der Präparate und der Rezeptur 352
4.1.2 Gesundheits- und Umweltschutz 355
4.1.3 Vorbereiten des Arbeitsplatzes 356
4.1.4 Vorbereiten der Kundin 357
4.2 Arbeitsablauf bei der Farbveränderung 357
4.2.1 Anmischen des Blondier- oder Farbbreis 357
4.2.2 Auftragen des Blondier- oder Farbbreis 358
4.2.3 Einwirkzeit 358
4.2.4 Einflussmöglichkeiten auf die chemischen Reaktionen 359
4.2.5 Abspülen und Nachbehandeln 361
4.3 Kontrolle des Farbergebnisses und Fehlerkorrektur 362
4.3.1 Fehlerursachen und Korrekturmöglichkeiten 362
4.3.2 Entfärben künstlicher Haarfarben 363

5 Sonderfälle des Färbens und Blondierens . 364
5.1 Farbausgleich bei Farbverlust im Bereich der Längen und Spitzen 364
5.2 Farbausgleich beim Einfärben blondierter Haare 364
5.3 Einfärben von weißem oder dickem und glasigem Haar 364
5.4 Dauerhafte Umformung und Färbung an einem Tag 365

6 Besonderheiten in der Kundenberatung .. 366
6.1 Umgang mit gefärbtem oder blondiertem Haar 366
6.2 Farbberatung im Herrensalon 366
6.3 Dokumentation 367
6.4 Umgang mit Reklamationen 368
Rechenaufgaben 369
Komplexe Aufgaben 370
English 371

Lernfeld 10 Hände und Nägel pflegen und gestalten 372

1 Individuelle Kundengegebenheiten 374
1.1 Kundenwunsch 374
1.2 Fingernägel 374
1.2.1 Funktion, Aufbau und Wachstum der Nägel 374
1.2.2 Form der Nägel 375
1.2.3 Anomalien der Nägel 375
1.3 Hand und Arm 377
1.3.1 Funktion und Aufbau von Hand und Arm ... 377
1.3.2 Form der Hand und der Finger 378
1.3.3 Hautzustand und Hautveränderungen an den Händen 378
1.4 Weitere beeinflussende Gegebenheiten ... 378
1.5 Beurteilungsbogen für die Maniküre 379

2 Basiswissen Maniküre 380
2.1 Ausgleich und Betonung von Hand-, Finger- und Nagelformen 380
2.2 Farbempfehlung 380

3 Arbeitsmittel und Präparate 381
3.1 Arbeitsmittel 381
3.2 Präparate 382

4 Durchführung einer Maniküre 385
4.1 Vorbereitende Tätigkeiten 385
4.1.1 Gesundheitsschutz 385
4.1.2 Einrichten und Vorbereiten des Arbeitsplatzes 385
4.1.3 Vorbereiten der Kundin 386
4.1.4 Auswahl der Präparate und Arbeitstechniken – Behandlungsplanung 387
4.2 Arbeitsablauf und Arbeitstechniken 388
4.2.1 Formung der Nägel 388
4.2.2 Nagelbad 388
4.2.3 Nagelhautbehandlung 388
4.2.4 Pflege und Massage von Hand und Arm 389
4.2.5 Polieren der Nägel 390
4.2.6 Lackieren der Nägel 390

5 Sonderfälle der Nagelgestaltung 391
5.1 Nagelverlängerung – Nagelmodellage 391
5.2 Nageldesign 391
Rechenaufgabe 392
Komplexe Aufgaben 392
English 393

Lernfeld 11 Haut dekorativ gestalten 394

1 Individuelle Kundengegebenheiten 396
1.1 Kundenwunsch 396
1.2 Schminkgewohnheiten 396
1.3 Hautgegebenheiten 397
1.3.1 Hautton – Farbtyp 397
1.3.2 Hautsekretionstyp 397
1.3.3 Hautveränderungen 397
1.3.4 Methoden der Hautbeurteilung 399
1.4 Anatomische Gegebenheiten 401
1.4.1 Gesichtsform 401
1.4.2 Lippenform 401
1.4.3 Form und Stand der Augen und Augenbrauen 402
1.5 Weitere beeinflussende Gegebenheiten ... 403
1.6 Beurteilungsbogen Make-up 404

2 Basiswissen Make-up 405
2.1 Ausgleich und Betonung von Gesichtsformen 405
2.2 Ausgleich und Betonung von Augenformen 407
2.2.1 Ausgleich von Augenformen 407
2.2.2 Betonung von Augenformen 409
2.2.3 Brillen-Make-up 409
2.3 Ausgleich und Betonung von Lippenformen 410
2.4 Far bempfehlungen für die vier Farbtypen 411

3 Arbeitsmittel und Präparate 412
3.1 Arbeitsmittel 412
3.1.1 Arbeitsmittel für die Reinigung und Pflege des Gesichts 412
3.1.2 Arbeitsmittel für die dekorative Gestaltung des Gesichts 412
3.2 Präparate 414
3.2.1 Präparate für die Reinigung und Pflege des Gesichts 414
3.2.2 Präparate für die dekorative Gestaltung des Gesichts 415

4 Durchführung eines Make-ups 419
4.1 Vorbereitende Tätigkeiten 419
4.1.1 Gesundheitsschutz und Hygiene 419
4.1.2 Einrichten und Vorbereiten des Arbeitsplatzes 419
4.1.3 Vorbereiten der Kundin 420
4.1.4 Auswahl der Präparate und Arbeitstechniken – Behandlungsplanung 421
4.2 Tages-Make-up – Arbeitsablauf und Arbeitstechniken 423
4.2.1 Arbeitsablauf – Überblick 423
4.2.2 Reinigen der Gesichtshaut und Empfehlen von Pflegemaßnahmen 423

4.2.3 Gestalten und Färben von Augenbrauen und Wimpern ... 425
4.2.4 Auftragen von Abdeckpräparaten ... 429
4.2.5 Grundieren ... 430
4.2.6 Abpudern ... 431
4.2.7 Schminken der Augen ... 431
4.2.8 Schminken der Lippen ... 433
4.2.9 Auftragen von Rouge ... 433
4.3 Besonderheiten beim festlichen Make-up ... 434
4.4 Besonderheiten beim Make-up für reife Haut ... 435

5 Sonderfall der dekorativen Kosmetik: Camouflage ... 436
Rechenaufgaben ... 437
Komplexe Aufgaben ... 438
English ... 439

Lernfeld 12 Betriebliche Prozesse mitgestalten 440

1 Unternehmerische Vorentscheidungen ... 442
1.1 Salonkonzept ... 442
1.2 Geschäftsmodell ... 443
1.3 Rechtsform ... 444

2 Marketing ... 446
2.1 Salongestaltung ... 446
2.1.1 Außengestaltung – Schaufenster ... 446
2.1.2 Innenausstattung ... 448
2.1.3 Warenpräsentation ... 449
2.2 Marketinginstrumente ... 451
2.2.1 Produktpolitik ... 451
2.2.2 Preispolitik ... 451
2.2.3 Vertriebspolitik ... 452
2.2.4 Kommunikationspolitik ... 452
2.3 Außendarstellung des Salons ... 458

3 Organisation von Abläufen im Salon ... 459
3.1 Waren ... 459
3.1.1 Warensortiment ... 459
3.1.2 Warenbeschaffung ... 460
3.1.3 Kaufvertrag ... 462
3.1.4 Wareneingang und Warenausgang ... 464
3.1.5 Lagerhaltung ... 465
3.1.6 Warenpflege ... 465
3.1.7 Inventur ... 466
3.1.8 Preiskalkulation von Waren ... 467
3.2 Dienstleistungen ... 469
3.2.1 Dienstleistungsangebot ... 469
3.2.2 Preiskalkulation von Dienstleistungen ... 469
3.3 Organisationsmittel ... 470
3.3.1 Standardsoftware ... 470
3.3.2 Branchensoftware ... 470
3.3.3 Warenwirtschaftssysteme ... 471
3.4 Teamarbeit ... 472
3.5 Qualitätsmanagement (QM) ... 473
Rechenaufgaben ... 475
Komplexe Aufgabe ... 475

Lernfeld 13 Komplexe Friseurdienstleistungen durchführen 476

1 Informieren ... 476
1.1 Individuelle Kundengegebenheiten ... 476
1.1.1 Kundenwunsch ... 476
1.1.2 Zustand von Haar, Haut und Nägeln ... 478
1.1.3 Weitere beeinflussende Gegebenheiten ... 478
1.2 Mode und Zeitgeist ... 479
1.3 Frisuren zu besonderen Anlässen ... 481
1.3.1 Modische Frisuren zu besonderen Anlässen 481
1.3.2 Klassische Frisuren zu besonderen Anlässen 481
1.3.3 Historische Frisuren oder Fantasiefrisuren zu besonderen Anlässen ... 483
1.4 Besondere Dienstleistungsangebote des Salons ... 483
1.4.1 Pflegende Kosmetik – Visagistik ... 484
1.4.2 Langhaarfrisuren ... 486
1.4.3 Nageldesign – Nagelmodellage ... 488
1.4.4 Haarersatz ... 490
1.4.5 Coloration ... 492

2 Planen ... 494
2.1 Auswahl der Dienstleistungen ... 494
2.2 Reihenfolge der Dienstleistungen ... 494
2.3 Zeitplanung ... 495
2.4 Kostenplanung ... 498
2.5 Arbeits- und Zeitplanung für die Prüfung . 499

3 Entscheiden ... 501

4 Ausführen ... 502

5 Kontrollieren ... 503

6 Bewerten ... 503
Komplexe Aufgaben mit Fachrechnen ... 504
English ... 507

Englische Vokabeln ... 508
Ausgewählte Inhaltsstoffe gemäß INCI-Liste ... 512
Sachwortverzeichnis ... 514
Bildquellenverzeichnis ... 527

Lernfeld 1 In Ausbildung und Beruf orientieren

Sie erkunden den Betrieb, beschreiben das Berufsbild und setzen sich mit den an Sie gestellten Anforderungen auseinander.

Sicher haben Sie sich sehr gefreut, als Ihre Bewerbung angenommen wurde und Sie in Ihrem Ausbildungssalon Probe arbeiten konnten. Dabei gingen Ihnen bestimmt viele Fragen durch den Kopf, die Sie nach und nach beantworten konnten.

Informieren

- Welche Informationen möchte ich bekommen?
- Was sollte ich über den Salon wissen?
- Was möchte ich über meine zukünftigen Kolleginnen wissen?
- Welche Aufgaben werde ich haben?

Planen

- Welche Fragen stelle ich?
- Wer kann mir helfen?
- Was muss ich fragen?
- Welche Fragen stelle ich besser nicht?
- Wen frage ich was?
- Wann frage ich wen was?

Entscheiden

- Ich recherchiere im Internet und informiere mich über den Friseurberuf.
- Ich erstelle eine Liste mit allen Fragen, die mich interessieren.
- Ich entscheide mich, meiner Ausbilderin Fragen zu meinen Aufgaben zu stellen.
- Ich entscheide mich, die Ausbilderin zu fragen, ob mir die Auszubildende aus dem zweiten Lehrjahr den Salon zeigen darf.

Bewerten

- Habe ich mich für die richtigen Ansprechpartner entschieden?
- Sollte ich zukünftig andere Mitarbeiterinnen um Informationen bitten?
- Ist die Ausbilderin mit meinem Vorgehen zufrieden?
- Habe ich mich gut dargestellt?

Kontrollieren

- Habe ich mit meinen Fragen alles Wichtige über meinen zukünftigen Arbeitsplatz erfahren können?
- Finde ich mich an meinem zukünftigen Arbeitsplatz jetzt zurecht?
- Weiß ich, welche Aufgaben ich zukünftig habe?
- Muss ich nochmals nachfragen?

Ausführen

- Ich spreche die Auszubildende an.
- Ich lasse mich von der Auszubildenden durch die Räume führen.
- Ich bitte die Ausbilderin, mir meine zukünftigen Aufgaben zu nennen und zu erklären.

1 Arbeitsplatz Friseursalon

Sie haben Ihre Ausbildung begonnen und wollen einen guten Eindruck auf die neue Ausbilderin, Ihre Kolleginnen und vor allem auch auf die Kundinnen machen.
Was erwarten diese unterschiedlichen Personengruppen von Ihnen?

Sie arbeiten bereits seit einigen Wochen in Ihrem Ausbildungsbetrieb. Wie ist der Salon organisiert? Wie viele Menschen arbeiten dort? Welche Präparate und Arbeitstechniken wenden Sie an? Vergeben Sie Termine?
Wenn Sie diese Fragen in der Klasse diskutieren, werden Sie feststellen, dass einige Punkte sehr unterschiedlich gehandhabt werden, andere wiederum ähnlich.
Dieses Kapitel gibt Ihnen einen Überblick über mögliche organisatorische Strukturen eines Friseursalons, der allerdings nicht alle Abweichungen berücksichtigen kann. Sie lernen die beruflichen Anforderungen kennen, die an Sie gestellt werden und erfahren, wie Sie im Friseursalon umweltschonend arbeiten können.

1.1 Unternehmensform, Standort und Zielgruppe des Salons

Unternehmensform

→ *vgl. Lernfeld 12, S. 443 ff.*

Die Betriebsformen in der Friseurbranche sind vielfältig. Sie reichen von inhabergeführten Einzelunternehmen in verschiedener Größe über sogenannte Stuhlmieter und mobile Kleinstunternehmen bis hin zu Salons, die einer Kette angehören oder im Franchisesystem geführt werden.
In einem Friseursalon sind durchschnittlich drei Mitarbeiterinnen beschäftigt, im Normalfall arbeitet die Saloninhaberin selbst mit und bildet ihre Auszubildenden auch selbst aus. Der Grund dafür, dass die meisten Betriebe relativ klein sind, liegt auf der Hand: Viele Kundinnen bevorzugen einen Salon in der Nähe ihres Wohnortes oder ihres Arbeitsplatzes. Deswegen ist das Einzugsgebiet oft nicht sehr groß. Eine Ausnahme bilden Ketten, die an mehreren Standorten Filialen haben und somit mehr Mitarbeiterinnen beschäftigen können, da das Einzugsgebiet vergrößert ist.

Standort und Zielgruppe

Welchen **Standort** eine Unternehmerin für ihren Friseursalon wählt, hat wesentlichen Einfluss auf dessen wirtschaftliche Entwicklung. Bevor man einen Salon eröffnet, sollte man sich deshalb die Gegend und die Menschen dort sehr genau anschauen, um das Angebot zielgruppengerecht gestalten zu können.
Unter der **Zielgruppe** versteht man die Personen, die als Kundinnen gewonnen werden sollen (z. B. Wunschkundschaft = Damen, Herren, Kinder, ältere Menschen, modisch, klassisch, konservativ, trendy, preisbewusst, gehobener Anspruch etc.).

Bei der Standortwahl spielen u. a. folgende Faktoren eine Rolle:
- Mitbewerber (Anzahl, Salonkonzepte)
- Anzahl der Einwohner
- Anzahl der Singlehaushalte
- Kaufkraft/Arbeitslosenquote
- Miethöhe
- Altersstruktur
- Einzugsgebiet (Stadt, Land, Stadtteil etc.)
- Lage (Fußgängerzone, EKZ, Randlage, Nebenstraße etc.)
- Verkehrsanbindung/Parkmöglichkeiten

Standort und Zielgruppe haben selbstverständlich auch Auswirkungen auf **Angebot und Optik eines Salons.** So ist es z.B. wenig sinnvoll, in einem Dorf einen trendigen Salon zu eröffnen, der sich auf Punkfrisuren spezialisiert. Zu einem bekannten Szenefriseur reist die Kundschaft aber auch an! Das Salonkonzept muss also genau zur jeweiligen Zielgruppe passen. So erwarten z.B. Kundinnen, die bereit sind einen hohen Preis für Friseurdienstleistungen zu zahlen, häufig eine exklusive Einrichtung, hochwertige Produkte, top gestylte Friseurinnen und Zusatzdienstleistungen (z.B. Massagen, Sekt, Make-up-Auffrischung etc.).
Das bedeutet also, dass man sich sehr genau überlegen muss, welcher Zielgruppe man an welchem Ort welche Produkte und Dienstleistungen anbieten möchte.

1.2 Produkt- und Dienstleistungsangebot

Dienstleistungsangebot

Das Dienstleistungsangebot von Friseursalons hat sich in den letzten Jahren stark vergrößert. Kundinnen wollen schon lange nicht mehr nur die Haare geschnitten bekommen. Das Angebot hängt stark vom Standort und von der Zielgruppe ab.

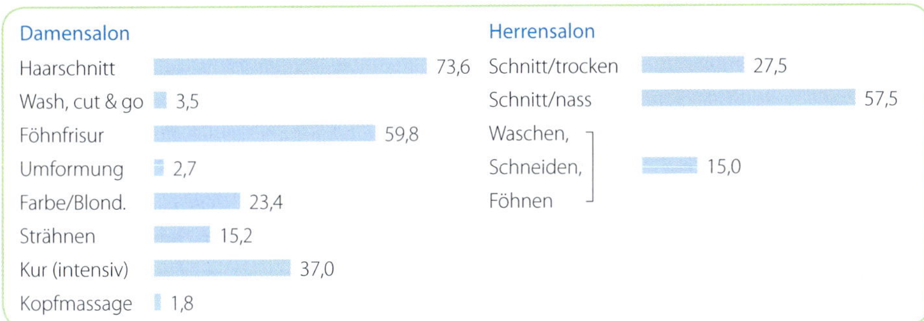

Anteile der einzelnen Dienstleistungsarten 2013 in Prozent (Auszug)
Quelle: EVA Betriebsvergleich 2014 powered by Wella

Produktpalette

Entsprechend dem Dienstleistungsangebot setzt sich auch die Produktpalette eines Salons zusammen. Je nach Hersteller ist diese unterschiedlich umfangreich und auch unterschiedlich teuer. Bei der Auswahl der Produkte muss also ebenfalls die Zielgruppe bzw. ihre Kaufkraft berücksichtigt werden.

Grundsätzlich sind alle Produkte in einem Salon sogenannte **friseurexklusive Markenprodukte**. Das bedeutet, dass man diese Produkte in dieser Qualität nur in einem Friseursalon oder einem speziellen Geschäft kaufen kann, da nur Fachleute die richtige Handhabung erklären können und auch sollten.

Die Produkte lassen sich in fünf Gruppen einteilen:
- Produkte zur Reinigung der Haare
- Produkte zur Pflege der Haare
- Produkte zum Styling der Haare
- Produkte zur Farbveränderung
- Produkte zur Formveränderung

Produkte werden sowohl im Salon verwendet als auch für die Anwendung zu Hause verkauft. Der Teil der Produkte, der von den Friseurinnen während der Arbeitszeit gebraucht wird, nennt sich auch **Kabinettware**.

Kabinettware

1.3 Funktion, Ausstattung und Nutzung der Betriebsräume

Auf der Suche nach Ihrem Ausbildungsplatz haben Sie vermutlich einige Salons bei Ihren Vorstellungsgesprächen kennengelernt. Bestimmt ist Ihnen aufgefallen, dass diese sehr unterschiedlich aussehen. Jede Saloninhaberin richtet ihren Salon nach ihren eigenen Wünschen und Vorstellungen und selbstverständlich auch zielgruppenorientiert ein. Es gibt jedoch bestimmte Bereiche, ohne die kein Salon auskommen kann.

Empfangsbereich

Empfangsbereich

Das Erste, das der Kundin ins Auge fällt, wenn sie einen Salon betritt, ist die **Rezeption**. Hier befinden sich das Telefon, der Computer und das Terminbuch. An der Rezeption wird die Kundin empfangen, begrüßt und im Terminbuch vermerkt. Nach der Behandlung wird die Kundin hier verabschiedet, sie bekommt an der Rezeption ihre Rechnung und eventuell einen neuen Termin für ihren nächsten Besuch. Hier stehen auch Produkte für den Heimgebrauch. Meist wird die Kundin bereits während der Behandlung beraten, aber auch im Rezeptionsbereich ist ein Beratungs- und Verkaufsgespräch zu den Produkten möglich und sinnvoll. Sie können der Kundin die Produkte zeigen, sie kann vergleichen und sich in Ruhe entscheiden.

Häufig befindet sich direkt im Anschluss an den Empfangsbereich eine **Wartezone** für die Kundinnen. Hier steht eine Garderobe für Jacken und Mäntel, die Sie als aufmerksame Friseurin entgegennehmen und aufhängen. Um den Kundinnen die Wartezeit so angenehm wie möglich zu gestalten, ist im Wartebereich meist eine Leseecke mit Stühlen, Zeitschriften und Frisurenheften eingerichtet. Viele Salons haben auch einige Spielsachen, um Kinder zu beschäftigen.

Bedienungsbereich

Bedienungsbereich

Im Bedienungsbereich des Salons befinden sich Wasch- und Bedienungsplätze. Hier gibt es kleine Unterschiede. So gibt es Salons mit fest installierten **Waschplätzen**, an denen die Kundin nach dem Beratungsgespräch die Haare gewaschen bekommt. Andere arbeiten mit im Arbeitsbereich verteilten Waschbecken. Die Kundin muss so ihren Platz nicht verlassen, sondern wird mit ihrem Stuhl an das nächste Waschbecken gefahren. Die Anzahl der Waschgelegenheiten und auch ihre Verteilung sind von der Größe des Salons und der Anzahl der Mitarbeiterinnen abhängig. Heutzutage sind die meisten Waschbecken sogenannte Rückwärtswaschbecken, da diese einfacher zu handhaben und für die Kundinnen angenehmer sind. In einigen Salons gibt es jedoch auch noch Vorwärtswaschbecken.
In unmittelbarer Nähe der Waschgelegenheiten sollten Schränke für Handtücher und Shampoos angebracht sein, um weite Wege und lange Wartezeiten zu vermeiden.

Der wichtigste Bereich in einem Salon ist sicherlich dort, wo die Kundinnen nach dem Haarewaschen bedient werden. Hier findet man **Bedienungsplätze** mit bequemen Stühlen und Spiegeln, sodass sich die Kundin stets sieht. Aber auch für Sie als Friseurin sind die Spiegel ein wichtiges Hilfsmittel. Zum einen können Sie so Blickkontakt zu Ihrer Kundin halten und deren Reaktionen sehen, zum anderen dient der Spiegel auch zur Überprüfung Ihrer Arbeit. An den Bedienungsplätzen sind in den meisten Salons kleine Abstellmöglichkeiten angebracht, damit Sie Ihrer Kundin etwas zu trinken anbieten können. Hier stehen oft auch kleinere Verkaufsdisplays oder Werbung für Aktionen.

Manche Salons bieten eigene **Beratungsplätze** an, wo man die Kundinnen z.B. mit einem Computerprogramm umfassend über Typveränderungen beraten kann.

→ vgl. Lernfeld 4, S. 153

Einige Salons bieten auch kosmetische Behandlungen an. Entweder ist im selben Haus eine Kosmetikerin tätig oder im Salon selbst arbeitet eine Friseurkosmetikerin mit. Deswegen befindet sich oft ein **Kosmetikbereich** oder eine Kosmetikkabine im Salon.

Arbeitsräume

Unerlässlich ist ein Raum oder ein abgetrennter Bereich, in dem Produkte, Präparate und Utensilien, die Sie für die tägliche Arbeit brauchen, untergebracht sind. Dieser Bereich wird unterschiedlich bezeichnet. Manche Salons sprechen von einem **Friseurlabor**, andere von der **Färbeecke**, wieder andere nennen ihn Vorbereitungs- oder Zubereitungsraum. Hier werden Colorationen, Dauerwellpräparate oder spezielle Behandlungs- und Pflegepräparate angemischt, die Reste anschließend entsorgt und die Behältnisse gereinigt.
Kein Salon kommt außerdem ohne einen **Wirtschaftsraum** aus, in dem sich unter anderem die Waschmaschine und der Trockner befinden. Saubere und frische Handtücher und Umhänge sind ein Muss für jeden Salon.
Ebenfalls wichtig ist ein **Lagerraum**, in dem Produkte kühl und trocken gelagert werden können. Oft ist auch ein **Büro** in den Salon integriert.

Färbeecke

Personalräume

Neben diesen Räumlichkeiten, die für die tägliche Arbeit notwendig sind, muss in jedem Salon ein **Aufenthaltsraum für die Mitarbeiterinnen** eingerichtet sein, in dem sie sich ausruhen und ihre Pausen verbringen können. Oft gibt es hier neben Sitzgelegenheiten eine kleine Küche. Die Einrichtung und Ausstattung eines Aufenthaltsraums ist gesetzlich vorgeschrieben. So muss dieser hell und gut belüftet sein und getrennt vom Arbeits- und Kundenbereich liegen.
Toiletten für das Personal und die Kundinnen dürfen ebenfalls nicht fehlen.

Welche räumlichen Voraussetzungen ein Friseurbetrieb im Einzelnen schaffen muss und was dabei zu beachten ist, wird in der **Arbeitsstättenverordnung** (ArbStättV) geregelt. Diese enthält u.a. Vorgaben zu Fußböden, Fenstern, Lüftung, Beleuchtung, Nichtraucherschutz, Toiletten- und Pausenräumen.

www.gesetze-im-internet.de

Aufgaben

1. Setzen Sie sich in kleinen Gruppen zusammen und erklären Sie sich gegenseitig Ihren Ausbildungssalon. Wie sind die Räume verteilt? Gibt es Besonderheiten?
2. Diskutieren Sie über eine sinnvolle Raumaufteilung. Welche Bestandteile dürfen in einem Salon nicht fehlen?
3. a) Zeichnen Sie auf einem Plakat Ihren Wunschsalon. Wie groß sollte er sein? Wie viele Mitarbeiterinnen wollen Sie beschäftigen? Wie würden Sie die Räumlichkeiten aufteilen?
   b) Stellen Sie Ihren Entwurf in der Klasse vor.

1.4 Ihre Rolle im Team

1.4.1 Anforderungen im Beruf

Friseurin bei der Arbeit

Fachkenntnisse und handwerkliche Fertigkeiten, gestalterische Fähigkeiten sowie Kompetenzen in Beratung und Verkauf sind Grundvoraussetzungen im Friseurberuf. Neben diesen **Fachkompetenzen** werden vor allem persönliche und soziale Kompetenzen vorausgesetzt.

Persönliche Kompetenzen (Humankompetenz) sind charakterliche Stärken, z. B., dass Sie in der Lage sind, Ihre persönlichen Entwicklungschancen zu erkennen und zu nutzen, sich Ihrer Rolle in der Gesellschaft klar zu werden und Ihre Begabungen zu erkennen und auszubauen. Selbstständigkeit, Kritikfähigkeit, Selbstvertrauen, Zuverlässigkeit, Verantwortungs- und Pflichtbewusstsein gehören ebenfalls dazu.

Sozialkompetenz ist die Bereitschaft und Fähigkeit, soziale Beziehungen einzugehen und zu gestalten, Probleme und Gefühle bei anderen zu erkennen und damit verantwortungsbewusst umzugehen. Wichtige Schlagworte sind Teamfähigkeit, soziale Verantwortung und Solidarität. Sozialkompetenz ist unerlässlich in der Zusammenarbeit mit den Kolleginnen und im professionellen Umgang mit Kundinnen.

Das erwarten andere von Ihnen

Kundinnen wünschen sich neben der Fachkompetenz höfliche Umgangsformen, Einfühlungsvermögen, Menschenkenntnis, Aufgeschlossenheit und einen Beitrag zur Steigerung ihres Selbstwertgefühls von Ihnen – also Sozialkompetenzen. Wichtig ist aber auch Ihre **kommunikative Kompetenz**, also die Fähigkeit, kommunikative Situationen (Gespräche) zu verstehen und auszugestalten.

➜ *vgl. Lernfeld 2, S. 65 ff.*

Ihren **Kolleginnen** ist es wichtig, dass Sie im Team arbeiten können, hilfsbereit sind (Sozialkompetenzen), kritikfähig sind und pünktlich und gewissenhaft Ihre Aufgaben erledigen (persönliche Kompetenzen). Ihre **Chefin** erwartet an persönlichen und sozialen Kompetenzen vor allem Kommunikationsfähigkeit, Aufgeschlossenheit, höfliche Umgangsformen, Verschwiegenheit, Teamarbeit und Kritikfähigkeit von Ihnen.

Lernkompetenz ist die Bereitschaft und Fähigkeit zum selbstständigen Lernen, also neue Dinge aufzunehmen und anzuwenden, sich Informationen zu beschaffen, Strategien zu entwickeln und einzusetzen (z. B. Lerntechniken). In der Berufswelt wird vom **„lebenslangen Lernen"** gesprochen. Auch nach der Ausbildung sollten Sie sich ständig weiterbilden, z. B. neue Techniken lernen, um aktuell zu sein – und erfolgreich.

Methodenkompetenz ist die Fähigkeit, eine komplexe Aufgabe selbstständig, zielgerichtet und logisch zu lösen sowie das Ergebnis kritisch zu reflektieren. Diese Kompetenz benötigen Sie, wenn Sie eine Kundin bedienen, aber auch in der Abschlussprüfung.

Allgemeine Voraussetzungen für einen erfolgreichen Start in den Friseurberuf sind z. B. Einfallsreichtum, ein gutes Gefühl für Formen, ein gutes Farbempfinden, ein gutes Vorstellungsvermögen, Sauberkeit, geschmackvolle Kleidung und gepflegte Hände.

Aufgaben

1. Überlegen Sie, welche Erwartungen noch an Sie gestellt werden.
2. Welche Erwartungen haben Sie selbst an Ihre Arbeit und an sich?

1.4.2 Mobbing

Mobbing

Leider passiert es immer wieder, dass man mit einigen Kolleginnen – oder Mitschülerinnen – nicht klarkommt und das Gefühl hat, dass man ständig schikaniert wird. Man muss jedoch unterscheiden: Wenn jemand mal einen schlechten Tag hat und seinen Frust an anderen auslässt, ist das zwar nicht schön, aber menschlich. Schlimm wird es, wenn Sie jeden Tag, jede Woche – und das über einen längeren Zeitraum – auf der „Abschussliste" stehen. Dann spricht man von Mobbing.

Mobbing ist ein Begriff, der aus dem Englischen übernommen wurde. Er wird verwendet, wenn z. B. eine Kollegin ständig Gerüchte über Sie in die Welt setzt, Sie schikaniert, völlig meidet oder immer Ihre Arbeit kritisiert. Das hat selbstverständlich Auswirkungen auf das Arbeitsklima und auch auf die Lust, mit der Sie dann zur Arbeit gehen.

Wie macht sich Mobbing bemerkbar?

Mobbing ist leider kein Ausnahmefall, sondern an vielen Arbeitsplätzen traurige Wahrheit. Oft merkt man erst viel zu spät, dass man gemobbt wird. **Typische Anzeichen** sind z. B., wenn Sie auf einmal von Kolleginnen nicht mehr gegrüßt werden oder wenn Gespräche verstummen, sobald Sie in die Nähe kommen. Wichtige Informationen werden Ihnen vorenthalten, sodass Sie über betriebliche Abläufe nicht richtig informiert sind, Unterlagen verschwinden oder werden manipuliert und kleine Fehler, die Ihnen unterlaufen, sind auf einmal eine große Sache.

Mobbing als Spitze des Eisbergs

Was können Sie tun?

Sie sollten sich eine solche Behandlung nicht gefallen lassen. Selbstverständlich sollte der erste Schritt sein, die betreffende Person direkt auf ihr Verhalten anzusprechen. Fragen Sie nach Gründen und fordern Sie ehrliche Antworten.

Oftmals traut man sich das jedoch nicht allein. Suchen Sie deshalb Hilfe und Unterstützung bei Kolleginnen, die vielleicht sogar in der gleichen Situation sind wie Sie. Problematisch ist, dass es in vielen Fällen schwierig ist, Verbündete zu finden, weil die Kolleginnen Angst haben, selbst zum Opfer zu werden, oder sich vielleicht sogar gegen Sie verbünden können.

Wichtig ist, dass Sie das Mobbing beweisen können. Schreiben Sie sich alles auf, was passiert, und sammeln Sie Beweise. Denken Sie dabei auch immer über sich selbst nach: Inwiefern tragen Sie vielleicht mit Ihrem Verhalten oder Äußerungen dazu bei, dass die Kollegin ein Problem mit Ihnen hat? Machen Sie den Konflikt zum Thema bei einer Arbeitsbesprechung.

Wenn das alles nicht hilft, machen Sie von Ihrem Beschwerderecht Gebrauch und sprechen Sie Ihre Chefin auf die Vorfälle an. Auch der Betriebsrat – sofern vorhanden – ist ein geeigneter Ansprechpartner, der dann gezielt gegen das Mobbing vorgehen kann. Rechtlich gesehen ist Mobbing eine Straftat, gegen die man klagen kann. Das ist jedoch eine knifflige Angelegenheit, da oft nur Aussage gegen Aussage steht. Häufig lässt sich jedoch betriebsintern eine Lösung finden.

→ *vgl. S. 29*

Mittlerweile haben sich viele **Selbsthilfegruppen** gebildet. Im Internet finden Sie Foren, in denen Sie sich mit anderen Mobbingopfern austauschen können und Rat bekommen.

www.mobbing.net
www.palverlag.de/Mobbing.html
www.mobbing-web.de

1.5 Umweltschonendes Arbeiten im Friseursalon

Aufkommen an Haushaltsabfällen je Einwohner

Im Jahr 2012 entsorgte jeder Einwohner Deutschlands durchschnittlich 456 Kilogramm Haushaltsabfälle, davon

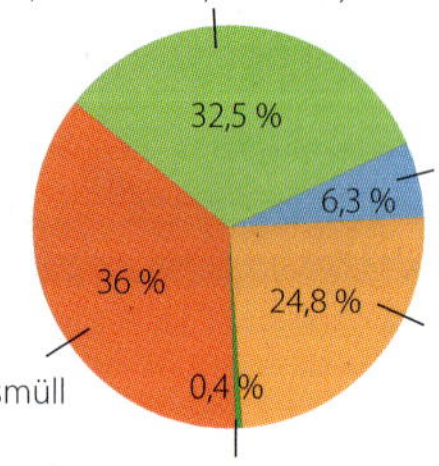

Quelle: Statistisches Bundesamt

Denken Sie bei Ihrer täglichen Arbeit an die Umwelt. Sie verringern die Umweltbelastung, indem Sie Abfälle trennen, richtig entsorgen und wasser- und energiesparend arbeiten.

1.5.1 Umweltbewusster Einkauf und Abfallentsorgung

Bestimmt haben Sie in den Nachrichten gelesen oder gehört, dass viele Länder Probleme haben, ihren Müll zu entsorgen. Die Folge ist eine enorme Umweltbelastung. Am besten wäre es, erst gar keinen Müll zu produzieren. Das funktioniert jedoch nicht, weil z. B. viele Produkte irgendwie verpackt werden müssen. Wie sollten Sie sonst Ihren Kundinnen ein Shampoo für den Heimgebrauch mitgeben? Doch auch hier kann man umweltgerecht arbeiten. So sind z. B. Doppelverpackungen meist nicht nötig.

Die **Abfallentsorgung** erfolgt auf unterschiedliche Arten. Eine Methode ist die der Verbrennung. Dabei entsteht Energie, die weiterverwendet werden kann. Aber es entstehen auch umweltbelastende Abgase.
Recycling bedeutet hingegen, dass Material aus Abfällen aufbereitet und weiterverwertet wird. In Deutschland hat sich ein gut funktionierendes Recyclingsystem für Verpackungen entwickelt.

DER BLAUE ENGEL · JURY UMWELTZEICHEN · schützt MENSCH UND UMWELT

Blauer Engel

Schon beim **Produkteinkauf** können Sie auf Umweltschutz achten. So sind z. B. Produkte mit dem **Blauen Engel** besonders umweltfreundlich in Herstellung, Gebrauch und Entsorgung und frei von schädlichen Inhaltsstoffen. Mit dem Blauen Engel gekennzeichnet sind z. B. Haartrockner, Toilettenpapier, Papierhandtücher, Möbel, Farben und Fußbodenbeläge.

Auch Sie können Ihren **Beitrag zum Umweltschutz** leisten – privat und im Salon:
- Verwenden Sie biologisch abbaubare Reinigungsmittel und Werkstoffe.
- Vermeiden Sie Kunststoffverpackungen, wie z. B. Plastiktüten.
- Mischen Sie nur so viel Farbe, Wellflüssigkeit oder Blondierung an wie nötig.
- Entsorgen Sie Restmengen als Sondermüll.
- Kaufen Sie Großpackungen, die ein Nachfüllen ermöglichen.
- Überzeugen Sie Kundinnen von Nachfüllsystemen (auch zwecks Kundenbindung!).
- Dosieren Sie die Präparate nach Gebrauchsanweisung (nicht überdosieren!).
- Entleeren Sie Flaschen oder Tuben vollständig, z. B. mit einem Tubenquetscher.
- Verwenden Sie Pumphaarsprays. Sie kommen ohne umweltbelastende Treibgase aus und sind oft als Nachfüllsystem erhältlich.
- Abgeschnittene Haare gehören in den Biomüll. Hätten Sie das gewusst?

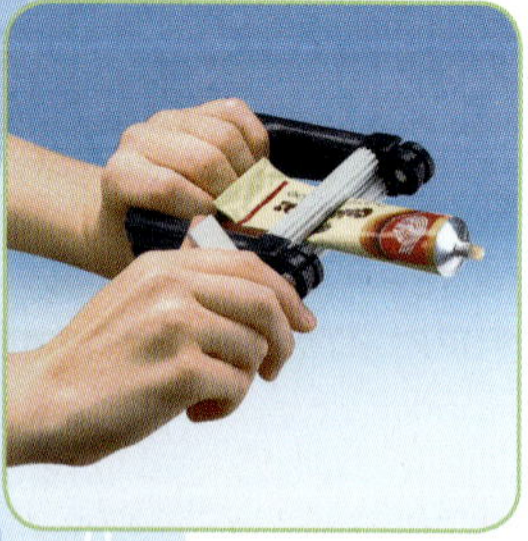

Tubenquetscher

Aufgaben

1. Überlegen Sie weitere Möglichkeiten, wie Sie privat oder im Salon die Umwelt entlasten können.
2. Informieren Sie sich über das Recyclingsystem in Ihrem Ausbildungsbetrieb. Können Sie alle Verpackungen richtig entsorgen?

1.5.2 Energie- und Wassereinsparung

Energie wird im Friseursalon jeden Tag benötigt:
- zur Wärmeerzeugung (Heizung, Warmwasser)
- zur Lichterzeugung
- für den Betrieb von Geräten (Föhne, Hauben, Waschmaschine, Trockner)

Gleichzeitig sind die Energievorräte (Erdöl, Erdgas, Kohle) begrenzt und ihre Gewinnung belastet die Umwelt. Durch Energiesparmaßnahmen sollte der Energieverbrauch auf ein Minimum reduziert werden, um die zur Verfügung stehenden Ressourcen zu schonen und gleichzeitig den Schadstoffausstoß zu verringern. Begriffe wie Klimawandel, Treibhauseffekt und Ozonloch sind in aller Munde. Je mehr Energie eingespart werden kann, umso geringer werden die Kosten für den Betrieb und die Umwelt wird geschont.

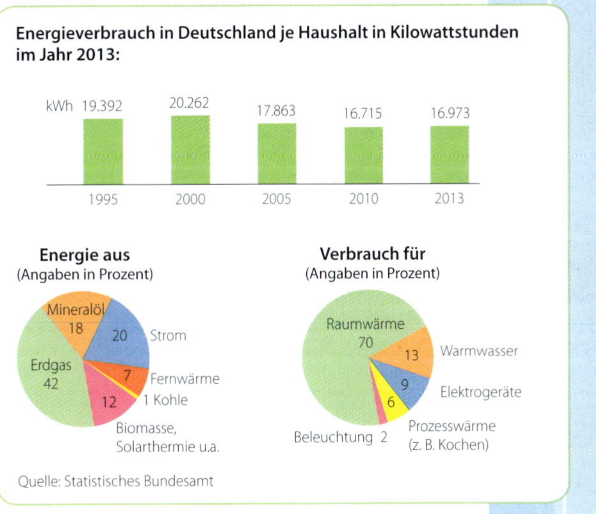

Was können Sie tun, um Energie und Wasser zu sparen?

→ *vgl. Lernfeld 3, S. 110 f.*

- Um Wärme zu erzeugen, wird besonders viel Energie benötigt. **Warmwassereinsparung** bedeutet also gleichzeitig Energieeinsparung. Warmes Wasser sollte an den verschiedenen Stellen (Bedienungsplatz, Sanitärraum, Waschmaschine, Mixecke, Aufenthaltsraum) möglichst sparsam verwendet werden. Normal verschmutzte Handtücher werden auch bei 60 °C und ohne Vorwäsche sauber. Das bedeutet eine Energieersparnis von 40 % gegenüber einer Wäsche bei 95 °C.
- Lassen Sie **Waschmaschine und Trockner** nur dann laufen, wenn sie voll sind.
- Verwenden Sie **„Energiesparhandtücher"**. Diese benötigen weniger Platz in der Maschine. Dadurch können Sie mehr Handtücher auf einmal waschen.
- Lassen Sie den **Wasserhahn** nicht länger als nötig laufen. Stellen Sie das Wasser während des Shampoonierens oder während der Einwirkzeit von Präparaten ab.
- Stellen Sie **Heizungen** nicht zu heiß ein. Heizen Sie nicht bei geöffneten Fenstern und stellen Sie die Heizungen nicht durch Regale, Bedienungsplätze oder Verkaufsständer zu, damit die warme Luft ungestört zirkulieren kann.
- Verwenden Sie **Energiesparlampen** in Bereichen, die zusätzlich beleuchtet werden, z. B. im Empfangs- oder Wartebereich oder in Verkaufsvitrinen. Diese Lampen sind zwar zunächst relativ teuer, machen sich nach ca. 2,5 Jahren aber bezahlt, danach ersparen sie also Kosten. In neueren Salons sind vielfach bereits energiesparende Leuchtstofflampen installiert. Sogenannte **elektronische Vorschaltgeräte** können deren Energieverbrauch weiter senken.
- Moderne **Geräte** (auch Waschmaschinen, Trockner) benötigen weniger Energie als ältere Modelle. Sie machen außerdem bei den Kundinnen einen guten Eindruck.

→ *Energieverbrauchsberechnungen siehe S. 50*

Aufgaben

1. Informieren Sie sich über folgende Themen:
   a) Klimawandel b) Treibhauseffekt c) Ozonloch. Arbeiten Sie in Gruppen.
2. Halten Sie zu einem dieser Themen einen Kurzvortrag.

2 Der Friseurberuf früher und heute

Sie haben Ihren Ausbildungsvertrag unterschrieben und dürfen Ihre Ausbildung beginnen. Wozu haben Sie sich mit der Unterschrift verpflichtet?
Welche Erwartungen dürfen Sie an Ihre Ausbildung haben?

Hätten Sie gedacht, dass Sie einen Beruf lernen, den es bereits seit mehreren Tausend Jahren gibt? Friseure gehörten schon immer zur Gesellschaft, da die Menschen stets versuchten, auf dem aktuellen Stand der Mode zu sein. Um Ihren Beruf und vor allem seine Entwicklung zu verstehen, ist es notwendig, dass Sie zunächst eine kleine Reise in die Vergangenheit antreten.

2.1 Berufsgeschichte

Antike

Vornehme Ägypterin mit ihren Sklavinnen beim Frisieren. Fresko aus Theben, um 1400 v. Chr.

Der Wunsch nach Schönheit ist so alt wie die Menschheit selbst. Bereits in der Steinzeit bemalten die Menschen ihre Körper mit Farbe, um ihre Götter zu verehren.

Bei den **Ägyptern** hatten die Haar- und Körperpflege und auch die Perückenherstellung einen hohen Stellenwert. Die Pflege von Haar und Kopfhaut wurde vor allem von Sklaven durchgeführt, die ihre Herrscher salbten und ölten und ihnen die Haare frisierten, tönten und entfernten.

Die **Griechen** und später vor allem die **Römer** führten öffentliche Badehäuser ein, in denen sich die Menschen entspannten und von Sklaven pflegen ließen. Hier wurden aber auch öffentlicher Klatsch ausgetauscht und Geschäfte besprochen. Die vornehmen Römer hatten in ihrem Haus Sklaven angestellt, die für die tägliche Schönheitspflege zuständig waren, z.B. den „Epilator" für das Auszupfen unerwünschter Körperhaare.

Mittelalter

Mittelalterliche Badestube

Aus dieser Tradition entwickelten sich im frühen Mittelalter (um 900 n. Chr.) in Deutschland die ersten öffentlichen Badestuben, die von den **Badern** betrieben wurden. Zunächst waren diese Orte den vornehmen Bevölkerungsschichten vorbehalten, die einmal im Monat die Badestuben besuchten, um sich zu reinigen. Gleichzeitig ließen sie sich hier die Haare und Bärte schneiden oder rasieren. Die Bader führten zusätzlich kleinere medizinische Behandlungen durch, wie Zähneziehen, Wundbehandlung, die Behandlung von Knochenbrüchen, Salbenzubereitung, Schröpfen und Aderlass.

Im Jahr 1548 wurde die Baderzunft auf dem Augsburger Reichstag offiziell anerkannt. Zu dieser Zeit grassierten jedoch viele Infektionskrankheiten, wie Syphilis und die Pest, die sich rasch in der Bevölkerung ausbreiteten. Weil die Menschen dachten, dass das Wasser sie krank machen würde und auch aufgrund der schlechten hygienischen Verhältnisse wurden die Badestuben nach und nach geschlossen.

Frühe Neuzeit

In der Zeit zwischen 1600 und 1800 wuschen sich die Menschen kaum, da sie befürchteten, dass durch das Wasser Krankheiten übertragen werden könnten. Anstatt sich zu reinigen, verwendeten sie Duftwasser, um die schlechten Gerüche zu übertönen, und hängten sich Flohfallen um, mit denen sie versuchten, das Ungeziefer an ihrem Körper einzufangen. Hautunreinheiten wurden durch kleine Schönheitspflaster überdeckt.
In dieser Zeit entwickelte sich der Beruf des Perückenmachers. Die eigenen Haare waren schließlich nicht gewaschen oder aufgrund von Krankheiten bereits ausgefallen. Diejenigen, die es sich leisten konnten, trugen Perücken, die im Laufe der Zeit immer kunstvoller gestaltet wurden.

Ludwig XIV., Frankreich, 1638–1715, mit Allongeperücke

Der Friseurberuf heute

Seit dem 18. Jahrhundert entwickelte sich der Friseurberuf zu dem, was er heute ist. Waren Friseure zunächst nur für Haarschnitte, Farben und Dauerwellen zuständig, so zeigt sich der Friseursalon heute als modernes Dienstleistungsunternehmen mit einem vielfältigen Angebot. Friseurinnen kümmern sich längst nicht mehr nur um die Kopfhaare, sondern versuchen, ihren Kundinnen eine möglichst angenehme Atmosphäre mit einem Rundum-Verwöhnprogramm zu bieten.

Friseursalon heute

Die Ausbildung zur Friseurin ist mittlerweile staatlich anerkannt und durch Gesetze und Verordnungen geregelt.

2.2 Gesetzliche und vertragliche Regelungen der Ausbildung

Die Ausbildung zur Friseurin findet **dual** statt. Das bedeutet, dass die praktische Ausbildung im Lehrbetrieb, also im ausbildenden Salon, und die theoretische Ausbildung in der Berufsschule durchgeführt wird. Alle Ausbildungsberufe in Deutschland werden durch das **Berufsbildungsgesetz** (BBiG) geregelt. In handwerklichen Berufen gilt zusätzlich die **Handwerksordnung** (HwO).
Die Ausbildung in den verschiedenen Berufen wird jeweils durch Ausbildungsordnungen konkretisiert.

2.2.1 Ausbildungsordnung im Friseurhandwerk

Inhalte der Ausbildungsordnung

Die Ausbildungsordnung enthält nach § 5 BBiG **mindestens folgende Angaben:**
- Bezeichnung des Ausbildungsberufs
- Ausbildungsdauer
- Ausbildungsberufsbild (Fertigkeiten, Kenntnisse und Fähigkeiten) → *vgl. S. 24*
- Ausbildungsrahmenplan, also eine Anleitung zur sachlichen und zeitlichen Gliederung der Ausbildung
- Prüfungsanforderungen

So wird zum einen geregelt, dass alle Friseurauszubildenden in Deutschland die gleiche Ausbildung erhalten. Dadurch können sie theoretisch während der Ausbildung das Bundesland wechseln und nach der Ausbildung in jedem beliebigen Betrieb arbeiten. Zum anderen kann so gewährleistet werden, dass die Auszubildenden alle notwendigen Kenntnisse und Fähigkeiten zum richtigen Zeitpunkt erwerben und somit bestens auf die Prüfungen vorbereitet sind.

Aufgaben

❶ Informieren Sie sich anhand der Ausbildungsordnung über die Fähigkeiten, die Sie in den nächsten drei Jahren erlernen werden. Welche sind das?

❷ Aus welchen Teilen besteht der erste Teil der Gesellenprüfung, aus welchen der zweite Teil?

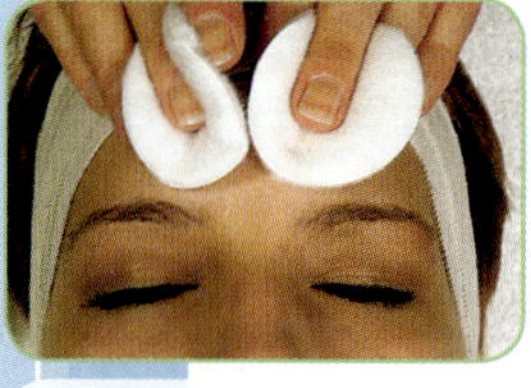

Pflegende Kosmetik/ Visagistik

Ausbildungsberufsbild

In der Ausbildungsordnung wird das Berufsbild einer Friseurin festgelegt, also die zu vermittelnden Kenntnisse und Fertigkeiten.

Langhaarfrisuren

Danach gehören u. a. folgende **Pflichtqualifikationseinheiten** auf jeden Fall zur Ausbildung:

- Kenntnisse über gesetzliche und vertragliche Bestimmungen des Ausbildungsberufs
- Kenntnisse über den Aufbau und die Organisationsstruktur des Ausbildungsbetriebs
- Beraten und Betreuen von Kundinnen (Kundenmanagement)
- Haareschneiden
- Frisurengestaltung
- dauerhafte Umformungen
- farbverändernde Maßnahmen
- dekorative Kosmetik und Maniküre
- pfleglicher Umgang mit Maschinen und Werkzeugen
- Gesundheitsschutz, Hygiene, Umweltschutz
- Teamfähigkeit

Nageldesign/ -modellage

Darüber hinaus wählen Sie gemeinsam mit Ihrem Ausbildungsbetrieb vor dem Abschluss Ihres Ausbildungsvertrags eine weitere Qualifikation. Diese Spezialisierung richtet sich im Normalfall nach dem Angebot Ihres Ausbildungssalons und wird nach dem ersten Teil der Gesellenprüfung in einem Zeitraum von acht Wochen vermittelt. Die nebenstehenden Abbildungen zeigen mögliche **Wahlqualifikationseinheiten**.

Haarersatz

Aufgaben

❸ Informieren Sie sich in Ihrer Ausbildungsordnung noch einmal genauer über die einzelnen Inhalte und deren Reihenfolge.

❹ a) Fertigen Sie gemeinsam mit Ihren Mitschülerinnen eine Wandzeitung an, die den Ablauf der Ausbildung und die Zeitpunkte der Prüfungen wiedergibt.
b) Hängen Sie diese Wandzeitung anschließend im Klassenzimmer auf. So verlieren Sie nie den Überblick.

Coloration

2.2.2 Berufsausbildungs-, Arbeits- und Tarifverträge

Am Anfang der Ausbildung schließen Sie mit Ihrem Ausbildungsbetrieb einen Berufsausbildungsvertrag ab (nach § 10 BBiG), der bei Minderjährigen zusätzlich von den Erziehungsberechtigten unterschrieben werden muss. In diesem Vertrag werden die wichtigsten Punkte Ihrer Ausbildung schriftlich festgehalten und sind somit verbindlich. Der Berufsausbildungsvertrag hat erst Gültigkeit, wenn er von der Handwerkskammer geprüft und ins Verzeichnis der Berufsausbildungsverhältnisse eingetragen wurde. Viele Handwerkskammern bieten inzwischen auch Online-Lehrverträge an.

Inhalte des Berufsausbildungsvertrags

- Namen und Anschriften der Vertragspartner
- Art, Beginn, Dauer und Ziel der Ausbildung
- Dauer der Probezeit (mindestens 1 Monat, maximal 4 Monate)
- Höhe des Lohns
- Voraussetzungen für eine Kündigung
- regelmäßige tägliche Arbeitszeit
- Urlaubsanspruch
- Ausbildungsmaßnahmen außerhalb des Ausbildungsbetriebs
- Hinweis auf anzuwendende Tarifverträge oder Betriebsvereinbarungen
- Rechte und Pflichten des Auszubildenden und des Ausbildenden

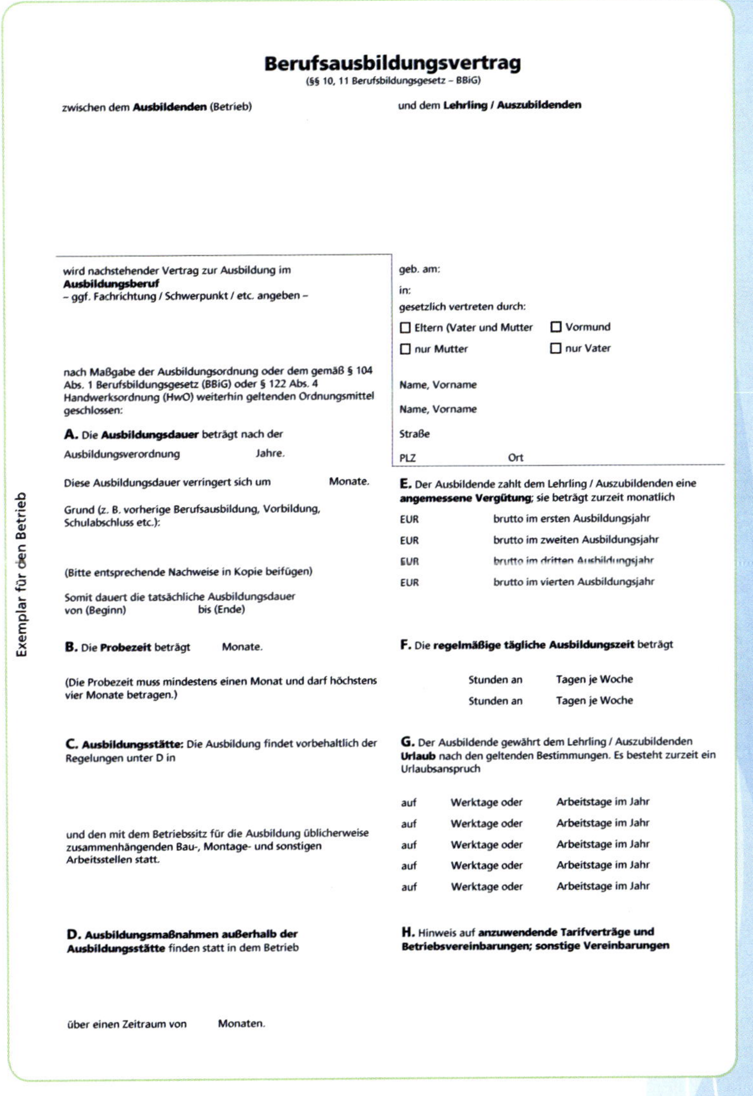

Berufsausbildungsvertrag
(§§ 10, 11 Berufsbildungsgesetz – BBiG)

zwischen dem **Ausbildenden** (Betrieb)

und dem **Lehrling / Auszubildenden**

wird nachstehender Vertrag zur Ausbildung im **Ausbildungsberuf**
– ggf. Fachrichtung / Schwerpunkt / etc. angeben –

nach Maßgabe der Ausbildungsordnung oder dem gemäß § 104 Abs. 1 Berufsbildungsgesetz (BBiG) oder § 122 Abs. 4 Handwerksordnung (HwO) weiterhin geltenden Ordnungsmittel geschlossen:

geb. am:
in:
gesetzlich vertreten durch:
☐ Eltern (Vater und Mutter ☐ Vormund
☐ nur Mutter ☐ nur Vater
Name, Vorname
Name, Vorname
Straße
PLZ Ort

Exemplar für den Betrieb

A. Die **Ausbildungsdauer** beträgt nach der Ausbildungsverordnung Jahre.
Diese Ausbildungsdauer verringert sich um Monate.
Grund (z. B. vorherige Berufsausbildung, Vorbildung, Schulabschluss etc.):
(Bitte entsprechende Nachweise in Kopie beifügen)
Somit dauert die tatsächliche Ausbildungsdauer von (Beginn) bis (Ende)

E. Der Ausbildende zahlt dem Lehrling / Auszubildenden eine **angemessene Vergütung**; sie beträgt zurzeit monatlich
EUR brutto im ersten Ausbildungsjahr
EUR brutto im zweiten Ausbildungsjahr
EUR brutto im dritten Ausbildungsjahr
EUR brutto im vierten Ausbildungsjahr

B. Die **Probezeit** beträgt Monate.
(Die Probezeit muss mindestens einen Monat und darf höchstens vier Monate betragen.)

F. Die **regelmäßige tägliche Ausbildungszeit** beträgt
Stunden an Tagen je Woche
Stunden an Tagen je Woche

C. Ausbildungsstätte: Die Ausbildung findet vorbehaltlich der Regelungen unter D in
und den mit dem Betriebssitz für die Ausbildung üblicherweise zusammenhängenden Bau-, Montage- und sonstigen Arbeitsstellen statt.

G. Der Ausbildende gewährt dem Lehrling / Auszubildenden **Urlaub** nach den geltenden Bestimmungen. Es besteht zurzeit ein Urlaubsanspruch
auf Werktage oder Arbeitstage im Jahr
auf Werktage oder Arbeitstage im Jahr
auf Werktage oder Arbeitstage im Jahr
auf Werktage oder Arbeitstage im Jahr
auf Werktage oder Arbeitstage im Jahr

D. Ausbildungsmaßnahmen außerhalb der Ausbildungsstätte finden statt in dem Betrieb
über einen Zeitraum von Monaten.

H. Hinweis auf **anzuwendende Tarifverträge und Betriebsvereinbarungen; sonstige Vereinbarungen**

Berufsausbildungsvertrag

Ihre Pflichten als Auszubildende sind:

- sich zu bemühen, das Ausbildungsziel zu erreichen
- Ihnen übertragene Aufgaben mit Sorgfalt zu erledigen
- mit Werkzeugen und Werkstoffen sorgsam umzugehen
- am Berufsschulunterricht teilzunehmen
- den Anweisungen von weisungsberechtigten Personen Folge zu leisten
- die betriebliche Ordnung zu beachten, also Vorschriften und Regeln einzuhalten
- Betriebs- und Geschäftsgeheimnisse zu wahren
- ein Berichtsheft zu führen
- Fehlzeiten aufgrund von Krankheit oder Unfall rechtzeitig zu melden
- eine ärztliche Eingangs- und eine Nachuntersuchung durchführen zu lassen, sofern Sie noch nicht 18 Jahre alt sind

Die Pflichten des Ausbildenden sind:

- **qualifiziert auszubilden**. Ihr Ausbildungsbetrieb ist verpflichtet, dafür zu sorgen, dass Sie alle Kenntnisse und Fähigkeiten vermittelt bekommen, die Sie benötigen, um das Ausbildungsziel zu erreichen.
- **selbst auszubilden** oder einen geeigneten Ausbilder zu beauftragen.
- Ihnen die Ausbildungsmittel, insbesondere **Werkzeuge und Werkstoffe**, die zum Erreichen des Ausbildungsziels und vor allem zum Bestehen der Gesellenprüfung notwendig sind, **kostenlos zur Verfügung** zu stellen.
- Sie zum Besuch der **Berufsschule** anzuhalten und Sie dafür freizustellen. Das Gleiche gilt für Prüfungen und die Teilnahme an überbetrieblichen Maßnahmen.
- Sie zur Führung des **Berichtshefts** anzuhalten und dieses auch durchzusehen. Das Berichtsheft gehört mit zu Ihrer Ausbildung und darf daher während der Arbeitszeit geschrieben werden.
- Ihnen nur **Aufgaben** zu geben, **die dem Ausbildungszweck dienen**.
  Das bedeutet, dass Sie z. B. für Tätigkeiten wie Fensterputzen im Ausbildungsbetrieb eingesetzt werden können, da ein ordentlicher Gesamteindruck wichtig für den Erfolg des Salons ist. Nicht erlaubt sind hingegen Tätigkeiten wie Rasenmähen auf dem Privatgrundstück Ihrer Chefin und Ähnliches.
- Ihnen beim „**Erwachsenwerden**" zu helfen und dafür zu sorgen, dass Ihnen während Ihrer Ausbildung weder körperlich noch seelisch Schaden zugefügt wird.
- Ihre **gesundheitliche Eignung** prüfen zu lassen, sofern Sie noch nicht 18 Jahre alt sind. Dazu müssen Sie vor Beginn der Ausbildung eine Eingangsuntersuchung bei einem Arzt nachweisen, die innerhalb eines Jahres wiederholt wird.
- Ihnen bei Beendigung der Ausbildung ein schriftliches **Zeugnis** auszustellen.

Arbeitszeiten, Pausen und Urlaubsanspruch

Anspruch auf Pausen

Wenn Sie noch nicht 18 Jahre alt sind, gilt für Sie das **Jugendarbeitsschutzgesetz** (JArbSchG). Dieses Gesetz regelt die Beschäftigung von Jugendlichen. Ziel dieses Gesetzes ist es, die Gesundheit der jugendlichen Arbeitnehmer zu schützen. Es enthält Bestimmungen, die, abweichend vom Arbeitsrecht, nur für Jugendliche gelten:

- **Arbeitszeiten:** Wenn Sie noch nicht 18 Jahre alt sind, dürfen Sie nicht mehr als 8 Stunden täglich und nicht mehr als 40 Stunden wöchentlich beschäftigt werden.
- **Pausen:** bei einer Arbeitszeit von 4,5 bis 6 Stunden mindestens 30 Minuten, bei mehr als 6 Stunden mindestens 60 Minuten. Diese Pause darf zwar geteilt werden, jedoch müssen Ihnen mindestens 15 Minuten am Stück gegeben werden. Außerdem muss die Pause mindestens eine Stunde nach Arbeitsantritt bzw. mehr als eine Stunde vor dem Ende der Arbeitszeit stattfinden. Jugendliche dürfen nicht länger als 4,5 Stunden am Stück beschäftigt werden.
- **Freizeit:** Zwischen dem Arbeitsende und der Wiederaufnahme der Arbeit müssen mindestens 12 Stunden Freizeit liegen. Falls Ihr Salon also bis 20 Uhr geöffnet hat, dürfen Sie am nächsten Tag frühestens um 8 Uhr wieder anfangen zu arbeiten. Später als 20 Uhr darf Ihre Chefin Sie nicht beschäftigen.
- **Beschäftigung an Berufsschultagen:** Beginnt Ihr Unterricht vor 9 Uhr, darf Ihre Chefin Sie vor Unterrichtsbeginn nicht beschäftigen. Das gilt übrigens auch für Personen, die über 18 Jahre alt und noch berufsschulpflichtig sind. Nach einem Berufsschultag mit mehr als 5 Unterrichtsstunden dürfen Sie ebenfalls nicht mehr

beschäftigt werden. Ein Berufsschultag mit 8 Unterrichtsstunden gilt als ganzer Arbeitstag, bei weniger Unterrichtsstunden werden diese inklusive der Pausen auf die Arbeitszeit angerechnet.
- **5-Tage-Woche:** Jugendliche dürfen nur an 5 Tagen in der Woche beschäftigt werden. Dazu zählt selbstverständlich auch der Besuch der Berufsschule. Die zwei freien Tage sollten nach Möglichkeit aufeinanderfolgen, das ist jedoch keine Pflicht für den Ausbildenden.
- **Urlaub:** Wenn Sie zu Beginn eines Kalenderjahres noch nicht 16 Jahre alt sind, stehen Ihnen mindestens 30 Werktage Urlaub zu; wenn Sie noch nicht 17 Jahre alt sind, mindestens 27 Urlaubstage und wenn Sie noch nicht 18 Jahre alt sind, mindestens 25 Urlaubstage. Diesen Urlaub sollten Sie während der Schulferien bekommen. Falls Sie Urlaub während der Schulzeiten haben, müssen Sie trotzdem die Berufsschule besuchen. Wenn Sie in Ihrem Urlaub krank werden und das Ihrer Chefin sofort melden, zählen die Krankheitstage nicht als Urlaubstage, sondern stehen Ihnen wieder zur Verfügung.

Wenn Sie volljährig sind, gelten für Sie die Schutzvorschriften im **Arbeitszeitgesetz** (ArbZG) u nd im **Bundesurlaubsgesetz** (BUrlG).

www. gesetze-im-internet.de
www.dejure.org

Tarifverträge

Grundlage für alle Inhalte im Ausbildungsvertrag ist der Tarifvertrag, der von den Tarifpartnern geschlossen wird. Auf Arbeitgeberseite ist das der Landesinnungsverband und auf Arbeitnehmerseite die Gewerkschaft ver.di.

➜ *vgl. S. 29*

Die Bestimmungen im Ausbildungs- oder Arbeitsvertrag dürfen von denen im Tarifvertrag abweichen, sie dürfen jedoch nicht schlechter sein. So ist z. B. ein höherer Lohn zulässig, der Lohn darf jedoch nicht unter dem im Tarifvertrag festgelegten Mindestlohn liegen.

Der Tarifvertrag besteht aus zwei Teilen:
- Der **Manteltarifvertrag** läuft meistens über mehr als zwei Jahre und enthält allgemeine Regelungen wie Einstellungs- und Kündigungsbedingungen, Dauer des Urlaubs, Arbeitszeitregelungen, Regelungen zu Krankheit, Krankmeldung und vermögenswirksamen Leistungen.
- Im **Lohntarifvertrag** wird die konkrete Höhe des Lohns festgelegt. Er wird normalerweise für ein Jahr abgeschlossen.

Lohnanspruch – im Lohntarifvertrag geregelt

Aufgaben

1 Informieren Sie sich, z. B. im Internet, über
a) Arbeitszeiten b) Pausen c) Urlaubsanspruch
von volljährigen Arbeitnehmern.

2 a) Stellen Sie in Gruppenarbeit mittels eines Schaubilds die gesetzlichen und vertraglichen Grundlagen der Ausbildung dar (Ausbildungsordnung, Berufsausbildungsvertrag).
b) Präsentieren Sie Ihre Ergebnisse in der Klasse.

2.2.3 Weitere wichtige rechtliche Regelungen

alle Gesetze finden Sie im Internet z. B. unter: www.gesetze-im-internet.de

Berufsbildungsgesetz (BBiG): Das BBiG regelt die Berufsausbildung (duales System) sowie die Fortbildung und die berufliche Umschulung.

Handwerksordnung (HwO): Sie regelt die Ausübung des Handwerks und ist neben der Gewerbeordnung ein wichtiges Gesetz im Rahmen des Gewerberechts.

Kündigungsschutzgesetz (KSchG): Mit Bezug auf § 22 des BBiG ist während der Ausbildung eine Kündigung ohne wichtige Gründe nur während der Probezeit möglich. In dieser Zeit können beide Vertragsparteien das Ausbildungsverhältnis kündigen. Nach Ablauf der Probezeit kann der Ausbildende das Ausbildungsverhältnis nur kündigen, wenn triftige Gründe vorliegen, wie z. B. Diebstahl, mehrfaches unentschuldigtes Fernbleiben oder Arbeitsverweigerung. Der Auszubildende kann den Ausbildungsvertrag unter Einhaltung einer Kündigungsfrist dann kündigen, wenn er die Ausbildung abbrechen oder einen anderen Beruf erlernen möchte.

Mutterschutzgesetz (MuSchG): Dieses Gesetz dient dazu, werdende und stillende Mütter zu schützen, indem es bestimmte Beschäftigungen verbietet und besondere Kündigungsbedingungen festlegt.

Bundeselterngeld- und Elternzeitgesetz (BEEG): Dieses Gesetz regelt die Zahlung von Elterngeld sowie die arbeitsrechtliche Situation während der Elternzeit.

Schwerbehindertenschutz: Das Sozialgesetzbuch (SGB IX) enthält Schutzbestimmungen für Menschen mit Behinderungen.

Schulgesetz (SchulG/SchG): Die Schulgesetze der Bundesländer regeln Rechte und Pflichten von Schülern, Lehrern und Erziehungsberechtigten sowie der Schulaufsicht und der Schulträger.

→ *vgl. S. 32*

Viele Regelungen zum Arbeitsschutz müssen im Betrieb ausgehängt oder ausgelegt werden. Ferner gibt es noch Bestimmungen der Berufsgenossenschaft.

2.3 Interessenvertretung im Handwerk

Handwerkskammern

DHKT DEUTSCHER HANDWERKSKAMMERTAG

www.zdh.de

Verantwortlich für einen ordnungsgemäßen Ablauf während der Ausbildung sind die Handwerkskammern, denen alle selbstständigen Handwerker eines Kammerbezirks sowie deren Gesellen und Auszubildende als Pflichtmitglieder angehören. Dachverband aller Handwerkskammern ist der Deutsche Handwerkskammertag.

Hauptaufgaben der Kammern:
- Vertretung der wirtschaftlichen Gesamtinteressen
- technische und betriebswirtschaftliche Beratung der Betriebe
- Aufsicht über die Berufsausbildung
- Führen des „Verzeichnisses der Berufsausbildungsverhältnisse" (Lehrlingsrolle)
- Ausrichtung und Überwachung der Gesellen- und Meisterprüfungen
- Vermittlung in Streitfällen

Arbeitgebervertretung

Neben den Handwerkskammern gibt es die **Innungen**, deren Organisationsstrukturen durch die Handwerksordnung festgelegt sind. Innungen sind freiwillige Zusammenschlüsse der Handwerksmeister in einem Bezirk und vertreten deren Interessen. Zudem sind sie als Beratungsstelle tätig und vermitteln bei Streitigkeiten zwischen Kundinnen und Innungsmitgliedern. Innerhalb der Innungen gibt es einen Lehrlingswart, der bei Problemen zwischen Ausbildern und Auszubildenden vermitteln soll.
Alle Innungen eines Bundeslandes bilden den Landesinnungsverband (LIV). Die meisten Landesinnungsverbände wiederum sind im Zentralverband des Deutschen Friseurhandwerks (ZV) zusammengeschlossen. Dieser vertritt das Friseurhandwerk auf Bundesebene.

ZENTRALVERBAND DES DEUTSCHEN FRISEUR HANDWERKS

www.friseurhandwerk.de

Arbeitnehmervertretung

Gewerkschaften vertreten die Interessen der Arbeitnehmer; sie schließen z. B. Tarifverträge mit den Arbeitgebern ab. Für das Dienstleistungsgewerbe, also auch für das Friseurhandwerk, ist die Gewerkschaft ver.di zuständig. Diese bietet auch Informationen und Beratung zur Ausbildung an. Die Mitgliedschaft in einer Gewerkschaft ist freiwillig.
Betriebsräte haben Mitbestimmungs- und Mitwirkungsrechte in sozialen und personellen Angelegenheiten eines Betriebs. Gewählt werden kann ein Betriebsrat laut Betriebsverfassungsgesetz (BetrVG) aber nur in Betrieben

- mit mindestens fünf volljährigen Arbeitnehmern,
- von denen drei wählbar, d. h. mindestens sechs Monate im Betrieb angestellt sind.

In Friseursalons gibt es daher in der Regel keinen Betriebsrat. Sie können – allein oder im Team – Ihre Anliegen selbst gegenüber der Chefin vertreten.

ver.di

Vereinte Dienstleistungs-gewerkschaft

www.verdi.de

2.4 Aus-, Fort- und Weiterbildungsmöglichkeiten

Sie sind am Anfang Ihrer beruflichen Karriere und vielleicht denken Sie, dass es noch etwas früh ist, sich Gedanken zu machen, wie es in drei Jahren weitergehen soll. Einige Wege müssen Sie jedoch bereits relativ früh einschlagen.
Dieses Kapitel soll Ihnen einen kurzen Überblick verschaffen, welche Optionen Sie neben einer Anstellung als Gesellin nach Ihrer Gesellenprüfung in drei Jahren haben.

Höherer Schulabschluss

Durch Ihre Ausbildung haben Sie die Möglichkeit, bestimmte Schulabschlüsse zu bekommen. Wenn Sie noch keinen **Hauptschulabschluss** haben, wird er Ihnen durch das erfolgreiche Abschließen der Berufsschule anerkannt.
Außerdem ist es unter bestimmten Umständen möglich, den **Realschulabschluss** zu erlangen. Dazu müssen Sie im Abschlusszeugnis der Berufsschule einen Durchschnitt von mindestens 3,0 erreicht haben, eine mindestens zweijährige Ausbildung in einem anerkannten Ausbildungsberuf absolviert haben und ausreichende Fremdsprachenkenntnisse (mindestens fünf Jahre, mindestens ausreichende Note) nachweisen können. Diesen mittleren Schulabschluss müssen Sie bei Ihrer Berufsschule beantragen, Sie bekommen ihn nicht automatisch! Einige Bundesländer haben abweichende Bestimmungen. Erkundigen Sie sich bei Ihrer Berufsschule über die geltende Regelung.

Sie haben durch Ihre Ausbildung also die Möglichkeit, sich mit einem höheren Schulabschluss zu bewerben oder auch eine weiterführende Schule zu besuchen.

Spezialisierung

Im Normalfall werden Sie nach dem erfolgreichen Bestehen der Abschlussprüfung als Gesellin in einem Salon eingestellt. Hier bieten sich Ihnen vielfältige Möglichkeiten, sich zu spezialisieren, d. h. sich auf einem bestimmten Gebiet besonders fortzubilden. Große Firmen und andere Salons bieten **Schulungen** und **Weiterbildungen** an, bei denen Sie sich in vielen Bereichen (z. B. Frisurengestaltung, Haareschneiden, Färben und Kosmetik) spezialisieren können. Durch solche Weiterbildungen sind Sie immer auf dem neuesten Stand bei Schnitt- und Stylingtechniken, Frisurenlooks, Typberatung, aber auch Marketing und EDV. Im Bereich Nageldesign werden z. B. häufig Tages- oder Wochenendkurse angeboten, in denen Ihnen die neuesten Techniken vermittelt werden.

Handwerkskammer Hamburg

Meisterbrief

Thomas Mustermann

geboren am 4. Januar 1973

hat vor dem Meisterprüfungsausschuss für den Bezirk der Handwerkskammer Hamburg die Meisterprüfung im

Friseur-Handwerk

bestanden und damit nach den Bestimmungen der Handwerksordnung das Recht zur Führung des Meistertitels und zum Einstellen und Ausbilden von Lehrlingen erworben.

Handwerkskammer Hamburg

Hamburg, 8. Mai 2014

Zusätzlich bieten Ihnen diese Zusatzqualifikationen die Möglichkeit, in einem Bereich zu arbeiten, an den Sie vielleicht noch gar nicht gedacht haben. So werden gute Friseurinnen z. B. auch auf Kreuzfahrtschiffen, in großen Hotels und bei Modenschauen gebraucht, ebenso wie in Krankenhäusern und Altersheimen.

Meisterprüfung / Betriebswirtin im Handwerk

Viele von Ihnen träumen davon, ein eigenes Geschäft zu eröffnen. Dazu benötigen Sie den **Meisterbrief**, mit dem Sie auch berechtigt sind, selbst auszubilden. Die Meisterprüfung können Sie nach bestandener Gesellenprüfung im Friseurhandwerk ablegen. Gleichzeitig oder anschließend können Sie sich zur **Betriebswirtin im Handwerk** ausbilden lassen. Mit dieser Zusatzqualifikation können Sie auch als Filialleiterin oder Ausbilderin in einem Salon eingestellt werden.

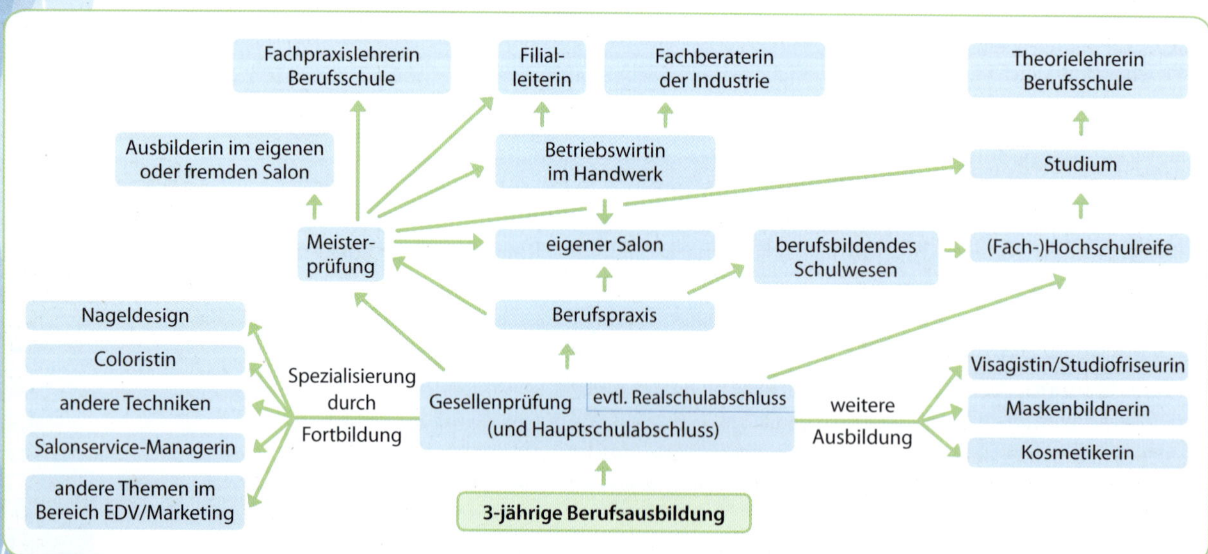

Aus-, Fort- und Weiterbildungsmöglichkeiten im Friseurberuf

Zusatzausbildung

Eine weitere Möglichkeit besteht darin, sich in einem der folgenden Bereiche weiterzubilden:

Visagistin/Studiofriseurin: Wer möchte die Welt der Stars und Sternchen nicht einmal live erleben? Als Visagistin arbeiten Sie für Magazine, Moderedaktionen und Werbeagenturen. Sie sind immer auf der Suche nach den neuesten Trends und vor allem immer live dabei, damit Make-up und Frisur im richtigen Moment auch sitzen. Zu den Anforderungen an eine Visagistin zählen neben Kreativität und Können vor allem Belastbarkeit, Flexibilität und hoher Arbeitseinsatz. Ein möglicher Einsatzbereich ist das Fernsehen. Auch hier sollten Sie sich rechtzeitig erkundigen, da Sie oftmals zunächst ein Praktikum absolvieren müssen.

Visagistin

Maskenbildnerin: Ob Theater oder Film, Fernsehen oder Bühne, gute Maskenbildnerinnen werden überall gesucht. Die Friseurausbildung liefert die ideale Grundlage für eine Weiterbildung als Maskenbildnerin und wird auch berücksichtigt. Die Ausbildungsplätze sind jedoch begrenzt und die Zahl der Bewerberinnen ist hoch. Das bedeutet, dass Sie hier von Anfang an kämpfen müssen, um sich beweisen zu können. Auch sollten Sie sich rechtzeitig über die Arbeitszeiten und die Anforderungen in diesem Beruf informieren, um böse Überraschungen zu vermeiden.

Maskenbildnerin

Kosmetikerin: Die Anforderungen an Friseure sind in den letzten Jahren stark gestiegen. Schon lange erwarten Kundinnen nicht mehr nur die Behandlung ihrer Haare, sondern einen komplett durchgeplanten Look, der zu ihnen passt. Dazu gehört neben einer umfassenden Typberatung mit entsprechender Frisur vor allem auch das passende Make-up.
Mit ausreichender Berufspraxis können Sie sich in vielen Bundesländern zur „Meisterassistentin Kosmetik" weiterbilden lassen. Wenn Sie nicht so lange warten wollen, absolvieren Sie eine dreijährige Kosmetikerinnenausbildung im Friseursalon. Diese Art der Zusatzausbildung ist in Salons mit entsprechender Ausstattung möglich. Außerdem gibt es private Kosmetikschulen, in denen Sie innerhalb eines Jahres zur Kosmetikerin ausgebildet werden. Diese Schulen sind jedoch meist kostenpflichtig. Seit einigen Jahren ist der Beruf der Kosmetikerin staatlich anerkannt und wird zunehmend auch dual angeboten.

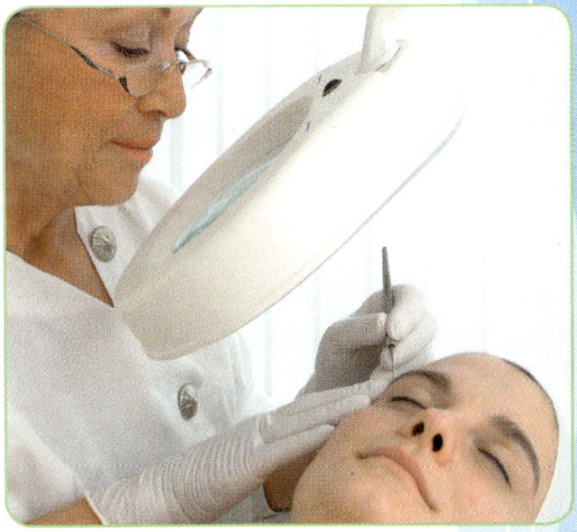

Kosmetikerin

Sie sehen, dass Sie sehr viele unterschiedliche Karrierewege einschlagen können. Für welchen Sie sich entscheiden, sollten Sie sich gut überlegen. Mit Sicherheit helfen Ihnen Ihr Ausbildungsbetrieb und Ihre Lehrkräfte bei der Suche nach Informationen. Ihnen stehen alle Wege, sogar der zur Hochschulreife, offen. Sie könnten dann studieren, was Sie interessiert. Wer weiß? Vielleicht entscheiden Sie sich ja für ein entsprechendes Studium und werden selbst einmal Berufsschullehrerin im Bereich Körperpflege? Oder Sie machen nach der Meisterprüfung eine Karriere als Fachpraxislehrkraft?

3 Gesundheitsschutz für Sie und Ihre Kundinnen

Wie ging es Ihnen nach Ihrem ersten Arbeitstag im Salon? Wie war es nach zwei Wochen? Sicherlich haben Sie bemerkt, dass Beine, Rücken, Haut sich melden. Welche Gefahren lauern im Beruf und wie kann man sie vermeiden? Welche Gesetze gibt es, die den Gesundheitsschutz im Friseursalon regeln?

Seit über 130 Jahren gibt es in Deutschland die gesetzliche Unfallversicherung, die 1881 durch Otto von Bismarck begründet wurde. Ziel dieser Versicherung war und ist bis heute, Arbeitnehmer zu unterstützen, die durch ihren Beruf einen Arbeitsunfall erlitten haben oder an einer Berufskrankheit leiden. Die entsprechenden Folgen können häufig dazu führen, dass der Beruf aufgegeben werden muss.
Hauterkrankungen liegen mit etwa 70 % an der Spitze aller gemeldeten Verdachtsfälle auf eine Berufskrankheit. Bei den Friseurinnen ist das Risiko für eine berufsbedingte Hautkrankheit besonders hoch. Grund hierfür sind der häufige Kontakt mit Wasser und hautschädigenden Substanzen in Shampoos und Färbepräparaten, Stress und die mangelnde Nutzung von Schutzmaßnahmen. Sehen Sie es deshalb nicht als lästig und unnötig, sondern als selbstverständlich und sinnvoll an, sich und Ihre Gesundheit zu schützen.
Dieses Kapitel soll Ihnen einen Überblick über gesundheitliche Belastungen und Risiken im Friseurberuf geben und gleichzeitig eine Hilfestellung bieten, um Erkrankungen zu vermeiden.

3.1 Rechtliche Regelungen und Berufsgenossenschaft

BGW
Berufsgenossenschaft für Gesundheitsdienst und Wohlfahrtspflege

www.bgw-online.de

Die rechtliche Verantwortung für den Schutz der Arbeitnehmer liegt in erster Linie beim Arbeitgeber. Entsprechend hat Ihre Chefin dafür Sorge zu tragen, dass Sie bei Ihrer Arbeit keine Schäden, z. B. durch gefährliche Arbeitsstoffe wie Chemikalien, erleiden. Gleichzeitig sind Sie als Arbeitnehmerin jedoch verpflichtet, individuelle Schutzmaßnahmen zu ergreifen. Hierzu gehören insbesondere das Tragen von geeigneter Schutzkleidung (Schutzhandschuhe!) und die Verwendung von geeigneten Pflege- und Hautschutzpräparaten.

→ vgl. S. 37 ff.

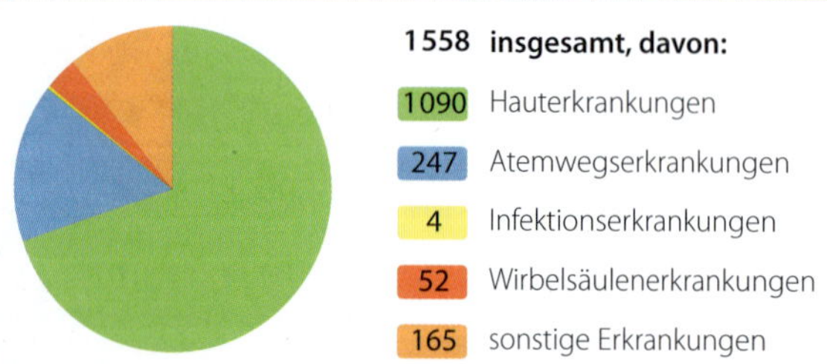

Meldungen an die BGW wegen des Verdachts auf eine Berufskrankheit in der Branche „Friseurhandwerk" – 2013

Quelle: Berufsgenossenschaft für Gesundheitsdienst und Wohlfahrtspflege (BGW), Hamburg

Als Auszubildende im Friseurhandwerk sind Sie über die **Berufsgenossenschaft für Gesundheitsdienst und Wohlfahrtspflege (BGW)** gesetzlich unfallversichert. Den Versicherungsbeitrag bezahlt Ihre Chefin. Die Leistungen der BGW setzen dann ein, wenn z. B. trotz aller Vorkehrungen Hautveränderungen oder Hauterkrankungen aufgetreten sind. Das bedeutet, dass die BGW im Erkrankungsfall zum einen für die medizinische Versorgung zuständig ist, gleichzeitig jedoch auch für Umschulungsmaßnahmen und innerbetrieblichen Arbeitsplatzwechsel.
Verschiedene rechtliche Bestimmungen regeln die Arbeit in gefährdenden Berufen, um Gesundheits-

schäden zu vermeiden. Das sind in erster Linie die Berufskrankheiten-Verordnung, die Technischen Regeln für Gefahrstoffe und der Hautschutzplan.

→ vgl. S. 37

Die **Berufskrankheiten-Verordnung** (BKV) regelt den Umgang mit bestimmten Krankheitsbildern und enthält eine Auflistung aller anerkannten Berufskrankheiten. Für den Friseurberuf ist die Berufskrankheit 5101 von besonderer Bedeutung. Diese Nummer definiert „schwere oder wiederholt rückfällige Hauterkrankungen, die zur Unterlassung aller Tätigkeiten gezwungen haben, die für die Entstehung, die Verschlimmerung oder das Wiederaufleben der Krankheit ursächlich waren oder sein können".

www.bgw onlinc.dc

Das Bundesministerium für Arbeit und Soziales gibt die vom Ausschuss für Gefahrstoffe (AGS) aufgestellten **Technischen Regeln für Gefahrstoffe** (TRGS) bekannt. Sie informieren über Maßnahmen zum Umgang mit gefährlichen Stoffen, enthalten Verwendungsbeschränkungen und nennen mögliche Ersatzstoffe. Die TRGS stellen eine wichtige Grundlage für die Fürsorgepflicht des Arbeitgebers dar und helfen gleichzeitig, die Entstehung berufsbedingter Erkrankungen zu vermeiden.

Für den Friseurberuf gilt vor allem die **TRGS 530**. Nach der TRGS 530 dürfen beispielsweise bestimmte Wellpräparate nicht mehr angewandt werden, sondern sind durch Präparate mit weniger gesundheitsgefährdenden Inhaltsstoffen zu ersetzen. Ebenso werden hier Regelungen bezüglich des Tragens von Schutzhandschuhen, der Verwendung von Hautschutz- und Hautpflegepräparaten sowie ein ausgewogenes Verhältnis von Nass- und Trockenarbeiten festgelegt.

Laut TRGS muss jede Saloninhaberin eine **Betriebsanweisung** erstellen, die folgende Punkte enthält:

- gefährdende Tätigkeiten
- verwendete Gefahrstoffe
- mögliche Gesundheitsgefährdungen
- Schutzmaßnahmen
- Erste-Hilfe-Maßnahmen

Die Betriebsanweisung ist aushangpflichtig.

Aufgaben

1. Informieren Sie sich im Internet über die in der TRGS 530 genannten dermalen Belastungen (Hautbelastungen) im Friseurhandwerk. Welche sind das und welche Vorschläge werden zum Umgang mit diesen Gefahrenquellen genannt?
2. Welche allgemeinen Schutzmaßnahmen gelten im Friseurberuf?
3. Wie lange dürfen Sie als Auszubildende am Tag höchstens Feuchtarbeiten durchführen?
4. Bei welchen Arbeiten sind Schutzhandschuhe zwingend vorgeschrieben?
5. Diskutieren Sie in der Klasse, inwieweit diese Bestimmungen bei Ihnen im Ausbildungssalon angewendet werden und wieso diese Schutzmaßnahmen sinnvoll sind.

3.2 Hautschutz

Untersuchungen der letzten Jahre belegen bei den berufsbedingten Erkrankungen einen immer größer werdenden Anteil von Hautkrankheiten vor allem im Bereich der Hände. Auslöser für die Entwicklung von berufsbedingten Erkrankungen können unterschiedlicher Natur sein. Bestimmte Berufsgruppen neigen häufiger zu ihrer Entwicklung. Zu diesen gehört auch der Friseurberuf.

3.2.1 Hauterkrankungen

Die Hornschicht ist wie eine Ziegelmauer aufgebaut

Die Haut des Menschen ist sehr widerstandsfähig, vor allem die oberste Hautschicht, die sogenannte **Hornschicht**. Ihren Aufbau können Sie sich wie eine Ziegelmauer vorstellen, mit körpereigenen Fettstoffen als „Mörtel" zwischen den Hornzellen. Die Hornschicht kann **Wasser** binden und gewährleistet so den Feuchtigkeitsgehalt der Haut. Gleichzeitig fetten die körpereigenen **Fettstoffe** die Haut und machen sie geschmeidig.

Eine übermäßige Beanspruchung durch häufigen und wiederholten Wasserkontakt, durch ätzende Reinigungsmittel oder ähnliche chemische Produkte sowie starke mechanische oder klimatische Einflüsse kann jedoch dazu führen, dass die Fette in der Haut mit der Zeit ausgewaschen werden. Die Hornschicht wird dadurch durchlässiger und kann bei einem erneuten Flüssigkeitskontakt quellen, also mehr Flüssigkeit einlagern. Das gleiche Prinzip können Sie beobachten, wenn Sie längere Zeit Schutzhandschuhe getragen haben. Ähnlich wie in einem Gewächshaus stauen sich Wärme und Feuchtigkeit unter dem Handschuh und bewirken so eine Quellung der Haut.
Das eingelagerte Wasser wird aber wieder abgegeben. Die Haut kann die Feuchtigkeit nicht binden, weil die dafür erforderlichen Substanzen durch die übermäßige Beanspruchung bereits ausgewaschen wurden. Die Haut beginnt zu schuppen, d.h. die einzelnen Zellen in der Haut sind nicht mehr fest verbunden, sondern locker.
So sind die unteren Hautschichten nicht mehr ausreichend geschützt. Sehr kleine Stoffe können leichter in die unteren Hautschichten eindringen und dort, je nachdem wie anfällig Sie sind,

Die Haut kann austrocknen wie ein Lehmboden in der Sonne

- Entzündungsreaktionen hervorrufen – **Abnutzungsekzem**,
- eine allergische Reaktion auslösen – **allergisches Kontaktekzem**.

Ekzeme sind Entzündungen der Haut, die sich durch Rötung, Bläschenbildung, Schuppen, Knötchen und später durch Hautverdickung und Furchenbildung bemerkbar machen. Sie sind nicht ansteckend, können jedoch die Arbeitsfähigkeit stark einschränken oder gar zur Berufsunfähigkeit führen. Aus diesem Grund bezeichnet die TRGS 401 **folgende Tätigkeiten als hautgefährdend**:
- regelmäßig mehr als zwei Stunden am Tag Feuchtarbeiten verrichten
- mehr als zwei Stunden pro Tag flüssigkeitsdichte Schutzhandschuhe tragen
- häufig und intensiv die Hände reinigen

Aufgaben

1. Prüfen Sie, ob Sie die genannten Zeiten an einem Arbeitstag überschreiten.
2. Erarbeiten Sie in der Gruppe Vorschläge, wie in einem Friseursalon möglichst hautschonend gearbeitet werden könnte.

Abnutzungsekzem

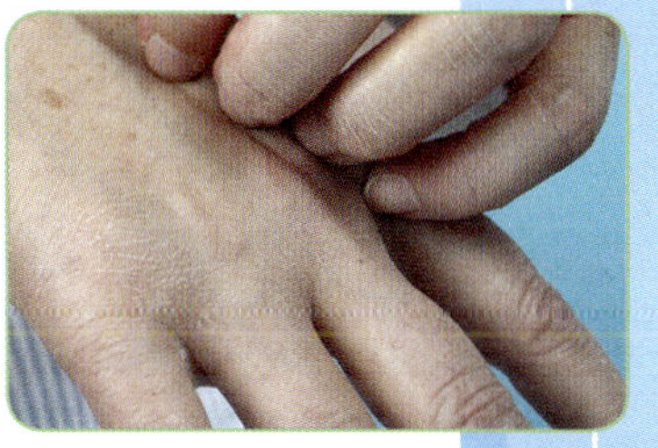

Abnutzungsekzem

Unter den Ekzemerkrankungen ist das Abnutzungsekzem am häufigsten. **Ausgelöst** wird es durch den langfristigen oder wiederholten Kontakt mit schädigenden Stoffen wie chemischen Mitteln oder auch durch übermäßigen Kontakt mit Wasser und reinigenden Substanzen, die die Fette in der Haut auswaschen.
Je nachdem wie stark das Mittel ist, können Sie entweder sehr schnell eine Reaktion Ihrer Haut sehen oder die Schädigung macht sich erst nach längerer Zeit bemerkbar. Hier spielt die Menge des Mittels und die Dauer der Einwirkzeit eine große Rolle. Sie wissen selbst, dass Händewaschen prinzipiell nicht gefährlich, sondern im Rahmen der persönlichen Hygiene sogar notwendig ist. Wenn Sie jedoch an einem normalen Arbeitstag etwa dreißig Kundinnen die Haare waschen, so wirkt sich das auch auf Ihre Haut aus. Das Shampoo wäscht nicht nur die Fette vom Kopf der Kundin, sondern auch von Ihren Händen. Tragen Sie deshalb bei solchen Arbeiten immer **Schutzhandschuhe**.

➜ *vgl. S. 38 ff.*

Der dauerhafte Kontakt mit schädigenden Substanzen führt zu **entzündlichen Reaktionen**, da die Schutzmechanismen der Haut geschwächt sind. Bei Friseurinnen beginnen diese Reaktionen meist in den Fingerzwischenräumen, da hier die Hornschicht sehr dünn ist und bei geschlossenen Fingern eine Art Kammer entsteht, in der sich Wasser und andere schädigende Stoffe sammeln können. Dazu kommt, dass diese Stellen sowohl beim Reinigen, beim Abtrocknen als auch beim Pflegen häufig übersehen oder vergessen werden und sich die Haut dort auch weniger gut und schnell erholen kann. Wenn diese ersten Anzeichen übersehen oder ignoriert werden, kann sich die Entzündung über den Handrücken bis zum Arm hin ausbreiten.
Abnutzungsekzeme verschwinden in der Regel mit dem Absetzen des schädigenden Stoffes und/oder durch den verminderten Kontakt mit Wasser und Waschzusätzen.

Allergisches Kontaktekzem

Allergien kennen Sie alle. Vielleicht leiden Sie selbst unter Heuschnupfen oder dürfen bestimmte Dinge nicht essen?
Eine **Allergie** ist eine Überempfindlichkeitsreaktion des Körpers auf bestimmte Stoffe, die sogenannten Allergene. **Allergene** sind Substanzen, die in der Lage sind, eine Allergie auszulösen. Meist werden diese Stoffe eingeatmet (z. B. Blütenpollen, Hausstaub) oder sie gelangen über die Nahrung in den Körper. Auch die Berührung bestimmter Stoffe mit der Haut kann zu allergischen Reaktionen führen.
Eine Allergie kann auch als **allergisches Ekzem** bezeichnet werden, wenn sie sich durch ähnliche Symptome wie ein Ekzem bemerkbar macht. Im Unterschied zu einem Abnutzungsekzem, das jede von Ihnen entwickeln kann, muss bei einer Allergie jedoch erst eine Reaktion des Immunsystems – eine Sensibilisierung – auf ein Allergen stattfinden.

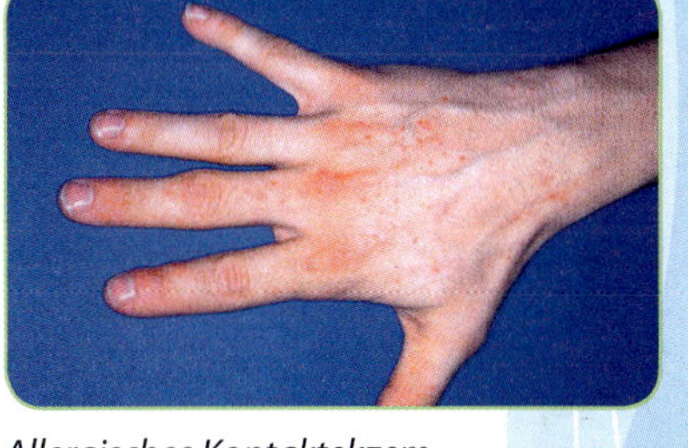

Allergisches Kontaktekzem

Im Gegensatz zu Abnutzungsekzemen bleibt eine Allergie ein Leben lang bestehen. Wenn Sie also eine Allergie auf einen Berufsstoff entwickeln, kann das dazu führen, dass Sie nicht weiter als Friseurin arbeiten können, da Sie ständig den schädigenden Stoffen ausgesetzt sind. Das Vermeiden der allergischen Reaktion ist dauerhaft nur möglich, wenn der direkte Umgang mit den unverträglichen Kontaktstoffen und den darin enthaltenen Allergenen konsequent gemieden wird.

Aufgaben

1. a) Was passiert mit der Haut, wenn sie häufig mit Shampoo in Kontakt kommt?
   b) Welche Hautveränderungen werden sichtbar?
   c) An welchen Stellen der Hände zeigen sich diese Hautveränderungen als Erstes?
2. Mit welchen gefährdenden Stoffen kommen Sie in Ihrem Beruf in Kontakt?
3. Wie können Sie den Kontakt mit diesen gefährdenden Stoffen vermeiden?

Heuschnupfen

Wie entsteht eine Allergie?

Zunächst muss ein Allergen entweder durch Nase oder Mund oder durch die geschädigte Haut in das Immunsystem vordringen. Das Immunsystem ist das körpereigene Abwehrsystem, also eine Art Polizei des Körpers. Es entscheidet zwischen guten und schlechten Stoffen und bekämpft und entfernt in den Körper eingedrungene Fremdstoffe. Ruft der erste Kontakt mit einem bestimmten Allergen eine (eigentlich unnötige) Abwehrreaktion des Immunsystems hervor, d.h. der Körper bildet Antikörper gegen diesen Fremdstoff, liegt eine **Sensibilisierung** vor.
Der erneute Kontakt mit dem Allergen kann dann zu allergischen Abwehrreaktionen führen. Diese zeigen sich z.B. durch eine laufende Nase, Atembeschwerden oder auf der Haut als typische Entzündungsreaktion mit Rötungen, Bläschen und Rissen, meist begleitet von einem unangenehmen Juckreiz.

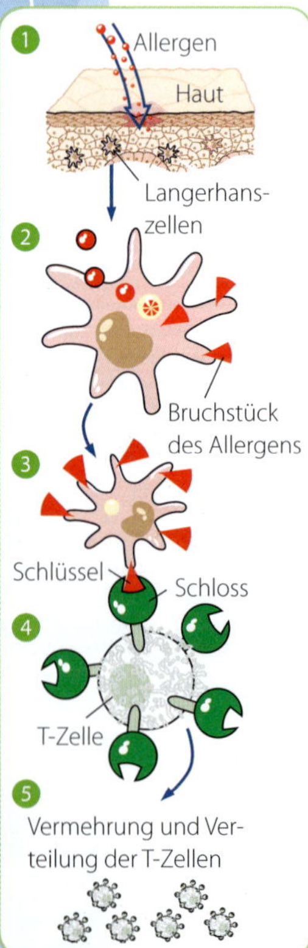

Sensibilisierungsphase

1. Das Allergen tritt tief in die vorgeschädigte Haut ein.
2. Dort trifft es auf die sogenannten Langerhanszellen.
   Das sind Zellen aus dem Knochenmark, die überall in der Haut netzförmig verteilt sind. Ihre Aufgabe ist es, alle fremden Stoffe, die in den Körper eingedrungen sind, einzusammeln und dem Immunsystem zu präsentieren.
   Diese Zellen nehmen das Allergen auf und zerteilen es in kleine Bruchstücke, um an die Informationen zu kommen.
3. Die Langerhanszelle wandert zu den Lymphknoten. Dort zeigt sie die Informationen des Allergens auf ihrer Oberfläche.
4. Im Lymphknoten sitzen die T-Zellen. Das sind weiße Blutkörperchen, deren Aufgabe die Bekämpfung von Fremdstoffen ist. Es gibt sehr viele verschiedene T-Zellen. Die Langerhanszelle muss nun die T-Zelle finden, die für das Allergen zuständig ist. Das funktioniert ähnlich wie bei einem Schlüssel und dem dazu passenden Schloss.
5. Findet die Langerhanszelle eine passende T-Zelle, wird diese aktiviert und beginnt sich zu teilen. Die so gegen das Allergen aktivierten T-Zellen verteilen sich anschließend überall im Körper. Damit ist die Sensibilisierungsphase abgeschlossen. Wenn das Allergen erneut in das Immunsystem eindringt, stehen genug T-Zellen bereit, die es bekämpfen. Es kommt zu allergischen Abwehrreaktionen.

3.2.2 Hautschutzmaßnahmen

Hautschutzplan

Auf der Grundlage der TRGS ist jede Saloninhaberin verpflichtet, einen **Hautschutzplan** zu erstellen, der eine Übersicht über jede hautgefährdende Tätigkeit und die jeweils zu ergreifenden Schutzmaßnahmen gibt. Dieser Plan muss an einer gut einsehbaren Stelle im Salon ausgehängt werden. Gleichzeitig muss Ihre Chefin Ihnen alle **für den Schutz und die Pflege der Haut benötigten Mittel** kostenlos zur Verfügung stellen. Dazu gehören:

- Hautschutzmittel (z.B. Schutzhandschuhe, Hautschutzpräparate)
- Hautreinigungsmittel (z.B. pH-hautneutrale Waschzusätze)
- Hautpflegepräparate (z.B. Handcreme)

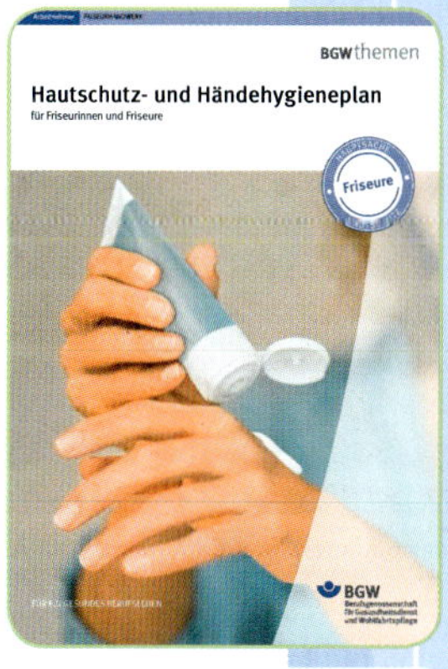

www.bgw-online.de

Der Inhalt des Hautschutzplans ist Bestandteil der einmal im Jahr stattfindenden **betrieblichen Unterweisung**, in der alle Beschäftigten über mögliche Unfall- und Gesundheitsgefahren sowie über Umweltschutzmaßnahmen informiert werden.
Neben den Anweisungen des Hautschutzplans gilt der Grundsatz aus der TRGS 530, dass **Arm- oder Handschmuck** während der Arbeit nicht getragen werden dürfen. Unter dem Schmuck könnten sich Feuchtigkeit oder Chemikalien ansammeln und so die Entstehung krankhafter Hautveränderungen begünstigen.

Hautschutzplan (Anlage 1 zu TRGS 530)

Tätigkeit / Hautschutzmaßnahme	• Shampoonieren • Kopfmassage mit Haarbehandlungspräparaten • Auftragen und Auswaschen von Pflegepräparaten	Farbe, Dauerwelle, Blondierung • Mischen • Auftragen • Überprüfen • Probewickeln • Fixieren	Farbe, Dauerwelle, Blondierung • Aufemulgieren • Auswaschen	Styling, Kopfmassage ohne Haarbehandlungspräparate	Reinigung, Desinfektion von • Arbeitsgeräten • Räumen
1. Vor der einzelnen Tätigkeit	Hände mit Hautschutzpräparat eincremen.				
2. Während der Tätigkeit					
Einmalhandschuhe (1) (1) keine gepuderten Latexhandschuhe verwenden	x langstulpig	x	x langstulpig	x langstulpig	x bei empfindlicher Haut
Waschhandschuhe	x				
Haushaltshandschuhe					x
3. Nach der einzelnen Tätigkeit	• Handwaschung nur bei verschmutzten Händen und ggf. mit pH-hautneutralem Reinigungsmittel. • Hände gut abtrocknen. • Hände eincremen.				
4. Vor Pausen und nach Arbeitsschluss	Hände mit Hautpflegepräparaten eincremen.				

Aufgaben

1. In der Anlage 1 der TRGS 530 finden Sie den abgebildeten Hautschutzplan (vgl. S. 37). Schauen Sie sich diesen Plan genau an und überlegen Sie, an welcher Stelle der Plan erweitert werden könnte.
2. Vergleichen Sie die Vorlage der TRGS 530 mit dem in Ihrem Ausbildungsbetrieb ausgehängten Hautschutzplan und notieren Sie die für den Hautschutz der Hände empfohlenen Maßnahmen.

Handschuhe, die man mehrmals benutzen kann, ziehen Sie einfach über die Hände.

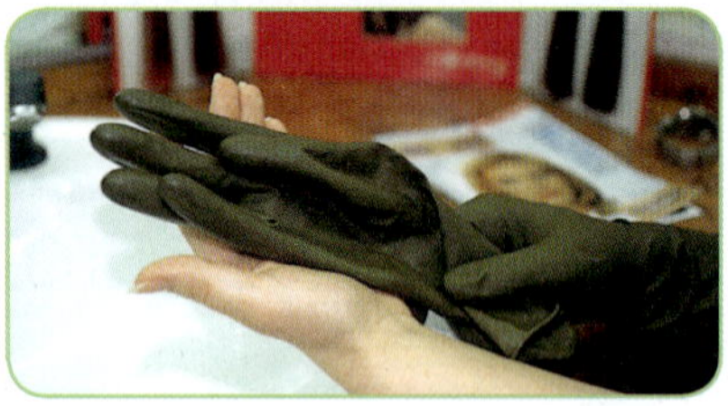

Krempeln Sie die Handschuhe um und schlagen Sie sie kurz aus.

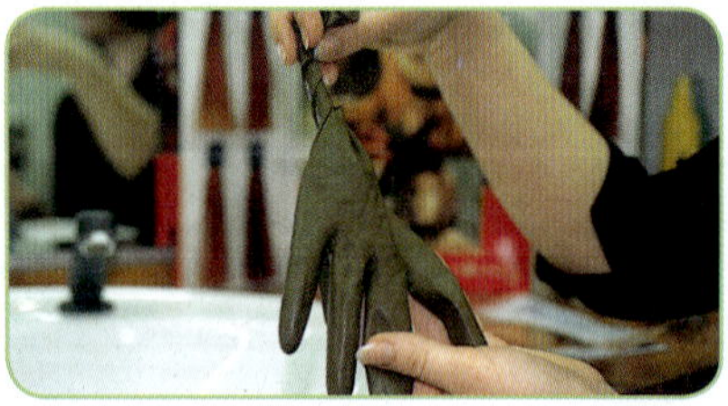

Halten Sie die Handschuhe an der Stulpe fest und zwirbeln Sie sie.

Drücken Sie jetzt die Luft in die Fingerspitzen. Das war es schon! Probieren Sie es.

Ausziehen von mehrfach verwendbaren Schutzhandschuhen

Schutzhandschuhe

Schutzhandschuhe sind bei Ihrer Arbeit eine der wichtigsten Hautschutzmaßnahmen, die Sie selbst ergreifen können. Um sich wirklich zu schützen, **beachten Sie folgende Punkte:**

- Schutzhandschuhe müssen **passen**. Sie werden in verschiedenen Größen angeboten. Achten Sie darauf, dass Ihre Handschuhe weder zu groß noch zu klein sind.
- Schutzhandschuhe müssen **unbeschädigt** sein. Sie dürfen keine Risse oder Löcher haben, da sonst schädigende Substanzen und Wasser eindringen können.
- Schutzhandschuhe müssen **undurchlässig** für Chemikalien und Flüssigkeiten sein. Achten Sie bei der Wahl der Handschuhe auf die **Beschreibung des Herstellers**. Nicht jeder Handschuh ist für jede Tätigkeit geeignet.
- Schutzhandschuhe müssen **elastisch** sein, um die Bewegungsfähigkeit nicht einzuschränken. Handschuhe sollen Sie bei Ihrer Arbeit nicht behindern. Trotzdem muss man sich an das Arbeiten mit Handschuhen gewöhnen. Geben Sie also nicht gleich wieder auf.
- Schutzhandschuhe müssen aus einem Material hergestellt sein, das **keine Allergien** auslösen kann. Gepuderte Latexschutzhandschuhe sind mittlerweile verboten, weil die allergieauslösenden Latexproteine mit dem Puder in die Atemluft gelangen.

Beachten Sie außerdem beim Tragen von Schutzhandschuhen:

- Reinigen und trocknen Sie Ihre Hände vorher gründlich.
- Achten Sie bei mehrfachem Gebrauch von Handschuhen vor allem darauf, dass sie trocken sind und dass Sie nicht die Seite auf der Haut tragen, die vorher schon mit Chemikalien in Kontakt gekommen ist. Wechseln Sie die Schutzhandschuhe häufiger.
- Sogenannte Einmalhandschuhe sollten, wie es der Name schon sagt, nur **einmal** getragen werden.
- Tragen Sie die Schutzhandschuhe nicht länger als nötig. Prinzipiell sollten Handschuhe nicht länger als maximal eine Viertelstunde ohne Unterbrechung getragen werden, da sich sonst Wärme und Feuchtigkeit unter dem Handschuh stauen können. Ziehen Sie bei längeren Tragezeiten Baumwollhandschuhe darunter.
- Reinigen und pflegen Sie Ihre Hände anschließend mit einem geeigneten Präparat.

Für jede Tätigkeit gibt es passende Schutzhandschuhe:

- Piktogramme zeigen, gegen welche Gefahren die Handschuhe schützen. Schutzhandschuhe mit dem **Becherglas-Piktogramm** sind z. B. luft- und wasserdicht und zumindest für eine begrenzte Zeit für den Umgang mit **Friseurchemikalien** geeignet.
- Bei der **Haarwäsche** können Sie Schutzhandschuhe aus Nitril, Vinyl oder PVC verwenden. Sie sollten lange Stulpen haben, die einmal umgeschlagen werden, damit keine Flüssigkeit in die Schutzhandschuhe hineinläuft.
- Für **dauerhafte Umformungen, Farbbehandlungen** und **Blondieren** sind Einmalhandschuhe aus Nitril am besten geeignet.
- Zur **Reinigung** und **Desinfektion** können Sie mehrfach verwendbare Haushaltshandschuhe tragen.

Latexhandschuhe sind zwar grundsätzlich für die Haarwäsche geeignet, können aber Allergien auslösen und sollten daher nicht verwendet werden.

Baumwollhandschuh

Becherglas-Piktogramm (DIN EN 374-1:2003-12)

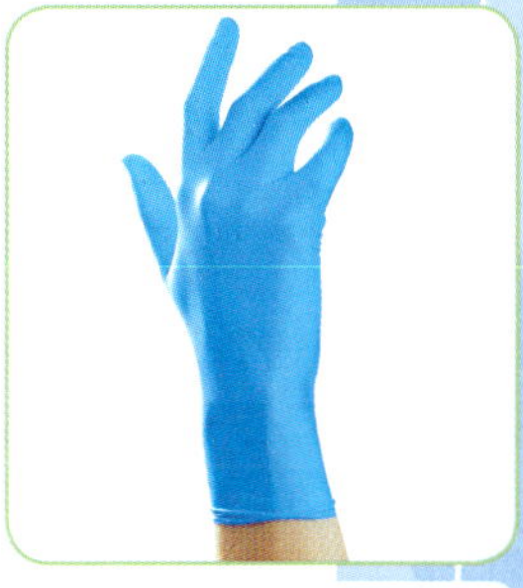

Nitril-Einweghandschuh

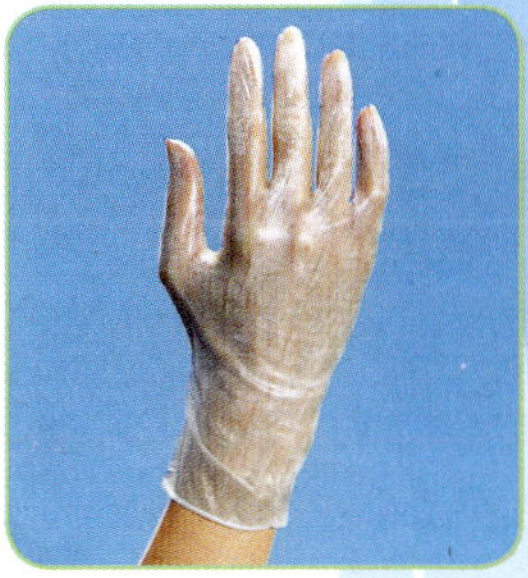

Vinylhandschuh

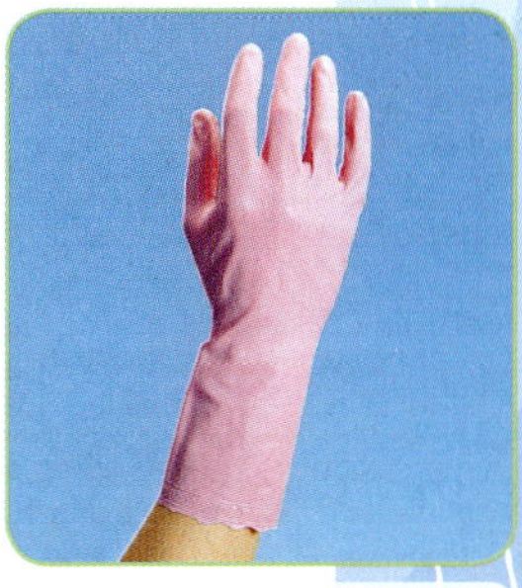

Haushaltshandschuh

Hautschutzpräparate

Hautschutzpräparate sind spezielle Cremes, die Ihre Hände besser vor Chemikalien und Feuchtigkeit schützen können, als es normale Handcremes können. Wenden Sie diese Cremes regelmäßig an, und zwar

- immer vor Arbeitsbeginn,
- vor jedem erneuten Kontakt mit Flüssigkeiten,
- vor der Benutzung von Schutzhandschuhen,
- nach längeren Pausen.

Beachten Sie dabei Folgendes:

- Tragen Sie bei der Arbeit keinen Arm- oder Handschmuck. Einerseits birgt das Verletzungsgefahren in sich, andererseits können diese Stellen nicht eingecremt werden und die Entstehung von Hautkrankheiten wird begünstigt.
- Cremen Sie alle gefährdeten Hautstellen ein. Stellen, die gerne vergessen werden, sind die Fingerzwischenräume, die Nagelgegend und die Unterarme.

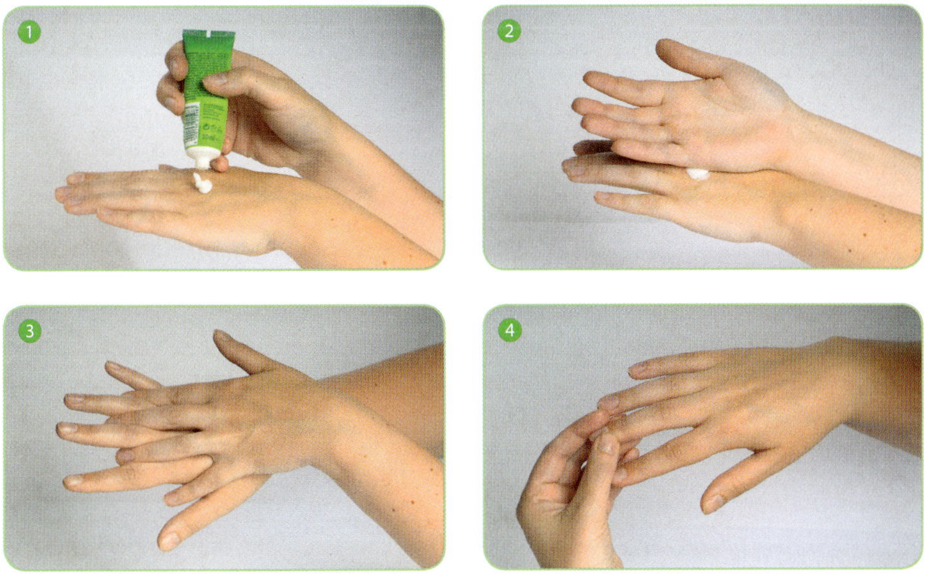

Richtiges Eincremen der Hände

3.3 Schutz der Atemwege

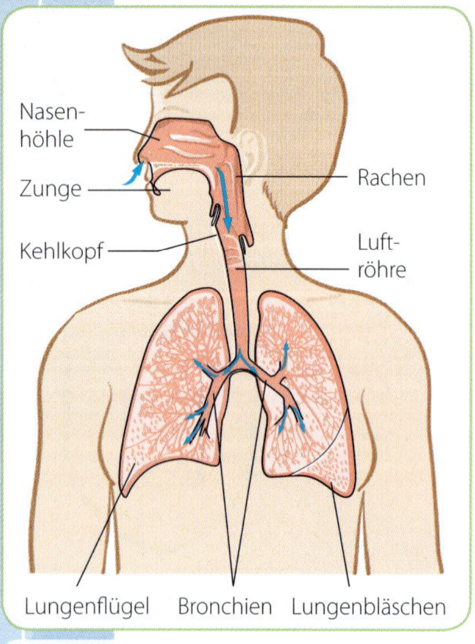

Aufbau der Atemwege

Atemwegserkrankungen sind Erkrankungen von Nase, Rachen, Bronchien und Lunge. Sie beeinträchtigen die Funktion der Atmungsorgane und damit den lebensnotwendigen Gasaustausch von Kohlenstoffdioxid aus dem Blut der Lungengefäße gegen Sauerstoff aus der eingeatmeten Luft.

Im Friseursalon kann z.B. Haarspray zu einer solchen Erkrankung führen, wenn sich der eingeatmete Nebel in der Lunge festsetzt und die feinen Gefäße verklebt. Setzen Sie die Präparate deshalb immer gezielt und sparsam ein und gehen Sie nicht direkt durch den entstehenden Nebel. Treibgasfreie Präparate zerstäuben die Inhaltsstoffe nicht so stark und können deshalb nicht so intensiv eingeatmet werden.

Laut TRGS sind staubende Blondierpulver mittlerweile verboten. Es sollten nur noch Präparate eingesetzt werden, die beschwert sind – Granulate – und deshalb keinen Staub entwickeln können. Noch besser geeignet sind Blondiercremes, bei denen gar keine Staubentwicklung möglich ist.

Selbstverständlich können auch Sie etwas für die gute Luft am Arbeitsplatz tun: Lüften Sie regelmäßig die Räume und rauchen Sie nicht.

3.4 Ergonomisches Arbeiten

Als Friseurin verrichten Sie einen großen Teil Ihrer Arbeit im Stehen. Das kann für den Körper, vor allem für den Rücken und die Füße, belastend sein. Achten Sie deshalb frühzeitig auf ein ergonomisches Arbeiten. Der Begriff **Ergonomie** ist aus den beiden griechischen Wörtern „*ergon*" (= Arbeit, Leistung) und „*nomos*" (= Gesetz, Lehre) zusammengesetzt. Frei übersetzt bedeutet Ergonomie etwa „Wissenschaft von der menschlichen Arbeit". Die Hauptaufgabe der Ergonomie ist die Anpassung der Arbeit an die Fähigkeiten und Eigenschaften des Menschen.

3.4.1 Schutz vor Gefäßerkrankungen – Krampfadern

Unser Körper wird über das **Herz-Kreislauf-System**, also das Blut, mit Sauerstoff und allen wichtigen Nährstoffen versorgt, gleichzeitig werden Abfallprodukte über das Blut entsorgt. Zu diesem System gehören das Herz als Motor und die Blutgefäße als Transportwege. Die linke Herzkammer pumpt das sauerstoffreiche Blut aus dem Herzen in die **Aorta**, die größte Schlagader des Körpers. Von dort gelangt das Blut über andere große Schlagadern, die **Arterien**, weiter in den Körper. Die Arterien verzweigen sich in immer kleinere Gefäße, die **Arteriolen** genannt werden.

Die Arteriolen teilen sich schließlich in Gefäße auf, die kaum dicker als ein Haar sind, die sogenannten **Kapillaren**. Durch die Kapillaren werden Sauerstoff, Nährstoffe und Abfallprodukte zwischen Gewebe und Blut ausgetauscht.

Die Kapillaren sind gleichzeitig die Verbindung zwischen den Arterien und den Venen. Über die **Venolen** wird das sauerstoffarme Blut in die Venen zurückgeführt, die das Blut wieder zum Herzen leiten. Dort wird es dann wieder mit Sauerstoff aus den Lungen angereichert und der Kreislauf beginnt von vorne.

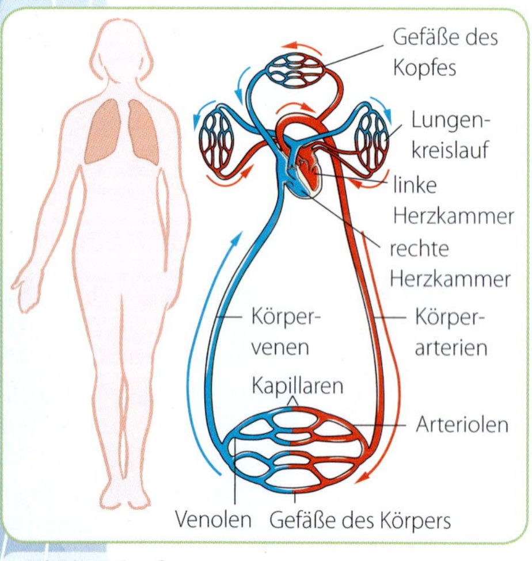

Blutkreislauf

In den Venen ist der Druck nicht so groß wie in den Arterien. Um einen Rückfluss des Blutes zu verhindern, gibt es hier Klappen, die das Blut nur in Richtung des Herzens durchströmen lassen. Fließt das Blut zurück, schließen sich die **Venenklappen**.
Dieses System funktioniert jedoch nur, wenn die Venenwände unter einer ausreichenden Spannung durch die sie umgebende Muskulatur stehen. Übermäßig langes Sitzen oder Stehen oder auch eine Bindegewebsschwäche können dazu führen, dass die Venen „ausleiern". Die Venenklappen sind zu weit voneinander entfernt und können nicht mehr richtig schließen. Das Blut kann in den Venen zurückfließen und sich dort stauen. Tritt das ein, so entstehen **Krampfadern**.

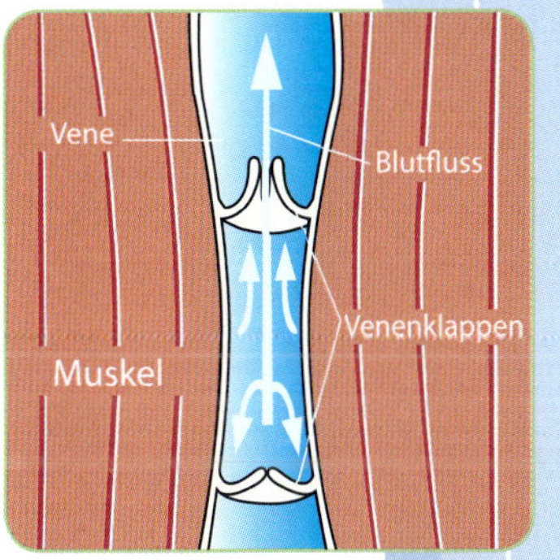

Prinzip der Venenklappen

Krampfadern machen sich meist zunächst durch Spannungsgefühle in den Beinen bemerkbar, manchmal juckt auch die Haut an den betreffenden Stellen und es treten nächtliche Wadenkrämpfe auf. Im weiteren Verlauf zeichnen sich die verdickten Venen in ihrer typischen geschlängelten und verästelten Form durch die Haut hindurch ab. Krampfadern müssen im fortgeschrittenen Stadium operativ behandelt werden, indem man sie entweder zieht oder verödet. Unbehandelt können sie zu einer Erkrankung des umgebenden Gewebes führen, auch besteht die Gefahr einer Thrombose, eines Gefäßverschlusses, der lebensbedrohlich sein kann.

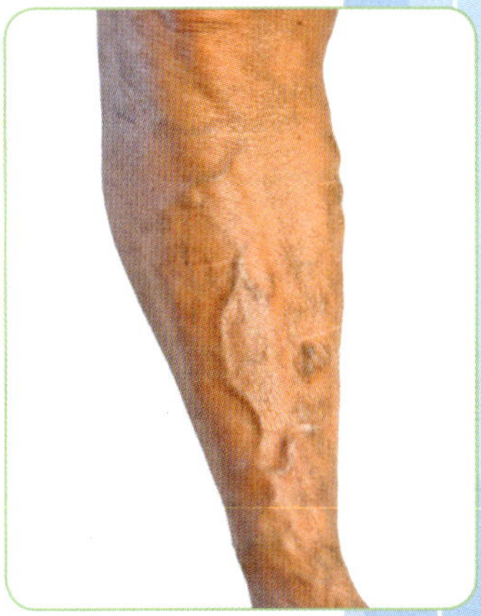
Krampfadern

So können Sie Krampfadern vorbeugen:
- Achten Sie auf einen ständigen Wechsel zwischen Gehen, Stehen und Sitzen. Höhenverstellbare Bedienungsstühle und Schneidehocker helfen dabei.
- Tragen Sie Schuhe mit niedrigen Absätzen.
- Sorgen Sie für ausreichend Bewegung in Ihrer Freizeit.
- Auch kleine Dinge unterstützen die Gesundheit Ihrer Venen: Gehen Sie doch mal zu Fuß, anstatt den Bus, die Rolltreppe oder den Aufzug zu nehmen.
- Eine Übung, die Sie z. B. abends beim Zähneputzen durchführen können: abwechselnd auf die Zehenspitzen gehen und wieder absenken.

Aufgaben

1. Erklären Sie das Herz-Kreislauf-System mit eigenen Worten.
2. Was passiert in den Kapillaren?
3. Wie verhindern die Venen, dass das Blut in die Füße zurückfließt?

Schneidehocker

3.4.2 Kleine Rückenschule

Unser Körper wird durch das Skelett und die zahlreichen Muskeln gehalten. Die Muskeln spüren Sie z. B., wenn Sie hart gearbeitet oder sich beim Sport überanstrengt haben, als Muskelkater. Bei zu großer Belastung oder bei Fehlbelastung des Bewegungsapparats können Schmerzen oder auch bleibende Schäden entstehen.

Die Wirbelsäule

Unsere Wirbelsäule besteht aus 24 Wirbeln, die gegeneinander beweglich sind und dadurch Bewegungen nach vorne, nach hinten und zur Seite erlauben.

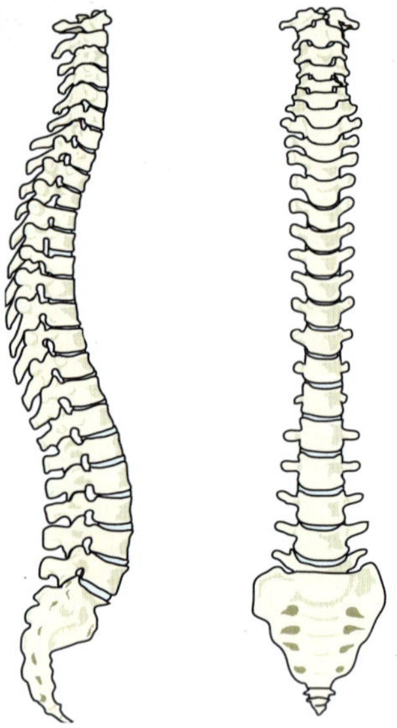

Die Wirbelsäule

Die Beweglichkeit der Wirbelsäule wird durch die Bandscheiben unterstützt, die zwischen den Wirbeln liegen.
Von vorne betrachtet ist die Wirbelsäule relativ gerade. Von der Seite gesehen weist sie jedoch vier Krümmungen auf, sie ist wie ein doppeltes S gebogen. Durch diese Krümmungen ist die Wirbelsäule sehr stabil.
Fehlbelastungen, z. B. durch ständiges leichtes Hinunterbücken oder durch nachteiliges Schuhwerk, können diese Krümmungen jedoch krankhaft verstärken; die Folgen sind ein Hohlkreuz oder ein Rundrücken und möglicherweise Rückenschmerzen.

So können Sie Rückenproblemen vorbeugen:

- Arbeiten Sie im Sitzen und im Stehen möglichst mit geradem Rücken. Stellen Sie dafür z. B. den Bedienungsstuhl auf die für Sie richtige Höhe ein.
- Belasten Sie im Stehen beide Füße und beugen Sie ganz leicht die Knie.
- Wechseln Sie öfters die Arbeitshaltung, z. B. mittels Stehhilfe.
- Stärken Sie Ihre Rücken- und Bauchmuskulatur, z. B. durch die dargestellten Übungen.
- Bewegen Sie sich viel in Ihrer Freizeit.

Übungen

Wichtig ist, dass Sie, bevor Sie mit den Übungen beginnen, zunächst Ihre Muskulatur lockern. Laufen Sie dazu ein paar Minuten auf der Stelle und kreisen Sie mit den Armen in der Luft.
Wiederholen Sie jede der folgenden Übungen zehnmal.

Kräftigung der geraden Bauchmuskulatur

Kräftigung der schrägen Bauchmuskulatur

Kräftigung der Rückenmuskulatur

Kräftigung der Gesäß- und Rückenmuskulatur

1. Legen Sie sich auf einer Isomatte auf den Rücken und verschränken Sie die Arme hinter dem Kopf. Heben Sie die Beine im 90°-Winkel in die Luft. Rollen Sie den Oberkörper nach oben in Richtung Knie.
2. Das linke Bein ist gestreckt, das rechte gebeugt. Die linke Hand drückt gegen das rechte Knie. Halten Sie die Spannung ca. zehn Sekunden. Dann lösen Sie die Spannung und wechseln die Seite.
3. Legen Sie sich anschließend auf den Bauch, mit der Nase Richtung Boden. Legen Sie die Arme angewinkelt neben den Kopf. Spannen Sie den ganzen Körper an und heben Sie Oberkörper und Arme etwa 10 cm hoch. Halten Sie die Position etwa zehn Sekunden lang.
4. Zum Abschluss gehen Sie in den Vierfüßlerstand. Heben Sie zuerst den rechten Arm und das linke Bein in die Luft und halten Sie diese Position für zehn Sekunden. Achten Sie dabei darauf, dass Ihr Körper eine Linie bildet. Wechseln Sie dann die Seite.

3.4.3 Fußgesundheit

Unser Fußskelett ist gewölbt, um mehr Stabilität zu gewährleisten. Es besitzt ein Längs- und ein Quergewölbe. Da die Menschen heute fast den ganzen Tag Schuhe tragen und sich auf hartem Untergrund bewegen, sind Fußbeschwerden weitverbreitet. Hier können, neben einer ererbten Veranlagung, vor allem nachteiliges Schuhwerk und Übergewicht eine Fehlstellung begünstigen.

Folgende Fußfehlstellungen werden unterschieden:
- Beim **Senk-** bzw. **Plattfuß** ist das Längsgewölbe abgeflacht.
- Beim **Knickfuß** knickt das Fußgelenk nach innen ein.
- Beim **Spreizfuß** ist das Quergewölbe abgeflacht.
- Beim **Hohlfuß** ist das Längsgewölbe überhöht.

Diese häufig schmerzhaften Fehlstellungen können im einfachsten Fall durch Einlagen in den Schuhen ausgeglichen werden, schlimmer betroffene Personen müssen orthopädische Schuhe tragen.

Eine ebenfalls häufig zu beobachtende Fehlstellung des Fußskeletts ist der **Hallux valgus**, eine Schiefstellung der Großzehe im Grundgelenk nach außen. Diese Fehlstellung wird zum einen durch den Spreizfuß begünstigt, zu hohe, zu spitze oder zu enge Schuhe sind mittlerweile jedoch die Hauptursachen für diese Erkrankung.

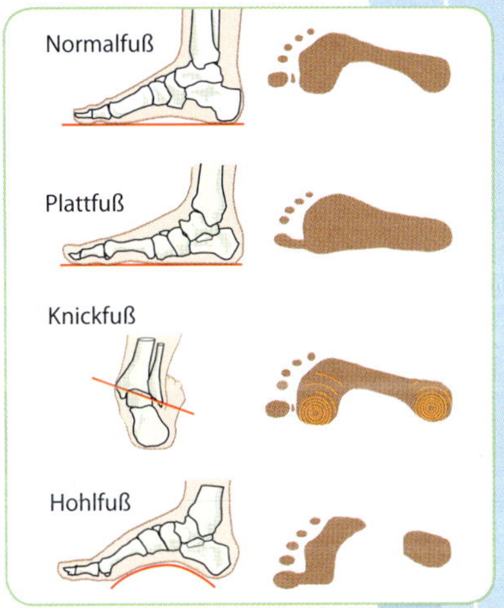

Fußfehlstellungen

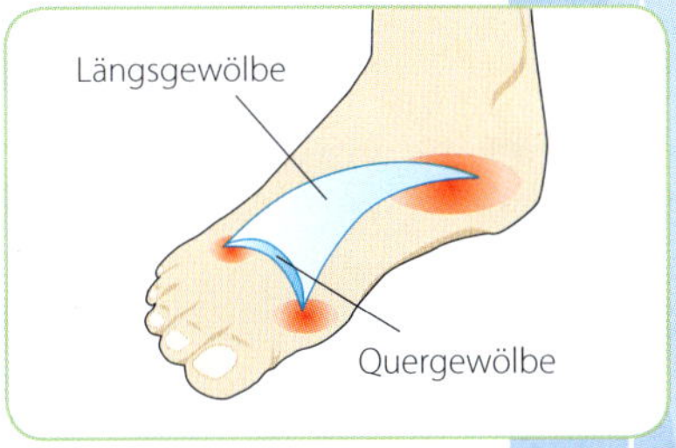

Fußgewölbe

So können Sie Fußerkrankungen und Fußschmerzen vorbeugen:
- Tragen Sie gut sitzende, bequeme Schuhe mit niedrigem Absatz. Ihren Füßen zuliebe sollte nicht die Mode an erster Stelle stehen, sondern die Gesundheit.
- Wechseln Sie häufiger die Schuhe.
- Unterstützend sind tägliche Fußbäder und Fußgymnastik.
- Laufen Sie, sooft es geht, barfuß.

Aufgaben

1. Führen Sie die Übungen zur Rückengymnastik durch und kontrollieren Sie sich gegenseitig.
2. Besorgen Sie bei Ihrer Krankenkasse Informationen zu gesunden Füßen und einem gesunden Rücken. Was wird angeboten?

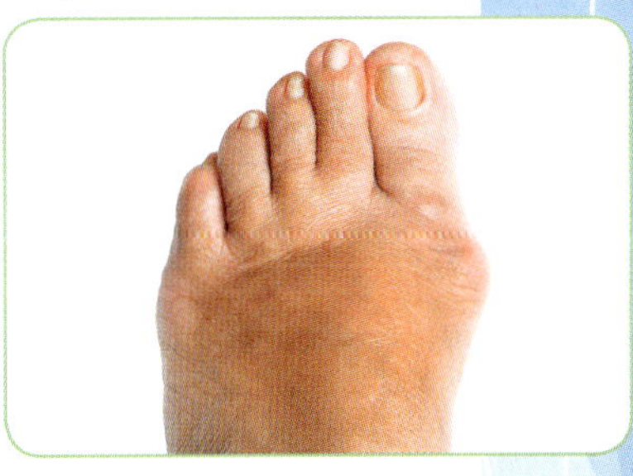

Hallux valgus

3.5 Hygiene

Stellen Sie sich vor, Sie betreten einen Friseursalon: Die Friseurin, die Sie begrüßt, riecht unangenehm, der Platz, an den Sie geführt werden, liegt voll mit den Haaren Ihrer Vorgänger und das Handtuch könnte mal wieder eine Wäsche vertragen …
Solche Zustände gibt es zum Glück in der Realität nicht. Sowohl für die Kundinnen als auch für die Friseurinnen ist ein sauberer Salon selbstverständlich. Nach jeder Kundin werden die abgeschnittenen Haare entfernt und die Waschbecken und der Arbeitsplatz gesäubert. Schließlich sollen sich die Kundinnen wohlfühlen und das geht nur in einer sauberen Umgebung. Das alleine reicht jedoch nicht aus, um die Kundinnen und sich selbst vor Krankheiten zu schützen. Ein Friseursalon muss nicht nur sauber, sondern vor allem hygienisch unbedenklich sein.

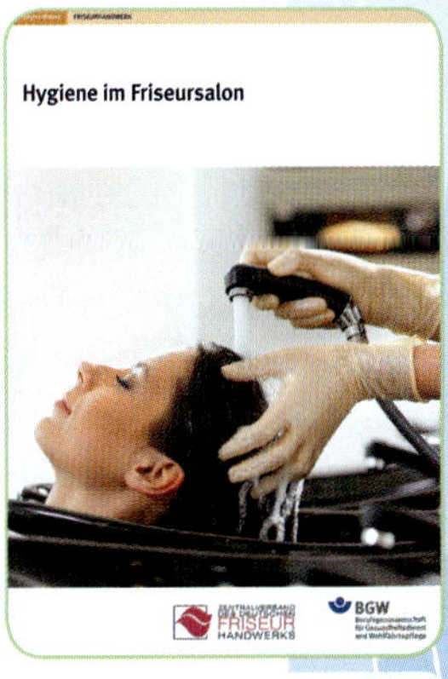

www.bgw-online.de

Hygiene ist die Lehre von der Förderung und Erhaltung der Gesundheit durch Ausschaltung gesundheitsschädlicher Umwelteinflüsse.

Wenn Sie an Hygiene denken, fallen Ihnen vermutlich zunächst Dinge wie Duschen, Zähneputzen und Händewaschen ein. Hygiene ist jedoch deutlich mehr als Sauberkeit, sie bedeutet vorbeugenden Gesundheitsschutz.
Um einen Mindeststandard zu gewährleisten, gibt es verschiedene Vorschriften, die die Hygiene im Salon regeln.

3.5.1 Bereiche der Hygiene

Hygiene beschränkt sich also nicht nur auf die persönliche Reinigung. Sie umfasst viel mehr. Wenn man von Hygiene spricht, unterscheidet man drei Teilbereiche:

Persönliche Hygiene

Händereinigung

Für die persönliche Hygiene sind Sie selbst verantwortlich. Persönliche Hygiene bedeutet Haut- und Haarpflege, Zahn- und Mundpflege, Maniküre und saubere Kleidung. Dazu gehören auch das tägliche Duschen sowie die Einhaltung bestimmter Hygienevorstellungen am Arbeitsplatz. So sollte es selbstverständlich sein, dass man sich die Hände wäscht, bevor man eine Kundin bedient, oder dass man zwischendurch für frische Luft sorgt.
In den letzten Jahren hat sich die Einstellung zur Hygiene in Deutschland deutlich geändert. Mittlerweile duschen etwa 85 % aller Deutschen täglich, im Jahr 2000 waren es nur knapp die Hälfte. In einem Beruf, in dem Sie ständig Kontakt mit Menschen haben, sollte diese Diskussion hinfällig sein. Es ist jedoch weder notwendig noch gesund, jeden Tag den ganzen Körper einzuseifen, denn Duschbäder trocknen die Haut aus. Verwenden Sie deshalb ein Duschbad mit rückfettenden Inhaltsstoffen und beim Baden einen ölhaltigen Badezusatz.

Auszug aus der Hygieneverordnung des Landes Baden-Württemberg:

§ 1 Geltungsbereich

Wer, ohne Ärztin, Arzt, Zahnärztin oder Zahnarzt zu sein, berufsmäßig oder gewerbsmäßig Tätigkeiten am Menschen ausübt, bei denen Erreger einer durch Blut oder andere Körperflüssigkeiten übertragbaren Krankheit im Sinne von § 2 des Infektionsschutzgesetzes übertragen werden können, unterliegt dieser Verordnung. Dies gilt insbesondere für die Akupunktur, die Ausübung des Friseurhandwerks, die Podologie, die Fußpflege, die Kosmetik, Tätigkeiten im Rahmen der ambulanten und stationären Pflege sowie für Ohrlochstechen, Piercing und Tätowieren.

§ 2 Pflichten

Wer Tätigkeiten im Sinne des § 1 ausübt, ist zur sorgfältigen Beachtung der allgemein anerkannten und tätigkeitsspezifischen Regeln der Hygiene verpflichtet.

...

Öffentliche Hygiene

Unter den Begriff öffentliche Hygiene fallen alle Bereiche, für die die Gesundheitsämter der Städte und Gemeinden verantwortlich sind. Dazu gehören u. a. die Müllentsorgung und die Abwasserentsorgung, Schuleingangsuntersuchungen und die Überwachung der Hygiene in Einrichtungen und Betrieben. Gesetzliche Grundlage sind z. B. das **Infektionsschutzgesetz** und die Trinkwasserverordnung. Zweck dieser Gesetze ist es, übertragbaren Krankheiten beim Menschen vorzubeugen, Krankheiten frühzeitig zu erkennen und ihre Weiterverbreitung zu verhindern.

Gewerbliche Hygiene

Das Infektionsschutzgesetz und die Hygieneverordnungen der Bundesländer regeln auch die Hygiene in den Betrieben. Die **Hygieneverordnungen** enthalten die hygienischen Vorschriften für alle Berufe, in denen Tätigkeiten an Menschen ausgeübt werden. Die Hygieneverordnung ist aushangpflichtig; sie muss im Salon für alle Mitarbeiterinnen gut einzusehen sein.

Aufgaben

Besorgen Sie sich im Internet die für Ihr Bundesland gültige Hygieneverordnung. Beantworten Sie folgende Fragen:

1. Welche Tätigkeiten erfordern die Berücksichtigung der Hygieneverordnung auch durch Sie als Friseurin?
2. Listen Sie stichwortartig die Pflichten auf, die Sie gemäß Hygieneverordnung einzuhalten haben.

3.5.2 Krankheitserreger

Hygiene bedeutet also, sich selbst und andere vor ansteckenden Krankheiten zu schützen. Die meisten Krankheitserreger sind so klein, dass Sie diese mit bloßem Auge nicht erkennen können.
Als Friseurin sollten Sie folgende Krankheitserreger kennen:

Viren besitzen keinen eigenen Stoffwechsel und sind deshalb auch nicht in der Lage, sich selbst zu vermehren. Dazu brauchen sie die Zelle eines Lebewesens, des sogenannten Wirtes. Die Zellen unserer Schleimhäute, z.B. in den Atemwegen, sind Virusangriffen besonders oft ausgesetzt, da sie nicht von einer schützenden Hautschicht bedeckt sind. Das Virus hängt sich an eine Zelle an und dringt in sie ein. Es schleust sein Erbgut in das der Wirtszelle, sodass diese gezwungen ist, neue Viren zu produzieren.

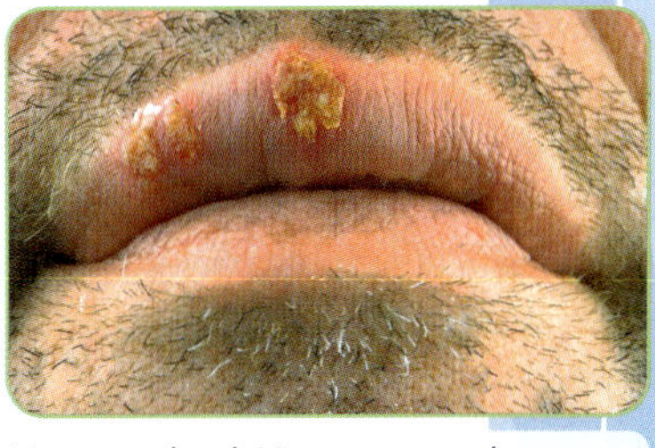
Herpes – durch Viren verursacht

Zu den von Viren ausgelösten Krankheiten gehören vor allem die bekannten Kinderkrankheiten wie Masern, Mumps, Röteln und Windpocken. Auch Erkältungen, Grippe, Aids, Hepatitis/Gelbsucht und Kinderlähmung werden durch Viren hervorgerufen. Durch Viren verursachte Hauterkrankungen sind z.B. Herpes simplex sowie einige Warzen.

Bakterien sind Mikroorganismen, die aus einer einzigen Zelle bestehen. Im Gegensatz zu Viren können sich Bakterien selbst vermehren, indem sie sich in der Mitte teilen; die Hälften wachsen wieder zu eigenständigen Bakterien heran.
Bakterien gibt es überall: in der Luft, in der Erde, im Wasser, in Menschen, Tieren und Pflanzen. Viele sind wichtig für den Menschen: So sind Bakterien in unserem Darm für die Verdauung notwendig. Manchmal können nützliche Bakterien aber auch zu Krankheitserregern werden: wenn sie z.B. überhandnehmen, weil unser Immunsystem geschwächt ist, oder wenn sie sich an einem falschen Ort in unserem Körper befinden. Beispielsweise verursachen Darmbakterien in den Harnwegen Blasenentzündungen.
Manche Bakterien sind immer krankheitserregend, sie haben in unserem Körper nichts zu suchen. Unser Immunsystem, aber auch nützliche Bakterien versuchen, sie zu bekämpfen.

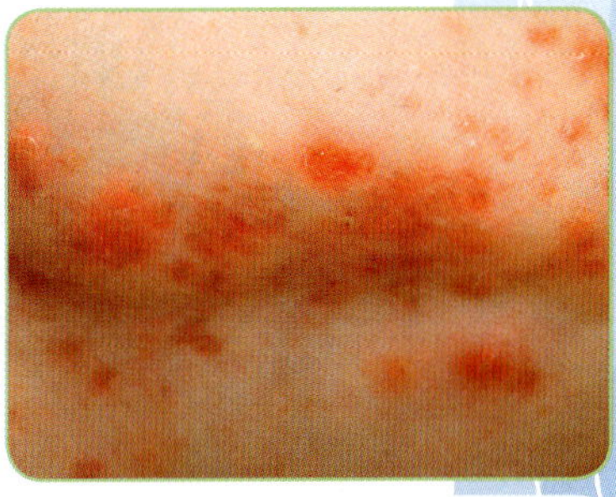
Eitrige Entzündung bei Akne – durch Bakterien verursacht

Durch Bakterien werden z.B. Entzündungen, Tuberkulose, Scharlach und Syphilis übertragen. Staphylokokken und Streptokokken sind spezielle Arten von Bakterien und als Eitererreger die Verursacher eitriger Entzündungen, z.B. bei Akne, die vor allem in der Pubertät gehäuft auftritt.

Pilzerkrankungen gehören weltweit zu den häufigsten Infektionserkrankungen. Auch in Deutschland sind nach Schätzungen bis zu 30 % aller Menschen davon betroffen.

Begünstigende Faktoren sind:
- dauernde Feuchtigkeit
- fehlende Luftzirkulation (z. B. Tragen von engen Stiefeln oder Verbänden)
- größere Wundflächen
- Durchblutungsmangel
- die Anwendung bestimmter Medikamente, darunter auch Antibiotika

Die Beschwerden bestehen hauptsächlich in Rötung, Abschuppung, Schwellung und starkem Juckreiz – ein oft quälendes Krankheitsbild, das sich durch Reiben oder Kratzen nur noch verschlimmert.

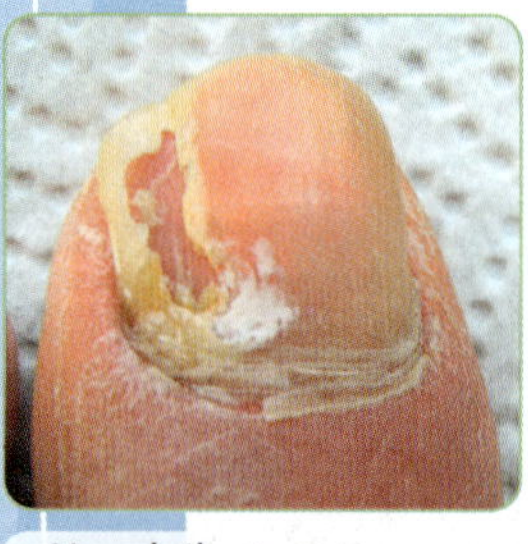

Nagelpilz

In Schwimmbädern, Saunen, Turnhallen, aber auch in Bädern oder Teppichböden von Hotels und Wohnungen lauern häufig Pilzsporen. Eingeschleppt werden sie durch Personen oder Tiere, die bereits mit Pilzen infiziert sind und dort pilzbehaftete Hautschüppchen verloren haben. Eine Übertragung ist auch von Tieren (Hund, Katze usw.) auf den Menschen möglich, selbst in normaler Blumenerde lassen sich Fadenpilze nachweisen. Ein häufig unterschätzter Ansteckungsweg sind auch Schuhkäufe. So ist bekannt, dass in den Schuhgeschäften zwei von drei Paar Schuhen – insbesondere im Sommer – mit Pilzsporen behaftet sind. Deswegen sollten Sie Schuhe nie ohne Socken anprobieren!
Im Friseursalon gibt es möglicherweise Kundinnen und Kunden mit Pilzerkrankungen der Kopfhaut, im Barthaarbereich oder an den Händen, z. B. Nagelpilz.

3.5.3 Ansteckungswege

Bislang haben Sie sich mit möglichen Krankheitserregern beschäftigt. Doch wie kann man sich überhaupt anstecken? Die Ansteckung durch Übertragung von Krankheitskeimen nennt man **Infektion**. Ansteckende Krankheiten treten nicht unmittelbar nach der Infektion auf. Die Zeitspanne zwischen der Aufnahme von Krankheitserregern und dem Ausbruch der Krankheit wird als **Inkubationszeit** bezeichnet.
Krankheitserreger können auf unterschiedlichen Wegen in das Immunsystem eines Menschen gelangen:

Übertragungswege von Krankheitserregern

Art der Übertragung	Kontaktinfektion	Tröpfcheninfektion	Selbstübertragung	Indirekte Infektion	Nahrungsmittel
	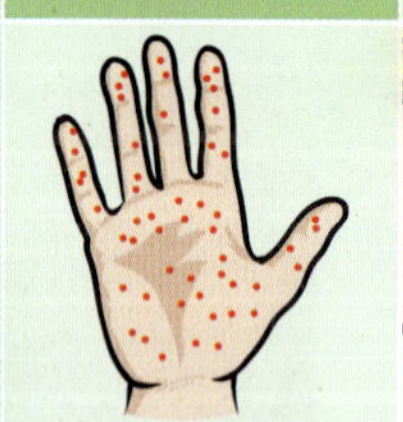	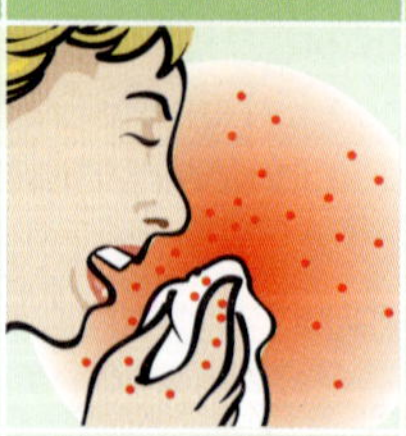	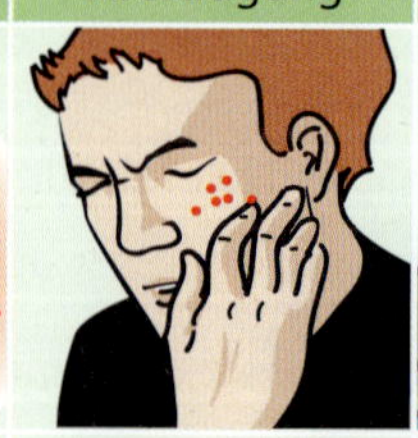		
Wie wird übertragen?	• Berühren eines Infizierten • Berühren von infizierten Gegenständen	• Niesen • Husten	• Kratzen und Berühren eigener Wunden	• durch Tiere	• durch infizierte Lebensmittel

Die Übertragung von Krankheitserregern wird verhindert durch
- hygienisches Arbeiten
- Desinfektion

3.5.4 Desinfektion und Reinigung

Desinfektion

Desinfektion ist das **Unschädlichmachen** von Krankheitserregern. Bakterien können sich z. B. nach der Desinfektion nicht mehr vermehren und sind somit nicht mehr gefährlich. Die Desinfektion erfolgt **vor** der Reinigung, bei der die Krankheitserreger sonst schlimmstenfalls noch verteilt werden.

Zwei Verfahren werden unterschieden:
- Die **chemische Desinfektion** erfolgt durch chemische Mittel, die entweder aufgesprüht oder mithilfe eines Tuchs aufgebracht werden. Benutzte Werkzeuge können in eine Desinfektionswanne gelegt werden. Wählen Sie das richtige Desinfektionsmittel aus und wenden Sie es korrekt an. Alle Informationen, z. B. Verdünnung, Dosierung und Einwirkzeit, sind auf den Verpackungen angegeben und müssen unbedingt eingehalten werden.
- Die **thermische Desinfektion** umfasst alle Verfahren, bei denen Keime durch Erhitzen unschädlich gemacht werden. Eine Möglichkeit ist z. B. das Auskochen verunreinigter Kleidung. Aus diesem Grund sollte Arbeitskleidung grundsätzlich für die Kochwäsche geeignet sein.

Auszug aus der Hygieneverordnung des Landes Baden-Württemberg:

§ 2 Pflichten

(6) Alle innerbetrieblichen Verfahrensweisen der Infektionshygiene wie Maßnahmen der Reinigung, Desinfektion sowie zur Sterilisation und deren Funktionsüberprüfung sind in Form eines betriebseigenen Hygieneplans schriftlich festzuhalten. Dem Gesundheitsamt ist auf Verlangen Einsicht in die entsprechenden Aufzeichnungen zu gewähren.

Desinfiziert werden im Friseursalon:
- die Hände – bei sichtbaren Kopfhautveränderungen oder Verletzungen der Kundin
- Flächen – einmal täglich sowie nach Verunreinigung mit Blut o. Ä.
- Werkzeuge, Gegenstände – mindestens einmal täglich; eventuell nach jedem Gebrauch; immer nach Verunreinigung mit Blut oder infektiösem Material

Werkzeuge können auch in speziellen Geräten mithilfe von Hitze **sterilisiert** werden. Hier werden die Krankheitserreger **abgetötet**, z. B. in der Kosmetik bei Instrumenten zur beabsichtigten Verletzung der Haut, z. B. Milienmesser (Milien = Grießkörner).

Reinigung

Zur gewerblichen Hygiene gehört die regelmäßige Reinigung der Arbeitsmittel (in den folgenden Lernfeldern beschrieben) sowie der Räume. Dass Sie Ihren Arbeitsplatz nach der Verabschiedung einer Kundin aufräumen und säubern, sollte eine Selbstverständlichkeit sein. Täglich werden die Böden und Arbeitsflächen geputzt sowie Abfälle entsorgt. Auch das regelmäßige Lüften gehört zur Arbeitsplatzhygiene. Handtücher, Umhänge und Werkzeuge werden nach jedem Gebrauch gereinigt.

Aufgabe

Was muss im Vorfeld mit Desinfektionsmitteln geschehen sein, bevor sie verwendet werden dürfen?

3.6 Unfallvermeidung und Erste Hilfe

Mittlerweile wissen Sie, wie Sie sich und Ihren Körper vor Krankheiten schützen können. Aber es gibt noch andere Gefahrenquellen, die Sie kennen und vermeiden sollten. Die BGW hat hierzu Unfallverhütungsvorschriften erlassen, die aushangpflichtig sind.

So nicht!

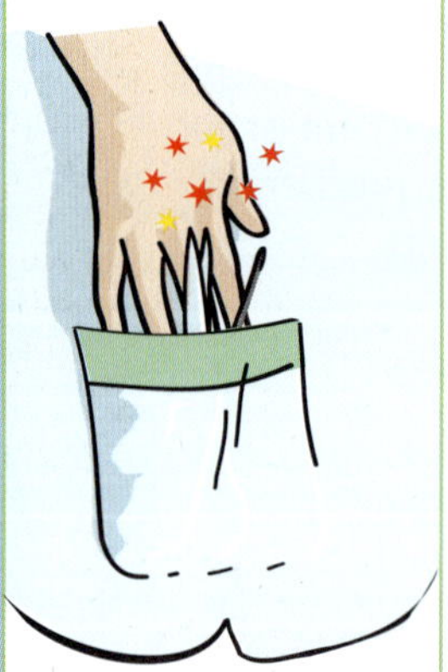

Möglichkeiten der Unfallvermeidung

Ausrutschen vermeiden

- Fegen Sie abgeschnittene Haare zusammen und entsorgen Sie diese.
- Wischen Sie verschüttete Flüssigkeiten auf.
- Stellen Sie Flaschen so auf, dass sie nicht umkippen und auslaufen können.
- Tragen Sie Schuhe mit rutschfesten Sohlen.

Stürze vermeiden

- Verwenden Sie Leitern. Stühle, Tische, Kisten oder Ähnliches eignen sich nicht, um höher stehende Dinge zu erreichen.
- Legen Sie Kabel so, dass niemand darüber stolpern kann.

Stichverletzungen vermeiden

- Verwahren Sie Scheren und Messer immer geschlossen in geeigneten Behältnissen.
- Stecken Sie Scheren, Messer und Stielkämme nicht in die Kittel- oder Hosentasche.
- Tragen Sie geschlossene Schuhe.

Unfälle und Verletzungen durch Elektrogeräte und Strom vermeiden

- Lassen Sie heiße Geräte wie Glätteisen oder Lockenstäbe nicht unbeaufsichtigt liegen.
- Verwenden Sie nur funktionsfähige Geräte.
- Fassen Sie Elektrogeräte nie mit nassen Fingern an. Legen Sie Elektrogeräte nie im Waschbecken ab.
- Ziehen Sie die Geräte nie am Kabel aus der Steckdose, sondern immer am Stecker.
- Kontrollieren Sie regelmäßig die Kabel, Stecker und Steckdosen auf Beschädigungen.
- Lassen Sie Defekte immer von einem Fachmann reparieren oder entsorgen Sie das kaputte Gerät.
- Reinigen Sie elektrische Geräte nie unter fließendem Wasser, sondern wischen Sie sie bei Bedarf feucht ab. Ziehen Sie dabei vorher auf jeden Fall den Stecker.
- Informieren Sie sich, wo sich in Ihrem Ausbildungsbetrieb der Sicherungskasten befindet, damit Sie bei einem Stromunfall den Strom abschalten können!

Verätzungen durch Chemikalien vermeiden

- Tragen Sie beim Umfüllen von Präparaten Schutzhandschuhe.
- Halten Sie beim Umfüllen etwas Abstand.
- Achten Sie darauf, dass Sie nichts verschütten.
- Wischen Sie Verschüttetes sofort auf.
- Füllen Sie die Präparate nur in Behälter ab, die dafür vorgesehen sind.

Gefährliche Produkte erkennen Sie an folgenden Gefahrstoffzeichen:

Entzündlich

Ätzend

Giftig

Reizend

Erste Hilfe

Sie sollten wissen, wie Sie sich selbst am besten schützen können. Sie sollten jedoch auch in der Lage sein, anderen zu helfen, wenn trotz aller Schutzmaßnahmen ein Unfall passiert ist.

Wenn Sie ganz sichergehen wollen, dass Sie im Notfall alles richtig machen, bietet es sich an, in regelmäßigen Abständen einen Erste-Hilfe-Kurs zu absolvieren. Diese Kurse werden von Hilfsorganisationen wie dem Roten Kreuz angeboten.
Aber auch ohne Kurs sollten Sie wissen, **wie Sie sich in bestimmten Situationen zu verhalten haben:**

- Wenn **Chemikalien** in die Augen oder auf die Haut kommen, spülen Sie diese mehrere Minuten lang mit klarem Wasser. Anschließend sollte ein Arzt aufgesucht werden.
- Falls **Stoffe eingeatmet oder verschluckt** werden, sollte in jedem Fall ein Arzt kontaktiert werden, um Spätschäden zu vermeiden.
- **Kleine blutende Wunden** kurz bluten lassen, dann mit einem sterilen Pflaster bedecken. Vor allem verschmutzte Wunden sollten desinfiziert werden. Achten Sie auch hier auf Ihren eigenen Schutz und tragen Sie Handschuhe. Alle Gegenstände, die mit der blutenden Wunde in Kontakt gekommen sind, müssen anschließend desinfiziert werden.

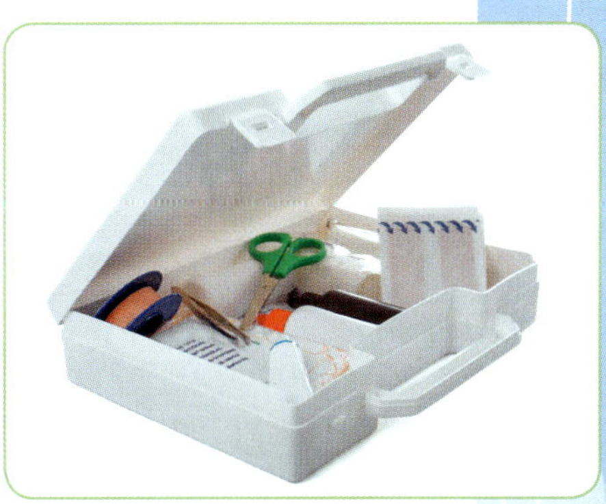

Erste-Hilfe-Koffer

Ein Notfallkoffer muss in jedem Salon vorhanden sein.

Aufgaben

1. Worauf müssen Sie bei der Entsorgung von spitzen/schneidenden Gegenständen achten?
2. Aus Unachtsamkeit wurde versehentlich ein Kunde mit dem Klingenmesser leicht verletzt. Die blutende Wunde soll nun von Ihnen professionell versorgt werden. Wie müssen Sie bei der Wundversorgung vorgehen und welche Sicherheitsvorkehrungen sind zu beachten?

Rechenaufgaben

Energieverbrauchsberechnungen

Energie ist die Fähigkeit, Arbeit zu verrichten. **Strom** ist elektrische Energie. Jedes **elektrische Gerät** hat einen bestimmten Bedarf an dieser Energie, um zu funktionieren.
Strom kann nur fließen, wenn elektrische Spannung vorhanden und der Stromkreis geschlossen ist. Elektrische Spannung wird in Volt (V) gemessen.
Unter der **Leistung** versteht man die in einem bestimmten Zeitraum verbrauchte elektrische Energie:

$$\text{Leistung} = \frac{\text{elektrische Energie}}{\text{Zeit}}$$

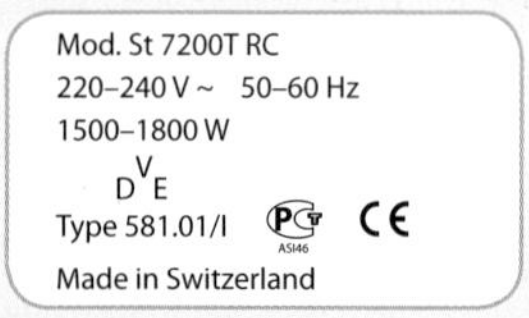

Typenschild

Die maximale Leistung, die ein Gerät aufnimmt, wenn es in Betrieb ist, wird vom Hersteller auf jedem Gerät angegeben. Mit dieser Angabe kann man ausrechnen, wie hoch der Energiebedarf dieses Geräts ist. Dazu stellt man die Formel um:

elektrische Energie (kWh) =
Leistung (kW) · Zeit (h)

Diese Formel gibt an, wie viel elektrische Energie – also Strom – man verbraucht, wenn man ein Gerät, das eine bestimmte Leistung hat, während eines bestimmten Zeitraums benutzt.

Dabei ist Stunde (h) die Einheit, in der die Zeit angegeben wird. Watt (W) ist die Einheit für die Leistung; Kilowatt (kW) ist eine andere Schreibweise für 1 000 W.
1 kW = 1000 W bzw. 1 W = 1/1 000 kW = 0,001 kW

Der Energieverbrauch (= elektrische Energie) wird üblicherweise in Kilowattstunde (kWh) angegeben.

Beispiel:
Ein Gerät, das eine Leistung von 800 W hat und 120 Minuten lang läuft, verbraucht in dieser Zeit folgende elektrische Energie:

800 W · 2 h = 1 600 Wh bzw. 1,6 kWh

❶ In einem Friseursalon sind 6 Föhne vorhanden. Jeder hat eine Leistung von 800 W. Wie viel Energie verbrauchen die Föhne in einer Stunde?

❷ An einem normalen Arbeitstag werden 12 Kundinnen bedient. Im Durchschnitt wird bei jeder Kundin 7 Minuten lang geföhnt. Der Föhn hat eine Leistung von 900 W. Wie viel Energie wird an einem Arbeitstag benötigt?

❸ Die Leistungsaufnahme einer Trockenhaube beträgt auf
Stufe 1 800 Watt,
Stufe 2 1 400 Watt,
Stufe 3 1 800 Watt.

Für das Trocknen einer Einlegefrisur läuft die Haube
12 Minuten auf Stufe 3,
15 Minuten auf Stufe 2,
6 Minuten auf Stufe 1.

Eine kWh kostet 0,16 €. Wie viel € kostet der Strom für die Einlegefrisur?

❹ Der Friseursalon Tausendschön hat eine Gasheizung. Eine kWh kostet 15,4 Cent. Nach Renovierungsarbeiten werden jährlich 11 050 kWh weniger benötigt. Das entspricht einer Energieeinsparung von 53 %.

a) Wie viel Energie wurde vorher pro Jahr benötigt?
b) Wie viel € kann der Salon jetzt monatlich einsparen?

Komplexe Aufgabe

Erstellen Sie ein Informationsblatt zum Friseurberuf.
- Welche Tätigkeitsbereiche umfasst der Friseurberuf?
- Welche Anforderungen stellt der Beruf an die Friseurin?
- Wie sieht der Arbeitsplatz, also meist der Friseursalon, aus?
- Welche rechtlichen Regelungen hat eine Friseurin zu beachten?
- Welche gesundheitlichen Gefahren drohen und wie kann man ihnen vorbeugen?

English –
Would you like to work in one of the following places?

Do you like to travel?

Look for a job on a ship.

You will see a lot of interesting places and meet a lot of interesting people.

Hair stylists

As an international hair stylist you will work with all types of hair, on both ladies and gentlemen, offering all services together with so much more.
Not forgetting your main role, which will be to offer ladies pinned-up hairstyles and blow-dries for formal evenings, colouring and cutting for ladies and gentlemen. You will need strong communication skills and passion for your work.

(http://www.str.co.uk/hair.asp)

Hair stylists

Hair stylists do hair colour treatments, permanent wavings, straightening treatments, conditioning treatments and style cuts. Their clients are passengers, as well as crew members. Hair salon experience is required. Salaries range from $2200 to $3000 per month.

(http://www.cruiselinesjobs.com/eng/personal-care-jobs)

Hair stylists – Cruise Ships

We give you the opportunity to see the places most people only dream of while doing the job you love.
You will need to have completed a three year hairdressing apprenticeship, or have completed hairdressing training at a full time college.
It is necessary that you are fully qualified in both ladies and men's hairdressing and that you have worked in a salon for 6–12 months.

(http://www.jobs4cruise.com/g386/hair-stylists-for-luxury-cruise-ships-international/)

Exercises

1. What do you have to do in a salon on a ship?
2. Who can work on a ship?
3. What is special about working on a ship?
4. How much money will you earn?
5. Who will your clients be?

Vocabulary

hair stylist	Friseur/Friseurin	communication skills	kommunikative Fähigkeiten	conditioning treatment	Pflegebehandlung
service	Dienstleistung				
to offer	anbieten	colour treatment	Farbbehandlung	experience	Erfahrung
pinned-up hairstyle	Hochsteckfrisur			salary	Gehalt
		permanent waving	Dauerwelle	opportunity	Gelegenheit
blow-dry	Föhnfrisur			apprenticeship	Ausbildung
to cut/cut	schneiden/Schnitt	straightening treatment	Glättungsbehandlung	completed	abgeschlossen
passion	Leidenschaft			necessary	notwendig

Lernfeld 2 Kundinnen empfangen und betreuen

Sie betreuen Kundinnen vor, während und nach der Behandlung.

Kundin: „Guten Tag! Ich hätte gern einen Termin zum Schneiden und Föhnen."

Informieren

- Welche Möglichkeiten der Begrüßung gibt es?
- Ist die Kundin zum ersten Mal im Salon?
- Was sagt ihre Körpersprache aus?
- Möchte die Kundin von einer bestimmten Kollegin bedient werden?
- Wann möchte sie zur Behandlung kommen?

Planen

- Wie begrüße ich diese Kundin?
- Wie viel Zeit muss ich für die Behandlung einplanen?
- Bei welcher Kollegin kann ich diese Dienstleistung eintragen?
- Wie kann ich am besten die Wünsche der Kundin und die Möglichkeiten im Salon miteinander vereinbaren?

Entscheiden

- Ich entscheide, bei welcher Kollegin ich diese Kundin einplane.
- Ich wähle geeignete Termine aus.

Bewerten

- Wie zufrieden ist die Kundin mit dem Termin und dem Gespräch?
- An welcher Stelle kann ich mein Gesprächsverhalten noch verbessern?

Kontrollieren

- Habe ich ausreichend Zeit für die Behandlung eingeplant?
- Passt der vereinbarte Termin in die Salonabläufe?

Ausführen

- Ich mache Terminvorschläge.
- Ich nenne die ungefähre Dauer der Behandlung.
- Ich warte ab, wie die Kundin reagiert.
- Ich plane die Behandlung ein.
- Ich erfasse die erforderlichen Kundendaten.

1 Kundinnen empfangen

Ein neuer Kunde betritt den Salon.
Wie können Sie persönlich einen positiven Eindruck auf den Kunden machen?

Wenn Sie zum ersten Mal eine neue oder ungewohnte Umgebung betreten, fühlen Sie sich oft unsicher. Genauso ergeht es Kundinnen, die Ihren Salon noch nicht kennen bzw. nicht so häufig zu Ihnen kommen.

Um ihnen die Unsicherheit zu nehmen, ist es wichtig, sie gleich freundlich und zuvorkommend zu begrüßen. Im besten Fall ist der Empfangsbereich/die Rezeption immer besetzt. Ist dies nicht möglich, so sollte der Empfangsbereich im Blickfeld des Bedienungsbereichs liegen, damit eine hereinkommende Kundin sofort bemerkt wird.

1.1 Begrüßung – der erste Eindruck zählt

Der erste Eindruck, den Sie von einer Person bekommen, entscheidet häufig darüber, wie gut Sie mit ihr in Kontakt kommen. Sie werden schon selbst die Erfahrung gemacht haben, dass Ihnen Personen manchmal auf Anhieb sympathisch sind, andere wiederum nicht, ohne dass Sie recht wissen, warum das so ist. Als Friseurin müssen Sie sympathisch auf die Kundinnen wirken, um erfolgreich zu sein. Das beginnt bei der **Begrüßung**.
Die Begrüßung ist das Erste, was die Kundin von Ihnen wahrnimmt. Sie ist entscheidend für den Eindruck, den sie von Ihnen bekommt und denken Sie daran:
Für den ersten Eindruck gibt es keine zweite Chance!

Freundliche Begrüßung

Dabei sollten Sie Folgendes beachten:
- Gehen Sie freundlich auf die Kundin zu und lassen Sie sie nicht hilflos im Empfangsbereich stehen. Nehmen Sie Blickkontakt auf. Die Kundin soll sich von Anfang an willkommen fühlen.
- Begrüßen Sie die Kundin wenn möglich mit ihrem Namen. Geben Sie ihr eventuell die Hand – je nachdem, ob und wie gut Sie sie kennen und wie es in Ihrem Ausbildungsbetrieb üblich ist. Stellen Sie sich der Kundin mit Namen vor und fragen Sie sie nach ihren Wünschen.
- Führen Sie sie in den Wartebereich oder zum Bedienungsplatz, ziehen Sie den Behandlungsstuhl heraus und bitten Sie die Kundin, Platz zu nehmen.
- Erklären Sie ihr, wie es für sie weitergeht: wer sie bedient, wie lange sie warten muss und warum.
- Bieten Sie etwas an, um die Wartezeit zu überbrücken, z. B. ein Getränk, Zeitschriften, Frisurenbücher oder Angebote des Salons, wie Handmassagen oder Kompressen. ➜ *vgl. S. 64*

Aber auch eine Kundin, die unangemeldet kommt, sollte nicht ohne eine Vereinbarung oder einen Termin aus dem Salon gehen.

1.2 Wie wirke ich auf die Kundin?

1.2.1 Mein Erscheinungsbild

Positives Erscheinungsbild

Im Friseurberuf ist die Schönheit und das gepflegte Aussehen der Menschen das zentrale Thema. Die Kundin kommt zu Ihnen, um hinterher besser auszusehen als vorher, um gepflegt zu sein und anderen Menschen zu gefallen und um ihr Selbstwertgefühl zu stärken.
Sie haben eine Vorbildfunktion für die Kundinnen, was das äußere Erscheinungsbild angeht. Sie sollten also immer **sauber und gepflegt** zur Arbeit erscheinen. Das bedeutet, dass Ihre Frisur modisch und gut gestylt ist und ein typgerechtes, dezentes Make-up sollte ebenfalls selbstverständlich sein. Ihre Arbeitskleidung sollte stets sauber sein und frisch riechen, genauso wie Sie selbst. Eine Friseurin, die nach Schweiß riecht, ist schwer zu ertragen, gerade, weil sie Ihren Kundinnen besonders nahe kommt.

1.2.2 Mein Verhalten – Umgangsformen

Sie haben sich für einen Dienstleistungsberuf entschieden, in dem nicht nur handwerkliches Können eine Rolle spielt. Ihr Umgang mit den Kundinnen entscheidet wesentlich darüber, ob Sie in Ihrem Beruf erfolgreich sein werden. Die Einhaltung bestimmter Regeln ist dabei immer noch wichtig:

Allgemeine Gesellschaftsnormen – Der „Knigge"

- Bei der Begrüßung gibt es Regeln bezüglich der **Reihenfolge wer zuerst grüßt**: die ankommende Person grüßt die Anwesenden, der Mann grüßt die Frau, Jung grüßt Alt, Angestellte grüßen die Chefin.
- Niemals ältere oder höhergestellte Personen zuerst **duzen**, immer warten, bis es einem angeboten wird.
- **Handys** nicht offen liegen lassen, auch nicht öffentlich telefonieren, das stört die Mitmenschen. In Anwesenheit anderer nur jemanden anrufen, wenn es unbedingt erforderlich ist.

Freiherr Adolph Knigge (1752 – 1796), deutscher Schriftsteller und Aufklärer, bekannt vor allem durch sein Werk „Über den Umgang mit Menschen"

„Friseur-Knigge"

- „**Pünktlichkeit** ist die Höflichkeit der Könige." Was für Könige gilt, sollte für Sie doch allemal möglich sein, oder? Denn niemand wartet gern, auch nicht auf Sie!
- **Lästern** ist tabu! Besonders über Kolleginnen und Kundinnen. Sie sind zur Verschwiegenheit über alle Angelegenheiten des Salons verpflichtet. Ihre Mitmenschen, egal wer, müssen sich sicher sein, dass sie Ihnen vertrauen können. Dazu gehört auch, dass Sie nicht über Mitbewerber, also andere Salons, sprechen sollten, auch wenn die Kundin der gleichen Meinung ist wie Sie.
- Keine **Privatgespräche** in Gegenwart von Kundinnen.

Aufgaben

1. Sie treffen nach Feierabend in der Stadt eine Stammkundin beim Einkaufen. Wie verhalten Sie sich? Begründen Sie.
2. Worauf achten Sie bei Ihrem eigenen Erscheinungsbild?

1.2.3 Körpersprache

Wenn wir einem anderen Menschen begegnen, nehmen wir ihn innerhalb von wenigen Sekunden wahr. Dadurch bekommen wir einen ersten Eindruck von der Person. Dieser erste Eindruck ist sehr prägend und bleibt oft für immer erhalten. Der Anteil der **nichtsprachlichen (nonverbalen) Signale** im Rahmen der zwischenmenschlichen Kommunikation liegt bei etwa 70–80 %. **Wie** etwas mitgeteilt wird, ist also viel bedeutender, als **was** mitgeteilt wird!

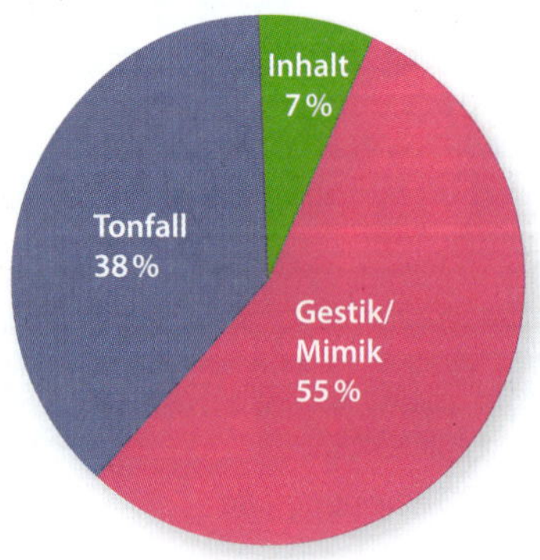

Anteil der Ausdrucksformen an der Gesamtwirkung der Kommunikation
(nach Mehrabian, Albert: Nonverbal Communication, Chicago)

Zur Körpersprache gehören:

- **Mimik:** Gesichtsausdruck, Blickkontakt
- **Gestik:** Hände und Armbewegungen
- **Körperhaltung:** beim Gehen, Sitzen oder Stehen

Indem wir uns unsere Körpersprache bewusst machen, können wir den ersten Eindruck, den wir selbst auf andere machen, positiv beeinflussen. Außerdem stärkt ein positives Auftreten das Selbstvertrauen.

Wenn wir auf die Körpersprache unserer Gesprächspartner achten, können wir Probleme wie z. B. mangelndes Vertrauen oder Ablehnung früher erkennen und darauf reagieren, z. B. durch Rückfragen.

Körpersprachliche Signale

Positive Signale	Wirkung	Negative Signale	Wirkung
direkter Blickkontakt auf Augenhöhe	interessiert, aufmerksam	starrer Blick, über den Spiegel reden	distanziert, uninteressiert
Lächeln	zugewandt, freundlich, Kundin fühlt sich akzeptiert	die Stirn runzeln	zweifelnd, deutet auf starke Emotionen hin
mit dem Kopf nicken	zustimmend	schnell den Kopf schütteln	unwillig, abgeneigt
das Gesicht voll zuwenden	offen, aufmerksam	wegschauen	uninteressiert, abgelenkt, unsicher
Aussagen durch Gesten unterstreichen, z. B. auf etwas zeigen	lebhaft, engagiert	schnelle, hektische Bewegungen machen	hektisch, ungeduldig, hat keine Zeit
offene Armhaltung	zugewandt, freundlich	Arme verschränken	skeptisch, abgeneigt, abgelenkt
sich der Kundin zuwenden	aufmerksam	sich von der Kundin wegdrehen	uninteressiert, ablehnend
die Füße in Richtung der Kundin stellen	zugewandt, aufmerksam	mit den Füßen tippen	ungeduldig, abwesend
den Kopf schräg stellen	signalisiert Zustimmung und Anteilnahme	vorgehaltene Hand beim Sprechen	will etwas verbergen, unsicher

1.2.4 Spiegeln des Gegenübers

Eine besondere körpersprachliche Technik ist das sogenannte „Spiegeln" des Gegenübers. Dabei ahmen Sie Ihren Gesprächspartner ganz leicht nach. Sie nehmen zum Beispiel die gleiche Körperhaltung ein, achten auf Arm- und Beinstellung und auch auf die Mimik. Der Gespiegelte nimmt dies normalerweise nicht wahr, sondern empfindet es als **Ähnlichkeit**, was ihm wiederum sympathisch erscheint, da es sich ja um **vertrautes Verhalten** handelt. Aber Vorsicht: Wenn Ihre Kundin merkt, dass sie gespiegelt wird, fühlt sie sich nicht ernst genommen und wird nicht mehr offen sein für die weitere Behandlung!

Spiegeln des Gegenübers

In der Regel spiegeln wir uns vertraute oder sympathische Personen sogar automatisch. Achten Sie einmal beim nächsten Restaurantbesuch darauf, wie sich Paare gegenübersitzen. Sitzen sie ähnlich? Nehmen sie fast gleichzeitig ihr Glas und trinken daraus?
Menschen, die ungewöhnlich aussehen oder sich so verhalten, begegnen wir häufig mit Abstand. Das Gewohnte und Bekannte wird dagegen als angenehmer, weil ungefährlich eingestuft. Das geschieht ganz unbewusst innerhalb weniger Sekunden.

1.2.5 Selbstbild – Fremdbild

Um gut beraten und verkaufen zu können, müssen Sie sich Ihrer Wirkung auf andere bewusst werden. Sie sind darauf angewiesen, dass die Kundinnen Sie sympathisch finden. Nur dann werden Sie im Beruf erfolgreich sein. Das Bild, das Sie von sich selbst haben, ist Ihr **Selbstbild**. Das Bild, das andere von Ihnen bekommen, ist das **Fremdbild**. Beide stimmen nicht immer überein.
Häufig wirken wir auf andere Menschen ganz anders, als wir glauben. Wenn das der Fall ist, kann es zu Missverständnissen kommen. Fragen Sie daher Ihre Freunde und Kolleginnen, wie Sie auf sie wirken. So können Sie bestimmte negative Verhaltensweisen korrigieren.
Sie werden aber auch sehen, dass man Sie in vielem positiver beurteilt, als Sie vermutet haben. Verhaltensweisen, die Sie selbst als negativ betrachten, können von anderen Menschen durchaus positiv bewertet werden. Das, was Sie bei sich selbst z. B. als Schüchternheit bezeichnen, bewerten andere vielleicht als taktvoll und zurückhaltend.

Selbstbild – Fremdbild

Aufgaben

1. Welche Körperhaltung, Gestik und Mimik werden durch die Friseurin im Bild oben gespiegelt?
2. Welche Unterschiede zwischen Selbstbild und Fremdbild sind im unteren Bild dargestellt?
3. Eine Kundin sitzt mit verschränkten Armen und gerunzelter Stirn auf dem Bedienungsstuhl. Wie mag sie sich fühlen? Wie verhalten Sie sich ihr gegenüber?

1.3 Wie wirkt die Kundin auf mich? – Kundentypen

Der Umgang mit unterschiedlichen Kundinnen erfordert von Ihnen viel Fingerspitzengefühl und Erfahrung. Gerade zu Beginn der Ausbildung ist es schwierig, Kundenbedürfnisse zu erkennen und entsprechend zu handeln. Je besser Sie Ihre Kundinnen schon kennen, umso persönlicher können Sie sie bedienen.
Als erste Hilfestellung auf dem Weg dorthin können sogenannte **Kundentypologien** hilfreich sein. Dabei werden Kundinnen nach verschiedenen Merkmalen eingeordnet. Das können sein: (Kauf-)Verhalten, Aussehen, Geschlecht, Alter oder persönliche Lebenseinstellung.
Dabei kann es nützlich sein, auch die äußere Erscheinung und das Temperament einer Kundin zu berücksichtigen sowie das Leitmotiv, das ihr Handeln bestimmt – also die Beweggründe, etwas zu tun.

Die zurückhaltende Kundin

Die zurückhaltende Kundin

Ihr Leitmotiv ist Sicherheit. Sie ist eher unauffällig gekleide, oft unentschlossen und äußert ihre Meinung nur sehr zögerlich. Sie braucht Sicherheit und das Gefühl, an eine kompetente Friseurin geraten zu sein. Wenn sie mit Ihren Leistungen zufrieden ist, wird sie Ihnen treu bleiben.

Praxistipp

Um den Wunsch einer unentschlossenen Kundin zu erfahren, müssen Sie sich viel Zeit nehmen, da sie länger braucht, um sich zu entscheiden. Sie dürfen ihr nichts aufdrängen, um schneller zum Ziel zu kommen. Machen Sie nicht zu viele Vorschläge.

Die anspruchsvolle Kundin

Die anspruchsvolle Kundin

Ihr Leitmotiv ist Qualität. Die anspruchsvolle Kundin hat genaue Vorstellungen und hohe Anforderungen. Sie nimmt weite Wege in Kauf, um zu Ihnen zu kommen, erwartet aber im Gegenzug besondere Serviceleistungen dafür.

Praxistipp

Dieser Kundin sollten Sie immer wieder neue, modisch aktuelle Vorschläge unterbreiten und qualitativ hochwertige Produkte anbieten, denn sie ist bereit, diese zu bezahlen.

Die bequeme Kundin

Die bequeme Kundin

Ihr Leitmotiv ist Bequemlichkeit. Ihr ist wichtig, dass alles möglichst einfach und reibungslos funktioniert, auch die Frisur. Sie ist nicht besonders experimentierfreudig, aber auch nicht sonderlich sparsam. Sie gehört oft zu den Stammkundinnen. Gute Erreichbarkeit und schnelle Terminvereinbarungen sind ihr wichtig.

Praxistipp

Dieser Kundin sollten Sie die Entscheidung möglichst leicht machen. Bieten Sie ihr nur ein Produkt an, z. B. ein Leave-in-Präparat, das nicht ausgespült werden muss.

Die unkonventionelle Kundin

Ihr Leitmotiv ist Aufmerksamkeit. Sie ist immer auf dem neuesten modischen Stand und erwartet das auch von Ihnen. Die unkonventionelle Kundin ist auffällig gekleidet und hat hohe Anforderungen an die Friseurdienstleistungen. Sie möchte Aufmerksamkeit auf sich ziehen und ist sehr selbstbewusst.

Praxistipp

Im Beratungsgespräch sollten Sie sich sehr viel Zeit nehmen, um die persönlichen Motive und Wünsche genau zu ermitteln.

Die unkonventionelle Kundin

Die preisbewusste Kundin

Ihr Leitmotiv ist Geldersparnis. Sie nimmt häufig Angebote wahr und geht nicht regelmäßig zum Friseur. Häufig vergleicht sie vorher die Dienstleistungspreise. Die preisbewusste Kundin ist Neuem gegenüber oft skeptisch.

Praxistipp

Im Beratungsgespräch ist es wichtig, auf kostenlose Serviceleistungen, Angebote und einen eventuell verfügbaren Treuebonus hinzuweisen.

Die preisbewusste Kundin

Die eilige Kundin

Ihr Leitmotiv ist Zeitersparnis. Die eilige Kundin erwartet, dass sie pünktlich bedient wird und schnell fertig ist. Wellness kommt erst an zweiter Stelle bei ihr. Sie ist aber bereit, für guten Service entsprechend zu zahlen.

Praxistipp

Falls eine Wartezeit unvermeidbar ist, teilen Sie der Kundin mit, wie lange sie warten muss und wann sie voraussichtlich fertig sein wird. So kann sie ihre weiteren Termine planen, ohne nervös auf dem Bedienungsstuhl herumzurutschen.

Die eilige Kundin

Achtung: Dies kann nur eine vage Einteilung sein, die nicht vollständig ist. Es gibt viele andere Kundentypen, die hier nicht genannt wurden.

Außerdem: Menschen können sich ändern. Achten Sie also darauf, dass Sie Ihre Kundinnen nicht voreilig in falsche „Schubladen" stecken und daraus die falschen Schlüsse ziehen.

Aufgaben

1. Welches Leitmotiv bestimmt Ihr persönliches Handeln?
2. Worauf legen Sie in einem Beratungsgespräch besonderen Wert?

1.4 Nähe und Distanz

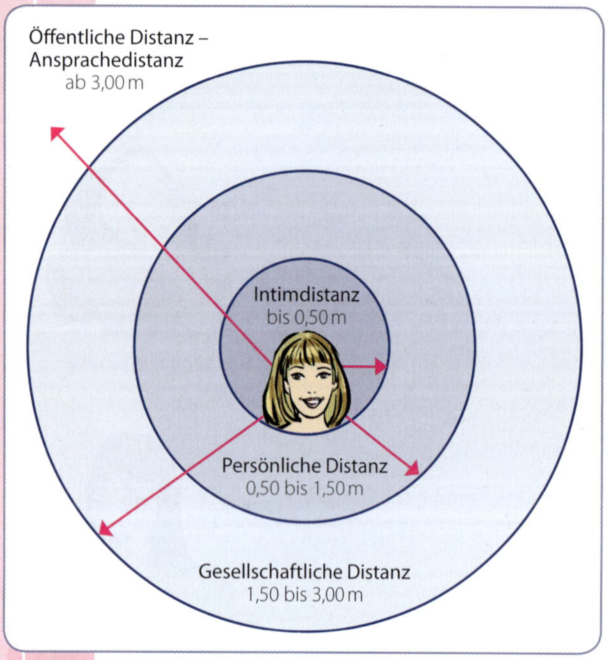

Wenn zwei Menschen miteinander sprechen, sollte die **räumliche Distanz**, das ist der Abstand zwischen den Personen, stimmen. Wenn Sie z. B. im Gespräch mit Ihrer Freundin einen Schritt auf sie zugehen, wird sie nicht zurückweichen – ein Fremder wird automatisch einen Schritt zurückgehen. Empfindet ein Gesprächspartner die räumliche Distanz zu seinem Gegenüber als nicht angemessen, so kann bei ihm ein Gefühl des Unbehagens aufkommen, das sich zu einer ernsthaften Störung des Gesprächs entwickeln kann.

Distanzen werden unbewusst im Sinne einer stillen Übereinkunft als **angemessen** oder **nicht angemessen** empfunden. Dieses Empfinden ist abhängig von Kulturkreis, sozialer Schicht, Geschlecht, Alter und psychischer Struktur eines Menschen.
Eine erfolgreiche Kommunikation setzt also voraus, dass sich die Gesprächspartner in einer Distanz zueinander befinden, die beide in der Regel unbewusst als die richtige empfinden.

In Ihrer Situation als Friseurin müssen Sie die Distanz, die normalerweise zu fremden Personen eingehalten wird, unterschreiten. Sie treten also in den Bereich der **Intimdistanz** gegenüber einer fremden Person ein. Dies wird normalerweise nur guten Freunden und dem Partner gestattet. Es ist daher wichtig, dass Sie vorher die Sympathie Ihrer Kundin gewonnen haben, damit diese Ihre Berührung nicht als unangenehm empfindet. Mit der Frage „Darf ich mir Ihre Haare anschauen?" können Sie das Einverständnis dafür von der Kundin einholen und sie auf die Berührung vorbereiten.

Distanzunterschreitung

Persönliche Distanzzone

Gesellschaftliche Distanzzone

Öffentliche Distanzzone – Ansprachedistanz

2 Salonabläufe organisieren

Die Kundin braucht dringend einen Termin für einen Haarschnitt und Strähnen. Was müssen Sie bei der Terminvergabe bedenken?

2.1 Terminplanung

Die meisten Friseure arbeiten nach Terminvereinbarung. Das verhindert lange **Wartezeiten** und fördert die Zufriedenheit der Kundinnen. Eine gute Terminplanung erleichtert auch das Arbeiten der Friseurin, weil sie sich für ihre Kundinnen mehr Zeit nehmen kann, wenn die nächsten nicht schon warten. Eine gute Terminplanung ist also wichtig. Wenn Sie schon ans Telefon gehen dürfen, wissen Sie, wie schwierig das ist. Die Kundinnen sollen nicht alle gleichzeitig kommen und **Leerzeiten** sollen möglichst vermieden werden. Sie haben für Ihren Salon wahrscheinlich einen Terminplan mit einer Spalte für jede Mitarbeiterin, wie unten abgebildet. Aber auch am PC ist die Terminplanung möglich.

Fragen Sie die **Kundin** bei der Terminvereinbarung nach ihren Behandlungswünschen, ihrem Terminwunsch und von welcher Kollegin sie bedient werden möchte. Bieten Sie zwei Alternativtermine an, möglichst zu Zeiten, in denen der Salon nicht so ausgelastet und eine schnelle Bedienung möglich ist.

Voraussetzung für eine effektive Terminvergabe ist eine möglichst genaue Einschätzung der **Behandlungsdauer.** In vielen Salons gibt es für die einzelnen Dienstleistungen festgelegte Zeiträume, die dafür einzuplanen sind. Bei Neukundinnen sollte genügend **Beratungszeit** eingeplant werden.

Praxistipp

- *Notieren Sie Termine oder Terminänderungen sofort im Terminbuch.*
- *Vergeben Sie unattraktive Termine möglichst als Erstes, z. B. die ersten Termine morgens.*
- *Planen Sie wenn möglich Zeitpuffer ein.*
- *Vergeben Sie Terminkarten als Erinnerungshilfe.*
- *Informieren Sie Kundinnen rechtzeitig bei Terminverzug oder Wartezeiten.*
- *Beachten Sie Pausenzeiten.*
- *Halten Sie sich bei der Terminplanung an die Vorgaben in Ihrem Ausbildungsbetrieb.*

Terminplan

Kundinnen ohne Termin sollten ebenfalls bedient werden, das aber nicht zum Nachteil derer, die einen Termin haben. Deshalb ist eine Terminplanung sinnvoll, die **Pufferzeiten** vorsieht.

2.2 Erfassen von Kundendaten

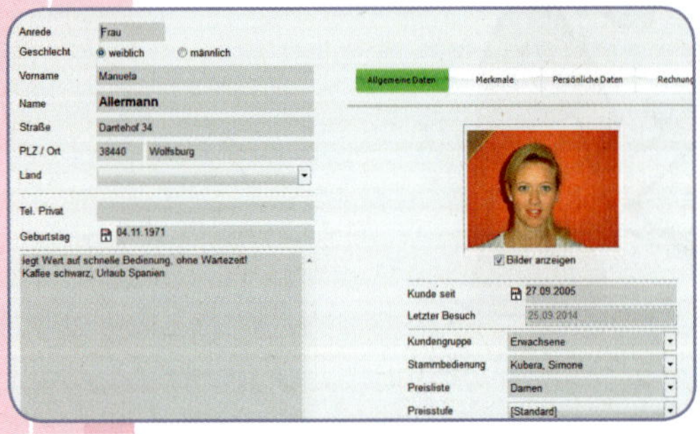

Kundendatei am PC

Viele Salons führen eine **Kundenkartei**, in der alle Daten der Kundinnen notiert werden, die für eine optimale Friseurdienstleistung erforderlich sind. In einer Kundenkartei sollten schon bei der ersten Terminvereinbarung mit einer Neukundin **Angaben zur Person** (Name, Adresse, Telefonnummer, E-Mail, evtl. Geburtsdatum) festgehalten werden.
Zu den Kundendaten, die Sie unbedingt notieren sollten, gehören auch die **Ergebnisse der Haar- und Kopfhautbeurteilung**. Wie ist der Zustand der Haare und der Kopfhaut im Moment? Welche Probleme, Allergien, Empfindlichkeiten hat die Kundin? Wie sind ihre Reinigungs- und Pflegegewohnheiten? Welche Präparate benutzt die Kundin zu Hause? Wenn Sie diese Ergebnisse regelmäßig kontrollieren und notieren, können Sie Veränderungen feststellen und Rückschlüsse auf die Wirksamkeit von Präparaten ziehen, die die Kundin benutzt.

Produktempfehlungen oder **Produktkäufe** werden ebenfalls notiert, um sich ein Bild vom Kaufverhalten der Kundin machen zu können. Daraus ergibt sich eventuell die Möglichkeit für Zusatzverkäufe.
Unerlässlich ist eine Kartei, wenn es um **farb- oder formverändernde Haarbehandlungen** geht. Denn wer kann sich schon merken, bei welcher Kundin welche Farbrezeptur oder Wellflüssigkeit verwendet wurde?
Außerdem können Sie mithilfe der Kartei sehen, in welchen **Abständen** die Kundin in den Salon kommt, wie viel sie bei der letzten Behandlung **bezahlt** hat, wer sie **bedient** hat usw.

Es gibt handschriftlich geführte Karteien und EDV-gestützte Systeme. Mit einer **computergestützten Kundenkartei** wird Ihnen vieles erleichtert, z. B.:
- Geburtstagsgrüße versenden
- bei bestimmten Werbeaktionen Serienbriefe verschicken
- Kundinnen, die länger nicht im Salon waren, einen Gutschein zukommen lassen
- Kundinnen frühzeitig an einen bevorstehenden Termin erinnern, z. B. alle 6 Wochen zum Haareschneiden
- Kunden- und auch Mitarbeiterdaten auswerten, z. B.:
  - Wie oft kommen meine Kundinnen im Durchschnitt in meinen Friseursalon?
  - Wie viel bezahlen sie durchschnittlich?
  - Wie hoch ist der Umsatz pro Mitarbeiterin?

Die Einsatzmöglichkeiten sind also vielfältig. Auch die Lagerhaltung per PC ist möglich.

Für die **Kundin** hat die Kartei den Vorteil, dass sie sich sicher sein kann, z. B. wieder genau die Farbe zu bekommen, die sie das letzte Mal hatte, auch wenn sie von einer anderen Friseurin bedient wird.
Nur wenige Salons arbeiten ohne Kartei. Dort stellen sich die Kundinnen z. B. darauf ein, dass sie evtl. nicht genau die gleiche Farbe bekommen, und zahlen dafür weniger.

Wenn Sie personenbezogene Daten, z. B. Adressen, erfassen, sind Sie laut Bundesdatenschutzgesetz dafür verantwortlich, dass diese Daten **vertraulich** behandelt werden, das heißt, dass sie nicht von unbefugten Mitarbeiterinnen oder Dritten eingesehen werden. Ohne schriftliches Einverständnis der Kundin ist die Datenweitergabe nicht erlaubt.

3 Mit Kundinnen telefonieren

Das Telefon klingelt. Worauf müssen Sie im folgenden Telefongespräch mit der Kundin achten?

Die meisten Telefonate im Friseursalon erfolgen mit Kundinnen zur Vereinbarung oder zur Absage eines Behandlungstermins. Auch telefonische Bestellungen kommen vor.

Der erste Eindruck am Telefon

Der Eindruck, den eine Kundin am Telefon bekommt, ist von großer Bedeutung. Eine Kundin, die lange warten muss, bevor jemand abnimmt, oder die sich unfreundlich behandelt fühlt, kann schnell wieder auflegen. Sie ist als Kundin für den Salon verloren. Um dies zu verhindern, sollten Sie **beim Telefonieren Folgendes beachten**:
- Vergewissern Sie sich, dass **Terminplaner, Stift und Preisverzeichnis** bereitliegen.
- Lassen Sie es **maximal dreimal klingeln** und lächeln Sie, bevor Sie den Hörer abnehmen – kaum zu glauben, aber **Lächeln** kann man hören!

Regeln für das Telefonieren

Wenn Sie sich am Telefon **melden**, grüßen Sie zunächst und nennen Sie den Namen des Salons und dann Ihren eigenen Namen. Die anrufende Person möchte schließlich wissen, mit wem sie spricht.
Notieren Sie sich den **Namen der Kundin** auf einem Blatt. So können Sie sie später direkt mit Namen ansprechen. Wir unterschätzen meist, was das für einen Eindruck macht – gerade auf neue Kundinnen. Denn nichts hört man so gerne wie den eigenen Namen. Wiederholen Sie den Namen nicht zu häufig während des Gesprächs, aber spätestens bei der Verabschiedung.
Sobald Sie den Wunsch der Kundin erfahren haben, machen Sie Vorschläge, wer sie bedienen kann und welche **Termine** möglich sind. Seien Sie auch darauf vorbereitet, ungefähre **Preise** zu nennen. Gerade neue Kundinnen wollen Orientierung, z. B. auch was die **Anfahrt** betrifft. Fragen Sie die Kundin, ob sie den Weg kennt, und beschreiben Sie ihr die Anfahrt und wo sie parken kann. Das wird einen guten ersten Eindruck machen.

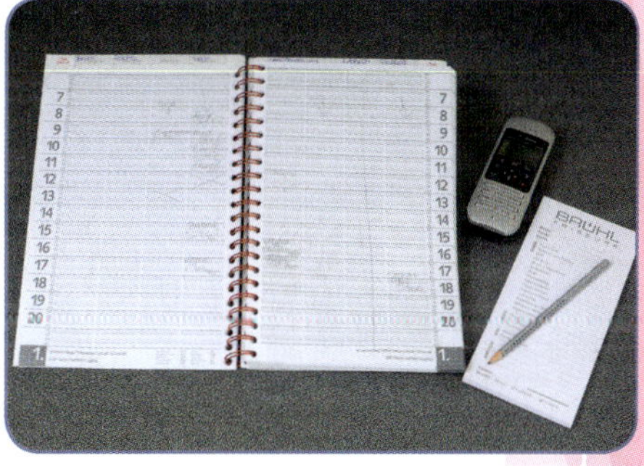

Das sollte beim Telefonieren bereitliegen

Wenn Sie am Telefon sprechen, bedenken Sie, dass Ihr Gesprächspartner Sie nicht sehen kann. Alle Informationen, die normalerweise mithilfe der Körpersprache gegeben werden, wie z. B. der Gesichtsausdruck, fehlen. Sie müssen daher mehr mit Ihrer **Stimme** arbeiten. Sprechen Sie betont und eher langsam als zu schnell. Wichtige Absprachen wie Termine sollten unbedingt am Ende des Gesprächs **wiederholt** werden, z. B.: „Also, Frau Schmitz, dann bis Mittwoch, den 11. Juli, 14:00 Uhr, zum Strähnenmachen und Schneiden bei Simone. Auf Wiederhören." So vermeiden Sie Missverständnisse.

➜ *vgl. S. 56*

Aufgabe

Notieren Sie die wichtigsten Telefontipps stichwortartig in der Reihenfolge, wie sie für Sie am wichtigsten sind. Gestalten Sie die Checkliste ansprechend.

4 Serviceleistungen – Wartezeiten überbrücken

Ihre Kundin kommt mit einigen Minuten Verspätung in den Salon geeilt und wirkt sehr gestresst. Was können Sie tun, um dieser Kundin zu einem entspannten Friseurbesuch zu verhelfen?

Sie haben die Möglichkeit, Kundinnen entweder zufriedenzustellen oder sie von Ihrer Leistung zu **überzeugen**. Der Unterschied liegt darin, dass eine zufriedene Kundin genau das erhält, was sie erwartet hat. Eventuell wird sie das weitererzählen, wahrscheinlich aber eher nicht, es war ja nichts Besonderes.
Eine überzeugte Kundin jedoch hat mehr bekommen, als sie erwartet hat. Sie ist positiv überrascht und wird das auch weitergeben. Nur die überzeugte Kundin wird Ihnen treu bleiben, weil sie befürchten muss, woanders weniger für ihr Geld zu erhalten.

4.1 Kundenbindung durch Service

Wartezeit

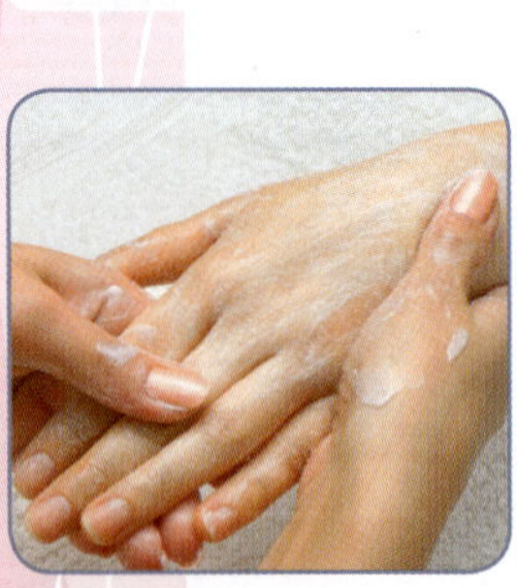

Serviceleistung

Welche Möglichkeiten haben Sie, aus einer zufriedenen Kundin eine überzeugte Kundin zu machen? Da ist natürlich zum einen die Dienstleistung, die dem Kundenwunsch voll entsprechen muss. Das ist eine Selbstverständlichkeit für eine zufriedene Kundin. Ebenso selbstverständlich ist die freundliche Begrüßung, die aufmerksame Betreuung während der gesamten Behandlung und die Verabschiedung der Kundin.
Darüber hinaus gibt es aber eine Reihe von Angeboten für Kundinnen, durch die sich ein Salon von seinen Mitbewerbern abheben kann – **Serviceleistungen**. Je nach Stil des Salons werden ganz unterschiedliche und wechselnde Serviceleistungen angeboten.
Serviceleistungen beginnen bei der Zeitung und dem Getränk während der **Wartezeit**. Aber muss es immer nur Kaffee sein? Was kann außerdem angeboten werden, damit der Friseurbesuch von Anfang an zum Erlebnis wird?
Wie kann die **Haarwäsche** so gestaltet werden, dass die Kundin gar nicht mehr aus dem Becken möchte? Vielleicht mit Musik oder Düften. Eine Kopfmassage ist eine angenehme Abwechslung, z.B. mit Kopfhautwasser: im Sommer ein erfrischendes Wasser, im Winter eher etwas für juckende Kopfhaut bei trockener Heizungsluft.
Schauen Sie sich die Kopfhaut Ihrer Kundin an und empfehlen Sie etwas. Das kostet wenig Zeit und wirkt professionell. Evtl. kauft die Kundin das Präparat anschließend.
Wie kann die Kundin die **Wartezeit oder Einwirkzeit als Genuss** empfinden? Auch Sie als Auszubildende können eine Handmassage oder Augenpflege anbieten, vielleicht Kompressen zum Entspannen – immer vorausgesetzt, dass dies ins Konzept Ihres Ausbildungsbetriebs passt. Möchte die Kundin eventuell Ruhe, weil sie einen anstrengenden Tag hinter sich hat? Erfragen Sie ihre Wünsche, setzen Sie sie wenn möglich in eine ruhige Zone und vermeiden Sie unnötiges Gerede.
Serviceleistungen ganz anderer Art sind z.B. Preisnachlässe, Hausbesuche oder besondere Öffnungszeiten. Es gibt eine Vielzahl von Möglichkeiten!

Aufgabe

Welche Serviceleistungen bietet Ihr Ausbildungsbetrieb an?

4.2 Small Talk

Small Talk (etwa „ein Schwätzchen"; von engl. *small* = unbedeutend, klein und *to talk* = sich unterhalten) ist eine lockere Konversation ohne allzu großen Tiefgang.
Sie als Friseurin verbringen eine Menge Zeit in unmittelbarer Nähe der Kundinnen. Da manche Schweigen als unangenehm empfinden, kann hier ein wenig Small Talk helfen. Der Small Talk als gesellschaftliches Ritual hat eine wichtige Funktion. Er sorgt für eine lockere Atmosphäre und ist der Einstieg in ein gegenseitiges Kennenlernen, beispielsweise von Geschäftspartnern. Im Small Talk zeigt man Interesse am Gegenüber oder gibt es zumindest vor.

Die **Gesprächsthemen** unter Fremden sind meist sehr allgemein gehalten. Inhalte können sein:
- die momentane Situation: das Wetter, die Uhrzeit
- der Ort, an dem Sie sich befinden, also der Friseursalon
- der Beruf der Kundin
- Urlaub, Freizeitbeschäftigungen
- das persönliche Erscheinungsbild der Kundin – vielleicht trägt sie heute etwas Besonderes?

Achtung: Hüten Sie sich davor, mit Ihren Kundinnen über sehr persönliche und private Themen wie Krankheiten oder finanzielle Dinge zu sprechen. Auch sollten Sie Themen, die die persönliche Einstellung wiedergeben, vermeiden, wie z. B. politische oder religiöse Fragen. Hierbei kann die gute Stimmung schnell umschlagen.

Sind Sie mit einer Kundin bereits gut bekannt, kann freier gewählt werden, ob ein Gespräch mit allgemeinem Small Talk beginnt oder gleich ein bestimmtes Thema angesprochen wird.

Durch **Fragen** können Sie einen Small Talk in Gang bringen. Typische Fragen sind:
- „Wie geht es Ihnen?" oder „Sie sehen gut aus heute" (als Einleitung)
- „Was machen Sie heute noch?" „Waren Sie schon im Urlaub?" (um auf ein Thema zu kommen, das ergiebiger ist)
- „Darf ich fragen, was Sie beruflich machen?"

Manchmal führt auch die Tatsache, dass man einfach etwas „loswerden" muss, zum Small Talk. Wenn Kundinnen wie beiläufig etwas Bestimmtes erwähnen, fragen Sie nach. Oder umgekehrt: Wenn Sie etwas erfahren möchten, nutzen Sie den Small Talk als Mittel, um das Thema unauffällig anzuschneiden. Die meisten Kundinnen freuen sich über Ihr Interesse an ihnen und erzählen bereitwillig. Unterbrechen Sie sie dann nicht!
Es gibt aber auch Kundinnen, die ziehen es vor, in Ruhe gelassen zu werden, und möchten vielleicht lieber lesen. Das sollten Sie unbedingt respektieren.

Small Talk

5 Kundenwünsche ermitteln

Die Kundin ist zum ersten Mal im Salon und ist unsicher, ob ihre Wünsche hier umgesetzt werden können. Wie gehen Sie im Gespräch vor, um diese Wünsche möglichst genau zu erfahren?

Den Behandlungswunsch einer Kundin finden Sie heraus durch **Kommunikation** mit ihr: Kommunikation ist Verständigung, hier zwischen Friseurin und Kundin, mithilfe von Zeichen.
Kommunizieren können Sie auf zwei Arten:

- **verbal** (mit Worten, sprachlich): indem Sie mit ihr sprechen, ihr Fragen stellen;
- **nonverbal** (nichtsprachlich): indem Sie Signale der Körpersprache erkennen.

→ *vgl. S. 56*

5.1 Gespräch zur Kundenwunschermittlung

5.1.1 Die vier Seiten einer Nachricht

„So habe ich das doch nicht gemeint!" ist ein Satz, den jeder schon einmal gehört oder selbst gesagt hat. Wie kommt es dazu, dass wir manchmal nicht richtig verstanden werden oder andere falsch verstehen?

Das folgende **Kommunikationsmodell** verdeutlicht, dass eine Nachricht auf vier verschiedene Arten gesendet und empfangen werden kann.

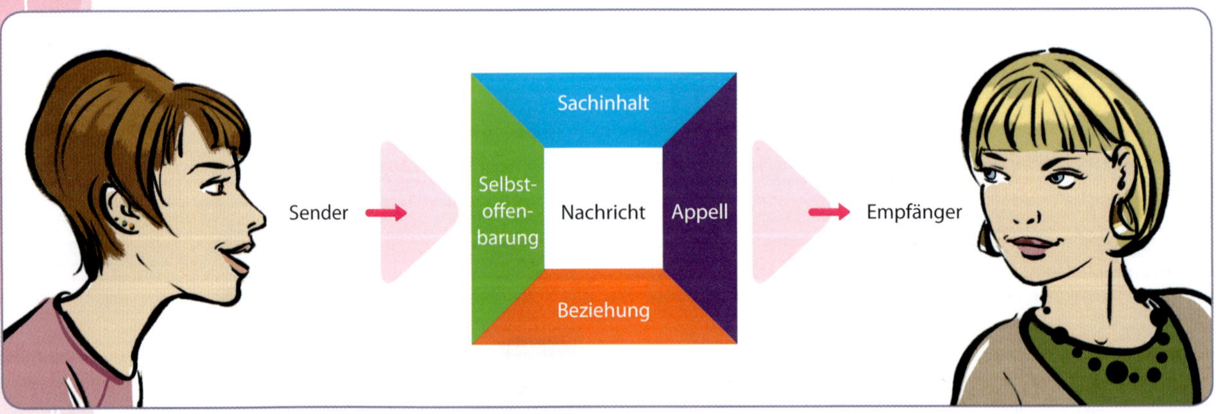

Nachrichtenquadrat nach Schulz von Thun

Beispiel: Ihre Kundin sagt zu Ihnen: „Letztes Mal hat mich aber Claudia bedient."

Sachinhalt – gibt Auskunft über den Sachverhalt, um den es geht.
Die Kundin im Beispiel gibt Auskunft darüber, dass Claudia das letzte Mal ihre Friseurin war.

Selbstoffenbarung (Ich-Botschaft) – gibt Auskunft über Gefühle, Einstellungen und Einschätzungen des Senders.
Die Kundin gibt von sich preis, dass sie verunsichert ist und lieber von Claudia bedient werden möchte. Sie ist enttäuscht, weil Claudia nicht da ist oder keine Zeit hat.

Beziehung (Du-Botschaft) – gibt Auskunft darüber, was der Sender vom Empfänger hält. Dies ist die Nachricht, die am häufigsten zu Missverständnissen führt.
Die Kundin befürchtet, dass Sie die Haare nicht so gut behandeln können wie Claudia.

Appell – beinhaltet eine Aufforderung an den Empfänger.
Die Kundin verlangt, von Claudia bedient zu werden. Sie möchte wissen, warum sie von Ihnen bedient wird. Oder sie appelliert. „Mache die Arbeit genauso wie Claudia."

Mit vier Ohren hören

Genau wie der Sender (im Beispiel oben die Kundin), hat auch der Empfänger (hier die Friseurin, also Sie) vier verschiedene Möglichkeiten, eine Aussage zu verstehen. Man spricht daher auch vom **vierohrigen Empfänger**.

Der vierohrige Empfänger

Beispiel: Die Kundin sagt also: „Letztes Mal hat mich aber Claudia bedient."

Das Sach-Ohr hört nur die Sachbotschaft, versucht, die reinen Informationen zu verstehen, im Beispiel also, dass die Kundin letztes Mal von Claudia bedient wurde.

Das Selbstoffenbarungs-Ohr versucht, etwas über den Sender herauszufinden, z.B. wie er sich fühlt, wie es ihm geht, was mit ihm los ist. In unserem Fall könnte das bedeuten, dass Sie eine Irritation, ein Unwohlsein bei der Kundin spüren.

Das Beziehungs-Ohr fragt, was der Sender von ihm hält bzw. zu halten scheint. Es ist das „gefährlichste" Ohr von allen, da es dazu neigt, Kritik oder Beleidigungen herauszuhören – oft unbegründet. Personen, die häufig mit diesem Ohr hören, sind oft schnell verunsichert und fühlen sich kritisiert. Im Beispiel würden Sie sich z.B. angegriffen fühlen, weil Sie heraushören könnten, dass die Kundin Sie für unfähig hält.

Das Appell-Ohr wiederum hört Aufforderungen heraus. Menschen mit ausgeprägtem Appell-Ohr fühlen sich leicht unter Druck gesetzt, weil sie es anderen gerne recht machen möchten. Entsprechend würden Sie im Beispiel, wenn möglich, Claudia holen bzw. versuchen, alles genauso zu machen, wie Claudia es sonst auch macht.

5.1.2 Kommunikationsstörungen

Wie die Nachricht beim Empfänger ankommt, hängt von Erfahrungen ab, außerdem von Stimmungen, Sympathie, der Situation und der Stimmlage, in der sie übermittelt wird. Im Idealfall versteht der Empfänger die Nachricht genauso, wie sie gemeint war. Wenn nicht, kommt es zu einer Kommunikationsstörung, einem Missverständnis.
Um **Missverständnisse** zu vermeiden, ist es wichtig, dem Sender ein Feedback, also eine Rückmeldung, zu geben, wie man die Nachricht verstanden hat. Wenn Sie den Eindruck haben, die Kundin möchte lieber von Claudia bedient werden, fragen Sie höflich nach, z.B.: „Möchten Sie lieber von Claudia bedient werden?"

Aufgabe

„Renate, das Shampoo ist leer!" Welche vier Nachrichten können in dieser Aussage stecken? Was kann der vierohrige Empfänger auf jedem Ohr hören?

5.1.3 Fragetechniken

W-Fragen

Der Erfolg eines Beratungsgesprächs hängt wesentlich von der Gesprächsführung der Friseurin ab. Um die Wünsche der Kundin zu ermitteln, benötigen Sie möglichst viele Informationen. Das gelingt besonders gut, wenn Sie die richtigen Fragetechniken anwenden. Vermeiden Sie dabei das Wörtchen „wir", z. B. „Was machen wir denn heute?".

Offene Fragen/W-Fragen

Diese Fragen beginnen mit einem W-Fragewort: wer, wie, was, warum, wo usw., z. B.:

- „Womit waschen Sie Ihr Haar?"
- „Wie stellen Sie sich Ihre Welle vor?"

Der Kundin wird ermöglicht, ausführlich zu antworten. Sie bekommen dadurch viele Informationen, was gerade zu Beginn des Gesprächs wichtig ist.

Geschlossene Fragen

Auf diese Fragen wird in der Regel nur mit „Ja" oder „Nein" geantwortet. Daher liefern sie meist nur wenige Informationen, z. B.:

- „Möchten Sie eher eine stärkere dauerhafte Umformung?"
- „Soll die Frisur einen Seitenscheitel haben?"

Geschlossene Fragen eignen sich, um Einzelheiten zum Kundenwunsch zu erfahren.

Suggestivfragen

Sie sollen unterstellen, dass Gemeinsamkeiten mit dem Gesprächspartner vorhanden sind, z. B.:

- „Meinen Sie nicht auch, dass Ihnen die rötliche Nuance viel besser steht?"

Es besteht dabei die Gefahr, dass Kundinnen sich von solchen Fragen überrumpelt fühlen, weil sie nicht „Nein" sagen möchten. Also Vorsicht bei dieser Art von Fragen!

Bestätigungsfragen

Mit dieser Frage vergewissern Sie sich, ob die Aussage richtig verstanden wurde (Feedback). Dabei wiederholen oder umschreiben Sie die Aussage der Kundin, z. B.:

- „Habe ich Sie richtig verstanden, Sie möchten eher eine leichte Wellung, die Sie auch lufttrocknen lassen können?"

Entscheidungs-/Alternativfragen

Diese Fragen ermöglichen der Kundin eine Auswahl und sollen Gedanken der Kundin ausschließen, weder das eine noch das andere haben zu wollen, z. B.:

- „Möchten Sie lieber eine leichte oder eine stärkere Wellung?"

Rhetorische Fragen

Diese Fragen sind eigentlich keine richtigen Fragen, weil der Fragende keine Antwort erwartet. Häufig werden Bitten in Fragen „verkleidet", z. B.:

- „Darf ich Ihnen schon einmal die Haare waschen?"

Aufgaben

1. Notieren Sie drei offene Fragen, mit denen Sie ein Gespräch beginnen können.
2. Wann sind geschlossene Fragen sinnvoll?

5.1.4 Aktives Zuhören

Nur durch Zuhören erfahren Sie, was Ihre Kundinnen wirklich wollen. Dabei ist Zuhören nicht gleich Zuhören. Oft hören wir unseren Mitmenschen zwar zu, reagieren aber nicht so, wie unser Gegenüber das erwartet oder erhofft. Wichtig beim Zuhören ist, die kleinen **Signale der Kundin** zu erkennen und gezielt darauf zu reagieren.

Wenn die Kundin z.B. äußert: „Die Haare liegen irgendwie nicht richtig ..." und die Friseurin antwortet: „Das bekommen wir schon hin.", ist das zwar als Trost gemeint, die Kundin will damit aber eigentlich zu verstehen geben, dass sie ein Problem hat und wünscht, dass die Friseurin sich genauer danach erkundigt.
Sie müssen Ihren Kundinnen also das Gefühl vermitteln, ihre Wünsche und Interessen wirklich zu verstehen, damit sie sich bei Ihnen gut aufgehoben fühlen. Entsprechend sollten Sie die Kundin z.B. besser fragen: „Sind Sie mit Ihrer Frisur nicht zufrieden?"

Das **„aktive Zuhören"** ist eine Methode, bei der Sie sich völlig auf Ihren Gesprächspartner konzentrieren. Ihre eigenen Gefühle, Gedanken und Meinungen werden dabei nicht ausgedrückt, es zählt nur die Kundin.

„Aktiv" bedeutet in dem Zusammenhang, dass Sie nicht einfach nur stumm zuhören, sondern Ihrem Gesprächspartner immer wieder eine **Rückmeldung** dazu geben, wie Sie ihn verstanden haben. Das ist z.B. durch eine **Bestätigungsfrage** möglich, wie: „Habe ich Sie richtig verstanden, Sie möchten, dass die Frisur mehr Volumen erhält?" Dabei sollten Sie die Aussagen des Gesprächspartners noch einmal mit eigenen Worten zusammenfassen.

Auch für die Lösung von Problemen, z.B. bei Beschwerden und Reklamationen, eignet sich diese Methode. Die Kundin fühlt sich durch die ihr entgegengebrachte Anteilnahme verstanden. Dadurch entschärft sich eine angespannte Situation häufig.

Beispiel:
Kundin: „Schauen Sie mal, wie meine Haare nach der Umformung aussehen! Die haben viel zu viel Volumen, ich wollte doch nur eine leichte Welle!"
Friseurin: „Die Umformung ist Ihnen also zu stark?"

Diese Art der Gesprächsführung hat positive Auswirkungen auf das Verhalten der Kundin: Sie fühlt sich verstanden und ernst genommen.

Aktives Zuhören

Aufgaben

1. Erläutern Sie den Sinn und die Technik des aktiven Zuhörens.
2. Mit welchen Bestätigungsfragen können Sie in folgenden Fällen der Kundin Verständnis signalisieren?
   a) Kundin: „Beim letzten Mal war die Farbe heller."
   b) Kundin: „Die Haare liegen nicht so, wie ich es mir vorgestellt habe. Hier fällt es viel zu breit aus."

5.2 Kaufmotive

Warum eine Kundin ein Produkt oder eine Dienstleistung kauft, kann sehr unterschiedliche Gründe haben. Man unterscheidet dabei grob zwischen vernunftbetonten (rationalen) und gefühlsbetonten (emotionalen) Kaufmotiven.
Fast alle Kaufentscheidungen basieren auf einer Mischung verschiedener Motive.

Rationale Kaufmotive – Plankauf

Die Einkäufe geschehen bewusst und geplant und können gut begründet werden. Rationale Kaufmotive sind z. B.:

- **Bequemlichkeit/Zeitersparnis**, z. B.: „Ich bin berufstätig und habe wenig Zeit für die Haarpflege." Diese Kundin möchte eine pflegeleichte Frisur, auch Haarkuren mit wenig oder ohne Einwirkzeit kann man ihr anbieten.
- **Umweltbewusstsein**, z. B.: „Gibt es das Shampoo auch zum Nachfüllen?" Diese Kundin achtet auf Inhaltsstoffe, Verpackungsmaterial usw., weniger auf den Preis.
- **Preisbewusstsein/Geldersparnis**, z. B.: „Ich bin mit dem Shampoo aus dem Drogeriemarkt auch zufrieden." Angebote und Sondergrößen können diese Kundin eventuell zum Kauf veranlassen.
- **Gesunderhaltung**, z. B.: „In letzter Zeit ist mein Haar so fettig geworden, was kann ich dagegen tun?" Diese Kundin ist dankbar, wenn Sie eine Linderung des Problems ermöglichen können. Bieten Sie ihr verschiedene Präparate an.

Emotionale Kaufmotive – Impulskauf

Es gibt Untersuchungen, die besagen, dass über 90 % der Kaufentscheidungen gefühlsmäßig (emotional) getroffen werden. Sie entstehen eher unbewusst und situationsabhängig, oft spontan, aus einer Laune heraus. Emotionale Kaufmotive sind z. B.:

- **Nachahmungstrieb**, z. B.: „Die Frisur von Christina, die finde ich toll!" Das ist ein Motiv, das häufig bei Jugendlichen zu finden ist. Modetendenzen allgemein leben davon, dass viele Leute sich der Masse oder prominenten Vorbildern anschließen, was ihr Aussehen anbelangt. ➔ *vgl. S. 480*
- **Geltungsbedürfnis/Prestige**, z. B.: „Wir geben eine große Feier, da muss ich besonders toll aussehen!" Hier ist wichtig, dass man etwas nach außen hin darstellt und darum beneidet wird. Geld ist eher nebensächlich.
- **Schönheit/Wohlbefinden**, z. B.: „Mein Haar liegt überhaupt nicht mehr gut. Ich möchte, dass es wieder mehr Fülle bekommt." Dieses Motiv lässt einen Großteil der Kundinnen zu Ihnen kommen. Sie fühlen sich nicht mehr wohl mit ihrer Frisur und möchten besser aussehen.
- **Angst vor dem Altern**, z. B.: „Bald werde ich fünfzig. Ich möchte aber auf keinen Fall so aussehen." Ein weitverbreiteter Wunsch, weil in unserer Gesellschaft Jugend und Vitalität eine große Rolle spielen.

Aufgabe

Welche Produkte oder Dienstleistungen Ihres Salons sind eher für Plankäufe geeignet, welche eher für Impulskäufe? Begründen Sie Ihre Antwort.

6 Beschwerden entgegennehmen

Kundin: „Nun warte ich schon so lange, obwohl ich einen Termin hatte. Wann komme ich endlich dran?" Wie verhalten Sie sich dieser Kundin gegenüber?

Falls Sie Ihre Kundin weder überzeugen noch zufriedenstellen konnten, dann haben Sie sie enttäuscht. Diese Kundin hat bei Ihnen nicht das bekommen, was sie erwartet hat. Problematisch wird dies insbesondere dann, wenn sie das nicht Ihnen berichtet, sondern vielen anderen. Das bedeutet eine **schlechte Mundpropaganda** für Sie und Ihren Salon.

„Der Friseur hat meine Haare ruiniert." Solche und ähnliche Schlagzeilen hat jeder schon einmal gehört oder gelesen. Natürlich sind überall dort, wo menschliches Können gefragt ist, auch Fehler möglich. Wenn diese Fehler das eigene Aussehen betreffen, dann ist das für die Betroffenen besonders bedauerlich. Daher reagieren unzufriedene Kundinnen häufig sehr emotional.
Der Umgang mit solchen Kundinnen ist nicht einfach und erfordert **Fingerspitzengefühl**. Halten Sie sich aber vor Augen, dass eine Kundin, die reklamiert, eine Kundin ist, die Ihnen eine **zweite Chance** gibt. Das ist bei den wenigsten Kundinnen der Fall. Die meisten wechseln den Friseur, wenn sie unzufrieden waren, ohne eine Begründung.

Wenn Sie diese zweite Chance von der Kundin erhalten, sollten Sie alles tun, um die Kundin zufriedenzustellen. Suchen Sie mit der Kundin einen ruhigen Platz auf. Bitten Sie sie, kurz zu warten, und holen Sie Ihre Chefin oder die zuständige Kollegin zum Gespräch mit der Kundin.

Der unheimliche Multiplikator

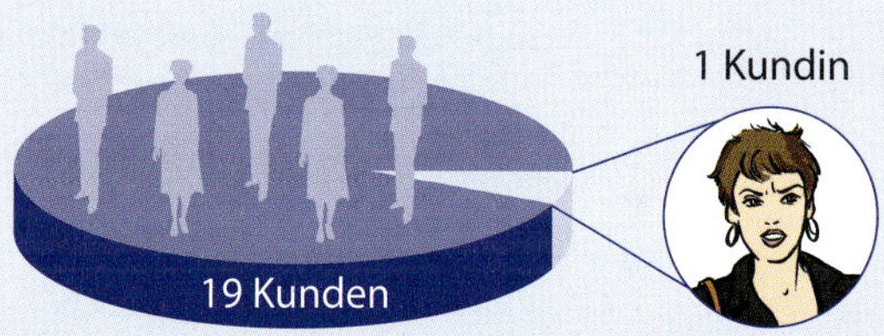

- Auf eine enttäuschte Kundin, die sich direkt bei uns beschwert, kommen etwa 19, die sich nicht direkt beschweren.
- Alle 20 enttäuschten Kundinnen äußern ihre Unzufriedenheit im Durchschnitt jeweils gegenüber 11 weiteren Personen.

(13 Prozent der Kundinnen erzählen dies sogar 20 anderen Menschen.)

(1 + 19 x 11 = 220)

Diese 220 Kundinnen sollten wir im Kopf haben, wenn uns unsere nächste Kundin auf einen Mangel aufmerksam macht.

Quelle: www.iltis.de

Praxistipp

- *Wenn eine Kundin reklamiert, ist das oberste Gebot: Ruhe bewahren!*
- *Bewerten Sie nicht, was der Kundin nicht gefällt. Es ist egal, wie Sie darüber denken.*
- *Zeigen Sie Verständnis. Wichtig ist, dass die Kundin sich ernst genommen fühlt. Lassen Sie sie ausreden.*

Aufgaben

1. Warum ist es auch ein gutes Zeichen, wenn eine Kundin sich beschwert?
2. „Immer muss ich so lange warten", beschwert sich eine Kundin.
   Wie reagieren Sie?

7 Kundinnen verabschieden

Die Kundin betrachtet ihre neue Frisur noch schnell im Spiegel, bevor sie den Salon verlässt. Wie können Sie bei der Kundin einen guten Eindruck hinterlassen, der sie zum Wiederkommen ermutigt?

Nach der Behandlung ist es wichtig, dass Sie einen positiven Eindruck bei der Kundin hinterlassen, denn der bestimmt das Gefühl, mit dem die Kundin ihre Frisur präsentiert. Gerade Kundinnen, die eine größere Veränderung in Schnitt und/oder Haarfarbe machen ließen, brauchen **Bestätigung**, bevor sie den Salon verlassen. Geben Sie Ihrer Kundin also das Gefühl, dass sie gut aussieht. Lassen Sie sich von ihr im Gegenzug aber auch bestätigen, dass sie zufrieden ist. Wenn Sie Zweifel an der Zufriedenheit der Kundin haben, fragen Sie nach. Die Kundin wird sonst ihren Unmut im Bekanntenkreis äußern.

Freundliche Verabschiedung

Begleiten Sie die Kundin zur **Kasse**. Stellen Sie die Produkte, die sie kaufen möchte, neben die Kasse. Vereinbaren Sie einen **Folgetermin** – auf einer Visitenkarte des Salons notieren, falls vorhanden! – bzw. geben Sie Hinweise darauf, wann der nächste Besuch wichtig wäre und welche Behandlung Sie dafür vorschlagen. Vielleicht bietet Ihr Salon **Serviceleistungen** an, wie den nächsten Ponyschnitt umsonst? Dann weisen Sie unbedingt darauf hin. Die Kundin sollte den Wunsch haben, wiederzukommen. Wenn sie bezahlt hat, verabschieden Sie sich mit einem Lächeln, evtl. per Handschlag. Fragen Sie die Kundin eventuell nach ihrem Heimweg. Falls es regnet, begleiten Sie sie mit dem Regenschirm zu ihrem Auto oder rufen Sie ihr ein Taxi. Die Kundin wird es Ihnen danken.

Aufgaben

3. Eine Kundin hat ihre Haare heller färben lassen. Was können Sie sagen und tun, damit die Kundin sich bestätigt fühlt?
4. Allgemeine Visitenkarten enthalten die Salondaten; auf persönlichen Visitenkarten ist zusätzlich der Name der Mitarbeiterin aufgeführt.
   a) Welche Vorteile bieten Visitenkarten für Sie? Welche Vorteile hat die Kundin?
   b) Welche Angaben dürfen auf einer Visitenkarte nicht fehlen?
   Gestalten Sie eine persönliche Visitenkarte für Ihren Ausbildungsbetrieb.

Komplexe Aufgaben

1. Wie müssen Sie sich bei der Begrüßung verhalten, um einen möglichst positiven Eindruck auf eine Kundin zu machen?

2. Sie sind an der Rezeption. Eine Ihnen unbekannte Kundin betritt den Salon und bittet um einen Termin. Wie verhalten Sie sich? Notieren Sie ein Gespräch zwischen der Kundin und sich selbst und spielen Sie es der Klasse vor.

3. Sie hören, dass eine andere Auszubildende mit einer Kundin schlecht über einen Mitbewerber spricht. Später im Pausenraum möchten Sie mit ihr darüber sprechen. Was können Sie ihr sagen?

4. a) Welche Serviceangebote werden in Ihrem Salon angeboten?
   b) Welche Serviceangebote würden Sie anbieten, wenn Sie die Chefin oder der Chef wären?
   c) Überlegen Sie, was davon Sie selbst in Angriff nehmen können und wie Sie Ihre Chefin davon überzeugen können.

5. Fertigen Sie eine Checkliste mit Sätzen und Fragen vom Beginn bis zum Ende eines Telefongesprächs an.

6. Informieren Sie sich in Ihrem Ausbildungsbetrieb darüber, in welchen Abständen welche Dienstleistungen in den Terminkalender eingetragen werden. Vergleichen Sie die Zeiten mit denen Ihrer Mitschülerinnen.

7. Erstellen Sie (möglichst am PC) eine Karteikarte, auf der die wichtigsten Daten über Ihre Kundinnen festgehalten werden können.

8. Eine anspruchsvolle Kundin betritt den Salon. Worauf sollten Sie während der Betreuung und Behandlung dieser Kundin achten?

English – Making an appointment on the phone

Before coming to the salon most clients are calling to make an appointment.

Hairdresser:	Salon CUT, good morning. Maja speaking. What can I do for you?
Client:	Good morning, my name is Mrs. Benson, I would like an appointment for a new haircut.
Hairdresser:	When does it suit you?
Client:	Thursday morning would be good.
Hairdresser:	I can offer you an appointment on Thursday at 9 o'clock in the morning.
Client:	Oh, I am sorry, that is too early. I can't come before 10 o'clock.
Hairdresser:	No problem, 10 o'clock would be fine for me as well. So I've noted down your appointment for this Thursday at 10 o'clock.
Client:	That is perfect. Good bye.
Hairdresser:	Have a nice day, bye-bye.

Hairdresser:	**Hello, Salon HAIRSTYLE and you are talking to Susan. How may I help you?**
Client:	Hello, I am Mrs. Anderson. I'd like to make an appointment, please.
Hairdresser:	I am sure we can help you. What would you like to have done?
Client:	Could I please make an appointment with Sandra for a shampoo and roller setting tomorrow?
Hairdresser:	I'm afraid, Sandra isn't in tomorrow. It's her day off work. Would the day after tomorrow be convenient for you?
Client:	No, that is too late. Do you have an earlier appointment?
Hairdresser:	Certainly, Madam, there is a free appointment at 5 pm today.
Client:	Well, that is not perfect but, I'll take it. See you in the afternoon then. Bye-bye.
Hairdresser:	Good bye, Mrs. Anderson.

Helpful phrases for your own telephone conversations				
You are talking to .... from salon .... How may I help you? Hello, Salon ...., this is .... speaking. What can I do for you?				
How about I can offer you an appointment on Would Would So	Monday Tuesday Wednesday Thursday Friday Saturday tomorrow	at	9 am 5 pm 4 o'clock in the afternoon	? . suit you? be okay for you? would be convenient for you?
Sorry, No,		we don't work on Mondays. we are closed on Mondays. we don't have any more free appointments. I am sorry. that does not work. that's too late.		
Yes, that's alright for me. Yes, that's fine. That is perfect. That is fine for me as well. Fine, see you then. Good bye.				

Exercises

1. Copy the helpful phrases into your folder. Always leave space to add more words!
2. Look at the examples on page 74. Add more phrases from page 74 to your list.
3. Prepare your own telephone conversation using some of the phrases.

Ⓐ	Ⓑ
You are the client who wants to make an appointment for Monday.	You are working in a salon that is closed on Mondays.

Vocabulary					
client	Kunde	**to suit somebody**	jemandem passen, recht sein	**a shampoo**	eine Haarwäsche
appointment	Verabredung, Termin			**roller setting**	Einlegen
		early	früh	**day off work**	freier Tag
haircut	Haarschnitt	**to note down**	notieren	**convenient**	angenehm
to offer	anbieten	**to be sure**	sicher sein	**certainly**	sicher

Lernfeld 3 Haare und Kopfhaut pflegen

Sie stellen den Haar- und Kopfhautzustand fest und führen Reinigungs- und Pflegemaßnahmen durch.

Kundin: „Dieses glanzlose Haar! Es lässt sich so schlecht frisieren und sieht stumpf aus. Warum ist das so, und was kann ich dagegen tun?"

Informieren

- Welchen Wunsch zur Haar- und Kopfhautpflege hat die Kundin?
- Wie zufrieden ist die Kundin mit ihren Haaren und ihrer Kopfhaut?
- In welchem Zustand sind die Haare und die Kopfhaut?
- Welche Ursachen können zu dieser Veränderung geführt haben?
- Wie reinigt und pflegt die Kundin ihre Haare zu Hause?

Planen

- Welche Möglichkeiten zur Verbesserung des Haar- und Kopfhautzustands habe ich?
- Welche Reinigungs- und Pflegepräparate kann ich in der Behandlung einsetzen?
- Wie viel Zeit muss ich für die Behandlung einplanen?
- Entstehen zusätzliche Kosten für die Kundin?
- Welche Reinigungs- und Pflegepräparate kann ich der Kundin für zu Hause empfehlen?
- Welches Behandlungskonzept zur Haar- und Kopfhautpflege schlage ich der Kundin vor?

Entscheiden

- Ich stelle der Kundin mein Behandlungskonzept vor.
- Ich begründe meinen Vorschlag.
- Ich nenne der Kundin den Zeitaufwand und die entstehenden Kosten.
- Die Kundin entscheidet sich für eine reinigende und pflegende Haar- und Kopfhautbehandlung.
- Ich überzeuge mich davon, dass die Kundin meine Empfehlungen nachvollziehen kann.

Bewerten

- Ist die Kundin mit der Behandlung und dem Ergebnis zufrieden?
- Bin ich mit meiner Arbeit zufrieden?
- Kann ich beim nächsten Mal durch eine veränderte Behandlung das Ergebnis verbessern?

Kontrollieren

- Wie fühlen sich die Haare und die Kopfhaut an?
- Wie sehen Haare und Kopfhaut aus?
- Ist eine weitere Behandlung erforderlich?
- Ich bitte die Kundin, bei ihrem nächsten Friseurbesuch über die Wirkung der Präparate zu berichten.

Ausführen

- Ich richte meinen Arbeitsplatz ein.
- Ich achte auf das Wohlbefinden der Kundin.
- Ich reinige und pflege Haare und Kopfhaut.
- Ich erläutere der Kundin, was bei der Reinigung auch zu Hause zu beachten ist.
- Ich gebe der Kundin Styling- und Föhntipps, die auf ihre Haare und Kopfhaut abgestimmt sind.

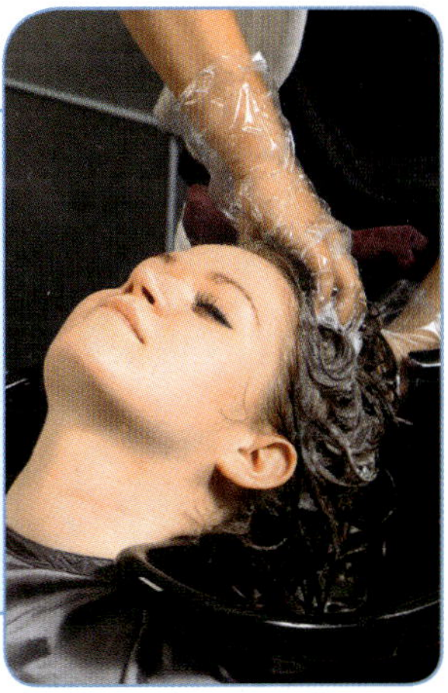

1 Individuelle Kundengegebenheiten

„Wie sehe ich nur aus – ständig diese strähnigen Haare. Ich brauche dringend einen neuen Look. Können Sie mir helfen?"
Wie erklären Sie der Kundin die Ursachen für ihre Probleme?

1.1 Kundenerwartungen und Kundenwünsche

Befragungen zeigen, dass gepflegte Haare zu mehr Selbstbewusstsein und Attraktivität führen. Haare sind für die positive Eigenwahrnehmung entscheidend und stärken die Persönlichkeit. Diese Wünsche und Erwartungen wird Ihre Kundin nicht direkt äußern, Ihnen sollte dies aber bewusst sein.

Informieren Sie sich durch **gezielte, aber diskrete Fragen** über die Zufriedenheit der Kundin mit ihren Haaren und dem Zustand ihrer Kopfhaut. Welche Probleme treten auf? Die Kundin darf sich aber nicht ausgefragt fühlen. Da viele es als unangenehm empfinden, über Kopfhautprobleme wie fettiges Haar, Schuppen oder Haarausfall zu reden, kann ein schriftlich auszufüllender **Fragebogen** helfen.

Fragen Sie die Kundin auch, welche Behandlungen nach der Haarreinigung und Haarpflege im Salon stattfinden sollen. Sie werden später sehen: Vor bestimmten Behandlungen, z. B. dauerhaften Umformungen, dürfen die Haare nicht gründlich gewaschen oder nicht mit Pflegepräparaten behandelt werden.

1.2 Haarreinigungs- und Haarpflegegewohnheiten

Die individuellen Haarreinigungs- und Haarpflegegewohnheiten Ihrer Kundin ermitteln Sie im Beratungsgespräch ebenfalls. So bekommen Sie einen Eindruck, wie viel Zeit und Geld die Kundin bereit ist, aufzuwenden. Auch erfahren Sie so, wie es zum derzeitigen Pflegezustand von Haar und Kopfhaut gekommen ist.
Die Reinigungs- und Pflegegewohnheiten erfahren Sie z. B. mit folgenden Fragen:
- Wie oft waschen Sie Ihre Haare? Warum?
- Wann war die letzte Haarwäsche? Welches Shampoo benutzen Sie?
- Verwenden Sie Haar- und Kopfhautpflegepräparate oder auch Stylingpräparate?
- Wie stylen Sie Ihre Frisur? Föhnen oder glätten Sie Ihr Haar oder legen Sie es ein? Lassen Sie es lufttrocknen?
- Wurden bei vorangegangenen Friseurbesuchen Veränderungen der Kopfhaut wie z. B. Narben usw. festgestellt?
- Haben Sie Unverträglichkeiten gegen Friseurpräparate (z. B. Wellflüssigkeit), Allergien oder Empfindlichkeiten?

Aufgabe

Erarbeiten Sie in Partnerarbeit ein Rollenspiel, in dem Sie den Kundenwunsch sowie die Haarreinigungs- und Haarpflegegewohnheiten erfragen.

1.3 Das Haar

Um die Kundinnen in allen Fragen rund um das Haar kompetent beraten zu können, benötigen Sie Wissen über den Aufbau und die Eigenschaften des Haares sowie über Haarveränderungen.

1.3.1 Haarschaft und Haarfollikel

Haare, die äußerste Schicht unserer Haut und auch die Nägel bestehen überwiegend aus der Hornsubstanz **Keratin**, einem besonderen Protein (Eiweiß). Die Zellen, die das Keratin produzieren, heißen **Keratinozyten**. Es entsteht faserartiges Keratin sowie formlose Keratinmasse (Kittsubstanz), in die die Fasern eingebettet sind.

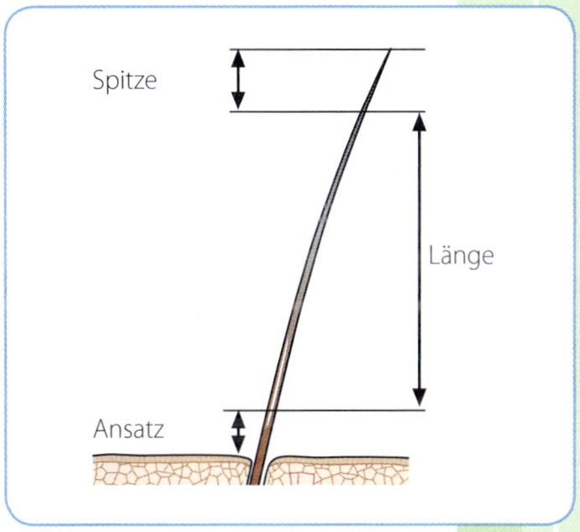

Haarschaft

Das Kopfhaar besteht aus dem **sichtbaren Haarschaft** und der **in der Kopfhaut sitzenden Haarwurzel**.

Der **Haarschaft** besteht aus drei Abschnitten: Haaransatz, Länge und Haarspitze. Als Ansatz bezeichnet man den kopfhautnahen Abschnitt. Es folgen die Längen. Die letzten ca. 2 cm des Haarschafts nennt man Haarspitze. Diese Unterteilung erleichtert es, Arbeitsanweisungen bei Haarbehandlungen, z. B. einer Farbveränderung, umzusetzen.

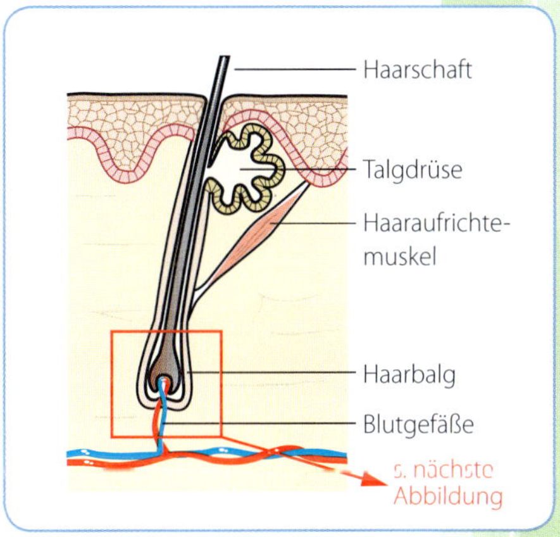

Haarfollikel

Das Haar ist ein Anhangsgebilde der Haut, wie auch die Nägel, Talg-, Duft- und Schweißdrüsen. Das Haar sitzt leicht schräg in einer schlauchartigen Einstülpung der Haut, dem **Haarfollikel.** Der Haarfollikel wird gebildet von der inneren und äußeren Wurzelscheide, der Glashaut und dem Haarbalg. Er ist eine Hülle für die Haarwurzel. Als **Haarwurzel** wird der Teil des Haares bezeichnet, der in der Haut sitzt und noch nicht vollständig verhornt ist.

Im unteren Teil verdickt sich die Haarwurzel zur **Haarzwiebel**. Diese sitzt wie eine Glocke auf der **Haarpapille** (Bindegewebe, in das die Haarwurzel eingebettet ist). Von dort gelangen Nährstoffe durch die Kapillaren in die teilungsfähigen Zellen (Mutterzellen oder Keratinozyten) der Haarmatrix. Als **Haarmatrix** wird der Bereich der Haarwurzel bezeichnet, in dem die Zellteilung stattfindet. Sie besteht aus Keratin.

➜ *vgl. Lernfeld 1, S. 40*

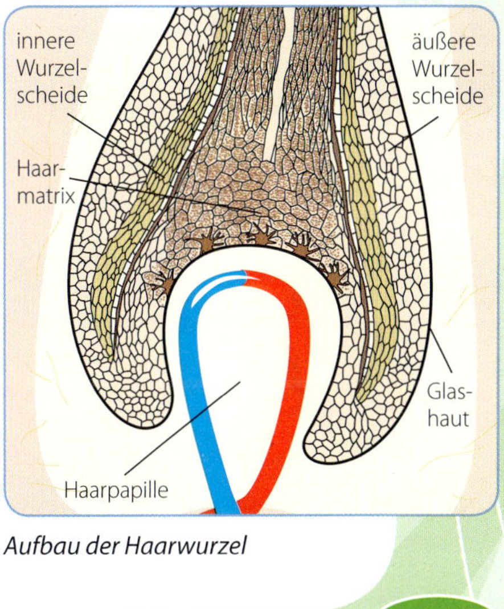

Aufbau der Haarwurzel

Beim Herausziehen eines Haares reißt die Wurzel über der Haarzwiebel; die Papille mit der Matrix verbleibt in der Haut. Auf diese Weise kann ein neues Haar nachwachsen. Durch die Blutgefäße wird es mit Sauerstoff und Nährstoffen versorgt, welche für die Erhaltung der Haut und für das Haarwachstum erforderlich sind.

In den oberen Teil des Haarfollikels münden drei bis fünf **Talgdrüsen**, die Hauttalg produzieren und an Haar und Haut abgeben. ➜ *vgl. S. 87*

Zwischen Haarfollikel und Oberhaut befindet sich der **Haaraufrichtemuskel**. Dieser zieht sich bei Kältereizen, in Schrecksituationen oder auch in emotionalen Momenten zusammen und richtet das Haar auf. Es entsteht ein schützendes Stauluftpolster.

1.3.2 Schichten des Haares

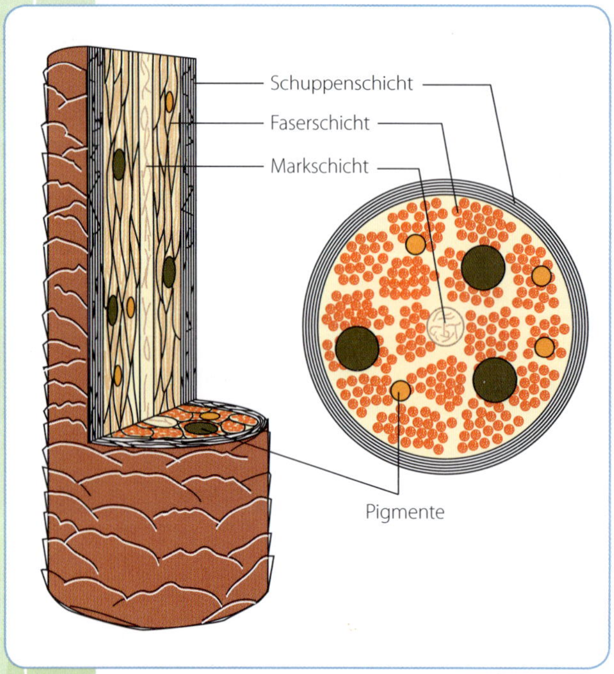

Schichten des Haarschafts

Das menschliche Haar besteht aus drei Schichten: Schuppenschicht, Faserschicht und Markschicht. Der Aufbau dieser einzelnen Schichten ist sehr unterschiedlich.

Schuppenschicht (Cuticula)

Die Schuppenschicht ist der äußere Schutzmantel des Haares. Sie schützt durch ihre Festigkeit und ihre glatte Oberfläche vor mechanischen Einflüssen und UV-Strahlen. Die Schuppenschicht besteht aus sechs bis zehn flach übereinanderliegenden, durchsichtigen **Zellschichten**, die ringförmig um das Haar herum angeordnet sind. Die flachen Zellen sind dachziegelartig angeordnet, die freien Zellränder zeigen zur Haarspitze. Wenn Sie mit den Fingerkuppen vorsichtig von der Haarspitze zum Haaransatz hin streichen, fühlt es sich rau an.

Die Zellschichten sind durch eine **Kittsubstanz** fest miteinander verbunden.

Schuppenschicht

Faserschicht

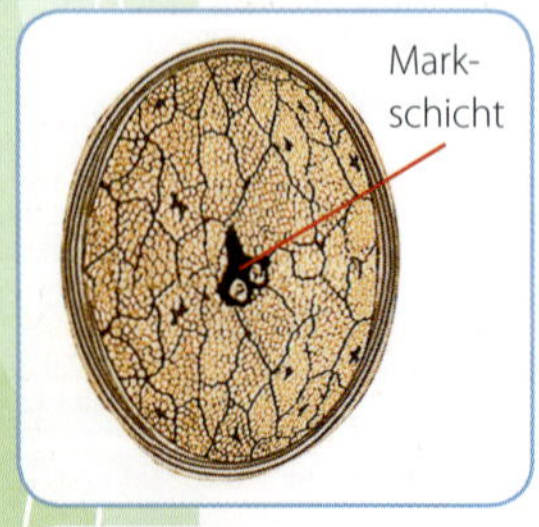

Haarquerschnitt mit Markschicht

Faserschicht (Cortex)

Den größten Teil des Haares bildet die Faserschicht (80 %), in der sich lang gestreckte Fasern befinden. Diese sind zu Fasersträngen gebündelt. In einem Haarquerschnitt befinden sich zwischen 100 und 200 dieser **Faserstrangbündel**. Sie sind unter Druck im Haarfollikel aus länglich verformten Zellen, den Spindelzellen, entstanden. Ein Faserstrangbündel besteht aus mehreren größeren Fasern (= Fibrillen), den **Makrofibrillen**, die wiederum aus kleineren Fasern, den **Mikrofibrillen**, bestehen. Die Fasern sind untereinander vernetzt und werden zusätzlich durch eine **Kittsubstanz** zusammengehalten.

In der Faserschicht befinden sich außerdem die natürlichen **Pigmente** des Haares, die ihm seine Farbe geben.

Die Faserschicht ist für die Eigenschaften und die Beschaffenheit des Haares von entscheidender Bedeutung. Vor allem Struktur und Eigenschaften der Faserschicht ermöglichen es der Friseurin, Farb- und Formveränderungen des Haares vorzunehmen.

Markschicht (Medulla)

Die Markschicht bildet wie eine Röhre die Mitte des Haares. Deshalb wird sie auch als Markkanal bezeichnet. Dieser Hohlraum ist zum Teil mit verhornten Zellen gefüllt, die ein schwammartiges Aussehen haben, zum Teil ist er leer. Bei dünneren Haaren ist die Markschicht oft nicht vorhanden. Dickes, meist dunkles europäisches oder asiatisches Haar besitzt immer eine Medulla. Eine Bedeutung für die Behandlungen im Friseursalon konnte bisher nicht nachgewiesen werden.

Aufgabe

Stellen Sie alle neuen Fachwörter zum Haarfollikel und zu den Schichten des Haares in einer Liste zusammen. Notieren Sie zu jedem Begriff eine Erklärung.

1.3.3 Eigenschaften des Haares

Glanz

Gesunde Haare glänzen, weil durch die flach anliegenden Schuppen eine glatte Oberfläche entsteht, die auftreffendes Licht gleichmäßig reflektiert.
Tägliche Belastungen wie Kämmen und Waschen, besonders aber Blondierungen, Färbungen, dauerhafte Umformungen und UV-Strahlen schädigen die **Schuppenschicht** und machen die Oberfläche ungleichmäßig. Auftreffendes Licht wird in verschiedene Richtungen gestreut, das Haar wirkt glanzlos und matt.

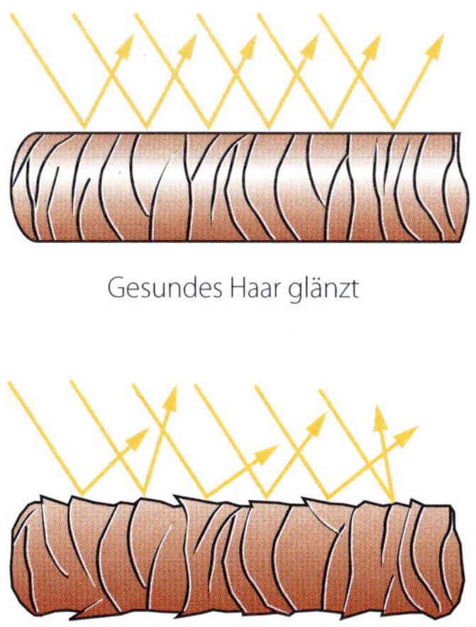

Glanz des Haares

Haarstärke

Bei Pflegeempfehlungen, Stylingpräparaten, Farb- oder Formveränderungen spielt die Haarstärke, also die Dicke des Haares, eine wichtige Rolle. Sie wirkt sich auf die **Sprungkraft** und **Haltbarkeit** der Frisur aus:

- **Dickes Haar** hat wesentlich mehr Keratinmasse als feines. Es besitzt daher mehr Sprungkraft und bleibt länger in der gewünschten Form. Die Frisur „sitzt" besser.
- **Feines Haar** ist wegen seiner geringeren Keratinmasse „kraftloser". Es hat weniger Sprungkraft. Die Haltbarkeit einer Umformung ist geringer.

Mit dem bloßen Auge und dem Griff ins Haar können Sie zwar abschätzen, ob es sich um ein besonders feines (dünnes) oder sehr dickes Haar handelt. Es gelingt jedoch kaum, genauere Abstufungen zu erkennen. Daher ist der Einsatz eines **Haarstärkenmessgeräts** zu empfehlen.

Ermittlung der Haarstärke

Bei Haarstärkenmessungen werden Sie feststellen, dass verschiedene Haare einer Kundin nicht immer die gleiche Haarstärke aufweisen. Meist sind die Haare im Bereich der Konturen und die Nackenhaare feiner als die Oberkopfhaare.

Steckbrief: Kopfhaar

Anzahl der Haare pro Kopf:	90 000–150 000
Haardichte:	ca. 80–120/cm²
Haardurchmesser:	0,03–0,12 mm
Belastbarkeit:	bis zu 100 g/Haar
Dehnbarkeit:	bis zu 50 %

Haarstärke	Durchmesser
fein (dünn)	bis 0,05 mm
normal	0,06–0,07 mm
dick	ab 0,08 mm

Ermittlung des Haarquerschnitts
➜ vgl. Lernfeld 7, S. 244

Reißfestigkeit

Dieser Mann kam 2010 ins Guinessbuch der Rekorde. Er zog mit seinem Haar einen Londoner Bus.

Die Reißfestigkeit gibt Aufschlüsse darüber, wie viel **Gewicht** ein Haar tragen kann, bevor es reißt. Je höher die Reißfestigkeit ist, desto besser ist der Qualitätszustand des Haares.

Beispiel:
Ein normales, ungeschädigtes Haar kann ein Gewicht von etwa 80 g tragen, bevor es reißt. Ein Zopf mit 100 000 Haaren könnte demnach mit 8 000 kg belastet werden. Überlegen Sie einmal, wie viele Menschen an diesem Zopf hängen könnten!
Geschädigtes Haar ist durch die negativen Veränderungen des Keratins weniger belastbar. Ein blondiertes Haar kann schon bei einem Gewicht von ca. 30 g Belastung reißen.

Elektrostatische Aufladung

Die Haare „fliegen", stehen zu Berge, kleben am Hals und an den Wangen. Sie kennen dieses Problem sicher auch. Die Haare sind „elektrisch aufgeladen". Aber warum ist das so?

Das Haar weist in der Tat elektrische Ladung auf – positive und negative Ladungen. Die Verteilung im Haar ist jedoch nicht gleichmäßig. Das Haar ist außen negativ und im Innern eher positiv geladen. Friseurpräparate wie z. B. Tönungen, die besonders gut am Haar haften sollen, nutzen diese Eigenschaft aus.

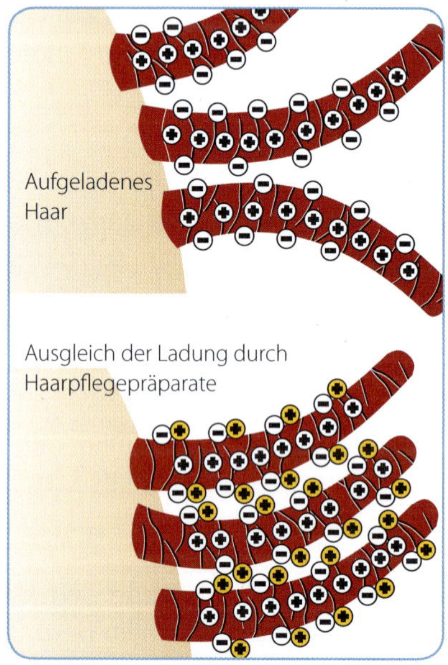

Elektrostatische Aufladung

Gleich und gleich gesellen sich nicht immer gern. Man kennt das vom Magneten, bei dem sich gleichnamige Pole ebenfalls abstoßen. Durch verschiedene äußere Einflüsse wie beispielsweise Waschen, Kämmen, Bürsten sowie Föhnen kann das **Ladungsgleichgewicht** der Haare gestört werden. Die Haare laden sich elektrisch negativ auf, stoßen sich gegenseitig ab. Sie „fliegen" und sind schwer frisierbar. Haarpflegepräparate sorgen für Abhilfe durch Ladungsausgleich.

→ *vgl. Lernfeld 7, S. 244 f.*

1.3.4 Menschliche Haartypen

Haar ist nicht gleich Haar. Es gibt **drei verschiedene Haartypen.** Sie unterscheiden sich vor allem in Haarstärke, Querschnittsform und Farbe:

- **Asiatisches (mongolisches) Haar** ist dick und schwarz und im Querschnitt fast rund.
- **Europäisches (kaukasisches) Haar** ist eher fein und hell bis braun. Es ist im Querschnitt meist oval und ebenso wie das asiatische Haar glatt, selten naturgelockt.
- **Afrikanisches (negroides) Haar** hingegen ist kraus. Sein Querschnitt ist extrem flach, variiert aber stark, sodass es an ein spiraliges, flaches Band erinnert. Es wird daher als bandförmig bezeichnet.

1.3.5 Veränderungen des Haares

Unter Veränderungen des Haares verstehen wir Strukturschädigungen des Haarschafts und Haaranomalien (anlage- und wachstumsbedingte Veränderungen des Haares).

Geschädigte Haarstruktur

Strukturschädigungen des Haarschafts

Strukturschädigungen des Haarschafts sind Veränderungen im Aufbau der Faserschicht und der Schuppenschicht, die zumeist durch äußere Einflüsse entstehen.

Aufschluss über die möglichen Ursachen der Haarschäden gibt neben dem **Betrachten** und **Befühlen** des Haares die gezielte **Kundenbefragung**. Nur selten sind die Schäden auf innere Ursachen wie beispielsweise einseitige, falsche Ernährung, eine Talgdrüsenunterfunktion oder anlagebedingte Veränderungen der Haarstruktur zurückzuführen.
Strukturgeschädigtes Haar wird Ihnen bei Ihrer täglichen Arbeit im Salon begegnen, insbesondere bei längerem Haar.

Pinselartige Auffaserung eines abgebrochenen Haares

Problematisch ist, dass mit zunehmender Strukturschädigung des Haarkeratins und der Haarschichten sich die Eigenschaften des Haares verändern. Es verliert an Sprungkraft und Reißfestigkeit. Das **strukturgeschädigte Haar** sieht glanzlos, porös, stumpf aus. Es fühlt sich trocken bzw. im feuchten Zustand schwammig an und ist schwerer frisierbar. Es kann gespaltene, pinselartig aufgefaserte Spitzen, d. h. **Haarspliss** und **Haarbruch**, aufweisen.

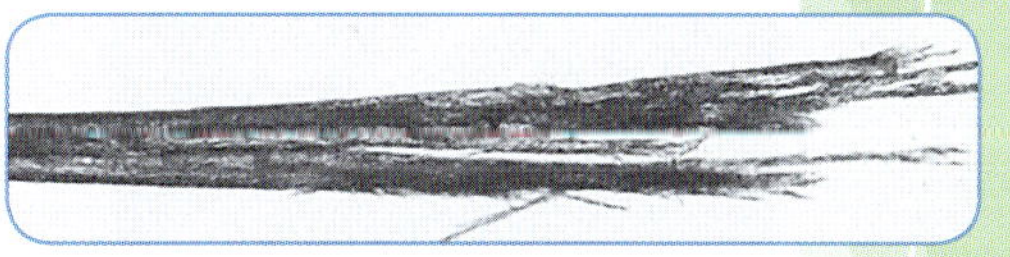

Haarspliss (Längsspaltung des Haares)

Oft spielen verschiedene **äußere Ursachen** eine Rolle:

- **Chemische Ursachen:** Färben, Langzeitumformen, insbesondere Blondieren beansprucht Haare sehr stark. Teile der Haarsubstanz werden herausgelöst, das führt zur Aufwölbung und Ablösung der Schuppen, zu stärkerer Porosität (Durchlässigkeit) und zur Verminderung der Reißfestigkeit der Faserschicht. Es entstehen tiefe Schäden in der Faserschicht.
- **Mechanische Ursachen:** Die Schuppenschicht ist oft schon durch das Kämmen, Bürsten und Toupieren beansprucht. Schuppenteile der äußeren Schuppenschicht brechen ab. Die instabilere innere Zellschicht der Schuppenschicht quillt leicht und hinterlässt nach Auflösung ihrer Proteine Hohlräume. Haargummis und feste Klemmen können das Haar ebenfalls schädigen. Intensives Reiben bzw. Rubbeln der Haare vermeiden! Frottieren Sie die Haare nach der Haarwäsche vorsichtig.
- **Thermische Ursachen:** Durch zu heißes, zu langes Föhnen sowie durch häufigen oder unsachgemäßen Einsatz von Haarstylern wie z. B. Lockenstäben, Glätt- und Kreppeisen trocknen die Haare stark aus.
- **UV-Strahlung:** Sonnenstrahlen trocknen die Haare nicht nur aus, sondern führen auch zur Aufhellung und Schädigung der Haare.

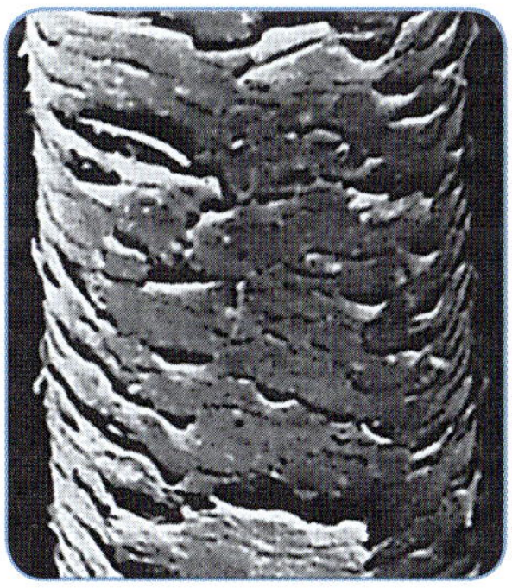

Durch einen scharfkantigen Kunststoffkamm geschädigte Schuppenschicht

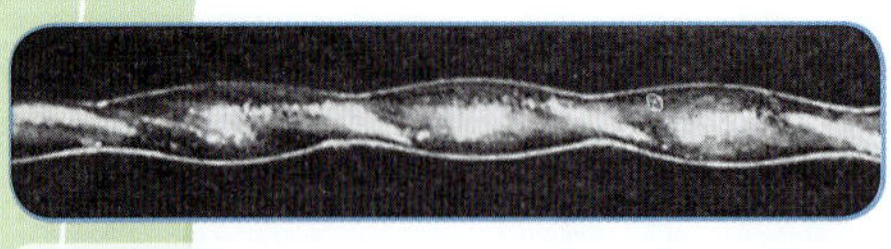

Gedrehtes Haar

Haarknötchenbildung

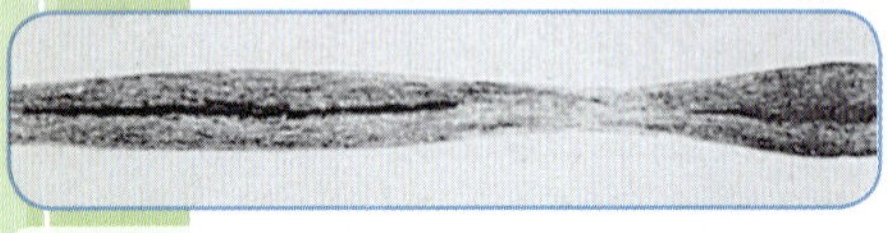

Spindelhaar

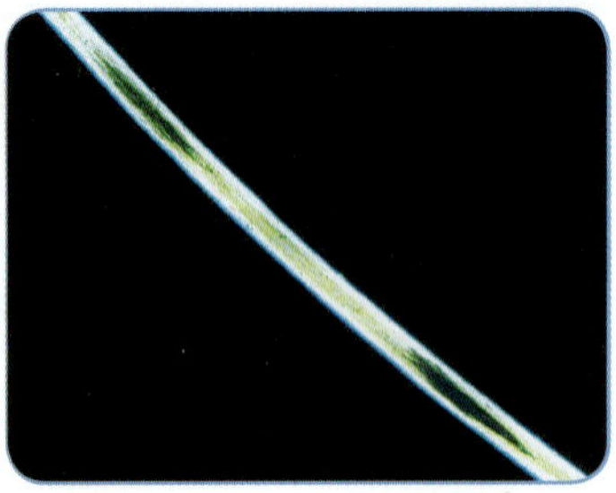

Ringelhaar

Haaranomalien

Haaranomalien sind anlage- und wachstumsbedingte Veränderungen des Haarschafts. Sie sind genetisch (erblich) bedingt, das heißt angeboren.

Beispiele für Haaranomalien:

- **Gedrehtes Haar (Pili torti)** tritt besonders bei blonden Kindern auf. Da alle Haare eine seilähnliche Drehung aufweisen, haben diese durch die besondere Lichtreflexion ein charakteristisches Aussehen. Sie sind brüchig, störrisch, sehr trocken und stehen vom Kopf ab. In der Pubertät normalisiert sich das Haar. Die Frisierbarkeit wird durch fettende Präparate verbessert.
- Bei der **Haarknötchenkrankheit (Trichorrhexis nodosa)** zeigt der Haarschaft als weiße Knötchen sichtbare Verdickungen, die später auffasern und abbrechen. Diese Knötchenbildung kann anlagebedingt sein, sie tritt aber auch in Verbindung mit Haarspliss als Folge äußerer Schädigungen des Haares auf.
- **Spindelhaar (Monilethrix)** ist auf eine sehr seltene, erblich bedingte Erkrankung des Haarfollikels zurückzuführen. Das perlenschnurartige Spindelhaar wird oft nur einige Zentimeter lang, es kann sogar schon bei Kindern zu teilweiser oder völliger Kahlheit kommen. Es bricht an den dünneren Stellen des Haares leicht ab und ist sehr spröde. Gleichzeitig können Nagel- und Zahnanomalien auftreten. Eine wirksame Behandlungsmethode ist noch nicht bekannt.
- **Ringelhaar (Pili anulati)** erkennt man unter dem Mikroskop an einer scheinbar weißen Punktierung. Das Haar erscheint durch regelmäßig wiederkehrende Lufteinlagerungen weiß (unpigmentiert) und geringelt. Ursache sind wahrscheinlich Wachstumsstörungen. Ringelhaare können im Salon farblich verändert werden.

Aufgaben

1. Nennen Sie Eigenschaften des Haares und deren Bedeutung für die Friseurin.
2. Welche Haarveränderungen gibt es?

1.4 Die (Kopf-)Haut

Die Haut ist flächenmäßig das größte und das vielseitigste Organ des menschlichen Körpers. Die Oberfläche der Haut beträgt je nach Körperumfang und Körpergröße 1,5 bis 2 m². Ihr Gewicht macht 15 bis 20 % des Körpergewichts aus. Sie dient der Abgrenzung von innen und außen, dem Schutz vor Umwelteinflüssen und der Repräsentation. Aufgrund der engen Beziehung zur Psyche des Menschen wird sie auch als „**Spiegel der Seele**" bezeichnet. Die Schönheit unserer Haut hat großen Einfluss auf unser Selbstwertgefühl, unser Wohlbefinden und unsere Attraktivität. Sie gibt Aufschluss darüber, wie gesund und vital wir sind.

1.4.1 Aufbau der Haut

Die Haut baut sich aus **drei Hauptschichten** auf:

- Die **Oberhaut** (Epidermis) ist die Schicht, die man von außen sieht.
  Das Besondere an dieser dünnen Schicht ist, dass sie sich fortwährend erneuert und den Körper vor eindringenden Stoffen schützt. Sie ist einer besonders hohen Beanspruchung ausgesetzt.
- Die **Lederhaut** (Corium oder Dermis) enthält unzählige Fasern, die der Haut Elastizität und Festigkeit geben.
- Die **Unterhaut** (Subcutis) besteht aus Fettzellgewebe, was einen wichtigen Schutz vor Kälte und Druck und einen wichtigen Nährstoffspeicher für unseren Körper darstellt.

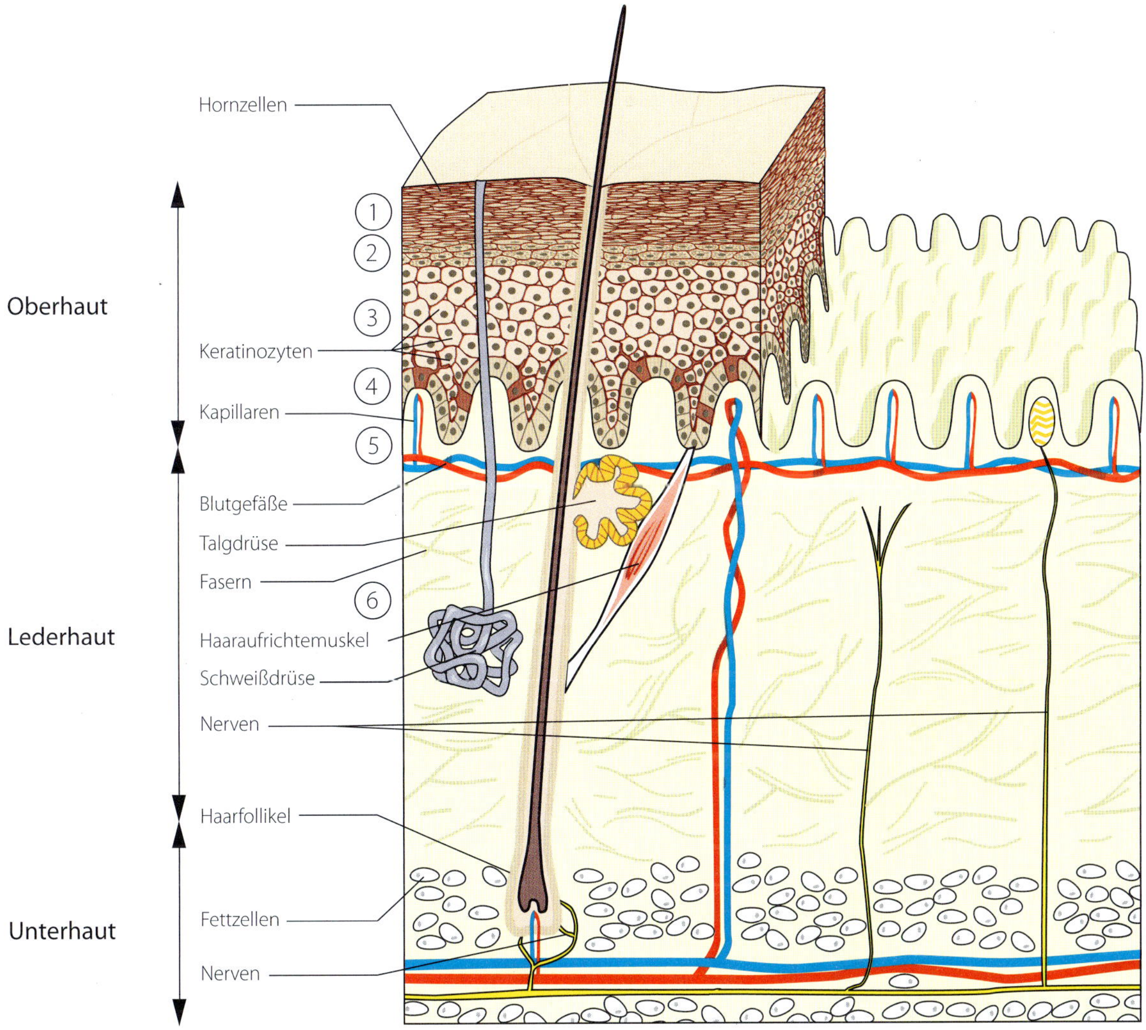

Oberhaut:
1 = Hornschicht, Stratum corneum
2 = Körnerzellenschicht, Stratum granulosum
3 = Stachelzellenschicht, Stratum spinosum
4 = Basalzellenschicht, Stratum basale

Lederhaut:
5 = Papillenschicht, Stratum papillare
6 = Netzschicht, Stratum reticulare

Querschnitt der Haut

Die Oberhaut

→ vgl. Abb. auf S. 85

Die Epidermis unterteilt man in vier Schichten:
- Hornschicht (Stratum corneum)
- Körnerzellenschicht (Stratum granulosum)
- Stachelzellenschicht (Stratum spinosum)
- Basalzellenschicht (Stratum basale)

→ vgl. Lernfeld 1, S. 40

→ vgl. S. 89

Die unterste Schicht der Oberhaut, die **Basalzellenschicht**, erhält durch die Blutgefäße (Kapillaren) der Lederhaut die zur Zellteilung erforderlichen Nährstoffe. Die **Keratinozyten** bilden neue Zellen, die allmählich verhornen. Diese werden von nachkommenden Zellen langsam nach oben geschoben. Im Laufe ihres Reifungsprozesses verändern sich ihre Form und ihr Zellstoffwechsel. Die Zellen werden flacher und reichern zunehmend Keratin an. Die schließlich entstehenden **Hornzellen** in der obersten Schicht, der Hornschicht, sind kernlos und in eine Substanz aus Lipiden (Fette) und Wasser bindenden Feuchthaltefaktoren eingebettet (**Hydrolipidfilm**). Schließlich schilfern sie im Rahmen der ständigen Hauterneuerung als kaum sichtbare Schüppchen ab. Die **Keratinisierung (Verhornungsprozess)** dauert im Normalfall ca. 28 Tage und ist ein wirksamer Schutz gegenüber äußeren Einflüssen.

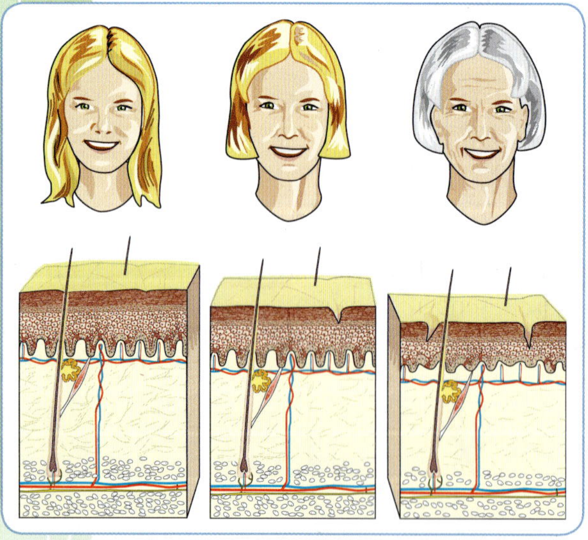

Die Alterung der menschlichen Haut

Die Lederhaut (Corium oder Dermis)

Unter der Oberhaut befindet sich die Lederhaut. Sie enthält kollagene und elastische Fasern. Die **kollagenen Fasern** haben neben ihrer Reißfestigkeit die besondere Fähigkeit, Wasser zu binden. Mit zunehmendem Alter lässt dieses Wasserbindevermögen nach, was man an der Ausbildung von Falten erkennen kann. Die **elastischen Fasern** bestimmen die Elastizität der Haut.
In der Lederhaut befinden sich Blutgefäße, Haarfollikel, Nerven, Talgdrüsen und Schweißdrüsen.

Die Unterhaut (Subcutis)

Die Unterhaut (auch Unterhautfettgewebe) bildet ein weiches, verschiebbares Polster zwischen Lederhaut und Muskulatur. Es besteht aus traubenförmig angeordneten **Fettzellen**, die in ein Geflecht von **Bindegewebe** eingebettet sind. Als Druckpolster kann es Stoßbelastungen auffangen und so die inneren Organe schützen. Zugleich wird der Körper vor Kälte geschützt, weil Fettgewebe ein schlechter Wärmeleiter ist.

Aufgaben

1. Zeichnen Sie einen Hautquerschnitt. Beschriften Sie diesen und notieren Sie jeweils eine kurze Erklärung zu den Begriffen.
2. Erstellen Sie eine Übersicht über die unterschiedlichen Aufgaben der drei Hautschichten.
3. Erläutern Sie mit eigenen Worten den Erneuerungsprozess der Oberhaut.

1.4.2 Drüsen der Haut

Drüsen sind **sekretbildende Organe** im menschlichen Körper. Ebenso wie die Haare und Nägel sind auch die Talgdrüsen sowie die Schweißdrüsen Anhangsgebilde der Haut. Die Haare, Talgdrüsen und die apokrinen Schweißdrüsen entstehen gemeinsam aus einer Anlage der Haut.

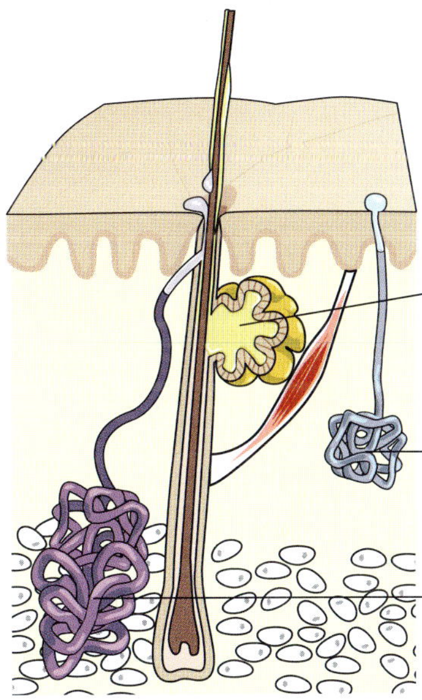

Drüsen der Haut

Talgdrüsen

Talgdrüse und Haarfollikel besitzen einen gemeinsamen Ausführungsgang. Talgdrüsen befinden sich am gesamten Körper. Eine Ausnahme bilden die haarlosen Körperflächen wie Lippen, Handinnenflächen und die Fußsohlen. Es bestehen deutliche Unterschiede in der Verteilung und Größe der Talgdrüsen. Die Anzahl der Talgdrüsen pro cm^2 Haut und ihre Größe variieren sehr. In der **Kopfhaut** befinden sich die größten und die meisten Talgdrüsen.

Der **Hauttalg** (Sebum, Fett) überzieht Haar und Oberfläche der Hornschicht mit einem dünnen Film. Die Wasserdurchlässigkeit wird vermindert und die Abwehr gegen Säuren, Laugen und Bakterien erhöht. Der Austrocknung der Haut wird entgegengewirkt.

Die Talgproduktion ist von Mensch zu Mensch unterschiedlich und bestimmt zusammen mit den **Lipiden** (Fetten) der Hornschicht den **Hautsekretionstyp.**
Die **Bildung des Hauttalgs** geht von den Basalzellen der Talgdrüsen aus. Der Vorgang ähnelt der Bildung von Tochterzellen durch die Basalzellenschicht der Oberhaut. Die gebildeten Tochterzellen der Talgdrüsen verhornen jedoch nicht, sondern verfetten. Auf dem Weg zum Ausführungsgang werden sie immer größer, bis sie in voller Ausreifung zerplatzen und sich in ein ölig talgartiges **Sekret** (Ausscheidungsstoff der Drüsen) auflösen.

Schweißdrüsen

Die Schweißdrüsen sind mit Ausnahme einiger weniger Stellen fast überall auf der Haut zu finden. Insgesamt enthält die Haut etwa zwei bis drei Millionen Schweißdrüsen, welche in unterschiedlicher Dichte über den gesamten Körper verteilt sind. Dickere Haut (z. B. an den Handinnenflächen) enthält besonders viele Schweißdrüsen.
Wir unterscheiden zwei Arten: die ekkrinen und apokrinen Schweißdrüsen. Beim Menschen kommen die ekkrinen Schweißdrüsen am häufigsten vor.
Ekkrine Schweißdrüsen sind unabhängig von den Haaren in der Lederhaut angeordnet und kommen außer auf den Lippen und Nagelplatten am gesamten Körper vor. Der Ausführungsgang endet an der Hautoberfläche als **Pore**. Sie sind bei der Geburt bereits angelegt, ihre Anzahl verringert sich aber mit zunehmendem Alter.
Die wichtigste Funktion der Schweißsekretion ist die **Wärmeregulierung**. Bei starker körperlicher Belastung, z. B. Sport, oder in warmen Regionen steigt die Schweißsekretion. Durch Verdunstung des Wassers auf der Hautoberfläche wird der Körper abgekühlt. Bei psychisch bedingten Schweißausbrüchen werden die Handinnenflächen, die Stirn und ggf. die Fußsohlen und Achseln feucht.

Apokrine Schweißdrüsen, auch **Duftdrüsen** genannt, treten nur in bestimmten Hautgebieten auf, wie z.B. Achselhöhle und Genitalbereich. Die apokrinen Schweißdrüsen münden in den Ausführungsgängen der Haarfollikel.
Wird der Schweiß bakteriell zersetzt, entsteht **Körpergeruch**, der oft als unnötiges Überbleibsel der Urzeit bezeichnet wird. Nicht umsonst wird viel Geld für Deodorants und Parfüme ausgegeben. Die Duftdrüsen nehmen ihre Funktion erst mit der Pubertät, also mit zunehmender Geschlechtsreife, auf.

1.4.3 Schutzfunktionen der Haut

Die Haut als äußere Schutzhülle des Körpers nimmt eine Vielzahl von Funktionen wahr. Hauptaufgaben sind der Schutz des Organismus vor Druck und Stoß, die Regulierung der Körpertemperatur und Sinneswahrnehmungen wie Kälte und Hitze.

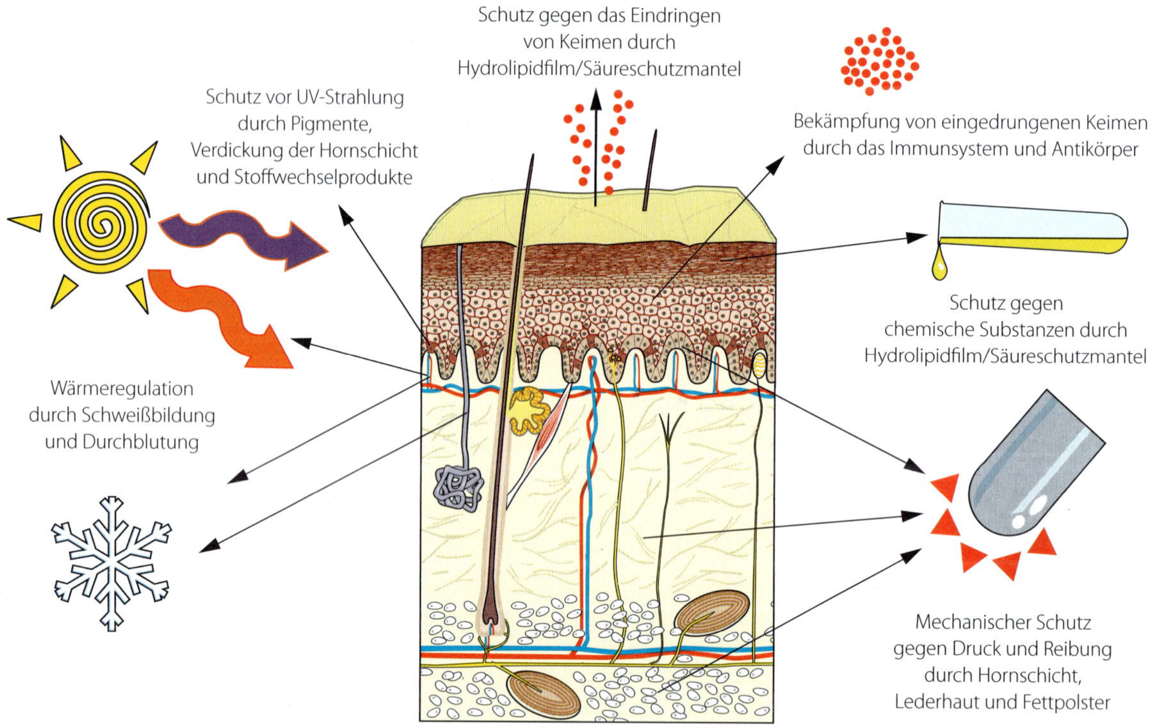

Schutzfunktionen der Haut

Schutz vor UV-Strahlen

Zu viel **UV (Ultraviolett)-Strahlung** lässt die Haut frühzeitig altern und fördert Hautkrebs. Die Hornschicht kann sich durch UV-Strahlung bis um das Zehnfache verstärken; es bildet sich die **Lichtschwiele**, deren Abschirmungsfähigkeit dem **Lichtschutzfaktor** 3 bis 4 entspricht. Diese Schutzwirkung gegen Sonnenstrahlen wird durch Stoffwechselprodukte (Urocaninsäure) verstärkt, die mit dem Schweiß ausgeschieden werden.
Den entscheidenden Schutz bietet die **Hautbräunung (Pigmentierung)**. Die zwischen den Basalzellen sitzenden Melanozyten bilden den braunen Farbstoff, das Melanin. Der UV-Schutz ist umso größer, je mehr Pigmente gebildet werden. Eine voll ausgebildete Lichtschwiele und die höchstmögliche Pigmentierung können dem Lichtschutzfaktor 40 entsprechen.

Schutz vor eindringenden Substanzen wie Chemikalien und Krankheitserregern

Die Epidermis bildet als Grenzfläche des Körpers einen wichtigen Schutz, der das Eindringen von Krankheitserregern und anderen schädlichen Stoffen erheblich erschwert. Sie stellt aber keine unüberwindbare Grenzschicht dar, sondern nur eine **Barriere**. Deren Wirksamkeit ist vom Zustand der verhornten Zelllagen abhängig.

Ein hauchdünner **Hydrolipidfilm** (Wasser-Fett-Film, Säureschutzmantel) bedeckt die Oberfläche der Hornschicht. Er setzt sich zusammen aus körpereigenen sauren Substanzen in Schweiß, Talg und Hornzellen. Dieser Film ist ein wichtiger Schutz gegen das Austrocknen der Haut.

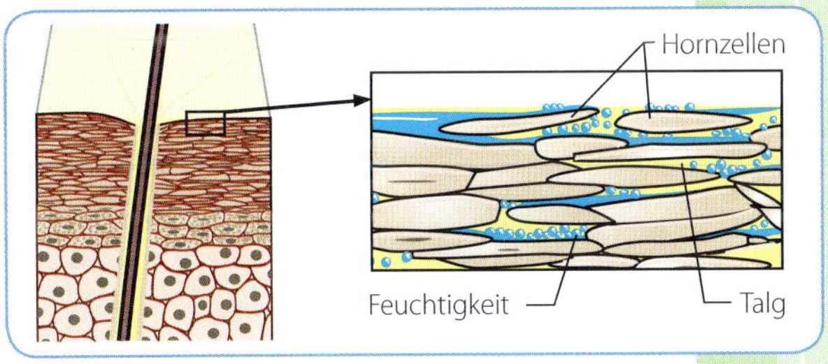

Hydrolipidfilm

Schädliche Mikroorganismen wie bakterielle Krankheitserreger oder Hefepilze können in diesem sauren Milieu nicht gedeihen und haben somit kaum eine Chance, die Haut zu schädigen. Wird der Hydrolipidfilm zerstört, z. B. durch Seifen und Shampoos, kann dies zu Schuppen, Pilzerkrankungen oder trockener Haut führen.

Ein weiterer Schutz ergibt sich durch die **Wasserbarriere** zwischen den Zellschichten (Intrazellularflüssigkeit). Sie wird durch Fette gebildet, die die Zellzwischenräume abdichten. Werden diese Fette durch starke Reinigungsmittel ausgewaschen, trocknet die Haut aus. Sie wird rau und somit durchlässiger gegenüber äußeren Einflüssen.

➜ *vgl. Lernfeld 1, S. 34*

1.4.4 Hautsekretionstyp und Zustand der Kopfhaut

Folgende **Hautsekretionstypen** werden – in Abhängigkeit von der Talg- und Schweißproduktion – unterschieden:

- normale Haut
- trockene Haut (Sebostase)
- Seborrhö oleosa (ölig-fettige Haut)
- Seborrhö sicca (trocken-fettige Haut)

In Abhängigkeit von inneren Einflüssen (z. B. Ernährung, Stress, Rauchen, Medikamente, hormonelle Einflüsse) und äußeren Einflüssen (z. B. Sonne, verunreinigte Luft) kann die Haut ihr Aussehen schnell verändern. Daher wird im Salon nicht nur der Hautsekretionstyp bestimmt, sondern auch der aktuelle **Zustand der Kopfhaut**. Die Beurteilung der Kopfhaut entscheidet darüber, ob die geplanten Behandlungen anschließend im Salon durchgeführt werden dürfen oder ob die Kopfhaut z. B. zu sehr geschädigt ist.

Normale Haut

Normale Haut entspricht dem Idealzustand. Das Erscheinungsbild der Haut ist glatt, frisch, ebenmäßig mit kleinen Poren. Sie ist weder zu trocken noch zu fettig und zeigt sich wenig empfindlich gegenüber Umwelteinflüssen. Am häufigsten findet sie sich bei Menschen bis zu einem Alter von 35 Jahren. Normale Haut kann ihren Fett- und Feuchtigkeitsgehalt selbst regulieren.

Normale Haut

Fettige Haut – Seborrhö

Bei der Beurteilung des Funktionszustands der Haut stellen Sie bei vielen Kundinnen fest, dass Kopfhaut und Haare fettig sind. Ursache der fettigen Haut ist eine Überfunktion der Talgdrüsen. Zu viel Hautfett wird produziert und nach außen transportiert.

Die Seborrhö tritt in **zwei verschiedenen Erscheinungsformen** auf:

- **Seborrhö oleosa (ölig-fettige Haut)**
  Diese Haut ist fettreich, wasserreich und verdickt. Der ölige und glänzende Hauttalg kann sich gut ausbreiten (spreiten = ausbreiten) und verteilt sich bis in die Haarspitzen. Der feine Ölfilm beschwert die Haare und macht sie strähnig. Die Frisur „fällt zusammen".

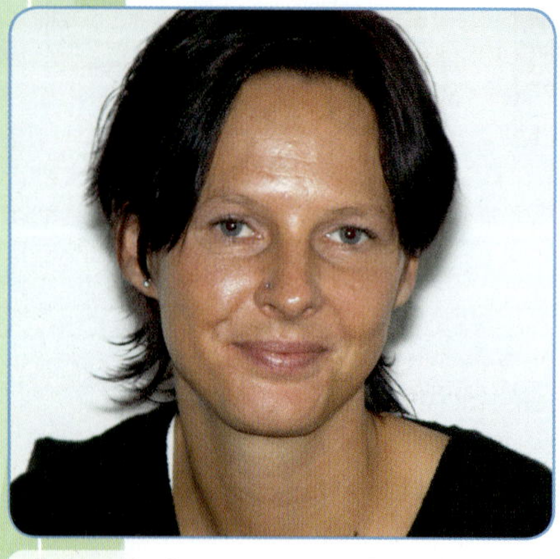

Fettige Haut

- **Seborrhö sicca (trocken-fettige Haut)**
  Diese Haut liegt vor, wenn extrem ausgeprägte fettende und trockene Bereiche zugleich vorhanden sind. Die Gesichtsmitte und die Stirn sind fettglänzend und großporig. Die Wangen- und Seitenpartien sind fett- und feuchtigkeitsarm, spröde, unelastisch und gerötet. Die Kopfhaut ist meist empfindlich.
  Diese Erscheinungsform der Seborrhö ist schwerer zu erkennen, weil der ölig glänzende Talgfilm fehlt. Die Kopfhaut ist mehr oder weniger mit wachsartigen Schuppen bedeckt. Die Schuppen saugen den Talg auf und bilden große, leicht zerreibbare Talgschuppen. Da der Hauttalg fester ist, verteilt er sich nicht so schnell und gelangt nur an den Haaransatz. Die Haarlängen und Spitzen sind eher trocken oder sogar spröde.

Trockene Haut – Sebostase

Durch die verminderte Talgdrüsensekretion ist diese Haut **fettarm**. Außerdem ist sie **wasserarm** durch die Unterfunktion der Schweißdrüsen.

Der Hauttalg beeinflusst in einem hohen Maße den Wassergehalt der Haut:
Wenn weniger Hauttalg abgesondert wird, entsteht auf der Oberhaut ein **verminderter Hydrolipidfilm**. Dieser kann die Haut nur in geringerem Maße gegenüber äußeren Einflüssen abschirmen. Außerdem wird weniger Luftfeuchtigkeit gebunden, sodass die Haut spröde und rau, schuppig und unter Umständen sogar rissig wird.

→ *vgl. S. 89*

Trockene Haut

Ein verminderter Hydrolipidfilm kann nur wenig Wasser binden und zurückhalten, sodass sich der Wasserverlust und damit die Austrocknung der Haut erhöht. Bei einer spröden und rissigen Haut sind die verhornten Zellschichten sogar durchbrochen. Somit kann die Feuchtigkeit aus den wasserreichen Zellschichten der Oberhaut zum Teil ungehindert verdunsten.

Es wird zu wenig Talg produziert, um Haut und Haar ausreichend zu fetten. Das Haar ist glanzlos, trocken und oftmals leicht brüchig. Auf der Kopfhaut und an den Konturen sind kleine, nicht zerreibbare Hornschüppchen erkennbar. Häufig klagen die betroffenen Kundinnen über Juckreiz und Rötungen der Kopfhaut.

1.4.5 Hautveränderungen

Veränderungen der Haut können sehr unterschiedlich sein. Ausschlag, Flecken, Knötchen – schnell stellt sich die Frage: Was steckt dahinter? Ist die Hautveränderung harmlos oder gefährlich?
Altersflecken oder Faltenbildung gehören zur Hautalterung und somit zum Leben dazu. Aber wie erkennen Sie krankhafte Erscheinungsbilder? Welche Präparate können Sie Ihren Kundinnen empfehlen?

Gewöhnliche Kopfschuppen (Pityriasis simplex capitis), die bei vielen Personen insbesondere mittleren Alters auftreten können, sind keine Hauterkrankung. Die Ursache liegt in der Überproduktion der Hornzellen, ausgelöst durch winzige, nur mit dem Mikroskop sichtbare Entzündungsherde. Sie sind in der Kopfhaut nicht fest lokalisiert und wechseln häufig ihren Ort. Ihre Ursache ist z. B. eine vermehrte Besiedelung mit Pilzen oder Bakterien. Durch die Entzündung reifen die Hornzellen nur unvollständig aus, sodass sie verfrüht in großen Zellverbänden – als Schuppen – abschilfern.
Durch den Verlust an Hautzellen wird die äußerste Hautschicht dünner. Starke Schuppenbildung führt daher auch zu einer erhöhten Empfindlichkeit der Kopfhaut, häufig mit quälendem Juckreiz und Rötung.

➜ *vgl. Lernfeld 1, S. 45 f.*

Die Schuppenbildung ist im Sommer durch den höheren Lichteinfluss geringer als im Winter. Kopfschuppen können auch nach der erfolgreichen Behandlung mit speziellen Antischuppenshampoos später immer wieder auftreten.

Die **Schuppenflechte** (Psoriasis) ist angeboren und nicht ansteckend. Sie kann ein Leben lang verborgen bleiben oder aber durch äußere Reize wie z. B. mechanische Reize, chronische Schädigungen, bakterielle Infektionen oder Stoffwechselstörungen ausgelöst werden.

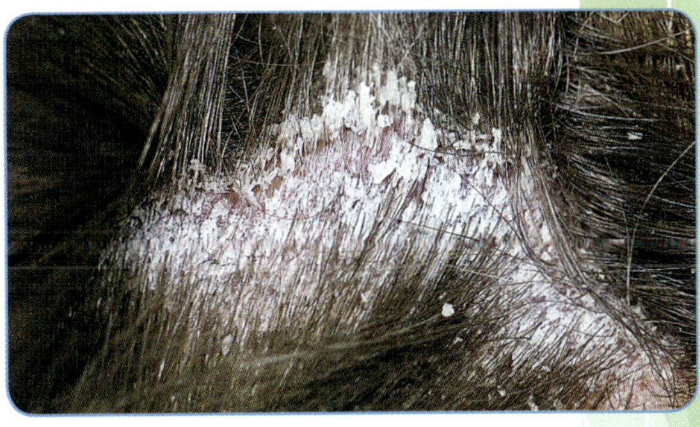

Schuppenflechte

Die Zellen bekommen bei Psoriatikern fälschlicherweise die Information, es hätte eine schwere Verletzung der Haut stattgefunden. Dadurch beginnen sich die Hautzellen in extremem Tempo zu teilen und zur Hautoberfläche zu kommen.
Ein beschleunigter Zellteilungsprozess und eine Störung der Verhornung sind die Ursache. Dadurch lösen sich unvollständig verhornte Zellverbände von der Kopfhaut ab. Die Durchwanderungszeit der neu gebildeten Zellen bis zur Ablösung ist im Durchschnitt siebenmal schneller als normal. Wie es zu dieser Fehlinformation kommt, ist bisher nur teilweise erforscht.

Wenn sich bei Ihrer Kundin eine kleinere **Wunde** auf dem Kopf befindet, arbeiten Sie sehr behutsam und vorsichtig, um keinen Schorf abzureißen und um eine Entzündung zu verhindern. Bei größeren Wunden sollte zunächst vom Friseurbesuch abgeraten werden.

Vergessen Sie nicht Ihren persönlichen **Infektionsschutz** durch Handschuhe!

Narben sind unbehaart und für die Friseurin beim Haarschnitt und Styling von Bedeutung.

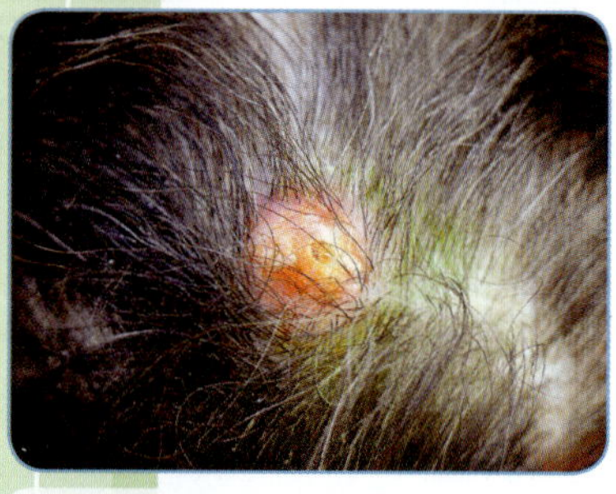

Grützbeutel

Talgzysten/Grützbeutel (Atherome) sind harmlose, aber oft lästige Knoten unter der Haut. Der Ausführungsgang eines tiefen Haarfollikels in der Kopfhaut ist verstopft. Er ist mit Talg oder Hornmaterial gefüllt. Der Haarwuchs auf einem großen Atherom ist oft verdrängt. Auch kleine Atherome werden als störend empfunden.

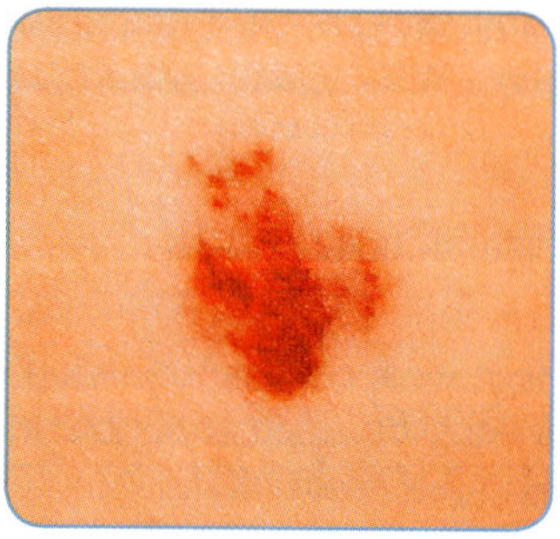

Blutschwämmchen

Blutschwämmchen (Hämangiome) sind meist gutartige, anlagebedingte Wucherungen der Blutgefäße. Die blauroten Hautveränderungen ragen meist aus dem Hautniveau heraus. Manchmal liegen sie auch flach auf der Haut. Als Friseurin müssen Sie insbesondere beim Kämmen vorsichtig sein, um Verletzungen zu vermeiden und Infektionen vorzubeugen.

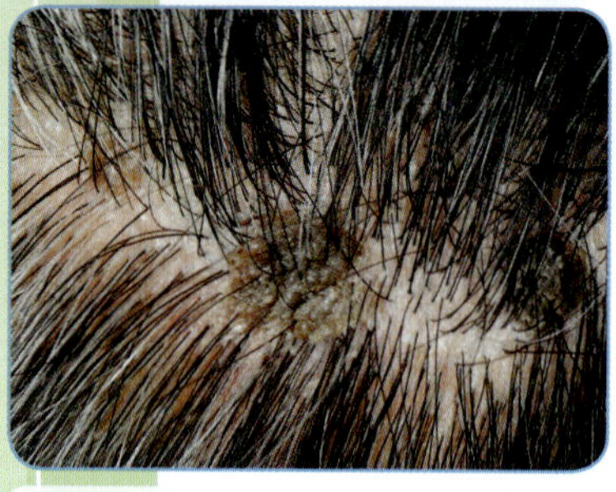

Warze

Warzen (Verrucae) sind durch Viren verursachte, aber gutartige Wucherungen der Hornhaut. Sie können an allen Bereichen der Haut und Schleimhaut auftreten. Da ein Virus der Übeltäter ist, sind sie ansteckend. Man kann sowohl andere als auch sich selbst mit dem Virus infizieren. → *vgl. S. 45*

Rötungen, Schwellungen, Wärmeentwicklung und Schmerzen lassen auf **entzündliche Hautveränderungen** schließen. Kleine Verletzungen oder Kratzwunden, Talgdrüseninfektionen („Pickel") können Ursachen sein. Die fettige Haut neigt zu Entzündungen, da der Hauttalg ein idealer Nährboden für Bakterien und Pilze ist. Bei trockener Haut (seborrhoische Ekzeme) zeigen sich Kratzwunden und Entzündungen in Form von roten Flecken und gelblichen Krusten. Bei der **Haarbalgentzündung** (Folliculitis) sind die Haarfollikel entzündet, meist durch Bakterien oder Pilze hervorgerufen.

Betrachten Sie die Kopfhaut jeder Kundin vor der Behandlung gründlich im Hinblick auf **Pigmentveränderungen**. Die behaarte Kopfhaut ist eine der wenigen Stellen des Körpers, die von der Kundin nicht betrachtet werden kann. Deshalb informieren Sie Ihre Kundin über Pigmentveränderungen der Kopfhaut.

→ *vgl. Lernfeld 11, S. 397 f.*

Pigmentflecken (Pigmentnaevi) sind harmlose Hautflecken, die sich meist erst in der Kindheit und Jugend ausbilden. Das äußere Erscheinungsbild kann sehr unterschiedlich sein. Es kommen sowohl flache Flecken **(Café-au-lait-Flecken, Altersflecken, Sommersprossen)** als auch erhabene Knötchen (z. T. **Leberflecken, Muttermale**) vor. Die sichtbaren Hautveränderungen können punktförmig bis großflächig sein. Die Farbpalette reicht von Hautfarben über Rötlichhellbraun, Mittelbraun bis zu tiefem Schwarzbraun und Schwarz.

Muttermale und Leberflecken können sich verändern und bösartig werden. In etwa der Hälfte der Fälle entwickelt sich der gefährliche **schwarze Hautkrebs** (malignes Melanom) aus vorhandenen harmlosen Naevi. Dabei verändern sich die pigmentbildenden Zellen (Melanozyten) und wachsen unreguliert in andere Hautschichten sowie in andere Organe ein.
Wissenschaftliche Studien haben gezeigt, dass die Anzahl der Muttermale und Leberflecken für das Krebsrisiko eines Menschen eine Rolle spielt. Deshalb wird Menschen mit zahlreichen Muttermalen und Leberflecken eine regelmäßige Untersuchung empfohlen.

Bei der Beurteilung von Muttermalen und Leberflecken hilft die **ABCDE-Regel**:

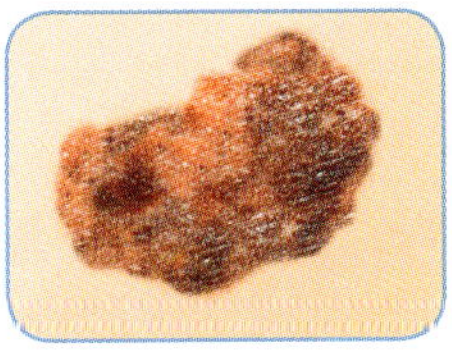

Asymmetrie – Melanome sind eher asymmetrisch, d. h. nicht rund oder oval.

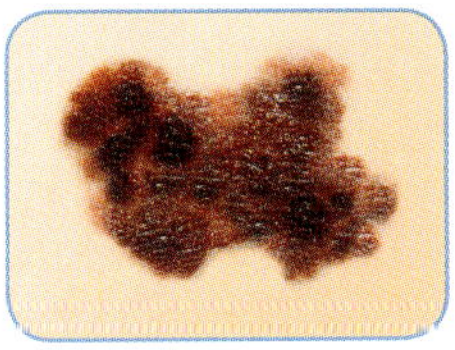

Begrenzung – Melanome haben eher eine unscharfe, unregelmäßige Begrenzung.

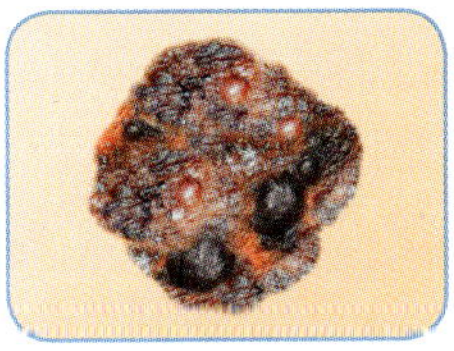

Colour (Farbe) – Melanome sind eher nicht einheitlich gefärbt oder sehr dunkel.

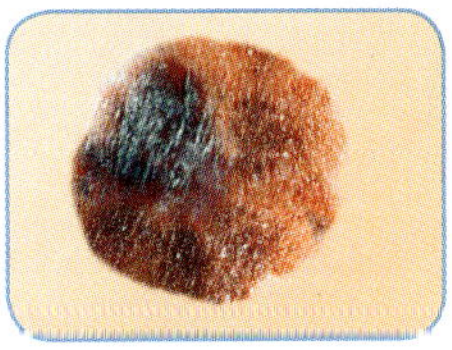

Durchmesser – bei mehr als 5 mm ist eine ärztliche Abklärung anzuraten.

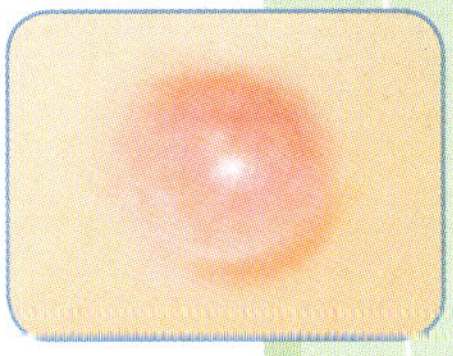

Erhabenheit – Vorsicht bei Malen, die in die Höhe gehen.

Je mehr Kriterien zutreffen, desto wahrscheinlicher handelt es sich um einen bösartigen Tumor der Pigmentzellen (Melanom). Eine sichere Diagnose lässt sich nur ärztlicherseits durch eine mikroskopische Gewebeuntersuchung stellen. Ein Hautarztbesuch ist im Zweifelsfall dringend zu empfehlen.

Aufgabe

Bestimmen Sie den Hautzustand einer Mitschülerin und erläutern Sie ihr die Erkennungsmerkmale. Überprüfen Sie ebenfalls, ob Ihre Mitschülerin Veränderungen der Kopfhaut hat.

1.4.6 Infektiöse pilzbedingte Kopfhauterkrankungen

→ *vgl. Lernfeld 1, S. 46*

Pilzinfektionen des Gesichts, der Kopfhaut und der Haare (Tinea capitis) treten bevorzugt bei Kindern auf. Das Beschwerdebild reicht von Kopfschuppen, Rötung bis hin zu starken Entzündungen, die mit Bläschen und Haarausfall einhergehen können.

Eine Sonderform unter den Pilzinfektionen der behaarten Kopfhaut ist die **Mikrosporie**. Sie wird meist durch den Pilz Microsporum canis hervorgerufen. Er wird durch Hunde und Katzen übertragen. Bei Fortschreiten der Infektion ist ein großflächiger Verlust von Haaren möglich, weil diese unmittelbar über der Hautoberfläche abbrechen (nicht ausfallen). Oft ist gleichzeitig auch die Körperbehaarung betroffen.

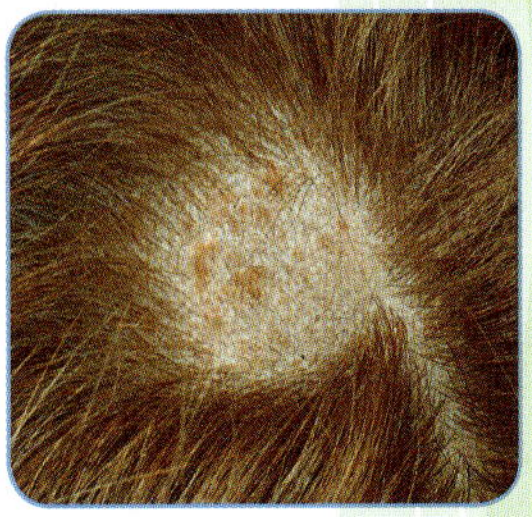

Scherpilzflechte

Auch die **Scherpilzflechte** (Trichophytie) wird von Pilzen hervorgerufen. Die Infektion kann sowohl die Kopf- als auch die Gesichtshaut betreffen. Die befallene Kopfhaut kann deutlich gerötet sein und ist gekennzeichnet durch kreisrunde, schuppende und kahl wirkende Stellen, auf denen noch ungleich lange Haarstümpfe zu erkennen sind. Ist die Bartregion bei Männern betroffen, spricht man auch von der Bartflechte.

Bedienen dürfen Sie betroffene Kundinnen nicht, denn es besteht ein hohes Infektionsrisiko (Ansteckungsgefahr). Raten Sie zur ärztlichen Behandlung.

1.4.7 Kopfläuse (Pediculi capitis)

Eine Kundin klagt über Kopfhautjucken. Sie entdecken stecknadelkopfgroße schuppenartige Gebilde, die fest am Haar sitzen. Ihre Kundin hat Kopfläuse. Die weißlichen Gebilde sind die **Nissen**, die Eier der Kopflaus.

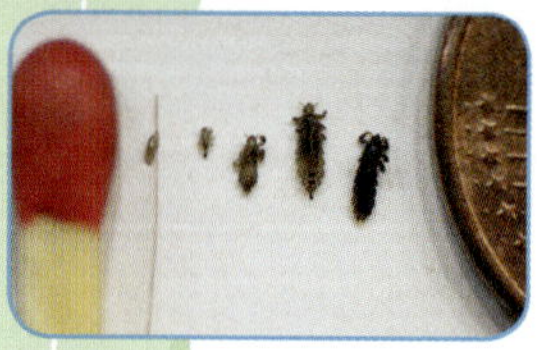

Kopflaus (Streichholz zum Größenvergleich)

Die sich schnell bewegenden Kopfläuse sind blutsaugende Parasiten, die zwischen den Kopfhaaren leben und deren Bisse starken Juckreiz hervorrufen. Die Nissen sind meist gut sichtbar. Dadurch lässt sich Kopflausbefall schnell identifizieren.

Viele Kinder im Kindergarten- oder Schulalter werden einmal oder mehrmals von Kopfläusen heimgesucht, insbesondere in den Herbst- und Wintermonaten. Medizinisch sind die Tierchen harmlos.

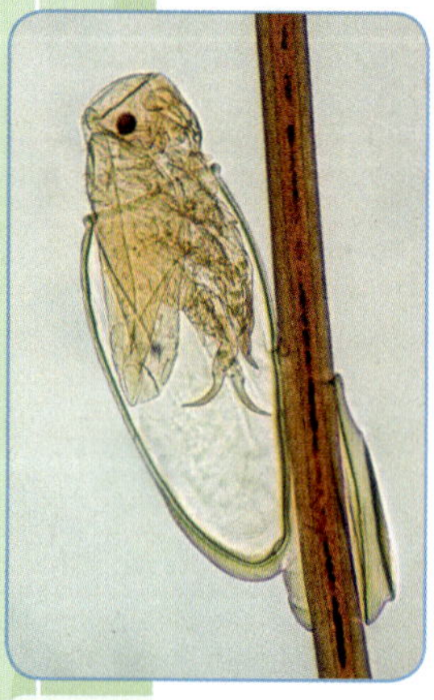

Nisse

Bedienen dürfen Sie Ihre Kundin nicht. Sie können ihr aber die Angst nehmen und sie fachgerecht beraten. Früher wurden die Haare abgeschnitten. Heute werden Kopfläuse mit verschiedenen Präparaten aus der Apotheke erfolgreich behandelt, sofern die Anwendungshinweise genau befolgt werden. Außerdem sollten die nassen Haare ca. jeden dritten Tag mit einem Nissenkamm (sehr feinzinkiger Kamm) partienweise durchgekämmt werden.

Desinfizieren und reinigen Sie die benutzten Werkzeuge, Handtücher und den Bedienungsplatz der Kundin, um eine Verbreitung der Kopfläuse zu verhindern.

Aufgaben

1. Informieren Sie sich z. B. durch eine Recherche im Internet genauer über Kopfläuse. Welche Präparate gibt es? Wie genau bekämpft man vorsorglich die Parasiten? Was ist zu beachten?
2. Erarbeiten Sie ein Rollenspiel über die erfolgreiche Kopflausbekämpfung. Beraten Sie Ihre Kundin (z. B. Mutter von zwei Kindern) fachgerecht und einfühlsam.

Nissenkamm

1.5 Haar- und Kopfhautbeurteilung

Betrachten

Die Haar- und Kopfhautbeurteilung ist Grundlage für die Haar- und Kopfhautpflege, Farb- oder Formveränderung. Die Friseurin trägt die Verantwortung und haftet bei verschuldeten Komplikationen im Rahmen ihrer Dienstleistung.

Für die Haar- und Kopfhautbeurteilung **befragen** Sie die Kundin, **betrachten** (optische Methode) und **befühlen** (taktile Methode) Haare und Kopfhaut. Einige wenige Salons arbeiten mit speziellen computergestützten Analysekameras.

Prinzipiell sollten bei der Beurteilung keine bzw. kaum Stylingpräparate im Haar sein. Zuerst kämmen Sie die Haare und arbeiten sich dann partienweise vom Vorder- zum Hinterkopf, zu den Seiten und zum Nacken.

Beim **Betrachten** stellen Sie den Kopfhautzustand (normal, trocken, fettig, schuppig) fest. Achten Sie besonders dann, wenn chemische Behandlungen geplant sind, auf Veränderungen der Kopfhaut, um Entzündungen oder allergische Reaktionen auszuschließen. Im Zweifelsfall sollten Sie immer die Meinung einer Kollegin einholen. Möglicherweise ist eine Behandlung abzulehnen und eine ärztliche Untersuchung zu empfehlen.

Veränderungen der Haare können Sie ebenfalls optisch feststellen. Merkmale geschädigter Haare können sein: glanzlos, stumpf, matt, ausgeblichen, brüchig. Aus psychologischen Gründen sollten Sie Bezeichnungen des Haarzustands wie strohig, borstig, glitschig, ausgeleiert, unansehnlich, miserabel und kaputt meiden!

Das **Befühlen** ermöglicht ebenfalls Rückschlüsse auf den Schädigungsgrad der Haare. Geschädigte Haare fühlen sich oft trocken, spröde und aufgeraut an, im nassen Zustand weich und schwammig.

Um die Schuppenbildung zu überprüfen, wird das Haar an mehreren Stellen wie Oberkopf, Seitenpartien und Hinterkopf abgescheitelt. Normalerweise ist die natürliche Abschilferung der Hornschüppchen kaum sichtbar. Größere fettige Schuppen sind ein Zeichen für die erhöhte Talgproduktion mit Schuppenbildung, auch Seborrhö genannt. Kleinere Schuppen, die sich nicht zwischen den Fingern zerreiben lassen, und eine trockene, empfindliche Kopfhaut deuten eher auf eine Sebostase, die verminderte Talgproduktion, hin.

Achtung: Ein stark blondiertes Haar kann sich dank ständiger Anwendung von Pflegepräparaten weich und geschmeidig anfühlen. In Wirklichkeit sind im Haar aber Strukturveränderungen entstanden. Diese Veränderungen kann auch das beste Pflegepräparat nicht „reparieren".

Achten Sie stets auf Ihre Wortwahl und zeigen Sie keine Scheu bei sichtbaren Veränderungen der Kopfhaut. Auch Ihre Körpersprache sollten Sie kontrollieren! Menschen mit strähnigen Haaren oder einer Schuppenflechte leiden meist darunter. Sie erfahren im Alltag oft genug Abneigung und Ablehnung aufgrund ihres augenscheinlich „ungepflegten" Aussehens. Dies bedeutet für viele eine enorme psychische Belastung. Begegnen Sie Ihren Kundinnen sensibel und aufgeschlossen, indem Sie fachkompetent beraten und somit das angeschlagene Selbstwertgefühl positiv beeinflussen.

Generell sollte die Haar- und Kopfhautbeurteilung nach einem festen Schema ablaufen, um sicherzustellen, dass alle wichtigen Beurteilungspunkte berücksichtigt werden. → *vgl. S. 96*

Befühlen des Haares

Prüfen der Schuppenbildung durch Abscheiteln

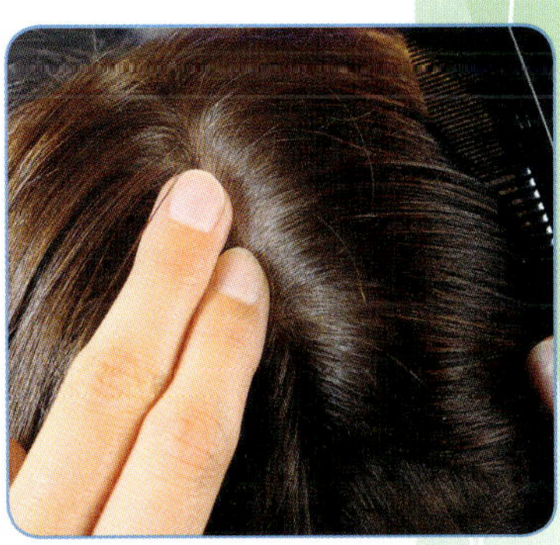

Den Funktionszustand (Talg- und Schweißabsonderung) der Kopfhaut stellen Sie durch Reiben mit den Fingerkuppen auf der Kopfhaut fest

Aufgaben

1. Welche Fragen sollten Sie bei einer Haar- und Kopfhautbeurteilung stellen? Geben Sie drei Beispiele in wörtlicher Rede an.
2. Eine Kundin wundert sich: „Warum sehen Sie sich meine Kopfhaut so gründlich an?" Was antworten Sie?
3. Was tun Sie, um den Haarzustand beurteilen zu können?
4. Notieren Sie die Reihenfolge Ihrer Arbeitsschritte bei der Haar- und Kopfhautbeurteilung. Vergleichen Sie mit Ihren Mitschülerinnen.

Klassische Friseurarbeit – Beurteilungsbogen

Dieser Beurteilungsbogen muss während der Prüfung am Fremdmodell ausgefüllt werden!

Nummer des Prüflings:

Datum:

Kundenwunsch: Klassische Friseurarbeit

Befragung der Kundin:

Sind Sie mit dem Zustand Ihrer Kopfhaut zufrieden?

☐ ja ☐ nein

Welche Probleme traten auf?

Welche Probleme haben Sie mit Ihren Haaren?

Wie oft reinigen Sie Ihre Haare?

Letzte Haarwäsche am:

Welche Präparate benutzen Sie?

- Reinigung:
- Kopfhautpflege:
- Haarpflege:
- Styling:

Sind Unverträglichkeitserscheinungen/Allergien/Empfindlichkeiten bekannt?

☐ ja ☐ nein

Wenn ja, welche?

Feststellen von Kopfhautveränderungen

Veränderungen	Wo befinden sich die Kopfhautveränderungen?
☐ Seborrhoe	
☐ Sebostase	
☐ Schuppenbildung	
☐ Schuppenflechte (Psoriasis)	
☐ Schorfbildung	
☐ Pilzerkrankungen	
☐ Entzündungen	
☐ Rötungen	
☐ Pusteln	
☐ Pigmentflecken	
☐ Warzen	
☐ Narben	
☐ Talgzysten/Grützbeutel	
☐ Wunden:	
☐ Sonstige:	

Haarfülle: bitte ankreuzen!

☐ volles Haar ☐ gelichtetes Haar ☐ Kahlstellen

☐ nachwachsendes Haar im Bereich der Kahlstellen

Sonstiges

Pflegezustand: bitte ankreuzen!

	Längen	Spitzen
leicht porös	☐	☐
mittel porös	☐	☐
stark porös	☐	☐
gespaltene Haare	☐	☐
brüchig	☐	

Haarstärke: ☐ fein ☐ mittel ☐ stark/dick

Haarquerschnitt: ☐ rund ☐ oval ☐ bandförmig

Restdauerwelle in Längen und Spitzen ☐ ja ☐ nein

Naturwelle ☐ ja ☐ nein

Farbliche Vorbehandlungen: bitte ankreuzen!

☐ Coloration ☐ Strähnen ☐ Blondierung

☐ Intensivtönung ☐ Tönung ☐ Pflanzenfarbe

Ansatz cm **Längen** cm **Spitzen** cm

Haarfarbe:	Oberkopf	Profilbereich	Wirbel-/Nackenbereich
Naturhaarfarbe	☐	☐	☐
gefärbt/getönt	☐	☐	☐
Weißanteil	%	%	%
Sonstiges			

Pflegeempfehlung für die Profibehandlung im Betrieb:

Begründung der Pflegemaßnahmen:

Pflegeempfehlung für die Heimbehandlung:

Begründung für die Kundin:

Produktanwendung:

Produktanwendung/Stylingtipps:

Produktwahl	Begründung	Anwendung

Quelle: „Prüfungsmappe für die Gesellenprüfung des Friseurhandwerks", herausgegeben vom Zentralverband des Deutschen Friseurhandwerks

2 Basiswissen Haar- und Kopfhautpflege

Während der Beratung geben Sie der Kundin das empfohlene Pflegeshampoo in die Hand. Die Kundin liest die Aufschrift auf der Shampooflasche und fragt: „Was sind denn eigentlich Tenside?"

2.1 Wasser

Wasser ist eines der wichtigsten und vielfältigsten Arbeitsmittel im Friseursalon. Haarewaschen, Fixierungen bei Langzeitumformungen, Tönen, Abspülen von Haarfarben – kaum eine Facharbeit der Friseurin wird ohne Beteiligung von Wasser durchgeführt.

Die Aufgaben des Wassers in einem Friseursalon:
- Reinigungsmittel für Haut, Haar, Salon und Wäsche
- Lösungs- und Verdünnungsmittel für Wirkstoffe in Präparaten
- Transportmittel für Wirkstoffe ins Haar und in die Haut
- Wirkstoff in der Kosmetik zum Erweichen von Haar und Haut

Oberflächenspannung des Wassers

Wenn Sie versuchen, trockenes Haar mit der Wasserspritzflasche zu befeuchten, wird das meiste Wasser auf dem Handtuch oder auf dem Fußboden landen. Es tropft nämlich von den Haaren ab.
Flache Metallgegenstände wie Büroklammern oder Rasierklingen liegen auf der Wasseroberfläche, ohne dass sie sinken. Manche Insekten können aufgrund der Oberflächenspannung über das Wasser laufen.

Perleffekt

Grundsätzlich besteht Wasser aus zwei Wasserstoffatomen und einem Sauerstoffatom: H_2O. Durch die gewinkelte Anordnung der Atome innerhalb des Moleküls wird das Wassermolekül zum **Dipol**, das heißt, dass die einzelnen Teilladungen nicht gleichmäßig verteilt sind. Es hat einen negativen Pol (O-Atom) und einen positiven Pol (die beiden H-Atome). Da alle Wassermoleküle Dipole sind, ziehen sie sich gegenseitig an, ähnlich wie zwei Magnete. Diese Anziehungskräfte bewirken, dass das Wasser die Form mit der kleinstmöglichen Oberfläche einnimmt – das ist der Tropfen. Diese Tropfenbildung erschwert das Anfeuchten trockener Haare.

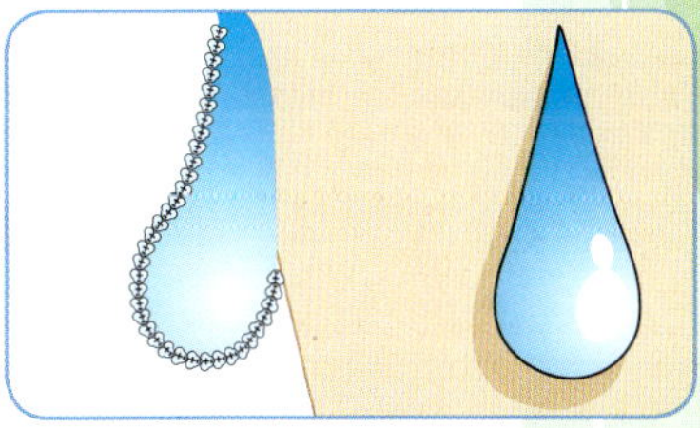

Wassertropfen auf der Haut

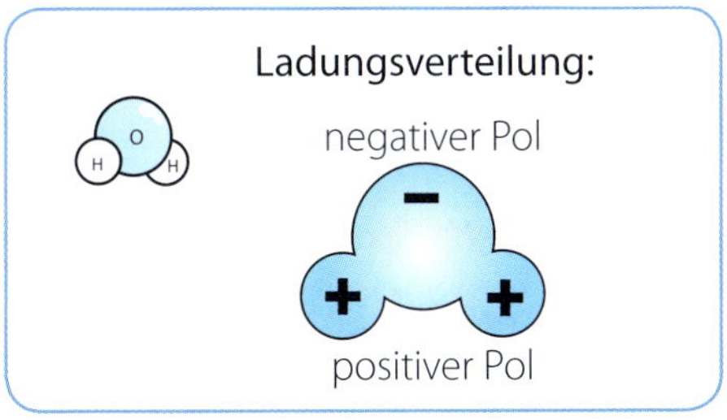

Wassermolekül

Anziehungskraft zwischen Dipolen

2.2 Tenside und ihre Reinigungswirkung

Aufbau und Eigenschaften

Tenside sind grenzflächenaktive Substanzen. Sie haben mehrere für Friseurarbeiten wichtige **Eigenschaften**:

- Sie führen zur Mischbarkeit von Wasser und Öl und ermöglichen damit haltbare Emulsionen – deshalb werden sie auch als **Emulgatoren** bezeichnet.
- Sie setzen die Oberflächenspannung des Wassers herab und ermöglichen das Befeuchten des Haares mit Wasser und anderen wässrigen Präparaten – deshalb werden sie auch als **Netzmittel** bezeichnet.
- Sie ermöglichen eine feine Vermischung von Talg, Fettschmutz und Wasser und bewirken damit die Reinigung des Haares – deshalb werden sie auch als **waschaktive Substanzen (WAS)** bezeichnet.

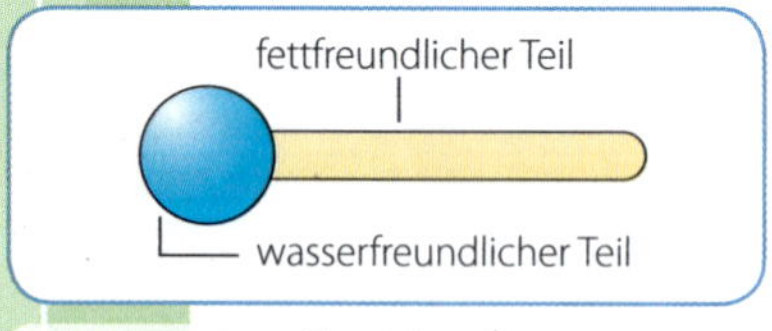

Aufbau eines Tensids

Tenside haben

- einen wasserfreundlichen **(hydrophilen)** bzw. Fett abstoßenden **(lipophoben)** Teil.
- einen fettfreundlichen **(lipophilen)** bzw. Wasser abweisenden **(hydrophoben)** Teil.

Tenside ermöglichen durch diesen Aufbau eine **Vermischung** von öligen/fettigen mit wässrigen Flüssigkeiten. Der wasserfreundliche Teil hält die Verbindung zum Wasser, der fettfreundliche Teil die Verbindung zum Öl oder Fett.

Tenside können die Oberflächenspannung des Wassers herabsetzen, indem sie sich zwischen die Wassermoleküle schieben und so den Zusammenhalt der Wassermoleküle stören. Durch Zugabe von Tensiden, die deswegen auch als **Netzmittel** bezeichnet werden, können Haare mit Wasser oder anderen wässrigen Präparaten angefeuchtet (benetzt) werden. Es kommt nicht mehr zur Tropfenbildung. Das Wasser breitet sich zwischen den Haaren und auf der Haut aus.

Reinigungsvorgang

Tenside sind als waschaktive Substanzen in Shampoos sowie Wasch- und Spülmitteln enthalten. Sie können fettigen Schmutz entfernen, der mit Wasser allein nicht abzulösen ist.

Die **Reinigungswirkung von Tensiden** beruht auf dem Zusammenwirken von drei Eigenschaften: Tenside

- setzen als **Netzmittel** die Oberflächenspannung von Wasser herab,
- dienen als **Emulgator** von Fett und Wasser,
- bilden **Schaum**, der den Schmutz in „Schwebe" hält.

Bei der **Haarwäsche** passiert Folgendes (vgl. Zeichnung nächste Seite oben):

- Fettiger Schmutz haftet am Haar.
- Die Tenside aus dem Shampoo lagern sich mit ihrem fettfreundlichen Ende an den fettigen Schmutz an, der wasserfreundliche Teil ragt ins Wasser.
- Durch die Waschbewegung wird der fettige Schmutz in kleinere Teile aufgespalten. Die Tenside gelangen nun auch unter den Fettschmutz und umhüllen ihn schließlich völlig. Dieser Vorgang heißt **„Emulgieren"**.
- Die völlig von Tensiden umhüllten Fettschmutzteilchen werden ausgespült.

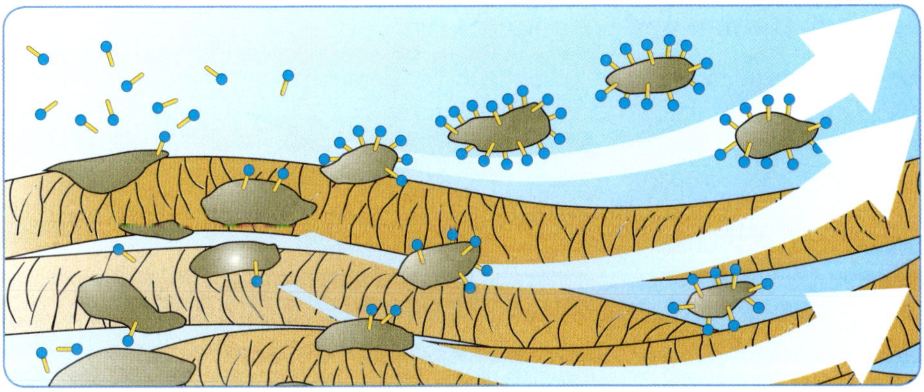

Reinigungswirkung der Tenside

Tensidarten

Seife ist ein natürliches Tensid, das aber aufgrund seiner negativen Eigenschaften weitgehend vom Markt verdrängt wurde: Seife wirkt stark entfettend und bildet Kalkseife. Diese vermindert die Waschwirkung und hinterlässt im Haar einen grauen Schleier.

In Haar- und Körperpflegepräparaten werden fast ausschließlich künstliche Tenside verwendet, die sich aber in ihren Eigenschaften stark unterscheiden.

Tenside weisen aufgrund der Ladung des wasserfreundlichen Teils unterschiedliche Eigenschaften auf. Die meisten Shampoos enthalten **anionische**, negativ geladene Tenside. Seltener verwendet werden **amphotere** Tenside mit positiven und negativen Ladungen sowie **nichtionische** (ungeladene) Tenside. **Kationische**, positiv geladene Tenside haben eine sehr schwache Reinigungswirkung.

Tensidarten – Eigenschaften und Verwendung

Tensidart	Eigenschaften	Verwendung	Beispiele nach INCI
Anionische Tenside 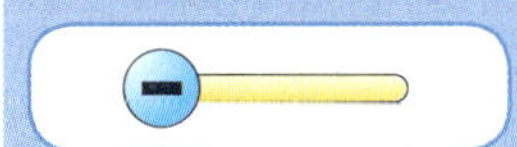	sehr hohe Reinigungswirkung, gutes Schaumvermögen, hautverträglich	in den meisten Shampoos, Duschgel	Sodium Laureth Sulfate, Sodium Polystyrene Sulfonate, Ammonium Xylenesulfonate
Amphotere Tenside 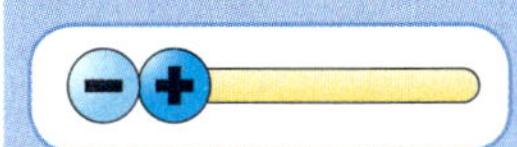	milde Reinigung, hohes Schaumvermögen, sehr hautverträglich	Kindershampoo, milde Shampoos, Shampoo für trockenes Haar und trockene Kopfhaut, Haarkur	Cocamidopropyl Betaine, Almondamidpropyl Betaine, Disodium Cocoamphodiacetate, Sodium Cocoyl Glutamate, Coco Glucoside
Nichtionische Tenside 	leichte Reinigungswirkung, geringe Schaumbildung	Kindershampoo, Haarkur, Hautcreme, Haar- und Kopfhautwasser	Cetearyl Alcohol, Polyalkylenglykolether, Laureth-2,-3,-5,-9
Kationische Tenside 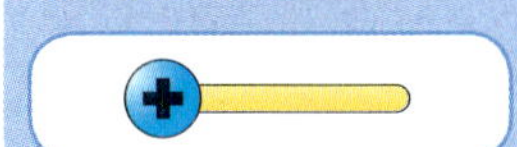	kaum Reinigungswirkung, verbessern die Kämmbarkeit, verhindern elektrostatische Aufladung	Spülung, Haarkur, Pflegeshampoo, Shampoo für feines Haar	Stearyl Acetyl Glutamate, Butyloctanoic Acid

2.3 Emulsionen und Lösungen

Emulsionen sind **heterogene (uneinheitliche) Gemische**, meist bestehen sie aus Öl oder Fett und Wasser. Mithilfe von **Emulgatoren** (z. B. Tensiden) können zwei sonst nicht miteinander dauerhaft vermischbare Flüssigkeiten wie Öl und Wasser zu einem stabilen Gemisch vermengt werden.
Dabei entscheidet der Emulgator darüber, welcher Emulsionstyp entsteht.

Emulsionstypen

Ö/W-Emulsion (Öl-in-Wasser-Emulsion)	W/Ö-Emulsion (Wasser-in-Öl-Emulsion)
Feinste Öltröpfchen sind von Wasser umschlossen. Öl bildet die innere Phase und Wasser die äußere Phase. Ö/W-Emulsionen sind die Grundlage der meisten Haarpflegepräparate. Dadurch lassen sich diese Präparate gut im feuchten Haar verteilen und überschüssige Reste auch mit Wasser ausspülen. Die Ö/W-Emulsion kann Feuchtigkeit aufnehmen und binden.	Feinste Wassertröpfchen sind von Öl umschlossen. Wasser bildet die innere Phase und Öl die äußere Phase. Die äußere Phase ist hydrophob (Wasser abweisend). Zum Abwaschen sind zusätzlich Tenside oder Öle erforderlich. In der Kosmetik basieren beispielsweise Nachtcremes auf diesem Prinzip.

Öltröpfchen
Tensid

Wassertröpfchen
Tensid

Lösungen sind auch unter dem Mikroskop nicht zu erkennen. Sie sind völlig homogene (einheitliche) Gemische.
Stoffe, die andere lösen können, werden als **Lösungsmittel** bezeichnet. In Haarpflegepräparaten werden häufig Wasser und Alkohol als Lösungsmittel eingesetzt. Haar- und Kopfhautwasser sowie Gesichts- und Rasierwasser sind neben vielen weiteren kosmetischen Präparaten Beispiele für Lösungen.

Aufgaben

1. Erklären Sie den Reinigungsvorgang bei der Haarwäsche mit eigenen Worten.
2. Warum sind Spülungen und Haarkurpräparate Ö/W-Emulsionen?
3. Nennen Sie je drei Beispiele für Emulsionen und Lösungen aus dem Bereich der Friseurpräparate.

3 Arbeitsmittel und Präparate

In Ihrem Betrieb finden Sie eine große Auswahl an Präparaten zur Haarreinigung und Haarpflege. Wodurch unterscheiden sie sich? Welche Präparate eignen sich für welche Kundin?

3.1 Arbeitsmittel

Um die Dienstleistung „Haar- und Kopfhautreinigung und -pflege" zu erbringen, benötigen Sie

- Arbeitsmittel für die Kundenberatung (Frisierkamm, Karteikarte bzw. Beurteilungsbogen, evtl. Haarstärkenmessgerät)
- Arbeitsmittel zum Schutz der Kundin und der Friseurin (Umhang, Tuch für das Gesicht, Handtücher, Schutzhandschuhe)
- Arbeitsmittel für die Haarwäsche und die Haarpflege (Handtücher, Auftrageflaschen oder Dosierhilfen, Pinsel, Schalen, Plastikhauben für die Einwirkzeit von Pflegepräparaten)

3.2 Reinigungspräparate für Haar und Kopfhaut

Die Haarwäsche stellt die häufigste Form der Haarbehandlung dar – im Friseursalon und auch zu Hause.

Bis zur Einführung des ersten alkalifreien Shampoos auf dem Markt im Jahre 1933 stand allein die Seife zur Reinigung zur Verfügung. Inzwischen haben sich Shampoos zu komplex aufgebauten High-Tech-Produkten entwickelt, die aus etwa 20, in Einzelfällen bis zu 30 Rezepturbestandteilen bestehen.

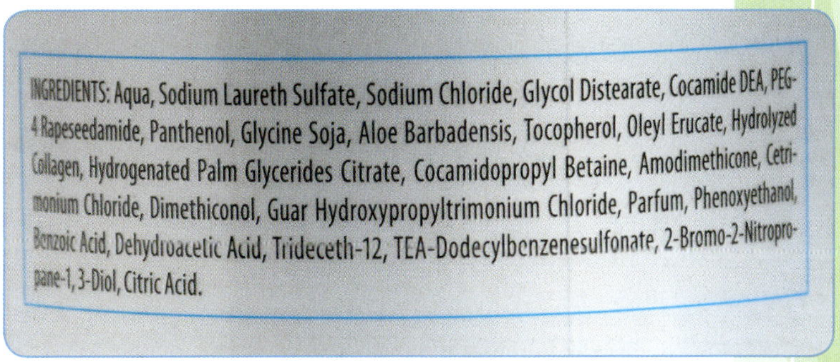

INGREDIENTS: Aqua, Sodium Laureth Sulfate, Sodium Chloride, Glycol Distearate, Cocamide DEA, PEG-4 Rapeseedamide, Panthenol, Glycine Soja, Aloe Barbadensis, Tocopherol, Oleyl Erucate, Hydrolyzed Collagen, Hydrogenated Palm Glycerides Citrate, Cocamidopropyl Betaine, Amodimethicone, Cetrimonium Chloride, Dimethiconol, Guar Hydroxypropyltrimonium Chloride, Parfum, Phenoxyethanol, Benzoic Acid, Dehydroacetic Acid, Trideceth-12, TEA-Dodecylbenzenesulfonate, 2-Bromo-2-Nitropropane-1,3-Diol, Citric Acid.

Inhaltsstoffe eines Shampoos für trockenes Haar

Shampoos sollen in erster Linie reinigen, sie sind keine Pflegepräparate!

3.2.1 Shampoo – Inhaltsstoffe und Wirkungsweise

Grundsätzlich enthalten Shampoos folgende Inhaltsstoffe:

Tenside sind der wichtigste Inhaltsstoff aller Shampoos. Sie setzen die Oberflächenspannung des Wassers herab und ermöglichen dadurch den Reinigungsprozess.

Wirkstoffe wie Rückfetter und Pflegestoffe wirken der stärkeren Entfettung und Austrocknung durch Tenside entgegen. Je nach Shampooart kommen weitere Wirkstoffe hinzu, z. B. bei einem Schuppenshampoo.

➜ *vgl. Tabelle S. 102*

Hilfsstoffe wie Wasser, Verdickungsmittel, Konservierungsmittel, Farb- und Duftstoffe sowie UV-Filter dienen zur Produktstabilisierung und zur Erhöhung des Produktkomforts.

3.2.2 Shampooarten

Präparat	Wirkstoffe	Eigenschaften
Shampoo für normales Haar	• anionische Tenside	• ausgewogenes Verhältnis von Reinigungs- und Pflegewirkstoffen
Shampoo gegen Schuppen	• Tenside • Selendisulfid • Bifonazol • Ketoconazol • Pirocton-Olamin (Octopirox®) • Zinkpyrithion/Climbazol • Pflanzenextrakte von Thymian, Salbei, Rosmarin, Schöllkraut • Meersalz	• löst verhornte Zellschichten ab (**keratolytisch**) • **antimikrobielle** Wirkstoffe bekämpfen den Hefepilz direkt, ohne dabei die gesamte Hautflora zu zerstören • **Antischuppenwirkstoffe** hemmen Zellwachstum und normalisieren die übermäßige Zellteilung
Shampoo für fettiges Haar (Seborrhö)	• erhöhter Anteil anionischer Tenside • Pflanzenextrakte: z. B. Meerestang, Schachtelhalm, Rosmarin, Huflattich, Brennnessel, Kamille, Salbei, Rosskastanie	• stärkere Reinigungskraft • Wirkstoffe, die das Nachfetten verzögern sollen • Pflanzenextrakte rauen das Haar auf, Hauttalg ist weniger sichtbar
Shampoo für trockenes Haar und trockene Kopfhaut	• amphothere, sehr milde Tensidgemische • Vitamine (Panthenol) • Bisabolol (Extrakt der Kamille) • Glycerin • Harnstoff (Urea)	• vermeidet starke Entfettung • intensiv feuchtigkeitsspendende Wirkstoffe zum Schutz vor Spliss und Haarbruch • Pflege- und Schutzstoffe wirken dem Austrocknen entgegen
Shampoo für coloriertes Haar	• milde Tensidgemische • Rückfetter (z. B. Cera Alba, Isopropyl Myristate) • „Color Saver" (kationische Tenside) • UV-Filter (Benzophenone)	• für farb- und strukturschonende Haarreinigung • schließt die Farbpigmente ein, längere Farbintensität und brillanter Glanz • vermindert das Ausbleichen der Haare durch die Sonne
Shampoo für langfristig umgeformtes Haar	• milde Tensidgemische • Rückfetter • Proteine • Vitamine • z. B. Granatapfel-, Cranberry- und Passionsblüten-Extrakte	• strukturschonende Haarreinigung • Wirkstoffe verbessern die Elastizität, Sprungkraft und Geschmeidigkeit des Haares
Shampoo für strapaziertes Haar (Repair-Shampoo)	• ausgewogene Tensidgemische • Pflegestoffe (z. B. Weizenkeim-Extrakt) • Rückfetter (z. B. Cetyl Alcohol) • Proteine (z. B. Hydrokeratin) • Silikone	• verbessert die Kämmbarkeit • glättet das Haar und macht es geschmeidig • Aufbau und Erhalt der Haarsubstanz
Shampoo für feines Haar (Volumen-Shampoo)	• milde Tensidgemische • synthetische Polymere (Kunstharze)	• verbessert Standfestigkeit, Volumen und Haltbarkeit der Frisur
Glanz-Reflex-Shampoo („Anti-Gelb-Shampoos")	• milde Tensidgemische • Farbstoffe • Pflegestoffe	• Farbauffrischung • Verstärkung der Farbintensität und des Glanzes • wirkt Gelbreflexen entgegen • Haar wird geschmeidig und frisierwillig

Die Anforderungen, die heute an ein Shampoo gestellt werden, gehen weit über die Funktion der bloßen Reinigung von Haaren und Kopfhaut hinaus.

Von einem Shampoo werden **zusätzliche Wirkungen** erwartet. Es soll
- die Haare kosmetisch aufbessern,
- auf die Bedürfnisse verschiedener Haarqualitäten (trocken, fettig, dauerhaft umgeformt, blondiert, coloriert) eingehen,
- das Alter (Babyshampoo, Shampoo 39plus …) berücksichtigen,
- auf die individuellen Waschgewohnheiten (Häufigkeit der Haarwäsche) zugeschnitten sein,
- spezifische Probleme der Kopfhaut (Kopfschuppen, Seborrhö) positiv beeinflussen.

Voraussetzung für die Wahl des richtigen Shampoos ist eine gewissenhafte Beurteilung von Haar und Kopfhaut.

Aufgaben

1. Mit welchen Argumenten würden Sie jeweils ein Shampoo empfehlen?
   a) Frau Schneider hat sehr fettiges Haar.
   b) Frau Kleins Haare und Kopfhaut sind sehr trocken.
   c) Herr Hansen hat Schuppen.
2. Ihre Kundin wäscht ihre Haare beim Duschen täglich mit einem Shampoo. Das Haar fühlt sich jedoch leicht fettig an. Wie können Sie Ihrer Kundin helfen?

3.2.3 Besondere Reinigungspräparate

Trockenshampoo

Bei einem Trockenshampoo handelt es sich um eine kurzfristige Notlösung, falls es schnell gehen muss und die Haare nicht nass werden sollen. Es kann zur oberflächlichen Behandlung einzelner Bereiche wie Pony oder Scheitelpartien kurzfristig hilfreich sein. Trockenshampoos werden als Puder oder Puderspray angeboten.

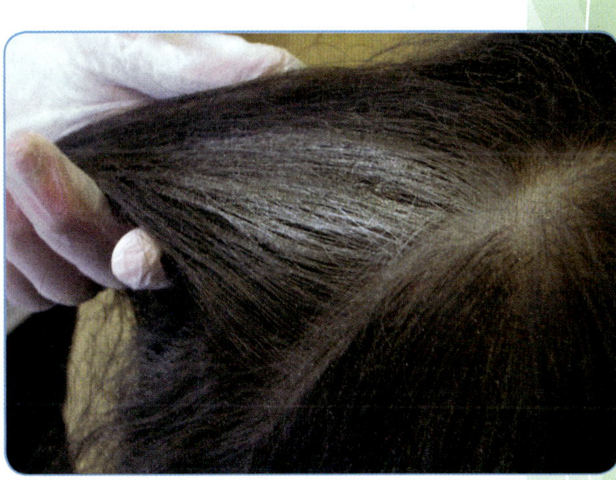

Trockenshampoo eignet sich nicht für dunkles Haar

Durch ein Trockenshampoo werden das Haar und die Kopfhaut streng genommen nicht gereinigt. Die Puderstoffe, die nach einer kurzen Einwirkzeit wieder ausgebürstet werden, saugen lediglich das Fett auf, das sich im Haar befindet. Geeignet ist Trockenshampoo wenn überhaupt nur bei hellem Haar. Dunkles Haar weist nach der Behandlung mit Trockenshampoo einen grauen Schleier von Puderrückständen auf.

Mit Wasser angerührte Wascherde

Wascherde

Seit der Antike wird das **Naturprodukt** zur Haar- und Körperpflege verwendet. Wascherde ist besonders geeignet für empfindliche, gereizte, unreine und zu Allergien neigende (Kopf-) Haut sowie zur Baby- und Haarpflege. Sie ist mild und schonend. Der Hydrolipidfilm der Haut wird nicht beeinträchtigt. Fett- und Schmutzpartikel werden absorbiert (aufgesaugt).
Besonders empfehlen können Sie die Haarreinigung mit Wascherde Ihren Kundinnen mit Schuppenflechte oder Neurodermitis. Für sehr trockene und empfindliche Haare ist Wascherde ungeeignet, weil die Schuppenschicht durch das Einmassieren mechanisch geschädigt wird.

Durchführungshinweise:
- Wascherde mit Wasser zu einer cremigen Masse vermischen.
- Haare leicht anfeuchten.
- Wascherde auf die Kopfhaut und die Haare auftragen.
- Sanft einmassieren und ausspülen.
- Den Waschvorgang ggf. wiederholen.

3.3 Pflegepräparate für Haar und Kopfhaut

Pflegepräparate

Glänzendes, geschmeidiges, gesundes Haar – wer wünscht sich das nicht? Leider ist nur den wenigsten Menschen ein von Natur aus prächtiger Haarschopf vergönnt. Feines, trockenes, strapaziertes, brüchiges Haar, Kopfhautschuppen sind nur einige der Probleme.

Pflegepräparate werden zum Schutz und zur Verbesserung der Haarqualität ausgewählt und angewandt. Gleichzeitig dienen sie der Verbesserung des Kopfhautzustands.

3.3.1 Inhaltsstoffe und Wirkungsweise

Die Pflegepräparate für Haar und Kopfhaut dienen ganz verschiedenen Verwendungszwecken. Sie sind deshalb sehr unterschiedlich aufgebaut.

→ *vgl. S. 106 f.*

Die Basis von Haarwässern und **Leave-in**-Haarpflegekuren („leave in" bedeutet, dass diese Präparate im Haar verbleiben) sind wässrig-alkoholische Lösungen, die mithilfe von Gelbildnern verdickt werden. Je nach Verwendungszweck erhalten sie eine dick- oder eine dünnflüssigere Konsistenz.

Bei den auszuspülenden **Rinse-out**-Haarpflegepräparaten handelt es sich meist um Emulsionen, also eine Mischung aus Wasser und Fetten/Ölen, die mit einem Emulgator stabilisiert wird.

Wirkstoffe in Haar- und Hautpflegepräparaten		
	Wirkung	**Wirkstoffbeispiele**
Fette, fettähnliche Stoffe, Wachse, Öle	Sie schützen das Haar und die Kopfhaut vor äußeren Einflüssen, sind rückfettend, machen das Haar geschmeidig, verleihen Glanz, Elastizität und verbessern die Kämmbarkeit.	Lanolin, Lecithin, Kakaobutter, Jojobaöl
Pflanzenextrakte	Die meisten wirken beruhigend gegen Juckreiz und sind entzündungshemmend; einige sollen die Talgproduktion beruhigen, andere wirken durchblutungsfördernd. Einige Wirkstoffe sollen die Nährstoffversorgung der Haarwurzel verbessern.	Brennnessel-, Minz-, Kamillenextrakt, Coffein, Biotin, Guarana
Schwache organische Säuren	Sie adstringieren (zusammenziehen) und festigen das Keratin und verbessern so den Glanz des Haares. Rückstände von Alkalien, z. B. nach Blondierungen, werden unwirksam gemacht (neutralisiert).	Zitronensäure, Weinsäure, Apfelsäure
Kationische Substanzen	Sie sind unentbehrlich in Pflegepräparaten. Sie lagern sich an das Haar an und verhindern die elektrostatische Aufladung (vgl. S. 82).	Cetyltrimethylammonium
Proteinhydrolysate	Diese im Aufbau haarähnlichen Stoffe lagern sich insbesondere an die geschädigten Stellen des Haares an und gleichen die Strukturschädigungen aus.	Keratin, Collagen, Seidenfibrin, Elastin, Aminosäuren
Silikone	Sie kommen in vielen Hautcremes und Haarpflegepräparaten zum Einsatz. Sie glätten die aufgeraute Oberfläche der Haare und umschließen sie mit einem Schutzfilm. Silikone gelten als gesundheitlich unbedenklich. Sie werden für den Hautschutz, die kosmetische Hautpflege und die plastische Chirurgie genutzt.	Dimethicone, Trimethicone
Schwefelverbindungen	Sie mindern die Talgproduktion.	Schwefel
Keratolytische Wirkstoffe	Sie lösen Keratin und entfernen die Schuppen von der Kopfhaut.	Schwefelverbindungen, Salicylsäure, Teer
Antischuppenwirkstoffe	Sie hemmen die beschleunigte Zellteilung und lösen verhornte Zellschichten ab.	Piroction-Olamin (Octopirox®), Zinkpyrithion/Climbazol
Fungizide Wirkstoffe	Sie verhindern das Wachstum von Pilzen oder Bakterien auf der Kopfhaut.	Selendisulfid, Bifonazol, Ketoconazol
Lichtschutzfilter	Sie filtern bestimmte Bereiche der UV-Strahlung heraus.	anorganische Farbpigmente wie Zinkoxid oder Titandioxid, Vitamine wie Vitamin E, Provitamin B5

Zusätzlich sorgen je nach Einsatzbereich **haltgebende Stoffe** (Harze, Filmbildner) für mehr Festigkeit des Haares und Volumen der Frisur. So enthalten z. B. Haarpflegepräparate für feines Haar weniger kationische Substanzen und fettähnliche Stoffe, um es nicht zu beschweren. Dafür stabilisieren haltgebende Stoffe die Haare, um mehr Volumen zu erzielen.
Dagegen enthalten z. B. Intensivkuren für strapaziertes Haar mehr kationische Substanzen, fettähnliche Stoffe und Proteinhydrolysate.

Aufgaben

1. Informieren Sie sich über die Inhaltsstoffe der Pflegepräparate in Ihrem Ausbildungsbetrieb. Vergleichen Sie die Zusammensetzung verschiedener Präparate, z. B. Haarkur für feines Haar und Haarkur für trockenes Haar.
2. Stellen Sie alle Wirkstoffe zusammen, die in folgenden Präparaten eingesetzt werden könnten. Begründen Sie Ihre Auswahl.
   a) Shampoo für fettiges Haar
   b) Präparate gegen Schuppen

3.3.2 Rinse-out-Präparate: Spülungen, Kuren, Packungen

Rinse-out-Präparat

Eine **Spülung** wird nach chemischen Behandlungen, z. B. dauerhafter Umformung, und nach der Haarwäsche im handtuchtrockenen Haar gleichmäßig verteilt. Insbesondere sind Spülungen für trockenes, langes, splissanfälliges Haar geeignet. Die Einwirkzeit beträgt meist 2 bis 5 Minuten, anschließend wird das Präparat gründlich ausgespült.

Haarkuren, Intensivkuren, Haarmasken, Haarpackungen werden zum Abschluss einer Behandlung aufgetragen, eingearbeitet und nach der vorgeschriebenen Einwirkzeit wieder ausgespült. Sie eignen sich für störrisches (frizzy), dickes, strapaziertes, trockenes oder chemisch behandeltes Haar. Aufgrund ihres erhöhten Wirkstoffanteils und somit höheren Präparate- und Dienstleistungspreises ist die fachkompetente Beratung und Durchführung dieser Pflegebehandlung äußerst wichtig. Sie muss sich von einer Heimbehandlung deutlich unterscheiden.

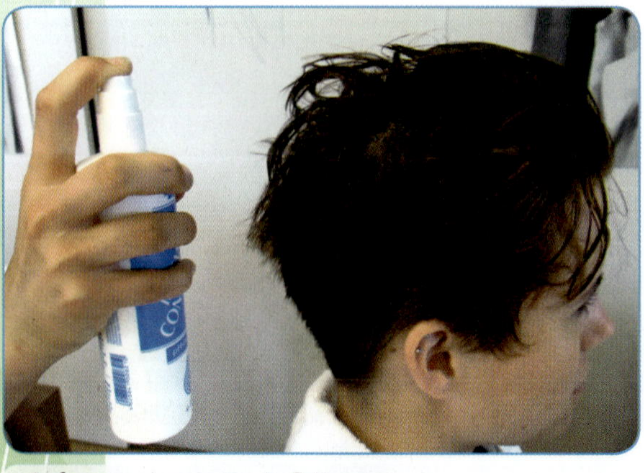
Auftragen eines Leave-in-Präparats

3.3.3 Leave-in-Präparate: Schäume, Öle, Sprays

Pflegeschaum, flüssiges Pflegespray und Pflegegel sind Präparate, die nach der Haarwäsche gleichmäßig auf das handtuchtrockene Haar aufgetragen und nicht wieder ausgespült werden.

Diese Präparate gibt es für nahezu jeden Haarzustand (z. B. trockenes, strapaziertes, feines, sprödes, störrisches, chemisch behandeltes Haar). Sie sind sehr anwenderfreundlich und besonders für die unkomplizierte und schnelle Heimpflege geeignet. Die Kämmbarkeit und der Glanz der Haare werden verbessert sowie ihre elektrostatische Aufladung verringert.

Haaröl eignet sich für trockenes, sprödes Haar. Das Haar wird vor dem Austrocknen geschützt und es wirkt glänzender.

Haarspitzenfluids und -serum sind Emulsionen oder Gele, die sich besonders für splissanfällige und gesplisste Haarspitzen sowie krause, lockige, dicke, störrische Haare eignen. Sie „versiegeln" die Haarspitzen und geben dadurch Schutz, sind strukturgebend, glätten und beruhigen die Haare.

Leave-in-Präparat

Hitzeschutzpräparate oder **Glättungshilfen** werden vor dem Einsatz von Haarglättungsgeräten in Längen und Spitzen aufgetragen. Sie sollen die Haaroberfläche durch Bildung eines Films glätten und so das leichte Gleiten des Glätteisens ermöglichen.

Überpflegtes Haar sieht schnell strähnig aus und die Frisur fällt zusammen. Achten Sie deshalb auf eine sparsame, auf die Haarmenge abgestimmte Dosierung. „Viel hilft nicht immer viel!"

3.3.4 Haar- und Kopfhautwässer

Kopfhautwässer dienen im Wesentlichen der Pflege sowie der Problembehandlung der Kopfhaut, z. B. bei Schuppen.

Kopfhautwasser

Die **Anforderungen** sind vielseitig: Kopfhautwässer sollen je nach Kopfhautzustand erfrischen und beleben, Entzündungen auf der Kopfhaut entgegenwirken, Kopfjucken beseitigen, die Schuppenbildung verringern, die Regeneration der Oberhaut fördern, die übermäßige Talgproduktion verringern, den Haarausfall reduzieren und den Haarwuchs fördern.

Kopfhautwässer sind **Alkohol-Wasser-Lösungen**, die je nach Verwendungszweck weitere Wirkstoffe enthalten. Pflanzenextrakte, durchblutungsfördernde, reizlindernde oder das Haarwachstum unterstützende Stoffe, weiterhin Vitamine, Proteine und ätherische Öle werden als spezielle Wirkstoffe zugesetzt. Manche Präparate enthalten zusätzlich haarfestigende Stoffe.

Grundlage ist der Alkohol, der erfrischend und entzündungshemmend wirkt. Er regt die Durchblutung an. Dadurch sollen die Haarpapillen besser versorgt und das Haarwachstum angeregt werden.

Die richtige Anwendung der Kopfhautwässer wie auch aller anderen Haar- und Kopfhautpflegepräparate ist eine wichtige Voraussetzung für den gewünschten Erfolg.

3.4 Nomenklatur der Inhaltsstoffe – INCI

www.haut.de/service/inci
www.cosmetic-check.com/inci_de.php

Die Inhaltsstoffe jedes kosmetischen Präparats sind seit 1997 in allen Ländern der Europäischen Union einheitlich nach **INCI** (International Nomenclature of Cosmetic Ingredients) gekennzeichnet. Diese Deklaration (Kennzeichnung) schafft somit ein hohes Maß an Sicherheit, Klarheit und Transparenz. Inzwischen werden kosmetische Präparate fast weltweit mit der INCI-Nomenklatur gekennzeichnet.

Die Deklaration nach INCI muss gemäß Kosmetik-Verordnung auf der äußeren Verpackung oder der Packungsbeilage jedes kosmetischen Präparats stehen.

Gemäß § 5a der **Kosmetik-Verordnung** werden in der INCI die Bestandteile (Ingredients) in abnehmender **Reihenfolge ihres Gewichts** angegeben. Ab einem Gehalt von bis zu einem Prozent können die Bestandteile in ungeordneter Reihenfolge stehen. Riech- oder Aromastoffe werden dabei mit der Angabe Parfüm oder Aroma gekennzeichnet.

Insbesondere **Allergiker** profitieren von der einheitlichen Ausweisung der Inhaltsstoffe. Sie können mithilfe ihres persönlichen, in der Hautarztpraxis ausgestellten Allergiepasses bereits beim Einkauf kosmetische Präparate meiden, die die betreffenden Stoffe beinhalten.

Angabe der Inhaltsstoffe eines Haar- und Kopfhautwassers nach INCI

Deklaration nach INCI	Wirkung	Inhaltsstoffgruppe
Alcohol Denat.	Lösungsmittel	Alkohol
Aqua	Lösungsmittel, Verdünnungsmittel	Wasser
Panthenol	antistatisch, hautpflegend, haarkonditionierend	Wirkstoff
Propylene Glycol	feuchthaltend, Lösungsmittel, hautpflegend, viskositätsregelnd (die Zähigkeit regelnd)	Wirkstoff
Parfum	desodorierend (geruchtilgend), maskierend	Duftstoff
Menthol	lindernd, erfrischend, maskierend	Wirkstoff
Caffeine	hautpflegend	Wirkstoff
Linalool, Limonene	desodorierend	Duftstoff
Paullinia Cupana (Guarana)	hautpflegend, kräftigend	Wirkstoff
Hexyl Cinnamal	desodorierend	Duftstoff
Geraniol	parfümierend, kräftigend	Duft-, Wirkstoff
Butylphenyl Methylpropional	parfümierend, maskierend	Duftstoff
Biotin	haarkonditionierend, hautpflegend, antiseborrhoisch (die Talgproduktion hemmend)	Wirkstoff
Eugenol	kräftigend	Wirkstoff
Citronellol	maskierend	Duftstoff
Methylparaben, Propylparaben	die Entwicklung von Mikroorganismen hemmend	Konservierungsstoffe

4 Durchführung der Reinigungs- und Pflegemaßnahmen

Der Kunde muss noch einen Augenblick auf den Haarschnitt warten und bittet Sie um eine Kopfmassage. In welcher Weise führen Sie die Kopfmassage durch? Worauf achten Sie?

4.1 Vorbereitende Tätigkeiten

4.1.1 Auswahl der Präparate und Arbeitstechniken

Nachdem Sie den Haar- und Kopfhautzustand sorgfältig ermittelt haben, stellen Sie einen Behandlungsplan mit den passenden **Präparaten** und Arbeitstechniken auf.

Beispiel für einen vereinfachten Behandlungsplan		
Haar- und Kopfhautzustand: trockene Längen und Spitzen, blondierte Strähnen, trockene, empfindliche Kopfhaut		
Arbeitsschritt	**Präparate**	**Arbeitstechniken**
Reinigung	Shampoo für strapaziertes Haar	Möglichst nur einmal waschen.
Haarpflege im feuchten Haar	Intensivhaarkur für strapaziertes Haar	Haarkur mit dem Pinsel auf Längen und Spitzen auftragen, mit einem groben Kamm durchkämmen, unter einer Plastikhaube 10 Minuten einwirken lassen, aufemulgieren, ausspülen.
Kopfhautpflege	Kopfhautwasser mit beruhigenden Zusätzen	Präparat auf die Kopfhaut auftragen und einmassieren.
Haarpflege im trockenen Haar	Pflegespray für strapaziertes Haar	Pflegespray auf Längen und Spitzen aufsprühen, nicht mehr ausspülen und wie gewohnt stylen.
	Glanzspray	Glanzspray über die fertige Frisur sprühen.
Heimpflege:		
Reinigung	Shampoo gegen strapaziertes Haar	Höchstens alle 2–3 Tage die Haare einmal durchwaschen.
Haar- und Kopfhautpflege	Haarkur für strapaziertes Haar	Haarkur einmal wöchentlich auftragen und 10 Minuten einwirken lassen.
	Spülung für strapaziertes Haar	Wenn keine Haarkur angewendet wird, Spülung auf Längen und Spitzen auftragen, 2–3 Minuten einwirken lassen, ausspülen.
	Pflegespray	Nach jeder Wäsche ins Haar sprühen, dann erst durchkämmen.

Aufgabe

❶ Erstellen Sie Behandlungspläne für folgende Haar- und Kopfhautzustände:
a) trockene Längen und Spitzen, fettige Kopfhaut
b) gesunde Längen und Spitzen, schuppige Kopfhaut
c) normale Kopfhaut, gefärbte Längen/Spitzen, beginnende Splissbildung

4.1.2 Gesundheits- und Umweltschutz

→ *vgl. Lernfeld 1, S. 37 ff.*

Hautschutz

→ *vgl. S. 89*

Beim häufigen Reinigen und Pflegen der Haare ohne Schutzhandschuhe wird der **Hydrolipidfilm** der Haut an Ihren Händen entfernt, und es kann zu Hautschädigungen kommen. Durch häufigen Kontakt mit den verschiedenen Präparaten werden möglicherweise Allergien gegen einzelne Inhaltsstoffe wie z. B. Konservierungsmittel oder Parfüm ausgelöst. Um Hautschädigungen und Allergien zu vermeiden, sind bei der Behandlung von Haar und Kopfhaut mit Shampoo, Spülung, Haarkur, Kopfhautwasser usw. Hautschutzmaßnahmen einzuhalten, d. h. vor allem Schutzhandschuhe zu tragen, wie auch im **Hautschutzplan** (z. B. Anlage 1 der TRGS 530) festgelegt.

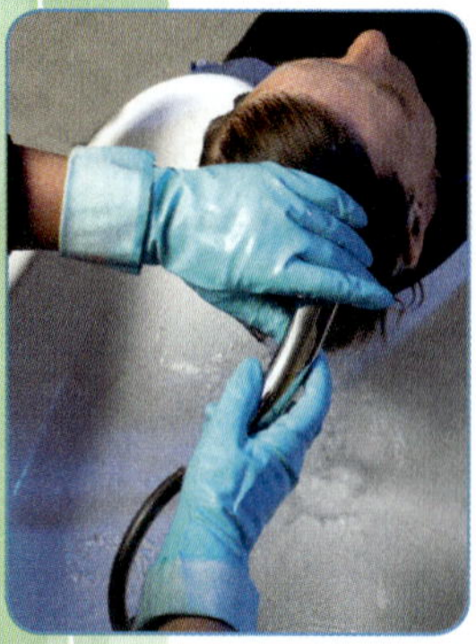
Schützen Sie Ihre Hände!

Hygiene

Handtücher geben Sie nach jeder Benutzung sofort in die Wäsche. Aus hygienischen Gründen sollten Sie keine benutzten Kundenhandtücher zum Händetrocknen verwenden, da Verunreinigungen mit hautgefährdenden Stoffen nicht ohne Weiteres zu erkennen sind.

Arm- und Handschmuck dürfen während Haarreinigung und Kopfmassage nicht getragen werden. Unter dem Schmuck wird durch Einwirkung von Feuchtigkeit oder Chemikalien die Entstehung von krankhaften Hautveränderungen begünstigt.

Aufgaben

❷ Sie führen bei einer Kundin eine Haarreinigung und verschiedene Haar- und Kopfhautpflegemaßnahmen durch. Bei welchen Tätigkeiten müssen Sie Schutzhandschuhe tragen?

❸ Welche Schutzhandschuhe verwenden Sie bei der Haarreinigung?

❹ Was müssen Sie beim Tragen von Schutzhandschuhen beachten?

❺ Wie können Sie Ihre Haut darüber hinaus schützen? Nennen Sie weitere Hautschutzmaßnahmen.

Umweltschutz

→ *vgl. Lernfeld 1, S. 20 f.*

Tipps zum umweltschonenden Arbeiten:
- Durch Senkung des **Warmwasserverbrauchs** sparen Sie Energie.
- Gehen Sie **sparsam mit Wasser** um.

Einhebelmischarmatur

- Lassen Sie das Wasser während der Haarwäsche **nicht ununterbrochen laufen**. Vielleicht reicht bei Ihrer Kundin eine Ansatzhaarwäsche oder einmaliges statt zweimaliges Waschen.
- **Einhebelmischarmaturen** helfen, schnell die richtige Temperatur zu finden.
- Drehen Sie **tropfende Wasserhähne** zu oder sorgen Sie dafür, dass sie baldmöglichst repariert werden. Ein Wasserhahn, der jede Sekunde einen Tropfen verliert, verbraucht 17 l Wasser pro Tag!
- Füllen Sie die **Waschmaschine** immer voll. Waschen Sie normal verschmutzte Handtücher ohne Vorwäsche bei 60 °C.
- Benutzen Sie die **Spartaste** der Toilettenspülung.
- Verwenden Sie **Auftrageflaschen** (Applikatoren): Geben Sie die benötigte Shampoomenge in die Flasche und füllen Sie mit Wasser auf, kurz schütteln, fertig. Sie können dieses Gemisch auf das trockene Haar auftragen und sparen das Wasser zum Anfeuchten der Haare.
- **Sparperlatoren** (Durchflussbegrenzer) sind Wasserhahnaufsätze, die den Wasserdurchfluss durch Beimischung von Luft ohne Komfortverzicht um ca. 50 % reduzieren. Der normale Wasserdurchfluss beträgt ca. 12 l/min, durch Sparperlatoren kann er auf 7–8 l/min gesenkt werden.
- **„Energiesparhandtücher"** helfen Wasser und Energie zu sparen, weil eine größere Anzahl davon in eine Waschmaschine passt. Diese Handtücher haben die normale Länge, sind aber nur halb so breit. Dreieckige Handtücher erfüllen den gleichen Zweck und sehen zudem noch gut aus.
- Verwenden Sie im Salon und zu Hause haarkosmetische Präparate und Reinigungsmittel **möglichst sparsam**. Das schont die Umwelt – und den Geldbeutel.

Energiesparhandtücher

4.1.3 Vorbereiten des Arbeitsplatzes

Die Durchführung der Reinigungs- und Pflegemaßnahmen findet meist am Waschbecken statt. Legen Sie alle **Arbeitsmittel** und **Präparate** vorher bereit, damit die Kundin nicht länger als notwendig am Waschbecken sitzen muss:

- Umhang
- Frottiertücher, ggf. Gesichtstuch
- Frisierkamm, grober Kamm
- Auftrageflasche (Applikator) oder Dosierhilfen mit Shampoo
- Pflegepräparat mit Auftragehilfe, Schale
- evtl. Folie oder Abdeckhaube, Trockenhaube, Haarsauna, evtl. feuchte warme Tücher zum Abdecken
- Schutzhandschuhe

Für die Haarwäsche vorbereiteter Arbeitsplatz

4.1.4 Vorbereiten der Kundin

Die Haare werden im trockenen Zustand vorsichtig durchgekämmt, damit sie bei der Haarwäsche nicht verkletten. Legen Sie der Kundin, bevor sie am Waschbecken Platz nimmt, einen wasserfesten Umhang und ein Handtuch um. Zusätzlich können Sie ihr ein Gesichtstuch in die Hand geben.
Stellen Sie den Bedienungsstuhl am Waschplatz so ein, dass die Kundin bequem und ohne eine Lücke zwischen Becken und Nacken liegen kann.

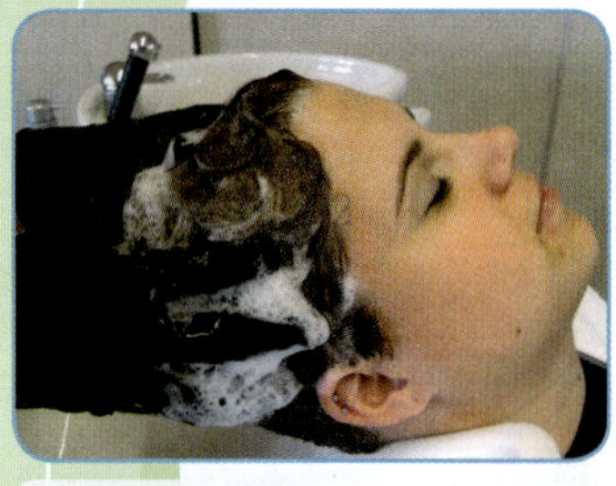

Shampoonieren

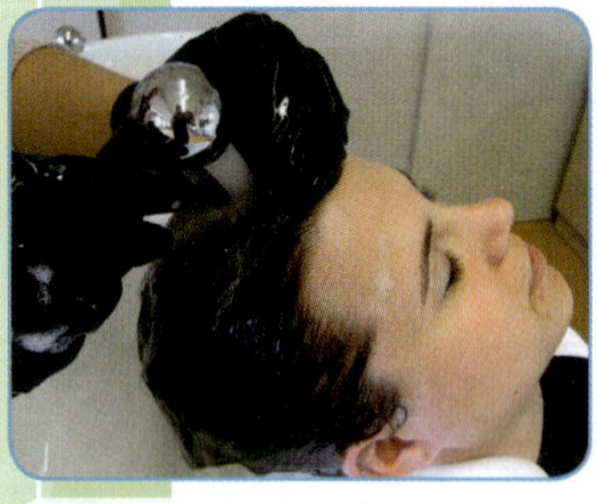

Schützen des Gesichts beim Ausspülen

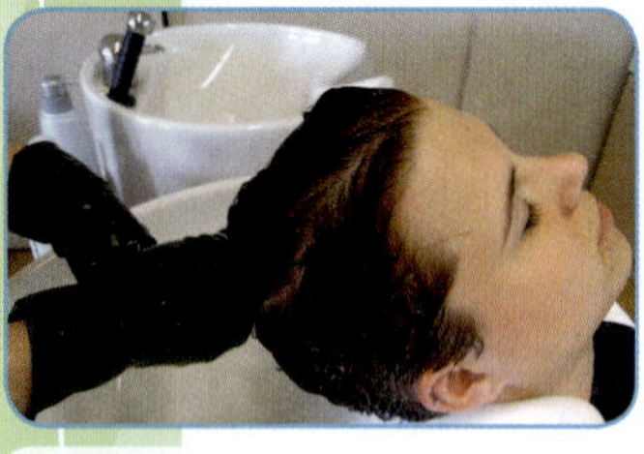

Ausdrücken des Haares

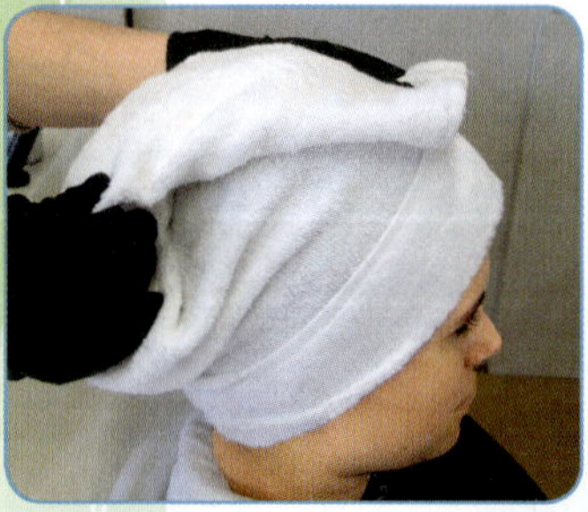

Abdecken der feuchten Haare

4.2 Haarreinigung

Ziehen Sie **Schutzhandschuhe** an.

Die gewünschte **Wassertemperatur** lässt sich ohne unnötige Energieverluste am besten erreichen, wenn Sie allmählich kaltes Wasser zumischen. Prüfen Sie an Ihrem Ellenbogen die Wassertemperatur. Fragen Sie Ihre Kundin, ob sie angenehm ist. Prinzipiell sollte die Wassertemperatur kundengerecht, aber nicht zu heiß sein, da sehr heißes Wasser Haar und Kopfhaut reizt.

Durchnässen Sie das Haar gründlich. Lästiges Spritzen lässt sich vermeiden, indem die Handbrause nicht zu weit vom Haar entfernt geführt wird. Mit einer Hand können Sie beim Anfeuchten und Spülen das Gesicht vor ablaufendem Wasser schützen.

Tragen Sie das **Shampoo** mit der Applikatorflasche auf. Die Reinigungsgriffe führen Sie mit nicht zu steil aufgesetzten Fingerkuppen durch: Emulgieren Sie das Shampoo mit kreisenden Bewegungen in das gesamte Haar bis in die Spitzen. Beginnen Sie an der Stirnpartie und arbeiten Sie mit kreisenden Bewegungen vom Oberkopf über die Seitenpartien zum Nacken hin. Wichtig ist, alle Bereiche gleichmäßig zu erfassen. Die empfindlichen Schläfenpartien erfordern einen schwächeren Druck. Wiederholen Sie den Vorgang.

Fragen Sie Ihre Kundin, ob sie die Haarwäsche als angenehm empfindet.

Nach dem Shampoonieren entfernen Sie alle Reste des Shampoos, indem Sie das Haar gründlich **ausspülen** und es dabei mehrmals auflockern. Ein Teil des an den Haaren haftenden Wassers lässt sich bereits vor dem Frottieren mit beiden Händen ausdrücken. Rubbeln Sie die Haare nicht, dies führt zu mechanischen Schädigungen. Zum Abschluss wird das Haar vom Hinterkopf aus vorsichtig partienweise durchgekämmt. Es gilt: Kein Ziehen, Zerren, Reißen an nassen Haaren, da es durch das Wasser gequollen und deshalb empfindlicher ist. Es lässt sich leicht dehnen.

Meist reicht die **einmalige Haarwäsche** aus, wenn das Haar nicht stark verschmutzt ist. Das spart Wasser, Shampoo und Energie und entfettet besonders trockene Kopfhaut nicht zu sehr.

Praxistipp

Grundsätzlich sollte der Arbeitsablauf so organisiert sein, dass keine Verzögerungen entstehen. Ist eine ***Wartezeit*** *nicht vermeidbar, erklären Sie Ihrer Kundin, dass und warum sie kurz auf die Friseurin warten muss. Decken Sie das Haar völlig mit einem trockenen und möglichst warmen Frottiertuch ab. Überbrücken Sie die Wartezeit mit Aufmerksamkeiten: Reichen Sie Zeitschriften, bieten Sie ein Getränk an. Vermitteln Sie der Kundin durch Blickkontakt das Gefühl, nicht vergessen worden zu sein. Die Phase der Entspannung schlägt direkt in Enttäuschung um, wenn die Kundin auf die Weiterbehandlung länger warten muss.*

Ansatzhaarwäsche

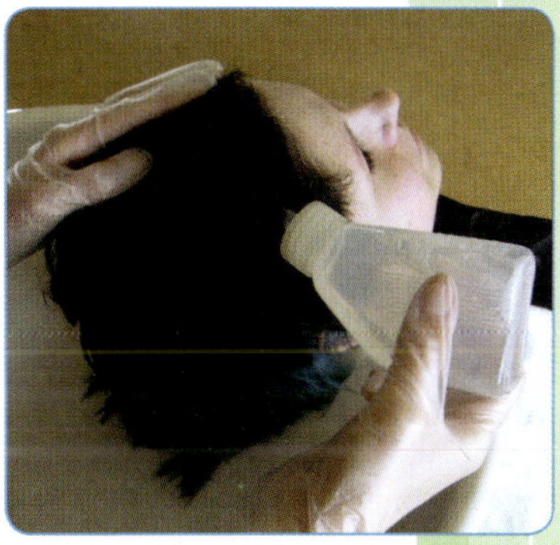
Ansatzhaarwäsche

Bei längeren Haaren sind die Längen und Spitzen zumeist stärker angegriffen:
- mechanisch durch Kämmen, Bürsten, Rubbeln
- chemisch z.B. durch Färbung, Blondierung, dauerhafte Umformung
- durch UV-Strahlung

Die Längen und Spitzen sind nicht fettig oder stärker verschmutzt, während die Haaransätze schon wieder nachgefettet sind. Hier bietet sich eine Ansatzhaarwäsche an, bei der die Längen und Spitzen nicht unnötig durch Entfettung strapaziert werden. Vorteilhaft ist außerdem der verringerte Wasser-, Energie- und Shampooverbrauch.

Mit einer Auftrageflasche wird eine verdünnte Shampoolösung auf die nicht angefeuchteten Ansätze aufgetragen. Danach spülen Sie das Haar gründlich, sodass sehr verdünntes Shampoo auch kurzfristig auf die Haarlängen einwirkt.

Aufgaben

1. Welche Arbeitsfehler haben Sie bisher im Salon bei der Haarwäsche beobachten können?
2. Warum muss die nachfolgende Behandlung bei der Haarwäsche berücksichtigt werden?
3. Empfehlen Sie in einem Beratungsgespräch einer Kundin das Naturprodukt Wascherde.
   Welche Vor- und Nachteile hat die Haarreinigung mit Wascherde?
4. Wann kann der Einsatz eines Trockenshampoos hilfreich sein?

4.3 Kopfmassage

Streichen – Effleurage

Nicht nur perfekte Haarschnitte, Tönungen, Färbungen und Umformungen bestimmen den Friseurtermin. Das verwöhnende Element erhält einen immer größeren Stellenwert. Neben der Haarwäsche bieten eine wohltuende Kopfmassage und die erfrischende Wirkung eines Kopfhaut- bzw. Haarwassers die besten Möglichkeiten dazu.

Die Haare werden scheitelweise abgeteilt, um das Haar- bzw. Kopfhautwasser mit einer Applikatorflasche auf die gesamte Kopfhaut aufzutragen. Damit das Präparat nicht in den Nacken oder das Gesicht der Kundin läuft, tragen Sie es sparsam auf und verreiben es mit den Fingerkuppen.

Bei der **Streichmassage (Effleurage)** wird mit der Handfläche oder den Fingerspitzen immer in der gleichen Richtung und nur mit leichtem Druck über die Haut gestrichen. Die Streichmassage hat eine entspannende Wirkung. Sie dient der Kontaktaufnahme zu Beginn und als beruhigender Ausklang der Kopfmassage. Die Ausstreichgriffe verbessern die Durchblutung.

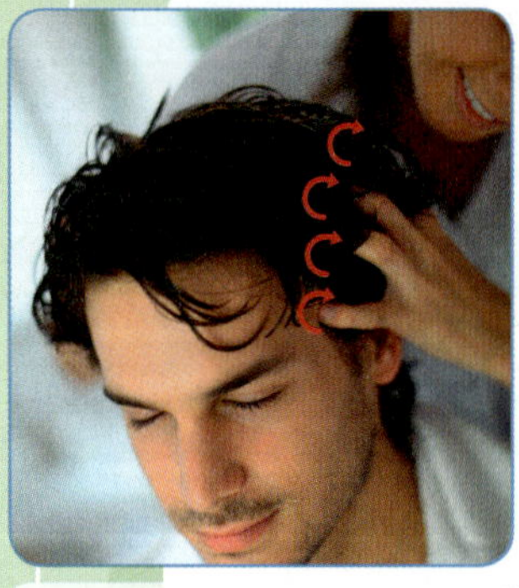

Reiben – Friktion

Die **Friktion** (Reibung) wird als besonders angenehm empfunden und dient der Durchblutungssteigerung. Dabei bewegen sich die Fingerkuppen mit leichtem Druck kreisförmig auf der Kopfhaut. Die kreisenden Bewegungen beginnen am Stirnansatz. Die Fingerkuppen gleiten nicht auf der Kopfhaut. Die Finger werden zum Umsetzen in eine andere Griffposition abgehoben.

Zur **Lockerung** der Muskulatur und des Bindegewebes sowie zur Förderung des Stoffwechsels werden die Fingerkuppen fester angesetzt. Sie gleiten nicht über die Kopfhaut, sondern verschieben sie gegen die Schädelknochen.

Beachten Sie bei jeder Kopfmassage:
- Beim Wechsel der Massagegriffe nie beide Hände gleichzeitig abheben, um den Kontakt zur Kundin nicht zu verlieren.
- Alle Partien der Kopfhaut erfassen.
- Die einzelnen Massagegriffe fließend ineinander übergehen lassen. Beruhigende und stärker anregende Griffe im Wechsel anwenden.
- Die Massage mit mehreren beruhigenden Ausstreichgriffen zum Nacken hin beenden; ggf. die Schulterpartie mit einbeziehen.

Aufgaben

1. Welche Vorbereitungen müssen Sie vor einer wohltuenden Kopfmassage treffen?
2. Warum ist es wichtig, den Kontakt zur Kundin nie zu verlieren?

4.4 Pflegemaßnahmen für Haar und Kopfhaut

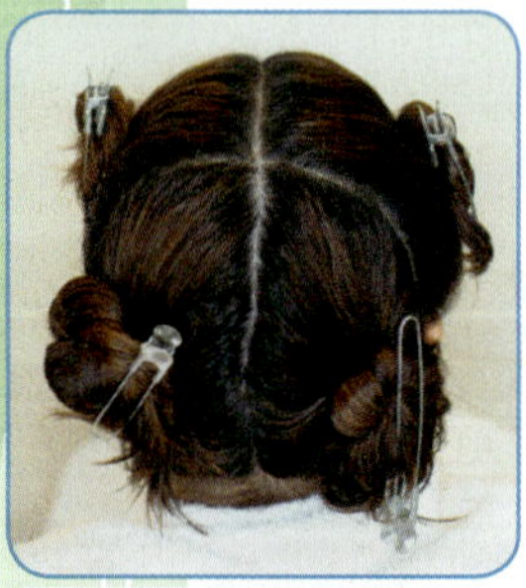

Kreuzscheitel

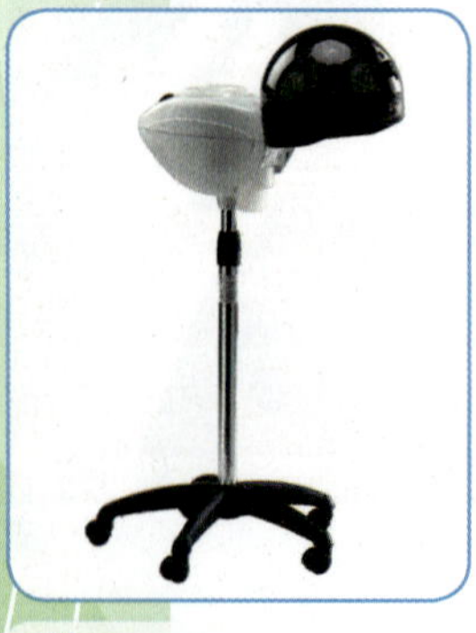

Haarsauna

Als Beispiel wird der Ablauf einer **Haarkurbehandlung** dargestellt:
- Arbeitsmaterial bereitlegen: Handtücher, Auftragepinsel und Schale für das Pflegepräparat, ggf. Folie oder Abdeckhaube, Trockenhaube, Haarsauna, evtl. feuchte, warme Handtücher zum Abdecken.
- Haare in Arbeitsfelder abteilen (Kreuzscheitel).
- Beginnen Sie an einem der vier Arbeitsfelder, Strähne für Strähne das Präparat mit dem Pinsel vom Ansatz bis zu den Spitzen aufzutragen (Ausnahme: fettige Kopfhaut, sehr strapaziertes, langes Haar).
- Nachdem alle Haare bestrichen wurden, ggf. mit grobzahnigem Kamm durchkämmen, besser mit den Händen durchmassieren und ordnen.
- Haare z. B. mit Folie und Handtuch abedecken oder Wärmegerät einschalten, um das Eindringen der Wirkstoffe und deren Wirkung zu verstärken.
- Einwirkzeit: Die Gebrauchsanweisung des Präparats beachten! Die empfohlene Einwirkzeit unbedingt einhalten, um die volle Wirksamkeit der Inhaltsstoffe zu gewährleisten.
- Zum Schluss die Haarkur sorgfältig ausspülen, um ein unnötiges Beschweren der Haare zu vermeiden.
- Überschüssiges Wasser mit den Händen sanft ausdrücken, vorsichtig frottieren, behutsam kämmen.

Praxistipp

Bei blondierten Strähnchen sind nur die geschädigten Haare mit dem Pflegepräparat zu behandeln. Die Pflegewirkung beim Emulgieren und Ausspülen reicht für die weniger geschädigten Haarpartien im Ansatz- und Längenbereich aus. Bei feinen Haaren und/oder fettiger Kopfhaut den Haaransatz frei lassen.

5 Sonderfall der Haar- und Kopfhautpflege: Haarersatz

Eine Kundin kommt mit ihrer neuen Echthaarperücke in den Salon.
Welche Ratschläge zur Reinigung und Pflege geben Sie ihr?

Haarersatz wie Perücken, Toupets und Haarteile, der durch Staub, Haarstylingreste, Talg und Schweiß verschmutzt wird, ist ebenfalls regelmäßig fachgerecht zu reinigen und zu pflegen. Hierbei kommt es auf die Herkunft des Haares an.

www.hairdreams.de
www.greatlengths.de

5.1 Haararten in Haarersatz

Als **Echthaar** ist das **europäische Haar** wegen seiner Stärke und Farbe am besten geeignet. Wegen des geringen Angebots ist es jedoch recht teuer.

Asiatisches Haar aus China, Indien und Korea kommt wesentlich billiger in den Handel. Um es der Stärke europäischer Haare anzugleichen, werden die Schuppenschicht und Teile der Faserschicht durch chemische Behandlung abgelöst (Exporthaar). Durch Bleichen und Einfärben können zahlreiche Farbtöne geliefert werden.

Als **Tierhaar** wird das schneeweiße, seidenweiche Angoraziegenhaar verwendet. Büffelhaar ist stark und hart und wird daher meist mit Angorahaar gemischt.

Synthetikhaar, also Kunsthaar, wird im Schmelzspinnverfahren ähnlich wie Textilfasern aus Acrylverbindungen oder aus Polyamid und auch aus Zellulose hergestellt. Deshalb ist jede beliebige Stärke und Länge möglich. Es ist gleichmäßig mit Farbstoffen durchsetzt und lichtbeständig, oft auch durch Wärmebehandlung gewellt. Gute Qualitäten wirken optisch wie Echthaar. Synthetikhaar lässt sich nicht dauerhaft umformen, tönen, färben oder blondieren. Zur Formgebung Angaben des Herstellers beachten!

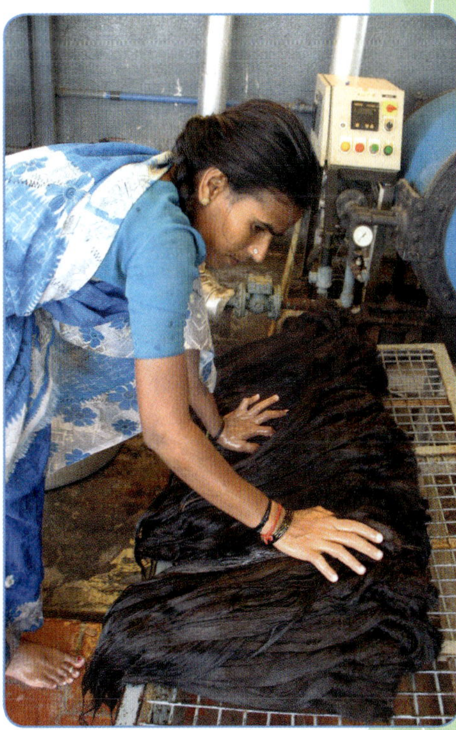

Indisches Tempelhaar

5.2 Reinigung und Pflege von Haarersatz

Täglich wird die Montur (Perücken-Unterbau) mit einem Schwämmchen und Spezialreiniger gereinigt. Dann wird das Haarteil auf einem Perückenkopf oder einer Halbschale befestigt, um das Haar in Fallrichtung zu bürsten.

Nach Bedarf wird eine Nassreinigung durchgeführt – je nach Verschmutzungsgrad. Dafür wird die Perücke oder das Haarteil auf einen Perückenkopf gespannt und gründlich durchgebürstet. Die Reinigung erfolgt in einer Schale mit einer verdünnten Shampoolösung. Diese wird mit einem Schwamm wiederholt zu den Spitzen hin aufgetragen. Es ist besondere Vorsicht geboten, weil durch Chemikalien Haare leicht verfilzen. Auch bei nicht vorbehandelten Haaren ist das der Fall, wenn die Schuppenschicht nicht bei allen Haaren zur Spitze zeigt. Ebenso behutsam sollten Sie in Fließrichtung des Wassers spülen.

Zum Abschluss empfiehlt es sich, ein Haarkurpräparat anzuwenden. Das verbessert die Kämmbarkeit und den Glanz des Haares und verhindert die elektrostatische Aufladung.

Perücke

Perückenmodelle in einem Fachgeschäft

Farbkorrekturen sind oft erforderlich, weil die Beständigkeit der Farbstoffe in dem meist vorbehandelten Echthaar nachlässt. Farbauffrischungen sollten Sie zunächst mit einem Farbfestiger versuchen. Tönungspräparate müssen Sie immer sehr stark mit Wasser verdünnen, um die hohe Aufnahmefähigkeit dieser Haare auszugleichen (etwa 10 ml auf 1 l Wasser).

Zum **Einlegen**, **Ausfrisieren** und **Trocknen** bleiben Haarteile und Perücken aufgespannt.

- Bei **Echthaar** können die üblichen Techniken angewendet werden. Zum Trocknen ist eine niedrige Temperaturstufe zu wählen. Präparate mit Pflegezusätzen sind zum Einlegen und Ausfrisieren empfehlenswert.
- **Synthetikhaar** kann zur Formung angefeuchtet, gewickelt und getrocknet werden. Sie sollten jedoch die Empfehlungen des Herstellers genau beachten.

Aufgabe

Erklären Sie einer Kundin, wie sie ihre Echthaarperücke pflegen kann.

6 Besonderheiten in der Kundenberatung

Im Salon ist neue Ware eingetroffen, die natürlich auch verkauft werden soll. Die Chefin macht Druck, aber wie gehen Sie als Auszubildende bzw. Friseurin beim Verkaufsgespräch am besten vor, ohne dass die Kundinnen Sie als aufdringlich empfinden?

Für ein erfolgreiches Beratungs- und Verkaufsgespräch benötigen Sie als Friseurin fachliche, soziale und sprachliche Kompetenzen. Grundsätzlich ist ein respektvoller und verantwortungsbewusster Umgang mit der Kundin wichtig.

→ *vgl. Lernfeld 1, S. 18*

Ganz wichtig ist aber auch: Nur wenn Sie persönlich von der Qualität Ihrer Arbeit und der Produkte, die im Salon verkauft werden, überzeugt sind, können Sie diese auch gut verkaufen.

6.1 Gesprächsführungstechniken

Grundlage eines jeden Gesprächs ist, dass Ihr Gegenüber in seinen Wünschen verstanden und ernst genommen wird. Die Vorstellungen der Kundin sollen mithilfe einer gezielten Gesprächsführung mit den Möglichkeiten der Friseurin in Einklang gebracht werden.

Die Kundin möchte einen Gesprächspartner, der sich angemessen ausdrücken kann und sie im Beratungsgespräch überzeugt, nicht überredet, also über Sprachkompetenz verfügt. Auch aktives Zuhören und die Kundin aussprechen zu lassen, gehört zu einer angemessenen Gesprächsführung.

→ *vgl. S. 119 f.*
→ *vgl. Lernfeld 2, S. 69*

6.1.1 Phasen des Beratungs- und Verkaufsgesprächs

Wie beginne ich ein Beratungs- bzw. ein Verkaufsgespräch? Zunächst muss einmal ein **Anlass** gegeben sein, jemanden zu beraten. Das kann eine Aktion im Salon, neue Ware oder eine Haar- und Kopfhautbeurteilung sein, die Sie regelmäßig bei Ihren Kundinnen – auch bei Stammkundinnen – durchführen, um Veränderungen rechtzeitig zu erkennen und gezielt Produkte oder Maßnahmen empfehlen zu können.

Sie beginnen z. B. mit: „Guten Tag, Frau Schönberg, ich möchte heute bei Ihnen eine Haar- und Kopfhautbeurteilung durchführen, um die Haarqualität zu prüfen!"

Oder: „Frau Möller, Sie waren im Urlaub. Darf ich einmal schauen, wie Ihr Haar den Urlaub verkraftet hat?"

Generell kann ein Beratungs- und Verkaufsgespräch in fünf Phasen unterteilt werden, die im Folgenden dargestellt sind.

→ *vgl. Lernfeld 2, S. 54*

Begrüßungsphase

Informationsphase

Beratungsphase

Behandlungsphase

Die **Begrüßungsphase/Kontaktaufnahme** ist von entscheidender Bedeutung für den weiteren Verlauf des anschließenden Beratungs- oder Verkaufsgesprächs. Hier nehmen Sie Kontakt zur Kundin auf.
Sie stellen sich mit Ihrem Namen vor, begleiten die Kundin zum Platz und verschaffen sich einen ersten Eindruck von ihr. Dabei achten Sie darauf, wie sie sich bewegt und kleidet, was sie für eine Frisur hat und ob sie geschminkt ist. Nehmen Sie neben Ihrer Kundin Platz und sprechen Sie mit ihr direkt, nicht über den Spiegel. Nun leiten Sie die nächste Phase mit einer W-Frage ein, z. B. „Was kann ich für Sie tun?", „Was führt Sie zu uns?".

In der **Informationsphase** ermitteln Sie den Kundenwunsch und beurteilen Haare und Kopfhaut. Dabei erkundigen Sie sich ausführlich nach Wünschen, Problemen, Pflege- und Stylinggewohnheiten der Kundin, um später darauf zurückzukommen. Stellen Sie offene Fragen, um die Kundin zum Sprechen zu ermuntern. → *vgl. Lernfeld 2, S. 68*

Während der **Beratungsphase** erhalten Einstimmung und Vorfreude oft einen Dämpfer. Es ist die Ungewissheit: „Weiß die Friseurin genau, was ich will? Hat sie mich verstanden? Interessiert es sie überhaupt, dass mein Haar morgen wieder fettig ist?"

Zeigen Sie Ihrer Kundin, dass Sie ihre Probleme ernst nehmen. Geben Sie ihr stets das Gefühl, dass Sie für sie da sind und alles tun, um ihre Wünsche und Erwartungen zu erfüllen. Zeitdruck und Hetze sind Gesprächskiller! Gehen Sie ehrlich mit Ihrer Kundin um, hören Sie aufmerksam zu, fragen Sie nach und zeigen Sie umsetzbare Lösungsmöglichkeiten auf. Es klingt angestaubt, aber es ist aktueller denn je: **Der Kunde ist König!**

In der Beratungsphase fassen Sie die gewonnenen Erkenntnisse zusammen und machen der Kundin Vorschläge. Stellen Sie dabei immer den **Nutzen** und die **Vorteile** der Produkte oder Behandlungen für die Kundin heraus. In dieser Phase ist der Beurteilungsbogen wichtig.
Sie erläutern der Kundin mögliche Ursachen von Haar- und Kopfhautveränderungen und zeigen Behandlungswege auf. Sie empfehlen Produkte für die Pflege zu Hause. Geben Sie der Kundin die Produkte in die Hand, lassen Sie sie daran riechen und stellen Sie sie in Reichweite. So hat die Kundin immer wieder die Möglichkeit, sich diese genauer anzuschauen.
Am Ende der Beratungsphase holen Sie das Einverständnis der Kundin mit der vorgeschlagenen Behandlung ein, indem Sie eine geschlossene Frage stellen, z. B. „Sind Sie damit einverstanden?".

In der **Behandlungsphase** haben Sie Zeit, das, was Sie machen und warum Sie es machen, genauer zu erläutern. Hier kommen die von Ihnen vorgestellten Produkte zur Haar- und Kopfhautpflege zum Einsatz. Auch können Sie das Gespräch auf Präparate bringen, die die Haltbarkeit der Frisur unterstützen.

Bestätigungsphase

In der **Bestätigungsphase/Abschlussphase** nach der Behandlung bekräftigen Sie die Kundin in ihrer Entscheidung für die gewählten Produkte und Maßnahmen. Stellen Sie nochmals die Vorteile heraus und sagen Sie ihr, wie gut ihr Haar aussieht. Damit nehmen Sie ihr die Unsicherheit, möglicherweise doch eine falsche Wahl getroffen zu haben.
Bedanken Sie sich für den Besuch im Salon und verabschieden Sie sich freundlich von der Kundin, auch wenn sie evtl. keines der von Ihnen empfohlenen Produkte für zu Hause gekauft hat. Sie sollte das Gefühl haben, wieder willkommen zu sein.

6.1.2 Das Preisgespräch

Eine heikle Aufgabe ist die Nennung des Preises im Verkaufsgespräch. Optimal wäre es, wenn die Kundin das Produkt, das ihr gerade überzeugend empfohlen wurde, „um jeden Preis" haben möchte.
Oft nennt die Kundin den Preis aber als Grund, um ein Produkt nicht zu kaufen. Sie ist vielleicht der Meinung, im Supermarkt gäbe es ein vergleichbares Produkt zu einem viel günstigeren Preis. Wenn das der Fall ist, wurden offensichtlich die Vorteile des empfohlenen Produkts nicht ausreichend herausgestellt.

Der Preis kommt aber auch dann zur Sprache, wenn die Kundin stark an dem Produkt interessiert ist. Eine geschickte Möglichkeit, den Preis zu nennen, ist der **„Preisburger"** oder das „Preissandwich". Hierbei wird der Preis in Argumente verpackt. Zuerst werden die Merkmale des Produkts erläutert; danach wird der Preis genannt und anschließend werden die Vorteile und der Nutzen des Produkts für die Kundin herausgestellt. Weil man sich immer das am besten merkt, was zuletzt gesagt wurde, bleiben die Vorteile und der Nutzen im Gedächtnis der Kundin haften, nicht der Preis.

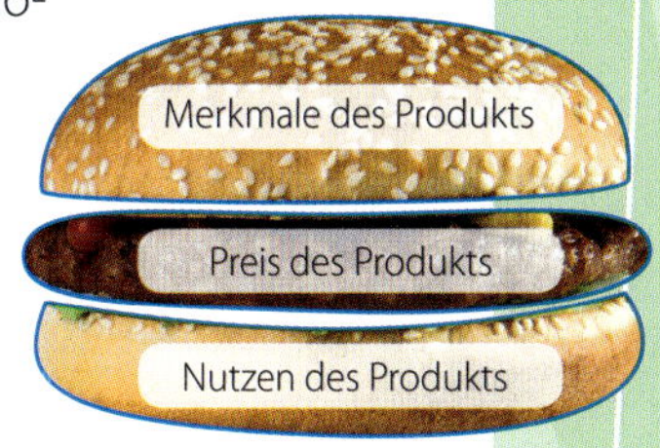

Preisburger

Voraussetzung für ein erfolgreiches Verkaufsgespräch ist eine umfassende **Kenntnis der Produkte und Dienstleistungen**, die im Salon angeboten werden. Informieren Sie sich also ausführlich über Wirkung, Inhaltsstoffe und Nutzen der Produkte.

Ihre **eigene Haltung** zu den Produkten ist sehr entscheidend für erfolgreiche Verkaufsgespräche. Wenn Sie selbst meinen, die Produkte im Salon seien zu teuer und die in der Drogerie oder im Supermarkt ebenso gut, oder wenn Sie gar selbst dort Ihre Haarpflegeprodukte kaufen, dann wird ein Verkaufserfolg schwer zu erzielen sein.

6.1.3 Überzeugen, nicht überreden

Ihre Fähigkeiten zu kommunizieren können noch so gut sein, sie helfen Ihnen nicht weiter, wenn Sie keine Argumente haben, die bei Ihren Kundinnen durchschlagend sind.

So argumentieren Sie erfolgreich und überzeugend:

- Beziehen Sie die Wünsche und Vorstellungen der Kundin mit ein. Stellen Sie den **persönlichen Nutzen** des Produkts oder der Dienstleistung für die Kundin heraus.
- Argumentieren Sie **glaubwürdig**, übertreiben Sie nicht.
- Sprechen Sie für die Kundin **verständlich**, benutzen Sie Fachbegriffe nur, wenn nötig, und erklären Sie sie.
- Argumentieren Sie **positiv**.

Eine gute Argumentation überzeugt die Kundin, sie überredet sie nicht. Daher nennt man die Argumentation auch **Überzeugungskette** – eine Kette, weil sie aus mehreren Bestandteilen besteht, die aufeinander aufbauen:

Überzeugungskette

	Erklärung	Beispiel
These	Behauptung	Dieses Farbshampoo ist die optimale Pflege für Ihr frisch gefärbtes Haar.
Argument	Begründung	Der Lichtschutzfaktor des Shampoos verhindert ein schnelles Ausbleichen der Farbe. Sie hält daher viel länger als bei Verwendung eines Shampoos für normales Haar.
Beleg	Beweis, Beispiel, Erfahrung, Vergleich, wissenschaftliche Erkenntnis	Unsere Kundinnen sind sehr zufrieden damit. Sie müssen nicht so schnell nachfärben und sparen dadurch auch Geld.

Vermeiden Sie in einer Argumentation sogenannte **Weichspüler**. Das sind Aussagen, die nicht eindeutig sind und eine „Hintertür" offen lassen, weil man sich nicht festlegt. Das kommt bei Kundinnen nicht gut an, denn es lässt auf Unsicherheit schließen und wirkt wenig überzeugend.
Machen Sie stattdessen **verbindliche Aussagen:**
Statt: „Vielleicht können Sie es in einer Stunde noch einmal versuchen …" besser: „Kommen Sie in einer Stunde wieder, da haben wir Zeit für Sie" oder statt: „Es kann sein, dass die Haare hinterher etwas strohig aussehen" besser: „Damit Ihre Haare auch nach der chemischen Behandlung schön aussehen, empfehle ich Ihnen …".

Aufgabe

Entwickeln Sie ein Beratungsgespräch zwischen Friseurin und Kundin, in dem ein Haarpflegepräparat empfohlen wird. Berücksichtigen Sie dabei alle Schritte einer vollständigen Argumentation.

6.1.4 Kundengerecht Einwänden begegnen

Es gibt verschiedene Möglichkeiten, auf Kundeneinwände angemessen zu reagieren. Allen gemeinsam ist, dass Sie den **Kundeneinwand immer ernst nehmen** sollten. Außerdem müssen Sie auch hier über gute Kenntnisse der Produkte und Dienstleistungen verfügen, um überzeugend argumentieren zu können. Gelegentlich ist es angebracht, auf Informationsmaterial zu verweisen.

Ja-aber-Methode

Hierbei erkennen Sie zunächst den Standpunkt der Kundin an, indem Sie Ihren Einwand ggf. sogar loben, setzen dann jedoch Ihren eigenen Standpunkt dagegen. Statt mit „aber" wird der eigene Standpunkt heutzutage allerdings eher mit „obwohl", „jedoch", „nur", „allerdings" oder ähnlichen Formulierungen eingeleitet, z. B.: „Ja, Sie haben Recht. Doch im Moment haben Ihre Haare dafür leider noch nicht die erforderliche Länge."; „Ein interessanter Einwand, allerdings …"

Vorteil-Nachteil-Methode

Sie gestehen der Kundin den Einwand zu, präsentieren ihr aber ein besseres Angebot und heben dessen Vorteile hervor, z. B.: „Auf den ersten Blick erscheint das Shampoo zwar teuer, weil es aber ein hochwertiges Konzentrat ist, kommen Sie damit viel länger aus als mit einem herkömmlichen Shampoo."

Bumerangmethode

Sie stimmen dem Argument der Kundin zu, verwandeln es aber in einen Vorteil, z. B.: „Es stimmt, diese Dauerwelle ist nicht so lange haltbar, aber dafür haben Sie den Vorteil, dass die Frisur von Anfang an viel natürlicher aussieht."

Fragemethode

Sie reagieren auf den Einwand der Kundin mit einer Gegenfrage. Das verschafft Ihnen Zeit und Sie erhalten wichtige Informationen, z. B.: „Darf ich fragen, warum Sie keine dauerhafte Umformung möchten?"

6.2 Kritischer Umgang mit Werbeaussagen

www.bvl.bund.de
➜ Bedarfsgegenstände
➜ für Verbraucher
➜ Kosmetik

Werbung ist ein wichtiges Instrument auch in der Kosmetikindustrie. Sie weckt Bedürfnisse, dient der Verkaufsförderung und verfolgt das Ziel, Kundinnen dauerhaft an sich zu binden.

Jedoch nicht jede Werbung ist erlaubt. Das **Gesetz gegen den unlauteren** (rechtswidrigen) **Wettbewerb** soll verhindern, dass in einem hart umkämpften Markt mit unfairen Mitteln geworben wird.

In der Werbung und Aufmachung kosmetischer Präparate dürfen keine irreführenden Darstellungen oder Aussagen getroffen werden. Trügerisch sind insbesondere Aussagen über Wirkungen, die das Präparat nach den Erkenntnissen der Wissenschaft nicht hat oder die wissenschaftlich nicht hinreichend gesichert sind.
Aussagen wie „24 Stunden Volumen", „Repariert das Haar von innen", „Stoppt Splissbildung" müssen auch hinreichend bewiesen sein.

Die Kundin darf nicht mit überzogenen oder völlig falschen Versprechungen in die Irre geführt werden. Sie muss sich darauf verlassen können, dass das Präparat hält, was es verspricht.
Werbeaussagen z. B. für Haarwuchspräparate, die eine 100-prozentige Wirkung beteuern, versprechen oft mehr, als das Präparat erfüllen kann.

Zu den **gesetzlich verbotenen Angaben** gehören laut Bundesamt für Verbraucherschutz und Lebensmittelsicherheit beispielsweise:

- Angaben zu Wirkungen, die nicht hinreichend belegt sind
- Erweckung des Eindrucks, dass ein Erfolg mit Sicherheit erwartet werden kann
- Angaben von Bezeichnungen, Vorbildungen, Erfolgen oder Ähnlichem über Hersteller, Erfinder oder andere beteiligte Personen, die nicht der Wahrheit entsprechen, z. B. „geprüft von Prof. Dr. …"
- falsche oder ungenaue Angaben über Herkunft, Inhalt, Herstellungsdatum u. a.

(nach: www.bvl.bund.de)

6.3 Kundenkartei

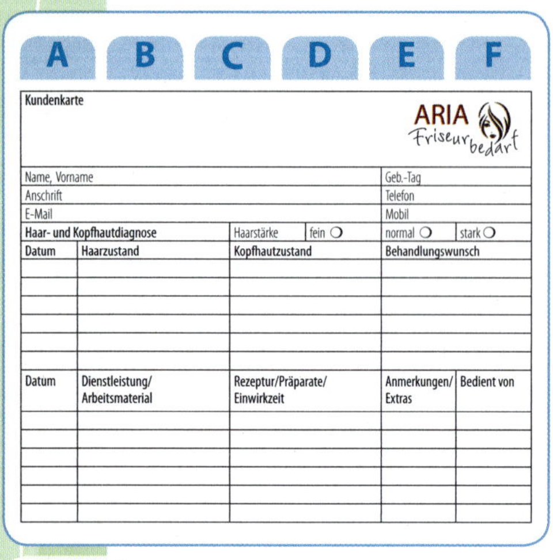
A B C D E F

Kundenkarte

ARIA Friseurbedarf

Name, Vorname			Geb.-Tag	
Anschrift			Telefon	
E-Mail			Mobil	
Haar- und Kopfhautdiagnose		Haarstärke fein ○	normal ○	stark ○
Datum	Haarzustand	Kopfhautzustand	Behandlungswunsch	
Datum	Dienstleistung/ Arbeitsmaterial	Rezeptur/Präparate/ Einwirkzeit	Anmerkungen/ Extras	Bedient von

Beispiel für eine Kundenkarte

→ *vgl. Lernfeld 12, S. 473 f.*

Eine einmal gewonnene Kundin möchten Sie natürlich auch behalten. **Persönliche Daten** wie Adresse, E-Mail-Adresse oder Telefonnummer helfen, um den Salon immer wieder in Erinnerung zu rufen. Weitere **konkrete Kundeninformationen** wie die Haar- und Kopfhautbeurteilung, die verwendeten Präparate, Besonderheiten der Farbveränderung, die Strähnen- und/oder Schnitttechnik helfen Ihnen, die Kundinnen individuell anzusprechen und die Behandlungen zu reflektieren, also zu überdenken.

Beachten Sie auch, dass sich der Zustand von Haar und Kopfhaut sowie Gewohnheiten der Kundinnen ändern können. Aus diesem Grund sind auch Stammkundinnen niemals zu vernachlässigen. Fragen Sie immer mal wieder, ob sie etwas verändern möchten oder ob Schwierigkeiten bei der Haar- und Kopfhautpflege entstanden sind.

Die Kundenkartei sollten Sie bei jedem Friseurbesuch einer Kundin aktualisieren. Dies dient der **Qualitätssicherung**, denn Sie – und auch Ihre Kolleginnen – können so jederzeit nachvollziehen, wie ein bestimmter Behandlungserfolg erzielt wurde oder auch wie ein Misserfolg zukünftig vermieden werden kann, indem Sie z. B. nicht die gleichen Präparate wie bei der letzten Behandlung einsetzen.

Um auch unausgesprochene Wünsche herauszufinden und im Gespräch nicht neugierig zu wirken, lassen moderne Salons insbesondere bei Neukundinnen ähnlich wie beim ersten Arztbesuch einen **Fragebogen** ausfüllen – selbstverständlich auf freiwilliger Basis. Dieser dient unter anderem im Beratungsgespräch als sehr nützlicher Leitfaden: Was für ein Typ ist meine Kundin? Ist die Kundin offen für Neues? Der Modestil, Lieblingsfarben, Beruf und Hobbys werden erfragt.
Mit all diesen wertvollen Informationen kann die Friseurin individuell und ganzheitlich auf ihre Kundin eingehen. **Diskretion** und absolute Verschwiegenheit gegenüber Dritten bezüglich der persönlichen Kundendaten sind selbstverständlich.

Aufgaben

1. Wofür sind die persönlichen Daten wie zum Beispiel die Telefonnummer, die E-Mail-Adresse oder das Geburtsdatum einer Kundin nützlich?
2. Was ist bei der Erfassung dieser Angaben in der Kundenkartei zu beachten?
3. Informieren Sie sich im Internet über Kundenverwaltungssoftware im Friseurhandwerk.
   a) Nennen Sie mindestens drei verschiedene Anbieter.
   b) Welche Möglichkeiten und Grenzen bieten diese Programme?
4. a) Erstellen Sie in Partnerarbeit einen alltagstauglichen Fragebogen für Ihren Salon.
   b) Setzen Sie die Fragebögen in Ihrer Klasse ein und nutzen Sie diese zur Kundenberatung Ihrer Mitschülerinnen.

Rechenaufgaben

Möglichkeiten der Wassereinsparung

Die Maßeinheit **Liter** dient zur Bestimmung des Volumens von Flüssigkeiten:

- Liter (l)
- Deziliter (dl)
- Zentiliter (cl)
- Milliliter (ml)

Die Umrechnungszahl bei allen **Litermaßen** beträgt 10:

- 1 l = 10 dl = 100 cl = 1 000 ml
- 1 ml = 0,1 cl = 0,01 dl = 0,001 l
- 1 l = 1 dm^3
- 1 m^3 = 1 000 dm^3 = 1 000 l

1 Bei einer Haarwäsche fließt das Wasser im Durchschnitt 3 Minuten lang.

a) Wie lange fließt das Wasser im Monat (20 Arbeitstage), wenn pro Tag 20 Haarwäschen durchgeführt werden?

b) Wie viel Liter Wasser werden verbraucht, wenn sich kein Sparperlator an dem Wasserhahn befindet (Verbrauch 12 l/min)?

c) Wie viel Liter Wasser werden mit einem Sparperlator am Wasserhahn eingespart (Verbrauch 5 l/min)?

d) Wie viel Liter Wasser werden im Vergleich zu c) eingespart, wenn Sie jede Haarwäsche um eine Minute verkürzen?

2 Eine normal große Badewanne hat eine Füllmenge von 180 l. Eine Dusche ohne Wasser sparende Duschbrause verbraucht ca. 18 l/min.

a) Wie lange könnten Sie bei gleichem Wasserverbrauch duschen?

b) Nun benutzen Sie eine Wasser sparende Duschbrause, die 6 l Wasser pro Minute verbraucht.
Wie lange könnten Sie bei gleichem Wasserverbrauch nun duschen?

c) Wie viel Liter Wasser können Sie beim Duschen mit einer sparsamen Duschbrause (Verbrauch 6 l/min) im Vergleich zum Vollbad sparen, wenn Sie 10 Minuten lang duschen?

3 Im Friseursalon „Sparsam" werden für eine Haarwäsche im Durchschnitt 12 l Wasser verbraucht. Die Gesamtkosten für alle Haarwäschen betragen 75,50 € pro Monat. Alle Mitarbeiterinnen des Salons wollen nun einen Beitrag zum Umweltschutz leisten. Sie reduzieren den Wasserverbrauch pro Haarwäsche bei gleicher Reinigungswirkung um 2 l.

Wie viel Geld wird bei der gleichen Anzahl von Haarwäschen monatlich gespart?

4 Im Salon „Verschwenderisch" erfolgen grundsätzlich zwei Durchgänge bei der Haarwäsche mit insgesamt 40 l Wasserverbrauch.
An 22 Arbeitstagen im Monat werden täglich 16 Haarwäschen durchgeführt.

a) Wie viel Liter Wasser könnten pro Monat gespart werden, wenn bei jeder Haarwäsche nur ein Durchgang mit 22 Litern Wasserverbrauch erfolgen würde?

b) Wie viel Liter Wasser könnten zusätzlich gespart werden, wenn der Wasserverbrauch pro Haarwäsche wie in Aufgabe **3** bei 12 Litern liegen würde?

5 In einem Salon werden in einem Jahr 523 m^3 Wasser verbraucht.

a) Wie viel m^3 entfallen dabei auf jeden der vier unten dargestellten Bereiche?

b) Für 1 m^3 Wasser werden einschließlich der Abwassergebühr 7,25 €/Jahr berechnet. Welcher Betrag entfällt auf jeden der vier Bereiche?

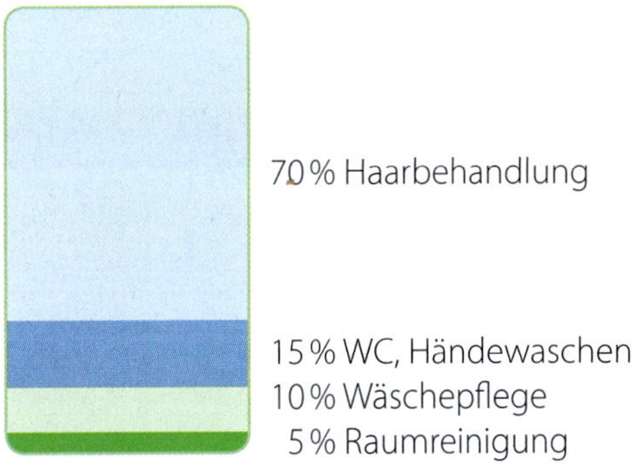

Wasserverbrauch in einem Friseursalon

6 Nach dem Aufdrehen eines Wasserhahns steht an einem Waschplatz erst nach 9 Sekunden warmes Wasser zur Verfügung.

a) Wie viel Liter Wasser gelangen jedes Mal ungenutzt in den Abfluss, wenn in einer Minute 8 l Wasser durchfließen?

b) Täglich wird 14-mal Wasser entnommen. Berechnen Sie den jährlichen Wasserverlust in m^3 (5-Tage-Woche), wenn der Salon ganzjährig geöffnet ist.

c) 1 m^3 Wasser kostet einschließlich der Abwassergebühren 7,25 €. Welche Kosten entstehen durch den Wasserverlust in einem Jahr?

Komplexe Aufgaben

In Ihrem Ausbildungsbetrieb werden neue Präparate einer Haarpflegeserie eingeführt. Sie werden von Ihrer Chefin beauftragt, eine Mitarbeiterschulung durchzuführen. Dafür besuchen Sie eine Informationsveranstaltung. Ihre Kolleginnen wollen bestmöglich über die neuen Präparate informiert werden. Die Schulung umfasst die Vorstellung der Präparate für unterschiedliche Haar- und Kopfhautzustände und deren Anwendung.

1 Erstellen Sie eine Übersicht über Erscheinungsbild, Ursachen und Behandlungsmöglichkeiten verschiedener Haar- und Kopfhautzustände, wie z. B. fettig, trocken, schuppig oder chemisch behandelt.

2 Ordnen Sie die Ihnen nun bekannten Inhaltsstoffe und deren Wirkung den verschiedenen Behandlungsmöglichkeiten zu.

3 a) Nennen Sie Präparatbeispiele für die Pflege im Salon und zu Hause.
b) Erläutern Sie deren Anwendung.

4 Seien Sie kritisch mit den Pflegepräparaten und zeigen Sie deren Grenzen auf.

5 Erarbeiten Sie nun im Rahmen eines Beratungsgesprächs einschließlich Haar- und Kopfhautbeurteilung einen Behandlungsplan für eine Ihrer Mitschülerinnen.

Vocabulary

perm = permanent waving	dauerhaft, hier: dauerhafte Haarumformung	**to show dandruff**	Schuppen haben	**scalp**	Kopfhaut
		oily	ölig	**to add**	hinzufügen
		to rinse	spülen	**moisture**	Feuchtigkeit
dry	trocken	**conditioner**	Spülung	**to comb/comb**	kämmen, Kamm
greasy	fettig, schmierig	**to apply**	auftragen	**production of new sebum**	Produktion von neuem Talg/Sebum
to have no volume	keine Fülle haben	**to leave in**	nicht ausspülen		
split ends	Haarspliss	**leave-in product**	Präparat, das nicht ausgespült wird		
frizzy	kraus			**future**	zukünftig
porous	porös, löchrig	**towel-dry**	handtuchtrocken	**development**	Entstehung

English – A client enters the salon for a hair treatment

Hairdresser:
How may I help you?
What can I do for you?

Client:
I have an appointment at 4 pm with Mary.
I need a haircut/roller setting/colour treatment/perm.
I have a problem with my hair.

Hairdresser:
Let me see.
Your hair seems to…

… be dry
… be greasy
… have no volume
… have some split ends
… be frizzy
… be porous

Your scalp seems to …

… be dry, show dandruff,
be oily/greasy

Client:
Really?
Oh, what can I do?
What do you suggest/recommend?
What ought to be done?
What would you advise me to do?

Hairdresser:
I would suggest …/recommend …/advise you to use …/ You should use …/You can use …

… a special shampoo. You can wash your hair normally but leave it in for a few minutes before rinsing the hair.

… a conditioner. You can apply it after washing your hair. Most products have to be rinsed out after a short time.

… a conditioning leave-in product. It should be applied onto towel-dry hair. It should not be rinsed out.

… a scalp treatment. This product is applied to the scalp and followed by a scalp massage.

Products against dry hair: These products add moisture to the hair and make it easier to comb.
Products against greasy and oily hair: Shampoos clean hair and scalp thoroughly. Conditioners help to reduce the production of new sebum.
Products against dandruff: Shampoos clean hair and scalp and remove dandruff. Conditioners help to reduce future dandruff development.

Exercises

1. a) How can hair and scalp be? List all the adjectives to describe hair and scalp and translate.
   b) What products do you have against greasy hair in your salon?
   c) How do you use them?
2. Prepare your own conversation using some of the phrases.

Student (A)	Student (B)
You are the client who has dandruff and dry hair.	You are the hairdresser. Recommend the right products for this client.

Vocabulary: see p. 124.

Lernfeld 4 Frisuren empfehlen

Sie beraten Kundinnen über Möglichkeiten der Frisurengestaltung.

Kundin: „Ich möchte eine neue Frisur, die zu mir passt. Ich will meine Haarlänge behalten."

Informieren

- Welche Frisurenform und Haarlänge bevorzugt die Kundin?
- Womit ist die Kundin unzufrieden?
- Welche Frisiergewohnheiten hat die Kundin?
- Wie sind Stil, Proportionen sowie Kopf- und Gesichtsform der Kundin?
- Wie sind Haarqualität, Haarfülle und Konturenverlauf?

Planen

- Welche Frisurenvorschläge entsprechen den Wünschen der Kundin?
- Welche Frisurenvorschläge passen zu den individuellen Gegebenheiten der Kundin?
- Welche Frisurenvorschläge entsprechen den Frisiergewohnheiten der Kundin?
- Welche Frisuren kann ich der Kundin also empfehlen?
- Mit welchen Medien kann ich der Kundin meinen Vorschlag unterbreiten?

Entscheiden

- Ich entscheide, mit welchen Medien ich die Beratung durchführe.
- Ich entscheide, welche Frisur ich bevorzugt empfehle und wie ich dies begründe.

Bewerten

- Ist die Kundin mit der Frisurenempfehlung zufrieden?
- Ist die Kundin mit dem Beratungsgespräch zufrieden?
- Bin ich mit der Frisurenempfehlung und dem Beratungsgespräch zufrieden?
- In welchen Punkten kann ich mein Kommunikationsverhalten verbessern?
- Kann ich durch andere oder weitere Medien die Beratung verbessern?

Kontrollieren

- Habe ich meine Frisurenvorschläge ausreichend verständlich machen können?
- Entspricht die Frisurenempfehlung den Wünschen der Kundin?
- Ist der Einsatz weiterer Medien angeraten?
- Sollte eine abgewandelte Frisur empfohlen werden?

Ausführen

- Ich berate die Kundin und verwende dabei die ausgewählten Medien.
- Ich begründe meine Frisurenempfehlung und achte darauf, mit meiner Wortwahl die Kundin nicht zu verletzen.
- Ich demonstriere meine Vorschläge am Kopf der Kundin mithilfe eines Handspiegels.
- Ich verdeutliche Variationsmöglichkeiten zur geplanten Frisur.

1 Individuelle Kundengegebenheiten

Eine Stammkundin fragt: „Meine Freundin hat sich letzte Woche von Ihnen eine neue Frisur machen lassen. Die Frisur sitzt immer ohne viel Aufwand beim Frisieren. Können Sie mir genauso eine praktische und haltbare Frisur machen?"

1.1 Frisurenwunsch

Kundinnen kommen zu Ihnen in den Salon, weil sie gut aussehen und sich mit der Frisur wohlfühlen möchten. Die Frisur muss zur Kundin passen und ihr gefallen.

Die Kundin selbst ist oft unsicher, bevor sie sich für eine neue Frisur entscheidet. Sie kann nicht immer einschätzen, ob Menschen aus ihrem persönlichen Umfeld auf diese Veränderung positiv reagieren werden. Veränderungen in der Gesamterscheinung lösen bei der Kundin deshalb möglicherweise Ängste aus.

Es ist Ihre Aufgabe, mit Einfühlungsvermögen und Kreativität die **Kundenwünsche** zu ermitteln und bei der Frisurenempfehlung zu berücksichtigen.

Viele Kundinnen haben genaue Vorstellungen, wie ihre Frisur aussehen sollte. Sie möchten aber auch zur Wirkung der Frisur beraten werden. Fragen Sie daher – auch bei Stammkundinnen – nach, ob der Wunsch nach einer anderen Frisur besteht.
Wenn die Kundin signalisiert, dass sie gerne eine neue Frisur ausprobieren möchte, sollten Sie ihr konkrete Vorschläge machen, was Sie sich für sie vorstellen können. Berücksichtigen Sie dabei jeden Kundenwunsch und erfragen Sie, welche Frisurenmerkmale der Kundin besonders gefallen, z. B.:

- „Was gefällt Ihnen an der gewünschten Frisur?"
- „Was mögen Sie besonders gerne an Ihrer jetzigen Frisur?" (Haarlänge, Locken, Pony, Scheitel …)

So erfahren Sie, was der Kundin an der neuen Frisur besonders wichtig ist.

Die Wünsche der Kundin geben den Rahmen vor, in dem Sie – passend zur Persönlichkeit und dem Erscheinungsbild der Kundin – Frisuren kreativ gestalten können.

1.2 Frisiergewohnheiten

Um sich ein Bild machen zu können, was Sie der Kundin überhaupt empfehlen können, erfragen Sie, welche **Frisiertechniken** die Kundin zu Hause anwendet und ob sie bereit ist, andere zu erlernen, z. B.:

- „Welche Wünsche und Erwartungen haben Sie an die Frisurengestaltung?"
- „Kommen Sie mit Ihrer bisherigen Frisur gut zurecht?"
- „Worauf möchten Sie nicht verzichten?"

Manche Kundinnen sind es gewohnt, dass der Scheitel an einer ganz bestimmten Stelle sein muss. Auch wenn Sie der Kundin bei der neuen Frisur den Scheitel etwas versetzen, wird er zu Hause an die „alte" Stelle rutschen und die Frisur verliert an Schick.

Sie sollten vorher abklären, ob die Kundin bereit ist, eine individuelle **Gewohnheit** aufzugeben.

Es gibt aber auch Kundinnen, die „zwei linke Hände" bei der Frisurengestaltung haben und nur ganz bestimmte Techniken ausführen können. Versuchen Sie herauszufinden, ob die Kundin die Frisiertechnik überhaupt ändern könnte, z. B.:

- „Haben Sie schon einmal eine andere Frisiertechnik ausprobiert?"
- „Können Sie sich vorstellen, die Haare mit dem Glätteisen zu stylen?"

Natürlicher Typ

1.3 Gesamteindruck

Um eine Kundin individuell beraten zu können, müssen Sie als Friseurin das Gesamterscheinungsbild der Kundin richtig einschätzen und Besonderheiten erkennen können.

1.3.1 Erscheinungsbild, Stil

Die Art, wie ein Mensch seine Persönlichkeit in der äußeren Erscheinung ausdrückt, nennt man **Stil**. Meist erfolgt das Einschätzen der Kundin über ihr äußeres Erscheinungsbild und über das Alter. Eine erste Orientierung geben Kleidung, Schmuck, Frisur, Make-up sowie der Pflegezustand von Haar, Haut und Fingernägeln. Anhand dieser Merkmale lässt sich der Stil bestimmen. Aber Vorsicht bei der Einordnung Ihrer Kundinnen in „Schubladen"! Die nachfolgende Auflistung ist nur eine mögliche Einteilung, die nicht jede Kundin in ihrer Einzigartigkeit erfasst.

Natürlicher Typ

Diese Kundinnen verändern ihr natürliches Aussehen wenig. Die Kleidung ist praktisch, mit gedeckten Farben und aus natürlichen Materialien wie Baumwolle oder Leinen. Die Haare werden getragen, wie sie von Natur aus sind: ungefärbt, nicht dauerhaft gewellt und nicht auffällig gestylt. Die Frisuren sind oft praktisch kurz oder die Haare sind zum Pferdeschwanz gebunden. Auch auf Make-up wird häufig verzichtet. Bei diesen Kundinnen können Sie Dienstleistungen und Präparate zur Betonung der natürlich vorhandenen Merkmale anbieten. Dazu gehören natürliche Haarfarben, Strähnen wie von der Sonne aufgehellt und Make-up-Präparate, die die natürliche Ausstrahlung des Gesichts unterstützen, wie neutrale und erdige Farben.

Sportlicher Typ

Sportlicher Typ

Sportliche Kundinnen sind an ihrer betont lässigen und bequemen Kleidung erkennbar. Sie treiben viel Sport, deshalb geht es ihnen vor allem um Bequemlichkeit und Funktionalität. Zum Outfit gehören Jeans, Hemden, T-Shirts und bequeme Schuhe.

Die Frisur muss praktisch und leicht zu stylen sein, sollte aber dennoch modisch wirken. Der sportliche Typ bevorzugt eher natürlich wirkende Farben und Formen. Versuchen Sie also nicht, die Kundin von einem extravaganten A-Line-Bob oder Ähnlichem zu überzeugen. Arbeiten Sie mit natürlich fallenden Schnitten und harmonisch aufeinander abgestimmten Farben. Eine Ganzfärbung kommt für die sportliche Kundin eher nicht infrage, sie bevorzugt Strähnentechniken, die ihrem Haar einen natürlichen Pfiff verleihen. Geeignet sind leicht angestufte Frisuren, evtl. schulterlang, damit sich die Haare zusammenbinden lassen.

Klassischer Typ

Klassischer Typ

Eine klassisch-elegante Kundin erkennt man an ihrem immer tadellosen Outfit. Sie trägt Hosenanzüge, Kostüme oder Blazer, ist als Geschäftsfrau häufig in Eile und legt sehr viel Wert auf ein einwandfreies Äußeres. Sie geht nicht mit der Mode, sondern bleibt bei Bewährtem. Dabei steht eine ausgezeichnete Qualität immer an erster Stelle, sowohl bei der Kleidung als auch bei der Frisur. Auch bei den männlichen Kunden ist der klassische Typ am makellosen Äußeren zu erkennen.

Diese Kundin liebt klare und gepflegte Frisuren, die in der Länge allerdings stark variieren können. Vom Kurzhaarschnitt über den Bob bis hin zur klassischen Hochsteckfrisur ist alles möglich, solange es nicht aus dem Rahmen fällt.

Nehmen Sie sich bei diesen Kundinnen viel Zeit und beraten Sie umfassend.

Avantgardistischer Typ

Avantgardistischer Typ

Diese Kundin steht gern im Mittelpunkt und zeigt das auch durch ihr Outfit. Sie ist kreativ und modisch sogar oft ihrer Zeit voraus – sie setzt also Trends (Trendsetterin).

Die Kundin ist experimentierfreudig und möchte auffallen. Ihr geht es nicht unbedingt um die neueste Mode, sondern vielmehr darum, dass sie mit ihrem Kleidungsstil und der Frisur aus der Masse hervorsticht und unkonventionell ist. Sie trägt gern schrille Farben und manchmal ungewöhnliche Farbzusammenstellungen.

Die zum kreativen Outfit passende Frisur für diese Kundin ist ebenso unkonventionell wie sie selbst und fällt vor allem durch ungewöhnliche Schnitte und Farbkontraste auf. Sie kann innerhalb kürzester Zeit in der Länge und auch in der Farbe stark variieren.

Diese Kundinnen bringen häufig eine genaue Frisurenvorstellung mit, die Sie unbedingt in allen Einzelheiten erfragen sollten.

Maskuliner Typ

Maskuliner Typ

Diese Kundinnen stellen durch ihr Auftreten, auch durch ihre Kleidungs- und Frisurenwahl männliche (= maskuline) Merkmale bewusst dar. Den maskulinen Typ erkennen Sie an männlichen Kleidungselementen wie Hosen, Blazern mit breiten Schultern, klassischen Hemden, flachen Schuhen, manchmal sogar Krawatten. Die Frisuren sind meist kurz, ungefärbt oder dauerhaft umgeformt. Aufwendiges Styling ist – bis auf die Verwendung von Gel – selten. Make-up wird nicht getragen, Augenbrauen bleiben natürlich und wirken daher oft kräftig und breit.

Empfehlen Sie diesen Kundinnen keine Kosmetikpräparate. Auffällige Veränderungen der Haarfarbe oder sichtbare dauerhafte Umformungen werden nicht gewünscht.

Femininer Typ

Femininer Typ

Die Kleidung dieser Kundinnen betont die weiblichen Formen: Röcke sind oftmals kurz und schmal geschnitten und mit hohen Schuhen kombiniert, die Oberteile sind ebenfalls auf Figur gearbeitet und häufig weit ausgeschnitten. Diese Kundinnen tragen viel Schmuck und ein verführerisches Make-up.

Die Frisuren sind oft lang und voluminös und ziehen durch die Bewegung der Haare die Blicke auf sich. Kurzhaarfrisuren wirken eher männlich und werden selten gewünscht.

Romantischer Typ

Diese Kundin liebt es verspielt und gefühlsbetont, sowohl bei der Kleidung als auch bei der Frisur. Sie erkennen die romantische Kundin an den verspielten Schnitten der Kleidungsstücke, den zarten Farben und an weichen, fließenden Stoffen. Sie liebt Blumen und ähnliche Muster.
Je nach individuellen Gegebenheiten trägt diese Kundin ihr Haar lang und offen, eventuell in leichten Wellen oder hochgesteckt, wobei die hochgesteckten Haare nicht streng wirken dürfen. Verspielte Strähnen fallen aus der Frisur, klare Linien sind hier eher fehl am Platz. Kundinnen mit einem kindlich wirkenden Gesicht unterstreichen dieses gerne durch extreme Kurzhaarfrisuren. Farben sind für die romantische Kundin prinzipiell in Ordnung, sie dürfen jedoch nicht zu knallig ausfallen. Vermeiden Sie daher Rot und arbeiten Sie mit warmen Gold- oder Brauntönen.

Romantischer Typ

Aufgaben

1. Suchen Sie Bilder verschiedener Stars. Ordnen Sie diese den Stilen zu.
2. Welche Stile finden Sie in Ihrer Klasse? Achten Sie vor allem auf Frisur, Haarfarbe, Kleidungsstil, Accessoires und Make-up. Begründen Sie Ihre Zuordnung.
3. a) Bilden Sie kleine Gruppen. Suchen Sie in jeder Gruppe eine Person aus, deren Stil verändert werden soll.
   b) Erstellen Sie einen Arbeitsplan: Wie würden Sie Kleidung, Accessoires, Make-up und Frisur dieser Person verändern?

1.3.2 Körperproportionen und Körperbau

Als Friseurin haben Sie durch Schnitt-, Form- und Farbgebung großen Einfluss auf das äußere Erscheinungsbild Ihrer Kundin. Ihre Aufgabe ist es, durch die Frisur die optische Erscheinung Ihrer Kundin attraktiver, harmonischer oder ausgeglichener zu gestalten. Durch eine geeignete Frisur lassen sich auch die Körperproportionen **optisch ausgleichen**. Bei der Planung einer Frisur berücksichtigen Sie daher die Körperproportionen sowie das Verhältnis zwischen Körper und Kopf/Frisur.

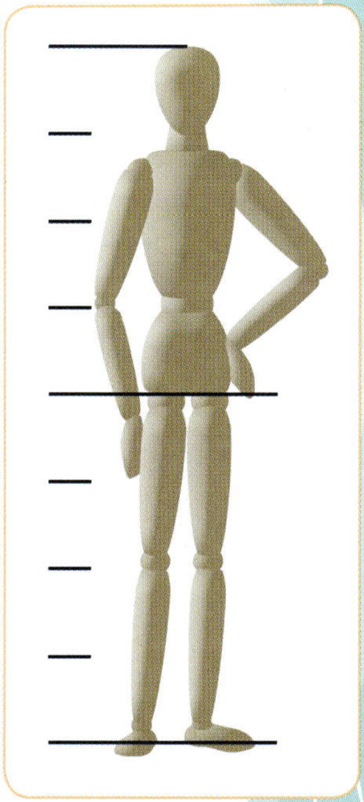

Ideale Proportionen

Unter **Proportionen** versteht man das „Verhältnis von Teilen untereinander und der Teile zum Ganzen".
Bestimmte Proportionen werden von den meisten Menschen als **harmonisch**, also passend und angenehm empfunden; sie werden als ideal angesehen.
Vereinfacht lässt sich das ideale Verhältnis der Körperproportionen durch Kopflängen darstellen. Ein ideales Verhältnis besteht, wenn die Kopflänge viermal oberhalb der Körpermitte und viermal unterhalb der Körpermitte abmessbar ist. Die Körpermitte befindet sich auf Höhe der Lenden. Dieses Verhältnis lässt sich bereits bei genauem Betrachten einschätzen.

Der **Körperbau**, d.h. die Größe und die Fülle einer Kundin, muss bei der Frisurenberatung ebenfalls beachtet werden. Frisuren verändern optisch die Größe des Kopfes und beeinflussen damit das Verhältnis vom Kopf zum Rest des Körpers.

1.4 Kopfform

Neben der **Größe** ist auch die **Form** des Kopfes zu beachten. Betrachten Sie Ihre Kundin immer auch im **Profil**, also von der Seite, da hier ebenfalls bestimmte Merkmale betont oder ausgeglichen werden können.

Abweichende Merkmale von einer idealen Kopfform können sein:
- fliehende oder ausgeprägte Stirn
- kleine oder große Nase
- fliehendes oder spitzes Kinn, Doppelkinn
- flacher oder ausgeprägter Hinterkopf
- große oder abstehende Ohren
- langer oder kurzer Hals
- breiter oder schmaler Nacken

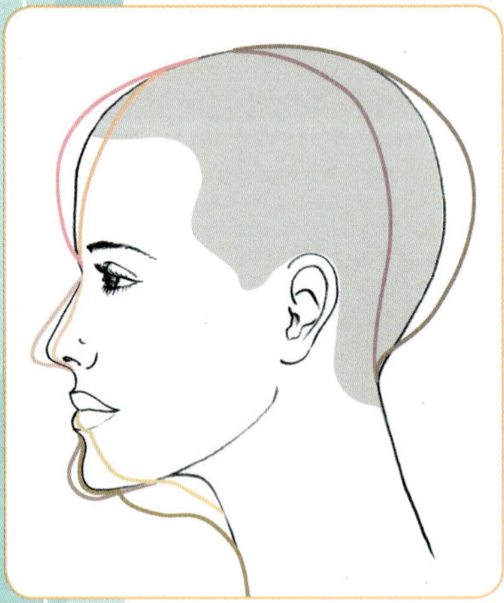

Vom idealen Profil abweichende Merkmale

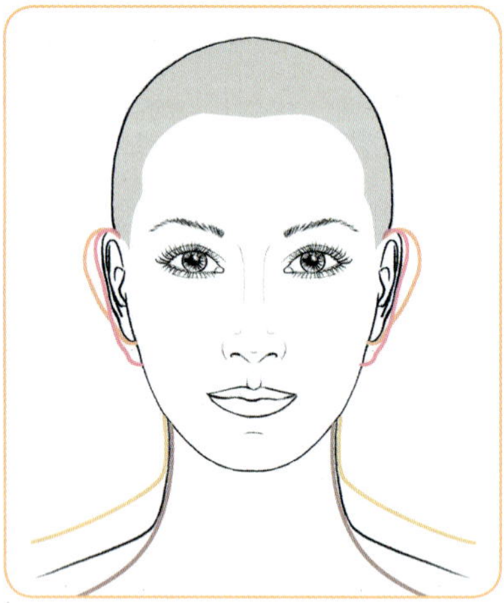

Von der idealen Kopfform abweichende Merkmale

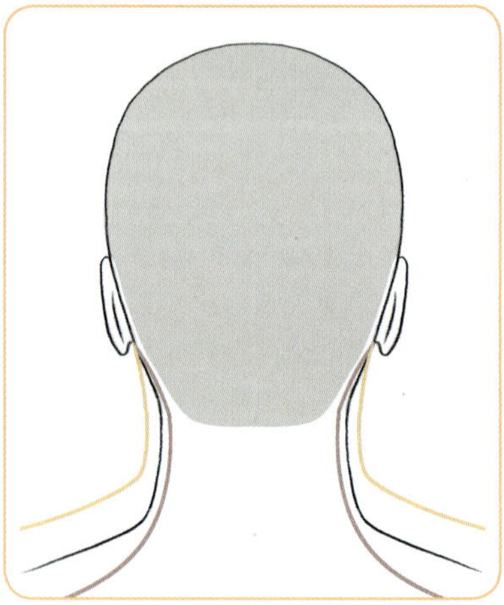

Von der idealen Form abweichender Nacken

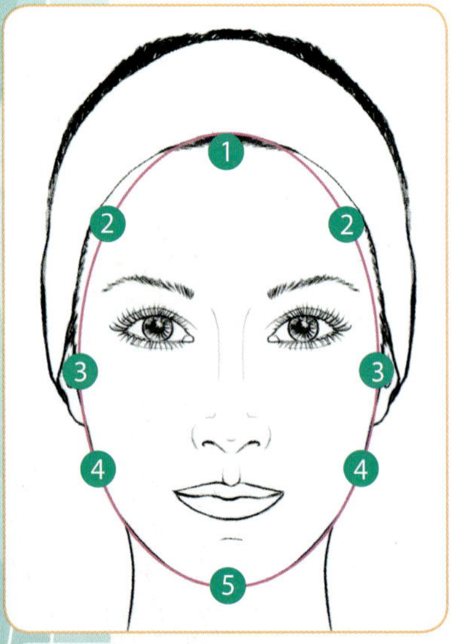

Hilfspunkte zur Bestimmung der Gesichtsform

1.5 Gesichtsform

In unserem Kulturkreis gilt ein ovales Gesicht als ideal geformt, es wird von den meisten Menschen als „schön" bezeichnet. Dieses Ideal streben Kundinnen häufig unbewusst an.
Sehen Sie sich deswegen die Gesichts- und Kopfform der Kundin genau an: Kämmen Sie ihr die Haare aus dem Gesicht und halten Sie sie eng an ihren Kopf.
Um eine Gesichtsform geometrisch einzuordnen, sollte man sich gedanklich **Hilfspunkte** an folgenden Stellen des Kopfes setzen:
1 Haaransatzmitte
2 linke und rechte Stirnseite
3 linker und rechter Wangenknochen
4 linker und rechter Kinnknochen
5 Kinnspitze

Wenn Sie diese Punkte miteinander verbinden, können Sie die Gesichtsform feststellen. So prüfen Sie auch, ob die Gesichtsform vom klassischen Oval abweicht. Folgende Formen lassen sich unterscheiden:

Gesichtsformen und ihre Merkmale

Oval

an den Wangenknochen etwas breiter als an Stirn oder Kinnlinie; ideale, ausgewogene Gesichtsform

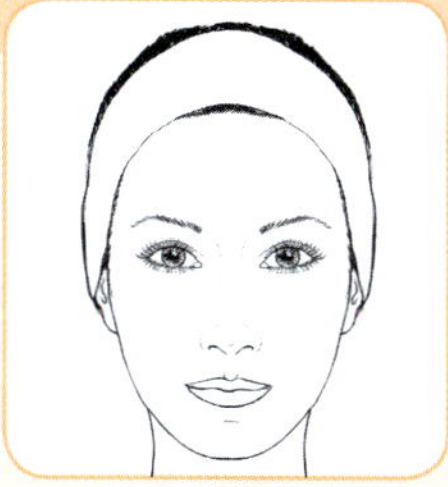

Rund

wirkt großflächig ohne Kanten, dafür vollere Wangen und weichere „Ecken" entlang der Kinnlinie und im Stirnbereich

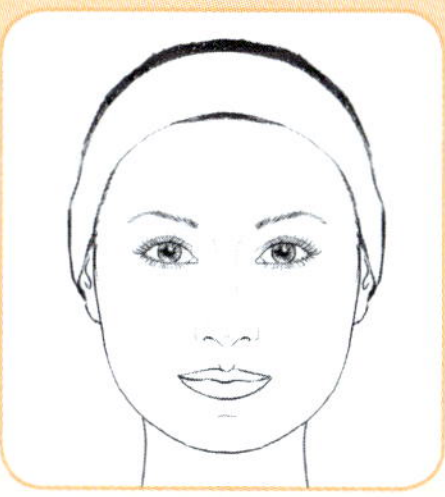

Viereckig

breite, eckige Stirn und stark ausgeprägte, breite Kinnlinie; schmalere Gesichter wirken eher rechteckig, breitere eher quadratisch

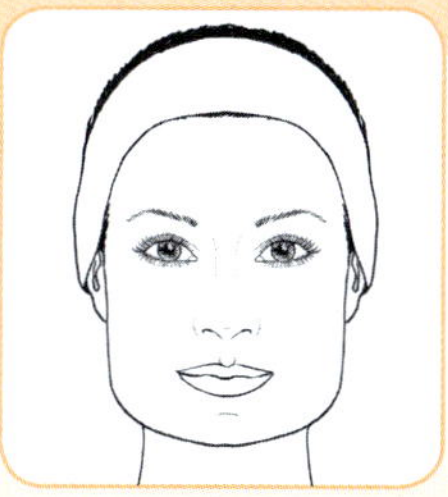

Dreieckig

breite Stirnpartie und lange, oft spitz zulaufende Kinnpartie

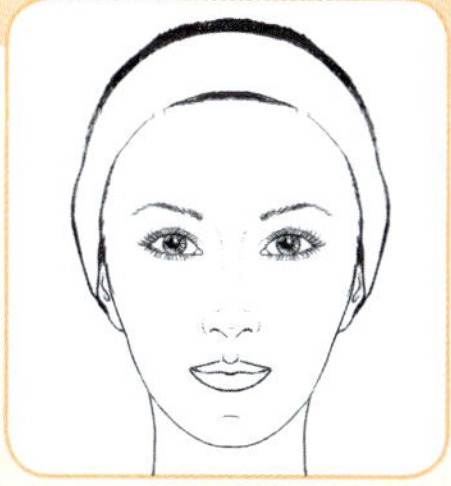

Trapezförmig

schmalere Stirn und eine breite, ausgeprägte Kinnlinie

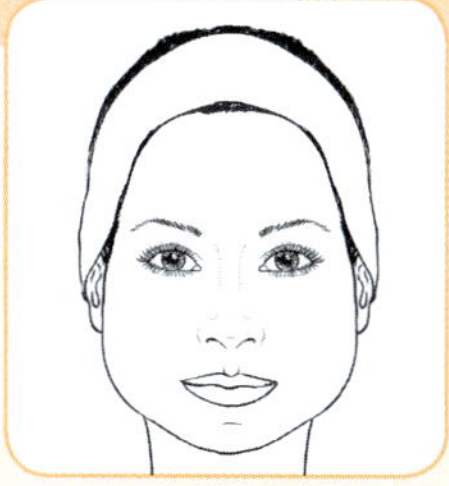

Lang

hohe Stirn und langes Kinn, öfters lange Nase und dünner Hals

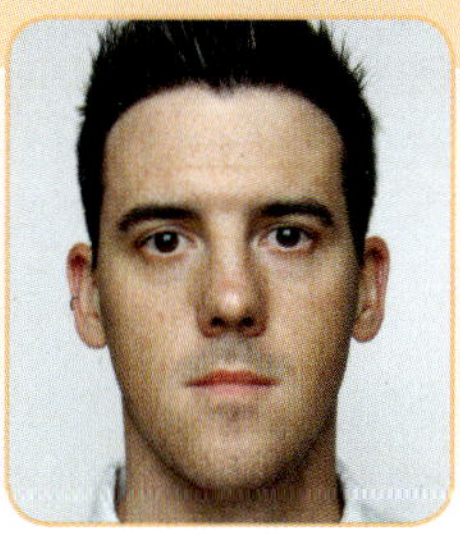
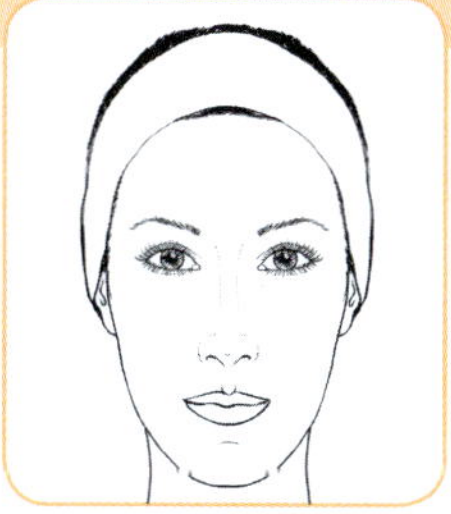

Aufgaben

❶ Bestimmen Sie die Gesichtsformen Ihrer Mitschülerinnen.

❷ Welche Gesichtsform liegt am häufigsten vor?

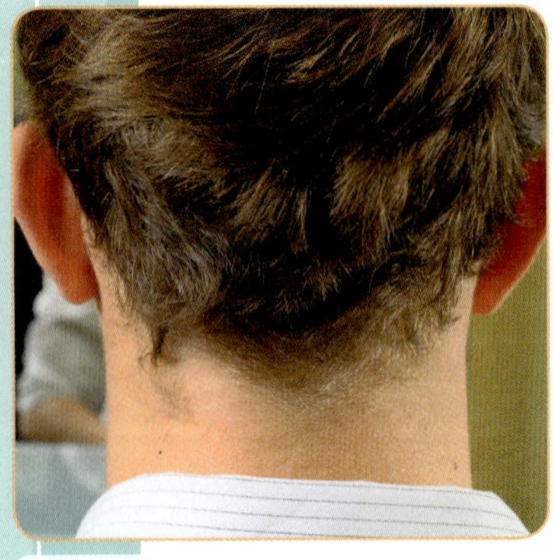

Nackenkontur

„Geheimratsecken" mit ungerade verlaufender Kontur

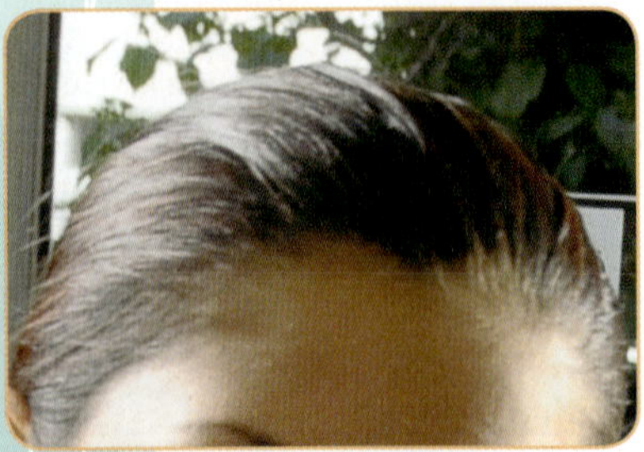

Unterschiedliche Wuchsrichtung der Haare

1.6 Haar- und Kopfhautgegebenheiten

1.6.1 Konturenverlauf

Der natürliche Wuchs und die natürliche Haarwuchsgrenze zur unbehaarten Haut, die sogenannte **Kontur**, spielen eine wichtige Rolle bei der Gestaltung von Frisuren:

- Gesichter wirken größer, wenn die Kontur weiter außen liegt.
- Eine engere Kontur verkleinert das Gesicht optisch.

Konturenverläufe können klar begrenzt sein, manchmal aber auch lange Übergangsbereiche zeigen. Gerade Dunkelhaarige haben häufig keine sichtbar klare Begrenzung im Bereich der Tampeln (siehe S. 137) und im Nacken, denn bei ihnen sind auch die feinsten Härchen deutlich sichtbar. Manche Konturen verlaufen in unerwünschten Formen, sie verlaufen nicht gerade, sondern wellig oder in Wirbeln. Mit zunehmendem Alter lichten sich auch die Haare im Bereich der Stirn, es entstehen die sogenannten Geheimratsecken.
Ermitteln Sie im Gespräch, ob die Kundinnen oder Kunden diese veränderten Konturen durch eine geeignete Frisur verdecken möchten.

1.6.2 Haarwirbel und Haarwuchsrichtung

In welche Richtung die Haare eines Menschen wachsen, kann entscheidend für den Fall einer Frisur sein.
Vom **Wirbel** aus wachsen Haare kreisförmig aus der Kopfhaut heraus. Dabei können sie kreisförmig entweder linkshaarig (Haare wachsen kreisförmig entgegen dem Uhrzeigersinn) oder rechtshaarig (Haare wachsen im Uhrzeigersinn um den Scheitelpunkt) wachsen.
Die **Haarwuchsrichtung**, also die Richtung, in der die Haare aus der Kopfhaut herauswachsen, ist durch die Lage der Haarfollikel in der Haut festgelegt. Die Haare können gerade aus dem Haarfollikel, nach oben oder nach unten wachsen. Das beeinflusst das Volumen der Frisur erheblich, da nach unten wachsende Haare wenig Volumen haben. Ebenso ist es möglich, dass eine Partie eher nach vorne wächst, eine andere eher nach hinten.
Die Wuchsrichtung der Kopf- und der Körperhaare kann flächig sehr unterschiedlich sein. Oft klagen Kundinnen darüber, dass ihre Frisuren durch Scheitelbildung auseinanderfallen und nicht lange halten. Die Richtung des Haarwuchses kann dazu führen, dass eine Seite der Frisur gut fällt, die andere Seite aber absteht oder ohne Volumen viel schneller zusammenfällt. Prüfen Sie dann genau, ob stark ausgeprägte Haarwirbel am Oberkopf oder im Stirnbereich den Fall der Haare beeinflussen. Wenn Sie erkennen, dass die Haare „gegen den Strich", also gegen die Wuchsrichtung frisiert werden, dann wäre dies eine Erklärung, warum eine Frisur nicht lange hält.

Beraten Sie die Kundin und kämmen Sie ihre Haare für die Frisur in Wuchsrichtung. Berücksichtigen Sie Wirbel und Wuchsrichtung bei der **Frisurenplanung**. Lassen Sie Wirbelhaare länger wachsen, dann zieht sich die Frisur durch das Gewicht der Haare nach unten und fällt nicht so stark auseinander.

1.6.3 Haarwellung

Ausschlaggebend für den Frisurenvorschlag ist auch, ob die Kundin **glatte**, **wellige** oder **lockige** Haare hat und ob sie durch die Frisur diese Gegebenheit unterstreichen oder verändern möchte. Mit etwas Aufwand ist es möglich, aus glatten Haaren lockige zu machen oder umgekehrt.
Sie sollten den Kundenwunsch jedoch genau abklären, bevor Sie der Kundin Ihre Vorschläge unterbreiten. Das gilt auch für Kundinnen mit stark gekraustem afrikanischen Haar oder mit extrem glattem asiatischen Haar.

➜ *vgl. Lernfeld 3, S. 82*

1.6.4 Haarqualität

Haarstruktur

Fragen Sie die Kundin, welche Haarbehandlungen in den letzten Wochen und Monaten durchgeführt wurden. Aus den vorausgegangenen Behandlungen, z. B. Blondierung, Färbung oder dauerhafte Umformung, wird deutlich, ob die Struktur der Haare an der **Oberfläche** oder im **Aufbau** stärker verändert wurde.
Frisuren wirken bei geschädigten Haaren anders als bei unbehandelten. Haare, die in der Struktur verändert wurden, wirken oft starr und fest, die Frisuren erscheinen voluminöser, weil die Haare ineinander verhaken. Haare mit anliegender Schuppenschicht fallen weich ineinander, die Frisuren haben weniger Volumen.

Haarstärke

Mit den Eigenschaften **dick, fein** oder **dünn** beschreibt man, wie groß die Haarstärke, also der Durchmesser eines Haares ist. Je größer der Durchmesser eines Haares, desto dicker ist es. Je geringer der Durchmesser eines Haares, desto feiner oder dünner ist es. Die Dicke eines einzelnen Haares hat großen Einfluss auf die Frisur. Feine Haare zeigen wenig Volumen, die Frisuren sind nicht sehr lange haltbar. Dickeres Haar ist voluminöser, die Frisuren halten länger.

➜ *vgl. Lernfeld 3, S. 81*

1.6.5 Haarfülle und Haardichte

Die **Haarfülle** wird durch die Haarstärke, aber auch durch die Anzahl der Haare, die **Haardichte**, bestimmt.
Grenzen Sie Begriffe wie fein, dünn, dick oder licht, voll und dicht eindeutig voneinander ab, denn sie beschreiben jeweils ganz unterschiedliche Zustände: Ob das Haar **licht, voll** oder **dicht** ist, hängt von der **Menge** der Haare je Quadratzentimeter Kopfhaut ab:

- Wenn 100 000 Kopfhaare vorhanden sind und die Kopfhaut ungefähr eine Fläche von 1 000 cm^2 hat, dann wachsen auf einem Quadratzentimeter Kopfhaut 100 Haare. Die Kundin hätte dann volles Haar.
- Wenn nur 50 Haare auf einem Quadratzentimeter Kopfhaut wachsen, ist der Haarbestand licht.
- Wenn 120 Haare auf einem Quadratzentimeter Kopfhaut wachsen, dann ist ein sehr voller oder dichter Haarbestand vorhanden.

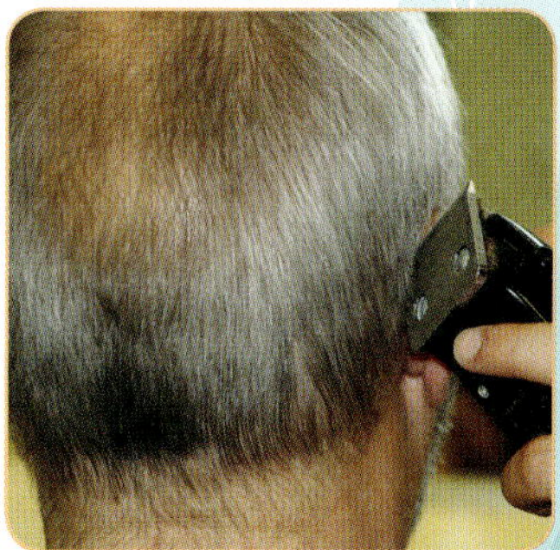

Feine und lichte Oberkopfhaare – feine und dichte Haare im Bereich des Haarkranzes

Die folgende Übersicht hilft Ihnen, die **Begrifflichkeiten** eindeutig zuzuordnen.

Haarstärke und Haardichte		
Haar ist:	**… wenn es folgende Merkmale aufweist:**	
fein und licht	Das einzelne Haar weist einen **geringen Durchmesser** auf. Es befinden sich nur **wenige Haare** je Quadratzentimeter auf der Kopfhaut.	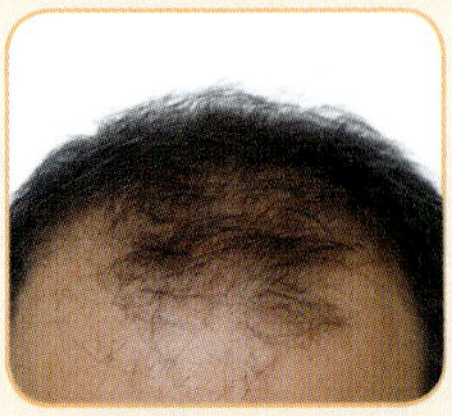
fein und dicht	Das einzelne Haar weist einen **geringen Durchmesser** auf. Es befinden sich **viele Haare** je Quadratzentimeter auf der Kopfhaut.	
dick und licht	Das einzelne Haar weist einen **starken Durchmesser** auf. Es befinden sich nur **wenige Haare** je Quadratzentimeter auf der Kopfhaut oder im Bartbereich.	
dick und dicht	Das einzelne Haar weist einen **starken Durchmesser** auf. Es befinden sich **viele Haare** je Quadratzentimeter auf der Kopfhaut.	
normal	Das einzelne Haar ist **weder** besonders fein **noch** besonders dick. Die Haardichte ist **mit 100 000 Haaren durchschnittlich**.	

➜ *vgl. Lernfeld 3, S. 89 ff.*

1.6.6 Gegebenheiten der Kopfhaut

Eine Kundin mit großen Pigmentflecken, einem Grützbeutel oder einer anderen Auffälligkeit im Bereich der Kopfhaut möchte natürlich, dass die Frisur diesen ungewünschten Blickfang überdeckt. Dabei reicht es oft nicht, die Haare nur darüberzukämmen, sondern man muss sie auch mit Haarspray festigen.
Hat eine Kundin eine fettende Kopfhaut, dann fällt eine Langhaarfrisur sehr schnell in sich zusammen, da die Haare schnell fettig und schwer werden und gut aneinander gleiten. Schlagen Sie dieser Kundin eine stufige Kurzhaarfrisur vor, damit die Haare mehr Leichtigkeit erhalten und nicht so schnell Talg und Schweiß aufsaugen.

2 Basiswissen zur Frisurenempfehlung

Eine Kundin hat sich eine Frisur ausgesucht und versucht sie zu beschreiben. Zum Schluss fragt sie: „Passt denn die neue Frisur zu mir?"
Wie können Sie die Wunschfrisur der Kundin so wiedergeben, dass Missverständnisse ausgeschlossen sind?
Was müssen Sie berücksichtigen, damit Sie der Kundin eine geeignete Frisur empfehlen können?

2.1 Gestaltungsmerkmale von Frisuren

Sicher kennen Sie das: Eine Kundin versucht, Ihnen mit Händen und Füßen zu erklären, wie sie sich ihre neue Frisur vorstellt. Sie sucht nach Wörtern, umschreibt und erklärt, doch häufig entspricht die daraufhin erstellte Frisur dann doch nicht ganz ihren Vorstellungen.
Um **Frisuren beschreiben** zu können, müssen Sie sich über bestimmte Begriffe klar werden. Wenn Sie als Friseurin Ihrer Kundin klar und deutlich erklären können, was Sie meinen, wird die Kundin Sie auch richtig verstehen und Ihre Überlegungen nachvollziehen können.
Das folgende Kapitel klärt wichtige **Fachbegriffe**, mit denen Sie einen Frisurenvorschlag formulieren können.

2.1.1 Einteilung des Kopfes

Um einer Kundin eine Frisur beschreiben zu können, sollten Sie die einzelnen Partien des Kopfes genau benennen können.

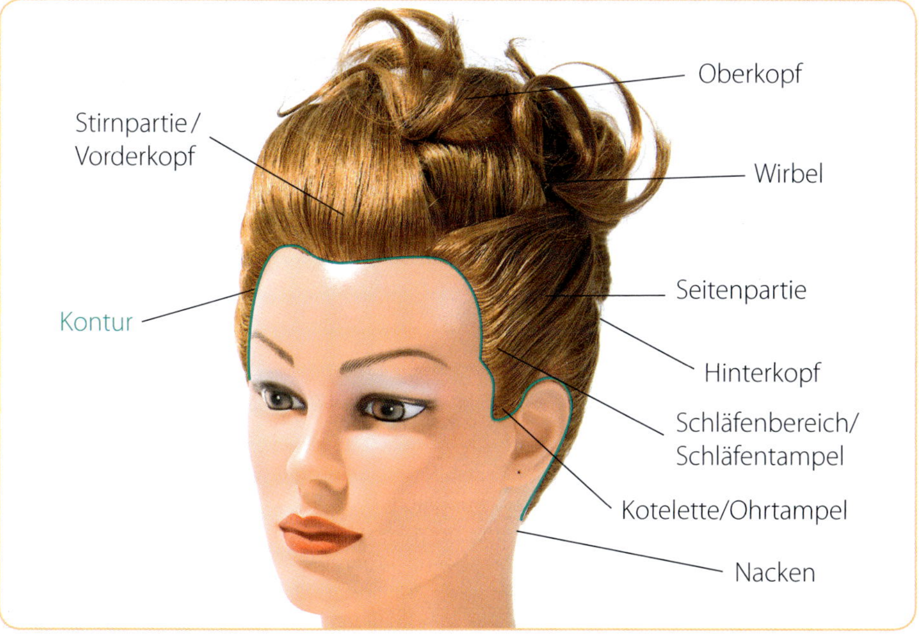

Einteilung des Kopfes

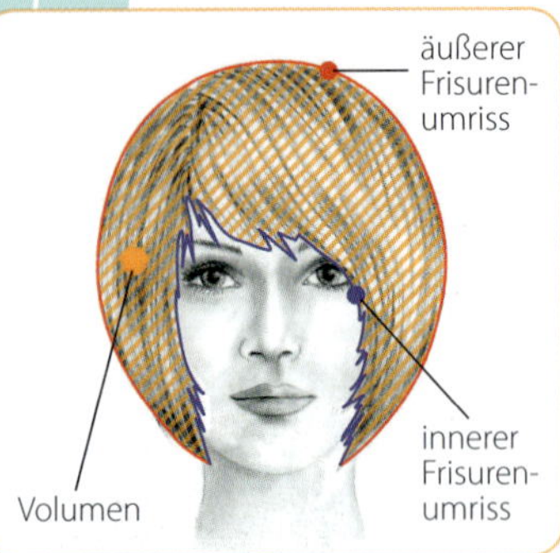

Merkmale einer Frisurenform

2.1.2 Frisurenform

Die **Form einer Frisur** lässt sich gut durch folgende Begriffe beschreiben:

- den **äußeren Frisurenumriss**, also die Begrenzungslinie zwischen Haar und Umgebung. Der äußere Frisurenumriss beeinflusst optisch vor allem die Kopfform und -größe;
- den **inneren Frisurenumriss**, also die Begrenzungslinie zwischen Haar und Gesicht. Der innere Frisurenumriss beeinflusst optisch vor allem die Form und Größe des Gesichts;
- das **Volumen**, also den Raum, den eine Frisur einnimmt. Das Volumen wird durch die äußere und innere Umrisslinie bestimmt. → *vgl. S. 143 f.*

Frisurenformen können außerdem durch die Begriffe symmetrisch und asymmetrisch beschrieben werden.

Wir sprechen von **Symmetrie**, wenn zwei Teile spiegelbildlich deckungsgleich sind. Die symmetrische Form wirkt besonders harmonisch, wir finden sie in unserem Alltag sehr oft. Eine Frisur, von vorne betrachtet, erscheint symmetrisch, wenn rechte und linke Frisurenhälfte entlang einer gedachten Mittellinie (Mittelscheitel) nahezu spiegelbildlich gleich sind.

Asymmetrie ist das Gegenteil von Symmetrie. Von Asymmetrie sprechen wir, wenn beide Seiten nicht deckungsgleich sind. Asymmetrie besteht, wenn Frisurenhälften unterschiedlich sind, also auch keinen gemeinsamen Mittelpunkt haben. Frisuren mit Seitenscheitel sind aus diesem Grund immer asymmetrisch.

Symmetrische Frisur	Asymmetrische Frisur

Klassische, gleichmäßige Frisuren, z. B. Pagenkopf- und Bobfrisuren, wirken harmonisch, ausgeglichen, ruhig und edel. Kritische Stimmen behaupten aber auch, sie wirken langweilig, brav und artig. Spannung bringen vor allem Farbeffekte.	Modische Frisuren mit sehr unterschiedlicher Seitengestaltung sind auffallend, wirken ungewöhnlich, interessant und witzig. Sie wirken aber auch unruhig, extrem, unharmonisch und oft etwas verrückt durch gegensätzliche Frisurenbestandteile.

2.1.3 Frisurenoberfläche

Kammführungslinien

Kammführungslinien, auch **Haarverlaufslinien** genannt, entstehen beim Kämmen der Haare in eine bestimmte Richtung oder beim Stylen mit den Fingern. Sie entsprechen dem Frisurenverlauf, sind also bei glatten Haaren gerade und bei lockigen oder welligen Haaren gebogen.

Haare verlaufen in Frisuren ungeordnet in alle Richtungen oder geordnet in eine:

- Ein **ungeordneter Haarverlauf** ist zu erkennen, wenn Kammführungslinien kreuz und quer durcheinanderliegen oder auseinanderstreben. Auseinanderstrebende Kammführungslinien lassen Frisuren wesentlich bewegter, dynamischer und schwungvoller erscheinen.
- Ein **geordneter Frisurenverlauf** ist zu erkennen, wenn Kammführungslinien flächig, in eine Richtung parallel verlaufen oder zu einem Punkt führen. Frisuren mit zusammenführenden Kammführungslinien wirken harmonisch und beruhigend.

Richtungen und Anordnungen von Kammführungslinien

Textur

Unter Textur versteht man die sichtbare Oberfläche einer Frisur. Sie bestimmt wesentlich die Wirkung einer Frisur auf den Betrachter. Die Textur entsteht zum einen durch verschiedene Schnitttechniken, aber auch durch das Föhnen und Styling. Mithilfe der Kammführungslinien kann man die Textur darstellen.

Man unterscheidet zwei Arten von Texturen:

- die **unruhige Textur**, bei der die Oberfläche der Frisur nicht geordnet ist, sondern aufgelockert, geöffnet oder strubbelig. Eine unruhige Textur liegt z. B. bei fransigen Kurzhaarschnitten oder bei Locken vor;
- die **ruhige Textur**, bei der die Oberfläche glatt ist und die Kammführungslinien parallel liegen.

Richtungen und Anordnungen von Kammführungslinien			
Senkrecht	Waagerecht	Diagonal	Ungeordnet
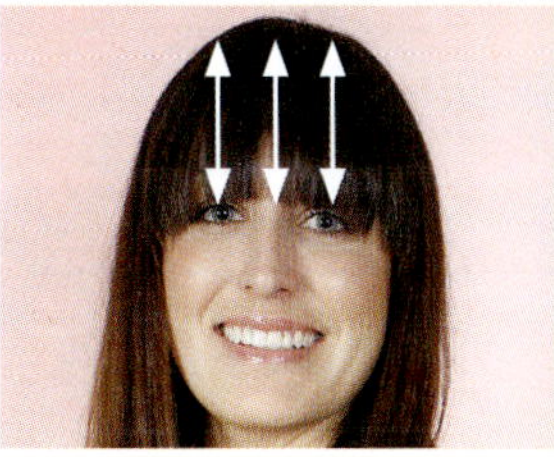			
Parallele, gerade und **zusammenlaufende Kammführungslinien** wirken elegant und klassisch durch glatte Flächen und übersichtlichen Linienverlauf. Sie wirken harmonisch und ruhig, weil Frisurenteile eine fließende, gleichförmige Bewegung erhalten. Die Textur ist ruhig.			**Auseinanderstrebende** und **gebogene Kammführungslinien** vermitteln mit aufspringenden Spitzen abwechslungsreich Schwung, Spannung und Bewegung. Dies wirkt nicht harmonisch, aber interessant. Der Linienverlauf ist unübersichtlich, die Textur unruhig.

Aufgaben

1 a) Sammeln Sie Bilder von unterschiedlichen Frisuren.
b) Heben Sie mit farbigen Stiften die innere und die äußere Frisurenumrisslinie auf den Bildern hervor. Übertragen Sie die Frisurenumrisslinien einer Frisur auf eine Gesichtsvorlage. Überprüfen Sie die Zeichnung: Ist das Volumen so wie auf der Fotovorlage verteilt?

2 Bestimmen Sie bei folgenden Frisuren die Form, die Richtung und die Anordnung der Kammführungslinien. Beschreiben Sie auch die Textur dieser Frisuren.

2.1.4 Frisurenelemente

Weitere Voraussetzungen einer Frisurengestaltung sind, dass Sie sich als Friseurin gestalterische Elemente einer Frisur bewusst machen und diese beschreiben können. **Frisurenelemente** sind z. B. Pony, Scheitel, Wirbel, Fransen, Koteletten, Knoten, Dreher und Zöpfe.
Frisurenelemente bestimmen über Volumen und Richtungsverlauf der Haare und damit über die **Proportionen** innerhalb der Frisur. Ebenso werden durch die Frisurenelemente die gesamte Frisurenform (viel Volumen/wenig Volumen), die Gesichtsform sowie die Kopfform beeinflusst (ausgeglichen/betont).
Die **Form** der Frisurenelemente sind Locken, Wellen, Flächen und Linien.

Anordnung von Frisurenelementen

Die Übersicht auf der folgenden Seite zeigt Möglichkeiten der Anordnung von Frisurenelementen: Reihung, Rhythmus, Steigerung.

Praxistipp

In Prüfungen und Wettbewerben wird von Ihnen erwartet, dass Sie Gestaltungselemente wie z. B. Kontrast, Steigerung und/oder Reihung in Haarschnitten und Frisuren berücksichtigen. Bewertet werden sauber ausfrisierte Flächen und auch die Form und Größe der Frisurenelemente.
Stimmen Sie die Frisurenelemente mit gleichen oder größer und kleiner werdenden Proportionen aufeinander ab. Ordnen Sie das Volumen und den Richtungsverlauf der Frisurenelemente so, dass auch unterschiedliche Formen in ihrer Größe und Steigerung zueinander passen.

Anordnung von Frisurenelementen		
Reihung	**Rhythmus**	**Steigerung**
Wenn mehrere **in Form und Größe gleiche** Frisurenelemente nebeneinander angeordnet sind, spricht man von Reihung (Wiederholung). Die Reihung von Frisurenelementen wirkt übersichtlich, harmonisch und geordnet.	Wenn mehrere **in der Form gleiche**, aber **in der Größe wechselnde** Frisurenelemente nebeneinander angeordnet sind, spricht man von **Rhythmus** (Abwechslung). Rhythmus gibt der Frisur eine dynamische und unruhige Wirkung.	Wenn mehrere **in der Form gleiche**, aber **gleichmäßig größer oder kleiner werdende** Frisurenelemente nebeneinander angeordnet sind, spricht man von **Steigerung**. Durch Steigerungen wirken Frisuren spannender und dynamischer.

Wellenreihung: Wiederholung gleicher Wellen bei der handgelegten Wasserwelle	Fransenrhythmus: kurze und lange Ponyfransen im gleichen Wechsel	große Ansatzwellen werden zu den Spitzen hin kleiner

Kontrast

Eine Frisur zeigt einen **Kontrast**, also einen Gegensatz, wenn zwei unterschiedliche Frisurenelemente direkt nebeneinander angeordnet werden.
Bei der Frisurengestaltung gibt es unterschiedliche Kontrastmöglichkeiten.

Kontraste in der Frisurengestaltung			
Längenkontrast	**Volumenkontrast**	**Richtungskontrast**	**Formkontrast**
längere Deckhaare – kurze Seitenhaare	eng anliegend – aufgebauscht	nach oben frisierte Haare – nach unten frisierte Haare	Locken – glattes Haar

Kontraste ergeben modische und interessante Effekte, z. B. ermöglichen sie Leichtigkeit durch Fransen oder Schwere durch kompakte Fülle, und wirken durch gegensätzliche Elemente individuell, oft gewagt und auffällig. Bedenken Sie, dass „mutige", meist jüngere Kundinnen eher geneigt sind, mit starken Kontrasten zu experimentieren. Dagegen neigen „konservative" und ältere Kundinnen mehr zur Zurückhaltung.

Aufgaben

1. Was sind Frisurenelemente? Geben Sie vier Beispiele an.
2. Wie lassen sich Frisurenelemente anordnen?
   Suchen Sie je ein Beispiel für jede der drei Möglichkeiten.
3. Betrachten Sie die Frisuren Ihrer Mitschülerinnen. Beschreiben Sie diese hinsichtlich der darin enthaltenen Frisurenelemente und der Kontraste.

2.2 Ausgleich und Betonung der individuellen Gegebenheiten

In den vorangegangenen Kapiteln haben Sie mögliche individuelle Gegebenheiten Ihrer Kundinnen sowie unterschiedliche Frisurenelemente kennengelernt. Diese Kenntnisse sind notwendig, um Kundinnen realistische, also umsetzbare Frisurenvorschläge unterbreiten zu können.

2.2.1 Ausgleich und Betonung von Körperproportionen

Um eine Frisur passend zum Körper zu gestalten, beachten Sie die Proportionen, die Körpergröße und die Körperfülle.

Proportionen

- **Großer Kopf, kleiner Körper:** Viel Volumen an den Seiten und am Oberkopf vergrößert optisch den Kopf und betont ihn. Frisuren mit einem engen äußeren Frisurenumriss, also Frisuren ohne Volumen, lassen den Kopf hingegen kleiner wirken. Sie gleichen so das Verhältnis vom Kopf zum Körper aus.
- **Kleiner Kopf, langer Körper:** Eine Frisur ohne Volumen verkleinert den Kopf optisch und verstärkt so das weniger harmonische Verhältnis vom Körper zum Kopf. Ein weiter äußerer Frisurenumriss vergrößert die Kopfform hingegen optisch und gleicht das Verhältnis vom Kopf zum Körper aus.

Körpergröße

- **Große Personen**, die optisch nicht noch größer wirken wollen, sollten Frisuren wählen, deren äußerer Umriss nach unten gestreckt ist. Volumen am Oberkopf vergrößert optisch und betont somit die Körpergröße. Geeignet sind mittlere und Langhaarfrisuren, deren Richtung senkrecht nach unten weist.
- **Kleine Personen**, die optisch größer wirken möchten, sollten Frisuren mit viel Volumen am Oberkopf tragen. Der äußere Umriss sollte nach oben gestreckt sein. Geeignet sind Hochsteckfrisuren mit einer Betonung am Oberkopf oder aber Kurzhaarfrisuren, deren Schwerpunkt ebenfalls am Oberkopf liegt.

Körperfülle

- **Füllige Personen** sollten auf Frisuren mit einem breiten äußeren Umriss verzichten, da dieser optisch noch mehr verbreitert. Der äußere Frisurenumriss sollte nach oben gestreckt sein, also mit viel Volumen am Oberkopf. Passend sind Hochsteckfrisuren sowie Kurzhaarfrisuren mit Volumen am Oberkopf und schmal gehaltenen Seitenpartien.
- **Dünne Personen** sollten auf Frisuren mit nach oben gestreckten äuße-ren Umrisslinien verzichten, da diese die schmale Gestalt unterstützen. Geeignet sind Frisuren mit breitem oder mit großem und weitem äußeren Umriss, da so die Körperproportionen optisch etwas verbreitert werden.

Ausgleich und Betonung einer fülligen Figur

Aufgabe

Sammeln Sie Bilder unterschiedlicher Frisuren und bestimmen Sie, wie diese optisch auf den Körperbau wirken.

2.2.2 Ausgleich und Betonung von Kopf- und Gesichtsformen

Durch Haarlänge sowie Verteilung und Anordnung von Volumen einzelner Frisurenelemente kann die Kopf- und Gesichtsform optisch betont oder aber zum Oval ausgeglichen werden. Breite Bereiche wirken durch eng anliegende Frisurenelemente schmaler; schmale Bereiche erhalten durch Ausdehnen und Strecken mehr Volumen.

→ *vgl. Abb. S. 144 f.*

Die **Kopfform** beeinflussen Sie vor allem durch ihren **äußeren Frisurenumriss:**
- Viel Volumen am Oberkopf und langes Haar strecken den Kopf optisch, der äußere Frisurenumriss wirkt **verlängernd.**
- Zu den Seiten ausladende Frisurenumrisse verbreitern den Kopf optisch, der Frisurenumriss wirkt **verbreiternd.**
- Schmale, glatte Seiten ohne Volumen lassen den Kopf schmaler wirken, auch dieser Frisurenumriss wirkt **verlängernd.**
- **Kleine, enge** Frisurenumrisse verkleinern den Kopf optisch.
- **Große, weite** Frisurenumrisse vergrößern den Kopf optisch.

Die **Gesichtsform** wird vor allem durch den **inneren Frisurenumriss** verändert:
- Frisuren, die aus dem Gesicht frisiert werden, erzeugen weite innere Frisurenumrisse, die das Gesicht vergrößern.
- Wird der innere Frisurenumriss durch z. B. eine Ponyfrisur **verkürzt**, erscheint das Gesicht kürzer und breiter.
- Ein **schmaler** Frisurenumriss wie er bei seitlich ins Gesicht frisiertem Haar entsteht, lässt ein Gesicht schmaler erscheinen.
- Bei **kleinen, engen** Frisurenumrissen, wenn das Haar rundherum ins Gesicht frisiert wird, wirkt das Gesicht klein.

Die ovale Gesichtsform wird oft als ideal empfunden, weil fast jede Frisur zu ihr passt. Die folgenden Grundformen lassen sich optisch zu einem Oval ausgleichen, wenn durch Schnitt und Styling bestimmte Frisurenelemente vor allem den **inneren Frisurenumriss** verändern.

Betonung und Ausgleich von Kopf- und Gesichtsformen

Kopf- und Gesichtsform	Betonung	Ausgleich
 rund	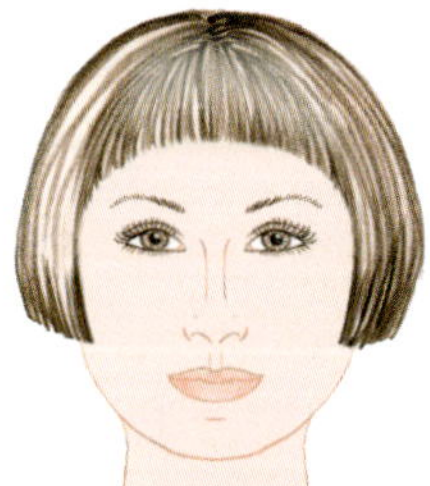	
 viereckig	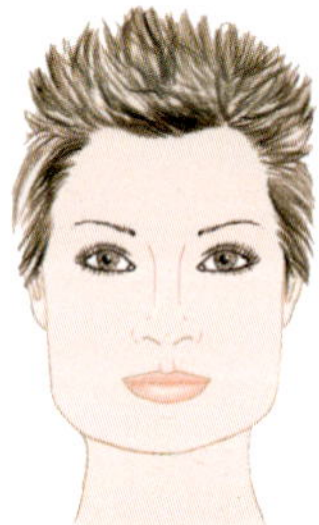	
 dreieckig	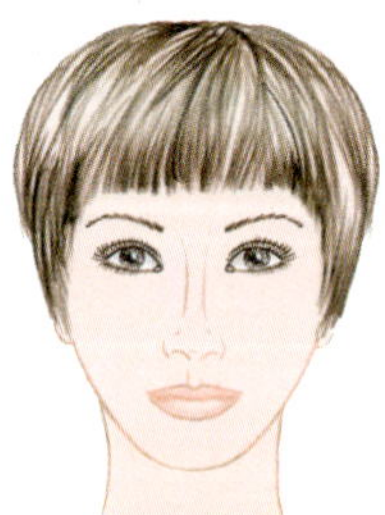	
 trapezförmig		
 lang	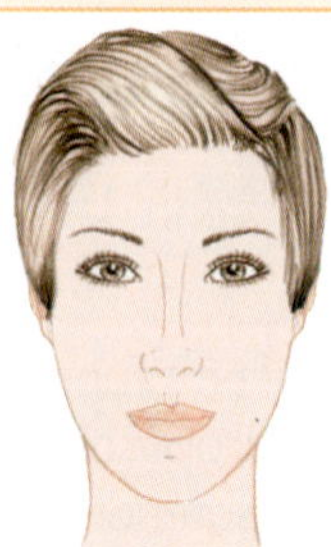	

Ausgleich von Profil und Hals bei Abweichungen vom Ideal:

- **Große Nase:** Volumen gleichmäßig über die Frisur verteilt, Seitenpartie volumig, fransig, ins Gesicht frisiert.
- **Kleine Nase:** Pony fein und fransig, Haare stufig kurz aus dem Gesicht.
- **Fliehende Stirn:** Vollpony volumig, stufig. Nackenpartie volumig, aufspringende Spitzen, lockig.
- **Ausgeprägte Stirn:** Weniger Volumen an der Stirn kann durch Haare im Ponybereich erzielt werden, die flach, dünn und fransig, schräg diagonal oder gerade verlaufen. Slicen und Ausdünnen ergibt fransige Effekte, stumpfes Kürzen ergibt gerade Schnittlinien und kompakte Fülle.
- **Fliehendes Kinn:** Stirn frei, Seitenhaare hinter die Ohren. Pagenkopf mit Seitenscheitel. Kinn- und Kieferpartie frei, Hals- und Nackenpartie voll und volumig.
- **Spitzes Kinn:** Ponyhaare flach, fransig, halbe Stirn bedeckt. Seitenhaare kompakt, weit ins Gesicht frisiert. Grundlinie horizontal, fransige Spitzen.
- **Doppelkinn:** Frisur mindestens kinnlang, Seitenpartie in Richtung Gesicht frisieren, wenn möglich Kinnpartie durch Strähnen optisch verdecken.
- **Große oder abstehende Ohren:** Mehr Volumen im Bereich der Seitenhaare vor und hinter den Ohren lassen. Die Haare auf den Ohren stehen lassen und nicht freischneiden. So erscheinen Seitenhaare und Ohren in einer Linie. Wenn die Haare über die Ohren frisiert werden, dann sollten sie so voll bleiben und wenig gestuft werden, damit die Ohrenränder bedeckt sind und nicht durch die Haare abstehen.
- **Flacher Hinterkopf:** Wirbelbereich volumig und ansteigend gestuft. Längere Deckhaare geben Volumen am Hinterkopf, wenn sie beim Föhnen über eine Rundbürste geföhnt werden. Teildauerwelle mit großen Wicklern.
- **Ausgeprägter Oberkopf:** Vorderkopf volumig, stufig. Oberkopf und Wirbelbereich kompakt und flach.
- **Langer Hals:** Nackenbereich lang und füllig, Ausgleich durch hochgeschlossene Kleidung oder Schals.
- **Kurzer Hals:** Nackenbereich kurz geschnitten, enger Umriss. Kleidung mit verlängerndem Ausschnitt (V-Ausschnitt) wählen.
- **Breiter Nacken:** Nackenlinie V-förmig auslaufen lassen, nicht gerade schneiden.
- **Schmaler Nacken:** Nackenpartie gerade enden lassen, V-förmige Konturen betonen.

Ausgleich einer großen Nase

Ausgleich einer fliehenden Stirn

Ausgleich eines fliehenden Kinns

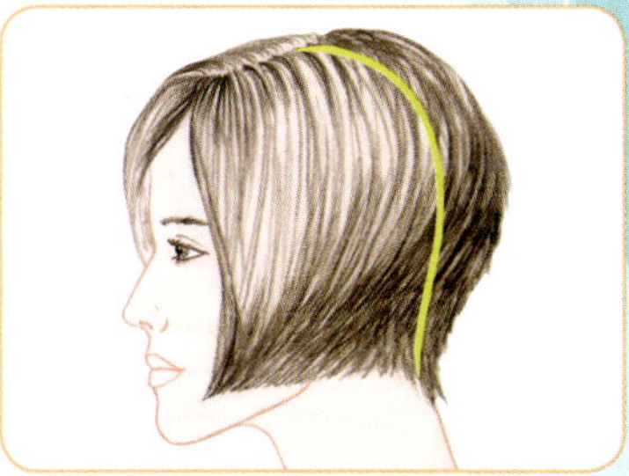
Ausgleich eines flachen Hinterkopfes

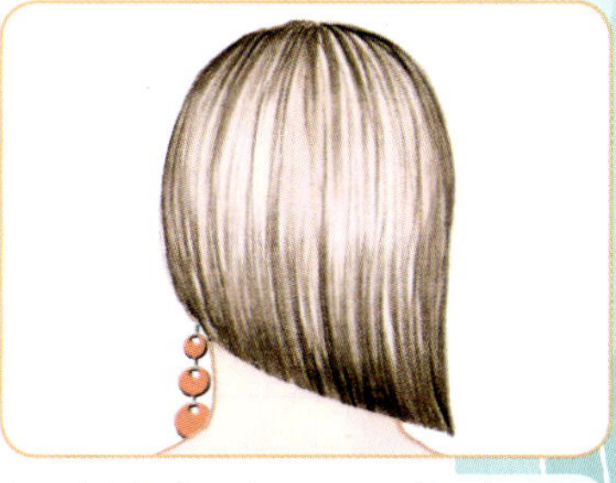
Ausgleich eines kurzen und breiten Halses

Aufgabe

Empfehlen Sie folgenden Kundinnen eine Frisur, die ihre besonderen Merkmale ausgleicht:

a) breite, eher runde Kopfform
b) schmale Kopfform
c) flache Stirnpartie und fliehendes Kinn
d) hohe Stirn und spitzes Kinn
e) fliehende Stirn und spitzes Kinn
f) betonter Oberkopf, breiter Nacken

Aufgaben

1. Welchen inneren Frisurenumriss empfehlen Sie bei folgenden Gesichtsformen?
   a) Eine Kundin mit einem länglichen Gesicht möchte ihr schmales Gesicht voller erscheinen lassen.
   b) Die ausgeprägte eckige Kinnpartie wird von einer Kundin als störend empfunden.

2. a) Suchen Sie aus Zeitschriften Beispiele für die oben beschriebenen Gesichtsformen heraus.
   b) Beschreiben Sie, ob die jeweils abgebildete Frisur die Gesichtsform eher ausgleicht oder eher betont.

3. Nehmen Sie Stellung zu der Behauptung: „Friseurinnen müssen einen Blick für ideale Gesichtsformen bekommen, aber sie müssen nicht immer Gesichtsformen zu einem Oval ausgleichen."

Ägyptisches Relief, um 1320 v. Chr.

Pagenfrisur der Romanik

2.3 Frisuren im Wandel der Zeit

Auch wenn es so scheint, als ob sich die Haardesigner jede Saison etwas Neues einfallen lassen, so kann man doch viele Elemente entdecken, die bereits einmal in Mode waren. Manche Frisurenformen halten sich seit vielen Jahrhunderten als Trendfrisuren.

2.3.1 Der Bob

Der Bob ist eine Kurzhaarfrisur, die in der klassischen Variante kinnlang ist und einen geraden Pony hat. Bis diese Frisur den Namen „Bob" erhielt, durchlief sie viele Varianten, die im Folgenden aufgezeigt werden.

Pagen- und Bobfrisuren sind bereits von Barbieren oder Haarkünstlern vergangener Epochen erarbeitet worden.
Bei den **Ägyptern**, im „Alten Reich" (ca. 2700–2100 v. Chr.), wurden die Haare in Form eines **Pagenkopfes** geschnitten. Oft trugen Frauen und Männer in den verschiedenen Epochen Perücken, die in Pagenform sehr unterschiedlich geschnitten wurden: Es gab kurze, lange, glatte oder gekräuselte Formen in Pagenkopfart, mit oder ohne Mittelscheitel.

Um 2000–1000 v. Chr. fiel das Haar in Flechten oder Strähnen, glatt oder durch Tonwickel gekräuselt. In schulterlange Haare wurden viele feine dreiteilige Zöpfchen geflochten. Diese Frisurenform wird auch als **Cleopatrafrisur** bezeichnet.

Zur Zeit der **Romanik** (ca. 900–1250) trugen Ritter und deren **Pagen** (Diener) sowie Zunftmeister (Handwerker einer Fachrichtung) Pagenfrisuren. Ein über den Kopf gestülpter Topf bestimmte oft die Haarlänge und Form der Pagenfrisur.

„Kolbe“

Zur **Renaissance** (ca. 1450–1600) trugen überwiegend Handwerker die Haare in der Form der **„Kolbe“**, eines **kurzen Pagenkopfes**. Die Kolbe wurde anfangs sehr kurz getragen und im Laufe der Jahre etwas länger. Die zunächst glatte Frisur wandelte sich zunehmend in eine lockige oder zumindest mit leichten Wellen versehene Haartracht. Die Kolbe wurde vom Wirbel aus frisiert, der Pony war gerade geschnitten. Zur Kolbe wurde ein Vollbart getragen, der unter dem Kinn waagerecht geschnitten wurde.

Bubikopf

In den **1920er-Jahren** wurden Kurzformen des Pagenkopfes als **„Bubikopf“** geschnitten. Diese für Frauen sehr kurze Frisur war eine Revolution und wurde als Zeichen der Emanzipation gesehen. Zum Hosenanzug getragen war der Bubikopf für moderne Frauen bis 30 sehr praktisch. Den vorherrschenden Stil nannte man entweder Eton-(Boy-)Stil, nach dem englischen College, oder Garçon-Stil, von französisch *garçon* = Junge. Diese für damalige Verhältnisse extrem kurzen Damenfrisuren hatten längere Deckhaare und waren im Nacken sehr kurz gehalten. Die vorherrschende Mode war ebenfalls der Kleidung der männlichen College-Studenten angepasst.

Sassoon-Bob

In den **1960er-Jahren** revolutionierte der Londoner Stylist Vidal Sassoon den Bob. Er kreierte 1963 einen Einlängenschnitt mit gerader, kinnlanger Konturlinie. Das Besondere am **Sassoon-Bob**, der bis heute die Richtlinie für alle Bobschnitte geblieben ist, war, dass die Frauen zum ersten Mal die Möglichkeit hatten, ihre Frisur zu Hause alleine zu stylen. Der berühmte Ausruf von Sassoon „Shake it, baby!“ steht sinnbildlich für die Neuerung: Der Bob war so exakt geschnitten, dass die Frisur nach dem Schütteln der Haare von selbst wieder in ihre Form fiel. Aufwendiges Styling und der wöchentliche Gang zum Friseur fielen damit weg.

Mod-Bob

Auch in den letzten Jahren erlebte der klassische Bob ein Comeback. Nachdem Stars damit begonnen hatten, trugen nach und nach alle modebewussten Frauen einen Bobschnitt, der zum Teil durch verschiedene Farbtechniken optisch aufgewertet wurde.
Aktuell findet sich der Bob in vielen Varianten wieder, in denen er teilweise nur schwer wiederzuerkennen ist.
Zu den aktuellen Bobtrends gehört der **Mod-Bob**, der sich durch einen exakt geschnittenen Stufenschnitt und eine fransige Kontur auszeichnet. Ein Pony gehört zu dieser Bobvariante dazu, er wird jedoch länger in das Gesicht getragen.

Asymmetrischer Bob

Eine weitere Trendvariation des Bobs ist der **asymmetrische Bob**, der vom Nacken aus asymmetrisch in Richtung Kinn geschnitten wird und sich durch deutliche Längenunterschiede auf beiden Seiten auszeichnet. Auch der Pony ist asymmetrisch geschnitten.
Die Asymmetrie kann durch Farb- oder Strähneneffekte noch verstärkt werden.

Pilz-Bob

Begründet von den Beatles hat auch der sogenannte **Pilz-Bob** zurück in die Frisurenmode gefunden. Er zeichnet sich durch viel Volumen am Oberkopf aus und weist eine gerade geschnittene Außenlinie ohne Abstufungen auf. Dieser Bob kann nicht von jeder Kundin getragen werden, da er nur zum ovalen Gesicht passt. Ein rundes Gesicht würde durch den Pilz-Bob betont.

A-Line-Bob

Neben zahlreichen weiteren Bobvariationen fällt vor allem der **A-Line-Bob** besonders auf. Das Seitenhaar wird auf Kinnlänge oder sogar deutlich darüber gerade geschnitten, der Pony wird ebenfalls waagerecht über den Augenbrauen gehalten. Die so entstandene Schnittform weist Ähnlichkeiten mit dem Buchstaben „A" auf, woher auch der Name kommt.

2.3.2 Der Stufenhaarschnitt

Gajus Julius Cäsar, 100 – 44 v. Chr.

In der **Antike** (1500 – 150 v. Chr.) der **Griechen** trugen Sportler und Soldaten kurz gestufte Frisuren oder glatt rasierte Köpfe. Naturkrauses Haar war flach gelockt.

Zur Zeit der **Römer** (500 v. Chr. – 500 n. Chr.) wurde besonders in der **Kaiserzeit** (etwa ab 30 v. Chr.) eine kurzhaarig gestufte Lockenfrisur, der **„Tituskopf"**, durch den Tonsor (Sklave für Haar- und Nagelpflege) erstellt. Das Haar war kurz geschnitten und scheitellos. Die Männer ließen flache Locken als gefettete Strähnen vom Wirbel nach allen Seiten ins Gesicht frisieren.

In den folgenden Jahrhunderten trugen die Männer längere Haare. Einige Frisuren haben Sie bereits als Bobvariation kennengelernt.
Erst nach der **Französischen Revolution** (1789) trugen Bürger wieder kürzere Haare. Als **Protestfrisur** bekundeten sie ihre Ablehnung gegen den Adel, der in der Rokoko-Epoche das Volk wie unmündig behandelte. Griechische und römische Vorbilder bestimmten eine schlichte, einfache und edle Formgebung. Der kurz gestufte **„Tituskopf"** wurde mit langen Koteletten als **Backenbart** zum glatt rasierten Gesicht getragen.

Das **Empire** (1804 – 1815) zeigt Napoleon Bonaparte (1769 – 1821) mit **„Cäsarenfrisur"**. Die Ohren sind frei und Übergangshaare im Nacken sind kurz gestuft.

Napoleon mit kurzer „Cäsarenfrisur"

Französischer Bürger um 1830

Ab 1870, in der sogenannten **Gründerzeit**, waren kurze, praktische Frisuren Mode. Diese stufigen Kurzhaarschnitte wurden oftmals mit **Pomade** geglättet. In den darauffolgenden Jahrzehnten änderte sich an der Frisur des Mannes nicht viel. Mal etwas länger, mal militärisch kurz getragen, blieb der gestufte Haarschnitt bis 1950 angesagt.

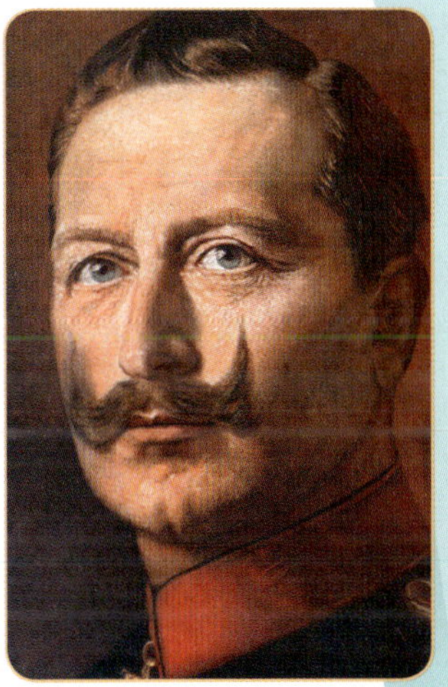

Kaiser Wilhelm II. mit Pomadenfrisur

Neue Schnitt- und Gestaltungstechniken bestimmten in den **1950er**-Jahren das Aussehen der Frisuren und die Formgebung der Haare der nachfolgenden Jahrzehnte bis heute. Die **Rasiermesserschnitttechnik** gibt dem „Messerformschnitt" besonders fließende Verläufe. Gleichmäßig ausgearbeitete kurze Haare im Ansatzbereich stützen die längeren, fransigen Deckhaare. Stehende Ansätze verleihen dadurch der Frisur viel Volumen (**Bombagefrisur**).

Bombagefrisur

Mit der Umformung durch **Dauerwelltechnik** erhalten glatte Stufenschnittfrisuren natürlich aussehendes Volumen. Sie können auch lockig, wellig oder luftgetrocknet „afrokraus" erscheinen.

Durch **Festiger**, **Frisiercremes** oder **Gel-Wachs-Präparate** lassen sich kurze Haare als „Elvistolle" ölig glänzend oder als „Bürste" stoppelig stylen.

In den **1980er**-Jahren fand der sogenannte Vokuhila Einzug in die Frisurenmode. **„Vokuhila"** ist die Abkürzung für **vo**rne **ku**rz, **hi**nten **la**ng und beschreibt damit auch das Aussehen der Frisur. Während die Seiten und der Oberkopfbereich kurz getragen wurden – die Seiten wurden teilweise sogar anrasiert – und der Pony mit ein paar kurzen Fransen ins Gesicht fiel, war der Nacken mindestens schulterlang.

Vokuhila

2.3.3 Die Hochsteckfrisur

Frisur hellenistischer Zeit, 300 v. Chr.

Schon früh (1500 – 300 v. Chr.) hatten die modebewussten **Griechinnen** ihre Haare zu einem Knoten hochgesteckt – dem sogenannten **griechischen Knoten (Chignon)**.
In der Zeit von 300 – 150 v. Chr. waren kunstvoll gesteckte Frisuren im Trend. Knoten und Schleifen sowie Korkenzieherlocken prägten das Bild dieser Frisuren.

Auch die **Römerinnen** (500 v. Chr. – 500 n. Chr.), die viele Modetrends der Griechinnen übernahmen, trugen ihr Haar in aufwendigen Locken-, Wellen- und Flechtfrisuren. In der Kaiserzeit war der **Tutulus**, auch Orbis (Kreis) genannt, üblich: ein großvolumiges Löckchengebilde aus Haarersatzteilen im Bereich der Stirn. Am Hinterkopf wurden Zöpfe aus Eigen- oder Fremdhaar hochgesteckt.

Julia, Tochter des Kaisers Titus, 1. Jahrhundert n. Chr., mit Tutulus

Renaissance

In den darauffolgenden Epochen versteckten die Frauen ihr Haupthaar meist unter Schleiern und Gebinden. Erst in der **Renaissance** (Wiedergeburt der Antike, 1450–1600) kamen historische Vorbilder und damit auch die historischen Frisuren wieder in Mode. Die Frisuren der Frauen waren reich verziert mit Perlen und Gold. Es gab zwei Frisurenformen aus der Antike, die wieder aufgegriffen wurden: der griechische Mittelscheitel mit Haarknoten und die römische Zopffrisur. Für diese üppigen Frisuren wurden Zopfteile oder auch Perücken eingesetzt. Wer genug Geld hatte, verwendete echtes Haar; alternativ wurden Haarteile aus farbig gepudertem Flachs eingesetzt.

Im Zeitalter des **Barock** (1600–1720) wurde Luxus großgeschrieben. Man verzierte und verschnörkelte und übertrieb dabei, wann immer man konnte, was sich heute noch in so prunkvollen Bauten wie dem Schloss von Versailles zeigt. Gemälde aus dieser Zeit zeigen üppige Frauen – dem damaligen Schönheitsideal entsprechend. Im **Frühbarock** trugen die Damen eine **Stirnfransenfrisur** mit viel Volumen und Korkenzieherlocken an den Seiten. Im **Spätbarock** entstand die **Fontange**, angeblich nach der Herzogin von Fontange, einer Geliebten Ludwigs XIV., des Sonnenkönigs. Die Fontange wurde mit einem Drahtgestell hergestellt und mit Bändern und Schmuck verziert.

Fontange

Frührokoko

Auch im **Rokoko** (1720–1789) trugen die adeligen Damen bei Hofe ihre Haare kunstvoll hochgesteckt. Während im **Frührokoko** (1720–1750) kleine weiße Puderfrisuren „à la Pompadour", einer einflussreichen Geliebten von Ludwig XV., in Mode waren, beherrschten im **Hochrokoko** (1750–1780) hohe Puderfrisuren mit kunstvollen Aufbauten **„à la Marie Antoinette"**, benannt nach der Königin, das modische Bild bei Hofe.

Princesse de Lamballe – Spätrokoko

Im **Spätrokoko** (1780–1789) wurde die Frisurenmode vor allem von Marie Thérèse Louise Prinzessin von Savoyen-Carignan, besser bekannt als Marie Thérèse Louise de Bourbon, **Princesse de Lamballe**, bestimmt. Sie war eine Hofdame der Königin Marie Antoinette und prägte eine asymmetrische, gepuderte Frisur, die im Vergleich zu den vorangegangenen Jahren wieder etwas mehr Natürlichkeit ausstrahlte.

Königin Marie Antoinette – Hochrokoko

Frühbiedermeier

Spätbiedermeier

Kaiserin Elisabeth von Österreich – Zweites Empire

Während der Französischen Revolution wurde wenig Wert auf geordnete Frisuren gelegt. Erst im **Biedermeier** (1820–1848) und im **Zweiten Empire** (1848–1870) besann man sich wieder auf die Mode und auf Schönheitsideale. Die französische Kaiserin Eugénie mit zurückgekämmtem Haar und Hängelocken aus Haarersatz wurde nachgeahmt; auch Sisi, Kaiserin Elisabeth von Österreich, mit ihrer üppigen Haarpracht war Vorbild für die Damen dieser Zeit.

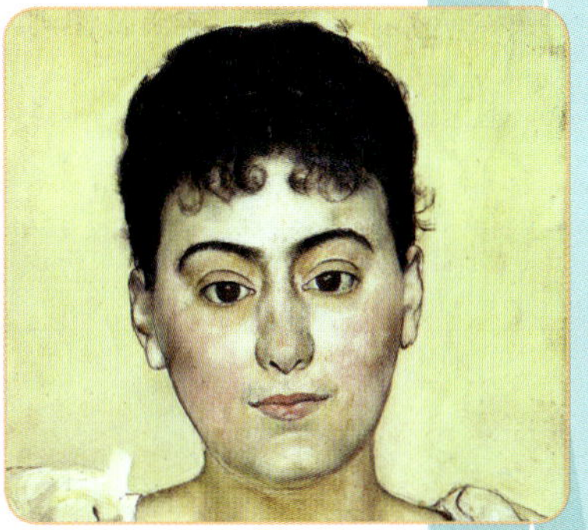

Jugendstil

In der **Gründerzeit** (1870–1910) sowie im **Jugendstil** (1900–1914) wechselte die Mode rasch. Auf Hochfrisuren mit gelockten Stirnfransen und evtl. mit Haarteilen folgten kleinere Hochsteckfrisuren, bis im Jugendstil die Hochfrisuren nach und nach aus der Mode kamen. Inzwischen gab es Well- und Kreppeisen, die zur Frisurengestaltung eingesetzt wurden.

Hochsteckfrisuren werden heute vor allem zu besonderen Anlässen, weniger für den Alltag gewünscht. Damit unterscheiden sich die Wünsche Ihrer Kundinnen jedoch keineswegs von denen der Damen vergangener Zeiten, die sich durch ihre Frisur ebenfalls von der Masse absetzen wollten. Auch viele der heute eingesetzten Techniken haben sich in den vergangenen 2000 Jahren wenig verändert.

Moderne Hochsteckfrisur

Heute finden sich viele historische Formen in der aktuellen Frisurenmode wieder. In den letzten 20 Jahren änderten sich die Trends jedoch so, dass mehrere Frisuren parallel nebeneinander angesagt sein können und dass von kurz über lang alles erlaubt ist, was gefällt. Die Mode ist schnelllebiger geworden, sodass eine Zuordnung zu einem Jahrzehnt kaum mehr möglich ist. Jedes Jahr werden neue Trends geboren, die jedoch in vielen Punkten bereits bekannten Elementen entsprechen.

Aufgaben

1. Informieren Sie sich über die aktuelle Frisurenmode. Was ist angesagt?
2. a) Sammeln Sie Bilder zu den unterschiedlichen Trends und ordnen Sie diese der entsprechenden Frisurenform zu.
   b) Welche historischen Elemente können Sie erkennen?

3 Arbeitsmittel

Sie haben sich für Ihre Stammkundin eine tolle neue Frisur überlegt. Welche Möglichkeiten haben Sie, der Kundin die Frisur zu präsentieren?

3.1 Sprache

Ihr wichtigstes „Arbeitsmittel" in der Frisurenberatung ist Ihre Sprache. Die nachstehenden **Adjektive** helfen Ihnen bei der **Beschreibung von Frisuren**:

abgestuft	gestuft	schick
abstehend	getönt	schmeichelnd
abwechslungsreich	glatt	schulterlang
aufgetürmt	gleichmäßig	sportlich
ausgewogen	individuell	strapazierfähig
ausladend	interessant	streng
belebt	kinnlang	strubbelig
betonend	klar	stufig
bewegt	klassisch	toupiert
charakteristisch	kompakt	trendy
dezent	kontrastreich	ultrakurz
dynamisch	kraus	unauffällig
effektvoll	kurz	unkompliziert
einheitlich	lebendig	unterschiedlich
elegant	lebhaft	variationsreich
eng anliegend	leicht	verdeckt
farbig	lockig	verspielt
feminin	luftig	volumig
flächig	markant	weiblich
fransig	modisch	weich
frech	natürlich	wellig
freundlich	offen	wirkungsvoll
füllig	passend	zeitgemäß
geordnet	peppig	zeitlos
geschlossen	pflegeleicht	zweckmäßig
geschmackvoll	praktisch	
gesträhnt	ruhig	

Aufgaben

1. Welche Begriffe zur Beschreibung von Frisuren kennen Sie bereits aus den vorherigen Kapiteln? Erstellen Sie eine Liste.
2. Sie haben bereits im Vorfeld Frisurenbilder gesammelt. Suchen Sie sich jeweils zwei unterschiedliche Frisuren heraus und beschreiben Sie diese.

3.2 Medien

Die Entscheidung für einen Ihrer Frisurenvorschläge fällt der Kundin leichter, wenn sie die Frisur auch sehen kann. Bei der **visuellen Beratung** verdeutlichen Sie Merkmale der Frisur, indem Sie die Haare in die gewünschte Form kämmen und im Handspiegel von allen Seiten zeigen. Dabei kann die Kundin vergleichen, wie sie mit den in der Bildvorlage dargestellten Frisurenmerkmalen ungefähr aussehen würde.

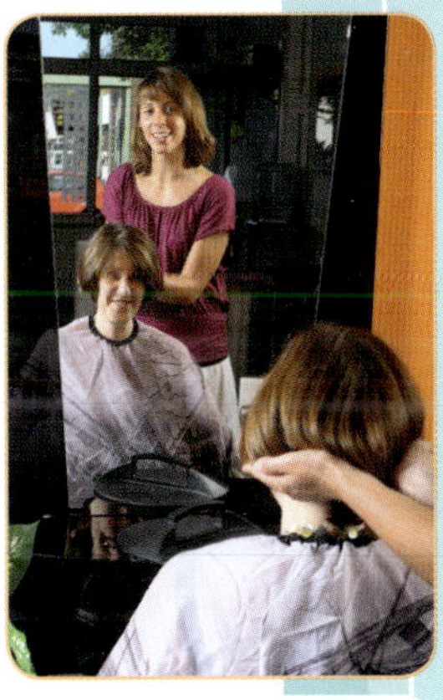

Demonstrieren eines Frisurenvorschlags

3.2.1 Printmedien

Individuell gestaltete **Frisurenmappen** oder Frisurenbücher erleichtern es der Kundin und der Friseurin, bei der Frisurenplanung die typgerechte Wunschfrisur zu bestimmen. Lassen Sie die Kundin aber nicht ziellos in der Frisurenmappe suchen und präsentieren Sie nicht allzu viele Frisurenbilder, um Ihre Kundin nicht zu überfordern. Ihre Aufgabe ist es, aus einer Vielzahl von Frisurenbildern eine **Vorauswahl** zu treffen.
Das fällt leichter, wenn die Frisurenmappe nach einem bestimmten System gegliedert ist. Dafür sollten Sie Bilder von aktuellen, modischen Frisuren nach Frisurenarten ordnen, z. B. nach Kurz- und Langhaarfrisuren, Glatthaar- und Lockenfrisuren.

Frisurenbücher

Es ist auch sinnvoll, Frisuren jeweils bestimmten Gesichts- und Kopfformen zuzuordnen. Oft passt die Wunschfrisur nicht zum Gesicht der Kundin und lässt z. B. das Gesicht optisch breiter oder länger aussehen. Die Kundin sieht in der Abbildung häufig nur die Frisur, beachtet aber nicht, dass sie optimal nur zur Gesichtsform des Modells passt. Auf diese Abweichungen sollten Sie hinweisen und mit Worten beschreiben können, welche Frisurenmerkmale zum Gesicht und Typ der Kundin passen.

3.2.2 PC-Programme für eine typgerechte Beratung

Oft fehlt Kundinnen der Mut zu einer Frisur, weil sie nicht genau einschätzen können, wie sie nach einem Neuschnitt mit dieser Frisur aussehen werden. Schön ist es, wenn Sie als geschulte Typberaterin am Computer mit einem **Frisurengestaltungsprogramm** eine Kundin beraten und schon vorher zeigen können, wie sie nach der Behandlung aussehen würde. Dafür gibt es innovative Software und Onlineprogramme, die genau auf den Typ der Kundin zugeschnittene Gestaltungsmöglichkeiten bieten.

www.style-concept.com
www.niricavi.com
www.virtual-hairstudio.com

Für die **Beratung am PC** muss der Kopf der Kundin fotografiert und digital erfasst werden. Dieses Foto wird ins Frisurengestaltungsprogramm übertragen, das oft auch über eine Gesichtserkennung verfügt. Das Erkennungsprogramm erfasst die biometrischen Punkte des Gesichts und passt die Frisur sehr exakt in eine Weichzeichnung ein, sodass sich ein natürliches Erscheinungsbild mit feinen Haarkonturen ergibt. Entsprechend der Gesichtsform sucht das Programm eigenständig nach optimalen Frisuren, die anschließend direkt auf das Bildschirmfoto gesetzt werden. Ein integriertes Schneideprogramm bietet Möglichkeiten, Frisuren zu verändern, hier und da etwas wegzuschneiden oder den Pony zu kürzen. Langhaarfrisuren können am Bildschirm stufenweise gekürzt werden, um die ideale Haarlänge herauszufinden.
Ein Farbausdruck zeigt Ihnen anschließend die schönsten Vorschläge. Für die Beratungszeit sollten Sie 30 Minuten einplanen und die Kundin vorher darauf hinweisen, dass dieser Service gesondert berechnet wird.

Frisurenberatung am PC

Was Sie beachten sollten

Frisurenprogramme können Veränderungen im Bereich der Frisur und des Kopfes simulieren. Aber entscheidend ist immer die **Gesamterscheinung** der Kundin, mit der die zu empfehlende Frisur harmonieren sollte! Die Gesamterscheinung kann bisher jedoch noch von keiner „Frisuren-Simulations-Software" berücksichtigt werden.

Eine individuelle, genau **auf die jeweilige Kundin abgestimmte Beratung** kann daher ausschließlich von guten Friseurinnen durchgeführt werden. Sie haben **Fachwissen** und erkennen schnell, welche Frisur am besten ist oder welche Informationen aus Frisurenabbildungen und Frisurenbeschreibungen zu berücksichtigen sind. Professionelle Friseurinnen benötigen aufgrund ihrer Ausbildung und langjährigen Erfahrung in der Regel keine Unterstützung durch ein Computerprogramm.

Aufgaben

1. Informieren Sie sich im Internet über verschiedene Programme zur digitalen Frisurenempfehlung. Vergleichen Sie die Produkte untereinander.
2. Verschaffen Sie sich einen Überblick über herkömmliche Produkte zur Frisurenberatung (Fachzeitschriften, Frisurenmappen, Frisurenbücher).
   a) Welche werden in Ihrem Ausbildungsbetrieb verwendet?
   b) Wonach sind die Frisuren jeweils geordnet?
3. Mit welchen Medien arbeiten Sie am häufigsten? Warum?

4 Durchführung einer Frisurenempfehlung

Im Terminkalender ist eine neue Kundin eingetragen. Wie bereiten Sie sich auf die erforderliche Beratung mit Frisurenempfehlung vor?

4.1 Vorbereitende Tätigkeiten

4.1.1 Erstellen eines Beratungskonzepts

Machen Sie sich **vorher** Gedanken, wie das Gespräch ablaufen soll, denn es ist für die Kundin schwierig, wenn Sie von einer Idee zur nächsten springen und wieder zurück. Erstellen Sie Ihr eigenes Beratungskonzept, indem Sie alle notwendigen Arbeitsschritte in eine geeignete Reihenfolge bringen und Unterpunkte dazu notieren.

Zur Frisurenempfehlung gehören folgende Punkte:

- Kundin empfangen
- Kundenwünsche und Kundengegebenheiten ermitteln
- Vorschläge erarbeiten
- Vorschläge unterbreiten
- Einverständnis sichern

4.1.2 Vorbereiten des Arbeitsplatzes

Um die Kundin in einer angenehmen Atmosphäre beraten zu können, benötigen Sie einen aufgeräumten, sauberen Bedienungsplatz.
Sorgen Sie dafür, dass Sie während der Beratung nicht weggehen müssen, weil etwas fehlt. Legen Sie also alle **Hilfsmittel** griffbereit:

- Falls die Kundin schon einmal im Salon war, legen Sie die **Kundenkarteikarte** bereit, um bei Bedarf etwas nachschauen zu können.
- Verschiedene **Frisurenbilder** aus Frisurenbüchern oder Fachzeitschriften sollten Ihre Beratung unterstützen.
- Mit einem gereinigten **Kamm** können Sie die Haare der Kundin in die gewünschte Richtung kämmen.
- Erinnern Sie sich: Bei der Beratung sitzen Sie am besten mit der Kundin auf Augenhöhe. Sie benötigen also eine zweite **Sitzgelegenheit**. Sie schaffen dadurch eine entspannte, angenehme und vertrauenerweckende Atmosphäre, weil Sie nicht den Eindruck erwecken, herablassend von oben auf die Kundin zu sehen.

Vorbereiteter Arbeitsplatz

4.2 Arbeitsablauf bei der Frisurenempfehlung

Begrüßungsphase/Kontaktphase

→ *vgl. Lernfeld 3, S. 117 ff.*

Begrüßen Sie die Kundin, begleiten Sie sie an den Bedienungsplatz und bieten Sie ihr den salonüblichen Service (Getränk, ...) an. Sorgen Sie dafür, dass die Kundin sich ganz auf die kommende Beratung konzentrieren kann. Vermeiden Sie Ablenkungen. Fragen Sie die Kundin, ob sie bereits eine genaue Vorstellung der neuen Frisur mitbringt – manchmal haben Kundinnen sogar ein Foto dabei – oder ob sie sich vor dem Gespräch noch Frisurenfotos ansehen möchte. Geben Sie ihr in diesem Falle geeignete Medien in die Hand und lassen Sie der Kundin Zeit, die Bilder in Ruhe anzusehen. Je klarer die Kundin ihren Frisurenwunsch beschreiben oder zeigen kann, desto schneller und erfolgreicher wird die folgende Beratung sein.

Informationsphase

Das Allererste, was Sie wissen müssen, ist der **Frisurenwunsch** der Kundin. Erst wenn Sie diesen ganz genau erfragt haben und sicher sind, dass Sie die Kundin richtig verstanden haben, können Sie loslegen. Sie sollten also viele **offene Fragen** stellen, z. B.:

- nach der Zufriedenheit der Kundin: „Was hat Ihnen an der letzten Behandlung, den Pflegepräparaten und der Frisur besonders gefallen?"
- nach dem aktuellen Kundenwunsch: „Was kann ich heute für Sie tun?"

Nutzen Sie die Technik des **aktiven Zuhörens**!

→ *vgl. Lernfeld 2, S. 68 f.*

Verschaffen Sie sich einen **Gesamteindruck** von der Kundin: Stil, Proportionen, Körperbau, Kopf- und Gesichtsform.
Durch Befragen, Betrachten und Befühlen ermitteln Sie die **Haar- und Kopfhautgegebenheiten** der Kundin sowie die **Frisiergewohnheiten**.

→ *vgl. Lernfeld 3, S. 94 ff.*

Überlegen Sie sich nun **Frisurenvorschläge**. Sie müssen eine Auswahl treffen und dabei die gesammelten Informationen berücksichtigen. Bestimmt kommen Ihnen viele Ideen in den Sinn, die zu dem Kundenwunsch passen – aber zu viele Ideen würden die Kundin überfordern. Die ermittelten Kundengegebenheiten fließen mit ins Beratungsgespräch ein und begrenzen die Ideenflut.

Beratungsphase

In dieser Phase beraten Sie die Kundin so lange, bis sie sich für eine Frisur entscheiden kann. Sie sollten Frisurenvorschläge **anschaulich**, **klar** und **verständlich** formulieren. Sprechen Sie also kein „Fachchinesisch".
Konkretisieren Sie anhand von Frisurenvorlagen, wie die geplante Frisur bei der Kundin aussieht und wirkt. Sie steigern so das Interesse und die Zustimmung einer Kundin zu Ihren Vorschlägen. Es ist z. B. für eine Kundin mit geringer Haarfülle sehr anschaulich, wenn Sie an ihr mittels einiger dünner Strähnen (Hair Extensions) den Effekt der Haarverdichtung verdeutlichen. Anhand von Bildvorlagen gehen Sie mit der Kundin alle Frisurenbereiche durch – Pony, Nacken, Seiten, Hinterkopf, Oberkopf.

Raten Sie der Kundin dazu, von ihren Wunschvorstellungen abzurücken, wenn sie mit den individuellen Gegebenheiten nicht zu verwirklichen sind oder unerwünschte Wirkungen auf den Gesamteindruck entstehen könnten. Hier ist Ihr **Einfühlungsvermögen** (Empathie) gefragt, denn Sie dürfen einer Kundin nicht offen sagen, dass Sie ihr z. B. wegen ihrer abstehenden Ohren keine Hochsteckfrisur machen möchten!

Beachten Sie Reaktionen der Kundin auf Ihre Vorschläge und gehen Sie auf Fragen und Einwendungen geduldig ein. Eine Kundin, die noch zögert und nicht gleich Ihren Vorschlägen zustimmt, sollten Sie **nicht überreden**. Geben Sie der Kundin Zeit, sich Ihre Vorschläge zu überlegen. Auch wenn Sie nicht sofort das „Geschäft" gemacht haben – eine überzeugte Kundin wird beim nächsten Mal sicher zustimmen.

Variationsmöglichkeiten

Hat die Kundin sich für eine Frisur entschieden, geben Sie ihr **Tipps**, wie diese zu stylen ist, wie sie länger hält oder wie sie mit Haarschmuck, Glitzerspray oder anderen Accessoires „aufgepeppt" werden kann. Empfehlen Sie der Kundin **Variationsmöglichkeiten** zur Frisur.

Weisen Sie die Kundin darauf hin, dass die Frisur optimal sitzt, wenn die Haare regelmäßig nachgeschnitten werden!

Bestätigungsphase

Jedes Beratungsgespräch endet mit einer **Zusammenfassung** der festgelegten Ziele. Hat sich die Kundin für einen Frisurenvorschlag entschieden, dann lassen Sie sich noch einmal **bestätigen**, dass sie sich die Frisur genau so vorstellt – oder wo sie Abweichungen möchte. **Wiederholen** Sie, was Sie verstanden haben.

Die Bestätigungsphase am Schluss einer Beratung oder am Ende einer Behandlung ist sehr wichtig, da Sie hier der Kundin signalisieren, dass sie sich richtig entschieden hat, also die richtige Frisur ausgesucht hat.

Aufgaben

1. Notieren Sie alle Phasen des Beratungsgesprächs auf je einer Karteikarte.
2. Notieren Sie in Stichworten zu jeder Phase alle wichtigen Aspekte, die zu berücksichtigen sind.

4.3 Fehler bei der Frisurenberatung und Vermeidungsmöglichkeiten

Fehler: Häufige Unterbrechungen		Lösungsvorschläge: Unterbrechungen und längere Wartezeiten vermeiden
Sie verlassen die Kundin und müssen zusätzliche Frisurenvorlagen holen.	→	Sie setzen sich erst dann zur Kundin, wenn Sie die erforderlichen Frisurenvorlagen bereitgelegt haben.
Sie werden zum Telefon gebeten und gehen ohne Kommentar von der Kundin weg.	→	Sie bitten die Kundin um Verständnis und gehen erst dann zum Telefon.
Sie müssen bei der Gestaltung von Frisuren am Computer nachfragen, wie mit der Software gearbeitet wird.	→	Sie führen gemeinsam mit einer fachkundigen Kollegin die Bildanimationen durch. Sie machen sich mit der Software vertraut.

Fehler 1

Fehler: Kundin mit vielen Frisurenvorlagen allein lassen		Lösungsvorschläge: Friseurin und Kundin konkretisieren gemeinsam die Frisurenvorschläge
Die Frisurenvielfalt im Anschauungsmaterial verunsichert die Kundin.	→	Sie wählen nur Frisurenbeispiele aus, die dem Frisurenwunsch entsprechen und zu den Kundengegebenheiten passen.
Informationen zu einzelnen Frisuren werden nicht verstanden.	→	Sie verdeutlichen Vorteile einzelner Frisurenmerkmale am Kopf der Kundin.

Fehler 2

Fehler: Die Frisur übersteigt die Stylingfähigkeiten der Kundin		Lösungsvorschläge: Friseurin erfragt Erwartungen der Kundin an ihre Frisur
Die Geschicklichkeit der Kundin wird nicht berücksichtigt.	→	Sie erfragen die Frisiergewohnheiten der Kundin.
Der zeitliche und technische Aufwand beim Styling der Frisur ist zu hoch.	→	Sie bieten mit Haarschnitt und Umformungstechniken Maßnahmen an, die das Styling erleichtern.
Die Stylingtipps werden nicht erklärt.	→	Sie demonstrieren Stylingtechniken, nennen Stylingpräparate, deren Anwendung und Vorteile.

Fehler 3

5 Sonderfälle der Frisurenempfehlung

„Immer wenn ich mich kämme, verliere ich viele Haare. Habe ich Haarausfall?", fragt eine etwa 50-jährige Kundin. Wie beraten Sie die Kundin hinsichtlich der möglichen Ursachen und ggf. der Möglichkeiten, die Haarfülle künstlich zu verstärken?

5.1 Geringe Haarfülle

Sowohl Frauen als auch Männer beklagen sich über mangelnde Haarfülle und erwarten von Ihnen als Friseurin Vorschläge, wie sie mit dem Problem umgehen können. In diesem Kapitel lernen Sie Ursachen und Gestaltungsmöglichkeiten kennen.

5.1.1 Ursachen

Geringe Haarfülle kann natürliche Ursachen haben oder krankheitsbedingt sein.

Haarwechsel

Ein Kopfhaar wird etwa vier bis sechs Jahre alt. Dann fällt es aus und wird durch ein neues ersetzt. Bei Männern ist die Wachstumsdauer durch den Einfluss der Keimdrüsenhormone auf drei bis vier Jahre verkürzt.
Ein täglicher Verlust von 50 bis 100 Haaren ist daher normal. Störungen des Haarwuchses liegen vor, wenn diese Zahlenwerte über einen längeren Zeitraum wesentlich überschritten werden.
Jedes Haar durchläuft **drei Entwicklungsabschnitte (Phasen)**. Die Wurzeln ausgezupfter Haare lassen erkennen, in welcher Phase sich ein Haar befindet. Bei Verdacht auf Wachstumsstörungen werden daher Haare entnommen und anhand der Wurzelformen den drei verschiedenen Phasen zugeordnet.

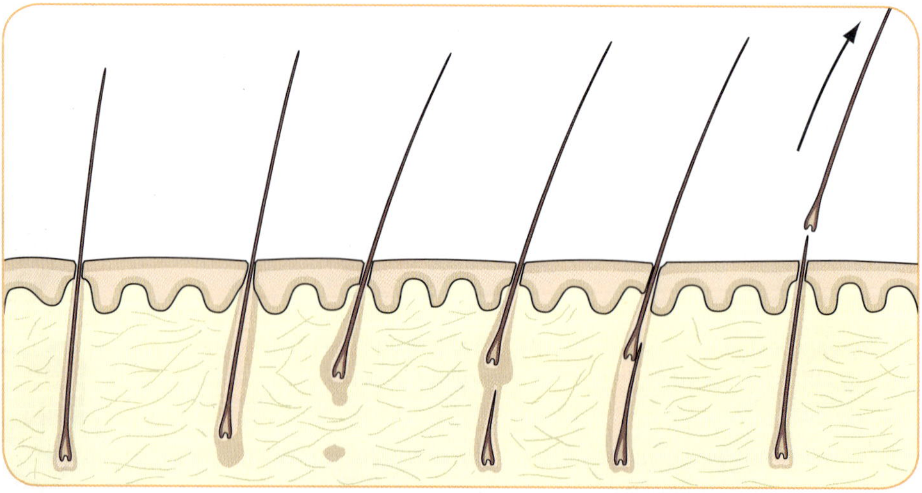

Wachstumsphase
4 bis 6 Jahre
85 % der Haare

Übergangsphase
etwa 1 Monat
1 % der Haare

Ruhephase
3 bis 4 Monate
14 % der Haare

Wurzelform ausgezupfter Haare

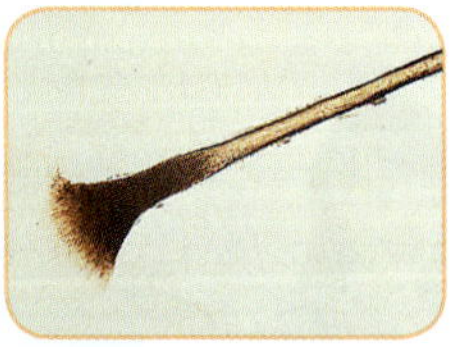

*Während der **Wachstumsphase** (Anagenphase) ist die Haarwurzel eng mit der Papille verbunden. Die noch nicht verhornten Zellen werden fransenartig von der Papille abgelöst.*

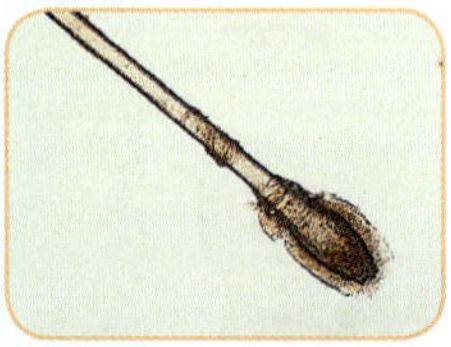

*In der **Übergangsphase** (Katagenphase) schrumpft der Follikel. Zur Papille besteht nur noch eine dünne Verbindung. An der Haarwurzel haften Teile der Wurzelscheiden.*

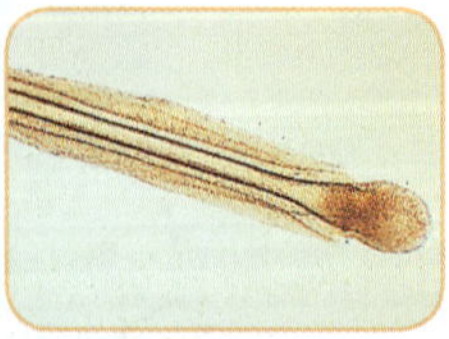

*In der **Ruhephase** (Telogenphase) hat die Wurzel die Form eines Kolbens mit Resten der Wurzelscheiden. Sie ist ohne Verbindung zur Papille im Haarfollikel „eingeklemmt". Die Dauer des Verbleibs ist abhängig von der Zugbeanspruchung beim Bürsten, Kämmen, Waschen und Massieren.*

Haarausfall

Androgenetisch bedingter Haarausfall (Alopecia androgenetica)

Beim androgenetisch bedingten Haarausfall können ausgedehnte Lichtungen, begrenzte Kahlstellen, die typische Glatze und auch die völlige Kahlköpfigkeit entstehen.

- **Androgenetisch bedingter Haarausfall beim Mann**
  Die **männlichen Keimdrüsenhormone (Androgene)** sind die Ursache für diese Form des Haarausfalls. Es genügt der normale Anteil an diesen Hormonen, der während der Geschlechtsreife (Pubertät) entsteht. Betroffen sind jedoch nur diejenigen, bei denen eine **erbliche Veranlagung** vorhanden ist.

  Der **Verlauf** ist bekannt: Der Haarausfall beginnt an der Stirnpartie und an den Schläfenwinkeln. Dort bilden sich später die „Geheimratsecken". Meist lichten sich gleichzeitig die Haare im Wirbel- und Scheitelbereich, bis nur noch oberhalb der Ohren und am Hinterkopf ein Haarkranz übrig ist, der meist auch erhalten bleibt.

  Durch eine **medikamentöse Behandlung** kann die Bildung des Androgens Dihydrotestosteron blockiert werden, das bei entsprechender Veranlagung zum Haarausfall führt. Bei täglicher Einnahme des Medikaments sind im Frühstadium des Haarausfalls gute Erfolge zu erzielen. Bei schon verkümmerten Follikeln einer Glatze kommt diese Hilfe jedoch zu spät.

  Haarausfall ist für Männer häufig eine erhebliche Belastung. Deshalb erfordert die **Beratung** viel Einfühlungsvermögen von Ihnen. Sie darf keine falschen Hoffnungen erwecken, dass kosmetische Präparate „Haarwuchswunder" vollbringen könnten.

  Zur **Pflege** des vorhandenen Haarbestands sind verschiedene kosmetische Maßnahmen empfehlenswert:
  - Reinigung durch milde, dem Hautfunktionstyp entsprechende Shampoos
  - Beseitigung verstärkter Schuppenbildung und Bekämpfung der Seborrhö (Shampoo, Kurpräparat, Haarwasser)
  - Milderung der Austrocknung und Versprödung der Kopfhaut (Kurpräparat)
  - Förderung der Durchblutung der Kopfhaut (Kopfmassage, Haarwasser)

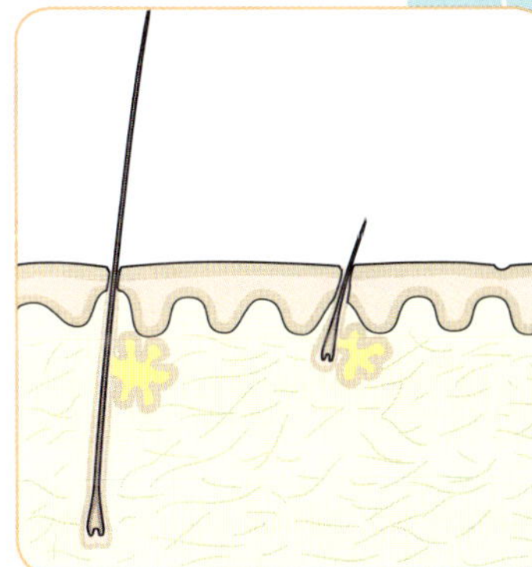

Der normale Haarfollikel verkümmert. Er kann in immer kürzeren Zeitabständen nur noch feinste Flaumhaare bilden.

- **Androgenetisch bedingter Haarausfall bei der Frau**
  Weibliche Keimdrüsenhormone (Östrogene) fördern den Haarwuchs. Im Normalfall ist der Anteil an Androgenen bei Frauen so gering, dass auch bei erblicher Veranlagung kein Haarausfall eintritt. Deshalb sind jüngere Frauen nur in Ausnahmefällen von diesem Haarausfall betroffen.

  Bei älteren Damen haben Sie dagegen sicher häufiger sehr dünnes Haar und eine Lichtung des Haarbestandes beobachtet, meist im Scheitelbereich und am Oberkopf. Die Stirnhaargrenze und die Schläfenpartien bleiben im Allgemeinen verschont. Östrogenhaltige Medikamente stellen einen normalen Haarwuchs wieder her.

Kundin mit geringer Haarfülle

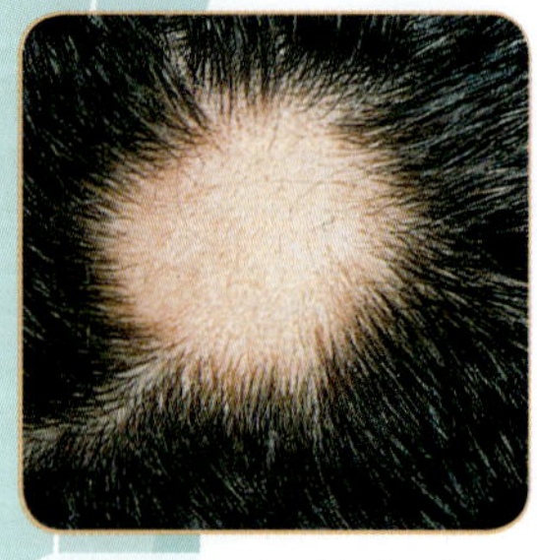

Der gutartige Verlauf von Alopecia areata

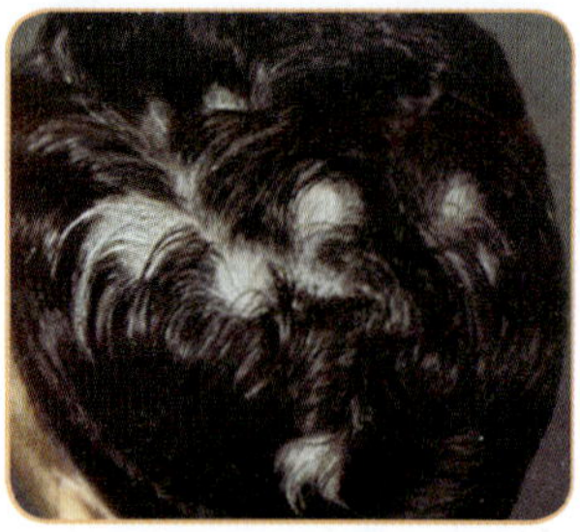

Unpigmentiert nachwachsende Haare

Kurze, abgebrochene Haare, sogenannte Kommahaare, am Rand der Kahlstelle sind meist ein Zeichen für die weitere Ausbreitung

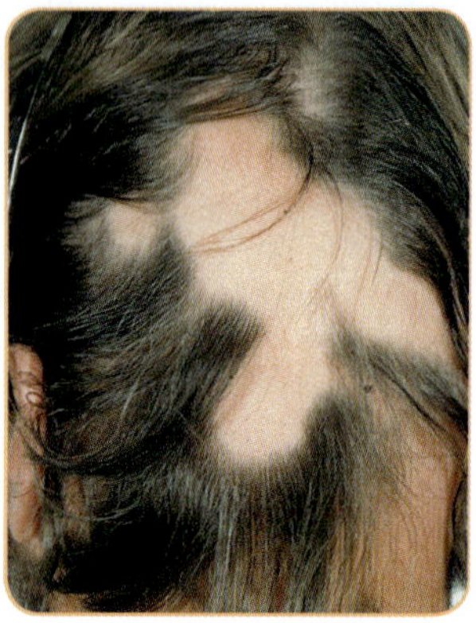

Nackenhaarschwund durch kreisförmigen Haarausfall

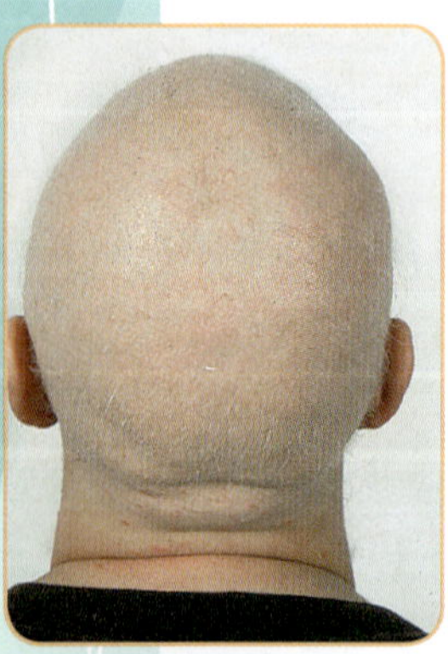

Die bösartige Form von Alopecia areata, die mit völligem Haarverlust endet

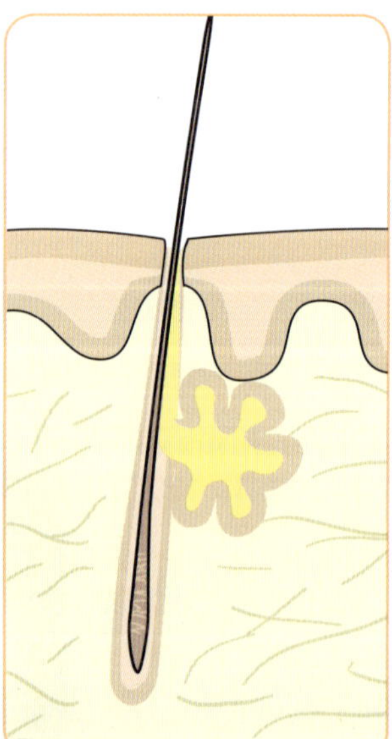

Die kurzen Kommahaare haben eine zugespitzte Wurzel, weil die Zellteilung im Bereich der Papille allmählich aufgehört hat. Eine ähnliche Wurzelform zeigen auch Haare, die durch Vergiftungen ausfallen

Kreisförmiger Haarausfall (Alopecia areata)

Es bilden sich plötzlich runde bis ovale Kahlstellen von unterschiedlicher Größe. Die Kopfhaut erscheint dort glatt und zeigt keine Veränderungen. Oft werden die Kahlstellen bei der Haarbehandlung im Salon erst entdeckt.

Der **Verlauf** ist unberechenbar: Die Kahlstellen können frühestens in zwei Monaten zuwachsen. Gleichzeitig können sich aber neue bilden, die sich vergrößern und zusammenfließen. Meist verläuft dieser Haarausfall gutartig. Die nachwachsenden Haare sind sehr dünn und weiß. Beim Haarwechsel werden sie allmählich durch normal starke ersetzt, die aber häufig unpigmentiert bleiben.

Mit einer **Weiterentwicklung** ist zu rechnen, wenn am Rand der Kahlstelle 2 bis 3 mm kurze Haare auftreten. Diese lassen sich leicht und schmerzlos herausziehen. Kahlstellen oberhalb der Ohren und im Nacken sind besonders besorgniserregend. Sie fließen oft zusammen, sodass eine bandförmige, bleibend kahle Fläche entsteht. In Ausnahmefällen kann in wenigen Tagen der dauerhafte Verlust aller Kopf- und Körperhaare auftreten. Bei Kindern ist die Gefahr besonders groß.

Ursache ist möglicherweise eine Störung des körpereigenen Abwehrsystems, die zu Entzündungen an **allen** Haarfollikeln der gesamten Kopfhaut führt. Wahrscheinlich gibt es zusätzlich eine erbliche Veranlagung, die das Risiko für diese Erkrankung erhöht. Betroffenen Kundinnen und Kunden ist die **fachärztliche Behandlung** dringend zu empfehlen.

Aufgaben

A Tanja entdeckt eine Kahlstelle am Vorderkopf einer Kundin. Ihre Reaktion: „Das ist sehr gefährlich. Sie können alle Haare verlieren. Gehen Sie bloß gleich zum Arzt."

B Der Kunde weist Nicole auf eine Kahlstelle im Nackenbereich hin. Nicole: „Sie müssen nur etwas Geduld haben, die Haare wachsen dort bestimmt wieder nach."

1. Wie beurteilen Sie die Aussagen der Kolleginnen in den beiden Beispielen?
2. Was würden Sie den beiden Kunden sagen?

Diffuser Haarausfall (Alopecia diffusa)

Beim diffusen Haarausfall fallen Haare über den gesamten Kopf gleichmäßig verteilt aus. Außer durch Strahlenbehandlungen kann diffuser Haarausfall auch durch andere Ursachen ausgelöst werden:

- **Haarausfall nach Entbindungen:** In den ersten vier Monaten nach der Entbindung können sich die Haare an den Schläfenpartien vorübergehend lichten. Die höhere Konzentration an Östrogenen fördert das Haarwachstum während der Schwangerschaft. Daher ist der Haarwechsel in dieser Zeit verlangsamt. Nach der Entbindung normalisiert sich der Hormonspiegel. Die seit Monaten „gespeicherten" Haare fallen in kurzer Zeit aus. Dieser Haarausfall beunruhigt junge Mütter. Er wird jedoch in wenigen Monaten wieder ausgeglichen.
  Eine ähnliche Entwicklung ist nach dem Absetzen bestimmter Antibabypillen zu beobachten.
- **Haarausfall nach Infektionen und inneren Krankheiten:** Zu diesem Haarausfall führen mit hohem Fieber verbundene Infektionskrankheiten: Angina, Grippe, Lungenentzündung, Scharlach, Tuberkulose, besonders jedoch Syphilis (Geschlechtskrankheit) und Typhus. Die Haarpapille wird dabei durch Gifte geschädigt. Diese werden von Krankheitserregern gebildet oder entstehen durch Zersetzung von geschädigtem Gewebe. Der diffuse Haarausfall tritt meist erst nach 6 bis 20 Wochen auf. Da die Papille nur vorübergehend geschädigt wird, wächst das Haar später wieder nach.
- **Haarausfall durch Medikamente:** Die Haarpapille reagiert hoch empfindlich auf Medikamente, die, vor allem in der Krebsbehandlung, die Zellteilung des befallenen Körpergewebes blockieren oder herabsetzen sollen. Dabei kann nahezu völlige Kahlheit entstehen. Der Haarwuchs setzt jedoch einige Wochen nach dem Absetzen der Medikamente wieder ein. Auch andere Medikamente können den Haarwuchs beeinflussen. Die Beipackzettel geben darüber Auskunft.

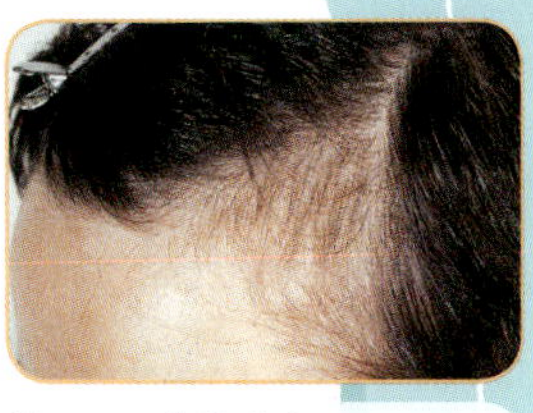

Haarausfall einige Wochen nach einer Entbindung

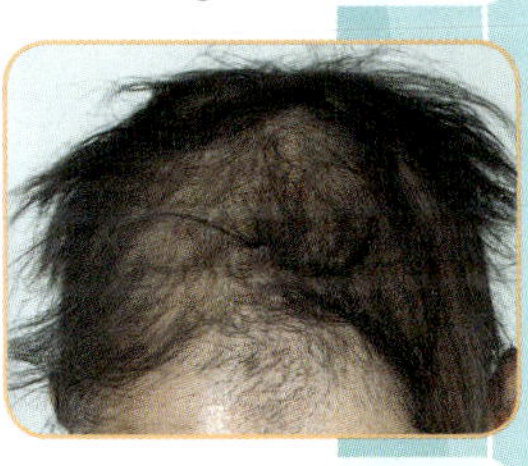

Haarausfall nach schwerer Infektion

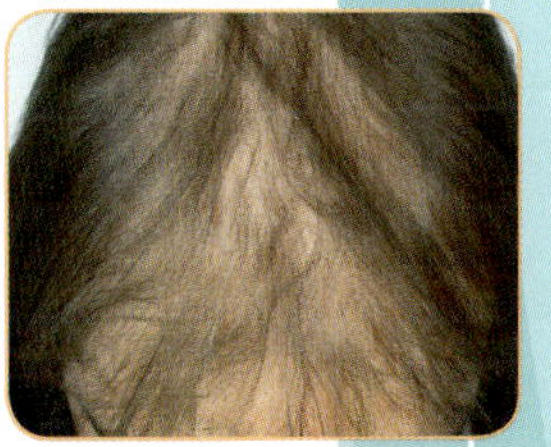

Haarausfall durch Medikamente zur Verzögerung der Blutgerinnung

5.1.2 Gestaltungsmöglichkeiten

Gerade bei einer geringen Haarfülle, die nicht reversibel (umkehrbar) ist, sollten Sie als Friseurin verschiedene Gestaltungsmöglichkeiten kennen, um Ihre Kundinnen und Kunden fachgerecht beraten zu können.

Haarersatz

Spezialisierte Firmen stellen bei Haarausfall und totalem Haarverlust individuelle **Perücken** und **Haarersatzteile** her, z. B. „Toupets" für Herren und „Frisetts" für Damen. Für natürlich wirkenden und unsichtbaren Haarersatz wird Echthaar oder Synthetikhaar verwendet.

➜ vgl. Lernfeld 3, S. 115 f.

Das Herrentoupet und die Damenperücke sehen besonders natürlich aus, wenn die Stirn- und Schläfenkonturen durch Pony- und Seitenhaare verdeckt werden.

Toupetbeispiel

vorher

nachher

Haarverdichtung

Durch Haarverdichtung soll der Frisur mehr Volumen gegeben werden. Dazu werden dünne **Strähnen** aus natürlichem oder Kunsthaar mit dem Eigenhaar verbunden, sodass mehr Standvermögen entsteht. Die Strähnen entsprechen in Farbe und Struktur den Eigenhaaren. Die Haare werden in Kopfhautnähe in die Haare **eingeflochten oder eingenäht (Hairweaving)**. Die Anwendung erfolgt besonders bei Lichtungen durch androgenetisch bedingten Haarausfall bei Frauen und bei sehr dünnen Haaren.

Eine weitere Möglichkeit ist das **Einnähen von Haartressen**. Zuerst werden im Nacken drei feine Strähnen zu einem an der Kopfhaut anliegenden Zopf (Kongo) geflochten. Die Haartresse wird vorsichtig angenäht. Weitere Kongos und Haartressen werden am Hinterkopf und an den Seiten platziert. Vorteilhaft ist diese Technik, weil die Tressen einfach wieder zu entfernen sind, wenn die Festigkeit durch das nachwachsende Haar nachlässt.

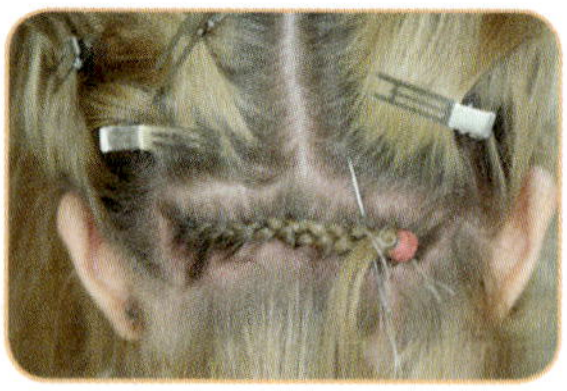

Vorbereitung zum Einnähen einer Haartresse

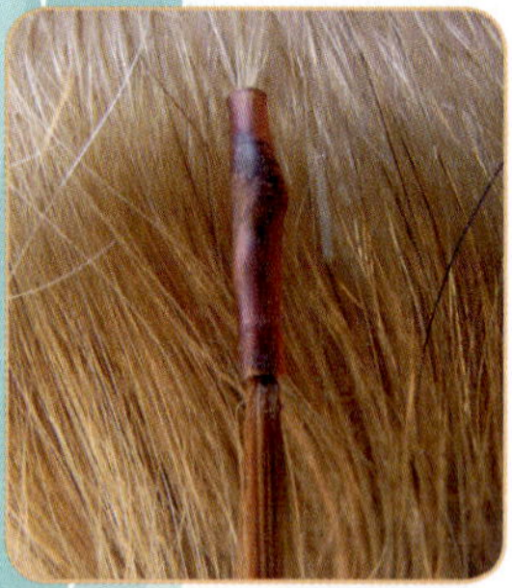

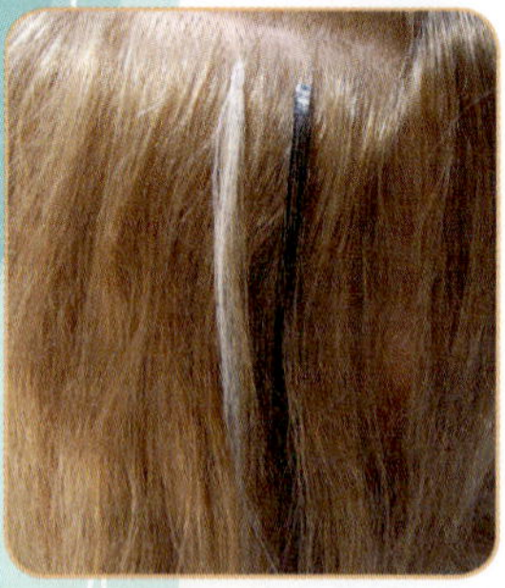

Bonding-Technik

Haarverlängerung

Die Haarverlängerung (englisch: *extension*) bietet eine Fülle von Gestaltungsmöglichkeiten vom Ton-in-Ton-Bereich bis zur stärkeren farblichen Akzentuierung der Frisur. Angeboten werden dazu glatte oder gewellte Haare unterschiedlicher Farbe bis zu 60 cm Länge. Verwendet wird meist Echthaar, bei Colorsträhnen aber auch Synthetikhaar.

Bei der Haarverlängerung werden unterschiedliche Methoden angewandt, die ständig weiterentwickelt werden. Seit vielen Jahren praktiziert wird die **Bonding-Technik**, bei der Echt- oder Kunsthaarsträhnen mit den eigenen Haaren je nach Material mit oder ohne Hitzeeinwirkung verklebt werden. Diese Art der Haarverlängerung kann bis zu sechs Monate im Haar verbleiben und muss entfernt werden, sobald die Klebestellen sichtbar werden.

Ein bewährtes Verfahren ist das Befestigen der mit einer Klebestelle versehenen Bonds unter Wärmeeinwirkung am Haar. Dabei wird der Schmelzkleber am Bond mit einer Wärmepinzette erhitzt und mit den Haaren am Ansatz verklebt. Die Klebestelle hat eine kleine, fast unsichtbare Kontaktfläche und ist dauerhaft haltbar.

3-Tage-Bart und schmaler Kinnbart

5.2 Bartgestaltung

Vorlieben für oder Abneigungen gegen Bartträger bzw. bestimmte Bartformen werden stark von persönlichen Einstellungen, der Mode, religiösen Vorschriften, ethnischer Zugehörigkeit und politischen Glaubensbekenntnissen beeinflusst. So wird ein Bart in vielen Gesellschaften auch heute noch als Zeichen der sozialen Differenzierung verstanden, um ein Lebensgefühl oder die eigene Einstellung und Haltung deutlich zu machen.

Ein Bart dient dazu:
- das Gesicht zu schmücken
- fehlende Kopfhaare zu kompensieren
- Männlichkeit und Status darzustellen
- das Aussehen des Gesichts optisch zu beeinflussen (ein fliehendes oder spitzes Kinn verdecken; ein breites Gesicht durch einen schmalen Bart optisch strecken)
- die Hautoberfläche zu schützen und durch eingewachsene Barthaare verursachte Pickel zu vermeiden

Die Abbildungen zeigen die **Vielfalt der Bartformen** in der Vergangenheit: kleiner Schnauzbart, schmaler Kinnbart, langer Vollbart, großer Kinnbart und Knebelbart.

F. Lassalle

F. Engels

K. Marx

W. Liebknecht

P. v. Hindenburg

In den letzten Jahren haben Bärte einen deutlichen Aufwärtstrend erfahren. Auch wenn sich nach wie vor der Großteil der Männer gegen einen Bart entscheidet, so wird ihre Zahl doch deutlich kleiner.
Vorbilder für den Trend zum Bart sind auch unter den Stars zu finden: Prominente Persönlichkeiten wie z.B. der Schauspieler Zac Efron oder der ehemalige Fußballer David Beckham tragen Bart und zeigen, dass Bärte auch in der Öffentlichkeit wieder salonfähig geworden sind.

Zac Efron

Bart-Tattoo

Die modernen Bartträger sind erfindungsreich und setzen damit ganz neue Trends in der Frisurenmode. So wird z.B. durch sogenannte **Bart-Tattoos** die Gesichtsbehaarung modisch in Szene gesetzt. Dadurch entstand ein neues Betätigungsfeld für den Trendfriseur, der nach langer Zeit wieder Bartstyling anbieten kann und damit zum Künstler wird.

David Beckham

Aufgaben

1. Nennen Sie Vorteile, die mit dem Tragen eines Bartes verbunden sind.
2. Suchen Sie weitere Bartformen, zusätzlich zu den bisher dargestellten.
3. Erstellen Sie in Ihrer Klasse ein Meinungsbild zu Vorlieben oder Abneigungen gegen Bartformen und Bartträger.
4. Diskutieren Sie die Behauptung: „Haar- und Bartformen spiegeln den Zeitgeist einer Epoche wider und lassen eine bestimmte Einstellung der Person vermuten."

Rechenaufgaben

1. In einer Fachzeitschrift wird für ein neues Computerprogramm zur Frisurenberatung geworben. Es soll 545,00 € kosten. Wird gleichzeitig ein neuer PC erworben, werden 45 % Rabatt auf das Programm gewährt. Die Lieferung erfolgt kostenlos. Was kostet das Computerprogramm bei gleichzeitigem PC-Kauf?

2. Eine Frisurenfachzeitschrift wird als Jahresabonnement angeboten: 12 Hefte kosten 64,95 €, für die Lieferung werden jährlich 6,95 € berechnet. Einzeln können Sie die Hefte für 5,00 € plus Versand (1,85 € pro Monat) bestellen.
Wie viel € können Sie durch das Abo sparen?

3. Ihre Kundin (siehe Foto) ist zum ersten Mal in Ihrem Salon. Sie ist gerade in diese Stadt gezogen und möchte wieder ins Berufsleben einsteigen. Nun wünscht sie sich eine neue Frisur.

a) Wie bereiten Sie sich auf die Beratung der Kundin vor?
b) Welche Fragen sind geeignet, um den Kundenwunsch zu ermitteln? (2 Beispiele)
c) Welchen Gesamteindruck (Stil, Proportionen, Körperbau …) macht die Kundin auf Sie?
d) Bestimmen Sie Kopf- und Gesichtsform Ihrer Kundin.
e) Welche Vermutungen über Haarqualität und Konturenverlauf können Sie aus dem Foto ableiten?
f) Suchen Sie zwei geeignete Frisurenvorschläge für diese Kundin heraus. Beschreiben Sie beide Frisuren so, dass die Kundin Ihren Vorschlag nachvollziehen kann. Erklären Sie ihr auch, warum gerade diese Frisuren so vorteilhaft für sie sind.
g) Stellen Sie einen Vorschlag in der Klasse vor. Vergleichen Sie Ihren Vorschlag mit anderen.
h) Haben Sie die Frisur und alle Vorteile verständlich und für die Mitschülerinnen nachvollziehbar beschrieben? Haben Sie alle Kundengegebenheiten berücksichtigt? Haben Sie die richtigen Frisuren ausgewählt, um diese Gegebenheiten auszugleichen oder zu betonen?

Komplexe Aufgaben

1. In Ihrem Salon überlegt die Chefin, eine Software für die Frisurenberatung anzuschaffen. Sie werden mit der Planung beauftragt.

   a) Informieren Sie sich bei Anbietern von Frisurengestaltungsprogrammen über Planungsmöglichkeiten.

   b) Vergleichen Sie die Einkaufspreise für
      - Onlineprogramme zur Frisurenberatung
      - Frisurengestaltungsprogramme

      verschiedener Anbieter.

   c) Informieren Sie sich über Möglichkeiten, die Frisurenberatung mit Onlineprogrammen durchzuführen.

2. Frisurenbeispiele erleichtern die Verständigung mit der Kundin.

   Stellen Sie eine übersichtliche Frisurenmappe zusammen, die Sie bei der Kundenberatung einsetzen können. Ordnen Sie die Frisuren nach bestimmten Kriterien, damit Sie schnell die richtigen Beispiele finden.

   Möglichkeiten der Anordnung:
   - Frisuren für jede Stilrichtung
   - Frisuren zu jeder Gesichts- und Kopfform
   - Frisuren für jede Haarlänge
   - Frisuren für jede Textur

English – Finding the right hairstyle

Clients can have different face and head shapes:

oval	round	square	triangle	pear-shaped	long

Their hair can be:

thick	medium	fine	straight	wavy	curly	porous, dry, artificially coloured, permed, shiny, normal, elastic	long	medium long	short

Talking about hairstyles:

centre parting	side parting	fringe	hair brushed out of the face	full/voluminous in the bottom	full/voluminous on the top	straight outline/ sharp line	soft outline/ jagged outline	hair is feathered
symmetric shape	asymmetric shape							

Exercises

1. Make a list of the new words and translate.
2. Find three pictures of hairstyles and stick them on a piece of paper. Describe them.
3. A client with a long shaped face has straight and thin hair. Which hairstyle would you suggest? Draw and describe the hairstyle.

Examples:

This is a short haircut. The hair is close to the head. The woman has a side parting and a feathered outline.

Some of her hair is behind her ears.

The hair is brushed onto the face in an uncombed and messy style. The outline is feathered with longer sideburns.

Vocabulary					
different	unterschiedlich, anders	**elastic**	elastisch	**to describe**	beschreiben
		fringe	Pony	**thin**	dünn
shape	Form	**sharp line**	scharfe Linie	**close to**	dicht bei
artificially coloured	gefärbt	**jagged outline**	gezackter Umriss	**uncombed**	ungekämmt
		feathered	federig	**messy**	unordentlich
shiny	glänzend	**to stick**	kleben	**sideburns**	Koteletten

Lernfeld 5 Haare schneiden

Sie entwickeln Haarschneidekonzepte und führen Haarschnitte und die Formung des Bartes durch.

Kunde: „Mein Haarschnitt gefällt mir ganz gut. Aber jetzt ist mein Haar viel zu lang."

Informieren

- Wann wurde das Haar zuletzt geschnitten?
- Welche Haarlänge wünscht der Kunde?
- Wie sind Konturenverlauf, Wuchsrichtung, Haarqualität und Haarfülle bei dem Kunden?
- Gibt es Kopfhautveränderungen, die verdeckt werden sollen?

Planen

- Mit welchem Haarschnitt kann ich die vom Kunden gewünschte Frisur erzielen?
- Mit welchen Schneidetechniken kann ich den Haarschnitt erstellen?
- Welche Schneidewerkzeuge benötige ich?

Entscheiden

- Ich stelle dem Kunden den geplanten Haarschnitt vor.
- Ich zeige dem Kunden die geplante Haarlänge.
- Ich begründe meinen Vorschlag.
- Ich erläutere Möglichkeiten zur Gestaltung unterschiedlicher Frisuren auf der Grundlage dieses Haarschnitts.
- Ich lasse mir von dem Kunden sein Einverständnis zu der geplanten Haarlänge und Frisur geben.

Bewerten

- Ist der Kunde mit dem Ergebnis zufrieden?
- Hat sich der Kunde während der Behandlung wohlgefühlt?
- War die gewählte Schneidetechnik die richtige?
- Hätte ich das Ergebnis anders besser erreichen können?
- In welchen Punkten kann ich meine Arbeitstechnik noch verbessern?

Kontrollieren

- Ist die neue Haarlänge so wie mit dem Kunden abgesprochen?
- Haben die Haare überall die gewünschte Länge?
- Sind die Seiten gleich lang?
- Ist ein Nachschneiden irgendwo erforderlich?

Ausführen

- Ich bereite meinen Arbeitsplatz vor.
- Ich reinige die Haare des Kunden.
- Ich führe die Arbeitsschritte in einer sinnvollen Reihenfolge aus.

1 Individuelle Kundengegebenheiten

Die Kundin möchte ohne viel Aufwand immer gepflegt aussehen.
Worauf müssen Sie beim Haarschnitt achten, damit die Frisur für die Kundin schnell und leicht zu erstellen ist?

Das Dienstleistungsangebot der Friseursalons hat in den letzten Jahren stetig zugenommen. Schon lange stehen nicht mehr nur „Waschen, Legen" oder „Waschen, Schneiden, Föhnen" auf der Preisliste. Dennoch gehört das Haareschneiden nach wie vor zu den am häufigsten durchgeführten Dienstleistungen der Friseure. Das beweisen auch aktuelle Studien: In den vergangenen zwei Jahren machte das Haareschneiden im Damensalon über 70% aller erbrachten Dienstleistungen aus (Quelle: EVA Betriebsvergleich 2014 powered by Wella).

1.1 Kundenwunsch

Bevor Sie bei einer Kundin anfangen, die Haare zu schneiden, sollten Sie sich erst einmal genügend Zeit nehmen zu erfragen, wie sich die Kundin ihre Frisur vorstellt.
Beim Haarschnitt geht es als Erstes darum, die Haare dem Kundenwunsch entsprechend zu kürzen. Für die meisten Kundinnen ist es unerträglich, wenn die Haare zu kurz geschnitten werden. Also sorgen Sie dafür, dass die Kundin ganz genaue Angaben zu der gewünschten **Haarlänge** macht. Fragen Sie nach, ob Sie sie richtig verstanden haben, und zeigen Sie der Kundin, wie viel Sie abschneiden werden, denn die Kundin hat vielleicht andere Vorstellungen von „2 cm" als Sie!
„Welche Vorstellungen haben Sie denn von Ihrer neuen Frisur?" Auf diese offene Frage könnte die Kundin z. B. entgegnen: „Ich hätte die Haare an den Seiten gerne etwas kürzer und stufiger." Fragen Sie dann so lange nach, bis Sie ein genaues Bild vom **Frisurenwunsch** der Kundin erhalten haben und wissen, um wie viel Zentimeter die Haare gekürzt und gestuft werden sollen.
Anschaulicher ist es, wenn Sie bei einer Beratung die Merkmale der Frisur mit einer **Bildvorlage** verdeutlichen. Die Kundin kann sich dann besser vorstellen, wie die neue Frisur ungefähr aussehen wird und ob sie ihren Wünschen entspricht. Auch bei Kindern ist diese Vorgehensweise empfehlenswert, damit sie eine Vorstellung entwickeln können. Bartträgern können Sie verschiedene Bartformen zeigen, deren Merkmale beschreiben und den Einfluss auf das Aussehen des Gesichts erklären. Dabei können Sie auch auf **Alternativen** hinweisen, wenn Erwartungen der Kundinnen oder Kunden nicht zu erfüllen sind, weil z. B. die Haare zu dünn oder zu sehr gelichtet sind.

→ *vgl. Lernfeld 4, S. 153*

1.2 Haar- und Kopfhautgegebenheiten

1.2.1 Konturenverlauf, Haarwirbel und Haarwuchsrichtung

Vor dem Schneiden **betrachten** und **kämmen** Sie die Haare. Sie erkennen dann, wie die Haare im kopfhautnahen Bereich wachsen, und spüren beim Kämmen, wie stark die Haarwirbel sind und in welche Richtung die Haare wachsen. Dies ist besonders bei Kurzhaarschnitten zu berücksichtigen, bei denen verdichtete Haarbereiche das Gesamtbild der Frisur möglicherweise negativ beeinflussen. Der Schnitt könnte schief aussehen; einzelne Haarbereiche könnten dunkler und länger erscheinen.

Kontur

Bei der Gestaltung eines Haarschnitts berücksichtigen Sie den natürlichen Konturenverlauf. Dabei werden **zwei Arten von Frisurenverläufen** unterschieden:
- Die **Basislinie**, also die Länge der Frisur im Nacken, liegt direkt **auf der Kontur** (z. B. beim Fassonschnitt).
- Die **Basislinie** ist **länger als die Kontur** (z. B. beim Bob).

Auch beim Ausrasieren des Nackens sollten Sie den Konturenverlauf berücksichtigen und ihn in seiner Form nicht beeinflussen.

Bob

Haarwirbel

Besonders im Bereich des Oberkopfes, der Stirnpartie und im Nacken treten häufig Wirbel auf, die den Fall der Haare beeinflussen und bei der Frisurengestaltung und dementsprechend auch beim Schnitt zu berücksichtigen sind.

Praxistipp

Haare an starken Wirbeln sollten länger bleiben, damit sie nicht abstehen. Oder integrieren Sie den Wirbel in einen Haarschnitt und nutzen Sie ihn, um Stand oder Volumen in die Frisur zu bringen.

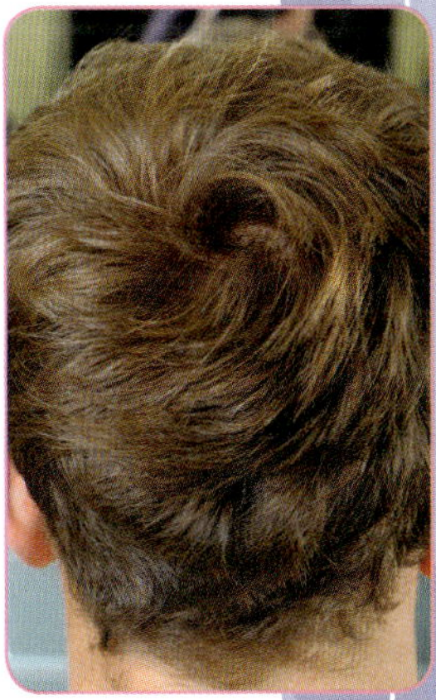

Wirbel

Haarwuchsrichtung

Nicht immer lässt sich das fehlende oder zu starke Volumen, das sich aus der Wuchsrichtung ergibt, durch Haarschneidetechniken ausgleichen. Sie müssen diese Gegebenheiten berücksichtigen, auch bei Techniken der Rasur und der Haarentfernung.

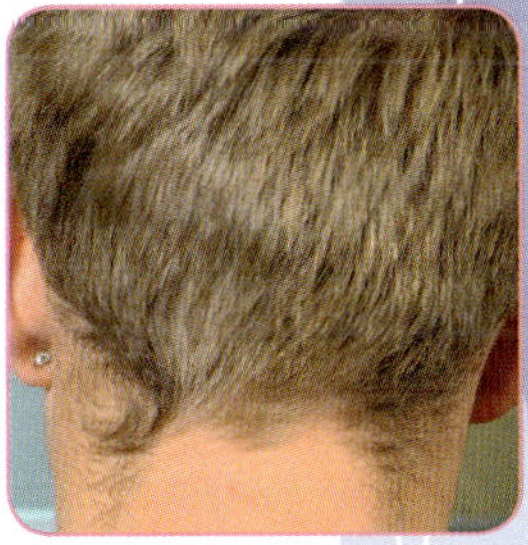

Unterschiedliche Wuchsrichtung der Haare im Nacken

1.2.2 Haarwellung

Die Stärke der Wellung entscheidet über das Volumen einer Frisur, das sich auch durch den Einsatz bestimmter Haarschneidetechniken nur begrenzt verändern lässt.
Stark wellige oder **lockige** Haare lassen sich im trockenen Zustand besser schneiden; die Haarlängen können so genauer festgelegt werden. Da durch das Anfeuchten und Glattkämmen beim Nassschnitt die Haare länger erscheinen, werden sie häufig zu kurz geschnitten. Nach dem Trocknen und Zusammenziehen der Locken ist der Haarschnitt kürzer als gewünscht. Auch unbehandeltes, also gekraustes afrikanisches Haar wird „optisch" im trockenen Zustand geschnitten, indem es mit einem weitzahnigen Kamm gekämmt und von der Kopfhaut abgehoben wird.

1.2.3 Haarqualität

➜ *vgl. Lernfeld 3, S. 81*

➜ *vgl. Lernfeld 3, S. 82*

Die **Haarstärke** wird ermittelt, da dickes Haar im Vergleich zu feinem Haar im Kurzhaarbereich mehr Volumen gibt, aber umso schwerer fällt, je länger die Haare sind. Berücksichtigen Sie dies bei der Auswahl der Schneidetechnik. Asiatisches Haar mit rundem Querschnitt und großem Durchmesser darf nicht zu dick abgeteilt werden, da Schnittkanten bei glattem, dickem Haar gut sichtbar sind.
Die **Haarstruktur** hat ebenfalls großen Einfluss auf den Haarschnitt. Stark strapazierte Spitzen (Haarspliss) stehen oft ab. Meist hilft nur, sie ein ganzes Stück weit abzuschneiden – das muss aber vorher ausführlich mit der Kundin abgeklärt werden.

1.2.4 Haarfülle

Je dichter die Haare sind, desto voluminöser ist die Frisur. Das ist nicht immer gewünscht und bedeutet dann, dass die Haare ausgedünnt werden sollten.
Bei geringer Haarfülle kann man durch Schneiden von **Stützhaaren** Volumen erzeugen.

Praxistipp

Erklären Sie der Kundin, dass Stützhaare nur stützen können, wenn sie nicht zu lang werden, sie also mit dem nächsten Friseurbesuch nicht zu lange warten sollte.

Lichte Stellen, an denen kaum Haare wachsen, z. B. bei kreisrundem Haarausfall, sollten von den umliegenden Haaren verdeckt werden. Denken Sie vor dem Schneiden daran! Sind die betreffenden Haare abgeschnitten, ist kaum noch zu korrigieren.
Im Herrensalon ist es heutzutage nicht mehr üblich, Glatzenbildung mit längeren Deckhaaren, die von einer Seite auf die andere Seite übergeschlagen werden, zu verdecken. Trotzdem kann dieser Fall in der Salonpraxis auftreten. Gehen Sie mit viel Einfühlungsvermögen auf den Kunden und seinen speziellen Haarschnitt ein.

Vorteilhafte Frisur bei fettigem Haar

1.2.5 Gegebenheiten der Kopfhaut

Viele Kundinnen haben bei fettiger Kopfhaut und entzündlichen Veränderungen Probleme mit dem Sitz ihrer Haare. Auch stören oft Narben, Kahlstellen, Pigmentmale und Warzen das Frisurenbild. Diese Kundinnen erwarten von Ihnen, dass Sie Lösungsvorschläge machen und beim Schnitt diese Probleme berücksichtigen:
Bei **schnell fettender Kopfhaut** ist ein Stufenschnitt mit effilierten, also ausgedünnten Bereichen vorteilhaft.
Besonders feine Haare fallen leichter, wenn sie kürzer geschnitten und ausgedünnt werden. Das gibt mehr Volumen, die Haare liegen nicht so eng an der Kopfhaut und fetten etwas langsamer nach. Auch können sie besser durch Sonne und Luft ausgetrocknet werden.
Arbeiten Sie besonders vorsichtig, wenn **entzündliche Veränderungen der Haut** wie offene Stellen und Pickel vorhanden sind. Wegen der erhöhten Infektions- und Verletzungsgefahr beim Kämmen, Schneiden oder Rasieren ist zu prüfen, ob ein Haarschnitt oder eine Nassrasur überhaupt durchgeführt werden kann. Hautpartien mit Warzen oder Narben werden mit besonderer Sorgfalt oder gar nicht rasiert.
Wünscht sich die Kundin eine Kurzhaarfrisur, bedenken Sie, dass **Kahlstellen** sichtbar werden könnten. Weisen Sie die Kundin darauf hin und zeigen Sie ihr Möglichkeiten, um durch Haarverdichtung und Schnitt diese Kahlstellen zu bedecken.

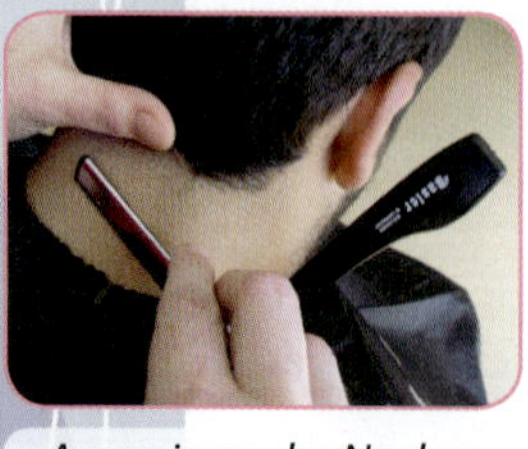

Ausrasieren des Nackens

Aufgabe

Ein junger Kunde möchte einen neuen Haarschnitt. Er hat feines, leicht welliges Haar, das vom Wirbel aus kreisförmig und im Bereich der Stirnkontur asymmetrisch zur linken Seite herunterwächst. Er wünscht sich eine Frisur, bei der er die Haare im Oberkopfbereich gerade nach oben stylen kann. Beraten Sie den Kunden.

2 Basiswissen zum Haareschneiden

Sie finden in einer Fachzeitschrift einen neuen, besonders modischen Haarschnitt mit einer Schnittanleitung in Form einer schematischen Zeichnung. Sie möchten diesen Schnitt an einem Modell umsetzen.
Welche Angaben über den Haarschnitt können Sie aus der schematischen Darstellung herauslesen?

2.1 Schematische Darstellung von Haarschnitten

Um einen Haarschnitt genau zu beschreiben, muss die Länge aller Haare auf dem Kopf angegeben werden. Zusätzlich geben viele Darstellungen Hinweise zu den Basislinien/Grundlinien und zur Ausarbeitung der Konturen.

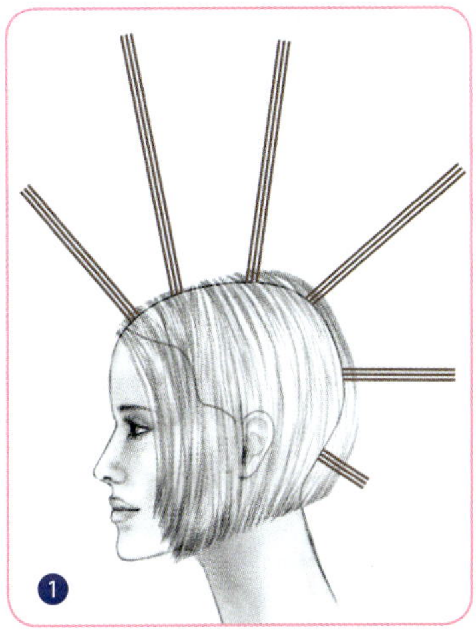

Darstellung der Haarlängen

❶ Um die **Haarlängen** anzugeben, stellt man einige Haare auf der A-Linie (Scheitel von Stirnmitte bis Nackenmitte) im rechten Winkel (90°) vom Kopf weggekämmt dar.

In diesem Beispiel sind die Haare am Vorderkopf lang, zum Nacken hin werden die Haare kürzer.

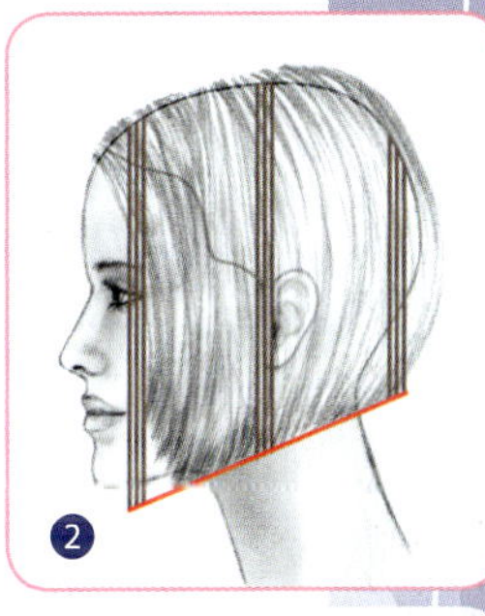

Darstellung der Umrisslinien

❷ Zur Darstellung der **Umrisslinien** werden dieselben Haare nach unten gekämmt dargestellt.

In diesem Beispiel werden die Haare nach vorne gleichmäßig länger (konkave Form).

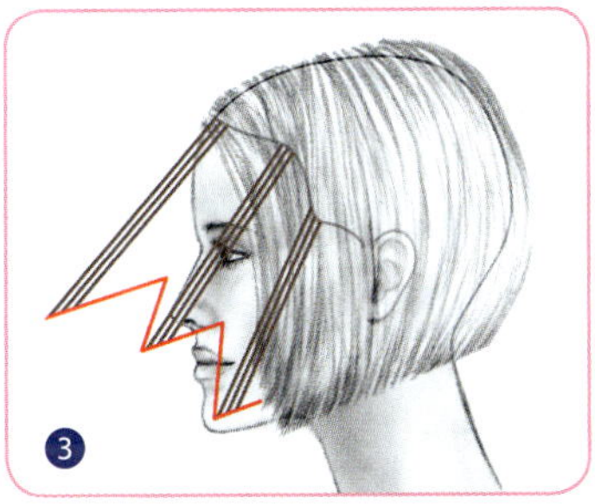

Darstellung der Ausarbeitung der Umrisslinien

❸ Um die **Ausarbeitung der Umrisslinien** darzustellen, werden diese als Linien, Fransen oder Zacken dargestellt.

In diesem Beispiel sind die Haare zum Gesicht hin stark fransig geschnitten.

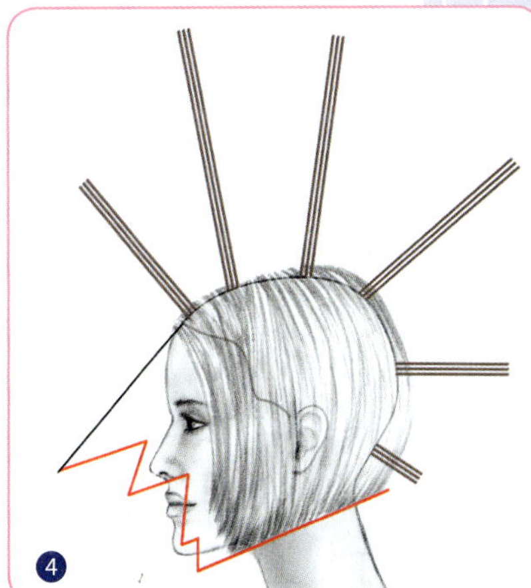

Gesamtdarstellung des Haarschnitts

❹ Um einen Haarschnitt vollständig darzustellen, werden die zuvor genannten einzelnen Angaben in einer einzigen Zeichnung zusammengefasst.

2.2 Basisschnitte

Obwohl es so viele unterschiedliche Frisuren gibt, lassen sie sich doch auf vier Basisschnitte zurückführen, die je nach Haarlänge und Frisurenwunsch unterschiedlich eingesetzt werden.

Folgende vier Basisschnitte werden unterschieden:

- kompakte Form
- einheitlich gestufte Form
- ansteigend gestufte Form
- graduierte Form

(einheitlich gestufte, ansteigend gestufte und graduierte Form:) gestufte Formen unterscheiden sich durch die Platzierung und Länge der Stufen

Viele Haarschnitte beinhalten nicht nur einen dieser Basisschnitte, sondern sind Mischformen. Daher ist es besonders wichtig, die Basisformen zu kennen, um sie je nach Frisurenwunsch richtig zu kombinieren und in der Schnitttechnik anzuwenden.

Die vier Basisformen werden im Folgenden beschrieben und mit einem Beispielfoto und den dazu passenden Schnittgrafiken dargestellt.

Kompakte Form

2.2.1 Kompakte Form

Bei der kompakten Form handelt es sich um mittlere, halblange oder lange Pagenkopffrisuren ohne Stufungen. Alle Haare enden auf einer Umrisslinie.

Die Frisurenoberfläche (Textur) ist ruhig. Das größte Volumen entsteht im Bereich der Spitzen.

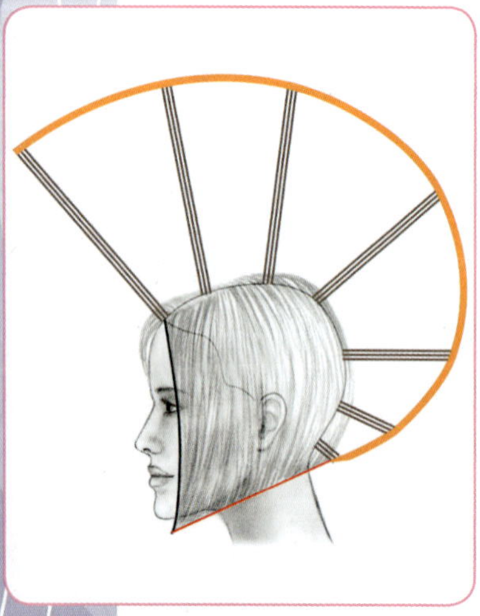

Schnittgrafik – Profil

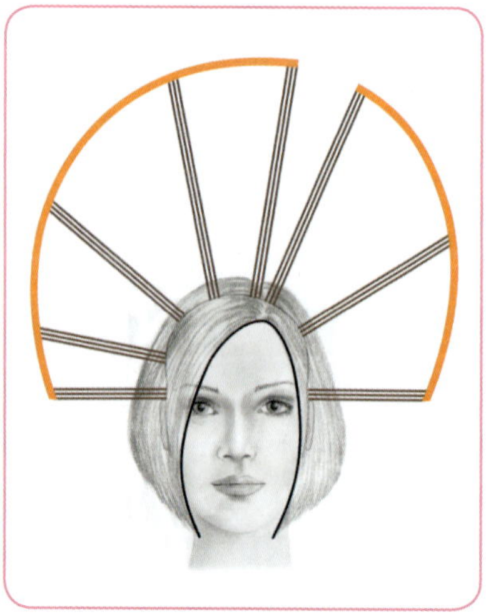

Schnittgrafik – Vorderansicht

Schnittgrafik – Hinterkopfansicht

2.2.2 Einheitlich gestufte Form

Die Stufung der Haarlängen (Struktur) ist über den gesamten Kopf einheitlich, d.h. alle Haare haben die gleiche Länge.
Die Textur ist aktiviert durch die unterschiedlichen Richtungen der Haarspitzen.
Die Schnitttechnik der Stufung gibt Kurzhaarfrisuren mit feinen Haaren mehr Volumen, weil die Haare leichter und lockerer fallen. Auch bei dicken Haaren nimmt die Stufung einiges an Gewicht aus den Längen, die Haare fallen schöner und die Frisur bekommt mehr Pep. Der äußere Frisurenumriss passt sich der Kopfform an.

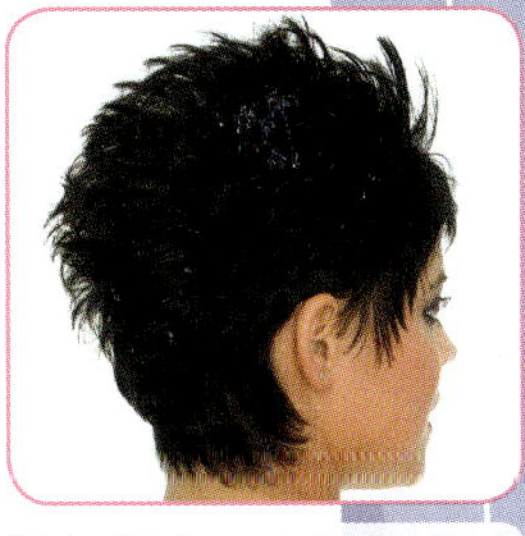

Einheitlich gestufte Form

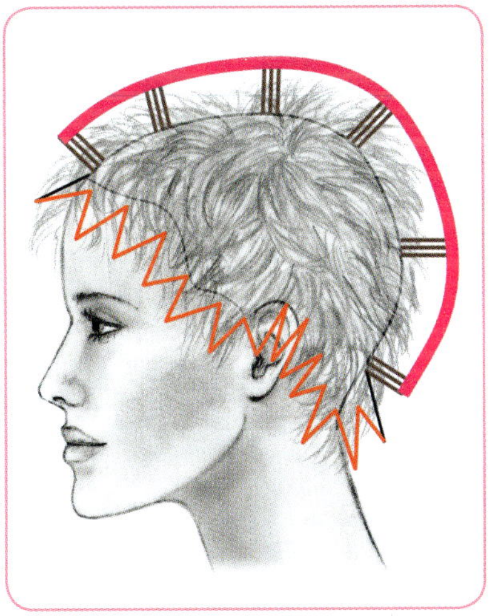

Schnittgrafik – Profil

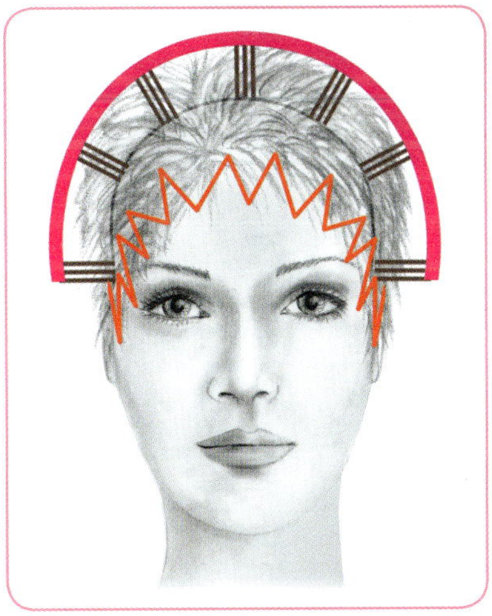

Schnittgrafik – Vorderansicht

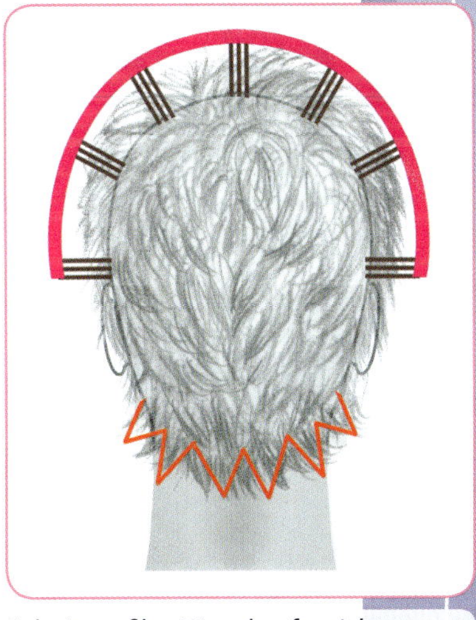

Schnittgrafik – Hinterkopfansicht

2.2.3 Ansteigend gestufte Form (= erweiternd verlaufende Form)

Die Haare sind so gestuft, dass sie im Oberkopfbereich, meist am Wirbel, am kürzesten sind und zu den Konturen hin länger werden.
Diese Technik eignet sich vor allem für längere und lange Frisuren, bei denen eine Stufung mehr Bewegung in die Frisur bringen soll, wobei die Grundlänge erhalten bleibt. Durch die Stufung wird die Haaroberfläche aktiviert und in den gekürzten Bereichen Volumen geschaffen.

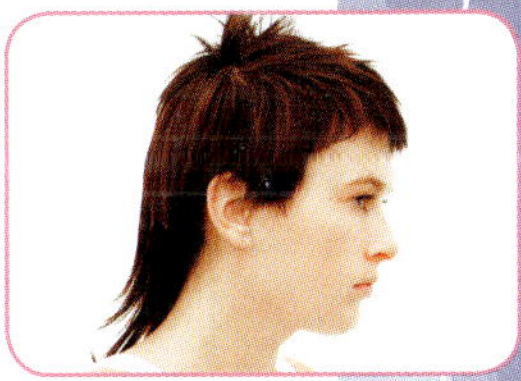

Ansteigend gestufte Form – „Vokuhila"

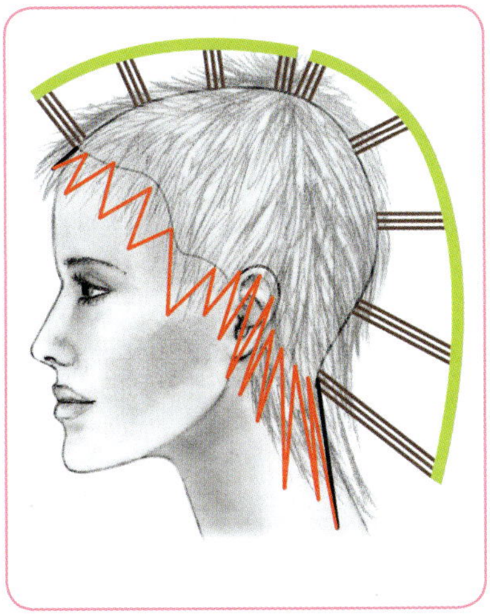

Schnittgrafik – Profil

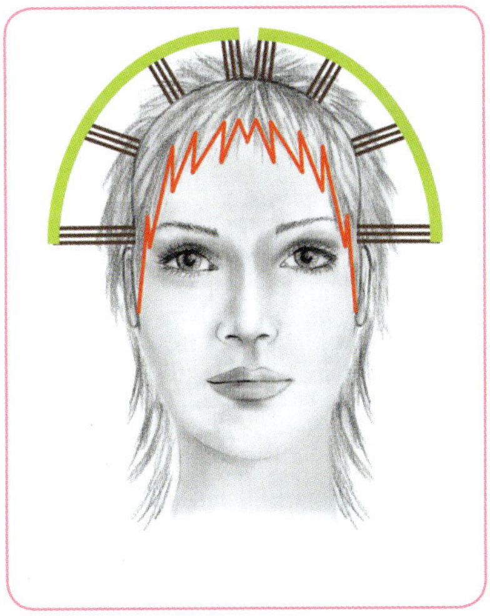

Schnittgrafik – Vorderansicht

Schnittgrafik – Hinterkopfansicht

2.2.4 Graduierte Form

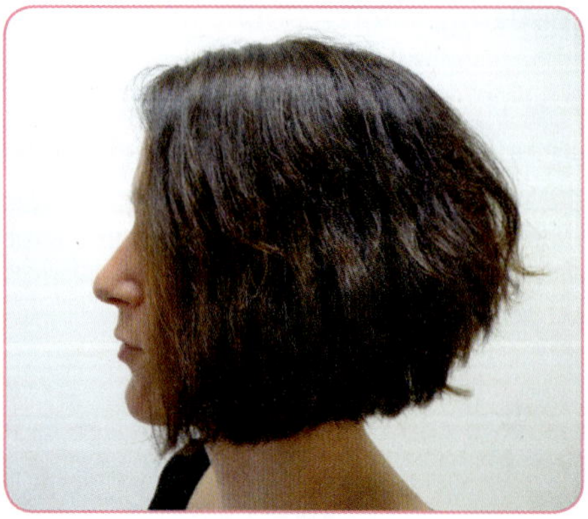
Graduierte Form

Die Haare sind so gestuft, dass die unteren Haare kürzer als die Oberkopfhaare sind.
Meist handelt es sich dabei um eine sehr feine Abstufung, mit deren Hilfe mehr Volumen und Bewegung in den Frisurenumriss gebracht werden soll.

Der Bob ist die bekannteste graduierte Frisur. Er hat eine betonte Grundlinie als Deckhaargrenze zu den kurzen Konturenhaaren im Nacken- und Seitenbereich.

Wird unter den graduierten Haaren am Hinterkopf der Nackenbereich als Übergang (Fasson) geschnitten, so entsteht ein „Undercut".

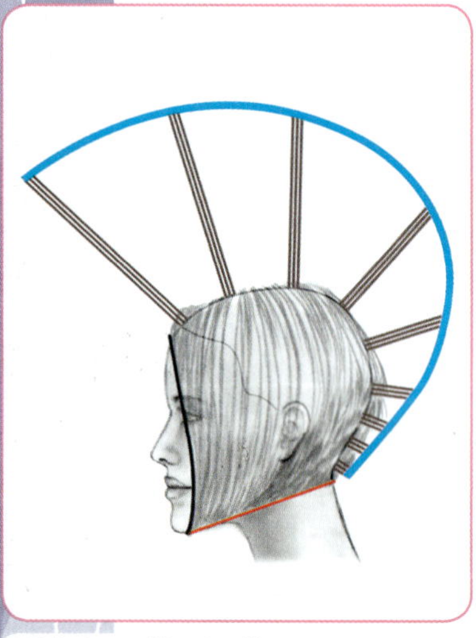
Schnittgrafik – Profil

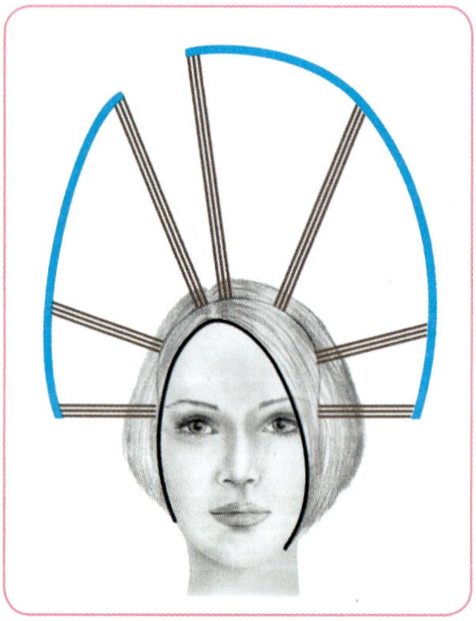
Schnittgrafik – Vorderansicht

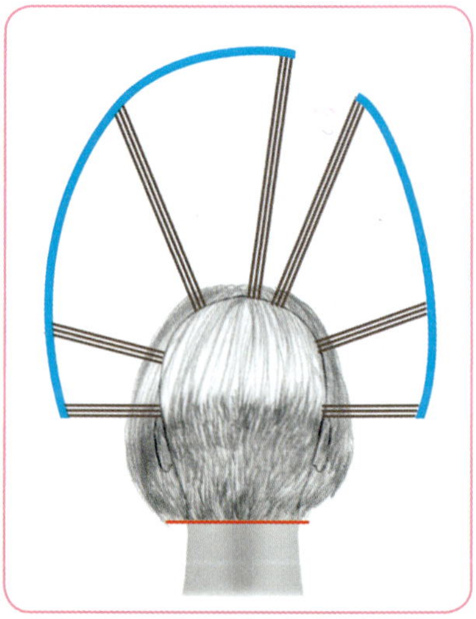
Schnittgrafik – Hinterkopfansicht

Aufgaben

❶ Suchen Sie zu jeder der vier Basisformen je ein Frisurenfoto aus Zeitschriften heraus.

❷ Erstellen Sie passend zu den gefundenen Frisurenfotos Schnittzeichnungen.
Berücksichtigen Sie dabei die richtige Länge der Haare, die Basisform und die Ausarbeitung der Umrisslinien.

❸ Beschreiben Sie die Frisuren.
Achten Sie besonders auf das Volumen und die Oberfläche der Frisuren.

3 Arbeitsmittel und Arbeitstechniken

Sie möchten sich eine eigene Haarschneide-ausrüstung zusammenstellen. Was benötigen Sie?

3.1 Arbeitsmittel

3.1.1 Haarschneidegeräte

Je nach Frisurenwunsch und Schneidetechnik kommen unterschiedliche Geräte zum Einsatz. Kompakte Frisuren werden mit anderen Werkzeugen erstellt als fransige, gestufte und locker fallende Haarschnitte.
Zum Schneiden gerader Schnittlinien sind Scherenblätter mit gezahnten Schneiden besser geeignet, da die Haare beim Schließen der Scherenblätter nicht herausrutschen. Dagegen haben Slicescheren zum Schneiden fransiger Effekte glatte Schneiden, damit sie sanfter am Haar entlanggleiten. Auch die individuellen Gegebenheiten der Kundin spielen eine wichtige Rolle bei der Auswahl des geeigneten Werkzeugs.

Haarschneidescheren

Jede Friseurin verwendet unterschiedliche Scheren für unterschiedliche Arbeiten. Da eine gute Haarschneideschere nicht gerade billig ist, sollten Sie sich mit Ihrem wichtigsten Arbeitsgerät gründlich befassen und die Unterschiede kennen.

Aufbau einer FrisurenberatungHaarschneideschere
Haarschneidescheren werden überwiegend aus Edelstahl, Titan oder seltener aus Keramik hergestellt. Diese Materialien bergen bei längerem Hautkontakt der Finger mit der Schere nur ein geringes Allergierisiko.
Unterschiedliche Schraubsysteme halten die Scherenhälften präzise zusammen. Sie sorgen für wenig Reibung und gute Spannung zwischen den Scherenblättern.
Mit auswechselbaren Ringeinsätzen können die Griffringe an die Fingerstärke angepasst werden. Ein Fingerhaken ist anschraubbar, um den kleinen Finger beim Schneiden aufzulegen.

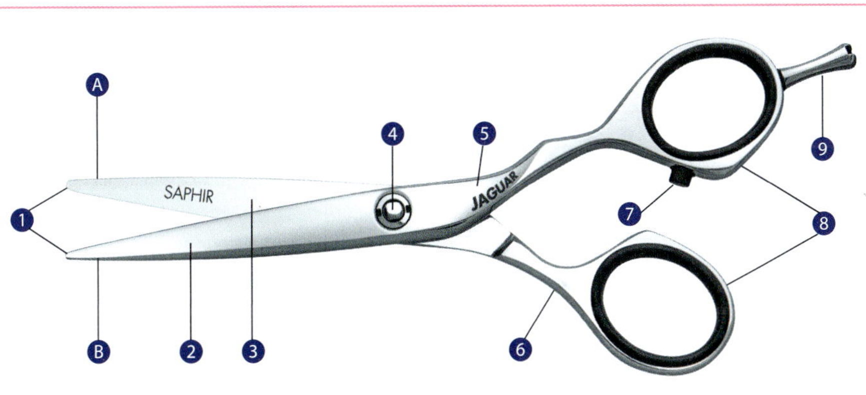

- A Oberer Scherenrücken
- B Unterer Scherenrücken
- 1 Spitzen
- 2 Blatt
- 3 Schneide
- 4 Schraubsystem
- 5 Hersteller/Modell
- 6 Schenkel oder Halm
- 7 Anschlagpuffer
- 8 Augen-/Fingerringe
- 9 Fingerhaken oder Sporn

Bestandteile einer Haarschneideschere

Öffnen und Schließen der Schere mit dem Daumen

Handhabung einer Haarschneideschere

Umfassen Sie beim Transport mit einer Hand beide Schenkel der geschlossenen Schere. So vermeiden Sie, dass Ihnen die Schere aus den Fingern gleitet und herunterfällt.

Zum Schneiden halten Sie die Schere, indem Sie sie mit dem Daumen im unteren und dem Ringfinger bis zum zweiten Fingerglied im oberen Griffring fassen. Legen Sie Zeige- und Mittelfinger flach auf den oberen Schenkel der Schere. Der kleine Finger ruht auf dem Fingerhaken. Nur der Daumen bewegt den unteren Schenkel. Dadurch liegt die Schere beim Schneiden ruhig in der Hand. Das Ergebnis sind saubere Schnittlinien ohne störende Kanten und Absätze.

Aufgabe

Üben Sie das richtige Halten sowie das Öffnen und Schließen einer Schere nur mithilfe des Daumens.

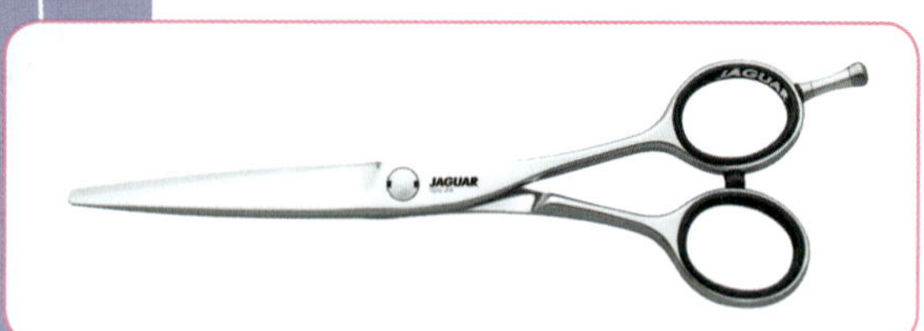

Klassische Form

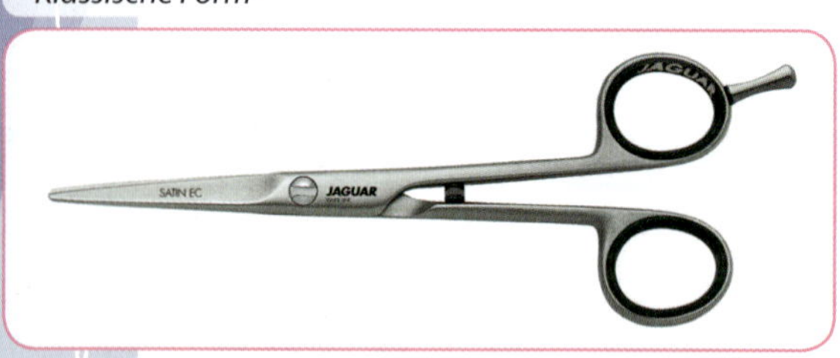

Chiroform

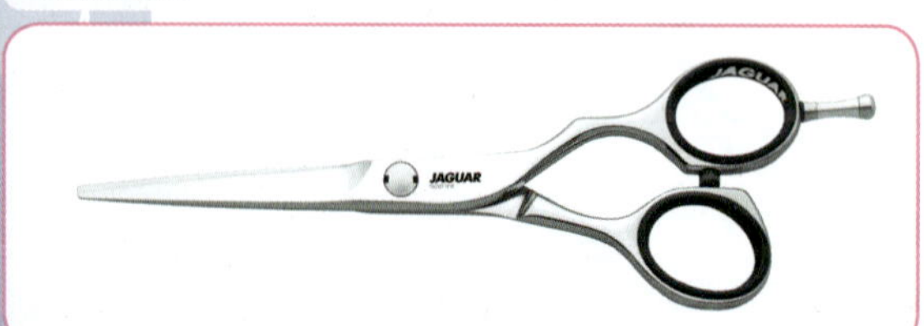

Offsetform

Formen und Einsatzmöglichkeiten von Haarschneidescheren

Es gibt drei Scherenformen, die je nach Schneidetechnik durch unterschiedliche Merkmale optimal an die Eigenschaften und Fähigkeiten der Hand angepasst sind. Sie sollten vor einem Kauf ausprobieren, welche der Formen ideal zu Ihrer Hand passt:

Die **klassische Form** hat baugleiche untere und obere Scherenrücken. Diese Schere ist bei jeder Schneidetechnik einsetzbar.

Bei der **Chiroform** sind die Scherenaugen nach außen gedreht. Durch diese optimierte Blatt-Schenkel-Proportion mit Hebelwirkung ist sie leicht zu bedienen. Sie eignet sich vor allem für Schnitttechniken in der Hand.

Die **ergonomische Form** (Offsetform) ermöglicht durch abgewinkelte Griffbereiche oder verkürzten Daumenschenkel eine natürliche Handhaltung und entspanntes Arbeiten. Zusätzlich wird die Daumenmuskulatur entlastet.

➜ *vgl. S.178*

Die **Schneiden** von Haarschneidescheren sind mikrofein gezahnt oder glatt poliert. Die ein- oder zweiseitige Mikrofeinverzahnung sorgt dafür, dass die Haare beim Schließen der Schneiden nicht zur Scherenspitze hin geschoben werden. Bei Slice-Haarschneidetechniken dagegen werden ungezahnte Schneiden benötigt.

Scheren gibt es in verschiedenen **Größen**, von 4½ bis 6½ Zoll (110–168 mm). Die optimale Scherengröße ergibt sich nicht nur aus der Handgröße der Friseurin, sondern vor allem aus der Schneidetechnik, für die sie verwendet werden soll. So bieten sich größere Scheren an, wenn über den Kamm geschnitten wird, z.B. beim Übergangschneiden, wenn große Partien verändert werden sollen. Kleinere Scherengrößen sind besonders für Detailschnitte geeignet.

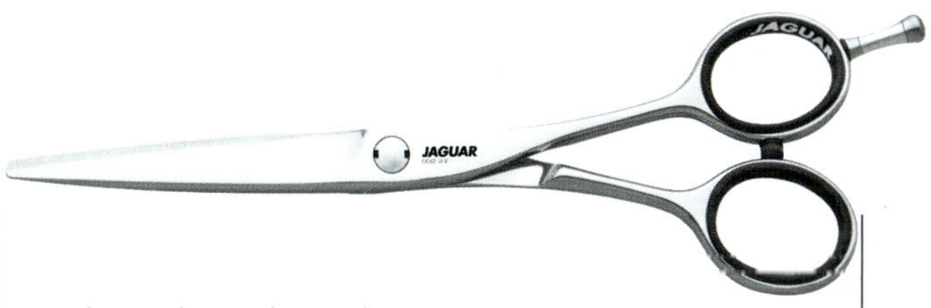

6½	6	5½	5	4½	Zoll
16,5	15,2	14,0	12,7	11,4	Zentimeter

Größen von Haarschneidescheren

Spezialscheren

- **Effilierscheren** haben beidseitig gezahnte Schneiden.
  Sie eignen sich zum Einarbeiten von Stützhaaren oder zum Ausdünnen, also Effilieren, bei besonders dichtem Haar.
- **Modellierscheren** (oder Übergangsscheren) mit einseitiger Zahnung werden vor allem zum Ausdünnen dichter Haare und zum Schneiden von weichen Übergängen (siehe S. 191) verwendet. Bei Fassonhaarschnitten kann das untere Blatt auch als Führungslinie dienen.
- **Point-Cut-Scheren** (Strukturscheren) sind sehr grob einseitig gezahnte Modellierscheren. Sie haben Schneiden mit breiter und weit auseinanderstehender Zahnung zum Schneiden deutlich sichtbarer Fransen.

Effilierschere

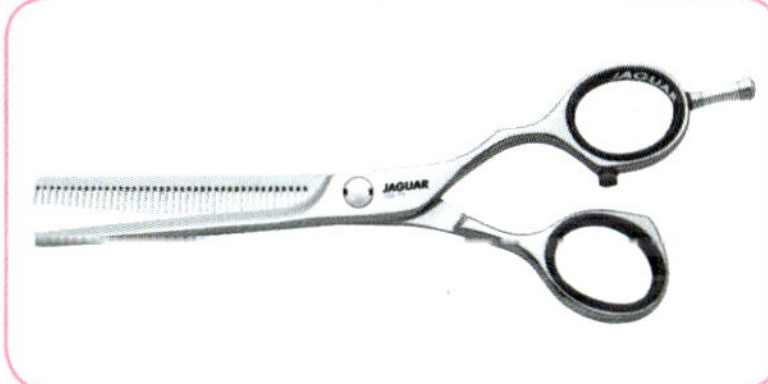

Modellierschere

Point-Cut-Schere

Schnittbild Effilierschere

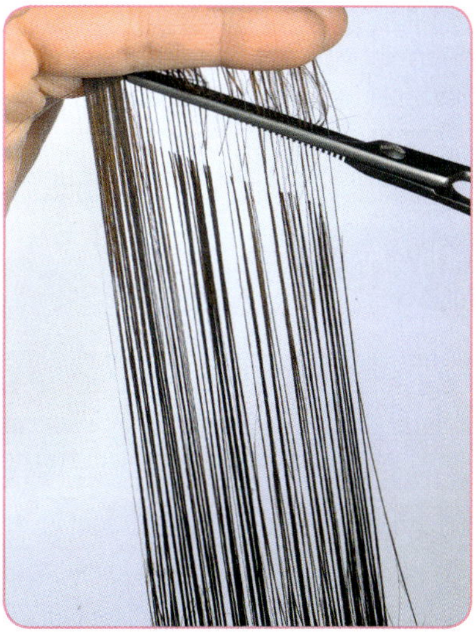

Schnittbild Modellierschere

Schnittbild Point-Cut-Schere

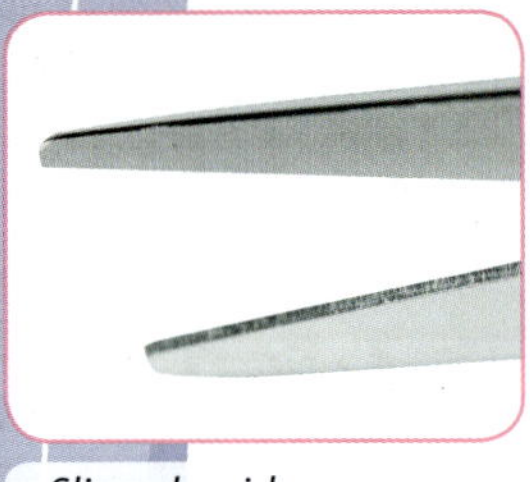

Sliceschneiden

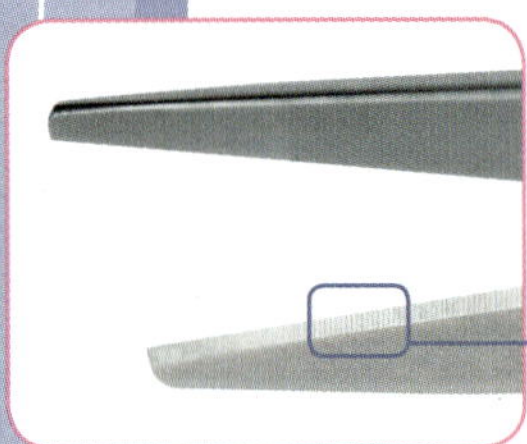

Mikrofeinverzahnung

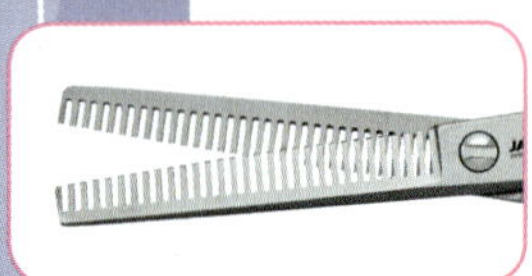

Effilierschneiden

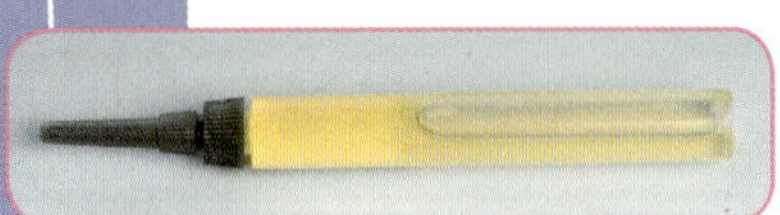

Pflegeöl für Haarschneidescheren

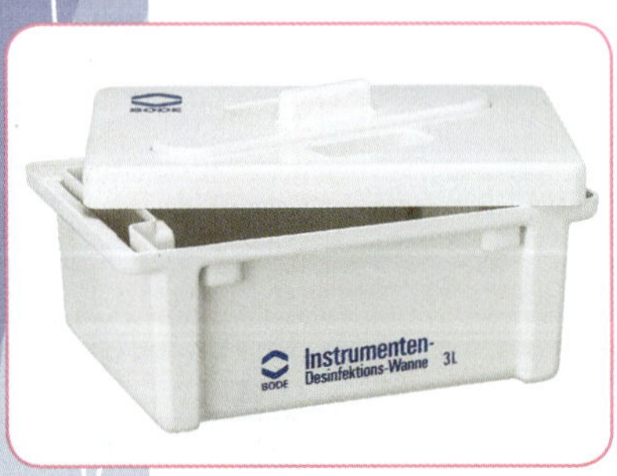

Desinfektionswanne

Qualitätsmerkmale von Haarschneidescheren

Scheren unterscheiden sich im Preis-Leistungs-Verhältnis erheblich voneinander. Achten Sie daher beim Kauf einer guten Schere auf folgende Qualitätsmerkmale:

- **Schraubsystem**
  Schraubverbindungen, z. B. mit Kugellagerschraube, halten beide Scherenblätter.
  Vorteile:
  – Geringste Reibung, weiches Öffnen und Schließen der Schere.
  – Optimale Spannung zwischen den Scherenblättern (Gangschliff) bewirkt glatte Schnittkanten, ohne Haare zu quetschen.
- **Schneide**
  Zwischen den leicht **gebogenen Scherenblättern** entsteht eine Spannung, die dafür sorgt, dass die Schneiden dicht aneinandergeführt werden und so keine Haare durchrutschen können (geringer Vorschub).

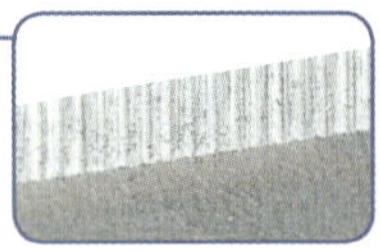

Glatt geschliffene, besonders scharfe **Sliceschneiden** mit extrem flachem Schneidwinkel haben ebenfalls geringen Vorschub. Alle Schnitttechniken sind möglich, besonders das Slicen, also das Ausdünnen der Haarsträhne mit halb geöffneter Schere in Frisurenrichtung.

Ein- oder beidseitige **Mikrofeinverzahnung** ist besonders geeignet für Grundlinien- und Konturenschnitte. Der Schnitt ist allerdings härter als bei glatt polierten Schneiden.

Gute **Effilier- oder Modellierscheren** lassen sich im geschlossenen Zustand aus der Strähne herausziehen. Die Haare werden nicht gequetscht.

Reinigung und Pflege von Haarschneidescheren

Nach jedem Haarschnitt wird die Schere von Haaren befreit. Dazu eignet sich entweder ein weiches Tuch oder auch das Abspülen unter fließendem Wasser. Das Schloss sollte regelmäßig geölt werden, damit die Schere immer leicht zu öffnen und zu schließen ist.

Nach jeder Behandlung, vor allem aber, wenn die Schere mit Blut in Kontakt gekommen ist, muss sie vor der Reinigung **desinfiziert** werden. Dazu eignet sich eine Desinfektionswanne, in die nach den Angaben des Herstellers die Desinfektionslösung gegeben wird. Nach der vorgeschriebenen Einwirkzeit wird die Schere herausgenommen, unter fließendem Wasser abgespült und anschließend mit einem Tuch getrocknet.
Tragen Sie beim Desinfizieren Schutzhandschuhe, da die Desinfektionsmittel die Haut angreifen können.

Aufgaben

1. Welche drei Grundformen unterscheidet man bei Haarschneidescheren?
2. a) Welche Spezialscheren gibt es?
   b) Wann werden diese Spezialscheren eingesetzt?
3. Sie möchten sich eine eigene Haarschneideschere kaufen. Worauf müssen Sie achten?
4. Wie reinigen und pflegen Sie Haarschneidescheren?

Klingengeräte

Neben den Haarschneidescheren eignen sich auch die sogenannten Klingengeräte zum Gestalten einer Frisur. Im Friseursalon kommen vor allem Klingengeräte mit auswechselbaren Klingen zum Einsatz – die sogenannten **Klingenmesser**. Diese Messer gibt es in unterschiedlichen Größen, mit und ohne Effilieraufsatz und mit den unterschiedlichsten Bezeichnungen. Je nach Hersteller werden Namen wie Sifter, Fun-Cut, Razor oder Curlcut verwendet.
Mithilfe von Klingengeräten können komplette Haarschnitte (z.B. Messerhaarschnitt) erstellt werden. Daneben eignen sich diese Werkzeuge vor allem für das Frisurenfinish.

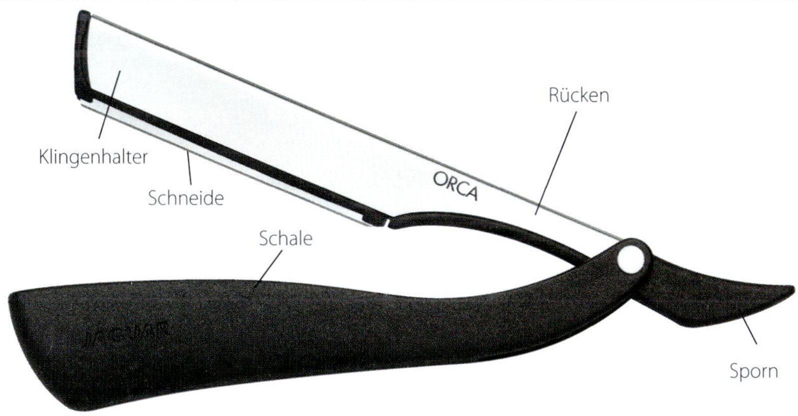

Aufbau eines Klingengeräts

Handhabung eines Klingengeräts

Beim Umgang mit einem Klingenmesser ist ein fester Halt besonders wichtig, damit man nicht abrutscht und es zu Verletzungen kommt. Für den richtigen Halt öffnen Sie das Klingenmesser und legen den Daumen an das Klingenende. Zeige-, Mittel- und Ringfinger liegen auf dem Messerrücken. Je nach Technik liegt der kleine Finger entweder über oder unter dem Sporn. Die Schale wird durch Ringfinger und kleinen Finger gestützt.

Vorhandgriff

Rückhandgriff

Beim Arbeiten mit einem Klingenmesser unterscheidet man den Vorhand- und den Rückhandgriff.

- Der **Vorhandgriff** ermöglicht Rechtshändern die Führung des Messers nach links.
- Indem man das Handgelenk dreht, wird aus dem Vorhand- der **Rückhandgriff**, der nun eine Führung des Messers nach rechts erlaubt.

Zum **Effilieren** führen Sie die Schneide mit leichtem Druck flach schabend über nasse Haare. Zum **Stumpfschneiden**, also zum geraden Abschneiden der Haare, z.B. im Spitzenbereich, drücken Sie die steiler zur Strähne gehaltene Schneide mit kurzen Schüben gegen die Haare.

Stumpfschneiden mit einem Klingengerät

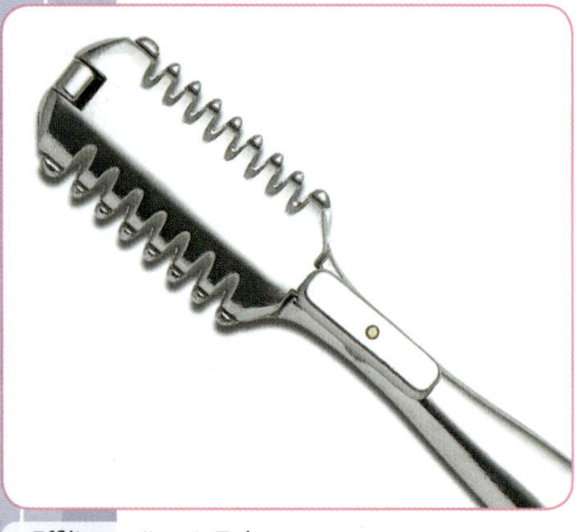

Effiliergerät mit Zahnung

Sifter

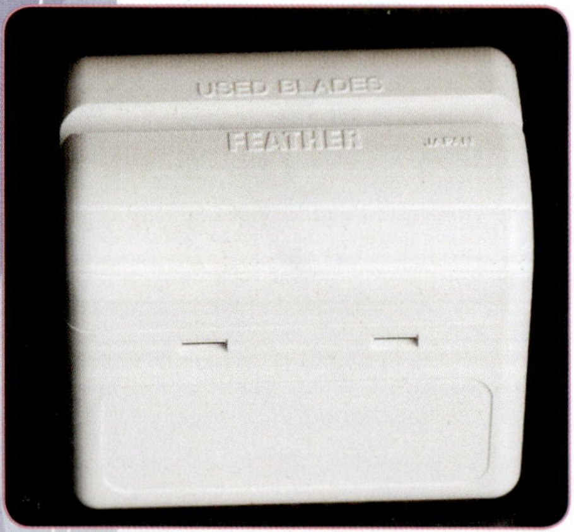

Abfallbehälter für Rasierklingen

Formen und Einsatzmöglichkeiten von Klingengeräten für spezielle Arbeiten

Effiliergeräte mit Zahnung haben durch Kammzahnung geschützte Schneiden. Mit der frei liegenden Schneide wird überwiegend stumpf geschnitten und Nackenhaar ausrasiert. Mit der geschützten Schneide werden Haarbereiche großflächig ausgedünnt oder nur Spitzenbereiche verfeinert.

Der **Sifter** mit Kurzklingeneinsatz wird zum Rasieren der Augenbrauen und für Hair-Tattoos verwendet.

Qualitätsmerkmale von Klingengeräten

Ein gutes Klingenmesser erkennen Sie an folgenden Qualitätsmerkmalen:

- Griff
  Der Messergriff muss fest sitzen und gut in der Hand liegen, um ein Abrutschen während der Arbeit zu verhindern. Er sollte ergonomisch geformt sein, um auch bei längerem Arbeiten die Muskulatur nicht übermäßig zu belasten.

- Klinge
  Die Klinge muss glatt sein, damit ein genaues und sauberes Schneiden ermöglicht wird. Eine Klinge, die Scharten aufweist, kann die Haarstruktur unnötig schädigen.

- Schliff
  Der Schliff der Klinge ist entscheidend für präzise Schnitte. Die Schärfe einer Klinge wird durch Hohlschliff und durch eine hohe Härte des verwendeten Stahls erzielt.

Reinigung und Pflege von Klingengeräten

Aus hygienischen Gründen muss die Klinge nach jedem Kunden gewechselt werden. Denken Sie dabei bitte daran, dass Rasierklingen nicht in den Hausmüll gehören, sondern in einem geeigneten Behälter entsorgt werden müssen.

Rasiermesser mit festen Klingen werden nach jedem Gebrauch (ebenso wie die Haarschneidescheren) desinfiziert. Zudem müssen sie regelmäßig geschärft werden, was einige Übung erfordert.

Das **Schärfen** erfolgt auf einem Schleifstein, der mit Öl oder Wasser angefeuchtet wird. Die Klinge wird flach aufgelegt und diagonal über den Stein gezogen. Sie wird von beiden Seiten geschliffen und über den Messerrücken gedreht.

Aufgabe

Üben Sie den Vorhand- und Rückhandgriff an einem mit Rasierschaum bestrichenen Luftballon.

Haarschneidemaschinen

Männerhaarschnitte können entweder mit der Schere-über-Kamm-Technik geschnitten werden oder mit Haarschneidemaschinen. Haarschneidemaschinen gibt es bereits seit Beginn des 20. Jahrhunderts. Sie ermöglichen ein schnelles und effizientes Arbeiten.
Haarschneidemaschinen gibt es in sehr unterschiedlichen Größen, mit Kabel oder ohne Kabel mit Akkubetrieb.

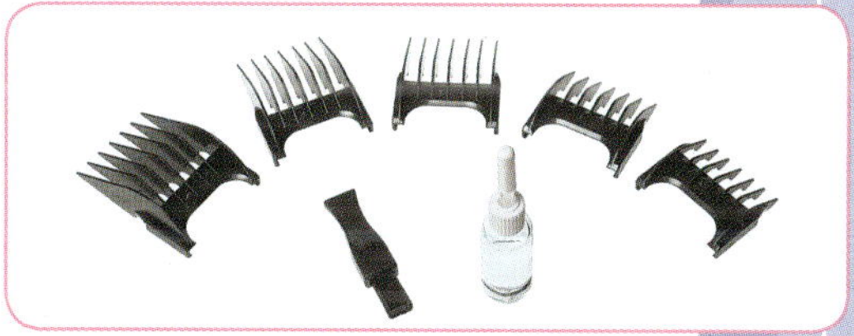

Zubehör

Aufbau einer Haarschneidemaschine

Haarschneidemaschinen haben zwei gezahnte Messer im Scherkopf. Das untere ist feststehend, während das obere sich hin und her bewegt. Durch diese Bewegung werden die Haare gekürzt. Das untere Messer steht etwas weiter hervor als das obere und hat abgerundete Kanten. So werden Verletzungen der Haut vermieden.

Die Einstellung der Geschwindigkeit erfolgt entweder über einen seitlich angebrachten Hebel oder mittels Knopfdruck oder Schalter.
Zusätzlich anzubringende Aufsätze ermöglichen das Einstellen unterschiedlicher Haarlängen. Die Mindestlänge der stehen bleibenden Haare ist durch den Abstand des unteren Messers zur Haut bedingt.

Haarschneidemaschine

Handhabung einer Haarschneidemaschine

Durch den kabellosen Akkubetrieb erhalten Sie uneingeschränkte Bewegungsfreiheit beim Schneiden.
Für Übergänge im Seiten- und Nackenbereich heben Sie mit einem feinen Kamm die Haare etwas an und schneiden die durch die Kammzahnung überstehenden Haare ab.
Übergänge lassen sich auch mit einer Maschine und verschiedenen Steckaufsätzen als Langhaarschneider in einem Arbeitsgang schneiden.
Konturen und scharfe Kanten bei einem Rundschnitt werden „abgestochen", d. h., Sie setzen die Zahnkante des Schneidekopfes vorsichtig direkt auf die Haut und ziehen die Maschine über die abzuschneidenden Haare.

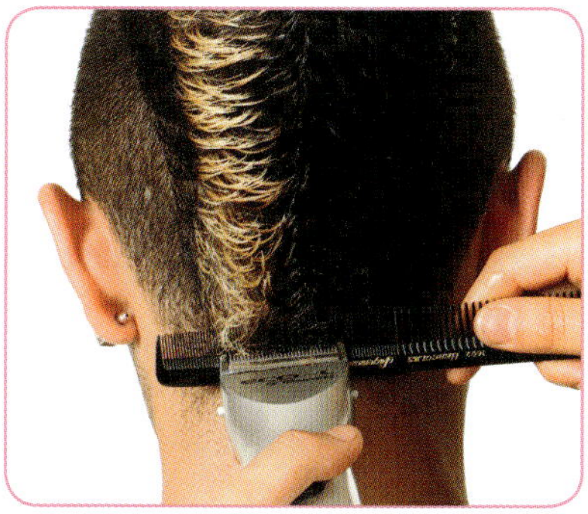

Übergangschneiden über den Kamm

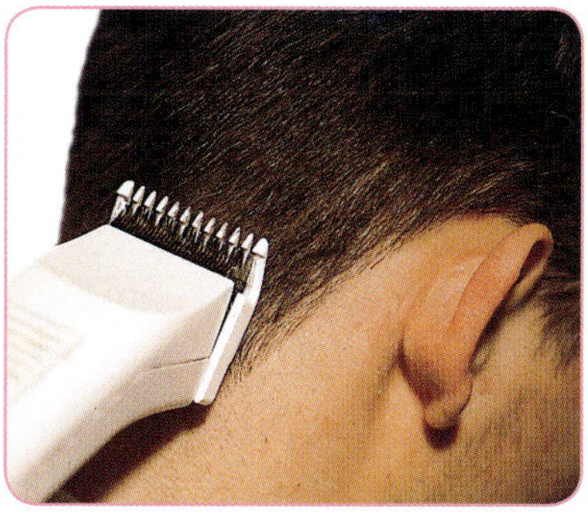

Übergangschneiden mit Steckaufsatz

Schneiden der seitlichen Kontur

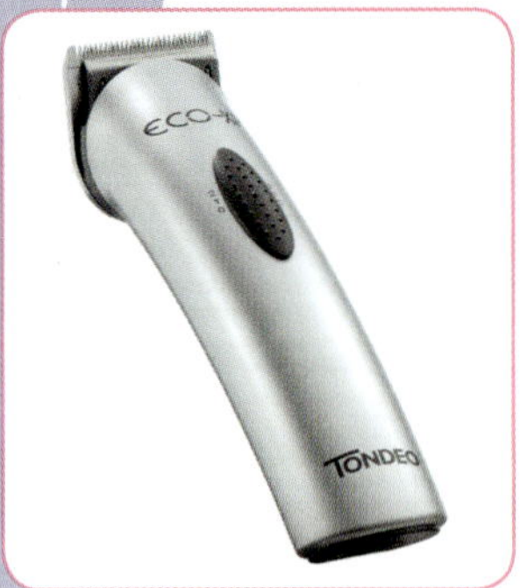

Haarschneidemaschine mit größerem Schneidekopf

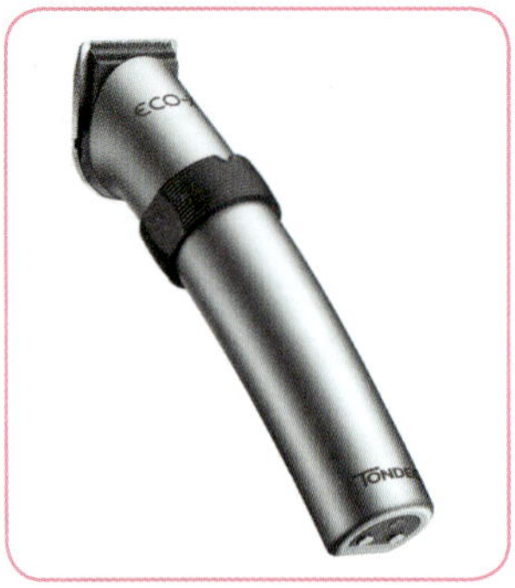

Haarschneidemaschine mit kleinerem Schneidekopf

Hair-Tattoos

Formen und Einsatzmöglichkeiten von Haarschneidemaschinen

Haarschneidemaschinen mit **größerem Schneidekopf** eignen sich für stufenlose Übergänge und zum Entfernen feinster Konturenhaare. Durch verschiedene Aufsätze oder das Führen der Maschine über den Kamm lassen sich auch ganze Haarschnitte erstellen.

Haarschneidemaschinen mit **kleinerem Schneidekopf**, sog. Minicutter oder Contura, eignen sich besonders zum Schneiden scharfer Abstufungen beim Rundschnitt und kurvenförmiger Muster bei Hair-Tattoos.

Qualitätsmerkmale von Haarschneidemaschinen

Haarschneidemaschinen sollen leise und vibrationsarm schneiden. Sie müssen rutschfest in der Hand liegen. Die Schneideköpfe sollten in der Schnitthöhe von 0,1 bis 3 mm leicht zu verstellen sein. Mit Aufsteckkämmen ist die Schnitthöhe zusätzlich zu vergrößern. Die Betriebsdauer der akkubetriebenen Maschinen sollte mindestens 60 Minuten betragen, damit auch mehrere Haarschnitte ohne Unterbrechung fertiggestellt werden können.

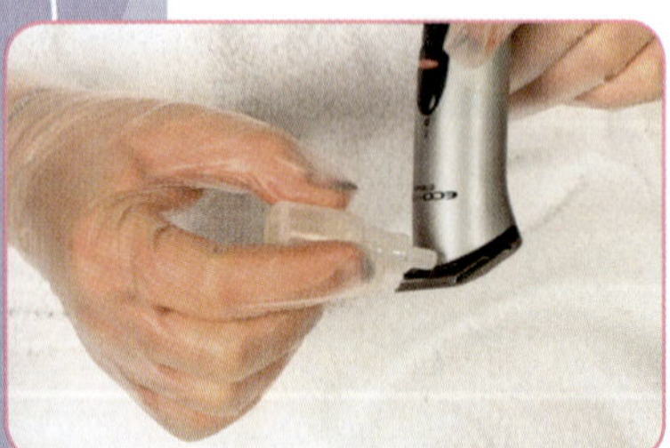

Ölen der Schermesser

Reinigung und Pflege von Haarschneidemaschinen

Haarschneidemaschinen sollten ebenfalls nach jedem Gebrauch gereinigt und desinfiziert werden. Ziehen Sie dabei Schutzhandschuhe an. Entfernen Sie die Resthaare mithilfe eines kleinen Pinsels oder eines Bürstchens und geben Sie anschließend etwas Motoröl auf die Schermesser. Dann wird der Motor kurz angestellt, damit sich das Öl durch die Bewegungen selbstständig zwischen den Schermessern verteilt.

3.1.2 Weitere Werkzeuge und Hilfsmittel

Haarschneidekämme

Haarschneidekämme werden in unterschiedlichen Größen, mit feiner und grober Zahnung angeboten. Während Kämme früher hauptsächlich aus Holz, Metall oder Knochen hergestellt wurden, bestehen sie heute in der Regel aus Hartgummi oder anderen Kunststoffen.

Strähnenkamm

Formen und Einsatzmöglichkeiten von Haarschneidekämmen

Der **weitzahnige Kamm – Strähnenkamm** – eignet sich:

- zum Durchkämmen längerer Haare vor und nach dem Waschen sowie zum Verkämmen von Färbepräparaten im Haar
- zum Abteilen dichter Haare zum Schneiden über den Kamm oder den Fingern
- zum Erfassen und Hochheben dichter Haare von der Kopfhaut beim Schneiden mit der Effilier- und Haarschneideschere

Der **stabile Haarschneidekamm – Ondulationskamm** – eignet sich:
- zum Abteilen von Passees
- zum Kämmen und Halten von Übergangs- und Deckhaaren, um mit Schere oder Klingenmesser zu kürzen
- als Schutz für die Kopfhaut, flach zwischen Kopfhaut und heißen Lockenstab gelegt

Ondulationskamm

Qualitätsmerkmale von Haarschneidekämmen

Hochwertige Hartgummikämme sind:
- dünn, um gut kurze Konturenhaare beim Übergangschneiden zu erfassen
- elastisch, um beim Kämmen dichter Haare nicht zu brechen
- etwas biegsam, um dichtes Haar genauer in die gewünschte Form zu kämmen
- oft auf einer Hälfte grobzahniger, um Passees leichter und schneller durchzukämmen
- glatt poliert, um Haarschäden zu vermeiden
- an den Spitzen der Zähne abgerundet, damit sie nicht die Kopfhaut verletzen
- nicht elektrostatisch aufladbar, um keine Haare anzuziehen
- temperatur- und chemikalienbeständig, damit sie sich nicht verformen

Reinigung und Pflege von Haarschneidekämmen

Zur Reinigung der Kämme benutzen Sie Shampoo und handelsübliche Desinfektionsmittel. Fettrückstände, Präparatreste und Krankheitserreger werden schonend entfernt, indem Sie eine Bürste (z. B. Nagelbürste) vom Kammrücken zu den Spitzen der Kammzahnung führen. So vermeiden Sie, dass Kammzähne abbrechen.
Kämme mit abgebrochenen Zähnen sind zu ersetzen, um die Haare nicht zu schädigen und die Kopfhaut nicht zu verletzen.

Abteilklammern

Zum Abteilen einzelner Passees und zum Festhalten der Haare sind Abteilklammern erforderlich. Es gibt sie in sehr unterschiedlichen Größen aus Metall oder Kunststoff.

Große Abteilklammern aus Kunststoff

Formen und Einsatzmöglichkeiten von Abteilklammern

Große Abteilklammern eignen sich beim Haareschneiden zum Hoch- und Feststecken für die groben Abteilungen des Kopfhaares.

Mit **schmalen, länglichen Abteilklammern** lassen sich Haare in einem Arbeitsgang abteilen und feststecken. Besonders schmale und längliche Passees lassen sich schnell und sauber abteilen. Die Haare werden während des Haarschnitts stramm festgehalten und verrutschen nicht.

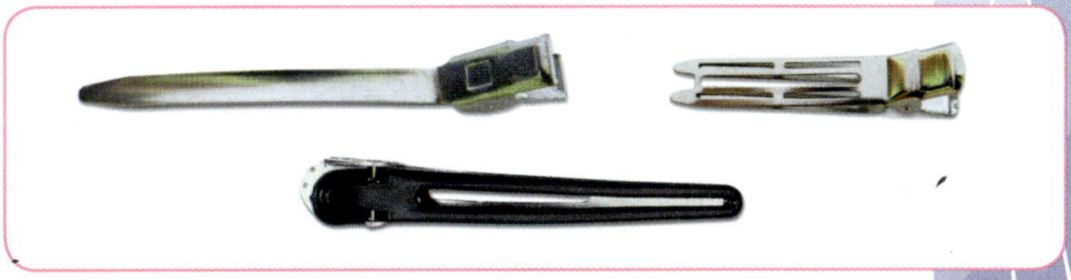

Schmale, längliche Abteilklammern (Clips) aus Metall

Qualitätsmerkmale von Abteilklammern

Gute Abteilklammern sind:
- flach, schmal und länglich und haben eine ausreichende Spannkraft
- leicht ins Haar zu stecken und aus dem Haar zu entfernen
- zum Abteilen und Feststecken der Haare in einem Arbeitsgang geeignet
- rostfrei, glatt poliert und lassen sich gut reinigen und desinfizieren
- formstabil und halten auch längere, schwere Haare, ohne zu verbiegen

Reinigung und Pflege von Abteilklammern

Abteilklammern sollten nach jeder Benutzung gereinigt und desinfiziert werden. Dazu legen Sie die Teile 15 Minuten in ein Reinigungsbad. Tragen Sie Schutzhandschuhe, auch wenn Sie die Teile unter fließendem Wasser spülen. Wenn die Klammern beschädigt sind oder rosten, müssen sie entsorgt werden. Das geschieht sowohl aus hygienischen als auch aus ästhetischen Gründen.

Hilfsmittel

Neben den oben genannten Arbeitsgeräten stehen Ihnen beim Haareschneiden unterschiedliche Hilfsmittel zur Verfügung.

Hilfsmittel zum Haareschneiden

Um die Kleidung der Kundin vor Haaren zu schützen, legen Sie ihr vor dem Schneiden einen **Frisierumhang** um, der nach jeder Benutzung aus hygienischen Gründen gewaschen werden sollte. Der Umhang wird möglichst dicht am Hals der Kundin geschlossen, damit keine Haare hineinfallen können. Achten Sie dabei jedoch darauf, dass die Kundin noch genügend Luft bekommt, und fragen Sie nach, ob der Umhang angenehm sitzt. Die Kundin fühlt sich sonst sehr schnell beengt und unwohl.

Unterstützend können Sie einen **Schneidekragen** anlegen, der durch sein Gewicht dafür sorgt, dass der Umhang eng am Körper der Kundin bleibt. Gleichzeitig ist der Kragen ein gutes Hilfsmittel bei überschulterlangen Schnitten, da Sie so eine ebene und stabile Unterlage haben.

Vor allem bei Herren, aber auch bei allen Kurzhaarschnitten eignet sich eine **Halskrause**, die noch vor dem Umhang um den Hals des Kunden gelegt und durch leichtes Andrücken der Klebeflächen geschlossen wird. Anschließend wird der Umhang umgelegt und die Halskrause darübergeklappt. Diese verhindert, dass die Schnitthaare unter den Umhang gelangen können.

Ein exakter Schnitt lässt sich nur in feuchtem Haar gestalten. Wenn die Haare zwischendurch zu trocken werden sollten, können Sie mithilfe einer **Sprühflasche** die Haare wieder anfeuchten, um ein optimales Ergebnis zu erzielen.

Nach dem Schnitt können Sie abgeschnittene Haare, die auf der Kopfhaut und im Halsbereich festkleben, mithilfe eines **Nackenpinsels** oder durch einen Luftstrom aus dem Föngerät entfernen.

3.2 Sicheres Arbeiten mit Haarschneidegeräten

3.2.1 Hygienische und gesundheitliche Aspekte

Infektionsgefahr

Egal, ob Sie mit einer Schere, einem Klingenmesser oder einer Haarschneidemaschine arbeiten, es besteht immer die Gefahr einer **Verletzung** der Haut.
Durch Blut können Krankheitserreger wie **Bakterien** oder **Viren** leicht übertragen werden. Das kann zu Entzündungen und Infektionen, besonders zu Hepatitis oder zu Aids führen. Aus gesundheitlichen Gründen sollten Sie daher im Umgang mit schneidendem Werkzeug immer besonders vorsichtig sein.

➜ *vgl. Lernfeld 1, S. 45*

Als **Hepatitis** wird eine Erkrankung der Leber bezeichnet, die in den meisten Fällen durch Viren verursacht wird. Die Virusarten, die für die Entstehung einer Hepatitis infrage kommen, werden mit den Buchstaben A, B, C, D und E gekennzeichnet. Vor allem der Hepatitis-C-Erreger wird über das Blut übertragen. Während man sich gegen die ebenfalls häufigen A- und B-Typen impfen lassen kann, gibt es bislang noch keine vorbeugende Impfung gegen Hepatitis C. Der Verlauf kann von einer leichten Leberentzündung bis hin zu irreparablen Leberschäden und Leberkrebs gehen. Infektionen mit Hepatitis C sind nicht immer heilbar.
Für eine Ansteckung reichen bereits kleinste Verletzungen, die auch beim ungeschützten Geschlechtsverkehr entstehen können. Auch benutzte Rasierklingen oder Nagelfeilen können für eine Ansteckung ausreichen.

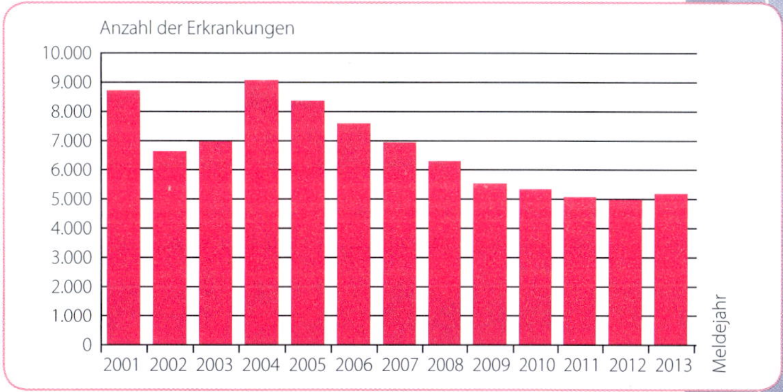

Übermittelte Hepatitis-C-Erstdiagnosen, Deutschland 2001 bis 2013

Gemeldete HIV-Erstdiagnosen, Deutschland 2001 bis 2013

Quelle: Robert Koch-Institut, Berlin: Infektionsepidemiologisches Jahrbuch meldepflichtiger Krankheiten für 2013

Die weltweit verbreitete Erkrankung **Aids** wird durch die Ansteckung mit dem HI-Virus verursacht. **HIV** ist die Abkürzung für human immunodeficiency virus (humanes Immundefizienz-Virus). Nach der Infektion mit dem HI-Virus kann es zu grippeähnlichen Symptomen kommen, die wieder abklingen. Das Virus bleibt jedoch weiter aktiv. Als HIV-positiv wird jeder Mensch bezeichnet, bei dem der HI-Virus im Blut nachweisbar ist.
Nach der ersten Erkrankung kann es in manchen Fällen Jahre dauern, bis die Krankheit erneut ausbricht. Durch Medikamente lässt sich der Ausbruch hinauszögern. Das dann folgende Krankheitsbild, das geprägt ist durch Gewichtsabnahme, schwere Infektionen und verschiedene Krebsarten, wird als Aids bezeichnet. Aids (Abkürzung für acquired immune deficiency syndrome = erworbenes Immundefekt-Syndrom) ist nach wie vor nicht heilbar, die Krankheit endet tödlich.
Das HI-Virus wird durch Sperma, aber auch durch Blut übertragen.

Hygienisches Arbeiten und Desinfektion

→ vgl. Lernfeld 1, S. 17 und S. 44

Die Infektionsgefahr im Friseursalon ist gering. In Deutschland gibt es verschiedene **Gesetze**, die den Umgang mit diesen Erkrankungen regeln. Neben der Arbeitsstättenverordnung und der Hygieneverordnung spielt hier vor allem das Infektionsschutzgesetz eine wichtige Rolle.
Um eine Kontaktinfektion durch Berühren von Körperflüssigkeiten eines Infizierten und von infizierten Gegenständen zu vermeiden, beachten Sie folgende **Infektionsschutzmaßnahmen**:

- Ist es zu einer Verletzung gekommen, desinfizieren Sie sofort die Geräte und reinigen Sie sie anschließend gründlich (Eigenschutz und Kundenschutz).
- Geräte und Werkzeuge sind nach jeder Behandlung zu reinigen und in regelmäßigen Abständen zu desinfizieren.
- Reinigen und desinfizieren Sie Arbeitsflächen mindestens einmal an jedem Arbeitstag gründlich.
- Verwenden Sie nur anerkannte Desinfektionsmittel.
- Befolgen Sie die Anweisungen auf den Desinfektionsmitteln.
- Ziehen Sie beim Desinfizieren in jedem Fall Schutzhandschuhe an. Zum einen trocknen Desinfektionsmittel die Haut extrem aus, zum anderen schützen die Handschuhe Sie beim Berühren infizierter Gegenstände.

3.2.2 Erste Hilfe bei Schnittverletzungen

Sollte es trotz aller Vorsicht zu einer Schnittverletzung gekommen sein, sollten Sie Ruhe bewahren.
Kleinere Wunden können Sie ausbluten lassen. Durch die Gerinnungsstoffe in unserem Blut schließen sich diese Wunden sehr schnell und hören bald auf zu bluten. Durch das austretende Blut werden Verunreinigungen aus der Wunde ausgespült.
Bei **größeren Verletzungen** sollten Sie die Wunde erst kurz bluten lassen und dann abdecken. Das gilt auch, wenn Sie sich geschnitten haben. Nehmen Sie einen Wundverband und schneiden Sie ein Stück ab. Achten Sie darauf, dass die Auflagefläche der sterilen Kompresse mindestens so groß ist wie die Wunde selbst. Drücken Sie den Wundverband an den Seiten leicht an.

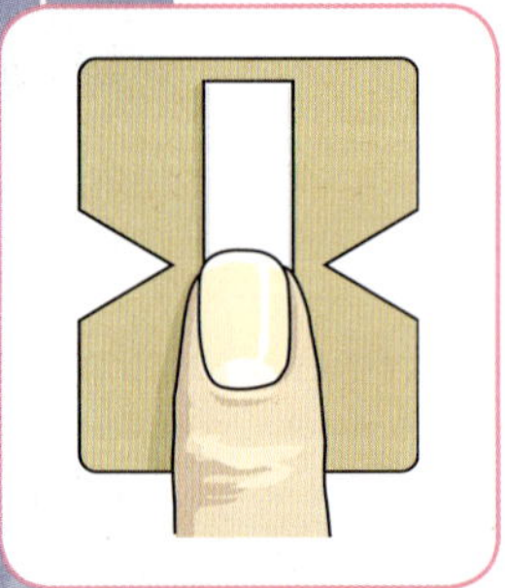

Fingerkuppenverband für kleinere Schnittwunden

Tragen Sie bei der Wundversorgung immer Schutzhandschuhe.
Waschen Sie Wunden niemals aus.
Berühren Sie die Wunden nicht.

Aufgaben

1. Sie haben von Ihrer Schule das Infektionsschutzgesetz ausgehändigt bekommen. Informieren Sie sich über meldepflichtige Krankheiten.
2. Besorgen Sie sich die Hygieneverordnung Ihres Bundeslandes. Welche Bestimmungen gelten im Umgang mit Desinfektionsmitteln?
3. Welche Pflichten haben Sie als Friseurin nach der Hygieneverordnung?
4. Informieren Sie sich, welche Dinge ein Erste-Hilfe-Koffer in jedem Fall beinhalten sollte.

3.3 Arbeitstechniken

3.3.1 Schnittlinien – Fachbegriffe

Um die Durchführung eines Haarschnitts genau beschreiben zu können, benötigen Sie einige Fachbegriffe. Viele Begriffe im Bereich des Haareschneidens werden von Betrieb zu Betrieb und von Friseurschule zu Friseurschule etwas unterschiedlich verwendet und sollen daher im Folgenden kurz erklärt werden.

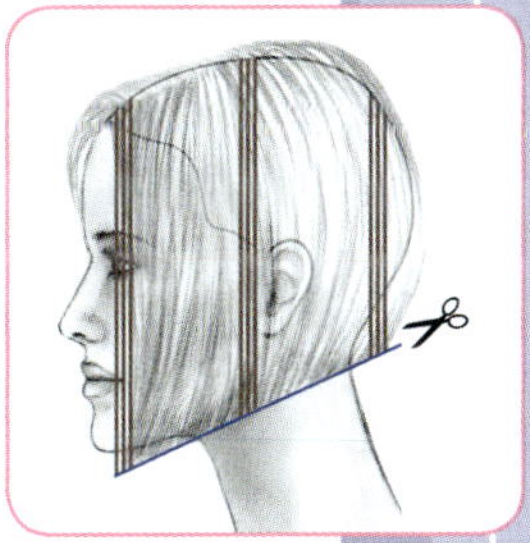

Basislinie

Meist legen Sie bei einem Haarschnitt als Erstes die Länge der Frisur im Nacken fest. Diese erste Schnittlinie begrenzt die Frisur nach außen und wird als **Basislinie** oder **Grundlinie** bezeichnet.
Bei der kompakten Form werden nun alle Haare nacheinander an diese Linie angeglichen. Die Basislinie ist bei diesem Haarschnitt zugleich die **Führungslinie**, die die Länge der zu schneidenden Haare vorgibt. Diese Führungslinie bleibt für alle Haare während des gesamten Haarschnitts an der gleichen Stelle, sie wird daher auch als **stationäre (= feste, unveränderbare) Führungslinie** bezeichnet.
Sollen die Haare gestuft werden, muss eine neue Führungslinie erstellt werden, an die alle zu schneidenden Haare angeglichen werden können. Um bei einem stufigen Haarschnitt die Haare auf eine bestimmte Länge zu bringen, stellt man eine Führungslinie her, indem man ein schmales Passee auf der gewünschten Länge abschneidet. Diese Linie gibt auch die zu schneidende Länge für alle anderen Haare vor, allerdings muss sie bei jedem abgeteilten Passee neu übertragen werden. Diese Führungslinie wandert also mit jedem Passee, sie ist „beweglich" und wird daher als **mobile Führungslinie** bezeichnet.

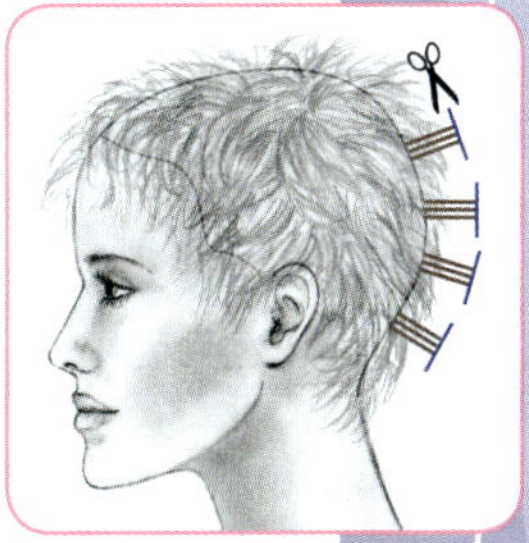

Mobile Führungslinie

3.3.2 Abteilen

Grobes Abteilen

Bevor Sie mit einem Haarschnitt beginnen, teilen Sie die Haare sauber ab. So behalten Sie immer die Übersicht und es fällt leichter, die geplanten Haarlängen und Schnitttechniken in den richtigen Bereichen umzusetzen.
Der Kopf wird zunächst durch einen Kreuzscheitel in vier große Schneidefelder aufgeteilt. Diese werden gebildet durch den **Mittelscheitel**, die **A-Achse**, und den **Querscheitel**, die **B-Achse**, die von Ohr zu Ohr über den höchsten Punkt am Oberkopf verläuft.
Eine weitere Orientierungslinie ist die **Hutlinie**, die **C-Achse**. Durch Teilen der Schnittfelder am Hinterkopf entlang der Hutlinie im Bereich des Hinterhauptbeins entstehen insgesamt sechs große Schneidefelder.

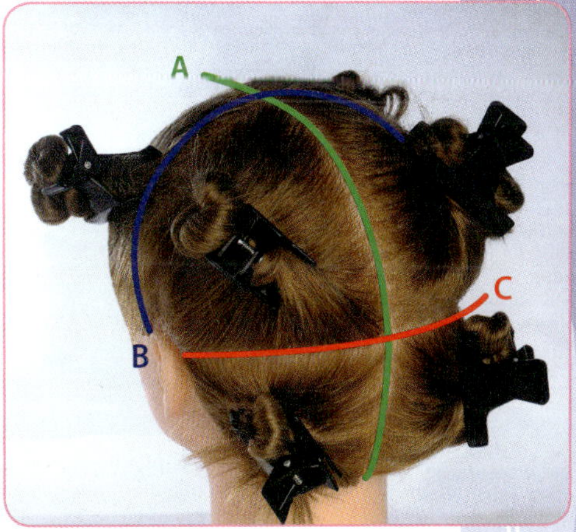

Abteilen in sechs Schneidefelder

Feines Abteilen

Um einen sauberen Haarschnitt ausführen zu können, teilen Sie die großen Schneidefelder Schritt für Schritt in dünn abgeteilte Felder ein, die Haarpassees.
Die Richtung der Feinabteilung in **Passees** richtet sich nach der gewünschten unteren Frisurenumrisslinie. Legen Sie beim Schneiden des ersten Passees die gewünschte Haarlänge fest, bestimmen Sie also die Basislinie = die untere Frisurenumrisslinie. Teilen Sie die Passees parallel zur geplanten Basislinie ab. Teilen Sie die Passees so ab, dass die Basislinie darunter sichtbar bleibt.

Beispiele für Abteilungen am Hinterkopf bei unterschiedlichen Basislinien			
Waagerechte Basislinie	**KonVexe Basislinie**	**KonkAve Basislinie**	**Senkrechte Basislinie bei stark ansteigend gestuften Haarschnitten**
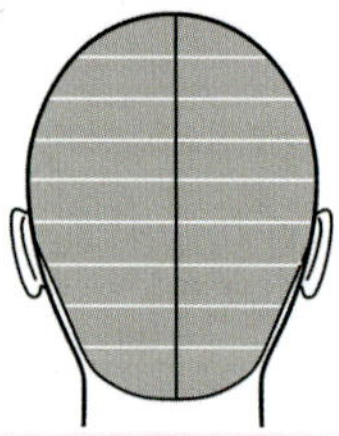	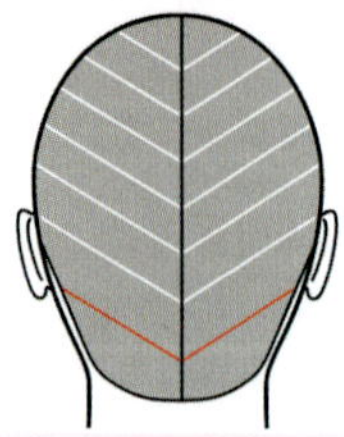	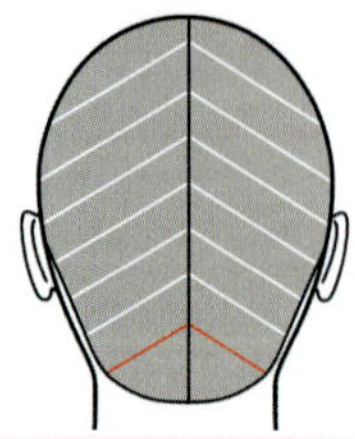	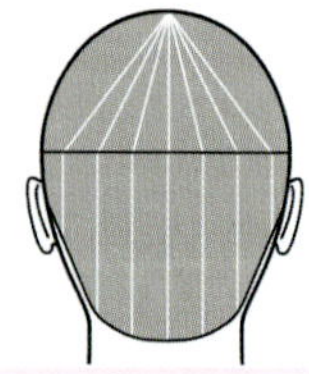 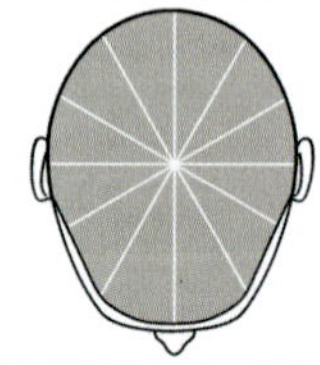
waagerechte Abteilungen	spitz nach unten zulaufende Abteilungen	spitz nach oben zulaufende Abteilungen	sternförmige Abteilungen am Oberkopf, senkrechte Abteilungen im Nackenbereich

3.3.3 Kämmwinkel und Kämmrichtung

Für den Haarschnitt ist der **Kämmwinkel**, auch **Abhebewinkel** genannt, in dem die Passees zur Kopfrundung gehalten und geschnitten werden, sehr wichtig, weil dadurch die **Anordnung der Haarlängen** (Stufung) bestimmt wird. Je steiler ein Passee beim Schneiden von der Kopfrundung abgehoben wird, umso stärker wird die Textur aktiviert und umso größer ist die Stufung.
Die meisten Haarschnitte sind Kombinationen aus verschieden starken Abstufungen und damit auch aus mehreren Kämmwinkeln.

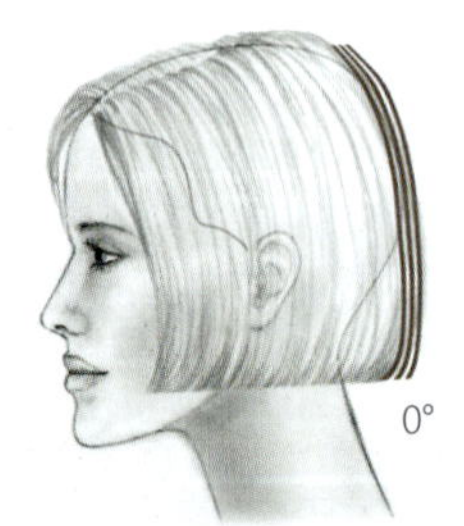

Kämmwinkel von 0°

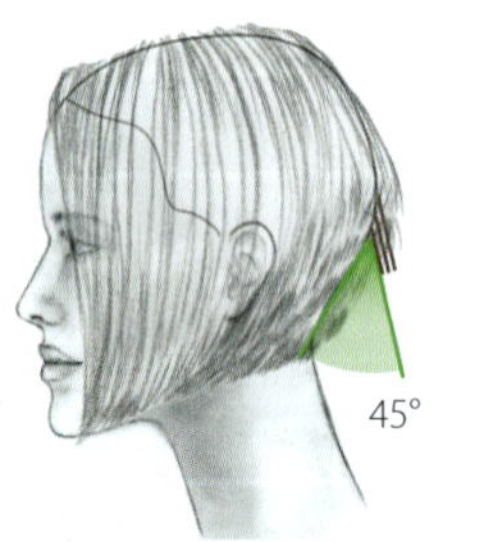

Kämmwinkel von 45°

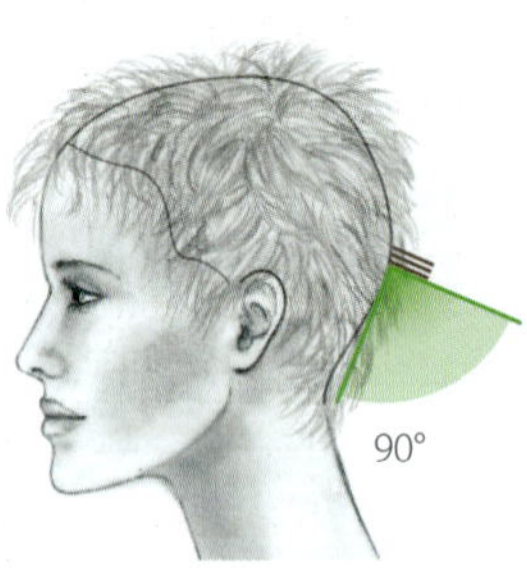

Kämmwinkel von 90°

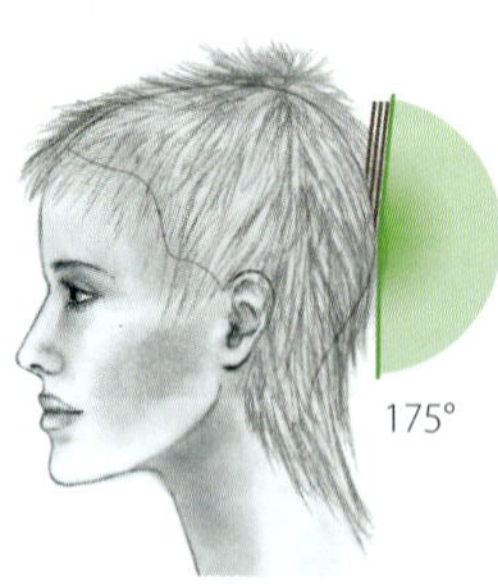

Kämmwinkel über 90°

Ein **Kämmwinkel von 0°** bedeutet, dass die Haare nicht vom Kopf weggehalten werden, sondern im natürlichen Fall gelassen oder auf der Haut gekämmt werden. Wird das gesamte Haar in diesem Winkel geschnitten, so entsteht ein **kompakter Haarschnitt**, bei dem die Deckhaare die längsten und die Nackenhaare die kürzesten Haare sind.

Mit **Kämmwinkeln zwischen 0° und 90°** erreicht man verschieden starke Abstufungen. Fällt das Haar nach dem Schneiden des Passees gerade nach unten, ergibt sich eine Stufung, bei der die unteren Haare etwas unter dem Deckhaar hervorsehen. Es entsteht eine **Graduierung**.
Je größer der Winkel, desto stärker die Stufung.

Ein **Kämmwinkel von 90°** bedeutet, dass das Passee rechtwinklig von der Kopfrundung weggehalten wird. Werden alle Haare in dieser Winkelstellung geschnitten, erhält man eine nahtlos ineinandergehende Abstufung, d.h. einen **einheitlich gestuften Haarschnitt**, bei dem alle Haare gleich lang sind.

Mit einem **Kämmwinkel über 90°** erhält man die stärkste Stufung innerhalb einer Frisur. Dadurch, dass das Haar nach oben überzogen wird, entsteht beim Schneiden kürzeres Deckhaar und längeres Konturenhaar. Typische Variante ist die bereits erwähnte Frisur Vokuhila (vorne kurz, hinten lang), die **ansteigend gestufte Form**.

Die **Kämmrichtung** bestimmt ebenfalls das Ergebnis des Haarschnitts.

Werden die Haare beim Kämmen in eine beliebige andere Richtung gezogen und parallel zur Abteilungslinie abgeschnitten, entstehen unterschiedlich lange Haare.
Diese Technik des **„Verziehens"** wird bewusst eingesetzt, um z. B. im Nacken konkav verlaufende Schnittlinien zu erzielen: Werden die Seitenhaare schräg zur Nackenmitte gekämmt und gerade abgeschnitten, bleiben die Haare an den Seiten länger als die Haare in der Nackenmitte.

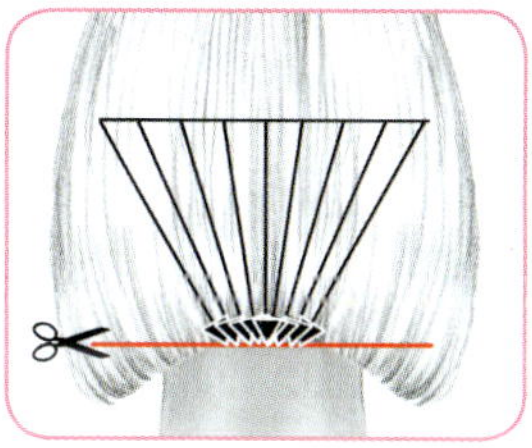
Verziehen

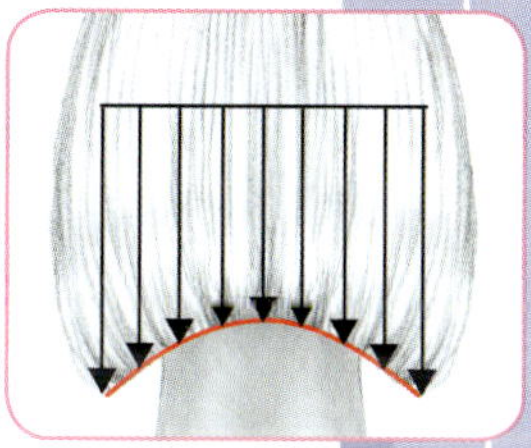
Ergebnis

Werden die Haare **senkrecht** zur Abteilungslinie gekämmt und parallel dazu abgeschnitten, sind alle Haare gleich lang.

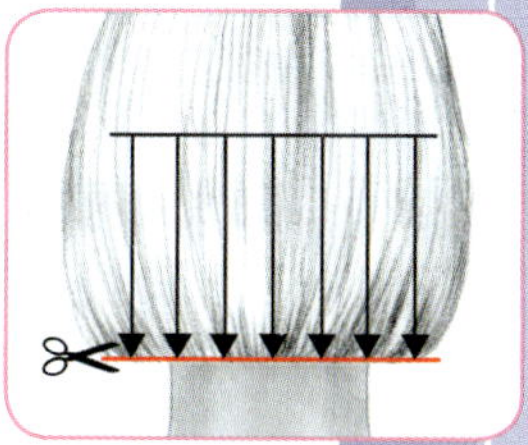
Haare senkrecht zur Abteilungslinie

Aufgaben

❶ Erklären Sie die Begriffe „Basislinie" und „Führungslinie".

❷ Warum ist das Abteilen der Haare in große Schneidefelder und schmale Passees wichtig?

❸ Üben Sie verschiedene Abteilschemata am Modell.

❹ Suchen Sie aus Frisurenzeitschriften unterschiedliche Frisuren heraus, die konvexe, konkave oder horizontale Basislinien im Nackenbereich aufweisen.

❺ Welcher Zusammenhang besteht zwischen Kämmwinkel und Textur der Haare?

3.3.4 Fingerhaltung

Wenn alle Haare die gleiche Länge erhalten sollen, halten die Finger das Passee parallel zur Abteilungslinie. Eine schräge, nicht parallele Fingerhaltung führt zu unterschiedlich langen Haaren.
Am Oberkopf schneiden Sie die glatt gekämmten und zwischen zwei Fingern gleichmäßig gehaltenen Passees direkt über den Fingern ab. Die Haare dürfen sich nicht verschieben, damit das Ergebnis eine gerade Linie ist.
An den Seiten und am Hinterkopf können Sie die Haare über den Fingern, aber auch in der Hand schneiden. Probieren Sie aus, welche Technik für Sie angenehmer ist.
Kurze Haare im Konturenbereich kämmen Sie auf der Haut glatt, halten sie mit dem Finger oder dem Kamm auf der Haut fest und schneiden sie auf der Haut ab.

Finger parallel zur Abteilungslinie

Finger nicht parallel zur Abteilungslinie

Praxistipp

Haare direkt am Kamm abzuschneiden, eignet sich z. B. für das Schneiden der Seitenhaare im Konturenbereich, wenn diese nur locker über die Ohren gekämmt und abgeschnitten werden sollen, um eine Dehnung der Haare an dieser Stelle zu vermeiden.

Stumpfschneiden

3.3.5 Schneidetechniken

Um einen Haarschnitt zu gestalten, können unterschiedliche Techniken eingesetzt werden.

Stumpfschneiden

Stumpfschneiden bedeutet das Abschneiden der Haare entlang einer geraden Linie.

Effilieren

Effilieren bedeutet **Ausdünnen** der Haare. Je nachdem ob die Haare in den Längen oder eher in Ansatznähe effiliert werden, wird der Frisur Volumen genommen oder sie erhält Volumen:

- **Spitzeneffilation:** Ausdünnen der Spitzen für einen weicheren Übergang
- **Längeneffilation:** Ausdünnen in den Haarlängen für Spitzenvolumen in einer Frisur und für Franseneffekte
- **Ansatzeffilation:** Kürzen einiger Haare am Haaransatz, um Stützhaare für besseres Ansatzvolumen zu schaffen

Effilieren

Die Textur kompakter Frisuren wird durch Effilieren aktiviert.
Achten Sie beim Ausdünnen auf eine gleichmäßige Verteilung der ausgedünnten Bereiche. Setzen Sie die Schneidewerkzeuge immer **schräg** zum Abteilscheitel und nicht dichter als 3 cm vom Ansatz entfernt an. Dadurch werden unerwünschte Schnittlinien in der Haarsträhne vermieden. Bei gleichem Schnittwinkel versetzen Sie die geöffnete Schere in Richtung Haarspitzen und wiederholen den Schnittvorgang dabei immer nur einmal an einer neuen Stelle.

Slicen

Bei sehr kurzen Haarschnitten können weiche Übergänge geschaffen werden, wenn die Haare im Spitzenbereich effiliert werden. Schneiden Sie die Haare dabei über den Kamm, sodass keine Stufen im Haar sichtbar sind.
Perücken, Haarteile oder Haarverlängerungen erhalten durch Ausdünnen (Effilieren) ein natürliches Aussehen. Sie lassen sich dann besser toupieren und frisieren.

Folgende **Spezialtechniken** werden bei der Effilation, d. h. dem Ausdünnen der Haare, ebenfalls eingesetzt:

Slicen (engl.: *to slice* = in Scheiben schneiden) ist ein gezieltes Ausdünnen durch Ausschaben mit leicht geöffneter Schere entlang nasser oder trockener Haarpassees, um harte Schnittlinien durch stärkere Franseneffekte zu soften (weicher zu gestalten). Diese Technik wird vor allem im Konturen- und Längenbereich eingesetzt. Das Slicen entlang der Strähnen erfolgt in Frisurenrichtung. Als Effekte werden fransig ausgearbeitete Seiten- und Stirnhaare erzielt.

Pointen

Pointen (Punkt, Detail) ist ein punktuelles, gezieltes Ausdünnen durch Einschneiden an bestimmten Stellen in ein Passee. Pointen in Ansatznähe erhöht das Volumen am Ansatz, in Längen und Spitzen aktiviert es die Haarfläche und fördert weiche, fransige Effekte.

Die Strähne wird zwischen Zeige- und Mittelfinger rechtwinklig zur Kopfhaut gehalten; mit der Scherenspitze oder einer Spezialschere (Point-Cut-Schere) werden einzelne Haarsträhnen herausgeschnitten.

Schabendes Effilieren

Beim **schabenden Effilieren** werden trockene Haarsträhnen mit halb geöffneter Schere antoupiert, effiliert und ausfransend gekürzt. Die Haare können dabei über die gesamte Länge oder nur in den Spitzen effilierend gekürzt werden. Das schabende Effilieren ist eine Möglichkeit, schnell und intensiv die Textur zu aktivieren.

Chipping

Mit der **Chipping-Technik** können die Haare in einem Arbeitsgang gekürzt und gleichzeitig leicht oder stark effiliert werden, je nach Scherenwinkel und Tiefe des Schnitts in die Haarspitzen. Eine schwer fallende Deckhaarpartie wirkt fransiger, die Schnittkante weicher.

Aufgabe

Veranschaulichen Sie in einer Tabelle Schnittergebnisse verschiedener Effiliertechniken und beschreiben Sie ihre Vorteile für Haarschnitte und Frisuren.

3.3.6 Schneiden von Übergängen

Übergangschneiden bedeutet, unterschiedliche Haarlängen durch eine gerade Schnittlinie ineinander übergehen zu lassen, um die unterschiedlichen Bereiche harmonisch miteinander zu verbinden. Dazu denken Sie sich eine gerade Führungslinie zwischen den unterschiedlichen Haarlängen und schneiden die Haare entlang dieser Linie mit der Schere oder auch der Haarschneidemaschine ab.

Übergangschneiden mit der Schere

Beim **Fassonschnitt** muss im Nacken und an den Seitenkonturen ein Übergang von der Haut, also der Haarlänge Null, bis zum längeren Deckhaar ohne Absätze geschaffen werden. Beim Ausrasieren der Konturenhaare dürfen selbst die Übergangshaare im Nacken nicht mit dem Klingenmesser entfernt werden, weil sonst eine Kante (Rundschnitt) entsteht.

Die Länge der Übergänge ist von der Frisur und dem Kundenwunsch abhängig. So kann beim aufgesetzten **Bob** der Übergang im Nacken in einem schmalen Bereich angeschnitten werden. Beim **Bürstenhaarschnitt** oder **Flat Top** dagegen gehen lange Übergänge auch im Seitenbereich bis in die hochstehenden Deckhaare. Auch ein „**Iro**" kann mit fließenden Übergängen geschnitten werden. Oft wünschen junge Kundinnen oder Kunden aber einen „Iro" mit Kante. Die Kante (auch „Hacke" genannt) ist zwar eine modische Bereicherung, entspricht aber nicht den fachlichen Anforderungen, die in Prüfungen an Übergang und Konturenschneiden gestellt werden.

Übergangschneiden mit der Maschine

Arbeitsweise beim Schneiden von Übergängen

Beim Schneiden ist der Kamm gleichmäßig von der Kopfhaut abzuheben, damit die Haare im Übergangsbereich allmählich länger werden. Die überstehenden Spitzen werden bei der Aufwärtsbewegung des Kamms angehoben, sodass keine Absätze (Treppen, Stufen) entstehen.

In einem Arbeitsgang erfolgt das langsame Führen des Kamms und die schnellen Schnittbewegungen der Schere

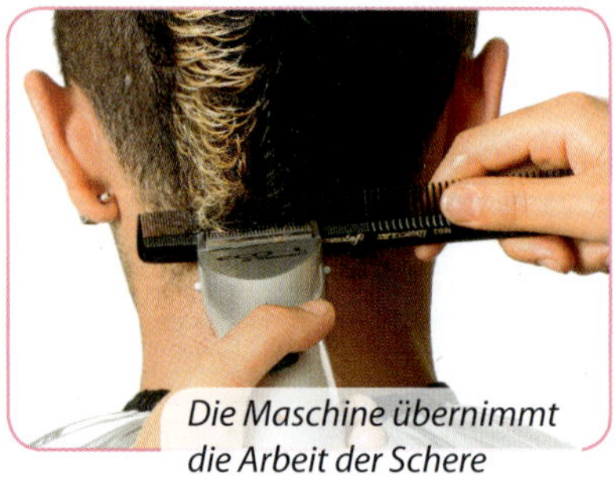

Die Maschine übernimmt die Arbeit der Schere

Konturen sauber schneiden, mit „leichter Hand" arbeiten, um Verletzungen der Haut zu vermeiden

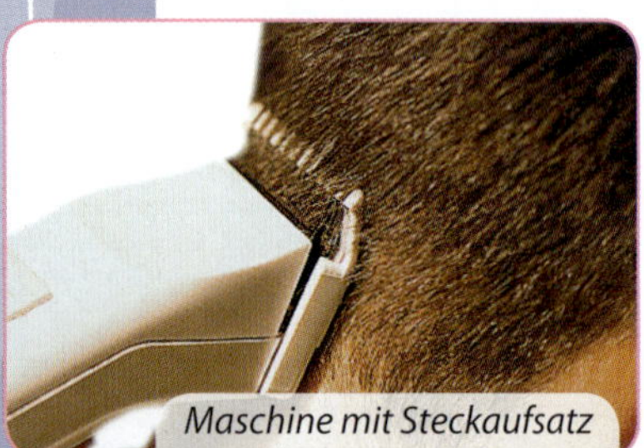

Maschine mit Steckaufsatz beim Übergangschneiden

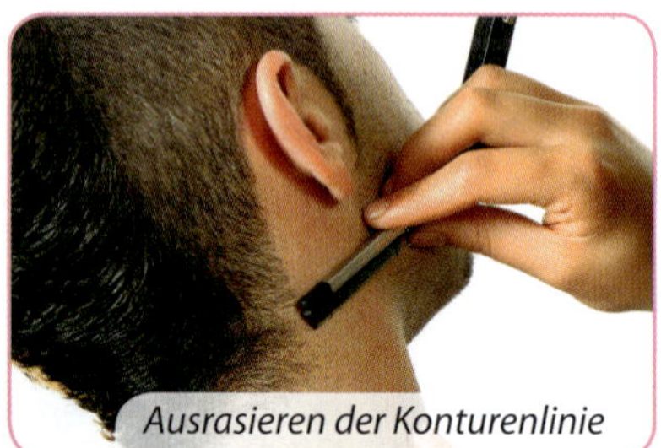

Ausrasieren der Konturenlinie mit dem Klingenmesser

Man kann zur Zeitersparnis und Arbeitserleichterung Maschinen mit verschieden großen Steckaufsätzen als Langhaarschneider benutzen, mit denen die Schnittlänge der Übergangshaare fast stufenlos verändert wird.

Unverbundende Basislinien im Bereich der vorderen Kontur

Haarschnitte ohne Übergänge

Haarschnitte, bei denen bewusst auf Übergänge verzichtet wird, werden als **disconnected cuts** (engl.: nicht verbunden) bezeichnet. Bei diesen Schnitten wird der Kontrast zwischen langen und kurzen Haarpartien durch fehlende Übergänge betont. Ein bekanntes Beispiel ist der aufgesetzte Bob, bei dem auf extrem kurzes Haar an den Konturen das lange Deckhaar folgt.
Immer wieder setzt sich auch ein Trend aus der Punkszene durch, bei dem unter dem langen Deckhaar überraschend kurz anrasierte Seitenhaare getragen werden. Diese Schnitte werden auch als **„Undercut"** bezeichnet, da hier die kurz geschnittenen Konturen unter dem langen Deckhaar verschwinden.

3.3.7 Objektverschiebung

Objektverschiebung

Wichtig für einen exakten Haarschnitt ist, dass die Kundin ihren Kopf gerade hält. Bei der Objektverschiebung arbeiten Sie jedoch mit dem Objekt „Kundin", indem Sie sie bitten, den **Kopf nach vorne** zu beugen. Hierdurch wird der Fall der Haare verändert. Da die Kopfhaltung für die Kundin meist sehr unbequem ist, wird diese Technik selten angewandt. Hilfreich ist diese Methode beim **erweitert gestuften Haarschnitt**. Sie bitten die Kundin, sich nach vorne zu beugen, dabei kann sie sich auf der Rückenlehne des Bedienungsstuhls anlehnen und die Hände auf den Armlehnen abstützen. Sie selbst stehen vor der Kundin. Alle Haare werden im Fall nach unten, die Nackenhaare nach vorne gekämmt. Wenn man nun Pony und Seiten ohne Abteilungen als Oval schneidet, dann erhält man einen erweiterten Stufenschnitt, bei dem die Haare vorne kürzer sind und zur Nackenmitte immer länger werden.

4 Durchführung eines Haarschnitts

Ihre Kundin wünscht sich einen neuen Kurzhaarschnitt.
Wie führen Sie diesen durch?

4.1 Vorbereitende Tätigkeiten

4.1.1 Auswahl des Haarschnitts und der Schneidetechnik

Im Beratungsgespräch haben Sie alle Kundengegebenheiten berücksichtigt und die Kundin hat sich für eine Frisur entschieden. Sie müssen nun den der Frisur zugrunde liegenden Haarschnitt erkennen.

Die meisten Haarschnitte sind **Kombinationen aus den vier Basisformen:**

- **Kompakte Formen** erkennen Sie an den längeren Oberkopfhaaren mit einer ruhigen Oberfläche und kaum Volumen am Ansatz und in den Spitzen.
- **Einheitlich gestufte Formen** zeigen gleichmäßiges Volumen über den ganzen Kopf verteilt. Die Haaroberfläche ist unruhig und bewegt.
- **Ansteigend gestufte Formen** haben lange Haare im Konturenbereich und kurze Haare im Deckhaarbereich. Die Haaroberfläche ist bewegt.
- **Graduierte Formen** erkennen Sie an der ruhigen Oberfläche im Deckhaarbereich und dem zunehmenden Volumen bis in die Spitzen des Deckhaares.

Überlegen Sie genau, in welchen Bereichen Sie welche Schnittformen einsetzen müssen. Sie können den geplanten Haarschnitt auch schematisch skizzieren.

Beispiel: Wunschfrisur wie auf dem Foto rechts
Die gesamte Haaroberfläche ist unruhig, es werden daher ausschließlich gestufte Schnittformen für diesen Haarschnitt eingesetzt.
Vom Nacken zum Hinterkopf nimmt das Volumen zu, in diesem Bereich müssen Sie die graduierte Schnittform einsetzen.
Im gesamten Oberkopfbereich bleibt das Volumen gleich, hier arbeiten Sie in der einheitlich gestuften Form. Die Konturen sind fransig gearbeitet.

Frisurenwunsch der Kundin

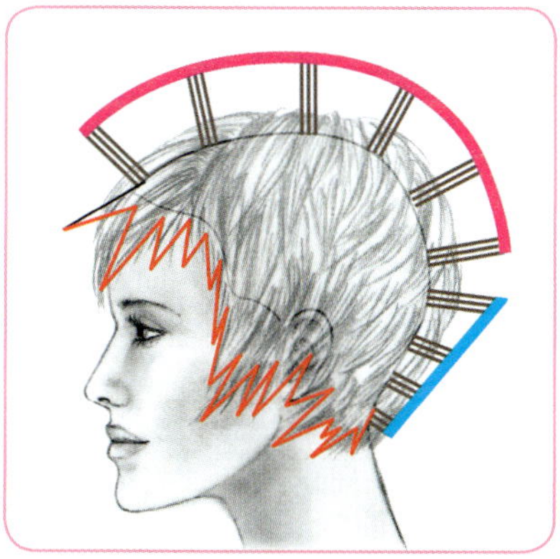

Schnittgrafik – Profil

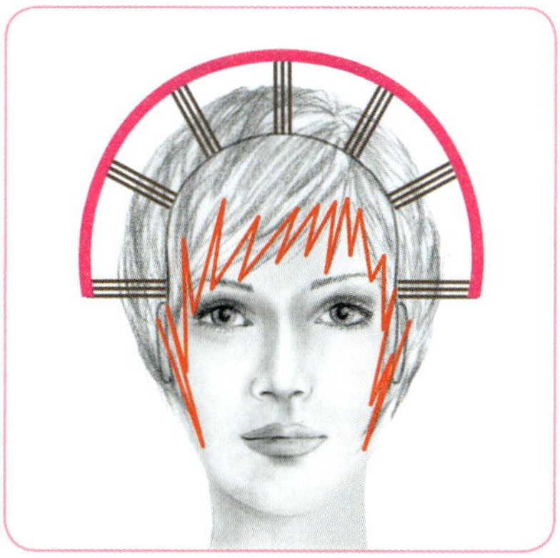

Schnittgrafik – Vorderansicht

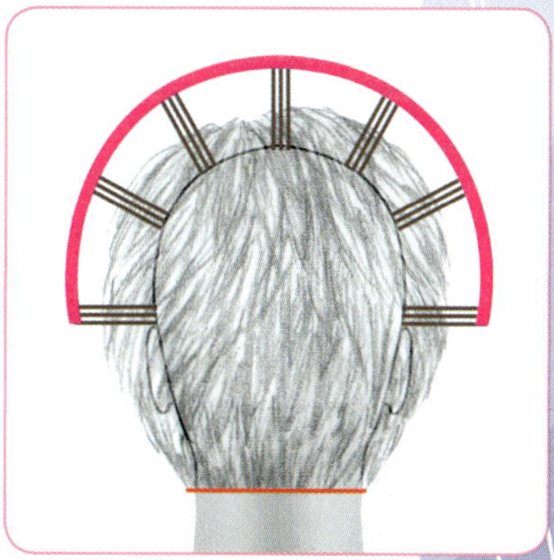

Schnittgrafik – Hinterkopfansicht

Berücksichtigen Sie **Besonderheiten** wie starke Wirbel oder Locken, indem Sie den Haarschnitt an diesen Stellen verändern, d. h. die Haare länger lassen.

Bei der **Schneidetechnik** entscheiden Sie sich je nach Haarfülle und Volumen in der Zielfrisur für das Ausdünnen bestimmter Bereiche oder für mehr Volumen, z. B. durch Stützhaare oder stärkere Stufung.
Sie beachten die Frisurenumrisslinie und entscheiden sich ggf. für das Ausdünnen mithilfe der Slice- oder einer anderen Effiliertechnik.
Sie beurteilen die Haaroberfläche der Zielfrisur und den Fall der Haare besonders im Bereich der Spitzen und der Übergänge. Bei glattem oder wenig gefälligem, strukturgeschädigtem Haar entscheiden Sie sich für das Ausdünnen der Haarspitzen, um einen weicheren Fall der Haare zu ermöglichen.

Überlegen Sie sich auch, ob der Haarschnitt **nass oder trocken** geschnitten werden soll.
Der natürliche Fall der Haare lässt sich im trockenen Haar gut erkennen, besonders Wirbel und auch die Sprungkraft, d. h. wie hoch ein Haar durch seine Locken gezogen wird. Die Länge eines Haarschnitts lässt sich so gut festlegen.
Feuchtes Haar lässt sich exakter abteilen, glatt kämmen und schneiden. Die Haarschnitte werden exakter. Feuchtes Haar passt sich seiner neuen Form besser an, die Kundinnen werden mit ihrem Haarschnitt nach dem Trocknen zufriedener sein.

Bedenken Sie auch, dass Kundinnen, die eine angenehme Haarwäsche mit Massage und eine geföhnte und gestylte Frisur einschließlich der Stylingtipps für zu Hause bekommen haben, nach dem Friseurbesuch wahrscheinlich zufriedener sein werden.

Aufgaben

1. Welche Basishaarschnitte sind in oben stehenden Frisuren kombiniert?
2. Beschreiben Sie Schnittmerkmale von der inneren Frisurenumrisslinie.
3. Erstellen Sie zu jeder der drei Frisuren drei Schnittzeichnungen (von der Seite, von vorn und von hinten).
4. Welche Schneidetechniken würden Sie einsetzen?
5. Würden Sie die Haarschnitte in nassem oder trockenem Haar durchführen? Warum?

4.1.2 Gesundheitsschutz

Sicherheitstechnische Aspekte

Werkzeugtasche

Scheren und Klingengeräte werden sicher und übersichtlich in einer geordneten Werkzeugtasche aufbewahrt, um **Schnitt- und Stichverletzungen zu vermeiden**. Sie sollten niemals irgendwo herumliegen, da sie herunterfallen und Verletzungen verursachen könnten. Außerdem sollten sie immer an demselben Ort liegen, damit man nicht aus Versehen in eine offene Schere oder Klinge greifen kann. In Schürzentaschen haben Scheren nichts verloren, da man sich beim Griff in die Tasche verletzen kann. Nehmen Sie sich immer die Zeit, Ihr Schneidewerkzeug sicher zu transportieren und zu handhaben.
Beachten Sie die **Desinfektionsvorschriften** und arbeiten Sie immer mit desinfiziertem Schneidewerkzeug.

➜ *vgl. Lernfeld 1, S. 47*

Kabel der Ladegeräte sollten nicht auf den Boden hängen, da sie zu Stolperfallen werden. Defekte Werkzeuge gehören in die Reparatur (Schneidewerkzeuge) oder in den Müll (Kämme), da die Verletzungsgefahr zu groß ist.

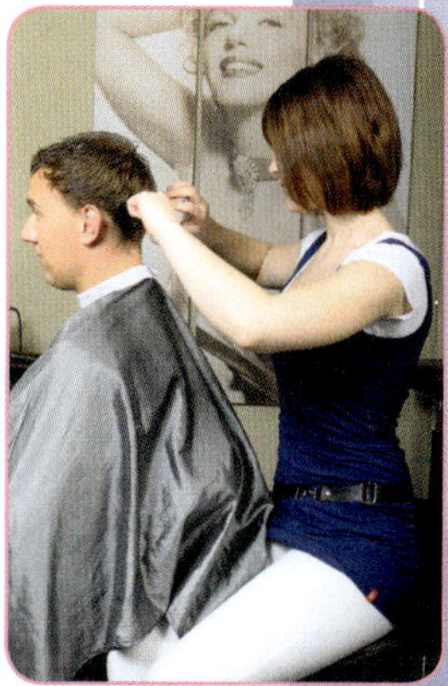

Gute Körperhaltung beim Haareschneiden

Ergonomische Aspekte

Arbeiten Sie auch beim Haareschneiden ergonomisch sinnvoll. **Schneidehocker** und **Stehhilfen** können Ihren Rücken und Ihre Füße entlasten.
Stellen Sie den **Bedienungsstuhl** mit dem Hand- oder Fußhebel auf die optimale Höhe ein, damit Sie nicht durch Verrenkungen an die zu schneidende Haarpartie gelangen.
Stehen Sie immer gerade zur Kundin und belasten Sie beide Füße gleich.
Gehen Sie während des Schneidens um die Kundin herum, damit Sie immer gerade vor der zu schneidenden Partie stehen. Herunterbeugen und Hüftverlagerungen können zu Muskelverspannungen, Schmerzen und Haltungsschäden führen.

4.1.3 Vorbereiten des Arbeitsplatzes

Gerätewagen

Nach einem ausführlichen Beratungsgespräch wissen Sie, welche Arbeitsmittel Sie benötigen. Legen Sie diese vor Beginn der Bedienung bereit. Dafür eignet sich entweder eine **Werkzeugtasche**, die mithilfe eines Gürtels am Körper getragen werden kann, oder ein **Gerätewagen**, auf dem folgende **Arbeitsmittel** bequem Platz finden:

- Haarschneidegeräte
- Haarschneidekämme
- Abteilklammern
- Sprühflasche
- Frisierpinsel
- Frisierumhang, Handtuch, Halskrause, Schneidekragen

4.1.4 Vorbereiten der Kundin

Ergreifen Sie die notwendigen und in ihrem Salon üblichen Schutzmaßnahmen, damit die Kleidung der Kundin nicht nass oder verschmutzt wird.
Danach bitten Sie die Kundin zum Waschplatz und shampoonieren ihr die Haare. Mit einem Nassschnitt schaffen Sie gute Voraussetzungen, um die Haare übersichtlich abzuteilen, gleichmäßig zu schneiden und perfekt zu stylen.
Verwenden Sie wenn nötig Haarpflegepräparate, um die Kämmbarkeit des Haares zu verbessern. So gewährleisten Sie sauber gekämmte, fein abgeteilte Passees.
Brillen und Ohrschmuck, die beim Kämmen hinderlich sind, sollten abgenommen werden.

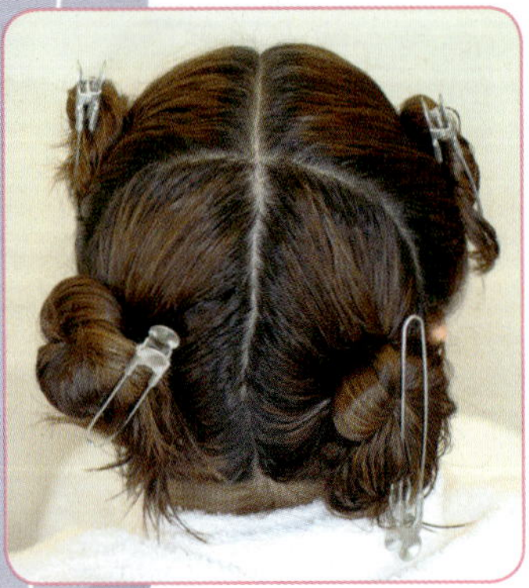

Grobabteilung

Festlegen der Basislinie

Festlegen der Führungslinie im Bereich der A-Achse

4.2 Arbeitsweise beim Schneiden

- Sie teilen das handtuchtrockene Haar entsprechend dem geplanten Haarschnitt zunächst grob ab. Stecken Sie die Bereiche, denen Sie besondere Beachtung schenken müssen – Wirbel oder zu verdeckende Kopfhautveränderungen wie Narben – gesondert fest. Das Gleiche machen Sie mit Bereichen, die besonders lang oder voll bleiben sollen und daher nicht versehentlich an die Führungslinie für alle anderen Haare angeglichen werden dürfen.
- Sie achten darauf, dass die Kundin den Kopf während des gesamten Haarschnitts gerade hält, damit beide Seiten gleich lang werden.
- Sie beginnen bei langem Haar mit dem Schnitt in der Regel im Nacken an der längsten Stelle; kurze Haarschnitte und ansteigend gestufte Deckhaare lassen sich gut vom Wirbel aus beginnen.
- Sie legen die Basislinie und die erste Führungslinie im Bereich der A-Achse fest. ➜ *vgl. S. 187*
- Sie teilen die Haare Passee für Passee parallel zur Führungslinie ab und schneiden die Haare auf der Linie sauber ab.
- Sie stehen dabei immer unmittelbar vor dem zu schneidenden Passee und wandern beim weiteren Abteilen mit den Passees um den Kopf der Kundin herum. So können Sie die Passees wirklich parallel zur Abteilungslinie abschneiden und verhindern so ein Verziehen der Passees, das zu ungewollten Längenunterschieden führen würde.
- Sie bearbeiten die Schneidefelder nacheinander. Wenn Sie im Nacken beginnen, arbeiten Sie sich beidseitig bis zur Hutlinie und anschließend bis zum Oberkopf vor.
  Wenn Sie am Oberkopf, d. h. um den Wirbel herum sternförmig beginnen, bearbeiten Sie zunächst den gesamten Oberkopf.
  Eine vollständige Bearbeitung der verschiedenen Kopfbereiche nacheinander gibt die größtmögliche Sicherheit, keine Bereiche zu vergessen. Auch erleichtert es die Arbeit mit der gedachten Führungslinie, die in verschiedenen Kopfbereichen unterschiedlich lang sein kann.
- Dann arbeiten Sie die Seiten mit ein.
- Sie verbinden unterschiedlich lange Haarbereiche durch Schneiden von Übergängen. ➜ *vgl. S. 191 f.*
- In den meisten Fällen erstellen Sie zunächst den Haarschnitt mit der gewöhnlichen Haarschneideschere, indem Sie die Haare durch stumpfes Abschneiden auf die gewünschte Länge bringen. Dann erst nutzen Sie Klingenwerkzeuge oder Effilier- und Modellierscheren, um auszudünnen, Stützhaare oder Fransen zu schneiden.

Schneiden der inneren Frisurenumrisslinie

- Sie lassen die Haare an Wirbeln und im Pony- und Seitenbereich länger und schneiden diese erst nach dem Trocknen. Dann sehen Sie besser die tatsächliche Länge der Haare, die sich beim Trocknen hochziehen.
- Beim Schneiden der inneren Frisurenumrisslinie zum Gesicht sollten Sie die Kundin unbedingt mit einbeziehen. Meist wissen die Kundinnen genau, wie lang ihr Pony sein muss, damit er optimal fällt.

4.3 Kontrolle des Haarschnitts und Fehlerkorrektur

Kontrollieren Sie grundsätzlich jeden fertigen Haarschnitt. Achten Sie dabei auf Überlängen und herausstehende Haare, die anzugleichen sind, und auf gleichmäßig verlaufende Schnittlinien.

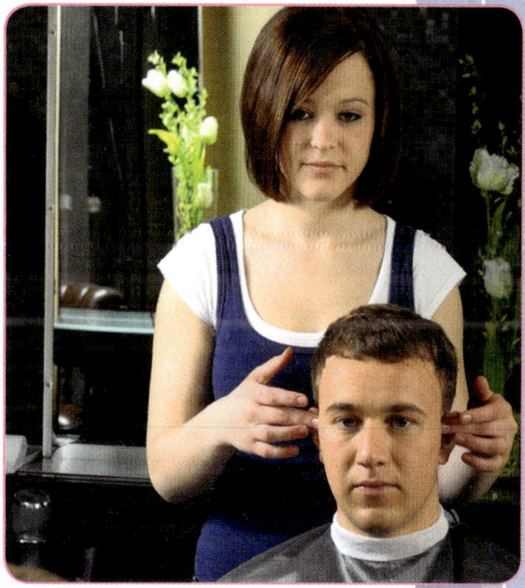

Gleichmäßigkeitskontrolle

Möglichkeiten zur Haarschnittkontrolle:

- Lassen Sie die Kundin den Kopf kräftig **schütteln**; oft sehen Sie im Anschluss daran, wo noch unerwünschte Längenunterschiede bestehen, die durch das Kämmen nicht sichtbar wurden.
- Für eine beidseitige **Gleichmäßigkeitskontrolle** sollten Sie an jeder Seite vor den Ohren schmale Passees abteilen und vor dem Gesicht zusammenziehen. Als Vergleichspunkte dienen Augen, Mundwinkel, Ohrläppchen oder Kinnspitze.
  Bei Kurzhaarschnitten können Sie auch auf beiden Seiten einen Finger auf die Schnittkante legen und im Spiegel die Höhe der Finger vergleichen.
- Mit der **Spiegelkontrolle** können Sie aus unterschiedlichen Entfernungen und verschiedenen Blickrichtungen und Blickwinkeln den gleichmäßigen Verlauf horizontaler Schnittlinien prüfen.
- Beim **Cross-Check** (Kreuzprüfung) kämmen Sie die Haare zum Schluss in einer anderen Abteilrichtung durch. Wenn Sie für den Haarschnitt überwiegend waagerecht oder senkrecht abgeteilt haben, führen Sie eine Kontrolle jeweils diagonal über den Kopf verlaufend im 90°-Kämmwinkel durch. Sie beginnen an den Seiten mit dem Zusammenfassen größerer Passeebereiche. Kürzen Sie eventuell unerwünschte Überlängen.

Cross-Check

Sollte es einmal vorkommen, dass eine Kundin einen Haarschnitt oder einzelne Schnittfehler beanstandet, nehmen Sie sich genügend Zeit zum Prüfen der Beanstandungen. Kleine Schnittfehler, z. B. geringe Längenunterschiede im Pony- oder Seitenbereich, sollten Sie sofort korrigieren. Entschuldigen Sie sich bei der Kundin – ohne viel Wenn und Aber.

Aufgaben

1. Wie können Sie Ihre Gesundheit bei der Durchführung eines Haarschnitts schützen?
2. Warum ist zum Abschluss eines Haarschnitts ein Cross-Check durchzuführen?
3. Formulieren Sie in direkter Rede Argumente für den Einsatz von Klingengeräten und Effilierscheren beim Haareschneiden.
4. Schneiden Sie Passees im Kämmwinkel zwischen 0 – 90 ° und prüfen Sie, wie sich unterschiedliche Strähnenhaltungen auf die Graduierung im Spitzenbereich auswirken.

Schnittfehler – Ursachen und Korrekturmöglichkeiten		
Mögliche Fehler	**Mögliche Ursachen**	**Korrekturmöglichkeiten**
Haare sind zu kurz	• Zusammenziehen der Haare beim Trocknen nicht bedacht • Naturwelle nicht berücksichtigt, Locken springen nach oben	bei der nächsten Behandlung berücksichtigen, lieber nachschneiden als zu kurz abschneiden
Unschöne Kanten	• nicht sauber abgeteilt • keinen Cross-Check durchgeführt • falsche Finger- und Scherenhaltung • falscher bzw. unterschiedlicher Kämmwinkel • Passees zu breit abgeteilt	Schnitt nacharbeiten: • Kämmwinkel beachten • Finger- und Scherenhaltung überprüfen • Passees nicht zu dick abteilen • Cross-Check durchführen
Frisur fällt nicht wie erwartet	• Wirbel nicht beachtet • natürlichen Fall der Haare nicht berücksichtigt	Nacharbeiten: • Stützhaare einarbeiten • durch Effiliertechniken den Fall der Haare beeinflussen (z. B. Effilieren mit dem Messer in die gewünschte Richtung)
Basislinie ist nicht gleichmäßig	• Haare (vor allem über den Ohren) zu sehr gestrafft • falsche Kopfhaltung der Kundin beim Schnitt nicht beachtet	Nacharbeiten: • Passees nicht überziehen • Passee über den Ohren nur leicht spannen • Passee über den Ohren nach hinten kämmen, Schnittlinie hinter dem Ohr korrigieren • Kopfhaltung der Kundin beim Schneiden der Basislinie im Nacken leicht nach vorne
Schnitt ist nicht gleichmäßig	• keinen Cross-Check durchgeführt • keine Perspektivenkontrolle durchgeführt • natürlichen Fall der Haare nicht berücksichtigt • falsche Kopfhaltung der Kundin beim Schnitt nicht beachtet	Nacharbeiten: • Cross-Check durchführen • Längenkontrolle im Spiegel, im Profil und von vorne • natürlichen Fall der Haare berücksichtigen und nachschneiden • Kopfhaltung der Kundin kontrollieren, Kopf muss gerade sein
Frisur gefällt nicht	• Kundentyp falsch eingeschätzt • Proportionen nicht berücksichtigt • individuelle Gegebenheiten nicht berücksichtigt • Kundenwunsch nicht berücksichtigt oder falsch verstanden	Nacharbeiten: • individuelle Gegebenheiten unbedingt berücksichtigen • genaue Absprache, Absichern durch gezielte Fragen und/oder visuelle Unterstützung • nachschneiden, wenn möglich

5 Sonderfälle des Haareschneidens

Ein Stammkunde, der regelmäßig zum Haarschnitt kommt, möchte sich einen Bart stehen lassen. Wie können Sie den Kunden beraten?

5.1 Schneiden von Haarersatz und Perücken

Besonders weiche und fransige Schnittergebnisse erzielen Sie beim Effilieren und Kürzen der Haare mit dem Klingenmesser. Beim Schneiden von Perücken, Haarteilen und bei Haarverlängerungen wirkt der Haarfall sehr natürlich, wenn die gesamte Haarlänge ohne Schnittkanten gleichmäßig effiliert und gekürzt wird.
Informieren Sie eine Kundin mit Haarverlängerung, dass sie regelmäßig, spätestens alle zwei Monate, zum „Bondingschnitt" in den Salon kommen sollte. An den Verknüpfungsstellen der hinzugefügten Strähnen (Bondings) haften die aus der Kopfhaut ausgefallenen Haare. Sie müssen abgeschnitten werden, um ein Verfilzen der Haare, besonders am Hinterkopf, zu vermeiden.

→ *vgl. Lernfeld 4, S. 162*

5.2 Bartformung und Rasur

5.2.1 Individuelle Kundengegebenheiten

Wenn ein Kunde mit dem Wunsch nach einer Bartgestaltung zu Ihnen kommt, sollten Sie sich zunächst einen Überblick über folgende Punkte verschaffen:
- Ist der Bartwuchs stark genug?
- Wächst der Bart dicht?
- Welche Wuchsrichtung weisen die Barthaare auf?
- Welche Gesichtsform hat der Kunde?
- Welche Proportionen sollen betont oder ausgeglichen werden?
- Hat der Kunde Hautveränderungen, die mittels Bart verdeckt werden können?
- Gibt es Hauterhebungen wie Muttermale oder Warzen, die während der Rasur verletzt werden könnten?
- Welchem Stil ist der Kunde zuzuordnen – welche Bartform passt zu ihm?

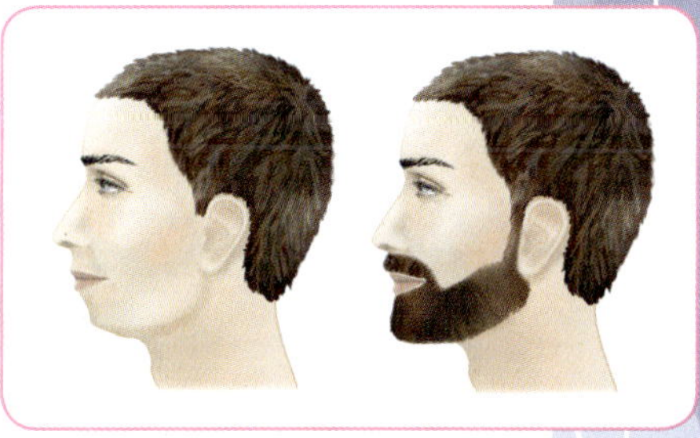

Ausgleich der Kinnform

5.2.2 Rasierwerkzeuge und Rasierpräparate

Rasierwerkzeuge

Für die Nassrasur sind Klingenmesser mit austauschbaren Klingen mittlerweile Standard im Friseursalon, da aus hygienischen Gründen die Klinge nach jedem Kunden gewechselt werden muss. Zugleich erspart der Austausch das frühere zeitintensive Schärfen der Klinge mithilfe eines Schleifsteins. Wichtig ist, dass das Klingenmesser sicher in der Hand liegt. Auch die Griffhaltung ist wichtig, um Unfälle zu vermeiden.

Rasierpräparate

Rasierpräparate sind alle Präparate, die zur Vorbereitung, Unterstützung oder Nachbehandlung der Rasur dienen.

Preshave-Präparat

Rasierpräparat

Aftershave-Präparat

Preshave-Präparate werden nur im Bereich der **Trockenrasur** eingesetzt und ermöglichen das Erweichen und Aufrichten der Barthaare durch Mikroschaum-Bläschen, die sich zwischen den Haaren einlagern. Preshave-Präparate haben meist einen hohen Alkoholanteil, der durch die Verdunstungskälte ein Straffen der Gesichtshaut bewirkt, was ebenfalls die Barthaare aufrichtet. Gleichzeitig dient er als Lösungsmittel für die weiteren Inhaltsstoffe.

Rasierpräparate – Seifen, Cremes, Schäume oder Gele – übernehmen die Aufgaben der Preshave-Präparate bei der **Nassrasur**. Sie werden durch kreisförmige Bewegungen mit den Fingern oder mithilfe eines Rasierpinsels auf die angefeuchtete Haut aufgebracht. Sie bewirken ebenfalls ein Straffen der Haut und durch den feinen Film ein schmerzfreies Gleiten des Klingenmessers auf der Haut. Das Erweichen der Barthaare wird durch die hohe Alkalität der Präparate (bis pH 10) erreicht, was gleichzeitig eine gründliche Reinigung nach der Rasur erforderlich macht.

Aftershave-Präparate werden sowohl nach der **Trocken-** als auch nach der **Nassrasur** eingesetzt. Es gibt sie als Creme, Gel oder in flüssiger Form. Sie desinfizieren durch ihren hohen Alkoholanteil kleinste Risse in der Haut, sie adstringieren (= zusammenziehen) und neutralisieren die Haut nach der Rasur. Außerdem verströmen Aftershave-Präparate durch die enthaltenen Duftstoffe zumeist einen angenehmen Geruch.

5.2.3 Durchführen der Rasur

Vorbereiten des Arbeitsplatzes

Stellen Sie folgende **Arbeitsmittel und Präparate** bereit:

- Handtuch, evtl. Kompresse
- Rasierpräparat, Schale, Pinsel
- Klingenmesser, neue Klinge
- Schale mit heißem Wasser
- Tuch oder Serviette, um das Messer nach jedem Zug zu reinigen
- Aftershave-Präparat

Setzen Sie vor den Augen des Kunden eine **neue Klinge** ein, um den hygienischen Ansprüchen gerecht zu werden.

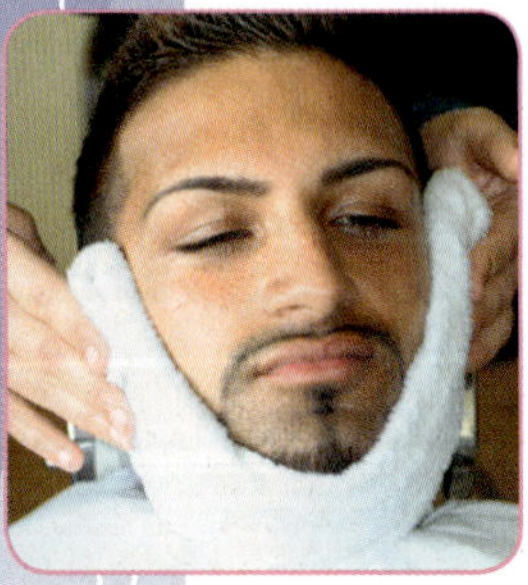

Auflegen einer warmen Kompresse

Vorbereiten des Kunden

Der Kunde sollte seinen Kopf auf einen Kopfhalter abstützen und leicht nach hinten neigen können. Um die Kleidung des Kunden nicht zu beschmutzen, wird ein Handtuch oder eine Serviette um seinen Hals gelegt. Je nach Kundenwunsch können Sie zunächst warme Kompressen auflegen, die die Haut und die Haare erweichen.
Anschließend tragen Sie das gewünschte Rasierpräparat auf und lassen es kurz einwirken. Je nach Präparat muss dieses zunächst mithilfe eines Pinsels oder der Finger in einer kleinen Schale angerührt werden oder kann direkt aus der Dose in die Hand oder eine Schale gegeben und anschließend mit dem Pinsel oder den Fingern auf der Haut des Kunden verteilt werden. Sparen Sie dabei Stellen mit Hauterhebungen aus.

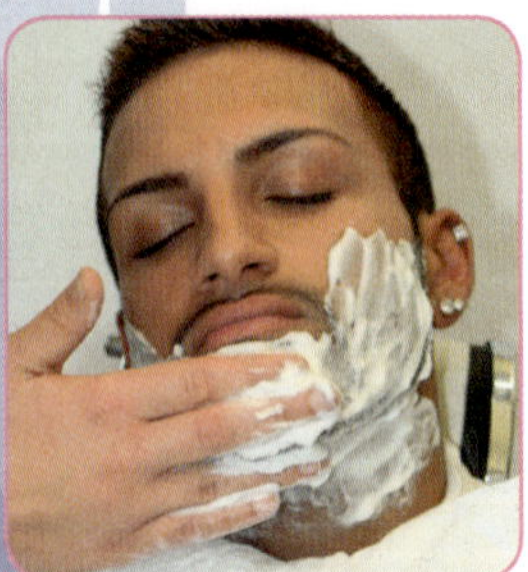

Auftragen des Rasierpräparats

Die Rasur

Während der Rasur stehen Sie entweder rechts oder links neben dem Kunden. Diese Position wird während der Behandlung nicht verändert.

Straffen Sie die Haut mit der freien Hand, um Verletzungen zu vermeiden. An schwierigen Stellen wie im Wangenbereich fordern Sie den Kunden zum Mithelfen auf.
Eine Nassrasur wird bei empfindlicher Haut nur in Wuchsrichtung der Barthaare ausgeführt, damit am Follikel keine kleinen Risse und Blutungen entstehen. Gegen die Wuchsrichtung rasieren Sie, wenn die Haare besonders kurz werden sollen. Die stark gekürzten Barthaare können unter Umständen allerdings im Follikel einwachsen und zu Entzündungen des Follikels führen.
Beginnen Sie im Vorhandgriff. Führen Sie an der Ihnen zugewandten Wangenpartie die Klinge von der Kotelette aus flach über die Haut zur Kinnspitze. Dann wird unter dem Kinn bis zum Kehlkopf und zum Ohrläppchen die Halspartie rasiert. Oberlippe und Kinnpartie werden erst rasiert, wenn die andere Gesichtshälfte im Vor- oder Rückhandgriff rasiert wurde.

Für die **kreative Bartformung** gibt es Schneidemaschinen mit unterschiedlichen Aufsätzen, mit denen sich auch filigrane Motive einarbeiten lassen. Bei der Erstellung eines solchen **Bart-Tattoos** wird auf Vor- und Nachbehandlung verzichtet. Die Haare werden mit einer Maschine und einem Aufsatz auf die gewünschte Länge gebracht, anschließend wird das Motiv einrasiert. Resthaare können mit einem Pinsel oder einem feuchten Handtuch entfernt werden.

Bart-Tattoo

Nachbehandlung

Nach der Rasur reinigen Sie die Haut gründlich mit einer feuchten Kompresse, um Präparatreste zu entfernen. Je nach Kundenwunsch kann anschließend eine kalte Kompresse aufgelegt werden, um die Haut zu beruhigen. Kleinere Blutungen werden mit Papier oder einem blutstillenden Tupfer (mit Alaun) gestoppt.
Sprechen Sie die Wahl des Aftershave-Präparats mit dem Kunden ab. Bei empfindlicher Haut sollte auf ein zu stark alkoholhaltiges Präparat verzichtet werden. Durch die sauren Zusätze wird der natürliche pH-Wert der Haut wiederhergestellt.

Aufgaben

1. Erstellen Sie einen Behandlungsplan für eine Rasur, in dem Sie die jeweils benötigten Materialien und Hygienemaßnahmen berücksichtigen.
2. Entwerfen Sie ein Motiv für ein Bart-Tattoo.

Barthaarkontur im Vorhandgriff rasieren

5.2.4 Übergang Frisur – Bart

Viele Männer tragen heute längere **Koteletten** oder auch einen **Vollbart**. Bei diesen Bartformen, die direkt in die Kopfbehaarung übergehen, muss nach einem Haarschnitt ein Übergang geschaffen werden.
Der Bart kann mithilfe einer Haarschneidemaschine mit Aufsatz auf die gewünschte Länge gekürzt werden. Anschließend wird die Maschine bis in die Kontur der Kurzhaarfrisur geführt, sodass ein stufenloser Übergang entsteht. Der Bart kann auch mit Kamm und Schere in die gewünschte Form gebracht werden, der Übergang zum Kopfhaar wird dann ebenfalls mit Kamm und Schere geschnitten.
Bei längeren Frisuren sollte der Bart bis zum Konturenansatz gleichmäßig gestuft werden. Der Übergang ist durch das längere Deckhaar nicht zu sehen.

Bartträger mit längerem Deckhaar

Rechenaufgaben

Berechnung des Barzahlungspreises

Sie dürfen jetzt Haarschnitte selbst durchführen und möchten sich eigenes Werkzeug kaufen. In Katalogen finden Sie den **Listenpreis** für die Werkzeuge.

Aus verschiedenen Gründen gewähren Hersteller ihren Kunden **Rabatte**, also Preisnachlässe, auf den Bruttoverkaufspreis einer Ware oder Dienstleistung.

Mengenrabatt wird für die Abnahme einer größeren Warenmenge gewährt. **Beispiel:** Bei der Bestellung von mindestens 5 Glätteisen werden 15 % Mengenrabatt gegeben.

Naturalrabatt gewähren Firmen bei der Bestellung einer bestimmten Mindestwarenmenge, indem sie zusätzliche Ware liefern. **Beispiel:** Bei der Bestellung von 100 Farbtuben werden 5 Dosen Blondierpulver und 10 Flaschen Wasserstoffperoxid verschiedener Konzentration kostenlos mitgeliefert.

Weitere Formen des Rabatts sind der **Sonderrabatt**, z. B. bei Neueröffnung eines Friseursalons, der **Einführungsrabatt** für Neukundinnen oder der **Treuerabatt**.

Von vielen Lieferanten werden Sie für eine schnelle Zahlung oder eine Barzahlung der Rechnung mit einem weiteren „Preisnachlass", dem **Skonto**, belohnt.

Die **Bezugskosten**, also Kosten für Lieferung, Porto und Verpackung, werden meist zusätzlich berechnet.

Die in Katalogen oder auf Messen angegebenen Preise für Friseurpräparate und Werkzeuge sind in der Regel **Listenpreise**. Diese gelten für Unternehmen und enthalten noch nicht die **Mehrwertsteuer**. Wenn Sie Ware für den Eigengebrauch kaufen, wird nach Abzug eines eventuellen Rabatts die Mehrwertsteuer von derzeit 19% dazugerechnet, um den **Bruttopreis** zu erhalten.

Werden **sowohl Rabatt als auch Skonto** gewährt, beachten Sie, dass zunächst der Rabatt abgezogen wird. Dann kommt die Mehrwertsteuer hinzu und erst danach wird Skonto abgezogen.

Beispiel:

In einem Katalog finden Sie eine Haarschneideschere zum Listenpreis von 59,00 €. Als Auszubildende bekommen Sie einen Sonderrabatt von 12%. Bei Zahlung innerhalb von 7 Tagen werden Ihnen außerdem 1,5% Skonto gewährt.

Wie viel € müssen Sie für die Schere bei Zahlung innerhalb von 7 Tagen bezahlen?

Listenpreis	59,00 €
– 12% Rabatt	7,08 €
= Nettopreis	51,92 €
+ 19% Mehrwertsteuer	9,86 €
= Bruttopreis	61,78 €
– 1,5% Skonto	0,93 €
= Barzahlungspreis	**60,85 €**

$100\,\% \mathrel{\hat{=}} 59{,}00\,€$

$12\,\% \mathrel{\hat{=}} x$

$x = \frac{59{,}00\,€ \cdot 12\,\%}{100\,\%} = 7{,}08\,€$

$100\,\% \mathrel{\hat{=}} 51{,}92\,€$

$19\,\% \mathrel{\hat{=}} x$

$x = \frac{51{,}92\,€ \cdot 19\,\%}{100\,\%} = 9{,}86\,€$

$100\,\% \mathrel{\hat{=}} 61{,}78\,€$

$1{,}5\,\% \mathrel{\hat{=}} x$

$x = \frac{61{,}78\,€ \cdot 1{,}5\,\%}{100\,\%} = 0{,}93\,€$

Für die Schere müssen Sie 60,85 € bezahlen.

1 Berechnen Sie jeweils den Barzahlungspreis bei einer MwSt. von 19%.

	Listenpreis	Rabatt	Skonto
a)	725,00 €	5%	3%
b)	547,00 €	10%	4%
c)	1 882,55 €	25%	5%
d)	4 372,10 €	30%	2%

2 **Personalrabatt** erhalten Mitarbeiterinnen, wenn sie Waren aus dem Salon zum persönlichen Gebrauch kaufen. Sie möchten sich ein Kammsortiment kaufen und erhalten von Ihrer Chefin einen Personalrabatt von 15% auf den Preis von 12,95 €, zu dem sie das Sortiment im Salon verkauft (= Ladenpreis).

a) Wie viel müssen Sie für die Kämme bezahlen?

b) Das gleiche Sortiment wird von einem Lieferanten zu einem Listenpreis von 9,95 € angeboten. Wie hoch ist der Bruttopreis?

c) Welches Angebot ist günstiger?

3 Ein Zeitschriftenverlag wirbt mit der Aussage: „25 % auf alle Zeitschriften!"

a) Wie viel € sind für ein Jahresabo zu zahlen, wenn Sie den Rabatt berücksichtigen und pro Woche 5 Zeitschriften zu je 3,50 € bestellen?

b) Wie viel € sparen Sie bei Vorauszahlung des Jahresbetrags, wenn Ihnen 5 % Skonto gewährt werden?

4 Sie bestellen als Neukundin bei einer Firma für Friseurbedarf eine Haarschneidemaschine, die einschließlich 19 % Mehrwertsteuer 240,00 € kosten soll. Da es sich dabei um ein Ausstellungsstück handelt, gibt die Firma einen Sonderrabatt von 27 % und zusätzlich 3 % Skonto, wenn Sie die bestellte Ware innerhalb von 7 Tagen nach Rechnungserhalt bezahlen.

Wie viel € müssen Sie bezahlen?

5 Das Angebot der Firma für Friseurbedarf an Neukunden nutzt Ihre Chefin, um für drei neue Auszubildende Haarschneidescherensets zu bestellen. Ihre Chefin beauftragt Sie, aus einem Katalog die nötigen Teile auszusuchen. Sie schlagen folgende Bestellung vor (angegeben sind Listenpreise):

- 3 Nadelstielkämme je 4,75 €
- 3 Haarschneidekämme je 3,95 €
- 3 Meschenkämme je 5,85 €
- 3 Wasserwellkämme je 4,15 €
- 3 Sifter je 11,95 €
- 3 Haarschneidescheren Chiroform je 78,45 €
- 3 Effilierscheren je 39,95 €

a) Wie viel € beträgt der gesamte Warenwert nach Listenpreisen?

b) Um wie viel € verringert sich der in a) errechnete Warenwert durch den Neukundenrabatt von 27 %?

c) Welchen Betrag zahlt die Chefin innerhalb von 7 Tagen, um 3 % Skonto zu sparen?

Berechnung der Lohnkosten

Will die Saloninhaberin die Preise für Dienstleistungen festlegen, muss sie zuerst alle Kosten ihres Betriebs ermitteln. Bei Haarschnitten sind die **Lohnkosten**, also die Lohnsumme, die eine Friseurin für die Dauer der Durchführung einer Dienstleistung erhält, der größte Kostenfaktor, denn es werden kaum Material oder Präparate verbraucht.

Beispiel:
Für einen Kinderhaarschnitt benötigt eine Friseurin 25 Minuten. Sie bekommt einen Stundenlohn von 8,85 €.

Wie hoch sind die Lohnkosten?

60 Minuten ≙ 8,85 €

25 Minuten ≙ x

$$x = \frac{8{,}85\ € \cdot 25\ \text{min}}{60\ \text{min}} = \underline{\underline{3{,}69\ €}}$$

Die Lohnkosten betragen **3,69 €**.

6 Wie hoch sind die Lohnkosten für die folgenden Haarschnitte?

	Haarschnitt und Arbeitszeit		Stundenlöhne
a)	Trockenhaarschnitt Mann	15 Minuten	8,62 €
b)	Kinderhaarschnitt	20 Minuten	9,44 €
c)	Damenhaarschnitt	35 Minuten	10,25 €

7 Eine Friseurin erzählt ihrer Freundin: „Meine Chefin hetzt uns ganz schön. Wir müssen jetzt auf die Uhr sehen und dürfen nur 20 Minuten für einen Damenhaarschnitt benötigen."
Im Salon der Freundin werden hingegen 30 Minuten für einen Haarschnitt eingeplant.

a) Vergleichen Sie die Lohnkosten, wenn beide einen Stundenlohn von 8,53 € haben.

b) Wie viel € können durch die Arbeitszeitverkürzung pro Haarschnitt eingespart werden?

8 Im Salon arbeiten zwei Auszubildende (Stundenlohn 4,88 €), eine Junggesellin (Stundenlohn 8,50 €), eine ältere Gesellin (Stundenlohn 10,87 €) und die Meisterin (Stundenlohn 13,44 €).
Wie hoch sind jeweils die Lohnkosten, wenn ein Herrenhaarschnitt 20 Minuten dauert?

Komplexe Aufgaben

Fachgespräch zum Damenhaarschnitt

Die Fähigkeit, Fachgespräche führen zu können, ist wichtig in der Kundenberatung und im ersten Teil Ihrer Gesellenprüfung. Dabei präsentieren Sie mit Fach- und Sprachkompetenz den Haarschnitt und die Frisur.

Die folgenden Aufgaben beziehen sich auf den Haarschnitt und die Frisur in der Abbildung.

❶ Übertragen Sie die folgenden drei Ansichten des Kopfes mit ausreichendem Abstand in Ihre Unterlagen. Planen Sie den Schnitt und erstellen Sie die drei Schnittgrafiken.

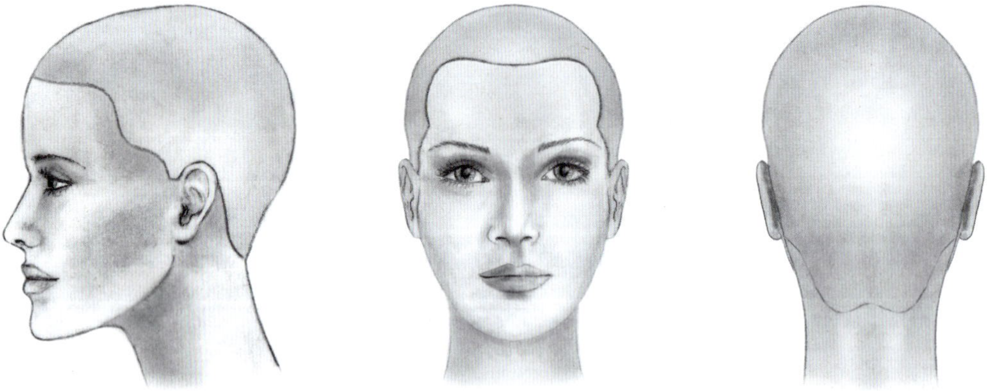

Profil *Vorderansicht* *Hinterkopfansicht*

❷ Beantworten Sie zum Haarschnitt folgende Fragen unter Verwendung von Fachbegriffen:

a) Welche Techniken haben Sie jeweils angewendet?

b) Wie haben Sie die jeweilige Technik ausgeführt?

Begründen Sie Ihre Arbeitsweise.

❸ Betrachten Sie Ihren Haarschnitt kritisch, indem Sie folgende Fragen beantworten:

a) Sind Sie mit den Ergebnissen der Techniken und Arbeitsschritte zufrieden?

b) Haben Sie Fehler bei der jeweiligen Technik bzw. dem einzelnen Arbeitsschritt erkannt?

c) Würden Sie der Kundin beim nächsten Salonbesuch einen anderen Schnitt bzw. eine andere Frisur empfehlen?

❹ Beschreiben Sie Ihrer Kundin in der Bestätigungsphase (vgl. Lernfeld 3, Seite 119) nach der Behandlung, was am Schnitt und an der Frisur besonders gut gelungen ist. Erklären Sie dazu schriftlich und in wörtlicher Rede, welche Schnittmerkmale die folgenden Bereiche haben:

a) Ponybereich
b) Oberkopfbereich
c) Hinterkopf-, Nackenbereich

❺ Führen Sie ein Fachgespräch zum Schnitt in wörtlicher Rede.

English – Talking about haircuts

One-length or solid cut

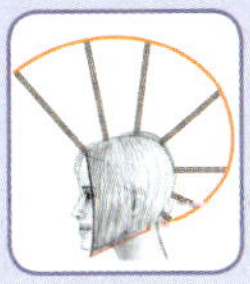

All hair is cut to one length. This haircut produces volume around the base line. On the top of the head the hair is flat without volume.

Uniform layered cut

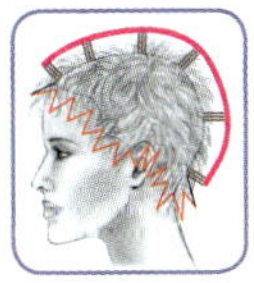

Every hair has the same length. The shape of the hair is the same as the shape of the head. No volume is built up.

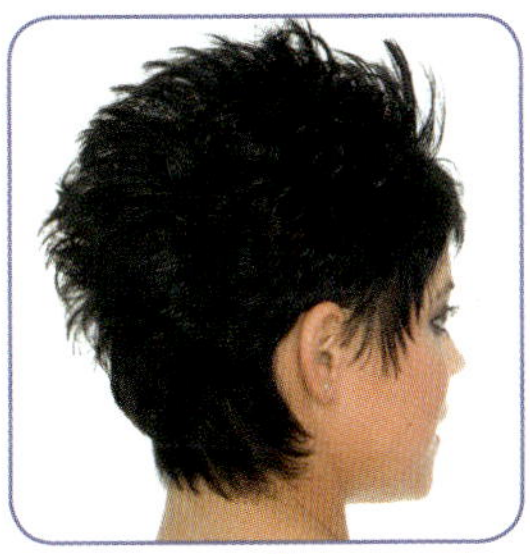

Layered: graduated cut

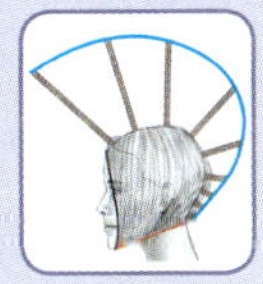

The hair at the nape is the shortest, gradually getting longer at the top. This cut shows the most volume at the ends of the top layer.

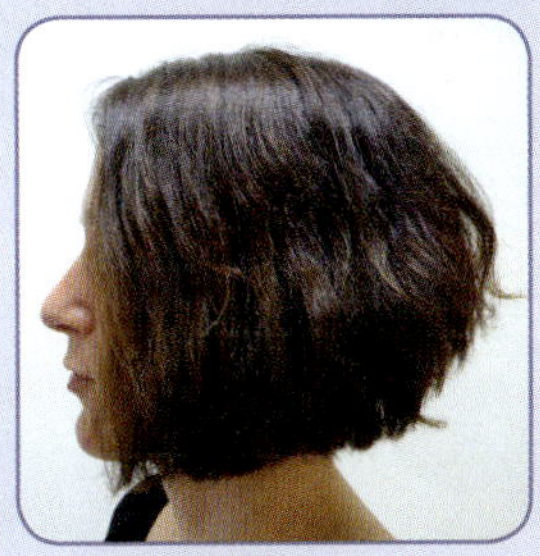

Layered: Reverse graduated cut

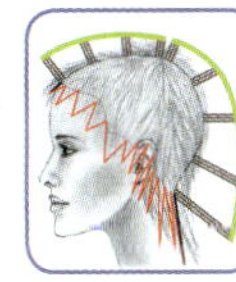

The hair on top is the shortest, gradually getting longer towards the design line. Volume is created with this hairstyle because the short hair lifts up and hair ends may curl.

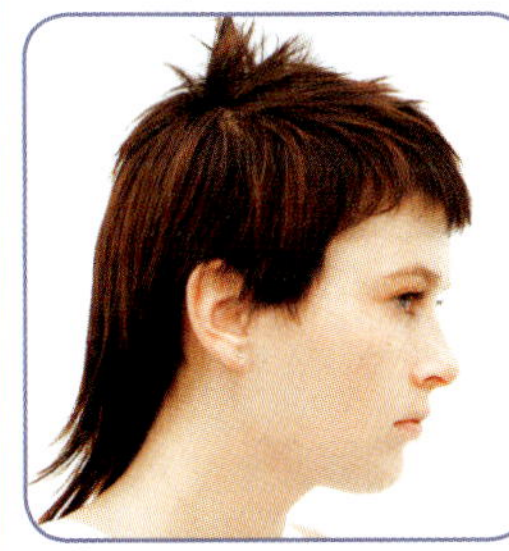

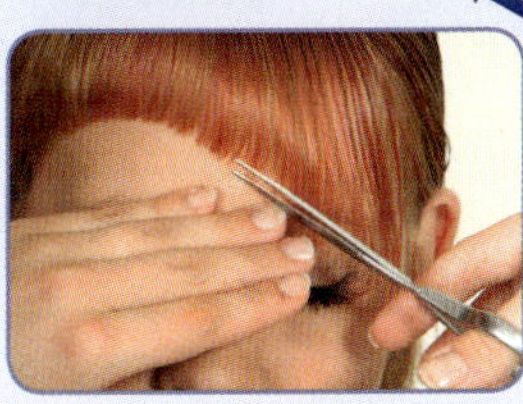

Club cutting hair

This client has an appointment for a haircut.

Thinning hair

Exercises

1. What kinds of haircuts are shown in the following pictures? Give reasons.

2. Which haircut would you recommend for the client in the middle of this page? Why?

3. Look at your neighbor. Which haircut would you recommend? Explain your ideas in English.

Vocabulary

one-length cut	auf eine Linie = kompakter Schnitt	layered	gestuft	layer	Stufe
		shape	Form	design line	Konturenlinie
solid cut	kompakter Schnitt	graduated cut	graduierter Schnitt	club cutting hair	Haar stumpfschneiden
base line	Basis-, Grundlinie				

Lernfeld 6 Frisuren erstellen

Sie erstellen eine Frisur anhand einer Bildvorlage.

Kundin: „Die Frisur auf diesem Bild gefällt mir, die möchte ich gerne haben."

Informieren

- Was für einen Frisurenwunsch hat die Kundin?
- Wie sind Haarlänge, Haarfülle, Haarstärke, Haarquerschnitt und Haarwuchsrichtung bei der Kundin?
- Welche Gesichts- und Kopfform sowie Körperproportionen hat die Kundin?
- Wie viel Zeit und Geschicklichkeit wendet die Kundin üblicherweise zum Frisieren auf?

Planen

- Lässt die gewünschte Frisur die Kundin vorteilhaft aussehen oder sollte ich Abwandlungen empfehlen?
- Mit welchen Umformungs-, Frisier- und Finishtechniken kann ich die Wunschfrisur erstellen?
- Sind ergänzende Haarbehandlungen nötig, damit ich den Frisurenwunsch erfüllen kann?
- Welche Arbeitsmittel und Präparate sind geeignet, um die gewünschte Frisur zu erstellen?

Entscheiden

- Ich schlage der Kundin vor, wie die Frisur erstellt werden kann.
- Ich erläutere der Kundin den Vorgang der nicht dauerhaften Umformung sowie die Wirkung der Präparate.
- Ich nenne Dauer und Kosten der Behandlung.
- Ich berate die Kundin, bis sie sich für einen Vorschlag entschieden hat.

Bewerten

- Ist die Kundin mit der Frisur und dem Verlauf der Behandlung zufrieden?
- Was kann ich bei ihrem nächsten Besuch bei der Ausführung verbessern?
- Kann ich mit einer anderen Arbeitstechnik ein besseres Ergebnis erzielen?
- Ich dokumentiere die Behandlung in der Kundenkartei.

Kontrollieren

- Entspricht die fertiggestellte Frisur der Bildvorlage?
- Was ist anders und warum?
- Was kann ich korrigieren?

Ausführen

- Ich bereite den Arbeitsplatz vor.
- Ich wasche die Haare mit einem geeigneten Shampoo und pflege sie mit einer Haarspülung.
- Ich verwende Schaumfestiger und trockne die Haare mit dem Föhn vor.
- Mit einem Lockenstab forme ich die Haare um.
- Ich frisiere aus und gebe Haarspray auf die Frisur.
- Ich präsentiere der Kundin die Frisur.
- Ich empfehle Präparate und mache Variationsvorschläge für die nächste Behandlung und für zu Hause.

Möglichkeiten der Haarumformung

Ihre Kundin kommt zum Nachschneiden. „Mit dem Schnitt bin ich sehr zufrieden, aber ich würde mein Haar gern auch mal etwas anders tragen. Können Sie mir etwas empfehlen?" Welche Möglichkeiten zur Haarumformung können Sie anbieten?

Methoden der Haarumformung – Übersicht

	Nicht dauerhafte Umformung (Lernfeld 6)	Dauerhafte Umformung (Lernfeld 7)
Haltbarkeit	bis zur nächsten Haarwäsche oder nächsten Einwirkung von Feuchtigkeit (Regen o. Ä.)	dauerhaft (wächst heraus)
Beispiel		
Arbeitsmittel, Präparate, Wirkstoffe	• Wasser, Wärme • Stylinggeräte, Stylingpräparate	• chemische Wellpräparate, Glättungslotion • Wickler
Arbeitstechniken	Föhnen, Einlegen, Papillotieren, handgelegte Wasserwelle, Glätten, Kreppen, Erstellen von Locken mit dem Lockenstab	• Langzeitumformung mit Dauerwellwicklern, Wellpräparat und Fixierung • dauerhafte Haarglättung mit Glättungslotion und Fixierung
Vorgang im Haar	nicht dauerhafte Umformung durch Öffnen bestimmter Brückenbindungen im Haar mittels Wasser	dauerhafte Umformung durch chemisches Öffnen und Schließen bestimmter Brückenbindungen im Haar
Haarschädigung	evtl. Haarschäden durch häufiges, zu heißes und unsachgemäßes Behandeln	Haarschäden durch Wellpräparate und Fixierung

Aufgabe

Welche Umformungsmethode wählen Sie bei folgenden Kundinnen?

a) Eine Kundin wünscht sich eine lockige Frisur für eine Abendveranstaltung.

b) Ihre Stammkundin möchte nicht jeden Morgen Volumen in ihr Haar föhnen.

c) Eine Neukundin hat folgendes Anliegen: „Ich gehe fast täglich zum Sport. Da möchte ich nach dem Duschen ohne großen Aufwand gut frisiert aussehen."

1 Individuelle Kundengegebenheiten

„Diese Frisur mit viel Fülle und ein paar Locken hier an der Seite, die hätte ich gern." Können Sie den Wunsch bei dieser Kundin erfüllen?

1.1 Kundenwunsch

Manche Kundinnen kommen mit einer Bildvorlage in den Salon. Falls dies nicht so ist, verwenden Sie bei der Ermittlung des Kundenwunsches Frisurenmappen oder Frisurenbücher, um sicherzustellen, dass Sie die Kundin richtig verstanden haben.

➜ *vgl. Lernfeld 4, S. 153*

1.2 Frisiergewohnheiten

Erkundigen Sie sich nach den Stylingtechniken, die die Kundin zu Hause anwendet. Finden Sie heraus, ob die Kundin neuen Stylingtechniken gegenüber aufgeschlossen ist und ausreichend Zeit und Geschick dafür mitbringt. Beachten Sie die Frisiergewohnheiten der Kundin in Ihrer Planung.

1.3 Haar- und Kopfhautgegebenheiten

1.3.1 Haarlänge, Haarstärke, Haarquerschnitt

- **Lange Haare** benötigen bei bestimmten Stylingtechniken wie z. B. Föhnen oder Einlegen mit Volumenwicklern mehr Zeit.
- **Dünne Haare** trocknen schneller, die Frisuren sind aber nicht so haltbar.
- **Dicke Haare**, also Haare mit einem großen Durchmesser, trocknen dementsprechend langsamer. ➜ *vgl. S. 81 und 135*
- **Afrikanisches Haar** ist stark gekraust und vom Haarquerschnitt bandförmig. Deswegen ist das Haar schwieriger zu glätten und kann leicht brechen. ➜ *vgl. S. 82 und 244 f.*
- **Asiatisches Haar** ist glatt, dick und vom Haarquerschnitt rund. Es braucht daher etwas länger in der Behandlung und kann sehr stabil bzw. borstig sein. ➜ *vgl. S. 82*

Afrikanisches Haar

Asiatisches Haar

1.3.2 Haarwuchsrichtung, Wirbel

An Stellen mit Wirbeln und besonderen Wuchsrichtungen fallen die Haare gern in ihre ursprüngliche Richtung. Beziehen Sie dies in Ihre Frisurenplanung mit ein, sonst wird das Ergebnis nicht den Erwartungen der Kundin entsprechen und die Frisur für sie schwierig zu Hause zu stylen sein.

1.3.3 Haarwellung

Beachten Sie, ob die Haarwellung der Kundin mit der Wunschfrisur übereinstimmt. Häufig lassen sich Frisurenwünsche nur durch Umformung der Haare erreichen.
Es ist nicht immer auf den ersten Blick zu erkennen, ob die lockige Frisur durch dauerhafte Umformung, Naturlocken oder eine nicht dauerhafte Umformung mit Wärme zustande gekommen ist. Fragen Sie ggf. nach.

Europäisches Haar

1.3.4 Haarstruktur

Chemische Behandlungen erhöhen die Porosität und verändern den Aufbau der Haare, sodass die Wirkung von Stylingpräparaten abgeschwächt wird. Diese Haare sollten deshalb vor der Anwendung von Stylingpräparaten angetrocknet werden. Durch Oxidationshaarfarben, Langzeitumformung oder Blondierung sind die Bindungen im Haar weniger stabil, das Umformungsergebnis wird lascher. Die Haare saugen mehr Feuchtigkeit auf.
Afrikanisches Haar ist im chemisch geglätteten Zustand leichter zu locken.

1.3.5 Gegebenheiten der Kopfhaut

- Bei **stark fettender Kopfhaut** hält die Frisur nicht so lange, da der Fettfilm die Haare beschwert.
- Bei **Verletzungen** der Kopfhaut sollten Sie bei der Verwendung von Stylingpräparaten vorsichtig sein, da diese ein Brennen verursachen können.
- Achten Sie bei **empfindlicher Kopfhaut** darauf, dass beim Föhnen oder Einlegen der Zug an den Haaren nicht zu stark ist.
- **Hautveränderungen** oder **Anomalien** sollten mit der Frisur verdeckt werden.

1.4 Weitere beeinflussende Gegebenheiten

→ *vgl. Lernfeld 4, S. 129 ff. und 142 ff.*

Überprüfen Sie, ob die Wunschfrisur zu den **Proportionen** (z. B. Körpergröße und -form, Kopf- und Gesichtsform) und zum **Stil** der Kundin passt.
Mögliche Frisurenwünsche – je nach Stil der Kundin:
- **Natürlicher Typ:** lange Haare, mit Föhn mit Diffuseraufsatz locker getrocknet
- **Sportlicher Typ:** kurzer und praktischer Haarschnitt, nur kurz überzuföhnen
- **Klassischer Typ:** klare Linien, gerade geschnittener, glatt geföhnter Pagenkopf
- **Avantgardistischer Typ:** auffällig gestylter Stufenschnitt, wobei einige Strähnen betont werden können
- **Maskuliner Typ:** Kurzhaarschnitt, mit Gel oder Stylingcreme anliegend gestylt
- **Femininer Typ:** ein mit der Rundbürste auf Volumen geföhnter Pagenkopf
- **Romantischer Typ:** Längere Haare mit weichen und verspielten Locken

Auch sollte die Frisur dem **Anlass**, zu dem sie getragen werden soll, entsprechen. Überlegen Sie gemeinsam, ob die Frisur besonderen **Anforderungen** genügen muss. Soll z. B. getanzt werden, muss die Frisur sehr fest gearbeitet sein. Soll sie mehrere Wochen Urlaub überstehen, muss sie praktisch und schnell zu erstellen sein.
Besprechen Sie dies mit der Kundin und ändern Sie ggf. gemeinsam die Planung ab.

Aufgaben

1. Stellen Sie eine Liste mit allen Kundengegebenheiten, die man bei einer Frisurenberatung beachten muss, zusammen.
2. Wählen Sie aus verschiedenen Frisurenabbildungen eine Vorlage aus, die am besten zu Ihren eigenen Vorstellungen und Gegebenheiten passen würde. Berücksichtigen Sie dabei Ihren Typ, Ihre Gesichtsform sowie die Haar- und Kopfhautgegebenheiten. Begründen Sie Ihre Entscheidung.

2 Basiswissen zur Frisurenerstellung

„Mein Haar ist furchtbar glatt. Ich hätte so gern eine leichte Welle. Fast jeden Morgen föhne ich deswegen mein Haar mit einer großen Rundbürste. Was passiert eigentlich beim Föhnen mit den Haaren?"

2.1 Eigenschaften und Aufbau des Haares

Eigenschaften des Haares

Unter **Saugfähigkeit** und **Hygroskopizität** versteht man die Wasseraufnahmefähigkeit des Haares:

- Mit der **Saugfähigkeit** wird die Wasseraufnahmefähigkeit des Haares bei einer vollständigen Benetzung mit Wasser beschrieben.
- Als **Hygroskopizität** wird die Fähigkeit zur Wasseraufnahme aus der Luft bezeichnet. Bei einer hohen Luftfeuchtigkeit, wie sie bei nassem Wetter oder in den Tropen vorhanden ist, nimmt das Haar aus der Luft Wasser auf. Dadurch kann die Frisur instabil werden: Geglättetes Haar wird wieder lockig und Haar, das z. B. mit einem Lockenstab gelockt wurde, wird wieder glatt.

Haardehnungsgerät

Unter **Elastizität** versteht man die Spannkraft des Haares. Zieht man eine Locke im trockenen Zustand glatt, springt das Haar nach dem Loslassen wieder in den gelockten Zustand zurück.

Unter **Plastizität** versteht man die Verformbarkeit des Haares. Ein glattes, durchfeuchtetes Haar kann in ein gelocktes Haar umgeformt werden. Während dieses Vorgangs ist das Haar plastisch; sobald es getrocknet ist, ist es wieder elastisch.

Unter **Dehnbarkeit** versteht man die Eigenschaft des Haares, sich unter Krafteinwirkung (z. B. durch das Ziehen mit einem Kamm) in der Länge auszudehnen. Diese Eigenschaft beruht auf dem inneren Aufbau der spiralförmigen Keratinmoleküle (vgl. S. 248). Spannt man ein Haar in ein Haardehnungsgerät ein, kann man seine Dehnbarkeit überprüfen.

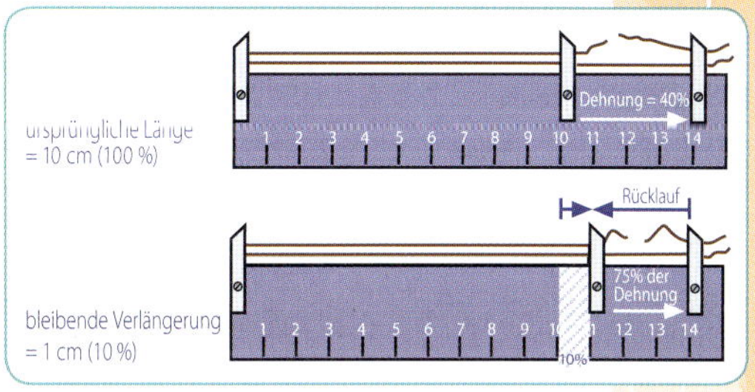

Dehnbarkeit des Haares

Praxistipp

Nasses Haar lässt sich stärker dehnen. Wenn das Haar im nassen Zustand gezogen wird, achten Sie darauf, dass es nicht überdehnt wird. Es zieht sich nicht wieder in den Ausgangszustand zurück und verliert dadurch an Elastizität.

Aufbau des Haares

Das Haar besteht aus den fünf chemischen Elementen Kohlenstoff (C, 50 %), Sauerstoff (O, 23 %), Stickstoff (N, 17 %), Wasserstoff (H, 6 %) und Schwefel (S, 4 %). Aus diesen Elementen entstehen Molekülketten. Die Moleküle sind in Längsrichtung des Haares angeordnet und spiralförmig gedreht. Diese Molekülspiralen geben dem Haar Festigkeit und sind durch drei verschiedene Brückenarten miteinander verbunden:

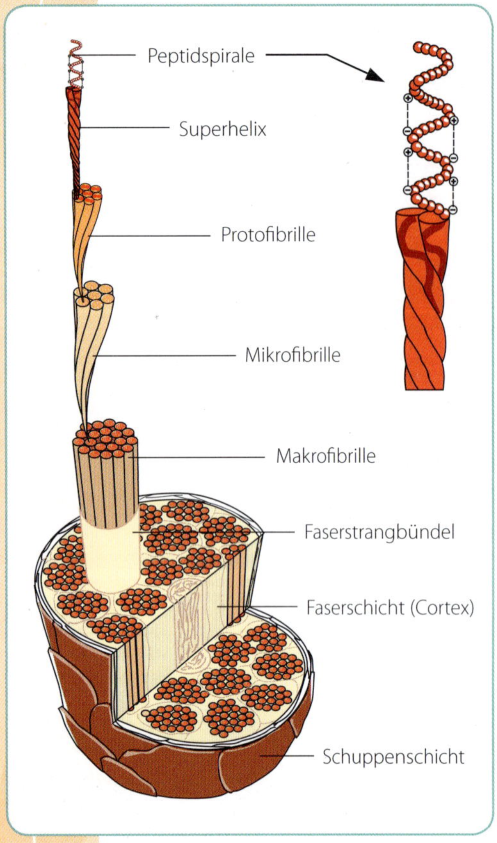

Feinbau des Haares

Wasserstoffbrücken sind die lockerste Verbindung im Haar. Sie verbinden vor allem die einzelnen Bögen der Spirale in Längsrichtung des Haares miteinander (vgl. Lernfeld 7, S. 248). Sie halten aufgrund der unterschiedlichen Ladungen der Elemente Sauerstoff (negativ) und Wasserstoff (positiv) und lockern sich durch das Anlagern von Wasser.

Die **Salzbrücken** und **Doppelschwefelbrücken** werden durch Wasser kaum oder gar nicht beeinflusst und spielen bei der nicht dauerhaften Umformung keine große Rolle.

2.2 Vorgänge im Haar bei der nicht dauerhaften Umformung

Für die nicht dauerhafte Umformung sind **Wasser und Wärme** von entscheidender Bedeutung. Sie machen das Haar formbar und festigen es anschließend wieder.

Formbarmachen des Haares durch Öffnen der Wasserstoffbrücken

Aufgrund seiner Saugfähigkeit nimmt das Haar bei der Haarwäsche bzw. nach dem Anfeuchten Wasser auf. Das Haar quillt leicht auf. Dabei werden die Wasserstoffbrücken gelockert.

Kleinste Wasserteilchen, die **Wassermoleküle**, tragen nach außen hin positive und negative Teilladungen. Diese Wassermoleküle schieben sich beim Eindringen in das Haar zwischen die Wasserstoffbrücken: Wassermoleküle lagern sich mit dem positiv geladenen Bereich an die negativ geladene Seite der Wasserstoffbrücke an und mit dem negativ geladenen Bereich an deren positiv geladene Seite. Die Wasserstoffbrücken, die das Haar in seiner Form festigen und stabilisieren, sind durch die dazwischenliegenden Wassermoleküle voneinander getrennt. Das Haar ist weniger stabil und bedingt umformbar.

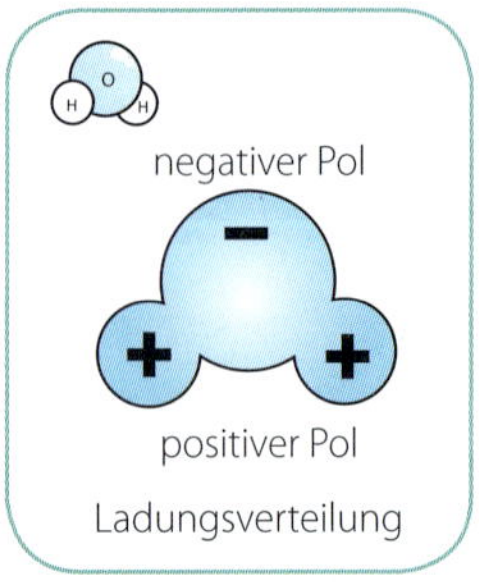

Wassermolekül

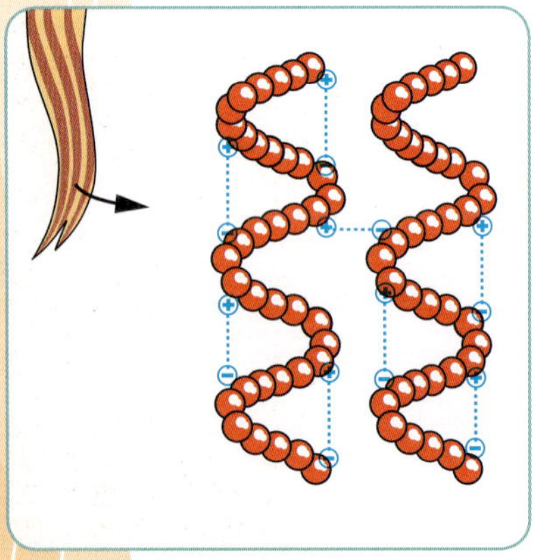

Wasserstoffbrücken vor dem Befeuchten des Haares

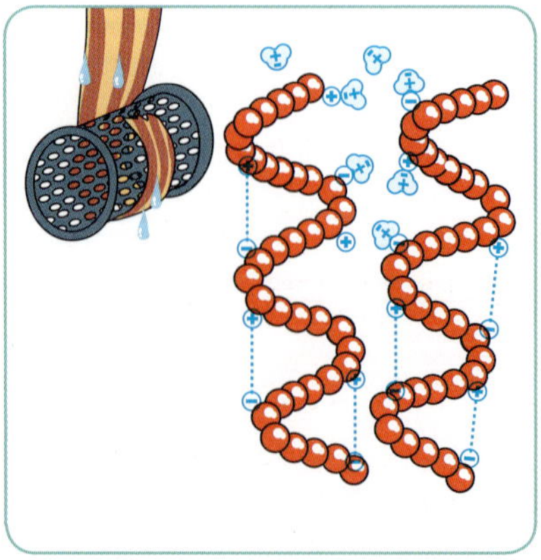

... beim Aufwickeln des nassen Haares

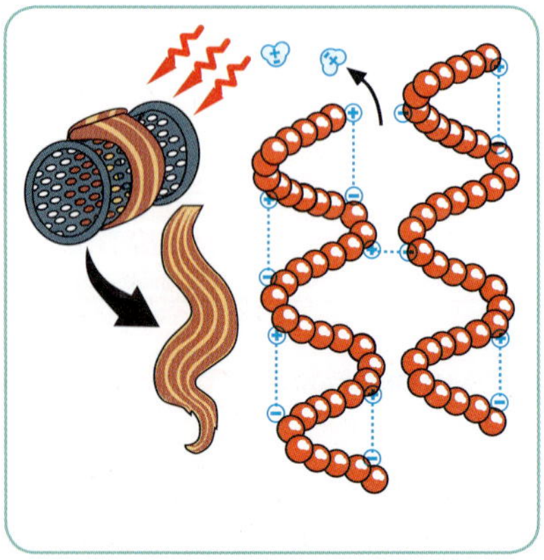

... während des Trocknens

Die Formbarkeit des nassen Haares wird dadurch ermöglicht, dass sich im Inneren des Haares einige Moleküle gegeneinander verschieben lassen, sodass neue „Partner" für die Wasserstoffbrücken zusammenkommen. So können Sie den nassen Haaren mithilfe von Volumenwicklern, Rundbürsten, Glätteisen oder anderen Werkzeugen eine neue Form geben, die durch Trocknung gefestigt wird.

Festigen des Haares durch Schließen der Wasserstoffbrücken

Wird das nasse und umgeformte Haar erwärmt, verdunstet das Wasser, die Wassermoleküle werden dem Haar entzogen. Neue Wasserstoffbrücken bilden sich aus zwischen den positiv und negativ geladenen Partnern in der Molekülspirale, die nun nebeneinanderliegen. Diesen Vorgang des Schließens neuer Wasserstoffbrücken in der neuen, umgeformten Position nennt man auch „**Rebonding**".

Diese Art der **Umformung** wird als **nicht dauerhaft** bezeichnet, da die neue Form nur so lange hält, bis erneut Wasser in das Haar eindringt und die Wasserstoffbrücken wieder geöffnet werden. Dies bringt Vor- aber auch Nachteile mit sich:
- **Vorteil:** Die Fähigkeit des Wassers, Wasserstoffbrücken zu lösen und das Haar formbar zu machen, nutzt man gezielt bei Wasserwellen und Föhnfrisuren. Die Frisuren können immer wieder abgewandelt werden, da die Umformung höchstens bis zur nächsten Haarwäsche hält.
- **Nachteil:** Auch äußere Faktoren wie Nebel, Dampf, Regen oder Schweiß können die Haltbarkeit der Frisur beeinflussen. Die Wasserstoffbrücken können sich öffnen; die Form einer frisch geföhnten oder eingelegten Frisur verändert sich wieder.

Aufgaben

1. Spannen Sie eines Ihrer Haare in ein Haardehnungsgerät ein und messen Sie, wie weit Sie es dehnen können, bevor es reißt. Wiederholen Sie diesen Versuch mit Ihrem angefeuchteten Haar.
   Was können Sie beobachten? Wie erklären Sie das Ergebnis?
2. Beschreiben Sie mit eigenen Worten die Vorgänge im Haar bei der nicht dauerhaften Umformung.
3. „Warum hält meine Föhnfrisur an manchen Tagen nur wenige Stunden?" Erklären Sie der Kundin, wie es dazu kommen kann.

2.3 Historische Frisiertechniken

Die heutigen Stylingtechniken haben ihre Ursprünge im Altertum. Natürlich veränderten sich die Arbeitsweisen über die Jahrhunderte, aber die Grundtechniken wurden in den verschiedenen Epochen immer wieder aufgegriffen und dem jeweiligen Stil angepasst.

Im Altertum erhitzten die **Ägypter** (ca. 3000 – 300 v. Chr.) **Tonwickel**, um eine Kräuselung ihrer Haare zu erreichen. Außerdem setzten die vornehmen Ägypterinnen kunstvoll gefertigte Perücken auf. Sie flochten viele kleine Zöpfe und versuchten, mit einem parfümierten Wachs-Öl-Gemisch die Locken haltbarer zu machen. Verziert wurden die Frisuren mit Haarnadeln und Kämmen, z. B. aus Knochen, Horn oder Holz.

Statuette von Piay (um 1300 v. Chr.)

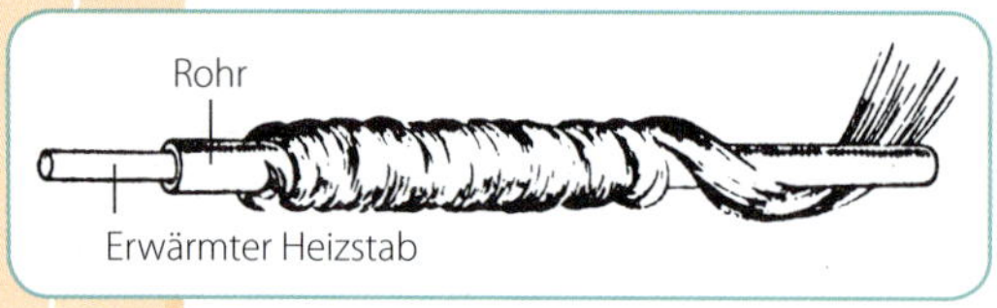

Calamistrum

Als Vorläufer für den Lockenstab wird das **Calamistrum** erwähnt, das sowohl die **Griechen** (ca. 1500–150 v. Chr.) als auch die **Römer** (ca. 500 v. Chr.–500 n. Chr.) anwendeten. Vermutlich schob man einen erhitzten Metallstab in ein Rohr, um das die Haare gewickelt waren. Außerdem haben wahrscheinlich die Römer die ersten handgelegten Wasserwellen erstellt.

Die **Germanen** (ca. 1600 v. Chr.–800 n. Chr.) trugen ihr langes Haar lose oder flochten Zöpfe und benutzten als Verzierung Einsteckkämme. Aus dieser Zeit stammt auch der Haarknoten der westgermanischen Sweben. Dies ist ein gedrehter Knoten, der seitlich auf dem Kopf ohne Hilfsmittel befestigt wird.

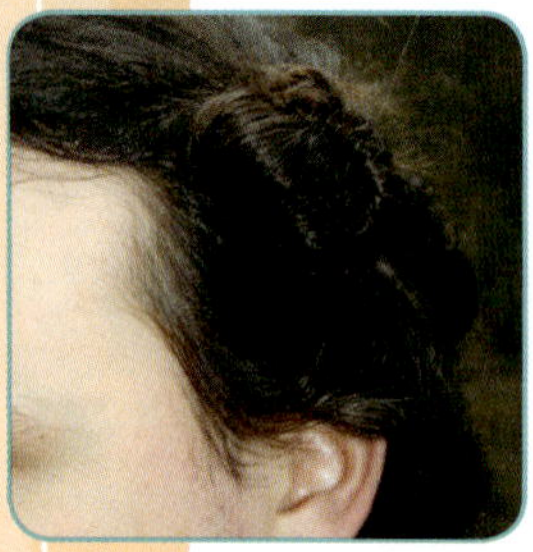

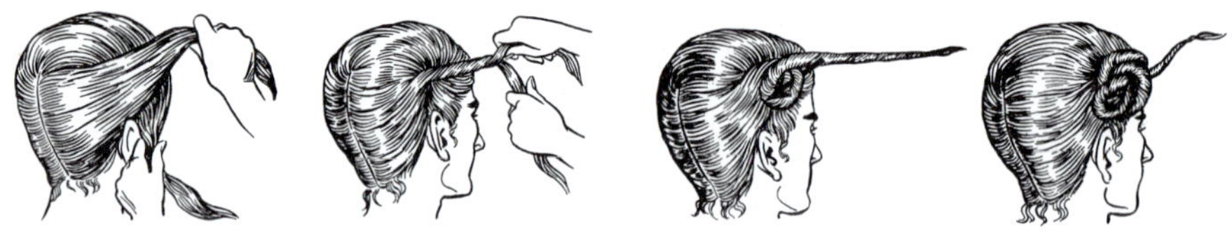

Swebenknoten

➜ *vgl. Lernfeld 4, S. 150 f.*

Auffällig waren die Frisurenaufbauten der Fontangefrisur in der **Barockzeit** (ca. 1600–1720). Drahtgestelle, Haarkrepp und Haarteile sowie Perlenketten als Verzierung waren u. a. nötig, um die Frisur aufzubauen. Ein Lockenholz half bei der Erstellung von Schlangenlocken.

Frühbiedermeierfrisur

Auch im **Rokoko** (1720–1789) wurden Drahtgestelle als Hilfsmittel verwendet. Während des Hochrokoko stellten die Frisuren zum Teil besondere Kreationen dar. Üppig geschmückt, z. B. mit Perlen, Federn und Blumen, und mit Weizen- oder Reispuder bestäubt waren es richtige Kunstwerke.

Rokoko: „La belle poule" (franz. Kriegsschiff), 1777 in eine Frisur der Königin Marie Antoinette eingearbeitet

Spätbiedermeierfrisur

Im **Frühbiedermeier** (ab 1820) wurde ein Drahtgestell als Stütze für die am Oberkopf getragene Haarschleife eingesetzt; an der Seite befanden sich Korkenzieherlocken. Im **Spätbiedermeier** (bis 1848) nahm die seitliche Lockenpracht (Lockentuff) durch angesteckte Haarteile an Volumen zu und der Knoten am Hinterkopf wurde mit Kämmen und Federn geschmückt.

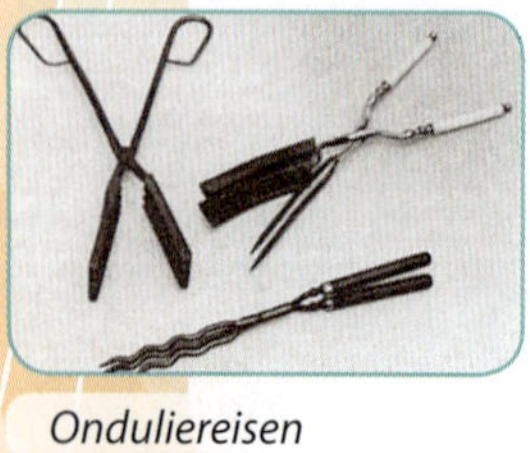
Onduliereisen

Um 1872 erfand der Franzose **Marcel Grateau** eine neue Welltechnik, die **Ondulation**, mit der die Welle tief ausgeformt wurde und natürlich wirkte. Diese Onduliereisen werden zum Teil heute noch verwendet. Die modernen elektrischen Heizstäbe, zwischen die man die Haarsträhnen einklemmt, sind mit einem Überhitzungsschutz ausgestattet, damit die Haare nicht geschädigt werden.

Kaiser Wilhelm II. mit Pomadenfrisur

Die Herren frisierten in der **Gründerzeit** (1870 – 1910) ihr kurzes Haar mit Pomade eng anliegend.

„Deutsches Wagenrad"

Mit der Marcel-Ondulation erstellte man im **Jugendstil** (ca. 1900 – 1914) das „deutsche Wagenrad". Das Haar wurde asymmetrisch hochfrisiert und dann eingeschlagen.

In den **1930er**-Jahren setzte sich die **dauerhafte Haarumformung** immer mehr durch, nachdem **Josef Mayer** die 1906 von **Karl Nessler** vorgestellte Heißwelle mit der neuen Flachwicklung verbesserte. Lockenfrisuren wurden modern.

→ *vgl. Lernfeld 7, S. 253 f.*

Lockenfrisur der 1930er-Jahre

In den **1950er-Jahren** trugen Frauen eher kurzes, leicht gewelltes Haar oder einen Pferdeschwanz, Männer eine Bombage.

→ *vgl. Lernfeld 4, S. 149*

In den **1960er-Jahren** waren beim Mann längere Rundschnitte modern, bei Frauen der „Beehive" (Bienenstock), die Löwenmähne oder kurze glatte Haare.

In den **1970er**- und **1980er-Jahren** machten verschiedene Jugendbewegungen unfrisiertes, langes Haar, aber auch Glatzen modern. Durch den Einsatz von Wetgel und Wachs entstanden in den 80ern besonders wild gestylte Frisuren. Außerdem waren die Verwendung von Föhnen mit Diffuseraufsatz und luftgetrocknete Frisuren angesagt.

Punker, 1980er-Jahre

Glatte Haare der 1990er-Jahre

Glatte Haare sind seit **1990** immer mehr in Mode gekommen. Das Glätten der Haare mit immer besseren Methoden gehört für viele Frauen zum täglichen Styling.

Obwohl die ersten Haarverlängerungen und Haarverdichtungen schon in den 1980er-Jahren auf den Markt gebracht wurden, haben diese Techniken erst nach dem **Jahr 2000** die Mode mehr und mehr beeinflusst. Dabei kommt es zunehmend weniger auf Frisiertechniken an, denn die Haarergänzungen können bereits gewellt oder glatt erworben werden. Die Anpassung des Haarersatzes an die natürliche Frisur ist vor allem eine Frage des Haarschnitts, nicht der Frisiertechnik.

Haarverlängerung vorher

… nachher

Aufgaben

1. Listen Sie die üblichen Frisiertechniken chronologisch auf.
2. Welche Frisiertechniken verwenden wir heutzutage noch?
3. Welche Stilelemente vergangener Jahre finden Sie auch in heutigen Frisuren?

3 Arbeitsmittel, Arbeitstechniken und Präparate

Ihre Ausbilderin bittet Sie, die frisch geschnittenen Haare ihrer Kundin mit Volumenwicklern einzulegen: „Bitte achten Sie darauf, dass am Oberkopf und am Wirbel viel Volumen entsteht. Zu den Konturen hin sollten die Locken kleiner werden und nach außen aufspringen."
Welche Arbeitsmittel und welche Arbeitstechnik wählen Sie? Welche Präparate werden benötigt?

3.1 Arbeitsmittel

3.1.1 Werkzeuge

→ vgl. Lernfeld 5, S. 182 f.

Kämme

Hochwertige Frisierkämme zeigen folgende **Qualitätsmerkmale**:
- Die Oberfläche ist völlig glatt, damit das Haar nicht geschädigt wird.
- Die Zahnspitzen sind abgerundet, um Verletzungen der Kopfhaut zu vermeiden.
- Die Kämme sind hitzebeständig und elastisch.
- Gesägte Kämme sind meist qualitativ besser als die preiswerteren im Spritzguss hergestellten.
- Manche Kunststoffkämme laden sich elektrostatisch auf und ziehen die Haare an. Deshalb werden Hartgummikämme, Naturkautschukkämme oder „antistatische" Kämme bevorzugt.

→ vgl. Lernfeld 3, S. 82

Meschenkamm (grober, langzahniger „Afro"-Kamm)

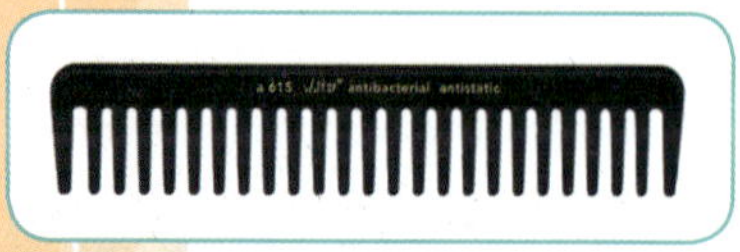

Grobzahniger Kamm

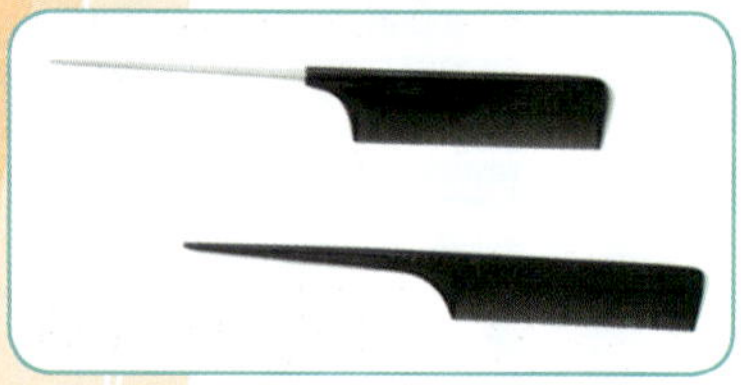

Stielkämme

Wasserwellkamm

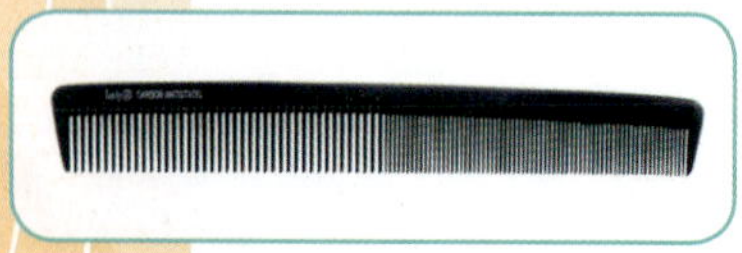

Ondulationskamm

Die Wahl des Kamms richtet sich nach dem jeweiligen **Verwendungszweck**:
- **Grobzahnige Kämme** werden zum Durchkämmen der Haare vor Haararbeiten und zum Frisieren von lockigem Haar benutzt.
- Beim **Nadelstielkamm** und dem **Stielkamm mit ovalem Stiel** ist die Zahnung meist fein; es gibt eine spezielle Toupierzahnung. Bei der Langzeitumformung und beim Einlegen mit Volumenwicklern können Sie die Haarspitzen mit dem Stiel sauber um den Wickler legen und darauf glatt ziehen.
- **Wasserwellkämme** sind gebogen, damit die bereits gelegten Wellen nicht wieder zerstört werden.
- Der **Ondulationskamm** wird wegen der kurzen Zahnung oft beim Arbeiten mit dem Lockenstab (Ondulation) benutzt.
- Der **Toupierkamm mit Lockenheber** eignet sich für die Formung von Frisuren und zum Auflockern von Locken beim Trocknen. Zum Toupieren ist die engzahnige Seite geeignet.

Toupierkamm mit Lockenheber

Bürsten

Hochwertige Bürsten zeigen folgende **Qualitätsmerkmale:**
- Sie schonen die Haare, sind haltbar und pflegeleicht.
- Die Kunststoff-, Draht- oder Naturborsten sind abgerundet, damit die Kopfhaut nicht verletzt wird.

Je nach **Verwendungszweck** gibt es verschiedene Größen, Materialien und Formen:
- Zum **Entwirren der Haare** vor den Haararbeiten werden eher langborstige Bürsten verwendet.
- Bürsten zum **Formgeben beim Föhnen** haben Borsten aus Metall oder Kunststoff und sind hitzebeständig. Beim Föhnen darf kein Hitzestau entstehen, weil sonst das Haar durch Überhitzung geschädigt werden kann. Metallbürsten haben Löcher im Bürstenkörper, damit die Luft zirkulieren kann und kein Hitzestau entsteht. Durch den Luftstrom trocknen die Haare schneller.
- Bürsten zum **Frisieren** sind eher flach.

Rundbürsten mit kleinerem Durchmesser sind für spannkräftige Wellen und für die Lockenbildung geeignet. Rundbürsten mit größerem Durchmesser werden zur Volumengebung verwendet.

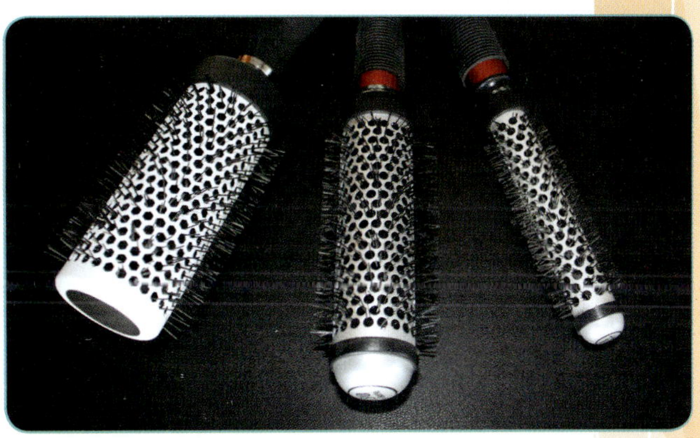

Rundbürsten

Halbrundbürsten haben nur auf einer Seite Borsten. Halbrundbürsten mit festen und unterschiedlich langen Kunststoffborsten nennt man Fliegenbeinbürsten oder Skelettbürsten. Diese sind zum Ausfrisieren gut geeignet, da sie die Haare locker verteilen.

Halbrundbürsten eignen sich unter anderem zum:
- Durchbürsten der Haare vor Haararbeiten
- Glattziehen und Formen beim Föhnen
- Vorföhnen
- Föhnen von anliegenden Haarpartien
- Ausfrisieren

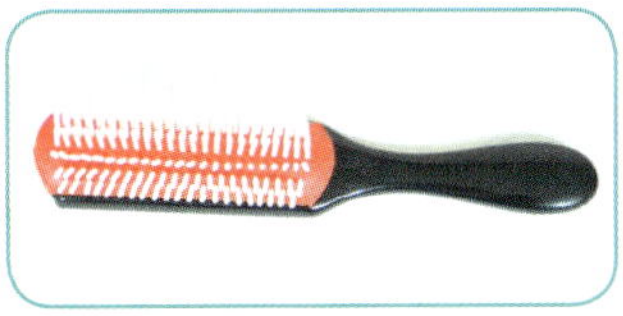

Halbrundbürste

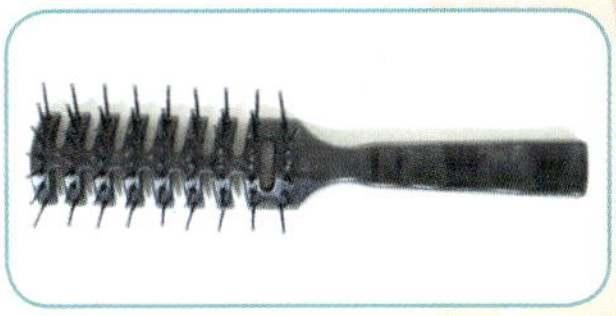

Fliegenbeinbürste

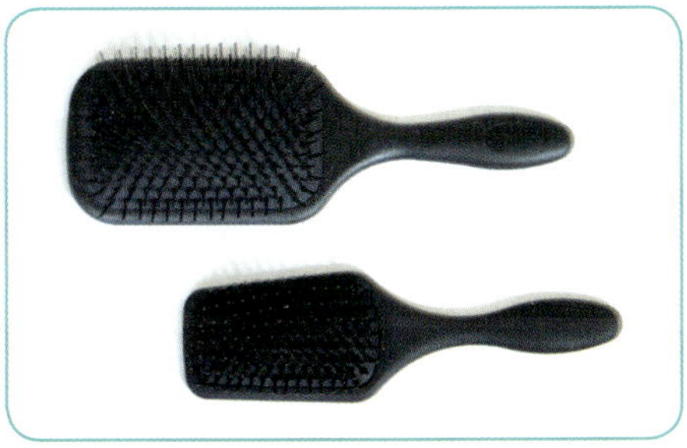

Große und kleine flache Bürste

Flache Bürsten (Paddlebrush) werden für die Gestaltung von glatten Frisuren verwendet. Die große Flachbürste ist zum Glätten für lange Deckhaare gut geeignet. Kürzere Nacken- und Seitenpartien werden mit der kleineren Bürste bearbeitet.

Reinigung und Pflege von Kämmen und Bürsten
Nach jeder Behandlung werden die Haare aus den benutzten Kämmen und Bürsten entfernt. Desinfiziert werden müssen die Werkzeuge bei Blutkontakt, Parasitenbefall oder Kopfhauterkrankungen der Kundin sofort, ansonsten einmal am Tag. Tragen Sie beim Desinfizieren Schutzhandschuhe! Anschließend wird mit Shampoolösung gereinigt. Beim Trocknen zeigen die Borsten nach unten, damit keine Feuchtigkeit im Bürstenkörper verbleibt.

→ *vgl. Lernfeld 5, S. 183 f.*

3.1.2 Hilfsmittel

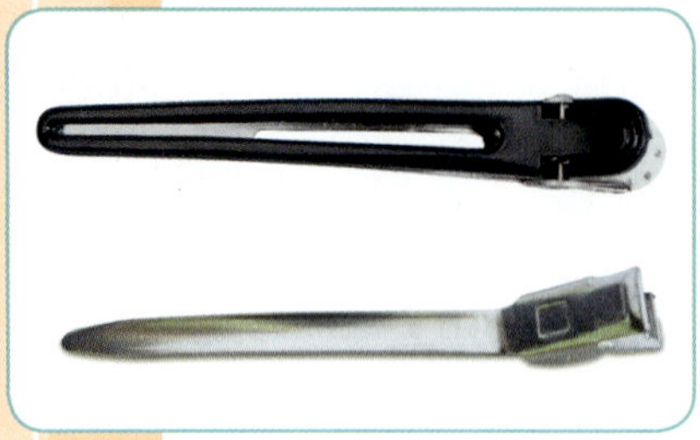

Clips

Metallclips werden für die Befestigung von Haaren bei einer Frisur oder bei der Papillotentechnik verwendet. Auch beim Föhnen oder anderen Haararbeiten können sie behilflich sein.
Wenn Sie ganze Passees hochstecken möchten, nehmen Sie die etwas größeren **Abteilklammern**.

Dekorative Clips zum Feststecken von Haaren können aus Metall sein, aber auch aus Kunststoff in verschiedenen Farben. Sie geben der Frisur Halt und dienen als Haarschmuck.

Abteilklammern und Wellenreiter

Um flach auf dem Kopf gelegte Wellen (handgelegte Wasserwellen) vor dem Trocknen zu befestigen, können **Wellenreiter** verwendet werden. Diese werden auf die Wellenkanten gesetzt.

Haarnadeln benötigt man zum Feststecken von Volumenwicklern (siehe unten) oder auch bei Hochsteckfrisuren. Volumenwickler stecken Sie mit Plastiknadeln so vorsichtig fest, dass die Kopfhaut der Kundin nicht verletzt wird. Für Hochsteckfrisuren werden meist schmale Metallnadeln verwendet, die unauffällig sind.

Mit **Wasserwellkämmchen** werden flach anliegende, auf der Kopfhaut in Wellenform gekämmte Haare vor dem Trocknen festgesteckt.

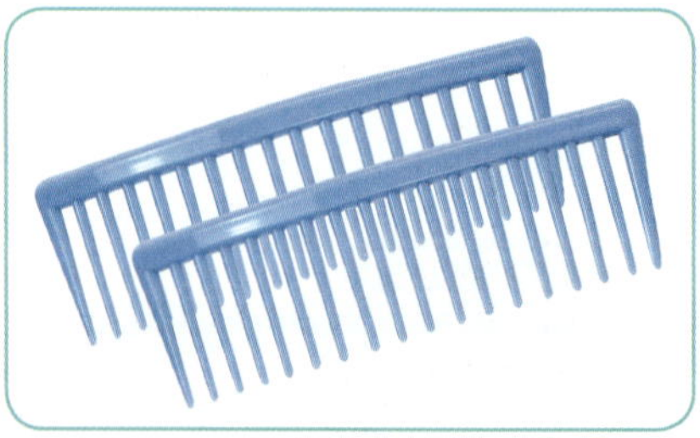

Wasserwellkämmchen

Volumenwickler werden für das „klassische" Einlegen verwendet. Sie lassen sich aber auch gut mit anderen Frisiertechniken kombinieren. Es gibt sie in verschiedenen Längen und Durchmessern:
- Die langen und dicken Wickler für viel Volumen oder große Locken sind gut für den Oberkopf und für längere Haare geeignet.
- Die kürzeren und dünneren Wickler geben mehr Stand oder kleine, spannkräftige Locken. Sie sind für Seiten- oder Hinterkopfpartien geeignet.
- Selten werden heutzutage noch die Steilformwickler benutzt, die senkrecht zum Kopf befestigt werden.

Beispiele für Volumenwickler					
	Filzwickler	Kunststoffwickler	Klettwickler	Drahtwickler	Steilformwickler
		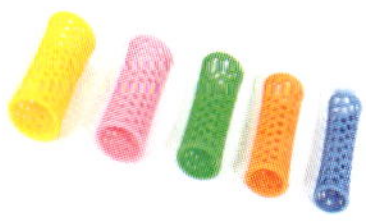			
Eigenschaften/Vorteile	• mit Samt beschichtet • haften besonders gut am Haar, dadurch einfach zu wickeln	• mit aufgerauter Oberfläche • leicht zu reinigen	• mit Kunstfaserschlingen (wie bei Klettverschlüssen), haften dadurch sehr gut • keine Befestigung erforderlich • leichte Handhabung	• mit Drahtgeflecht • einige mit Borsteneinsätzen • einfach zu wickeln • preiswert	• aus Kunststoff • am Rand mit Zacken, mit denen sie senkrecht zur Kopfhaut befestigt werden
Nachteile	• aufwendige Reinigung • Samtbeschichtung saugt die Stylingpräparate auf	• Haare haften nicht so gut	• Haare verkletten häufig • Haare lassen sich nur schwer vom Wickler lösen	• verhaken leicht im Haar • werden unter Wärmeeinwirkung evtl. unangenehm warm	• für lange Haare zu klein • bei fester Wicklung Knickstellen am Haaransatz sichtbar

Reinigung und Pflege von Hilfsmitteln

Nach jeder Behandlung werden hängen gebliebene Haare entfernt. Desinfiziert wird nach Bedarf (Schutzhandschuhe!). Anschließend wird mit Shampoolösung gereinigt.

3.1.3 Wärmegeräte zum Trocknen

Für die Haartrocknung werden die **Haube**, das **Climazon**, die **Rotlichtlampe** und zum Vortrocknen der Föhn benutzt.

In der Haube strömt erhitzte Luft auf die Haare; diese werden somit getrocknet. In der Regel wird dieses Verfahren bei eingelegten Haaren angewendet.

Für eine schonende Trocknung werden das Climazon und die Rotlichtlampe verwendet, die lediglich Wärme erzeugen. Diese Geräte eignen sich für eine beschleunigte Lufttrocknung oder auch, um chemische Behandlungszeiten zu verkürzen.

Haube

Climazon

Arbeiten mit dem Föhn

3.1.4 Wärmegeräte zum Trocknen und Formen

Wärmegeräte zum Formen der Haare haben oft unterschiedliche Namen, obwohl sie ähnliche oder sogar gleiche Funktionen haben. Die folgenden Geräte sind die gebräuchlichsten.

Föhn

Mit dem Föhn kann man die Haare einfach nur trocknen oder auch gezielt stylen.
Der Föhn trocknet nasse Haare mit bis zu 110 °C heißer Luft. In der Regel gibt es verschiedene Stufen für die Temperatur und Stärke des Luftstroms; manche Geräte haben auch einen Schalter für kalte Luft.

Es gibt verschiedene **Aufsteckdüsen** für den Föhn. Flachdüsen bündeln den Luftstrom und sind gut für einzelne Partien geeignet, während die „Luftdusche" (Diffuser) eine verkürzte und somit sanfte Lufttrocknung von natürlichen Locken und dauerhaft umgeformtem Haar ermöglicht.

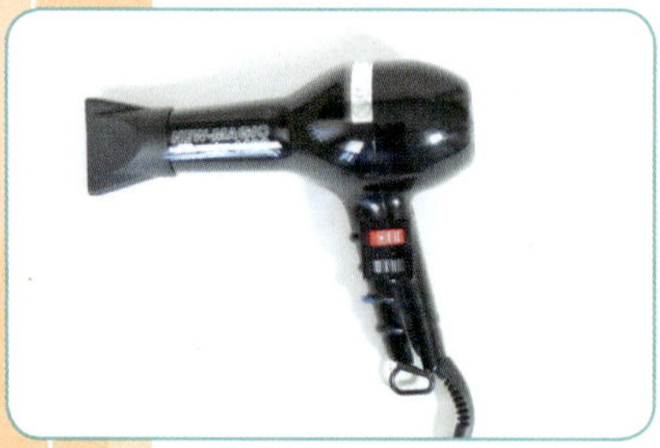
Föhn mit Flachdüse

Praxistipp

Schalten Sie den Kaltluftstrom ein, wenn zum Beispiel eine Strähne in die gewünschte Form gebracht und getrocknet ist und nun schneller abkühlen soll. Umso schneller können Sie die nächste Strähne bearbeiten.

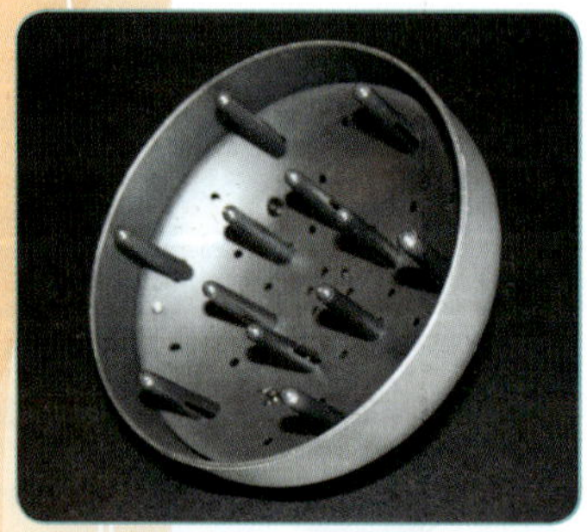
Diffuser

Der **Ionenföhn** bringt mit seinem Luftstrom negativ geladene Ionen auf das feuchte Haar. Dort trennen diese Ionen die Wasserstoffbrücken in den Wassertropfen und spalten diese dadurch in kleinere Einheiten auf. Die kleineren Tröpfchen können leichter aus dem Haar geföhnt werden als große Tropfen; die Haare **trocknen schneller**.
Zusätzlich werden durch die negativ geladenen Ionen die positiv geladenen Teilchen auf der Haaroberfläche neutralisiert, die Haare stoßen einander nicht länger ab und liegen glatter. Die **elektrostatische Aufladung** wird also verringert.

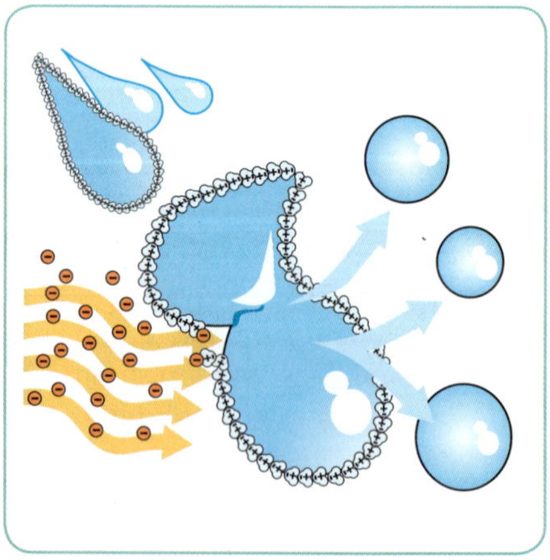
Lockerung der Wasserstoffbrücken durch Anlagerung von negativ geladenen Ionen

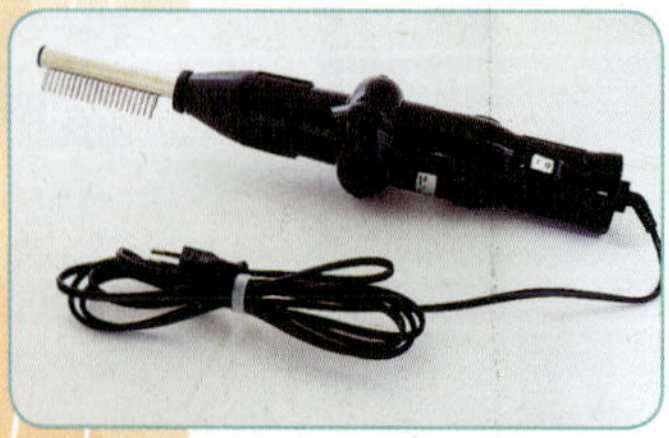
Föhnwellkamm

Föhnwellkamm

Mit dem Föhnwellkamm können Sie gezielt einzelne Partien in der Form verändern. Speziell Volumen oder auch Wellen sind mit diesem Gerät machbar.

Warmluftbürste („Föhnbürste")

Anwendung der Warmluftbürste

Die Warmluftbürste ist eine Kombination aus Rundbürste und Föhn. Aus dem drehbaren Bürstenaufsatz strömt warme Luft, die den Trockenvorgang in den aufgewickelten Haaren verkürzt.

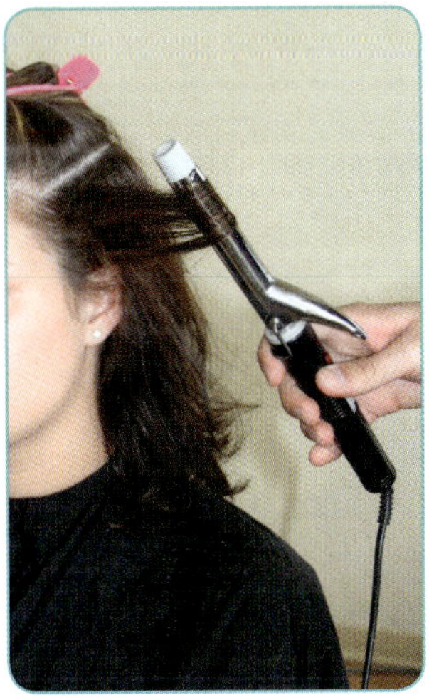
Arbeiten mit dem Lockenstab

Mit der Warmluftbürste können Sie je nach Frisur im leicht feuchten Haar Locken formen. Es wird im Nacken begonnen und zum Oberkopf hin gearbeitet. Die einzelnen Haarsträhnen werden, damit sie nicht verkletten, sauber und nicht zu dick abgeteilt und von den Spitzen her aufgedreht.

Lockenstab

Der Lockenstab wird im nur sehr wenig angefeuchteten oder im trockenen Haar angewendet und arbeitet mit der Restfeuchtigkeit im Haar. Durch die Einwirkung von Hitze kann das Haar neu geformt werden, indem neue Wasserstoffbrücken geschlossen werden. Sie können einzelne Partien mithilfe des Lockenstabs gezielt locken oder der Föhnfrisur mehr Spannung geben.

→ *vgl. S. 212 f.*

Glätteisen/Kreppeisen

Die Wellen oder Locken im Haar werden mit dem **Glätteisen** geglättet. Die trockenen Haare werden dabei unter Wärme glatt gedrückt und die Wasserstoffbrücken schließen sich in dieser Form wieder neu. Sowohl afrikanisches Haar als auch Naturkrause in europäischem Haar kann so geglättet werden.

Glätteisen

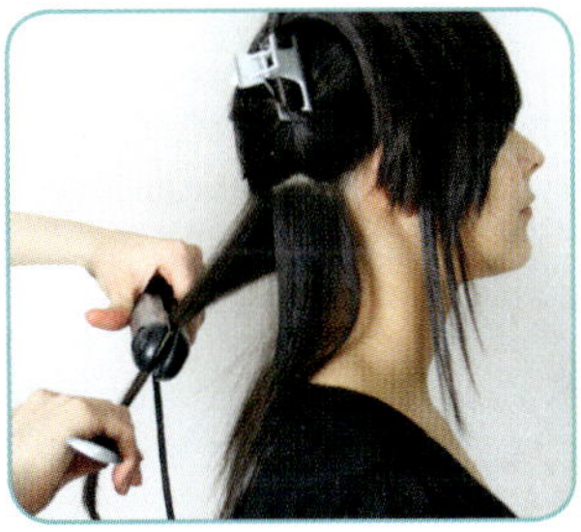
Glätten der Haare

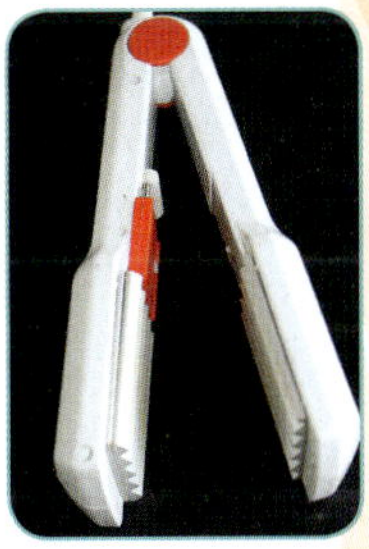
Kreppeisen

Praxistipp

Mit einem Glätteisen können Sie auch Locken erstellen, indem Sie die Haare wie beim Kräuseln eines Geschenkbandes durch das schräg gehaltene Glätteisen ziehen.

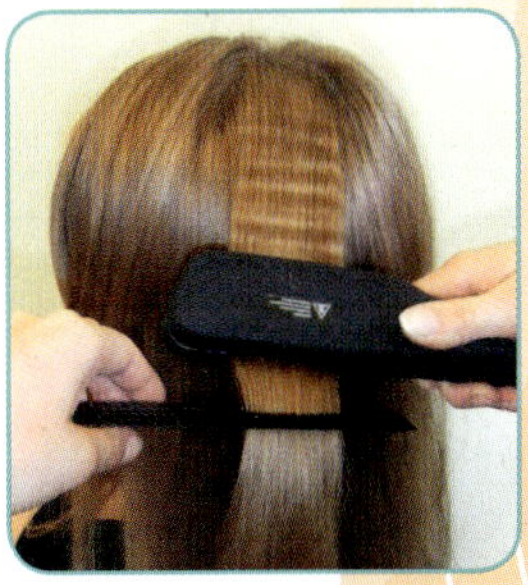
Kreppen der Haare

Das **Kreppeisen** arbeitet genau wie Glätteisen und Lockenstab ebenfalls mit Hitze und der natürlichen, im trockenen Haar enthaltenen Feuchtigkeit. Die gewellte Form der Hitzeplatten wird durch Erhitzen auf das Haar übertragen. So kann eine feine Wellung im Haar erzeugt werden.

Thermowickler

Thermowickler sind eine Alternative zu den klassischen Volumenwicklern. Sie werden aufgeheizt, meist ins trockene Haar gewickelt und mit speziellen Heißwicklerklammern befestigt. Weil sie zeitsparend in der Anwendung sind, werden sie gerne beim Frisieren auf Modenschauen eingesetzt.

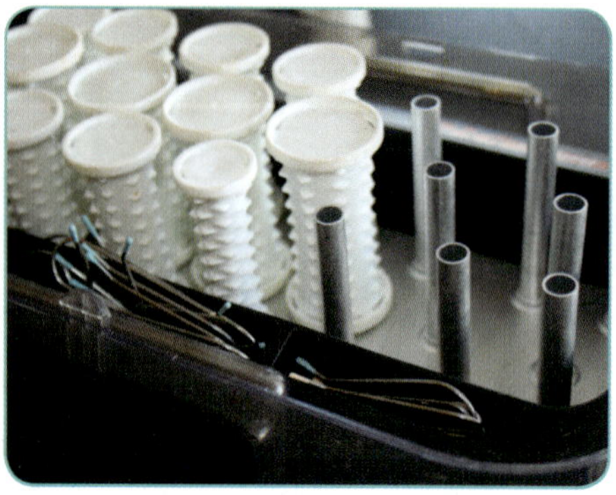

Gerät zum Aufheizen der Thermowickler

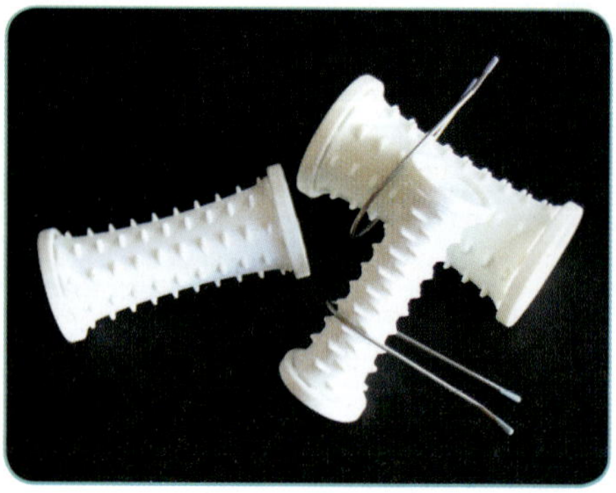

Thermowickler mit Klammern

3.1.5 Sicheres Arbeiten mit elektrischen Geräten

- Ziehen Sie immer zuerst den Stecker aus der Steckdose, wenn Sie an einem Gerät arbeiten oder es reinigen wollen.
- Reinigen Sie elektrische Geräte nicht mit nassen Tüchern. Stromschlaggefahr!
- Benutzen Sie keine schadhaften Geräte.
- Lassen Sie schadhafte Geräte vom Fachmann reparieren.
- Achten Sie auf die Kabelführung, damit niemand stolpern kann und die Kabel sich nicht verheddern.
- Ziehen Sie Geräte nicht am Kabel aus der Steckdose, sondern fassen Sie dabei den Stecker an.

Aufgaben

1. Eine Kundin möchte mehr Volumen in ihren schulterlangen Haaren. Nennen Sie die verschiedenen Möglichkeiten, eine Frisur mit Volumen zu erstellen, und erklären Sie der Kundin die fachgerechte Anwendung der benötigten Werkzeuge.

2. Eine Kundin möchte ihre Naturlocken gerne geglättet haben. Beschreiben Sie Möglichkeiten, diesen Kundenwunsch zu erfüllen.

3. a) Listen Sie alle Wärmegeräte zum Trocknen und Formen auf, die Sie kennen.
   b) Recherchieren Sie im Internet! Tauschen Sie sich mit Ihren Mitschülerinnen aus. Es gibt immer wieder neue Werkzeuge und Geräte auf dem Markt, sodass eine interessante Sammlung zusammenkommen wird.

4. Wählen Sie eine Methode der Umformung mit einem Wärmegerät und beschreiben Sie deren fachgerechte Anwendung.

3.2 Arbeitstechniken

3.2.1 Allgemeine Regeln

Umformungsgrad

Um engbogige Wellen oder Locken zu erzeugen, werden Rundbürsten oder Volumenwickler mit kleinem Durchmesser, für größere Wellungen mit großem Durchmesser gewählt.

Haltbarkeit

- Je mehr **Wasserstoffbrückenbindungen** geöffnet und in der neuen Form des Haares wieder geschlossen werden, desto haltbarer ist das Umformungsergebnis. Werden Haare im nassen Zustand fest auf Wickler gedreht und diese Form während des ganzen Trocknungsvorgangs beibehalten, ist die Umformung besonders stabil. Einlegefrisuren sind daher haltbarer als Föhnfrisuren, bei denen die Haare während der Trocknung in Bewegung sind, dafür aber auch häufig steifer und weniger natürlich.
- Umformungen **trockener** Haare durch Lockenstäbe, Glätt- oder Kreppeisen sind weniger haltbar, weil nur wenige Wasserstoffbrückenbindungen neu gebildet werden können.

Spitzwinklige Strähnenhaltung für flache Frisuren mit anliegendem Ansatzhaar

Ansatzvolumen

- Je stumpfer der **Winkel**, in dem die Passees beim Trocknen vom Kopf weggekämmt wurden, desto größer ist das entstehende Volumen. Wird das Passee beim Föhnen oder Einlegen im spitzen Winkel gehalten, entsteht am Ansatz kaum Volumen.
- Ansatzvolumen entsteht auch, wenn Sie die Passees gegen die **Wuchsrichtung** föhnen oder einlegen.
- Liegende **Papilloten**, die flach auf der Kopfhaut anliegen, bringen kein Ansatzvolumen, stehende Papilloten mit hochgeführtem Ansatz dagegen schon.

➜ *vgl. S. 224*

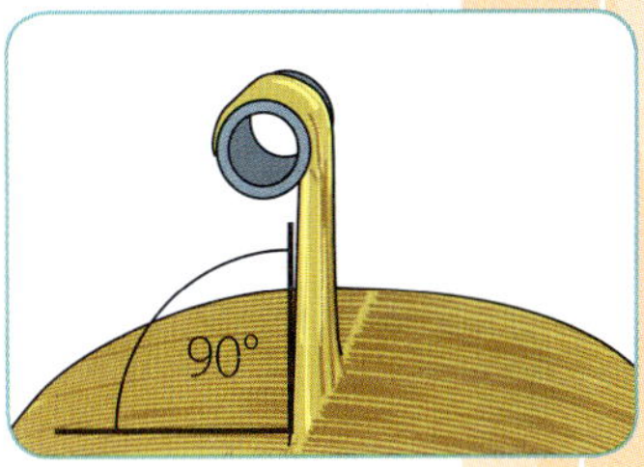

Rechtwinklige Strähnenhaltung für volumige, stehende Ansätze

Fallrichtung

Die **Platzierung der Bürsten oder Wickler** entscheidet über die Fallrichtung der Haare.

- Werden Bürste oder Wickler **waagerecht** gesetzt, entsteht Volumen am Ansatz und stärkere Wellung in den Spitzen. Werden die Haare von oben um den Wickler oder die Bürste gelegt, fallen die Haarpartien nach innen. Werden die Haare von unten aufgewickelt, entstehen nach außen aufspringende Locken.
- **Senkrecht** platzierte Wickler oder Bürsten führen zu Korkenzieherlocken.
- Durch **liegende Papilloten**, die in Reihen im Wechsel nach links oder rechts gewickelt werden, lassen sich Wellen erzeugen.

Stumpfwinklige Strähnenhaltung für volumige, in die Stirn fallende Ansatzhaare

➜ *vgl. S. 224*

Schutz

Stylingpräparate geben Halt und schützen das Haar außerdem vor der Trocknungswärme.

3.2.2 Einlegetechniken

Bei diesen Umformungstechniken werden die feuchten Haare in eine neue Form gebracht und unter einem Wärmegerät, einer Haube oder einem Climazon, getrocknet. Anschließend wird ausgebürstet und in Form frisiert.

Einlegen mit Volumenwicklern

- In der Regel wird am Vorderkopf mit dem Wickeln begonnen, nachdem man der Frisur entsprechend abgeteilt hat.
- Noch nicht bearbeitete Haare klemmen Sie mit einer Abteilklammer fest, damit Sie ungestört arbeiten können.
- Teilen Sie mit dem Stielkamm Passees in Wicklerlänge und -breite ab.
- Wickeln Sie möglichst versetzt, damit man die Abteilungen der Wickler nicht so stark sehen kann.
- Legen Sie zuerst die Haarspitzen sauber auf den Wickler und ziehen Sie sie mit dem Stiel des Kammes glatt.
- Die Nadeln zum Befestigen der Wickler werden von hinten nach vorne zum Gesicht hin gesteckt, außer im vorderen Konturenbereich.

Abteilen

Wickeln

Befestigen

Papillotieren

Papilloten sind mit Fingern gelegte Schlaufen, die mit Clips festgesteckt werden. Die Clips dürfen dabei nicht über die ganze Papillote gesteckt werden, um Druckstellen zu vermeiden.

- Liegende Papilloten erzeugen flach anliegende Locken.
- Liegende Papilloten, die Reihe um Reihe abwechselnd nach links oder rechts gelegt werden, ergeben Wellen.
- Stehende Papilloten mit flachem Ansatz erzeugen nach außen aufspringende Locken, aber kein Volumen am Ansatz.
- Stehende Papilloten mit hochgeführtem Ansatz erzeugen aufspringende Locken und Ansatzvolumen.

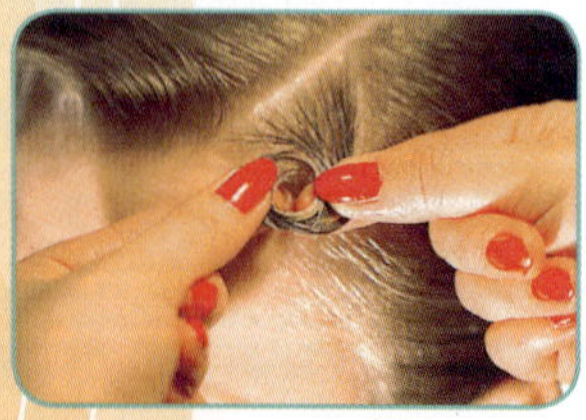
Liegende Papilloten

Liegende Papilloten in wechselnder Richtung

Stehende Papilloten mit flachem Ansatz

Stehende Papilloten mit hochgeführtem Ansatz

Einlegen mit Steilformwicklern

Mit Steilformwicklern können Sie bei längerem oder dickerem Haar eine Papillotenfrisur mit liegenden Papilloten erstellen. Diese haben eine größere Spannung als die per Hand geformten und mit Clips befestigten Papilloten. Nehmen Sie die Wickler nach dem Trocknen vorsichtig heraus, damit die Papillote nicht auseinanderfällt.
Sie können auch mit klassischen Volumenwicklern arbeiten, aber die gezackten Ränder der Steilformwickler sorgen für besseren Halt.

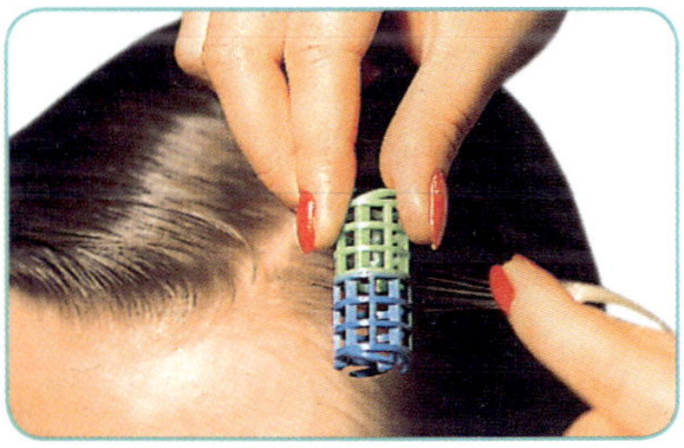

Haken der Steilformwickler zeigen gegen die Eindrehrichtung

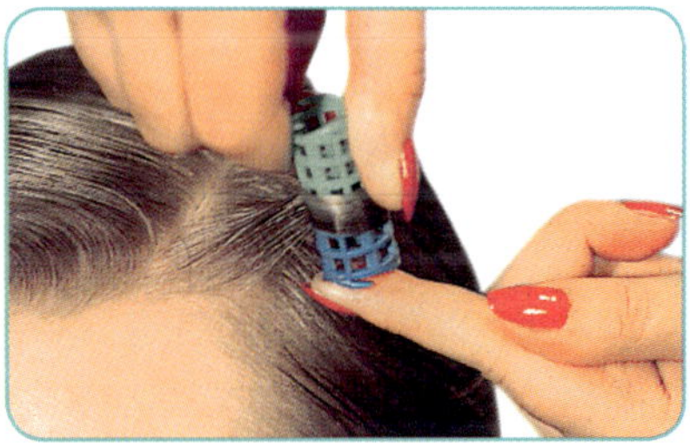

Zeigefinger unter den Steilformwickler halten

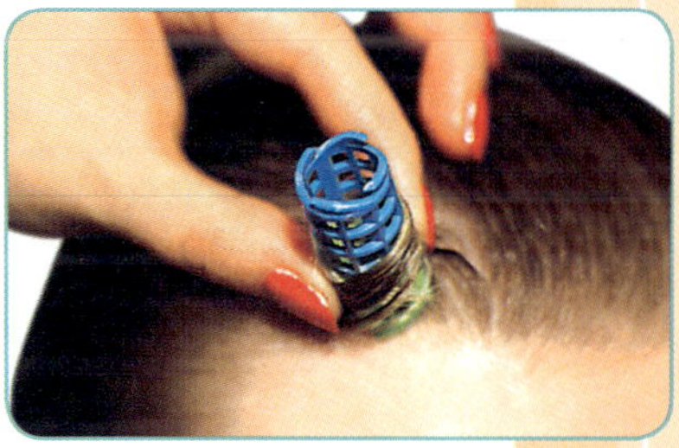

Steilformwickler am Haaransatz verhaken

Handgelegte Wasserwelle

Ermitteln Sie den natürlichen Fall der Haare, indem Sie sie über der Stirn am Oberkopf etwas anschieben. So wird die erste Welle gelegt. Sie kämmen die Haare mit einem Wasserwellkamm in diese Richtung und klemmen dann Clips oder Wasserwellkämmchen zum Befestigen in das Wellental. Die nächste Welle wird in die andere Richtung gekämmt und ebenso befestigt usw.
Lassen Sie die handgelegte Wasserwelle nur unter dem Climazon oder der Rotlichtlampe ohne Windbewegung trocknen.

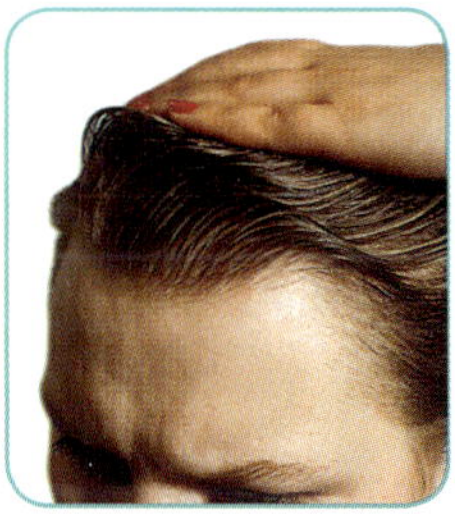

Die natürliche Fallrichtung der Ansatzhaare ist durch „Anschieben" der Haare mit der Handkante nach vorne zu bestimmen

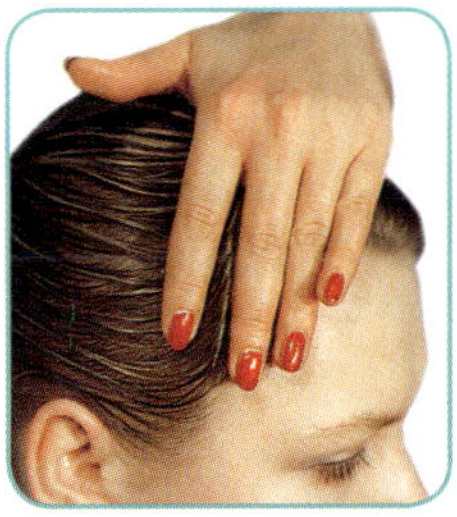

Zum Formen der ersten Welle legen Sie den Mittelfinger der linken Hand auf den Ansatz und den Zeigefinger vor die sich bildende Wellenkante

Geformte Wellen mit Wasserwellkämmchen oder Clips halten

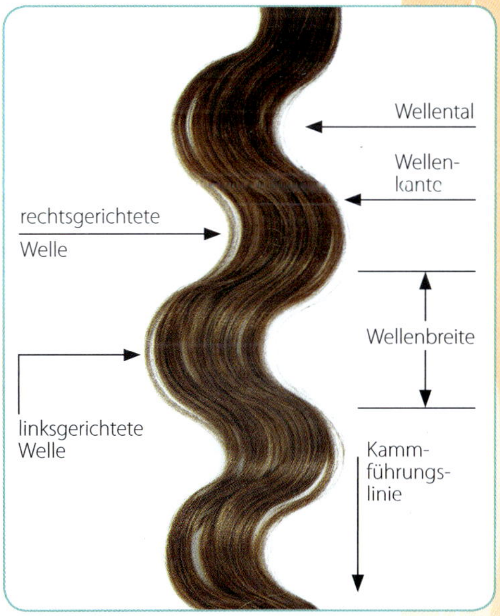

Wellenbild einer handgelegten Wasserwelle

Praxistipp

- *Ein Föhnwellkamm kann das Legen der Wellen unterstützen.*
- *Clips werden immer in Wellenrichtung gesetzt.*
- *Angetrocknetes Haar nachfeuchten!*

3.2.3 Föhntechniken

Bei diesen Techniken werden die Haare während des Trocknens immer wieder bewegt. Sie erzielen so lockere, natürlich fallende Umformungen, die aber weniger haltbar sind.

Regeln für alle Föhntechniken:

- Vortrocknen verkürzt die Arbeitszeit.
- Sie beginnen am unteren Haaransatz im Nacken und teilen dort z. B. mit einem Stielkamm ein auf die Bürste passendes Passee ab. Die darüber liegenden Haare befestigen Sie mit einer Abteilklammer.
- Nicht die feuchten auf die trockenen Passees legen.
- Das zu föhnende Passee ziehen Sie vom Ansatz Richtung Haarspitzen über die große Rundbürste, wobei Sie den Föhn von oben Richtung Haarspitzen auf die um die Bürste gewickelten Haare halten.
- Damit sich lange und poröse Haare nicht in der Bürste verheddern, teilen Sie nicht zu dick ab und drehen Sie die Bürsten vorsichtig und sauber auf.
- Dünn abgeteilte Passees trocknen schneller und haben mehr Spannkraft.
- Arbeiten Sie immer von unten nach oben.
- Lassen Sie die Passees immer abkühlen. Dazu können Sie die Bürste mit dem aufgewickelten Passee wie einen Wickler im Haar lassen und mit anderen Passees weiterarbeiten.
- Halten Sie den Luftstrom nicht direkt auf die Kopfhaut.
- Halten Sie Abstand zum Haar, um es nicht zu schädigen.

Verschiedene Föhntechniken

Föhnen mit der Rundbürste	Föhnen mit der Flachbürste	Föhnen mit Diffuser

Föhnen Sie die Haarsträhnen vom Ansatz bis zur Spitze und ziehen Sie sie dabei über die Bürste. Der Luftstrom wird zur Haarspitze hin ausgerichtet.		Die Haare sollen locker fallen, eventuell legt die Kundin den Kopf nach hinten oder nach vorn. Halten Sie den Diffuser von unten auf die Haare. Kneten Sie dabei die Haare mit den Händen, damit eine natürliche Lockung entsteht.

Praxistipp

- *Asiatisches Haar braucht aufgrund seiner Haarstärke länger zum Trocknen.*
- *Vorsicht bei afrikanischem Haar – es kann wegen des bandförmigen Querschnitts und der starken Kräuselung abbrechen.*

3.2.4 Umformungstechniken bei trockenem Haar

Bei der Umformung trockener Haare wird mittels großer Hitze die natürliche, im Haar enthaltene Feuchtigkeit zur Umformung genutzt. Die Hitze wird mit dem Lockenstab oder dem Glätt- oder Kreppeisen erzeugt.

→ *vgl. S. 221*

Mit allen Geräten kann eine ganze Frisur gestaltet werden, sie eignen sich aber zusätzlich zur Betonung einzelner Partien in Frisuren. Partien, die nach dem Föhnen oder Einlegen zu viel oder zu wenig Spannkraft haben, können gezielt gelockt oder geglättet werden.

Regeln für alle Umformungstechniken in trockenem Haar:

- Sie arbeiten, im Nacken beginnend, Passee für Passee Richtung Oberkopf.
- Vorsicht vor Überhitzung der Haare – die meisten Geräte haben einen Überhitzungsschutz, aber passen Sie trotzdem auf!
- Verwenden Sie zusätzlich ein Hitzeschutzspray, um die Haare vor starkem Austrocknen zu schützen.

Verschiedene Techniken der Umformung bei trockenem Haar

Lockenstab	Kreppeisen	Glätteisen
	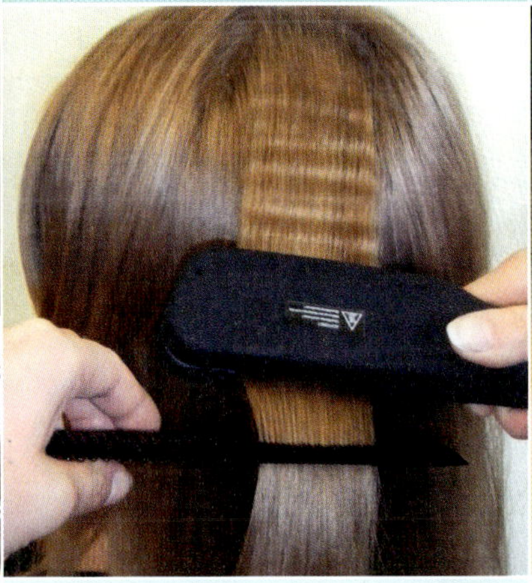	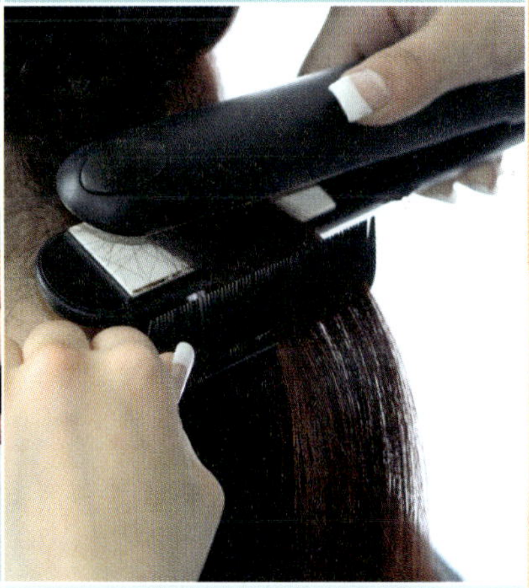
Legen Sie die Haarspitzen glatt und gerade zwischen dem erhitzten Lockenstab und der Klemme ein. Drehen Sie die einzelnen Strähnen von der Spitze her auf. Halten Sie einen Schneidekamm als Hitzeschutz vor der letzten Drehung zwischen Lockenstab und Kopfhaut.	Legen Sie eine trockene Haarsträhne in das Kreppeisen ein. Setzen Sie es je nach Haarlänge mehrmals an. Ein Kreppeisen darf nicht wie das Glätteisen durch die Haare gezogen werden, da sonst die Wellenstruktur verloren geht.	Legen Sie die trockenen Haare Strähne für Strähne in das Glätteisen und ziehen Sie es langsam vom Ansatz bis zu den Spitzen. Der Kamm wird vor dem Glätteisen geführt. Sie können etwas Stylinglotion benutzen, um den Glättungsprozess zu unterstützen.

Bei **afrikanischem Haar** wird die **thermische Haarpressung** angewendet. Ein erhitzter Kamm wird durch das mit Öl oder Pomade behandelte Haar gezogen. Das Haar muss dabei unter Spannung stehen, damit es glatt werden kann. Das Öl ist erforderlich, weil afrikanisches Haar bandförmig und sehr empfindlich ist. Es würde sonst brechen.

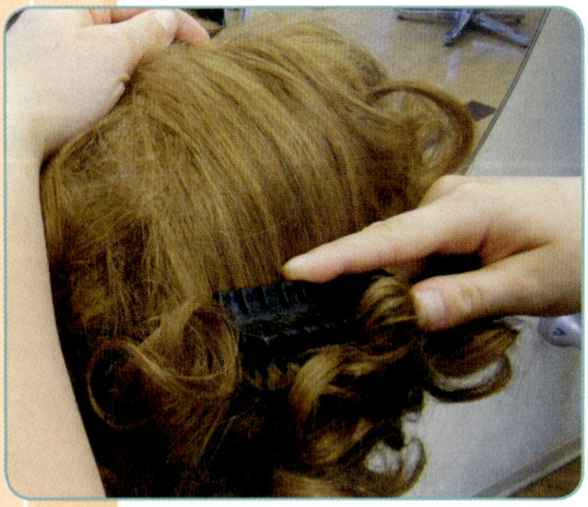

Auskämmen der Haare

3.2.5 Finishtechniken

Zu den **Finishtechniken** (auch **Stylingtechniken**) gehören alle Arbeitstechniken, mit denen das getrocknete Haar in eine gewünschte Frisur gebracht wird, z.B. Auskämmen und Toupieren, aber auch der Einsatz von Stylingpräparaten.

Auskämmen

Nach dem Abnehmen von Volumenwicklern werden die Haare erst einmal in verschiedene Richtungen durchgebürstet. So werden die Spannung gemildert und die eventuell sichtbaren Abteilungen miteinander verbunden. Anschließend werden die Haare in Frisurenrichtung gebürstet.

Praxistipp

Achten Sie darauf, dass die Haare vor dem Abwickeln vollständig getrocknet sind, sonst hängen sie sich beim Bürsten aus.

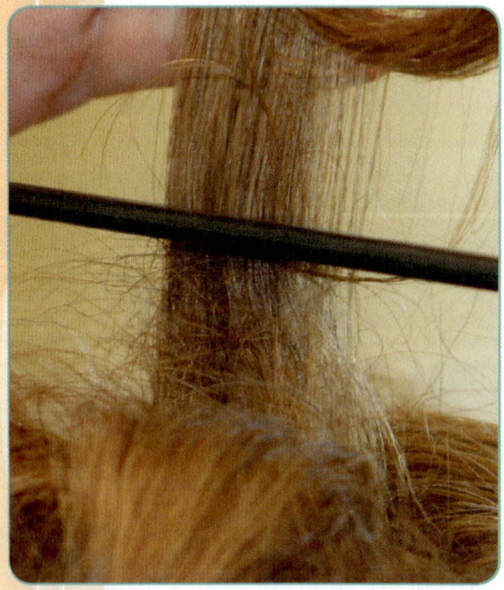

Toupieren

Toupieren

Beim Toupieren wird die jeweilige Strähne zunächst in Wuchsrichtung gekämmt und dann mit dem Toupierkamm mehrmals zurückgeschoben. Dabei verhaken sich die Schuppenschichten und es entsteht Stand. Bei den klassischen Einlegetechniken mit einer kürzeren Haarlänge reicht es oftmals aus, nur den Ansatz zu toupieren. Je nach Frisurenform und Haarlänge können Sie vom Ansatz bis zu den Spitzen toupieren.
Hinterher sollten weder die Abteilungen der Wickler noch Löcher an der Oberfläche zu sehen sein. Anschließend bürsten sie leicht und vorsichtig über die Haare, damit eine gleichmäßige Frisurenoberfläche entsteht. Toupierte Haare sollte man nicht sehen können!

Festigen Sie die Frisur mit Haarspray. Bei extrem glattem Haar können Sie die toupierten Haarsträhnen auch vor dem Glattkämmen der Haaroberfläche einzeln zur Festigung ansprühen.

Praxistipp

Stylingpräparate helfen gegen die elektrostatische Aufladung der Haare.

Locken und Wellen frisieren

Locken (z.B. Papilloten) frisieren Sie einzeln mit einem Kamm oder mit den Fingern. Bei einer handgelegten Wasserwelle entfernen Sie die Clips und/oder Wasserwellkämmchen. Für das Finish bürsten Sie die Haare vorsichtig vom Ansatz bis zu den Spitzen durch, um Scheitelbildung zu vermeiden.
Anschließend geben Sie auf Wunsch noch etwas Haarspray auf die Frisur, damit die Locken nicht aufgrund der Luftfeuchtigkeit zu schnell wieder zerfallen. Ein Glanzspray gibt der Frisur einen schönen Schimmer. Haarlack gibt ihr in der Regel stärkeren Halt und Glanz als ein Haarspray. Sie können etwas Wachs oder Frisiercreme in Locken einarbeiten, damit sie gut zur Geltung kommen.

Strähneneffekte

Strähneneffekte erzeugen

Soll die Frisur gesträhnt wirken, verteilen Sie etwas Haarwachs oder Gel in den Handflächen und arbeiten Sie es mit den Fingern in die Frisur ein. Kämmen oder bürsten Sie die Haare nicht mehr, um den Strähneneffekt zu erhalten.
Einzelne Partien der Frisur können Sie mit Gel oder Haarwachs betonen, indem Sie nur diese Strähnen mit den Präparaten einstreichen.
Verwenden Sie Haargel, wenn Sie zusätzlich Festigung erzielen möchten, denn Gele bilden einen festigenden Film auf den Haaren. Bei der Verwendung von Wachsen lassen sich die Haare durch das Erwärmen mit den Fingern immer wieder neu formen.

Glänzendes Haar

Glanz geben

Frisieren Sie die Haaroberfläche glatt und setzen Sie zum Abschluss Glanz gebende Präparate ein. Neben Gel und Wachs können Sie Frisiercremes oder Glanzspray verwenden. Beide Präparate erhöhen den Glanz der fertigen Frisur, geben aber keinen Halt.

Aufgaben

1. Erstellen Sie eine Frisurenmappe, in der Sie verschiedene Formgebungstechniken beschreiben. Suchen Sie dazu passende Frisurenbilder, z.B. aus Zeitschriften, dem Internet usw., heraus.
2. Eine Kundin hat sehr volles, dickes und gewelltes Haar. Sie möchte gerne weniger Volumen in ihrer Frisur haben.
   Welche Arbeitstechniken würden Sie der Kundin zur Frisurenerstellung empfehlen?
3. Arbeitstechniken zur Formgebung lassen sich sinnvoll kombinieren.
   Machen Sie einen Vorschlag für eine Frisur, bei der mindestens zwei Techniken angewendet werden müssen. Begründen Sie Ihren Vorschlag.

3.3 Präparate

Es gibt eine große Auswahl an Styling- und Finishpräparaten, die je nach zu behandelnder Haarqualität unterschiedlich zusammengesetzt sind. Sie können sowohl vor als auch nach dem Trocknen flexibel eingesetzt werden:

- **Stylingpräparate** werden als Hilfsmittel meist vor dem Stylen auf das oft noch feuchte Haar gegeben (engl. *styling* = Frisur).
- **Finishpräparate** werden zum Fixieren auf das meist trockene und fertig gestylte Haar gegeben, damit die Frisur Halt oder Glanz erhält (engl. *finish* = Ziel, letzter Schliff).

Übersicht über die wichtigsten Styling- und Finishpräparate

Präparat	Eigenschaften	Anwendung	Inhaltsstoffe
Haarfestiger/ Föhnlotion	• festigend • verbessert Kämmbarkeit • verhindert elektrostatische Aufladung	• vor dem Stylen auf das feuchte Haar auftragen	• Alkohol (15–40 %) • Filmbildner • Weichmacher • pflegende Substanzen
Schaumfestiger/ Styling Mousse (franz. *mousse* = Schaum)	• festigend • verbessert Kämmbarkeit • verhindert elektrostatische Aufladung	• vor dem Stylen auf das feuchte Haar auftragen • zum Frisieren in das trockene Haar einmassieren	• Alkohol (0–40 %) • Filmbildner • Tenside • Treibmittel • pflegende Substanzen
Frisiercreme	• macht Haare geschmeidig • gibt Glanz	• auf das trockene Haar auftragen	• Wasser • Öl
Haargel	• bewirkt Nasseffekt • betont einzelne Strähnen • gibt Glanz • festigend	• in das feuchte Haar einarbeiten oder auf das trockene Haar auftragen	• Wasser/Alkohol • Verdickungsmittel • Gelbildner • pflegende Substanzen
Haarwachs	• gibt Halt • gibt Glanz	• sparsam auf das trockene Haar auftragen	• pflanzliche und mineralische Öle und Wachse
Haarspray/Haarlack	• gibt Halt	• auf das trockene Haar auftragen	• Treibmittel • Filmbildner • pflegende Substanzen
Haarglanzspray	• gibt Glanz	• auf das trockene Haar auftragen	• spezielle Öle • Treibmittel
Volumenpuder	• gibt Volumen und Form	• in das trockene Haar mit den Händen einarbeiten	• Siliciumsalze • Polymere

Praxistipp

Verwenden Sie bei farblich veränderten Haaren Stylingpräparate, die auch eine farbgebende oder farbunterstützende Funktion haben.

Inhaltsstoffe von Styling- und Finishpräparaten und ihre Wirkung		
Inhaltsstoffgruppe	**Wirkung**	**Beispiele nach INCI**
Alkohol (0–40 %)	• Lösungsmittel	• Alcohol • Isopropyl Alcohol
Tenside	• Netzmittel für die bessere Verteilung des Präparats auf dem Haar • Schaumbildung beim Mousse	• Laureth-4 • PEG-40 Hydrogenated Castor Oil
Filmbildner/Polymere (Kunstharze, Wachse)	• umhüllen die einzelnen Haare und geben der Frisur Halt	Acrylates, Octylacrylamide, PVP/VA Copolymer, Glyceryl Polyacrylate
Verdickungsmittel	• richtige Konsistenz (Beschaffenheit) des Präparats	Silica, Polyacrylic Acid, Bentonite
Pflegende Substanzen (z. B. kationische Substanzen, Öle, Silikone)	• machen Haare geschmeidig • geben Glanz • verhindern elektrostatische Aufladung	Panthenol, Sorbitol, Beeswax, Lanolin, Dimethicone
Duftstoffe	• geben einen angenehmen Duft	Parfum, Citral
Farbstoffe	• geben dem Präparat eine ansprechende Farbe	Magnesium Stearate
Konservierungsmittel	• erhöhen die Haltbarkeit des Präparats	Ethylparaben, Methylparaben, Cetrimonium Chloride, Phenoxyethanol
UV-Filter	• Schutz vor schädlichen UV-Strahlen	Butyl Methoxydibenzoylmethane
Treibmittel	• gute Verteilbarkeit eines Sprays	Propane, Butane, Isobutane

Aufgaben

1. Mit welchen Finishpräparaten können Sie Glanz erzielen?
2. Eine Kundin mit trockenem und brüchigem Haar möchte keinen Festiger. Sie sagt: „Da ist doch Alkohol drin und das trocknet meine Haare noch mehr aus."
   Welche alternativen Präparate können Sie dieser Kundin empfehlen? Welche Argumente verwenden Sie im Beratungsgespräch?

4 Durchführung einer Frisurenerstellung

Sie haben mit der Kundin eine Frisur mit leicht nach innen fallenden Haarspitzen geplant.
Wie bereiten Sie Ihren Arbeitsplatz vor?

4.1 Vorbereitende Tätigkeiten

4.1.1 Auswahl der Arbeitsmittel, Arbeitstechniken und Präparate

Nachdem Sie den Frisurenwunsch und die wichtigen individuellen Gegebenheiten bei der Kundin ermittelt haben, überlegen Sie, welche Arbeitsmittel, Präparate und Arbeitstechniken sich am besten für die Umsetzung eignen.

Arbeitsmittel und Arbeitstechnik

- Je nach gewünschter Festigkeit wählen Sie eine Föhn- oder Einlegetechnik.
- Je nach gewünschtem Umformungsgrad wählen Sie den Durchmesser der Bürsten oder Wickler aus.
- Je nach gewünschtem Volumen am Ansatz bestimmen Sie den Winkel, in dem das Passee zum Trocknen gebracht werden muss.
- Je nach gewünschter Fallrichtung der Locken oder Wellen legen Sie fest, wo und in welcher Richtung Sie die Wickler setzen.
- Denken Sie auch daran, dass bei aufspringenden Locken die Haare von unten um den Wickler bzw. die Bürste gewickelt werden.
- Legen Sie ein Haarglättungsgerät oder einen Lockenstab bereit, wenn in der Frisur einzelne Elemente besonders betont werden sollen.

Praxistipp

Beachten Sie, dass Umformungen in feinen Haaren weniger haltbar sind als in dickeren. Verwenden Sie Bürsten bzw. Wickler mit kleinerem Durchmesser, um kleinere und festere Locken zu erzeugen. Erhöhen Sie die Haltbarkeit einer Frisur bei feinem Haar, indem Sie die Haare einlegen, anstatt zu föhnen.

Präparate

- Je nach gewünschter Haltbarkeit geben Sie vor dem Trocknen einen Festiger oder Styling Mousse in die Längen und Spitzen.
- Dicke Haare, in denen Umformungen lange halten, benötigen weniger festigende Präparate als weiche, glatte Haare.
- Fertige Frisuren lassen sich mit Haarspray haltbarer machen.
- Bei glanzlosen und trockenen Haaren stellen Sie Glanzspray oder Wachs bereit.

4.1.2 Gesundheits- und Umweltschutz

Gesundheitsschutz

- Achten Sie beim Arbeiten auf eine gute **Körperhaltung**, um schmerzhafte Verspannungen im Schulter- und Rückenbereich zu vermeiden.
- Bei Fehlhaltungen der **Handgelenke** und starker Beanspruchung können sich die Sehnenscheiden entzünden.
- Benutzen Sie bei empfindlicher Haut **Schutzhandschuhe** bei der Arbeit mit Stylingpräparaten; ebenso bei färbenden Stylingpräparaten, wie z. B. Farbfestiger, sonst färben Sie Ihre Hände mit an.
- Beachten Sie bei Kundinnen **Allergien** und benutzen Sie bei empfindlicher Kopfhaut lieber Styling Mousse als Festiger, da der Schaum sich nicht so stark auf der Kopfhaut verteilt.
- Benutzen Sie **elektrische Geräte** wie z. B. den Föhn nicht in der Nähe von Wasser. Stromschlaggefahr!
- Atmen Sie **Sprühnebel** aus Sprayflaschen nicht ein und schützen Sie auch das Gesicht der Kundin davor. Lüften Sie regelmäßig.
- Achten Sie darauf, dass der Kundin die Stylingpräparate nicht ins Gesicht laufen (**Augen!**). Berühren Sie sich nicht im Gesicht, wenn Sie Präparatereste an den Händen haben.
- Legen Sie die **Kabel** der Elektrogeräte so, dass niemand darüber stolpern kann.

Umweltschutz

- Verwenden Sie Präparate mit Pumpzerstäuber. Sie enthalten keine Treibgase und schonen so die Ozonschicht. Wiederbefüllung ist möglich; das spart Geld und es entsteht weniger Abfall.
- Dosieren Sie die Präparate nicht zu hoch; bei einer zu großen Menge kann die Frisur zusammenfallen. Besonders Haarwachse nur sparsam anwenden!
- Entleeren Sie Präparatbehälter vollständig, bevor Sie sie in die Wertstoffsammlung geben oder, noch besser, erneut befüllen.

4.1.3 Vorbereiten des Arbeitsplatzes

Stellen Sie alle notwendigen **Arbeitsmittel** und **Präparate** am Waschbecken oder am Bedienungsplatz bereit:

- Kundenkarte, Stift
- Frisierumhang
- Handtuch
- Shampoo
- ggf. Spülung oder Kur
- grobzahniger Kamm
- Stielkamm
- Clips, ggf. Haarnadeln, Wickler
- Rundbürsten
- Föhn
- Halbrundbürste
- Styling Mousse
- Haarspray
- Handspiegel

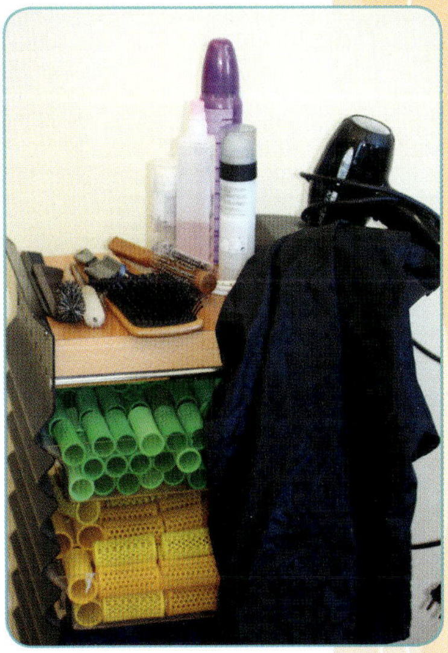

Vorbereiteter Arbeitswagen

4.1.4 Vorbereiten der Kundin

Waschen Sie die Haare mit einem für die Haarstruktur geeigneten Shampoo und behandeln Sie sie bei Bedarf mit einem Pflegepräparat. Anschließend frottieren Sie sie. Kämmen Sie die Haare mit einem grobzahnigen Kamm durch. Legen Sie ein trockenes Handtuch auf die Schultern der Kundin, damit ihre Kleidung nicht nass wird.

4.2 Erstellen einer Föhnfrisur

- Wenn die Haare noch sehr feucht sind, trocknen Sie sie zunächst mit dem Föhn leicht vor, indem Sie die Haare locker föhnen und dabei mit der freien Hand aufschütteln.
- Tragen Sie den Festiger auf die vorgetrockneten Haare auf und verteilen Sie ihn gleichmäßig.
- Nachdem die Haare gut kämmbar sind, scheiteln Sie diese am Hinterkopf ab. Befestigen Sie die darüberliegenden Haare mit einem Clip.
- Teilen Sie ein Passee ab, das nicht breiter und nicht länger als die Bürste ist.
- Setzen Sie die Rundbürste am Haaransatz an und ziehen Sie sie bis zu den Haarspitzen.
- Wickeln Sie das Passee von den Spitzen zum Ansatz auf.
- Achten Sie auf sorgfältig gekämmte Spitzen und auch Längen.
- Da das Ansatzvolumen insbesondere am Oberkopf gewünscht wird, lassen Sie die aufgewickelten Haare nach dem Föhnen erst auf der Bürste abkühlen, bevor Sie sie abwickeln. Sie können auch die Kalttaste am Föhn benutzen, damit der kalte Luftstrom die aufgewickelten Haare schneller abkühlen lässt.
- So arbeiten Sie sich Abteilung für Abteilung nach oben in Richtung Oberkopf.
- Wenn Sie das ganze Haar geföhnt haben, bürsten Sie es locker in Form.
- Zeigen Sie der Kundin die Frisur mithilfe des Handspiegels von allen Seiten. Wenn sie ihr gefällt, festigen Sie die Frisur auf Wunsch der Kundin mit Haarspray, damit sie länger hält.

4.3 Kontrolle der Frisur und Fehlerkorrektur

Kontrolle der Frisur

Jede erstellte Frisur sollte genau kontrolliert werden, bevor die Kundin den Salon verlässt. Durch Kopfbewegungen der Kundin kann die **Haltbarkeit** überprüft werden. Festgesteckte Haarteile müssen fest sitzen und dürfen sich nicht beim nächsten Windstoß oder bei der nächsten Bewegung der Kundin lösen.

Kontrollieren Sie mit dem Spiegel aus **verschiedenen Perspektiven**:
- Ist die symmetrische Frisur auch wirklich symmetrisch?
- Hängen noch Haarsträhnen heraus?
- Gibt es noch unbeabsichtigte Scheitel oder Lücken?
- Ist das auf Volumen geföhnte Haar auch gestärkt? Fehlt vielleicht noch ein Präparat als Unterstützung oder muss noch einmal nachgeföhnt werden?
- Ist das Volumen an der richtigen Stelle?
- Entspricht die erstellte Frisur dem Kundenwunsch und auch der Frisurenvorlage?

Nur zufriedene Kundinnen kommen auch gerne wieder!

Fehlerkorrektur

Wenn ein Umformungsergebnis nicht zufriedenstellend ist, können Sie die Haare noch einmal anfeuchten und die Behandlung wiederholen, oder Sie arbeiten die jeweilige Partie z. B. mit einem Lockenstab nach. Der Vorteil einer temporären, also nicht dauerhaften Umformung ist, dass sie rückgängig gemacht werden kann. Das kostet jedoch die Zeit der Kundin und Ihre Zeit. Die Kundin könnte Ihre Kompetenz infrage stellen. Arbeiten Sie daher sorgfältig und gewissenhaft, damit so etwas nicht passiert.

Aufgaben

1. Beschreiben Sie die Durchführung einer Einlegefrisur in einem zusammenhängenden Text, vgl. Kapitel 4.2.
2. Eine Kundin bringt folgendes Frisurenfoto mit. Mit welchen Arbeitsmitteln, Arbeitstechniken und Präparaten ist diese Frisur zu erstellen?

5 Besonderheiten in der Kundenberatung

„Sie haben das ja so toll frisiert! Wie bekomme ich das denn selbst hin?", fragt eine Kundin. Was können Sie tun, um der Kundin zu helfen?

5.1 Tipps für das Frisieren zu Hause

Nachdem Sie sich mit der Kundin in der persönlichen Beratung auf eine Frisur geeinigt haben, führen Sie das Styling durch und erklären ihr, wie diese Stylingtechnik funktioniert und was sie bewirkt.
Nennen und erklären Sie **alternative Stylingtechniken**, die die Kundin auch zu Hause durchführen kann. Erfragen Sie, welche Stylinggeräte die Kundin besitzt, und geben Sie ihr Tipps für das Styling zu Hause.
Zeigen Sie der Kundin **Frisurenvarianten**, die mit dem derzeitigen Haarschnitt erstellt werden können. Das spricht für Ihre Kompetenz und gibt der Kundin Zufriedenheit. So kann sie das Styling je nach Anlass verändern.
Schlagen Sie für den nächsten Friseurbesuch eine Variante der Frisur vor. Vielleicht möchte die Kundin aber auch mit einem veränderten Haarschnitt etwas Neues ausprobieren!
Stellen Sie der Kundin Ihr **Produktangebot** für den Verkauf vor und empfehlen Sie ihr Produkte, die sich speziell für ihren Haartyp und ihr Frisurenstyling anbieten. Das können auch bestimmte Bürsten oder Kämme sein oder ein Haarschmuck, mit dem die Kundin die Frisur verändern oder unterstützen kann.

Dokumentation

In manchen Salons gibt es das Angebot **„Cut and Go"**. Dieses Angebot wird gerne von Kundinnen angenommen, die entweder das Geld für das Styling sparen möchten oder Wert auf einen unkomplizierten Schnitt mit einfachem Styling legen. Auch diese Kundinnen sind oft dankbar für Stylingtipps oder interessiert am Kauf von Stylingpräparaten.

5.2 Dokumentation

In der **Kundenkartei** sollten Sie dokumentieren, welche Frisur Sie erstellt und welche Arbeitstechniken und Präparate Sie bei Ihrer Kundin angewendet haben. Wenn die Kundin das nächste Mal in den Salon kommt, können Sie sich auf die letzte Behandlung beziehen und fragen, ob sie zufrieden war.
Die Kundin fühlt sich gut aufgehoben, wenn Sie noch wissen, was beim letzten Besuch bei ihr gemacht wurde.
Falls Sie ihr ein Präparat verkauft haben, sollten Sie auch das auf der Karteikarte oder im Computer vermerken.

→ *vgl. Lernfeld 2, S. 62*

→ *vgl. Lernfeld 3, S. 122*

A B C D E F G H I J K

Kundenkarte — ARIA Friseurbedarf

Name, Vorname	Geb.-Tag
Anschrift	Telefon
E-Mail	Mobil

Haar- und Kopfhautdiagnose	Haarstärke	fein ❍	normal ❍	stark ❍

Datum	Haarzustand	Kopfhautzustand	Frisurenwunsch

Datum	Dienstleistung/Arbeits-material	Styling-/Finish-/Pflege-präparate	Anmerkungen/ Extras	Bedient von

Aufgaben

❶ Gerade haben Sie bei einer Kundin eine neue Frisur erstellt (vgl. Foto). Was sollte dazu in der Kundendatei vermerkt werden?

❷ Welche Vorteile bietet eine Kundendatei?

Rechenaufgaben

Kalkulation von Dienstleistungen

Die Kalkulation der Dienstleistung „Frisurenerstellung" hängt hauptsächlich von den **produktiven Lohnkosten** ab. Produktiv heißt, dass etwas hergestellt wird. Neben den Lohnkosten entstehen Betriebskosten (z.B. Miete, Strom, Wasser, Kabinettwaren), die als „unproduktive Löhne" oder **Gemeinkosten** bezeichnet werden. Da sich diese Kosten nicht direkt einzelnen Dienstleistungen zuordnen lassen, werden sie bei der Kalkulation auf alle Dienstleistungen anteilsmäßig aufgeschlagen. Die Höhe des Zuschlags wird aufgrund von Erfahrungswerten festgelegt und bei Bedarf angepasst (z.B. höhere Mietkosten).

Der produktive Lohn

Die produktiven Lohnkosten werden ermittelt, indem die Arbeitszeiten mit einem durchschnittlichen Stundenlohn bewertet werden.

Bedienungszeiten beim Stylen – Beispiele für Durchschnittswerte	
Dienstleistungen	Min.
1. Waschen, Föhnen, Frisieren	30
2. Waschen, Einlegen, Trocknen, Frisieren	45
3. Waschen, Papillotieren, Trocknen, Frisieren	40
4. Waschen, Föhnen, Hochstecken	50
5. Waschen, Föhnen, Haareglätten	35

Beispiel:
Für die Dienstleistung „Waschen, Föhnen, Frisieren" benötigt eine Friseurin im Durchschnitt 30 Minuten. Der Stundenlohn beträgt 8,50 €. Rechenweg:

60 Minuten ≙ 8,50 €
30 Minuten ≙ x

$$x = \frac{8{,}50\,€ \cdot 30\ \text{min}}{60\ \text{min}} = 4{,}25\,€$$

Der Bruttobedienungspreis

Zu den produktiven Lohnkosten, im Beispiel 4,25 €, werden 180 % Gemeinkosten gerechnet. Daraus ergeben sich die **Selbstkosten**. Zusätzlich soll ein **Gewinn** (= Anteil der Einnahmen, den der Betriebsinhaber für sich beansprucht) von 30 % erzielt werden.

Hieraus entsteht der **Nettobedienungspreis**, auf den die Mehrwertsteuer von 19 % aufgeschlagen wird. Am Schluss steht der **Bruttobedienungspreis**, den die Kundinnen für eine Dienstleistung (evtl. entsprechend gerundet) bezahlen müssen.

Beispiel:

Lohnkosten (prod. Lohn)	4,25 €
+ 180 % Gemeinkosten	7,65 €
= Selbstkosten	11,90 €
+ 30 % Gewinn	3,57 €
= Nettobedienungspreis	15,47 €
+ 19 % Mehrwertsteuer	2,94 €
= Bruttobedienungspreis	18,41 €

1 a) Wie hoch sind die produktiven Lohnkosten für die Dienstleistungen 2 – 5 aus der nebenstehenden Tabelle bei einem Stundenlohn von 8,50 €?

b) Errechnen Sie die Bruttobedienungspreise für die Dienstleistungen 2 – 5 mit den im Beispiel angegebenen Werten:
- 180 % Gemeinkosten
- 30 % Gewinn
- 19 % Mehrwertsteuer

2 a) In einem Friseursalon bekommt eine Gesellin 9,20 € Stundenlohn. Rechnen Sie die produktiven Lohnkosten für die in der Tabelle angegebenen Dienstleistungen 1 – 5 aus.

b) Wie hoch sind die Bruttobedienungspreise für die Dienstleistungen 1 – 5, wenn in diesem Salon die Gemeinkosten 150 %, der Gewinn 25 % und die Mehrwertsteuer 19 % betragen?

3 Stylist Nick benötigt bei Frau Kruse für Waschen, Vortrocknen und eine Lockenfrisur mit dem Lockenstab 35 Minuten. Sein Stundenlohn beträgt 8,78 €. Die Gemeinkosten betragen 170 %, der Gewinn 22 % und die Mehrwertsteuer 19 %.

a) Wie hoch ist der Betrag, den Frau Kruse für diese Dienstleistung bezahlen muss?

b) Frau Lang bekommt von Stylist Nick eine Föhnfrisur, die 30 Minuten dauert. Welchen Betrag muss Frau Lang für diese Dienstleistung bezahlen?

Komplexe Aufgaben

Projekt: Der Wandel der Frisuren

Epoche
Zeitalter
Mode
Gesellschaft

Kultur
Europäisch
Asiatisch
Afrikanisch

Stylingtechniken
Präparate
Arbeitstechniken
Werkzeuge

Die vielfältigen Frisuren spiegeln verschiedene Einflüsse wider:
- die Epoche
- die Kultur
- die Stylingtechniken

1. Teilen Sie sich in „Spezialistengruppen" auf, die jeweils für bestimmte
   - Epochen,
   - Kulturen und
   - Stylingtechniken

   zuständig sind.
2. Arbeiten Sie gemeinsam die bedeutsamsten Einflüsse Ihres Bereichs heraus.
   Nutzen Sie Fachbücher, das Internet, Zeitschriften usw. für Ihre Recherchen.
   Beachten Sie die zeitliche Abfolge. Nutzen Sie Requisiten, soweit sie zur Verfügung stehen.
3. Präsentieren Sie Ihre Ergebnisse.

Rollenspiel

Führen Sie mit einer Partnerin ein Rollenspiel durch: Sie sind die Friseurin und beraten Ihre Partnerin, die mit einer Frisurenvorlage kommt.

1. Beraten Sie sie bezüglich ihrer Wunschfrisur.
2. Erstellen Sie einen Arbeitsplan: Listen Sie alle Arbeitsmittel auf, die Sie für die Durchführung benötigen.
   - Wählen Sie eine Stylingtechnik aus.
   - Erklären Sie der Kundin die gewählte Stylingtechnik und was sie am Haar bewirkt.
   - Empfehlen Sie ihr geeignete Präparate und erklären Sie deren Vorzüge.

English – Blow-drying and creating a hairstyle

Help your clients to create their hairstyle step by step

1. After washing your hair you dry it with a towel.
2. Then comb it with a large, wide-toothed comb.

3. Apply styling products to your hair.
   Liquid setting lotions can be sprayed directly on your hair, mousse can be applied by hand.
   Setting lotions protect the hair from atmospheric moisture so that the hairstyle lasts longer. They also help your hair to dry and reduce static electricity.
   Setting lotions can also add volume and shine to your hair.

4. Blow-drying your hair.
   Always blow-dry towards the ends of the hair so that it shines after drying.
   If you heat up the hair too much it will be damaged.
   Start blow-drying your hair at the lower parts of the hairstyle.
   Dry one strand after the next by putting it on a brush.

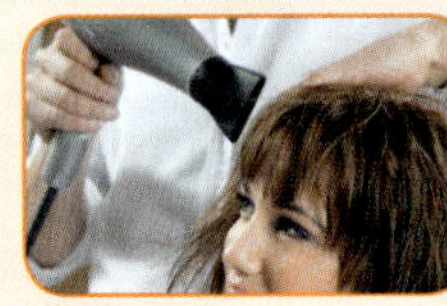

5. To blow-dry curly hairstyles use a radial brush.
   To form small and tight curls use a brush with a small radius, to form softer curls use a brush with a larger radius.

5. To blow-dry straight and smooth hairstyles use a flat brush. Brush strand after strand from root to tip while you are blow-drying.

6. Apply finishing products to your hair.
   Finishing products help dressing the hair and help the hairstyle to last longer.

hairspray	gel	wax	gloss
Spray on your finished hairstyle. Hairspray holds the hair in place.	Put on your fingers or palms and apply on your hair. You can also use gel on certain parts of the hairstyle. This gives the hairstyle a wet look.	Put wax on your fingers or palms and apply to your hair or on single strands of hair. Your hair will become smooth and defined. Do not use on fine hair.	Spray on your hair or apply to the ends of your hair by hand. Makes hair shine. Don´t use too much because your hair may look greasy.

Exercises

These two clients have a new hairstyle.
Tell them how to create this hairstyle at home.

1. Mrs. Miller: After washing …
2. Mrs. Benson: Wash and dry your hair …

Mrs. Miller

Mrs. Benson

Vocabulary

to blow-dry	föhnen	**atmospheric moisture**	Luftfeuchtigkeit	**brush**	Bürste
towel	Handtuch			**radial brush**	Rundbürste
wide-toothed comb	grobzahniger Kamm	**to last**	halten	**tight**	eng
		damaged	geschädigt	**smooth**	glatt, weich
liquid setting lotion	flüssiger Festiger	**lower parts**	untere Teile	**palms**	Handinnenflächen
		strand	Strähne	**defined**	begrenzt

Lernfeld 7 Haare dauerhaft umformen

Sie formen das Haar dauerhaft um und bereiten es für die Weiterbehandlung vor.

Kundin: „Meine Frisur hält einfach nicht. Jeden Morgen föhne ich mir mehr Fülle ins Haar, aber mittags sieht man schon nichts mehr davon. Wie kann ich haltbares Volumen ins Haar bekommen?"

Informieren

- Welchen Umformungswunsch hat die Kundin?
- Welches Frisurenziel möchte die Kundin erreichen?
- Welche Frisiergewohnheiten hat die Kundin?
- Welche Haar- und Kopfhautgegebenheiten bringt die Kundin mit?
- Welche Kopf- und Gesichtsform hat die Kundin?
- Wie ist die Gesamterscheinung der Kundin?

Planen

- Lässt die Haarqualität der Kundin eine dauerhafte Umformung zu?
- Welches Umformungsziel passt zur Kopf- und Gesichtsform und zum gesamten Erscheinungsbild der Kundin?
- Mit welchen Möglichkeiten der dauerhaften Haarumformung kann ich dieses Ziel erreichen?
- Welche Präparate, Arbeitstechniken und Arbeitsschritte schlage ich der Kundin vor?
- Mit welchen Kosten und welchem Zeitaufwand muss ich rechnen?

Entscheiden

- Ich nutze Frisurenbilder, um der Kundin meine Umformungsvorschläge vorzustellen.
- Ich erkläre meine Auswahl und helfe der Kundin bei ihrer Entscheidung.
- Ich schlage der Kundin Präparate, Arbeitstechniken und Arbeitsschritte vor und erläutere deren Wirkung.
- Ich nenne der Kundin den Zeit- und Kostenaufwand dieser Behandlung.
- Gemeinsam mit der Kundin lege ich den gesamten Behandlungsplan fest.

Bewerten

- Ist die Kundin mit dem Umformungsergebnis zufrieden?
- Bin ich mit dem Umformungsergebnis zufrieden?
- An welcher Stelle sollte ich meine Planung ändern, um das Ergebnis bei der nächsten Behandlung zu verbessern?
- Ich notiere meine Arbeitsplanung, mein Vorgehen und die Bewertung in der Kundenkartei.

Kontrollieren

- Wie fühlt sich das Haar an?
- Wie sieht die Kopfhaut aus?
- Ich prüfe die Sprungkraft und Gleichmäßigkeit der Umformung.

Ausführen

- Ich führe die Behandlung wie geplant durch.
- Ich wickle in der geplanten Arbeitstechnik und trage die ausgewählten Präparate auf das Haar auf.
- Ich prüfe das Wellergebnis während der Behandlung und verändere wenn nötig die Einwirkzeit oder die Wärmezugabe.
- Ich schließe die Behandlung durch Pflegemaßnahmen ab.
- Ich gebe der Kundin Ratschläge zum Umgang mit dauerhaft umgeformten Haaren und empfehle Präparate zur Heimpflege.

1 Individuelle Kundengegebenheiten

Eine Kundin hätte gern mehr Volumen ohne aufwendiges Styling. Sie überlegen, ob durch eine dauerhafte Haarumformung bei dieser Kundin das gewünschte Volumen erreicht werden kann.

1.1 Kundenwunsch

Gründe für den Umformungswunsch

Viele Kundinnen sind mit ihrem Haar unzufrieden:
Wer glatte Haare hat, wünscht sich mehr Volumen oder Locken. Wer von Natur aus welliges Haar besitzt, träumt von glattem Haar. Auch unerwünschte Wirbel oder die Wuchsrichtung des Haares erschweren es vielen Kundinnen, ihre Wunschfrisur zu erreichen.
Beeinflusst werden Kundenwünsche auch von den aktuellen Trends, die immer wieder wechseln und einmal lange, glatte oder gelockte Frisuren, ein anderes Mal kurze, voluminöse Frisuren zeigen.
Die Erfüllung dieser Kundenwünsche ist häufig nur durch zeitaufwendiges und geschicktes Styling möglich. Eine haltbare Veränderung der Formgebung lässt sich aber auf keinen Fall erreichen.

Mithilfe einer dauerhaften Haarumformung können Sie Volumen, Wellen oder Locken in glattes Haar bringen und auch lockiges und krauses Haar glätten. Die Kundinnen können ihre Haare leichter und schneller frisieren, die Haltbarkeit der Frisur wird erhöht.
Mit dem heutigen Angebot an Wellpräparaten, die auf alle Haarqualitäten und Haarzustände abgestimmt sind, lassen sich die meisten Umformungsziele erreichen.

Intensität der Wellung

Volumen

Wellen

Locken

Den Wunsch nach dauerhaft lockigem oder welligem Haar werden Sie häufig hören. Doch was meint die Kundin damit? Stellen Sie durch geeignete Abbildungen sicher, dass Sie unter den Begriffen das Gleiche verstehen wie die Kundin.

Kundinnen fragen oft nicht direkt nach dauerhaften Haarumformungen. Sie äußern nur den Wunsch nach mehr Volumen oder nach mehr Bewegung im Haar, den Sie dauerhaft nur mit einer Langzeitumformung erfüllen können. Auch unerwünschte Einflüsse von Wirbeln, die das Haar stellenweise flach anliegen oder auseinanderfallen lassen, können mithilfe dauerhafter Haarumformung gemildert werden.

Aufgabe

Stellen Sie eine Frisurenmappe zusammen:

a) Suchen Sie mindestens jeweils fünf Frisurenabbildungen von Volumen, Wellen und Locken aus Zeitschriften heraus. Stellen Sie diese auf je einem eigenen Blatt zusammen.

b) Beschreiben Sie jeweils wesentliche Merkmale der Frisuren, wie z. B. „engbogige Welle", „Korkenzieherlocken", die durch die Haarumformung erzielt werden können.

1.2 Frisiergewohnheiten

Stellen Sie im Gespräch fest, welche Frisiergewohnheiten die Kundin hat. Wendet sie nur ungern viel Zeit für ihr Styling auf, dann können leichte dauerhafte Umformungen für mehr Volumen ohne viel Aufwand sorgen; unerwünschte Wirbel oder fehlendes Volumen können für Monate verbessert werden.
Wer lockiges Haar wünscht, kann durch luftgetrocknete dauerhaft umgeformte Frisuren vom langwierigen Frisieren befreit werden.
Diese Langzeitumformungen zeigen meist kleinere Wellen oder Locken.

Wünscht die Kundin eine ganz neue Frisur, klären Sie mit ihr, wie viel Zeit sie zum Frisieren aufwenden kann und will. Großzügige Wellenfrisuren in längerem Haar lassen sich nur durch zusätzliches Einlegen oder Föhnen erreichen.

1.3 Haar- und Kopfhautgegebenheiten

1.3.1 Haarlänge – Kapillarität

Bei der dauerhaften Haarumformung spielt die **Haarlänge** eine wichtige Rolle.
Durch die Umformung wirken die Haare erheblich kürzer. Prüfen Sie deshalb, ob die vorhandene Haarlänge für den Frisurenwunsch der Kundin ausreichend ist.
Langes Haar hat ein größeres Eigengewicht. Daher bringen Umformungen in längerem Haar kaum Volumen an den Ansätzen.

Damit das aufgetragene Wellpräparat die innen liegenden Haarspitzen erreicht, nutzt man den Effekt der **Kapillarität**. Das ist die Eigenschaft von Flüssigkeiten, in engen Röhren und Zwischenräumen aufzusteigen. Deutlich zu erkennen ist diese Erscheinung bei Strohhalmen, in denen das Getränk höher steigt als im übrigen Gefäß, oder bei Löschpapier, das in seinen Faserzwischenräumen viel Flüssigkeit aufnehmen kann.
Bei Haarsträhnen können so Flüssigkeiten in den schmalen Räumen zwischen den Haaren entlangziehen. So gelangt die am Ansatz aufgetragene Wellflüssigkeit bis in die innen liegenden Spitzen des aufgewickelten Haares. Gleichzeitig dienen die flüssigkeitsgefüllten Räume zwischen den Haaren als Speicher, der die Wirkstoffe langsam an das Haarinnere abgibt.

Kapillarität bei aufgewickeltem Haar

Bei langem Haar liegen viele Lagen Haar um den Wickler, die vollständig mit Wellflüssigkeit angefeuchtet werden müssen. Verwenden Sie bei längerem Haar daher mehr Flüssigkeit.

➔ *vgl. Lernfeld 3, S. 81*

1.3.2 Haarstärke

Haare lassen sich unterschiedlich gut dauerhaft umformen:

- **Feines Haar** ist leichter umzuformen als dickes, borstiges Haar, denn Wirkstoffe können hier schneller bis in die Faserschicht eindringen. Es hält aber eine Umformung nicht lange und hängt sich schneller aus.
- **Dickes Haar** hat mehr Keratinmasse. Eine Umformung ist deshalb länger haltbar. Die Wellung hat eine hohe Sprungkraft und Elastizität.

1.3.3 Haarquerschnitt

Ermitteln Sie vor jeder dauerhaften Haarumformung den Querschnitt, also die Form des Haares. **Runde** und **ovale** Haare lassen sich gut, **bandförmige** Haare nur schwer oder gar nicht umformen.

- Messen Sie dazu die Stärke eines Haares mit dem Haarstärkenmessgerät. Gemessen wird dabei immer die flachste Stelle des Haares.

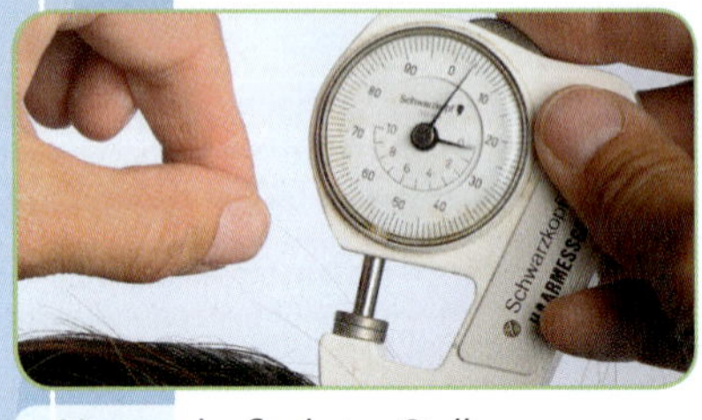

Messen der flachsten Stelle

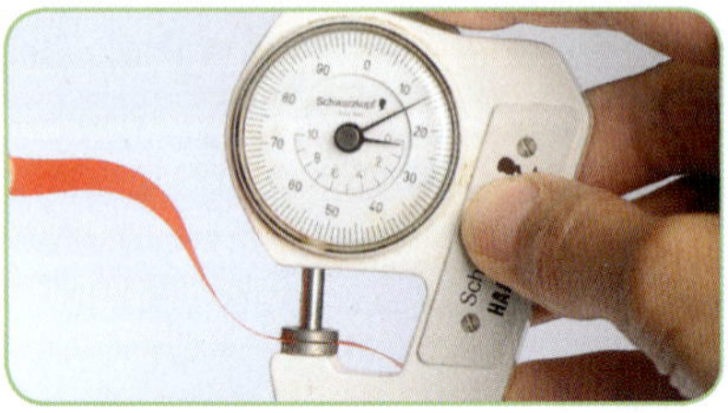

Haarstärkenmessgerät und Geschenkband, flach

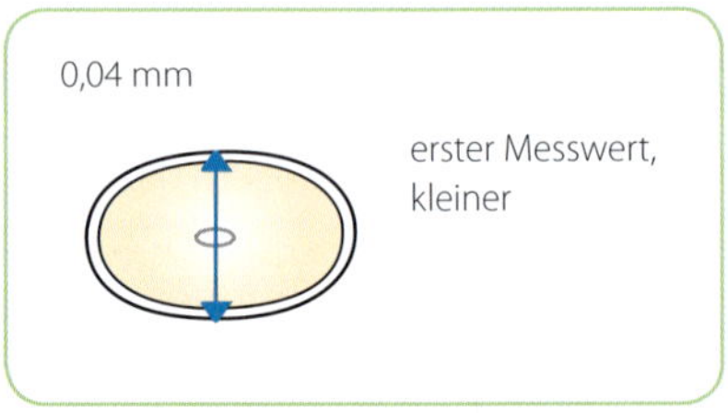

Flachste Stelle des Haares

- Legen Sie dasselbe Haar in eine kleine Schlaufe und messen Sie die Stärke am Schlaufenbogen erneut. Gemessen wird so immer die breiteste Stelle des Haares.

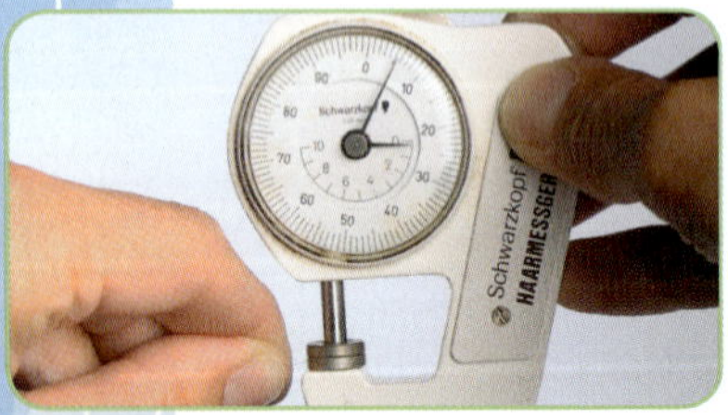

Schlaufenmessung

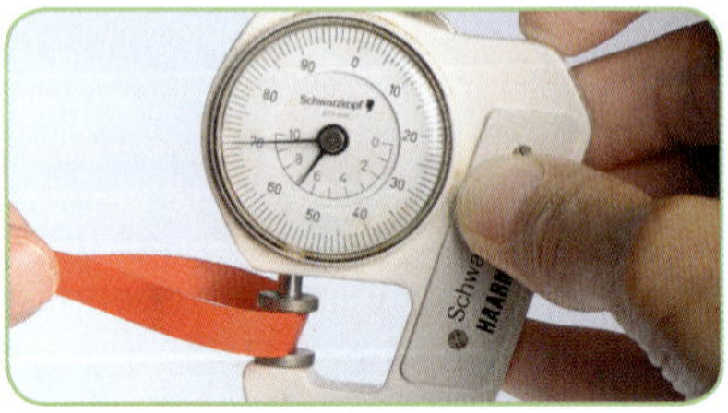

Haarstärkenmessgerät und Geschenkband senkrecht in Schlaufe

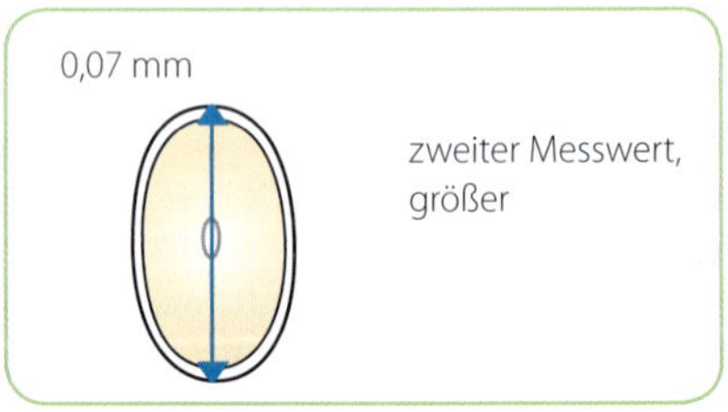

Stärkste Stelle des Haares

- Vergleichen Sie die gemessenen Werte miteinander:

Unterschied zwischen den Messwerten	Haarquerschnitt
Der erste und der zweite Messwert sind gleich oder unterscheiden sich nur geringfügig, Unterschied bis 25 %.	rund 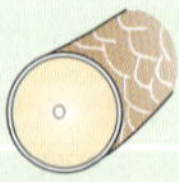
Der erste Messwert ist kleiner als der zweite Messwert, Unterschied 25 – 50 %.	oval 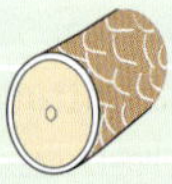
Der erste Messwert ist über 50 % kleiner als der zweite Messwert.	bandförmig 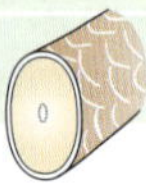

Beispielrechnung:

1. Messung 0,04 mm
2. Messung 0,07 mm

> Differenz/Unterschied 0,03mm

$0{,}04\text{ mm} = 100\,\%$

$$\frac{0{,}03\text{ mm} \times 100}{0{,}04\text{ mm}} = 75\,\%$$

Der Unterschied beträgt 75 %, das Haar ist bandförmig.

Asiatisches Haar ist dick und hat einen runden Querschnitt. Es lässt sich trotz seiner Dicke gut umformen. **Afrikanisches Haar** mit seinem flacheren Haarquerschnitt und der in sich gedrehten Haarstruktur ist nur schwer umzuformen.

Aufgaben

1. Bei welchem der folgenden Haare handelt es sich um schwer wellbares Bandhaar?
   Berechnen Sie den Unterschied in %.

1. Messung:	a) 0,04 mm	b) 0,06 mm	c) 0,05 mm
2. Messung:	0,08 mm	0,09 mm	0,07 mm

2. Bei welchem Beispiel/welchen Beispielen aus Aufgabe 1 handelt es sich um feines Haar?
3. Stellen Sie in einer Tabelle die verschiedenen Haarstärken und ihre jeweiligen Durchmesser zusammen.

1.3.4 Haarwuchsrichtung, Wirbel

Die Richtung und der Winkel, in dem Haare aus der Kopfhaut herauswachsen, bestimmen den natürlichen Fall der Haare entscheidend mit. Oft entsprechen die Frisurenwünsche der Kundinnen nicht der Fallrichtung des Haares. Stattdessen werden andere Kämmrichtungen oder mehr Volumen gewünscht. Indem Sie die Form der Haarlängen und der Haarspitzen verändern, können Sie die Fallrichtung beeinflussen:

- Ein flach, im spitzen Winkel aus der Haut austretendes Haar liegt nah am Kopf an. Eine Umformung bringt mehr Volumen.
- Ein Wirbel, an dem die Haare flach auseinanderfallen, kann durch kräftige Umformung des Haares verdeckt werden.
- Durch Wirbel abstehende Haare sind nach der Umformung leichter zu bändigen.
- Eine flach ins Gesicht fallende Ponypartie lässt sich durch gezielte Umformung leichter in eine andere Richtung frisieren.

Wickeln Sie immer mit der natürlichen Fallrichtung des Haares. Sonst kann es zu Knickstellen oder sogar Haarbruch am Haaransatz kommen.

1.3.5 Haarstruktur – Saugfähigkeit

Wellpräparate, die das Haar quellen und formbar machen, belasten das Haar stark. Besonders bei chemisch vorbehandeltem Haar, z. B. nach Blondierung oder Färbung, müssen Sie mit einer stärkeren Schädigung der Haarstruktur rechnen. Bei **stark geschädigtem Haar** darf keine dauerhafte Haarumformung vorgenommen werden, da Wellpräparate das Haar zusätzlich schädigen. Eine sprungkräftige Wellung ist bei dieser Haarstruktur nicht zu erreichen; schlimmstenfalls kann es zu Haarbruch kommen.

Geschädigte Haare sind porös. Sie nehmen mehr und schneller Wellpräparate auf, denn sie sind **saugfähiger** als gesundes Haar.
Haar mit einer aufgerauten oder gar porösen Struktur hat viele Spalten und Öffnungen, durch die mehr Flüssigkeit und somit auch mehr Wirkstoffe des Wellpräparats eindringen können.

Struktur und Saugfähigkeit der einzelnen Haarabschnitte			
	Ansatz	**Länge**	**Spitze** (ältester Teil des Haares)
Struktur	• nicht vorbehandelt • gesunde, geschlossene Haarstruktur	• oft vorbehandelt durch farb- oder formverändernde Präparate • leicht poröse Struktur	• oft chemisch vorbehandelt • fast immer Haarschäden, z. B. durch Kämmen und Bürsten • häufig stärker geschädigte Struktur
	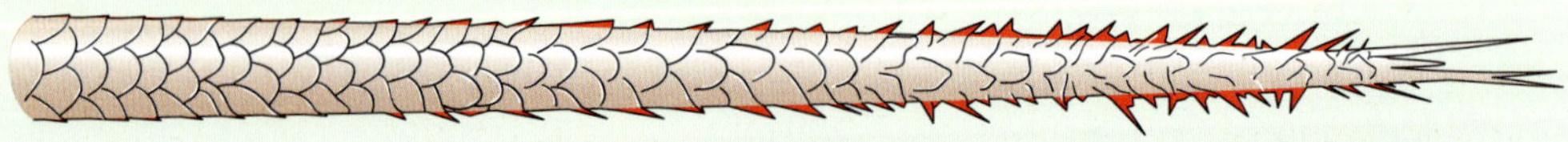		
Saugfähigkeit	• geringe Saugfähigkeit • geringere Wirkstoffaufnahme	• erhöhte Saugfähigkeit • erhöhte Wirkstoffaufnahme	• starke Saugfähigkeit • hohe Wirkstoffaufnahme
	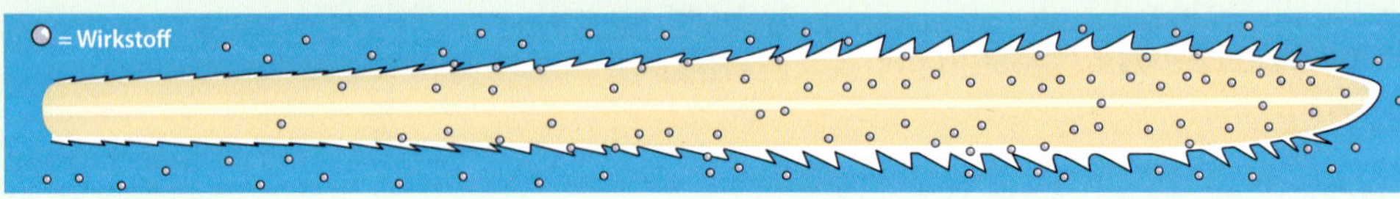		

1.3.6 Vorbehandlungen

Farbliche Vorbehandlungen

Hat die Kundin farblich vorbehandeltes Haar, sollten Sie unbedingt die Art der Farbbehandlung feststellen.

➜ vgl. Lernfeld 9, S. 365

Frische **oxidative Färbungen** können durch das Wellpräparat weitgehend entfärbt werden. Auch bei älteren Färbungen tritt noch ein leichter Farbstoffabbau ein.

➜ vgl. Lernfeld 8, S. 313

Regelmäßig angewendete **reine Pflanzenfarben** machen dagegen das Haar fester und erschweren so die dauerhafte Umformung.

➜ vgl. Lernfeld 9, S. 329

Pflanzenfarben zur Heimbehandlung können evtl. **Metallsalze** als Beimischung enthalten. Das kann bei der Fixierung zu Haar- und Hautschäden durch plötzliche Sauerstoffabspaltung führen (Wärmeentwicklung).

> **Praxistipp**
>
> *Tragen Sie im Zweifelsfall etwas Fixierpräparat auf eine abgeschnittene Teststrähne auf. Tritt eine starke Wärmeentwicklung auf, sollten Sie auf die Haarumformung wegen drohender Haar- und Hautschäden verzichten.*

Vorbehandlungen mit silikonhaltigen Pflegepräparaten

➜ vgl. Lernfeld 3, S. 105

Viele Haarpflegepräparate und Shampoos enthalten **Silikone**, die früher einen geschlossenen Film auf dem Haar gebildet und so eine dauerhafte Umformung erschwert haben. Laut Herstellerangaben tritt dieses Problem heute nicht mehr auf, da moderne Silikone nur punktförmig am Haar haften, ohne es mit einem geschlossenen Film zu überziehen. Erfahrungen aus der Praxis zeigen aber, dass möglicherweise noch nicht alle Präparate diese teureren Silikone enthalten.

1.3.7 Gegebenheiten der Kopfhaut

Prüfen Sie den Kopfhautzustand gründlich. Bei Rötungen oder offenen Stellen dürfen Sie nicht dauerhaft umformen, weil das Wellpräparat die Haut sehr schädigen kann.

1.4 Weitere beeinflussende Gegebenheiten

Stil

Haare spielen eine wichtige Rolle für die äußere Erscheinung eines Menschen. Dazu gehören die Frisur, die Farbe und auch die Form und Textur des Haares. Achten Sie nicht nur auf den Kundenwunsch, sondern auch auf den Stil der Kundin:

➜ *vgl. Lernfeld 4, S. 129 ff.*

- **Natürlicher Typ:** Er bevorzugt harmonische Frisuren, weiche Wellen, keine künstlich wirkenden Frisuren, wie sie in der Natur nie vorkommen würden.
- **Sportlicher Typ:** Hier bieten sich vor allem kurze und luftgetrocknete Frisuren an. Vergessen Sie bei diesen Kundinnen nicht zu erwähnen, dass sie mit einer luftgetrockneten Dauerwelle sehr viel Zeit einsparen können.
- **Klassischer Typ:** Gepflegtes und glänzendes Haar in harmonischen Wellen gefällt diesem Typ.
- **Avantgardistischer Typ:** Diese Kundinnen wünschen sich ausgefallene Umformungen. Besondere Wickeltechniken wie Spiralwicklung oder Pyramidenwicklung können hier eingesetzt werden. Meist wissen diese Kundinnen genau, was sie wollen.

➜ *vgl. S. 257 f.*

- **Maskuliner Typ:** Verspieltes liegt diesem Typ nicht, daher kommt nur Volumen, nicht Locken oder Wellen infrage.
- **Femininer Typ:** Weiblich wirkende Haare sind lang und wellig oder lockig mit viel Volumen. Umformungen müssen hier deshalb deutlich sichtbar sein.
- **Romantischer Typ:** Dieser Typ mag längere glatte oder lockige Haare, häufig mit verspielten Strähnen, die ins Gesicht fallen.

Proportionen

Beachten Sie auch die Proportionen der Kundin. Eine dauerhafte Umformung bedeutet immer eine Veränderung des Frisurenvolumens. Bei kürzeren, einheitlich gestuften Haarschnitten ergibt sich mehr Volumen im Oberkopfbereich, bei längerem ansteigend gestuftem Haar oder graduierten Haarschnitten entsteht Volumen in Längen und Spitzen.

Aufgaben

1. Erklären Sie folgende Eigenschaften des Haares:
   a) Kapillarität   b) Saugfähigkeit
2. Warum beeinflusst die Haarstruktur die Auswahl des Wellpräparats?
3. Eine Kundin mit einem runden Gesicht und einem kinnlangen Bob wünscht sich eine kräftige Umformung, die luftgetrocknet werden soll.
   a) Wird die Kopfform durch diese Frisur betont oder ausgeglichen?
   b) Was empfehlen Sie dieser Kundin?
4. Eine Neukundin, die aufgrund ihrer Kleidung sehr feminin wirkt, wünscht eine dauerhafte Haarumformung ihres glatten, schulterlangen Haares. Welches Umformungsergebnis könnte diese Kundin wünschen?

2 Basiswissen zur dauerhaften Haarumformung

Eine Stammkundin hat sich nach drei Monaten wieder zur dauerhaften Haarumformung angemeldet. Während Sie den Bedienungsplatz vorbereiten, fragt der neue Auszubildende: „Wie kommt es, dass die dauerhaften Umformungen monatelang halten?“

2.1 Feinbau des Haares

Die Faserschicht des Haares besteht aus Keratinmolekülen, die als Peptidspiralen in Bündeln nebeneinanderliegen. Sie werden durch verschiedene Bindungen untereinander verfestigt. Diese Bindungen – auch Brücken genannt – unterscheiden sich in ihrer Festigkeit.

→ *vgl. Lernfeld 6, S. 212*

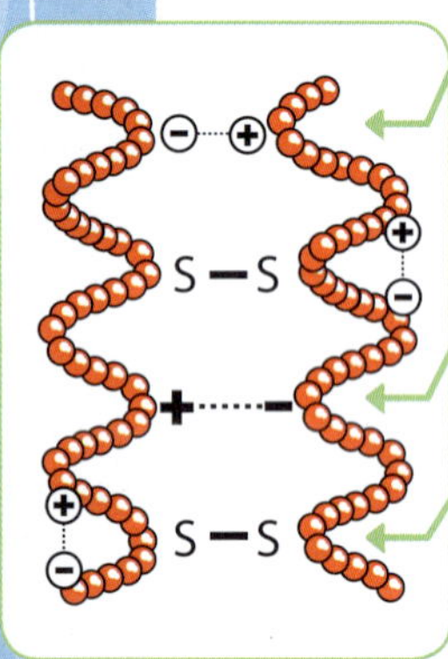

Peptidspiralen mit den Brückenbindungen

- **Wasserstoffbrücken** sind am wenigsten stabil. Sie lassen sich bereits durch Wasser öffnen und schließen sich beim Trocknungsvorgang.
  Umformungen wie die Wasserwelle, die auf dem Öffnen und Schließen dieser Brückenbindungen beruhen, sind daher nicht lange haltbar.
- **Salzbrücken** haben eine etwas höhere Festigkeit. Sie werden teilweise durch Wasser, vor allem aber durch Alkalien geöffnet und durch Säuren geschlossen.
- **Doppelschwefelbrücken** werden auch als Disulfidbrücken bezeichnet. Sie sind die festesten Verbindungen zwischen den Peptidspiralen. In den Peptidspiralen sind Schwefelatome gebunden. Diese Bindungen lassen sich nur durch chemische Vorgänge öffnen und schließen.
  Nur Umformungen, bei denen Doppelschwefelbrücken geöffnet und in neuer Form wieder geschlossen werden, sind dauerhaft haltbar, auch gegenüber Luftfeuchtigkeit und sogar Haarwäschen.

2.2 Vorgänge im Haar bei der dauerhaften Haarumformung

Die dauerhafte Umformung des Haares verläuft immer in zwei Schritten, an denen je zwei verschiedene Chemikalien beteiligt sind.

Schritt 1: Das Wellpräparat öffnet die bestehenden Bindungen im Haarkeratin und macht es formbar.
- **Alkalien** öffnen die Salzbrücken, quellen das Haar und lassen weitere Wirkstoffe eindringen.
- **Reduktionsmittel** erweichen das Haar und öffnen die Doppelschwefelbrücken.

Schritt 2: Das Fixierpräparat schließt die Bindungen im Haarkeratin und festigt die neue Form.
- **Säuren** schließen die Salzbrücken und adstringieren (zusammenziehen) das Haar.
- **Oxidationsmittel** schließen die Doppelschwefelbrücken.

2.2.1 „Öffnen" und „Schließen" des Haares durch Alkalien und Säuren

Alkalische und **saure Lösungen** öffnen bzw. schließen die Salzbrücken des Haares und ermöglichen das Eindringen weiterer Wirkstoffe bis in die Faserschicht. Gleichzeitig heben sich alkalische und saure Lösungen in ihrer Wirkung gegenseitig auf, sie neutralisieren sich gegenseitig.

Unter den Begriffen **Alkalien, alkalische Lösungen** oder auch **basische Lösungen** werden alle wässrigen Lösungen zusammengefasst, die Haare aufquellen können.
Schwach alkalische Flüssigkeiten öffnen neben den Wasserstoffbrücken die Salzbrücken des Haares und quellen damit das Haar stärker als Wasser. So kann mehr Flüssigkeit zwischen die Keratinfasern bis tief in die Faserschicht eindringen. Alle Präparate, die in der Faserschicht des Haares wirken sollen, werden deshalb schwach alkalisch eingestellt. Stärkere alkalische Flüssigkeiten quellen und erweichen das Keratin besonders stark. Diese Wirkung wird in Haarentfernungspräparaten genutzt.

Unter den Begriffen **Säuren** oder **saure Lösungen** werden alle wässrigen Lösungen zusammengefasst, die Haare entquellen können.
Schwache Säuren glätten die Haaroberfläche und sorgen für Glanz durch ihre entquellende und adstringierende Wirkung. Alkalireste, die nach dem Wellvorgang nicht ausgespült wurden, können durch Säuren neutralisiert werden. Starke Säuren wirken jedoch zersetzend auf Haar und Haut. Sie finden daher keine Verwendung in Friseurpräparaten.

pH-Wert

Der **pH-Wert** gibt an, wie sauer oder alkalisch eine Flüssigkeit reagiert.
Reagiert eine Flüssigkeit sauer, hat sie immer einen pH-Wert zwischen 0 und 6,9. Alkalisch reagierende Flüssigkeiten haben einen pH-Wert zwischen 7,1 und 14. Nur Flüssigkeiten mit dem pH-Wert 7 werden als chemisch neutral bezeichnet.

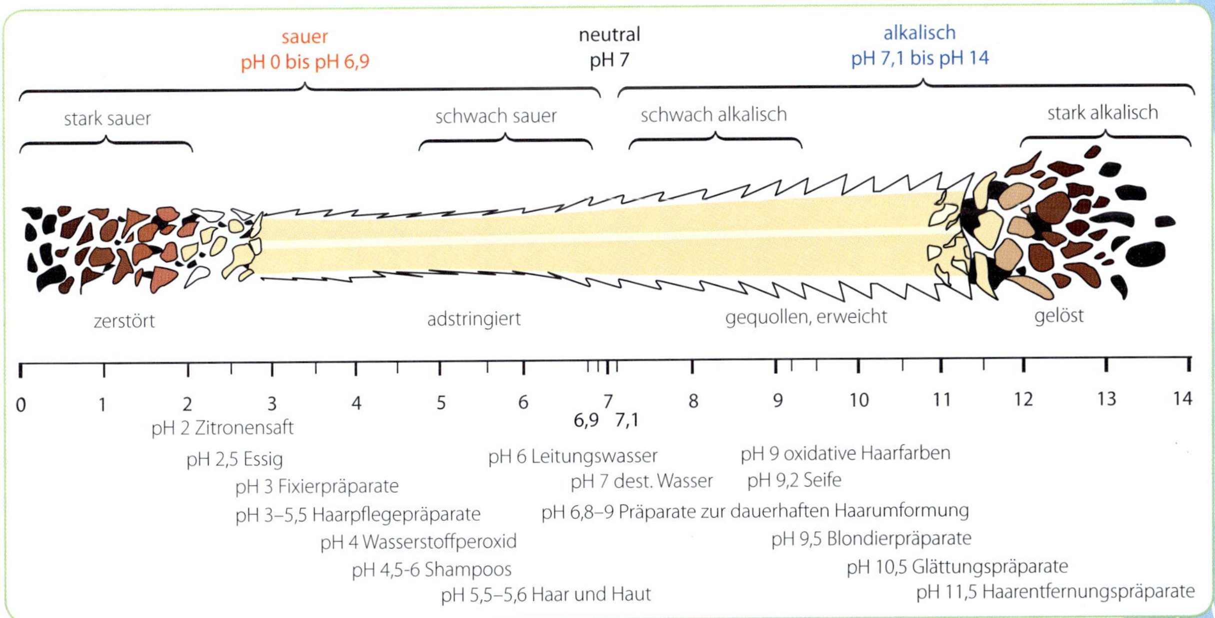

pH-Wert-Skala

Exkurs: pH-Wert

In allen sauren und alkalischen Lösungen findet man H^+-Teilchen und OH^--Teilchen.

- In allen sauren Lösungen überwiegen die H^+-Teilchen.
- In allen alkalischen Lösungen überwiegen die OH^--Teilchen.
- Neutrale Lösungen enthalten gleich viele H^+- und OH^--Teilchen.

Misst man die Menge dieser Teilchen, kann man erkennen, wie sauer oder alkalisch eine Lösung reagiert. Der pH-Wert gibt die Menge der in einer Lösung vorhandenen H^+-Teilchen an. Je mehr H^+-Teilchen in einer Lösung vorhanden sind, desto saurer ist die Lösung.

Beispiel:

In einem Liter Wasserstoffperoxid befinden sich etwa $1/10\,000\,g = 10^{-4}$ H^+-Teilchen → pH 4
In einem Liter Zitronensaft befinden sich etwa $1/100\,g = 10^{-2}$ H^+-Teilchen → pH 2

Messen können Sie den pH-Wert mit Teststreifen, die mit dem Präparat angefeuchtet werden.

Blaues Lackmuspapier färbt sich in sauren Lösungen rot. **Rotes Lackmuspapier** färbt sich in alkalischen Lösungen blau. Mit Lackmuspapier können Sie nur feststellen, ob eine Flüssigkeit sauer oder alkalisch reagiert.

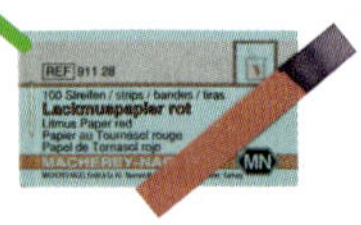

pH-Teststreifen (Indikatorpapier) zeigen an, welchen pH-Wert eine Flüssigkeit hat. So können Sie feststellen, wie stark sauer oder alkalisch eine Flüssigkeit reagiert.

Aufgaben

1. Übertragen Sie die pH-Wert-Skala von S. 249 in Ihre Unterlagen.
2. Prüfen Sie den pH-Wert einiger Präparate (mindestens fünf verschiedene) aus Ihrem Ausbildungsbetrieb. Notieren Sie das Ergebnis und ergänzen Sie die pH-Wert-Skala.

2.2.2 Lösen und Festigen der Form durch Reduktion und Oxidation

Reduktions- und Oxidationsvorgänge verändern das Haarkeratin und festigen es anschließend in der neuen Form.

Unter **Reduktion** versteht man im Friseurbereich

- die Anlagerung von Wasserstoff oder
- den Entzug von Sauerstoff.

Reduktionsmittel

- sind Mittel, die bei anderen Stoffen zu einer Reduktion führen
- liefern Wasserstoff oder entziehen Sauerstoff
- sind Hauptwirkstoffe in Wellpräparaten, meist Verbindungen der Thioglykolsäure

Unter **Oxidation** versteht man im Friseurbereich
- die Anlagerung von Sauerstoff oder
- den Entzug von Wasserstoff.

Oxidationsmittel
- sind Mittel, die bei anderen Stoffen zu einer Oxidation führen
- liefern aktiven Sauerstoff oder entziehen Wasserstoff
- sind Hauptwirkstoffe in Fixierpräparaten
- sind im Bereich der dauerhaften Haarumformung meist Wasserstoffperoxid, seltener Bromatverbindungen (hautreizend)

Reduktion und Oxidation bei der dauerhaften Haarumformung

a) Im Haar befinden sich viele Doppelschwefelbrücken, die die Peptidspiralen zusammenhalten.

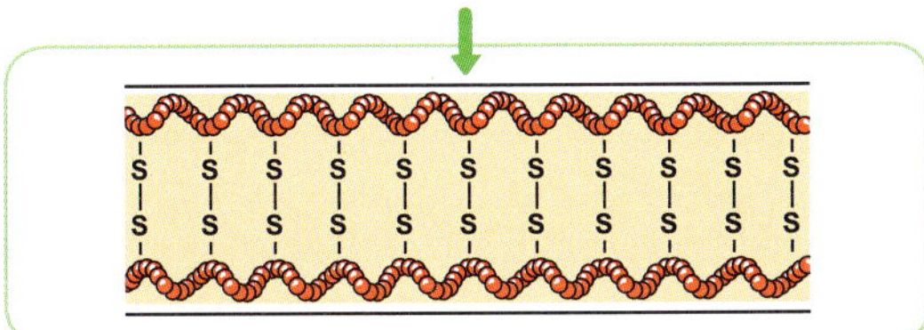

b) Das Haar wird um den Wickler gelegt, dabei wird das Keratin innen zusammengedrückt und außen gedehnt.

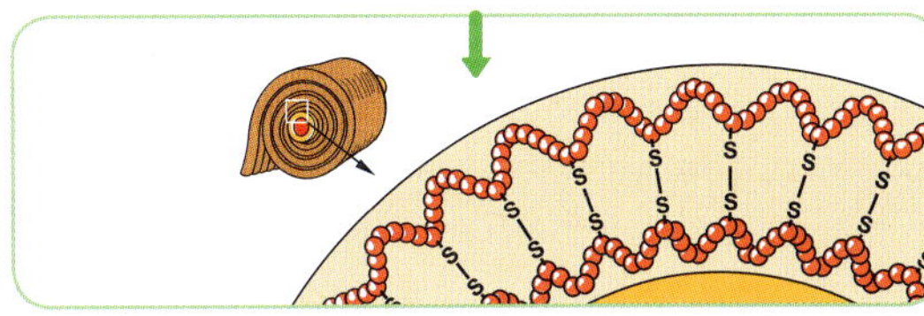

c) Das Reduktionsmittel aus dem Wellpräparat liefert Wasserstoff, der sich an die Doppelschwefelbrücken anlagert und sie öffnet. Es werden nur etwa 20 % aller vorhandenen Doppelschwefelbrücken geöffnet, sonst käme es zu irreparablen Haarschäden. Das Keratin ist nun formbar und passt sich dem Wickler stärker an, dabei verschieben sich die Peptidspiralen gegeneinander.

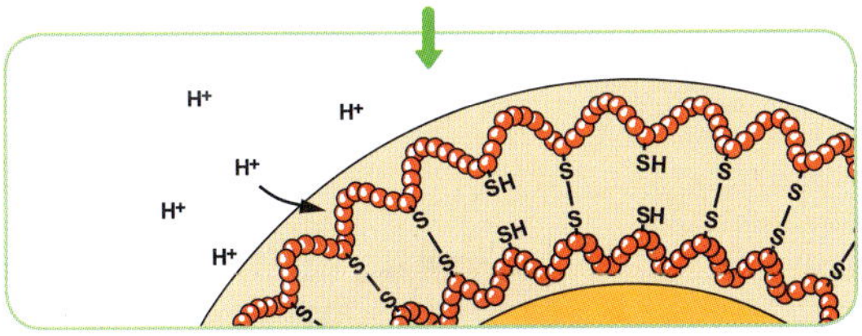

d) Das Oxidationsmittel aus dem Fixierpräparat liefert aktiven Sauerstoff. Dieser schließt die Doppelschwefelbrücken, indem er den Wasserstoff von den Schwefelatomen löst und an sich bindet. Die freien Schwefelatome suchen sich ein neues Schwefelatom in der Nähe und bilden neue Doppelschwefelbrücken. Gleichzeitig entsteht aus dem Wasserstoff und dem Sauerstoff Wasser.

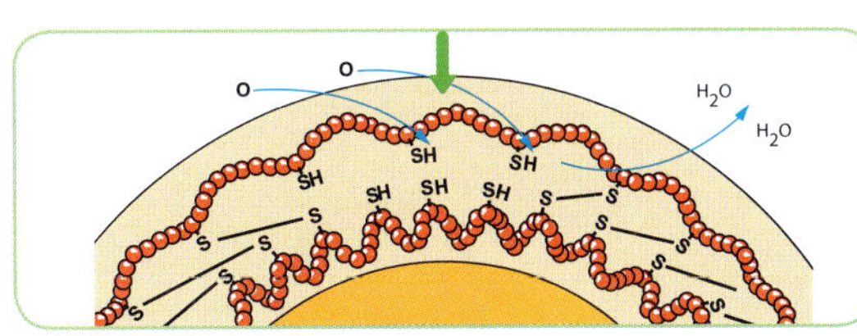

Aufgaben

1. Welches Reduktionsmittel wird in fast allen Wellpräparaten verwendet?
2. Nennen Sie drei Beispiele für Oxidationsvorgänge aus dem Alltag.
3. Warum ist Luft kein geeignetes Oxidationsmittel bei der Wellbehandlung?
4. Eine Kundin wundert sich: „Warum hält diese Umformung so lange?“ Erklären Sie das Prinzip der dauerhaften Umformung.

Exkurs: Reduktion und Oxidation

Atome sind kleinste Teilchen, die aus einem Atomkern mit Protonen und Hüllen mit Elektronen, die um den Kern herumkreisen, bestehen.
Eine volle äußere Hülle versuchen die Atome durch das Eingehen von Verbindungen mit anderen Atomen zu erreichen.

Reduktion

Atome, denen nur wenige Elektronen fehlen, sind bestrebt, diese von „schwächeren" Partnern aufzunehmen. Dabei gehen sie mit diesen Verbindungen ein. Ein „schwächerer" Partner ist zum Beispiel Wasserstoff.

- Chemische Vorgänge, bei denen Atome Elektronen von anderen aufnehmen, nennt man Reduktion.
- Im Friseurbereich ist eine Reduktion meist die Reaktion eines Stoffes mit Wasserstoff. Bei Reduktionsreaktionen wird Wasserstoff angelagert, stärkere Partner nehmen dabei das Elektron des Wasserstoffs bei sich auf.

Ein „schwacher" Stoff, der seine Elektronen an an dere Stoffe „abgeben" kann, wird als **Reduktionsmittel** bezeichnet.

Oxidation

Atome, die nur wenige Elektronen in der äußeren Hülle haben, sind bestrebt, diese an „stärkere" Partner abzugeben. Dabei gehen sie mit diesen Verbindungen ein. Ein „starker" Partner ist zum Beispiel Sauerstoff.

- Chemische Vorgänge, bei denen Atome Elektronen an andere abgeben, nennt man Oxidation.
- Im Friseurbereich ist eine Oxidation fast immer die Reaktion eines Stoffes mit Sauerstoff. Bei Oxidationsreaktionen wird Sauerstoff angelagert oder er entzieht einem anderen Stoff den Wasserstoff.

Ein „starker" Stoff, der von anderen Elektronen „abziehen" kann, wird als **Oxidationsmittel** bezeichnet. Obwohl unsere Luft viel Sauerstoff enthält, ist dieser für Oxidationen im Bereich der Haarchemie nicht brauchbar. Luftsauerstoff ist nicht reaktiv, weil er mit einem weiteren Sauerstoffatom bereits ein Paar bildet und keine weiteren Reaktionspartner braucht. Einzelne Sauerstoffatome dagegen sind sehr reaktionsfreudig, weil sie auf der Suche nach einem Reaktionspartner sind, der Elektronen liefern kann. Diese reaktiven Sauerstoffatome werden als aktiver Sauerstoff bezeichnet.
Im Friseurbereich sind Oxidationsmittel Stoffe, die **„aktiven Sauerstoff"** liefern **(Sauerstofflieferanten)**. In ihnen ist der aktive Sauerstoff gebunden, da er allein nicht haltbar ist. Als Oxidationsmittel im Friseurbereich wird fast immer Wasserstoffperoxid verwendet.

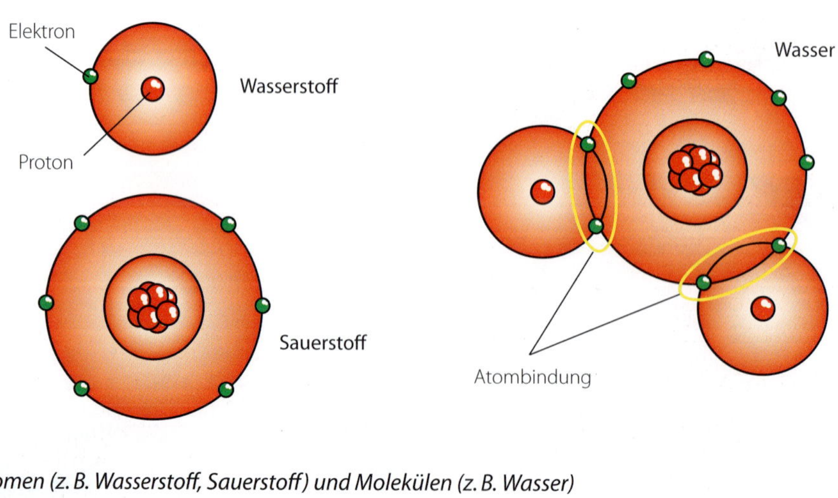

Aufbau von Atomen (z. B. Wasserstoff, Sauerstoff) und Molekülen (z. B. Wasser)

2.3 Geschichte der dauerhaften Haarumformung

Die Möglichkeit, Haar in seiner Form dauerhaft zu verändern, ist erst seit dem 20. Jahrhundert gegeben. Die ersten dauerhaften Umformungen wurden an Perückenhaar durchgeführt. Hierzu wurden Haarsträhnen in alkalische Lösung getaucht, aufgewickelt und mit großer Hitze im Kochtopf oder in Brotteig im Ofen behandelt und anschließend mit Essig, einer sauren Lösung, „fixiert". Die so „gekochten" Haare waren dauerhaft gekraust.

1906 fand **Karl Nessler** eine Möglichkeit, diese dauerhafte Haarumformung auch am lebenden Modell durchzuführen. Abgeteilt wurden dazu kleine viereckige Felder. Die Haare wurden senkrecht vom Kopf weg spiralförmig um einen Metallstab gedreht, mit Garn umwickelt und ebenfalls mit einer alkalischen Lösung behandelt. Anschließend wurden die so vorbereiteten Strähnen in Papphülsen gesteckt und zum „Kochen" dann in beheizbare Metallhülsen geschoben. Zum Schutz der Kopfhaut vor der Hitze wurde unten an den Wickler eine Isolierscheibe gesetzt. Das Gewicht dieser Apparate war so groß, dass nur wenige Haarsträhnen gleichzeitig behandelt werden konnten.

Karl Nessler

www.nessler-todtnau.de

Die **Heißwelle** war also die erste Möglichkeit, Haar am lebenden Menschen dauerhaft umzuformen. Allerdings dauerte die Prozedur einen ganzen Tag und war nur für wenige Kundinnen bezahlbar. Die Gefahr von Haarschäden und Verbrennungen der Kopfhaut war groß, die Behandlung nicht immer erfolgreich. Die Ansätze waren entsprechend lang und blieben glatt.

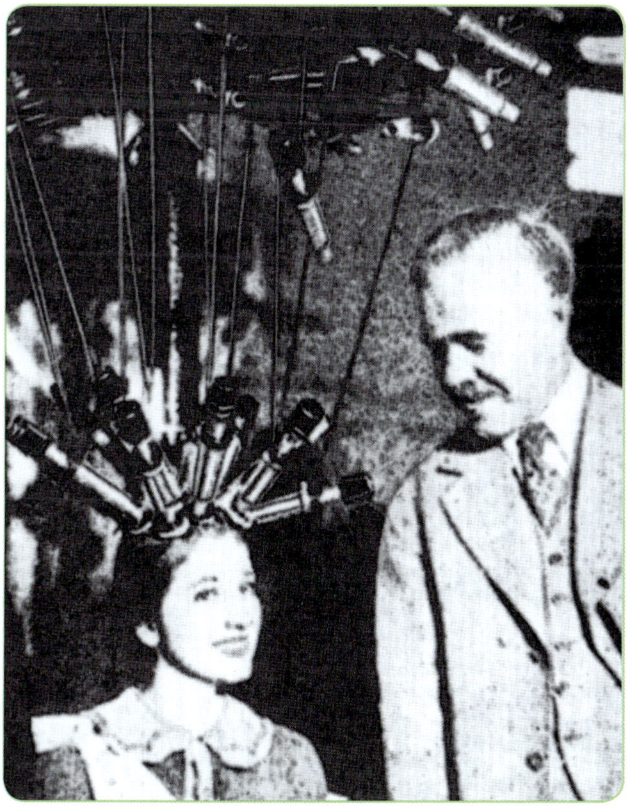

Dauerwellapparat von Karl Nessler

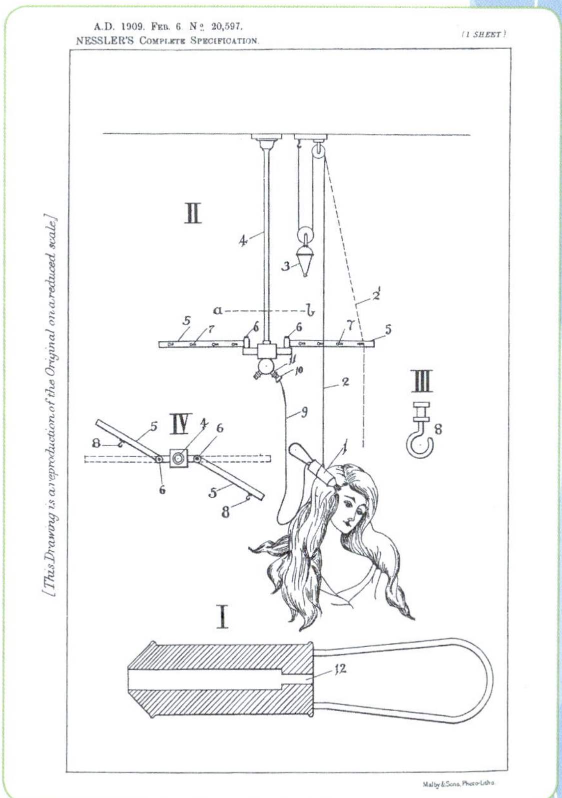

Ausschnitt aus der Patentschrift von 1909

Dauerwellapparat von Josef Mayer mit Flachwicklern und Außenheizung

Diese Nachteile der senkrecht vom Kopf abstehenden Wickler der ersten Heißdauerwelle versuchte **Josef Mayer** durch die Entwicklung der **Flachwickler** zu verbessern. **1924** erfand er Wickler, die wie die heutigen flach am Kopf anlagen. Gewickelt wurde auf Metallwickler, die anschließend von einer aufgeheizten Metallklemme von außen erhitzt wurden. Zu Haar- und Hautschäden durch Hitze (bis zu 160 °C) konnte es noch immer kommen. Das Wellergebnis war aber natürlicher, die Länge der glatten Ansätze wurde verkürzt.

Die heute noch immer angewendete **Kaltwelle** wurde zunächst in Amerika und nach dem Zweiten Weltkrieg in Deutschland auf den Markt gebracht. Der Einsatz von chemischen Präparaten anstatt von Hitze machte die schonendere dauerhafte Umformung des Haares möglich. Eingesetzt wurde zunächst die **Thioglykolsäure als Reduktionsmittel** im Wellpräparat. Heute gibt es eine ganze Reihe verschiedener Reduktionsmittel auf Basis der Thioglykolsäure. Verwendet werden Kunststoffwickler, die meist in Flachwicklung, aber auch in anderen Wickeltechniken eingesetzt werden können. Die Körperwärme reicht für diese chemische Reaktion aus. Hautschäden lassen sich bei sachgemäßem Umgang völlig ausschließen.

Der Einsatz von Reduktionsmitteln für die dauerhafte Haarumformung brachte den Durchbruch. Immer mehr abgewandelte Wellpräparate sind seitdem auf den Markt gebracht worden: die thermogesteuerte Dauerwelle (1971), die Enzymdauerwelle (1962) und die 2-Phasen-Dauerwelle (1981). Die saure Dauerwelle wurde im Jahre 1957 eingeführt, ist heute aber wegen ihrer allergieauslösenden Wirkung verboten. Die Entwicklung von verbesserten Wellpräparaten, die ein haltbareres Wellergebnis bei größtmöglicher Schonung des Haares erreichen, geht immer weiter.

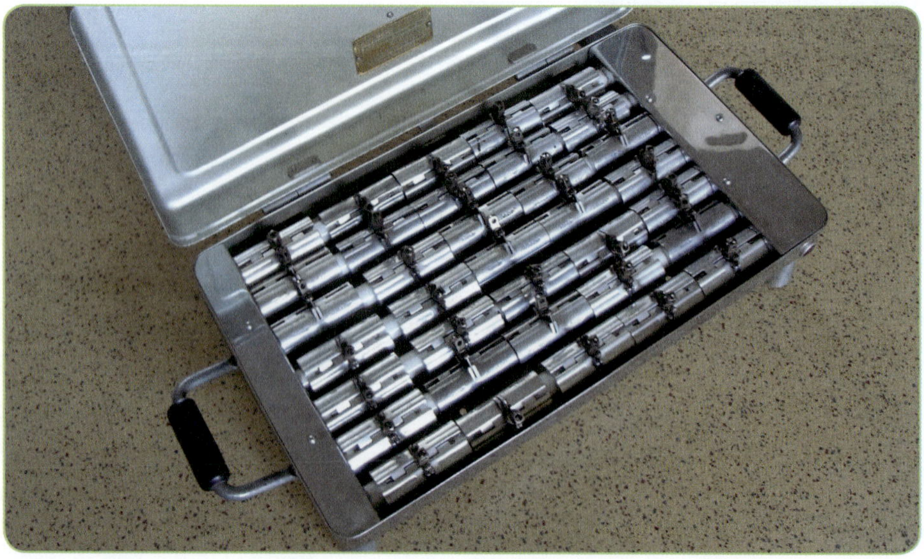

Flachwickler für die Heißdauerwelle

3 Arbeitsmittel, Wickeltechniken und Präparate

Ihre Kundin hat sich während der Beratung für eine dauerhafte Haarumformung entschieden. Welche Wickler und Präparate stehen Ihnen zur Verfügung?

3.1 Arbeitsmittel

3.1.1 Hilfsmittel

Für die dauerhafte Haarumformung benötigen Sie Hilfsmittel zum Wickeln und fachgerechten Auftragen, zum Schutz der Kundin und Friseurin vor den Chemikalien, außerdem eine Abdeckhaube und eventuell eine geeignete Wärmequelle.

3.1.2 Wickler

Sie bestimmen das Ergebnis einer dauerhaften Haarumformung durch die Auswahl der Wickler und der Wickeltechnik.

Wicklerstärken

Die **Bogen- oder Lockengröße** der Umformung wird bestimmt durch den Durchmesser des Wicklers. Standardwickler gibt es in bis zu zehn verschiedenen Stärken. Bei Spezialwicklern gibt es meist nur zwei bis vier verschiedene Durchmesser. Je größer die gewünschte Wellung, desto dickere Wickler sind zu wählen. Für kleine, engbogige Locken werden dünne Wickler verwendet.

Dünner Wickler = kleinbogige Welle
Dicker Wickler = großbogige Welle

Wird ein möglichst natürliches Ergebnis gewünscht, werden dickere und dünnere Wickler im Wechsel verwendet. Dadurch entstehen unterschiedlich große Wellen oder Locken.
Man spricht auch von der Stützwicklung, wenn die dünneren Wickler mehr Volumen und Haltbarkeit erzielen sollen.

Wicklerformen

Durch die Form des Wicklers bestimmen Sie die **Form der Wellung:**

- Glatte, gleichmäßige Wickler wie die Standardwickler oder die Papillotierwickler ergeben eine gleichmäßige Wellung.
- Mit ungleichmäßig geformten Wicklern können Sie unterschiedlich große Wellenbögen erzeugen.

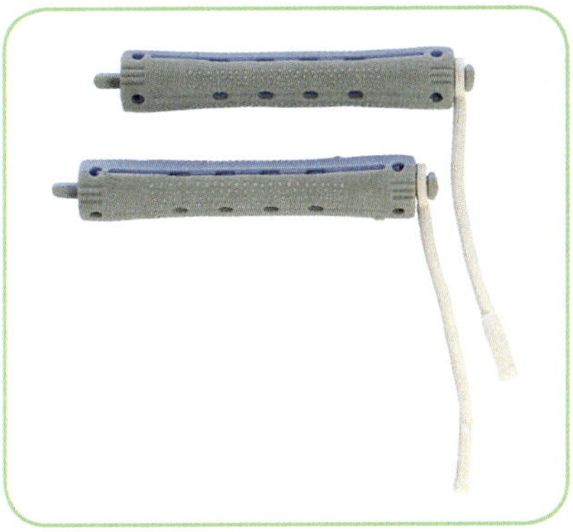

Gleichmäßig geformte Wickler

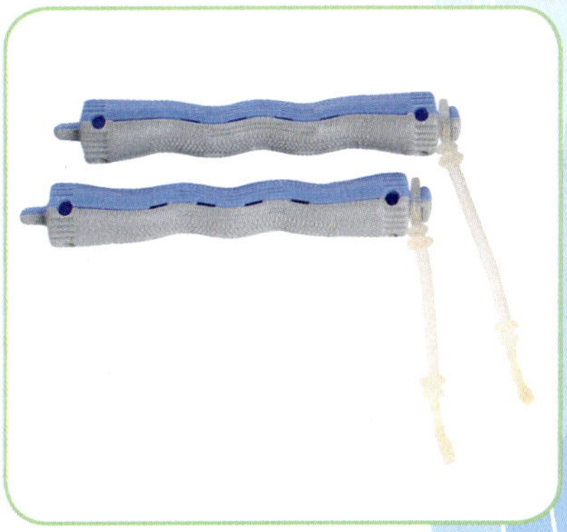

Ungleichmäßig geformte Wickler

Wicklerarten

Alle gewünschten Wellergebnisse lassen sich mit Standardwicklern erzielen. Manche Spezialwickler vereinfachen das Wickeln in einer bestimmten Technik, z. B. die Spiralwickler und die Creative Shaper. Andere sollen das Interesse der Kundinnen an neuen Möglichkeiten zur dauerhaften Haarumformung wecken.

Wicklerarten und ihr Verwendungszweck

Standardwickler, kurz oder lang	Papillotierwickler	Wickler, die kein Haltestäbchen benötigen	Creative Shaper mit Halteklammern	Spiralwickler
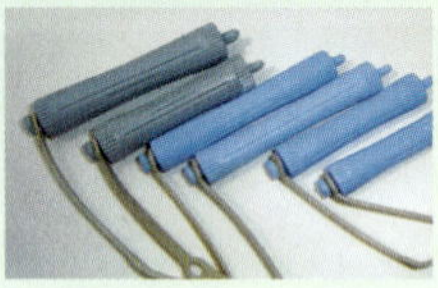		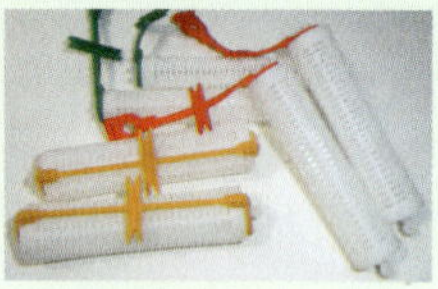		
für alle Wellergebnisse; unterschiedliche Wicklerlängen ermöglichen lückenloses Wickeln	für natürliche Wellergebnisse	für alle Wellergebnisse	für Volumen in einzelnen Bereichen des Haares	für spiralförmige Wellergebnisse

3.2 Wickeltechniken

Auch ohne Spezialwickler können Sie unterschiedliche Wellenbögen erzeugen:

Huckepackwicklung

Zwillingswicklung

- **Huckepackwicklung**
  Arbeiten Sie wie bei der Standardwicklung (siehe S. 257). Beginnen Sie aber mit dem Wickeln in der Mitte der Strähne und wickeln Sie diese bis zum Ansatz. Wickeln Sie von der Spitze bis zum Wickler den Rest der Strähne auf. Achten Sie dabei darauf, den zweiten Wickler in der entgegengesetzten Richtung zu wickeln, um ein glattes Mittelstück zu vermeiden.
- **Zwillingswicklung**
  Wickeln Sie die Haarsträhne auf zwei Wickler gleichzeitig auf. So ergibt sich eine ovale, weniger gleichmäßige Wellung.

3.2.1 Wickeltechniken für komplette Haarumformungen

Das Frisurenziel bestimmt Größe, Form und Anordnung der Wickler. Sie sparen Zeit, wenn Sie auf eine der bekannten Wickeltechniken zurückgreifen. Die im Folgenden aufgeführten Wickeltechniken sollen Ihnen bei der Auswahl helfen. Bedenken Sie auch, dass viele Umformungsziele sich mit verschiedenen Techniken erreichen lassen.

Wickeltechniken für komplette Haarumformungen

Kundenwunsch/Zielfrisur		Wickeltechnik	Durchführung
gleichmäßige, sprungkräftige Wellung zum Föhnen, Einlegen oder Lufttrocknen	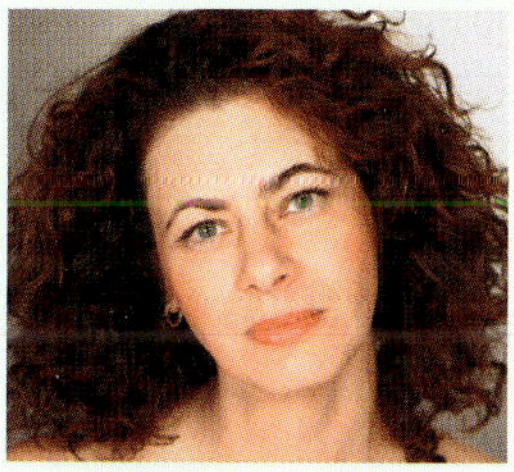	**Standardwicklung** 	Mittlere Partie in Wicklerbreite abteilen, beginnend von der Stirn nach hinten Passees abteilen und wickeln. Bei Frisuren, die nach vorne ins Gesicht frisiert werden, am Oberkopf beginnen und nach vorn und nach hinten wickeln. **Zeitaufwand:** gering
natürliche, großbogige Wellung, die den natürlichen Fall der Haare unterstützt und deshalb wie eine Naturwelle fällt		**HFK®-Welle:** Wickeln nach den haareigenen Formungskräften 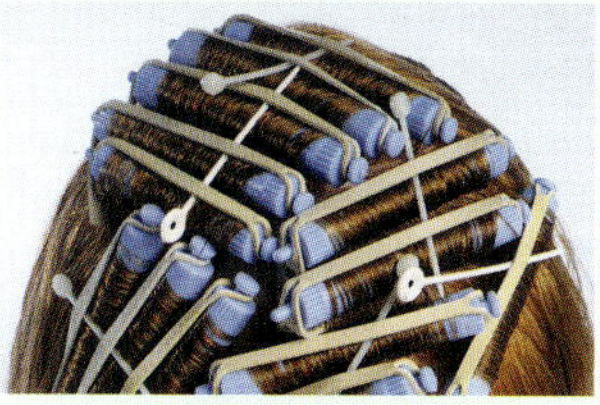	Beginnend am Oberkopf Haare kämmen und aufwickeln in der Richtung, in der sie in einem natürlichen Bogen fallen. Hierfür Partie für Partie prüfen und ggf. kreuz und quer wickeln. **Zeitaufwand:** hoch
gezielte Unterstützung einer Frisur		**In-Form-Wicklung** 	Haare kämmen und aufwickeln in der Richtung der zukünftigen Frisur, z. B. vom Punkt aus nach vorn, mit Seiten- oder Mittelscheitel. **Zeitaufwand:** mittel
natürliches Ergebnis		**Versetzte Anordnung**, bei der sich keine Scheitel bilden 	Wickler auf Lücke hintereinandersetzen, nicht in Reihen. Dafür an der vorderen Kontur oder vom Punkt aus beginnen. **Zeitaufwand:** mittel
spiralförmige, korkenzieherartige Locken		**Spiralwicklung** 	Gewöhnliche Dauerwellwickler oder Spiralwickler verwenden. Von unten mit dem Wickeln beginnen, Quadrate mit dem Durchmesser des Wicklers abteilen. Passee oben am Wickler ansetzen, die Strähne um den Wickler herumdrehen bis zum unteren Ende des Wicklers. **Zeitaufwand:** hoch
weiche, natürliche Wellen, Volumen		**Papillotiertechnik** 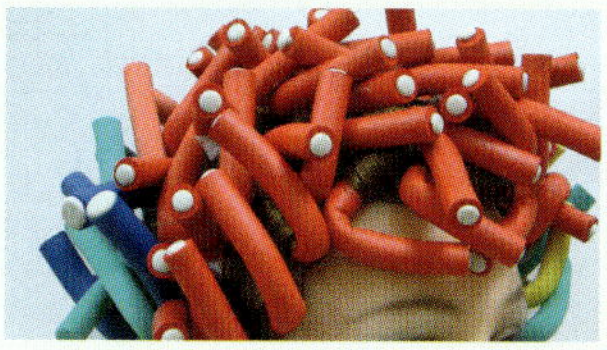	Papillotierwickler wie gewöhnliche Wickler einsetzen, dabei die Enden des Wicklers zum Schluss zur Befestigung umknicken. Oder Papillotierwickler mit Kunststoffclips befestigen. **Zeitaufwand:** mittel

3.2.2 Wickeltechniken für Teilumformungen

Soll nur ein Teil des Haares umgeformt werden, wird nur dieser behandelt und der Rest des Haares vor dem Wellpräparat geschützt.

Wickeltechniken für Teilumformungen

Kundenwunsch/Zielfrisur	Wickeltechnik	Durchführung
Volumen, Wellen oder Locken am Ansatz, keine Wellung in den Längen und Spitzen, z. B. wenn eine dauerhafte Umformung herausgewachsen ist und die Ansätze neu umgeformt werden müssen	**Ansatzwicklung** 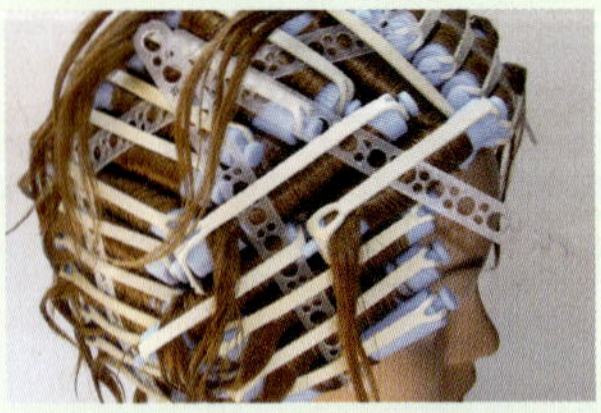	Strähnen wie gewohnt abteilen, Strähne von der Mitte zum Ansatz wickeln. Die restlichen Längen und die Spitzen ungewickelt lassen. **Zeitaufwand:** gering
Wellen oder Locken, keine Umformung in den Ansätzen	**Pyramidenwicklung** 	Kopfhaar vom Oberkopf bis zum Nacken sternförmig abteilen. Die oberen Partien gut feststecken. Von unten mit dem Wickeln beginnen. Passees zunächst bis zum Ansatz wickeln, nach oben hin immer mehr Ansatz freilassen. Wickler durch senkrecht eingeschobene Stützstäbe stabilisieren. **Zeitaufwand:** hoch
Volumen oder Wellen in einzelnen Bereichen, z. B. bei unerwünschten Wirbeln und Haarwuchsrichtungen oder zur Betonung bestimmter Frisurenformen. Teilumformungen werden auch im Herrensalon eingesetzt.	**Teilumformung Wirbel**  Beispiel: Wicklung in Sternform	Nur die Bereiche wickeln, die umgeformt werden sollen. Es sind häufig die Oberkopfpartie und der Wirbelbereich, in denen mehr Volumen gewünscht wird. Dickere Abschlusswickler zu den Konturen lassen den Übergang natürlicher erscheinen. **Zeitaufwand:** gering
Unterstützung und Verstärkung von vorhandenen Naturwellen	**Teilumformung Längen** 	Einzelne Wickler nur dort setzen, wo eine Wellung verstärkt werden soll. **Zeitaufwand:** gering

Aufgaben

1. a) Mit welchen Wicklern können Sie eine Spiralwicklung durchführen?
   b) Wie wird eine Spiralwicklung durchgeführt? Beschreiben Sie.
2. Eine Kundin hat einen etwa 5 cm langen unbehandelten Haaransatz und heller gefärbte Längen und Spitzen. Sie wünscht ein gleichmäßiges Wellergebnis im ganzen Haar. Welche Wickeltechnik ist geeignet? Begründen Sie.

3.3 Präparate

Für nahezu jeden Kundenwunsch und jede Haarqualität ist ein passendes Präparat zur dauerhaften Umformung des Haares auf dem Markt. So gibt es von einem Präparat häufig verschiedene Ausführungen, z. B. für schwer wellbares, normales oder feines Haar.

Sie können das richtige Präparat auswählen, wenn Sie die Präparate und ihre Einsatzmöglichkeiten kennen. Grundsätzlich unterscheiden sich die Präparate in ihrer Wirkstoffkonzentration.

Präparate für die dauerhafte Haarumformung

3.3.1 Hauptwirkstoffe dauerhaft umformender Präparate

Hauptwirkstoffe in Wellpräparaten	
Inhaltsstoff	**Wirkung**
Reduktionsmittel Ammoniumthioglykolate (max. 11 % für gewerbliche Verwendung, 8 % in Heimdauerwellen)	• liefert Wasserstoff • öffnet die Doppelschwefelbrücken • erweicht das Keratin
Alkalisierungsmittel Ammoniak oder Ammoniakverbindungen (z. B. Ammoniumcarbonate)	• quillt das Haar • erleichtert das Eindringen von Wirkstoffen in das Haarinnere • öffnet die Salzbrücken • Ammoniak „verfliegt" leicht, ermöglicht daher eine im Verlauf der Umformung fallende Alkalität

Beispiel für Inhaltsstoffe eines Wellpräparats nach INCI:

Aqua, **Ammoniumthioglycolate, Ammoniumbicarbonate,** PEG-35 Castor Oil, Coceth-10, Parfum, Polyquaternium-6, Ammonia, PEG-40 Stearate, Cellulose Gum, Simethicone, Sorbitan Stearate, Gluconolactone

Hauptwirkstoffe in Fixierpräparaten	
Inhaltsstoff	**Wirkung**
Oxidationsmittel meist Wasserstoffperoxid (Hydrogen Peroxide, Anteil 1,5–2 %), selten Bromatverbindungen	• liefert aktiven Sauerstoff • schließt die Doppelschwefelbrücken • festigt das Keratin
schwache Säure pH 2–3, z. B. Fruchtsäure oder Milchsäure (hier: Phosphoric Acid)	• entquillt das Haar • festigt und adstringiert das Keratin • neutralisiert Alkalireste

Beispiel für Inhaltsstoffe eines Fixierpräparats nach INCI:

Aqua, **Hydrogen Peroxide,** Propylene Glycol, PEG-35 Castor Oil, Laureth-4, Coceth-10, Coco-Betaine, Parfum, Styrene/PVP Copolymer, **Phosphoric Acid,** Polyquaternium-35, Sodium Cocoamphoacetate, Salicylic Acid

Konzentration der Präparate für unterschiedliche Haarqualitäten			
Haarqualität	schwer wellbares Haar	normales Haar	gefärbtes/ blondiertes Haar
Konzentration des Reduktionsmittels			
Konzentration des Alkalisierungsmittels			

Präparate für die dauerhafte Umformung **asiatischer Haare** enthalten weniger Reduktionsmittel und/oder Alkali als Präparate für **europäisches Haar**. Als Reduktionsmittel wird in Präparaten für den asiatischen Markt Cystein eingesetzt, das eine schwächere Reduktionskraft besitzt.
Bei den sehr dicken asiatischen Haaren dürfen nur wenige Schwefelbrücken getrennt werden. Andernfalls würde eine so starke Krause entstehen, dass jede geschlossene Frisurenform durchbrochen würde.

Zusätzliche Wirkstoffe und Hilfsstoffe in Wellpräparaten und Fixierpräparaten		
Inhaltsstoff	Wirkung	Beispiele nach INCI
Wasser	• Lösungsmittel • Verdünnungsmittel	Aqua, Propylene Glycol
Pufferstoffe	halten den pH-Wert während der Einwirkzeit konstant	Ammonium Bicarbonate, Phosphoric Acid
Netzmittel, Emulgatoren	erleichtern das Anfeuchten der Haare, indem sie die Oberflächenspannung des Wellpräparats herabsetzen	Sodium Cocoamphoacetate, PEG-35 Castor Oil, Laureth-4, Coceth-10, Coco-Betaine, PEG-40 Stearate, Sorbitan Stearate
Trübungsmittel	erleichtern das Auftragen, indem sie die Flüssigkeiten besser sichtbar machen	Styrene/PVP Copolymer
Verdickungsmittel	erleichtern das gleichmäßige Auftragen	Cellulose Gum
Duftstoffe	verbessern den Geruch des Wellpräparats	Parfum
Farbstoffe	sollen das Aussehen des Präparats verbessern	
Pflegestoffe	sollen das Keratin schützen und die Kämmbarkeit verbessern	Polyquaternium-6, Polyquaternium-35, Simethicone
Konservierungsstoffe	sollen die Haltbarkeit des Präparats erhöhen	Salicylic Acid

3.3.2 Wellpräparate

Alle zurzeit auf dem Markt befindlichen Präparate zur dauerhaften Umformung des Haares wirken nach demselben Prinzip. Sie enthalten ein Reduktionsmittel zur Öffnung der Doppelschwefelbrücken. Sie sind meist alkalisch eingestellt, um das Haar zu quellen und die Wirkung des Reduktionsmittels zu unterstützen.

Mild-alkalische Wellpräparate

Am häufigsten verwendet werden mild-alkalische Wellpräparate:
- Sie sind abgestimmt auf die verschiedenen Haarqualitäten.
- Sie sind einfach zu handhaben, die Anwendung ist bei allen Haarqualitäten gleich.
- Sie erfordern keine zeitaufwendigen Arbeitsschritte wie Zwischenbehandlungen und mehrfache Kontrolle.
- Sie wirken ohne Wärmezugabe.
- Die Einwirkzeit liegt zwischen 5 und 20 Minuten (Firmenangaben beachten).

Mild-alkalische Wellpräparate			
Präparat	Beschreibung	Eignung	Anwendung
Mild-alkalisch reagierende Wellpräparate	mild-alkalische, flüssige Präparate mit unterschiedlichem Reduktionsmittel- und Alkalisierungsmittelanteil, pH 8-8,5	für alle Haarqualitäten, z. B. „forte" für dickes und schwer wellbares Haar	Direkt aus der Flasche auf das gewickelte Haar auftragen. Schaumdauerwelle direkt aus der Flasche oder mithilfe eines Kompressors auftragen.
Volumenwellpräparate	mild-alkalische Präparate mit einem geringeren Reduktionsmittel- und Alkalisierungsmittelanteil	bei dem Wunsch nach Volumen für alle Haarqualitäten	Direkt aus der Flasche auf das gewickelte Haar auftragen.

Spezielle Wellpräparate

Um die unterschiedlichen Haarqualitäten noch besser berücksichtigen zu können, werden die Wellpräparate ständig verbessert und mit veränderter Rezeptur und Anwendungstechnik auf den Markt gebracht.

Vorteile/Nachteile spezieller Wellpräparate:
- Durch den Einsatz spezieller Wellpräparate können Besonderheiten der Haarstruktur besser berücksichtigt werden.
- Durch Veränderung der Einwirkzeit oder Zugabe von Wärme lässt sich das Wellergebnis spezieller Wellpräparate genauer steuern.
- Spezielle Wellpräparate erfordern einen größeren Zeitaufwand (häufigere Kontrolle, zusätzliche Arbeitsschritte).
- Die Anwendung ist von Präparat zu Präparat unterschiedlich.
- Spezielle Wellpräparate sind oft etwas teurer. Sie werden daher meist nur bei schwierigen Haarstrukturen eingesetzt.

Spezielle Wellpräparate			
Präparat	**Beschreibung**	**Eignung**	**Anwendung**
Wellpräparate mit Zwischenbehandlung	flüssige Präparate mit einer entquellenden Zwischenbehandlung, die Haarschäden verringern soll	für alle Haarqualitäten, besonders geeignet für gefärbtes und vorgeschädigtes Haar	Wellflüssigkeit auf das gewickelte Haar auftragen, nach dem Spülen eine Zwischenbehandlung verwenden.
Neutrale Wellpräparate (Nachfolger der sauren Wellpräparate)	Präparate im Bereich pH 7–7,8, also etwa am chemischen Neutralpunkt. Sie wirken gegenüber dem Haar (pH 5,5) jedoch schwach alkalisch und geringfügig quellend.	für gefärbtes und vorbehandeltes Haar	Direkt aus der Flasche auf das gewickelte Haar auftragen.
Thermogesteuerte Wellpräparate (nicht ständig auf dem Markt verfügbar)	Präparate, die eine geringere Konzentration an Reduktionsmitteln und Alkali enthalten. Die Wirkung dieser Präparate wird durch Wärme (Climazon) oder durch Zugabe eines Aktivators in das Wellpräparat erhöht (Temperatursteigerung bis zu 20 °C).	für alle Haarqualitäten	Nach dem Auftragen der Wellflüssigkeit Wärme (Climazon) zugeben. Präparate mit Katalysator vor dem Auftragen mit einer Chemikalie (einem Oxidationsmittel) vermischen, sodass die Flüssigkeit sich nach dem Auftragen erwärmt.
Wellpräparate für Farbe und Volumen in einem Arbeitsgang	Präparate ohne zusätzliche Alkalien, da das Haar durch die Farbbehandlung bereits gequollen ist	zum Färben und Umformen an einem Tag	Nach der Färbung das Haar gut spülen, nach einer Zwischenbehandlung umformen.

3.3.3 Fixierpräparate

Alle Fixierpräparate enthalten Oxidationsmittel zum Schließen der Doppelschwefelbrücken und Säuren zum Neutralisieren und Adstringieren des Haares. Geringe Unterschiede gibt es in der Art und Konzentration der Wirkstoffe.

Die meisten Fixierpräparate enthalten Wasserstoffperoxid als Oxidationsmittel. Viele sind gebrauchsfertig, einige werden vor dem Fixiervorgang mit Wasser gemischt. Überprüfen Sie das Mischungsverhältnis in der Anleitung.

Manche Fixierungen enthalten Bromate als Oxidationsmittel und werden dann **Bromatfixierung** genannt. Dieser Wirkstoff ist teurer, aber temperaturstabiler und wird deshalb vor allem in wärmeren Ländern eingesetzt.

Stärker konzentrierte Fixierpräparate werden auch als **Sofortfixierung** bezeichnet. Durch die größere Menge an Oxidationsmittel und Säure kann die Einwirkzeit von gewöhnlich 10 auf 2 bis 3 Minuten verkürzt werden. Achten Sie hier besonders auf das Mischungsverhältnis. Diese Präparate werden häufig als Konzentrate geliefert und müssen stark mit Wasser verdünnt werden, z. B. im Mischungsverhältnis 1:9.

Praxistipp

Hersteller stimmen ihre Fixierpräparate immer auf die Wellpräparate ab. Verwenden Sie daher immer das zum Wellpräparat gehörende Fixierpräparat.

3.3.4 Vorbehandlungspräparate

Bei strukturgeschädigten Haaren, die porös und damit saugfähiger als andere Haarqualitäten sind, sollten Sie zusätzlich ein Vorbehandlungspräparat einsetzen. Diese Präparate gleichen die Strukturunterschiede teilweise aus. Kationische Pflegestoffe lagern sich gerade an den porösen Stellen im Haar an, die besonders viele negative Ladungen tragen. Sie setzen so die Saugfähigkeit des Haares an diesen Stellen herab und gleichen sie den gesunden Bereichen des Haares an. Auf diese Weise dringen die Wirkstoffe gleichmäßiger in das Haar ein.

Vorbehandlungspräparat

3.3.5 Zwischenbehandlungspräparate

Einige spezielle Wellpräparate erfordern eine Zwischenbehandlung nach dem Abspülen des eigentlichen Wellpräparats. Mit diesem Arbeitsschritt soll das vollgesogene Haar entquollen werden, bevor die Fixierung aufgetragen wird. Haarschäden, die durch starke Quellung entstehen, sollen damit vermindert werden.

Aufgaben

1. Mit welchen Präparaten zur Umformung des Haares wird in Ihrem Ausbildungsbetrieb gearbeitet? Wie heißen die Präparate? Um welche Art von Wellpräparat handelt es sich jeweils? Bringen Sie zum Vergleich die Anleitung und Verpackung der Wellpräparate mit.
2. Welche Wellpräparate eignen sich besonders für folgende Haarqualitäten? Nennen Sie jeweils zwei.
   a) gesundes, dickes Haar
   b) gefärbte Längen und Spitzen
   c) Längen und Spitzen, die noch von der letzten Behandlung umgeformt sind

4 Durchführung einer dauerhaften Haarumformung

Die Kundin wünscht sich mehr Volumen im Oberkopfbereich und lässt sich schnell von den Vorteilen einer Volumenwelle überzeugen. „Ich hatte noch nie eine Volumenwelle, was wird denn jetzt gemacht?“
Erklären Sie der Kundin, welche Arbeitsschritte für die Durchführung einer Volumenwelle erforderlich sind.

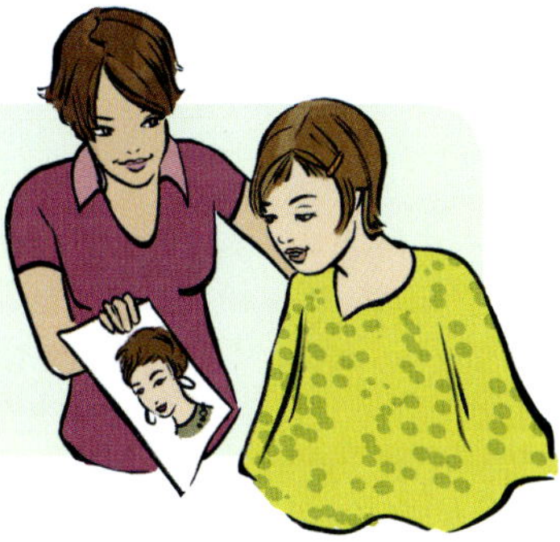

4.1 Vorbereitende Tätigkeiten

4.1.1 Auswahl der Präparate und Arbeitstechniken

Nachdem Sie die individuellen Kundengegebenheiten ermittelt haben, wählen Sie das geeignete Wellpräparat, Wickler und Wickeltechnik aus.

→ vgl. S. 276

Notieren Sie Ihren Behandlungsplan, damit Sie bei späteren Behandlungen das Ergebnis wiederholen oder auch gezielt ändern können.
Lesen Sie vor der Auswahl und Anwendung dauerhaft umformender Präparate immer die beiliegenden Arbeitsanweisungen. Die folgenden Angaben sind nur Beispiele, die von Präparat zu Präparat unterschiedlich sein können.

Kundenwunsch: natürlich wirkende Locken

Ausgangszustand	Dauerhaft umformendes Präparat	Wickeltechnik	Wickler (Beispiele)	Einwirkzeit* (etwa)
Naturhaar, rund	mild-alkalisches Wellpräparat für normales Haar	Standardwicklung, Papillotiertechnik, versetzte Wickeltechnik	Wickler gleich oder etwas dicker als die gewünschte Locke wählen, Standardwickler, Papillotierwickler	10–15 Min.
Naturhaar, oval	mild-alkalisches Wellpräparat für normales Haar	Standardwicklung, Papillotiertechnik, versetzte Wickeltechnik	Wickler so dick wie die gewünschte Locke, einzelne dünne Wickler dazwischensetzen, Standardwickler, Papillotierwickler	10–15 Min.
Naturhaar, bandförmig	mild-alkalisches Wellpräparat für schwer wellbares Haar	Standardwicklung, versetzte Wickeltechnik	ganz dünne Standardwickler, Probesträhne	10–15 Min.
Naturhaar, fein	mild-alkalisches Wellpräparat für feines oder empfindliches Haar (sensitiv)	Standardwicklung, versetzte Wickeltechnik	etwas dünnere Standardwickler als die gewünschte Locke wählen, dünne Stützwickler dazwischensetzen	10 Min.
Naturhaar, normal	mild-alkalisches Wellpräparat für nomales Haar	Standardwicklung, Papillotiertechnik, versetzte Wickeltechnik	Wicklerstärke entsprechend der gewünschten Locke wählen, Standardwickler, Papillotierwickler	10–15 Min.
Naturhaar, dick	mild-alkalisches Wellpräparat für dickes oder schwer wellbares Haar	Standardwicklung, Papillotiertechnik, versetzte Wickeltechnik	Wickler etwas dicker wählen, Standardwickler, Papillotierwickler	20 Min.
Langes Haar	Zwei-Phasen-Wellpräparat	Huckepackwicklung, dünne Wickler am Ansatz, dicke Wickler für Längen und Spitzen, Zwillingswicklung	mittlere und dünne Standardwickler	10–15 Min.
Chemisch vorbehandeltes Haar	Probewickler, neutrales Wellpräparat, Volumenwellpräparat, thermogesteuertes Wellpräparat	Standardwicklung, versetzte Wickeltechnik	Wickler nach Haarstärke etwas dünner wählen	10 Min.
Stark geschädigtes Haar	keine Behandlung zu verantworten			

*** Unterschiedliche Zeitangaben des Herstellers genau beachten!**

Dauerhafte klassische Umformung – Arbeitsplan

Beschreibung der Wickeltechnik, der Wickelgröße und des Umformungsziels

Angaben der Kopfbereiche	Wickeltechnik u. Wickelgröße	Begründung
Oberkopfbereich und Stirnbereich/Pony		
Profilbereich/Seiten		
Wirbelbereich		
Nackenbereich		

Wickelarten und Besonderheiten:

Quelle: „Prüfungsmappe für die Gesellenprüfung des Friseurhandwerks", herausgegeben vom Zentralverband des Deutschen Friseurhandwerks

Dauerhafte klassische Umformung

Arbeitsplan zur Erstellung der dauerhaften Umformung

Kundenwunsch:

Umformungsziel: ☐ leicht ☐ mittel ☐ stark

Haarzustand:

☐ keine chem. Vorbehandlung ☐ getönt (physikalisch)
☐ coloriert (oxidativ) ☐ heller gefärbt/blondiert
☐ Restdauerwelle ☐ gesträhnt
☐ poröse Spitzen ☐ Sonstiges

Haarlänge:

☐ kurz ☐ mittel ☐ lang

Haarstärke:

☐ fein ☐ mittel ☐ stark

Haarquerschnitt:

☐ rund ☐ oval ☐ bandförmig

Dauerwellpräparat: **Einwirkzeit:**
☐ mit Wärme ☐ ohne Wärme

Vorbehandlung:

Zwischenbehandlung: **Einwirkzeit:**

Fixierung: **Einwirkzeit:**

Nachbehandlung: **Einwirkzeit:**

Sonstiges: **Einwirkzeit:**

Besonderheiten:

Aufgaben

1. Stellen Sie in einer Tabelle (vgl. S. 264) dar, mit welchen Präparaten und Arbeitstechniken der Kundenwunsch nach mehr Volumen bei verschiedenen Ausgangszuständen umgesetzt werden kann.
2. Ihre Banknachbarin wünscht sich leichte Wellen in ihrer Frisur. Planen Sie eine dauerhafte Umformung mithilfe des oben stehenden Arbeitsplans.

4.1.2 Gesundheits- und Umweltschutz

Gesundheitsschutz

→ *vgl. Lernfeld 1, S. 37 ff.*
→ *vgl. Lernfeld 3, S. 110*

- Tragen Sie Schutzhandschuhe beim Waschen und sobald Sie mit den Umformungspräparaten arbeiten (TRGS 530). Verwenden Sie chemikalienbeständige Einmal-Schutzhandschuhe, z. B. aus Nitril. Ohne Hautschutz würden Wirkstoffe in die Haut eindringen, die die Haut reizen und Allergien auslösen können.
- Tragen Sie vorsichtig auf, damit keine Spritzer auf die Haut oder sogar ins Auge gelangen. Falls das doch geschehen sollte, spülen Sie das Auge mit sehr viel Wasser aus und lassen Sie es ärztlich untersuchen.
- Atmen Sie die aufsteigenden Dämpfe des Ammoniaks (Alkalisierungsmittel) und der Reduktionsmittel nicht unmittelbar ein, halten Sie Abstand von der Flaschenöffnung.
- Literware, die vor dem Auftragen in Portionsflaschen umgefüllt wird, sollten Sie in gut durchlüfteten Räumen umfüllen. Lagern Sie die Flaschen dunkel und kühl.
- Geben Sie mit Chemikalien verschmutzte Handtücher sofort in die Wäsche.
- Schützen Sie die Kundin durch wasserundurchlässige Umhänge vor Chemikalien.
- Waschen Sie vor der Umformungsbehandlung das Haar so, dass der natürliche Hautschutz auf der Kopfhaut möglichst erhalten bleibt. Vermeiden Sie deshalb auch eine Massage der Kopfhaut.
- Schützen Sie die Konturen mit Hautschutzcreme und Wattestreifen. Denken Sie daran, den Wattestreifen nach dem Auftragen abzunehmen, damit die Haut der Kundin nicht durch die aufgefangene Flüssigkeit an den Konturen gereizt wird.
- Lassen Sie beim Auftragen keine Wellflüssigkeit auf die Kopfhaut laufen. Tragen Sie stattdessen weniger, aber öfter auf.
- Führen Sie keine Behandlung durch bei offener oder gereizter Kopfhaut oder bei Allergien gegen Wellpräparate.

Umweltschutz

Fast alle Präparate zur dauerhaften Haarumformung werden in Portionsflaschen angeboten, da geöffnete Präparate, z. B. in Vorratsflaschen, schnell ihre Wirkung verlieren. Bewahren Sie deshalb auch keine Reste auf, sondern entsorgen Sie die entleerten Flaschen in die Wertstoffsammlung.
Größere Restmengen an Chemikalien werden als Sondermüll entsorgt. Für kleine Restmengen, die durch das Abspülen von Haaren und Hilfsmitteln ins Abwasser gelangen, gibt es keine Regelung, sie bleiben unter den zulässigen Grenzwerten.

Arbeitsmittel für die dauerhafte Haarumformung

4.1.3 Vorbereiten des Arbeitsplatzes

Stellen Sie alle notwendigen **Arbeitsmittel** und **Präparate** vor Beginn der Behandlung griffbereit auf einem Wagen und neben dem Arbeitsplatz bereit:
- Wickler, Spitzenpapier und Stäbchen
- Shampoo, Waschhandschuhe
- ggf. Vorbehandlungspräparat, Wellpräparat, Fixierpräparat
- Haarpflegepräparate zur Nachbehandlung
- Schürze, chemikalienbeständige Schutzhandschuhe, Plastikhaube
- wasserfeste Umhänge, Handtücher, Papierservietten
- Hautschutzcreme und Wattestreifen
- Fixierschale und Schwämmchen
- groben Kamm, Stielkamm, Sprühflasche mit Wasser, Wecker
- Climazon oder Trockenhaube als Wärmequelle

4.1.4 Vorbereiten der Kundin

a) Nach der eingehenden Beratung legen Sie der Kundin einen wasserfesten Umhang um. Bitten Sie die Kundin, Brille, Ohrringe und Halsketten abzulegen.
b) Waschen Sie die Haare der Kundin einmal leicht durch, ohne Massage. Kämmen Sie die Haare nach der Wäsche vorsichtig durch.
c) Bei einer ungleichmäßigen Haarstruktur tragen Sie jetzt ein Vorbehandlungspräparat auf die strukturgeschädigten Bereiche auf.

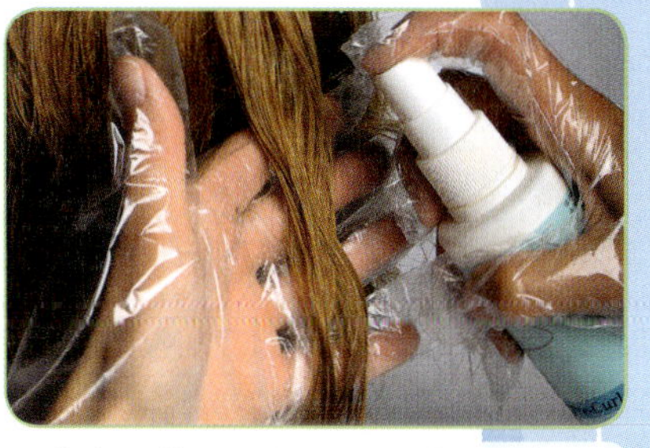

Vorbehandlungspräparat auftragen

Erklärung

zu a) Metalle können mit den Chemikalien reagieren und die Haut reizen. Sie können chemische Reaktionen beschleunigen und verstärken. Außerdem kann Metallschmuck sich verfärben.

zu b) Der natürliche Hautschutz geht bei der gründlichen Haarwäsche verloren. Bei der leichten Wäsche soll der natürliche Hydrolipidfilm der Haut weitgehend erhalten bleiben. Haar und Kopfhaut wären sonst ungeschützt den Chemikalien der Präparate ausgesetzt. Juckreiz und Rötungen wären die Folge.
Nasses Haar ist weniger reißfest und elastisch. Kräftiges Kämmen und Reißen kann zu Überdehnungen führen.

zu c) Die Pflegestoffe der Vorbehandlung lagern sich vor allem in den geschädigten Bereichen an und schützen diese.

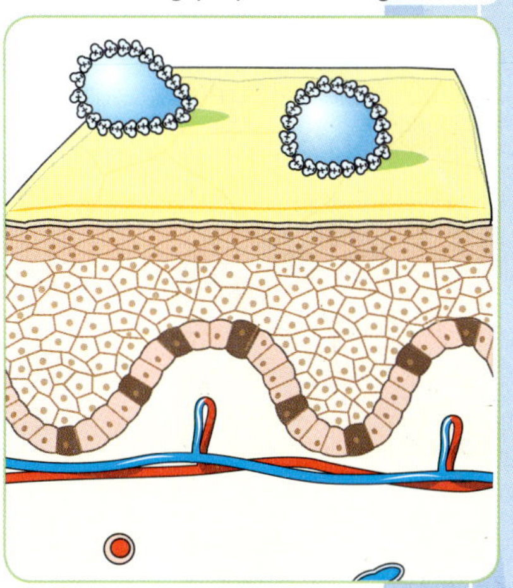

Hydrolipidfilm

4.2 Wickeln

Beachten Sie folgende **allgemeine Regeln für das Wickeln**, um alle Haare gleichmäßig bis zum Ansatz umzuformen:

1. Teilen Sie die Kopfhaarfläche je nach gewählter Wickeltechnik ein.
2. Teilen Sie die Passees gerade oder zickzackförmig ab.
3. Teilen Sie die Passees so ab, dass Länge und Breite der Wicklergröße entsprechen.
4. Kämmen Sie jedes Passee sorgfältig durch und halten Sie es dabei im rechten Winkel vom Kopf weg.
5. Legen Sie die Haarspitzen glatt in ein Spitzenpapier.
6. Legen Sie die Spitzen des Passees flach um die Mitte des Wicklers und halten Sie sie mit dem Daumen auf dem Wickler fest.

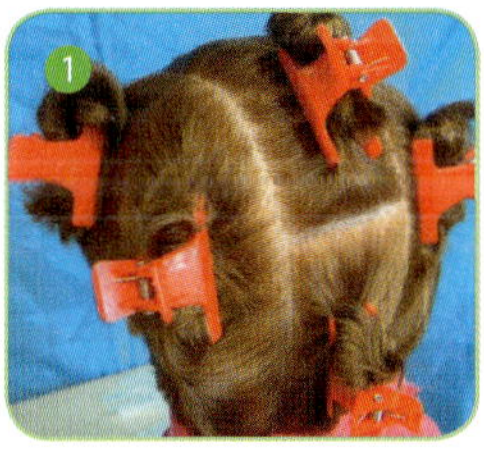

Einteilung für die Standardwicklung

Zickzackabteilung

Gerade Abteilung

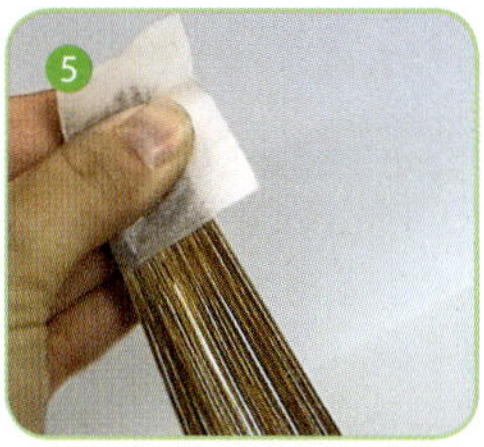

⑦ Halten Sie die Haarsträhne straff (jedoch ohne zu starke Dehnung des Haares) vom Kopf weg, während Sie sie unter gleichmäßigem Zug aufwickeln.

⑧ Halten Sie den Wickler parallel zum Kopf, um eine Schlaufenbildung an den Seiten zu vermeiden.

⑨ Am Ende muss der Wickler in der Mitte der Abteilung liegen, sonst ist der Ansatz überzogen (Knickstellen) oder zu schwach gewellt.

⑩ Befestigen Sie den Wickler mit dem Haltegummi. Die Haltegummis müssen glatt, nicht verdreht sein und oben auf dem Wickler liegen.

⑪ Zum Schluss schieben Sie Stäbchen unter die Haltegummis, um die Wickler zu stabilisieren und Knickstellen am Ansatz zu vermeiden.

4.3 Wellvorgang und Probewickler

4.3.1 Auftragen des Wellpräparats

Auftragen der Wellflüssigkeit

a) Nach dem Wickeln tragen Sie im Konturenbereich der Kundin eine Hautschutzcreme auf. Nun können Sie zum weiteren Schutz der Kundin einen Wattestreifen an der Kontur zu Gesicht, Ohren und Nacken anlegen. Geben Sie der Kundin ein Papiertuch in die Hand, wenn sie sich dadurch sicherer fühlt.
b) Tragen Sie die Wellflüssigkeit auf. Beginnen Sie im Nacken. Achten Sie darauf, jeden Wickler gleichmäßig anzufeuchten, um ein gleichmäßiges Wellergebnis zu erzielen. Um ein Ablaufen der Flüssigkeit auf die Kopfhaut zu vermeiden, dürfen Sie nicht zu viel Flüssigkeit auf einmal auftragen. Bei schulterlangem Haar alle Wickler zwei- bis dreimal benetzen, damit genügend Wellflüssigkeit vorhanden ist, um das Haar bis in die Haarspitzen zu durchfeuchten.
c) Nehmen Sie nach dem Auftragen den Wattestreifen ab.

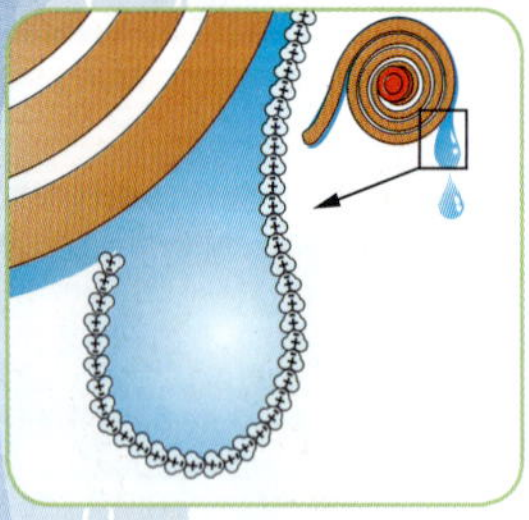

Wellflüssigkeit perlt zunächst ab

Erklärung

zu a) Je länger die Chemikalien in Kontakt mit der Haut kommen, desto stärker sind mögliche Hautreizungen.

zu b) Wässrige Flüssigkeiten haben aufgrund ihrer Oberflächenspannung wenig Bestreben, in das Haar einzudringen. Beim Auftragen perlen sie zunächst vom Haar ab. Die Netzmittel im Wellpräparat setzen die Oberflächenspannung herab und erleichtern so ein langsames Eindringen der Wellflüssigkeit ins Haar. Wird aber zu viel Wellflüssigkeit auf einmal aufgetragen, läuft sie vom Haar auf die Kopfhaut und schädigt diese sowie das noch nicht so stark verhornte Haar am Ansatz. Die Längen und Spitzen erhalten außerdem zu wenig Wellflüssigkeit. Das Wellergebnis ist nicht zufriedenstellend.

zu c) Die vom Wattestreifen aufgesogene Wellflüssigkeit kann sonst zu Hautreizungen führen.

Feuchten Sie das Haar niemals vor dem Wickeln mit Wellflüssigkeit an. Während des langen Wickelvorgangs kann es aufgrund der zu langen Einwirkzeit zu unnötigen Haarschäden und zu einem ungleichmäßigen Wellergebnis kommen.

4.3.2 Einwirken des Wellpräparats, Probewickler

a) Beachten Sie die vom Hersteller vorgegebene Einwirkzeit, die meist zwischen 5 und 20 Minuten liegt.
b) Kontrollieren Sie den Umformungsvorgang bereits nach der Mindesteinwirkzeit, indem Sie einen Probewickler vorsichtig und ohne Spannung öffnen.

Probewickler nehmen

Ist die Umformung nicht ausreichend, können Sie das Wellergebnis verstärken durch:

- Verlängerung der Einwirkzeit
  Sind die Haare auf dem Probewickel noch nicht ausreichend umgeformt, verlängern Sie zunächst die Einwirkzeit. Je länger die chemische Reaktion dauert, desto mehr Doppelschwefelbrücken werden geöffnet bzw. später bei der Fixierung geschlossen.
  Aber: Auch ein niedrig konzentriertes Umformungspräparat kann bei zu langer Einwirkzeit Haut und Haar schädigen.

- Veränderung der Temperatur
  Durch Zugabe von Wärme können Sie chemische Reaktionen beschleunigen und intensivieren. Wenn zum Ende der Einwirkzeit das gewünschte Umformungsergebnis nicht erreicht ist, können Sie durch Zugabe von Wärme die Umformung verstärken. Leider kann es durch die verstärkte Reaktion der Chemikalien auch leichter zu Haut- und Haarschäden kommen.
  Wärme sollte nur dann zugegeben werden, wenn das gewünschte Umformungsergebnis durch eine Verlängerung der Einwirkzeit nicht zu erreichen ist.

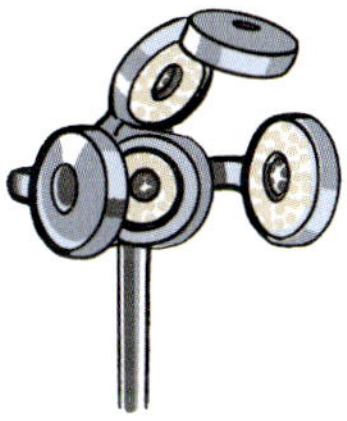

Erklärung

zu a) Während der Einwirkzeit wird das Haar durch das Alkalisierungsmittel gequollen. Das Reduktionsmittel dringt in das Haar ein. Die Doppelschwefelbrücken werden nun durch Anlagerung von Wasserstoff (Reduktionsvorgang) geöffnet. Das Haar passt sich dem Wickler an und verändert seine Form. Die angegebenen Einwirkzeiten sind Empfehlungen für mittlere Haarstärken und normale Haarstrukturen.

zu b) Um so haarschonend wie möglich umzuformen, sollten Sie die Einwirkzeit so kurz wie möglich halten. Da Haare unterschiedlich schnell umgeformt werden, müssen Sie trotz Herstellerangaben immer kontrollieren. Eine zu kurze Einwirkzeit führt zu einer nicht ausreichenden Wellung. Eine zu lange Einwirkzeit führt zu Haarschäden. Das Haar wird überkraust, seine Sprungkraft geht verloren. Das Wellergebnis wird lasch.

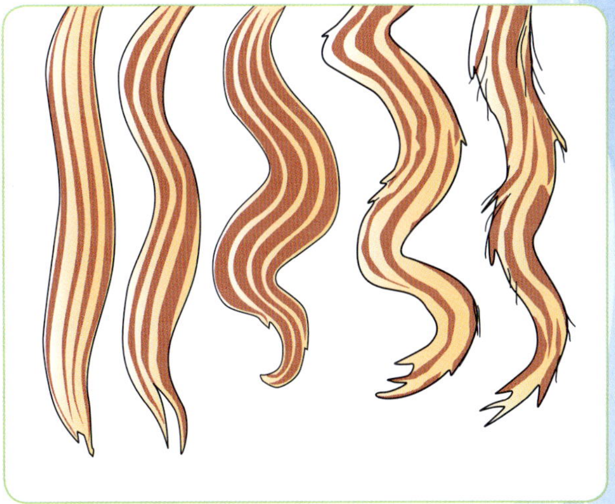

Haar mit zu kurzer, Haar mit richtiger, Haar mit zu langer Einwirkzeit

4.4 Ausspülen und Abtupfen

Wellflüssigkeit ausspülen

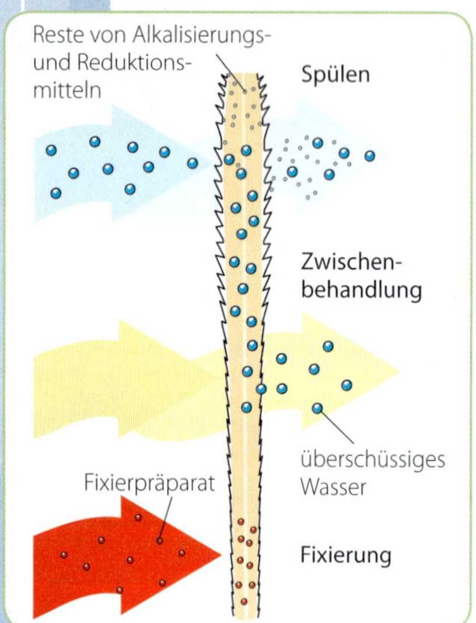

Zwischenbehandlung

a) Nach dem Erreichen der gewünschten Umformung wird die Wellflüssigkeit gründlich ausgespült: mindestens 3 Minuten bei kurzem und 5 Minuten bei längerem Haar. **Stellen Sie einen Wecker, um die Zeit wirklich einzuhalten.**

b) Anschließend wird das Haar mit einem Handtuch und Papiertüchern trockengetupft.

c) Bietet der Hersteller eine **Zwischenbehandlung** an, dann tragen Sie diese jetzt auf.

Erklärung

zu a) Alkalisierungs- und Reduktionsmittel werden beim Spülen weitgehend aus dem Haar entfernt. Wird nicht ausreichend gespült, bleiben größere Restmengen im Haar. Dann steht nicht genug Oxidationsmittel zum Schließen der Doppelschwefelbrücken zur Verfügung. Außerdem werden Alkalireste nicht vollständig neutralisiert und das Keratin wird nicht ausreichend adstringiert. Das Umformungsergebnis ist schwächer und weniger haltbar. Schlimmstenfalls führt die Reaktion von Reduktions- und Oxidationsmitteln zu Wärmeentwicklung (Haar- und Hautgefährdung).

zu b) Beim Spülen bleibt viel Wasser zwischen den Haaren. Durch gründliches Abtupfen entfernen Sie so viel Flüssigkeit wie möglich und verhindern eine zu starke Verdünnung des Fixierpräparats.

zu c) Zwischenbehandlungen verhindern das starke Aufquellen des Haares. Sie verringern damit die Haarschädigung, die durch den Quellvorgang im Keratin entsteht.

4.5 Fixieren

4.5.1 Auftragen des Fixierpräparats

Fixieren

a) Legen Sie der Kundin vor dem Fixiervorgang ein Handtuch oder eine Auffangschale zum Auffangen der überschüssigen Fixierlösung um oder fixieren Sie am Waschbecken. Achten Sie darauf, dass die Wickler noch richtig liegen, bevor Sie fixieren. Verwenden Sie für diesen ersten Teil der Fixierung ca. zwei Drittel der Fixierlösung.
Viele Fixierungen werden in eine Fixierschale gegeben und mit einem Spezialschwämmchen aufgetragen. Mit den gezackten Enden des Schwämmchens bringen Sie die Fixierlösung auch seitlich auf die Wickler. Drücken Sie das Schwämmchen an, sodass etwas Schaum entsteht. Manche Fixierungen werden direkt mit der Portionsflasche oder einem Applikatorfläschchen auf das Haar gegeben. Tragen Sie ausreichend Fixierlösung auf und beachten Sie die vorgegebene Einwirkzeit.

b) Sofortfixierungen werden direkt über dem Waschbecken aufgetragen. Bei diesen Fixierungen können Sie bereits nach wenigen Minuten abwickeln.

Erklärung

zu a) Die Fixierung schließt die Doppelschwefelbrücken im Haar und soll es entquellen und glätten. Wird zu wenig Fixierpräparat aufgetragen, bleiben Doppelschwefelbrücken geöffnet. Die Peptidspiralen sind nicht ausreichend miteinander verknüpft. Das Haar verliert an Reißfestigkeit, Sprungkraft und Elastizität. Die Umformung ist nicht haltbar, die Haarstruktur geschädigt. Das Haar wirkt schlaff, glanzlos. Aus diesem Grund ist ein Überangebot an Fixierung wichtig.

zu b) Sofortfixierungen wirken schneller, sind aber weniger haarschonend.

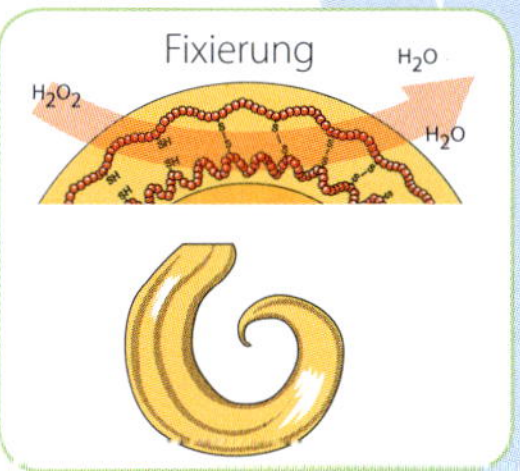

Fixiervorgang

4.5.2 Abwickeln und Nachfixieren

a) Wickeln Sie nach der vorgegebenen Einwirkzeit die Haarsträhnen ab und entfernen Sie auch das Spitzenpapier. Achten Sie darauf, das Haar nicht zu dehnen.

b) Fixieren Sie nach, indem Sie auf das abgewickelte Haar die restliche Fixierlösung auftragen und 2 bis 3 Minuten einwirken lassen.

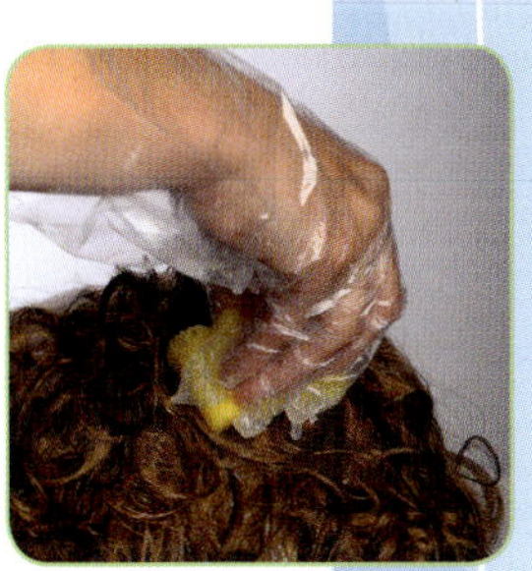
Nachfixieren

Erklärung

zu a) Die Haare sollten auch nach dem Wickeln in der Form des Wicklers bleiben, damit die eventuell noch geöffneten Doppelschwefelbrücken in der gewünschten gewellten Position geschlossen werden können.

zu b) Um sicherzugehen, dass alle Haare ausreichend mit Fixierlösung behandelt worden sind, werden die abgewickelten Haare nochmals damit getränkt.

4.6 Nachbehandeln

a) Emulgieren Sie die Fixierung auf, indem Sie mit wenig warmem Wasser das gesamte Haar massieren. Eine Haarwäsche ist nicht notwendig, wird aber wegen des leichten Eigengeruchs des Umformungspräparats von vielen Kundinnen gewünscht.

b) Verwenden Sie anschließend ein sauer reagierendes Nachbehandlungspräparat wie Spülung oder Haarkur, bevor sie die Haare weiterbehandeln.

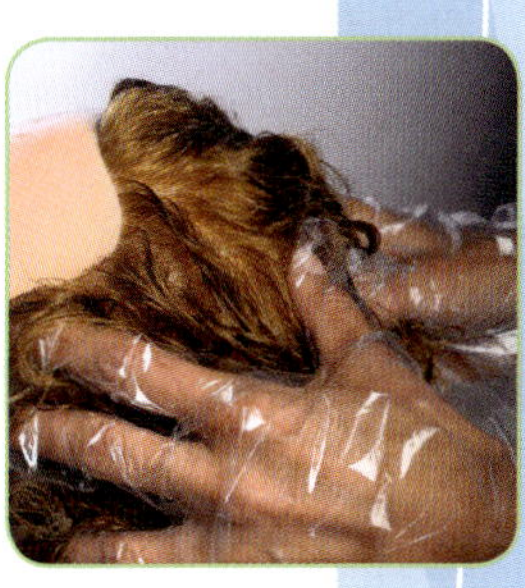
Emulgieren

Erklärung

zu a) Durch die vorsichtige Bewegung beim Massieren bilden die Tenside des Fixierpräparats eine Emulsion, die sich leicht auswaschen lässt. Eine Haarwäsche sollte nur auf ausdrücklichen Wunsch der Kundin erfolgen. Der Waschvorgang macht die frische Umformung weniger haltbar.

zu b) Das Haar wird durch eine saure Nachbehandlung entquollen und adstringiert, evtl. noch vorhandene Reste des Alkalisierungsmittels werden neutralisiert. Eine Haarkur gibt dem Haar fehlenden Glanz zurück.

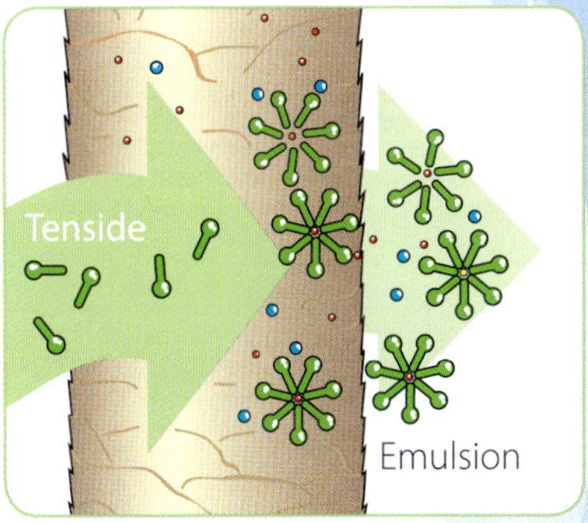

Emulsionsbildung

Aufgabe

Eine Kundin wünscht eine dauerhafte Haarumformung.

a) Welche Arbeitsmaterialien stellen Sie zusammen?

b) Beschreiben Sie in einem tabellarischen Arbeitsplan die einzelnen Arbeitsschritte.

4.7 Kontrolle der Umformung und Fehlerkorrektur

Abweichung vom Umformungsziel	Mögliche Ursachen	Sofortige Korrekturmöglichkeiten	Geänderte Planung für zukünftige Behandlungen
Hautirritationen an den Konturen	Watte mit Präparatresten nicht abgenommen, Konturen nicht eingecremt	kühlende Creme auftragen, in schlimmeren Fällen Kundin ärztliche Behandlung empfehlen	Watte abnehmen, Konturen eincremen, Wellpräparat vorsichtiger auftragen
Hautirritationen auf der Kopfhaut	Wellpräparat auf die Kopfhaut gelaufen	kühlende Pflegepräparate auftragen, in schlimmeren Fällen Kundin ärztliche Behandlung empfehlen	Wellpräparat vorsichtiger auftragen
Umformung zu kleinlockig	zu dünne Wickler	wenn Haarstruktur es zulässt, Haare chem. glätten	dickere Wickler
In sich krauses Haar ohne Sprungkraft (Überkrausung)	viel zu starke Präparate, zu lange Einwirkzeit, zu starke Wärmezugabe, zu starke Spannung beim Wickeln	Haare pflegen, Spitzen kürzen	mildere Präparate, kürzere Einwirkzeit ohne Wärme, lockerer wickeln
Umformung zu schwach	zu dicke Wickler, zu schwache Präparate, zu wenig Wellpräparat aufgetragen, zu lange oder zu kurze Einwirkzeit, nicht genug gespült und fixiert	wenn die Haarstruktur es zulässt, Umformung wenigstens teilweise wiederholen	dünnere Wickler, stärkere Präparate, ausreichend lange spülen und fixieren
Spitzen umgeknickt	Spitzen nicht glatt um den Wickler gelegt	Spitzen kürzen	Spitzenpapier verwenden, Spitzen sauberer wickeln
Haarbruch	zu starke Spannung beim Wickeln, Wickler zu stramm, Haltegummi lag auf dem Haar (Knick), Haarsträhne zu stark überzogen, viel zu starke Präparate	Pflege des übrigen Haares	weniger Spannung beim Wickeln, Haltegummis mit richtiger Spannung verwenden, Haltegummis glatt legen, rechtwinklige Strähnenhaltung beim Wickeln, mildere Präparate
Ungleichmäßige Umformung	Stylingpräparatreste im Haar, ungleichmäßig gewickelt, ungleichmäßig abgeteilt, ungleichmäßig straffgezogen, Präparate ungleichmäßig aufgetragen	wenn die Haarstruktur es zulässt, einzelne Partien nochmals umformen	gleichmäßig wickeln, Präparate gleichmäßig auf alle Wickler verteilen
Umformung nicht haltbar	Wellpräparat zu schwach, zu kurze Einwirkzeit, nicht ausreichend gespült, vor dem Fixieren nicht ausreichend abgetupft, zu wenig Fixierpräparat verwendet, zu kurz fixiert, glatt gezogen beim Föhnen	wenn die Haarstruktur es zulässt, Umformung wiederholen	Fixierpräparat satt auftragen, ausreichend lang fixieren, Haare vor allem in den ersten Stunden nach der Umformung nicht waschen oder glatt ziehen

Aufgabe

❶ Mit welchen Abweichungen vom Umformungsziel ist zu rechnen, wenn eine zu lange Einwirkzeit gewählt wurde?

5 Sonderfall der dauerhaften Haarumformung: Haarglättung

Eine Kundin klagt, wie viel Zeit das tägliche Glätten ihrer Haare mit dem Glätteisen kostet. „Kann man die Haare nicht dauerhaft glätten? Dann hätte ich weniger Aufwand mit dem Styling." Sie erklären der Kundin den Vorgang der dauerhaften Haarglättung.

Krause und wellige Haare lassen sich ebenfalls dauerhaft umformen und glätten. Diese Dienstleistung wird überwiegend von Kundinnen mit afrikanischem Haar gewünscht. Sie erfordert genau wie die dauerhafte Umformung glatter Haare viel Wissen und Erfahrung. Meist wird sie deshalb in spezialisierten Salons angeboten.

Glättungspräparate auf alkalischer Basis (meist Natronlauge als Hauptwirkstoff) werden wegen starker Haarschäden kaum noch verwendet. **Glättungspräparate auf Thioglykolatbasis** wirken wie Wellpräparate. Die Umformung findet in zwei Schritten statt: Reduktionsmittel öffnen die Doppelschwefelbrücken, das nun formbare Haar wird glatt gekämmt und in dieser Form durch Oxidationsmittel gefestigt und geschlossen. Die Präparate sind creme- oder gelförmig. Sie werden mit dem Pinsel satt aufgetragen und tropfen während der Einwirkzeit und beim Glattkämmen nicht ab.

Vorher

Nachher

Die **Glättungsbehandlung** wird wie eine Wellbehandlung durchgeführt:
- Prüfen Sie sorgfältig den Kundenwunsch und die Haar- und Kopfhautgegebenheiten, bevor Sie ein geeignetes Präparat auswählen.
- Schützen Sie sich und die Kundin vor den Chemikalien.
- Tragen Sie die Präparate mit dem Pinsel auf, beginnen Sie an der dicksten Stelle.
- Kämmen Sie das Haar sehr vorsichtig durch. Durch das Lösen der Doppelschwefelbrücken sind die Haare sehr dehnbar, wenig reißfest und sehr empfindlich.
- Bei einer Ansatzbehandlung das Präparat nicht auf bereits behandelte Bereiche geben, wo das Haar empfindlich und weniger reißfest ist. Eine weitere Behandlung mit Reduktionsmitteln würde das Haar völlig instabil machen, evtl. bis zum Haarbruch.
- Beobachten Sie den Glättungsvorgang.
- Spülen Sie ab. Fixieren Sie das Haar.
- Wenden Sie eine saure Spülung oder eine Haarkur an, um Restalkalien zu neutralisieren und das Haar zu adstringieren und zu pflegen.

Aufgabe

❷ Glättungspräparate enthalten die gleichen Wirkstoffe wie Wellpräparate. Welche sind das? Welche Aufgaben haben diese Wirkstoffe?

6 Besonderheiten in der Kundenberatung

Der Frisurenwunsch einer Kundin lässt sich ohne eine Volumenwelle nur schwer umsetzen. Die Kundin möchte aber auf keinen Fall eine „Dauerwelle". Wie können Sie die Kundin von einer dauerhaften Haarumformung überzeugen?

6.1 Dauerhafte Haarumformungen aktiv anbieten

Manche Frisurenwünsche wie Stand am Ansatz oder viel Volumen lassen sich zwar kurzfristig durch eine Wasserwelle und aufwendiges Frisurenstyling erreichen. Langfristig sind diese Frisuren aber nur durch eine dauerhafte Umformung zu stabilisieren. Versuchen Sie, die Kundin davon zu überzeugen, dass ihre Wunschfrisur nur durch eine chemische Umformung dauerhaft erreicht werden kann.
Klagt eine Kundin über Wirbel oder mangelndes Ansatzvolumen, sollten Sie in der Beratung immer eine Teil- oder Ansatzdauerwelle als Lösungsmöglichkeit ansprechen.
Manche Kundinnen haben schlechte Erfahrungen mit „Dauerwellen" gemacht oder verbinden diese mit krausem, strukturgeschädigtem Haar oder mit Frisuren, wie sie früher von älteren Kundinnen zur Festigung ihrer Wasserwelle gewünscht wurden. Mit den Einlegefrisuren sind diese Dauerwellen jedoch fast völlig verschwunden. Verwenden Sie deshalb andere Begriffe, z.B. dauerhafte Haarumformung, Volumenwelle, Langzeitumformung oder Strukturumformung. Beraten Sie die Kundin und überzeugen Sie sie, dass die heutigen Dauerwellen viel Zeit und Aufwand beim Frisieren sparen.

6.2 Kundeneinwänden begegnen

Wenn Kundinnen Einwände gegen eine dauerhafte Haarumformung haben, sollten Sie diesen durch Fragen auf den Grund gehen:

- Sprechen Sie diese Ängste gezielt an: „Ich habe den Eindruck, der Gedanke an eine dauerhafte Haarumformung beunruhigt Sie."
- Fragen Sie die Kundin nach ihren Erfahrungen mit dauerhaften Haarumformungen: „Welche Erfahrungen mit dauerhaften Haarumformungen haben Sie gemacht?" Geben Sie der Kundin Zeit, über ihre Ängste und Erfahrungen zu berichten. So gewinnen Sie ihr Vertrauen und bekommen wichtige Informationen zum Frisurenwunsch der Kundin.
- Überzeugen Sie die Kundin von den Möglichkeiten, die durch die große Auswahl an Präparaten und Wickeltechniken für heutige dauerhafte Umformungen gegeben sind.
- Die Angst vor Haarschädigung können Sie der Kundin nehmen, indem Sie sie auf moderne Vor- und Nachbehandlungspräparate hinweisen. Erklären Sie ihr, dass die Wellpräparate auf die verschiedenen Haarqualitäten abgestimmt sind.
- Oft erscheint Kundinnen eine dauerhafte Haarumformung zunächst als teuer. Weisen Sie diese Kundinnen auf die Zeitersparnis hin, die das Frisieren ihrer Haare in Zukunft bringen wird. Die Frisur wird haltbarer, das Haar muss nicht mehr so häufig gewaschen und neu frisiert werden.

„Dauerwelle" früher

6.3 Präparate und Pflegemaßnahmen empfehlen

Dauerhaft umgeformte Haare sind chemisch behandelt, d. h. ihre Schuppenschicht ist geschädigt, es fehlt an Kittsubstanz. Die Oberfläche ist nicht mehr geschlossen und glänzend, sondern rau und stumpf. Gleichzeitig sind die Reißfestigkeit, Dehnbarkeit und Elastizität des Haares verringert, weil auch in der Faserschicht des Haares nicht alle Doppelschwefelbrücken wieder geschlossen wurden.
Deshalb gelten folgende **Schutz- und Pflegemaßnahmen**:

- Raten Sie Ihrer Kundin zu einem vorsichtigen Umgang mit dem frisch umgeformten Haar. Nach der Umformung sollte das Haar frühestens nach 36–48 Stunden gewaschen werden, um die Sprungkraft und Elastizität der Welle möglichst lange zu erhalten.
- Das Haar sollte nicht zu oft gewaschen werden, um es nicht auszutrocknen.
- Raten Sie der Kundin, auf Sonnenbestrahlung und heißes Föhnen zu verzichten, um das Haar nicht zusätzlich auszutrocknen. Im Sommerurlaub sollte sie das Haar durch Kopfbedeckungen oder Präparate mit UV-Filter schützen. Vor dem Föhnen sollten Pflegestoffe aufgetragen werden.

Nutzen Sie die Möglichkeit zum Verkauf von Präparaten und Werkzeugen, die die Kundin im Umgang mit ihrem frisch umgeformten Haar benötigt:

- Nach dem Waschen darf das Haar nicht zu sehr gedehnt werden. Bieten Sie der Kundin speziell für dauerhaft umgeformtes Haar entwickelte grobzinkige **Dauerwellkämme** an.
- Empfehlen Sie ein passendes Shampoo, eine Spülung und eine Haarkur für dauerhaft umgeformte Haare. Raten Sie grundsätzlich zu **feuchtigkeitsspendenden Präparaten**, die das Haar aber nicht beschweren. Betonen Sie dabei den Vorteil friseurexklusiver Präparate, die durch ihre oft hochwertigeren Wirkstoffe auf die Umformungspräparate abgestimmt sind. So enthalten z. B. friseurexklusive Shampoos und Spülungen ausschließlich hochwertiges Silikon, das weitere Farb- oder Umformungsbehandlungen nicht negativ beeinflusst.

Dauerwellkamm

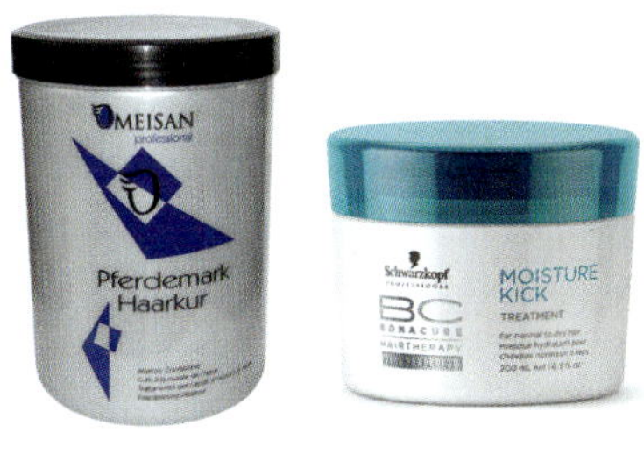

Haarkur für dauerhaft umgeformtes Haar

Aufgabe

„Warum ist mein Haar schon wieder so glatt? Die Umformung soll doch dauerhaft sein …"

a) Welche Ursachen kann dieses Kundenproblem haben?
b) Welche Pflegehinweise sollte eine Kundin mit einer frischen Umformung beachten?

6.4 Kassieren

Erklären Sie derKundin an der Kasse immer, wie sich der geforderte Preis zusammensetzt, egal ob Sie mit Kassenzetteln oder mit einem computergestützten System arbeiten. Die Kundin muss wissen, was die einzelnen Dienstleistungen gekostet haben, damit sie nicht mit einem unguten Gefühl den Salon verlässt. Rückfragen der Kundin können Sie so aktiv begegnen. Wichtig ist, dass die Kundin einen detaillierten Beleg über ihre Ausgaben erhält.

Beispiel für ein Kassenprogramm

Um einen besseren Überblick über die Umsätze zu erhalten, nutzen viele Saloninhaberinnen **Kassenführungssysteme**. Die Bedienung dieser PC-Programme zur Kassenführung ist einfach und von jeder Mitarbeiterin leicht zu erlernen. Kommt eine Kundin zur Kasse, werden alle erbrachten Dienstleistungen erfasst und können sofort nach Kundin oder Art der Dienstleistung analysiert werden.

Vorteile:

- Durch die Verknüpfung mit der Kundenverwaltung können z. B. Kundenrabatte oder Treuegutscheine schnell auf ihre Wirksamkeit geprüft werden.
- Wie bei anderen Kassen können die Kundinnen auch hier bar, mit Kreditkarte oder mit dem EC-Lastschriftverfahren zahlen. Aber auch Gutscheine können eingelöst und sofort bei der jeweiligen Kundin gespeichert werden.
- Mithilfe dieser Programme kann die Saloninhaberin schnell Umsätze ermitteln, aufgeschlüsselt nach bestimmten Zeiträumen, Kundinnen oder Mitarbeiterinnen.
- Sie hat so die Möglichkeit, Umsätze in schwachen Bereichen durch gezielte Werbeaktionen oder besondere Anreize für Mitarbeiterinnen zu steigern.
- Verkaufte Waren können so schnell nachbestellt werden.

6.5 Dokumentation

→ *vgl. Lernfeld 2, S. 62*
→ *vgl. Lernfeld 2, S. 122*

Fast alle Friseurbetriebe führen eine **Kundenkartei**, in die alle Kundinnen aufgenommen werden, bei denen eine dauerhafte Umformung oder eine Farbveränderung durchgeführt wurde. Festgehalten werden hier die Ergebnisse der Haar- und Kopfhautbeurteilung, alle verwendeten Präparate und Arbeitstechniken einschließlich Einwirkzeit und Wärmezugabe. So haben Sie die Möglichkeit, zukünftige Umformungen noch besser auf den Kundenwunsch abzustimmen.
Mithilfe dieser Angaben ist es Ihnen möglich, eine dauerhafte Haarumformung Monate später nachvollziehen zu können. Hat einer Kundin das Umformungsergebnis gefallen, sollten Sie die Umformung erneut genauso durchführen können. Auch wenn die gewohnte Stammfriseurin nicht da ist, kann die Kundin wie gewohnt bedient werden.
Ganz besonders wichtig sind diese Informationen, wenn ein Umformungsergebnis nicht wie gewünscht ausfällt. Sie können dann sofort mögliche Ursachen und zukünftige Korrekturmöglichkeiten notieren. Auch spätere Reklamationen, z. B. ein zu schnelles Nachlassen der Sprungkraft, lassen sich mit genauen Angaben leichter bearbeiten.
Manche Betriebe nehmen alle Kundinnen in die Kartei auf, diese dient dann auch als Grundlage z. B. für Werbeaktionen.

Rechenaufgaben

Mischungsrechnen

Einige Friseurpräparate, die nicht gebrauchsfertig geliefert werden, mischen Sie vor der Anwendung in einem vorgegebenen Verhältnis. Dafür müssen Sie Mischungsverhältnisse und bei gegebenen Mischungsverhältnissen die einzusetzenden Mengenanteile der Präparate berechnen können.

Begriffe:

Das Mischungsverhältnis, das Sie immer in der Gebrauchsanweisung des Herstellers finden, gibt an, wie viel Konzentrat mit welcher Menge Verdünnungsmittel zu mischen ist.
Mischungsverhältnis **1 : 2** bedeutet:

1 Teil Konzentrat + 2 Teile Verdünnungsmittel = 3 Teile Lösung

Berechnung der Konzentrats- und der Verdünnungsmengen

Beispiel:
Vor der Anwendung muss ein Fixierkonzentrat 1:2 mit Wasser verdünnt werden. Insgesamt werden 90 ml Fixierlösung benötigt. Wie viel ml Fixierkonzentrat und wie viel ml Wasser benötigen Sie?

1 Teil Fixierkonzentrat + 2 Teile Wasser (Verdünnungsmittel) = 3 Teile Fixierlösung

3 Teile Fixierlösung = 90 ml

$$1 \text{ Teil} = \frac{90 \text{ ml}}{3} = 30 \text{ ml Fixierkonzentrat}$$

$$2 \text{ Teile} = \frac{90 \text{ ml} \cdot 2}{3} = 60 \text{ ml Wasser (Verdünnungsmittel)}$$

Sie benötigen 30 ml Fixierkonzentrat und 60 ml Wasser für 90 ml Fixierlösung.

❶ Ein Fixierkonzentrat soll vor der Anwendung 1 : 3 mit Wasser verdünnt werden.
a) Wie viele Teile Fixierkonzentrat und wie viele Teile Wasser sind zu mischen?
b) Wie viel Fixierkonzentrat und Wasser sind zu mischen, um 100 ml gebrauchsfertige Fixierlösung zu erhalten?

❷ Wie viel ml Konzentrat und wie viel ml Wasser sind jeweils zu mischen?
a) Lösungsmenge: 550 ml; Mischungsverhältnis 1 : 9
b) Lösungsmenge: 1 l; Mischungsverhältnis 1 : 8

❸ Für eine Kundin mit empfindlichem Haar soll ein Wellpräparat 1 : 1,5 mit Wasser verdünnt werden. Welche Mengen müssen Sie mischen, um 75 ml gebrauchsfertiges Wellpräparat zu erhalten?

❹ Wie viel ml Lösung erhält man nach dem Verdünnen folgender Konzentrate?
a) Mischungsverhältnis 1 : 6; Konzentratmenge: 15 ml
b) Mischungsverhältnis 1 : 3; Konzentratmenge: 1,5 l
c) Mischungsverhältnis 2 : 3; Konzentratmenge: 100 ml

Berechnung des Bruttobedienungspreises unter Berücksichtigung der Materialkosten

Wenn Sie den Bruttobedienungspreis für eine dauerhafte Umformung kalkulieren, fließen in die Selbstkosten zusätzlich zu den Lohn- und Gemeinkosten auch die **Materialkosten** (= Kosten, die einer Dienstleistung direkt zugerechnet werden können) mit ein. Dazu gehören hauptsächlich das Well- und Fixierpräparat, Vorbehandlungs-, Pflege- und Frisierpräparat.

Materialkosten
+ Lohnkosten
+ Gemeinkosten (auf Lohnkosten bezogen)

= Selbstkosten
+ Gewinn

= Nettobedienungspreis
+ Mehrwertsteuer

= Bruttobedienungspreis

5. Ein Friseurmeister erhält ein Angebot für Wellpräparate: Eine Portionsflasche Wellpräparat mit Fixierung soll 6,20 € kosten, ab einem Kauf von 6 Flaschen gewährt der Anbieter 5 % Rabatt.
   a) Der Friseurmeister bestellt einen Karton mit 12 Portionen und bezahlt sofort, um 2 % Skonto abziehen zu können. Wie hoch ist der Nettopreis für eine Portionsflasche?
   b) Mit welchen Materialkosten muss der Friseurmeister rechnen, wenn er den Bruttobedienungspreis beim Einsatz dieses Wellpräparats ermittelt?
6. Wie hoch sind die Lohnkosten für eine dauerhafte Umformung, wenn eine Friseurin (Stundenlohn 10,15 €) für das Wickeln 30 Minuten benötigt und alle anderen Arbeiten von einer Auszubildenden (Vergütung 4,57 € pro Stunde) in 50 Minuten durchgeführt werden?
7. Eine Saloninhaberin hat für die Lohnkosten bei der dauerhaften Umformung 11,93 € ermittelt. Für das Wellpräparat musste sie 6,52 € bezahlen, die Kosten für Strom, Wasser usw. kalkuliert sie mit einem Gemeinkostenzuschlag von 111 %. Wie hoch sind die Selbstkosten für die dauerhafte Umformung?
8. Eine neue Friseurin erhält einen Stundenlohn von 8,50 €. Für eine dauerhafte Umformung benötigt sie 75 Minuten.
   Wie wird der Bruttobedienungspreis kalkuliert, wenn mit Gemeinkosten von 133 % und einem Gewinn von 35 % gerechnet wird? Die Materialkosten betragen 9,95 € und die Mehrwertsteuer 19 %.
9. Die teuerste Langzeitumformung wird in einem Salon für 85,00 € angeboten. Bei dieser Behandlung werden ein Wellpräparat zu 13,40 €, ein Spezialshampoo zu 4,00 € und eine Intensivhaarkur zu 6,50 € angewendet. Die Friseurin benötigt bei einem Stundenlohn von 8,90 € 100 Minuten für die Behandlung.
   In diesem Salon wird mit 120 % Gemeinkosten und 33 % Gewinn kalkuliert. 19 % Mehrwertsteuer kommen hinzu.
   Wie hoch ist der tatsächliche Bruttobedienungspreis?

Komplexe Aufgaben

Frau Lindt ist schon lange Stammkundin bei Ihnen. Sie kommt regelmäßig zum Haarschnitt, manchmal zur Tönung. Jetzt möchte sie mehr Volumen in ihrem schulterlangen Haar, evtl. auch eine wellige Frisur.

1. Was müssen Sie im Beratungsgespräch und bei der Beurteilung von Haar und Kopfhaut klären, bevor Sie zu einer dauerhaften Umformung raten können?
2. „Wie kann mein Haar dauerhaft umgeformt werden? Wenn ich mit dem Lockenstab arbeite, dann hält das nicht lange …“
   Erklären Sie der Kundin die unterschiedlichen Vorgänge im Haar bei der Umformung mit dem Lockenstab und der dauerhaften Umformung.
3. „Ich habe gehört, dass alkalische Wellpräparate das Haar schädigen und es glanzlos machen. Warum ist das so?“
   Beantworten Sie die Frage und erklären Sie, wie Sie das Haar der Kundin schützen und pflegen werden.
4. Welches Wellpräparat wählen Sie aus, wenn Frau Lindt unbehandelte Haare hat und nur hin und wieder ihre Haare tönt? Begründen Sie.
5. Frau Lindt möchte ein möglichst natürliches Wellergebnis. Mit welchen Wickeltechniken könnten Sie bei Frau Lindt arbeiten?
6. Welche Wickeltechnik würden Sie wählen, wenn Frau Lindt kein Ansatzvolumen, aber Wellung in den Längen und Spitzen möchte? Beschreiben Sie auch die Durchführung.
7. Frau Lindt fragt, wie lange die Umformung mit Haarschnitt und Föhnfrisur dauern wird. Nennen Sie ihr die Arbeitsschritte, in denen Sie vorgehen werden, und deren ungefähre Dauer in Min.
8. Welche Kosten kommen auf Frau Lindt zu?
9. Die Wellung in Frau Lindts Haaren wird nicht so sprungkräftig wie gewünscht. Welche Fehler können zu mangelnder Sprungkraft, vor allem am Ansatz, geführt haben?
10. Welche Pflegemaßnahmen und Präparate empfehlen Sie Frau Lindt für die Heimbehandlung? Antworten Sie in wörtlicher Rede.

English – Permanent waving

What clients often say:

"I want more volume in my hairstyle."
"My hair is so hard to manage. How can I get more control over my hair?"

"My hair is so fine. I want more fullness in my hair."
"Styling at home is so difficult. Is there a way to make it easier?"
"My hair is so straight. I wish it would be a bit curly."
"My hair is so curly. I wish it would be less curly."

Exercise

1. How can you help these clients? Write down one argument for a permanent waving for each of the clients. (You may use the short form of permanent waving = perm.)

Before you recommend the right perming treatment …	
… find out about …	**Questions to ask the client**
… the hairstyle the client wants. Use photos or magazine pictures for help.	"Look at these pictures. Do you want your hair wavy like this? Or curlier like that?"
… your clients life style.	"How much time do you have for your hair styling? Do you have some time for styling or do we need to find an easy to do hairstyle?"
… your clients personal image by looking at her clothes and make-up. You may also ask some questions.	"Are you interested in fashion trends or is a natural look important for you?"
… your clients experience with perming.	"Have you had a perm before? How did you like it? How long did it last?"

Exercise

2. Write a short dialogue. Work with your partner.
Find out as much as you can about your client before you recommend a treatment.

After the perming treatment:
Perms have to be treated carefully to last long. Tell your client to be very careful with the new perm. The client should not shampoo, condition or stretch the hair in the first 24 hours after the treatment.

Exercise

3. Recommend the right products for the client with the new perm. ➜ p. 102, 106, 275

Vocabulary					
to get more control over s.th.	Kontrolle über etwas bekommen	**fullness**	Fülle	**personal image**	persönlicher Stil
		magazine picture	Zeitschriftenfoto	**fashion trends**	Modetrends
fine	fein	**easy to do hairstyle**	praktische Frisur	**natural look**	natürl. Aussehen

Lernfeld 8 Haare tönen

Sie tönen Haare mit direktziehenden Farbstoffen.

Kundin: „Meine Freundin hat eine tolle neue Haarfarbe, die möchte ich auch mal ausprobieren. Geschädigt werden dürfen meine Haare aber nicht!"

Informieren

- Welchen Farbton wünscht die Kundin?
- Welche Ansprüche an die Haltbarkeit und Haarschonung hat die Kundin?
- Welche Ausgangshaarfarbe und welche Haarqualität bringt die Kundin mit?
- Welchem Farbtyp und Stil lässt sich diese Kundin zuordnen?

Planen

- Ist eine Behandlung mit direktziehenden Farbstoffen geeignet, um die Kundenwünsche zu erfüllen?
- Welche Farbvorschläge passen zu dieser Kundin?
- Welche Möglichkeiten zum Haaretönen habe ich, um diese Zielfarben zu erreichen?
- Wie hoch sind Zeit- und Kostenaufwand?
- Welche Behandlungsplanung zur Farbveränderung schlage ich der Kundin vor?

Entscheiden

- Ich schlage der Kundin Zielfarben vor, die zu ihr passen, und nutze dazu geeignete Frisurenbilder und die Farbkarte.
- Ich erläutere der Kundin die Behandlungsplanung mit Zeit- und Kostenaufwand.
- Ich stelle dabei die Vor- und Nachteile einer Behandlung mit direktziehenden Farbstoffen gegenüber anderen farbverändernden Behandlungen dar.
- Ich helfe der Kundin bei der Entscheidung.

Bewerten

- Ist die Kundin mit der Behandlung und dem Ergebnis zufrieden?
- Bin ich mit dem Ergebnis zufrieden?
- An welcher Stelle sollte ich meine Planung ändern, um das Ergebnis bei der nächsten Behandlung zu verbessern?
- Ich notiere meine Arbeitsplanung, mein Vorgehen und die Bewertung in der Kundenkartei.

Kontrollieren

- Habe ich das Farbziel mit den gewählten Präparaten und Methoden erreicht?
- Ist eine weitere Tönungsbehandlung notwendig?

Ausführen

- Ich bereite den Arbeitsplatz vor.
- Ich wasche die Haare der Kundin.
- Ich trage das Tönungspräparat mit einer geeigneten Technik auf.
- Ich prüfe das Ergebnis und verlängere ggf. die Einwirkzeit.
- Ich spüle die Tönung aus.

Einteilung der farbverändernden Präparate

Bei der Terminabsprache mit einer Kundin fragt diese: „Eigentlich möchte ich nicht nur einen Haarschnitt, sondern auch ein bisschen Farbe. Welche Möglichkeiten gibt es?"

Farbverändernde Präparate – Übersicht

	Haare tönen mit direktziehenden Farbstoffen (Lernfeld 8)		Haare färben und blondieren (Lernfeld 9)	
Präparate	**Tönung** Dazu gehören Tonspülungen, Farbshampoos, Tönungsfestiger, Tönungen in Schaumform, Gelform oder flüssiger Form.	**Pflanzenfarbe** Dazu gehören reine Pflanzenfarben und Gemische aus Pflanzenfarben und Tönungen.	**Oxidative Haarfarbe** Dazu gehören alle Farbcremes, die vor der Anwendung mit einer Entwicklerlösung vermischt werden, also auch Intensivtönungen.	**Blondierung** Dazu gehören neben Blondierungen alle Präparate, die ausschließlich aufhellen, also auch Aufhellungsfestiger, Aufhellungsspray.
Beispiel				
Wirkung	Anlagerung von künstlichen direktziehenden Farbstoffen	Anlagerung von pflanzlichen direktziehenden Farbstoffen	Einlagerung von direktziehenden und oxidativen Farbstoffen bis in tiefere Schichten des Haares bei gleichzeitigem Abbau von natürlichen Pigmenten	Abbau von künstlichen Farbstoffen und natürlichen Pigmenten
Möglichkeiten/ Grenzen	Ausgangsfarben können etwas dunkler, intensiver, aber nicht heller werden.	Ausgangsfarben können etwas dunkler, intensiver, aber nicht heller werden. Mehrmalige Anwendung verstärkt den Farbeffekt.	Fast alle Haarfarben können erreicht werden: heller, dunkler und intensiver.	Ausgangsfarben können erheblich aufgehellt, aber nicht dunkler oder intensiver werden.
Haltbarkeit	Die Farbveränderung ist nicht dauerhaft, sondern lässt sich auswaschen.	Die Farben verblassen durch Auswaschen mit der Zeit.	Die Farbveränderung ist dauerhaft und wächst heraus.	Die Farbveränderung ist dauerhaft und wächst heraus.
Haarschädigung	keine Haarschädigung durch die sauer eingestellten Präparate	keine Haarschädigung, zusätzliche Pflege durch Gerbsäure	Haarschädigung durch Alkalien und Oxidationsmittel	erhöhte Haarschädigung durch Alkalien und Oxidationsmittel

1 Individuelle Kundengegebenheiten

„Ich möchte für heute Abend einen Rotton im Haar, genau wie meine Freundin. Geht das?"

1.1 Kundenwunsch

Gründe für den Wunsch nach Farbveränderung

Viele Kundinnen wünschen von sich aus eine Veränderung ihrer Haarfarbe. Sie möchten:

- weiße Haare abdecken
- dunkler werdende Haare wieder aufhellen
- eine neue Frisur durch eine neue Haarfarbe unterstreichen
- veränderte Lebensumstände auch äußerlich zeigen, z. B. einen neuen Job oder einen neuen Partner
- unerwünschte Farbergebnisse, z. B. verblichene Spitzen, verbessern
- neue Modefarben ausprobieren, die in den Medien veröffentlicht werden
- interessanter aussehen und auffallen
- Abwechslung

Ermittlung des Farbwunsches

Um eine Kundin beraten zu können, sollten Sie das Motiv erkennen, das hinter dem Farbwunsch verborgen ist:

- **Klären Sie Begriffe genau.** Was versteht die Kundin unter „hell" oder „rot", wenn sie ihren Farbwunsch beschreibt? Beachten Sie dabei auch den Stil der Kundin: Ein klassischer Typ versteht unter „blond" etwas anderes als ein avantgardistischer. Verwenden Sie farbige Frisurenfotos, um den Farbwunsch der Kundin genauer bestimmen zu können.
- Bei vielen Kundinnen sind Wünsche nach einer anderen Haarfarbe abhängig von modischen Tendenzen. Beziehen Sie die **aktuellen Modefarben** aus Frisurenzeitschriften, vom Zentralverband, von der Haarfarbenindustrie und vor allem auch von den Stars aus der Film- und Musikbranche mit ein.
- Setzen Sie **Farbkarten** erst ein, wenn Sie die Wunschfarbe stark eingegrenzt haben. Die Kundinnen sind überfordert, wenn sie ihre Farbe aus der gesamten Fülle der Farbangebote auswählen müssen.
  Besser ist es auch, nach der Eingrenzung des Farbtons nicht mit der Farbkarte, sondern nur mit einzelnen **Farbsträhnen** zu arbeiten. Diese lassen sich direkt ans Gesicht und in die Haare halten, sodass die Kundin erkennen kann, ob diese Farbe ihrem Wunsch entspricht.

Einsatz von Frisurenfotos

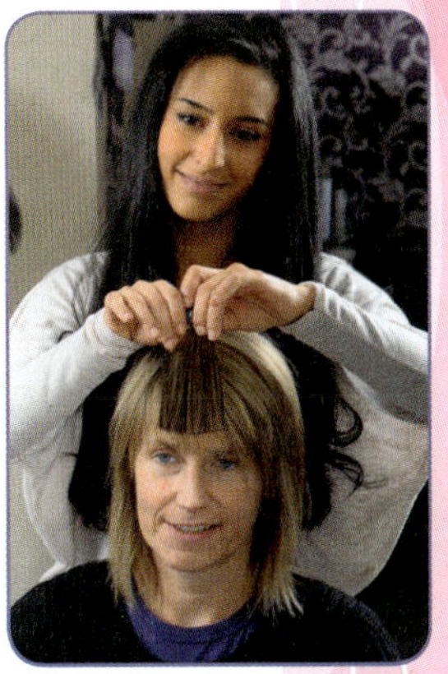

Einsatz von einzelnen Farbsträhnen

Aufgaben

1. Formulieren Sie zwei offene Fragen, mit denen Sie das Gespräch zur Farbveränderung einleiten können.
2. Welche Haarfarben sind zurzeit aktuell? Sammeln Sie aus Zeitschriften fünf modische Haarfarben.

1.2 Haarfarbe

1.2.1 Entstehung von Farbe

Farbe nehmen wir wahr, wenn in unserem Auge durch eintreffende Lichtstrahlen bestimmte Nervenzellen der Netzhaut gereizt werden. Um Farbe sehen zu können, muss es immer eine Lichtquelle geben, z. B. die Sonne, eine Lampe, einen Laser oder eine Kerze, die Strahlen aussendet.
Die Strahlung der Sonne enthält bereits alle Farben, die mit unserem Auge erkennbar sind. Sichtbar wird das bei der Entstehung eines Regenbogens, wenn das Sonnenlicht durch die feinen Wassertropfen in seine einzelnen Farben zerlegt wird. Alle Regenbögen bilden das Sonnenlicht ab. Die Reihenfolge der Farben, **Spektralfarben** genannt, ist dabei immer gleich: Rot, Orange, Gelb, Grün, Blau, Violett.

Licht als elektromagnetische Strahlung

Physikalisch betrachtet bestehen alle Strahlen aus elektromagnetischen Wellen, die sich je nach Art der Strahlung in ihrer Wellenlänge unterscheiden. Auch jede Farbe hat ihre charakteristische Wellenlänge. Allerdings ist sichtbares Licht nur ein Teil der Strahlung, die von der Sonne ausgesendet wird.

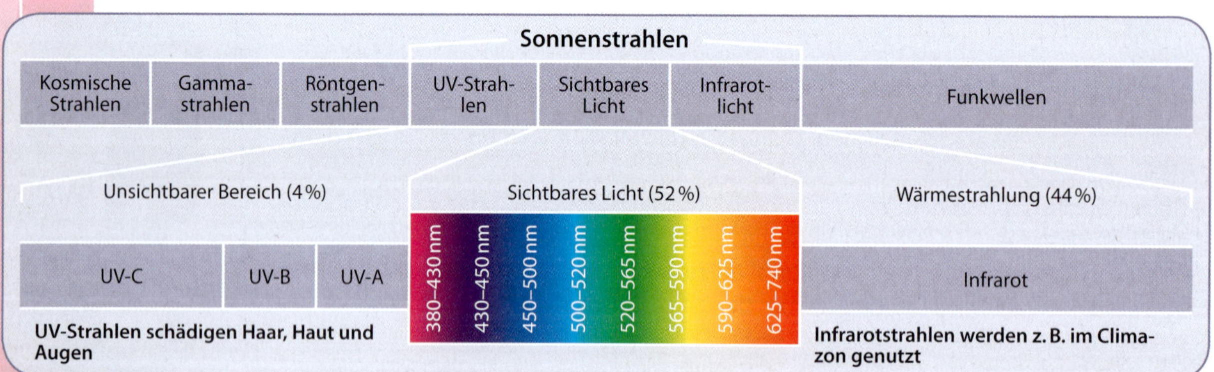

Strahlenarten

Andere Lichtquellen als die Sonne enthalten häufig nicht alle Spektralfarben:
- **Kerzenlicht** wirkt gelblich, weil blaue und violette Strahlen kaum vorhanden sind.
- **Künstliches Licht** von bestimmten **Leuchtstoffröhren**, wie sie z. B. in Schulen oder Büros eingesetzt werden, wirkt eher bläulich. Hier fehlen gelbe Farbanteile.

Weißes Licht oder Tageslicht entsteht dann, wenn alle Spektralfarben addiert werden, sie werden deshalb auch als additive Farben bezeichnet. **Additive Farben** sind Farben, die durch Mischung miteinander heller werden.

Farbige Gegenstände

Gegenstände können wir sehen, wenn Licht auf sie fällt, von ihnen reflektiert, d. h. zurückgeworfen wird, und in unser Auge trifft. Wenn mehr Licht in unser Auge fällt, nehmen wir mehr wahr, im Dunkeln dagegen sehen wir nichts.
Helle Gegenstände strahlen viel Licht zurück, Gegenstände, die uns „grau" erscheinen, nehmen viel auftreffende Strahlung auf. Sie absorbieren sie und geben nur einen geringen Teil wieder ab. Schwarze Dinge reflektieren gar kein Licht. Rote Gegenstände reflektieren nur rote Strahlung, andere Farben werden absorbiert. Dinge, die wir als „violett" wahrnehmen, werfen violette Strahlen zurück, gleichzeitig auch blaue und rote. Das Gemisch aus beiden Farben erkennt unser Auge ebenfalls als „violett".

Heller Gegenstand: Strahlung wird weitgehend reflektiert.	Schwarzer Gegenstand: Strahlung wird nicht reflektiert.	Roter Gegenstand: Rote Strahlung wird reflektiert.	Türkiser Gegenstand: Blaue und grüne Strahlung wird reflektiert.	Violetter Gegenstand: Violette, rote und blaue Strahlung wird reflektiert.

Gegenstände (Körper) erscheinen farbig, weil sie Farbstoffe enthalten. Diese nehmen die Strahlung bestimmter Wellenlängen auf, d.h. sie absorbieren diese. Mischt man diese Farben von Körpern **(Körperfarben)** miteinander, so wird das Farbergebnis immer dunkler als die Ausgangsfarben. Alle gemischten Farben absorbieren mehr Farbstrahlen, nämlich die Strahlen aller Ausgangsfarben. Je mehr Korperfarben untereinander gemischt werden, desto dunkler wird das Ergebnis. Diese Farben, zu denen alle Farben von Gegenständen, auch alle Haarfarben gehören, werden deshalb auch als **subtraktive Farben** bezeichnet.
Haare enthalten nicht lösliche farbgebende Stoffe, die als **Pigmente** bezeichnet werden. Haarfarbverändernde Präparate enthalten lösliche farbgebende Stoffe, die als **Farbstoffe** bezeichnet werden.

Die Farbe eines Gegenstandes wird nicht nur von den enthaltenen Farbstoffen, sondern auch von der Lichtquelle beeinflusst. Wird z.B. von einer Lichtquelle nur kaltes, blaues Licht ausgesendet, so kann ein Gegenstand keine rote Strahlung reflektieren und das Auge die Farbe Rot nicht erkennen. In warmem Kerzenlicht wirken Blautöne nur grau und kommen nicht klar heraus. Unterschiedliche Beleuchtung lässt dieselbe Haarfarbe also unterschiedlich erscheinen.

Für die Arbeit im Salon ist es wichtig, möglichst eine dem Tageslicht ähnliche Beleuchtung zu haben, damit alle Farben sichtbar werden und natürlich wirken.

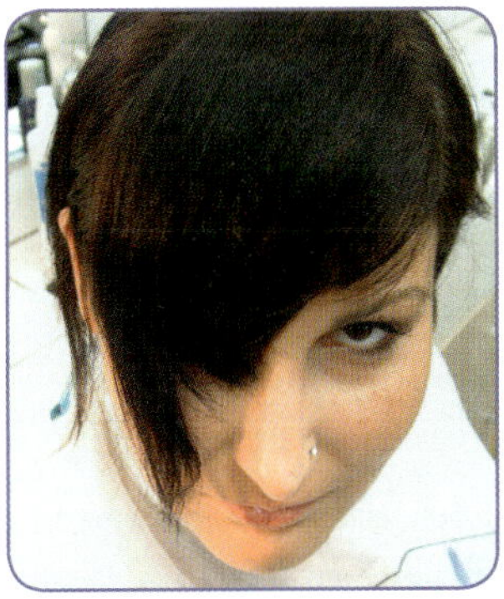

Warmes und gelbliches Licht lässt die Haarfarbe bräunlich wirken

In kaltem und bläulichem Licht wirkt die Haarfarbe violett

1.2.2 Ordnungssystem der Farben – Farbkreis

Fast alle Farben sind Gemische aus verschiedenen Farben und lassen sich in einem Farbkreis anordnen.

a) Die drei **Grundfarben** Rot, Blau, Gelb lassen sich nicht aus anderen Farben mischen.
b) Die drei **Mischfarben erster Ordnung**, Orange, Grün, Violett, lassen sich aus je zwei Grundfarben mischen.
c) Gemeinsam bilden sie den **sechsteiligen Farbkreis**.
d) Durch Mischen der nebeneinanderliegenden Farben des sechsteiligen Farbkreises ergeben sich die sechs **Mischfarben zweiter Ordnung**. Sie werden nach den Farben benannt, aus denen sie gemischt wurden. Blau gemischt mit Grün ergibt z. B. ein Blaugrün.
e) Die Grundfarben, die Mischfarben erster Ordnung und die Mischfarben zweiter Ordnung ergeben den **zwölfteiligen Farbkreis**.

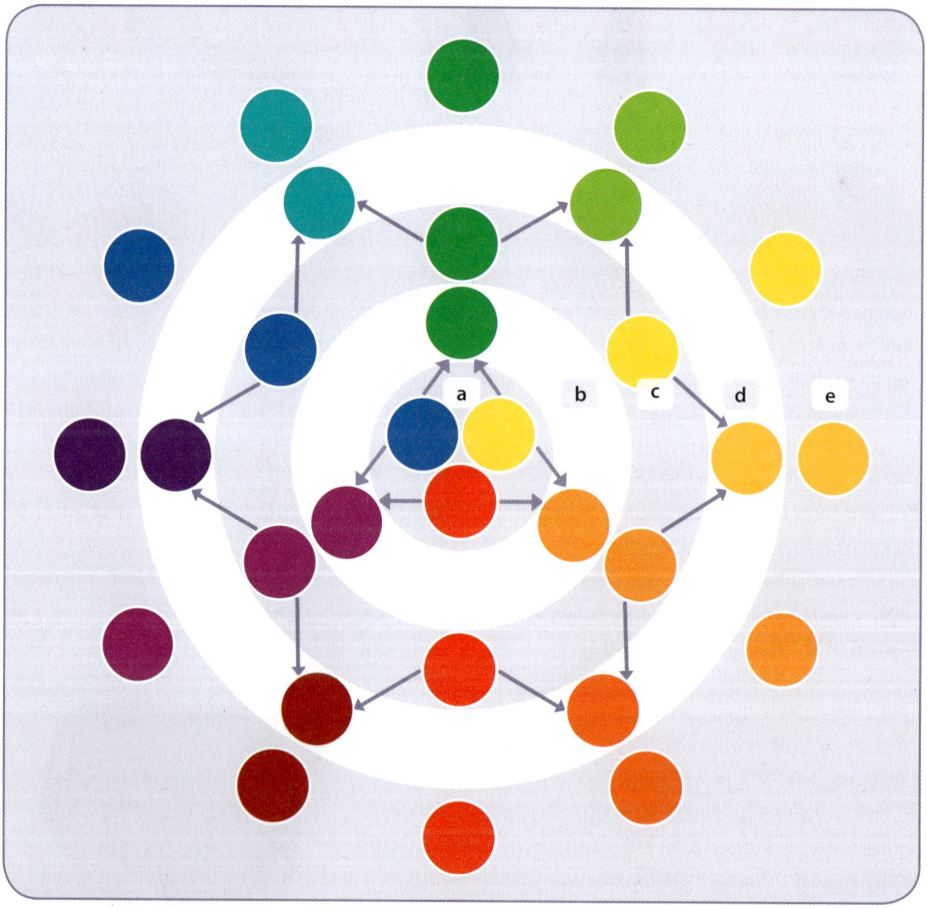

Zwölfteiliger Farbkreis

Farben, die sich im Farbkreis gegenüberliegen, werden als **Gegenfarben** oder **Komplementärfarben** bezeichnet. Gegenfarben sind: Rot und Grün, Blau und Orange, Gelb und Violett. Werden Gegenfarben miteinander vermischt, ergibt sich eine graue Farbe, da beide zusammen alle Farben aus dem Farbspektrum absorbieren.

Im Farbkreis sind nur die klaren, reinen Farben mit der größten Leuchtkraft angeordnet. Werden diese **Klarfarben** mit Grau, Braun oder ihrer Gegenfarbe vermischt, verlieren sie an Leuchtkraft und werden als **Trübfarben** bezeichnet. Bei abgedunkelten Farben wurde stattdessen Schwarz zugemischt. Je mehr Farbstoffe enthalten sind, desto mehr Farbstrahlen werden absorbiert. Durch das Mischen mit Weiß können die Klarfarben zu **Pastellfarben** aufgehellt werden.

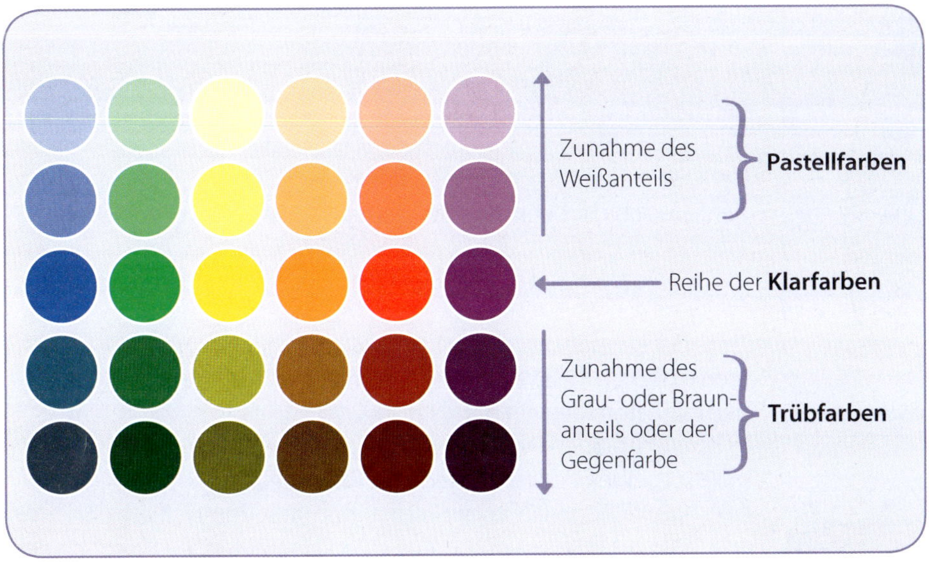

Praxistipp

Die trübende Wirkung der Gegenfarben nutzen Sie in der Färbepraxis, um unerwünschten Haarfarben die Leuchtkraft zu nehmen und sie dadurch abzuschwächen.

Aufgaben

Übertragen Sie die folgenden Aufgaben auf ein unliniertes Papier.
Führen Sie die Farbmischungen mit Deckfarben aus.

1. Mischen Sie das Gegenfarbenpaar.
   Beschreiben Sie die Farbe, die dabei entsteht.

2. Mischen Sie je zwei weitere Gegenfarben.
   Welche Farben entstehen?
3. Schwächen Sie die Leuchtkraft der Klarfarbe Orange durch schrittweise Zugabe der Gegenfarbe.
   Welche Farbveränderung können Sie beobachten?

4. Welche Farbe wählen Sie, um die Leuchtkraft einer sehr gelblichen Haarfarbe zu schwächen? Begründen Sie Ihre Wahl.

1.2.3 Natürliche Haarfarbe

Bei farblichen Veränderungen mit künstlichen oder pflanzlichen Farbstoffen ergibt sich immer ein Gemisch aus bereits vorhandenen Pigmenten und den neu einzulagernden Farbstoffen. Bei der Auswahl der richtigen Farbnuance muss also die vorhandene Haarfarbe mit bedacht werden.

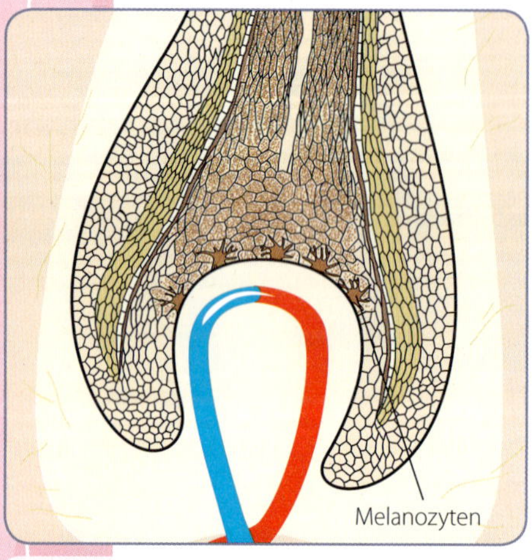

Haarwurzel mit Melanozyten

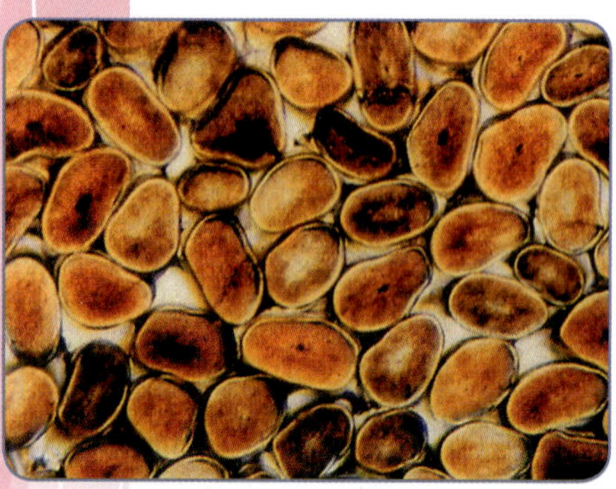
Haarquerschnitt mit farbiger Faserschicht und farbloser Schuppenschicht

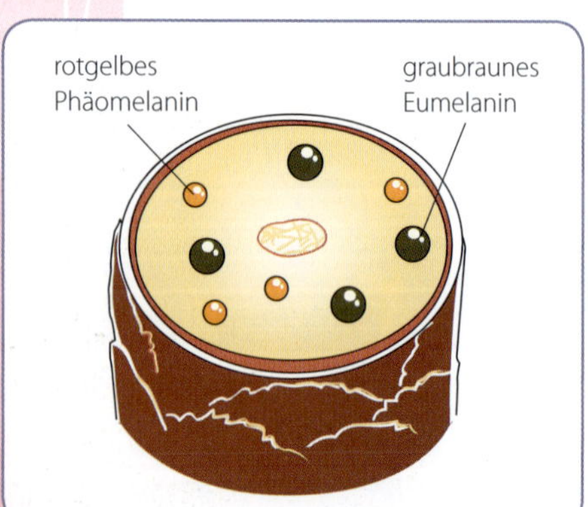

Naturpigmente (Haarquerschnitt)

Entstehung der natürlichen Haarfarbe

In der Haarmatrix befinden sich zwischen den Keratinozyten (vgl. S. 79) einige **Melanozyten**, also Zellen, die den Farbstoff **Melanin** herstellen. Der Farbstoff wird an die umliegenden Zellen abgegeben und wandert mit diesen durch den Haarfollikel nach oben.
Der Querschnitt durch ein Naturhaar zeigt, dass die Pigmente sich in der Faserschicht befinden, die meisten an der Grenze zur Schuppenschicht. Bei europäischen Naturhaaren ist die Schuppenschicht farblos, denn das Keratin enthält hier keine Pigmente und ist durchsichtig.

Trotz der unendlichen Vielzahl natürlicher Haarfarben findet man im menschlichen Haar nur zwei verschiedene **Pigmentarten**, die aus dem Farbstoff Melanin gebildet werden:
- die graubraunen Pigmente, genannt **Eumelanin**, und
- die rotgelben Pigmente, genannt **Phäomelanin**.

Alle natürlichen Haarfarben entstehen aus unterschiedlichen Mischungsverhältnissen und unterschiedlichen Mengen dieser beiden Pigmentarten. Die Pigmente haben unterschiedliche Eigenschaften:

Eigenschaften der Naturpigmente

	Phäomelanin	Eumelanin
Farbe	rotgelb	graubraun
Größe	klein	groß
Abbaubarkeit	leichter chemisch abbaubar durch z. B. Blondierung	chemisch schwer abbaubar durch z. B. Blondierung, der Abbau erfolgt über Gelb-Orange-Zwischenstufen

Ordnungssystem der natürlichen Haarfarben

Die **Farbrichtung** gibt an, in Richtung welcher Klarfarbe die Haarfarbe einzuordnen ist. Die natürlichen Haarfarben können rötlich oder goldig (= gelblich) schimmern. Die übrigen Klarfarben gibt es im Bereich der natürlichen Haarfarben kaum.
Das Mischungsverhältnis von Eumelanin und Phäomelanin bestimmt die Farbrichtung. Je mehr Phäomelanin eine Haarfarbe enthält, desto rötlicher wirkt sie.

Für die Farbrichtungen werden im Bereich der farbverändernden Präparate andere Farbbezeichnungen als im Farbkreis verwendet.

Die **Farbtiefe**, also wie hell oder dunkel eine Haarfarbe ist, wird durch die Menge der Pigmente bestimmt. Dunkle Haarfarben enthalten viele Pigmente beider Arten. Daher absorbieren diese Haare viel Licht und können nur wenig Strahlung reflektieren.

Natürliche Haarfarben sind Trübfarben, die sich in Farbtiefe und Farbrichtung unterscheiden.

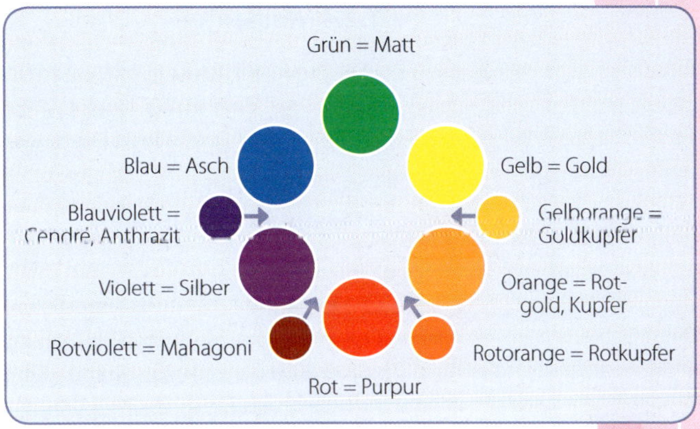

Bezeichnungen für Haarfarben

Farbrichtung – Zunahme an Phäomelanin

Farbtiefe – Zunahme beider Pigmentarten

	Asch	Natur/Matt	Gelb/Gold	Orange/Kupfer

Hell-Lichtblond				
Lichtblond				
Hellblond				
Mittelblond				
Dunkelblond				
Hellbraun				
Mittelbraun				
Dunkelbraun				
Schwarz				

Bestimmung der natürlichen Haarfarbe

Um die **Farbtiefe** der Naturhaarfarbe zu bestimmen, halten Sie einen **Naturtonselektor** an den Haaransatz am Oberkopf und vergleichen Sie die Farben. Bedenken Sie, dass Haare und Vergleichssträhne des Naturtonselektors von unterschiedlicher Qualität sind.
Da Haare durch Sonne, dauerhafte Umformungen oder andere Belastungen aufgehellt werden, müssen Sie auch die Farbe der Längen und Spitzen bestimmen. Wiederholen Sie den Vorgang an den Seitenpartien und am Hinterkopf.
Für die Bestimmung der **Farbrichtung** ist der Naturtonselektor nicht immer ausreichend. Weicht die Farbrichtung stärker vom Bereich „Natur" ab, sollte sie mithilfe einer Farbkarte aus dem Bereich der Haarfärbepräparate bestimmt werden. Achten Sie immer auf Tageslicht oder tageslichtartige Beleuchtung!

Bestimmung der Farbtiefe mit dem Naturtonselektor

1.2.4 Weißanteil

Das Ergrauen des Haares ist für viele Menschen ein Grund, Haare farblich zu verändern. Der Zeitpunkt und die Geschwindigkeit, in der ein Mensch weiße Haare bekommt, sind genetisch bedingt.

Ursache des „Ergrauens"

Wenn Haare „grau" werden, enthalten sie zunächst weniger, später kein Melanin mehr. Die Ursache hierfür ist eine Störung der Melaninbildung in den Melanozyten. Neueste Forschungsergebnisse haben gezeigt, dass sich in der Haarmatrix bleichendes Wasserstoffperoxid befindet, welches die Bildung von Melanin behindert. Je älter der Mensch, desto größer ist die Wasserstoffperoxidmenge in den Melanozyten. Mit zunehmendem Alter kann das Wasserstoffperoxid schlechter abgebaut werden und hemmt daher immer mehr den Aufbau von Melanin. Statt farbiger Pigmente enthalten die Haare farblose Lufteinschlüsse. Das einzelne Haar wird heller und ist schließlich farblos, da das Keratin keine Eigenfarbe besitzt.
Das Gesamtbild des Kopfhaares besteht dann aus einer Mischung von farbigen, pigmentierten und farblosen, unpigmentierten Haaren. Das ergibt das Farbbild „grau" (meliert). Die Intensität der Naturhaarfarbe lässt schon mit den ersten unpigmentierten Haaren nach, da im Gesamteindruck bereits Pigmente fehlen.

Unpigmentierte Haare zeigen sich meist zuerst im gut sichtbaren Schläfen- und Oberkopfbereich. Bei vielen Kundinnen und Kunden entsteht deshalb sehr früh der Eindruck, dass ein hoher Ergrauungsgrad (Weißanteil) des gesamten Haares vorliegt.

Die richtige Bestimmung des Naturtons wird schwieriger, je mehr Weißanteil vorhanden ist. Trotzdem darf der Naturton nicht vernachlässigt werden, sonst ist mit unerwünschten Nebeneffekten zu rechnen.

Bestimmung des Weißanteils

Weißanteil in %	30 %	50 %	70 %	100 %
Beispiel				
Erkennungsmerkmale	noch wenige weiße Haare, an den Schläfen und Seiten meist verstärkt unpigmentiert	viele pigmentierte und weiße Haare, letztere deutlich zu erkennen in dunklem Naturhaar, schwerer in helleren Naturtönen	mehr weiße als pigmentierte Haare, Ergrauung ist deutlich zu erkennen	völlig weiße Haare, nur noch vereinzelt pigmentiertes Haar

In ihren **Färbeeigenschaften** unterscheiden sich weiße von pigmentierten Haaren:

- Weiße Haare sind häufig weniger elastisch und manchmal lockiger oder glatter als die übrigen Haare. Sie sind oft dicker, härter und glasig und daher widerstandsfähiger und „verschlossener" gegenüber chemischen Einwirkungen wie z. B. Farbbehandlungen.
- Farbstoffe wirken auf weißem Haar heller und leuchtender: Sie können rein und klar wirken, da sie nicht mit natürlichen Pigmenten gemischt werden.

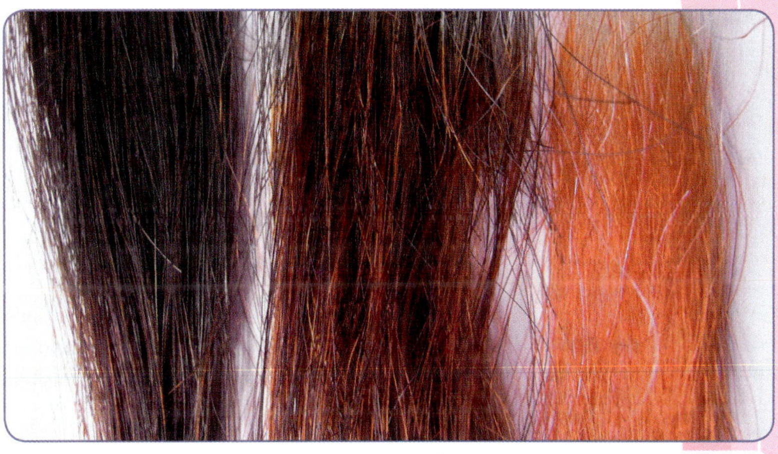

Rötliche Nuancierung auf dunklem Naturhaar weniger sichtbar — *Starke Leuchtkraft nur bei den vereinzelten weißen Haaren* — *Starke Leuchtkraft bei völlig weißen Haaren*

1.2.5 Farblich vorbehandelte Haare

Eine genaue Bestimmung der **Ausgangsfarbe** ist wichtig, da die neuen Farbstoffe zusammen mit den bereits im Haar enthaltenen Pigmenten die Zielfarbe ergeben.

Die Bestimmung der Farbtiefe und Farbrichtung wird mit einer Farbkarte durchgeführt. Dabei ist die Farbgebung an Ansätzen, Längen und Spitzen getrennt zu ermitteln. Gerade farblich behandelte Haare weisen große farbliche Unterschiede innerhalb der einzelnen Bereiche eines Haares auf:

- Der herausgewachsene Ansatz enthält keine künstlichen Farbstoffe. Das Haar ist hier im Normalfall von guter Qualität.
- In den Längen und Spitzen ist die Farbe oft nicht einheitlich, da die künstlichen Farbstoffe sich in porösen Spitzen nicht so gut halten wie in den weniger geschädigten Längen.

Häufig sind farblich vorbehandelte Haare strukturgeschädigt, gerade Aufhellungsvorgänge beeinflussen die **Haarstruktur** stark. Bei strukturgeschädigten, aufgehellten Haarpartien sind Farbergebnisse kaum vorhersehbar. Künstliche Farbstoffe lassen sich häufig nicht mehr dauerhaft einlagern. In Einzelfällen haften sie hingegen unerwartet gut, d. h., sie lassen sich nicht wieder auswaschen.
Auch dauerhaft umgeformte Haare sind poröser als unbehandelte Haare. Sie nehmen besonders in den Längen und Spitzen mehr Farbstoffe auf, die sich aber oft weniger lange im Haar halten. Flüssige Tönungspräparate dringen leicht in die Lücken des porösen Haares ein. Die Farbstoffe finden jedoch keinen dauerhaften Halt und werden ebenso leicht wieder ausgespült.

→ *vgl. Lernfeld 7, S. 246*

Aufgabe

Eine mittelblonde Kundin möchte eine rötliche Haarfarbe ausprobieren.
a) Welche farbverändernden Präparate können Sie einsetzen?
b) Welche farbverändernden Präparate sollten Sie nicht verwenden?

1.3 Haarqualität

1.3.1 Haarstärke

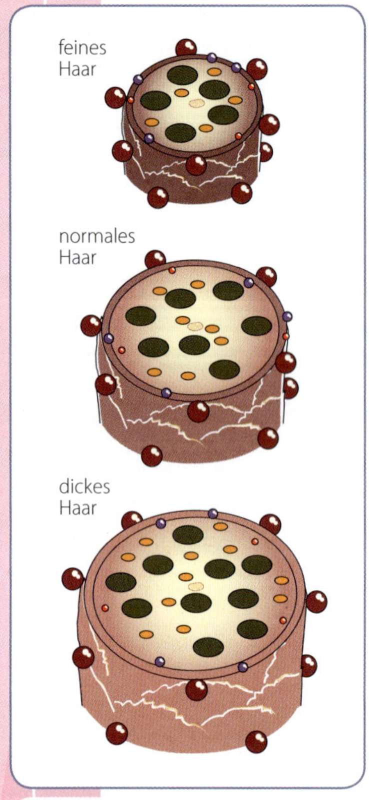

Unterschiedliche Farbergebnisse bei gleicher Ausgangshaarfarbe und gleicher Farbstoffmenge

Haarfarbverändernde Präparate sind auf eine **normale Haarstärke** (0,06–0,07 mm) abgestimmt. Deshalb müssen Rezepturen für sehr feine oder sehr dicke Haare abgewandelt werden, um dasselbe Ergebnis zu erzielen.

Feine/dünne Haare bis 0,05 mm Stärke haben weitaus weniger Keratinmasse. Die Farbstoffe werden dichter aneinander gelagert. Im Vergleich zur Normalstärke entsteht dadurch ein dunkleres Farbbild.

Dicke Haare (0,08 mm und stärker) haben zwar eine größere Oberfläche zur Aufnahme von Farbstoffen. Durch die Verteilung auf der größeren Oberfläche ist aber der Abstand der Farbstoffe zueinander größer. Das Ergebnis fällt heller und transparenter aus.

1.3.2 Haarstruktur

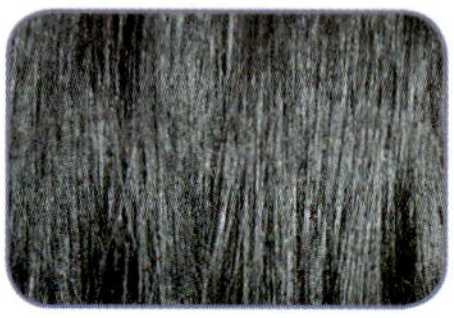

Gesundes Haar: starker Glanz

Strukturgeschädigtes Haar: wenig Glanz

Die Haarstruktur beeinflusst:
- die Anfärbbarkeit des Haares
- die Haltbarkeit einer Farbveränderung
- den Gesamteindruck

Gesunde und glänzende Haare mit anliegender Schuppenschicht nehmen nicht so viele Farbstoffe auf. Sie werden aber länger im Haar verankert. Farbergebnisse wirken bei diesen Haaren leuchtender und intensiver, da eintreffendes Licht von einer glatten Schuppenschicht stärker reflektiert wird.

Poröse Bereiche halten einen violetten Farbton, die gesunden Bereiche nicht

Die **Länge des Haares** hat ebenfalls Einfluss auf die farbverändernden Maßnahmen. Die Längen und Spitzen bei einem etwa 40 cm langen Haar sind bereits über drei Jahre alt und durch jahrelanges Föhnen und Bürsten stark beansprucht. Hier findet man häufiger ungleichmäßige Haarstrukturen innerhalb einer Haarsträhne. → vgl. S. 246

Hartes und glasiges Haar nimmt weniger leicht Farbstoffe auf, folglich ist die Deckkraft der Farbe geringer. Das Farbergebnis wirkt oft blass.

Glatte Haare reflektieren Licht geordneter als bewegtes Haar. Deshalb kann eine kräftigere Nuance gewählt werden, wenn die Frisur gelockt ist.

Glattes Haar = gleichmäßige Reflexion

Welliges Haar = ungleichmäßige Reflexion

Aufgaben

1. Erstellen Sie einen eigenen Haarbeurteilungsbogen, der alle für eine Farbveränderung wichtigen Kundengegebenheiten erfasst.
2. Beurteilen Sie mithilfe dieses Bogens die Haare einer Mitschülerin.
3. Während der Haar- und Kopfhautbeurteilung fragt die Kundin: „Warum müssen Sie meine Haarstärke und meine Haarstruktur so genau bestimmen?" Erklären Sie der Kundin den Einfluss von Haarstärke und Haarstruktur auf das Farbergebnis.

1.4 Farbtyp

Haarfarben beeinflussen das Gesamtbild eines Menschen. Manche Haarfarben lassen ihn strahlend und gesund aussehen, andere lassen ihn blass und krank wirken. Jede Kundin wünscht sich, mit ihrer neuen Haarfarbe besser auszusehen. Es ist also notwendig, vor jeder farblichen Veränderung der Haare festzustellen, welche Farben zu ihr passen. Dazu müssen Sie den Farbtyp der Kundin bestimmen.

1.4.1 Merkmale der Farbtypen

Grob unterscheiden lassen sich Menschen aufgrund ihrer Hautfarbe, ihrer Augenfarbe und ihrer natürlichen Haarfarbe, daher ist der Farbtyp eines Menschen genetisch festgelegt. Einige Menschen zeigen überwiegend warme Farbmerkmale, d. h. Farben mit höherem Gelbanteil. Andere zeigen eher kalte Farbmerkmale, d. h. Farben mit geringem Gelb- und meist höherem Blauanteil (nach Beatrix Isabel Lied, Beauty is Life).
Aus diesen Merkmalen ergeben sich folgende vier Grundtypen:

Merkmale der vier Farbtypen

	Frühlingstyp	Sommertyp	Herbsttyp	Wintertyp
allgemeine Merkmale	helle und warme Farben	helle und kalte Farben	dunkle und warme Farben	dunkle und kalte Farben
Haar	goldene Farbrichtung	Aschtöne	irisches Rot, warme Braun- und Honigtöne, in der Kindheit rotes Haar	Dunkelbraun bis Blauschwarz, ergrauen früh, metallische, graumelierte Töne
Augen	überwiegend Gelbtürkis, Goldgrün, hell bis dunkel Bernsteinfarben, Blau	Blau, Blaugrün, Graugrün, Aquamarinfarben, das Weiße des Auges wirkt hell	Braun (heller Bernstein bis Schwarzbraun), Olivgrün	das Weiße des Auges wirkt strahlend, alle Blauvarianten, alle Brauntöne
Haut	hell, gelblicher Unterton, goldig-braune Sommersprossen, schnelle und tiefe Bräune, im Alter sonnenempfindlich	hell, durchscheinend, rosig, bläulicher Unterton	goldiger Hautton oder sonnenempfindlich mit Sommersprossen und blasser Haut	Olivton, schnelle und lang anhaltende Bräune oder: „Schneewittchentyp“: blasse Haut mit bläulichem Unterton, keine Bräunung
Beispiel		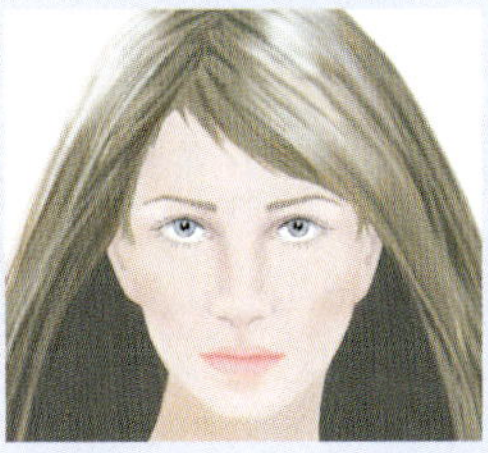	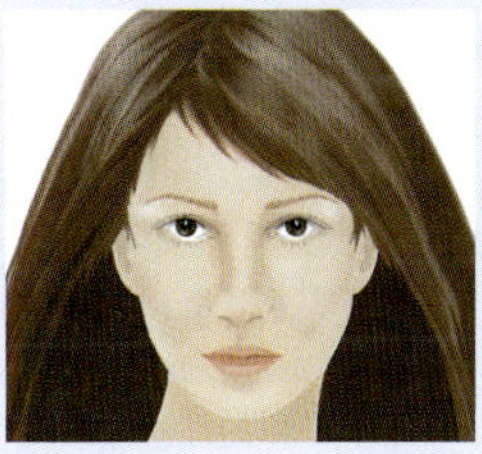	

Bei der Bestimmung des Farbtyps wird schnell deutlich, dass kaum eine Kundin alle Merkmale eines Farbtyps trägt. So gibt es viele Menschen, die bei der klassischen Einteilung in vier Jareszeiten den vier Kategorien nicht eindeutig zugeordnet werden können. Überwiegen die Merkmale für einen Farbtyp, kann die Wahl der Haarfarbe sich nach diesem Farbtyp richten. Bei Mischtypen, wie sie z. B. zwischen Frühling und Sommer vorkommen, sollten Farben aus dem übereinstimmenden Bereich gewählt werden, in diesem Fall also helle Farben.

Die einfache Einteilung in nur vier Grundtypen reicht für eine intensive Farbtypberatung durch eine Farbberaterin meist nicht aus. Daher werden für eine individuellere Farbberatung häufig auch Mischtypen mit aufgenommen und differenziertere Farbtypensysteme verwendet.

www.beautyislife.de

So werden z.B. bei „Beauty is Life" folgende neun Farbtypen unterschieden:

Merkmale der neun Farbtypen nach Beatrix Isabel Lied, www.beautyislife.de

	Warmer Farbtyp (Haare, Augenbrauen, Augen und Haut sind warm pigmentiert)	**Warm-kalter Farbtyp** (weist Merkmale des warmen und kalten Farbtyps auf)	**Kalter Farbtyp** (Haare, Augenbrauen, Augen und Haut sind warm pigmentiert)
Heller Farbtyp	hell-warm z.B. gelbgrüne Augen, rotgoldene Haare	hell-warm-kalt z.B. helle, blaue Augen, goldblonde Haare	hell-kalt z.B. blaue Augen, weißblonde Haare
Mittlerer Farbtyp	mittel-warm z.B. helle, bernsteinfarbene Augen, rotbraune Haare	mittel-warm-kalt z.B. grünliche Augen, mittelbraune Haare	mittel-kalt z.B. graublaue Augen, dunkelblondaschige Haare
Dunkler Farbtyp	dunkel-warm z.B. braune Augen, braune Haare	dunkel-warm-kalt z.B. dunkelbraune Augen, schwarze Haare	dunkel-kalt z.B. blaue Augen, dunkelbraune bis schwarze Haare

Aufgabe

Erstellen Sie einen Beurteilungsbogen, mit dessen Hilfe der Farbtyp einer Kundin schnell ermittelt werden kann.

1.4.2 Farbtypbestimmung

Beachten Sie Äußerungen der Kundin zu den von ihr bevorzugten Farben genau. Obwohl der Kundengeschmack nicht nur vom Farbtyp, sondern auch von der Mode abhängt, können Sie hier wichtige Hinweise bekommen.

Durchführung:

- Für Tageslicht oder tageslichtähnliche Beleuchtung sorgen.
- Die Kundin abschminken.
- Bestimmen Sie die Farbtiefe und Farbrichtung der Naturhaarfarbe der Kundin anhand der Haare (bei farblich vorbehandelten Haaren ggf. anhand des Ansatzes) oder der Augenbrauen.
- Die Haare der Kundin aus dem Gesicht nehmen bzw. abdecken.
- Ermitteln Sie die Farbe der Iris und achten Sie darauf, wie stark das Weiße des Auges leuchtet.
- Bestimmen Sie die Farbrichtung der Hautfarbe. Achtung bei gebräunter Haut, die fast immer einen warmen Unterton hat. Hier sollte die Innenseite der Unterarme betrachtet werden.

Lassen Sie die Mehrheit der Merkmale über die Zuordnung zu einem Farbtyp entscheiden, da die meisten Menschen Mischtypen sind.

Bestimmung des Farbtyps durch Farbtücher

Die Zuordnung zur Farbrichtung „warm" oder „kalt" lässt sich durch gold- und silberfarbige Tücher bestimmen. Der Kundin werden nacheinander die Tücher unter das Gesicht gehalten, im Idealfall auch über die Haare gelegt. Nun konzentrieren Sie sich auf das Gesicht der Kundin, nicht auf die Tücher:

- Wird die Haut der Kundin ruhiger und strahlender?
- Wirkt das Gesicht frisch?
- Werden die Augen leuchtender?

ODER

- Wird die Haut unruhiger, werden Falten und Augenschatten deutlicher?
- Fallen Unreinheiten stärker auf?
- Wird die Haut fleckig?
- Wirkt das Weiße im Auge gelblicher?

UND: Fragen Sie auch die Kundin, bei welcher Farbe sie sich wohler fühlt.

Wenn Sie sich für eine Farbrichtung – Gold entspricht warm, Silber entspricht kalt – entschieden haben, können Sie das Ergebnis überprüfen und verfeinern. Verwenden Sie dazu Farbtücher der Farbkategorien hell/warm und dunkel/warm bzw. hell/kalt und dunkel/kalt. Halten Sie der Kundin die Tücher unter das Gesicht und beobachten Sie die Veränderungen an Haut und Augen. Wirken die Farbtücher einer Kategorie positiv, haben Sie den genauen Farbtyp ermittelt.

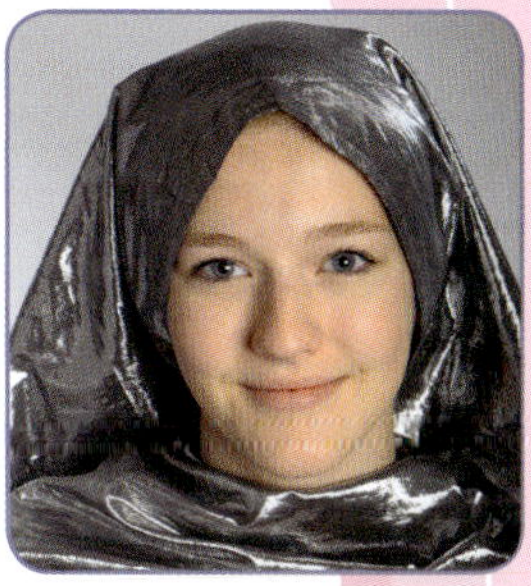

Kundin mit silbernem Tuch

Kundin mit goldenem Tuch

Farbtücher Frühling hell/warm

Farbtücher Sommer hell/kalt

Farbtücher Herbst dunkel/warm

Farbtücher Winter dunkel/kalt

1.5 Weitere beeinflussende Gegebenheiten

Sehen Sie sich die Kundin genau an: Welche Kleidung, welche Frisur und welches Make-up trägt sie? Ist die Kundin zurückhaltend oder fällt sie gern auf? Das Farbergebnis soll immer zur Kundin passen. Einer Kundin, die nicht auffallen möchte, ist mit einem leuchtenden Kupferton vermutlich nicht geholfen; für Menschen, die Aufmerksamkeit wünschen, ist diese Farbe genau richtig. Fragen Sie die Kundin zusätzlich nach den Farben, die sie häufig trägt. Harmonieren diese mit dem Kundenwunsch?

Alter

Junge Menschen sind meist stärker an der aktuellen Mode interessiert, wie sie von Stars aus der Musik- oder Filmszene und von ihren Freunden getragen wird. Sie sind mutiger und erwarten extremere Farbveränderungen und konsequentere Umsetzung der Trends als die älteren Kundinnen.
Ältere Kundinnen haben häufig erkannt, was ihnen steht. Sie lassen sich weniger von aktuellen Modetrends leiten. Bei der Farbwahl müssen Sie verstärkt die persönlichen Vorbedingungen der Kundin berücksichtigen. Im Laufe der Jahre zeigt sich der Alte-

rungsprozess der Haut besonders im Gesicht. Die Haut wird blasser und zeigt zusätzlich zu den Fältchen einige Altersveränderungen. Verwenden Sie harmonische und helle Farben. Vermeiden Sie bei dieser Kundengruppe starke Kontraste, kräftige und dunkle Farben, die die Zeichen des Alters ungünstig betonen. Orientieren Sie sich dabei an der natürlichen Haarfarbe der Kundin.

→ *vgl. Lernfeld 4, S. 129 ff.*

Stil

- **Natürlicher Typ:** Harmonische Farben und Farbkombinationen in Naturfarben werden bevorzugt; keine starken Kontraste. Haare sollen nicht farblich verändert aussehen. Pflanzenfarben eignen sich deshalb nicht nur aus ökologischen Gründen, sondern auch wegen ihrer natürlichen Farbpalette.
- **Sportlicher Typ:** Hier bieten sich blondierte oder oxidativ gefärbte Strähnchen an, da das Haar häufig gewaschen wird, aber wenig Zeit für die Haarpflege bleibt.
- **Klassischer Typ:** Dieser Typ wünscht gepflegtes und glänzendes Haar in harmonischen Farbtönen. Hier können alle kräftigen und leuchtenden Farben eingesetzt werden. Von starken Aufhellungen ist aber wegen der Haarschädigung abzuraten.
- **Avantgardistischer Typ:** Diese Kundinnen erwarten ausgefallene Haarfarben und Färbetechniken. Hier können auch starke Kontraste verwendet werden. Meist wissen diese Kundinnen genau, was sie wollen. Eine Farbberatung ist kaum nötig.
- **Maskuliner Typ:** Klare Farben und Kontraste werden gewünscht, Verspieltes liegt diesem Typ nicht.
- **Romantischer und femininer Typ:** Harmonische Farbkombinationen werden bevorzugt, ebenso helle, leuchtende Strähnen. Häufig wird das Haar lang getragen, extreme Aufhellungen sollten deshalb vermieden werden.

→ *vgl. Lernfeld 4, S. 142 f.*

Gesicht und Proportionen

Dunkle, kräftige Haarfarben bilden bei hellhäutigen Menschen einen stärkeren Kontrast zum Gesicht und betonen es dadurch. Unerwünschte Merkmale wie harte Konturen oder Alterszeichen treten durch hellere, harmonische Haarfarben zurück.
Bei großen und fülligen Kundinnen sollte der Kopf optisch nicht zu klein wirken. Helle und leuchtende Farben vergrößern, dunkle und matte Farben wirken verkleinernd.

Beruf

Manche Berufe erfordern modisches Auftreten. Hier können auffällige Farben gewählt werden. Andere Berufe wie in Versicherungen oder Banken erfordern oft unauffälligere und weniger leuchtende Farben.

Aufgaben

1. Ordnen Sie die folgenden Kundinnen einem Farbtyp zu.
   Kundin A: blaugrüne Augenfarbe, die Naturhaarfarbe ist Mittelblondasch. Die Hautfarbe ist sehr hell.
   Kundin B: hellblondgoldenes Haar, die Farbe der Iris ist überwiegend Grün mit goldenen Sprenkeln. Die Haut ist hell mit einem leicht gelblichen Unterton.
2. Eine neue Kundin wünscht einen leuchtend violetten Farbton.
   Worauf müssen Sie achten, bevor Sie diese Farbveränderung durchführen?

2 Basiswissen Farbauswahl

Sie beraten eine Kundin. „Was meinen Sie“, fragt die Kundin, „würde diese Farbe mir nicht auch gut stehen?“

2.1 Ordnungssystem der künstlichen Haarfarben – Farbkarten

Farbkarten von unterschiedlichen Firmen unterscheiden sich nur geringfügig. In der linken Spalte sind die Farbtiefen von 10 = Hell-Lichtblond bis 2 = Schwarz angeordnet. Von links nach rechts sind die Spalten für die Farbrichtungen, die auch als **Nuancen** bezeichnet werden, angeordnet. Die Anzahl und die Bezeichnung der Farbrichtungen können je nach Hersteller unterschiedlich sein.
Die Farbbeispiele auf den Farbkarten lassen sich mit dem jeweiligen Präparat nur auf Haaren einer bestimmten Farbtiefe erzielen. Bei anderen Ausgangshaarfarben ergeben sich veränderte Zielfarben.

Farbrichtung →

Farbtiefe ↓

		Asch/ Cendré/Perl	Natur/Matt	Gold	Kupfer	Rot/Mahagoni/ Purpur	Violett/Silber
10	Hell-Lichtblond						
9	Lichtblond						
8	Hellblond						
7	Mittelblond						
6	Dunkelblond						
5	Hellbraun						
4	Mittelbraun						
3	Dunkelbraun						
2	Schwarz						

Allgemeines Ordnungssystem der künstlichen Haarfarben

Aufgabe

Übertragen Sie die folgende Tabelle in Ihr Heft und ergänzen Sie die richtigen Farbbezeichnungen.

Farbtiefe	und	Farbrichtung	ergeben die	Farbbezeichnung
Dunkelblond	+	Asch	=	Dunkelblondasch
Hellblond	+	Cendré	=	Hellblondcendré
Hellbraun	+	Kupfer	=	
	+		=	Dunkelblondgold
	+		=	Hellbraunmahagoni

Farbkarten für Tönungen

Die Anwendung der verschiedenen Nuancen setzt jeweils eine bestimmte Farbtiefe des Haares voraus. Deshalb geben die Hersteller an, für welche Stufen der Farbtiefe sich die einzelnen Nuancen vorzugsweise eignen. Wenn Sie diese Angaben nicht beachten, entstehen möglicherweise zu krasse oder unerwünschte Nuancierungen, die auch nicht zum Teint der Kundin passen.
Bei dunklen Ausgangsfarben ist die Farbveränderung nahezu unsichtbar.

Es gilt der Grundsatz: Ausgangsfarbe des Haares
\+ Farbstoffe des Tönungpräparats
= Farbergebnis nach der Tönung

Farbrichtung →

Farbtiefe ↓

		Asch/ Cendré/Perl	Natur/Matt	Gold	Kupfer	Rot/Mahagoni/ Purpur	Violett/Silber
10	Hell-Lichtblond			geeignet			geeignet
9	Lichtblond			geeignet			geeignet
8	Hellblond	geeignet		geeignet			geeignet
7	Mittelblond	geeignet	geeignet	geeignet	geeignet	geeignet	
6	Dunkelblond	geeignet	geeignet	geeignet	geeignet	geeignet	
5	Hellbraun	geeignet	geeignet	geeignet	geeignet	geeignet	
4	Mittelbraun		geeignet		geeignet	geeignet	
3	Dunkelbraun		geeignet			geeignet	
2	Schwarz						

geeignet / nicht geeignet

Anwendung von Tönungspräparaten in Abhängigkeit von der Ausgangsfarbe

Farbkarten für Oxidationsfärbepräparate

→ vgl. Lernfeld 9, S. 328

Im Gegensatz zu Tönungspräparaten geben Oxidationsfärbepräparate dem Haar Farbtiefe und Farbrichtung. Sie können deshalb auch völlig weißes Haar deckkräftig färben.

→ vgl. Lernfeld 9, S. 343

Die Farbmuster der Farbkarten sind jeweils auf folgende Gegebenheiten eingestellt: stärkere und gleichmäßige Ergrauung, normale Qualität und normale Stärke des Haares. Alle Abweichungen davon, die bei Ihrer Kundin vorliegen, müssen Sie deshalb berücksichtigen. Das gilt für die Auswahl der Farbtiefe und Farbrichtung des Färbepräparats, für die Wasserstoffperoxidkonzentration und das Arbeitsverfahren.

Aufgabe

Viele Hersteller kürzen die Bezeichnungen ihrer Farben mit Nummern ab, die erste Zahl gibt die Farbtiefe der Farbe an, die Zahl hinter dem Strich die Farbrichtung. Welche Ziffern oder Buchstaben verwendet der Hersteller der Haarfarben, die in Ihrem Salon verwendet werden? Zeichnen Sie eine Farbkarte mit allen Farbbezeichnungen.

2.2 Farbwirkung

Bei der Auswahl der Haarfarben sollten Sie berücksichtigen, dass Menschen stark von Farben beeinflusst werden.

2.2.1 Helle und dunkle Farben

Helle Farben lassen Gegenstände großer wirken und betonen sie. Dunkle Farben lassen Gegenstände dagegen kleiner und unauffälliger erscheinen.
Helle Farben wirken leicht und freundlich, blonde Haare wirken jugendlich. Die Frisuren erscheinen voluminöser. Dunkle Farben wirken schwer, die Frisuren kleiner.

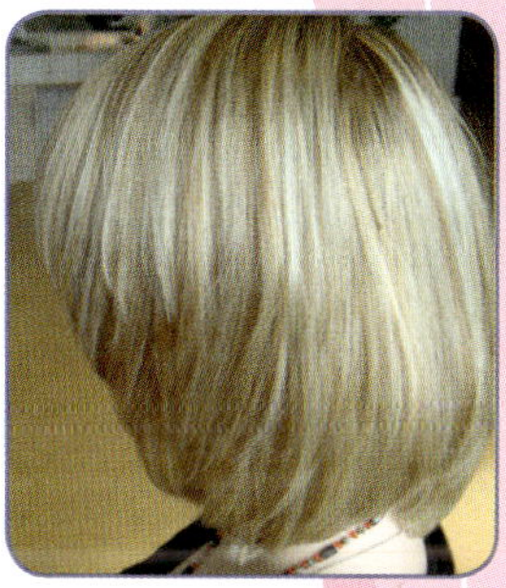

Helle Haare

2.2.2 Warme und kalte Farben

Warme Farben enthalten einen deutlichen Gelbanteil, während **kalten Farben** das Gelb fehlt. Die meisten kalten Farben haben zusätzlich einen bläulichen Unterton. Blau wirkt kühl und frisch. Daher werden diese Farben als **kalte** oder **passive Farben** bezeichnet. Farben, die Gelb enthalten, werden als warm und strahlend empfunden. Sie werden deshalb **warme** oder **aktive Farben** genannt.
Farben lassen sich nicht immer eindeutig zuordnen. Ihre Wirkung hängt auch davon ab, welche Farben in ihrer Nähe vorhanden sind. So kann ein Türkis neben verschiedenen gelben Farben kalt wirken, zwischen blauen Farben aber warm.

Dunkle Haare

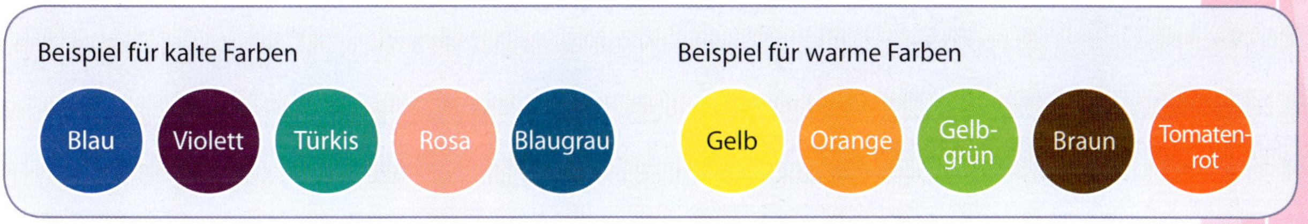

2.2.3 Wirkung von Farben auf Gefühle und Gedanken

Farben sind sehr bestimmend für den ersten Eindruck, den ein Mensch vermittelt. Gleichzeitig beeinflussen sie unser Wohlbefinden. Farben haben auf die meisten Menschen in einem Kulturkreis ähnliche Wirkungen.
Um sich für eine Haarfarbe zu entscheiden, müssen daher auch diese Wirkungen von Farben berücksichtigt werden.

Wirkung von Farben (Beispiele)

Farbe		Wirkung auf Gefühle	Wirkung auf Gedanken
Rot		anregend	Feuer, Gefahr, Energie, Leidenschaft
Orange		warm, anregend	Wärme, Feuer, Aufmerksamkeit
Gelb		strahlend	Sonne, Helligkeit, Licht, Wärme, Gold
Braun		warm	brav, bieder
Grau		kalt	Alter, seriös, vornehm, zurückhaltend
Schwarz		kalt, dunkel	Erotik, Geheimnis, Nacht, Trauer
Violett		kalt, dunkel	Macht, Magie

2.2.4 Zusammenwirken mehrerer Farben

Werden verschiedene Farben nebeneinandergesetzt, so beeinflussen sie sich in ihrer Farbwirkung gegenseitig.

Farbkontraste

Kontraste entstehen, wenn Gegensätzliches aufeinandertrifft. So bilden Farben, die sich stark voneinander unterscheiden, verschiedene Kontrastarten.

Farbe stärker leuchtend (am Beispiel Gelb)

Hell-dunkel-Kontrast
Bei Farben mit unterschiedlicher Helligkeit, die nebeneinander angeordnet sind, erscheint die hellere Farbe wesentlich heller, als sie in Wirklichkeit ist. Erst vor dem „Hintergrund" der dunkleren Farbe beginnt sie zu leuchten.

Klar-trüb-Kontrast (Qualitätskontrast)
Eine Kontrastwirkung kann durch Farben von unterschiedlicher Reinheit erzielt werden. Eine Klarfarbe leuchtet kräftiger, als sie ist, wenn sie von getrübten Farben umgeben ist.

Gegenfarben-Kontrast (Komplementär-Kontrast)
Setzt man Farben, die sich im Farbkreis gegenüberliegen, nebeneinander ein, so beginnen sie zu leuchten.

Bunt-unbunt-Kontrast
Schwarz, Weiß und alle Grauabstufungen dazwischen werden als unbunte Farben bezeichnet. Alle Farben des Farbkreises, die bunten Farben, wirken neben unbunten leuchtender, als sie sind.

Kalt-warm-Kontrast
Bei kalten und warmen Farben, die in der Farbtiefe nahe beieinanderliegen, spricht man von Kalt-Warm-Kontrast.

Farbharmonie

Ähnliche Farben, also Farben, die sich nur in der Farbtiefe oder in der Farbrichtung geringfügig unterscheiden, erscheinen dem Betrachter als **harmonisch**, d. h., sie werden von ihm als angenehm empfunden. Blau und Gelb sind harmonisch zu den im Farbkreis nahe liegenden Grüntönen. Diese Farbzusammenstellung, wie sie in der Natur häufig vorkommt, erscheint den meisten Menschen als Farbharmonie.

Blau	Blaugrün	Grün	Gelbgrün	Gelb

Die unterschiedlichen Mischungen einer Farbe mit Schwarz oder Weiß wirken auf uns ebenfalls harmonisch.

Rot				Schwarz
Rot				Weiß

2.3 Farbempfehlungen für die vier Farbtypen

Unabhängig vom Geschmack und der aktuellen Mode harmonieren die Farben von Haut, Haar und Augen eines Menschen miteinander. Um diese Farbharmonie nicht zu stören, gibt es für jeden Farbtyp bestimmte Farben, die in diese Harmonie passen.

Farbempfehlungen für Haar- und Kleidungsfarben				
	Frühlingstyp	Sommertyp	Herbsttyp	Wintertyp
Haarfarben	 Alle warmen Farbrichtungen, vor allem Kupfer und Gold. Die Farbtiefe sollte nicht zu dunkel werden, Blondtöne und Brauntöne sind möglich.	 Alle kalten Farbrichtungen, vor allem Asch-, Cendré- und Silbertöne, Pastellfarben oder Weißblond. Die Farbtiefe sollte nicht zu dunkel werden.	 Alle warmen Rottöne, Henna oder Kupferrot, Kastanienbraun, Dunkelbraun, Honigblond. Kein Rotblauton, keine silberweißen Strähnen, lieber mit warmem Rot abtönen.	 Alle kalten Farbrichtungen, vor allem Asch- und Silbertöne. Aschblond oder -braun, Blaugrau, Perlweiß, Weißblond, bläuliche Rottöne wie Mahagoni oder Kirschrot, Schwarz oder Blauschwarz.
Kleidungsfarben	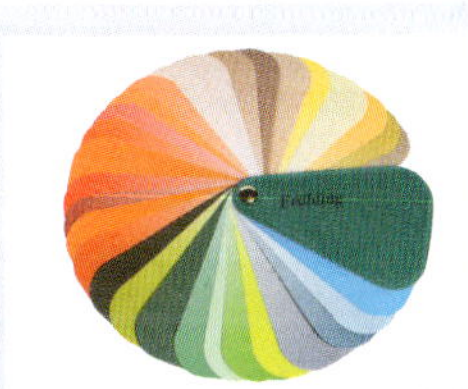 helle zarte Farben wie z. B. Hellorange, gelbliches Beige, Hellgrün, helle Brauntöne, Hellrot, Cremeweiß	 helle kalte Farben wie z. B. alle Pastelltöne, helles Türkis, Flieder, Weinrot, Rosa-Beige, Jeansblau	 dunkle warme Farben wie z. B. Tannengrün, Lodengrün, Brauntöne, Tomatenrot, Beige	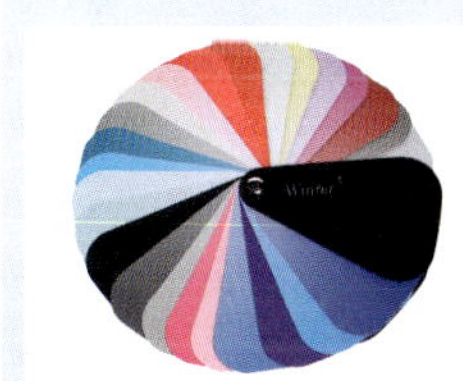 dunkle kalte Farben wie z. B. Weinrot, Violett, Blaugrün, Dunkelblau, Schwarz, Weiß, Grautöne, aber auch ein kaltes Zitronengelb
Beispiel				

2.4 Besonderheiten bei der Auswahl direktziehender Farben

Nicht jeder Farbwunsch kann umgesetzt werden: Die **Vorbedingungen** des Haares schränken die Auswahl der Farben und Präparate ein. Das Farbergebnis bei einer Behandlung mit direktziehenden Farbstoffen ist immer die Summe aus den bereits vorhandenen Pigmenten der Ausgangshaarfarbe und den zugefügten direktziehenden Farbstoffen der Tönung oder Pflanzenfarbe:

- Je heller und dicker die Haare, desto geringer ist die Deckkraft der Naturtöne, z. B. im Blond- oder Braunbereich. Das Angebot an zusätzlichen Farbstoffen reicht bei der ersten Anwendung nicht aus, um die geringe Pigmentmenge in blondem Haar oder die große Haarmasse bei dickem Haar aufzufüllen.
- Je heller die Ausgangsfarbe, desto leuchtender die Farbrichtungen wie z. B. Rot- oder Violetttöne.
- Sehr helle Haare nicht mit Pflanzenfarben der Farbtiefe Schwarz färben, um unerwünschte Blau- oder Grünstiche zu vermeiden. Diese können bei schwach pigmentiertem Haar durch die Mischung aus verschiedenen Pflanzenfarben entstehen. Bei sehr hellen Ausgangsfarben sollten Goldtöne bevorzugt werden.
- Bei dunkleren Ausgangshaarfarben können nur kräftige Farbrichtungen (Rot) eingesetzt werden, andere sind auf dieser Grundlage nicht wahrzunehmen.
- Auf schwarzen Haaren sind keine Farbveränderungen zu erkennen.

Aufgaben

1. Erklären Sie: a) Farbkontrast
   b) Farbharmonie
2. Eine Kundin hat alle Merkmale eines Sommertyps und trägt gern pastellfarbige Kleidung. Sie möchte ihren aschigen Blondton in Richtung Kupfer verändern. Was raten Sie dieser Kundin? Formulieren Sie Ihre Argumente und Ratschläge in wörtlicher Rede.

3 Tönungen – Arbeitsmittel, Präparate und Durchführung

Eine Kollegin bittet Sie, bei einer Kundin eine Tönung aufzutragen. Während des Arbeitens fragt die Kundin: „Warum halten Tönungen nur für ein paar Haarwäschen?“

Applikator für eine Tonspülung

Applikator mit Tülle für flüssige Tönungen

Farbschale und Pinsel für gelartige Tönungen

3.1 Arbeitsmittel für Tönungen

Auftragehilfen

Verwenden Sie zum Auftragen, d. h. Applizieren der Tönungen geeignete Hilfsmittel, z. B. Applikatoren oder Pinsel.

3.2 Tönungspräparate

Alle Tönungspräparate enthalten **direktziehende Farbstoffe**, d.h., diese Farbstoffe sind bereits fertig in dem Präparat enthalten und müssen nicht mehr durch Zusatz von Oxidationsmitteln zu Farbstoffen entwickelt werden. Alle Präparate, die vor ihrer Verwendung mit Oxidationsmitteln, meist Wasserstoffperoxid, gemischt werden, sind keine Tönungspräparate im eigentlichen Sinne. Präparate, die als „Intensivtönung" bezeichnet werden, nehmen den Kundinnen die Angst vor dauerhaften farblichen Veränderungen und Haarschädigung. Sie sind aber fachlich gesehen schwache Oxidationshaarfarben und werden daher in Lernfeld 9 behandelt.

→ *vgl. Lernfeld 9, S. 350*

3.2.1 Einsatzmöglichkeiten und Grenzen von Tönungspräparaten

Einsatzmöglichkeiten

- Tönungspräparate eignen sich für Kundinnen, die vor einer dauerhaften Farbveränderung (noch) zurückschrecken, weil sie z.B. nicht regelmäßig nachfärben möchten. Tönungspräparate lassen sich langsam wieder auswaschen, sodass statt eines nachwachsenden Ansatzes ein gleichmäßiges Rückführen in die Ausgangshaarfarbe stattfindet. Häufig haben diese Kundinnen den Wunsch, erste weiße Haare abzudecken oder die nachlassende natürliche Haarfarbe zu intensivieren.
- Die Auswaschbarkeit bietet für Kundinnen den Vorteil, modische Trends für eine kurze Zeit mitmachen zu können, ohne die Haarstruktur negativ zu beeinflussen.
- Gerade bei porösem und durch chemische Behandlungen belastetem Haar eignen sich Tönungen, da dem Haar durch die sauren Tönungspräparate Glanz gegeben wird.
- Rötliche Tönungspräparate können zusätzlich Rotfarbstoffe, wie sie bei der Rückfärbung blondierter Haare in den Naturton notwendig sind (Vorpigmentieren), einlagern.
- Der Gelbstich manch weißer Haare, der durch die Eigenfarbe des Keratins entsteht, kann durch den Einsatz von direktziehenden Farbstoffen aus der violetten Farbrichtung aufgehoben werden.

Grenzen

- Mit Tönungen können Farbstoffe vorwiegend im Randbereich des Haares eingebracht und angelagert werden, es werden aber keine Pigmente abgebaut. Bei Aufhellungen muss auf oxidative Präparate zurückgegriffen werden.
- Tönungen können stark ungleichmäßige Ausgangsfarben nicht ausgleichen.
- Bei Weißanteilen über 30% kann mit einer Tönung kein einheitliches Farbergebnis erreicht werden. Die angelagerten Farbstoffe reichen nicht aus, um ein völlig unpigmentiertes Haar abzudecken. Die Farbergebnisse auf weißem oder sehr hellem Haar sind deshalb sehr leuchtend und im Naturtonbereich zu blass. Daher ist die Fähigkeit von Tönungspräparaten, dunkler zu tönen, sehr begrenzt.
- Eine haltbare Farbveränderung kann nicht erzielt werden. Manche Tönungspräparate müssen nach jeder Haarwäsche neu angewendet werden. Andere waschen sich spätestens nach etwa 6–8 Haarwäschen heraus. Bei porösem Haar kann die Haltbarkeit länger oder kürzer sein. Das durch chemische Prozesse veränderte Keratin bindet einige Farbstoffe stärker als unverändertes Keratin, andere Farbstoffe finden dagegen weniger Halt.
- Auf sehr dunklem Haar, z.B. bei **asiatischem oder afrikanischem** Haar, sind Tönungen nicht sinnvoll, da zusätzliche Farbstoffe auf diesem Haar nicht sichtbar werden.

3.2.2 Wirkungsweise von Tönungspräparaten

Tönungspräparate bringen zusätzliche Farbstoffe ins Haar. Das Farbergebnis ist immer ein Gemisch aus den vorhandenen Pigmenten und den Farbstoffen aus der Tönung.

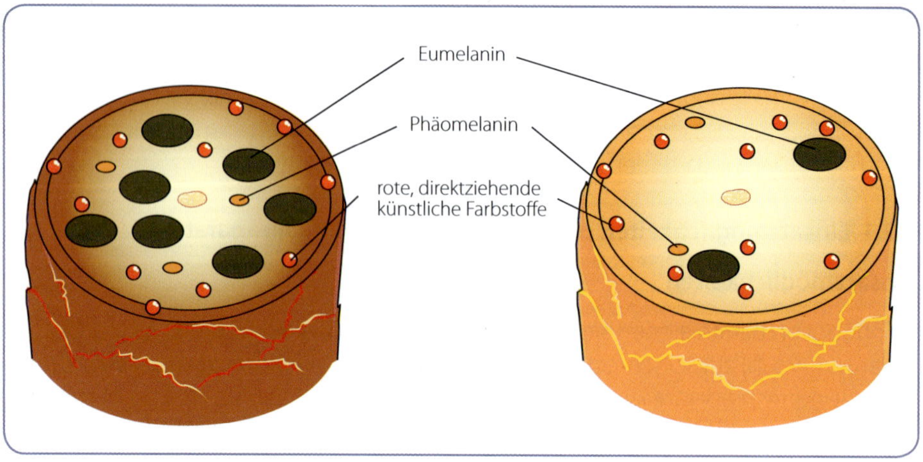

Rötliche Tönung auf dunklem Haar *Rötliche Tönung auf hellem Haar*

Die in allen Tönungspräparaten enthaltenen Farbstoffe werden als **direktziehende Farbstoffe, Fertigfarbstoffe** oder **Nuancierfarbstoffe** bezeichnet, weil sie in den Präparaten bereits fertig vorliegen und nach dem Auftragen sofort am Haar aufziehen oder eindringen. Alle farbverändernden Präparate enthalten Gemische aus vielen verschiedenen Farbstoffen. Grob lassen sie sich in zwei Gruppen einteilen:

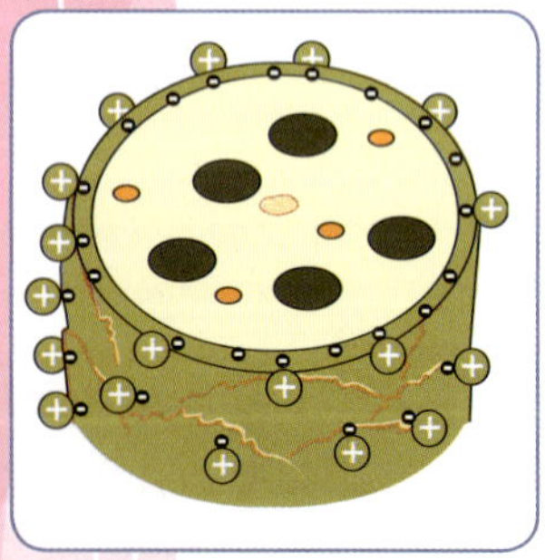

Tönung überwiegend im Naturtonbereich

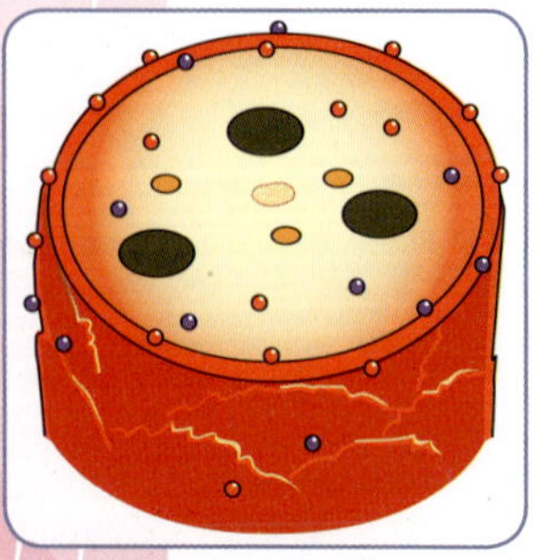

Tönung überwiegend im Rotviolettbereich

- Die positiv geladenen, **kationischen Farbstoffe** finden ihre Haftstellen an den negativ geladenen Molekülgruppen des Keratins. Je stärker ein Haar vorbehandelt oder geschädigt ist, umso mehr negative Haftstellen sind im Haar entstanden. Daher nimmt die Haftung der Farbstoffe, also die Farbgebung, in den Längen und Spitzen zu. Die kationischen Farbstoffe lagern sich vorwiegend außen am Haar an, weil sie wegen ihrer Größe nicht in das Haar eindringen können. Diese Farben – vor allem aus der Reihe der Naturtöne – haben eine geringere Deckkraft. Je dicker die Haare, desto geringer die Deckkraft der Blond- oder Brauntöne.
- Die **Nitrofarbstoffe** haben eine geringere Molekülgröße. Da das Keratin durch die Haarwäsche leicht gequollen ist, können diese Farbstoffe bis in die Randbereiche der Faserschicht eindringen. Dort haften sie durch die Anziehungskräfte zum Keratin. Diese Anziehungskräfte nennt man **Adhäsion**.
  Zu den Nitrofarbstoffen gehören vor allem die roten und violetten Farbstoffe. Beide Farbstoffarten haften aufgrund von verschiedenen Anziehungskräften am Keratin des Haares. Jedoch sind beide Anziehungskräfte nicht sehr stark. Die künstlichen Farbstoffe werden daher nach und nach durch mehrere Haarwäschen wieder ausgespült. Die Haltbarkeit ist abhängig von der Haarqualität. Die Farbstoffe sind teilweise stabil gegenüber Aufhellungen. So erklären sich auch die rötlichen Farbreflexe getönter Haare nach Blondierungen.

Die direktziehenden Farbstoffe befinden sich in unterschiedlichen **Trägersubstanzen**, meist in Wasser, Gel oder einer Ö/W-Emulsion. Diese Stoffe werden als Trägersubstanzen bezeichnet, weil sie die Farbstoffe an und in das Haar transportieren.

3.2.3 Tönungspräparate: Übersicht, Anwendung und Inhaltsstoffe

Übersicht über die Tönungspräparate nach ansteigender Farbwirkung und ansteigender Farbstoffkonzentration					
Präparate	Farbfestiger, Tönungsfestiger, Farbföhnlotion 	Farbshampoo 	Tonspülung 	Schaumtönung 	Tönung in Gelform, flüssig oder als Emulsion 
Ziel	geringe Farbveränderungen, Farbkorrekturen, z. B. in Silber- oder Goldtönen	Farbreflexe für gefärbtes Haar	Farbauffrischung bei blassen oder verblassten oxidativen Färbungen, Farbkorrektur z. B. in Silbertönen zum Ausgleichen eines Gelbstichs	leichte Farbreflexe, Farbausgleich bei verblassten oxidativen Färbungen in Längen und Spitzen, geeignet nur bei geringem Weißanteil	Abdeckung von Weißanteilen bis zu 30 %, modische Farbrichtungen, besonders im Rotbereich
Haltbarkeit	bis zur nächsten Wäsche	1–2 Wäschen	1–2 Wäschen	bis zu 8 Haarwäschen, wobei die Farbe langsam schwächer wird	bis zu 8 Haarwäschen, wobei die Farbe langsam schwächer wird
	Wegen ihrer geringen Haltbarkeit werden diese Farbveränderungen als **temporäre Farbveränderungen** bezeichnet.			Diese Farbveränderungen sind nicht dauerhaft (dauerhaft = permanent), aber haltbarer als die temporaren Farbveränderungen. Sie werden deshalb als **semi-permanent** oder **demi-permanent** bezeichnet. (englisch: *semi* = halb) (französisch: *demi* = halb)	
Anwendung	Vor dem Trocknen gleichmäßig im Haar verteilen, nicht ausspülen.	Wie ein normales Shampoo verwenden. Je länger die Einwirkzeit vor dem Ausspülen, desto intensiver der Farbton.	Nach dem Verdünnen mit warmem Wasser (je weniger Wasser, desto intensiver die Farbe) ins gewaschene Haar geben. Ausspülen bei hoher Farbstoffkonzentration, sonst einfach trocknen.	Direkt aus der Flasche ins handtuchtrockene Haar auftragen, bis zu 30 Minuten Einwirkzeit, je nach gewünschter Farbintensität, dann Reste ausspülen.	Direkt aus der Flasche ins handtuchtrockene Haar auftragen, bis zu 30 Minuten Einwirkzeit, je nach gewünschter Farbintensität, evtl. Zugabe von Wärme, dann Reste ausspülen.
Inhaltsstoffe	zusätzlich zu den direktziehenden Farbstoffen sind enthalten: Wasser als Verdünnungs- und Lösungsmittel, Tenside als Netzmittel, Schaumbildner und Emulgatoren, Duftstoffe und Pflegestoffe				
	zusätzlich: Alkohol als Lösungsmittel für Kunstharze	zusätzlich: milde Tenside zur Reinigung des Haares		zusätzlich: Aerosol als Trägersubstanz	zusätzlich: Wasser, Emulsion oder Gel als Trägersubstanz

Farbfestiger *Schaumtönung*

Tönungspräparate enthalten mindestens acht verschiedene Farbstoffe. Sie können sauer oder alkalisch eingestellt sein. Ihr pH-Wert ist entscheidend davon abhängig, welche Farbstoffe enthalten sind. So können sogar innerhalb einer Tönungsreihe je nach Nuance pH-Bereiche bis 9,5 vorliegen. ➜ *vgl. S. 249*

Hinweise zur Farbwirkung von Tönungspräparaten:

- Je poröser die Haarstruktur, desto intensiver ist zunächst das Farbergebnis.
- Je höher die Konzentration an direktziehenden Farbstoffen, desto intensiver das Farbergebnis.

3.2.4 Spezielle Tönungspräparate

Saure Tönungspräparate mit anionischen Farbstoffen

Eine längere Haltbarkeit und eine stärkere Leuchtkraft der Farbveränderung können Sie mit speziellen Präparaten erreichen, die mehr direktziehende Farbstoffe tiefer im Haar verankern können. Diese Präparate enthalten Stoffe, die ein Verklumpen der Farbstoffe vor dem Auftragen verhindern. Als einzelne Farbstoffteilchen sind sie dann so klein, dass sie in größeren Mengen und tiefer in das Haar eindringen können. Zudem enthalten diese Präparate **Penetrationshilfen**, d. h. Stoffe, die den Transport von Farbstoffen in das Haar erleichtern und beschleunigen, sodass mehr Farbstoffe eingelagert werden können.

➜ *vgl. S. 249*

Die sauer eingestellten Präparate (pH 3 bis pH 5) verändern die Ladungen im Haar. In dem dann positiv aufgeladenen Haar haften die negativ geladenen direktziehenden Farbstoffe besonders gut.

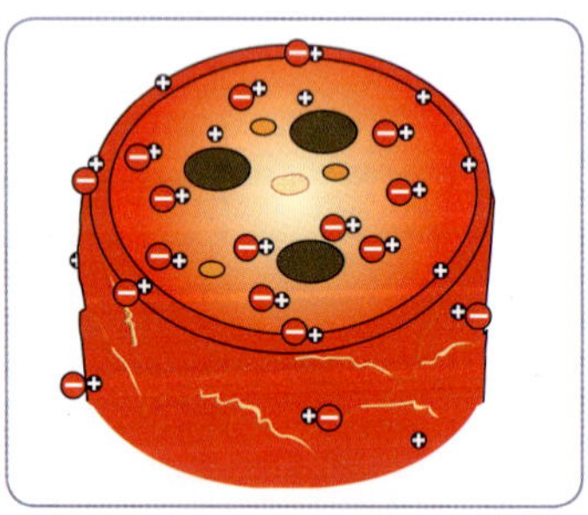

Negativ geladene Farbstoffe haften an positiven Ladungen im Haar

Saures Tönungspräparat

Anwendung: Sie wenden diese Präparate auf sauberen und trockenen Haaren an und lassen sie je nach Herstellerangabe etwa 20 bis 30 Minuten einwirken.

Nach dem Ausspülen Elumen Lock auftragen und 5 Minuten einwirken lassen. Zum Shampoonieren Spezialshampoo verwenden.

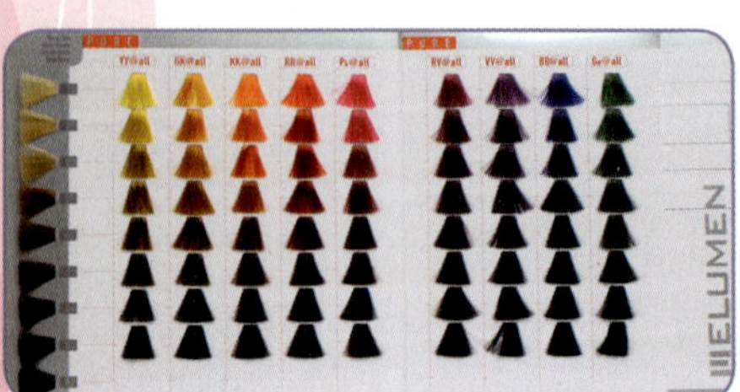

Leuchtende Farben mit Elumen von Goldwell

Vorteile/Einsatzmöglichkeiten:

- leuchtende Farbergebnisse ohne Haarschäden
- verstärkter Glanz durch die saure Behandlung
- Ausprobieren von Haarfarben möglich, da mit einem speziellen Entfärber die Farbstoffe wieder entzogen werden können

Grenzen:
- starke Anfärbung der Haut und anderer Materialien
- Haarstruktur kann durch die stark saure Behandlung unerwünscht fest werden
- Kämmbarkeit wird schlechter
- nicht für stark poröses oder blondiertes Haar geeignet, da die Haare durch die stark saure Behandlung noch weniger elastisch und damit empfindlich sind

Haarmascara

Tönungspräparate mit unlöslichen Farbstoffen

Kurzfristige Farbveränderungen können Sie mit **Haarmascara**, **Farbspray** oder **Haarkreide** erreichen. Die Farbstoffe sind nicht löslich und können nicht in das Haar eindringen. Sie werden auf die trockene Haaroberfläche aufgetragen und können mit Haarspray oder einem Glätteisen fixiert werden.
Die Farbstoffe lassen sich ausbürsten, sind nicht wasserbeständig und halten höchstens bis zur nächsten Haarwäsche. Auf porösem Haar ist die Haltbarkeit höher, daher vor Gebrauch eine Probesträhne machen!

Haarkreide (DailyDifferent)

Haarkreide (Kevin.Murphy)

3.3 Durchführung einer Farbveränderung mit Tönungspräparaten

3.3.1 Vorbereitende Tätigkeiten

Auswahl der Präparate und Arbeitstechniken

Wählen Sie je nach gewünschter Farbintensität das geeignete Präparat aus. Je intensiver die Farbwirkung, desto stärker müssen Sie beim Auftragen auf eine gleichmäßige Verteilung achten. Viele Friseurinnen tragen deshalb Gel- oder Cremetönungen Scheitel für Scheitel mit dem Pinsel auf.

Gesundheitsschutz

Bei allen Arbeiten mit Tönungspräparaten, wie
- beim Anmischen oder Verdünnen von Präparaten,
- beim Auftragen (auch bei Tönungsschäumen und Tönungsfestigern),
- bei der Kontrolle der Farbergebnisse,
- beim Aufemulgieren und Auswaschen,
- bei der Reinigung der Werkzeuge und Arbeitsplätze,

schützen Sie Ihre Hände mit **Schutzhandschuhen** (z. B. Einmalhandschuhen aus Vinyl), denn diese Präparate können bei häufigem Hautkontakt Allergien hervorrufen. ➜ vgl. S. 35 f.
Sauer reagierende Tönungspräparate können außerdem künstliche Nägel und Lack ablösen.

Farbschutz

Tönungspräparate wirken nicht aggressiv auf Haut und Haar. Allerdings lassen sich Farbflecken aus der Kleidung oft nur schwer auswaschen. Legen Sie daher zum Schutz Ihrer Kleidung eine Farbschürze um.

Tönungspräparate werden fast immer in Portionsflaschen geliefert. Achten Sie darauf, nur ausreichende Mengen aufzutragen.

Arbeitsmittel für Tönungen

Vorbereiten des Arbeitsplatzes

Stellen Sie alle Arbeitsmittel und Präparate griffbereit auf einem Wagen oder Arbeitstisch mit farbfester Unterlage zusammen:

- Tönungspräparat
- dunkles Handtuch, Papierservietten, wasserfester Umhang
- Schürze und chemikalienbeständige Schutzhandschuhe
- je nach Auftragetechnik: Pinsel und Schälchen, Applikatoren
- groben Kamm, Stielkamm und Kunststoffclips
- Climazon, Wecker

Vorbereiten der Kundin

Die Haare der Kundin werden vor der Tönung gewaschen, denn durch jede Wäsche nach der Behandlung würden Farbstoffe verloren gehen und die Tönung verblassen. Auf frisch gereinigten Haaren haften direktziehende Farbstoffe länger und besser.
Als Farbschutz legen Sie der Kundin einen wasserfesten Umhang um. Eine Papierserviette und ein dunkles Handtuch können den Hals der Kundin und den Umhang zusätzlich schützen.

3.3.2 Arbeitstechniken und Arbeitsablauf bei der Tönung

Auftragen

Auftragen einer Tönung mit dem Pinsel

a) Tönungen sind meist gebrauchsfertig, nur Tonspülungen bereiten Sie mit Wasser vor. Wählen Sie eine geeignete **Applikationstechnik** (= Auftragetechnik):
   - Flüssige Tönungen lassen sich mit Applikatorflaschen gut auftragen und durch Emulgieren im gesamten Haar verteilen.
   - Tonspülungen werden verdünnt und über dem Waschbecken angewendet.
   - Gel- oder cremeförmige Tönungen können ebenfalls aus der Flasche direkt aufgetragen werden.
     Häufig wird jedoch mit dem Pinsel in Kreuzscheiteltechnik aufgetragen.

b) Teilen Sie gleichmäßig ab und tragen Sie die Tönungspräparate auf das handtuchtrockene Haar vom Ansatz bis zu den Spitzen in einem Arbeitsgang auf.

c) Achten Sie darauf, dass das Tönungspräparat nicht ins Gesicht läuft. Wischen Sie die Konturen und Ohren immer sofort ab.

Erklärung

zu a) Direktziehende Farbstoffe sind bereits farbig und können deshalb ohne zusätzliche Entwicklerlösungen das Haar farblich verändern.

zu b) Das feuchte, durch das Wasser leicht gequollene Haar lässt Farbstoffe bis in die äußeren Bereiche der Faserschicht eindringen. Auf zu nassen Haaren werden die Farbstoffe zu stark verdünnt, das Farbergebnis ist schwächer.

zu c) Direktziehende Farbstoffe können die verhornten Hautschichten genauso intensiv anfärben wie das Haar.

Einwirkzeit

Einwirkzeit

a) Richten Sie sich nach den vom Hersteller empfohlenen Einwirkzeiten. Sie können durch Verlängern der Einwirkzeit oder Wärmezugabe das Farbergebnis beeinflussen.
b) Für Tönungen gilt: Je länger die Einwirkzeit, desto intensiver das Ergebnis.
c) Durch Wärmezugabe kann die Farbintensität bei Tönungen erhöht werden.

Erklärung

zu a) Im Verlauf der Einwirkzeit dringen die kleinen direktziehenden Farbstoffe bis in die äußeren Lagen der Faserschicht ein. Die größeren Farbstoffe haften mehr im Bereich der Schuppenschicht.

zu b) Je länger die Einwirkzeit, desto mehr Farbstoffe dringen in das Haar ein. Die Wirkzeit von Tönungspräparaten ist nicht begrenzt, weil keine Oxidationsvorgänge ablaufen.

zu c) Da Tönungen nicht aggressiv wirken, kann die Einwirkzeit ohne Gefahr von Haut- oder Haarschäden durch Wärme intensiviert werden. Das Haar wird dadurch stärker gequollen und lässt mehr Farbstoffe eindringen.

Abspülen

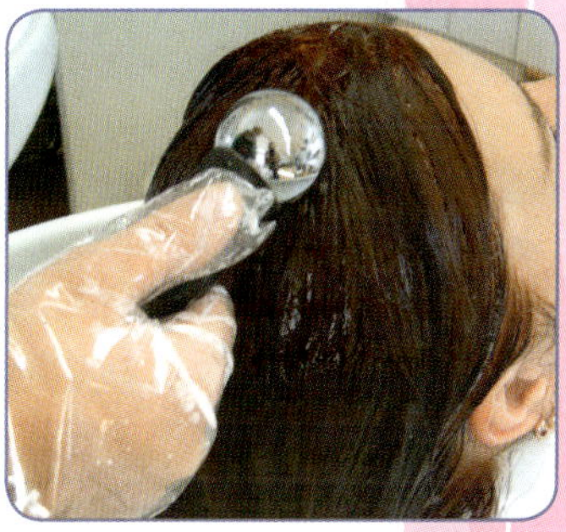
Abspülen

a) Zunächst Wasser auf das Haar geben und das Präparat durch Massieren mit dem Wasser zu einer Emulsion vermischen. Diese Emulsion auswaschen. Im handtuchtrockenen Haar den Farbton mit der gewünschten Zielfarbe vergleichen.
b) Waschen Sie das Haar nach der Tönung nicht mit Shampoo.

Erklärung

zu a) Durch die Massage bilden die Tenside aus dem Tönungspräparat mit dem Wasser eine Emulsion, die sich leichter auswaschen lässt. So schonen Sie die Umwelt durch das Abstellen des Wassers während des Massagevorgangs. Anschließend muss aber gründlich abgespült werden.

zu b) Haare nach der Behandlung nicht waschen, damit die Farbstoffe nicht vorzeitig ausgespült werden und die Farbe nicht so schnell verblasst.

3.3.3 Kontrolle des Tönungsergebnisses und Fehlerkorrektur

Sollte die Farbe zu dunkel sein, etwa auf stark porösem oder sehr feinem Haar, kann durch mehrmaliges Waschen mit einem kräftigen Shampoo, z. B. einem Peelingshampoo, die Farbe aufgehellt werden. Ist das Ergebnis zu hell oder ungleichmäßig, kann die Tönung wiederholt werden. Hierzu einen dunkleren Farbton wählen.

Aufgaben

1. Eine Kundin hat einen Weißanteil von 40 %. Sie möchte diese Haare abdecken und deshalb eine dunkle Tönung in der Farbrichtung Kupfer ausprobieren. Was raten Sie der Kundin? Begründen Sie.
2. Eine Kundin möchte ihr Haar in Hellblond getönt bekommen. Ihre Ausgangsfarbe ist Mittelbraun. Was antworten Sie?
3. Beschreiben Sie Ihre Vorgehensweise beim Auftragen einer flüssigen Tönung.

4 Pflanzenfarben – Arbeitsmittel, Präparate und Durchführung

Sie haben eine sehr gesundheits- und umweltbewusste Stammkundin, die regelmäßig eine Pflanzenfärbung bekommt. Die Kundin klagt: „Im Urlaub habe ich keinen Friseursalon gefunden, der diese Pflanzenfarbe anbietet. Warum wird so wenig mit diesen Präparaten gearbeitet?"

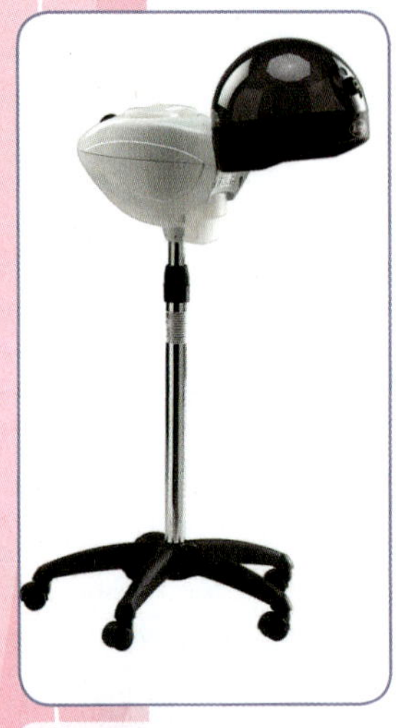

Haarsauna

Pflanzenfarben können, genau wie Tönungen, zusätzliche Farbstoffe in das Haar bringen. Die Möglichkeiten zur farblichen Veränderung sind aber geringer. Mit Pflanzenfarben können Kundinnen gewonnen und gehalten werden, die auf umweltfreundliche Methoden Wert legen und die keine großen Farbveränderungen, dafür aber viel Pflege, Glanz und eine natürlich wirkende Farbe für ihr Haar wünschen. Vor allem für Langhaarkundinnen können diese Farben eine Alternative sein. Die Arbeit mit Pflanzenfarben erfordert Fachkenntnisse und Erfahrung, die nur eine qualifizierte Friseurin bieten kann. Kundinnen können dadurch langfristig an den Salon gebunden werden.

4.1 Arbeitsmittel für Pflanzenfarben

Für die Zubereitung des Farbbreis benötigen Sie einen Wasserkocher sowie einen Messbecher für das Abmessen der Wassermenge, eine größere Schüssel und einen kleinen Schneebesen oder Mixer. Verwenden Sie eine Waage für das Abwiegen des Pflanzenpulvers oder einen mitgelieferten Messlöffel.
Für die Einwirkzeit brauchen Sie eine Plastikhaube und eine Trockenhaube oder eine **Haarsauna**. Eine Haarsauna hält die Haare während der Einwirkzeit noch besser feucht, da sie ständig Wärme und Wasserdampf erzeugt und an das Haar abgibt.

4.2 Pflanzenfarben – Präparate

4.2.1 Einsatzmöglichkeiten und Grenzen von Pflanzenfarben

Einsatzmöglichkeiten

- Pflanzenfarben werden bei Kundinnen eingesetzt, die bewusst auf synthetische, d. h. künstliche Präparate verzichten wollen. Sie bestehen aus gemahlenen Pflanzenteilen und sind weder für den Organismus noch für die Umwelt schädlich. Ihre Anwendung schont Haare, Kopfhaut und Atemwege von Kundin und Friseurin.
- Bei Kundinnen, die allergisch auf künstliche Farbstoffe oder Farbstoffvorstufen reagieren, können reine Pflanzenfarben bedenkenlos angewendet werden. Reine Pflanzenfarben enthalten keine zusätzlichen Farb- oder Duftstoffe oder Konservierungsmittel. Allergien gegen Bestandteile von Pflanzenfarben sind daher selten.
- Der Gerbsäuregehalt von Pflanzenfarben adstringiert, festigt das Haar und erhöht seinen Glanz. So ist eine Farbbehandlung gleichzeitig eine Haarkur.
- Einige Firmen bieten sog. Pflanzenfarben ohne Färbewirkung an. Diese enthalten aber keine Pflanzenfarben, sondern andere adstringierende Pflanzenbestandteile.
- Mit Pflanzenfarben lassen sich vielfältige natürliche Farbtöne erreichen, da das Farbergebnis immer mit der Ausgangsfarbe des Haares zusammenhängt und daher individuell ausfällt. Auf braunem und dunkelblondem Haar können besonders rötliche Farbrichtungen erzielt werden, auf hellerem Haar sind Goldtöne zu empfehlen.

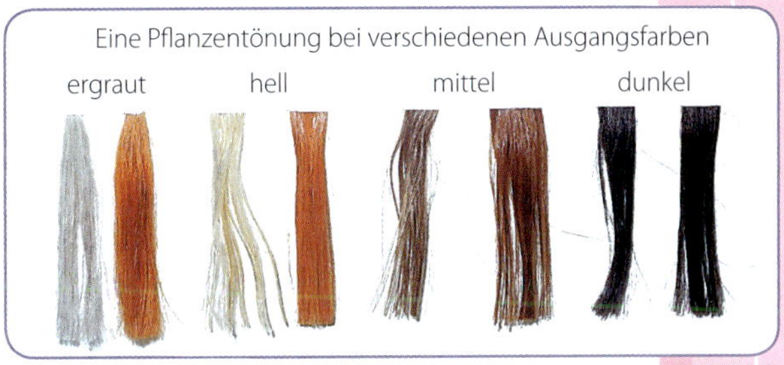

Beispiele für Farbergebnisse bei unterschiedlichen Ausgangsfarben

Grenzen

- Pflanzenfarben färben nur so stark an, dass die Ausgangshaarfarbe hindurchschimmert. Die zu erreichende Farbe ist immer ein Gemisch aus der Naturfarbe und der Pflanzenfarbe. Pflanzenfarben können genau wie Tönungen nicht heller färben und auch nur begrenzt dunkler.
- Ergebnisse von Pflanzenfärbungen sind stärker als andere farbliche Veränderungen abhängig von der Ausgangsfarbe. Färbeergebnisse lassen sich daher nicht exakt vorhersagen.
- Die erste Färbung mit einer Pflanzenfarbe ist noch nicht so kräftig. Erst nach der zweiten oder dritten Färbung wird der Farbton intensiver.

Ausgangsfarbe vor der Färbung — *Farbton nach einem Färbevorgang* — *Farbton nach dem zweiten Färbevorgang*

- Die Farbtiefe von weißen und hellen Haaren lässt sich mit Pflanzenfarben nur geringfügig verändern. Die meisten Pflanzenfarben wirken auf diesen Haaren sehr kräftig.
- Weißanteile können nicht abgedeckt werden, es ergeben sich immer Farbunterschiede zwischen den weißen und den pigmentierten Haaren.
- Für Kundinnen, die eine schnelle Behandlung wünschen, sind diese Farben aufgrund ihrer längeren Einwirkzeit nicht geeignet.
- Pflanzenfarben haften im Haar sehr intensiv. Die Farbstoffe sind auch durch Blondierungen nicht abzubauen.

4.2.2 Übersicht über die Pflanzenfarben

Pflanzenfarben lassen sich aufteilen in reine Pflanzenfarben, die ausschließlich pflanzliche Farbstoffe enthalten, und Pflanzentönungen, die ein Gemisch aus pflanzlichen und künstlichen direktziehenden Farbstoffen enthalten.

Reine Pflanzenfarben

Pflanzenfarben werden aus getrockneten und zerkleinerten Teilen verschiedener Pflanzen gewonnen.
Die zum Färben am häufigsten eingesetzte Pflanze ist **Henna**, mit dem orange und rote Farbtöne erzielt werden können.

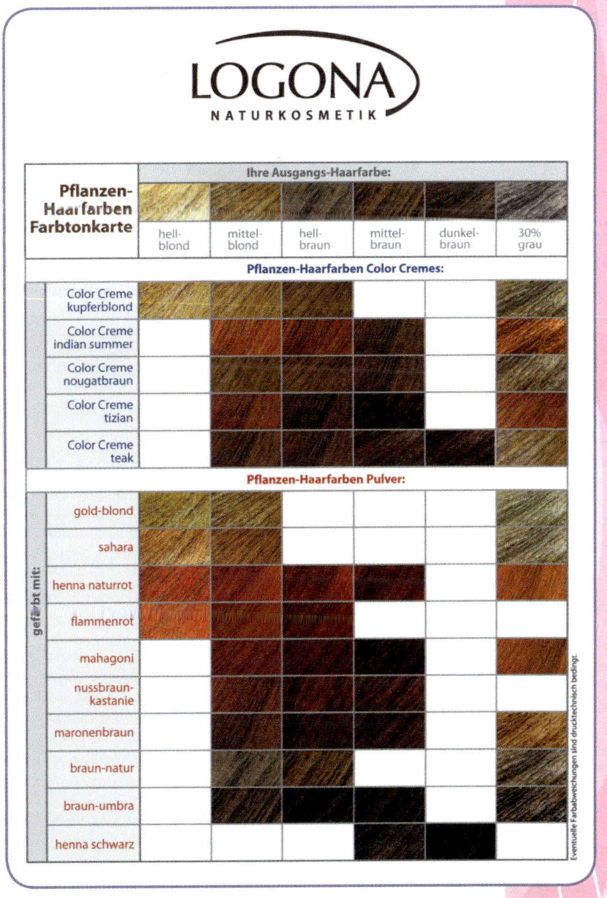

Farbtonangebot

Je nach gewünschtem Farbton werden andere Pflanzenbestandteile beigemischt, z. B. **Indigo**, um dunklere Farbtöne zu erzielen. **Kamille** eignet sich für Goldtöne. Aber auch die anderen Pflanzenbestandteile werden miteinander gemischt, um die Farbpalette zu erweitern. So enthalten sehr helle Nuancen nur etwa 5 % Henna, sehr dunkle dagegen bis zu 90 %. Die Nuance Kastanie besteht überwiegend aus Henna, es folgen Indigo und Walnussschalen und drei weitere Pflanzenfarben.
Bei sehr hellen Nuancen können farbgebende Pflanzen zu krasse Nuancierungen ergeben. Deshalb sind bis zu 50 % nicht färbende Pflanzenbestandteile enthalten.
Inzwischen sind neben Farbpulvern und Farbgranulaten auch die ersten gebrauchsfertigen Präparate in Tuben auf dem Markt.

Beispiele für Pflanzen, die als Pflanzenfarben verwendet werden

Pflanze	**Henna** (Blätter des Hennastrauches)	**Indigo** (Blätter des Indigostrauches)	**Salbei** (Blätter der Salbeipflanze)	**Walnuss** (Fruchtschale der Walnuss)

Farbwirkung im Haar	gold-kupferfarbene Töne	dunkle Töne (Jeansblau auf Kleidung)	Aschtöne	Brauntöne
Pflanze	Kamille	Kurkuma	Rote Bete	Krappwurzel

Farbwirkung im Haar	gold	gold	rot	rot

Pflanzentönung

Pflanzentönungen

Einige Nachteile der Pflanzenfarben, wie die geringe Farbauswahl und die zu schwache Farbgebung bei den ersten Anwendungen, führten zur Entwicklung von Pflanzentönungen. Diesen Präparaten werden künstliche direktziehende Farbstoffe zugegeben, um ein größeres Farbangebot zu ermöglichen. Die Farbwirkung bei diesen Pflanzentönungen ist bereits nach einer Anwendung deutlich zu erkennen. Die Vorteile der Pflanzenwirkstoffe bleiben erhalten.

Präparate zum Vorpigmentieren

Zur Erhöhung der Deckkraft von Pflanzenfarben auf helleren Ausgangsfarben werden Präparate zum Vorpigmentieren angeboten. Diese enthalten vor allem dunkle Farbstoffe im Braunbereich, z. B. Walnussschalenextrakte. Sie sorgen für ein dunkleres und satteres Farbergebnis.

4.2.3 Wirkungsweise von Pflanzenfarben

Henna enthält den Farbstoff Lawson, der erst durch die Einwirkung von Wärme und Luftsauerstoff im Haar seine rötliche Farbe annimmt. Auch der Farbstoff aus der Indigopflanze entwickelt seine Farbe nach dem Auftragen. Aus Pflanzen wie z.B. den Walnussschalen lassen sich fertige Farbstoffe gewinnen, die die Haare zwar stark anfärben, aber weniger haltbar sind.
Henna enthält **Gerbsäure**. Diese bildet auf dem Haar eine schützende Schicht und lässt es glänzen. Bei jeder weiteren Anwendung wird diese Schicht verstärkt. Regelmäßige Anwendung über Jahre führt schließlich zu einer Verfestigung des Keratins, die eine weitere Behandlung des Haares mit chemischen Haarfarben oder eine dauerhafte Umformung erschwert. Das Haar kann auch schwer und strähnig wirken.

Pflanzenfarben

Praxistipp

Verwenden Sie für nachfolgende dauerhafte Haarumformungen Präparate für schwer wellbares Haar. Günstiger ist es, erst dauerhaft umzuformen und dann die Pflanzenfarbe aufzutragen.

Zusätze

Für die bessere Streichfähigkeit und zur zusätzlichen Haarpflege werden vielen Präparaten natürliche Öle, z.B. Jojobaöl, zugesetzt. Diese Öle verhindern außerdem die Staubentwicklung beim Anrühren des Farbbreis.
Pflanzenfarben wird häufig ein natürlicher UV-Filter zum Schutz der Farbstoffe beigemischt. Diese Präparate können auch pflanzliche Proteine zum Auffüllen von Strukturschäden am Haarschaft und Panthenol als Feuchtigkeitsspender enthalten.

Haltbarkeit

Die Haltbarkeit einer Pflanzenfärbung hängt ab
- vom **Farbton** (Rottöne halten länger als dunkle Farbtöne),
- von der **Haarstruktur** (in porösem Haar hält Pflanzenfarbe länger).

Die Haltbarkeit wird mit bis zu 15 Haarwäschen angegeben.

4.3 Durchführung einer Farbveränderung mit Pflanzenfarben

4.3.1 Vorbereitende Tätigkeiten

Auswahl des Präparats

Empfehlen Sie für Kundinnen, die gezielt nach einer Alternative zu den herkömmlichen Präparaten fragen oder die eine Allergie gegen künstliche Farbstoffe haben, immer eine reine Pflanzenfarbe. Soll jedoch eine deutliche Veränderung der Haarfarbe oder eine Haarfarbe außerhalb des Farbangebots der reinen Pflanzenfarben erzielt werden, sollten Sie eine Pflanzentönung anbieten.

Gesundheitsschutz

Pfanzenfarben sind unschädlich für Haut und Haar. Legen Sie jedoch zum Schutz Ihrer Kleidung und Ihrer Haut vor Farbflecken eine Farbschürze um und ziehen Sie Schutzhandschuhe an.

Vorbereiten des Arbeitsplatzes

Mixer und Metallschale zur Herstellung eines Pflanzenfarbbreis

Stellen Sie alle notwendigen **Arbeitsmittel** und **Präparate** vor Beginn der Behandlung griffbereit auf einem Wagen oder Arbeitstisch mit farbfester Unterlage zusammen. Mischen Sie den Farbbrei ohne Aufwirbeln des Pulvers in einer dafür vorgesehenen Mixecke an. Sie benötigen:

- hitzebeständige Unterlage
- Wasserkocher und Messbecher
- Pflanzenpräparat, Messlöffel oder Waage zum Dosieren des Pflanzenpulvers
- größere Schüssel und kleinen Schneebesen oder Mixer

Vor Farbflecken schützen Sie die Kundin und sich durch:

- wasserfesten Umhang, dunkles Handtuch, Papierservietten
- Schürze und wasserfeste Schutzhandschuhe

Zum Auftragen und für die Einwirkzeit benötigen Sie:

- groben Kamm und Pinsel
- Plastikhaube und Trockenhaube oder Haarsauna
- Wecker
- Shampoo

Anmischen des Farbbreis

Vorbereiten der Kundin

Die Haare der Kundin werden vor dem Auftragen der Pflanzenfarbe mit einem milden Shampoo ohne zusätzliche Pflegestoffe gründlich gewaschen. So wird vermieden, dass Reste von Pflege- oder Stylingpräparaten die Anfärbung des Haares vermindern.
Nach dem Waschen müssen die Haare gründlich getrocknet werden. Denn zu viel Feuchtigkeit im Haar würde die Fähigkeit des Haares, den Farbbrei aufzunehmen, herabsetzen. Manche Farben werden auch auf das trockene Haar aufgetragen.
Als Farbschutz legen Sie der Kundin einen wasserfesten Umhang um. Eine Papierserviette und ein dunkles Handtuch können den Hals der Kundin und den Umhang zusätzlich schützen.

4.3.2 Arbeitstechnik und Arbeitsablauf bei der Pflanzenfärbung

Anmischen

Farbbrei aus Pflanzenpulver und heißem, meist etwa 70 °C warmem Wasser anmischen. Die genaue Rezeptur ist von Präparat zu Präparat verschieden, daher unbedingt die Gebrauchsanweisung beachten.

Erklärung
Durch das heiße Wasser werden die Farbstoffe aus den pulverisierten Pflanzenteilen herausgelöst.

Auftragen

a) Bei **Neufärbungen** die warme Paste Strähne für Strähne vom Ansatz bis zur Spitze mit dem Pinsel einarbeiten. Die hellen Partien, besonders die Konturen, zuletzt einstreichen. Dafür eignet sich die „Schneckentechnik". Dabei wird am Oberkopf mit dem Auftragen begonnen und nach und nach Strähne für Strähne um diesen Punkt herum behandelt.
b) Bei **Ansatzfärbungen** zuerst den Ansatz und nach 15 Minuten die Längen einstreichen.

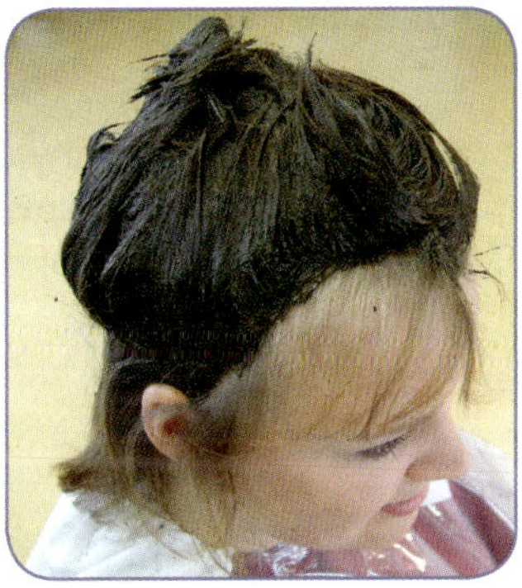
Konturen zuletzt einstreichen

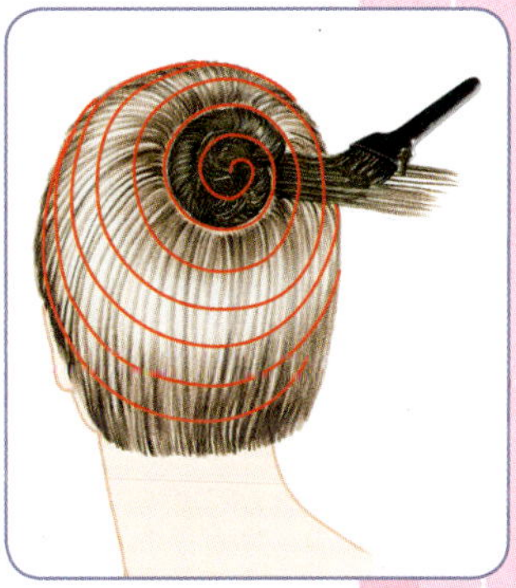
Schneckentechnik

Erklärung

zu a) Auf feinen und hellen Haaren leuchten Pflanzenfarben besonders kräftig. Diese Partien benötigen daher nicht so viele Farbstoffe wie die dunkleren Bereiche.
zu b) Die häufig trockeneren Längen und Spitzen sind ja bereits farblich behandelt. Sie würden sonst zu viel Farbkraft erhalten.
Die Wirkung von Pflanzenfarben wird durch Wärme intensiviert. Daher ist die Farbwirkung am Ansatz wegen der Körperwärme kräftiger.

Einwirkzeit

a) Während der Einwirkzeit sollte die Kundin unter einer Haarsauna, zumindest aber unter einer Plastikhaube mit Wärmezugabe sitzen.
b) Durch Auftragen eines möglichst heißen Farbbreis und durch Wärmezugabe während der Einwirkzeit lässt sich die Farbintensität erhöhen.
Die Einwirkzeit kann von 15 Minuten bis zu 2 Stunden dauern. Je länger die Einwirkzeit, desto intensiver das Ergebnis. Feine oder poröse Haare nehmen Pflanzenfarben schneller an als dickere oder gesunde Haare. Die Einwirkzeit hängt also auch von der Haarstärke und der Haarstruktur ab.
Bei Erstfärbungen sollte zunächst eine kürzere Einwirkzeit gewählt werden, um die Farbentwicklung zu überwachen.

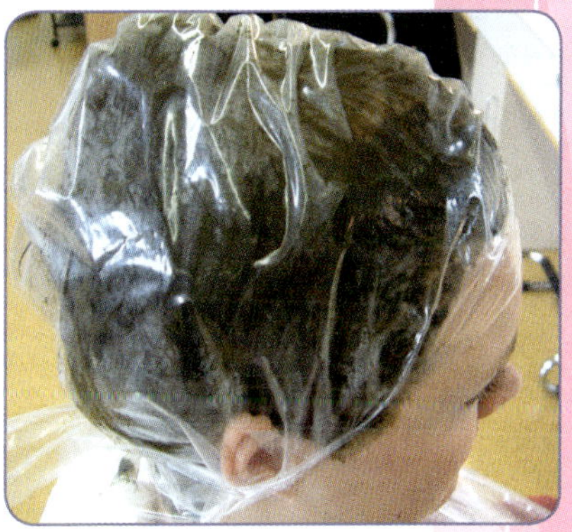
Einwirkzeit

Erklärung

zu a) Der Farbbrei darf während der Einwirkzeit nicht eintrocknen, da die Farbstoffe nur in Feuchtigkeit aus den Pflanzenteilen gelöst werden und in das Haar eindringen können. Außerdem ist bröckelnder Farbbrei nicht angenehm für die Kundin.
zu b) Im Verlauf der Einwirkzeit dringen die kleinen direktziehenden Farbstoffe bis in die durch das Wasser leicht gequollenen Haare ein. Wärme erhöht die Quellung und die Bewegung der Farbstoffe und damit die Anfärbbarkeit des Haares.

Abspülen

Nach dem Färben Pulverbrei ausspülen und das Haar mit einem milden Shampoo gründlich durchwaschen.

Erklärung

Pflanzenfarbbrei enthält keine Tenside und lässt sich nur sehr schwer aus dem Haar entfernen.

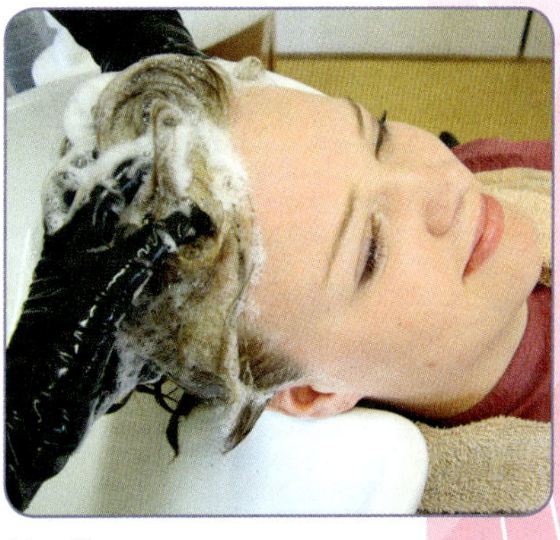
Abspülen

4.3.3 Kontrolle des Farbergebnisses und Fehlerkorrektur

Sollte die Farbe zu leuchtend oder zu dunkel ausfallen, kann durch mehrmaliges Waschen mit einem kräftigen Shampoo die Farbwirkung abgeschwächt werden. Ein zu helles und nicht ausreichend intensives Farbergebnis ist bei der Erstfärbung aber wahrscheinlicher. Weitere Behandlungen mit Pflanzenfarben machen die Farbe intensiver.

Aufgaben

1. Eine Kundin möchte ihr Haar farblich verändern. Auf keinen Fall sollen aber künstliche Haarfarben verwendet werden. Zu welcher Farbbehandlung raten Sie? Begründen Sie Ihre Entscheidung.
2. Eine Neukundin hat sich bei Ihnen zu einer Färbung mit Pflanzenfarben angemeldet und möchte wissen, wie die Behandlung abläuft und wie lange sie dauern wird.
   a) Nennen Sie der Kundin kurz die wichtigsten Arbeitsschritte bei der Pflanzenfärbung.
   b) Warum können Sie keine genaue Behandlungsdauer angeben?
3. Einige Hersteller bieten „Pflanzenfarbe ohne Farbstoff" an. Diese werden zur Pflege von strukturgeschädigtem Haar eingesetzt, haben aber keine Farbwirkung. Warum werden sie dennoch verwendet?

5 Besonderheiten in der Kundenberatung

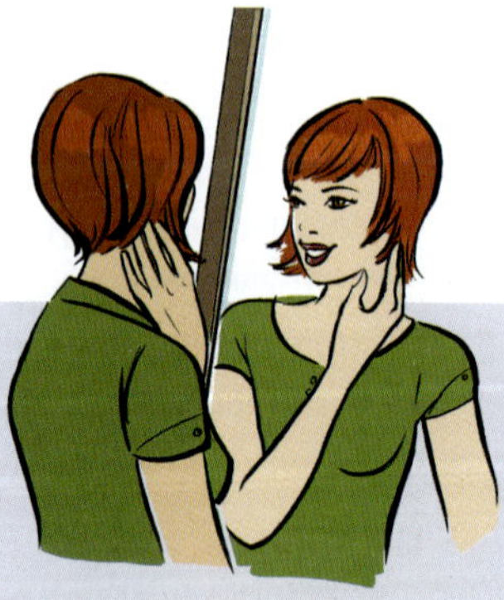

Eine Kundin ist begeistert von ihrer neuen Haarfarbe: „Dieses Kupfer sieht toll aus! Hoffentlich verblasst der Farbton nicht so schnell."
Welche Pflegeempfehlungen können Sie der Kundin geben?

5.1 Tönung oder Pflanzenfarbe – Entscheidungshilfen

Lässt sich der Kundenwunsch sowohl mit Tönung als auch mit Pflanzenfarbe erreichen, nennen Sie der Kundin die Vor- und Nachteile der Präparate. Unterstützen Sie sie damit bei ihrer Entscheidung. Erklären Sie, dass beide Präparate das Haar schonen, es aber nicht dauerhaft farblich verändern können.

Finden Sie heraus, ob die Kundin realistische Erwartungen an ein Präparat hat. Manche Werbeaussagen wecken durch ihre Formulierungen Hoffnungen, die das Präparat nicht erfüllen kann. Sie müssen den Kundinnen erklären, dass direktziehende Farbstoffe aus Tönungen oder Pflanzenfarben keine lang anhaltende Farbwirkung über mehrere Haarwäschen hinaus haben und dass sie auch weiße Haare nicht abdecken können; dass also immer ein Unterschied zu den noch pigmentierten Haaren zu sehen ist. Auch sind die Möglichkeiten der Farbveränderung durch die eigene

Ausgangsfarbe eingeschränkt und starke Veränderungen daher nicht möglich. Bei der Auswahl des richtigen direktziehenden Präparats ist die Erfahrung der Friseurin besonders wichtig, da die Wirkung der Präparate stark von der Haarqualität abhängt.

In jedem Fall **erklären Sie der Kundin**:

- Ihre Vorgehensweise für die folgende Behandlung mit Tönung oder Pflanzenfarbe
- die Dauer der Behandlung
- die Kosten der Behandlung
- die Nachbehandlung:
  - Haarpflege im Salon
  - Haarpflege zu Hause mit Tipps
- die weiteren Behandlungen:
  - Wann muss die nächste Farbbehandlung erfolgen?
  - Wie viele Farbbehandlungen sind notwendig, bevor die Pflanzenfarbe ihre volle Farbwirkung erreicht?

Erst nach der Klärung dieser Fragen kann die Kundin ihre Entscheidung treffen.

5.2 Farbverlust und Farbpflege

Machen Sie bei der Behandlung mit einer Tönung oder Pflanzenfarbe der Kundin deutlich, dass diese farblichen Veränderungen keine Haarschäden hervorrufen. Betonen Sie, dass Pflanzenfarben aufgrund ihres Gerbsäuregehalts zugleich Farbbehandlung und Haarkur ermöglichen.
Erklären Sie der Kundin auch, dass Farbverluste unvermeidbar sind, durch geeignete Pflegemaßnahmen aber in Grenzen gehalten werden können.

5.2.1 Ursachen für Farbverlust

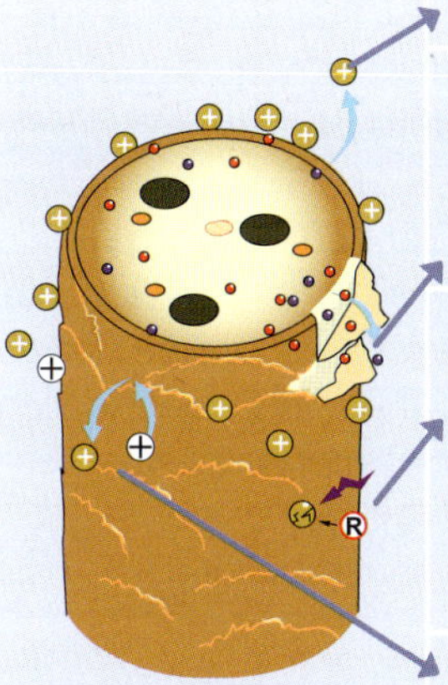

Ursachen für den Farbverlust	Erklärung
Abrieb der Farbstoffe von der Haaroberfläche beim Kämmen oder Bürsten	Die nur an der Haaroberfläche haftenden Farbstoffe lassen sich durch mechanischen Abrieb leicht entfernen.
Auswaschen der Farbstoffe, vor allem bei strukturgeschädigtem Haar mit teilweise zerstörter Schuppenschicht	Wird das Haar bei der Haarwäsche gequollen, gelangen Wassermoleküle ins Haar und lösen die lockeren Bindungen im Haarkeratin. Die Farbstoffe werden dann vom Wasser herausgespült.
Zerstörung von Farbstoffen durch UV-Strahlung und freie Radikale	Energiereiche Strahlung kann die chemische Struktur der Farbstoffe verändern. Gleichzeitig bilden sich durch Sonnenstrahlen auch freie Radikale, d. h. Stoffe, die sehr reaktionsfreudig sind und besonders mit den Farbstoffen des Haares reagieren. In beiden Fällen werden die Farbstoffe durch chemische Reaktionen entfärbt.
Verdrängung der künstlichen Farbstoffe durch andere kationische Wirkstoffe	Einige Haarpflegepräparate enthalten kationische Wirkstoffe, die sich zum Auffüllen an die geschädigten Stellen des Haarkeratins binden sollen. Bei Anwendung von Spülungen oder Haarkuren können diese Wirkstoffe die kationischen Farbstoffe verdrängen.
strukturgeschädigte Schuppenschicht	Lichtstrahlen werden nicht gleichmäßig reflektiert, die Haare glänzen weniger und die Farbe wirkt weniger intensiv.

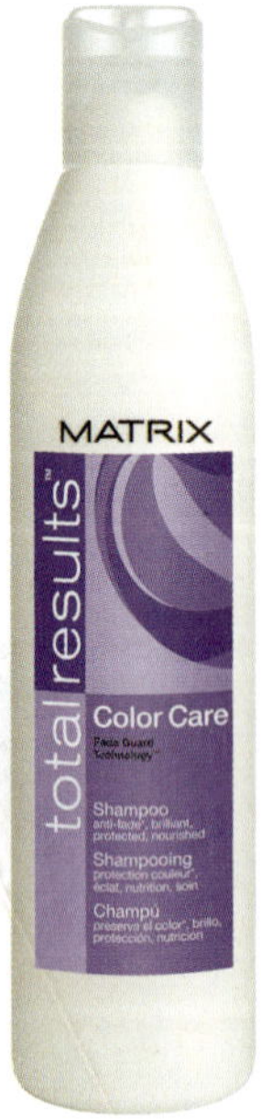

Farbshampoo

Pflegemaske für coloriertes Haar

Leave-in-Präparat für coloriertes Haar

5.2.2 Pflegeempfehlungen

Bieten Sie der Kundin Präparate und Pflegetipps an, mit denen sie ihre Haarstruktur verbessern und damit die Farbe haltbarer machen kann. Erklären Sie die Wirkung der wichtigsten Inhaltsstoffe dieser Präparate:

- Zur Reinigung sollten nur spezielle **Farbshampoos** verwendet werden. Empfehlen Sie der Kundin ein Shampoo in der passenden Farbe, z. B. Rot, Gold, Blond oder Braun.
  Erklären Sie der Kundin, wie wichtig die Verwendung eines Spezialshampoos ist, da nicht nur verlorene Farbstoffe teilweise ersetzt werden, sondern die milden Tenside auch weniger Farbstoffe auswaschen.
- Empfehlen Sie der Kundin, regelmäßig **spezielle Pflegepräparate** zu verwenden. Nur so können die Haarstruktur gefestigt und die Farbstoffe im Haar gehalten werden. Zusätzlich zu den pflegenden Wirkstoffen wie Ölen oder Feuchtigkeitsspendern enthalten auch diese Präparate geringe Mengen Farbstoffe.
  Raten Sie der Kundin unbedingt zu diesen Spezialpflegepräparaten, da manche der anderen Präparate Pflegestoffe enthalten, die die Farbmoleküle aus dem Haar verdrängen und die Farbe noch schneller verblassen lassen.
- Besonders betonen sollten Sie den positiven Effekt von **Leave-in-Präparaten**, also Präparaten, die im Haar verbleiben und nicht ausgespült werden. Diese Präparate enthalten Glanzpartikel und Farbstoffe, die sich bis zur nächsten Wäsche anlagern und für zusätzliche Farbe und Glanz sorgen.
- Häufig sind in Pflegepräparaten für farblich behandelte Haare **UV-Filter** enthalten, die schädliche Strahlung absorbieren oder reflektieren, sodass sie im Haar keine Farbstoffe abbauen kann.
- Zugesetzte **Antioxidantien** binden freie Radikale, bevor sie durch Oxidation Farbstoffe zerstören. Diese Stoffe werden deshalb auch als **Radikalfänger** bezeichnet.
- Abgestimmt auf diese Pflegepräparate bieten viele Hersteller **Stylingpräparate** an, die Sie der Kundin bei Bedarf empfehlen sollten. Diese Präparate sind auf farblich verändertes Haar abgestimmt, sie enthalten meist keinen Alkohol und wirken nicht austrocknend. Gleichzeitig können Farbstoffe und fast immer UV-Schutz enthalten sein.
- Zu den Pflegepräparaten sollten Sie der Kundin **Tipps für den Umgang mit farblich veränderten Haaren** geben. Zusätzlich zu den allgemeinen Pflegehinweisen, z. B. heiße Föhnluft und harte Bürsten zu vermeiden, sollten die Haare nur kurz dem Wasser ausgesetzt sein. Haare im nassen Zustand sind gequollen und die Farbstoffe können aus dem „geöffneten" Haar leichter ausgewaschen werden. Grundsätzlich ist bei allen farblich veränderten Haaren darauf zu achten, dass sie schnell getrocknet werden und nicht länger als nötig im nassen und gequollenen Zustand verbleiben.
- Da viele Pflanzenfarbkundinnen auf alle künstlichen Präparate verzichten möchten, bieten etliche Hersteller reiner Pflanzenfarben auch **Pflegepräparate aus natürlichen Rohstoffen** an. Um die Farben länger zu erhalten, gibt es spezielle Farbshampoos mit Pflanzenfarben in geringer Konzentration. Verlorene Farbstoffe können dadurch teilweise ersetzt und der Farbverlust verzögert werden.
  Empfehlen Sie weitere Pflegepräparate mit natürlichen Ölen und Wachsen, die für verstärkten Glanz und Schutz der Haare sorgen.

Aufgaben

1. Übernehmen Sie aus der Tabelle auf S. 317 die Ursachen für den Farbverlust nach einer Tönung in Ihr Heft.
   Ordnen Sie geeignete Pflegemöglichkeiten zu.
2. Beraten Sie die folgende Kundin in wörtlicher Rede:
   a) Geben Sie der Kundin, die gerade mit einer Tönung der Farbe „Mahagonibraun" behandelt wurde, Ratschläge für die Haltbarkeit der Tönung.
   b) „Die Pflegepräparate sind aber sehr teuer, da kann ich doch erst mal meine eigenen aufbrauchen", antwortet die Kundin auf Ihre Pflegeratschläge. Mit welchen Worten und Argumenten können Sie die Kundin von der speziellen Wirksamkeit der Farbpflegepräparate überzeugen?

5.3 Kritischer Umgang mit Werbeaussagen

Der Wunsch der Kundinnen nach einer Veränderung der Haarfarbe steigt. In ihren Werbeaussagen sprechen die Hersteller daher besonders die Bedürfnisse, d.h. die Gründe für den Farbwunsch an. Informieren Sie sich regelmäßig über die Werbung für haarfarbverändernde Präparate. Denn die Werbefachleute wissen, wie man das Interesse von Verbrauchern wecken kann. Achten Sie besonders auf die folgenden Begriffe, die in Werbeaussagen häufig verwendet werden.

„Tönung"

Eine ganze Reihe von Präparaten lässt sich mit dem Begriff „Tönung" oder „Intensivtönung" gut verkaufen. Tönungen gelten als weniger schädlich und hinterlassen auch keinen Ansatz.

Erklären Sie Ihren Kundinnen, dass alle vor der Anwendung mit einer Entwicklerlösung zu vermischenden Präparate wie eine richtige Haarfarbe wirken. Sie greifen daher das Haar stärker an als eine reine Tönung und lassen sich nicht auswaschen.

„Grauabdeckung"

Viele Präparate versprechen eine vollständige Grauabdeckung. Erklären Sie den Kundinnen, dass es sich bei diesen Präparaten nicht um eine Tönung handeln kann und sie daher mit einem nachwachsenden Ansatz in deutlich sichtbarem Weiß rechnen müssen.

Bei Rottönen kann es auf weißem Haar zudem zu einem unerwünscht leuchtenden Ergebnis kommen.

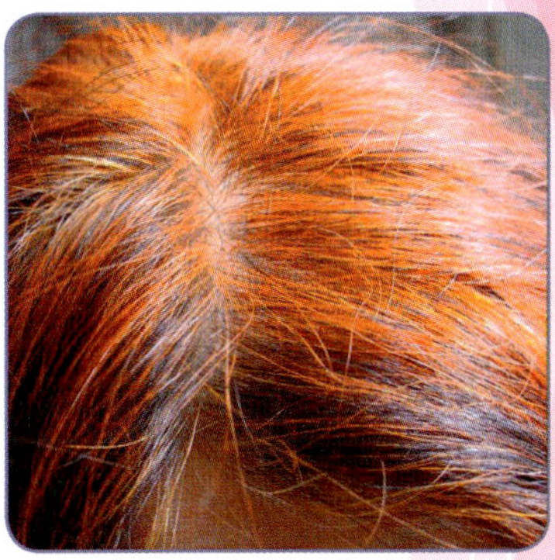

Ungenügende „Grauabdeckung" mit Henna

„Glänzend helle Strähnen"

Tönungen können Haare nicht aufhellen. Hier sind Zusätze enthalten, die das Haar aufhellen und gleichzeitig den Glanz des Haares verringern. Nur sauer eingestellte Präparate wie die meisten Tönungspräparate und alle Pflanzenfarben bringen Glanz.

„Leuchtende Farben"

Weisen Sie die Kundinnen darauf hin, dass diese Präparate, wenn sie reine Tönungspräparate sind, auf jedem Haar anders wirken. Leuchtende Farben lassen sich nur auf hellem oder weißem Haar erzielen.

Aufgaben

❶ Nehmen Sie Stellung zu den folgenden Werbeaussagen für Tönungspräparate und Pflanzenfarben.
Welche Hinweise können Sie Ihren Kundinnen dazu geben?

a) „Tönung mit langer Haltbarkeit"
b) „Brillante Kupfertöne bei jeder Ausgangsfarbe"
c) „Pflanzenfarbe, eine Wohltat für Ihr Haar"

❷ Eine Kundin klagt: „Ich habe meine Haare vor sechs Wochen mit einem Präparat selbst getönt. Jetzt sieht man einen Ansatz! Wie kann das sein?"
Erklären Sie ihr dies.

5.4 Dokumentation

Eine Kundin fühlt sich gut beraten, wenn Sie sie bei den folgenden Salonbesuchen gezielt nach ihren Erfahrungen mit der farblichen Veränderung fragen. Außerdem können Sie so künftig Ergebnisse optimieren oder Fehler vermeiden. Das Führen einer **Kundenkartei** ist hierfür unerlässlich:

→ vgl. LF 2, S. 62

→ vgl. LF 3, S. 122

- Notieren Sie die Vorbedingungen bei der Kundin, also Haarqualität, Ausgangshaarfarbe und den Farbtyp.
- Machen Sie sich Notizen, wenn die Kundin einen besonderen Wunsch hatte, denn die Kundin fühlt sich wichtig genommen, wenn Sie sich bei ihrem nächsten Besuch daran erinnern.
- Auf der Karteikarte werden das verwendete Präparat, die genaue Rezeptur und die Anwendungsbedingungen vermerkt. Nur so können Sie gleichbleibende Qualität sichern und am besten auf Veränderungswünsche reagieren.
- Halten Sie auf der Karteikarte auch fest, welche Pflegepräparate die Kundin bei Ihnen erworben hat. Fragen Sie nach, ob diese Präparate die gewünschte Wirkung erzielt haben.
  Ist die Kundin mit den Pflegepräparaten nicht zufrieden, sollten Sie versuchen, eventuelle Anwendungsfehler herauszufinden und/oder der Kundin künftig ein anderes Präparat empfehlen.
- Geben Sie der Kundin immer das Gefühl, dass Sie bei Problemen eine sachkundige Hilfe bieten, die sie im freien Handel nicht bekommen kann.

Aufgaben

❸ Warum ist es wichtig, gerade bei Farbbehandlungen die Kundinnen immer über Dauer und Kosten der Behandlung zu informieren?

❹ Vor einer Farbbehandlung lesen Sie auf der Karteikarte einer Stammkundin die Farbrezeptur nach.
Erklären Sie der Kundin, warum Sie dies tun.

Rechenaufgaben

Kalkulation von Dienstleistungen mit dem Minutenkostensatz

Mithilfe des Minutenkostensatzes können Betriebe ihre Bedienungspreise einfacher kalkulieren. Der Minutenkostensatz ist also ein „Hilfsmittel" für die Kalkulation.
Zur Berechnung des Minutenkostensatzes werden alle Selbstkosten eines Betriebs auf die tatsächlich geleisteten Arbeitsminuten der Angestellten verteilt.

Wie berechnet eine Saloninhaberin den Minutenkostensatz für eine Angestellte?

Bruttomonatslohn
\+ Lohnnebenkosten
= tatsächliche Lohnkosten
\+ Gemeinkosten (z. B. Miete, Wasser usw.)
= Selbstkosten
: Arbeitsstunden pro Monat
(**Beispiel**:
tägl. Arbeitszeit 8 Std. · 22 Arbeitstage im Monat = 176 Arbeitsstunden im Monat)
: 60 (Anzahl der Minuten pro Stunde)
= **Minutenkostensatz**

Beispiel:
Der Bruttolohn einer Gesellin beträgt 1 546,00 €, die Lohnnebenkosten betragen 696,00 €.
Die monatliche Arbeitszeit beträgt 174 Stunden.
Die Gemeinkosten werden mit 140 % kalkuliert.

Wie hoch ist der Minutenkostensatz?

Bruttolohn	1 546,00 €
+ Lohnnebenkosten	696,00 €
= tatsächliche Lohnkosten	2 242,00 €
+ Gemeinkosten	3 138,80 €
= Selbstkosten	5 380,80 €
: Arbeitsstunden pro Monat	174
: Anzahl der Minuten pro Stunde	60
= Minutenkostensatz	0,52 €

Der Minutenkostensatz beträgt 0,52 €.

1. Berechnen Sie den Minutenkostensatz bei 174 Stunden monatlicher Arbeitszeit.

	a)	b)	c)
Bruttolohn	1 524,00 €	470,00 €	2 290,00 €
Lohnnebenkosten	597,00 €	82,00 €	870,00 €
Gemeinkosten	155 %	125 %	170 %

2. Der Bruttolohn der Friseurin Müller beträgt im Monat 1 350,00 €. Die monatliche Arbeitszeit beträgt 174 Stunden. Die Lohnnebenkosten belaufen sich auf 453,00 €. Die Gemeinkosten sind mit 132 % anzunehmen.
Berechnen Sie den Minutenkostensatz.

Wie hoch ist der Bruttobedienungspreis?

Beispiel:
Eine Friseurin benötigt für eine Dauerwelle 80 Minuten. Der Minutenkostensatz beträgt 0,61 €, der Gewinn 35 %, die MwSt. 19 %.

Selbstkosten	48,80 €
(Selbstkosten = **Minutenkostensatz** · Minuten = 0,61 €/min · 80 Min. = **48,80 €**)	
+ 35 % Gewinn	17,08 €
= Nettobedienungspreis	65,88 €
+ 19 % Mehrwertsteuer	12,52 €
= Bruttobedienungspreis	78,40 €

Der Bruttobedienungspreis beträgt 78,40 €.

3. Berechnen Sie die Bruttobedienungspreise. Denken Sie an die Mehrwertsteuer.

	Minutenkostensatz	Arbeitszeit	Gewinn
Dauerwelle	0,42 €	90 Min.	45 %
Schneiden	0,45 €	60 Min.	28 %
Föhnen	0,51 €	30 Min.	35 %
Färben	0,63 €	45 Min.	33 %

4. Eine Tönung dauert 55 Minuten, der Minutenkostensatz für die Friseurin beträgt 0,45 €. Es wird mit einem Gewinn von 33 % kalkuliert. Berechnen Sie den Bruttobedienungspreis.

5 Eine Auszubildende soll den Bruttobedienungspreis für eine Haarwäsche berechnen. Für die Wäsche benötigt sie 10 Minuten, der Minutenkostensatz beträgt 0,21 €, der Gewinn 22 %.

Wie hoch ist der Bruttobedienungspreis?

6 Welche Bruttobedienungspreise müssten für folgende Dienstleistungen berechnet werden, wenn der Minutenkostensatz mit 0,31 € und der Gewinn mit 37 % kalkuliert wird?

a) Pflanzenfarbe (100 Minuten)
b) Tönung (45 Minuten)

Komplexe Aufgabe

Eine Kundin hat einen neuen Haarschnitt bekommen und möchte ihr Haar nun auch farblich verändern. Sie ist aber unsicher, welche Farbe ihr stehen würde.
Die Kundin ist etwa 50 Jahre alt, ihr mittelblondes Haar zeigt nur wenige weiße Haare im Schläfenbereich. Ihre Kleidung deutet auf einen klassischen Stil hin.

a) Welche Kleidungsmerkmale deuten auf einen klassischen Stil hin?

b) Bevor Sie einen geeigneten Farbton auswählen, müssen Sie den Farbtyp der Kundin feststellen.
   1. Was prüfen Sie zuerst?
   2. Erklären Sie der Kundin, in welchen Arbeitsschritten Sie den Farbtyp ermitteln: „Um Ihren Farbtyp genau bestimmen zu können, werde ich …"

c) Die Farbtypbestimmung hat ergeben, dass der Kundin helle, warme Farben gut stehen. Nennen Sie drei Haarfarben, die Sie diesem Farbtyp empfehlen können.

d) Die Kundin hat sich für einen Kupferton entschieden. Können Sie hier eine Pflanzenfarbe empfehlen? Nennen Sie die Möglichkeiten und Grenzen von Pflanzenfarben.

e) Ihre Kundin möchte ihre Haarfarbe deutlich verändern, aber den Farbton zunächst nur ausprobieren. Eine Pflanzenfarbe kommt für diese Kundin nicht infrage:
„Welche Präparate können Sie mir empfehlen? Bei meiner Freundin hat ein Friseur eine Intensivtönung gemacht. Das sieht ganz toll aus."
Ist dieses farbverändernde Präparat geeignet für diesen Kundenwunsch? Begründen Sie Ihre Entscheidung.

f) Nennen und beschreiben Sie der Kundin zwei unterschiedliche Tönungspräparate.

g) Da die Kundin heute eine deutliche Veränderung ihrer Haarfarbe sehen möchte, empfehlen Sie ein stark saures Tönungspräparat.
   1. Welche Vorteile bieten diese Tönungspräparate?
   2. Wie wirken diese Tönungspräparate im Haar?

h) Die Kundin hat nun doch Bedenken, dass der Farbton zu leuchtend werden könnte. Welches Tönungspräparat mit einer etwas geringeren Farbwirkung wählen Sie aus?

i) „Warum waschen sich diese Tönungspräparate leichter aus als andere Haarfarben?" Erklären Sie der Kundin das Wirkprinzip direktziehender Farbstoffe in Schaum- oder Geltönungen.

j) Welche Hilfsmittel stellen Sie vor dem Auftragen der Geltönung zusammen?

k) Wie wird eine Geltönung aufgetragen?

l) Nach dem Abspülen stellt die Kundin fest, dass die wenigen weißen Haare an den Schläfen in dem neuen Farbton Kupfer deutlich stärker leuchten als der Rest des Haares. Erklären Sie ihr dies.

m) Das natürlich pigmentierte mittelblonde Haar wirkt etwas dunkler als vorher. Erklären Sie dies.

n) Die Kundin ist mit dem Farbton sehr zufrieden und möchte die Farbe nun doch so lange wie möglich erhalten. Welche Präparate zur Reinigung und Pflege empfehlen Sie?

English – A new hair colour

Type of colouring products	temporary and semi-permanent hair colouring: coloured setting lotion, coloured mousses, colour shampoo, coloured spray	vegetable colour: powdered flowers or plants that have to be mixed with warm water	oxidation hair colour: a liquid or a cream mixed with a developer	bleaching: powder mixed with a developer
lasting ability	These colours are not permanent. The hair looses the colour after shampooing.	These colours are partially removed by shampooing.	The new pigments built up in the hair are permanent.	The change of the natural pigment of the hair is permanent.
advantages	Easy to apply, easy to remove if the client does not like the colour. The hair becomes shiny and smooth.	No chemicals are used. No changes in the hair structure, but gives body to fine hair.	Nearly all colours and shades are possible.	Nearly all blonde shades are possible. Artificial hair colours can also be lightened.
disadvantages	The hair colour cannot be changed for long. Only small changes in colour are possible. White hair cannot be fully covered.	Often colours become intense only after more than one colour treatment. The result cannot be exactly predicted.	The hairline, where the new hair is growing, has to be treated every 6 weeks. The treatment has a negative effect on the hair structure.	The hairline has to be bleached every 6 weeks. Often the hair structure is highly damaged.

Exercises

1. Write down the types of colouring products. Give an example from your salon for each product.

2. The following clients want to change their hair colour. Which products do you recommend? Why? Write down your answer in your exercise book.

Ⓐ 

"I need to cover my grey hair. More than half of my hair has become white in the last couple of years. I think I look younger without grey hair. A brown colour would be wonderful."

Ⓑ 

"Did you see the new hair colour of that famous singer on TV yesterday? I want pink hair too. Can you help me?"

Ⓒ 

"My doctor found out that I am allergic to oxidation hair colour. But I'd like to wear my hair in a red shade. Is there a possibility to add some red colour to my hair?"

Ⓓ 

"I would like to become blonde. My best friend has a great new colour and she looks so good! What can you recommend for me?"

Vocabulary

temporary	zeitweilig	cream	Creme	to give body	Volumen geben
semi-permanent	„nicht dauerhaft"	developer	Entwickler	shade	Farbton
vegetable colour	Pflanzenfarbe	bleaching	Blondierung	to lighten	aufhellen
powdered flowers or plants	pulverisierte Blumen oder Pflanzen	lasting ability	Haltbarkeit	disadvantage	Nachteil
		permanent	dauerhaft	fully covered	völlig abgedeckt
oxidation hair colour	oxidative Haarfarbe	partially	teilweise	intense	intensiv
		advantage	Vorteil	hairline	Haaransatz
liquid	Flüssigkeit	chemicals	chemische Stoffe	allergic	allergisch

Lernfeld 9 Haare färben und blondieren

Sie verändern die Haarfarbe durch oxidativ wirkende Präparate.

Kundin: „Ich möchte eine neue Haarfarbe, die lange haltbar ist."

Informieren

- Welche Farbwünsche hat die Kundin?
- Welche Ausgangshaarfarbe hat die Kundin?
- Welche Haarqualität und Kopfhautgegebenheiten bringt die Kundin mit?
- Welchem Farbtyp und Stil lässt sich diese Kundin zuordnen?

Planen

- Ist eine oxidative Farbbehandlung geeignet, um die Kundenwünsche zu erfüllen?
- Ist eine oxidative Farbbehandlung bei der Haarqualität der Kundin möglich?
- Welche Farben entsprechen dem Wunsch der Kundin und passen zu ihr?
- Welches Präparat und welche Technik sind geeignet?
- Wie lange wird die Behandlung dauern?
- Welche Kosten entstehen für die Kundin?
- Welche Behandlungsplanung schlage ich der Kundin vor?

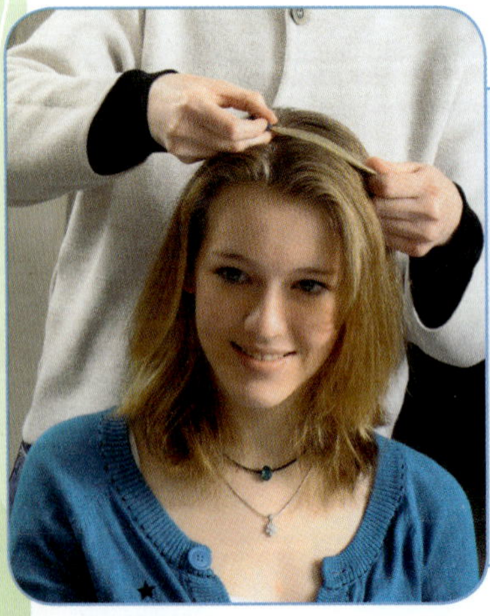

Entscheiden

- Ich mache der Kundin einen Behandlungsvorschlag und begründe ihn.
- Ich erkläre die Wahl einer oxidativen Farbveränderung, indem ich der Kundin die besondere Wirkung dieser Präparate mit Vor- und Nachteilen beschreibe.
- Ich empfehle geeignete Pflegemaßnahmen.
- Ich stelle sicher, dass die Kundin den Vorschlag verstanden hat.
- Ich berate die Kundin, bis sie sich entschieden hat.

Bewerten

- Wie zufrieden ist die Kundin?
- Waren die Präparate und Arbeitstechniken richtig gewählt?
- An welcher Stelle sollte ich meine Planung ändern?
- In welchen Punkten kann ich meine Arbeitstechnik verbessern?
- Ich dokumentiere die durchgeführte Behandlung, das Ergebnis und die Bewertung.

Kontrollieren

- Entspricht das Farbergebnis der geplanten Zielfarbe?
- Sind Korrekturen erforderlich und möglich?

Ausführen

- Ich führe die Farbveränderung wie geplant durch.
- Ich mische die Präparate nach Rezeptur an und trage sie in der gewählten Arbeitstechnik auf das trockene Haar auf.
- Ich prüfe das Farbergebnis während der Behandlung und verändere ggf. die Einwirkzeit oder die Wärmezugabe.
- Ich schließe die Behandlung durch Pflegemaßnahmen ab.

1 Individuelle Kundengegebenheiten

„Sehen Sie das? Ich bekomme immer mehr weiße Haare, können Sie etwas dagegen tun?", fragt eine Kundin, die tatsächlich einen hohen Weißanteil im Haar hat.
Welche Farbbehandlung können Sie ihr empfehlen?

Viele Kundinnen haben bereits Erfahrungen mit dem Färben. Sie wünschen sich oft sichtbare und dauerhafte Veränderungen in der Haarfarbe, sowohl in den dunkleren Farbbereich als auch in den helleren. Diese Kundenwünsche können nur durch chemische Veränderungen im Haar erfüllt werden. Um die Haare aufzuhellen, müssen Pigmente abgebaut und dadurch farblos gemacht werden. Die dauerhafte Einlagerung künstlicher Farbstoffe im Haar führt ebenfalls zu einer Beeinflussung der Haarstruktur.

1.1 Kundenwunsch

Gründe für den Farbwunsch

Trotz der Vielfalt von Kundenwünschen zeichnen sich, wie auch in der Kleidermode, immer bestimmte Trends ab. Lange Zeit hatten viele Kundinnen den Wunsch nach auffälligen Farben und Farbkombinationen. Dann wieder hat sich ein Trend zu harmonischen und natürlichen Farben entwickelt.
Kundinnen wünschen nun häufig eine natürlich wirkende Abdeckung ihrer weißen Haare und Farbkombinationen, die ihre Gesichtszüge weicher wirken lassen. Ein großer Teil der kaufkräftigen Kundinnen ist in einem Alter, wo der Erhalt der Jugendlichkeit an erster Stelle steht. Die Hersteller von farbverändernden Präparaten reagieren auf diesen Trend der 40+- und 50+-Generation und erweitern ständig ihr großes Farbtonangebot, gerade im Bereich der Hellerfärbung und der haltbaren Oxidationsfarben. Kundenwünsche nach starker farblicher Aufhellung bei gleichzeitiger Haarschonung können nicht erfüllt werden. Hier sollten Sie im Rahmen einer guten Beratung die verschiedenen Möglichkeiten gegeneinander abwägen.

Probesträhnchen

Ermittlung des Kundenwunsches

Die Auswahl der Farben ist bei den oxidativen Farbveränderungen wesentlich größer als im Bereich der Tönungen. Mit oxidativen Färbepräparaten können die gewünschten Farbziele bei fast allen Ausgangshaarfarben erreicht werden. Die Kundin hat die Möglichkeit, aus über 100 verschiedenen Farben zu wählen.
Auf keinen Fall sollten Sie der Kundin die gesamte Farbkarte der Oxidationsfarben zur Auswahl vorlegen. Hier gibt es ein viel zu großes Angebot an Farbtönen, die die Kundin nicht überblicken kann. Grenzen Sie das Farbangebot ein und zeigen Sie ihr nur einzelne Farbsträhnen aus dem gewünschten Bereich.
Die Anbieter spezieller Farben für Strähnen bieten auch gezielte Beratungshilfen an. So können Sie mithilfe von Probesträhnchen der Kundin einen genauen Eindruck vom möglichen Farbziel geben.

Kundenwünsche können in vier Richtungen gehen: Sie wünschen sich eine dunklere, eine hellere, eine stärker leuchtende oder eine weniger leuchtende Haarfarbe.

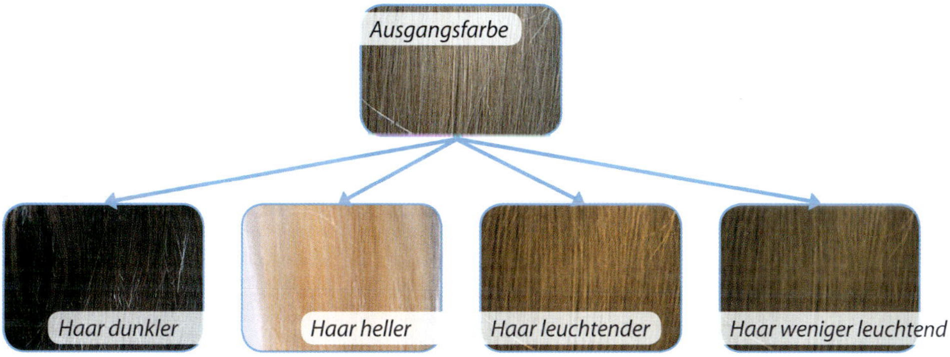

Stellen Sie unbedingt sicher, dass Sie die Kundin richtig verstanden haben. Oxidative Farbveränderungen sind haltbar und lassen sich nur schwer korrigieren. Klären Sie Begriffe wie „Highlights" oder „Lichtreflexe" unbedingt anhand von Abbildungen oder Probesträhnchen. So können Sie sichergehen, dass Sie die gleichen Vorstellungen wie die Kundin haben.

1.2 Haar- und Kopfhautgegebenheiten

Im Gegensatz zur Tönung oder Pflanzenfärbung (Farbstoffanlagerung mehr in den äußeren Bereichen des Haares) finden die oxidativen Farbveränderungen in der Faserschicht des Haares statt. Hier werden bei der Färbung die oxidativ gebildeten Farbstoffe eingelagert und bei der Blondierung die natürlichen Pigmente abgebaut. Um in die inneren Schichten des Haares eindringen zu können, müssen die Haare gequollen, d. h. die Schuppenschicht geöffnet werden. Der Grad der Quellung bestimmt den Färbevorgang entscheidend mit und wird von der Haarstärke und der Haarstruktur beeinflusst.

Blocksträhnen sind breitere, deutlich sichtbare Aufhellungen

Sehr feine, kaum sichtbare hellere Strähnchen erzielen Lichtreflexe

1.2.1 Ausgangshaarfarbe

Die Ausgangsfarbe kann natürlich, gefärbt, blondiert oder auch gesträhnt sein. Ansatz und Spitzen haben nicht immer die gleiche Farbe.
Bei oxidativen Farbveränderungen werden Farbstoffe ins Haar gebracht, gleichzeitig können vorhandene Pigmente abgebaut werden. Es können dunklere, aber auch hellere und leuchtende Zielfarben erreicht werden. Durch die Vielzahl der Möglichkeiten hat die Ausgangsfarbe nur wenig Einfluss auf die Wahl der Zielfarbe. Aber sie ist mit ausschlaggebend dafür, welches Präparat verwendet wird und auch welche Rezeptur und Arbeitstechnik erforderlich ist.

Highlights sind Strähnen, die heller als die übrige Haarfarbe sind

Lowlights sind Strähnen, die dunkler als die übrige Haarfarbe sind

Naturhaarfarbe

→ *vgl. Lernfeld 8, S. 289*

Mithilfe des Naturtonselektors und der Farbkarte oder geeigneten Haarsträhnen bestimmen Sie die Farbtiefe und die Farbrichtung der Naturhaarfarbe der Kundin.

Afrikanisches blondiertes Haar

Asiatisches blondiertes Haar

Farbtiefe

Helle Ausgangsfarben ermöglichen die Umsetzung fast aller Farbwünsche der Kundin. Um Zielfarben im helleren Bereich erreichen zu können, brauchen nur wenige Naturpigmente abgebaut und künstliche Farbstoffe eingelagert zu werden. Zielfarben im dunkleren Bereich erfordern die Einlagerung vieler künstlicher Farbstoffe – kein Problem mit oxidativen Farbstoffen.
Dunkle Ausgangsfarben enthalten viel Eumelanin (graubraune Pigmente) und Phäomelanin (rotgelbe Pigmente). Die zusätzliche Einlagerung von künstlichen Farbstoffen verändert die Farbrichtung bei dunklen Farben nur wenig. Für hellere und leuchtende Zielfarben müssen Naturpigmente abgebaut werden. Je heller und leuchtender die Zielfarbe, desto mehr Pigmentabbau ist notwendig. Bei sehr dunklen Ausgangsfarben sind manche hellen Zielfarben nicht mehr zu erreichen, da hierfür zu viele Pigmente abgebaut werden müssten.
Afrikanische und **asiatische** Haare haben eine dunkle Ausgangshaarfarbe und sind deshalb nur schwer aufzuhellen. Die aufhellende Wirkung von oxidativen Haarfarben reicht hier meist nicht aus. In der Regel müssen die Naturpigmente in diesen Haaren durch Blondierung abgebaut und anschließend in der gewünschten Farbe eingefärbt werden. Eine Oxidationshaarfarbe erreicht aber eine Veränderung der Farbrichtung durch einen entsprechenden Farbschimmer.

Farbrichtung

Naturhaarfarben mit rötlichen Farbrichtungen enthalten im Verhältnis mehr Phäomelanin, aschige oder matte Farbrichtungen dafür im Verhältnis mehr Eumelanin. Soll die Farbrichtung z.B. von Aschblond zu Goldblond verändert werden, müssen mehr rote und gelbe Farbstoffe ins Haar eingelagert werden. Rote und gelbe Farbstoffe sind die Gegenfarben zu matten oder aschigen Farbrichtungen. Durch Anlagerung von Farbstoffen der Gegenfarben werden Farbrichtungen verändert. Gleichzeitig wird durch Addition der Farben das Farbergebnis in der Farbtiefe immer dunkler. → *vgl. S. 285 ff.*

Praxistipp

Blondieren Sie eine Probesträhne, wenn die Haare sehr dunkel oder ungleichmäßig eingefärbt sind. Nur so können Sie herausfinden, welche Zielfarbe Sie erreichen können.

Weißanteil

Oxidative Farbstoffe können, anders als die direktziehenden, einen Weißanteil bis zu 100% abdecken. Die Bestimmung des Weißanteils und der Verteilung der weißen Haare auf dem Kopf ist wichtig für die Ermittlung der richtigen Rezeptur und der Auftragetechnik. Bei weißem Haar, das selbst keine Pigmente enthält, müssen besonders viele künstliche Farbstoffe, die dem Haar die Farbtiefe geben, eingelagert werden.

Farblich vorbehandeltes Haar

Haare, die bereits farblich verändert wurden, müssen besonders berücksichtigt werden, denn künstliche Farbstoffe verhalten sich anders als Naturpigmente und lassen sich schwerer abbauen und farblos machen. Aufhellen lassen sich diese Haarfarben nur durch Blondierpräparate, nicht durch Hellerfärbungen.
Die Aufhellungsergebnisse sind aufgrund der Vielfalt künstlicher Farbstoffe nicht genau vorhersehbar. Manche oxidativ gebildeten Farbstoffe lassen sich nur schwer aufhellen.

Aufgehellte Haare mit dunklem Ansatzbereich

Meist sind die künstlichen Farbstoffe nicht gleichmäßig im Haar verteilt: Die Längen enthalten mehr künstliche Farbe, und der nachgewachsene Ansatz ist nicht farblich behandelt. Auch gesträhntes Haar enthält unterschiedliche Farben. Soll eine einheitliche Zielfarbe hergestellt werden, müssen Längen und Ansatz oft unterschiedlich behandelt werden.

Metallionen aus **Metallsalzfarben** gehen mit dem Schwefel des Haarkeratins Verbindungen ein, die eine dunkle Farbe haben. Diese Färbungen sind lange haltbar. Sie wirken matt und unnatürlich.
Haar, das mit Metallsalzfarben behandelt wurde, darf auf keinen Fall mit oxidativen Präparaten eingefärbt werden. Durch die im Haar vorhandenen Metallionen kann es zu schweren Schäden an Haar und Kopfhaut kommen.
Präparate aus dem Friseurfachhandel enthalten keine Metallsalzfarben. Sie können aber vereinzelt in Präparaten aus dem Heimfärbebedarf ausländischer Hersteller enthalten sein. Manche Hersteller von Pflanzenfarben mischen dem Hennafarbstoff Kupfersulfate bei, die den Rotton intensivieren sollen.
Einige Hersteller von Pflanzenfarben raten, einen „Sicherheitsabstand" von mindestens 20 Haarwäschen bis zu einer chemischen Haarbehandlung einzuhalten.

Praxistipp

Wenn Sie nicht wissen, ob das Haar mit Metallsalzfarben behandelt wurde, schneiden Sie an einem nicht sichtbaren Bereich der Frisur eine Probesträhne ab und behandeln Sie diese mit Wasserstoffperoxidlösung (9 %). Bei Metallsalzfarben kommt es zum Aufschäumen und zu Wärmeentwicklung.

Aufgaben

1. Warum sollten Sie einer Kundin zur Ermittlung des Kundenwunsches nie die gesamte Farbkarte zeigen?
2. Welche Modefarben werden bei Ihnen im Salon häufig gewünscht? Nennen Sie mindestens drei.
3. Mithilfe von oxidativen Farbbehandlungen können Sie mehr Kundenwünsche erfüllen als mit Tönungspräparaten. Warum?
4. Eine Kundin mit dunkelbraunem, selbst gefärbtem Haar hat möglicherweise Metallsalzfarben verwendet. Warum sollten Sie eine Probesträhne machen, bevor Sie das gesamte Haar blondieren?

1.2.2 Haarstärke und Haarquerschnitt

Feine Haare lassen sich schneller aufhellen und neu einfärben als dicke Haare. Bei gleicher Naturhaarfarbe enthält ein einzelnes feines Haar weniger Naturpigmente als ein einzelnes dickes Haar:

→ vgl. Lernfeld 8, S. 292

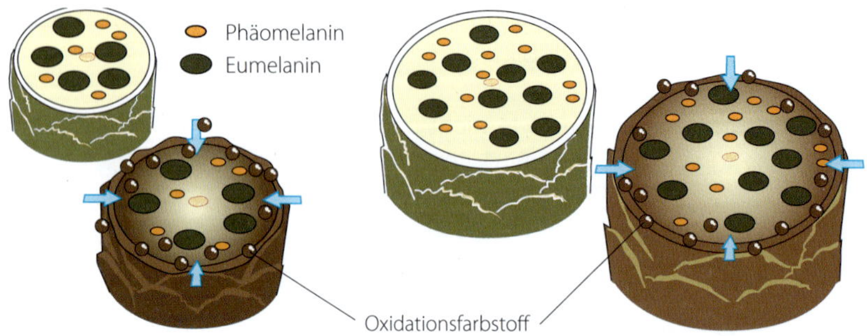

Einfluss der Haarstärke auf das Farbergebnis bei gleicher Naturhaarfarbe und gleicher Farbstoffmenge

Nach dem Auftragen der farbverändernden Präparate quillt das **feine Haar** schnell auf und die Wirkstoffe erreichen die inneren Bereiche der Faserschicht:

- Bei oxidativen Farbveränderungen werden schnell viele Farbstoffe in die Faserschicht eingelagert.
- Bei Blondierungen werden schnell Pigmente und Farbstoffe in der Faserschicht abgebaut.

Nach dem Auftragen der farbverändernden Präparate quillt das **dicke Haar** nur langsam. Die Wirkstoffe erreichen die inneren Schichten des Haares nur sehr langsam:

- Bei oxidativen Farbveränderungen werden nur langsam Farbstoffe in die Faserschicht eingelagert.
- Bei Blondierungen werden nur langsam Pigmente und Farbstoffe in der Faserschicht abgebaut.

→ vgl. Lernfeld 7, S. 244

Bei der Blondierung sollte man beachten, dass **afrikanisches Haar** aufgrund seines bandförmigen Querschnitts in seiner Struktur anfälliger ist und brechen kann. Das dickere **asiatische Haar** mit rundem Querschnitt ist dagegen sehr robust.

1.2.3 Haarstruktur

Alle chemisch wirkenden farbverändernden Präparate haben einen Einfluss auf Haar und Kopfhaut. Durch die chemischen Vorgänge wird das Haar bei jeder Farbbehandlung rauer und poröser. Eine Haar- und Kopfhautbeurteilung soll deshalb nicht nur Aufschluss über die zu erwartende Intensität und Haltbarkeit der Farbveränderung geben, sondern soll darüber hinaus auch zeigen, ob Haar und Kopfhaut eine solche Behandlung überhaupt vertragen können.

Gesunde Haare werden durch normale Haarfärbungen nur wenig in ihrer Beschaffenheit verändert. Dagegen führen Hellerfärbungen und besonders Blondierungen trotz der Pflegestoffe in den Präparaten zu nachweisbaren Veränderungen des Keratins.

Strukturgeschädigte oder **chemisch vorbehandelte Haare** sind sehr empfindlich. Sie nehmen bei jeder weiteren Behandlung mehr Präparate auf als gesunde Haare. Dadurch werden sie noch stärker gequollen und geschädigt als gesunde Haare.

Oxidative Haarfarben enthalten auch direktziehende Farbstoffe. Deshalb gilt hier, wie schon für Tönungen und Pflanzenfarben: Je poröser die Haarstruktur, desto mehr direktziehende Farbstoffe gelangen in das Haar, desto weniger haltbar sind sie aber auch.

→ vgl. Lernfeld 7, S. 246

Nach einer Haarfärbung verlieren poröse Haare mit jeder Wäsche mehr und mehr direktziehende Farbstoffe, während die größeren, oxidativ gebildeten Farbstoffe im Haar verbleiben. Strukturgeschädigte Bereiche wirken dann nicht farblos, sondern haben eine andere, unerwünschte Farbe. Ein bekanntes Beispiel sind braun eingefärbte Haare, deren Spitzen nach einigen Wäschen grünlich matt schimmern. Die roten Farbstoffe wurden ausgespült und die matten, d.h. grünlichen bleiben im Haar verankert.

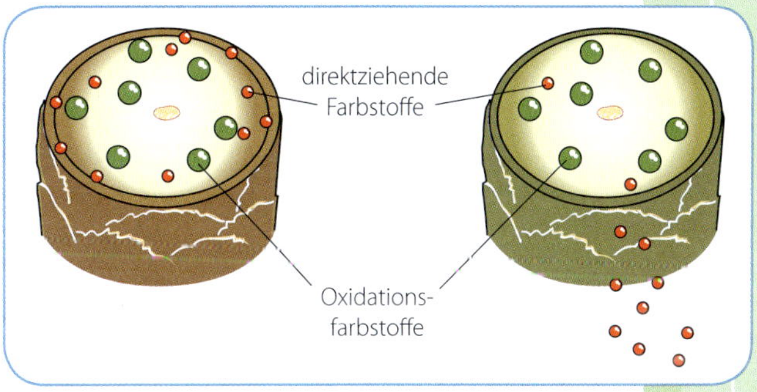

Entstehung eines Grünschimmers bei strukturgeschädigtem Haar

1.2.4 Gegebenheiten der Kopfhaut

Vor der Behandlung mit chemischen Präparaten, wie Färbepräparaten und Blondierpräparaten, betrachten Sie die Kopfhaut der Kundin gründlich. Nur eine gesunde Kopfhaut bietet ausreichenden Schutz vor diesen Präparaten.
Ist die Kopfhaut bereits gereizt oder durch eine Erkrankung oder Verletzung geschädigt, sollten Sie von einer oxidativen Farbveränderung abraten. Es kann zu starken Rötungen oder gar Entzündungen oder Verätzungen kommen.

Beurteilen der Kopfhaut

1.3 Weitere beeinflussende Gegebenheiten

Für die Auswahl der richtigen Farbtöne ermitteln Sie **Farbtyp** und **Stil** der Kundin.

→ vgl. Lernfeld 4, S. 129 ff.
→ vgl. Lernfeld 8, S. 294 f.

Führen Sie die Farbtyp- und Stilbestimmung besonders gründlich durch, denn oxidative Farbveränderungen sind wesentlich haltbarer als Tönungen oder Pflanzenfarben und können nicht so leicht verändert und korrigiert werden.

Die große Palette an kräftigen und oft auch auffälligen Farben erfordert die Berücksichtigung der **Lebensumstände** einer Kundin. In manchen **Berufen** sind auffällige Haarfarben nicht gern gesehen. Häufiges Duschen ist mitbestimmend für das Verblassen und die geringe Haltbarkeit mancher Farben.
Jüngere Kundinnen wünschen sich eher auffällige Farben und Kontraste. Bei **älteren Kundinnen** überwiegt der Wunsch nach Färbungen, die nicht sofort als solche zu erkennen sind, sondern weiße Haare unauffällig abdecken und jugendlich wirken.

Aufgaben

1. Welche Probleme ergeben sich beim Einfärben strukturgeschädigter Haare?
2. Warum ist es bei oxidativen Farbbehandlungen besonders wichtig, die Kopfhaut vorher gründlich zu betrachten?
3. Erörtern Sie die Aussage: „Der Kundenwunsch muss immer erfüllt werden."
4. Eine 20-jährige Bankangestellte wünscht sich modische Farbakzente im Haar. Was empfehlen Sie ihr?
5. Eine goldblonde, blasse Kundin schwärmt für schwarze Haare und fragt Sie, ob ihr das wohl steht. Was antworten Sie?

2 Basiswissen zu Färben und Blondieren

„Wie können Ihre Präparate meine neue Haarfarbe so haltbar machen, dass sie nicht wieder ausgewaschen wird?", fragt eine Kundin. Wie erklären Sie der Kundin die Wirkung von Blondierung und oxidativen Haarfarben?

2.1 Vorgänge im Haar beim Färben und Blondieren

2.1.1 Oxidative Bildung von Farbstoffen

Oxidativ gefärbte Haare – Querschnitt

Farbcreme, die frisch aus der Farbtube kommt, zeigt oftmals keine Farbe, obwohl sie die künstlichen Farbbildner enthält. Farbbildner können in Farbstoffvorstufen und Kupplungskomponenten unterteilt werden, die als kleine, farblose Teilchen in der Farbcreme vorliegen. Erst durch den aktiven Sauerstoff aus dem Wasserstoffperoxid werden sie zu großen, farbigen Farbstoffen oxidiert. Die kleinen farblosen Farbbildner können während der Quellung des Haares zusammen mit dem aktiven Sauerstoff bis in die Faserschicht eindringen. Dort werden sie dann zu Farbstoffen oxidiert und sind anschließend zu groß, um das Haar wieder verlassen zu können **(Käfigeffekt)**.

Bei älteren Färbungen haben sich zusätzliche Bindungen an das Haarkeratin entwickelt. Die künstlichen Farbstoffe sind nun haltbar im Haar verankert.

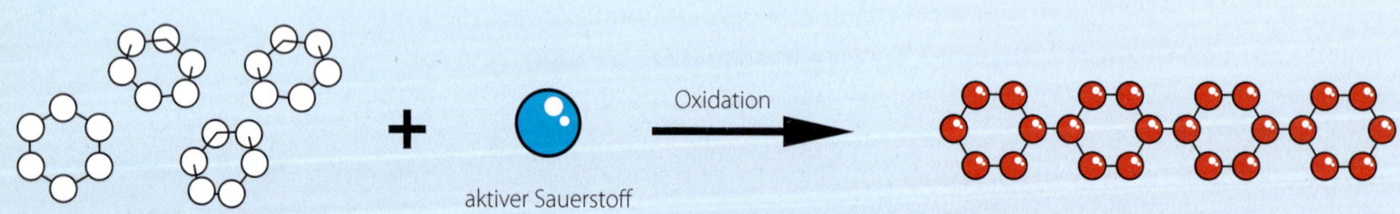

Farbbildner, ein Gemisch aus verschiedenen Farbstoffvorstufen und Kupplungskomponenten (Kupplern)	aktiver Sauerstoff, der die farblosen Farbbildner durch Oxidation zu großen Farbstoffen verknüpft	Farbstoffe, die zu groß sind, um aus dem Haar ausgewaschen zu werden

Oxidative Bildung von Farbstoffen

2.1.2 Abbau von unerwünschten Pigmenten und Farbstoffen

➜ vgl. S. 343

Zielfarben, die heller als die Ausgangshaarfarbe sind, können nur durch den Abbau von Pigmenten und ggf. Farbstoffen im Haar erreicht werden. Den hierfür benötigten aktiven Sauerstoff liefert das **Wasserstoffperoxid** (H_2O_2). Je stärker die gewünschte Aufhellung, desto mehr aktiver Sauerstoff wird benötigt. Reicht der Einsatz von höher konzentriertem H_2O_2 nicht aus, muss Blondierpulver mit seinen Persulfaten eingesetzt werden, die viel zusätzlichen aktiven Sauerstoff liefern.

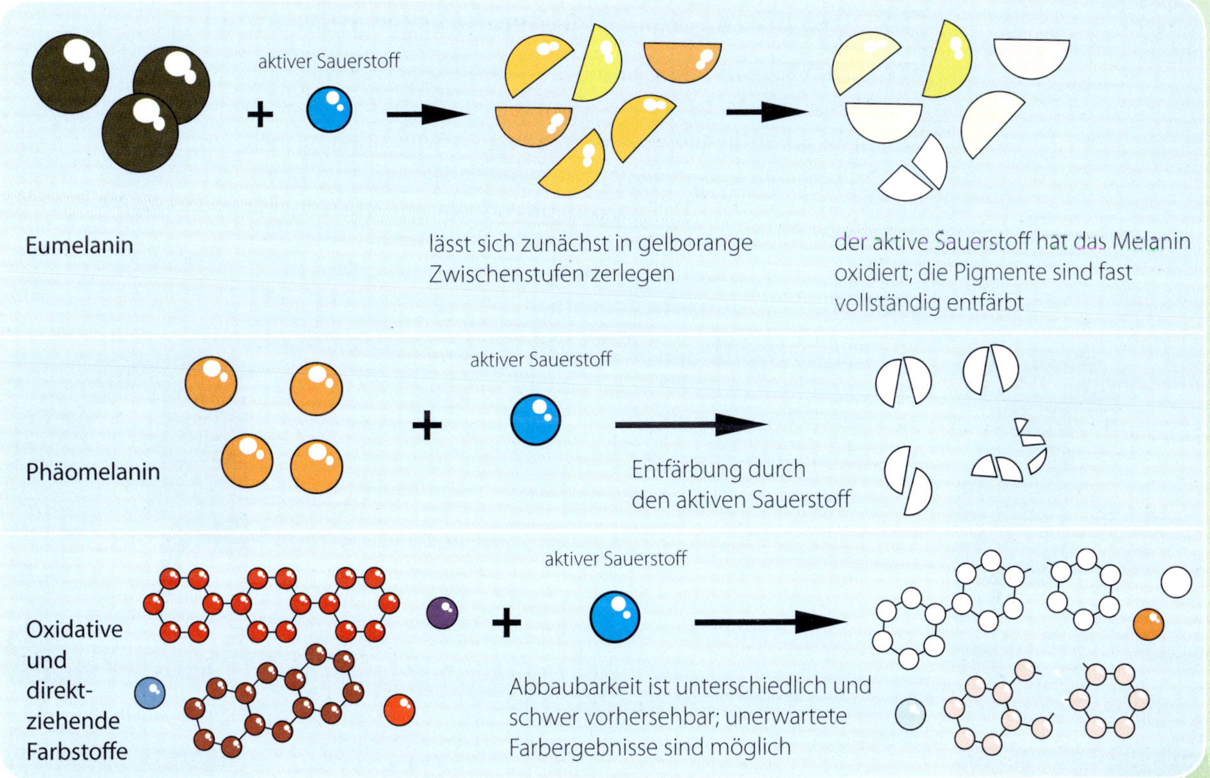

Schema zum Abbau von Pigmenten und Farbstoffen

Versuche

1. In einem Versuch wird Farbcreme der Farbrichtung Natur aus einer Tube auf ein Papier gegeben.

   Abbildung a) bis c): Wie verändert sich die Farbe im Laufe der Zeit? Warum?
   Abbildung d): Wie ist die starke Farbveränderung der Farbcreme nach Zugabe von Wasserstoffperoxid zu erklären?

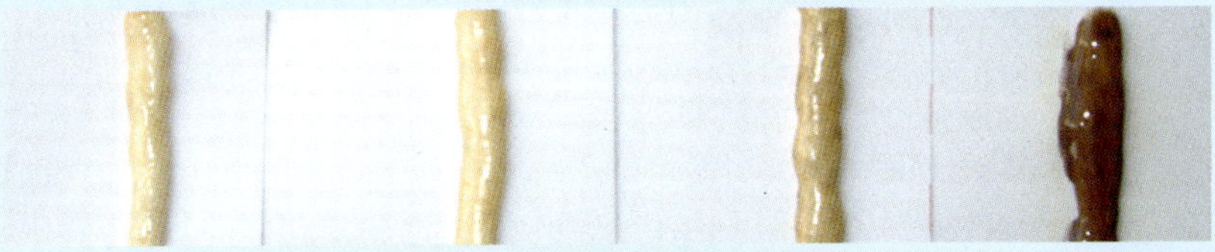

a) Farbcreme direkt aus der Tube b) Farbcreme nach 30 Minuten c) Farbcreme nach einer Stunde d) Farbcreme nach Zugabe von H_2O_2

2. Blondieren Sie dunkles Haar mit den folgenden Präparaten:
   Strähne 1: Rühren Sie Blondierpulver nur mit Wasser an.
   Strähne 2: Verwenden Sie nur 6%iges H_2O_2 zum Aufhellen.
   Strähne 3: Verwenden Sie Blondierpulver und 6%iges H_2O_2.

   Notieren Sie Ihre Beobachtungen.
   Wie sind die unterschiedlichen Ergebnisse zu erklären?

2.2 Geschichte der farblichen Haarveränderungen

Die Haarfarbe war schon immer ein wichtiges Ausdrucksmittel der Persönlichkeit eines Menschen. Mehr als heute war die Haarfarbe früher ein Mittel, die Standeszugehörigkeit auszudrücken. Die Mode war damals allerdings viel langlebiger als heute und konnte nur von wenigen Wohlhabenden mitgemacht werden.
Grundsätzlich bestanden aber damals ähnliche Farbwünsche wie heute: dunkel, rötlich oder blond.

2.2.1 Wunsch: dunkel oder rötlich

Ägypter

Barock

Um **dunkle Haarfarben** zu erzielen, standen zunächst nur Pflanzenfarben wie Henna oder Indigo zur Verfügung. Schon die **Ägypter** (3000–300 v.Chr.) verwendeten diese Farben, um Haare dunkel zu färben.

Später kamen dunkle Brauntöne in Mode. Im **Barock** (1600–1720) wurden auch andere Pflanzenfarben wie grüne Walnussschalen oder Eichenwurzelrinde verwendet, mit denen sich braune Farben erzielen ließen.
Im Barock wurden neben den Pflanzenfarben auch Bleikämme eingesetzt. Diese gaben beim Kämmen Blei an das Haar ab, das dann mit dem Haar dunkle Bleiverbindungen einging.
Metallsalze von Silber, Eisen, Kupfer oder auch Blei ergeben in Verbindung mit dem Schwefel des Haares sehr dunkle Haarfarben. Allerdings sind die Farbwirkungen sehr unnatürlich. Auch damals war schon bekannt, dass diese Farben gesundheitsschädlich sind. Giftige Bleisalze werden heute nicht mehr verwendet.

Biedermeier

Renaissance

Im **Biedermeier** (1820–1848) waren Brauntöne ebenfalls sehr beliebt. Rot- und auch Grautöne wurden dagegen „überfärbt".

Werbung für Koleston aus den 50er-Jahren

Für den Wunsch nach **rötlichem Haar** wurde die bekannteste Pflanzenfarbe, Henna, ebenfalls bereits von den **Ägyptern** eingesetzt. Sie färbten sich mit heißem Hennabrei ihre Haare, aber auch ihre Fuß- und Fingernägel rötlich ein. Bis heute ist Henna die am häufigsten eingesetzte Pflanzenfarbe.
Das im **Mittelalter** unter Hauben verborgene Haar wurde in der **Renaissance** (1450–1600) wieder sichtbar getragen. Rotes Haar, das im Mittelalter noch als „teuflisch" galt, war nun Mode. Das berühmte „Tizianrot" (benannt nach dem Maler Tizian) wurde ebenfalls mit Henna erzielt.

Mit der Erfindung der **künstlichen Farbstoffe** sind Färbungen kein Problem mehr. Dunklerfärbungen bis hin zum vollständigen Abdecken von weißem Haar sind für alle Frauen und zunehmend auch für Männer möglich. Nach dem Zweiten Weltkrieg bringt Wella **1950** die erste Cremehaarfarbe „Koleston" auf den Markt. Auch für die Färbung zu Hause gibt es seit 1947 die ersten Poly-Color-Farben auf dem Markt.
Die Technologie der künstlichen Farbstoffe wird ständig weiterentwickelt mit dem Ziel, noch haltbarere und intensivere Haarfarben zu erreichen.

2.2.2 Wunsch: blond

Die Modefarbe der **Griechen** (1500–150 v.Chr.) war Blond: die Haarfarbe der verehrten Götter und Helden. Das eher dunkle Haar der Griechinnen wurde in der Sonne gebleicht. Dazu behandelte man das Haar mit einer alkalischen Flüssigkeit und ließ es über einem Strohhut mit breiter Krempe trocknen. Dieser Vorgang musste häufig wiederholt werden, bis ein kleiner Teil der Naturpigmente abgebaut war. Durch eine anschließende „Tonspülung" mit Safran (Blütenstaub des Riesenkrokus) oder mit Goldstaub erhielt das Haar den gewünschten Goldton.

Griechen

Die **Germanen** (1600 v.Chr.–800 n.Chr.) verwendeten Tierfett und Asche als Bleichmittel für das Haar, bevor sie die Seifenwirkung dieser Mischung erkannten. In vielen Epochen war Blond eine wichtige Modefarbe, z.B. auch bei den **Römern** (500 v.Chr.–500 n.Chr.) oder in der **Renaissance**, in der auch Männer ihre Haare aufhellten.

Römer

Mit der Entdeckung des Wasserstoffperoxids als Bleichmittel in Kombination mit Salmiakgeist wurde im **Zweiten Empire** (1848–1870) goldblondes Haar modern.
Erst die Entwicklung von Blondierpulvern mit zusätzlichen Oxidationsmitteln (Persulfat) machte auch hochgradige Aufhellungen möglich.

Zweites Empire

Aufgabe

Führen Sie die angefangene Tabelle fort.

Notieren Sie in der Tabelle die unterschiedlichen Epochen in zeitlicher Reihenfolge und geben Sie in Stichworten deren Methoden zur Veränderung der Haarfarbe an.

Epoche	Zeit	Methoden zur Farbveränderung der Haare
Ägypter	3000–300 v.Chr.	Pflanzenfarben, vor allem Henna und Indigo
usw.	usw.	usw.

2.3 Gestaltungsmöglichkeiten mit Farbe

Bei dem Wunsch nach einheitlich gefärbtem Haar sollten Sie bedenken, dass diese Färbungen manchmal unnatürlich wirken. Naturhaar hat niemals eine einheitliche Farbe. Die oberen Partien sind besonders in Längen und Spitzen durch die Sonne aufgehellt, ebenso die feinen Haare im Bereich der Konturen.

Die Auswahl an Farben und Arbeitstechniken ist groß. Es besteht die Möglichkeit, mehrere Farben auszuwählen und gezielt miteinander zu kombinieren. Hier kommt es wegen der großen Farbauswahl stärker als bei der Tönung auf die Wirkung der Farben untereinander an.

Natürlich wirkendes Haar

Einheitlich gefärbtes Haar

Farbharmonie

→ vgl. Lernfeld 8, S. 300

Hell-dunkel-Kontrast

Gegenfarben-Kontrast

Bunt-unbunt-Kontrast

2.3.1 Farbkombinationen

Die Auswahl und die Anordnung mehrerer Farben auf dem Haar kann harmonisch oder provokativ wirken. Sie kann bestimmte Frisurenelemente hervorheben oder zurücktreten lassen. Haarfarben beeinflussen genau wie der Haarschnitt das gesamte Erscheinungsbild der Kundin.

Farbharmonie

Farben der gleichen Farbtiefe, aber unterschiedlicher, aufeinander abgestimmter Farbrichtungen oder Farben gleicher Farbrichtung bei unterschiedlicher Farbtiefe werden partienweise nebeneinander gefärbt. Diese Farbergebnisse wirken besonders natürlich.

Farbkontraste

Kontraste entstehen, wenn Gegensätzliches aufeinandertrifft. So bilden Farben, die sich stark voneinander unterscheiden, verschiedene Möglichkeiten des Kontrasts.

Hell-dunkel-Kontrast
Dieser Kontrast wird gezielt eingesetzt, wenn im Haar einzelne Bereiche besonders betont werden sollen. Dazu werden die Wunschpartien aufgehellt und das restliche Haar wird entsprechend dunkler eingefärbt. Je kompakter die helle und die dunkle Farbe eingesetzt werden, desto stärker wirkt der Kontrast. Bei Blocksträhnen oder dem Einfärben ganzer Bereiche mit einer helleren Farbe wird dieser Effekt am deutlichsten. Es entstehen spannende Kontraste. Diese Kontraste wirken besonders bei Kundinnen mit einem dunkleren Hauttyp.

Lowlights, also dunkle Farbsträhnen, die in ein hell gesträhntes Haar gesetzt werden, lassen die blonden Strähnen durch Hell-dunkel-Kontrast stärker hervortreten.
Hell-dunkel-Kontraste werden gezielt eingesetzt, wenn Bereiche einer Frisur hervorgehoben werden sollen. Da helle Farben Dinge größer erscheinen lassen und sie hervorheben, können so einzelne Frisurenelemente betont werden.

Lowlights

Klar-trüb-Kontrast (Qualitätskontrast)
Reine Farben wirken auf trüben Farben leuchtend, z. B. reines Violett auf Aubergine.

Gegenfarben-Kontrast (Komplementär-Kontrast)
Einzelne Partien in Gegenfarben (Komplementärfarben) eingefärbt, lassen diese besonders hervortreten. Diese Effekte sind auffällig und besonders für junge, modebewusste Kundinnen geeignet.

Bunt-unbunt-Kontrast
Setzt man in schwarzes Haar bunte, z. B. rote oder blaue Strähnen, dann wirken sie leuchtender als sie in Wirklichkeit sind.

Kalt-warm-Kontrast
Eine Kontrastwirkung kann auch durch warme und kalte Farben entstehen, wenn diese in der Farbtiefe übereinstimmen.

Kalt-warm-Kontrast

Aufgaben

1. Schneiden Sie aus Zeitschriften zwei Beispiele für einheitliche Färbungen aus. Welche Wirkung haben diese Haarfarben?
2. Suchen Sie aus Frisurenzeitschriften je ein Beispiel für die unterschiedlichen Kontraste heraus. Notieren Sie: Um welchen Kontrast handelt es sich? Welche Farben stehen im Kontrast zueinander?

Kleine Bereiche = geringer Kontrast

2.3.2 Farbanordnungen

Vermindern lassen sich diese Kontrasteffekte, wenn nur kleine Bereiche mit der Kontrastfarbe eingefärbt werden. Je größer die aufeinandertreffenden kontrastierenden Bereiche sind, desto stärker ist ihre Wirkung.

Große Bereiche = starker Kontrast

Die Farben können auch in einem bestimmten **Rhythmus** eingesetzt werden. Dabei kehren verschiedene Farben in einer bestimmten Reihenfolge immer wieder. Der Gesamteindruck der Farbe ist einheitlich, es entstehen aber bewegte Farbeffekte.
Für Kundinnen, die keine einheitliche Farbe, aber trotzdem ein harmonisches Gesamtbild erreichen möchten, ist diese Farbanordnung geeignet.

Aufgabe

3. Nehmen Sie eine Demonstrationssträhne und legen Sie diese als Blocksträhne auf das Haar Ihrer Nachbarin. Beobachten Sie die Veränderung, wenn Sie die Strähne auseinanderbreiten und fein im Haar verteilen.

2.3.3 Farbempfehlungen für die unterschiedlichen Farbtypen und Stile

Berücksichtigen Sie bei der Farbauswahl den Farbtyp und Stil der Kundin. Kalte Farben wie Aubergine oder Mittelaschblond passen zu kalten Farbtypen (Sommer und Winter). Kupfertöne oder Farben mit goldiger Farbrichtung eignen sich für die warmen Farbtypen (Frühling und Herbst).
Auffällige Farben und Kontraste sollten Sie nur den Kundinnen empfehlen, die modebewusst sind und sich gern hervorheben wollen.

→ *vgl. Lernfeld 4, S. 129 ff.*
→ *vgl. Lernfeld 8, S. 293 f.*

Aufgaben

4. Stellen Sie mithilfe von Abbildungen aus Zeitschriften Ihre eigene Beratungsmappe zusammen. Finden Sie zu jedem Farbtyp mindestens fünf Fotos, die Sie auf einer Seite zusammenstellen.
5. Färben Sie Strähnen in den passenden Haarfarben ein, sodass Sie zu jedem Farbtyp mindestens zwei Demonstrationshaarsträhnen haben.
Kleben Sie diese Strähnen auf den entsprechenden Seiten Ihrer Beratungsmappe (vgl. Aufgabe 4) passend zum Farbtyp ein.

3 Arbeitsmittel, Auftragetechniken und Präparate

Eine Kundin wünscht eine neue Haarfarbe mit ein paar hellen Strähnen dazwischen. Mit welchen Arbeitstechniken und Präparaten können Sie diesen Kundenwunsch erreichen?

3.1 Arbeitsmittel

Zu den Arbeitsmitteln gehören alle Werkzeuge und Hilfsmittel zum Kämmen, Abteilen und zum fachgerechten Auftragen der Färbepräparate sowie zum Schutz von Kundin und Friseurin vor den Chemikalien. An Geräten wird ggf. ein Climazon benötigt.
Für Strähnen bereiten Sie **Folien** vor, indem Sie je nach Haarlänge Alufolie abtrennen und mindestens einmal am oberen Rand für mehr Haltbarkeit falten. Viele Hersteller bieten fertige Folien an. Diese können mit einem selbstklebenden Rand versehen sein, damit sie besser im Haar halten. Durchsichtige Folien eignen sich besonders, wenn verschiedene Farben gleichzeitig verwendet werden sollen.

3.2 Auftragetechniken

3.2.1 Auftragetechniken für komplette Haarfärbungen oder Blondierungen

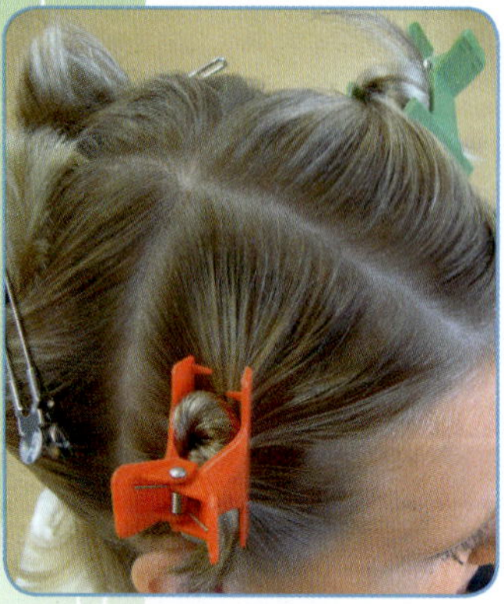

Kreuzscheitel

Bei jeder Farbveränderung beginnen Sie mit dem Farbauftrag dort, wo die Ausgangshaarfarbe am stärksten verändert werden soll und das Haar am dicksten ist. In diesen Bereichen muss das Haar am längsten gequollen und müssen die meisten künstlichen Farbstoffe aufgebaut und/oder Naturpigmente abgebaut werden. Dieser Bereich liegt fast immer in der Wirbelgegend am Oberkopf. Deshalb wird für das Auftragen von oxidativen Färbepräparaten meist die **Kreuzscheiteltechnik** verwendet. Die Haare werden von Stirn bis Nacken (A-Achse) und von Ohr zu Ohr über den Oberkopf (B-Achse) gescheitelt. Mit dem Farbauftrag beginnen Sie im Wirbelbereich und arbeiten zum Nacken hin. Anschließend bearbeiten Sie die beiden vorderen Felder diagonal bis zur Kontur. Die feinen Haare im Konturenbereich werden zuletzt behandelt. Sie quellen schneller, sind empfindlicher und haben so die kürzeste Einwirkzeit.

Ansatzfärbung

Farbauftrag bei der Ansatzfärbung

Bei einer Ansatzfärbung soll die bestehende Haarfarbe erzielt werden, d. h. Längen und Spitzen behalten ihre Farbe. Der nachgewachsene Haaransatz sollte nicht länger als 2 cm sein. Ist der Ansatz länger, so wirkt die Körperwärme nicht mehr gleichmäßig auf den neu zu färbenden Bereich, das Farbergebnis würde ungleichmäßig. Längere Ansätze sind deshalb wie bei einer Neufärbung zu behandeln.
Soll die Haarfarbe **heller** werden, beginnen Sie mit dem Farbauftrag an der dunkelsten und dicksten Stelle, denn hier müssen die Haare am längsten gequollen werden, um bis in die Faserschicht zu den Pigmenten vordringen zu können. Geeignet ist der Farbauftrag in Kreuzscheiteltechnik (s. o.), ausgehend vom Hinterkopfbereich, da hier die Haare dicker und dunkler als im Konturenbereich sind.

Soll die Haarfarbe **dunkler** werden, beginnen Sie mit dem Farbauftrag an der hellsten und dicksten Stelle des Haares. Bei gleichmäßig hellem Haar wird deshalb in Kreuzscheiteltechnik am Hinterkopf begonnen. Hat die Kundin einen hohen Weißanteil, tragen Sie die Farbe zuerst in den unpigmentierten Bereichen auf, da hier die größte Farbstoffmenge eingelagert werden muss. Häufig bedeutet das, mit dem Farbauftrag im Oberkopfbereich oder sogar im Schläfen- oder Konturenbereich zu beginnen.
Kurz vor Ende der Einwirkzeit können Sie die Längen und Spitzen etwas anfeuchten und die Farbe vom Ansatz bis in die Spitzen durchziehen. Leichte Farbabweichungen zwischen Ansatz und Längen/Spitzen lassen sich so ausgleichen **(Farbausgleich)**.
Sind Ansatz und Längen bzw. Spitzen mehr als eine Farbstufe auseinander oder weichen die Farbrichtungen stärker voneinander ab, dann führen Sie in den Längen und Spitzen einen Farbausgleich durch eine Tönung oder eine auf diesen Haarbereich abgestimmte Färberezeptur durch.

Neufärbungen

Wird ein Haar zum ersten Mal gefärbt oder ist der Ansatz länger als 2 cm, müssen Zielfarbe, Haarstruktur, Weißanteil und die Körperwärme berücksichtigt werden.

Neufärbungen

Zielfarbe	Ausgangszustand	Vorgehen	Begründung
dunkler oder Veränderung der Farbrichtung auf gleicher Farbtiefe	nicht porös, kein oder geringer Weißanteil	Kreuzscheiteltechnik: Haare vom Ansatz bis zur Spitze vollständig einstreichen. Einwirkzeit: • ohne Wärme: 30–40 Min. • mit Wärme: 15–25 Min.	Die Einlagerung und der Aufbau von Farbstoffen wird durch Wärme nicht so stark beeinflusst wie der Pigmentabbau.
heller, rötliche oder violette Farbrichtungen		Kreuzscheiteltechnik: Auf Längen und Spitzen ab 1–2 cm vom Ansatz entfernt auftragen, am Ansatz die Farbe erst auftragen, wenn Längen und Spitzen die Zielfarbe fast erreicht haben. Einwirkzeit Längen: • ohne Wärme: 20–30 Min. • mit Wärme: 10–15 Min. Einwirkzeit Ansatz: • ohne Wärme: 30–60 Min. • mit Wärme: 15–30 Min.	Die Körperwärme beschleunigt chemische Reaktionen. In der Nähe der Kopfhaut werden daher schneller Pigmente abgebaut, die Ansätze werden heller oder leuchtender als die Längen und Spitzen.
alle	poröse Haarpartien	Auftragen eines Vorbehandlungspräparats auf die porösen Haarpartien. Besonders poröse Partien werden zuletzt eingefärbt.	Poröse Haare sind saugfähiger, brauchen kaum gequollen zu werden und nehmen die Farbe schneller auf. Bei Nichtbeachtung können Farbergebnisse ungleichmäßig werden und Haarschäden in diesen Bereichen verstärkt auftreten.
alle	ungleichmäßig verteilter, hoher Weißanteil	Unpigmentierte Bereiche zuerst behandeln.	Für ausreichende Deckkraft müssen mehr Farbstoffe eingelagert werden.

Aufgaben

1. Wo beginnen Sie mit dem Auftragen der Farbe, wenn die stark ergrauten Schläfenpartien einer Kundin dunkel eingefärbt werden sollen? Warum?
2. Warum wird beim Auftragen von farbverändernden Präparaten grundsätzlich immer an den Bereichen des Kopfes begonnen, wo die stärkste Veränderung notwendig ist?
3. Eine Kundin soll heller gefärbt werden. Wie gehen Sie beim Auftragen vor?
4. Warum müssen Ansätze, die länger als 2 cm herausgewachsen sind, beim Nachfärben wie bei einer Neufärbung behandelt werden?

3.2.2 Auftragetechniken für Teilfärbungen oder Teilblondierungen

Strähnen oder das Einfärben von Teilbereichen bieten die Möglichkeit, einzelne Elemente einer Frisur zu betonen. Es können farbliche Akzente in fast allen Farbrichtungen und Farbtiefen gesetzt werden, auf Wunsch natürlich auch mehrere Farben gleichzeitig. Für die farbliche Veränderung stehen viele Techniken zur Verfügung. In den meisten Fällen werden die farblich zu verändernden Haare abgeteilt, eingefärbt und durch Folie vom übrigen Haar getrennt.

Ausgewählte Strähnentechniken

Kundenwunsch/Zielfrisur	Strähnentechnik	Durchführung
für starke Kontraste, starke Aufhellung oder für Strähnen in mehreren Farben auch bei langem Haar	**Foliensträhnen** • **In Webtechnik:** Aus einem abgeteilten Passee werden einzelne Strähnen herausgewebt und eingefärbt.  • **In Scheibentechnik:** Fein abgeteilte Passees werden vollständig eingefärbt. 	• Strähnenfolie durch Falten der oberen Kante vorbereiten, es können auch fertige Kunststofffolien verwendet werden. • Gerade abteilen, feine Strähnen herausweben (Websträhnen) oder feine Passees ganz einfärben (Scheibensträhnen). • Es können auch breitere Passees eingefärbt werden, es entstehen dann Blocksträhnen. • Folie unterlegen und mit Farbe nicht ganz bis zum Ansatz einstreichen, da die Farbe sonst leicht herausquillt und Flecken auf dem Ansatz entstehen können. • Die Folie sauber nach oben über die Strähne falten und auch die Seiten verschließen, um ein Austreten der Farbe zu verhindern. • Während des Färbevorgangs kontrollieren, da die Alufolie den chemischen Vorgang durch Wärme- und Ammoniakstau beschleunigt. • Zeitaufwand: abhängig von der Anzahl der gesetzten Folien (gering bis hoch)

Ausgewählte Strähnentechniken

Kundenwunsch/Zielfrisur	Strähnentechnik	Durchführung
für natürliche Farbeffekte in kurzem oder mittellangem Haar ohne starke Kontraste	**Kammsträhnen** 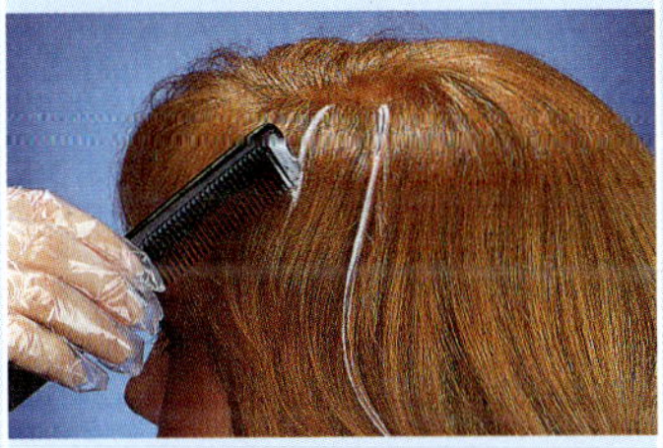	• Haare in Frisurenform kämmen. • Groben Kamm in Farbe oder Blondierbrei tauchen und durch das Haar ziehen. • Achtung, die Farbe sollte gleichmäßig verteilt werden, es darf nur einmal an derselben Stelle gekämmt werden. • Zum Farbauftrag kann auch ein Pinsel oder ein Applikator verwendet werden. • Zeitaufwand: gering
zur Betonung der Haarspitzen bei kurzem Haar	**Toupiermethode/ Shoeshine-Methode** 	• Das Haar stark toupieren. • Eventuell toupierte Haare mit Haarspray fixieren. • Hochstehende Haarspitzen mit Farbe oder Blondierbrei einstreichen. • Farbauftrag mit Pinsel in der Hand oder mit einer dick mit Farbe eingestrichenen Folie, die über die toupierten Spitzen gezogen wird. • Zeitaufwand: gering
für gleichmäßig über den gesamten Kopf verteilte Strähnen in einer Farbe bei kurzem bis mittellangem Haar	**Haubensträhnen** 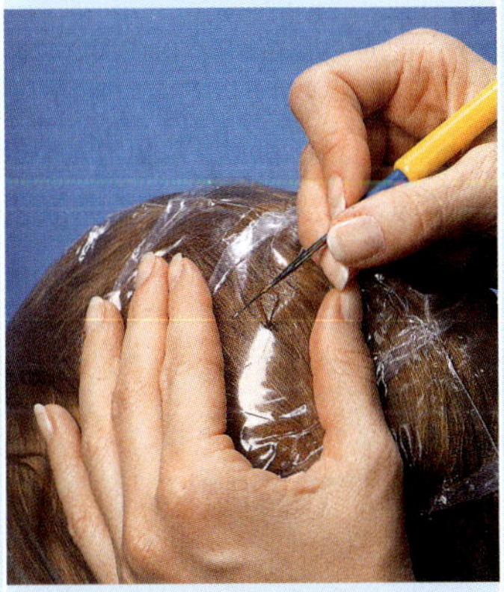	• Haare in Frisurenform kämmen. • Strähnenhaube aufsetzen, deren Löcher bereits vorgegeben sind, oder • Einmalhauben aufsetzen, am besten zwei übereinander, die durch kurzes Erwärmen mit einem Föhn miteinander verbunden und an die Kopfform angepasst werden. • Strähnen in gewünschter Stärke und Platzierung mit einer Strähnennadel durch die Haube ziehen. • Herausgezogene Haare durchkämmen und einstreichen. • Farbe der Strähnen lässt sich nach dem Abspülen noch korrigieren, da die Haube zunächst noch auf dem Kopf bleibt.
für Strähnen in langem Haar	**Dauerwellwicklermethode** 	• Die Haare, die nicht farblich verändert werden sollen, werden auf Dauerwellwickler aufgewickelt. • Dann erst werden die ausgelassenen Strähnen eingefärbt. Auf diese Weise ist die Einwirkzeit für alle Strähnen etwa gleich, was bei langem Haar mit anderen Methoden nicht zu erreichen ist. • Zeitaufwand: hoch

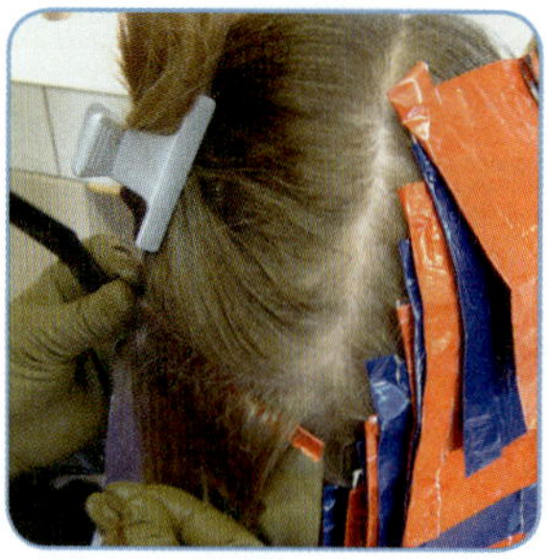

Für flächige Farbeffekte: Foliensträhnen waagerecht

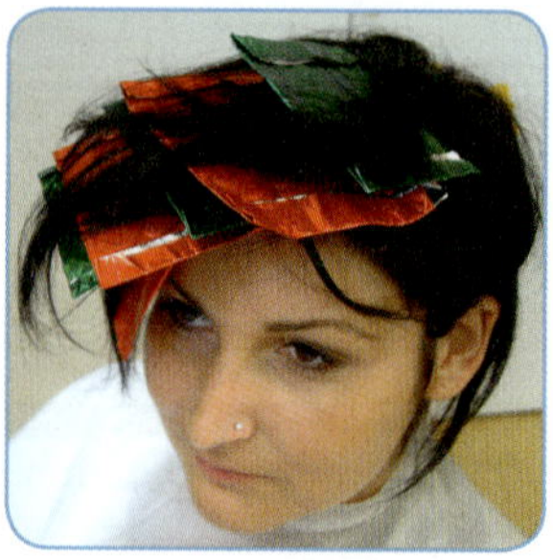

Für verlaufende Farbeffekte: Foliensträhnen diagonal

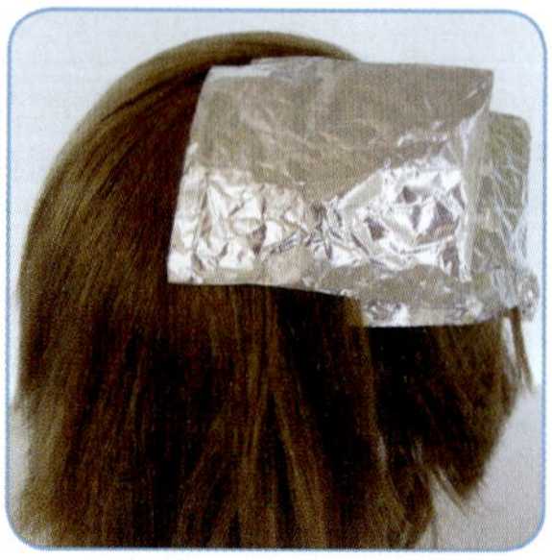

Für gesträhnte Effekte: Foliensträhnen senkrecht

Kreative Techniken

Durch die Kombination von einheitlicher Färbung und verschiedenen Strähnentechniken lassen sich fast alle Kundenwünsche erfüllen.

Basisfarbe mit Strähnen

→ vgl. S. 338 f.

Das gesamte Kopfhaar wird in der Technik der Neu- oder Ansatzfärbung eingefärbt (Basisfarbe). Dann werden entweder während oder nach der Färbung Strähnen in einer oder mehreren Farben eingekämmt.
Umgekehrt können Foliensträhnen gesetzt werden. Im Anschluss daran wird dann das Resthaar einschließlich der frei gebliebenen Ansätze der Strähnenpäckchen in einer Basisfarbe eingefärbt.

Unterschiedlich eingefärbte Bereiche

Mehrere flächig eingefärbte Bereiche

Das gesamte Kopfhaar wird in verschiedene Bereiche eingeteilt, die unterschiedlich eingefärbt werden.

Painting – Freihandfärben

Je nach Fallrichtung der Frisur werden mit dem Pinsel einzelne Passees mit Farbe eingestrichen. Hilfreich ist dabei der Einsatz von speziellen pulverförmigen Zusätzen, die die Farbcreme fester und damit genauer platzierbar machen.
Bei helleren Zielfarben kann durch weiches Auslaufen der Farbe zu den Spitzen hin ein natürliches Farbergebnis erzielt werden, da die Spitzen bei ungefärbtem Haar immer heller als der Ansatz sind.

Painting

Aufgaben

1. Welche Strähnentechniken wenden Sie im Salon an?
2. Kennen Sie eine außergewöhnliche Strähnentechnik? Nennen und beschreiben Sie diese.
3. Eine Kundin wünscht sich einige stark aufgehellte Strähnen im Ponybereich.
   a) Welche Arbeitsmaterialien stellen Sie zusammen?
   b) Stellen Sie einen Behandlungsplan auf, in dem Sie kurz beschreiben, in welchen Arbeitsschritten Sie vorgehen.

3.3 Wasserstoffperoxid

Wasserstoffperoxid ist der im Friseurbereich am häufigsten verwendete Lieferant für aktiven Sauerstoff. Es wird in Flaschen mit verschiedener Konzentration angeboten. Im Friseurbereich werden Konzentrationen von 1,9 – 12 % verwendet.
Wasserstoffperoxid ist chemisch betrachtet ein Wassermolekül, das ein zusätzliches Sauerstoffatom trägt. Dieses zusätzliche Sauerstoffatom wird in chemischen Reaktionen mit anderen Stoffen leicht freigesetzt, da es nur schwach an das Wasser gebunden ist. Wasserstoffperoxid ist umweltfreundlich, da es bei der Verwendung nur in Wasser und aktiven Sauerstoff zerfällt:

$$H_2O_2 \longrightarrow H_2O + O$$

Damit das Wasserstoffperoxid nicht schon in der Flasche zerfällt, wird es mit einer Säure stabilisiert, die deshalb als **Stabilisierungssäure** bezeichnet wird. Trotzdem ist das Wasserstoffperoxidmolekül anfällig gegen Wärme und Verschmutzungen.

Beachten Sie deshalb folgende **Regeln für den Umgang mit Wasserstoffperoxid**:
- Es muss dunkel und kühl gelagert werden.
- Die Flasche sollte immer verschlossen sein.
- Aufgeblähte Flaschen nicht mehr verwenden. Die Wirksamkeit des Wasserstoffperoxids ist bereits herabgesetzt.
- Niemals Reste in die Flasche zurückgießen, Verunreinigungsgefahr.

Oxidationsmittel (flüssig oder als Emulsion)

Inhaltsstoffe	Wirkung
Wasserstoffperoxid	• liefert als Oxidationsmittel den aktiven Sauerstoff zum Abbau der Pigmente und Farbstoffe • verbindet die farblosen Farbbildner zu Farbstoffen
Stabilisierungssäure	• verhindert das vorzeitige Abspalten des aktiven Sauerstoffs

Wasserstoffperoxid in unterschiedlichen Konzentrationen, gebrauchsfertig

Entwicklerflüssigkeiten werden mit unterschiedlichen H_2O_2-Konzentrationen angeboten. Die Konzentrationsangabe erfolgt meist in %, manchmal auch in vol.

Beispiele gängiger Konzentrationen

Angabe in %			Angabe in vol	
Beispiel: 3 % bedeutet, dass in 100 g Entwicklerflüssigkeit 3 g H_2O_2 enthalten sind	1 %	entspricht etwa	3 vol	Beispiel: 10 vol bedeutet, dass 1 l Entwicklerflüssigkeit beim Zerfall 10 l Sauerstoff produziert
	3 %	entspricht etwa	10 vol	
	4,5 %	entspricht etwa	15 vol	
	6 %	entspricht etwa	20 vol	

Aufgabe

Sie beobachten, wie eine Auszubildende aus dem ersten Ausbildungsjahr Wasserstoffperoxid abmisst und einen Rest in die Flasche zurückgießen will. Erklären Sie der Auszubildenden, warum sie das nicht tun darf.

3.4 Blondierpräparate

3.4.1 Einsatzmöglichkeiten und Grenzen von Blondierpräparaten

Blondiertes Haar

→ *vgl. S. 336.*

Einsatzmöglichkeiten

- Die Blondierung ist das stärkste Präparat zur Aufhellung des Haares, das im Friseursalon zur Verfügung steht. Um **bis zu sieben Farbtiefen** kann ein Haar durch Blondieren aufgehellt werden. Dunkle Haare enthalten sehr viel mehr Pigmente als helle, bei einer Aufhellung müssen also besonders viele Pigmente abgebaut werden. Nur Blondierungen enthalten ausreichend viel aktiven Sauerstoff, um diesen Wunsch erfüllen zu können.
- Blondierpräparate können das **gesamte Haar** aufhellen, können aber auch **partienweise** verwendet werden, sodass viele interessante Hell-dunkel-Kontraste möglich sind.
- Blondierte Haare dienen oft als Grundlage für das Einfärben in allen gewünschten Zielfarben. Je heller die Haare, desto stärker ist die Leuchtkraft vieler Farbrichtungen. Viele Farben und Farbtechniken erfordern eine **Blondierung als Grundlage**. Ohne Blondierung wären viele leuchtende Modetöne bei dunklen Ausgangsfarben nicht zu erreichen.
- Blond ist außerdem ein Zeichen von Jugend. Immer mehr ältere Kundinnen tragen Blondtöne als Zeichen von **Jugendlichkeit**.

Grenzen

Unschöner Orangeton

- Die Naturpigmente werden bei der Oxidation stufenweise abgebaut. Die dabei entstehenden Zwischenstufen geben dem Haar eine rotgelbe Nuancierung. Deshalb bleibt nach der Blondierung dunkler Haare häufig ein Orangeton im Haar zurück.
- Zielfarben im Bereich Natur oder Asch lassen sich deswegen auch durch stärkere Aufhellungen nicht erreichen. Hier müssen nach der Blondierung in einem weiteren Arbeitsgang die entsprechenden Farbstoffe in das Haar eingebracht werden.
- Je dunkler und rötlicher ein Haar ist, desto schwerer lässt es sich aufhellen.
- Alkali und besonders Oxidationsmittel (Persulfate und Wasserstoffperoxid) greifen das Haar stärker an. Es kommt zum Abbau von Schwefelbrücken und Kittsubstanz. Einbußen in der Stabilität und erhöhte Porosität des Haares sind die Folge.
- Vorgeschädigte Haare dürfen daher nicht blondiert werden, weil es sonst zu stärksten Schäden bis hin zu Haarbruch kommen kann.
- Blondierungen greifen auch die Haut an. Bei empfindlicher Kopfhaut darf der Blondierbrei nicht auf die Ansätze gelangen, Strähnen sind aber möglich.

3.4.2 Blondierpräparate und ihre Hauptinhaltsstoffe

Um Blondieren zu können muss Wasserstoffperoxid immer mit Blondierpräparaten gemischt werden.

Blondiergranulate und Blondierpulver

Die am häufigsten verwendeten Blondierpräparate sind Blondiergranulate und Blondierpulver.

Blondiergranulate, Blondierpulver	
Inhaltsstoffe	**Wirkung**
Oxidationsmittel, z.B. Persulfate	liefern zusätzlichen aktiven Sauerstoff zum Abbau von Pigmenten
Alkalisierungsmittel, z.B. Ammoniak	• quellen das Haar und öffnen die Schuppenschicht, damit die Wirkstoffe des Blondierbreis eindringen können • neutralisieren die Stabilisierungssäure des Wasserstoffperoxids, damit der aktive Sauerstoff frei werden kann
Netzmittel (nichtionische Tenside)	ermöglichen ein gleichmäßiges Verteilen des Blondierbreis und fördern das Eindringen des Blondierbreis in das Haar
Verdickungsmittel	verhindern das Ablaufen des Blondierbreis vom Haar
Farbzusätze	blaue oder violette Farbstoffe sollen als Gegenfarben unerwünschten rotgelben Farbergebnissen entgegenwirken
Optische Aufheller	wandeln unsichtbare UV-Strahlen in sichtbares Licht um, mehr Licht wird vom Haar reflektiert, es wirkt heller
Öle (in Blondierpulvern)	verhindern die Entwicklung von Staub beim Anmischen des Blondierbreis, bei Blondiergranulat sind sie nicht notwendig
Duftstoffe	mindern den stechenden Geruch des Ammoniaks

Angabe der Inhaltsstoffe eines Blondierpulvers nach INCI	
Deklaration	**Eigenschaften/Aufgaben**
Potassium Persulfate	Oxidationsmittel
Ammonia	Alkalisierungsmittel
Sodium Metasilicate	Chelatbildner (Gelbildner)
Paraffinum Liquidum (= Paraffinöl)	Antistatika, Kämmbarkeitshilfe, Emollient, Lösungsmittel
Solum Diatomeae	Trübungsmittel, Absorptionsmittel
Zea Mays (Corn) Starch	Bindemittel, Filmbildner
Cellulose Gum	Bindemittel, Emulsionsstabilisator, Viskositätsregler
Tetrasodium EDTA	Inaktivierungsmittel für Metallrückstände im Haar, Konservierungsmittelverstärker
Parfum	Duft
Silica (= Kieselsäure)	Absorptionsmittel, Trübungsmittel, Viskositätsregler
Hydroxyethylcellulose	Bindemittel, Emulsionsstabilisator, Filmbildner, Viskositätsregler
Sodium Carbonate	pH-Wert-Regler, Puffersubstanz
Xanthan Gum	Bindemittel, Emulsionsstabilisator, Viskositätsregler
Polyquaternium-10	Antistatika, Kämmbarkeitshilfe, Filmbildner
Linalool	Deodorant/Zusatzstoff
Coumarin	Zusatzstoff
Geraniol	Duftstoff
Ultramarines/C.I.77007	Farbstoff (blau) zur Milderung rötlicher Reflexe

Blondiergranulat

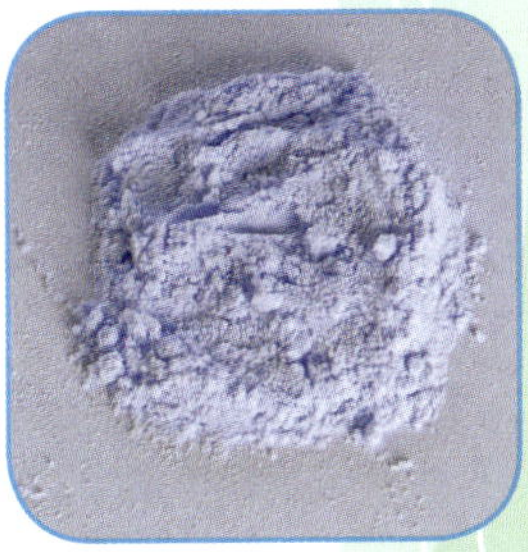

Blondierpulver

Aufeinander abgestimmte Blondierpräparate

Die Blondiergranulate und -pulver enthalten bis zu 60 % Persulfate als Oxidationsmittel, in denen viel aktiver Sauerstoff gebunden ist. Die sehr starke Oxidationswirkung tritt erst durch die Zugabe von H_2O_2 ein.

Blondiergranulate oder -pulver sind für Blondiervorgänge unerlässlich, denn die Kombination von Persulfaten und H_2O_2 führt zu verstärkter Abspaltung von aktivem Sauerstoff über einen längeren Zeitraum hinweg. Nur so ist es möglich, so viele Farbpigmente abzubauen, dass bis zu sieben Stufen aufgehellt werden kann.

Um die gesundheitsschädliche Staubentwicklung beim Anmischen des Blondierbreis zu vermeiden, werden den Blondierpulvern Öle zugesetzt, die feine Partikel binden. In Granulaten ist das Blondierpulver zu Körnchen gepresst.

Blondierverstärker

Diese besonders hoch konzentrierten Pulver in Portionsbeuteln enthalten weitere Persulfate, die nach Angaben des Herstellers zusätzlich in den Blondierbrei eingerührt werden. Dadurch wird die Aufhellung wesentlich erhöht.
Auch bei Blondierverstärkern sind zusätzliche Alkalien enthalten, die die Quellung des Haares noch verstärken sollen.

Blondiercreme und Blondiergel

Diese Präparate ermöglichen eine schonendere Aufhellung und enthalten außerdem viele Pflegestoffe. Die Oxidationswirkung ist aber geringer, weil keine Persulfate enthalten sind. Diese würden sonst schon in der Flasche Sauerstoff abspalten.
Blondiercremes und -gele werden vor der Anwendung mit Wasserstoffperoxid zu einem Blondierbrei vermischt.

Aufhellungssprays

Diese Präparate enthalten Wasserstoffperoxid, das nach dem Auftragen zerfällt und langsam aktiven Sauerstoff freisetzt. Dieser hellt die Haare so lange auf, bis er verbraucht ist.
Die unkontrollierte Oxidation kann zu Haarschäden führen, vor allem dann, wenn die Haare nach dem Auftragen der Sonne oder anderen Wärmequellen ausgesetzt sind. Da Sprays nicht so gleichmäßig aufgetragen werden können wie Blondierbrei, ist die Wirkung ungleichmäßig.

Aufgaben

1. Starke Aufhellungen lassen sich nur mithilfe von Blondierpulvern oder Blondiergranulaten erzielen. Warum?
2. Warum werden Blondierpulver immer häufiger als Granulat angeboten?
3. Bei der Blondierung sollen Naturpigmente im Haar abgebaut werden können. Wie gelangen die Wirkstoffe des Blondierbreis bis zu diesen Pigmenten?

3.5 Oxidationshaarfarben

→ vgl. Lernfeld 8, S. 282

3.5.1 Einsatzmöglichkeiten und Grenzen von Oxidationshaarfarben

Einsatzmöglichkeiten

- Oxidationshaarfarben gibt es in über 100 verschiedenen Farbtönen. Sie lassen sich bei fast jedem Haar anwenden und es kann nahezu jede Farbe erreicht werden.
- Mit diesen farbverändernden Präparaten wird eine dauerhafte Farbveränderung erreicht, die mit dem Haar herauswächst.
- **Weißes, unpigmentiertes Haar** lässt sich deckkräftig einfärben.
- Mit oxidativen Färbungen lassen sich auch **stärker leuchtende Haarfarben** erzielen. Diese Färbepräparate können begrenzt Naturpigmente abbauen und damit einen helleren Untergrund schaffen, auf dem die künstlichen Farbstoffe stärker zum Ausdruck kommen.
- Neben den gebräuchlichen Farbrichtungen, wie z. B. Gold oder Kupfer, bieten die meisten Hersteller von Oxidationshaarfarben zusätzliche **Mixtöne** an. Diese werden zur Verstärkung der Farbrichtung in geringen Mengen dem Farbbrei zugemischt. Je nach Wunsch kann so eine Haarfarbe **leuchtkräftiger** werden, z. B. wenn der Farbe Rot zusätzlich der Mixton Rot-Gold zugemischt wird.
  Die Leuchtkraft einer Farbe kann durch Mixtöne aber auch abgeschwächt werden. In diesen Fällen kann durch die Zugabe des Mixtons in der jeweiligen Gegenfarbe die Farbwirkung **mattiert** werden.
- Für **Strähnen** gibt es spezielle Farbserien, die besonders farbintensiv und aufhellend wirken. So lassen sich Strähnen in vielen Farben in einem Arbeitsgang ohne vorheriges Aufhellen der Haare erstellen.
- **Spezielle Hellerfärbepräparate** können die Farbtiefe eines farblich unbehandelten Haares um bis zu vier Stufen aufhellen. Das Haar kann zugleich die gewünschte Farbrichtung erhalten.
- Bei Hellerfärbungen werden die Naturpigmente nur durch das Wasserstoffperoxid abgebaut. Zusätzliche Oxidationsmittel wie z. B. Persulfate werden nicht verwendet. Die Haarschädigung ist deshalb viel geringer als bei der Blondierung.

Grenzen

- Auf sich ändernde Kundenwünsche kann nur begrenzt reagiert werden, denn diese Farben verankern sich fest im Haar und lassen sich nach einigen Wochen nur schwer wieder aus dem Haar entfernen.
- **Poröse, aufgehellte Haare** können auch mit diesen Farben nur schwer in einen dunkleren Naturton zurückgefärbt werden. Die Farbergebnisse sind bei diesen Haaren nicht genau vorhersehbar. Häufig werden einzelne Farbstoffgruppen ausgewaschen, z. B. rote Farbstoffe. Die zurückbleibenden ergeben dann ein ganz anderes Farbergebnis, in diesem Fall matt.
- Auch spezielle Präparate zur Hellerfärbung können das Haar nicht um mehr als vier Stufen aufhellen.
- Wasserstoffperoxid aus dem Farbbrei kann künstliche Farbstoffe nicht in ausreichender Menge abbauen. Deshalb kommen Hellerfärbungen bei bereits farblich vorbehandelten Haaren nicht infrage.

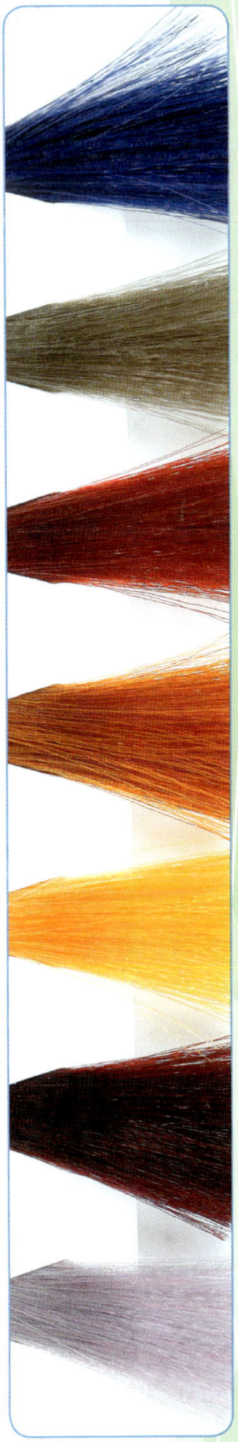

Mixtöne

3.5.2 Oxidationshaarfarben und ihre Hauptinhaltsstoffe

Inhaltsstoffe H_2O_2
➜ vgl. S. 343

Für eine oxidative Färbung werden ein Oxidationsmittel, allgemein **Wasserstoffperoxid** (H_2O_2), und Farbcreme zu einem Farbbrei vermengt.

Farbcreme	
Inhaltsstoffe	**Wirkung**
Farbbildner, ein Gemisch aus verschiedenen Farbstoffvorstufen und Kupplungskomponenten 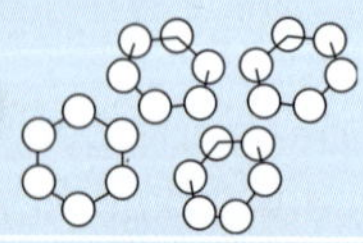	werden durch Oxidation zu künstlichen Farbstoffen verkettet und bilden die neue Haarfarbe
Direktziehende Farbstoffe 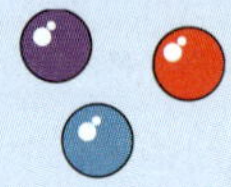	Farbstoffe, die direkt in und an das Haar gelagert werden und häufig die Farbrichtung der neuen Haarfarbe bestimmen
Alkalisierungsmittel, z. B. Ammoniak, MEA	quellen das Haar, damit die Farbbildner, die direktziehenden Farbstoffe und das H_2O_2 bis in die Faserschicht eindringen können, pH 9-10
Antioxidantien (Stabilisatoren)	verhindern eine vorzeitige Oxidation der Farbbildner
Netzmittel (nichtionische Tenside)	fördern das Eindringen des Farbbreis in das Haar und ermöglichen eine gleichmäßige Verteilung
Verdickungsmittel	verhindern das Ablaufen des Farbbreis vom Haar
Duftstoffe	mindern den unangenehmen Geruch des Ammoniaks
Pufferstoffe	halten den pH-Wert während der Einwirkzeit konstant

Farbcreme

Angabe der Inhaltsstoffe einer Farbcreme nach INCI (Beispiele)	
Deklaration	**Eigenschaften/Aufgaben**
Aqua	Lösungsmittel (Wasser)
Cetearyl Alcohol	Konsistenzgeber für Emulsionen
Lanoloin Alcohol	Emulgator
m-Aminophenol	Farbstoff
Glycerin	Feuchthaltemittel
Ammonia	Alkalisierungsmittel zum Quellen des Haares
Oleic Acid	Ölsäure als Basis für Emulsionen
Parfum	Duftstoff
Ascorbic Acid	Antioxidationsmittel
Disodium EDTA	Inaktivierungsmittel für Metallrückstände im Haar, Konservierungsmittelverstärker
Sodium Sulfite	Reduktionsmittel, Stabilisierungsmittel für Haarfarben
Benzoic Acid	pH-Regulierer, Konservierungsmittel

3.5.3 Präparate zur Hellerfärbung

Zur Aufhellung des Haares um ein bis drei Farbstufen können normale Haarfarben verwendet werden. Die Wasserstoffperoxidkonzentration muss zwischen 6 und 12 % liegen, um ausreichend Naturpigmente abbauen zu können.
Soll bis zu fünf Farbstufen aufgehellt werden, muss ein Spezialpräparat gewählt werden. Diese Farbcremes haben einen höheren pH-Wert, d. h., sie sind alkalischer als Farbcremes aus der normalen Reihe, denn sie müssen das Haar stärker quellen, um mehr Pigmente abbauen zu können. Dazu wird H_2O_2 der Konzentrationen 9 % oder 12 % verwendet. Viele dieser Spezialfarben werden außerdem mit der doppelten Menge H_2O_2 gemischt (Mischungsverhältnis 1 : 2, 1 Teil Farbe : 2 Teile H_2O_2). Dadurch kann mehr aktiver Sauerstoff gebildet werden.
Präparate zur Hellerfärbung werden dicker aufgetragen als Präparate zur Normalfärbung.

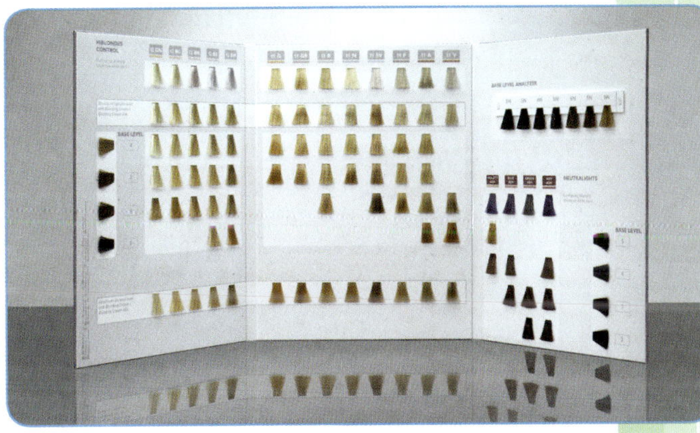

Farbkarte Hellerfärbung

3.5.4 Ammoniakfreie Haarfarben

In den letzten Jahren haben Hersteller vermehrt Haarfarben ohne Ammoniak auf den Markt gebracht. Als Alkalisierungsmittel wird stattdessen das geruchsneutrale Methanolamin (MEA) eingesetzt. Der pH-Wert ist mit anderen Haarfarben vergleichbar, das Haar wird aber weniger gequollen.
Um Farbstoffe in das Haar einschleusen zu können, wird als äußere Phase der Farbcremeemulsion ein Mineralöl verwendet. In der inneren Wasserphase befinden sich das MEA und die wasserlöslichen Farbstoffe. Stabil gehalten wird die Emulsion durch besondere Emulgatoren. Nach dem Auftragen trennt sich die Emulsion, das Öl bleibt auf der Haaroberfläche, das Wasser mit den Farbstoffen wird in das Haar hineingezogen. Die Entwicklerflüssigkeit enthält ebenfalls eine W/Ö-Emulsion.
Da diese Haarfarben das Haar weniger quellen, verzeihen sie keine Auftragefehler. Das Haar muss fein abgeteilt werden, der Auftrag muss blickdicht erfolgen.
Aufgrund des Ölanteils ist das Abspülen aufwendiger: Ohne Wasser sollte die Farbe zunächst gründlich aufemulgiert werden, um Öl mit Öl zu lösen. Dann wird etwas Wasser zugegeben und wieder gründlich emulgiert. Gespült wird schließlich bis die gesamte Farbe entfernt ist.

Ammoniakfreie Haarfarbe

Aufgaben

1. Welche Farbziele können Sie mit Oxidationshaarfarben erreichen, mit Tönungen aber nicht?
2. Warum können Sie mit den Farbcremes für Normalfärbungen nur bis zu drei Stufen aufhellen, mit Spezialpräparaten aber bis zu fünf Stufen?
3. Warum werden Spezialpräparate zur Hellerfärbung im Verhältnis 1 : 2 mit Wasserstoffperoxid gemischt?

3.5.5 Intensivtönungen

Intensivtönungen

Diese Präparate werden häufig für „normale" Tönungen gehalten. Tönungen enthalten jedoch ausschließlich direktziehende Farbstoffe, deren Haltbarkeit auf einige Haarwäschen begrenzt ist. → *vgl. S. 303*

Aus verkaufstechnischen Gründen werden oxidative Haarfarben, die weniger intensiv anfärben, gern als Tönungen bezeichnet. Damit können Kundinnen leichter von einer Anwendung überzeugt werden. „Tönung" klingt weniger endgültig und wird von den Kundinnen nicht sofort mit regelmäßiger Nachfärbung in Verbindung gebracht. Geeignet sind Intensivtönungen auch, um nach dem Abwaschen der Blondierung einem verbleibenden Gelbstich entgegenzuwirken.

Chemisch gesehen ist eine Intensivtönung eine oxidative Haarfarbe. Der Anteil an Farbbildnern ist geringer und die Wasserstoffperoxidkonzentration liegt meistens bei 1,9 – 4 %. Die Haarfarbe ist ähnlich haltbar wie eine Normalfärbung. Da sie aber weniger intensiv anfärbt, ist der nachwachsende Ansatz nicht so deutlich zu erkennen.

Aufhellen lassen sich die Haare kaum. Die H_2O_2-Konzentration ist bei diesen Präparaten zu gering. Genaue Abgrenzungen zu den Normalfärbungen sind jedoch kaum noch möglich, da die Hersteller z. B. durch Zugabe von Verstärkerpulvern die Möglichkeiten der Aufhellung immer mehr verbessern und den Normalfärbungen annähern.

Vorbehandlungspräparat

Aufgabe

Eine Kundin hat vier Wochen nach der Anwendung einer Heimtönung einen deutlich erkennbaren Ansatz. Wie ist das zu erklären?

3.6 Weitere Präparate

3.6.1 Vorbehandlungspräparate

Um ein gleichmäßiges Farbergebnis zu erzielen, sollten Sie bei strukturgeschädigten Haaren mit einer ungleichmäßigen Struktur immer ein Vorbehandlungspräparat verwenden, das die Strukturunterschiede und damit die unterschiedliche Saugfähigkeit des Haares ausgleicht. → *vgl. Lernfeld 7, S. 263*

3.6.2 Spezialpräparate zum Vorpigmentieren

Vorpigmentierungspräparat

Vorpigmentierungspräparate sollen zusätzliche Farbbildner und Farbstoffe in das Haar bringen, wenn die Farbstoffe aus der Farbcreme nicht ausreichen. Sie werden vor allem in roten Farbrichtungen angeboten, da die roten Farbstoffe besonders schwer im Haar zu verankern sind. Vorpigmentierungspräparate werden mit Wasser verdünnt, aufgetragen und nicht wieder ausgespült. Der eigentliche Farbbrei der Zielfarbe wird darüber aufgetragen.

3.6.3 Haarfarben für männliche Kunden

Vor allem für die männlichen Kunden gilt: Sie möchten nicht ergrauen, aber auch nicht färben. Einige Hersteller haben deshalb Intensivtönungen speziell für den Mann entwickelt. Mit ihnen lassen sich Natur- und Aschtöne langsam und unbemerkt, d. h. durch mehrere Farbbehandlungen, ins Haar bringen. Auch in der Anwendung sind sie einfach; sie sind schnell aufzutragen und haben sehr kurze Einwirkzeiten von etwa 10 Minuten, sodass die Kunden sich nicht wie bei einer Farbbehandlung fühlen müssen.

Andere Präparate sind Farbcremes ohne Zusatz von Oxidationsmitteln. Deren Farbbildner werden mithilfe von Luftsauerstoff langsam zu Farbstoffen umgewandelt. Nach drei bis sechs Behandlungen soll das weiße Haar wieder seine Originalfarbe erhalten. Die Haltbarkeit dieser Farben ist allerdings geringer, da insgesamt weniger Farbstoffe eingelagert werden und diese auch nicht so tief in das Haar eindringen können.

Intensivtönung für den Mann

3.6.4 Farbentferner

Präparate zur Entfernung oxidativer Farbstoffe werden für die Haut und das Haar angeboten.

Da jeder Farbbrei auf den Haaransatz und damit auch auf die Haut gelangt, entstehen manchmal unschöne Ränder an den Konturen. Auch im Haar kann es zu unerwünschten Farbtönen kommen. Farbentferner können durch Oxidation aufgebaute Farbstoffe durch Reduktion wieder abbauen. Die Bruchstoffe werden wieder farblos.

➜ *vgl. S. 363*

Farbentferner für die Haut

Aufgaben

1. Wie gleichen Vorbehandlungspräparate die Strukturunterschiede im Haar aus? ➜ *vgl. Lernfeld 7, S. 263*
2. Welche Aufgabe haben Vorpigmentierungspräparate?
3. Wie wirken Oxidationshaarfarben für männliche Kunden, die eine langsame und möglichst unbemerkte Färbung des Haares bewirken?
4. Wie können Farbentferner frisch gebildete Farbstoffe entfernen?

3.7 Rechtliche Vorschriften für Präparate

Seit 2013 gilt in Europa eine einheitliche Verordnung für kosmetische Präparate. Diese **Kosmetikverordnung** legt fest, welche Inhaltsstoffe in kosmetischen Präparaten – dazu gehören auch die im Friseursalon verwendeten Präparate – enthalten sein dürfen und wie die Inhaltsstoffe gekennzeichnet werden müssen. Alle in Kosmetika verwendeten Inhaltsstoffe, also auch die Farbstoffe, müssen getestet und ihre Unbedenklichkeit nachgewiesen werden.

Um das Allergierisiko zu senken, sollten Kundinnen unter 16 Jahren nicht in Kontakt mit oxidativen Farbstoffen kommen. Daher verlangt die Kosmetikverordnung von den Herstellern der Haarfarben bei der Verwendung bestimmter Inhaltsstoffe folgenden Warnhinweis anzubringen: „für die Verwendung bei unter 16-Jährigen nicht bestimmt".

4 Durchführung einer Farbveränderung mit oxidativen Präparaten

Sie haben mit einer neuen Kundin das Farbziel abgesprochen und wollen mit der Behandlung beginnen.
„Ich habe meine Haare noch nie färben lassen. Was wird denn jetzt gemacht? Wie lange wird die Behandlung dauern?"

4.1 Vorbereitende Tätigkeiten

4.1.1 Auswahl der Präparate und der Rezeptur

Nach Ermittlung der Kundengegebenheiten wählen Sie eine **Rezeptur** aus, d.h. die geeigneten Präparate, die zu verwendenden Mengenanteile und Konzentrationen. Notieren Sie Ihre Rezeptur und den gesamten Behandlungsplan, damit Sie bei späteren Behandlungen das Ergebnis wiederholen oder auch gezielt ändern können.
Lesen Sie vor der Anwendung farbverändernder Präparate immer die beiliegenden Arbeitsanweisungen, da diese von Präparat zu Präparat unterschiedlich sein können.

Grundregeln für die Präparateauswahl und Rezeptur

Wasserstoffperoxidkonzentration
Blondierpräparate mischen Sie nach Herstellerangaben, in der Regel im Verhältnis
1 Teil Wasserstoffperoxid : 1 Teil Blondierpräparat (Blondierpulver, -granulat oder -creme)

Art/Ziel der Blondierbehandlung	Wasserstoffperoxidkonzentration
langsame Aufhellung, z.B. bei aufwendigen Strähnentechniken	3 %
Ociliensträhnen, Ansatzblondierungen, komplette Blondierungen	6 %
Strähnentechniken, bei denen die Haare nicht abgedeckt werden: Haubensträhnen, Kammsträhnen	9 % Achtung: Von der Kopfhaut fernhalten!

Präparate zur Normalfärbung mischen Sie in der Regel im Verhältnis
1 Teil Farbcreme : 1 Teil Wasserstoffperoxid
Präparate zur Hellerfärbung mischen Sie in der Regel im Verhältnis
1 Teil Farbcreme : 2 Teile Wasserstoffperoxid

Ziel der Farbbehandlung	Wasserstoffperoxidkonzentration
dunkler (Normalfärbung)	1,9–3 % (1:1)
gleiche Farbtiefe (Normalfärbung)	6 % (1:1)
bis 2 Stufen heller (Normalfärbung)	9 % (1:1)
bis 3 Stufen heller (Normalfärbung)	12 % (1:1)
bis 3 Stufen heller (Hellerfärbung)	9 % (1:2)
bis 4 Stufen heller (Hellerfärbung)	12 % (1:2)
bis 5 Stufen heller (Hellerfärbung)	12 % (1:2) und zusätzliche Aufheller zur Erhöhung der Alkalität

Rezepturen für Haare mit Weißanteil

Oxidationshaarfarben im Modetonbereich sind auf pigmentierte Haare eingestellt. Da weißes Haar keine Naturpigmente enthält, werden die Ergebnisse bei Modetönen zu leuchtend.
Weiße Haare bekommen durch die Beimischung von Naturton im Farbbrei die zusätzlich benötigte Menge naturfarbener künstlicher Farbstoffe.

reiner Modeton (Hellbraunmahagoni) auf Haar mit 50 % Weißanteil, zu starke Leuchtkraft der roten Farbstoffe →

← Modeton (Hellbraunmahagoni) und Naturton (Hellbraun) im Mischungsverhältnis 1 : 1, geringere Leuchtkraft, Zielfarbe erreicht

Mischungsverhältnis von Natur- und Modeton bei unterschiedlichem Weißanteil		
Weißanteil	**Naturton**	**Modeton**
bis 30 %		nur Modeton verwenden
30 – 50 %	1 Teil	2 Teile
50 – 70 %	1 Teil	1 Teil
70 – 100 %	2 Teile	1 Teil

Spezielle Farbcremes für Hellerfärbungen sollen Haare vor allem aufhellen. Sie enthalten deshalb nur wenig Farbbildner und Farbstoffe.
Um weiße Haare ausreichend mit Farbstoffen zu versorgen, müssen mit steigendem Weißanteil Farbcremes der Naturtöne zugemischt werden. So lassen sich zu krasse Ergebnisse bei Anwendung von Asch- und Cendrétönen vermeiden.

Farbbreizusammensetzung mit Hellerfärbepräparat bei unterschiedlichem Weißanteil			
Weißanteil	**Wasserstoffperoxid-konzentration**	**Hellerfärbe-präparat**	**Normalfärbe-präparat (Naturton)**
bis 30 %	9 % oder 12 %	nur Hellerfärbe-präparat verwenden	
30 – 50 %	9 % oder 12 %	2 Teile	1 Teil
50 – 70 %	9 % oder 12 %	1 Teil	1 Teil
70 – 100 %	6 %		Normalfärbung

Beispiel für Präparateauswahl und Rezeptur

Für eine Kundin, deren Haarfarbe um drei bis vier Farbstufen aufgehellt werden soll, ergeben sich in Abhängigkeit von der Ausgangsfarbe Präparate und Rezepturen gemäß der folgenden Tabelle.

Kundenwunsch: heller um drei bis vier Stufen				
Ausgangszustand		Färbepräparat	Wasserstoffperoxid-konzentration	Mischungsverhältnis Farbcreme zu H_2O_2 (Herstellerangaben beachten)
Naturhaarfarbe, nicht chemisch vorbehandelt		Hellerfärbung für Strähnen	9% 6 bis 12%	1:2
farblich vorbehandeltes Haar		Blondierung, anschließend ggf. mit der Zielfarbe einfärben	9% 3–6%	1:1
Weiß-anteil	bis 30%	Hellerfärbung	9% oder 12%	1:2
	bis 50%	2 Teile Hellerfärbepräparat 1 Teil Normalfärbe-präparat (Naturton)	9% oder 12%	1:1
	bis 70%	1 Teil Hellerfärbepräparat 1 Teil Normalfärbe-präparat (Naturton)	9% oder 12%	1:1
	bis 100%	Normalfärbung	6%	1:1
stark geschädigtes Haar		keine Behandlung		
dickes Haar		Blondierung, anschließend mit der Zielfarbe einfärben	6–9%	1:1
feines Haar		Hellerfärbung	6%	1:2

Aufgaben

1. Eine Kundin mit farblich vorbehandeltem Haar möchte ihr Haar von Hellbraun auf Mittelblond aufhellen lassen. Welches Präparat und welche Rezeptur wählen Sie?

2. Stellen Sie in je einer Tabelle dar, mit welchen Präparaten und Rezepturen die folgenden Kundenwünsche bei verschiedenen Ausgangszuständen umgesetzt werden können.
   a) Kundenwunsch: dunkler
   b) Kundenwunsch: leuchtendes Kupfer bei gleichbleibender Farbtiefe

3. Ihre Tischnachbarin möchte ihre Haarfarbe verändern lassen. Sie wünscht insgesamt eine etwas dunklere, einheitliche Farbe, die gern etwas rötlich sein darf. Führen Sie eine vollständige Arbeitsplanung durch. Übertragen Sie dazu den folgenden Arbeitsplan in Ihre Unterlagen.

Haarfarbenveränderung –

Quelle: „Prüfungsmappe für die Gesellenprüfung des Friseurhandwerks", herausgegeben vom Zentralverband des Deutschen Friseurhandwerks

Die Haarfarbenveränderung

Arbeitsplan zur Haarfarbenveränderung

Bitte alle Angaben in der Fachsprache tätigen, z.B. „mittelblond" oder „gold"!
Firmenbezeichnungen und Zahlenkombinationen sind **nicht** erlaubt!

1. Ausgangsfarben:

Ansatz: Farbtiefe
Farbrichtung

Längen: Farbtiefe
Farbrichtung

Spitzen: Farbtiefe
Farbrichtung

Weißanteil: ☐ 0 ☐ 10% ☐ 20% ☐ 30% ☐ 40% ☐ 50% ☐ 60%

2. Zielfarben:

Farbtiefe
Farbrichtung
Besonderheiten:

3. Haarqualität und -quantität:

4. Welche Arbeitsschritte führen zum Ergebnis?

5. Ich verwende die Produkte der Firma:

6. Angaben zu der (den) Rezeptur(en) mit kurzer Begründung:

Die Haarfarbenveränderung

7. Einwirkzeit(en):

8. Zwischenbehandlung mit Begründung:

9. Abschlussbehandlung mit Begründung:

10. Welche Methoden werden ausgeführt?

11. Welche Werkzeuge werden verwendet?

12. Besonderheiten, Zusatzinformationen für die Prüfungskommission:

4.1.2 Gesundheits- und Umweltschutz

Gesundheitsschutz

- Tragen Sie beim Färben, Tönen und Blondieren Schutzhandschuhe, wie auch in der TRGS 530 vorgeschrieben. Das gilt für den gesamten Ablauf, angefangen vom Zubereiten der Präparate bis hin zum Kontrollieren und Ausspülen.
- Mischen Sie die chemischen Präparate nur in geeigneten Räumen, die gut belüftet sind. Verhindern Sie bei Blondierpulver jedes Aufstauben. Persulfate können allergische Reaktionen an den Bronchien und Schleimhäuten der Nase und des Mundes hervorrufen.
- Sollten Sie einen Spritzer ins Auge bekommen, spülen Sie das Auge mit viel Wasser aus und lassen Sie es ärztlich untersuchen.
- Schützen Sie auch die Kundin vor der schädigenden Wirkung von Färbe- und Blondierpräparaten durch Cremes und wasserundurchlässige Umhänge.

Allergietest

Bei Kundinnen, die zum ersten Mal zu einer oxidativen Farbbehandlung in den Salon kommen, wird von den Herstellern ein Allergietest beim Arzt empfohlen. Allergien gegen Inhaltsstoffe von chemischen Präparaten wie Haarfarben oder Blondierpräparaten kommen immer häufiger vor. Die Betroffenen leiden nach einer Behandlung unter Hautausschlägen, Schwellungen, allergischem Schnupfen oder Asthma.
Bei dem Test wird eine ganz kleine Menge des Präparats hinter dem Ohr oder in der Armbeuge aufgetragen und mit einem Pflaster abgedeckt. Nach 24 Stunden wird geprüft, ob die Haut eine Reaktion zeigt. Falls der Test den ersten Kontakt mit dem Allergen darstellt, kann eine Allergie möglicherweise erst ausgelöst werden!
Manche Kundinnen besitzen bereits einen Allergiepass. Vergleichen Sie die im Allergiepass angegebenen Inhaltsstoffe mit denen des farbverändernden Präparats.

→ *vgl. Lernfeld 1, S. 36*

Praxistipp

Empfehlen Sie auch Stammkundinnen einen Allergietest, wenn diese über ungeklärte allergische Reaktionen klagen.

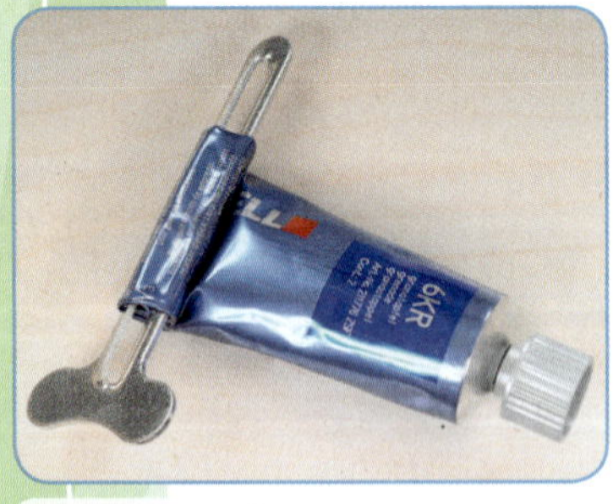

Tubenquetscher

Umweltschutz

- Verwenden Sie Chemikalien so sparsam wie möglich. Tubenquetscher helfen, aus Farbtuben so viel Farbcreme wie möglich herauszuholen. Dadurch arbeiten Sie sparsam und vermeiden Müll.
- Bereiten Sie immer nur so viel zu, wie Sie brauchen. Farbbrei oder Blondierbrei kann nur frisch zubereitet wirksam sein. Falls doch Reste übrig geblieben sind, geben Sie diese in den Sondermüll und nicht in das Abwasser.
- Um Wasser zu sparen, sollten Sie die Farbe gründlich aufemulgieren, bevor Sie sie unter fließendem Wasser ausspülen.
- Verwenden Sie möglichst keine Einmalumhänge.

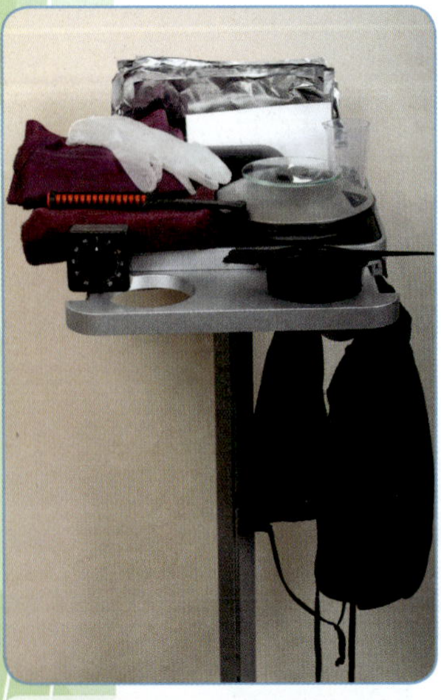

Arbeitsmittel zum Haarefärben

4.1.3 Vorbereiten des Arbeitsplatzes

Stellen Sie alle notwendigen **Arbeitsmittel** und **Präparate** vor Beginn der Behandlung griffbereit auf einem Wagen oder Arbeitstisch mit farbfester Unterlage zusammen:

- Karteikarte der Kundin
- Vorbehandlungspräparat und Hautschutzcreme
- Schürze und chemikalienbeständige Schutzhandschuhe (z. B. aus Nitril)
- wasserfeste Umhänge, Handtücher und Papierservietten
- Farbentferner für die Haut
- Strähnenfolie, die Sie ggf. vor dem Eintreffen der Kundin vorbereitet haben
- groben Kamm und Stielkamm
- Sprühflasche mit Wasser
- Wecker und Climazon
- Shampoo und Haarpflegepräparat zur Nachbehandlung
- zum Anmischen des farbverändernden Präparats: Wasserstoffperoxid, Farbcreme oder Blondierpulver, Schälchen, Pinsel, Waage, Messbecher

4.1.4 Vorbereiten der Kundin

a) Schützen Sie die Garderobe der Kundin mit einem geeigneten Umhang. Bitten Sie die Kundin, Brille, Ohrringe und Ketten abzulegen. Eine Papierserviette kann den Hals schützen. Sie muss nach dem Farbauftrag entfernt oder erneuert werden.
b) Die Haare werden nicht gewaschen, aber gut durchgekämmt. Nur bei starken Verschmutzungen und Rückständen von Stylingpräparaten sollte eine ganz leichte Haarwäsche ohne stärkere Entfettung der Kopfhaut durchgeführt werden. Je nach Technik werden die Haare abgeteilt und mit Kunststoffklammern festgesteckt.
c) Schützen Sie die Konturen und die Ohren der Kundin durch Auftragen einer Hautcreme.
d) Tragen Sie bei porösem Haar ein Vorbehandlungspräparat auf.

Erklärung

zu a) Haarfärbepräparate und Oxidationsmittel führen zu irreparablen Schäden der Garderobe.
Die Metalle können mit den Chemikalien reagieren und die Haut reizen. Oxidationsreaktionen wie Blondierung oder oxidative Farbveränderungen können durch den Kontakt mit Metallen beschleunigt werden. So kann es an Stellen, wo Blondierung mit einem Metallclip in Berührung kommt, zu Haarschädigungen und zu einem ungleichmäßigen Farbergebnis kommen.

zu b) Die Haare werden vorher nicht gewaschen, weil der natürliche Hautschutz, der Hydrolipidfilm (vgl. S. 89), bei einer Haarwäsche verloren geht. Haar und Kopfhaut würden durch die Chemikalien gereizt, Juckreiz und Rötungen wären die Folge.

zu c) Die wasserundurchlässige Hautcreme lässt den Blondier- oder Farbbrei nicht in die Haut eindringen.

zu d) Die Vorbehandlung gleicht die Strukturunterschiede innerhalb des Haares aus, um so ein gleichmäßiges Eindringen der Präparate und ein einheitliches Farbergebnis zu gewährleisten.

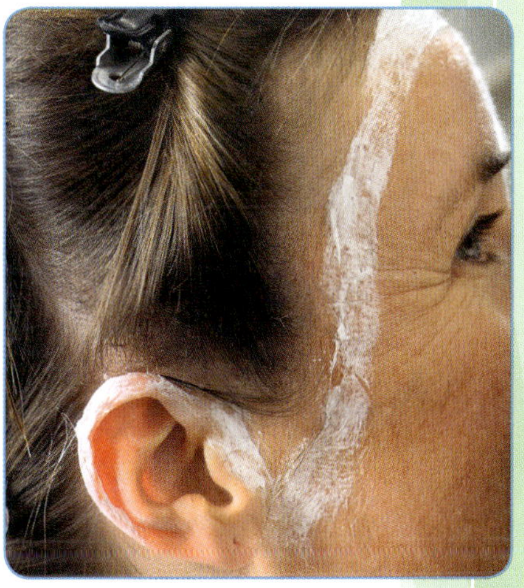

Eingecremte Konturen

4.2 Arbeitsablauf bei der Farbveränderung

4.2.1 Anmischen des Blondier- oder Farbbreis

a) Blondier- oder Farbbrei wird immer in der Farbmixecke angemischt. Verwenden Sie ausschließlich Kunststoffwerkzeuge, niemals Werkzeuge aus Metall. Vergessen Sie nicht, bereits beim Mischen Schutzhandschuhe zu tragen.
b) Nachdem Sie sich für eine Rezeptur entschieden haben, wiegen Sie das Blondierpulver und das Wasserstoffperoxid nach Anleitung ab und vermischen es direkt vor dem Auftragen zu einer cremigen Masse.

Anmischen

Erklärung

zu a) Metalle wirken in diesen chemischen Reaktionen als Katalysator, d.h., der Kontakt mit einem Metallkamm oder einem Clip beschleunigt die Aufhellung an diesen Stellen. Ein ungleichmäßiges Farbergebnis, Haar- und Hautschäden können die Folge sein.

zu b) Sobald Sie den Blondierbrei angemischt haben, beginnen die chemischen Reaktionen. Das Alkali aus dem Blondierpulver neutralisiert die Stabilisierungssäure des H_2O_2, der aktive Sauerstoff wird frei.

$H_2O_2 \rightarrow H_2O + O$

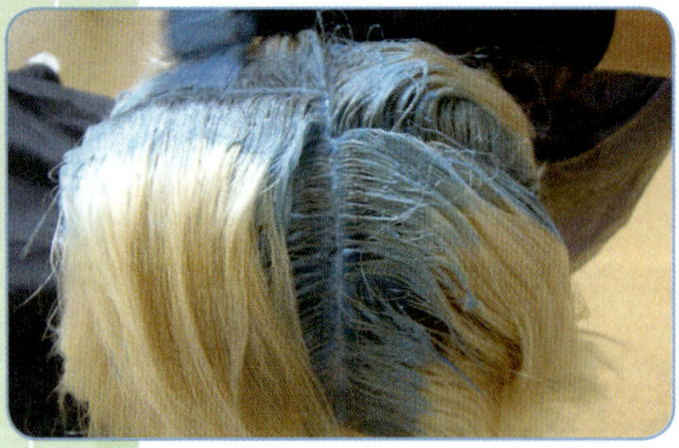

Auftragen des Blondierbreis

4.2.2 Auftragen des Blondier- oder Farbbreis

a) Tragen Sie den Farb- oder Blondierbrei zügig auf.
b) Wischen Sie Farbbrei von der Haut (Konturen und Ohren) sofort ab.
c) Teilen Sie sauber und gleichmäßig ab. Je dichter das Haar, desto feiner die Abteilungen. Die Haare müssen von Farb- oder Blondierbrei vollständig umhüllt sein.
d) Bei Blondierungen und Hellerfärbungen sollten Sie den Farb- oder Blondierbrei dicker auftragen.
e) Bei einer Ganzblondierung lockern Sie die Haare auf. Ein Wärmestau könnte zu einem ungleichmäßigen Blondierergebnis führen.

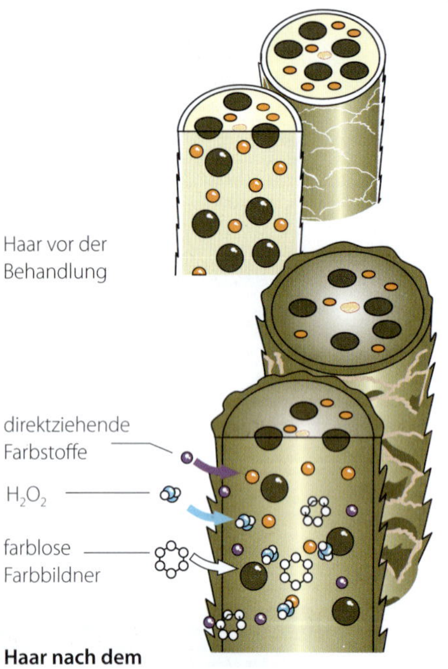

Quellvorgang

Erklärung

zu a) Der aktive Sauerstoff wird sofort nach dem Anmischen frei. In der Farbcreme beginnen farblose Farbbildner zu Farbstoffen zu oxidieren, die Creme wird farbig.
Damit dieser Vorgang im Haar und nicht weitgehend in der Färbeschale erfolgt, muss zügig gearbeitet werden.

zu b) H_2O_2, Persulfate des Blondierpulvers und die Alkalisierungsmittel können zu Reizungen und Rötungen der Haut führen. Besonders dunkle Nuancen färben die Haut sehr stark an. Es kann zu unschönen Rändern an den Konturen kommen.

zu c) Der Blondier- oder Farbbrei muss gleichmäßig aufgetragen sein, sonst stehen nicht überall genügend Wirkstoffe zur Verfügung.

zu d) Für eine Aufhellung des Haares muss besonders viel aktiver Sauerstoff für den Pigmentabbau in das Haar eindringen. Deshalb werden Blondier- und Hellerfärbungspräparate dicker aufgetragen.

zu e) Wärme beschleunigt chemische Reaktionen, Pigmente werden schneller ab- und Farbstoffe schneller aufgebaut. Das Ergebnis wird intensiver. Die Temperatur muss überall gleich sein, sonst wird das Haar ungleichmäßig aufgehellt oder eingefärbt. Vorsicht: Haarschäden bei höheren Temperaturen, besonders beim Blondieren!

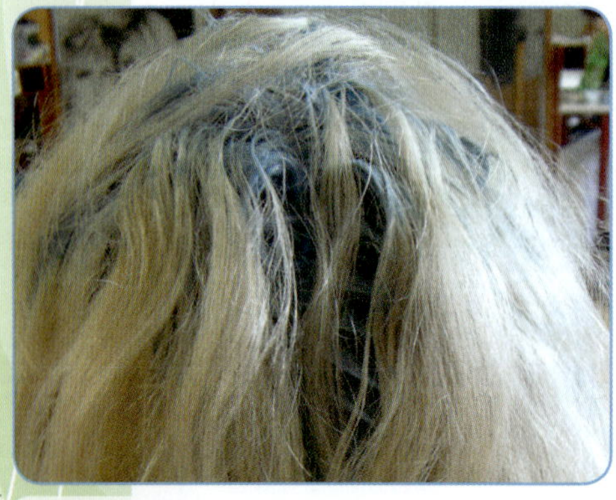

Einwirkzeit

4.2.3 Einwirkzeit

a) Achten Sie darauf, dass der Brei nicht ins Gesicht oder aus den Strähnenfolien läuft.
b) Wenn vom Hersteller nicht anders empfohlen, gelten folgende Richtzeiten:
Normalfärbung: 30 Minuten ohne Wärme, 20 Minuten mit Wärme
Hellerfärbung: 45 Minuten ohne Wärme, 30 Minuten mit Wärme
Blondierung: nicht mehr als 45 Minuten, keine Wärmezugabe
c) Während der Einwirkzeit muss der Vorgang kontrolliert werden. Dazu kann mit einer Kammrückseite die Farbe von einem Passee abgestrichen und nach der Kontrolle wieder aufgetragen werden.

Erklärung

zu a) Der Blondier- oder Farbbrei quillt durch den frei werdenden aktiven Sauerstoff auf. Bei Wärme wird er flüssiger. Wenn Blondierung oder Hellerfärbungspräparat aus den Folien heraus auf die Ansätze läuft, wird dort der Oxidationsvorgang durch die Körperwärme beschleunigt. Helle Flecken am Ansatz wären die Folge.

zu b) Bei Normal- und Hellerfärbungen sowie Intensivtönungen werden während der Einwirkzeit die farblosen Farbbildner ins Haar eingeschleust und dort zu Farbstoffen oxidiert. Der aktive Sauerstoff verbindet dabei in einer Oxidationsreaktion die Farbstoffvorstufen und die Kupplungskomponenten zu großen farbigen Molekülen, die wegen ihrer Größe nicht mehr aus dem Haar herauskommen können (Käfigeffekt). Gleichzeitig dringen auch die direktziehenden Farbstoffe in das gequollene Haar ein. Vor allem bei Blondierungen und Hellerfärbungen baut der aktive Sauerstoff Pigmente und einige Farbstoffe ab. Das Haar wird aufgehellt.

zu c) Der aufgetragene Farbbrei zeigt häufig eine andere Farbe als das gefärbte oder blondierte Haar selbst. Entfernen Sie daher vor der Kontrolle immer den überschüssigen Farbbrei vom Haar.

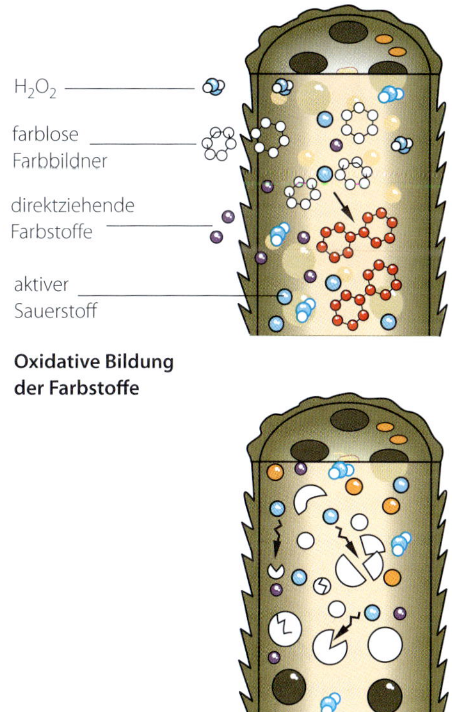

Vorgänge während der Einwirkzeit

4.2.4 Einflussmöglichkeiten auf die chemischen Reaktionen

Wenn Sie während des Blondier- oder Färbevorgangs merken, dass das Haar nicht ausreichend aufgehellt oder intensiv genug gefärbt wird, müssen Sie in den chemischen Vorgang eingreifen. Sie müssen dafür sorgen, dass mehr Pigmente ab- oder Farbstoffe aufgebaut werden, damit das Farbergebnis zufriedenstellend ausfällt. Dazu können Sie die Einwirkzeit verlängern oder Wärme zugeben.

Veränderung der Mengen/Konzentrationen

Je stärker die Farbveränderung werden soll, desto höher konzentrierte Präparate setzen Sie ein. Soll das Haar stark aufgehellt werden, verwenden Sie eine hohe Wasserstoffperoxidkonzentration, um viel aktiven Sauerstoff für die Reaktion zur Verfügung zu stellen. Sollen bei stärksten Aufhellungen – um mehr als fünf Farbstufen – besonders viele Pigmente abgebaut werden, müssen in Form von Blondierpulvern oder sogar Blondierverstärkern zusätzliche Mengen an Oxidationsmitteln eingesetzt werden.

Wollen Sie unpigmentiertes Haar dunkel einfärben, verwenden Sie dunkle Nuancen, die mehr Farbbildner enthalten. Die Konzentration der Farbbildner kann durch Anwendung zusätzlicher Farbcreme direkt am Haar (Vorpigmentieren) oder durch Veränderung der Rezepturmengen („Borstenmischung“: Die doppelte Menge Farbcreme wird mit einer einfachen Menge Wasserstoffperoxid gemischt) gesteigert werden.. ➜ *vgl. S. 365*

Achtung: Niedrigere Konzentrationen verursachen weniger Schäden an Haut und Haar!

Veränderung der Einwirkzeit

Je länger die chemische Reaktion dauert, desto mehr Pigmente werden ab- oder Farbstoffe aufgebaut.
Nimmt ein Blondiervorgang nicht den gewünschten Verlauf, ist das Haar noch zu gelblich, dann verlängern Sie zunächst die Einwirkzeit. Solange aktiver Sauerstoff als Wirkstoff zur Verfügung steht, kann er Pigmente abbauen. Geben Sie der Reaktion mehr Zeit, dann werden auch mehr Pigmente abgebaut.

Versuch: Blondierung mit H_2O_2 (6 %) bei unterschiedlicher Einwirkzeit: 5, 15, 25, 35 Minuten

Achtung: Auch eine niedrige Konzentration kann bei langer Einwirkzeit Hautreizungen verursachen.

Veränderung der Temperatur

Je höher die Temperatur bei einer chemischen Reaktion, desto schneller und vollständiger läuft diese ab. Durch Einsatz von Wärme, z. B. durch einen Climazon, lassen sich oxidative Farbveränderungen beschleunigen und intensivieren. Durch die Wärme wird mehr aktiver Sauerstoff frei, der mehr Pigmente ab- oder Farbstoffe aufbaut.

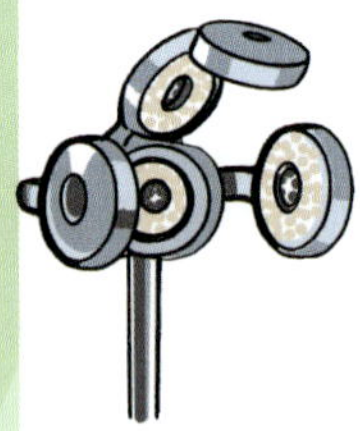

Einwirkzeit im Kühlschrank (ca. 5–8 °C)

Einwirkzeit bei Raumtemperatur (ca. 20 °C)

Einwirkzeit unter dem Climazon (ca. 50 °C)

Wenn zum Ende der Einwirkzeit das Farbergebnis noch nicht erreicht ist, können Sie durch Wärmezugabe das Ergebnis intensivieren. Leider kommt es durch die beschleunigte Oxidation auch verstärkt zu negativen Folgen für Haut und Haar.

Achtung: Wärme sollte nur dann zugegeben werden, wenn die gewünschte Zielfarbe durch eine Verlängerung der Einwirkzeit nicht mehr zu erreichen ist. Wird die Temperatur erhöht, steigt die Gefahr einer Schädigung von Haut und Haar an.

Die genaue **Dokumentation** der Rezeptur, der Einwirkzeit und ggf. der Wärmezugabe macht es Ihnen möglich, bei Folgebehandlungen exakte Daten zu haben. Möchte eine Kundin bei ihrem nächsten Besuch eine andere farbliche Veränderung, kann die Rezeptur oder die Einwirkzeit entsprechend angepasst werden.

Stellen Sie fest, dass das Ergebnis nicht wie gewünscht ausgefallen ist, können Sie durch gezielte Veränderungen die chemischen Reaktionen im Haar beeinflussen, um den Kundenwunsch erfüllen zu können.

4.2.5 Abspülen und Nachbehandeln

a) Sobald das gewünschte Farbziel erreicht ist, geben Sie etwas Wasser auf den Farb- oder Blondierbrei und emulgieren Sie gründlich auf. Spülen Sie das Präparat ab.
b) Eine Haarwäsche ist nicht notwendig, kann aber auf Wunsch der Kundin für ein angenehmeres Hautgefühl sorgen.
c) Wenden Sie immer eine saure Nachbehandlung, z. B. eine Spülung, an.
d) Anschließend wird eine Haarkur aufgetragen. Bei stärker vorbehandelten Haaren sollten Sie die Einwirkzeit verlängern. Bei gefärbtem Haar sollten Sie auf kürzere Einwirkzeiten achten.

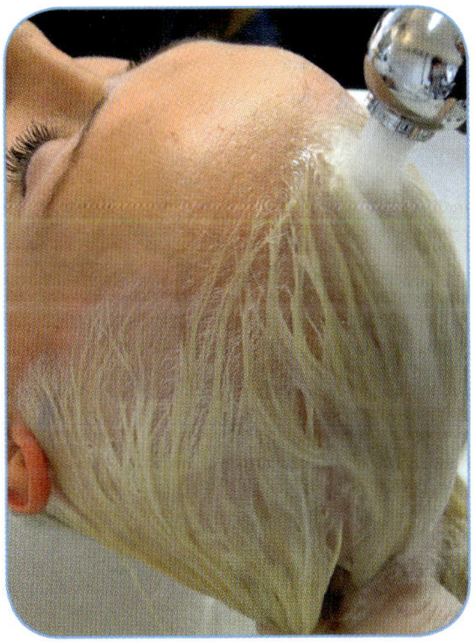

Abspülen

Nachbehandeln

Erklärung

zu a) Durch die Bewegung beim Emulgiervorgang bilden die Tenside aus dem Farb- oder Blondierbrei mit den Präparatresten eine Emulsion, die sich leicht auswaschen lässt.
zu b) Eine Haarwäsche nach der Behandlung ist nicht nötig, da die im Blondier- oder Farbbrei enthaltenen Tenside eine ausreichende Reinigungswirkung haben.
zu c) Vorhandene Reste des Alkalisierungsmittels werden neutralisiert. Das Haar wird durch eine saure Nachbehandlung entquollen und adstringiert.
zu d) Mit einer Haarkur können Sie das Haar pflegen, für Glanz und bessere Kämmbarkeit sorgen. Die geglättete Schuppenschicht kann anschließend das Licht besser reflektieren und das Verkletten der Haare verhindern. Gefärbtes Haar enthält Farbstoffe, die aus nassem und gequollenem Haar ausgewaschen werden können, blondiertes Haar nicht.

Aufgaben

1. Eine Kundin ist beunruhigt wegen der aggressiven Wirkung des Blondierpräparats. Erklären Sie, was Sie tun, um Haut, Haar und Kleidung der Kundin zu schützen.
2. „Warum tragen Sie bei meinen Foliensträhnen den Blondierbrei nicht bis zum Ansatz auf? So sieht man ja gleich einen Ansatz!" Was antworten Sie?
3. Mit welchen Argumenten überzeugen Sie die Kundin davon, nach dem langen Blondiervorgang auch noch eine Haarkur einwirken zu lassen?
4. Eine Kundin hat die Haarfarbe Mittelblondnatur und wünscht sich die Farbe Hellbraunkupfer.
   a) Welche Arbeitsmaterialien stellen Sie zusammen?
   b) Stellen Sie einen Behandlungsplan auf, in dem Sie kurz beschreiben, in welchen Arbeitsschritten Sie vorgehen.

4.3 Kontrolle des Farbergebnisses und Fehlerkorrektur

Bei unerwünschten Farbergebnissen ermitteln Sie zunächst die Ursache, um Fehlerquellen in Zukunft zu vermeiden. Da oxidative Haarfarben haltbar sind, lassen sich Fehler oft nur schwer korrigieren. Häufig ist eine Korrekturbehandlung auch eine zusätzliche Belastung für Haare und Haut.

4.3.1 Fehlerursachen und Korrekturmöglichkeiten

Abweichung vom Farbziel	Mögliche Ursachen	Korrekturmöglichkeiten
ungleichmäßiges Farbergebnis	• Haarstruktur ungleichmäßig • erhebliche Rückstände von Haarspray und Silikonen • Farbbrei unzureichend vermischt • Haarpartien zu dick abgeteilt • ungleichmäßig abgeteilt • ungleichmäßig aufgetragen	Tönung, Neueinfärbung, alkalischer Farbabzug, saurer Farbabzug
zu dunkel	• Farbton zu dunkel gewählt, besonders bei feinem Haar • Wasserstoffperoxidkonzentration zu niedrig • poröse Haarstruktur	alkalischer Farbabzug, saurer Farbabzug
zu hell	• Farbton zu hell gewählt • Weißanteil nicht berücksichtigt • Wasserstoffperoxidkonzentration zu hoch • Einwirkzeit zu kurz	Neueinfärbung, Tönung
mangelhafte Deckkraft	• Weißanteil nicht berücksichtigt • Haarstärke nicht berücksichtigt (Haar zu dick, zu hart und glasig) • angerührten Farbbrei zu spät verarbeitet • Farbbrei zu früh vom Ansatz weg in die Längen und Spitzen gezogen • Einwirkzeit zu kurz	Tönung, Neueinfärbung
zu aschig	• poröse Haarstruktur in Längen und Spitzen • zu aschige Nuance gewählt • nicht vorpigmentiert	Tönung im Rotbereich
zu rötlich	• Weißanteil nicht berücksichtigt • zu rötliche Nuance	Mattieren durch Tönung
zu leuchtend	• Weißanteil nicht berücksichtigt • helle Ausgangshaarfarbe nicht berücksichtigt • zu kräftige Nuance gewählt	Tönung im Naturtonbereich
zu hell oder leuchtend am Ansatz 	• bei Neufärbungen die Ansätze gleich mit eingefärbt • bei Strähnen am Ansatz zu dick aufgetragen • Farbe ist aus den Strähnenfolien heraus auf den Ansatz gelaufen	Neueinfärbung der Ansätze
starke Anfärbung der Haut im Konturenbereich	• Farbe zu weit auf die Haut aufgetragen • Farbränder nicht rechtzeitig entfernt	Farbentferner für die Haut auf einen Wattepad geben, vorsichtig reiben

4.3.2 Entfärben künstlicher Haarfarben

Oxidativer Farbabzug = alkalischer Farbabzug	Reduktiver Farbabzug = saurer Farbabzug
Chemischer Vorgang: Das Haar wird im alkalischen Bereich aufgehellt durch oxidativen Abbau von künstlichen Farbstoffen und natürlichen Pigmenten.	**Chemischer Vorgang:** Das sauer eingestellte Präparat kann leicht in das Haar eindringen, weil die Schuppenschicht durch die alkalische Färbung bereits geöffnet ist. Künstliche Farbstoffe werden durch das Reduktionsmittel wieder in farblose Farbbildner zerlegt. (Umkehrung des oxidativen Farbstoffaufbaus)
Rezeptur **Blondierung**: Blondierpulver und Wasserstoffperoxid 6–9 % oder **Blondierwäsche** für geringfügige Aufhellungen 1 Messlöffel Blondierpulver oder Blondiergranulat + 30 – 60 ml Wasserstoffperoxid 6 % + 30 – 60 ml warmes Wasser + 5 – 15 ml Shampoo	**Rezeptur** Spezielle Präparate (2 Komponenten) in Pulverform oder flüssig werden nach Gebrauchsanweisung gemischt. 
Durchführung Die Blondierwäsche wie eine normale Haarwäsche durchführen, auf eine gute Verteilung des Blondiergemischs im Haar achten, bis zur gewünschten Aufhellung einwirken lassen, ausspülen und eine saure Nachbehandlung, z. B. eine Spülung, verwenden.	**Durchführung** Haare mit der Lösung spülen; bei kleineren Partien gezielt mit dem Pinsel auftragen, beobachten, abspülen. Sehr gründlich spülen. Verbleibende Farbbildner im Haar können durch Luftsauerstoff erneut zu Farbstoffen verbunden werden. Zur Kontrolle anschließend mit 1%iger H_2O_2-Lösung spülen, um zu prüfen, ob alle Farbbildner ausgespült wurden.

Vorteile	Nachteile	Vorteile	Nachteile
• ist immer vorrätig • kein Nachdunkeln • Aufhellung über den Naturton hinaus möglich • hellt auch „Altfärbungen" auf	• haarschädigend • saure Nachbehandlung notwendig • manchmal Neueinfärbung notwendig wegen der entstehenden Gelborangetöne	• haarschonend • entfärbt frische Färbungen ohne Rotstich • keine Neufärbung notwendig	• ungeeignet für „Altfärbungen" • nicht überall vorrätig • Farbe kann nachdunkeln • unangenehmer Geruch

Aufgaben

1. Nach der Färbung ist die neue Haarfarbe bei einer Kundin in den Längen ungleichmäßig dunkel. Welche Ursachen können dazu geführt haben?
2. Eine Kundin kommt zwei Tage nach der Farbbehandlung unglücklich in den Salon, sie kann sich nicht an die Farbe gewöhnen. Wie helfen Sie ihr?

5 Sonderfälle des Färbens und Blondierens

Eine stark ergraute Kundin wünscht sich ihre natürliche Haarfarbe zurück. Was können Sie anbieten?

5.1 Farbausgleich bei Farbverlust im Bereich der Längen und Spitzen

Sind Längen und Spitzen eines gefärbten Haares stärker porös, können Farbstoffe leichter ausgewaschen werden. Um ein gleichmäßiges Farbergebnis zu erzielen, sollten Sie deshalb vor der Farbbehandlung zum Ausgleich der Haarstruktur eine Vorbehandlung auf die porösen Bereiche auftragen und nicht ausspülen.

Häufig findet man bei dunkel oder braun gefärbtem längerem Haar einen grünlichen Schimmer in den geschädigten Längen und Spitzen. Dieser sollte durch Auftragen von Tönungspräparaten in der Gegenfarbe behoben werden (Vorpigmentieren mit Tönungspräparaten). Verwenden Sie möglichst Tönungspräparate der Gegenfarbe ohne Naturton, damit das Haar nicht dunkler wird. Anschließend gründlich ausspülen. Die Tönungspräparate werden nicht ausgespült, wenn im Anschluss bei einer Ansatzfärbung die Farbe wie gewohnt aufgetragen wird.

Keinesfalls sollten Sie die Längen erneut mit einer oxidativen und alkalischen Haarfarbe behandeln, weil Sie sonst die Strukturschäden und damit das Problem des Farbverlusts verstärken würden.

5.2 Farbausgleich beim Einfärben blondierter Haare

Bei der Einfärbung blondierter Haare besteht die Gefahr, dass die Längen und Spitzen grünlich (matt) bis aschig grau wirken. So können sich bei der Anwendung eines Naturtons die rötlichen Farbanteile aufgrund der hohen Porosität nicht im Haar verankern. Als Folge fehlt der warme Farbanteil.

Durch das **Vorpigmentieren** mit einem Tönungspräparat werden zusätzlich rötliche Farbanteile eingelagert. Dazu eignet sich „Goldblond" bei Blondtönen und „Kastanie" bei Brauntönen.
Nach fünf bis zehn Minuten Einwirkzeit wird dann das mit H_2O_2 gemischte Färbepräparat auf die vorpigmentierten Bereiche und die Ansätze aufgetragen.

5.3 Einfärben von weißem oder dickem und glasigem Haar

Bei diesen Haaren ist es schwierig, genug Farbstoffe im Haar zu verankern. Oft genügt es, die Einwirkzeit zu verlängern. Häufig sind darüber hinausgehende Maßnahmen notwendig.

Das **Vorpigmentieren** mit einer oxidativen Farbcreme ist empfehlenswert, wenn weiße oder glasige Haare konzentriert z. B. an der Stirnpartie und an den Schläfen auftreten.

In einem vorgeschalteten Arbeitsgang wird dazu Farbcreme aus der Farbtube auf die betreffenden Partien aufgetragen. Wählen Sie dazu eine Farbstufe heller und verdünnen Sie die Farbcreme 1:1 mit Wasser. So können bereits vor der nachfolgenden Färbung Farbbildner eingelagert werden.
Achtung: Bei Ansatzfärbungen nur den Ansatzbereich vorpigmentieren.

Nach 10 Minuten Einwirkzeit wird das gesamte Haar wie üblich mit dem aus Farbcreme und H_2O_2 angemischten Farbbrei eingefärbt, ohne die Vorpigmentierung vorher zu entfernen.

Die **Borstenmischung** sollten Sie anwenden, wenn das gesamte Haar schwer anfärbbar ist:
Dazu wird der H_2O_2-Anteil um die Hälfte verringert und zum Ausgleich die H_2O_2-Konzentration erhöht: Anstelle von 60 ml 6%igem H_2O_2 nur 30 ml 9%iges H_2O_2 verwenden. Diese Methode bewirkt eine stärkere Quellung des Haares, weil die verminderte H_2O_2-Menge die Alkalität des Färbepräparats weniger verringert. Außerdem wird die Konzentration der Farbbildner weniger herabgesetzt.

5.4 Dauerhafte Umformung und Färbung an einem Tag

Eine dauerhafte Umformung und eine Färbung sollten nicht am selben Tag durchgeführt werden. Die frisch oxidierten Farbstoffe werden durch das Reduktionsmittel der Wellflüssigkeit wieder abgebaut, das Haar verliert an Farbe.

Umgekehrt ist ein dauerhaft umgeformtes Haar durch die Behandlung mit Alkalien bereits angegriffen. Ein weiterer Kontakt mit einem quellenden, alkalisch wirkenden Farbpräparat setzt die Spannkraft und Elastizität des Haares herab, die umgeformten Haare verlieren an Sprungkraft und Haltbarkeit.

→ *vgl. Lernfeld 7, S. 246*
→ *vgl. Lernfeld 13, S. 496 f.*

Aufgaben

1. Nach dem Badeurlaub klagt eine Farbkundin über eine Veränderung ihrer Haarfarbe. Die Längen und Spitzen wirken leicht grünlich.
   a) Erklären Sie die Entstehung des Grünstichs.
   b) Wie können Sie die Haarfarbe dieser Kundin wiederherstellen?
2. Eine jüngere Kundin möchte ihre weißblonden Strähnen wieder in ihrer Naturfarbe Hellbraun einfärben lassen.
   Wie gehen Sie vor?
3. Bei einer älteren Kundin deckt die dunkelblonde Haarfarbe nicht.
   a) Woran kann das liegen?
   b) Wie können Sie die Deckkraft der Haarfarbe verstärken?
4. Eine Kundin kommt regelmäßig zur Färbung zu Ihnen. Diesmal wünscht sie nach der Farbbehandlung eine dauerhafte Umformung (Teilumformung) für mehr Volumen am Oberkopf.
   Beraten Sie die Kundin.

6 Besonderheiten in der Kundenberatung

Eine Woche nach der Haarfärbung kommt eine Kundin in den Salon zurück. Sie ist mit der neuen Haarfarbe nicht zufrieden. Wie reagieren Sie?

6.1 Umgang mit gefärbtem oder blondiertem Haar

Pflegepräparate für gefärbtes Haar

→ vgl. Lernfeld 3, S. 106 f.
→ vgl. Lernfeld 8, S. 318

Anders als bei den Tönungspräparaten kommt es durch das Quellen des Haares und den Oxidationsprozess bei oxidativen Farbveränderungen und besonders beim Blondieren zu einer Schädigung der Haarstruktur. Diese kann zwar nicht behoben, in ihren Auswirkungen jedoch gemildert werden. Besondere Reinigungs- und Pflegemaßnahmen sind nach diesen Behandlungen notwendig, um den Glanz und die Farbe im Haar zu erhalten. Weisen Sie Ihre Kundinnen darauf hin, dass gefärbtes oder blondiertes Haar besonders mild gereinigt, regelmäßig gepflegt und vorsichtig behandelt werden muss. Zusätzlich zu den allgemeinen Reinigungs- und Pflegehinweisen empfehlen Sie Pflegepräparate für farblich verändertes Haar.

Neben den Präparatempfehlungen geben Sie **Tipps für den Umgang mit farblich behandeltem Haar**. Alles was die Haarstruktur weiter schädigen könnte, sollte vermieden werden:

- Die Kundinnen sollten Föhnhitze und stärker alkoholhaltige Stylingpräparate vermeiden, um ihr Haar vor dem Austrocknen zu schützen.
- Die Haare sollten mit abgerundeten weitzahnigen Kämmen behandelt werden.
- Sonnenstrahlung sollte gemieden werden. Sie trocknet das Haar aus und führt zu einem vorzeitigen Verblassen der künstlichen Farbstoffe.

6.2 Farbberatung im Herrensalon

Farbveränderung beim Mann

Um Männer als Färbekunden zu gewinnen, sollten Sie besonders sensibel argumentieren. Männer wollen ihr graues Haar nicht gefärbt, sondern abgedeckt haben. Verwenden Sie daher im Gespräch mit diesen Kunden Begriffe wie Kaschieren oder Abdecken und vermeiden Sie die Begriffe Tönen oder Färben. Erklären Sie die einfache und schnelle Anwendung der speziellen Präparate, die mit der normalen Haarfärbung nicht zu vergleichen ist.
Zeigen Sie diesen Kunden, dass diese Präparate Teil einer speziell für den Mann erstellten Pflegeserie sind.
Weisen Sie Ihre Kunden darauf hin, dass mit diesen Farben zwar nicht exakt die eigene Naturhaarfarbe wiederhergestellt werden kann. Es lassen sich aber natürlich wirkende Asch- und Naturtöne erzielen.

Seit immer mehr Prominente ihre Haarfarben sichtbar verändern, ist es leichter, jüngeren und modisch interessierten Kunden aktiv eine farbliche Veränderung zu empfehlen. Dunkel abgetönte Konturen oder einige aufgehellte Spitzen eignen sich zur Betonung von Frisuren und zum Setzen kleiner, unauffälliger oder stärkerer Akzente.

6.3 Dokumentation

Notieren Sie genau die Rezeptur und die Besonderheiten des Arbeitsverfahrens beim Blondier- oder Färbevorgang auf einer Karteikarte oder am PC. Eine gut gelungene Farbe sollte immer wiederholt werden können. Kundinnen haben kein Verständnis, wenn sie bei der nächsten Färbung nicht mehr die gleiche Farbe bekommen. Ansatz und Spitzen müssen bei Nachfärbungen identisch sein. Ist ein Farbergebnis nicht dem Kundenwunsch entsprechend, kann nur mithilfe der genauen Dokumentation die Ursache ermittelt werden.

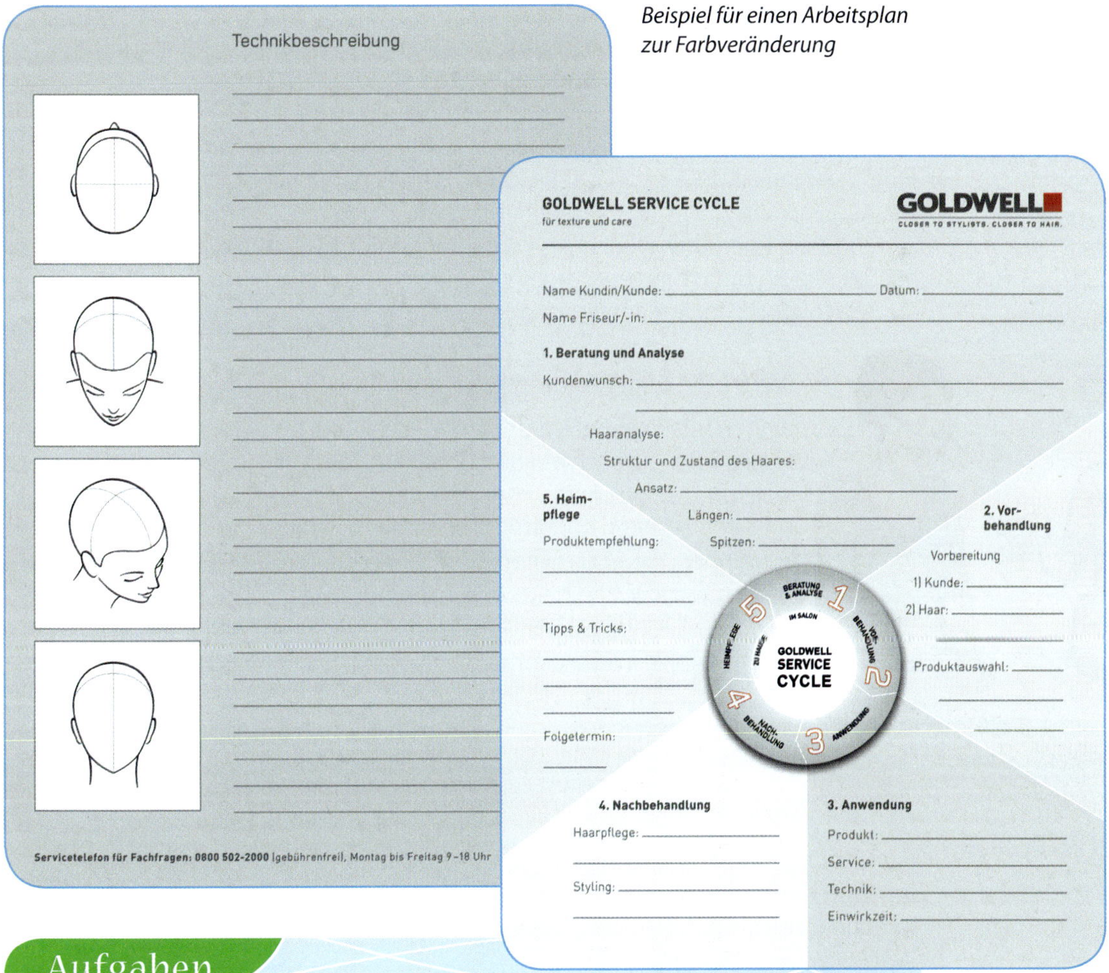

Technikbeschreibung

Serviceteleton für Fachfragen: 0800 502-2000 (gebührenfrei), Montag bis Freitag 9–18 Uhr

GOLDWELL SERVICE CYCLE
für texture und care

GOLDWELL
CLOSER TO STYLISTS. CLOSER TO HAIR.

Name Kundin/Kunde: ______ Datum: ______
Name Friseur/-in: ______

1. Beratung und Analyse
Kundenwunsch: ______

Haaranalyse:
Struktur und Zustand des Haares:
Ansatz: ______
Längen: ______
Spitzen: ______

5. Heimpflege
Produktempfehlung: ______
Tipps & Tricks: ______
Folgetermin: ______

2. Vorbehandlung
Vorbereitung
1) Kunde: ______
2) Haar: ______
Produktauswahl: ______

4. Nachbehandlung
Haarpflege: ______
Styling: ______

3. Anwendung
Produkt: ______
Service: ______
Technik: ______
Einwirkzeit: ______

Beispiel für einen Arbeitsplan zur Farbveränderung

Aufgaben

1. Eine Kundin möchte sich vor dem Urlaub blonde Strähnchen machen lassen. Wie beraten Sie diese Kundin?
2. „Gestern habe ich in einer Werbung gesehen, dass es Färbepräparate gibt, die meine Naturhaarfarbe wiederherstellen können. Die würde ich gerne ausprobieren, was meinen Sie?", fragt ein Stammkunde, der sich schon länger über sein zunehmend ergrautes Haar ärgert. Was raten Sie?
3. Bei oxidativen Farbveränderungen ist die genaue Dokumentation besonders wichtig. Begründen Sie diese Aussage.

6.4 Umgang mit Reklamationen

→ *vgl. Lernfeld 2, S. 71*

Nicht immer können Sie Kundinnen zufriedenstellen. Wenn eine Kundin eine Dienstleistung oder ein Präparat bei Ihnen reklamiert, dann gibt sie Ihnen eine zweite Chance. Nutzen Sie diese. Die unzufriedene Kundin, die nicht wiederkommt, haben Sie für immer verloren. Vermutlich sorgt sie sogar für Negativwerbung.

Berechtigte und unberechtigte Reklamationen

Mangelhafte Ware oder fehlerhaft ausgeführte Dienstleistungen sind Gründe für berechtigte Reklamationen im Friseursalon, die meist wie folgt geregelt werden:

- Die Kundin kann auf **Nachbesserung** bestehen, z. B. auf einem Nachschnitt.
- Fehlerhafte Waren werden **umgetauscht** oder
- der Kaufpreis wird erstattet **(Rücktritt vom Kaufvertrag)**.
- Ist kein Umtausch möglich, wird der Kaufpreis ggf. **gemindert** (verringert).
- Bei Schäden an der Person/der Kleidung kann **Schadensersatz** verlangt werden.

Die Kundin kann durch falsches Verhalten dazu beigetragen haben, dass die Dienstleistung beanstandet wird. Können Friseurin und Kundin sich nicht einigen, kann die Kundin sich an die Handwerkskammer wenden. Dort prüfen unabhängige Fachleute die Berechtigung der Reklamation. So weit sollte es aber nicht kommen.

Reklamationsgespräch

Verhalten bei Reklamationen

Kundinnen mit einer Reklamation sind meist sehr aufgebracht. Sie sollten also vor allem Ruhe bewahren und bedenken, dass die Kundin ihrem Ärger erst mal Luft machen muss. Bitten Sie die Kundin zu einem ruhigen Platz abseits von anderen Kundinnen und führen Sie dort das Gespräch.

Kundinnen, die reklamieren, sind vor allem an einer Lösung des Problems interessiert, nicht an der Suche nach der Ursache. Versuchen Sie deshalb, sich in die Kundin hineinzuversetzen und die Beschwerde nicht persönlich zu nehmen. Helfen Sie der Kundin bei der Lösung ihres Problems.

→ *vgl. Lernfeld 2, S. 69*

Achten Sie auf eine positive Ausstrahlung durch eine offene Körperhaltung. Stellen Sie Augenkontakt mit der Kundin her. Lassen Sie sie ausreden, widersprechen Sie ihr nicht, belehren Sie sie nicht. Wenden Sie die Technik des **aktiven Zuhörens** an. Die Kundin fühlt sich so ernst genommen und verstanden. Auch bei unberechtigten Reklamationen sollten Sie die Chance nutzen, die Kundin zu überzeugen.

Um eine Kundin nicht zu verlieren, sollten Sie Reklamationen mit der Chefin absprechen. Nur sie kann entscheiden, wie im Einzelfall vorzugehen ist.

Aufgaben

1. Welche Reklamationen haben Sie erlebt, privat oder im Betrieb?
2. Warum sollte das Reklamationsgespräch unbedingt in einem von anderen Kundinnen nicht einsehbaren Raum stattfinden?
3. Eine Kundin klagt: „Letzte Woche war ich zur Färbung bei Ihnen. Heute ist die Farbe schon viel blasser. Da haben Sie wohl etwas falsch gemacht!" Wie würden Sie auf diese Reklamation eingehen? Schreiben Sie einen möglichen Dialog, der mit einer Lösung des Problems endet.

Rechenaufgaben

Mischungsrechnen

In Mischungsverhältnissen steht links das Konzentrat und rechts das Verdünnungsmittel. Beachten Sie aber bei Haarfarben immer die Angaben des Herstellers. Bei einigen wird links die Menge der Farbcreme und rechts des Wasserstoffperoxids angegeben, bei anderen ist es genau anders herum.
In den folgenden Aufgaben finden Sie links im Mischungsverhältnis die Angabe zum Konzentrat oder zur Menge der Farbcreme, rechts das Verdünnungsmittel oder das Wasserstoffperoxid.

Berechnen des Mischungsverhältnisses

Beispiel:

In einem Salon wird nur 12 %iges H_2O_2 eingekauft und je nach Bedarf mit Wasser verdünnt. Für eine Hellerfärbung wird 9 %ige H_2O_2-Lösung benötigt. In welchem Mischungsverhältnis müssen Sie mit Wasser (0 %) mischen?

Mischungskreuz:

Das Mischungsverhältnis beträgt 9:3, gekürzt 3:1.

❶ In welchem Mischungsverhältnis sind 18 %iges H_2O_2 und Wasser zu mischen, um eine 4 %ige H_2O_2-Lösung zu erhalten?

❷ Für eine Intensivtönung wird
a) 3 %iges b) 1,9 %iges H_2O_2 benötigt.
In welchem Mischungsverhältnis muss 12 %iges H_2O_2 jeweils mit Wasser verdünnt werden?

❸ 70 %iger Alkohol soll mit Wasser zu einer 5 %igen Lösung verdünnt werden. Welches Mischungsverhältnis errechnen Sie?

❹ Für eine Kontrollspülung nach dem sauren Farbabzug soll eine 1,5 %ige H_2O_2-Lösung hergestellt werden. In welchem Verhältnis mischen Sie 9%iges H_2O_2 mit Wasser?

Berechnung der Konzentrats- und der Verdünnungsmengen

Beispiel:

Vor der Anwendung muss eine Tonspülung 1:5 mit Wasser verdünnt werden. Insgesamt werden 200 ml Tonspülungslösung benötigt. Wie viel ml Tonspülung und wie viel ml Wasser benötigen Sie?

Mischungsverhältnis 1:5 bedeutet:

1 Teil Tonspülung (Konzentrat) **+** 5 Teile Wasser (Verdünnungsmittel) **=** 6 Teile Tonspülungslösung

6 Teile Tonspülungslösung = 200 ml

$1\text{ Teil} = \frac{200\text{ ml}}{6} = 33{,}3\text{ ml Tonspülung (Konzentrat)}$

$5\text{ Teile} = \frac{200\text{ ml} \cdot 5}{6} = 166{,}7\text{ ml Wasser (Verdünnungsmittel)}$

Sie benötigen 33,3 ml Tonspülung und 166,7 ml Wasser für 200 ml Lösung.

❺ Für eine Ansatzhaarwäsche muss das Shampoo 1:9 mit Wasser verdünnt werden. Sie benötigen 100 ml Shampoolösung. Welche Mengen Shampoo und Wasser setzen Sie ein?

❻ Für eine Fixierung benötigen Sie 120 ml Fixierlösung. Wie viel ml Fixiermittelkonzentrat sind mit wie viel ml Wasser zu mischen, wenn das Mischungsverhältnis 1:3 betragen soll?

❼ Sie benötigen 50 ml 1,9 %ige H_2O_2-Lösung für eine Intensivtönung. Sie haben aber nur 6 %iges H_2O_2. Berechnen Sie das Mischungsverhältnis und die erforderlichen Mengenanteile.

❽ Um zwei Farbtiefen dunkler zu färben, benötigen Sie 60 ml 3%iges H_2O_2. Die Chefin bittet Sie, dieses aus 12%igem und 2%igem H_2O_2 zu mischen. Wie viel ist jeweils zu nehmen?

Rechnen mit Formeln

Mit Formeln können Sie alle erforderlichen Mengen und Konzentrationen schnell berechnen.

Konzentratstärke **KS** (Einheit: %)

$$KS = \frac{LS \cdot LM}{KM}$$

Konzentratmenge **KM** (Einheit: meist ml, l, mg, g)

$$KM = \frac{LS \cdot LM}{KS}$$

Lösungsstärke **LS** (Einheit: %)

$$LS = \frac{KS \cdot KM}{LM}$$

Lösungsmenge **LM** (Einheit: meist ml, l, mg, g)

$$LM = \frac{KS \cdot KM}{LS}$$

Beispiel:

Welche H_2O_2-Konzentration benötigen Sie, wenn Sie aus 50 ml Farbcreme und H_2O_2 150 ml Farbbrei mit einer Stärke von 4 % mischen wollen?

KS = ?
KM = 150 ml – 50 ml Farbcreme = 100 ml
LS = 4 %
LM = 150 ml

$$KS = \frac{LS \cdot LM}{KM} = \frac{4\,\% \cdot 150}{100} = 6\,\%$$

Sie benötigen 6 %iges Wasserstoffperoxid.

9. Für eine Färbung werden 120 ml eines 6%igen Farbbreis benötigt. Mit welcher H_2O_2-Konzentration mischen Sie die 90 ml Farbcreme an?
10. Wie stark ist ein Blondierbrei, der aus 60 ml 9%igem H_2O_2 und 80 ml Blondiercreme gemischt wurde?
11. Sie wollen 120 ml Farbbrei anmischen. Der gebrauchsfertige Farbbrei soll eine Konzentration von 3 % haben. Welches H_2O_2-Konzentrat wählen Sie, wenn Sie mit 40 ml Farbe mischen?
12. Sie mischen 60 ml Farbcreme mit 100 ml 6 %igem H_2O_2. Wie hoch ist die H_2O_2-Konzentration im fertigen Farbbrei?
13. Für einen Blondierbrei für Kammsträhnen benötigen Sie 90 ml 12 %iges H_2O_2. Wie viel 18 %iges H_2O_2 müssen Sie dafür mit Wasser verdünnen?
14. Für einen Farbbrei mischen Sie eine Tube Farbe (80 ml) mit 120 ml 6 %igem H_2O_2. Wie stark ist der entstandene Farbbrei?

Aus 12 %igem H_2O_2 sollen durch Verdünnen mit Wasser 120 ml einer 4 %igen Lösung entstehen. In welchem Mischungsverhältnis ist zu mischen? Wie viel 12 %iges H_2O_2 und wie viel Wasser müssen Sie mischen?

Komplexe Aufgaben

1. Eine ältere Kundin hat mittelbraunes Naturhaar und ergraut zunehmend. Sie wünscht eine Abdeckung ihres Weißanteils, der inzwischen bei 40 % liegt.
   Entwickeln Sie einen Behandlungsplan, der
   - das Färbepräparat,
   - eine genaue Rezeptur,
   - eine Beschreibung der Auftragetechnik,
   - eine ungefähre Einwirkzeit und
   - eventuell Vor- und Nachbehandlung enthält.
2. Eine Freundin, Auszubildende in einer Boutique, möchte eine neue Frisur und eine neue Haarfarbe, am besten zwei verschiedene Farben. Sie trägt Kleidung in den aktuellen Modefarben, am häufigsten Pastelltöne. Sie ist überwiegend dem Sommertyp zuzuordnen. Zurzeit hat sie einheitlich gefärbtes Haar in Dunkelblond. Schreiben Sie ein mögliches Beratungsgespräch von der Ermittlung des Kundenwunsches bis zur gemeinsamen Entscheidung für eine Vorgehensweise auf.

   In welchen Schritten gehen Sie anschließend bei der Behandlung vor? Notieren Sie alle Angaben zum Behandlungsplan.

English – Hair colouring

Use the colour chart to find out your clients natural hair colour. Look at the colour chart to find out more about the clients wishes.

colour tone →

colour level ↓

		ash	natural	golden	copper	red	violet
10	lightest blonde						
9	very light blonde						
8	light blonde						
7	medium blonde						
6	dark blonde						
5	light brown						
4	medium brown						
3	dark brown						
2	black						

Colouring techniques

One colour: The same colour is applied to all of the hair. You can make a first time app. or a retouch app.
More than one colour: More colours enhance and accenturate a clients hair colour and style.
Some techniques are: weaving highlights, cap technique or use of a brush or comb to apply colour.

Exercises

1. List the natural hair colours from the chart above in your folder and translate. The chart on page 298 may help you.

2. Which hair colours match which colour type? Make a list of 5 hair colours for each colour type.
   a) light warm type b) warm dark type c) light cool type d) dark cool type

3. Choose the right hair colour and colouring technique for the two clients below. Your conversation should be something like: "This colour (these colours) will (not) suit you well/will (not) enhance your colour type." "This colour (these colours, this effect) can be achieved by (weaving, single process colour…)" "This service will take about … minutes." "This treatment will cost … " Give a recommendation.

(A)

Light cool type

"I want to have a darker colour. A red tone, maybe. And please, no streaks. I like it all the same colour!"

(B)

Light warm type

"A summer blonde, that would be wonderful. I want to look as if I was on holiday. Is that possible?"

Vocabulary

colour chart	Farbkarte	first time application	Erstfärbung	cap technique	Haubensträhnen
colour level	Farbtiefe			colour type	Farbtyp
colour tone	Farbrichtung	weaving highlights	Websträhnen	colouring technique	Färbetechnik
retouch application	Ansatzfärbung				

Lernfeld 10 Hände und Nägel pflegen und gestalten

Sie führen eine Maniküre mit Hand- und Armmassage durch.

„In meinem Beruf müssen die Hände gepflegt aussehen, aber meine Fingernägel sind so brüchig. Was kann ich dagegen tun?“

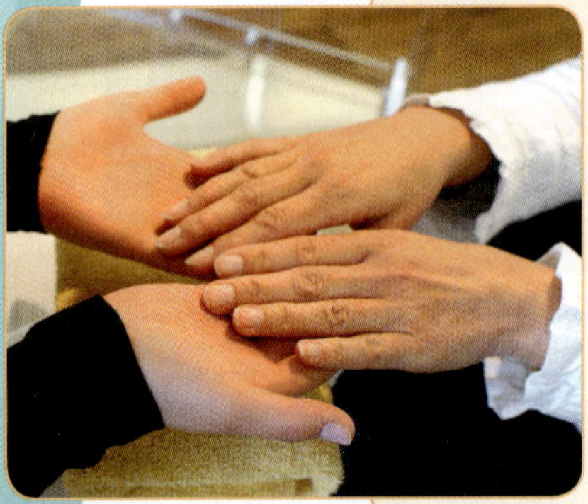

Informieren

- Welchen Manikürewunsch hat die Kundin?
- In welchem Zustand befinden sich die Nägel?
- Liegen Nagelanomalien vor?
- Wie ist der Hautzustand, gibt es evtl. Hautveränderungen an den Händen?
- Welche Hand-, Finger- und Nagelform hat die Kundin?
- Hat die Kundin Allergien oder Krankheiten, von denen ich wissen muss?
- Wie sind Farbtyp und Stil der Kundin?

Planen

- Welche Nagelform und -länge entspricht dem Kundenwunsch sowie der Hand-, Finger- und Nagelform der Kundin?
- Welche Behandlung und welche Präparate kann ich für die brüchigen Nägel anbieten?
- Welcher Nagellack und welche Lackiertechnik sind geeignet?
- Welche Arbeitsmittel benötige ich?

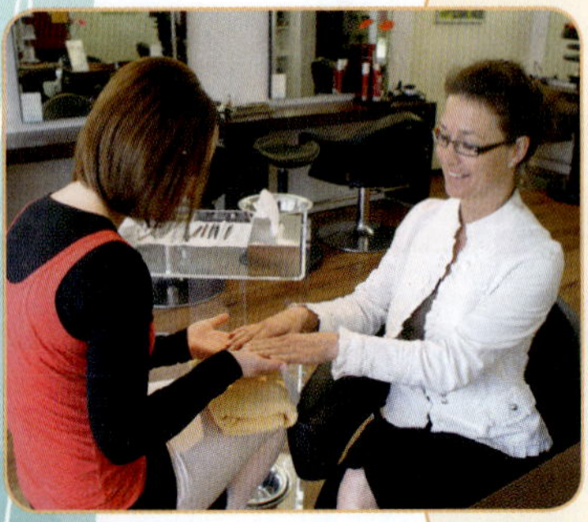

Entscheiden

- Ich stelle der Kundin mein Behandlungskonzept zur Maniküre vor.
- Ich begründe meinen Gestaltungsvorschlag und die Präparateauswahl.
- Ich nenne Dauer und Kosten der Maniküre.
- Ich informiere die Kundin über Möglichkeiten der Nagelverlängerung bei brüchigen Nägeln.
- Ich berate die Kundin, bis sie sich für eine Behandlung entscheidet.

Bewerten

- Ist die Kundin zufrieden mit der Behandlung und dem Aussehen der Nägel?
- Konnte die Kundin die Hand- und Armmassage genießen?
- Bin ich zufrieden mit meiner Arbeit?
- Wodurch kann ich den Zustand der Nägel zusätzlich verbessern?

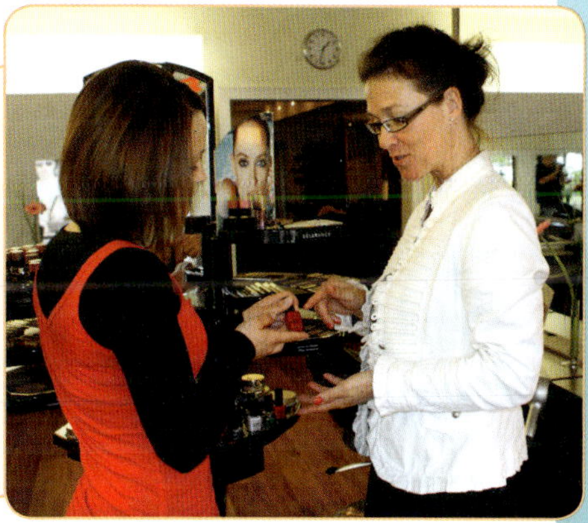

Kontrollieren

- Habe ich mit der Maniküre das geplante Aussehen der Nägel erreicht?
- Ist eine Korrektur der Form oder der Lackierung erforderlich?

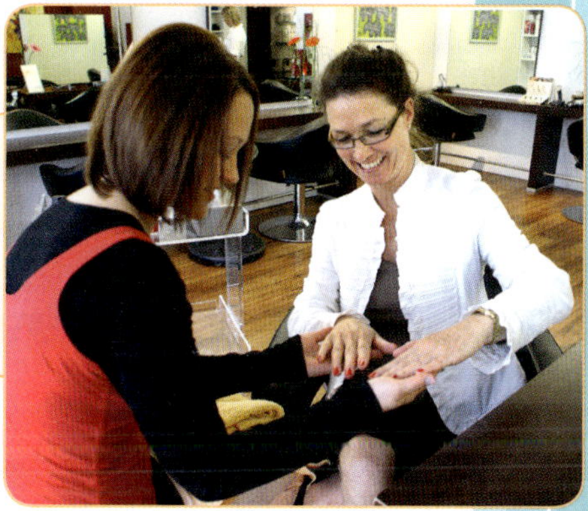

Ausführen

- Ich richte meinen Arbeitsplatz ein.
- Ich führe die Maniküre mit den vorgesehenen Präparaten durch.
- Ich massiere Hände und Arme der Kundin.
- Ich gestalte die Nägel nach ästhetischen Gesichtspunkten.
- Ich empfehle der Kundin Präparate für die Nagelpflege und -gestaltung zu Hause.

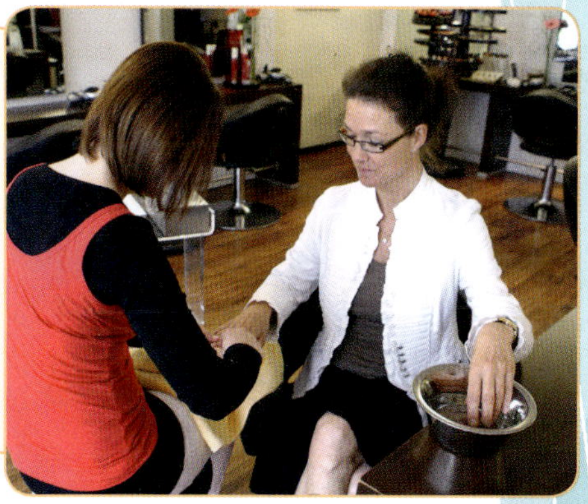

1 Individuelle Kundengegebenheiten

Eine Kundin ist zur Maniküre angemeldet. Vor Beginn der Behandlung beurteilen Sie die Hände und Nägel gründlich. Worauf müssen Sie achten?

Gepflegte Hände

Schöne Fingernägel und gepflegte Hände sind ein „Aushängeschild" für den Menschen.
Insbesondere Frauen lassen sich ihre Nägel verschönern. Sie sind bereit, viel Zeit und Geld zu investieren für eine Maniküre, also die Pflege und Behandlung der Hände.
In einem ausführlichen Gespräch ermitteln Sie den Kundenwunsch, den Pflegezustand und die anatomischen Gegebenheiten, also Aufbau und Form, der Hände. Die Ergebnisse halten Sie in einem Beurteilungsbogen fest.

1.1 Kundenwunsch

Die Hände sind vielen Einflüssen ausgesetzt, z.B. Kälte, Wärme, Wasser und Reinigungsmitteln. Deshalb wünschen Kundinnen je nach Zustand eine individuelle Behandlung und Pflege. Durch den Einsatz von Pflegepräparaten wie Handcreme, Handpackung und Handpeeling besteht die Möglichkeit, den Hautzustand der Hände deutlich zu verbessern. Eine Hand- und Armmassage unterstützt die Wirkung der Präparate und wird meist als Genuss empfunden.
Neben den pflegerischen Maßnahmen wünschen Kundinnen, dass mit dem Formen und Lackieren der Nägel die Hand- und Fingerform optisch beeinflusst wird.

1.2 Fingernägel

1.2.1 Funktion, Aufbau und Wachstum der Nägel

Die Fingernägel, ein Anhangsgebilde der Haut, schützen die Finger vor äußeren Einflüssen und ermöglichen die Handhabung von feinen Gegenständen.
Die Nägel bestehen fast ausschließlich aus Keratin. Das Keratin wird von Zellen gebildet, die sich ständig teilen. Die verhornten Zellen liegen in mehreren Lagen dachziegelartig übereinander.

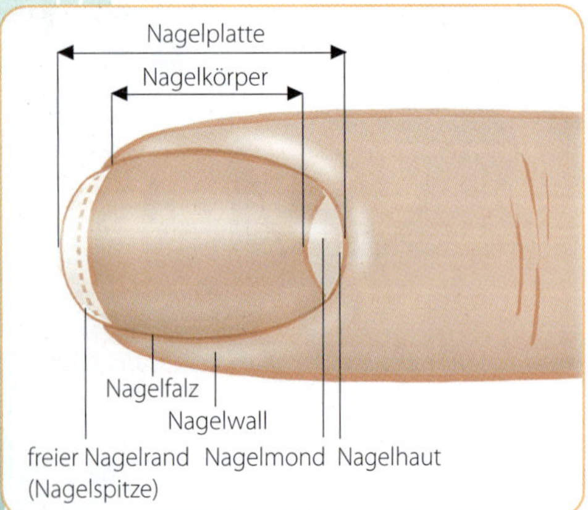

Sichtbare Bestandteile des Nagels

Der Nagel ist transparent und 0,3 mm bis 1 mm dick. Versorgt werden die Zellen von feinsten Blutgefäßen, die ihnen auch die rosa Farbe verleihen. Ein Nagel wächst in der Woche ca. 0,5 mm bis 1,2 mm.

Sichtbare Bestandteile des Nagels:

- Nagelkörper (rosa)
- freier Nagelrand (weiß), der nicht mit dem Nagelbett verbunden ist
- Nagelmond (Lunula, weiß)
- Nagelhaut (Cuticula), bedeckt einen Teil des Nagelmondes
- Nagelwall, umrahmt die Nagelplatte
- Nagelfalz, die Furche zwischen sichtbarer Nagelplatte und Nagelwall

Nicht sichtbare Bestandteile des Nagels:

- Nagelwurzel (ca. 5 mm), bildet sich aus der Nagelmatrix
- Nagelmatrix, liegt unter der Nagelwurzel, hier teilen sich die Zellen und werden während des Verhornungsprozesses von hinten nach vorne geschoben
- Nagelbett, besteht aus nervenreichem Gewebe, von kleinsten Blutgefäßen durchzogen, mit der Nagelplatte verbunden

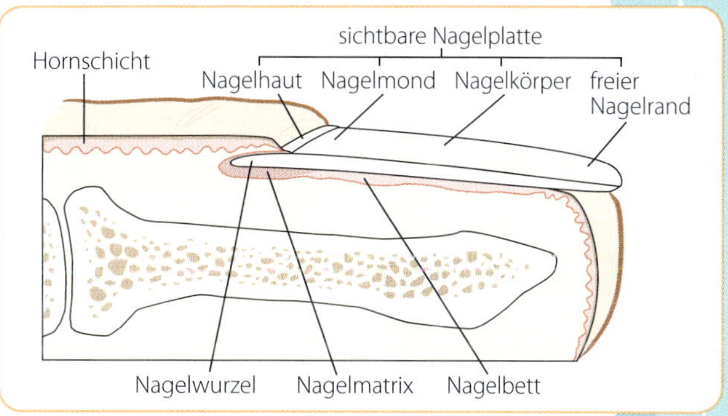

Aufbau des Nagels

Aufgabe

Erklären Sie einer Mitschülerin mit eigenen Worten den Aufbau des Nagels.

1.2.2 Form der Nägel

So wie die Hand- und Fingerform kann auch die Nagelform variieren. → vgl. S. 378

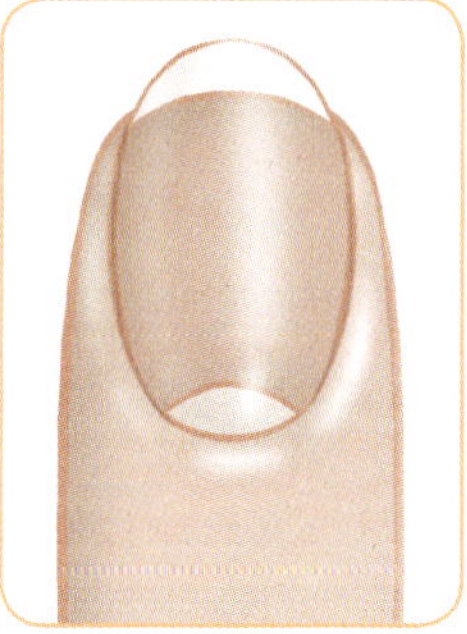
Ovaler Nagel

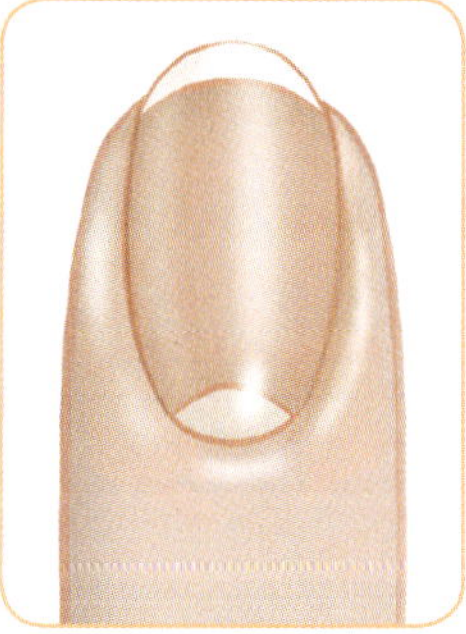
Schmaler Nagel

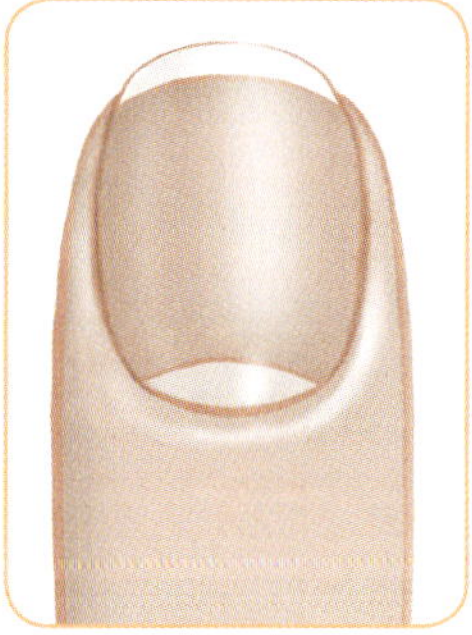
Breiter Nagel

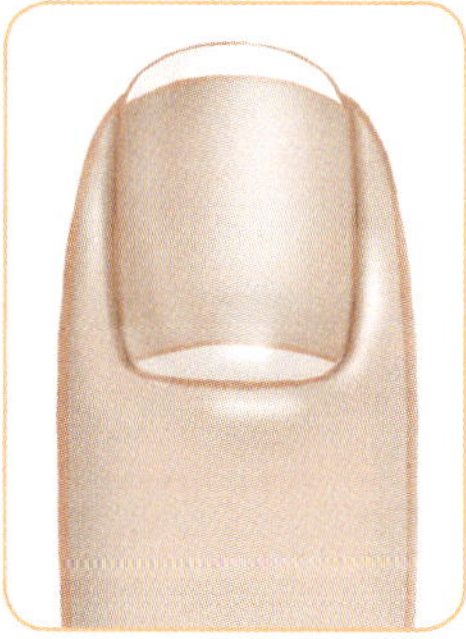
Eckiger Nagel

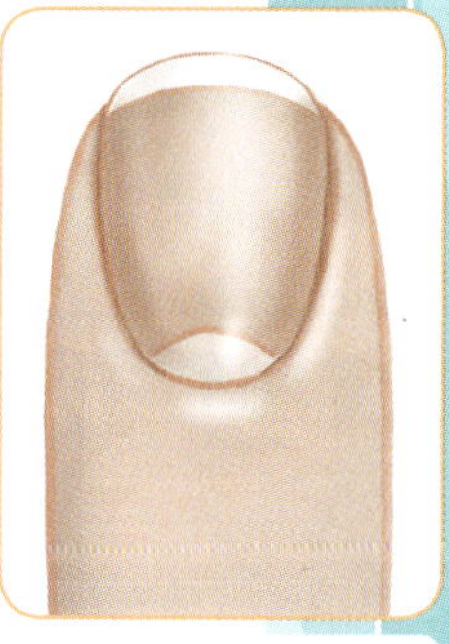
Trapezförmiger Nagel

1.2.3 Anomalien der Nägel

Bei allen Nagelveränderungen, also Nagelanomalien, sollte dermatologisch (hautärztlich) beurteilt werden, ob sie Folge einer inneren Erkrankung oder äußerer Einflüsse sind. Bei einigen Veränderungen wie z. B. einer Pilzerkrankung darf keine Maniküre durchgeführt werden; bei anderen ist neben der klassischen Maniküre eine Nagelmodellage hilfreich, also die Nagelverstärkung oder künstliche Nägel. → vgl. Lernfeld 13, S. 488 f.

Aussehen, Ursachen und Behandlung von Nagelanomalien

Entzündliche Veränderungen von Nagelbett oder Nagelfalz	Aussehen	Mögliche Ursachen	Behandlungsmöglichkeiten durch Maniküre
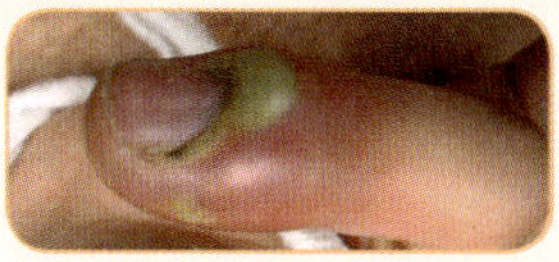	Schwellung, Rötung	eingewachsener Nagel, Infektion, Veranlagung, nicht fachgerecht durchgeführte Maniküre	hier ist eine ärztliche Behandlung erforderlich

Aussehen, Ursachen und Behandlung von Nagelanomalien

Strukturveränderungen der Nägel	Aussehen	Mögliche Ursachen	Behandlungsmöglichkeiten durch Maniküre
Längsrillen 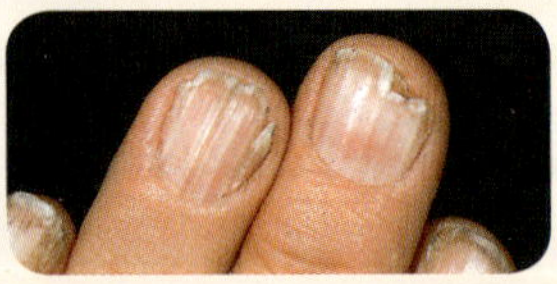	Rillen auf der Nagelplatte in Längsrichtung	Ernährungsstörungen, schlechte Darm- oder Magenfunktion, Entzündungen im Körper, bei Rheuma, Flüssigkeitsmangel, altersbedingt	Rillenfüller, vorsichtiges Glätten mit einer Polierfeile, Nagelmodellage
Querrillen 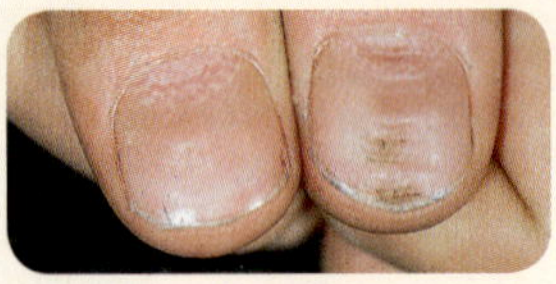	Rillen auf der Nagelplatte in Querrichtung	Infektionskrankheiten, Vergiftungen, Verletzungen der Nagelmatrix, Begleiterscheinungen von Hauterkrankungen	Rillenfüller, vorsichtiges Glätten mit einer Polierfeile, Nagelmodellage
Brüchige und/oder gesplitterte Nägel 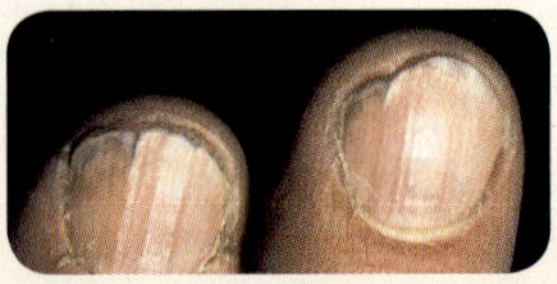	Nagelplatte ist am freien Rand eingerissen und blättert leicht ab	Vitamin- und Eisenmangel, Hormon- oder Stoffwechselstörung, Waschmittel (auch Shampoos), Chemikalien, kalte, trockene Luft, acetonhaltiger Nagellackentferner	Nagelhärter, vorsichtiges Glätten mit einer Polierfeile, Nagelpflegepräparate, acetonfreier Nagellackentferner, Tragen von Handschuhen bei der Arbeit und im Winter
Uhrglasnägel 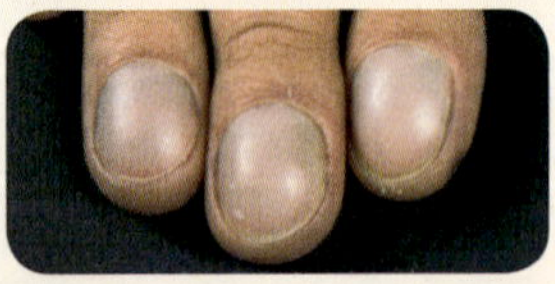	uhrglasförmig (konvex) gewölbte Nagelplatte, bläulich verfärbtes Nagelbett, oft verdickte Fingerenden	Lungenerkrankungen	hier ist eine ärztliche Behandlung erforderlich
Hohlnägel (Löffelnägel) 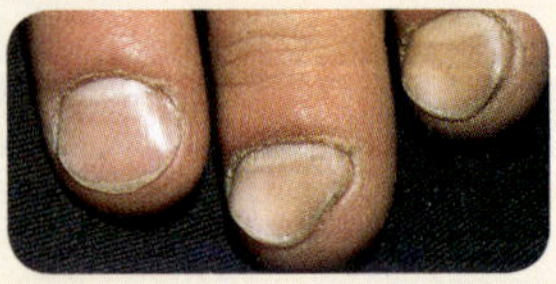	in der Mitte eingedellte (konkav gebogene) Nagelplatte, dünn, brüchig	Durchblutungs-, Hormon- oder Stoffwechselstörungen, Eisenmangel, altersbedingt	Nagelhärter, Nagelöl, Nagelmodellage ist möglich, die Gefahr eines „Liftings", eines Ablösens des künstlichen Nagels, aber sehr groß
Ablösen der Nagelplatte (Onycholysis) 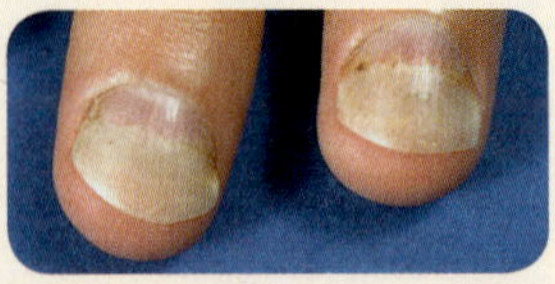	Nagelplatte löst sich vom Nagelbett	Pilzerkrankungen, Schuppenflechte, Durchblutungsstörungen, Tenside, Alkalien	hier ist eine ärztliche Behandlung erforderlich
Tüpfelnägel 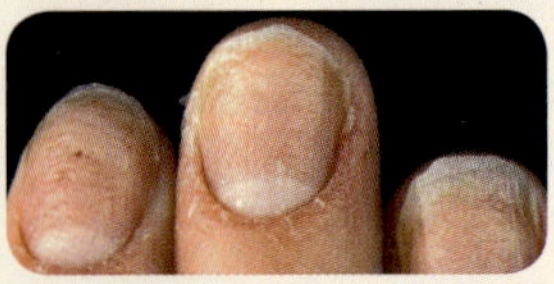	kleine Dellen in der Nagelplatte	Schuppenflechte, Wachstumsstörungen, Medikamente	Rillenfüller, vorsichtiges Glätten mit einer Polierfeile, Nagelmodellage

Aussehen, Ursachen und Behandlung von Nagelanomalien			
Farbveränderungen der Nägel	**Aussehen**	**Mögliche Ursachen**	**Behandlungsmöglichkeiten durch Maniküre**
Weißfärbung 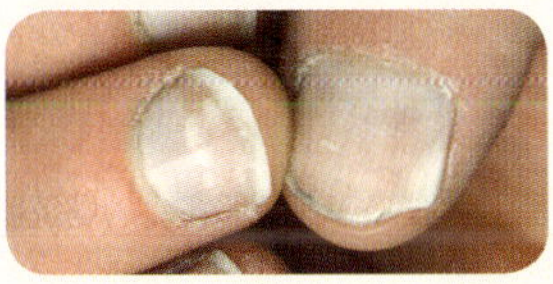	Weißfärbung in Form von Punkten oder Streifen	Verletzung der Nagelmatrix beim Zurückschieben der Nagelhaut, Umstellung der Hormone in der Pubertät oder in den Wechseljahren, schwere Krankheit, z. B. Leberzirrhose	vorsichtiges Zurückschieben der Nagelhaut, Auftragen von Farblack, Nagelmodellage
Grünfärbung 	Verfärbung kann sich über die ganze Nagelplatte ausbreiten	bakterielle Infektion, Schimmelpilz	hier ist eine ärztliche Behandlung erforderlich
Braunschwarzfärbung 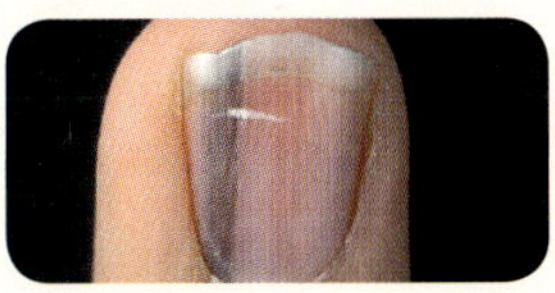 *Unterhalb der Nagelplatte liegendes Muttermal*	Form und Größe richten sich nach der Ursache	Melanineinlagerungen, bösartiger Hauttumor, Bluterguss	hier ist eine ärztliche Behandlung erforderlich, bei harmloser Ursache Farblack auftragen, Nagelmodellage

Aufgabe

Nennen Sie drei Gründe, warum es notwendig ist, Nagelveränderungen ärztlich untersuchen zu lassen.

1.3 Hand und Arm

Um eine fachgerechte Hand- und Armmassage durchführen zu können, ist es hilfreich, dass Sie sich Kenntnisse über den Aufbau und die Funktion von Hand und Arm aneignen.

1.3.1 Funktion und Aufbau von Hand und Arm

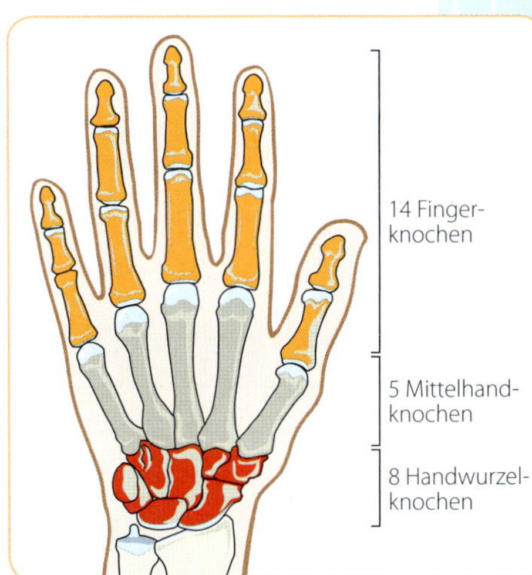

Knochen der Hand

Die Hand kann schwere Gewichte festhalten und außerdem kleinste Bewegungen genau ausführen. 27 Knochen und über 30 Muskeln sorgen für diese vielseitigen Bewegungen.
Die Beuge- und Streckmuskeln ermöglichen die Beweglichkeit der Hand und der Finger. Die Beugemuskeln setzen nahe am Ellenbogen an. Sie sind über lange Sehnen mit Teilen der Hand verbunden. Die Streckmuskeln liegen hauptsächlich an der Oberseite des Unterarms. Für die Beweglichkeit des Daumens sind vier Unterarmmuskeln und vier Handmuskeln zuständig.

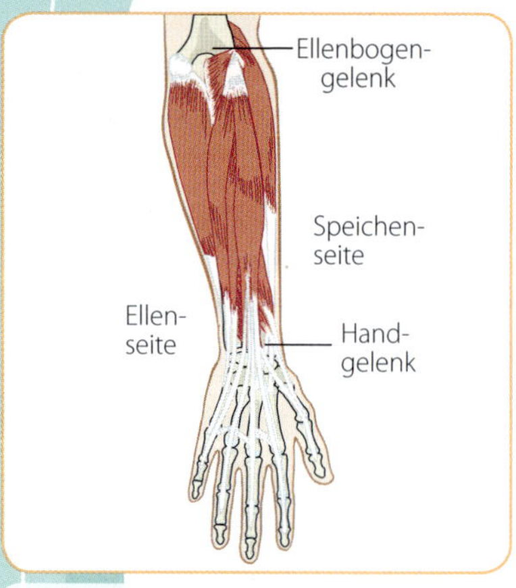

Muskeln und Knochen des Unterarms

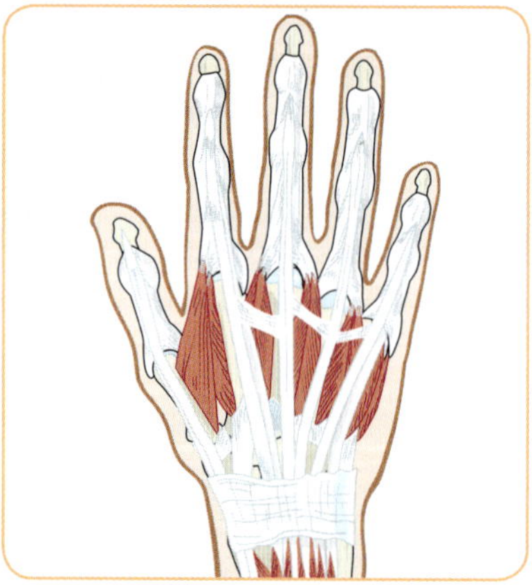

Muskeln des Handrückens

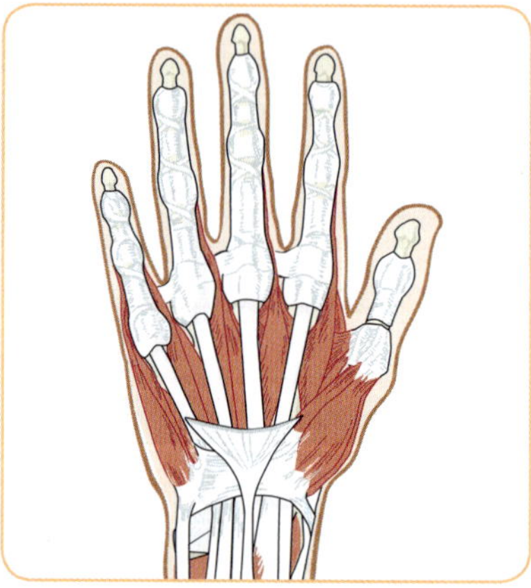

Muskeln der Handinnenfläche

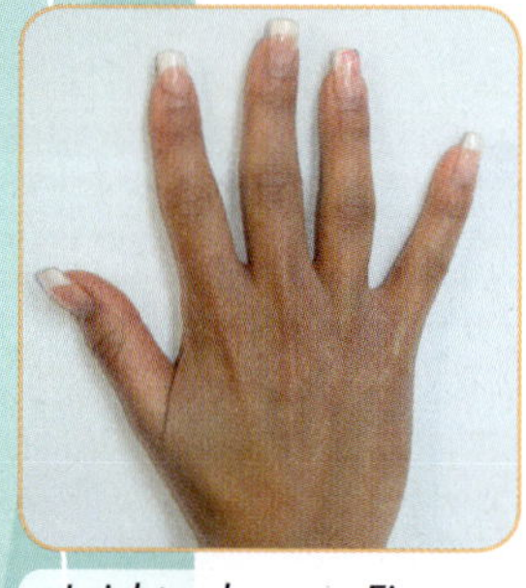

Leicht gebogene Finger

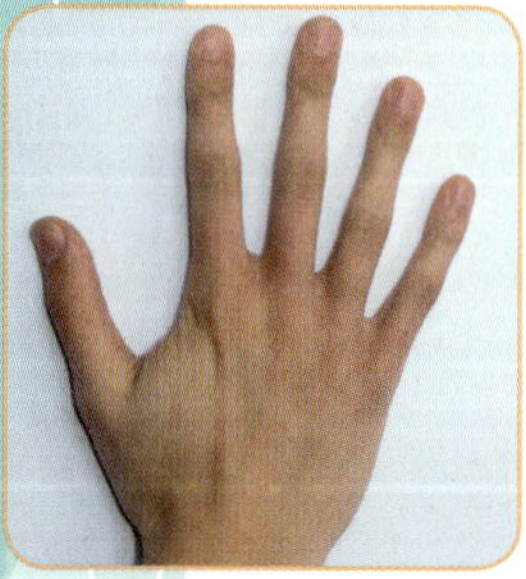

Schmale Hand und Finger

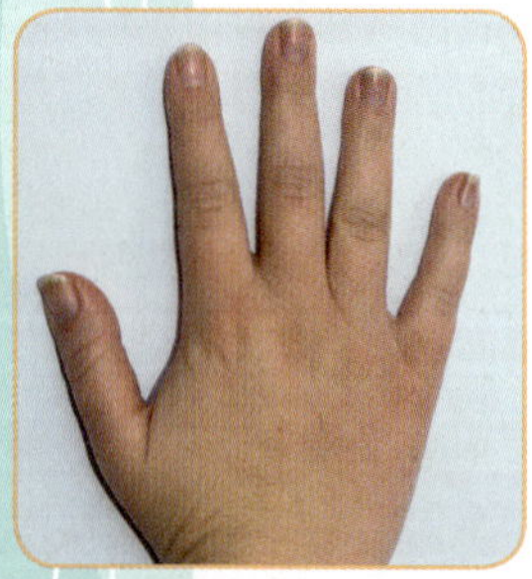

Breite Hand und Finger

➜ *vgl. Tabelle S. 375 ff.*

Aufgabe

Erklären Sie einer Mitschülerin mit eigenen Worten den Aufbau der Hand.

1.3.2 Form der Hand und der Finger

Jede Hand hat ihre charakteristische Form, z.B. breit mit kurzen, kräftigen Fingern oder schmal mit langen Fingern. Finger können gerade oder leicht gebogen sein.

1.3.3 Hautzustand und Hautveränderungen an den Händen

Der aktuelle **Zustand der Haut** entscheidet darüber, welche Präparate Sie z.B. bei einer Massage und bei der Pflege der Hände einsetzen:

- Normale Haut bekommt Pflege, die sie geschmeidig hält.
- Ältere Haut hat Altersflecken und nicht mehr so viel Spannkraft, sie benötigt Feuchtigkeit, Fältchen sollen gemildert werden.
- Bei Menschen mit trockener Haut sind die Hände oft rau, besonders im Winter.
- Empfindliche Haut reagiert auf äußere Einflüsse leicht mit Rötungen. Im Kundengespräch ermitteln Sie Empfindlichkeiten auf bestimmte Präparate oder Stoffe.

Bei **Hautveränderungen**, z.B. Schuppenbildung oder Entzündungen an Hand und Fingern, führen Sie keine Maniküre durch und empfehlen Ihrer Kundin, die Haut ärztlich beurteilen zu lassen. Auf Warzen wird nicht massiert, da bei einer Verletzung das verursachende Virus übertragen werden kann.

1.4 Weitere beeinflussende Gegebenheiten

Allergien und Krankheiten

Sie sollten vor der Maniküre Ihre Kundin nach **Allergien** fragen. Es könnte sein, dass sie auf bestimmte Inhaltsstoffe in den verwendeten Präparaten allergisch reagiert.
Durch **innere Krankheiten**, **Hauterkrankungen** und die Einnahme von **Medikamenten** kann es zu Veränderungen der Nägel kommen. Hat Ihre Kundin Diabetes, müssen Sie besonders sorgfältig arbeiten, damit Sie die Haut nicht verletzen und es zu keiner Blutung kommt. Es besteht die Gefahr, dass die Verletzung sehr schlecht heilt.
Besondere Vorsicht gilt ebenfalls bei Einnahme blutverdünnender Medikamente.

Alter

Typische Veränderungen im Alter sind verdünnte, brüchige Nägel und Längsrillen.

Beruf, Hobbys

Tätigkeiten wie z. B. die einer Friseurin, bei denen Hände und Nägel häufig mit Chemikalien und Wasser in Berührung kommen, lassen die Nägel mit der Zeit brüchig oder splittrig werden.
Bei bestimmten Berufen oder Hobbys sind sehr lange Fingernägel ungünstig.

Anlass der Maniküre

Ob die Nägel für den Alltag oder für einen besonderen Anlass gestaltet werden sollen, hat Einfluss auf die Gestaltung.

1.5 Beurteilungsbogen für die Maniküre

Beurteilungsbogen Maniküre

Kundenname:	Adresse:	Telefon:

1. Allergien:	8. Nagelform:
	○ oval ○ schmal ○ breit
2. Krankheiten:	○ eckig ○ trapezförmig
3. Eingenommene Medikamente:	9. Zustand der Nägel:
	○ hart ○ weich ○ brüchig
4. Handform:	○ gesplittert ○ Nagelmodellage
○ breit ○ oval ○ schmal	○ Sonstiges:
5. Fingerform:	10. Strukturveränderung der Nägel:
○ lang ○ kurz ○ schmal	○ Längsrillen ○ Querrillen ○ Uhrglasnägel
○ breit ○ gerade ○ gebogen	○ Hohlnägel ○ Ablösen der Nagelplatte
	○ Tüpfelnägel ○ Sonstiges:
6. Hautzustand der Hände:	
○ normal ○ trocken ○ rissig	11. Farbveränderung der Nägel:
○ Sonstiges:	○ Weißfärbung ○ Grünfärbung
	○ Braunschwarzfärbung ○ Sonstiges:
7. Veränderungen der Haut:	
○ Warzen ○ Ekzeme ○ Entzündungen	12. Entzündliche Veränderung:
○ Altersflecken ○ Sonstiges:	○ am Nagelfalz ○ am Nagelbett

Aufgabe

Bestimmen Sie bei einer Mitschülerin anhand des Beurteilungsbogens die anatomischen Merkmale von Hand und Fingern. Beurteilen Sie außerdem den Zustand der Hände und Nägel.

2 Basiswissen Maniküre

Bei der Beurteilung von Hand und Nägeln haben Sie festgestellt, dass die Nägel der Kundin eine kurze und breite Form haben. Wie können Sie durch Formen und Lacken die Nägel optisch länger erscheinen lassen?

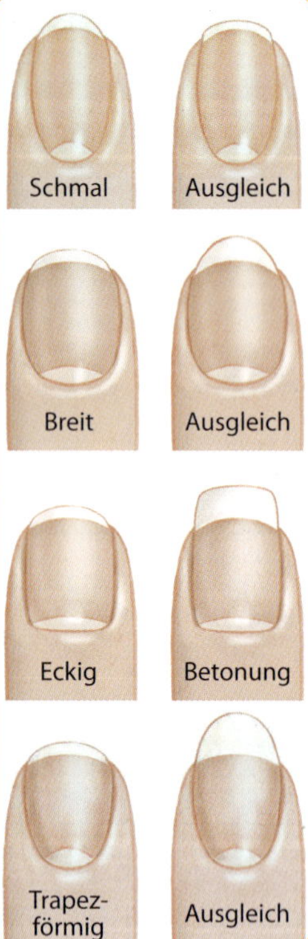

Ausgleich und Betonung durch Formung der Nägel

Geeignete Lackfarben für warme Farbtypen

Geeignete Lackfarben für kalte Farbtypen

→ *vgl. S. 129 ff. und 293 ff.*

2.1 Ausgleich und Betonung von Hand-, Finger- und Nagelformen

Die Fingerformen und damit die Handformen wirken optisch anders als zuvor, wenn die Nägel entsprechend geformt oder auch lackiert werden.

Ausgleich und Betonung durch Formung der Nägel

Ovale und schmale Nägel lassen die Finger und damit die ganze Hand schmaler erscheinen. Wird ein schmaler Nagel kurz geschnitten, wird dieser Eindruck etwas zurückgenommen; wird die Nagelspitze länglich geformt, verstärkt das die Wirkung.
Breite, eckige und trapezförmige Nägel lassen die Finger und damit die ganze Hand breiter erscheinen. Auch hier kann man durch entsprechende Formung der Nagelspitze den Eindruck verstärken oder abschwächen.
Beachten Sie immer den Gesamteindruck, die Proportionen von Hand und Fingern sowie die Grundform des Nagels. Die Nagelspitze sollte dazu passen.
Ausschlaggebend für die Form der Fingernägel ist in jedem Fall der Kundenwunsch.

Ausgleich und Betonung durch Lackieren der Nägel

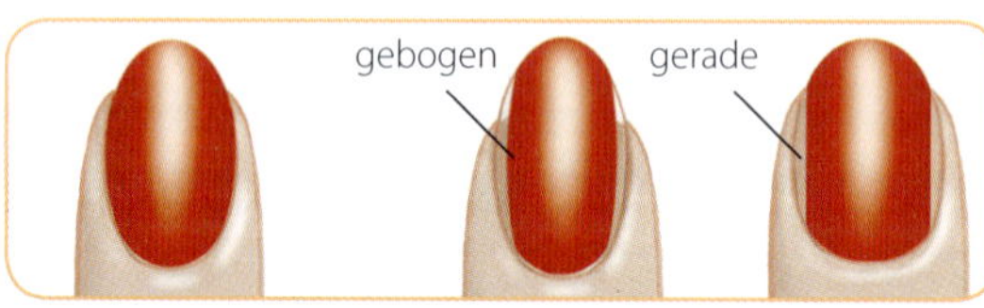

Nagelränder mitlackiert *Nagelränder ausgespart*

Die Nägel erscheinen optisch schmaler, wenn die Ränder nicht mitlackiert werden. Werden die Nagelränder ausgemalt und/ oder der Nagelmond frei gelassen, wirken die Nägel breiter.

Aufgabe

Eine Kundin hat sehr breite, zur Spitze hin breiter werdende Nägel. Wie sollte gefeilt und lackiert werden, damit die Nägel möglichst lang und schmal wirken?

2.2 Farbempfehlung

Gepflegte und lackierte Nägel können jede Hand schöner machen, wenn die Farbe des Lacks zu Haut, Haar, Make-up und Kleidung, also zum Farbtyp und Stil der Kundin passt.
Bei der Auswahl eines Farblacks ist zu bedenken, dass die Nägel betont werden, wenn die Lackfarbe einen Kontrast zur Hautfarbe bildet, also bei dunklem Lack zu heller Haut oder bei hellem Lack zu dunkler Haut.

3 Arbeitsmittel und Präparate

„Ich sehe gerade, wie schön die Nägel Ihrer Kundin geworden sind. Leider habe ich keine Zeit, eine Maniküre durchführen zu lassen. Womit kann ich meine Hände und Nägel zu Hause pflegen und gestalten?" Welche Werkzeuge und Präparate können Sie der Kundin anbieten?

3.1 Arbeitsmittel

Feilen

Hochwertige Feilen haben einen elastischen Kunststoffkern, der unter normalen Anforderungen nicht bricht und waschbar ist. Es werden unterschieden:

- **Sandblattnagelfeilen** haben eine grobe und eine feine Seite. Beide Seiten eignen sich für normale bis harte Naturnägel. Weiche, dünne Nägel werden ausschließlich mit der feinen Seite geformt. Nach Gebrauch werden Sandblattnagelfeilen aus hygienischen Gründen entsorgt.
- **Glasnagelfeilen** haben mikrofeine Schleifflächen, sind sanft formend, glättend und versiegelnd, denn während des Feilens gelangen feine Mineralpartikel in die Zwischenräume der Nagelplatte. Sie eignen sich für brüchige, empfindliche Nägel und sind desinfizierbar und sterilisierbar.
- **Diamant- und Saphirfeilen** haben die unterschiedlichsten feinen oder groben Körnungen und eignen sich gut zur Formgebung von normalen bis harten Naturnägeln und zur Abschrägung von Kanten.
- **Polierfeilen** mit bis zu vierfach verschieden feinen Körnungen bringen alle Natur- und Kunstnägel auf Hochglanz. Sie glätten auch Rillen, Unebenheiten und entfernen Verfärbungen.
- **Mikrokristallfeilen** haben die gleichen Eigenschaften wie Glasnagelfeilen.
- **Manikürfeilen** mit Holzkern und einer groben und einer feinen Seite sind für das Kürzen von Naturnägeln geeignet.

Benutzen Sie keine Nagelschere oder -knipser. Durch ihren Einsatz besteht die Gefahr, dass die Nägel abbrechen oder sich spalten.

Arbeitsmittel

Manikürhilfen

Pferdefüßchen (auch Radierstäbchen) und Holzstäbchen eignen sich zum Zurückschieben und Entfernen der Nagelhaut. Mit der Spitze kann der freie Nagelrand gereinigt werden.
Nagelhautzangen und -scheren dienen dem Entfernen von Nagelhautresten.

Reinigung und Pflege der Arbeitsmittel

Alle bei der Maniküre verwendeten Instrumente müssen nach Beendigung der Behandlung desinfiziert und anschließend gereinigt werden.

Aufgabe

Erklären Sie den fachgerechten Einsatz der verschiedenen Feilen.

3.2 Präparate

Viele Kundinnen haben brüchige, spröde, splitternde oder zu weiche Nägel. Eine ausgewogene vitamin- und mineralstoffreiche Ernährung trägt zur Verbesserung der Nagelqualität bei, denn in der Nagelmatrix findet ein intensiver Stoffwechsel statt. Durch geeignete äußere Nagelpflege kann die Abnahme des Wassergehalts im Nagel verhindert werden.

Die Kosmetikindustrie bietet für die Nagelpflege und viele Nagelprobleme spezielle Präparate an. Bei regelmäßiger Anwendung können Nagelprobleme optisch deutlich verbessert werden. Geben Sie Ihrer Kundin Empfehlungen, welche Präparate sie auch zu Hause verwenden sollte.

Präparate zur Pflege und Gestaltung der Hände und Nägel

Präparate	Aufgaben	Anwendung	Inhaltsstoffe
Nagellack-entferner 	• sind bei hochwertiger Qualität acetonfrei (deshalb auch für Kunstnägel geeignet) und enthalten spezielle Substanzen, die die Nägel und die umliegende Haut nicht austrocknen • ermöglichen ein leichtes Entfernen des Nagellacks	Ein Wattepad wird mit Nagellackentferner getränkt, auf den zu entfernenden Nagellack gedrückt und abgezogen.	Lösungsmittel (z. B. Ethyl-, Butyl- oder Amylacetat); Aceton ist auch geeignet, entfettet jedoch die Nägel sehr stark; Rückfetter (z. B. Rizinusöl)
Nagelhaut-entferner 	• erweichen die Nagelhaut, ohne das Keratin des Nagels anzugreifen • haben eine flüssige oder cremige Konsistenz	• mit einem Pinsel oder Wattestäbchen auftragen • nach einer Einwirkzeit von 2 bis 3 Min. die Nagelhaut mit einem Pferdefüßchen sanft zurückschieben • überschüssige Hautteilchen reibt man mit einem trockenen Tuch ab und wäscht nach	5%ige Kali- oder Natriumlauge, Glycerol, Sorbit
Nagelöle 	• verbessern stark strapazierte und brüchige Nägel, leicht splitternde Nagelspitzen und eingerissene Nagelhaut • schützen den Nagel vor Feuchtigkeit, Chemikalien und Pilzen, glätten und pflegen die Nägel und machen trockene und spröde Nagelhaut wieder weich • erhöhen die natürliche Widerstandskraft und Elastizität der Nägel	Regelmäßig in die Nagelplatte und die Nagelhaut einmassieren.	ungesättigte Fettsäuren, die hauptsächlich in pflanzlichen Fetten und Ölen vorkommen, z. B. Mandelöl, Olivenöl, fettlösliche Vitamine
Nagelcremes 	• Ö/W-Emulsionen für trockene und rissige Nägel • schützen Nagel und Nagelwall, gleichen deren Wasser- und Fettgehalt aus • hinterlassen keinen sichtbaren Fettglanz	Nagelcreme wird auf Nagelplatte und Nagelwall aufgetragen und einmassiert (durchblutungsfördernd).	Wachse (z. B. Paraffinwachs), Vitamine (A, E), Kräuterauszüge, Bisabolol, Azulen, Panthenol, Harnstoff
Handpeelings 	• machen die Haut von Hand und Unterarm zart und geschmeidig • beseitigen lockere Hautschüppchen schonend, öffnen verstopfte Follikeleingänge und fördern die Durchblutung	Die Creme wird auf die Haut aufgetragen, 1–2 Minuten kreisend verarbeitet und abgewaschen.	Abrasivstoffe (Schleifmittel wie Mandelkleie)

Präparate zur Pflege und Gestaltung der Hände und Nägel

Präparate	Aufgaben	Anwendung	Inhaltsstoffe
Massageöle, Massagecremes	• machen die Haut gleitfähig • ziehen wenig oder gar nicht in die Haut ein	• Präparat auf den zu behandelnden Händen verteilen und massieren.	• fette Öle, z. B. Rizinusöl, Lanolinöl
Handpackungen, Handmasken 	• werden in Cremeform angeboten und verleihen den Händen ein samtiges Gefühl • wirken glättend, durchblutend und regulieren den Feuchtigkeitsgehalt der Haut • mindern Trockenheitsfältchen	Handpackungen werden deckend auf die Hand aufgetragen, mit Folie umhüllt und nach einer Einwirkzeit von 15 bis 20 Min. abgenommen.	Basis sind häufig Pflanzenschleime mit Zusätzen von Pflanzenextrakten, Feuchtigkeitsmitteln und pflanzlichen Ölen.
Paraffinbäder 	• verbessern die Durchblutung • ermöglichen eine bessere Aufnahme der Pflegewirkstoffe	• Hände desinfizieren • Pflegepräparat oder Wirkstoffkomplex auftragen • Hände 2- bis 3-mal in das warme Paraffinbad tauchen • Einmalhandschuhe und Frottierhandschuh überstreifen • nach ca. 10 Min. Einwirkzeit Handschuhe mit dem Paraffinbad abnehmen	Wachse, Aromazusätze
Handcremes 	• ziehen schnell in die Haut ein und hinterlassen keine Fettrückstände • sollen verhindern, dass die Haut rau und rissig wird, spenden Feuchtigkeit und haben eine schützende Wirkung	Bei Bedarf (auch mehrmals täglich) auf die Hand auftragen und leicht einmassieren.	Glycerin (feuchtigkeitsspendend), Fettalkohole (machen die Haut geschmeidig), Silikonöl (schützend), Extrakte z. B. aus Melisse, Rosmarin, Salbei
Unterlacke 	• farblose Grundlacke • schützen die Nägel vor Verfärbungen, erleichtern das Lackieren und erhöhen die Haltbarkeit des Nagellacks • durch schnell trocknenden harten Schutzfilm stärken sie die Nagelplatte und gleichen kleine Unebenheiten aus	Sie werden direkt auf die Nagelplatte aufgetragen, danach folgt der Farblack.	siehe Farblacke
Nagelhärter 	• verstärken die Nägel und verhindern das Abbrechen und Einreißen der Nägel, stärken die Schutzfunktion • geben leichten Glanz	• werden als Unterlack und/oder Überlack aufgetragen • können je nach Präparat regelmäßig oder als Kur angewendet werden	• 1. Präparatgruppe: bis ca. 5 % Formaldehyd (reagiert mit dem Nagelkeratin, wodurch eine Härtung des Nagels bewirkt wird) und Glycerol (Feuchtigkeitsspender) • 2. Präparatgruppe: weniger „aggressiv", enthält z. B. Zinksalze (wirken adstringierend)

Präparate zur Pflege und Gestaltung der Hände und Nägel

Präparate	Aufgaben	Anwendung	Inhaltsstoffe
Rillenfüller 	• sorgen für eine gleichmäßige Nageloberfläche bei Längs- und Querrillen und schützen die Nägel vor Verfärbungen • leicht farbige, eingetrübte oder klare Präparate	Rillenfüller können als Unterlack oder als Ersatz für farblosen Lack verwendet werden.	Pudergrundstoffe (Sammelbegriff für verschiedene Füllstoffe, z. B. Nylon)
Farblacke 	• Deck-, Pearl-, Neon- und Transparentlacke • Qualität zeichnet sich durch hohe Deckkraft, Farbbrillanz, lange Tragedauer und schnelles Trocknen (nach ca. 3 Min.) aus • neben der dekorativen Funktion schützen sie die Nagelplatte vor äußeren Einflüssen	• Auftragen auf fettfreie Nägel. • Farblacke decken häufig erst nach dem zweiten Auftragen, bei Pearllacken ist ein Auftrag meistens ausreichend.	Filmbildner (z. B. Cellulosenitrat), Weichmacher (z. B. Butylstearat), Harze (sorgen für Glanz und Haftfähigkeit), Lösungsmittel (sorgen für eine schnelle Trockenzeit und für das Aussehen des Lacks), Farbmittel
Nagellack-korrekturstifte 	• sind Filzstifte, die mit Nagellackentferner gefüllt sind und eine auswechselbare Spitze haben • Lackierhilfe	Zum Entfernen von kleinen Lackierfehlern. Danach schnell verschließen, weil Inhalt flüchtig ist.	siehe Nagellackentferner
Überlacke 	• erhöhen die Haltbarkeit und den Glanz	Sie werden über dem trockenen Farblack aufgetragen.	siehe Farblacke
Schnell-trockner 	• verkürzt die Trocknungszeit • erhöht die Haltbarkeit und den Glanz	Auf den feuchten Lack sprühen.	Treib- bzw. Lösungsmittel, Fettkomponenten, Silikonöle, Duftstoffe
Nagelweiß-stifte 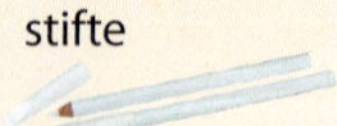	• sind bleistiftdünne Holzstifte • dienen der Verschönerung, denn der Nagel wirkt dadurch sehr gepflegt und sauber	Nagelweißstifte werden unter den überstehenden Nagelrand des Naturnagels feucht aufgetragen.	Weißpigmente (Titan- und Zinkoxid)

Aufgabe

Stellen Sie die Präparate zusammen, die Sie für eine Maniküre für Herren benötigen, und begründen Sie Ihre Auswahl.

4 Durchführung einer Maniküre

Eine Kollegin bittet Sie, während der Einwirkzeit einer Haarfarbe bei einer Kundin eine Maniküre mit Handmassage durchzuführen. In welchen Arbeitsschritten führen Sie die Behandlung durch?

4.1 Vorbereitende Tätigkeiten

4.1.1 Gesundheitsschutz

Die Arbeitsfläche wird gereinigt, desinfiziert und mit einem sauberen Handtuch ausgelegt.

Die **Hygieneverordnung** schreibt vor, dass alle Instrumente, die bei einer Maniküre benutzt werden, nach der Anwendung zu desinfizieren sind. Die Feilen sollten möglichst in einer Instrumentenwanne mit einem anerkannten Spezialpräparat desinfiziert werden. Anschließend mit Wasser gründlich abspülen und austrocknen lassen.

➜ *vgl. Lernfeld 1, S. 44*

Vor der Maniküre desinfizieren Sie Ihre Hände und die Ihrer Kundin mit einem handelsüblichen Desinfektionsmittel.

Laut Hygieneverordnung sind **Schutzhandschuhe** zu tragen, wenn mit einer Verletzung der Haut zu rechnen ist. Dies kann beim Zurückschieben der Nagelhaut passieren.

Schutzhandschuhe sind auch angeraten, wenn eine Hautverletzung oder Hauterkrankung bei Ihnen vorliegt. Liegt eine Hautverletzung oder Hauterkrankung bei der Kundin vor, muss in jedem Fall geklärt werden, ob diese harmlos ist. Im Zweifelsfall ist eine ärztliche Begutachtung erforderlich.

Falls kein Absauggerät zum Absaugen des Feilstaubs zur Verfügung steht, empfiehlt es sich, beim Feilen einen Mundschutz zu tragen.

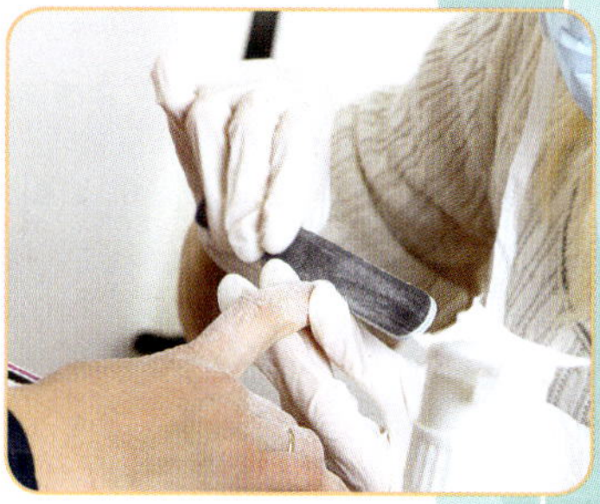

Maniküre

Aufgabe

Erstellen Sie einen Hygieneplan für eine Maniküre.

➜ *vgl. Lernfeld 1, S. 47*

4.1.2 Einrichten und Vorbereiten des Arbeitsplatzes

Ein optimal eingerichteter Arbeitsplatz für die Maniküre bietet ausreichend Bewegungsfreiheit für die Friseurin und die Kundin. Außerdem sind alle benötigten Arbeitsmaterialien und Geräte effektiv am Arbeitsplatz untergebracht.

Das Oberflächenmaterial der Arbeitsplatte muss leicht zu reinigen sein. Flüssigkeiten wie Desinfektionsmittel oder Aceton dürfen die Oberfläche nicht angreifen.

Für den anfallenden Feilstaub sollte der Arbeitstisch mit einem Absauggerät ausgestattet sein, um Augen- und Atemwegsreizungen zu mindern. Eine höhenverstellbare Lampe und ein höhenverstellbarer Drehstuhl auf Rollen ermöglichen ergonomisches Arbeiten. Der Stuhl für die Kundin sollte in jedem Fall eine Rückenlehne haben, damit sie entspannt sitzen kann.

Manikürtisch

Zu Beginn werden alle **Instrumente**, **Präparate** und **Hilfsmittel**, die für einen reibungslosen Arbeitsablauf benötigt werden, bereitgestellt. Selbstverständlich dürfen nur saubere und desinfizierte Werkzeuge verwendet werden.

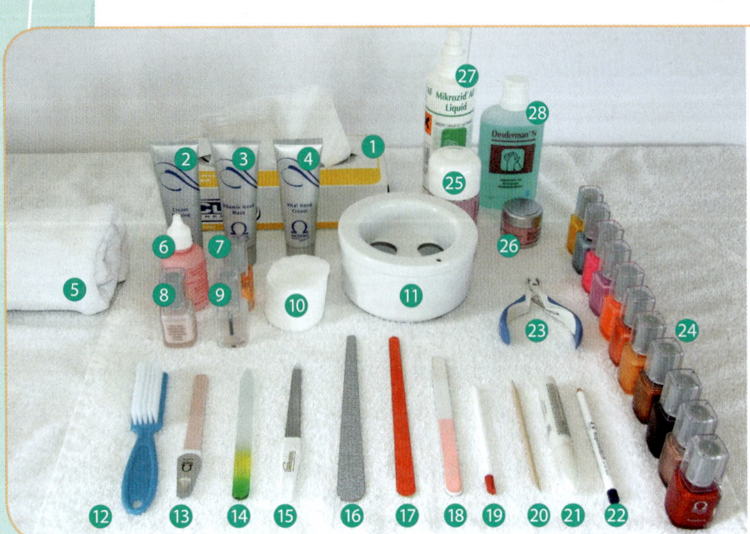

1. Kosmetiktücher
2. Handpeeling
3. Handmaske
4. Handcreme
5. zusammengerolltes Handtuch als Handauflage
6. Nagelhautentferner
7. Nagelöl
8. Rillenfüller
9. Unterlack
10. Wattepads
11. Manikürschale
12. Nagelbürste
13. Mikrokristallfeile
14. Glasnagelfeile
15. Diamant- und Saphirfeile
16. Manikürfeile
17. Sandblattnagelfeile
18. Polierfeile
19. Pferdefüßchen
20. Rosenholzstäbchen
21. Lackierhilfe/Korrekturstift
22. Nagelweißstift
23. Nagelhautzange
24. Nagellacke
25. Nagellackentferner
26. Nagelcreme
27. Flächendesinfektionsmittel
28. Händedesinfektionsmittel

Arbeitsmaterialien

Weitere Arbeitsmaterialien (nicht im Bild):

- Nagelhärter
- Massagecreme/-öl
- Überlack
- Schnelltrockner
- Wattestäbchen
- Seife/Shampoo für Nagelbad
- Karteikarte, Stift
- Mundschutz
- Einmalschutzhandschuhe

4.1.3 Vorbereiten der Kundin

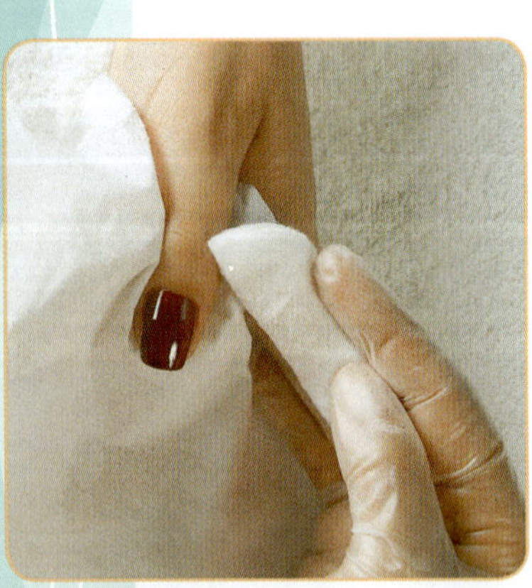

Entfernen des Nagellacks

- Die Kundin sitzt bequem am Manikürtisch oder ruht auf einer Kosmetikliege.
- Bitten Sie die Kundin, Hand- und Armschmuck abzulegen.
- Die Hand der Kundin wird durch eine Auflage (z. B. ein aufgerolltes Handtuch) gestützt.
- Aus hygienischen Gründen wird der zu behandelnde Finger der Kundin mit einer Stoffserviette oder einem Papiertuch gehalten.
- Zur Beurteilung der Nägel muss zunächst noch vorhandener Nagellack entfernt werden. Hierfür wird ein mit Nagellackentferner getränktes Wattepad einige Sekunden auf die Nagelplatte gedrückt und leicht drehend zur Nagelspitze hin abgezogen. Mit einem zweiten Wattepad wird bei besonders farbintensiven Nagellacken nachgereinigt.

Praxistipp

Ist die Kundin Rechtshänderin, sollte mit der linken Hand (bei einer Linkshänderin mit der rechten) begonnen werden. Somit kann die „Arbeitshand" der Kundin für die anschließende Nagelhautbehandlung länger im Nagelbad verbleiben.

4.1.4 Auswahl der Präparate und Arbeitstechniken – Behandlungsplanung

Idealerweise wird in Absprache mit der Kundin vor der Maniküre ein Behandlungsplan erstellt, in den alle Ziele, Präparate und Farben einbezogen werden.

Behandlungsplan Maniküre		
Kundenname:	Adresse:	Telefon:

1. Nagellänge:	5. Präparate/Produkte für die Heimpflege:
O kurz O mittel O lang	O Feilen
	O Nagelöl O Nagelcreme O Nagelhärter
2. Nagelform:	O Rillenfüller O Handpeeling O Nagelhautentferner
O oval O spitz O gerade/eckig	O Handmaske O Handpackung O Handcreme
	O Unterlack O Nagelweißstift O Nagellackentferner
3. Feilenart:	O Farblack Nr.
O Sandblattnagelfeile O Glasnagelfeile	
O Diamant- und Saphierfeile O Polierfeile	6. Lackierwunsch:
O Mikrokristallfeile O Maniküreile	O ganze Nagelplatte O freie Seitenränder
	O French Manicure O Nail-Design
4. Präparate:	Motiv:
O Nagelöl O Nagelcreme O Nagelhärter	
O Rillenfüller O Handpeeling O Nagelhautentferner	
O Handmaske O Handpackung O Handcreme	
O Unterlack O Farblack Nr. O Nagelweißstift	

Aufgaben

1. Fordern Sie von verschiedenen Kosmetikfirmen Karteikarten an und überprüfen Sie, ob in den vorgefertigten Karten alle oben genannten Informationen eingetragen werden können.
2. Erstellen Sie eine eigene Karteikarte am Computer.

Nach dem Einrichten des Arbeitsplatzes, dem Ausführen aller vorbereitenden Arbeiten und dem Ausfüllen des Beurteilungsbogens und des Behandlungsplans kann mit der Maniküre begonnen werden.

→ *vgl. S. 379*

4.2 Arbeitsablauf und Arbeitstechniken

4.2.1 Formung der Nägel

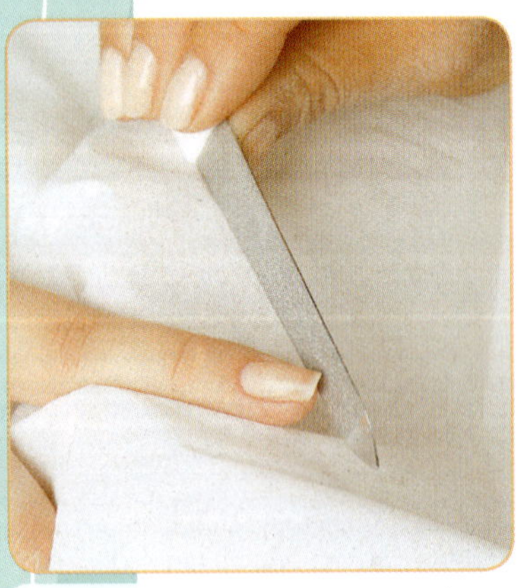

Formung der Nägel

Je nach Nagelqualität werden die Nägel, beginnend an der linken Hand, mit der entsprechenden Feile (siehe S. 381) geformt. Die Feile wird etwas schräg angesetzt und mit wenig Druck seitlich unter dem Nagel in langen Zügen zur Nagelspitze hin gezogen, bis der Nagel auf beiden Seiten die richtige Länge hat. Nach jedem Feilzug wird die Nagelfeile neu angesetzt.

Die Nagelecken dürfen nicht bis zum Ansatz ausgefeilt werden, weil es dadurch eher zu einem Nagelbruch kommen kann. Außerdem besteht durch zu schräges Ausfeilen an diesen Stellen die Gefahr schmerzhafter Verletzungen und Entzündungen am Nagelbett.

Hat der Nagel die gewünschte Form, wird die feine Seite der Feile leicht senkrecht angesetzt und ohne Druck von oben nach unten über die Nagelspitze geführt, um scharfe Kanten abzurunden.

Alle Nägel sollen möglichst gleich lang werden, auch wenn das bedeutet, sie auf die Länge des kürzesten Nagels herunterzufeilen. Aber Vorsicht, die Kundin vorher immer um Erlaubnis fragen.

4.2.2 Nagelbad

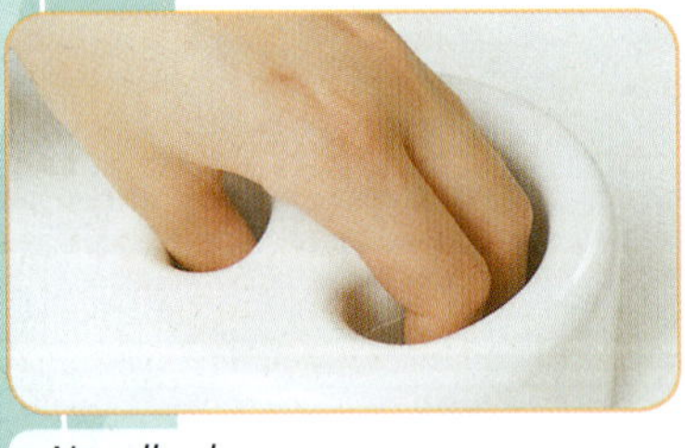

Nagelbad

Zum Erweichen der Nagelhaut und Reinigen der Nägel wird eine Lösung aus handwarmem Wasser und einem Tropfen milder Seife oder Shampoo in eine Manikürschale gegeben.

Nach dem Feilen der linken Hand diese in die Manikürschale tauchen, bis die rechte Hand fertig gefeilt ist.

Während die erweichte Nagelhaut der linken Hand behandelt wird, kommt die rechte Hand ins Nagelbad.

4.2.3 Nagelhautbehandlung

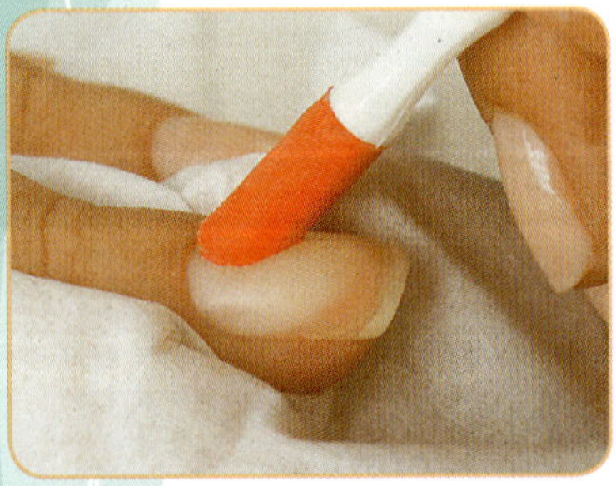

Anwendung des Pferdefüßchens

Mit einem Wattestäbchen wird Nagelhautentferner auf die Nagelhaut aufgetragen. Nach einer kurzen Einwirkzeit (ca. 2 Min.) schiebt man unter leichtem Druck die Nagelhaut mit einem Pferdefüßchen oder Rosenholzstäbchen zurück. Der überstehende Rand wird dadurch gelöst und kann mit einem Tuch entfernt werden. Überstehende Hautreste werden vorsichtig mit einer Nagelhautzange oder der Nagelhautschere abgezupft. Achten Sie darauf, dass die Nagelhaut nicht verletzt wird.

Im Normalfall verzichtet man auf das Schneiden der Nagelhaut, weil sie einen wichtigen Infektionsschutz für die Nagelmatrix darstellt.

Damit die Nagelhaut geschmeidig bleibt, wird nach dem Entfernen je nach Pflegezustand der Nägel ein Nagelöl oder eine Nagelcreme aufgetragen und mit den Fingern Richtung Nagelwall einmassiert.

Praxistipp

Leidet Ihre Kundin unter Rissen im Nagelfalz, empfehlen Sie ihr ein Nagelöl zur täglichen Pflege für zu Hause. Erklären Sie ihr, dass sie dadurch Entzündungen vorbeugen kann.

4.2.4 Pflege und Massage von Hand und Arm

➔ vgl. Lernfeld 3, S. 113 f.

Zu einer klassischen Maniküre gehört immer eine ca. zehnminütige Hand- und Armmassage. Schützen Sie dafür die Kleidung der Kundin mit einem Handtuch.
Je nach Hautzustand wird Massagecreme oder -öl auf Finger, Handflächen und Unterarm einschließlich Ellenbogen großzügig aufgetragen. Mit streichenden und kreisenden Massagegriffen von den Nagelspitzen bis zum Ellenbogen werden die Muskeln der Hände und Arme gelockert und entspannt, die Durchblutung wird angeregt und die Haut bekommt eine intensive Pflege. Diese Wirkung kann unterstützt werden, indem Sie vor der Massage ein Peeling durchführen.

❶ *Massagecreme auftragen*

Reihenfolge der Handmassage:

❶ Massagecreme oder -öl auftragen
❷ Streichen (Effleurage) des Unterarms mit beiden Händen in Richtung Ellenbogen, beginnend an der rechten Hand; sanft zurückgleiten
❸ Kneten (Petrissage) von Haut und Muskeln der Arminnenseite von der Hand zum Ellenbogen zwischen den Fingern, zurückgleiten und die Armaußenseite kneten
❹ Streichen der Finger, seitlich am Finger zurückgleiten
❺ Reibmassage (Friktionen) auf den Fingern, seitlich am Finger zurückgleiten
❻ Streichen des Handrückens
❼ Reiben auf dem Handrücken
❽ Streichen der Handinnenfläche
❾ Reiben auf der Handinnenfläche
❿ Streichen der „Schwimmhäutchen"
⓫ Streichen der ganzen Hand, von den Fingerspitzen beginnend
⓬ Kräftige Streichmassage des Unterarms von der Hand zum Ellenbogen
⓭ Seitenwechsel

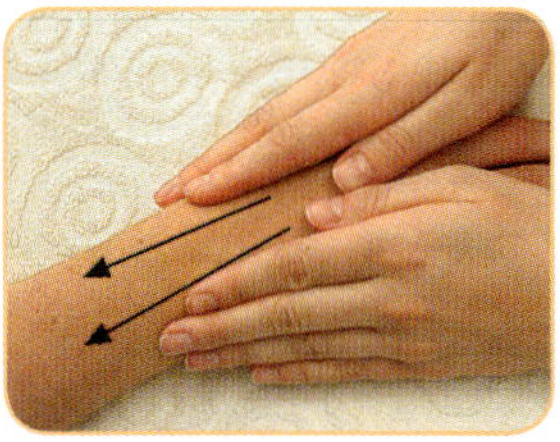

❷ *Streichen des Unterarms*

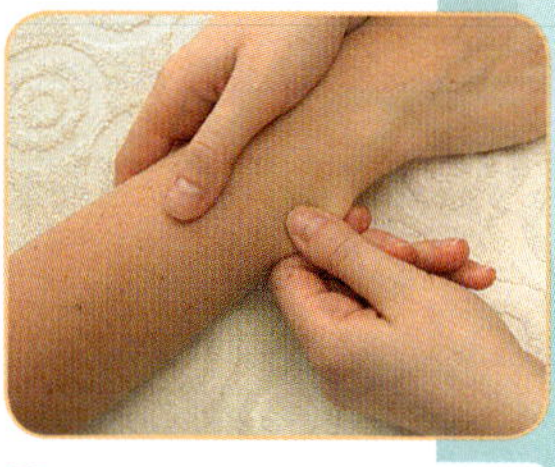

❸ *Kneten der Unterarmseite*

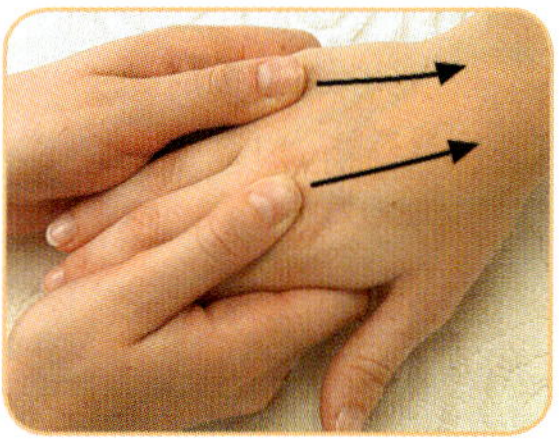

❻ *Streichen des Handrückens*

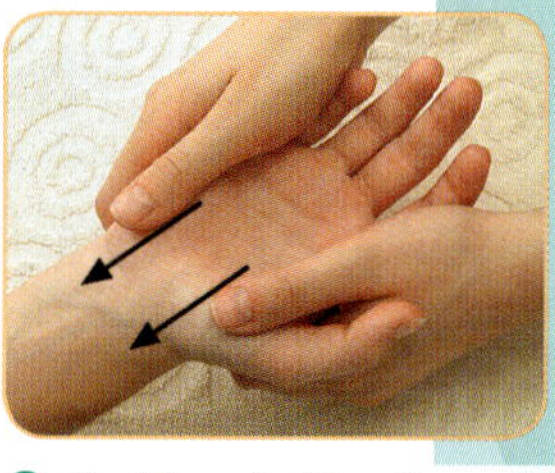

❽ *Streichen der Handinnenfläche*

❾ *Reibmassage der Handinnenfläche*

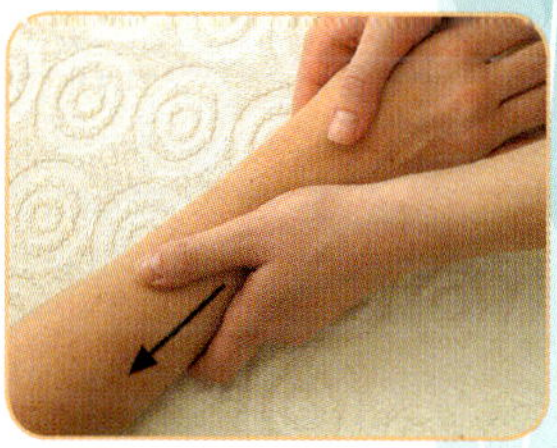

⓬ *Kräftige Streichmassage des Unterarms*

Beachten Sie folgende Grundregeln:

- **Während der Massage hält eine Hand stets den Körperkontakt zur Kundin aufrecht.**
- **Mit Druck zum Herzen massieren und ohne Druck ausstreichen.**

Abschließend können Sie der Kundin als Zusatzleistung eine Handmaske auftragen, Einmalhandschuhe überstreifen und die Hände für etwa 10 Minuten in ein vorgewärmtes Handtuch wickeln.

Praxistipp

Als besonderen Service können Sie Ihrer Kundin, auch wenn sie keine Maniküre wünscht, während einer Haarbehandlung eine kostenlose Handmassage anbieten.

4.2.5 Polieren der Nägel

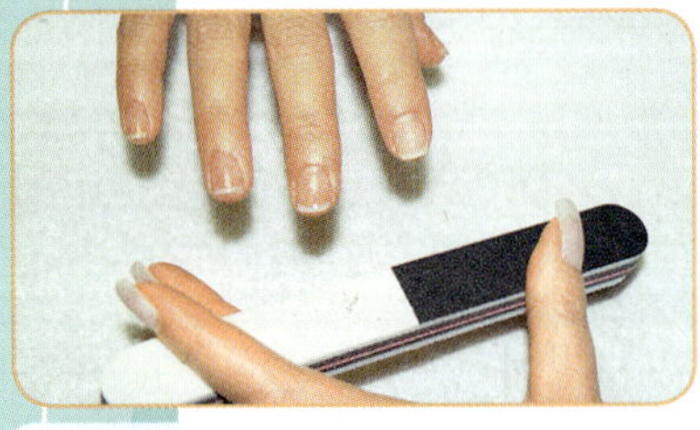

Polieren der Nägel

Bei Männern oder falls eine Kundin die Nägel nicht lackiert haben möchte, können Sie die Nägel polieren. Beginnen Sie mit der gröberen Seite der Polierfeile, denn so können kleine Unebenheiten (z.B. Längsrillen) ausgeglichen werden. Wenn vor dem Polieren mit der feinen Seite der Feile einige Tropfen Nagelöl aufgetragen werden, erscheint der Glanz noch intensiver.
Das Polieren massiert den Nagel leicht und regt dadurch das Nagelwachstum an.

4.2.6 Lackieren der Nägel

Öl- und Cremereste werden mit Nagellackentferner von den Nägeln entfernt (auch von der Unterseite der Nagelspitzen), damit der Lack hält und keine Bläschen bildet.

Auftragen von Nagellack

Zunächst wird ein **Unterlack** aufgetragen, der die Nagelplatte vor Verfärbungen durch farbkräftige Nagellacke schützt. Der nachfolgende Farblack haftet besser und ist somit länger haltbar. Auch der freie Nagelrand wird mit Unterlack umhüllt. Der Nagel wird vollständig mit Unterlack beschichtet und muss trocken sein, bevor der Farblack aufgetragen wird. Das erhöht die Haltbarkeit!
Ersatzweise kann bei Unebenheiten der Nägel in Form von Längs- und Querrillen zuerst ein **Rillenfüller** aufgetragen werden.
Beim Auftragen des **Farblacks** sollten Sie sich Zeit nehmen. Umso weniger Korrekturen werden erforderlich sein. Der Lack wird gleichmäßig in zwei bis drei dünnen Schichten aufgetragen, wobei auch die Spitze und die Seiten des Nagels mit Lack bedeckt sein sollten (dabei den Nagelwall seitlich nach unten ziehen). Damit der Lack besser hält, müssen die einzelnen Lackschichten gut getrocknet sein, d.h., die zweite Schicht wird erst dann aufgetragen, wenn die erste trocken ist. Wenn beim Auftragen der zweiten Schicht die erste Schicht „zieht", dann war sie noch nicht richtig trocken.
Beim Auftragen des Farblacks wird der Pinsel in der Mitte des Nagels aufgesetzt und bis kurz vor den hinteren Nagelwall geführt. Anschließend zieht man ihn dann bis zur Nagelspitze zurück. Dann werden die rechte und linke Nagelseite zügig lackiert.
Beim Auftragen von **Überlack** sollte darauf geachtet werden, die Seiten und Spitzen zu überziehen, denn das sind die Bereiche, an denen die Farbe zuerst abblättert.

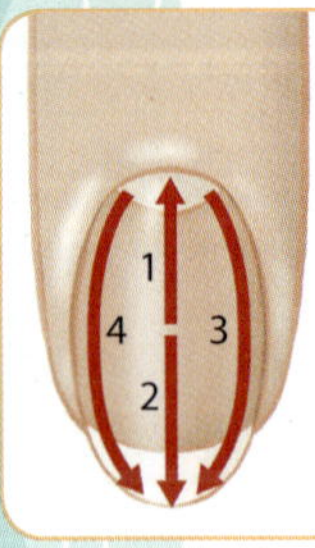

Auftragetechnik von Nagellack
1 von der Nagelmitte bis kurz vor den hinteren Nagelwall
2 und bis zur Nagelspitze
3 rechte Nagelseite und
4 linke Nagelseite lackieren

Falls Sie den bereits aufgetragenen Nagellack korrigieren müssen, kann mit einem in Nagellackentferner getauchten Wattestäbchen der überflüssige Lack entfernt werden.

Aufgabe

Laden Sie ein Modell ein. Ermitteln Sie den Kundenwunsch sowie die Kundengegebenheiten (siehe S. 379) und erstellen Sie einen Behandlungsplan (siehe S. 387). Führen Sie eine fachgerechte Maniküre durch.

5 Sonderfälle der Nagelgestaltung

„Meine Nägel sehen immer so kurz und ungleichmäßig aus, deshalb würde ich sie gern verlängern lassen. Wie funktioniert das eigentlich?"
Erklären Sie der Kundin die unterschiedlichen Nagelverlängerungsmethoden.

5.1 Nagelverlängerung – Nagelmodellage

Künstliche Nägel werden grundsätzlich nur an gesunden Nägeln modelliert. Jugendliche unter 18 Jahren brauchen die Zustimmung eines Erziehungsberechtigten zur Nagelmodellage.
Eine maßgefertigte Nagelmodellage mit individuell angepassten Nägeln wirkt absolut natürlich. Es gibt drei Modelliersysteme. Zur Erprobung, welches System sich für die jeweiligen Naturnägel eignet, sollte zunächst ein Probenagel gesetzt werden.

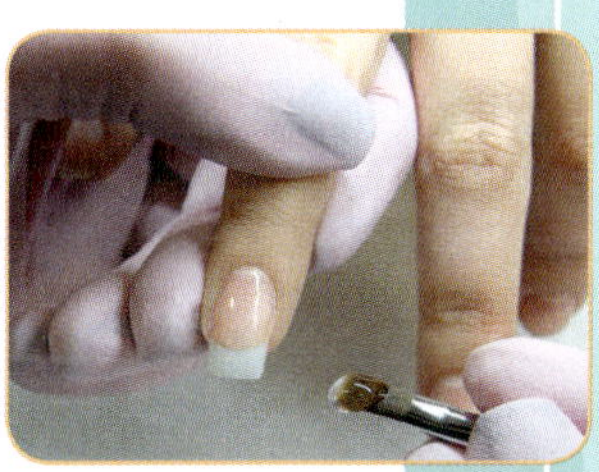
Lichthärtungssystem

Lichthärtungssystem – „Gel"

Dieses System kann bei allen Nägeln angewendet werden, egal ob splitternd, dünn, weich oder normal. Eine Kunststoffspitze (Kurzform: Tip) wird auf den Naturnagel geklebt. Anschließend wird lichthärtender Kunststoff mit einem Pinsel auf den Nagel modelliert und in einem Lichthärtungsgerät ausgehärtet.

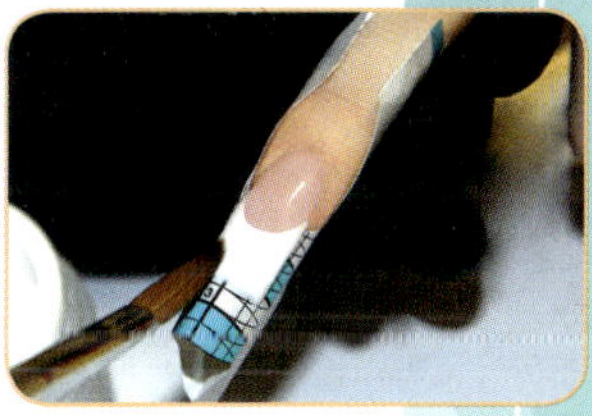
Zweikomponenten-Methode

Zweikomponenten-Methode – „Acryl"

Sie eignet sich ebenfalls für alle Nägel, z.B. zur Stabilisierung von brüchigen, weichen und spröden Nägeln, zum Ausbessern von eingerissenen Nägeln sowie für Problemnägel, z.B. abgekaute Nägel. Eine Schablone wird unter den Naturnagel angesetzt. Sie passt sich der Wölbung des Nagels an und dient als Stütze. Eine Flüssigkeit und ein Pulver werden miteinander gemischt. Das so entstehende Acryl wird aufgetragen und härtet an der Luft aus.

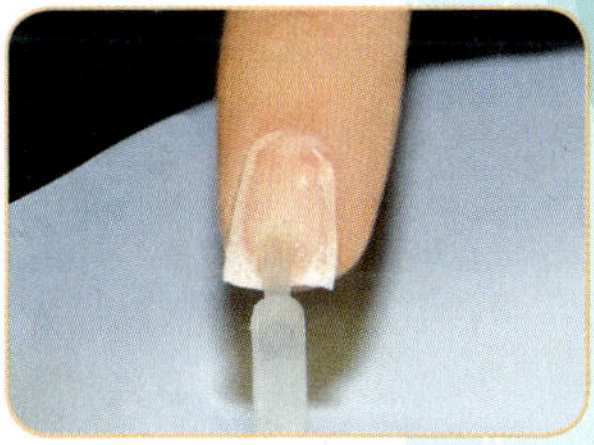
Wrap-Coat-System

Wrap-Coat-System – „Gewebe und Gel"

Das Wrap-Coat-System eignet sich zum Verstärken der eigenen Nägel, zum Reparieren von eingerissenen oder abgebrochenen Nägeln und für Kundinnen, die nicht an Kunstnägel gewöhnt sind. Für ältere Kundinnen und für Herren kann dieses System empfohlen werden, denn diese Nägel wirken besonders natürlich. Ein feines Gewebe aus Seide, Fiberglas oder Leinen wird mit in die Gelschicht eingearbeitet.

5.2 Nageldesign

Beispiel für Nail-Art

Unter Nageldesign versteht man das Verzieren der Nägel mit unterschiedlichen Materialien und/oder mit unterschiedlichen Methoden. Die großflächigen Kunstnägel bieten sich an für effektvolle Verzierungen. Es gibt begabte Künstlerinnen, die kleine Bildchen dem Anlass entsprechend auf jeden Nagel malen – freihändig mit dem Pinsel oder mit einer Schablone. Sie bekleben die Nägel mit Spitze, Tüll, Dekobändern, Abziehbildern und/oder Strasssteinen.
Nageldesign und Nagelmodellage sind Inhalt einer **Wahlqualifikation** in der Ausbildung zur Friseurin.

→ vgl. S. 488 f.

Rechenaufgabe

Ihre Chefin möchte im Salon auch Maniküre anbieten. Es fehlen hierfür alle Arbeitsmittel. Sie möchte eine Erstausstattung anschaffen.
Ihre Chefin bezahlt die Rechnung innerhalb von 5 Tagen.

Folgende Arbeitsmittel müssen bestellt werden:

	Preis pro Stück in €	Stückzahl
Sandblattnagelfeilen (10er-Pack)	3,50	3
Glasnagelfeilen	5,30	3
Diamant- und Saphirfeilen	3,60	6
Mikrokristallfeilen	2,75	3
Polierfeilen, 4-fach	1,80	6
Pferdefüßchen mit Spitze	1,75	3
Holzstäbchen (10er-Pack)	1,95	2
Nagelhautzangen (10 cm)	19,90	3
Nagelöle	3,30	2
Nagelcreme	3,95	1
Nagelhärter	3,30	3
Rillenfüller	3,30	3
Nagelhautentferner (250 ml)	10,50	2
Handpeeling	7,50	1
Handmaske (250 ml)	16,95	1
Handcreme	3,05	3
Massagecreme (1000 ml)	15,50	1
Farblacke	2,60	24
Unterlacke	2,80	6
Überlacke	2,80	6
Schnelltrockner	2,80	6
Nagellackentferner (500 ml)	6,90	2
Nagellackkorrekturstifte	3,50	3
Nagelweißstifte	1,95	2
Wattepads (Karton 1000 St.)	13,00	1
Wattespender	5,90	1
Wattestäbchen (Beutel 200 St.)	1,10	3
Kosmetiktücher-Boxen	1,15	6
weiße Handtücher	5,90	12
Manikürschalen	7,50	2
Schutzhandschuhe Gr. M (100er)	5,75	1
Handdesinfektion (450 ml)	9,40	1
Gerätedesinfektion (250 ml)	5,45	3
Karteikarten (100er)	7,95	1

Außerdem ist Folgendes zu berücksichtigen:
- zuzüglich 19 % Mehrwertsteuer
- Mindestbestellwert 50,00 € netto
- Versandpauschale unter 200,00 € = 10,00 €
- Versandkostenfrei ab 200,00 € Netto-Bestellwert
- 2 % Skonto bei Zahlung innerhalb von 5 Tagen

Berechnen Sie die Kosten einer Erstausstattung.

Komplexe Aufgaben

❶ Sie machen gerade eine Maniküre bei Ihrer Kundin Frau Scholz. Im Nachbarstuhl bekommt Frau Martens von Ihrer Kollegin einen Haarschnitt. Während Sie die Handmassage bei Ihrer Kundin durchführen, schaut Frau Martens immer wieder interessiert zu Ihnen herüber. Als Sie mit der Maniküre fertig sind, fragt Frau Martens Sie, ob Sie auch bei ihr eine Handmassage durchführen würden.

Empfehlen Sie Frau Martens mit mindestens drei Argumenten eine komplette Maniküre. Erklären Sie ihr, welche Wirkung eine Handmassage haben kann.

❷ Kurz vor Weihnachten kommt Ihre Stammkundin Frau Prange zur Ansatzfärbung. Während Sie die Farbe auftragen, fragt Frau Prange, ob noch Zeit für eine Maniküre sei, denn sie habe in dieser Jahreszeit immer trockene Hände und eingerissene Nagelhaut.

Beraten Sie Frau Prange, welche Möglichkeiten es neben der klassischen Maniküre gibt, um ihre Hände zusätzlich zu pflegen. Nennen Sie Behandlungen, die Sie im Salon zusätzlich anbieten, und welche Präparate Ihre Kundin zu Hause regelmäßig anwenden sollte.

❸ Ihre Chefin hat alle Arbeitsmittel für eine Maniküre bestellt und möchte jetzt werben, um diese Dienstleistung bekannt zu machen.

Gestalten Sie für Ihren Salon ein Werbeplakat für diese Dienstleistung oder für einen entsprechenden Verkaufsartikel, um darauf aufmerksam zu machen.

English – Nail and hand care products

cuticle remover: apply on the cuticle to soften it, push back cuticle

nail polish remover: to take off old nail polish

nail polish: paint a line down the middle of the nail, then fill out the nail by painting a band on each side of the center line. Allow polish to dry. Add a second coat for better colour. Let nails dry.

nail tip

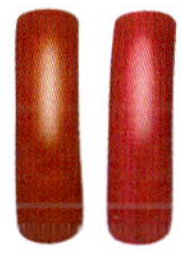

nail oil

file: to shorten and shape the nails

hand cream

clippers: to shorten/to clip the nails

nail polish corrector

base coat: apply over your clean, dry nails to prevent discolouration and to lengthen the life of your polish. Let nails dry before applying colour.

top coat: to give your nails more shine and make your manicure last longer apply a single layer of clear top coat.

buffer: to run over the nails to make them smooth

peeling: smoothes the skin on the hands

scissors

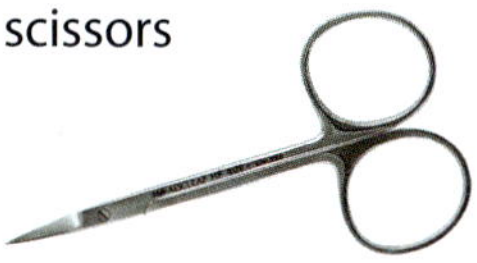

nail cream

Exercises

❶ What do you need …

a) … for shaping the nails?
b) … for colouring the nails?
c) … to care for split nails?
d) … to care for the hands?

❷ In which order do you need the products and tools if you give a manicure? Make a list.

❸ Which products would you recommend for aftercare at home? Why?

❹ A client wants to know how to use nail polish in the correct way. Explain.

Vocabulary					
cuticle remover	Nagelhautentferner	to take off	abnehmen	base coat	Unterlack
to soften	weich machen	nail oil	Nagelöl	to prevent	verhindern
to push back	zurückschieben	nail polish corrector	Nagellack-korrekturstift	discolouration	Verfärbung
clippers	Nagelknipser			clear top coat	durchsichtiger Überlack
to clip	schneiden	peeling	Schälpräparat		
buffer	Polierer	to paint	malen	split nails	gespaltene Nägel
to run over the nails	über die Nägel ziehen	to fill out	ausfüllen	order	Reihenfolge
		to allow	erlauben	tool	Werkzeug
nail polish	Nagellack	coat	Überzug, Schicht	to recommend	empfehlen
remover	Entferner	file	Feile	aftercare	Heimpflege

Lernfeld 11 Haut dekorativ gestalten

Sie verändern das optische Erscheinungsbild des Gesichts durch dekorative kosmetische Maßnahmen.

„Ich habe nachher ein Vorstellungsgespräch als Medienkauffrau und hätte gern ein passendes Make-up dafür."

Informieren

- Welchen Make-up-Wunsch hat die Kundin?
- Was möchte die Kundin an ihrem Aussehen betonen, womit ist sie eher unzufrieden?
- Wie sind Hautton, Hauttyp, Hautzustand und evtl. Hautveränderungen bei der Kundin?
- Welche Form haben das Gesicht, die Augen und Augenbrauen sowie die Lippen der Kundin?
- Wie ist das gesamte Erscheinungsbild, der Stil der Kundin?
- Welche Kleidung trägt sie zu dem Vorstellungsgespräch?

Planen

- Wie können Gesichts-, Augen-, Augenbrauen- und Lippenform gestaltet werden, damit es dem Wunsch der Kundin entspricht und sie möglichst vorteilhaft aussieht?
- Welche Farben passen zur Kundin und entsprechen ihrem Wunsch?
- Welche Präparate zur Reinigung, Pflege und dekorativen Gestaltung sind für die Haut der Kundin geeignet?
- Welche Arbeitsmittel benötige ich für die Make-up-Erstellung?

Entscheiden

- Ich stelle der Kundin meinen Behandlungsplan für das Tages-Make-up vor.
- Ich begründe die geplanten Arbeitsschritte und die Auswahl der Präparate, auch unter modischen Gesichtspunkten.
- Ich weise auf geeignete Hautpflegemaßnahmen und Präparate für den Hauttyp der Kundin hin.
- Ich nenne der Kundin den Zeitbedarf und die Kosten für das geplante Make-up.
- Gemeinsam mit der Kundin lege ich die einzelnen Behandlungsschritte fest.

Bewerten

- Ist die Kundin zufrieden mit der Beratung, der Behandlung und dem Make-up?
- Bin ich mit der Behandlung und ihrem Ergebnis zufrieden?
- Wie kann der Arbeitsablauf noch verbessert werden?
- Wäre eine andere Gestaltung vorteilhafter für diesen Anlass gewesen?

Kontrollieren

- Entspricht das Make-up der Behandlungsplanung?
- Lässt das Make-up die Kundin vorteilhaft aussehen?
- Was und ggf. wie sollte korrigiert werden?

Ausführen

- Ich bereite den Arbeitsplatz vor und stelle alle benötigten Arbeitsmittel und Präparate bereit.
- Ich reinige die Gesichtshaut.
- Ich gestalte die Augenbrauen und färbe die Wimpern.
- Ich trage Make-up auf, schminke Augen und Lippen und trage Rouge auf.
- Ich präsentiere der Kundin das Ergebnis im Spiegel.

1 Individuelle Kundengegebenheiten

Eine Kundin wünscht ein Tages-Make-up. Sie betrachten die Haut und die Form von Gesicht, Augen, Nase und Mund und notieren das Ergebnis auf einem Beurteilungsbogen. „Wozu müssen Sie das denn alles wissen?", fragt die Kundin. Was antworten Sie?

1.1 Kundenwunsch

Jede Kultur und jede Epoche hatte bestimmte Vorstellungen von der Schönheit des menschlichen Körpers und Gesichts.

Beispiele:
- Im alten Ägypten wurden die Augen mit schwarzem Kajal umrandet.
- In der Renaissance war ein hoher Haaransatz beliebt, der durch Rasieren oder Auszupfen nach oben verlegt wurde.
- Im Rokoko schminkte man das Gesicht weiß, denn helle Haut galt als vornehm.
- In den 20er-Jahren zupfte man die Augenbrauen aus und zog einen dünnen, halbrunden Bogen über das Auge.
- In den 60er-Jahren waren künstliche Wimpern auch für ein Tages-Make-up unerlässlich.

Schönheit heute

In der heutigen Zeit wird vor allem die ovale Gesichtsform mit hoch sitzenden Wangenknochen und einer schmalen, geraden, ebenmäßigen Nase als schön empfunden. Augen mit langen, dichten Wimpern, volle Lippen und eine faltenfreie, makellose und leicht gebräunte Haut gelten als erstrebenswert.

Um ihr persönliches Schönheitsideal zu erreichen, geht eine Vielzahl von Frauen z. B. ins Sonnenstudio, unterzieht sich kostenintensiven Schönheitsoperationen oder lässt sich bei tiefen Mimikfalten Botox (Nervengift) spritzen. Aber auch durch ein fachgerechtes Make-up, also die farbliche Gestaltung der Haut mit verschiedenen Techniken, besteht die Möglichkeit, das Gesicht optisch so zu verändern, dass es dem eigenen Schönheitsideal entspricht.

In einem ausführlichen **Beratungsgespräch** erstellen Sie gemeinsam mit der Kundin einen Behandlungsplan und ermitteln, worauf die Kundin bei einem Make-up besonderen Wert legt. Vielleicht möchte sie durch ein Make-up
- ihre schönen Augen oder ihre wohlgeformten Lippen besonders hervorheben,
- ihren Farbtyp und Stil betonen,
- ihr gepflegtes Aussehen unterstützen,
- den Anlass, zu dem es getragen wird, unterstreichen,
- sich vor Umwelteinflüssen schützen,
- ihr Selbstbewusstsein stärken.

1.2 Schminkgewohnheiten

Fragen Sie die Kundin, wie und mit welchen Präparaten sie sich üblicherweise schminkt. Dann können Sie auf ihre Gewohnheiten eingehen und ihr Tipps für das Make-up zu Hause geben.

1.3 Hautgegebenheiten

Vor jeder Erstbehandlung ermitteln Sie Hauttyp, Hautzustand und Hautveränderungen bei der Kundin, damit Sie Präparate einsetzen können, die dieser Haut entsprechen.

1.3.1 Hautton – Farbtyp

Jeder Mensch hat eine für ihn typische Pigmentierung. In der Farbtypberatung werden Menschen aufgrund ihrer Haar-, Haut- und Augenfarbe bestimmten **Farbtypen** zugeordnet.

➜ *vgl. Lernfeld 8, S. 293 ff.*

So sollte auch vor der Farbwahl der Grundierung der **Hautton** festgestellt werden:
- Der hell-warme Farbtyp hat einen hellen, goldenen Hautton.
- Der hell-kalte Farbtyp hat einen rosigen Hautton.
- Der dunkel-warme Farbtyp hat einen goldbeigen oder bronzefarbenen Hautton.
- Der dunkel-kalte Farbtyp hat einen rosigen oder olivfarbenen Hautton.

Entspricht die Farbwahl dem jeweiligen Farbtyp , wirkt das Gesicht frischer.

1.3.2 Hautsekretionstyp

Folgende Hautsekretionstypen werden unterschieden – nach der unterschiedlichen Sekretion (Absonderung) der Talg- und Schweißdrüsen:

➜ *vgl. Lernfeld 3, S. 89*

- **normale Haut**, d. h. Ausgewogenheit von Fett und Feuchtigkeit
- **Sebostase** (trockene Haut), d. h. fett- und feuchtigkeitsarm
- **Seborrhö oleosa** (ölig-fettige Haut), d. h. fett- und feuchtigkeitsreich
- **Seborrhö sicca** (trocken-fettige Haut), d. h. unrein, feuchtigkeitsarm und fettreich

1.3.3 Hautveränderungen

Das Aussehen und die Beschaffenheit der Haut können sich verändern durch:
- äußere Einflüsse, z. B. Heizungsluft, Klimaanlagen, Smog
- seelische Ursachen, z. B. Stress
- bestimmte Erkrankungen
- die Einnahme von Medikamenten
- mechanische und chemische Reize
- überhöhten Zigaretten-, Alkohol- und Kaffeegenuss
- den Alterungsprozess

Farbliche Veränderungen der Haut

Unabhängig von Hauttyp und -zustand zeigt jede Haut farbliche Veränderungen, z. B.:
- Sommersprossen (Epheliden)
  Sie sind erblich veranlagt und kommen häufig bei rothaarigen und blonden Menschen mit heller Haut vor. Bei UV-Bestrahlung erhöhen die Melanozyten stellenweise ihre Produktion. Es werden nicht erhabene, kleine, scharf begrenzte bräunliche Verfärbungen sichtbar, welche hauptsächlich im Gesicht, an Schultern, Rücken und Armen auftreten.
  Durch Auftragen von Make-up können Sommersprossen abgedeckt werden.
  Zur Abschwächung der Verfärbungen werden Whitening-Präparate (Bleichmittel) eingesetzt, aber auch eine Laserbehandlung ist möglich.

Sommersprossen

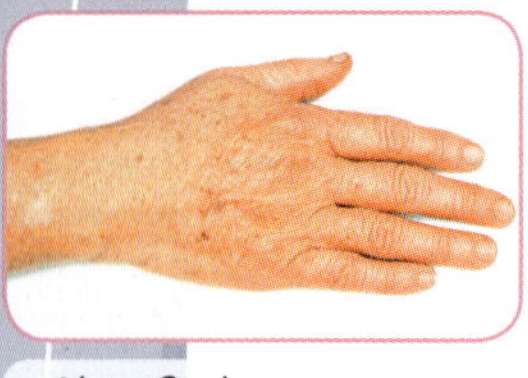

Altersflecken

- **Altersflecken** (Lentigines seniles)
  Sie können bereits ab dem 40. Lebensjahr auftreten – überwiegend auf Handrücken, Stirn und Wangen. Diese scharf begrenzten, im Hautniveau liegenden Verfärbungen können bis zu einigen Zentimetern groß werden. Durch häufige Sonneneinstrahlung im Laufe des Lebens wird die Entstehung gefördert. Sie verblassen nach Vermeidung von UV-Strahlen nicht mehr.
  Kosmetisch ist eine Abdeckung mit Camouflage möglich. Laserbehandlungen, verschiedene Schäl- und Bleichverfahren schwächen die Verfärbungen ab.
  Alterswarzen sind hellbraune bis schwarzbraune rundliche Flecken.

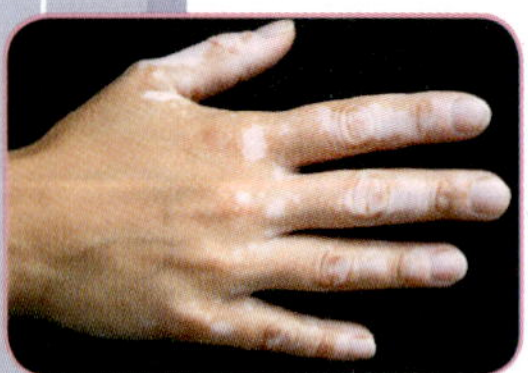

Weißfleckenkrankheit

- **Weißfleckenkrankheit** (Vitiligo)
  Bei dieser Krankheit hat die Haut weiße, scharf begrenzte Flecken, deren Auslöser bisher unbekannt ist; evtl. Stress oder schwere Erkrankungen. Bisher gibt es keine wirksame Therapie, es kommt aber in vielen Fällen zu einer spontanen Rückbildung.
  Eine gute Möglichkeit zur Abdeckung bietet Camouflage. ➜ *vgl. S. 436*

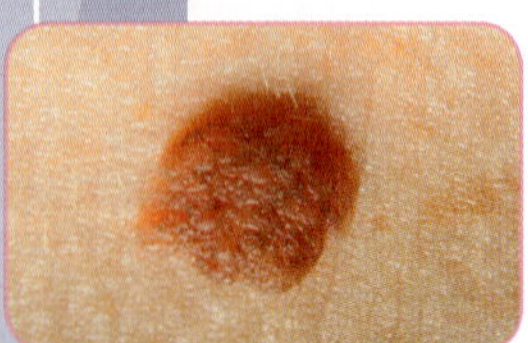

Muttermal

- **Muttermale** (Naevi)
  Sie sind bereits angeboren und treten in verschiedenen bräunlichen Verfärbungen und unterschiedlichen Formen auf. Manche Flecken sind flach, andere erhaben.
  Leberflecken (Lentigines simplex), eine Unterart der Naevi, werden im Laufe des Lebens erworben. Sie sind dunkelbraun und bis linsengroß, haben einen scharf begrenzten Rand und eine glatte Oberfläche. Einige befinden sich im Hautniveau, andere sind erhaben. Sie können mit Camouflage abgedeckt oder mit Laser behandelt werden.
  Die meisten Naevi sind gutartig; es kann sich aber Hautkrebs aus ihnen entwickeln. Sobald sie sich verändern, sollten sie hautärztlich begutachtet werden. Sagen Sie Ihrer Kundin, wenn Sie Hautveränderungen als bedenklich einschätzen.

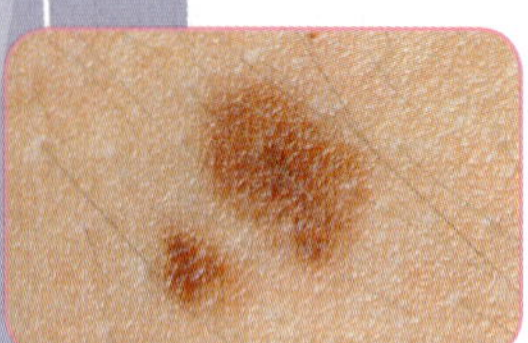

Leberfleck

Auch **Stoffwechselerkrankungen** und **Hormonstörungen** können im Gesicht häufig Verfärbungen (Hyperpigmentierungen) auslösen. Sogar bei Anwendung von parfümierten Produkten, die **Bergamottöl** enthalten, können durch anschließende UV-Bestrahlung tropfenförmige braune Verfärbungen auftreten.
Es besteht auch hier die Möglichkeit, die Verfärbungen kosmetisch abzudecken, zu bleichen oder mit Laser behandeln zu lassen. Häufig verblassen sie aber auch nach einiger Zeit.

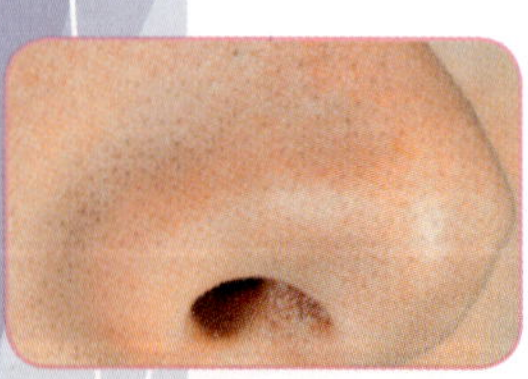

Komedonen

Asiatische Haut weist teilweise recht starke Pigmentstörungen auf.

Afrikanische Haut kann nach Hautverletzungen Pigmentveränderungen in Form von hellen oder dunklen Flecken zeigen.

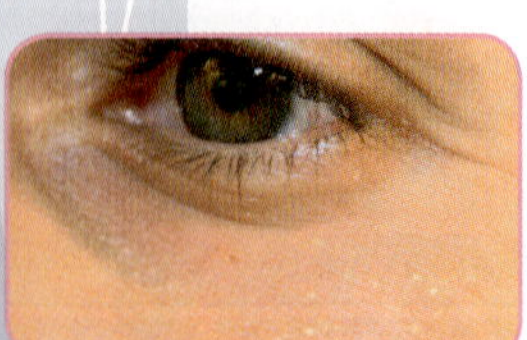

Milien

Zu den **nicht entzündlichen Veränderungen der Haut** gehören kleine Schüppchen, Komedonen (Mitesser) und Milien (Grießkörner).

Zu den **entzündlichen Veränderungen der Haut** zählen Pusteln (Eiterpickel) und Papeln (Knötchen).

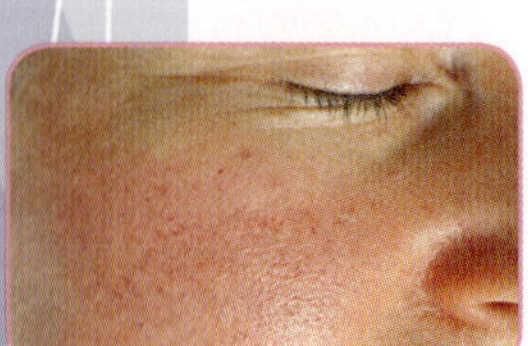

Gefäßlabile Haut

Die diffuse Rötung bei **Gefäßveränderungen** entsteht durch erweiterte Blutgefäße ohne sichtbare Abgrenzung. **Teleangiektasien** sind hellrote, **Venektasien** sind blaurote erweiterte Äderchen.

1.3.4 Methoden der Hautbeurteilung

Durch das Betrachten der Haut (**optische Methode**) und das Befühlen einzelner Hautpartien (**taktile Methode**) ist es möglich, die Hautsekretionstypen zu unterscheiden und den Hautzustand festzustellen.

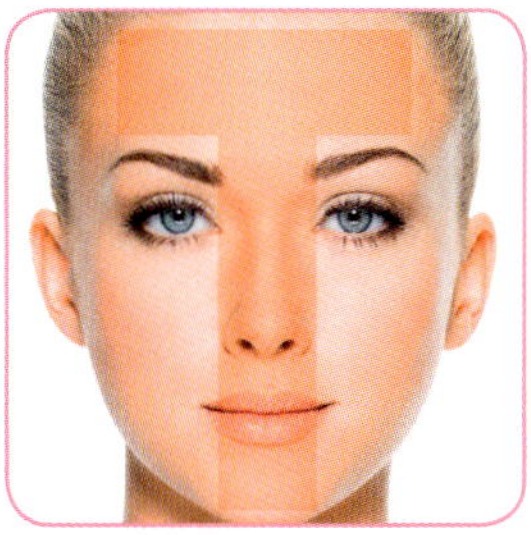

T-Zone

Betrachten der Haut

	Normale Haut	Sebostase (trockene Haut)	Seborrhö oleosa (ölig-fettige Haut)	Seborrhö sicca (trocken-fettige Haut)	Reife Haut, Altershaut
Poren • Größe • Verteilung	kleine Poren	kleine Poren	große Poren	große Poren vermehrt in der T-Zone	je nach Hauttyp in der Jugend
Hautglanz • wo glänzt die Haut? • wo ist sie matt?	ausgeglichen	matt	glänzt besonders in der T-Zone	glänzt in der T-Zone	matt
Nicht entzündliche Hautveränderungen, z. B.: • kleine Schüppchen • Komedonen • Milien	keine	• Schüppchen, besonders an Wangen, über Augenbrauen • wenig Komedonen an Nase, Kinn • Milien im Augenbereich	Komedonen verstärkt in der T-Zone	• Schüppchen, besonders an Nasenflügeln, Augenbrauen • Komedonen, Papeln im Wangenbereich • Milien	• schuppig • Alterskomedonen • Altersflecken • Falten • Alterswarzen
Entzündliche Hautveränderungen • Pusteln • Papeln	keine	keine	Pusteln, Papeln im Gesicht, Dekolleté, Rücken	Neigung zu Pusteln, Papeln	keine, aber falls doch, platzen sie leicht auf und haben eine verzögerte Wundheilung
Gefäßveränderungen • diffuse Rötung • Teleangiektasien • Venektasien	keine	• diffuse Rötung • Teleangiektasien können auf Wangen auftreten	keine	• unter Schüppchen diffuse Rötung • Teleangiektasien können auf Wangen auftreten	Venektasien
Pigmentierung • grauweiß (blass) • rotbraun (rosig)	normal	rotbraun (rosig)	grauweiß (blass)	rotbraun (rosig)	grauweiß (blass)

Zeigt die Gesichtshaut in der Gesichtsmitte die Merkmale der Seborrhö oleosa und an den Seiten die Merkmale der Sebostase, so wird dieser Sekretionstyp häufig als **„Mischhaut"** bezeichnet.

Befühlen der Haut	Normale Haut	Sebostase (trockene Haut)	Seborrhö oleosa (ölig-fettige Haut)	Seborrhö sicca (trocken-fettige Haut)	Reife Haut, Altershaut
Hautdicke Röllchenprobe	normal	dünn	dick	dick	dünn
Verhornungszustand vorsichtig mit Spatelkante schaben	glatt	Schüppchen	verklebte Schüppchen	fettige Schüppchen an Nasenflügeln, Augenbrauen	Schüppchen, rau, trocken
Talgproduktion Glasplättchen auf verschiedene Hautpartien drücken	normal	fettarm	fettreich, ölig	fettreich, schmierig in der T-Zone	fettarm
Hautspannung Turgor, Tonus durch Hautfaltentest	elastisch	gering	elastisch	vermindert	gering
Durchblutung • Wangentest • Schleimhaut des Lippenrots	gut	gut bis unregelmäßig	schlecht	schlecht	schlecht
Pigmentierung	rosig	blass-rosig	gelblich weiß	rosig	blass
Empfindlichkeit Dermografentest	unempfindlich	empfindlich, allergisch	unempfindlich	empfindlich	nimmt zu, je nach Hauttyp

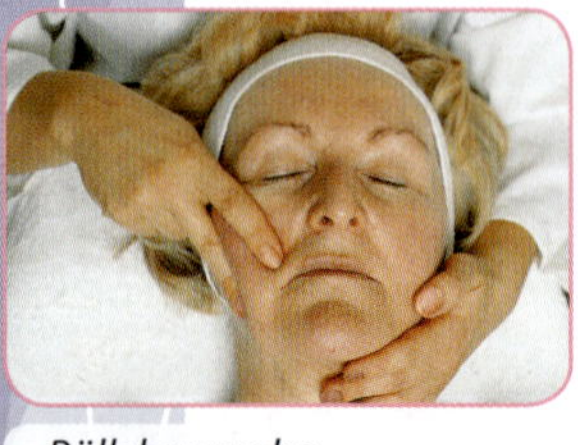
Röllchenprobe

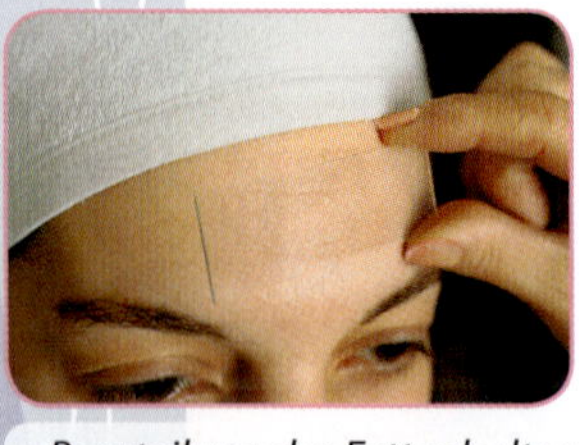
Beurteilung des Fettgehaltes

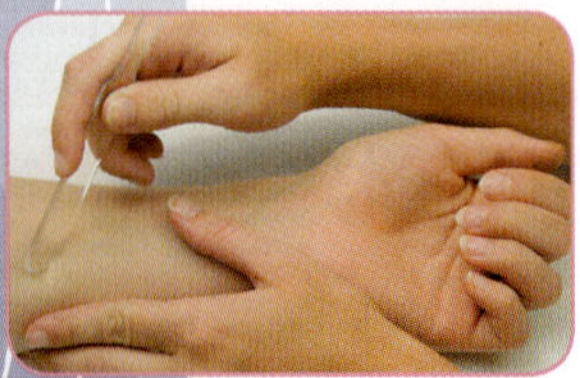
Dermografentest

- **Röllchenprobe** = die Haut im Schläfenbereich mit zwei Fingern locker zusammendrücken, um die Dicke der Epidermis zu fühlen
- **Hautfaltentest** = Haut am Handrücken oder Unterlid zusammendrücken (Turgor = Innendruckspannung der Haut durch Wasserbindung an die kollagenen Fasern; Tonus = Spannungszustand von Geweben und Muskulatur):
  - schnelles Zurückgehen der Falte = idealer Spannungszustand
  - langsames Zurückgehen = schwache Spannung
- **Wangentest** = Handrücken auf die Wange legen:
  - warme Haut = gut durchblutet
  - kühle Haut = schlecht durchblutet
- **Schleimhaut des Lippenrots:**
  - blass/bläulich = schlecht durchblutet
  - rosig = gut durchblutet
  - gerötet = erhöhte Durchblutung
- **Pigmentierung** = Glasplättchen auf Stirn oder Wange drücken:
  - gelblich weiß (blass) = dünne Hornschicht
  - rötlich braun (rosig) = dickere Hornschicht
- **Dermografentest** = mit dem Spatel mit leichtem Druck ein Kreuz auf der Innenseite des Unterarms ziehen:
  - Kreuz wird weiß und nach kurzer Zeit rosig = unempfindlich
  - Kreuz wird sehr rot und ist längere Zeit zu sehen = empfindlich
  - Kreuz wird rot und schwillt an = überempfindlich
  - Kreuz bleibt weiß = Hinweis auf allergische Reaktionen

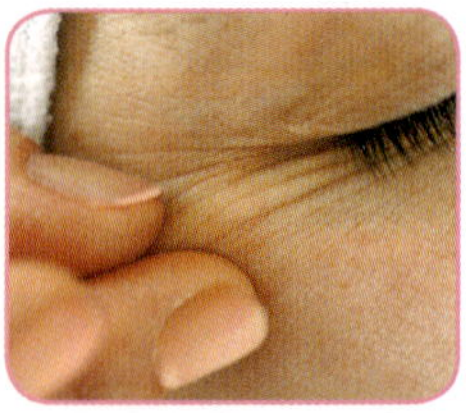
Hautfaltentest

Aufgaben

❶ Finden Sie gegenseitig heraus, ob Sie ein warmer oder kalter Farbtyp sind.

❷ Suchen Sie sich eine Partnerin und finden Sie durch Hautbetrachtung und Hautuntersuchung heraus, welchen Hauttyp Ihre Partnerin hat.

1.4 Anatomische Gegebenheiten

Verschiedene Techniken und Farben ermöglichen es, die Vorzüge eines Gesichts hervorzuheben oder als Mangel empfundene Gegebenheiten zu kaschieren.
Zu diesem Zweck ermitteln Sie die anatomischen Merkmale des Gesichts der Kundin.

1.4.1 Gesichtsform

Jedes Gesicht ist individuell und einzigartig, kein Gesicht gleicht dem anderen. Gesichtsformen können in sechs verschiedene Grundformen eingeteilt werden: oval, rund, viereckig, dreieckig, trapezförmig und lang.

➜ *vgl. Lernfeld 4, S. 132 f.*

In reiner Form kommen diese Gesichtsformen nur sehr selten vor, trotzdem sollten Sie ihre Merkmale kennen. So können Sie feststellen, aus welchen Grundformen sich ein Gesicht zusammensetzt, und entscheiden, wie die Vorzüge eines Gesichts optimal zur Geltung gebracht werden können.

Um die Gesichtsform zu bestimmen, sollte nur die **Kontur des Gesichts** berücksichtigt werden. Dabei wird die Oberkante des Gesichts durch den Haaransatz bestimmt und nicht durch die Kopfform.
Auch die **Form der Nase** – lang, klein, breit, flach – ist zu beachten, da sie evtl. modelliert werden soll.

1.4.2 Lippenform

Schön geschwungene, volle Lippen, bei denen das Verhältnis von Oberlippe zu Unterlippe in etwa ausgeglichen ist, werden von vielen Kundinnen angestrebt. Bei folgenden Lippenformen wird häufig ein optischer Ausgleich gewünscht:

➜ *vgl. S. 410*

- sehr schmale Lippen
- sehr volle Lippen
- ungleiche Lippen
- abfallende Mundwinkel
- größere Oberlippe als Unterlippe
- größere Unterlippe als Oberlippe
- faltige Lippenpartie

Aufgaben

Lassen Sie Ihr Gesicht mit zurückgenommenen Haaren fotografieren und drucken Sie es mindestens in Größe DIN A5 aus.

❸ Stellen Sie anhand des Fotos fest, welche Gesichtsform Sie haben.

❹ Stellen Sie anhand des Fotos fest, welche Lippenform Sie haben.

1.4.3 Form und Stand der Augen und Augenbrauen

Das mandelförmige Auge, bei dem der äußere Augenwinkel höher ist als der innere, gilt oft als ideal. Man unterscheidet folgende **Augenformen**:

- mandelförmige Augen
- nach außen abfallende Augen
- runde Augen
- kleine Augen
- hervorstehende Augen
- tief liegende Augen
- Schlupflider (die Haut des unbeweglichen Lids drückt auf das bewegliche Lid)

Einige Augenformen sind nicht leicht einzuordnen. Auch hier gibt es Mischformen, z.B. kleine, tief liegende Augen oder auseinanderstehende Augen mit Schlupflidern. Asiatische Augen sind kleiner als europäische Augen, haben oft ein Schlupflid und liegen oft weiter auseinander.

Vor Erstellung eines Augen-Make-ups erfragen Sie, ob und ggf. wann und wie lange die Kundin eine **Brille** trägt. Trägt sie sie die meiste Zeit des Tages, berücksichtigen Sie dies in der Planung, denn Brillengläser verändern optisch die Augengröße:

- Bei **Weitsichtigkeit** wirken die Augen hinter einer Brille **größer**.
- Bei **Kurzsichtigkeit** wirken die Augen hinter einer Brille **kleiner**.

Der Schwung der **Augenbraue** kann ein Gesicht traurig, erstaunt, strahlend oder sexy erscheinen lassen und damit die gesamte Ausstrahlung der Kundin beeinflussen. Vor einem Make-up sollten die Augenbrauen daher vermessen (mit einem Pinsel, Spatel oder Manikürstäbchen) und, falls gewünscht, modelliert werden.

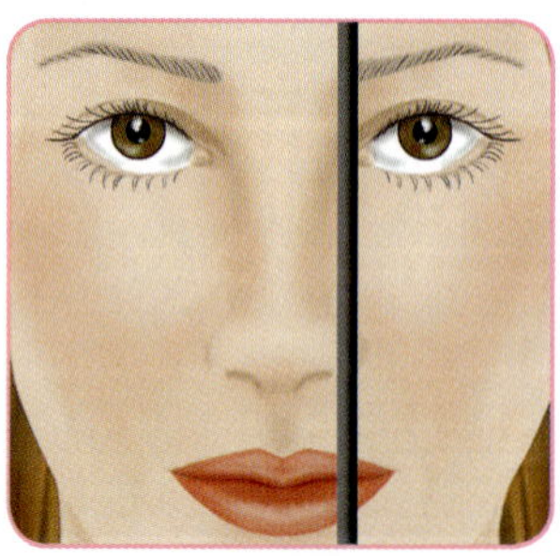

Beginn der Augenbraue: *Der innere Augenwinkel und der Nasenflügel bilden eine Linie. Alle Härchen, die zur Gesichtsmitte wachsen, sollten entfernt werden.*

Ende der Augenbraue: *Der äußere Augenwinkel und der Nasenflügel bilden eine Linie. Alle Härchen, die zum Haaransatz wachsen, sollten entfernt werden.*

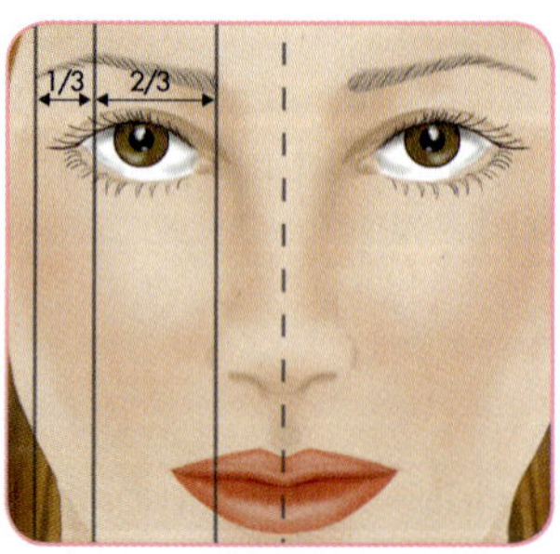

Schwung der Augenbraue: *Die klassische Augenbraue steigt die ersten zwei Drittel ihrer Länge an und fällt nach dem höchsten Punkt wieder um ein Drittel ab.*

Aufgabe

Bestimmen Sie anhand Ihres Fotos Ihre Augenform und Brauenform.

Passt genau eine Augenlänge in den Zwischenraum der Augen, dann ist der **Augenabstand** optimal.

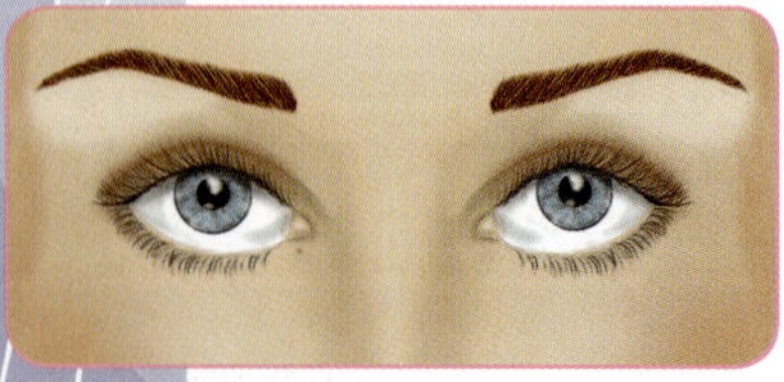

Augenabstand klein

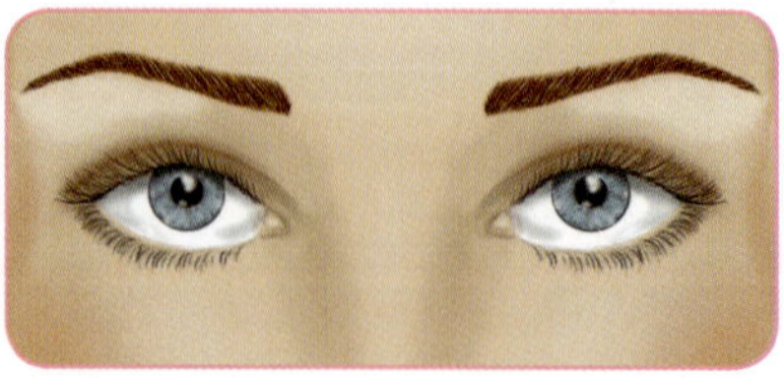

… optimal

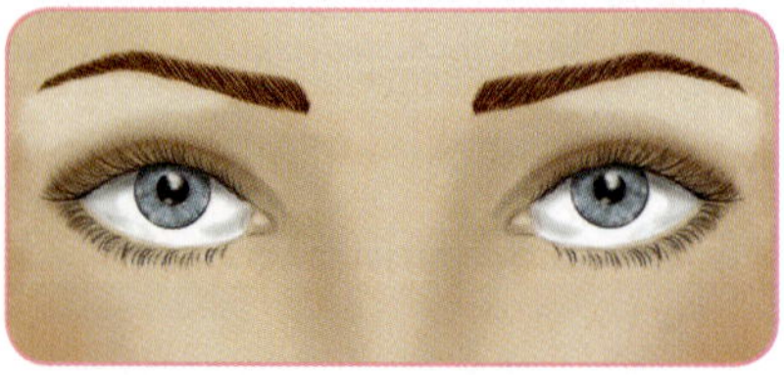

… groß

1.5 Weitere beeinflussende Gegebenheiten

Stil

➜ *vgl. Lernfeld 4, S. 129 ff.*

Kundinnen können nach ihrem äußeren Erscheinungsbild grob eingeteilt werden, wobei sie auch häufig die Stile miteinander mischen. Die meisten Kundinnen wünschen keine Typveränderung, sondern möchten ihren Stil unterstreichen:

- Natürlicher Typ
  Natürliche Farbtöne wie Braun, Beige und Grau für den Lidschatten, dezent nachgezogene Augenbrauen und matter, unauffälliger Lippenstift oder Lipgloss unterstreichen den natürlichen Look.
- Sportlicher Typ
  Die Make-up-Töne sind in Beige-Braun, Grau oder Rosé gehalten. Die Wimperntusche ist wasserfest. Die Lippen werden mit zarten Nuancen und Lipgloss betont.
- Klassischer Typ
  Ein akkurat gezogener Lidstrich und sorgfältig getuschte Wimpern lassen das Make-up perfekt und harmonisch erscheinen. Augenbrauen und Lippen haben klare Konturen.
- Avantgardistischer Typ
  Dieser Typ beweist auch beim Make-up Mut zur Farbe durch Betonung der Augen (dicker Lidstrich, Katzenaugen, Glitter) und Lippen in kräftigen, ungewöhnlichen Farben wie Pink, Lila, Schwarz und probiert gern etwas Neues aus.
- Maskuliner Typ
  Dezente Lidschatten- und Rougetöne unterstreichen die optischen Vorteile des Gesichts. Die Farbe des Lippenstifts variiert von natürlichen bis zu klassischen Rottönen. Die Augenbrauen mit klaren Konturen betonen die maskuline Ausstrahlung.
- Femininer Typ
  Ein verführerisches, raffiniertes Make-up mit dramatisch dunkel geschminkten Augen und ein Mund in kräftigen Rottönen runden das Gesamtbild ab.
- Romantischer Typ
  Beim Make-up werden zarte, pastellfarbene Farben mit Glanzeffekten gewählt, wobei die Augen besonders betont werden.

Natürlicher Typ

Sportlicher Typ

Klassischer Typ

Avantgardistischer Typ

Maskuliner Typ

Femininer Typ

Romantischer Typ

Anlass

Fragen Sie die Kundin nach dem Anlass für das Make-up: Ist es für ein besonderes Ereignis (z. B. eigene Hochzeit, Ball) – oder wird ein Tages-Make-up gewünscht?

Beruf

Wenn die Kundin das Make-up während der Arbeit trägt, sollten Sie ihren Beruf bei der Farbwahl berücksichtigen. So kann z. B. bei einer Sekretärin die Farbe kräftiger ausfallen als bei einer Fleischereifachverkäuferin.

Aufgabe

Erstellen Sie eine Informationsbroschüre, indem Sie aus Zeitschriften für jeden Stil Beispiele heraussuchen, diese in die Broschüre kleben und mit den entsprechenden Merkmalen beschriften.

1.6 Beurteilungsbogen Make-up

Die das Make-up beeinflussenden Kundengegebenheiten werden in einem Beurteilungsbogen erfasst.

Beurteilungsbogen Make-up

Kundenname:

Adresse: Telefon:

1. Beruf:
2. Anlass für das Make-up:
3. Besonderheiten (die zu berücksichtigen sind, z. B. Beleuchtung):
4. Stil:
   O natürlich O sportlich O avantgardistisch
   O klassisch O maskulin O romantisch
   O feminin O Mischtyp:
5. Farbtyp:
   O Frühlingstyp O Sommertyp
   O Herbsttyp O Wintertyp
   O Mischtyp:
6. Natürliche Haarfarbe:
7. Augenfarbe:
8. Hautton:
   O rosig O goldig O oliv
   O anderer Hautton:

9 Hauttyp:
   O normale Haut O Sebostase
   O Seborrhö oleosa O Seborrhö sicca
   O Mischhaut O Reife Haut
   O Besonderheiten:

10. Allergien:
11. Hautveränderungen:
    O kleine Schüppchen O rau, trocken
    O Komedonen O Alterskomedonen
    O Milien O Pusteln
    O Papeln O diffuse Rötung
    O Teleangiektasien O Venektasien
    O Narben O Augenringe
    O Tränensäcke O Falten
    O Alterswarzen
    O farbliche Veränderungen:
    O Sonstiges:
12. Gesichtsform:
    O oval O rund O viereckig
    O dreieckig O trapezförmig
    O lang O Mischform:
13. Form und Stand der Augen:
    O äußerer Augenwinkel aufsteigend
    O äußerer Augenwinkel abfallend
    O Augenwinkel auf einer Höhe
    O rund O klein O hervorstehend
    O tief liegend O Schlupflider
    O faltige Augenpartie O hervorstehend
    O weit auseinanderstehend O eng stehend
    O Sonstiges:
14. Brillenträgerin:
    O nein
    O ja: O weitsichtig
    O kurzsichtig
15. Augenbrauen:
    Stimmt der innere Punkt? O ja O nein
    Stimmt der äußere Punkt? O ja O nein
    Stimmt das Volumen? O ja O nein
    Stimmt die Farbe? O ja O nein
16. Lippenform:
    O ausgeglichen O sehr schmale Lippen
    O sehr volle Lippen O ungleiche Lippen
    O abfallende Mundwinkel
    O größere Ober- als Unterlippe
    O größere Unter- als Oberlippe
    O faltige Lippen
    O Sonstiges:
17. Schminkgewohnheiten:

2 Basiswissen Make-up

Für ein Tages-Make-up haben Sie die Haut beurteilt und die anatomischen Gegebenheiten Ihrer Kundin ermittelt. Die Kundin hat recht weit auseinanderstehende, kleine Augen und sehr volle Lippen. Wie können Sie durch die Auswahl und Platzierung der Farben den Kundenwunsch nach größer wirkenden Augen und schmaleren Lippen verwirklichen?

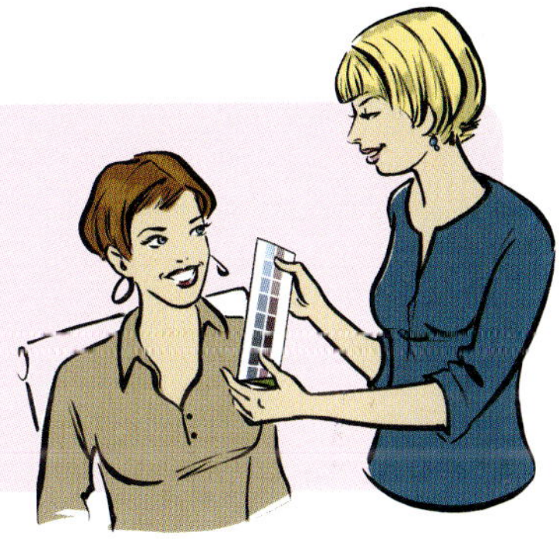

Mit der Technik des **Modellierens** können Gesichts-, Augen- oder Lippenform optisch verändert oder bestimmte Eigenheiten des Gesichts betont werden. Modellieren bedeutet künstlich zu formen und Proportionen des Gesichts optisch zu verändern.
Dabei gilt der **Grundsatz**:

- **Hell** tritt optisch hervor und wirkt dadurch optisch größer und betont.
- **Dunkel** tritt optisch zurück und wirkt dadurch optisch kleiner und unauffälliger.

→ *vgl. Lernfeld 8, S. 299*

2.1 Ausgleich und Betonung von Gesichtsformen

Die Gesichtsform kann mit Grundierung sowie mit Rouge optisch verändert werden.

Beim **Modellieren mit Grundierung** sind zwei Farben erforderlich, mit denen Gesichtspartien abgedunkelt (kaschiert) oder aufgehellt (hervorgehoben) werden:

- **Abgedunkelt** wird immer mit etwa einer Nuance dunkler als der Hautton.
- **Aufgehellt** wird mit einigen Nuancen heller als der Hautton.

Mit **Rouge** kann man nicht schattieren, da Rot eine Signalfarbe ist und dadurch optisch hervortritt. Aber durch den Winkel, wie das Rouge auf der Wange platziert wird, kann die Gesichtsform optisch beeinflusst werden.

Das **ovale Gesicht** wird meist als harmonisch empfunden und daher nur modelliert, wenn bestimmte Wirkungen erzielt werden sollen.

Betonung mit Grundierung und Rouge

Schaut man sich die Topmodels heute an, so lässt sich feststellen, dass etliche von ihnen Gesichtsformen haben, die nicht dem als Ideal geltenden Oval entsprechen. Vielmehr steht das Individuelle und Charakteristische einer Gesichtsform im Vordergrund. Dies gilt es hervorzuheben durch ein nach dem oben genannten Grundsatz zur Wirkung von Hell und Dunkel erstelltes Make-up.

Betonung einer länglichen Gesichtsform durch Rouge

Ausgleich mit Grundierung und Rouge

Eine **lange Nase** wirkt optisch kürzer, wenn Nasenspitze und Nasenwurzel abgedunkelt werden.
Eine **kleine Nase**, z. B. bei Asiatinnen, kann durch etwas Rouge auf dem Nasenrücken an Tiefe gewinnen.
Bei einer **flachen Nase mit breiten Nasenflügeln**, wie sie bei Afrikanerinnen häufig vorkommt, wird der Nasenrücken mit einem helleren Make-up-Ton hervorgehoben und die Nasenflügel abgedunkelt.

Ausgleich von Gesichtsformen zum Oval

Gesichtsform	Ausgleich mit Grundierung		Ausgleich mit Rouge	
rund	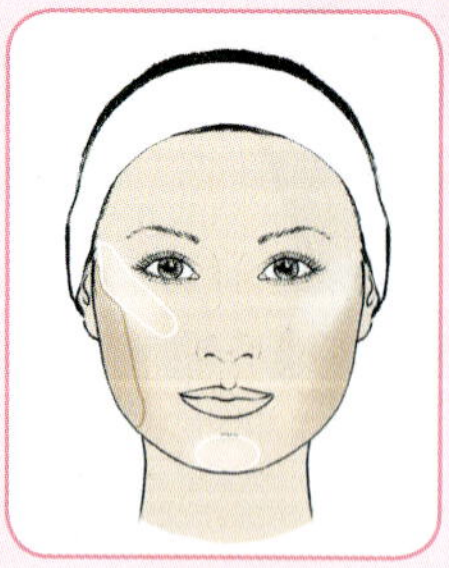	Die Partie unterhalb der Wangenknochen dunkler schattieren (bis zum Haaransatz). Kinnspitze und die Partie oberhalb der Wangenknochen aufhellen.	Rouge mit weichen Farbübergängen seitlich am Wangenknochen entlang in Richtung Mundwinkel auftragen.	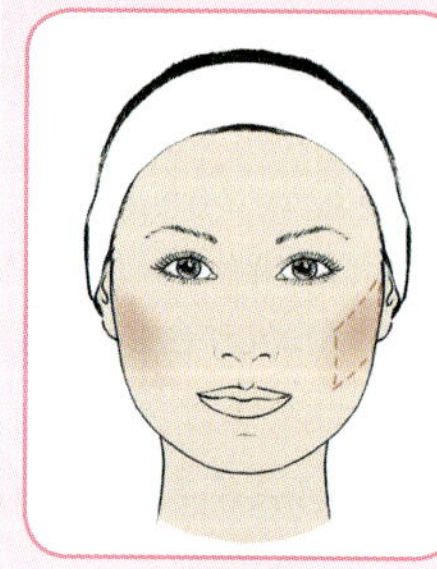
viereckig	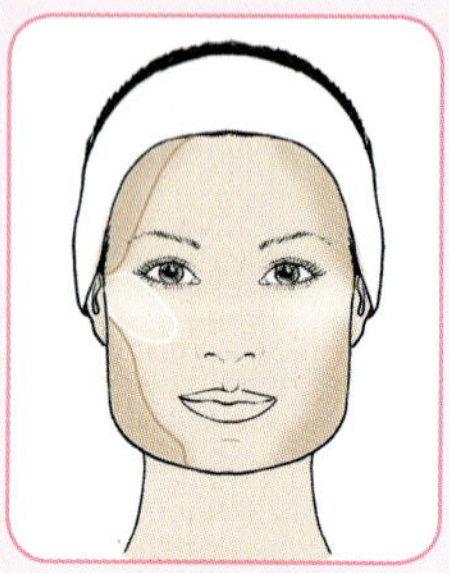	Kiefer- und Schläfenpartien dunkler modellieren, dadurch wirkt das Gesicht weicher. Oberhalb der Wangenknochen heller schattieren.	Rouge seitlich am Wangenknochen sehr steil platzieren. Oberhalb des Ohres am Haaransatz beginnen, seitlich unterhalb des höchsten Punkts des Wangenknochens enden.	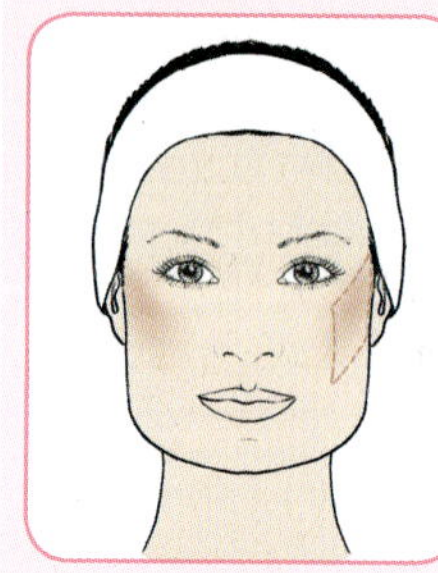
dreieckig	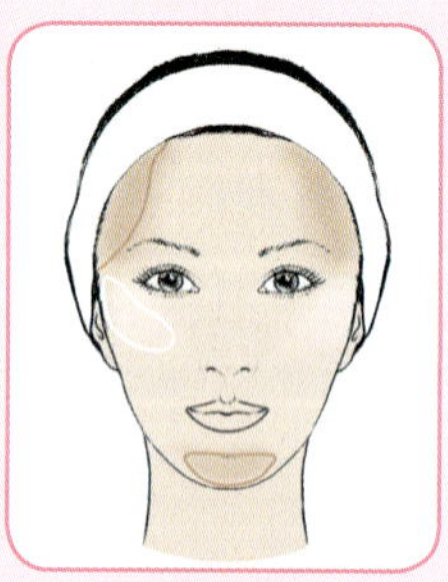	Damit das Gesicht gleichmäßiger wirkt, die beiden Seiten der Stirn und die Kinnspitze dunkler grundieren. Oberhalb der Wangenknochen heller schattieren.	Auf die höchste und breiteste Stelle des Jochbogens Rouge setzen, von dort schräg und weich nach vorne unten bis unter den äußeren Augenwinkel auslaufen lassen.	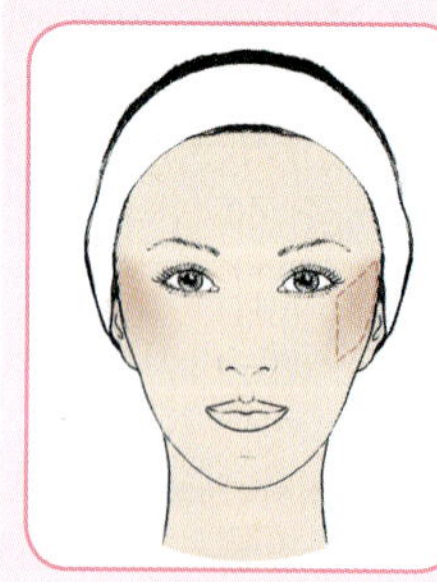
trapezförmig	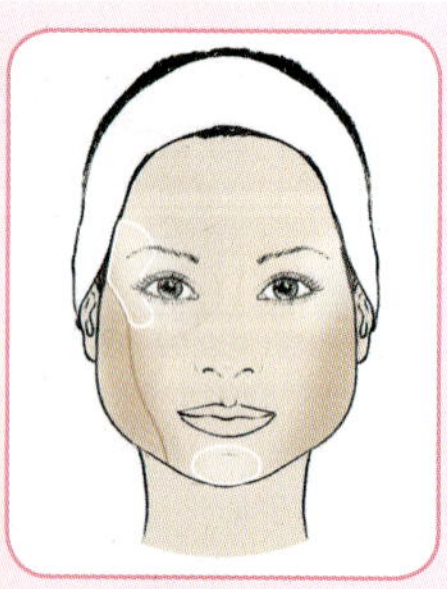	Ab Augenhöhe über die Kieferpartie dunkler modellieren. Kinnspitze und die Partie oberhalb der Wangen heller schattieren.	Rouge seitlich am Wangenknochen sehr steil platzieren. Am Haaransatz in Augenhöhe beginnen und seitlich nach unten weich auslaufen lassen.	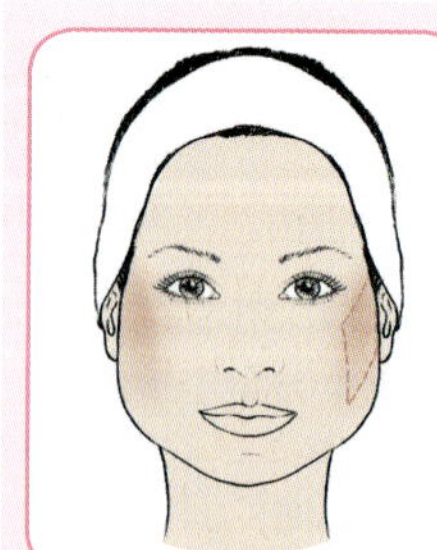
lang	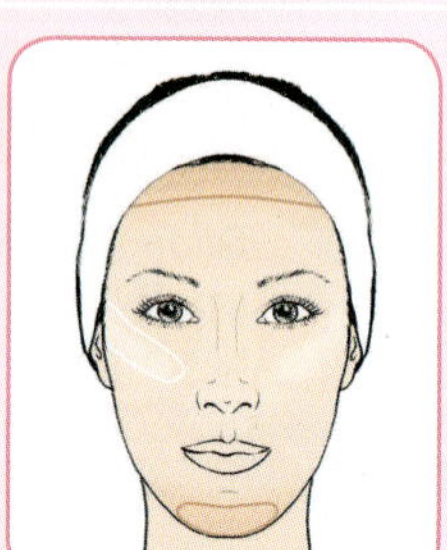	Stirn waagerecht (bis in den Haaransatz) und Kinnspitze dunkler schattieren. Oberhalb der Wangenknochen heller schattieren.	Rouge von der Ohrmitte gerade bis etwa zum Augenanfang (relativ großflächig) platzieren, d. h. nicht zu weit zur Gesichtsmitte, da es sonst länger wirkt.	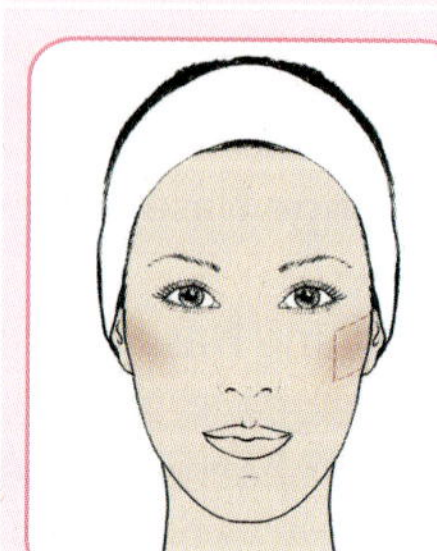

2.2 Ausgleich und Betonung von Augenformen

2.2.1 Ausgleich von Augenformen

Augenformen werden durch **Zupfen der Augenbrauen** sowie durch **Platzierung und Farbwahl des Lidschattens** modelliert. Vergleicht man die Augenform der Kundin mit der gewünschten Form, ergeben sich die zu verändernden Höhen und Tiefen. So tritt z. B. ein tief liegendes Auge mit hellen Tönen schattiert optisch hervor.
Zum Modellieren mit Lidschatten eignen sich alle Naturtöne. Wünscht die Kundin zusätzlich einen farbigen Lidschatten, so setzt man auf die dunkle Schattierung einen dunklen farbigen Ton und auf die helle Schattierung einen hellen farbigen Ton.

Nach außen abfallende Augenwinkel

Den äußeren Augenwinkel mit einer Abdeckcreme aufhellen; mit Puder fixieren.

❶ Um das Auge anzuheben, am Wimpernrand mit dunklem Kajalstift eine Linie ziehen, im äußeren Drittel des Augenlids schräg nach oben betont auftragen.
❷ Darüber einen dunklen Lidschatten setzen.
❸ Nach innen versetzt einen helleren Lidschatten auftragen und die Farben leicht ineinander verwischen.

Der Lidstrich muss am Oberlid nach außen breiter sein als im inneren Augenwinkel.

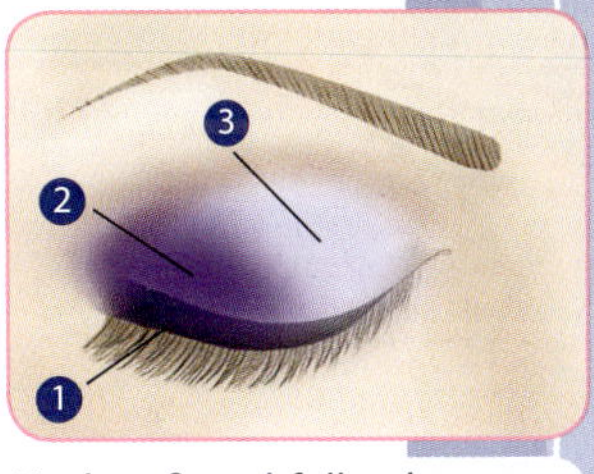

Nach außen abfallende Augenwinkel

Runde Augen

❶ Das Oberlid mit einem hellen bis mittleren Lidschattenton grundieren.
❷ Mit einem dunkleren Ton über die Lidfalte in Richtung Schläfen schattieren.
❸ Kajal oder Eyeliner zum äußeren Augenwinkel hin fast waagerecht verlängern.
❹ Am Unterlid Kajal oder Eyeliner so weit verlängern, bis sich beide Striche treffen.

Die Augenbrauen sollten keine rundliche Form haben, denn dies betont die Rundung der Augen!

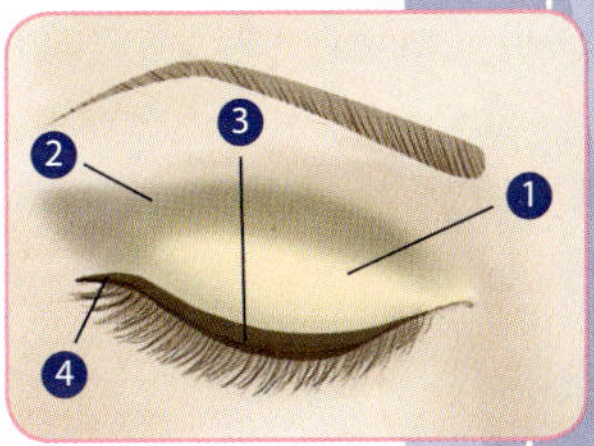

Runde Augen

Kleine Augen

❶ Das gesamte Oberlid mit einem hellen Lidschatten grundieren.
❷ Mit dunklem Lidschatten über die Lidfalte hinaus schräg nach außen schattieren.
❸ Den dunklen Lidschatten auch im äußeren unteren Augenwinkel und unter den Wimpern auftragen.
❹ Kajal am Wimpernrand des Ober- und Unterlids ebenfalls in der Verlängerung nach außen ziehen und die beiden Endungen leicht miteinander vermischen.

Ein weißer oder beigefarbener Kajal im unteren inneren Augenlid lässt die Augen größer und klarer aussehen.
Die Augenbrauen sollten eher schmal gezupft sein.

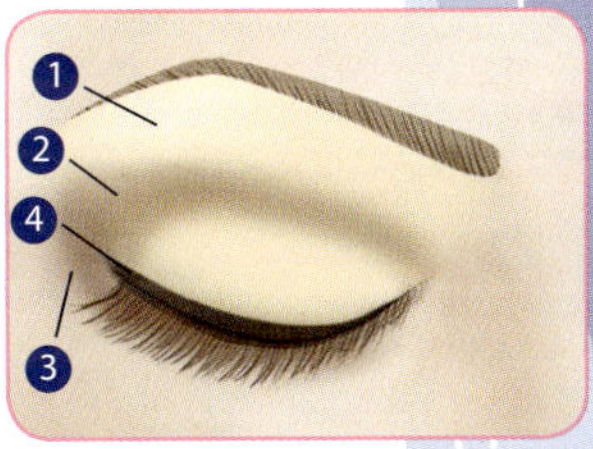

Kleine Augen

Hervorstehende Augen

Grundsätzlich bei dieser Augenform auf helle, glänzende Töne verzichten!

❶ Das gesamte Oberlid mit einem matten Lidschatten in einem mittleren Farbton grundieren.
❷ Auf das Oberlid vom Wimpernrand bis zur Lidfalte einen dunklen, matten Lidschatten setzen; den äußeren Augenwinkel dunkler schattieren als den inneren.
❸ Die dunkle Schattierung aus der Lidfalte heraus schräg nach außen verlängern.
❹ Eyeliner oder Kajal am Oberlid den Wimpernrand entlangziehen und nach außen etwas breiter werden lassen (keilförmig).

Auf dem inneren Unterlid Kajal auftragen.

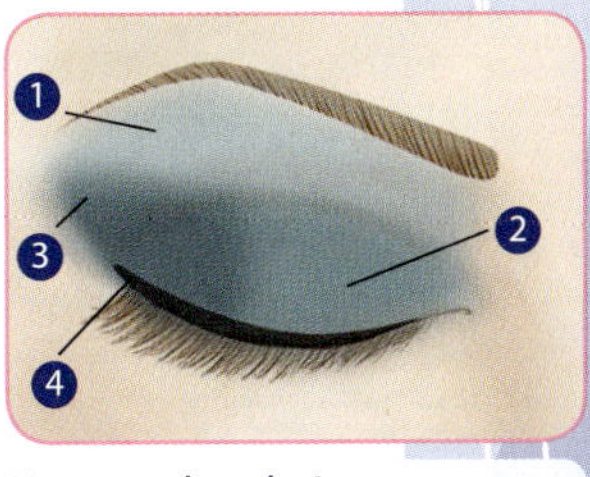

Hervorstehende Augen

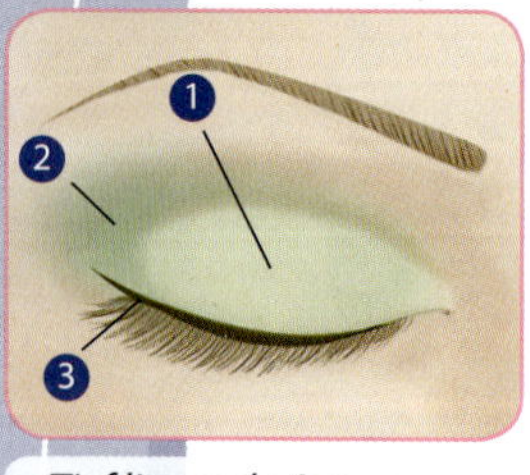
Tief liegende Augen

Tief liegende Augen

Grundsätzlich tief liegende Augen nicht zu dunkel schminken.

❶ Das ganze Oberlid mit einem hellen Lidschatten grundieren.

❷ Einen etwas dunkleren Lidschatten in die Lidfalte setzen. Die dunklere Betonung sollte dabei im äußeren Augenwinkel liegen.

❸ Auf dem oberen und unteren Wimpernrand einen zarten Lidstrich mit Kajal oder Eyeliner ziehen und die Enden nach außen leicht verlängern.

Die Augenbrauen eher schmal zupfen, um das Auge optisch zu vergrößern.

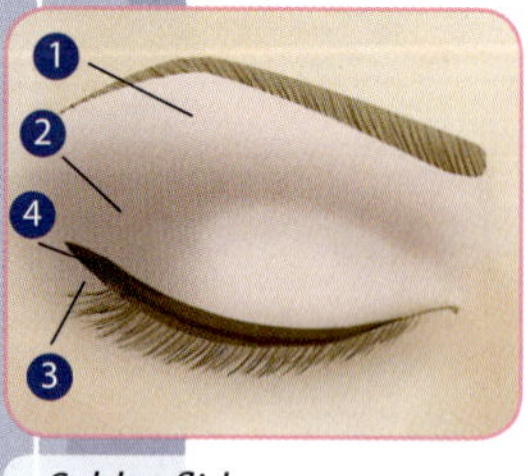
Schlupflider

Schlupflider

❶ Einen hellen bis mittleren Grundton auf das ganze Oberlid auftragen.

❷ Mit einem dunklen Ton die Lidfalte optisch nach oben verlagern, wobei der dunkelste Bereich der modellierten Lidfalte im äußeren Bereich des Lids liegt.

❸ Dunklen Lidschatten auch am unteren Wimpernrand auftragen, wobei er ab der Mitte des Auges nur noch auslaufend nach innen schattiert wird.

❹ Mit Kajal oder Eyeliner am Wimpernrand des Ober- und Unterlids einen Lidstrich (mit Betonung des äußeren Augenwinkels) auftragen.

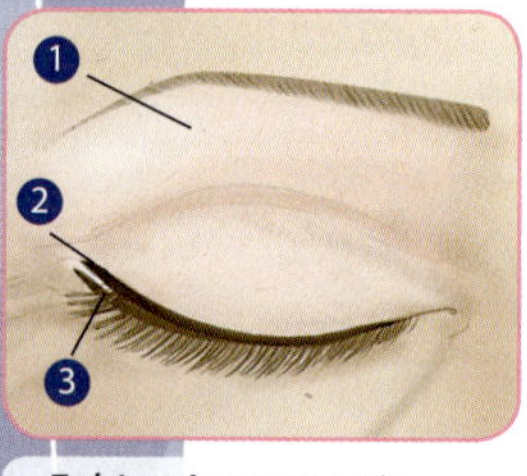
Faltige Augenpartie

Faltige Augenpartie

❶ Auf das gesamte Oberlid einen hellen, matten Lidschatten setzen.

❷ Einen feinen Kajal- oder Eyelinerstrich auf dem oberen Wimpernrand nach außen hin verlängern.

❸ Am Unterlid einen Kajal-/Eyelinerstrich unter die Wimpern setzen, der parallel mit dem oberen Strich ausläuft, d. h., sie treffen sich nicht. In den Zwischenraum der Striche einen hellen Ton setzen, damit die Augen „offener" erscheinen.

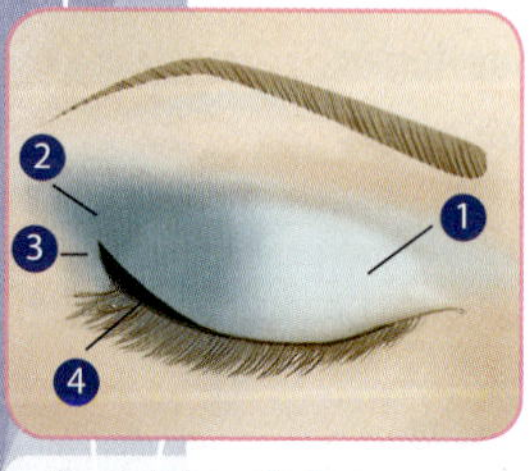
Eng stehende Augen

Eng stehende Augen

Grundsätzlich helle Töne im inneren und dunkle Töne im äußeren Augenwinkel auftragen.

❶ Das Oberlid bis zur Nasenwurzel mit hellem Lidschatten grundieren.

❷ Nur den äußeren Augenwinkel (beginnend in der Mitte des Lids) mit einem dunklen Lidschatten über die Lidfalte nach außen schattieren.

❸ Am unteren Wimpernrand den äußeren Bereich mit dunklem Lidschatten betonen.

❹ Einen Lidstrich nur in den äußeren Augenwinkel setzen.

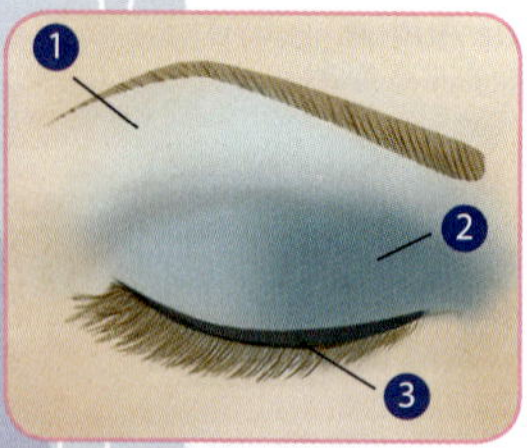
Weit auseinanderstehende Augen

Weit auseinanderstehende Augen

Grundsätzlich dunkle Töne im inneren und helle Töne im äußeren Augenwinkel auftragen.

❶ Das Oberlid mit hellem Lidschatten grundieren.

❷ Dunklen Lidschatten auf den vorderen Teil des Augenlids in Richtung Nasenwurzel auftragen und einen mittleren Lidschattenton auf den äußeren Teil des Oberlids.

❸ Mit einem Lidstrich kann der Wimpernrand in Richtung Nase betont werden.

Auf keinen Fall mit dem Augen-Make-up das Auge nach außen hin betonen.

Aufgabe

Üben Sie an einer Mitschülerin die Schminktechniken für die unterschiedlichen Augenformen.

2.2.2 Betonung von Augenformen

Durch gezieltes Setzen von Lidschatten und Lidstrich kann, wenn die Kundin es wünscht, die vorhandene Augenform betont werden, z. B. große, runde Augen.

2.2.3 Brillen-Make-up

Bei einem Brillen-Make-up ist neben der Augenform unbedingt zu berücksichtigen, ob die Brillenträgerin kurz- oder weitsichtig ist, denn die Gläser sind unterschiedlich geschliffen und verändern dadurch optisch die Augengröße. Bei Kurzsichtigen wirken die Augen hinter der Brille eher kleiner, bei Weitsichtigen eher größer.

Alle Farben des Augen-Make-ups sollten mit dem Brillengestell und der Augenfarbe harmonieren, also kühl zu kühl und warm zu warm.

Augen-Make-up für Kurzsichtige

Zur optischen Vergrößerung helle, glänzende Farbtöne einsetzen, den oberen Wimpernrand mit einem zarten Lidstrich betonen und das Unterlid mit Kajal schattieren. Die Wimpern oben und unten mehrmals kräftig tuschen, denn voluminöse Wimpern vergrößern die Augen.

Vorher

Nachher

Augen-Make-up für Weitsichtige

Durch die Verwendung von matten, mittleren bis dunklen Farbtönen und das Umranden des ganzen Auges mit Kajal oder Eyeliner werden die Augen optisch verkleinert. Die Wimpern sollten insgesamt nur zart getuscht werden. Bei starken Gläsern keine schwarze Tusche, sondern graue, grüne oder blaue verwenden.

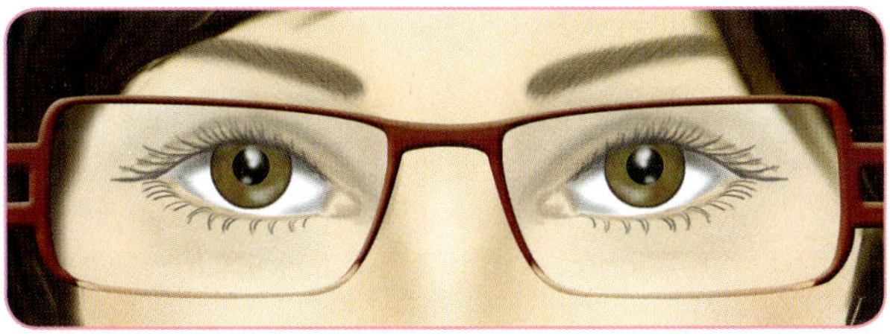

Vorher

Nachher

Aufgabe

Suchen Sie aus einer Zeitschrift oder einem Werbeprospekt zwei Beispiele für Brillenträgerinnen mit unterschiedlichen Brillengestellen heraus und erstellen Sie jeweils eine passende Augen-Make-up-Skizze.

2.3 Ausgleich und Betonung von Lippenformen

Die Lippenform wird bei der Farbwahl berücksichtigt, denn helle, glänzende Töne vergrößern die Lippen optisch und dunkle Töne lassen sie kleiner erscheinen. Lipliner und Lippenstift werden farblich aufeinander abgestimmt.
Beim Modellieren der Lippenform sollte in jedem Fall die Lippenkontur mit Grundierung, Abdeckcreme oder Abdeckstift abgedeckt und mit Puder abgepudert werden, damit die eigene Kontur kaum noch sichtbar ist.
Damit es nicht unnatürlich aussieht, empfiehlt es sich, ungefähr bei der Originalkontur zu bleiben und nur kleinere Veränderungen vorzunehmen.

Ausgleich bestimmter Lippenformen

Sehr schmale Lippen
Die Lippenkontur mit einem Konturenstift an der äußeren Linie nachziehen (nicht übermalen) und mit einem Wattestäbchen nach innen verwischen.
Einen hellen, glänzenden Lippenstift auftragen, denn Helligkeit und Glanz sorgen optisch für mehr Volumen (Lipgloss verstärkt den Eindruck).

Sehr volle Lippen
Die innere Linie der Lippenkontur mit einem Konturenstift nachziehen.
Einen matten, dunklen Lippenstift (besonders gut geeignet sind Brauntöne) auftragen. Auf Lipgloss verzichten, denn er vergrößert sonst optisch wieder.

Ungleiche Lippen
Je nach Lippenform wird eine Veränderung genauso wie bei schmalen bzw. vollen Lippen vorgenommen.

Abfallende Mundwinkel
Nach dem Abdecken der Mundwinkel eine ansteigende neue Lippenkontur zeichnen, um die Mundwinkel optisch anzuheben.

Größere Ober- als Unterlippe
Mit Konturenstift auf der Oberlippe innerhalb der natürlichen Kontur nachziehen; auf der Unterlippe die Kontur an der äußeren natürlichen Lippenkontur nachziehen. Zusätzlich kann auf die Mitte der Unterlippe ein hellerer Lippenstift auf den Lippenstift gesetzt werden.

Größere Unter- als Oberlippe
Den Konturenstift außerhalb der natürlichen Lippenkontur der Oberlippe und bei der Unterlippe innerhalb der natürlichen Kontur setzen. Einen etwas helleren Lippenstift auf die Oberlippe geben.

Faltige Lippenpartie
Unter dem Lippenstift kann ein „Lip-Fix-Präparat" aufgetragen werden. Es sorgt dafür, dass der Lippenstift länger hält und nicht so leicht in die Fältchen läuft.
Die Lippen mit Zeige- und Mittelfinger spannen, mit dem Konturenstift eine saubere Lippenkontur nachziehen und den Lippenstift auftragen. Farbe nicht zu dunkel (wirkt zu hart) und nicht zu hell (zu wenig Kontur) wählen, ohne metallisch schimmernden Effekt (bringt Lippenfältchen mehr zur Geltung).

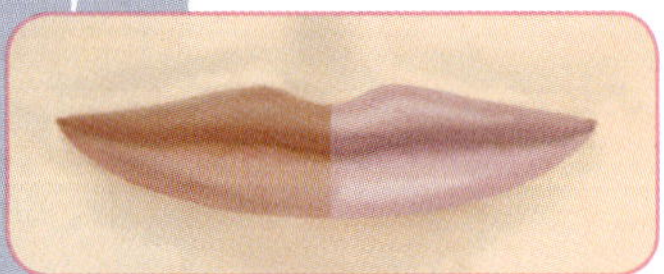

Sehr schmale Lippen (Ausgleich rechts)

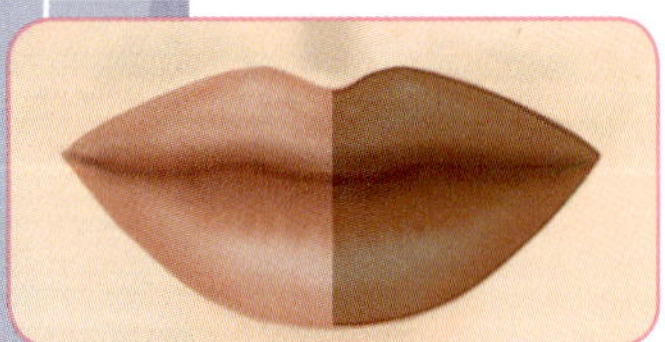

Sehr volle Lippen (Ausgleich rechts)

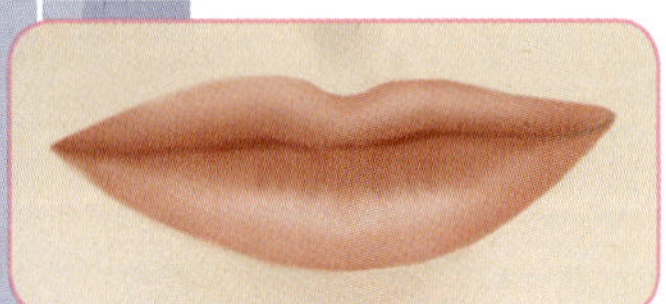

Ungleiche Lippen (Ausgleich s. o.)

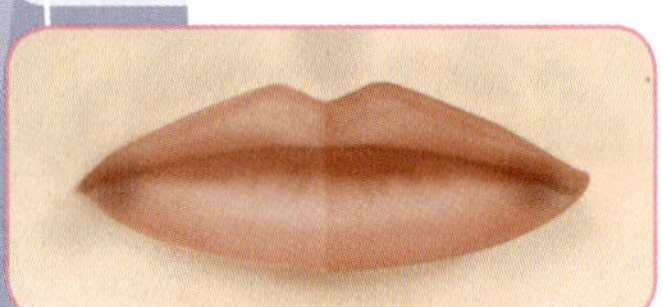

Abfallende Mundwinkel (Ausgleich rechts)

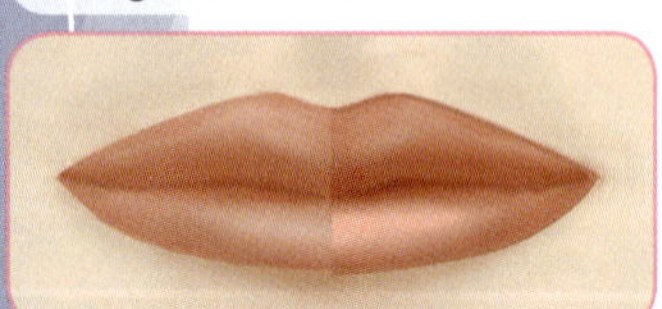

Größere Ober- als Unterlippe (Ausgleich rechts)

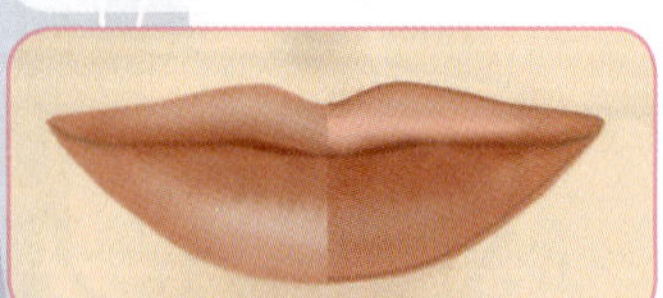

Größere Unter- als Oberlippe (Ausgleich rechts)

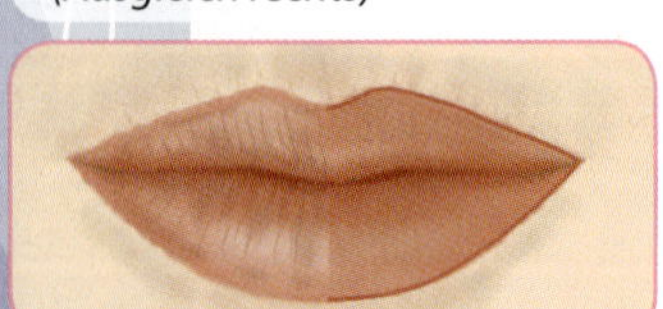

Faltige Lippenpartie (Ausgleich rechts)

Aufgabe

Bestimmen Sie bei einer Mitschülerin die Lippenform und schminken Sie die Lippen so, dass die Form ausgeglichen wirkt. Hat Ihre Partnerin eine „ideale" Lippenform, erproben Sie eine optische Vergrößerung oder Verkleinerung.

Betonung der Lippenform

Jede Lippenform kann aber auch durch Auftragetechnik und Farbwahl betont werden. Volle Lippen erscheinen z. B. durch helle, glänzende Töne und/oder Lipgloss optisch noch voller.

2.4 Farbempfehlungen für die vier Farbtypen

➜ vgl. Lernfeld 8, S. 293 und 301

Farbempfehlungen für das Make-up				
Farbtyp	Frühlingstyp	Sommertyp	Herbsttyp	Wintertyp
Grundierung	Gelbstichige Nuancen wählen, die Grundierung sollte durchscheinend wirken.	Es sollten Nuancen mit rosigem Schimmer gewählt werden.	Nuancen mit einem beige-gelblichen Grundton.	Rosige, beige- oder olivfarbene Nuancen.
Lidschatten	Er hängt von der Augenfarbe ab, z. B. ein Goldbraun bis zu zartem Grün.	Kühle, zarte Farben wie Grau, Lila oder Pink kommen infrage.	Schön sind warme, matte Töne wie Braun, Kupfer, Gold oder Oliv.	Kühle, harte Farben, z. B. Stahlblau, Anthrazit, Mauve, Pink, Nachtblau.
Wimperntusche	Braun	Anthrazit oder Braunschwarz	Dunkelbraun bis Schwarzbraun	Tiefschwarz
Lippen	Die hellen Orange-Braun-Töne eignen sich, sie sollten aber nicht zu dunkel sein.	Alle Rosatöne, d. h. ein helles Lippenrot mit einem kleinen Blaustich.	Immer mit einem warmen Schimmer, z. B. Rotbraun, Rost, Terrakotta, Orange.	Wichtig ist, dass der Lippenstift einen kühlen Blaustich hat.
Rouge	Zartes Rouge in hellen Orangetönen.	Altrosa ist die ideale Nuance, auch zartes Pink bis zu Weinrot sind denkbar.	Gedämpfte Töne von Orange bis Terrakotta.	Ein Hauch von Rouge in Nuancen von Rosa bis Pink; nicht zu viel Rouge.

Besonderheiten in der Farbwahl bei afrikanischer Haut:
- **Grundierung:** Rosa Nuancierung kann einen grauen, aschigen Ton ergeben, blaue Nuancierung oder Goldschimmer sind eher vorteilhaft.
- **Lidschatten:** dunkel oder kräftig. Pastellfarben geben ein eher blasses Aussehen.
- **Rouge:** Rot oder Rotblau wirkt schmeichelnder als grelle Orange- oder Pinktöne.
- **Lippen:** dunklere und grellere Farben, besonders dunkle Rosétöne, Rot, Rotbraun, Weinrot. Pink und orange Farbtöne passen nicht so gut.

Besonderheiten in der Farbwahl bei asiatischer Haut:
- **Grundierung:** Die Hautfarbe kann leicht gelblich sein. Das Ergebnis sollte nicht zu blau- oder rosastichig sein, weil es eher dunkel wirkt.
- **Lidschatten:** hell, um die Augen optisch zu vergrößern.

3 Arbeitsmittel und Präparate

In Ihrem Ausbildungsbetrieb läuft eine Werbeaktion für dekorative Kosmetikbehandlungen. Ihre Chefin bittet Sie, die Menge der noch vorhandenen Arbeitsmittel und Präparate zu prüfen und eine Nachbestellung vorzubereiten.
Welche Arbeitsmittel und Präparate sollten für die dekorative Gestaltung der Haut vorrätig sein?

Für ein fachgerechtes Make-up benötigen Sie Kenntnisse über Wirkung und Anwendung der Präparate zur pflegenden und dekorativen Kosmetik. Ebenso sind Fertigkeiten im Einsatz der Arbeitsmittel (Pinsel, Schwämmchen usw.) erforderlich.

3.1 Arbeitsmittel

3.1.1 Arbeitsmittel für die Reinigung und Pflege des Gesichts

Kompressen sind mit warmem oder kaltem Wasser angefeuchtete Mulltücher oder Gästehandtücher zum Abnehmen von Reinigungsmilch oder von Masken.
Mit dem **Bürstenschleifgerät** können durch rotierende Bürsten in Verbindung mit einem Peeling abgestorbene Hautzellen entfernt werden.

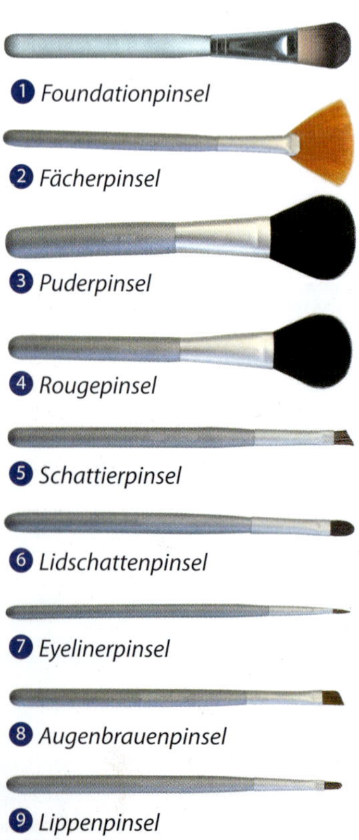

3.1.2 Arbeitsmittel für die dekorative Gestaltung des Gesichts

Pinsel

Es gibt große und kleine, dicke und dünne Pinsel aus verschiedenen Materialien. Empfehlenswert sind Echthaarpinsel; sie sorgen für einen sauberen Farbauftrag.

❶ Der **Foundationpinsel** dient zum Auftragen von Fluid-Make-up.
❷ Der weiche **Fächerpinsel** eignet sich zum Abschattieren.
❸ Der große **Puderpinsel** ist vorne ein bisschen abgerundet und ideal zum Auftragen von losem und kompaktem Puder.
❹ Der ebenfalls vorne abgerundete **Rougepinsel** (kleiner als der Puderpinsel) wird zum Auftragen von Rouge und Schattierungen verwendet.
❺ Der **Schattierpinsel** mit schräger Spitze eignet sich zum Auftragen von Lidschatten, aber auch z. B. zum Auftragen von Augenbrauenpuder oder zum Nachziehen der Lippenkontur kann er eingesetzt werden.
❻ Mit dem **Lidschattenpinsel** kann Lidschatten aufgetragen werden. Auch Abdeck- und Schattierungscreme lässt sich damit einarbeiten.
❼ Der feine **Eyelinerpinsel** hat eine pointierte Spitze, um einen feinen Lidstrich zu ziehen.
❽ Der **Augenbrauenpinsel** hat ebenfalls eine schräge Spitze und ist etwas härter als die Schattierpinsel, deshalb ermöglicht er eine klare Linie. Er ist zum Ausbessern der Augenbrauen mit Puder zu verwenden. Auch zum Modellieren von Lidschatten ist er einsetzbar.
❾ Der **Lippenpinsel** vereinfacht das exakte Nachzeichnen der Lippenkontur und das Auftragen des Lippenstifts. Auch beim Auftragen von Abdeckcreme ist er hilfreich.

Praxistipp

Pinsel sind lange haltbar, wenn sie mit einem Pinselreiniger gesäubert und zum Trocknen auf ein Handtuch gelegt werden. Stellt man sie im nassen Zustand mit den Borsten nach oben in ein Gefäß, kann Wasser in den Schaft gelangen und die Borsten lösen.

Weitere Arbeitsmittel

1. Der **Lidschattenapplikator** (Lidschattenschwämmchen) wird ebenfalls zum Auftragen und Modellieren von Lidschatten verwendet.
2. Damit die Wimpern nicht verkleben, wird die **Wimpernspirale** nach jedem Tuschvorgang mit Wimperntusche angewandt.
3. Mit dieser Kombination von **Bürstchen und Kamm** können bei Bedarf die Augenbrauen in Form gebürstet werden.
4. Ein **Make-up-Schwämmchen** gewährleistet sauberes Auftragen von Make-up, es lässt sich mit dem Schwämmchen sehr gut verteilen. Je poröser die Struktur, desto gröber wird das aufgetragene Make-up.
5. Zum Auftragen von losem Puder wird die **Puderquaste** in den Puder getaucht und dann vorsichtig auf das Gesicht gedrückt.
6. Der **Spatel** besteht aus Plastik und wird aus hygienischen Gründen zum Herausnehmen und Mischen von Präparaten verwendet, z. B. für Lippen- und Abdeckstifte.
7. Zum Zupfen der Augenbrauen stehen hauptsächlich zwei Arten von **Pinzetten** zur Verfügung: Es gibt einfache Pinzetten mit abgeschrägten Spitzen und die automatischen Pinzetten.
8. Der **Brauenshaper** ist ein kleines Spezialmesser mit abgerundeten Kanten zum Rasieren der Augenbrauen.
9. Mit der **Wimpernzange** können Wimpern vor allem am oberen Augenlid so verformt werden, dass sie sich stärker als von Natur aus nach außen wölben. Der Effekt hält mehrere Stunden.
10. **Dappenglas** und **Kunststoffstäbchen** werden zum Mischen und Auftragen von Augenbrauen- oder Wimpernfarbe benötigt.
11. Die feinen **Wimpernblättchen** aus Vlies werden beim Wimpernfärben unter die Wimpern des unteren Augenlids gelegt.
12. Für die Wimpernwelle, die dauerhafte Umformung der Wimpern, gibt es **selbstklebende Wimpernröllchen** in verschiedenen Dicken.

1 Lidschattenapplikator

2 Wimpernspirale

3 Bürstchen und Kamm

4 Make-up-Schwämmchen

5 Puderquaste

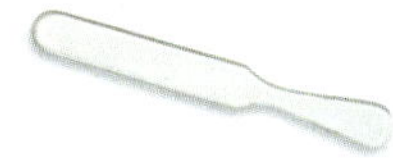

6 Spatel

7 Pinzetten

Automatische Pinzette

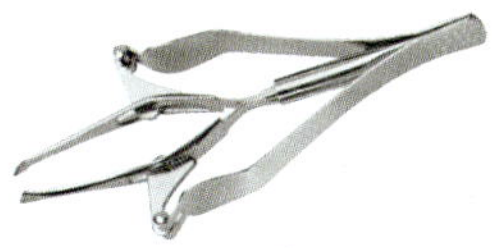

Angeschrägte Pinzette

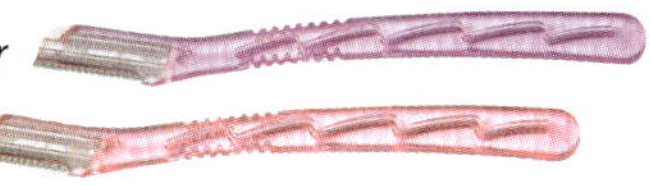

8 Brauenshaper

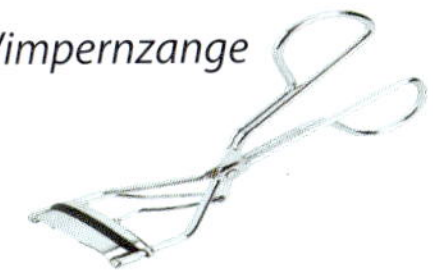

9 Wimpernzange

10 Dappenglas

11 Wimpernplättchen

12 Wimpernröllchen

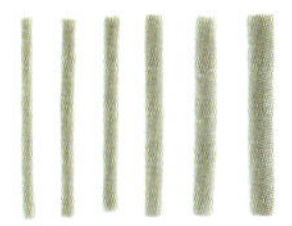

3.2 Präparate

3.2.1 Präparate für die Reinigung und Pflege des Gesichts

- **Augen-Make-up-Entferner** sind fettfrei und reinigen schonend die Augenpartie.
- **Reinigungsmilch** (Ö/W) zur Gesichtsreinigung enthält Fette zur Verbesserung des Gleitvermögens, Pflanzenauszüge, ätherische Öle und feuchtigkeitsspendende Stoffe. Sie entfernt Hautschüppchen, Talg, Schweiß und Make-up-Reste. So kann die Haut die Wirkstoffe der Pflegepräparate besser aufnehmen.
- **Gesichtswasser** entfernt Reinigungsmilchreste, wirkt abhängig von den Inhaltsstoffen durchblutungsfördernd, entzündungshemmend, reizlindernd oder adstringierend. Je nach Hautsekretionstyp ist auf den Alkoholgehalt zu achten, denn Alkohol entfettet. Er sorgt für eine längere Haltbarkeit des Präparats.
- **Peeling** fördert die Durchblutung, öffnet verstopfte Hautporen und entfernt Schüppchen – mechanisches Peeling (Abrasivum) durch kleine Schleifkörper wie Mandelkleie; biologisches Peeling z. B. durch hornerweichende Enzyme.
- **Masken** sind fettfrei, trocknen nach dem Auftragen und bilden einen luftundurchlässigen Film. Dadurch kommt es zu einem Wärmestau, die Blutgefäße erweitern sich. Dies wirkt belebend und durchblutungsfördernd. Außerdem quillt die Hornschicht, wodurch Fältchen glatter erscheinen.
- **Packungen** trocknen nach dem Auftragen nicht und bleiben luftdurchlässig. Das hat einen kühlenden, beruhigenden Effekt. Die Blutgefäße verengen sich, Rötungen und Reizungen klingen ab. Je nach Hautsekretionstyp enthalten Packungen Kräuterauszüge und feuchtigkeitsbindende Mittel.
- **Tagescreme** versorgt die Haut mit Feuchtigkeit und, wenn erforderlich, z. B. bei der Sebostase, mit Fett. Sie schützt die Haut vor Umwelteinflüssen und sorgt dafür, dass sie nicht glänzt. Tagescremes sind Ö/W-Emulsionen mit UV-Filter und auf den Hautsekretionstyp abgestimmten Zusatzstoffen.

Reinigungs- und Pflegepräparate – Eignung für die Hautsekretionstypen

	Normale Haut	Sebostase (trockene Haut)	Seborrhö oleosa (ölig-fettige Haut)	Seborrhö sicca (trocken-fettige Haut)	Reife Haut, Altershaut
Reinigungspräparat	Reinigungsmilch	Reinigungscreme, -milch	Reinigungsgel	Reinigungsmilch	Reinigungscreme, -milch
Gesichtswasser	mild (max. 15 % Alkohol)	alkoholfrei	mit Kräuterextrakten (bis 30 % Alkohol)	mild (max. 15 % Alkohol)	alkoholfrei
Peeling	Abrasivum	Enzympeeling	Abrasivum	Enzympeeling	Abrasivum
Tagescreme mit Lichtschutz	Ö/W-Emulsion	gehaltvolle Ö/W-Emulsion	feuchtigkeitshaltige Ö/W-Emulsion	feuchtigkeitshaltige Ö/W-Emulsion	gehaltvolle Ö/W-Emulsion
Nachtcreme	W/Ö-Emulsion	W/Ö-Emulsion	Tagescreme	Ö/W-Emulsion	W/Ö-Emulsion
Maske/ Packung	feuchtigkeitsspendende Maske oder Packung	Öl- oder Cremepackung	Maske oder Packung, z. B. Heilerde mit Kräuterextrakt	feuchtigkeitsspendende Maske oder Packung	Öl- oder Cremepackung, z. B. hautstraffende Liftingmaske

3.2.2 Präparate für die dekorative Gestaltung des Gesichts

Präparate zum Abdecken

Diese dienen dazu, Hautveränderungen wie Fältchen, Schatten usw. zu kaschieren. Bei Farbveränderungen der Haut werden Präparate zum Abdecken in der jeweiligen Gegenfarbe verwendet (z. B. Grün zum Abdecken geplatzter Äderchen).

→ *vgl. Lernfeld 8, S. 286 f.*

- **Abdeckstifte** gibt es in unterschiedlichen Beige- und Grüntönen sowie mit antibakterieller Wirkung, z. B. für Pusteln, Papeln und Talgzysten.
- **Concealer** soll durch lichtreflektierende Pigmente Augenschatten und kleine Fältchen optisch kaschieren.
- **Camouflagecreme** hat eine hohe Deckkraft, ist wasser- und wischfest und eignet sich gut zum Abdecken von Pigmentstörungen, Feuermalen, Narben und Tattoos.
- **Camouflagestifte** werden bei kleineren abzudeckenden Partien eingesetzt.

Abdeckstifte

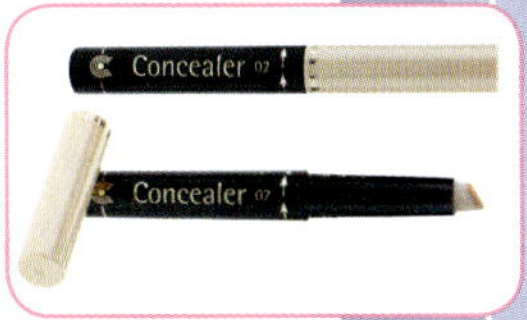

Concealer

Grundierungen

Die Basis fast aller Grundierungen ist **Puder**, der in ein Gemisch aus **Fetten, Ölen und Wasser** eingebunden ist. Der Puderanteil entscheidet über die Deckkraft, Pigmente über den Farbton. Der **Emulsionstyp** (W/Ö, Ö/W) bestimmt, ob eine Grundierung fetthaltig, fest, cremig, fettarm oder flüssig ist. Grundierungen geben der Haut kaum Feuchtigkeit und werden deshalb über einer Tagescreme aufgetragen.

- **Transparent-Make-up** lässt, wie schon der Name verrät, die Haut und ihre Pigmentierung durchschimmern. Dieses Make-up eignet sich besonders gut, um den Ton einer ebenmäßigen Haut zu beleben, ohne sie zu verdecken.
- **Fluid-Make-up** hat eine leichte bis mittlere Deckkraft. Viele Fluid-Make-ups enthalten Mikroreflektoren, die durch das Reflektieren von Licht die Haut harmonisch und ausgeglichen erscheinen lassen. Das flüssige Make-up lässt sich sehr gleichmäßig ohne Übergänge verteilen und verschmilzt mit dem natürlichen Hautton, sodass nicht erkennbar ist, wo es aufgetragen wurde und wo nicht.
- **Make-up für reife, anspruchsvolle Haut** hat eine feuchtigkeitsspendende und pflegende Wirkung. Besondere Inhaltsstoffe, z. B. Seidenproteine und lichtreflektierende Pigmente, geben der Haut ein seidiges, glattes Aussehen. Dieses spezielle Make-up hat eine hohe Deckkraft und setzt sich nicht in Fältchen ab. Bei Verwendung dieser Grundierung nicht abpudern, sonst wird das Licht nicht reflektiert.
- **Creme-Make-up** hat eine sehr hohe Deckkraft. Damit lassen sich sogar rote Äderchen und Pigmentstörungen wegschminken.
- **Kompaktpuder-Make-up** ist besonders bei fettiger Haut zu empfehlen, da es durch den hohen Puderanteil das Hautfett aufsaugt.
- **Antiseptisches Make-up** ist ein ölfreies Make-up für die aknegefährdete Haut.
- **Longlasting-Make-up** färbt nicht ab, verblasst nicht und hält über Stunden. Eine Kombination aus ultrafeinen Farbpigmenten deckt Unebenheiten ab.
- **Camouflage** ist das Make-up mit der höchsten Deckkraft. Es ist wasser- und wischfest und wird vorwiegend für Models und Schauspieler verwendet.

Camouflagecreme

Verschiedene Brauntöne für die Teintgrundierung

Aufgabe

Erstellen Sie eine tabellarische Übersicht zu den Make-up-Arten und ordnen Sie diesen die Grundierungen einer Kosmetikfirma Ihrer Wahl zu. Falls Sie noch andere Make-up-Arten finden, ergänzen Sie Ihre Tabelle entsprechend.

Loser transparenter Puder

Loser getönter Puder

Kompaktpuder

Bräunungspuder

Glitterpuder

Puder

Puder mattiert den Teint, lässt Poren feiner erscheinen und macht die Grundierung haltbarer.
Abgepudert wird nach dem Auftragen der Abdeckcreme, der Grundierung und der Lidschattengrundierung. Da Puder Fett aufsaugt, kann er bei **fettiger Haut** großzügig aufgetragen werden. Bei **reifer, trockener Haut** sollte auf Puder verzichtet (evtl. nur in der T-Zone) oder Puder speziell für reife Haut verwendet werden. Diese Puder trocknen die Haut nicht so stark aus, denn sie enthalten feine Puderteilchen, die z. B. mit feuchtigkeitsbindenden Seidenfasern behandelt sind. Für einen besonders „ebenmäßigen Teint" werden Puder in loser und kompakter Form sowie mit lichtreflektierenden Pigmenten angeboten.
Puder für **afrikanische Haut** enthalten keinen weißen Puder, der auf der dunklen Haut zu sehen wäre.

- **Loser transparenter Puder** wirkt am natürlichsten, denn er verleiht der Haut ein seidiges, makelloses Aussehen.
- **Loser getönter Puder** muss mit der Farbe des Make-ups bzw. der Hautfarbe (wenn auf eine Grundierung verzichtet wird) übereinstimmen, um natürlich zu wirken.
- **Kompaktpuder** muss vom Ton her ebenfalls zur Grundierung passen.
- **Bräunungspuder** (lose und kompakt erhältlich) verleiht der Haut eine natürlich aussehende Bräune. Spezielle Pigmente ermöglichen ein gleichmäßiges Auftragen und sorgen für ein weiches, seidiges Hautgefühl. Um den Fettfilm der Haut zu binden, muss aber zunächst ein Transparentpuder aufgetragen werden.
- **Glitterpuder** (lose und kompakt erhältlich) ist nicht zum Mattieren geeignet. Sparsam auf Gesicht, Hals und Dekolleté verteilt, veredelt er ein Abend-Make-up.

Präparate für die Gestaltung der Augen, Brauen und Wimpern

Präparate zum Formen und Färben der Augenbrauen und Wimpern

- **Augenbrauengel**, farblos oder getönt (bei sehr hellen Brauen), wird verwendet, wenn Brauen nicht in der gewünschten Richtung stehen.
- **Augenbrauenpuder, Augenbrauenstifte** oder **Lidschatten** werden bei sehr hellen Brauen verwendet, um die Farbe zu verändern.
- **Hautschutzcreme** schützt die Lider vor Verfärbung oder Reizung beim Färben.
- **Augenbrauen- und Wimpernfarbe** hält als Oxidationshaarfarbe etwa vier Wochen, dann ist sie herausgewachsen.
- **Entwicklerlösung** enthält das Wasserstoffperoxid zur Entwicklung der Farbe.
- **Farbreiniger** dient dem Entfernen von Farbflecken auf der Haut.
- **Bleichmittel** in Cremeform dient dem Aufhellen sehr dunkler Augenbrauen.
- **Augenlotion/Augencreme** hat eine beruhigende Wirkung auf durch die Behandlung gereizte Augenlider.
- Für die **Wimpernwelle**, also die dauerhafte Umformung der Wimpern, werden Gel 1 (Wellpräparat) und Gel 2 (Fixierpräparat) benötigt.

- **Lidschatten**
  Mit Lidschatten kann die Augenfarbe intensiviert und der Blick zum Strahlen gebracht werden. Durch Modellieren mit hellen und dunklen Lidschattenfarben wird die natürliche Schattenwirkung der Augenhöhle betont oder ausgeglichen. Ob die Farben kräftig oder zart und ob mehrere oder nur eine Farbe gewählt werden, hängt von Augenfarbe, Farbtyp, Kleidungsfarben, Anlass, Stil und Alter ab. Bei Seniorinnen eher zarte, helle Farben verwenden; bei modebewussten Kundinnen aktuelle Trendfarben berücksichtigen.
- Bei **Puderlidschatten** gibt es in jeder Saison eine große Farbauswahl in matten, leicht oder intensiv schimmernden Ausführungen in Paletten mit Pudersteinen. Puderlidschatten ist am gebräuchlichsten, denn er lässt sich leicht auftragen und haftet gut auf der Haut. Aufgetragen wird er mit einem Schaumstoffapplikator oder einem flachen, etwas breiteren Lidschattenpinsel.
- **Lidschattenstifte** auf Puder- oder Cremebasis eignen sich sehr gut für Schminkanfängerinnen, denn mit diesen Stiften kann man breite Linien ziehen und sie anschließend mit Pinsel, Applikator oder Fingerspitzen verwischen.
- **Cremelidschatten** gibt es in kleinen Tiegeln, Patronen und Tuben. Sie werden mit dem Finger oder Applikator aufgetupft und lassen sich leicht verteilen. Sie trocknen nicht aus, können sich aber nach einiger Zeit in der Lidfalte absetzen.

Puderlidschatten

Lidschattenstifte

Cremelidschatten

Eyeliner

Der klassische Lidstrich ist schwarz, farbiger Eyeliner wird meist Ton in Ton zur Verstärkung des Lidschattens verwendet. Eine ganz zarte Linie entlang dem oberen Wimpernrand betont die Augen dezent und lässt die Wimpern voller aussehen.

- **Flüssige Eyeliner** in Patronen, die wie Wimperntusche aussehen, werden mit dem Pinsel aufgetragen, der bereits in der Patrone steckt.
  Eyeliner im Fläschchen wird mit einem feinen, spitzen Pinsel aufgetragen.
- **Lidzeichner** funktionieren wie Filzstifte: Die Farbe läuft beim Malen automatisch wohldosiert in die Spitze.

Flüssiger Eyeliner *Lidzeichner*

Kajalstifte

Kajal ist eine in Minen gepresste Farbmasse. Weiche Minen eignen sich für das Unterlid, härtere für den Wimpernrand des Oberlids. Sie werden in vielen Farbtönen als Stifte und als Drehstifte mit dicken, abgeschrägten Minen angeboten.
Ein Lidstrich mit Kajal wirkt weicher als ein Lidstrich mit flüssigem Eyeliner.
Mit dunklem Kajal auf dem unteren Augenlid wirken die Augen ausdrucksvoller.
Weißer, hellgrauer und hautfarbener Kajal am inneren unteren Lidrand lässt das Auge größer erscheinen.

Kajalstifte

Mascara – Wimperntusche

Mascara, meist eine Ö/W-Emulsion mit Farbstoffen, lässt die Wimpern voller und länger und das Auge offener und größer aussehen und gibt den Wimpern Farbe.
Mascara mit besonderen Eigenschaften:

- **Wasserfeste Mascara** wird u. a. bei Schlupflidern verwendet, damit sie sich nicht nach kurzer Zeit auf dem Lid absetzt.
- **Wimpernverlängernde Mascara** bringt feine Fasern auf die Wimpern.
- **Volumenaufbauende Mascara** soll mit zusätzlichen Inhaltsstoffen jede einzelne Wimper verstärken und kräftigen.

Beispiel für wimpernverlängernde Mascara

Konturenstifte

Präparate zum Schminken der Lippen

Lippenkonturenstift – Lipliner

Lipliner bestehen aus zu einer Mine gepresster Lippenstiftmasse mit besonders hohem Farbstoffanteil. Sie sorgen bei sorgfältigem Auftrag für eine präzise Lippenkontur.

Cremig matte Lippenstifte

Lippenstift

Lippenstifte bestehen aus Ölkombinationen (z. B. Avocado-, Jojoba- und Rizinusöl), Wachsmischungen (Lanolin) und Farbstoffen (in der Regel synthetische Pigmente). Die Art und die Menge dieser Substanzen bestimmen die Eigenschaften des Stiftes:

- **Cremig matte Stifte** haben den höchsten Farbstoffanteil (ca. 10 %). Sie decken und haften deshalb besonders gut.
- **Glossstifte** haben einen Farbstoffanteil von etwa 4 bis 6 %. Der Anteil an Ölen ist entsprechend höher. Sie wirken deshalb glänzend und transparent.
- **Stifte mit Perlglanz** enthalten synthetische Glimmerpartikel, die das Licht reflektieren, wodurch der Mund voller erscheint.

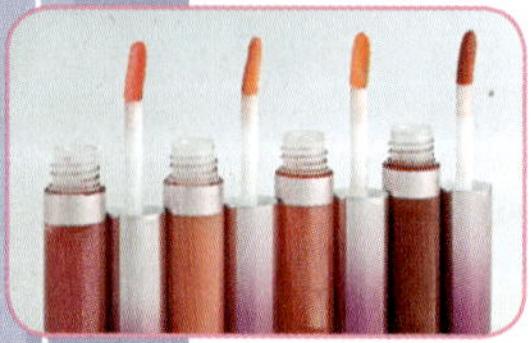

Glossstifte

Stifte mit Perlglanz

Bei der Wahl der **Lippenstiftfarbe** sollten Sie nicht nur auf den aktuellen Trend schauen, sondern auch den Farbtyp und die Kleidung der Kundin berücksichtigen.

Glosscreme

Lipgloss/Glosscreme

Glosscremes bringen Glanz. Dafür sorgt ein Lanolinanteil von etwa 45 %. Gloss gibt es farbig oder farblos sowie mit lichtstreuenden Pigmenten, die lippenvergrößernd wirken sollen. Mineralpuder sorgen für einen gleichmäßigen Auftrag, Wachsmischungen für gute Verteilbarkeit. Glosscreme wird als Glanzpunkt auf die geschminkten Lippen oder pur aufgetragen. Gloss aus dem Tiegel wird mit dem Lippenpinsel verteilt, Gloss aus der Patrone mit dem Applikator.

Aufgabe

Erstellen Sie eine tabellarische Übersicht zu den Lippenstiftarten.
Ordnen Sie die Lippenstifte einer Kosmetikfirma Ihrer Wahl den einzelnen Lippenstiftarten zu. Falls Sie noch andere Lippenstiftarten finden, ergänzen Sie Ihre Tabelle entsprechend.

Rouge

Rougetöne sind immer Rottöne. Sie werden in zahlreichen Nuancen angeboten – von Hell bis Dunkel, von Matt bis Glänzend. Rouge verleiht dem Gesicht Frische.

- **Puderrouge** enthält zur Farbgebung Pigmente und Farblacke. Talkum hat eine glättende Wirkung; Kaolin und Titandioxid sorgen für Deckkraft. Es wird nur auf bereits abgepuderter Haut verwendet, da es sonst fleckig aussehen könnte.
- In **Cremerouge** ist ein hoher Fettanteil enthalten, daher ist es eher für eine trockene Haut geeignet. Cremerouge wird direkt auf die nicht abgepuderte Grundierung oder auf getönte Tagescreme aufgetragen.

Puderrouge auf Puder, Cremerouge auf Creme.

4 Durchführung eines Make-ups

„Bevor du mit der Behandlung beginnst, musst du alle Arbeitsmittel und Präparate in der richtigen Reihenfolge bereitstellen", rät die Chefin.
In welchen Arbeitsschritten führen Sie ein Tages-Make-up durch? Welche Hilfsmittel und Präparate werden jeweils benötigt?

4.1 Vorbereitende Tätigkeiten

4.1.1 Gesundheitsschutz und Hygiene

→ *vgl. Lernfeld 1, S. 37 und 47*

Vor einer kosmetischen Behandlung legen Sie die Armbanduhr sowie Hand- und Armschmuck ab, waschen Ihre Hände und desinfizieren sie.

Desinfektion

In der dekorativen Kosmetik ist eine Sterilisation nicht notwendig, aber es wird nach jeder Behandlung wie folgt desinfiziert:
- **Flächen** werden mit Sprüh- oder Scheuerdesinfektionsmittel entsprechend der Gebrauchsanweisung desinfiziert.
- **Pinsel und Schwämme** desinfizieren Sie mit Desinfektionslösung: 1 Minute in Desinfektionslösung bewegen, 1 Minute mit Wasser aufschäumen, anschließend ausspülen. Dabei sind Einmalhandschuhe zu tragen.
- **Pinzetten und Spatel** werden mit Desinfektionslösung oder Alkohol desinfiziert.

Präparat mit einem Plastikspatel entnehmen

Hygienischer Umgang mit Präparaten

- **Lippen- und Abdeckstifte** entnehmen Sie ausschließlich mit dem Spatel.
- **Lipliner und Kajalstifte** spitzen Sie vor Gebrauch.
- **Mascara und Eyeliner** enthalten so viel Konservierungsstoffe, dass es zu keiner Verbindung mit Mikroorganismen kommt, deshalb sind hier keine besonderen hygienischen Maßnahmen zu beachten.

4.1.2 Einrichten und Vorbereiten des Arbeitsplatzes

Bevor Sie die Kundin in den Behandlungsstuhl bitten, stellen Sie alle benötigten Präparate und Arbeitsmittel in Reichweite bereit. Über den Behandlungsstuhl legen Sie saubere Handtücher (Reinigung im Kochwaschgang).

Der Arbeitsplatz muss ausreichend und von allen Seiten mit Licht ausgestattet sein. Die Kundin hat im Idealfall einen Spiegel vor sich, in dem sie alle Arbeitsschritte mitverfolgen kann.
Nachdem die Kundin Platz genommen hat, stellen Sie den Behandlungsstuhl so ein, dass Sie bequem arbeiten können. Dies gilt auch für den Rollhocker, auf dem Sie sitzen.

Empfehlung für einen vorbereiteten Arbeitsplatz:

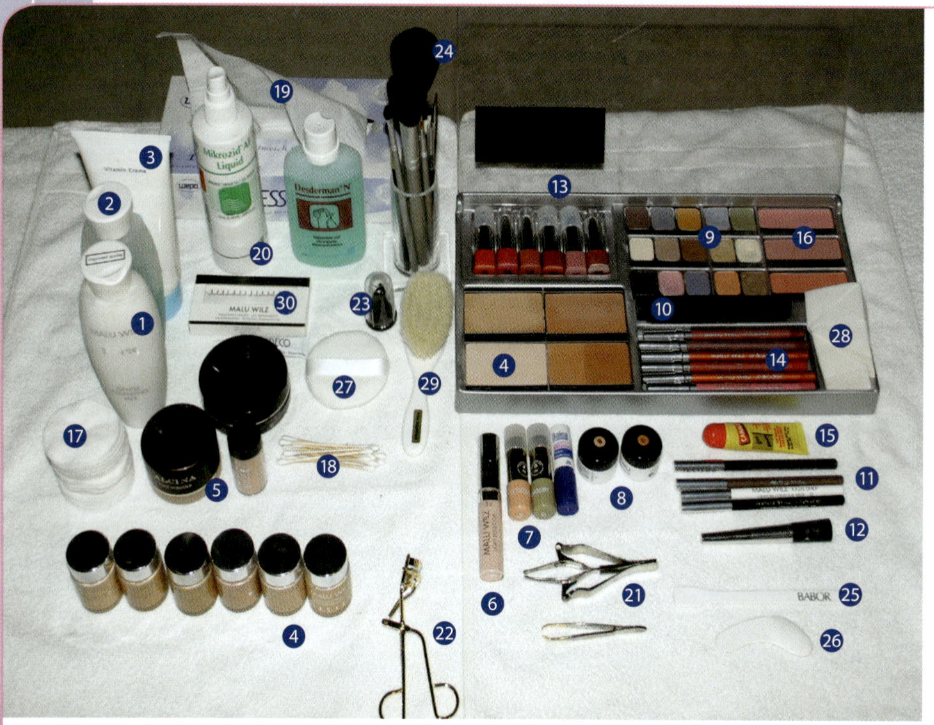

Zur Hautpflege und -reinigung:

1 Reinigungsmilch
2 Gesichtswasser
3 Tagescreme

Zum Abdecken:

4 flüssiges Make-up
cremiges Make-up
kompaktes Make-up
5 loser Puder
6 Concealer
7 Abdeckstifte
8 Camouflage

Zum Schminken der Augen:

9 Lidschatten
10 Mascara
11 Kajalstifte
12 Eyeliner

Zum Schminken der Lippen:

13 Lippenstifte
Lipgloss
14 Lippenkonturenstifte
15 Lippenpflege

Zum Schminken der Wangen:

16 Puder- und Cremerouge

Arbeitsmittel zum Schminken:

17 Wattepads
18 Wattestäbchen
19 Kosmetiktücher
20 Desinfektionsmittel
21 Pinzetten
22 Wimpernzange
23 Anspitzer
24 Pinselset
25 Applikator, Spatel
26 Spatel
27 Puderquaste
28 Make-up-Schwämmchen
29 Ziegenhaarbürste
30 künstliche Wimpern

Weitere Arbeits- und Hilfsmittel:
- Stirnband und/oder Einmalhaube
- 2 saubere Handtücher
- evtl. 2 Kompressen
- evtl. Bürstenschleifgerät
- evtl. Maskenpinsel und Schälchen
- Beurteilungs- und Behandlungsplan, Stift
- Einmalschutzhandschuhe

Nach Bedarf für Brauen und Wimpern:
- Brauenshaper
- Augenbrauenstift, -puder
- Augenbrauengel
- Augenbrauen-/Wimpernfarbe
- Farbentwickler
- Kunststoffstäbchen, Dappenglas
- Bleichmittel in Cremeform
- Wimpernblättchen, Hautschutzcreme

4.1.3 Vorbereiten der Kundin

- Bevor Sie mit der Behandlung beginnen, legen Sie unter den Kopf und auf das Dekolleté der Kundin saubere Handtücher und nehmen ihre Haare mit einem Stirnband oder einer Einmalhaube aus dem Gesicht.
- Zur Beurteilung der Haut muss zunächst noch vorhandenes Make-up entfernt werden. → vgl. S. 423
- Nehmen Sie anschließend die Hautbeurteilung vor und stellen Sie Farbtyp, Stil und anatomische Merkmale der Kundin fest. Die Ergebnisse halten Sie in einem Beurteilungsbogen fest. → vgl. S. 404

4.1.4 Auswahl der Präparate und Arbeitstechniken – Behandlungsplanung

Gemeinsam mit der Kundin wird vor Behandlungsbeginn eine Planung erstellt, in der alle Schritte, Präparate und Farben einbezogen werden.

Behandlungsplan Make-up

Kundenname:
Adresse:
Telefon:

1. **Reinigungspräparat** (von der Firma:)
   Hauttyp:
2. **Gesichtswasser** (von der Firma:)
   Hauttyp:
3. **Peeling** (von der Firma:)
4. **Maske/Packung** (von der Firma:)
5. **Tagespflege** (von der Firma:)
6. **Augenbrauen**
   O Zupfen O Nachziehen mit
   O Färben mit
7. **Wimpern**
   O Färben mit O Wimpernwelle
8. **Abdecken** (von der Firma:)
   der folgenden Hautveränderungen:
   mit
   mit
   mit
   mit
9. **Grundierung** (von der Firma:)
   Make-up-Art: Farbton:
10. **Modellage**
    O Grundierung von der Firma:
    O Puder von der Firma:
    dunkler Farbton:
    an folgenden Gesichtspartien:
    heller Farbton:
    an folgenden Gesichtspartien:
11. **Puder** (von der Firma:)
    O lose O kompakt O transparent
    O getönt Farbton:
12. **Lidschatten** (von der Firma:)
    Farbton: Farbton: Farbton:
13. **Lidstrich** (von der Firma:)
    O flüssig O Kajal
    Farbton:
14. **Wimperntusche** (von der Firma:)
    Farbton:
15. **Lippenkonturenstift** (von der Firma:)
    Farbton:
16. **Lippenstift** (von der Firma:)
    Farbton:
17. **Lipgloss** (von der Firma:)
    Farbton:
18. **Rouge** (von der Firma:)
    Farbton:

Make-up – Arbeitsplan

Quelle: „Prüfungsmappe für die Gesellenprüfung des Friseurhandwerks", herausgegeben vom Zentralverband des Deutschen Friseurhandwerks

Make-up

Arbeitsplan zum Make-up

1. Zielbeschreibung:

2. Welche gestalterischen Schwerpunkte sind geplant?

3. Welche Arbeitsschritte führen zum Ergebnis?

4. Welche Tools/Arbeitstechniken werden eingesetzt?

5. Welche Materialien/Produkte kommen zum Einsatz?

6. Besonderheiten, Zusatzinformationen für die Prüfungskommission:

Ausführen einer umfangreichen modischen Friseurarbeit an der Dame zu einem besonderen Anlass mit einem darauf abgestimmten Make-up.

Zur Kenntnis genommen am:

Stempel des Betriebes:

Unterschrift

Bildvorlage/Gestaltungsvorlage für das Make-up
Diese Gestaltungsvorlage muss farbig und vollständig ausgearbeitet werden!

Aufgaben

❶ Bereiten Sie einen Arbeitsplatz vor mit allen Präparaten und Arbeitsmitteln, die Sie für ein Tages-Make-up benötigen. Bitten Sie eine Partnerin, mithilfe des Fotos „Empfehlung für einen vorbereiteten Arbeitsplatz" (vgl. S. 420) zu überprüfen, ob alles Notwendige vorhanden ist.

❷ Machen Sie für sich selbst eine Planung für ein Make-up, das Sie idealerweise während der Arbeitszeit tragen könnten.

4.2 Tages-Make-up – Arbeitsablauf und Arbeitstechniken

Nachdem Sie gemeinsam mit der Kundin einen Behandlungsplan erstellt haben, wird das Gesicht der Kundin (evtl. auch Hals und Dekolleté) gereinigt und für die nachfolgende Behandlung vorbereitet. Anschließend kann das Make-up erstellt werden.

4.2.1 Arbeitsablauf – Überblick

Ein perfektes Tages-Make-up zu gestalten, dauert ca. eine halbe Stunde.

Mögliche Reihenfolge der Arbeitsschritte:
- Augen-Make-up abnehmen
- Gesicht reinigen
- Tagescreme auftragen
- Hautunreinheiten, Pigmentstörungen abdecken
- Grundierung auftragen
- Augenringe, Tränensäcke abdecken
- Modellieren
- Abpudern
- Augenbrauen nachziehen
- Lidschatten auftragen
- Kajal auftragen
- Lidstrich ziehen
- Mascara auftragen
- Lippenkonturenstift auftragen
- Lippenstift auftragen
- Rouge setzen

Tages-Make-up

4.2.2 Reinigen der Gesichtshaut und Empfehlen von Pflegemaßnahmen

Gesichtsreinigung

Trägt die Kundin ein Augen-Make-up, wird dieses mit einem **Augen-Make-up-Entferner** abgenommen. Hierzu geben Sie das Präparat auf einen mit Wasser angefeuchteten (tropffreien) Wattepad und entfernen damit das Augen-Make-up, indem Sie am Oberlid von der Braue zu den Wimpern und am Unterlid von außen nach innen streichen.

Falls die Kundin vor der Behandlung einen **Lippenstift** aufgetragen hat, kann dieser ebenfalls mit dem Augen-Make-up-Entferner abgenommen werden, indem Sie mit dem vorbereiteten Wattepad vom äußeren Mundwinkel zur Mitte streichen.

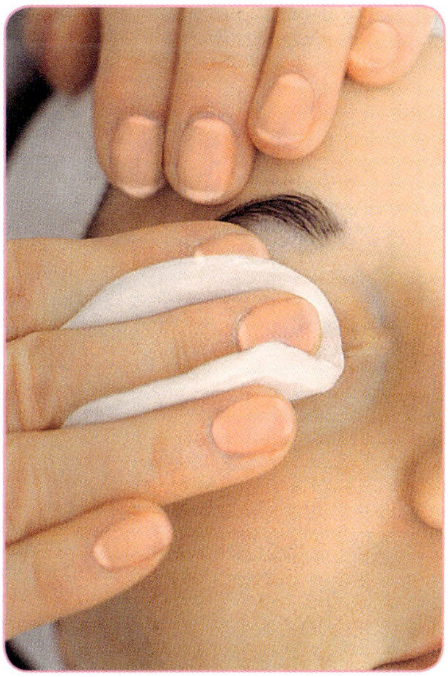

Reinigen des Oberlids

Reinigen des Unterlids

Ablauf einer Gesichtsreinigung:

1. Die Reinigungsmilch zum Anwärmen in die Handfläche geben.
2. Großzügig auf dem Gesicht (evtl. auch auf Hals und Dekolleté) verteilen.
3. **Reinigungsgriffe** durchführen: Die mit Wasser angefeuchteten Hände gleiten mit sanftem Druck von der Gesichtsmitte zu den Seiten, beginnend auf der Stirn, über Nase, Kinn, Hals und Dekolleté.
4. Anschließend wiederholen Sie den Vorgang mit angefeuchteten Fingerkuppen in kreisenden Bewegungen.
5. Reinigungsmilch mit einer Kompresse abnehmen: Ein feuchtwarmes Tuch kurz auf die Haut drücken, dann die Reinigungsmilch abwischen.
6. Mit Gesichtswasser nachreinigen: Präparat auf zwei wasserfeuchte Wattepads geben und von der Gesichtsmitte (beginnend auf der Stirn) in streichenden Bewegungen auftragen.

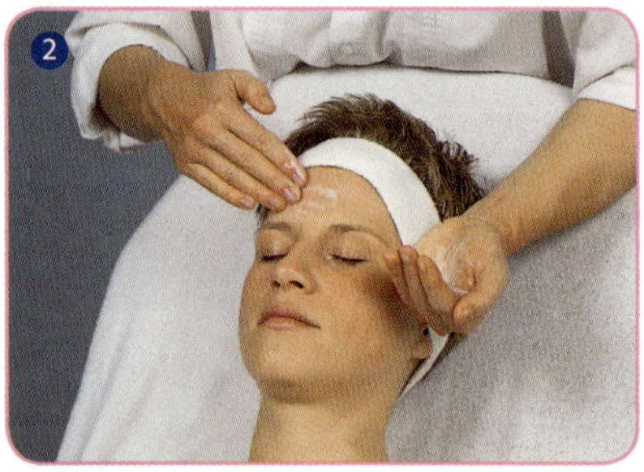

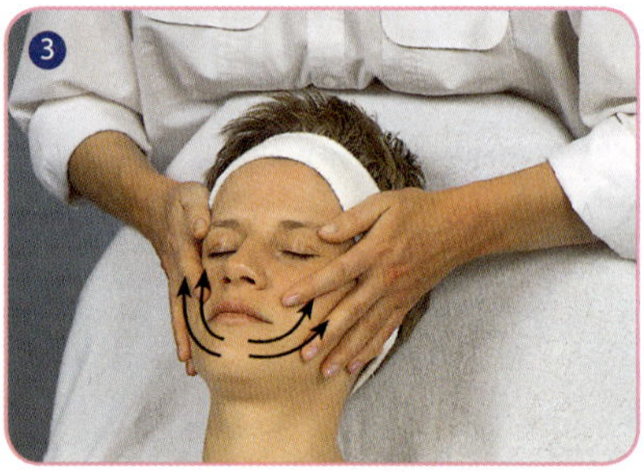

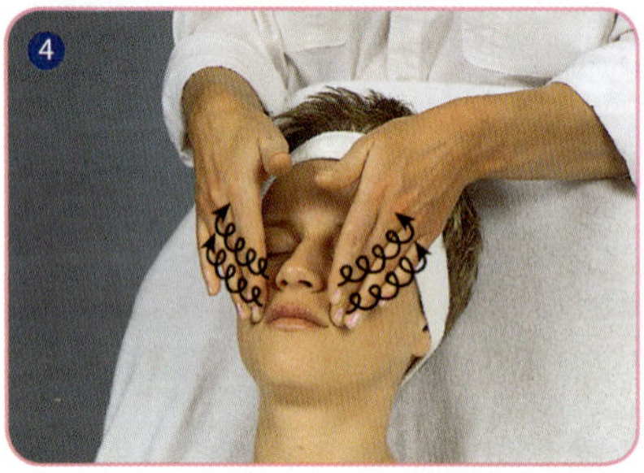

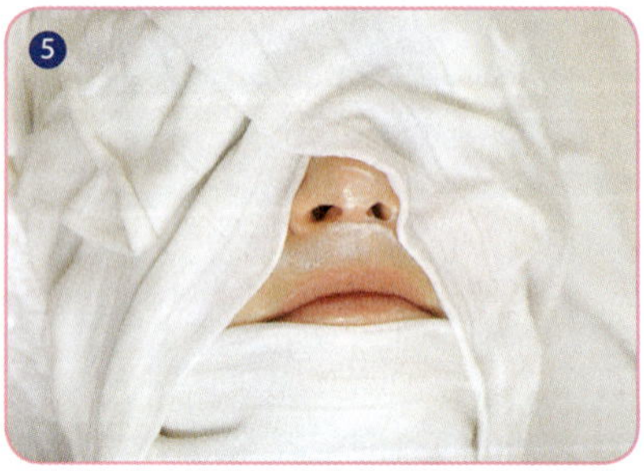

Möglichkeiten zur Verbesserung des Hautbilds

Jede Kundin möchte eine glatte und frisch aussehende Haut haben. Hautveränderungen wie kleine Schüppchen, Rötungen und Hautunreinheiten sorgen aber für ein unregelmäßiges Hautbild. Ein Peeling, eine Maske oder eine Packung können dazu beitragen, die Haut gleichmäßiger erscheinen zu lassen.

Anwendung von Peelings:

- **Mechanisches Peeling (Abrasivum)** mit feuchten Fingerspitzen in kreisenden Bewegungen oder mit einem Bürstenschleifgerät auf die Haut auftragen. Nach 3–5 Minuten mit feuchten Kompressen abnehmen.
- **Biologisches Peeling (Enzympeeling)** mit Wasser zu einem Brei anrühren und mit einem Pinsel auftragen. Augen- und Mundpartie werden ausgespart. Das Enzympeeling darf nicht antrocknen, deshalb liegt während der gesamten Einwirkzeit (3–5 Minuten) eine feuchtwarme Kompresse auf dem Gesicht. Peeling mit einer feuchten Kompresse oder mit Schwämmchen abnehmen.

Alle anderen Peelingarten, wie z. B. Fruchtsäurepeelings, gehören in die Hand einer erfahrenen Kosmetikerin.

Beim Auftragen von **Masken und Packungen** Augen- und Mundpartie frei lassen. Nach einer Einwirkzeit von 10–20 Minuten mit einer feuchten Kompresse abnehmen.

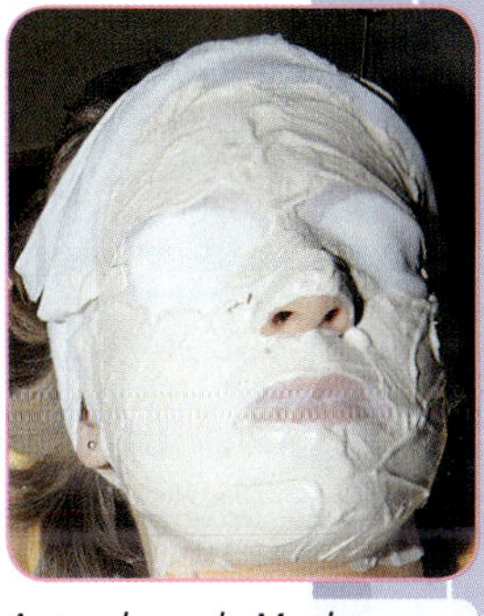

Antrocknende Maske

Bevor ein Make-up aufgetragen wird, muss immer auf die gereinigte Haut eine **Tagescreme** gegeben werden, denn sie bildet die Make-up-Unterlage.

Pflegeempfehlungen für zu Hause

Zur Verbesserung des Hautbilds ist eine regelmäßige Pflege notwendig. Geben Sie der Kundin unter Berücksichtigung des Hauttyps und Hautzustands Pflegeempfehlungen für zu Hause:

- Morgens und abends das Gesicht mit einer Reinigungsmilch reinigen (Augen-Make-up am Abend mit Augen-Make-up-Entferner-Pads abnehmen). Reinigungsmilch mit einem feuchten Wattepad abnehmen oder mit Wasser abspülen.
- Morgens und abends nach der Reinigung mit einem angefeuchteten Wattepad ein Gesichtswasser auf die Haut geben.
- Morgens als Hautschutz bzw. Make-up-Unterlage eine feuchtigkeitshaltige Tagescreme mit Lichtschutz auftragen.
- Abends, nach Reinigung und Gesichtswasser, eine Nachtcreme einmassieren. Sie enthält pflegende und regenerierende Stoffe und ist fetthaltiger als Tagescreme.
- Ein- bis zweimal wöchentlich ein Peeling durchführen.

Pflegepräparate für normale Haut

Aufgabe

Erstellen Sie für eine Mitschülerin einen Hautpflegeplan und empfehlen Sie Präparate, mit denen Sie in der Schule arbeiten.

4.2.3 Gestalten und Färben von Augenbrauen und Wimpern

Die Augenbrauen spielen für ein perfektes Augen-Make-up eine große Rolle. Ihre Form kann die gewünschte Ausstrahlung beeinflussen. Entsprechend gezupfte Brauen lassen z. B. die Augen größer erscheinen, das ganze Gesicht kann sich öffnen.

Zupfen und Kämmen der Augenbrauen

Die Augenbrauen werden in Wuchsrichtung von unten nach oben gezupft. Setzen Sie die Pinzette beim Zupfen flach an. Wenn Sie die Haut zwischen zwei Fingern zum Haaransatz hin straff ziehen, dann ist es für die Kundin weniger schmerzhaft. Nach dem Zupfen werden die Brauen mit einem Bürstchen sanft nach oben gebürstet. Unregelmäßigkeiten können mit einem feinen Augenbrauenstift oder Puder ausgeglichen werden.
Sehr empfindliche Kundinnen lassen ihre Brauen lieber rasieren. Hierfür eignet sich der Brauenshaper, der sanft über die Haut gleitet.

Zupfen der Augenbraue

Praxistipp

Vor dem Zupfen die Brauen mit Gesichtswasser reinigen.
Nach dem Zupfen mit Alkohol desinfizieren (vermeidet Entzündungen).

Bürsten der Augenbraue

Wenn die Kundin gegen das Entfernen von Augenbrauenhärchen ist, sollten Sie dennoch die Augenbrauen mit einem Bürstchen in eine schöne Form kämmen.
Bei Augenbrauen, die nicht in der gewünschten Richtung stehen, geben Sie etwas Gel auf ein Brauenbürstchen und modellieren Sie die Härchen wie gewünscht.

Praxistipp

Haben Sie kein Gel zur Hand, besprühen Sie ein Brauenbürstchen mit Haarspray und bürsten Sie die Brauen damit in die gewünschte Form.

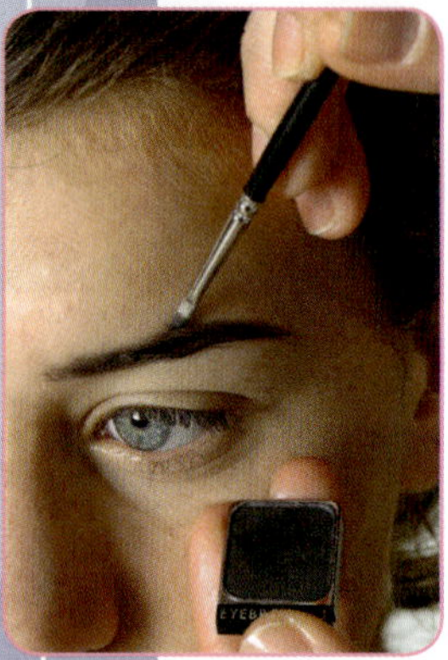

Korrigieren der Augenbraue mit Puder

Farbveränderung bei sehr hellen Augenbrauen

Die Farbe der Augenbrauen sollte zur Haarfarbe passen. Ist die Augenbrauenfarbe dunkler als die Haarfarbe, wirkt das Gesicht dramatisch und angestrengt. Ist die Augenbrauenfarbe heller als die Haarfarbe, wirkt das Gesicht weicher.

Augenbrauenpuder wird mit einem abgeschrägten Pinsel im passenden Farbton in Wuchsrichtung der Augenbrauen aufgetragen. So wirkt die Farbveränderung natürlich.

Zum **Färben der Augenbrauen** mischen Sie ca. 1 cm Augenbrauenfarbe direkt vor dem Auftragen mit einigen Tropfen Entwicklerlösung in einem Dappenglas. Tragen Sie das Präparat mit einem Kunststoffstäbchen in Wuchsrichtung der Härchen leicht rollend auf, wobei keine Farbe auf die umgebende Haut gelangen sollte. Falls dies doch passiert, dann nehmen Sie die überschüssige Farbe sofort mit einem Wattestäbchen ab.
Die Einwirkzeit beträgt
- bei hellen Farbtönen nur 1 bis 5 Minuten,
- bei sehr dunklen Nuancen bis zu 10 Minuten.

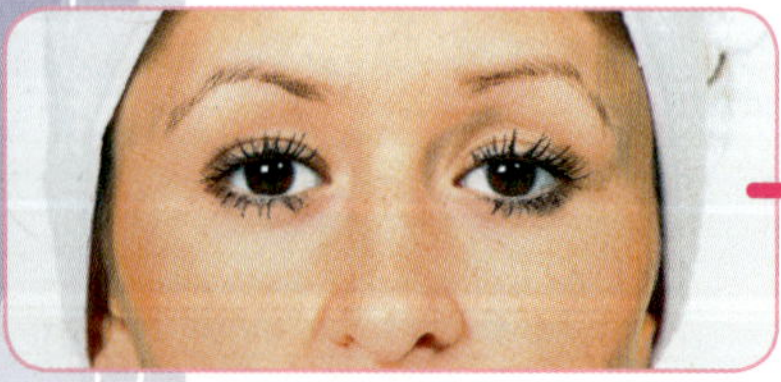

Helle Augenbrauen

Augenbrauenfarbe rechts auftragen

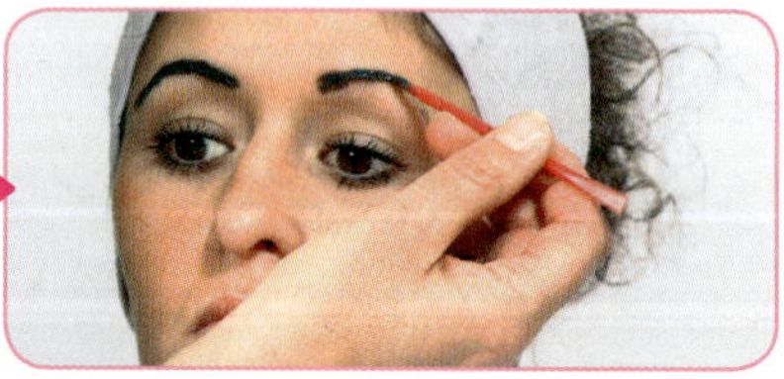

Augenbrauenfarbe links auftragen

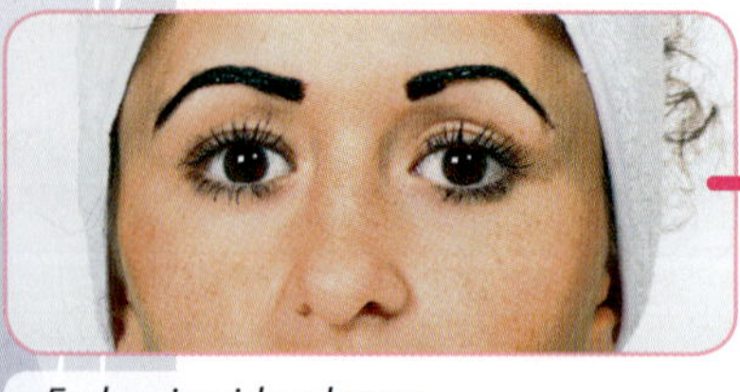

Farbe einwirken lassen

Augenbrauenfarbe abnehmen

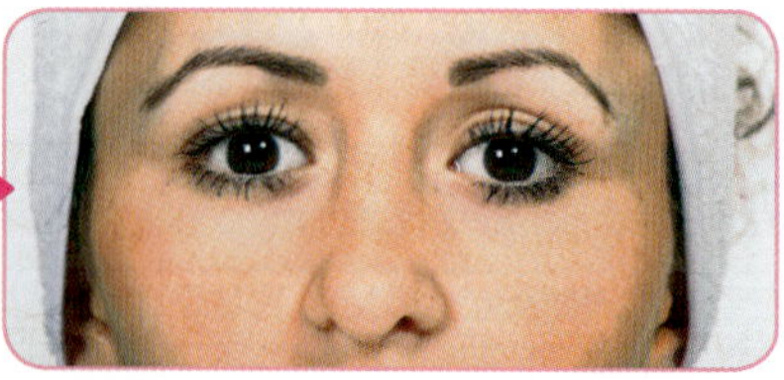

Gefärbte Augenbrauen

Farbveränderung bei sehr dunklen Augenbrauen

Sind die Brauen sehr dunkel, können sie mit einem Bleichmittel in Cremeform aufgehellt werden. Tragen Sie das Bleichmittel auf die Brauen und lassen Sie es 1 bis 15 Minuten einwirken, je nachdem, wie hell die Brauen werden sollen.
Bei sehr empfindlicher Haut das Bleichmittel schon nach kurzer Zeit abnehmen.

Sehr dünne Augenbrauen

Sehr dünne Augenbrauen können mit einem passenden Augenbrauenstift in Wuchsrichtung der Brauen nachgestrichelt werden. Verwischt man die kleinen Striche mit einem Brauenbürstchen, dann wirken sie natürlicher.
Ideal für eine vollere optische Wirkung sind auch Augenbrauen- oder Lidschattenpuder. Sie werden mit dem Augenbrauenpinsel mit angeschrägter Spitze aufgetragen.

Färben der Wimpern

Viele Kundinnen wünschen sich dunkle Wimpern und lassen sich deshalb die Wimpern färben, denn die Farbe hält mehrere Wochen.

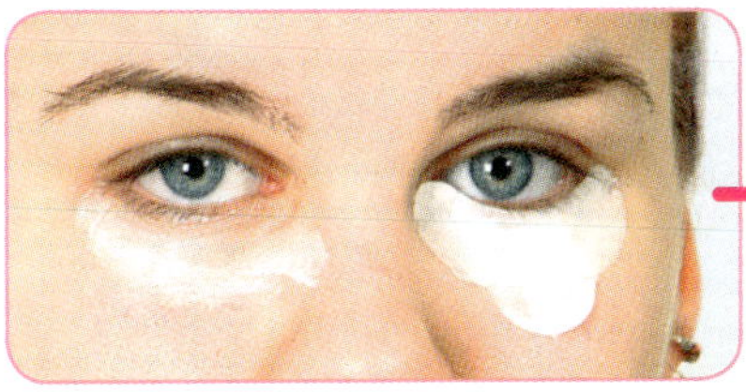

Hautschutzcreme und Wimpernblättchen auflegen

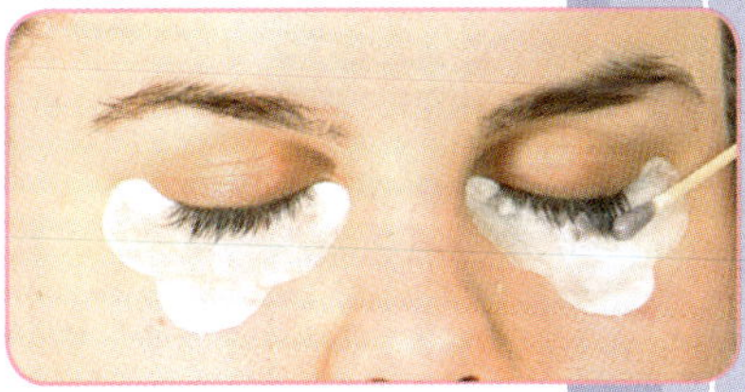

Wimpernfarbe auftragen

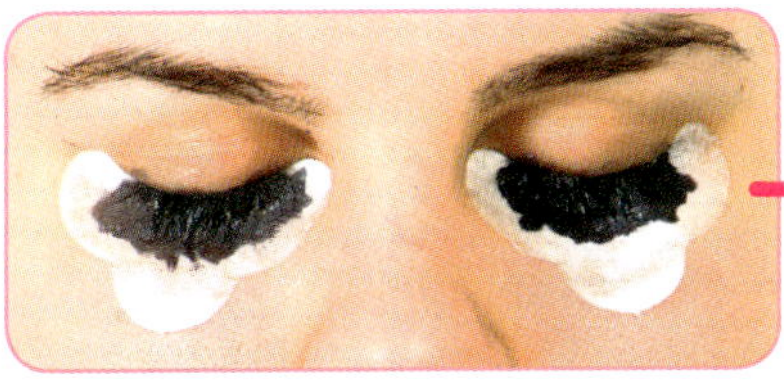

Einwirkzeit ca. 10 Minuten

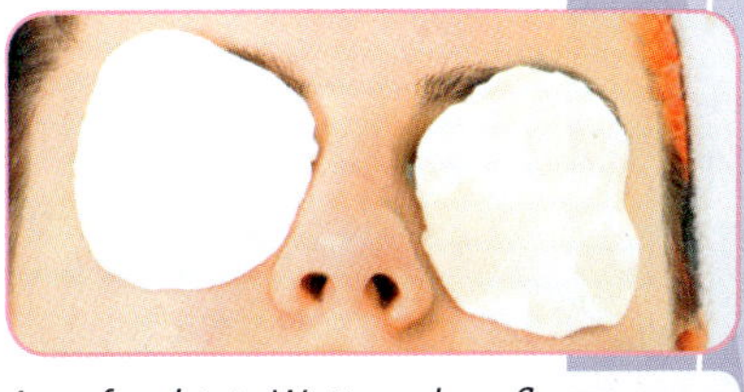

Angefeuchtete Wattepads auflegen

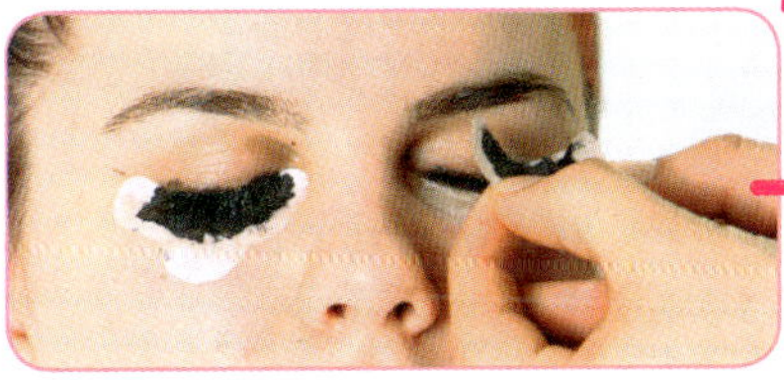

Wimpernblättchen entfernen

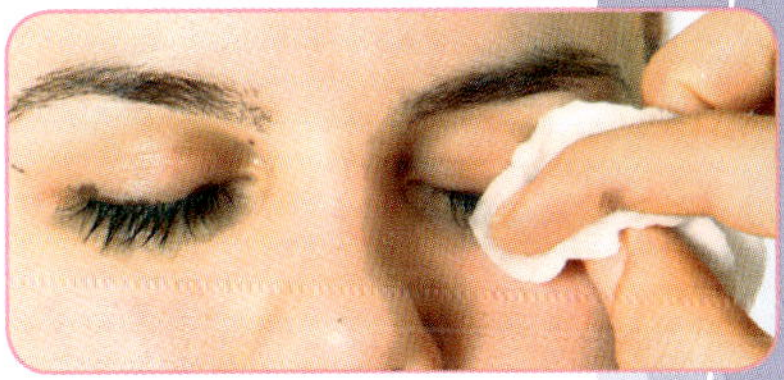

Wimpernfarbe abnehmen

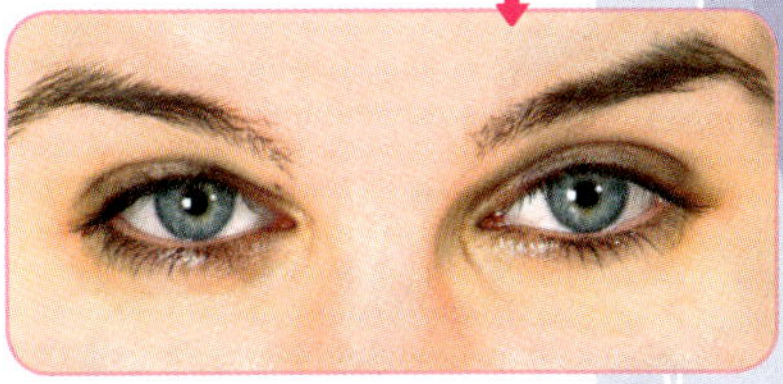

Die Wimpernfarbe ist wasser- und wischfest

Arbeitsschritte:

- Augen-Make-up mit einem Augen-Make-up-Entferner abnehmen.
- Hautschutzcreme oder Vaseline auf die Augenlider und unterhalb der Unterwimpern auftragen.
- Unter die Augenlider als Färbeunterlage Wimpernblättchen oder feuchte Wattepads legen. Nachfolgend schließt die Kundin die Augen, sodass die Wimpern des Ober- und Unterlids übereinanderliegen.
- Die Farbe unmittelbar vor dem Auftragen anmischen (Wimpernfarben entwickeln sich sehr schnell), wobei unbedingt die Hinweise des Herstellers zu beachten sind.
- Den Farbbrei vorsichtig in Wuchsrichtung der Wimpern auftragen, indem das Auftragestäbchen leicht gerollt und quer über die Wimpern gezogen wird. Es darf kein Farbbrei in die Augen kommen, denn sonst brennt es in den Augen.
- Die Einwirkzeit beträgt höchstens 10 Minuten. Zur Entspannung der Augen und zur Einbettung der Wimpern in die Farbcreme können leicht angefeuchtete Wattepads aufgelegt werden.
- Nach der Einwirkzeit zunächst die Augenblättchen entfernen. Mit einem nicht zu feuchten Wattepad das Färbepräparat abnehmen, indem immer vom äußeren zum inneren Augenwinkel gearbeitet wird. Um alle Farbreste zu entfernen, sollte dieser Arbeitsgang mehrmals wiederholt werden. Zum Entfernen der Farbe am unteren Wimpernrand öffnet die Kundin vorsichtig die Augen.

Mit einem Farbreiniger können bei Bedarf unerwünschte Anfärbungen der Haut entfernt werden. Zum Abschluss kann eine beruhigende Augenlotion oder eine Augencreme aufgetragen werden.

Formen der Wimpern

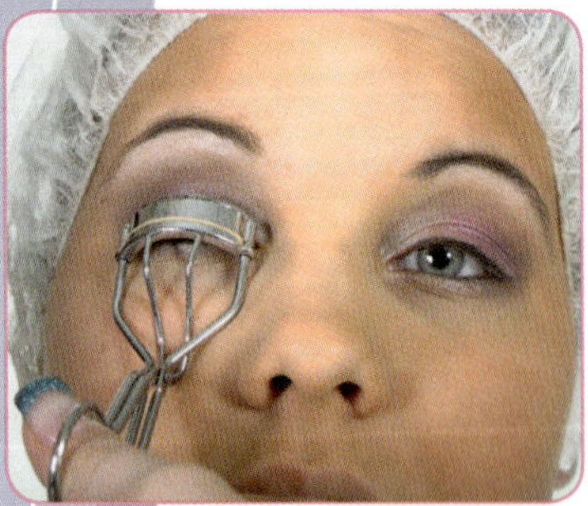

Anwendung einer Wimpernzange

Schöner Schwung mit der Wimpernwelle

Mithilfe einer **Wimpernzange** können Wimpern, vor allem am oberen Augenlid, so verformt werden, dass sie sich stärker als von Natur aus nach außen wölben. Die mit Kunststoff gepolsterten Enden werden an das Augenlid angelegt und die Wimpern durch Schließen der Zange für einige Sekunden gepresst.
Danach die Wimpern kräftig tuschen. Das Ergebnis hält mehrere Stunden.

Eine **Wimpernwelle** dagegen hält sechs bis acht Wochen und gibt den Wimpern je nach Wunsch einen sanften oder kräftigen Schwung.

Arbeitsschritte:

- Augen-Make-up entfernen und das Augenlid entfetten.
- Selbstklebendes Wimpernröllchen auswählen. Die Größe richtet sich nach der Länge der Wimpern und nach dem gewünschten Schwung.
- Wimpernröllchen durch leichten Druck an den Enden der Lidkrümmung anpassen.
- Röllchen am Lidrand anlegen und die Wimpern auf das Röllchen drücken.
- Zur Umformung Gel 1 auftragen. Nach 12–15 Min. wird das Gel mit einem fusselfreien Wattepad entfernt. Augen bleiben geschlossen! Gel 2 auftragen.
- Nach 8 Min. wie Gel 1 mit einem fusselfreien Wattepad abtupfen. Wimpernröllchen mit einem feuchten Wattepad behutsam nach unten abrollen oder speziellen Rollen-Entferner verwenden.

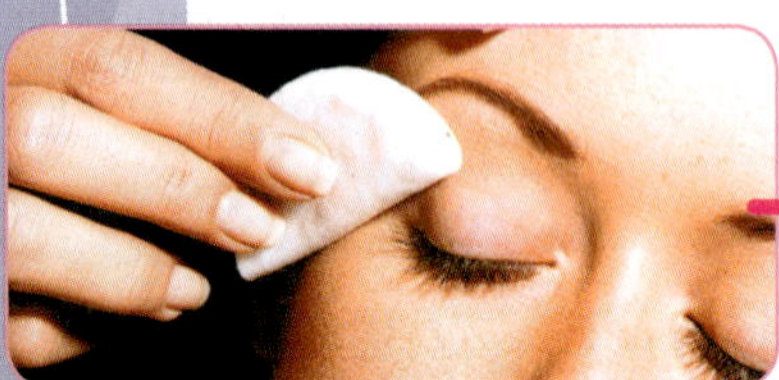

Lider und Wimpern reinigen

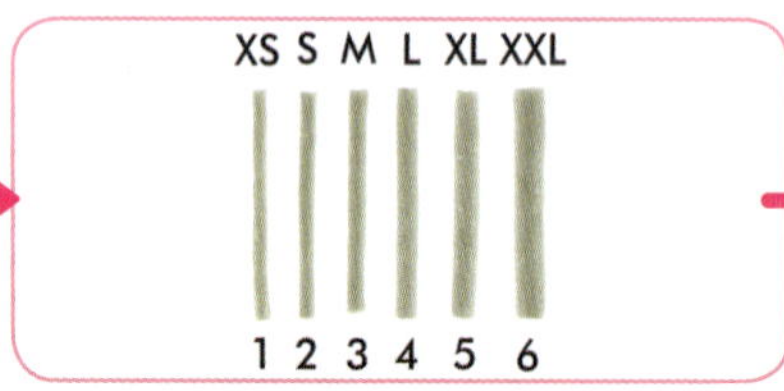

Wimpernröllchen auswählen

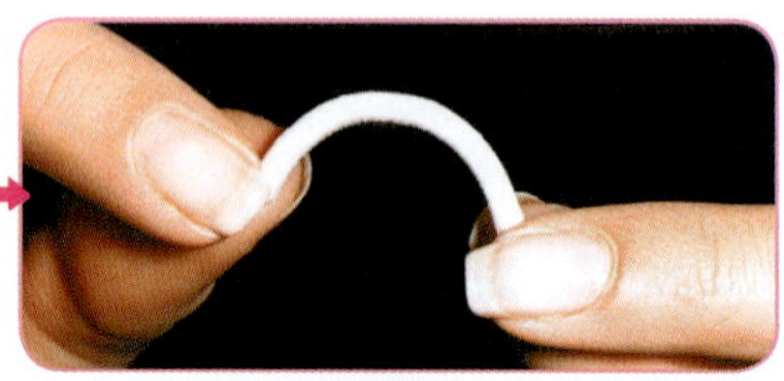

Wimpernröllchen formen

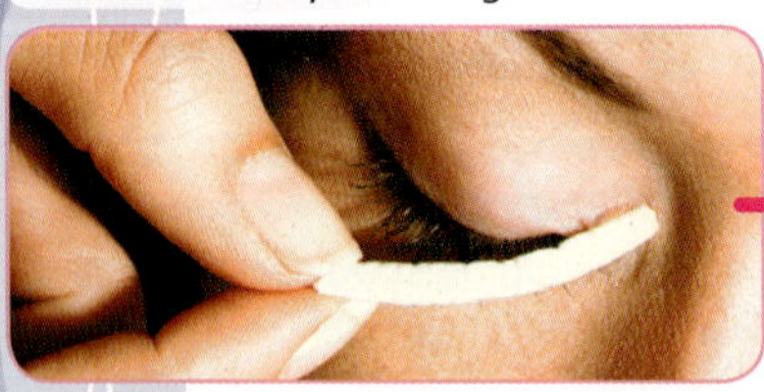

Wimpernröllchen anlegen

Gel auftragen

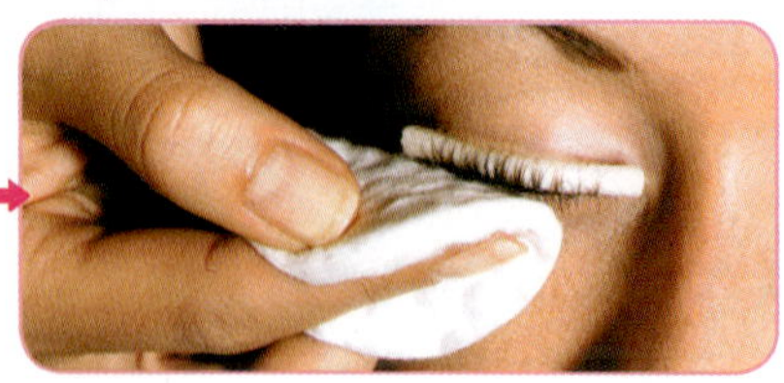

Gel abnehmen

Aufgaben

1. Führen Sie bei einem Modell eine Wimpernwelle durch und färben Sie anschließend die Wimpern.
2. Stellen Sie die Vor- und Nachteile einer Wimpernzange denen der Wimpernwelle gegenüber.

4.2.4 Auftragen von Abdeckpräparaten

Abdeckpräparate werden grundsätzlich mit einem Spatel entnommen.
Niemals einen Abdeckstift direkt auf der unreinen Haut anwenden, sonst kommt es zu einer Bakterienansammlung auf dem Abdeckstift.
Das Abdeckpräparat wird sorgfältig mit dem Pinsel oder Finger auf die zu behandelnden Stellen getupft und eingearbeitet.

Abdecken vor der Grundierung

In folgenden Fällen wird **vor** dem Grundieren abgedeckt:
- Bei **Pusteln, Papeln** und **Talgzysten** am besten einen antiseptischen Abdeckstift verwenden, da die normalen kosmetischen Abdeckstifte für die unreine Haut viel zu fett sind.
- Bei **sichtbar erweiterten roten Äderchen** mit einem grünen Abdeckstift kaschieren, denn „Grün schluckt Rot" (Gegenfarbe).
- **Pigmentstörungen, Feuermale, unerwünschte Tattoos** und **Narben** mit Camouflagecreme abdecken. Auf dem Spatel mit dem Finger etwas erwärmt, lässt sie sich besser auftragen.

➜ *vgl. Lernfeld 8, S. 286 f.*

Abdecken nach der Grundierung

Nach dem Grundieren können mit einem Abdeckstift oder einer Abdeckcreme noch kleine „Schönheitsfehler" abgedeckt werden:
- **Pigmentstörungen** mit einem Abdeckstift oder einer Abdeckcreme im gleichen Ton der Grundierung abdecken.
- **Augenringe** mit einem helleren Ton als dem der Grundierung abdecken. Die Vertiefung mit einem Concealer, Abdeckstift oder Abdeckcreme aufhellen.
- **Tränensäcke** mit einem dunkleren Ton als dem der Grundierung abdecken. Dadurch treten die Tränensäcke optisch zurück.

➜ *vgl. S. 405*

Da die meisten Grundierungen eine hohe Deckkraft besitzen, erübrigt sich sehr oft das vorherige Abdecken. Außerdem werden Vertiefungen wie Augenringe, Nasolabialfalten, Kinneinkerbung und tief liegende Nasenflügel mit einer helleren Abdeckung optisch hervorgeholt.
Würde man erst nach dem Abdecken mit dem Make-up darüberschminken, hätten diese aufzuhellenden Stellen den gleichen Hautton wie die übrige Gesichtshaut. Dadurch wäre ein optischer Ausgleich nicht so effektiv.

Abdecken von Augenschatten mit Concealer

Einarbeiten des Concealers mit einem Schwämmchen

Aufgabe

Beschreiben Sie mit eigenen Worten den fachgerechten Einsatz von Abdeckpräparaten.

4.2.5 Grundieren

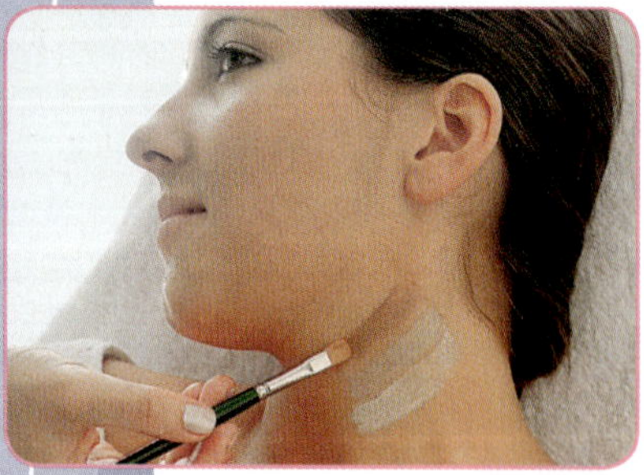
Feststellen des geeigneten Farbtons am Hals

Feststellen des richtigen Make-up-Farbtons

Die Grundierung soll exakt den gleichen Farbton haben wie die Haut. Auf keinen Fall sollte der Farbunterschied mehr als einen Ton betragen. Das Make-up soll nicht heller und auf keinen Fall dunkler, nicht rosiger und nicht grauer als die Haut sein, nur dann sieht das Make-up natürlich aus.
Zur Auswahl des richtigen Farbtons wird etwas Grundierung in die **Haut am Hals** eingeklopft. Wenn man zwischen grundierter Haut und Umgebung keine Farbränder entdeckt, dann ist der Ton richtig gewählt.
Kann man den richtigen Farbton nicht finden, mischt man ihn nach folgender **Faustregel:** Wirkt er zu rosa, müssen mehr Gelbtöne hinein, ist er zu gelb, kann man mit Rosa abschwächen.

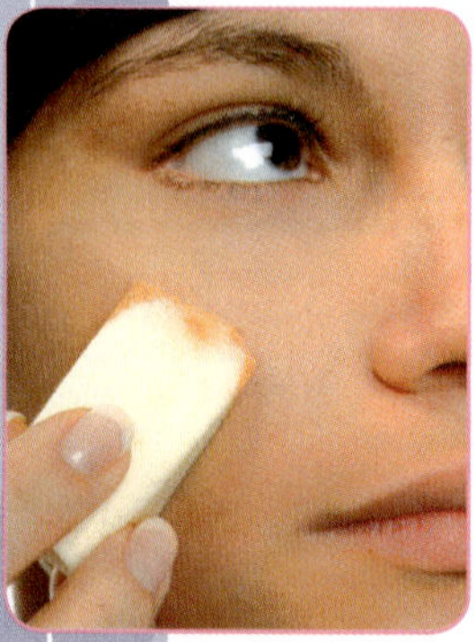
Auftragen mit dem Make-up-Schwämmchen

Auftragen mit den Fingern

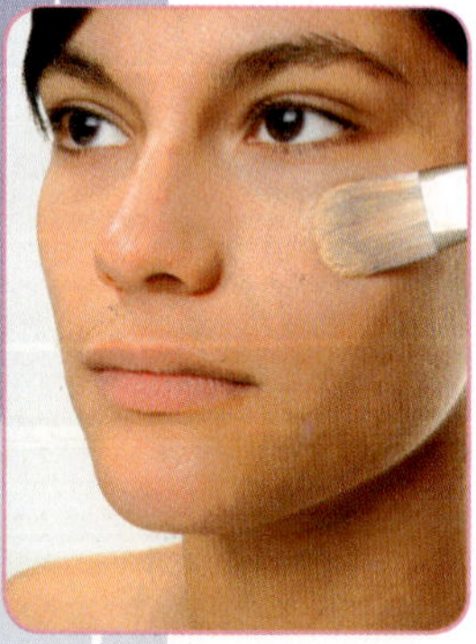
Auftragen mit dem Foundationpinsel

Auftragen mit der Profibürste

Auftragen der Grundierung

Mit dem Auftragen der Grundierung wird auf der Stirn begonnen. Unter den Augen wird kein Make-up verteilt, die Lippenränder werden aber überschminkt, damit später die Lippenkontur gut gelingt.
Die Auftragetechnik hängt vor allem davon ab, welches Präparat als Grundierung zum Einsatz kommt:

- **Make-up-Schwämmchen** werden am häufigsten eingesetzt.
- Eine weitere Möglichkeit ist das Auftragen mit den **Fingern**, d.h., die Grundierung wird ohne weitere Hilfsmittel aufgetragen.
- Fluid-Make-ups lassen sich gut mit einem **Foundationpinsel** auftragen. Schlecht zu schminkende Bereiche, z.B. an den Nasenflügeln, sind so gut zu erreichen.
- Für sanfte Übergänge und eine natürliche Grundierung sorgt die **Profibürste**. Nach dem Auftragen der Grundierung, z.B. mit den Fingern, sind durch drehende Bewegungen mit der Bürste perfekte Übergänge möglich.

Damit sich der Lidschatten später besser verteilen lässt und länger hält, kann vom Wimpernrand bis zu den Augenbrauen ebenfalls eine Teintgrundierung oder eine spezielle **Lidschattengrundierung** mit dem Finger oder einem kleinen Schwämmchen aufgetragen werden.

Aufgabe

Erproben Sie an einem Modell unterschiedliche Make-up-Arten mit unterschiedlichen Auftragetechniken.
Mit welcher Auftragetechnik gelingen Ihnen die unterschiedlichen Make-up-Arten am besten?

4.2.6 Abpudern

Abgepudert wird nach dem Auftragen der Abdeckcreme, der Grundierung und der Lidschattengrundierung.
Losen Puder mit einem Spatel aus der Puderdose entnehmen, auf ein Kosmetiktuch geben und von dort mit dem Puderpinsel aufnehmen. Überschüssigen Puder vor dem Auftragen vom Pinsel klopfen. Puder von oben nach unten in Wuchsrichtung der Gesichtsbehaarung auftragen (damit sich die Gesichtshärchen nicht aufstellen).
Mit der **Puderquaste** den Puder gleichmäßig auf das Gesicht drücken. Anschließend überschüssigen Puder mit einem Babybürstchen oder einem Puderpinsel entfernen.

Überschüssigen Puder vom Pinsel klopfen

Puder in Wuchsrichtung der Gesichtshärchen auftragen

Praxistipp

Die Augenlider auch abpudern, dann lässt sich der Lidschatten besser auftragen und er hält länger.

Aufgabe

❶ Überprüfen Sie bei einer Mitschülerin, welche Auftragetechnik sich für welche Puderart besonders gut eignet. Begründen Sie Ihre Meinung.

4.2.7 Schminken der Augen

Auftragen des Lidschattens

Der Lidschatten wird vor dem Lidstrich und der Wimperntusche auf das fettfreie Lid aufgetragen. Zur besseren Haltbarkeit kann vom Wimpernrand bis zur Braue eine Teintgrundierung oder eine spezielle Lidschattengrundierung aufgetragen werden, die aber noch vor dem Lidschattenauftrag mit Transparentpuder leicht abgepudert werden muss.
Zur Betonung der Augen kommen meist zwei bis drei Lidschattenfarben zum Einsatz. Unter der Augenbraue wird grundsätzlich ein „Highlighter", also ein hellerer Ton, aufgetragen. Er sorgt dafür, dass das Auge optisch „geöffnet" wird. Unabhängig von der Farbe sollte der Lidschatten entlang dem Lidrand am dunkelsten sein und zur Braue hin heller werden. Je nach gewünschter Wirkung werden die dunkleren Töne in der Lidfalte, auf dem Augenlid (bis zur Lidfalte) oder am äußeren Augenwinkel aufgetragen. Schattiert man auch das Unterlid in der Lidschattenfarbe, wirken die Augen noch ausdrucksvoller. Harte Übergänge werden mit einem Lidschattenpinsel verwischt.

Schattiervorschläge mit unterschiedlichen Betonungen

Aufgabe

❷ Erproben Sie bei Ihrer Mitschülerin das Auftragen von Lidschatten mit mindestens zwei kontrastreichen Farbtönen.

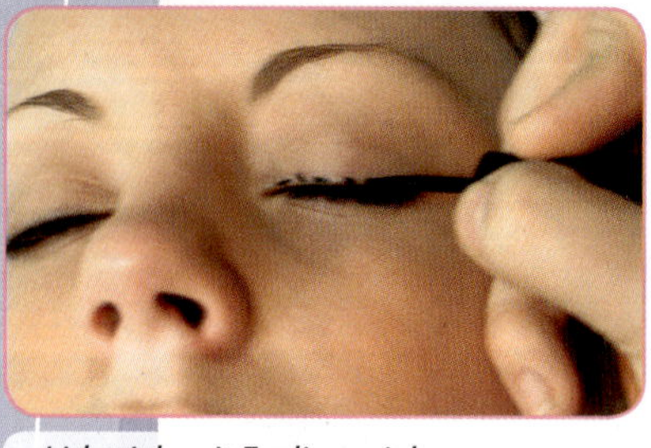
Lidstrich mit Eyeliner ziehen

Dunklen Kajal auf dem inneren Lidrand auftragen

Lidstrich am Oberlid ziehen

Ziehen des Lidstrichs

Wer eine ruhige, geübte Hand hat, zieht den Lidstrich mit Eyeliner beginnend am inneren Augenwinkel ohne abzusetzen bis zum äußeren Augenwinkel durch. Die Hand wird dabei an der Wange fixiert.
Weniger Geübte beginnen in der Lidmitte zum äußeren Augenwinkel und füllen den inneren Teil anschließend auf. Bei einer unruhigen Hand können zuerst Pünktchen auf den Wimpernrand gemalt werden, die man dann Stück für Stück verbindet (siehe Abb.).
Ganz natürlich wirkt ein Augen-Mak e-up, wenn mit Kajal am oberen Wimpernrand ein Lidstrich gezogen und dieser leicht verwischt wird.

Praxistipp

Das Auftragen des Lidstrichs wird erleichtert, wenn man die Haut am Oberlid außen mit ein oder zwei Fingern spannt.

Aufgaben

1. Erproben Sie an Ihrer Mitschülerin das Auftragen eines Lidstrichs mit flüssigem Eyeliner in den oben aufgeführten Techniken.
2. Üben Sie das Auftragen eines Lidstrichs mit Kajal an einem Modell. Setzen Sie auch Kajal auf das innere untere Augenlid. Beschreiben Sie die Wirkung der Augen Ihres Modells.

Tuschen der Wimpern

Die Oberwimpern werden in Zickzackbewegungen von unten nach oben und die Unterwimpern von oben nach unten getuscht. Wimperntusche sollte in mehreren Schichten (vorhergehende Schicht erst trocknen lassen) aufgetragen werden, so wirken die Wimpern dichter und länger. Zwischen den Schichten die Wimpern mit einem Wimpernbürstchen nachbürsten, damit keine Klümpchen entstehen.

Mascara auftragen 1

Mascara auftragen 2

Mascara auftragen 3

4.2.8 Schminken der Lippen

Grundsätzlich sollte man bei einem Lippen-Make-up die Lippenkonturen nachziehen, gleichgültig ob man anschließend Lippenstift oder Lipgloss verwendet.

❶ Für eine exakte Lippenkontur **Grundierung** mit einem Make-up-Schwämmchen ganz dünn auf die Lippen auftragen.

❷ Mit losem **Puder** (bei trockenen Lippen mit Kompaktpuder) die Grundierung fixieren.

❸ Mit einem **Konturenstift**, der die gleiche Farbe wie der Lippenstift haben sollte, die Lippenkonturen nachziehen, nach Wunsch modellieren. ➜ *vgl. S. 410 f.*
Damit die Konturen nicht als harte Linie stehen bleiben, werden sie mit einem Wattestäbchen nach innen verwischt.

❹ Mit einem Lippenpinsel (hygienische Gründe) den **Lippenstift** auftragen. Mit dem Pinsel kann die vorgezeichnete Kontur exakt ausgefüllt und die Farbe gut dosiert werden.

Aufgabe

❶ Beschreiben Sie mit eigenen Worten das fachgerechte Auftragen eines Lippen-Make-ups.

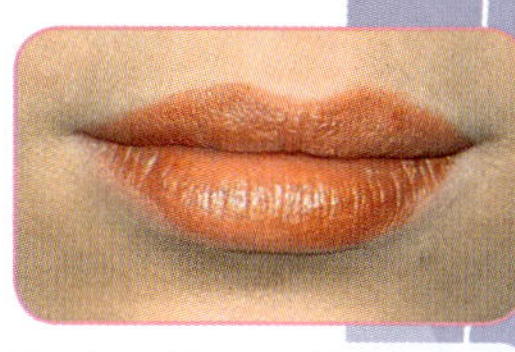

Fertiges Lippen-Make-up

4.2.9 Auftragen von Rouge

Begonnen wird am höchsten Punkt des Jochbeins, der etwa unter dem äußeren Ende der Iris liegt, dann über den Wangenknochen entlang bis zum oberen Bereich des Ohres. Dabei sind weiche Übergänge zur Grundierung erforderlich, deshalb immer nur wenig Rouge auf den Pinsel geben.

Bei der Farbwahl sollte sich eine **Farbharmonie** in Richtung der Grundierung und des Lippenstifts ergeben, d. h. einheitlich kühle oder warme Nuancen.
Bei einem **Tages-Make-up** wird Rouge eher zart und dezent aufgetragen.
Da glänzende Rougetöne volle Gesichter noch runder erscheinen lassen, zum **Modellieren** nur mattes Rouge verwenden.

Auftragen von Rouge

Aufgaben

❷ Erproben Sie bei einer Mitschülerin das Auftragen von Puder- und Cremerouge.

❸ Beschreiben Sie mit eigenen Worten das fachgerechte Auftragen von Rouge.

Festliches Make-up

Produkte für das festliche Make-up

4.3 Besonderheiten beim festlichen Make-up

Generell sollten bei einem festlichen Make-up für den Abend die hellen Töne noch heller und die dunklen Töne noch dunkler als am Tage ausgewählt werden, denn künstliches Licht schluckt Farbe. Dies gilt auch für den Farbton der Grundierung, d.h., er sollte etwa um einen Ton dunkler sein als bei einem Tages-Make-up.
Eine feuchtigkeitshaltige Make-up-Unterlage und ein Camouflagefixierpuder nach der Grundierung sorgen dafür, dass das Make-up nicht so schnell glänzt.

Arbeitsablauf:

- Grundierung auftragen (auch auf die Lippen). Den oberen Teil des Halses und, je nach Halsausschnitt des Kleides, das Dekolleté mitschminken.
- Kleine Schönheitsfehler mit Camouflage abdecken.
- Zur besseren Haltbarkeit des Lidschattens eine Lidschattengrundierung auf die Augenlider auftragen.
- Camouflagefixierpuder großzügig auftragen, etwas einwirken lassen.
- Augenbrauen und Augenlider vom Puder befreien.
- Die obere Linie der Augenbraue nachziehen, denn sie sollte eine feste Linie erhalten.
- Auf das ganze Augenlid einen hellen Lidschatten auftragen und nach gewünschter Wirkung mit ein oder zwei Tönen das Auge modellieren.
- Das Auge mit Kajal oder Lidschatten umranden.
- Das gesamte Gesicht mit einer Ziegenhaarbürste vom überschüssigen Puder befreien.
- Wimperntusche auftragen.
- Lippenkonturen mit einem Stift nachziehen.
- Mit dem Lippenpinsel den Lippenstift auftragen.
- Evtl. Modellage mit dunklem Puder setzen.
- Rouge platzieren. Das Rouge für ein festliches Abend-Make-up darf kräftiger ausfallen, denn künstliches Licht und erst recht Kerzenlicht verschluckt viel von der Farbe.

Etwas Glitzer kann z.B. auf dem Dekolleté und am inneren oder äußeren Augenwinkel aufgebracht werden. Hier sind der Fantasie keine Grenzen gesetzt, denn die Kosmetikfirmen bieten eine Vielzahl von effektvoll glänzenden Produkten an.

Aufgaben

1. Nennen Sie die Unterschiede zwischen einem Tages-Make-up und einem festlichen Make-up.
2. Schminken Sie bei Ihrer Mitschülerin auf der einen Gesichtshälfte ein Tages-Make-up und auf der anderen Gesichtshälfte ein Abend-Make-up. Der Unterschied muss deutlich erkennbar sein.
   Beschreiben Sie, wodurch Sie den Unterschied erzielt haben.

4.4 Besonderheiten beim Make-up für reife Haut

Bei einem Make-up für ältere Kundinnen mit reifer Haut sollte unbedingt die Tatsache berücksichtigt werden, dass dunkel geschminkte Partien optisch zurücktreten und hell geschminkte Partien optisch hervortreten. Im Vordergrund stehen das **Kaschieren** von Fältchen, Altersflecken und Augenringen, das **Auffrischen** von müde wirkendem Teint und das **Glätten** von Unebenheiten.
Generell gilt es, Produkte mit sehr starken Glitzereffekten zu vermeiden. Ein leichter Glanz hingegen kann kleine Fältchen abschwächen.

Make-up für reife Haut

Arbeitsablauf:

- Auf die gründlich gereinigte Haut eine Tagespflege für anspruchsvolle Haut auftragen. Um die Augen herum darf die Unterlage auch etwas fetthaltiger sein, da diese Creme schnell einzieht und kleine Lachfältchen mildert.
- Cremeartige Abdeckprodukte werden sanft aufgetupft und eingeklopft, um Altersflecken und Augenringe abzudecken sowie Mimikfalten aufzuhellen.
- Mit einem Make-up-Schwämmchen behutsam eine Grundierung speziell für reife Haut auftragen. Der gewählte Farbton sollte sehr gut auf den Hautton abgestimmt sein. Auf keinen Fall darf er dunkler sein, da das Gesicht dadurch älter wirken würde. Grundierungen für reife Haut haben eine feuchtigkeitsspendende und pflegende Wirkung. Zusätzliche Zusatzstoffe wie z.B. Seidenproteine und lichtreflektierende Pigmente geben der Haut ein seidiges und glatteres Aussehen. Außerdem haben sie eine gute Deckkraft und setzen sich nicht in den Fältchen ab.
- Auf ein Mattieren und Fixieren des Make-ups mit Puder kann verzichtet werden, denn ältere Haut glänzt weniger, da sich die Talgproduktion im Alter reduziert. Außerdem würde sich bei Anwendung einer Grundierung mit lichtreflektierenden Pigmenten die gewünschte Wirkung abschwächen.
- Die Augenbrauen durch Zupfen und anschließendes Bürsten in eine schöne Form bringen. Falls notwendig, die Brauen mit Brauenpuder auffüllen oder korrigieren.
- Bei Lidschatten eher helle Nuancen wählen und besonders auffällige Farben eher sparsam auftragen.
- Mit Eyeliner oder Kajal einen zarten Lidstrich ziehen.
- Auf Wimperntusche sollte auch bei einem Schlupflid nicht verzichtet werden, da dadurch das Auge offener wirkt. Durch die Verwendung wasserfester Wimperntusche wird vermieden, dass sich die Tusche schon nach kurzer Zeit auf dem Lid absetzt.
- Durch das Auftragen eines Lippenkonturenstifts bekommen die Lippen eine klare Kontur, gleichzeitig ist eine leichte Lippenkorrektur möglich.
- Eine kräftige, nicht zu dunkle Lippenstiftfarbe ist ein Blickpunkt und lenkt von Fältchen ab.
- Zartes Rouge gibt dem Gesicht Frische.

Aufgaben

1. Nennen Sie die Punkte, die bei einem Make-up für reife Haut im Vordergrund stehen sollten.
2. Stellen Sie in einer Tabelle die Unterschiede zwischen einem festlichen Make-up bei einer jungen Kundin dem bei einer älteren Kundin gegenüber.

5 Sonderfall der dekorativen Kosmetik: Camouflage

Informationen zum Sonderfall Foto-Make-up finden Sie hier:

oder unter: www.handwerk-technik.de

Eine kritische Stammkundin mit einem Feuermal auf der Wange in der Größe eines 2-Euro-Stücks erscheint zum vereinbarten Termin: „Ich benötige ein gut deckendes Tages-Make-up, denn ich habe heute noch einen sehr wichtigen Geschäftstermin." Worauf müssen Sie bei diesem Make-up achten?

Mit der Camouflagetechnik (franz. *camouflage* = Verkleidung, Tarnung) haben sich wirkungsvolle Make-up-Möglichkeiten für Hautanomalien wie Vitiligo, Naevus flammeus, Teleangiektasien, Besenreiser, Altersflecken, Leberflecken, Narben, aber auch Augenringe, Akne, Tätowierungen und blaue Flecken entwickelt.
Camouflage ist wasser- und schweißfest und schützt die Haut vor UV-Strahlung. Selbst extremen Belastungen wie Schwimmen, Hitze und Schwitzen hält sie stand. Sie hält ein bis zwei Tage und ist für die tägliche Anwendung durchaus geeignet. Im Gesicht sollte die Camouflage jeden Tag erneuert werden. Auf Hautpartien, wo sich wenige Talgdrüsen befinden, kann sie sogar zwei bis drei Tage auf der Haut bleiben.

Camouflageprodukte

Folgende Materialien werden für die Camouflage benötigt:
- mehrere Farbtöne von Hell bis Dunkel, von Rosé bis Gelblich (die alle untereinander mischbar sind) und ein grünlicher Ton
- Fixierpuder (häufig in Weiß und getönt erhältlich)
- Spatel, Auftrageschwamm
- Puderquaste, Puderpinsel

Arbeitsschritte:
- Die Haut vor dem Auftragen der Camouflage gründlich reinigen.
- Als Camouflageunterlage eine Feuchtigkeitscreme verwenden, da eine fetthaltige Unterlage keine haltbare Grundlage ist.
- Camouflage auf dem Spatel oder auf dem Handrücken weich aufarbeiten.
- Effloreszenzen, z. B. Pusteln, extra abdecken.
- Mit den Fingerspitzen oder einem feuchten Einwegschwamm die Camouflage gleichmäßig dünn einarbeiten. Die Camouflage bis zu 2 cm über den Rand der abzudeckenden Hautpartien auftragen, die Ränder sanft auslaufen lassen.
- Um die Camouflage wasserfest zu machen, Fixierpuder mit der Puderquaste dick auftragen, mindestens 10 Minuten einwirken lassen. Überschüssigen Puder mit einer Ziegenhaarbürste oder einem Puderpinsel vorsichtig entfernen.

Vorher

Zum **Entfernen** der Camouflage ein Reinigungspräparat auf Watte oder ein Papiertuch geben und sorgfältig abnehmen. Bei großflächigen Hautpartien wird ein Spezialreiniger (nach dem Auftragen einfach abspülen oder abduschen) empfohlen.
Zur Klärung der Haut anschließend ein mildes Gesichtswasser verwenden.

Camouflage kann auch zu **besonderen Gelegenheiten** eingesetzt werden, z. B. für Schwarz-Weiß-Fotos, bei einem Braut-Make-up oder als Make-up für den Laufsteg.

Nachher

Rechenaufgaben

Bruttoverkaufspreise von Waren berechnen

Da Friseurbetriebe Waren nicht selbst herstellen, müssen Sie für die Berechnung des Bruttoverkaufspreises zunächst den **Bezugspreis** der Ware ermitteln. Dieser ermittelt sich aus dem Einkaufspreis (= Preis des Herstellers, zu dem der Friseurbetrieb die Ware erhält) und den Bezugskosten für Porto, Verpackung etc.

Auf den Bezugspreis werden dann **Handlungskosten** (= Kosten, die im Zusammenhang mit der Bereitstellung und dem Verkauf von Waren entstehen, z.B. für Strom, Wasser, Miete, Einrichtung, Personal, Werbung etc.) und **Gewinn** aufgeschlagen. Da die Friseurin beim Verkauf von Waren zur Händlerin wird, nennt man die Gemeinkosten (vgl. S. 237) jetzt Handlungskosten.

Die **Mehrwertsteuer** wird erst zum Schluss auf den Nettoverkaufspreis aufgeschlagen. Denn auf Ware, die nur zum Zweck des Weiterverkaufs eingekauft wird, muss keine Mehrwertsteuer gezahlt werden.

Listenpreis
– Rabatt
= Rechnungspreis
– Skonto
= Einkaufspreis
+ Bezugskosten (Lieferung, Porto, Verpackung)
= Bezugspreis
+ Handlungskosten
= Selbstkosten
+ Gewinn
= Nettoverkaufspreis
+ Mehrwertsteuer
= Bruttoverkaufspreis

Zur Vereinfachung der Berechnung werden die Kostenfaktoren, die sich in einem Salon nur geringfügig ändern, bei der Kalkulation zusammengefasst: Handlungskosten, Gewinn und Mehrwertsteuer werden zum **Kalkulationsfaktor** (= Kalkulationszuschlag) zusammengefasst.

Beispiel:
Eine Saloninhaberin möchte eine neue Lippenstiftserie in den Verkauf aufnehmen. Sie kann die Lippenstifte zu je 4,65 € bekommen, ab 20 Stück wird ein Rabatt von 15 % gewährt. Die Saloninhaberin kauft 30 Lippenstifte und kann durch Barzahlung weitere 1,5 % sparen. Die Lieferung ist frei.
Nachdem sie den Bezugspreis errechnet hat, kalkuliert die Saloninhaberin mit Handlungskosten von 45 %, Gewinn von 30 % und der MwSt. von 19 %.
Zu welchem Bruttoverkaufspreis kann sie einen Lippenstift anbieten?

Listenpreis (30 · 4,65 €)	139,50 €
– 15 % Rabatt	20,93 €
= Rechnungspreis	118,57 €
– 1,5 % Skonto	1,78 €
= Einkaufspreis	116,79 €
+ Bezugskosten	0,00 €
= Bezugspreis	**116,79 €**
+ 45 % Handlungskosten	52,56 €
= Selbstkosten	169,35 €
+ 30 % Gewinn	50,80 €
= Nettoverkaufspreis	220,15 €
+ 19 % Mehrwertsteuer	41,83 €
= Bruttoverkaufspreis	**261,98 €**

261,98 € : 30 Lippenstifte = 8,73 €
Ein Lippenstift müsste für 8,73 € verkauft werden.

Berechnung des Kalkulationsfaktors für einen Salon

Handlungskosten 52,56 € + Gewinn 50,80 € + Mehrwertsteuer 41,83 € = 145,19 €
116,79 € (Bezugspreis) ≙ 100 %

$$145{,}19\ € \quad \hat{=} \quad \frac{100\,\% \cdot 145{,}19}{116{,}79} = 124{,}3\,\%$$

Der Kalkulationszuschlag beträgt in diesem Salon 124,3 %.

❶ Eine Firma bietet Ihrem Salon eine neue Handcreme für 3,98 € an. Bei der Bestellung von 15 Dosen gewährt die Firma 9,5 % Rabatt und bei Zahlung innerhalb von 10 Tagen 2 % Skonto. Für den Versand werden 6,95 € berechnet. Wie hoch ist der Bezugspreis für eine Dose?

❷ Eine Flasche Nagellack hat einen Bezugspreis von 4,54 €. Mit welchem Bruttoverkaufspreis muss die Flasche ausgezeichnet werden, wenn mit 20 % Handlungskosten und 33 % Gewinn gerechnet wird?

❸ 20 Dosen Tagescreme wurden zu einem Bezugspreis von 86,23 € erworben. Wie hoch muss der Bruttoverkaufspreis für eine Tagescreme sein, wenn mit 25 % Handlungskosten und 25 % Gewinn gerechnet wird?

❹ Ein Lieferant bietet Ihnen wimpernverlängernde Mascara für 5,20 € pro Stück an.

a) Ein Karton (30 Stück) wird bestellt. Wie hoch ist der Bezugspreis, wenn der Rabatt 15 % und Skonto 1,5 % beträgt? Für Porto und Verpackung werden 7,90 € berechnet.

b) Für welchen Bruttoverkaufspreis können Sie die Mascara anbieten, wenn im Salon mit 35 % Handlungskosten und 22 % Gewinn kalkuliert wird?

❺ Für eine Sonderaktion zu Silvester werden 25 Packungen mit Glitzerlidschatten zu einem Listenpreis von insgesamt 78,55 € bestellt. Wie hoch ist der Bruttoverkaufspreis, wenn mit folgenden Kosten kalkuliert werden muss: Rabatt 8 %, Skonto 2 %, 7,95 € Bezugskosten, 32 % Handlungskosten, 20 % Gewinn, 19 % Mehrwertsteuer?

❻ Der Bezugspreis für eine Hautpflegeserie liegt bei 33,50 €. Wie hoch ist der Bruttoverkaufspreis, wenn mit einem Kalkulationsfaktor von 81 % gerechnet wird?

❼ Sie sollen einen Karton Kajalstifte auspacken und einsortieren. Der volle Karton (30 Stück) kostet 52,20 €. Mit welchem Bruttoverkaufspreis zeichnen Sie die einzelnen Stifte aus, wenn in Ihrem Salon mit einem Kalkulationsfaktor von 69 % kalkuliert wird?

❽ Berechnen Sie die Kalkulationsfaktoren, mit denen der Salon in Aufgabe 2 und der Salon in Aufgabe 3 kalkulieren könnten.

Komplexe Aufgaben

Frau Beck (22 Jahre alt), eine Neukundin, hat um 12 Uhr einen Termin bei Ihnen im Salon. Sie ist Medienkauffrau und hat um 15 Uhr einen Vorstellungstermin bei einer neuen Firma. Zu diesem Anlass wünscht sie ein Tages-Make-up.

Sie trägt ihr aschblondes, schulterlanges Haar glatt nach hinten frisiert und im Nacken mit einer Satinschleife zusammengebunden, dazu ein sehr gut sitzendes, mittelblaues Kostüm, eine schlichte, edle Armbanduhr und einen silbernen glatten Armreif. Ihre rosige Gesichtshaut erscheint matt und feinporig und hat oberhalb der Augenbrauen kleine Schüppchen. Ihre leicht tief liegenden Augen sind graublau. Die Farbe der Augenbrauen entspricht ihrer Haarfarbe. Die Lippen sind angesichts des heutigen Schönheitsideals etwas zu schmal; ihre Gesichtsform ist etwa dreieckig.

❶ Ermitteln Sie den Kundenwunsch und die Kundengegebenheiten mithilfe des Beurteilungsbogens. ➜ *vgl. Seite 404*

❷ Planen Sie mithilfe des Behandlungsplans alle Arbeitsschritte, Präparate und Farben.

❸ Entscheiden Sie, welche Präparate, Farben und Schminktechniken einzusetzen sind.

❹ Kontrollieren Sie, ob das Make-up dem Wunsch der Kundin entspricht:
- Was ist anders geworden und warum?
- Was könnte korrigiert werden?

❺ Bewerten Sie, ob die Kundin zufrieden ist hinsichtlich
- des Make-ups
- des Behandlungsablaufs
- der Beratung
- der Kundenbetreuung

English – Make-up products

Eye shadow: You can buy eye shadows in many different colours. Eye shadows can be applied in many different ways to achieve a variety of effects. Powder eye shadows are the most popular and are easy to apply.

Foundation: Choose a foundation that has the same colour as your skin. Use your fingers or a sponge to apply foundation.

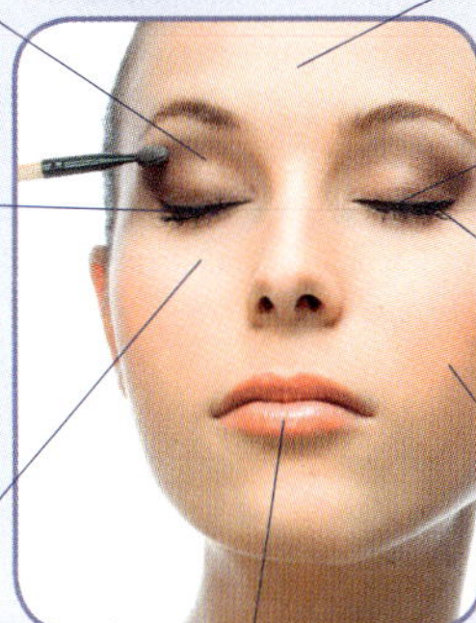

Mascara: Apply to top and bottom eye lashes; black mascara will give the best result. Avoid waterproof mascara if using it daily because your lashes will become brittle.

Eye liner: Apply eye liner underneath your eyelid and if needed on top.

Eye pencils are easy to apply. Draw a line under the eye. You may also draw a line on the upper eyelid.

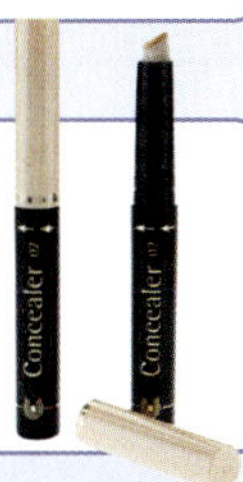

Concealer: Apply concealer to cover redness or pigmentation.

Lip-make-up: Draw a line around the lips with a lip pencil; then apply a matching lipstick. Don´t forget your colour type when you choose a lipstick.

Blusher: Apply the blusher lightly to your cheek bones; if you apply too much it can spoil the natural look.

Exercises

1. You have to apply a make-up.
   a) In what order do you use the make-up products? Make a list.
   b) How do you apply the products? Add this information to the list.

2. Choose the right products and colours for the following clients:
   a) A client wants some products for a quick, daily make-up.
   b) A client has a new cool blonde hair colour and needs new make-up products.

3. Answer the following questions from clients:
   a) "How should I apply mascara?"
   b) "Where should I apply blusher?"
   c) "I have dark circles under my eyes. How can I cover them up?"

Vocabulary

eye shadow	Lidschatten	redness	Rötung	to draw	zeichnen, ziehen
popular	beliebt	pigmentation	Pigmentierung	upper eyelid	Oberlid
top and bottom eyelashes	obere und untere Wimpern	skin	Haut	blusher	Rouge
		sponge	Schwamm	to spoil	zerstören
waterproof	wasserfest	eye liner	Augenkonturenstift	lip pencil	Lippenkonturenstift
daily	täglich				
brittle	brüchig	underneath	unter	matching	passend
concealer	Abdeckstift	eye pencil	Kajalstift	lipstick	Lippenstift

Lernfeld 12 Betriebliche Prozesse mitgestalten

Sie wirken bei der Planung, Organisation und Gestaltung von Betriebsabläufen mit und tragen zur Optimierung bei.

Die Inhaberin Ihres Ausbildungsbetriebs möchte zukünftig die Dienstleistung „Extensions" anbieten und beauftragt Sie, ein Plakat für einen „Passantenstopper" zu gestalten, um die Kundinnen auf die neue Dienstleistung aufmerksam zu machen.

Informieren

- Welche Zielgruppe will ich ansprechen?
- Welche Informationen muss das Plakat im Passantenstopper enthalten?
- Mit welcher Hard- und Software kann ich ein Plakat am PC gestalten?
- Wo und zu welchem Preis kann ein Plakat gedruckt werden?
- In welcher Form kann ich Unterstützung vom Extensions-Lieferanten bekommen?

Planen

- Welche Gestaltung des Plakats ist für die Dienstleistung „Extensions" und die zu erreichende Zielgruppe sinnvoll?
- Wie kann ich mich in der Werbung von den Mitbewerbern abheben?
- Welche Druckerei kann ich beauftragen?

Entscheiden

- Ich stelle meine Werbeplanung einschließlich Kostenplanung der Saloninhaberin vor.
- Ich begründe meine Ideen zu Inhalt und Gestaltung des Plakats.
- Die Chefin entscheidet über die Durchführung der Werbung.

Bewerten

- War die Werbung erfolgreich?
- Ist die Chefin mit der Werbung zufrieden?
- Bin ich mit dem Plakat zufrieden?
- Kann ich die Zielgruppe für die Dienstleistung „Extensions" mit einer anderen Plakatgestaltung besser erreichen?

Kontrollieren

- Hat die Zielgruppe das Plakat wahrgenommen?
- War die Werbung klar genug oder kamen viele Verständnisfragen von Kundinnen?
- Habe ich mich für die richtige Gestaltung entschieden?
- Ist der Preis richtig kalkuliert?

Ausführen

- Ich gestalte das Plakat am PC.
- Ich lasse das Plakat drucken.
- Ich stelle den „Passantenstopper" mit dem Plakat auf.

1 Unternehmerische Vorentscheidungen

Gegenüber hat ein neuer Friseursalon eröffnet, der seine Dienstleistungen zu viel niedrigeren Preisen anbietet. Wie erklären Sie sich und Ihren Kundinnen die großen Preisunterschiede?

Die Unternehmerin, die einen Friseursalon eröffnet, möchte ihre Geschäftsidee verwirklichen und einen sich gut entwickelnden Betrieb aufbauen. Sie legt die Rahmenbedingungen fest, mit denen sie meint, dieses Ziel am besten erreichen zu können.

1.1 Salonkonzept

→ vgl. Lernfeld 1, S. 14–17

Das Salonkonzept ist ein Plan für die Rahmenbedingungen im Salon, unter denen Sie arbeiten. In Lernfeld 1 haben Sie bereits einige wichtige Bestandteile eines solchen Konzepts kennengelernt.

Auch Ihre Chefin musste vor der Gründung ihres Friseursalons über folgende **Rahmenbedingungen** entscheiden:

- **Geschäftsmodell/Rechtsform**
  - Welches Geschäftsmodell und welche Rechtsform sind für die Umsetzung meiner Geschäftsidee am besten geeignet?
  - Welche finanziellen Möglichkeiten habe ich?
- **Zielgruppe** (Alter, Stil, Kaufkraft usw.)
  - Welche Kundinnen will ich in meinem Salon hauptsächlich bedienen?
- **Standort**
  - Welche Lage ist für meinen Salon geeignet?
- **Größe**
  - Wie viele Bedienungsplätze sollen vorhanden sein?
  - Wie viel Quadratmeter Fläche benötige ich?
- **Personal**
  - Benötige ich Mitarbeiterinnen? Wenn ja, wie viele?
  - Welche Anforderungen stelle ich an meine Mitarbeiterinnen?
  - Wie möchte ich meine Mitarbeiterinnen führen bzw. wie soll die Zusammenarbeit im Salon aussehen?
  - Werde ich in meinem Salon ausbilden? Welche Fortbildungen sind nötig?
- **Salonmarketing**
  - Wie kann ich neue Kundinnen anwerben und dauerhaft an meinen Salon binden?
  - Wie kann ich meine Dienstleistungen und Produkte vermarkten?
- **Gestaltung des Salons**
  - Wie soll mein Salon außen und innen aussehen? Welche Möbel wähle ich aus?
  - Wo und wie sollen die Waren präsentiert werden?
- **Dienstleistungs- und Produktangebot**
  - Welche Dienstleistungen biete ich an?
  - Wo sind meine Talente, welche Arbeiten liegen mir am meisten?
  - Welche Produkte verwende ich im Salon und biete ich zum Verkauf an?
- **Preisgestaltung**
  - Wie teuer muss ich sein, um meine Kosten zu decken und Gewinn zu erzielen?
  - Welchen Preis sind meine Kundinnen bereit zu zahlen?

Aufgaben

1. a) Was versteht man unter dem Begriff Salonkonzept?
   b) Zählen Sie mindestens sechs zu berücksichtigende Punkte auf.
2. Welches Salonkonzept verfolgt Ihr Ausbildungsbetrieb?

1.2 Geschäftsmodell

Shop in Shop

Innerhalb eines Friseursalons besteht die Möglichkeit, „Stühle" zu mieten. Voraussetzung ist, dass man einige handwerks- und gewerberechtliche Anforderungen erfüllt (z. B. Meisterprüfung). Mit der Saloninhaberin werden dann spezielle Mietverträge abgeschlossen und die Bedingungen der Überlassung geregelt.

Franchising: Schulungszentrum für mod's-hair-Stylisten in Deutschland

Franchise-Salon

Beim Franchising übernimmt der Franchisenehmer (Unternehmer) vom Franchisegeber ein bereits bestehendes und bewährtes **Unternehmenskonzept**. Dadurch verringern sich für den Franchisenehmer die Risiken einer Betriebsgründung, allerdings muss er für die Konzeptübernahme auch Gebühren an den Franchisegeber zahlen. Es gibt immer mehr Franchisesysteme, z. B. McDonald's, viele Baumärkte, Boutiquen und im Friseurbereich z. B. mod's hair, hairkiller, J.7, New Hair, super10 haircompany usw. Auf den ersten Blick könnte man annehmen, dass Franchise-Salons einer Kette angehören, da Angebote, Innenausstattung und Werbung der Läden identisch sind. Der Franchisenehmer ist aber selbstständiger Unternehmer.
Der Franchisegeber unterstützt den Franchisenehmer in der Standortwahl und durch Finanzierungsberatung sowie bei Verwaltungsaufgaben. Darüber hinaus bietet er ein Marketing- und Werbekonzept, hilft bei der Einrichtung des Salons und bildet die Mitarbeiterinnen des Franchisenehmers weiter.

Franchising: Salon in Paris (Frankreich)

Eigener Salon (Betriebsgründung/-übernahme)

Die Unternehmerin hat bei der Existenzgründung die Möglichkeit, einen eigenen Salon neu zu eröffnen, oder ein bereits bestehendes Unternehmen zu übernehmen und weiterzuführen. Dieses Geschäftsmodell bietet der Saloninhaberin die größtmögliche Unabhängigkeit bei der Verwirklichung ihrer eigenen Geschäftsideen, allerdings trägt sie auch das gesamte Risiko allein. Als Rechtsform bietet sich z. B. ein Einzelunternehmen oder eine GmbH an.
In der Handwerksordnung wird die Berechtigung zum selbstständigen Betrieb eines zulassungspflichtigen Handwerks (Friseurbetrieb/Meisterzwang) geregelt.

➜ vgl. S. 444 f.

Salonkette

Eine Inhaberin betreibt in verschiedenen Stadtteilen oder an unterschiedlichen Orten mehrere Filialen. Für diese Art von Friseurunternehmen ist es wichtig, ein Management auf die Beine zu stellen, das die Gesamtplanung übernimmt, z. B. bezüglich Personalplanung oder Beschaffung der Waren. Die Mitarbeiterinnen können in den einzelnen Filialen flexibel eingesetzt werden. Beim Wareneinkauf kann aufgrund größerer Abnahmemengen ein höherer Rabatt mit den Lieferanten ausgehandelt werden.

udowalz
coiffeur

Beispiel für eine Salonkette

1.3 Rechtsform

Die Wahl der Rechtsform entscheidet darüber, wem das Geschäft gehört, wer es leitet, wer für die Schulden haftet und wer den Gewinn erhält bzw. den Verlust tragen muss. Die angehende Unternehmerin muss sich also in der Gründungsphase sehr genau überlegen, welche Rechtsform für sie und ihren Salon die richtige ist.
Folgende Rechtsformen kommen im Friseurbereich besonders häufig vor:

Einzelunternehmen

Hanne Leonhard
Frisuren e. Kfr.

Einzelunternehmen

Viele Friseurbetriebe werden als Einzelunternehmen gegründet und geführt, d.h. es gibt nur eine alleinige Inhaberin, die den Salon leitet und für ihn haftet. Da die Friseurunternehmerinnen oft erst einmal klein anfangen, erfordern ihre Umsätze und ihr Geschäftsverkehr zunächst keine kaufmännische Organisation. Der Eintrag ins Handelsregister, das Verzeichnis der Kaufleute, steht diesen **Kleingewerbetreibenden** frei. Der Firmenname kann einen Personennamen, einen Sachgegenstand, eine Fantasiebezeichnung oder eine Kombinationsform beinhalten. Bei Eintragung ins Handelsregister muss der offizielle Name in jedem Fall den Zusatz e.K. oder e.Kfr. bzw. e.Kfm. (eingetragene Kauffrau/Kaufmann) tragen.

Vorteile	Nachteile
• kein Mindestkapital erforderlich • Eintragung ins Handelsregister zu Beginn nicht zwingend erforderlich • keine Gründungsvorschriften • größtmöglicher Gestaltungsspielraum • Gewinne müssen nicht geteilt werden • schnelle Reaktion auf veränderte Marktbedingungen möglich	• Geschäftskapital muss von der Inhaberin allein aufgebracht werden • Unternehmerin haftet mit ihrem gesamten Vermögen (geschäftlich und privat) • Unternehmerin trägt allein die gesamte Verantwortung, was zu einer erheblichen Belastung führen kann

Gesellschaft bürgerlichen Rechts (GbR oder BGB-Gesellschaft)

Friseur
Hofstedt und Yaris GbR
Wir lieben Haare

Gesellschaft bürgerlichen Rechts

Bei der GbR schließen sich zwei oder mehr Personen zu einem gemeinsamen Zweck zusammen. Wollen die Gesellschafter ein gemeinsames Friseurgeschäft betreiben, genügt es, wenn einer von ihnen den Meistertitel hat.
Die Gesellschafter teilen sich die Geschäftsführung und haften mit ihrem gesamten Betriebs- und Privatvermögen. Wurden die Anteile an Gewinn und Verlust nicht bestimmt, erhält jeder den gleichen Anteil. Die GbR entsteht durch eine vertragliche Vereinbarung, die mündlich oder schriftlich geschlossen werden kann. Aus dem Firmennamen müssen die Gesellschafter und die Rechtsform hervorgehen (= Grundsatz der Firmenklarheit), z. B. Hans Meier und Hilde Müller GbR.

Vorteile	Nachteile
• kein Mindestkapital erforderlich • keine Eintragung ins Handelsregister erforderlich • Gesellschafter haben hohes Maß an Mitbestimmungsmöglichkeiten • gute Kreditbeschaffungsmöglichkeiten, da mehrere Personen voll haften	• Gesellschafter haften mit ihrem gesamten Vermögen (geschäftlich und privat) • Auseinandersetzungen unter Gesellschaftern können ohne schriftliche Vertragsgrundlage schnell existenzgefährdend werden

Kommanditgesellschaft (KG)

Die KG ist genau wie die GbR eine Personengesellschaft, bei der sich zwei oder mehr Personen zusammenschließen, um z. B. gemeinsam ein Friseurgeschäft zu betreiben. Allerdings besteht ein Unterschied in der Haftung: Mindestens ein Gesellschafter muss die volle Haftung mit seinem geschäftlichen und privaten Vermögen übernehmen (Komplementär oder auch Vollhafter genannt), während die anderen (Kommanditisten oder auch Teilhafter genannt) nur bis zur Höhe ihrer Geschäftseinlage haften. Die Geschäftsführung steht nur dem Vollhafter zu. Gewinne werden im angemessenen Verhältnis verteilt (nach Verzinsung der Kapitaleinlage mit 4 %). Bei der Namensgebung ist nahezu alles möglich, der Zusatz KG oder Kommanditgesellschaft muss jedoch mit aufgeführt werden. Eine Eintragung ins Handelsregister ist erforderlich.

Kommanditgesellschaft

Vorteile	Nachteile
• kein Mindestkapital erforderlich • Vollhafter können das Unternehmen fast uneingeschränkt leiten • Teilhafter sind trotz Beteiligung nicht zur Mitarbeit verpflichtet • Teilhafter haften nur mit ihrer Einlage	• Vollhafter haften mit ihrem gesamten Vermögen (geschäftlich und privat) • Teilhafter haben nur Kontroll-, Informations- und Widerspruchsrechte • Interessenkonflikte zwischen Voll- und Teilhaftern sind möglich

Gesellschaft mit beschränkter Haftung (GmbH)

Die GmbH wird häufig gewählt, weil die Gesellschafter nur mit ihrem Anteil am Stammkapital haften (beschränkte Haftung). Das Stammkapital ist das Eigenkapital der GmbH und muss mindestens 25 000,00 € betragen. Da keine bestimmte Anzahl an Gesellschaftern vorgeschrieben ist, kann auch eine Ein-Personen-GmbH gegründet werden. Die Gesellschafter bestimmen einen oder mehrere Geschäftsführer, die sich aber an ihre Anweisungen halten müssen. Der Gewinn wird nach Anteilen am Stammkapital verteilt. Eine GmbH wird ins Handelsregister eingetragen. Der Firmenname muss immer den Zusatz GmbH beinhalten.

Wer Schwierigkeiten hat, das Mindeststammkapital aufzubringen, jedoch die Vorteile der beschränkten Haftung nutzen möchte, kann eine **Unternehmergesellschaft (haftungsbeschränkt)**, auch **Mini-GmbH** genannt, gründen. Dies ist bereits mit einer symbolischen Einlage von 1,00 € möglich. Die Kapitalausstattung sollte sich aber dennoch am konkreten Bedarf orientieren. Wird das Stammkapital zu niedrig angesetzt, ist die Insolvenzgefahr groß. Der Unternehmer ist verpflichtet, jedes Jahr 25 % des Gewinns zurückzulegen. Sobald 25 000,00 € Kapital angespart sind, wird die Mini-GmbH in eine GmbH umgewandelt.

Gesellschaft mit beschränkter Haftung

Vorteile	Nachteile
• Gesellschafter haften nur bis zur Höhe des Stammkapitals, das Privatvermögen ist geschützt • Gründung auch durch Einzelperson möglich • Gründung einer Mini-GmbH mit geringem Stammkapital möglich	• bei GmbH hohes Stammkapital erforderlich • Gesellschaftsvertrag muss notariell beurkundet werden • Gestaltungsspielraum der Geschäftsführung ist eingeschränkt

2 Marketing

Die Chefin bittet Sie, das Schaufenster neu zu gestalten. Dabei sollen auch die neuen Sonnenpflegeprodukte präsentiert werden. Was sollten Sie bei der Schaufenstergestaltung bedenken?

Alle Maßnahmen, die die Inhaberin eines Friseurbetriebs zur Vermarktung ihrer Produkte und Dienstleistungen trifft, werden als **Marketing** bezeichnet. Dabei werden die Bedürfnisse der Kundinnen vorab ermittelt oder sogar durch gezielte Werbung geweckt und anschließend durch die eigenen Produkte und Dienstleistungen möglichst gewinnbringend befriedigt.

2.1 Salongestaltung

Das Unternehmensziel, Dienstleistungen und Produkte erfolgreich zu verkaufen, wird durch eine gute Salongestaltung unterstützt.

2.1.1 Außengestaltung – Schaufenster

Schaufenster sind die Visitenkarte des Friseursalons und werden genutzt, um das Produkt- und Dienstleistungsangebot optimal zur Geltung zu bringen. Durch große **Frisurenposter** im Fenster ist der Friseursalon schon von Weitem als solcher zu erkennen. Das Schaufenster soll mögliche Kundinnen neugierig machen und einladend wirken. Wenn es die Geschäftslage erlaubt, können vor dem Salon **„Passantenstopper"** mit aktuellen Angeboten aufgestellt werden.

Beleuchtung spielt bei der Werbung insgesamt eine sehr wichtige Rolle. Besondere Effekte lassen sich durch die Beleuchtung des Firmenschildes und durch die punktuelle Bestrahlung der Waren oder Poster im Schaufenster erreichen. Auch sich bewegende Gestaltungselemente sind ein „Hingucker".

Salongestaltung als Marketingmaßnahme: Der rote Teppich „zieht" die Kundinnen in den Salon hinein

Schaufenster werden entweder von professionellen Gestaltern für visuelles Marketing in Absprache mit der Saloninhaberin oder vom Salonteam selbst gestaltet.

Grundsätze für die Gestaltung eines Schaufensters:

- Übersichtlichkeit
- Erzielung von Aufmerksamkeit durch Form, Farbe, Gestaltung und Beleuchtung
- regelmäßiger Wechsel der ausgestellten Waren, z. B. entsprechend der jeweiligen Saison

Das Schaufenster sollte es den Vorübergehenden ermöglichen, in den Salon hineinzuschauen. Dadurch sinkt die Hemmschwelle, das Interesse wird geweckt und potenzielle Kundinnen werden eher zum Betreten des Salons veranlasst.

Das Schaufenster darf nicht überladen sein, die Kundinnen sollen sich nicht von Produkten oder Angeboten „erschlagen" fühlen.

Man unterscheidet verschiedene **Schaufenstertypen:**

- Das **Themenfenster** ist ein Schaufenster, das regelmäßig zu einem bestimmten Thema neu dekoriert wird. Themen sind z. B. die vier Jahreszeiten, Muttertag, Weihnachten, Karneval usw. Natürlich können Sie sich auch an der aktuellen Frisurenmode orientieren und so die Kundinnen neugierig auf die neuesten Frisuren, Schnitte, Farben usw. machen. Die Landesinnungsverbände bieten z. B. im Frühjahr und im Herbst die neuesten Frisurentrends auf Postern an.
- Im **Markenfenster** werden lediglich Waren einer Marke aufgebaut. Um die Blicke der Kundinnen auf das Schaufenster zu lenken, empfiehlt es sich, entweder große Attrappen oder größere Mengen einer Originalverpackung auszustellen. Einzelne Shampooflaschen oder Haarspraydosen würden sich im großen Schaufenster verlieren. Das Markenfenster spricht besonders qualitätsbewusste Kundinnen an.
- Einige Salons gestalten ihr Schaufenster, indem sie ihre Produkt- und Dienstleistungspalette darstellen. Hier spricht man von einem **Übersichtsfenster.**
- Wird ein neues Produkt eingeführt, bietet sich ein **Ein-Artikel-Fenster** an. In diesem Fall dekoriert man das Schaufenster mit nur einem Produkt und den dazugehörigen Plakaten oder Aufstellern. Zur Produkteinführung werden von den Lieferanten in der Regel ganze Werbepakete angeboten.

Wer kein Schaufenster besitzt, kann für seine Produkte und Angebote auch in einem **Schaukasten** oder in einer **Vitrine** werben. Die Bedienungsplätze und der Verkaufsbereich im Salon dienen ebenfalls als Präsentationsfläche.

Achten Sie bei allen Präsentationsflächen besonders auf Ordnung und Sauberkeit!

Themenfenster

Markenfenster

Aufgaben

1. Erklären Sie den Begriff Marketing.
2. Nennen Sie drei wichtige Punkte für die Gestaltung von Schaufenstern.

Dekorationsbeispiel

➜ *vgl. Lernfeld 8, S. 299 f.*

2.1.2 Innenausstattung

Die Innenausstattung eines Salons orientiert sich an der **Zielgruppe**, die hauptsächlich bedient wird, und damit auch am Preisniveau des vorhandenen Produkt- und Dienstleistungssortiments.

Folgendes sollte bei der Innenausstattung beachtet werden:

- Alle Bestandteile der Innenausstattung – Möblierung, Pflanzen, Dekorationsmaterial, Vorhänge usw. – werden in **Farbe und Stil** aufeinander abgestimmt und wirken dadurch **harmonisch**. Ein stimmiger Gesamteindruck ist eine Voraussetzung dafür, dass die Kundinnen sich wohlfühlen, gern im Salon sind und auch wiederkommen. Bei der Farbauswahl sollte die **Farbwirkung** mit bedacht werden.
- Auch die verwendeten **Materialien** spielen eine entscheidende Rolle und beeinflussen die Raumwirkung. So lassen z. B. Metalle wie Stahl oder Chrom einen Raum eher kühl und nüchtern erscheinen, während Hölzer oder Stoffe eher warm und gemütlich wirken.

Exklusiv eingerichteter Salon

Nebenraum eines Salons

- Die **Lichtverhältnisse** sind besonders bei der Haarfarbveränderung zu beachten. Hier werden Arbeitsplätze mit möglichst natürlichem Licht benötigt. In anderen Bereichen des Salons kann eine stimmungsvolle und eher dezente Beleuchtung zur angenehmen Raumatmosphäre beitragen.
- Die meisten Friseursalons werden von leiser **Musik** beschallt. Richtet man sein Augenmerk vor allem auf die junge Kundschaft, darf es auch etwas lauter sein.
- Durch angenehme **Düfte** wird der Friseurbesuch zu einem Wohlfühlerlebnis der besonderen Art.
- Der **Empfangs- und Dienstleistungsbereich** wird ansprechend eingerichtet, ohne jedoch die Funktionalität aus den Augen zu verlieren. Diese Bereiche müssen gut zu reinigen sein und durch eine entsprechende Anordnung der Möblierung effektive Arbeitsabläufe ermöglichen.
- Bei den **Nebenräumen**, also Lager, Aufenthaltsraum, Personaltoilette, Wirtschaftsraum, Büro und Mixecke, ist die Funktionalität besonders wichtig.

Aufgabe

Worauf achten Sie bei der Innengestaltung der für die Kundinnen zugänglichen Räume?

2.1.3 Warenpräsentation

Platzierung

Im Salon postieren Sie die Waren so, dass die Kundinnen sie gar nicht übersehen und auch aus dem Regal nehmen können. Die Erfahrung zeigt, dass Ware, die einmal **in die Hand genommen** wurde, eher gekauft wird als Ware, die nur angesehen wurde. Deshalb sollten die Waren nicht in geschlossenen Schränken und auch nicht hinter Glas präsentiert werden.

Waren, die die Kundin z. B. während der Wartezeit in die Hand nehmen kann

Kundinnen gehen eher zu **rechts** stehenden Warenträgern als nach links. Hier sind natürlich die räumlichen Gegebenheiten des Salons zu berücksichtigen.

Wenn mehrere Waren eines bestimmten Typs zusammen im Regal präsentiert werden, nimmt die Kundin sie eher wahr. Hier spricht man von einer Zusammenfassung in **Blöcken**.

Zusammengefasst werden z. B.:
- Produkte für einen **bestimmten Verwendungszweck** von verschiedenen Herstellern, z. B. Shampoos für coloriertes Haar (Segment- oder Produktblock)
- Produkte **eines Herstellers** (Marken- oder Herstellerblock)
- Produkte, die in **enger Verbrauchsbeziehung** stehen und einander gegenseitig ergänzen (**Verbundplatzierung** oder Cross-Selling), z. B. eine ganze Fläche für verschiedene Haarstylingpräparate oder ein ganzer Regalboden mit unterschiedlichen Präparaten gegen Schuppen

Haarspray/Haarlack	Haargel/Stylingcreme	Glanzspray/Haarschmuck
Haarspray/Haarlack	Haargel/Stylingcreme	Glanzspray/Haarschmuck
Haarspray/Haarlack	Haargel/Stylingcreme	Haarmascara/Haarkreide
Haarschaum/Haarfestiger	Haarwachs/Pomade	Kämme/Bürsten
Haarschaum/Haarfestiger	Haarwachs/Pomade	Kämme/Bürsten

Verbundplatzierung für Styling- und Finishprodukte

Eine Möglichkeit der Warenpräsentation ist die **horizontale Blockplatzierung**. Dabei stehen alle zusammengehörigen Produkte (z. B. Haarsprays verschiedener Hersteller) auf einem Regalboden in Blöcken nebeneinander. Nachteilig ist, dass der Blick dann hauptsächlich an Produkten in Greif- und Sichthöhe hängen bleibt.

→ *vgl. S. 450*

Haarspray/Herst. A	Haarspray/Herst. A	Haarspray/Herst. B	Haarspray/Herst. B	Haarspray/Herst. C	Haarspray/Herst. C
Haarlack/Herst. A	Haarlack/Herst. A	Haarlack/Herst. B	Haarlack/Herst. B	Haarlack/Herst. C	Haarlack/Herst. C
Haargel/Herst. A	Haargel/Herst. A	Haargel/Herst. B	Haargel/Herst. B	Haargel/Herst. C	Haargel/Herst. C

Horizontale Blockplatzierung nach Produkten und Herstellern

Besser über das gesamte Regal hinweg wahrgenommen werden die zusammengehörigen Produkte bei der **vertikalen Blockplatzierung**, also bei der Anordnung in Teilblöcken über mehrere Regalböden untereinander.

Sonderartikel und Angebote finden einen besonderen Platz auf einer **Aktionsfläche**, das kann ein spezielles Regal oder ein besonderer Aufbau sein.

Haarspray/Herst. A	Haarlack/Herst. A	Haargel/Herst. A
Haarspray/Herst. A	Haarlack/Herst. A	Haargel/Herst. A
Haarspray/Herst. B	Haarlack/Herst. B	Haargel/Herst. B
Haarspray/Herst. B	Haarlack/Herst. B	Haargel/Herst. B
Haarspray/Herst. C	Haarlack/Herst. C	Haargel/Herst. C
Haarspray/Herst. C	Haarlack/Herst. C	Haargel/Herst. C

Vertikale Blockplatzierung nach Produkten und Herstellern

Regalzonen

Generell werden Produkte aus der **Mittelzone** eines Regals häufiger gekauft als Produkte aus den Randzonen, da die Regalmitte die stärkste Aufmerksamkeit erhält (Verkaufsnote 1). Kundinnen schauen ein Verkaufsregal in der Regel von links nach rechts an. Dabei schenken sie den Produkten am Ende der Reihe eine größere Aufmerksamkeit. Daher ist bei gleichartigen Waren der Absatz der **rechts stehenden** Produkte (Verkaufsnote 2) oft höher als von Produkten in der linken Randzone eines Regals (Verkaufsnote 3). Damit das gesamte Warenangebot wahrgenommen wird, ist es sinnvoll, die Randzonen (insbesondere die linke) durch für die Kundinnen attraktive Produkte aufzuwerten.

Die Waren auf Augenhöhe werden zuerst betrachtet. Produkte aus dieser **Sichtzone** werden besonders häufig gekauft. Auch die **Greifzone** direkt darunter ist ein gut sichtbarer und leicht zugänglicher Regalbereich. Die **Bückzone**, ganz unten im Regal, ist für Kundinnen nur schwer zu sehen und schlecht zugänglich. Hier werden Produkte eingeordnet, die ohnehin häufiger gekauft werden, z. B. Haarlack, Haarspray, Stylingschaum. In der ebenfalls schlecht einzusehenden **Reckzone**, dem obersten Regalbereich, werden Waren mit wenig Gewicht angeboten, auf die häufig durch zusätzliche Werbung aufmerksam gemacht wird.

Reckzone: über 1,80 m*
(Verkaufsnote 4)

Sichtzone: 1,50 m – 1,80 m*
(Verkaufsnote 1)

Greifzone: 0,80 m – 1,50 m*
(Verkaufsnote 2)

Bückzone: unter 0,80 m*
(Verkaufsnote 3)

** ca.-Angaben für einen 1,70 m großen Erwachsenen*

Regalzonen

Aufgaben

1. Nennen Sie vier Regeln der Warenpräsentation im Verkaufsregal.
2. Nennen Sie die Regalzonen und ihre Besonderheiten.
3. Beschreiben Sie die Warenpräsentation in Ihrem Ausbildungsbetrieb. Fertigen Sie eine Skizze von mindestens einem Verkaufsregal an. Nutzen Sie für die Beschreibung die Fachbegriffe: Warenblock, vertikale Blockplatzierung, Verbundplatzierung, Aktionsfläche, Reckzone, Bückzone, Greifzone, Sichtzone.
4. Wie würden Sie ein neues Haarpflegepräparat im Salon platzieren? Begründen Sie Ihre Entscheidung.

2.2 Marketinginstrumente

Marketingmaßnahme: Kundenkarte zur Erhöhung der Kundenbindung

Als Marketinginstrumente werden all diejenigen Mittel und Maßnahmen bezeichnet, mit denen ein Unternehmen versucht, seine Marketingziele zu erreichen (z. B. den Absatz seiner Produkte und Dienstleistungen zu erhöhen oder eine bessere Kundenbindung zu erreichen). Die Zusammensetzung der von einem Unternehmen zu einem bestimmten Zeitpunkt verwendeten Instrumente wird als **Marketing-Mix** bezeichnet. Im Folgenden werden die vier klassischen Marketinginstrumente vorgestellt, die aufeinander abzustimmen sind.

2.2.1 Produktpolitik

Die Produktpolitik legt fest, welche Dienstleistungen und Produkte, d. h. welches Sortiment ein Friseursalon anbietet. Eine neue Haarschneidemethode oder ein spezielles Gerät wie die „heiße Schere" können z. B. in besonderer Weise Kundinnen binden, weil diese Leistung nicht überall erhältlich ist. Das **Warenangebot** sollte jedoch nicht zu groß sein. Werden in einem Salon Produkte von ein oder zwei Herstellern angeboten, können Kundinnen ein Konzept erkennen.

Umfang und Qualität des Sortiments sind von der **Zielgruppe** abhängig, z. B.:
- Bei einem „Billigfriseur" ist das Warenangebot nicht so umfangreich, da es oft an Beratungs- und Bedienungszeit mangelt.
- In einem Trendsalon wird man eher Styling- als Haarpflegeprodukte verkaufen.

Auch das Sortiment der **Mitbewerber** ist bei der Sortimentsauswahl zu bedenken.

2.2.2 Preispolitik

Preiskalkulation von Waren und Dienstleistungen ➜ *vgl. S. 467 ff.*

Die Saloninhaberin orientiert sich bei der Preisgestaltung vor allem an den Ergebnissen der **Kostenrechnung und Kalkulation**, um die anfallenden Kosten des Betriebs abzudecken und einen Gewinn zu erwirtschaften. Sie muss jedoch auch die jeweilige **Marktsituation**, insbesondere die Preise der Mitbewerber, berücksichtigen und kann dabei die Preisgestaltung als Marketinginstrument einsetzen. Bietet sie einen Haarschnitt günstiger an als die umliegenden Friseursalons, kann sie eventuell mehr Haarschnitte verkaufen. Der niedrigere Preis schmälert gleichzeitig ihren Gewinn, daher kann sie diese Preispolitik natürlich nicht unbegrenzt betreiben.

Ein wichtiger Faktor ist auch das **Preis- oder Wertempfinden** der Kundinnen. Mit der Preisgestaltung können Sie die Zielgruppe festlegen: Höhere Preise lassen z. B. auf Exklusivität der Waren und Dienstleistungen schließen. Hiervon werden besonders die besser verdienenden, sehr qualitätsbewussten und anspruchsvollen Kundinnen angesprochen.

Niedrige Preise locken hingegen eher preisbewusste Kundinnen mit einem etwas geringeren Anspruch an die Qualität an. So kalkulieren die „10-Euro-Friseure" mit sehr niedrigem Gewinn pro Dienstleistung und ziehen damit viele Kundinnen in den Salon. Um den Gewinn des Salons zu erhöhen, müssen von den Angestellten viele Dienstleistungen innerhalb kürzester Zeit erbracht werden. Dadurch leiden in vielen Fällen die Qualität der Dienstleistungen und die Kommunikation mit den Kundinnen.

Angebot für preisbewusste Kundinnen

Um den Kundinnen das Gefühl besonderer Preisgünstigkeit zu vermitteln, können sogenannte **psychologische Preisschwellen** eingesetzt werden. Sie verlangen dabei z. B. für ein Shampoo statt 8,00 € nur 7,99 €. Die Preise werden gut sichtbar **ausgehängt**, damit die Kundinnen und Passanten sich jederzeit darüber informieren können.

2.2.3 Vertriebspolitik

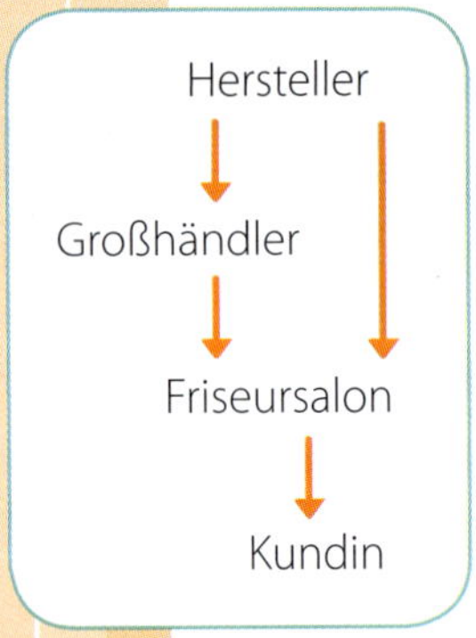

Indirekter Absatz von Produkten im Friseursalon

Der Weg, auf dem die Produkte und Dienstleistungen die Kundinnen erreichen, wird durch die Vertriebs- oder Absatzpolitik (auch Distributionspolitik genannt) festgelegt. Beim **indirekten Absatz von Produkten** werden diese vom Hersteller über den Groß- und Einzelhandel an die Kundinnen abgesetzt; so auch im Friseursalon.
Als Friseurin können Sie Produkte direkt beim Hersteller, z. B. bei WELLA, Goldwell oder L'Oréal, bestellen, Sie können aber auch bei Großhändlern einkaufen. Großhändler führen Waren von vielen verschiedenen Herstellern. Gerade kleinere Friseurbetriebe haben dort die Möglichkeit, kleine Mengen verschiedener Produkte von verschiedenen Firmen einzukaufen.
Die Saloninhaberin ist als Händlerin zuständig für die Produktwerbung und -bereitstellung, die Lagerhaltung sowie die Zwischenfinanzierung, d. h., sie bezahlt und lagert die Ware, bis sie sie an die Kundinnen (Endverbraucher) weiterverkaufen kann.

Direkter Absatz von Dienstleistungen im Friseursalon

Um einen **direkten Absatz von Produkten oder Dienstleistungen** handelt es sich, wenn der Hersteller der Produkte diese selbst an die Kunden verkauft. Friseure stellen ihre Produkte nicht selbst her, ein direkter Absatz findet also im Produktbereich nicht statt. Dafür werden aber die Friseurdienstleistungen, z. B. ein Haarschnitt, direkt vom Hersteller bzw. Dienstleister (in diesem Fall der Friseurin) an der Kundin erbracht.

Der **Versandhandel** und das **Onlineshopping** sind weitere Vertriebswege für Waren vom Hersteller zu den Kunden.

2.2.4 Kommunikationspolitik

Original Message

Subject:	2 for 1 – unser Special: individuelle Make-up-Beratung for friends
From:	Laika Hair & Beauty KG <info@laika.xy>
To:	Musterkundin@xyz.de

Unser Special: Individuelle Make-up-Beratung for friends*

Das bieten wir Ihnen:
- ein Begrüßungsgetränk Ihrer Wahl
- Bestimmung des Haut- und Farbtyps
- individuelle Behandlungsplanung
- professionelles Peeling
- ein perfekt auf Sie abgestimmtes Make-up
- wertvolle Schminktipps für zu Hause (unter Einbeziehung Ihrer Eigenkosmetik)
- eine Überraschung

Zeit: pro Person ca. 60 Min.
Preis: 45,- €
Dieses Angebot gilt nur bis zum 31. März.
Vereinbaren Sie jetzt einen Termin.

*2 für 1, wenn Sie mit einer Freundin kommen, die uns noch nicht kennt, bezahlt nur eine Person.

Termine, die nicht mind. 24 Std. vorher abgesagt werden, müssen leider berechnet werden.
Zum Abbestellen des Newsletters klicken Sie bitte hier.

Newsletter als Bestandteil der Kommunikationspolitik

Kommunikation bedeutet, mit anderen Informationen auszutauschen. Kommunikationspolitik beschäftigt sich mit der Frage, wie der Friseurbetrieb durch den **Informationsaustausch** mit Kundinnen das Interesse an seinen Dienstleistungen und seinen Produkten wecken und erhalten kann.

Für die Saloninhaberin ist es unbedingt notwendig, für die Kundinnen ein Wohlfühlklima herzustellen und die fachliche Qualität ihrer Mitarbeiterinnen zu steigern. Allerdings wird es ihr erst mit dem Einsatz von Kommunikationsmitteln (also durch den Informationsaustausch mit den Kundinnen) gelingen, Stammkundinnen zu halten und häufiger zum Besuch „ihres" Friseurs zu bewegen.
Außerdem kann die Saloninhaberin **Kommunikationsmittel gezielt einsetzen**, um Neukundinnen anzusprechen und aus ihnen Stammkundinnen zu machen.

Zur Kommunikationspolitik gehören:
- Kontakt zu Handelspartnern
- Öffentlichkeitsarbeit (z. B. Presseberichte, gemeinnütziges Engagement)
- Werbemaßnahmen
- allgemein verkaufsfördernde Maßnahmen (z. B. Ausgabe von Kundenkarten)

Werbung – ein Schwerpunkt der Kommunikationspolitik

Ein sehr wichtiges Instrument der Kommunikation mit den Kundinnen ist die **Werbung**, wobei die Begriffe Marketing und Werbung häufig verwechselt werden. Marketing umfasst alle Maßnahmen, die getroffen werden, um eine Dienstleistung oder ein Produkt zu verkaufen. Werbung ist nur ein Mittel zum Erreichen dieses Ziels.
Die beste und preiswerteste Werbung ist die Freundlichkeit und gute Leistung der Mitarbeiterinnen sowie eine angenehme Atmosphäre im Salon. Wenn Ihre Kundinnen zufrieden den Salon verlassen, empfehlen sie ihn anderen weiter. Diese Werbung nennt man **Mundpropaganda**. Sie ist kostenlos und für Friseurbetriebe von ungeheurer Wichtigkeit. Aber bedenken Sie: Auch Negatives spricht sich herum!

Werbung bedeutet, dass man die Kundinnen bewusst mithilfe von Kommunikationsmitteln zum Kauf von Produkten und/oder Dienstleistungen veranlasst.

→ vgl. Lernfeld 2, S. 71

Ziele der Werbung (AIDA-Modell)

Attention	**Aufmerksamkeit** für das Friseurgeschäft und seine Dienstleistungen und Produkte erzielen
Interest	**Interesse** daran wecken, z. B. durch Informationen über Produkte und Friseurdienstleistungen
Desire	**Wunsch** nach den Produkten/Dienstleistungen bei den Kundinnen wecken
Action	**Aktion** bzw. Handlung herbeiführen, also die Kundinnen zum Kauf der Produkte und Dienstleistungen veranlassen

(nach dem AIDA-Modell von E. St. Lewis, USA 1898)

Arten der Werbung

Werbung unterscheidet sich danach, **wer** wirbt:
- **Einzelwerbung**: Ein Betrieb wirbt für sich allein.
- **Gemeinschaftswerbung:** Gemeinsame Werbeaktivitäten von mehreren Unternehmen (z. B. für ein Produkt, eine Branche) ohne Nennung der Firmennamen.
- **Sammelwerbung:** Mehrere Unternehmen der gleichen Branche werben gemeinsam unter Nennung der Firmennamen.
- **Verbundwerbung:** Verschiedene Unternehmen bewerben gemeinsam ihre Produkte, die sich gegenseitig ergänzen.

Plakat mit Gemeinschaftswerbung

Aufgaben

1. Nennen Sie die vier klassischen Instrumente des Marketings.
2. Ordnen Sie die folgenden Beispiele einer Werbeart zu:
   a) Ein Salon wirbt in der Vorweihnachtszeit mit einer günstigen Dauerwelle.
   b) Alle Betriebe eines Einkaufscenters wünschen den Kunden ein frohes Weihnachtsfest.
   c) Ein namhafter Friseurlieferant bewirbt ein neues Produkt in der Tageszeitung und nennt die Friseure in der Nähe.
   d) Die Friseurinnung wirbt im Namen aller Mitglieder mit dem Slogan: „Was Friseure können, können nur Friseure!"

Grundsätze der Werbung

Bei jeder Werbemaßnahme gilt es, vier Grundsätze einzuhalten, damit die Werbung ein Erfolg wird:

- **Wirksamkeit** bedeutet, dass die Werbung auch tatsächlich den beabsichtigten Zweck erreicht.
- Werbeaussagen müssen der **Wahrheit** entsprechen und sollten nicht übertrieben sein. Schon aus eigenem Interesse sollte darauf geachtet werden, dass alle in der Werbung zugesicherten Eigenschaften auch tatsächlich auf das Produkt oder die Dienstleistung zutreffen.
- Die **Klarheit** einer Werbeaussage ist erreicht, wenn die Werbemaßnahme so kurz wie möglich ist und auf den Punkt kommt.
- Die **Wirtschaftlichkeit** einer Werbung ist gegeben, wenn die Werbemaßnahme zu einem messbaren Erfolg führt.
  Hilfsmaßstäbe für die Messung des Erfolges sind z. B.:
  - Absatzentwicklung
  - Umsatzsteigerung
  - Daten aus Kundenbefragungen

Weil der Werbeerfolg schwer messbar ist, ist es sehr wichtig, die **Werbekosten** im Blick zu behalten. Die Kosten müssen immer in Relation zum Werbeerfolg gesehen werden. Übersteigen die Kosten die durch Werbung erreichten Mehreinnahmen, so ist das Werbekonzept zu überdenken.

Wettbewerbsrecht

➜ *vgl. Lernfeld 3, S. 121*

Erfolgreiche Werbung erhöht die Chancen eines Friseursalons gegenüber den Mitbewerbern. Der Werbung sind vom **Gesetz gegen den unlauteren Wettbewerb (UWG)** aber Grenzen gesetzt, um die Mitbewerber und die Kunden vor „unlauterem" bzw. nicht rechtmäßigem Wettbewerb zu schützen.

Das Gesetz nennt Beispiele für unlauteren Wettbewerb.

Verboten sind u. a.:

- aggressive Werbung, d. h. Ausübung von Druck, Bedrohung
- Schleichwerbung, d. h. Werbung, die nicht auf den ersten Blick als solche zu erkennen ist
- Verunglimpfung eines Mitbewerbers und Verbreitung von Unwahrheiten über ihn bzw. sein Angebot
- irreführende Angaben, d. h. Werbung, die eine falsche Vorstellung über eine Dienstleistung oder ein Produkt vermittelt, die aber ausschlaggebend für den Kauf ist
- vergleichende Angaben, wenn sie irreführend und / oder falsch ist
- unzumutbare Belästigung, z. B. per Telefon, Fax oder E-Mail, in die der Verbraucher nicht ausdrücklich eingewilligt hat

Aufgabe

Sie beabsichtigen, eine besondere Dienstleistung (z. B. Thermocut) zu bewerben. Erstellen Sie eine Zeitungsanzeige unter Berücksichtigung des Wettbewerbsrechts.

Werbemittel

Die häufigsten Werbemittel, ihre jeweiligen Besonderheiten sowie Regeln für ihren Einsatz werden im Folgenden genannt.

Anzeige

Anzeigen (z. B. in der Lokalzeitung) sollten kurz und knapp, aber nicht zu klein und gut lesbar gestaltet sein. Empfehlenswert ist ein immer wiederkehrendes Layout mit Firmenlogo, das erhöht den Wiedererkennungswert. Aufgelockert wird die Anzeige durch ein Bild der aktuellen Frisurenmode, der Inhaberin und ihres Teams, des Salons oder vielleicht durch eine Karikatur, je nachdem, welche Zielgruppe angesprochen werden soll. Aber Vorsicht mit dem Urheberrecht!

Beispiel für eine Zeitungsanzeige

Werbebrief

Ein Werbebrief lässt sich hervorragend am PC erstellen. Er muss klar und überzeugend sowie geschmackvoll und übersichtlich gestaltet sein. Die Kundinnen sollten sich direkt und individuell angesprochen fühlen. Die notwendigen Adressen für die Werbebriefe liefert die Kundenkartei. Manche Zulieferer bieten Vorlagen für Werbebriefe an, die sich sehr gut verwenden lassen.

Flyer und Prospekte

Flyer (auch Werbe- oder Handzettel) sind recht kurz gehalten und dienen dazu, die Kundinnen in einfacher Form über das Dienstleistungs- und Produktangebot des Salons zu informieren, vor allem aber auf besonders interessante Angebote hinzuweisen. Sie werden im Salon ausgelegt oder in die Hausbriefkästen geworfen. Sie können aber auch in Form einer Zeitungsbeilage, als Infopost oder Postwurfsendung im gesamten Einsatzgebiet des Friseurgeschäfts verteilt werden. So werden möglicherweise auch neue Kundinnen erreicht. **Prospekte** sind ausführlicher und aufwendiger gestaltet als Flyer. Auch sie sollten sich auf das Wesentliche beschränken.

Plakat

Zur Einführung neuer Produkte bietet die Industrie in der Regel Plakate an. Diese lassen sich im Schaufenster aufhängen oder mithilfe von „Passantenstoppern" auf dem Gehweg vor dem Salon aufstellen. Auch Motivplakate oder Preisplakate, um auf aktuelle Angebote hinzuweisen, sind möglich.

Weitere Werbemittel

Geworben werden kann außerdem z. B. in Kinos, im Radio, auf T-Shirts oder Autos, durch Aktionen in Discos oder auf Straßenfesten. Junge Kundinnen werden auch über das Internet (z. B. Newsletter, Facebook, Twitter) oder mit einer SMS erreicht. Werden Sie kreativ, wenn es darum geht, bestimmte Zielgruppen anzusprechen!

In der Praxis wird man nur selten ein Werbemittel allein einsetzen. Ein aufeinander abgestimmtes Bündel verschiedener Maßnahmen erzielt meist bessere Erfolge.

Wenn Sie bei der Erstellung von Werbemitteln Hilfe benötigen, ziehen Sie Bekannte oder professionelle Werbeagenturen oder Grafikdesigner zurate, die sich mit den entsprechenden Programmen gut auskennen. Die Investition in **professionell gestaltete** Werbemittel lohnt sich, schließlich geht es um die Außendarstellung Ihres Salons.

Zwei Beispiele für Flyer

Planung einer Werbemaßnahme

Angesichts der wachsenden Bedeutung der Werbung wird es immer wichtiger, Werbemaßnahmen systematisch zu planen. Beantworten Sie sich dabei folgende Fragen:

Die wichtigsten W-Fragen der Werbung:

- Welche Produkte/Dienstleistungen möchte ich bewerben? → Werbeobjekt
- Was genau möchte ich erreichen? → Werbeziele
- Wen spreche ich an? → Zielgruppe
- Wie und mit welchen Schwerpunkten möchte ich werben? → Werbebotschaft
- Wann und wie lange werbe ich? → Werbeperiode
- Wo werbe ich? → Werbegebiet
- Womit werbe ich? → Werbemittel
- Wieviel darf die Werbeaktion kosten? → Werbeetat
- Wodurch zeichnet sich die durchgeführte Aktion aus? → Werbeerfolgskontrolle

Beispiel für die Planung einer Werbeaktion

Die Herstellerfirma, von der Sie fast alle Produkte beziehen, hat eine neue Haarpflegeserie für blondiertes Haar auf den Markt gebracht. Diese Serie wollen Sie ebenfalls im Salon einführen und bewerben.

- **Werbeobjekt**: Legen Sie vor Beginn der Werbeaktion genau fest, ob Sie die ganze Pflegeserie oder nur einzelne Präparate daraus bewerben möchten. Vielleicht wollen Sie zusätzlich zu dem Präparat einen günstigen Schnitt der porösen Haarspitzen anbieten?

- **Werbeziele**: Sie überlegen sich, wie viele Pflegeserien Sie zukünftig in Ihrem Salon verkaufen wollen.

- **Zielgruppe**: Die Zielgruppe sind in diesem Fall alle Personen mit blondiertem Haar. Sie müssen entscheiden, ob Sie die Werbeaktion auf die Kundinnen Ihres Salons beschränken oder auch neue Kundinnen in Ihrem Einzugsgebiet ansprechen wollen. Vielleicht möchten Sie auch nur die Kundinnen zurückgewinnen, die nicht mehr in den Salon kommen? Diese Entscheidung beeinflusst die Wahl der Werbemittel sowie die Kosten dieser Werbeaktion.

- **Werbebotschaft**: Was soll die Zielgruppe über die Pflegeserie erfahren? Welchen Nutzen wollen Sie mit dem neuen Angebot stiften? Soll mit dem Preis oder mit der Qualität und Wirksamkeit der Präparate geworben werden? Bei der neu entwickelten Pflegeserie können Sie z. B. die wissenschaftlichen Erkenntnisse und Untersuchungen und die Exklusivität der Wirkstoffe bewerben.

- **Werbeperiode**: Definieren Sie genau wann (z. B. in der Zeit vor Weihnachten) und wie lange (z. B. vier Wochen) die Werbeaktion durchgeführt werden soll.

- **Werbegebiet**: Wenn Sie als Zielgruppe Ihre eigene Kundschaft ansprechen möchten, dann beschränkt sich der Einsatz von Werbemitteln auf Ihren Salon. Sollen auch potenzielle Neukundinnen von Ihrer Werbeaktion erfahren, müssen Sie im gesamten Einzugsgebiet werben.

- **Werbemittel**: Bei der Einführung neuer Produkte bieten Herstellerfirmen meist passende Werbemittel (z. B. Plakate, Flyer, Aufsteller) an. Fragen Sie dort unbedingt zuerst nach, bevor Sie Zeit und Geld für selbst hergestellte Werbemittel ausgeben. Die Zielgruppe der **Salonkundschaft** kann durch Aufsteller im Salon, z. B. auf dem Tresen oder an den Bedienungsplätzen, auf das Präparat aufmerksam gemacht werden. Selbstverständlich nutzen Sie den Kontakt mit der Kundin, um das neue Präparat zu empfehlen. Das Führen einer Kundenkartei ermöglicht es, Werbebriefe, E-Mails oder Newsletter an **ausgebliebene Kundinnen** zu versenden und so auf die Werbeaktion aufmerksam zu machen. Die **zukünftigen Kundinnen** im Einzugsgebiet Ihres Salons können Sie z. B. durch ein Produktfenster, Flyer, Plakate oder Annoncen in der Lokalzeitung für das neue Präparat interessieren.

Werbung für Präparate am Bedienungsplatz

- **Werbeetat**: Der Werbeetat bezeichnet die Summe des Geldes, die die Werbeaktion kosten soll. Hierfür stellen Sie alle Kosten für Einkauf, Herstellung und Vertrieb der Werbemittel zusammen. Die Lohnkosten der Mitarbeiterin, die die Werbemaßnahme durchführt, kommen dazu. Wenn Sie für die Pflegeserie Werbematerial vom Hersteller bekommen und dieses für die Zielgruppe Salonkundschaft im Salon verwenden können, sind die Kosten für die Werbeaktion gering. Erstellen Sie einen eigenen Werbeflyer, müssen Sie die Zeit bzw. ggf. die Kosten für den Entwurf des Flyers, die Druckkosten und die Kosten für die Verteilung der Flyer kalkulieren.

- **Werbeerfolgskontrolle:** Ziehen Sie nach der Werbeaktion Bilanz: Wie erfolgreich war die Werbung? Hat alles funktioniert wie geplant? Was wollen Sie nächstes Mal anders oder besser machen?

Die **Form** der Werbung ist genauso wichtig wie ihr Inhalt. Beachten Sie im Gespräch alle Kommunikationsregeln, drängen Sie sich der Kundin nicht auf. Überzeugen Sie die Kundin davon, dass diese Pflegeserie ihr genau bei ihrem Problem helfen wird.

Aufgaben

1. Auf welche Art und Weise kann ein Friseursalon Werbung betreiben? Nennen Sie mindestens vier Möglichkeiten.
2. Planen Sie eine Werbeaktion für eine neue Intensivtönung. Wie gehen Sie vor und mit welchen Kosten müssen Sie rechnen?

2.3 Außendarstellung des Salons

Die Einstellung, die Kundinnen und Öffentlichkeit zu einem Unternehmen haben, nennt man auch **Image**. Welches Image die Kundinnen von einem Salon bekommen, hängt wesentlich von den **persönlichen Erfahrungen** ab, die sie im Kontakt mit dem Unternehmen gemacht haben. Dabei wird ihre Einstellung dem Salon gegenüber maßgeblich beeinflusst durch die Qualität der Produkte und Dienstleistungen (fachliche Kompetenz der Mitarbeiterinnen), das Salonkonzept, den direkten Umgang der Chefin und ihrer Mitarbeiterinnen mit den Kundinnen und das Erscheinungsbild des Teams. Machen Sie sich also immer wieder bewusst, dass auch Sie durch Ihre fachliche Leistung, Ihr Verhalten und Ihr Erscheinungsbild für den Salon stehen und werben.
Zu einem positiven Image gehört auch, dass sich die Mitarbeiterinnen mit dem Salon und den Firmenzielen **identifizieren** und dass sie ihre Zusammengehörigkeit nach innen und außen demonstrieren. Auch die Kundinnen spüren, ob sich die Mitarbeiterinnen wohlfühlen und ein gutes Team bilden oder nicht.

[hairkiller®]

Beispiel für ein Logo

Zum Image eines Salons trägt außerdem seine **Öffentlichkeitsarbeit** (auch Public Relations genannt) bei. Dazu gehören alle planmäßig vorbereiteten Beziehungen zwischen einem Unternehmen und der Öffentlichkeit wie z.B. Presseinformationen, Messen, Ausstellungen, PR-Anzeigen etc. Ziel der Öffentlichkeitsarbeit ist es, eine **positive öffentliche Meinung** zu schaffen und Unternehmen so langfristig im Bewusstsein zu verankern.

Beispiel für Unternehmenskommunikation in sozialen Netzwerken

Stehen Produkte und Dienstleistungen, Salonkonzept, Mitarbeiterinnen, Marketing und Öffentlichkeitsarbeit eines Salons miteinander im Einklang und repräsentieren nach innen und außen ein Unternehmen mit einem bestimmten Charakter, spricht man auch von **Corporate Identity** (= Unternehmensidentität).
Eine wichtige Rolle für die Corporate Identity eines Salons spielt ein einheitliches äußeres Erscheinungsbild (**Corporate Design**). Dazu gehört insbesondere die Gestaltung des Firmenzeichens, **Logo** genannt, aber auch der Geschäftspapiere, Werbemittel und Internetauftritte. Das Logo sollte einen hohen Wiedererkennungswert haben und möglichst aus einem einprägsamen und unverwechselbaren Firmensymbol und/oder einem firmentypischen Schriftzug bestehen.

Immer mehr Friseurbetriebe nutzen zur Außendarstellung eine eigene **Homepage** im Internet oder die Einstellung des Unternehmensprofils in einschlägige **soziale Netzwerke** (z.B. Facebook), um den Kundinnen ihre Leistungen, bestimmte Aktionen, neue Trends und Produkte sowie ihr Team näherzubringen. Einige Salons suchen auch neue Mitarbeiterinnen oder Auszubildende mithilfe dieser Websites.

Aufgaben

1. Erklären Sie den Begriff „Image".
2. Nennen Sie fünf Elemente der Corporate Identity.

3 Organisation von Abläufen im Salon

Sie sind länger als zwei Jahre im Salon tätig und nun für die neue Praktikantin zuständig, die den Salon kennenlernen und im Team mitarbeiten soll. Was sollten Sie der Praktikantin über die Planung, Organisation und Gestaltung der Betriebsabläufe in Ihrem Ausbildungsbetrieb erklären?

3.1 Waren

3.1.1 Warensortiment

Das Warensortiment im Friseursalon besteht aus der **Kabinettware** (nur für die Verwendung im Salon und nicht für den Verkauf bestimmt) und der **Verkaufsware**.

➜ *vgl. Lernfeld 1, S. 15*

Bei der Zusammenstellung der im Salon angebotenen Produkte betrachtet man zum einen die **Sortimentsbreite**, d.h. die Anzahl verschiedener Warengruppen, z.B. Haarpflegeprodukte, Stylingprodukte, Accessoires, Kosmetikartikel und Zweithaar.
Zum anderen gibt es die **Sortimentstiefe**, d.h., ein Friseur hat z.B. in der Warengruppe „Haarpflegeprodukte" für jedes Haarproblem die richtige Haarkur oder das entsprechende Shampoo im Angebot, also viele Produkte und Größen der Warengruppe „Haarpflegeprodukte". Entsprechend lässt sich die Warengruppe „Haarpflegeprodukte" in viele Untergruppen unterteilen, z.B. in spezielle Präparate gegen trockenes oder für gefärbtes Haar.

Sortimentsbreite →

Sortimentstiefe ↓

Shampoo	Haarpflege	...
Shampoo für normales Haar	...	...
Shampoo für coloriertes Haar	...	...
Shampoo für strapaziertes Haar	...	...
...	...	...

Die Zulieferfirmen geben oft schon die Sortimentstiefe vor. Nicht selten muss die Saloninhaberin sich verpflichten, das gesamte Warensortiment abzunehmen. Von Zeit zu Zeit stellen die Firmen ihr Warensortiment um, das soll den Absatz fördern. Der Vorteil liegt darin, dass man über ein neu aufgelegtes Produkt leichter mit der Kundin ins Gespräch kommt als über eines, das schon seit längerer Zeit im Regal steht.

Aufgaben

1. Welche Untergruppen bei Haarpflegeprodukten halten Sie für sinnvoll? Nennen Sie mindestens drei und begründen Sie Ihre Auswahl (Einzelarbeit).
2. Tragen Sie eine Angebotsliste mit mindestens fünf speziellen Haarpflegeprodukten zusammen. Berücksichtigen Sie dabei verschiedene Zielgruppen (Gruppenarbeit).
3. Stellen Sie der Klasse Ihre Angebotsliste vor.

3.1.2 Warenbeschaffung

Ein Friseurbetrieb stellt die Produkte, die er verkauft, nicht selbst her, sondern kauft sie ein.
Das Zusammenkommen von Saloninhaberinnen, die Waren beschaffen möchten, und Herstellern oder Großhändlern, die ihre Waren verkaufen möchten, wird als **Beschaffungsmarkt** bezeichnet.

Durch eine gute Einkaufsplanung kann die Saloninhaberin günstigere Preise erzielen, die für den nachhaltigen Erfolg eines Salons von großer Bedeutung sind. Grundsätzlich gilt: „Schon im Einkauf liegt der Gewinn!"
Für die Saloninhaberin ist es eine wichtige Aufgabe, den Markt zu kennen und zu beobachten, um zum richtigen Zeitpunkt die benötigten Waren einzukaufen.

Erkundung des Beschaffungsmarktes

Informationen über das Marktgeschehen können auf folgenden Wegen eingeholt werden:

Friseurmesse

- Einholen von konkreten Angeboten bei verschiedenen Firmen oder Großhändlern
- Besorgung von Mustern und Proben
- Herstellerinformationen, Lieferanteninformationen (z. B. Preislisten, Kataloge)
- Informieren auf Messen und Veranstaltungen
- Informieren in Fachzeitschriften und Tageszeitungen
- Informationen der Berufsorganisationen
- Marktberichte
- Gespräche mit Lieferanten
- Informieren im Internet

Aus einer erfolgreichen Erkundung des Beschaffungsmarktes ergibt sich dann die spezielle Einkaufsplanung des Friseurbetriebs.

ZENTRALVERBAND DES DEUTSCHEN FRISEUR HANDWERKS

www.friseurhandwerk.de

Einkaufsplanung des Friseurbetriebs

Vor dem Wareneinkauf müssen **folgende Punkte geprüft** werden:

- **Preisentwicklung**
  Wann sind die Preise niedrig?
- **Technische Neuerungen**
  Gibt es verbesserte technische Geräte, die ich meinen Kundinnen anbieten möchte bzw. anbieten muss?
- **Qualitative Verbesserungen**
  Gibt es neue oder weiterentwickelte Werkzeuge oder Präparate, mit denen ich bessere Ergebnisse erziele?
  Kann ich mit diesen neuen Produkten evtl. sogar wirtschaftlicher arbeiten?
- **Grundsätzliche Veränderungen**
  Gibt es neue Trends, die zu meinem Salonkonzept passen und die ich einführen will?
- **Bezugsquelle**
  Wo bekomme ich meine Ware am günstigsten?
  (Viele Friseurbetriebe bestellen z. B. gern beim Großhändler, der oft auch Kleinstmengen zu günstigen Konditionen liefert.)

- **Bestellzeitpunkt**
  Der Bestellzeitpunkt wird so gewählt, dass immer ein Mindestbestand der Ware im Lager vorhanden ist. Es sollte nicht vorkommen, dass einer Kundin die gewünschte Ware nicht verkauft werden kann, weil nicht rechtzeitig bestellt wurde.
  Deshalb muss die Saloninhaberin den täglichen Bedarf, den Lagerbestand ihrer Produkte und die zu berücksichtigenden Lieferzeiten kennen.
- **Bestellmenge**
  Die zu bestellende Menge hangt ab von:
  - der Bestellhäufigkeit und dem Bedarf bis zur nächsten Bestellung
  - der Größe des Lagers
  - den Zahlungsbedingungen (z. B. Mengenrabatten)
  - eventuellen Mindestbestellmengen (Achten Sie bei der Prüfung von Angeboten, z. B. in Katalogen, darauf, ob **bestimmte Bezugsmengen vorgeschrieben** sind. Viele Firmen verkaufen keine einzelnen Produkte, sondern nur größere Mengen.)
- **Lieferbedingungen**
  - **Transportkosten:** Sie sind bei den meisten Bestellungen im Preis inbegriffen. Soll aber Ware von weit her oder besonders schnell geliefert werden, werden die entstehenden Kosten dem Friseursalon in Rechnung gestellt.
  - **Transport- und Versandart:** Hier wird festgelegt, auf welchem Weg die Ware in den Salon kommt.
  - **Verpackungskosten:** Sie entstehen oft nur dann, wenn eine Ware besonders aufwendig verpackt werden muss. Bei Friseurprodukten ist das meist nicht der Fall.
  - **Lieferfristen:** Der Hersteller oder Großhändler verpflichtet sich, die Ware innerhalb eines bestimmten Zeitraums (bis zu einem bestimmten Termin) in den Salon zu liefern.
    Liefertermine sind so festzulegen, dass die Waren rechtzeitig im Salon eintreffen, d. h. bevor der Betriebsablauf gestört ist, weil bestimmte Waren fehlen.
  - **Gewährleistung (Mängelhaftung):** Der Verkäufer verpflichtet sich, Mängel an der Ware zu beheben.
  - **Frist für Beanstandungen:** Die sogenannte Gewährleistungsfrist gibt den Zeitpunkt an, bis zu dem sich die Saloninhaberin als Käuferin über Mängel an der Ware beschweren und Nachbesserung vom Lieferanten fordern kann.
    Friseurbetriebe, die Ware geliefert bekommen, überprüfen diese sofort und melden die Mängel (defekte Ware, falsche Ware, zu wenig Ware ...) umgehend dem Verkäufer. Können die Mängel erst später festgestellt werden, sind sie gleich nach Entdeckung an den Verkäufer zu melden. Diese Regelung gilt für Waren, die ein Unternehmen, hier der Friseursalon, bei einer anderen Firma erworben hat, und ist auf zwei Jahre begrenzt.
- **Zahlungsbedingungen**
  Bei den Zahlungsbedingungen geht es darum, **wann** und **wie** die Saloninhaberin die Ware bezahlen muss und ob und welche **Preisnachlässe (Rabatte)** es gibt.
  - In den meisten Fällen wird die Ware geliefert und die Saloninhaberin **überweist** innerhalb der angegebenen Frist den Rechnungsbetrag.
  - Bei Sofortzahlung kann sie evtl. **Skonto** abziehen, das ist der Preisnachlass für Sofortzahlung.
  - Bei einigen Zulieferern besteht die Möglichkeit des **Bankeinzugs**. Wenn dieser sofort erfolgt, wird ebenfalls Skonto abgezogen. Diese Zahlungsart ist in der Regel die günstigste.
  - Ab einer bestimmten Bestellmenge wird evtl. ein **Mengenrabatt** gewährt.

- Es kommt durchaus auch vor, dass ein **Zahlungsziel** vorgegeben wird. Das ist eine bestimmte Frist, innerhalb derer die Ware bezahlt werden muss. Das könnte z. B. bei der Einführung einer neuen Warengruppe der Fall sein. Der Vorteil einer Zahlungszielvereinbarung ist, dass die Saloninhaberin erst bezahlen muss, wenn schon ein Teil der Ware verkauft ist. Die Ausnutzung von Skonto – sofern er gewährt wird – ist aber bei entsprechender Zahlungsfähigkeit immer sinnvoller als die Ausnutzung des Zahlungsziels.

Die Liefer- und Zahlungsbedingungen sind meist in den **allgemeinen Geschäftsbedingungen (AGB)** des Lieferanten festgelegt. Diese sind Bestandteil des Kaufvertrags.

3.1.3 Kaufvertrag

Das Ziel eines Kaufvertrags im Friseursalon ist der Austausch einer Dienstleistung oder eines Produkts gegen Geld. Die Parteien eines Kaufvertrags heißen **Verkäufer** und **Käufer**. Der Kaufvertrag kommt zustande, wenn die **Willenserklärungen** der Parteien, z. B. Angebot und Annahme, inhaltlich übereinstimmen:

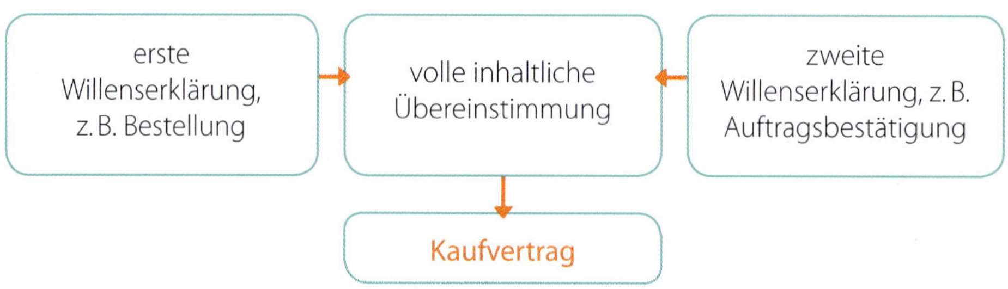

Aus einem Kaufvertrag ergeben sich bestimmte **Pflichten** für den Verkäufer (Ware liefern und dem Käufer das Eigentum daran verschaffen) und den Käufer (Ware annehmen und bezahlen).
Kaufverträge sind im Bürgerlichen Gesetzbuch (BGB) geregelt, um den beteiligten Parteien Rechtssicherheit zu geben. Unstimmigkeiten zwischen den Vertragsparteien lassen sich vermeiden, wenn der Vertrag möglichst klar und genau formuliert ist, z. B. bezüglich Kaufgegenstand, Kaufpreis, Liefer- und Zahlungsbedingungen usw.

Ein Kaufvertrag kann grundsätzlich in **beliebiger Form** geschlossen werden:
- **schriftlich,** z. B.: Sie bestellen per E-Mail eine neue Nagellackfarbpalette, die Ihnen umgehend geliefert wird.
- **mündlich,** z. B.: Sie schneiden einer Kundin die Haare, die Kundin bezahlt die Dienstleistung an der Kasse.

In bestimmten Fällen schreibt das Gesetz die Schriftform oder gar die notarielle Beurkundung des Kaufvertrags vor, z. B. beim Grundstückskauf.

Beispiele für Kaufverträge im Friseursalon:
- Eine Kundin wünscht Haarpflegeprodukte und Sie verkaufen ihr diese. Hier ist ein Kaufvertrag nach § 433 BGB zustande gekommen.
- Ihre Chefin bestellt beim Lieferanten Haarpflegeprodukte, weil der Bestand dem Ende entgegengeht. Sie erhält eine Auftragsbestätigung. Damit hat sich der Lieferant verpflichtet, die richtige, fehlerfreie Ware rechtzeitig zu liefern. Ihre Chefin dagegen hat die Ware anzunehmen und sie rechtzeitig zu bezahlen.

Störungen bei der Erfüllung des Kaufvertrags

Werden die genannten Pflichten von einem der beiden Vertragspartner nicht erfüllt, dann kommt es zu Leistungsstörungen. Hat die gekaufte Ware z.B. nicht die vertragsgemäße Beschaffenheit und Qualität, liegt eine mangelhafte Lieferung vor.
Folgende Sachmängel werden unterschieden:

Mangel	Rechtsprechung laut BGB	Beispiel
fehlerhafte Ware	Mangel in der Beschaffenheit	Einige Tuben Haarfarbe wurden beschädigt geliefert.
Falschlieferung	Mangel in der Art	Es wurden falsche Farbtöne geliefert.
zu viel/wenig geliefert	Mangel in der Menge	Statt der bestellten 12 Tuben wurden 120 Tuben Haarfarbe geliefert.
falsche Werbeaussage	Ware ungleich Werbung	Haarfarbe, die laut Werbung dauerhaft halten soll, ist nach mehreren Haarwäschen ausgewaschen.
fehlerhafte Montageanleitung	Mangel in der Montageanleitung	Für das neue Farbregal wurde nur ein Montageplan für ein Kosmetikregal mitgeliefert.
fehlerhafte Montage	Mangel in der Montage	Das neue Regal wurde von einem Saloneinrichter nicht sachgemäß aufgebaut und ist nicht funktionsfähig.

Bei mangelhafter Lieferung hat die Saloninhaberin als Käuferin zunächst den Anspruch auf **„Nacherfüllung“** in Form von

- **Nachbesserung**, also Fehlerbeseitigung, oder
- **Ersatzlieferung**, z.B. einwandfreie anstelle von fehlerhaften Produkten.

Ist die Nachbesserung auch nach dem zweiten Versuch erfolglos geblieben, kann die Saloninhaberin (Käuferin) wählen zwischen:

- **Rücktritt und Schadensersatz:** Die mangelhafte Ware wird zurückgegeben, der Kaufpreis erstattet.
- **Minderung:** Der Preis wird um einen angemessenen Betrag verringert.

Sachmangel

Weitere mögliche Störungen bei der Erfüllung des Kaufvertrags:

- **Lieferungsverzug**: Die bestellte Ware wird nicht zum vereinbarten Zeitpunkt geliefert. Die Saloninhaberin hat das Recht auf Nacherfüllung und ggf. Schadensersatz, wenn sie z.B. eine bestimmte Haarfarbe bei einem anderen Lieferanten zu einem höheren Preis einkaufen musste, um ihre Kundin bedienen zu können.
- **Zahlungsverzug**: Kommt der Käufer seiner Zahlungsverpflichtung nicht rechtzeitig nach, hat der Verkäufer das Recht auf Nacherfüllung und ggf. Verzugsschadensersatz. Bei abgelaufener Nachfrist auch auf Rücktritt vom Vertrag und/oder Schadensersatz.
- **Annahmeverzug:** Der Käufer kommt in Verzug, wenn er die ihm ordnungsgemäß angebotene Leistung nicht annimmt. Erscheint z.B. eine Kundin nicht zu einem vereinbarten Termin, hat die Friseurin das Recht, auf Schadensersatz zu klagen.

Zahlungsverzug

Aufgabe

Besorgen Sie sich die AGB eines Lieferanten in Ihrem Salon.
Bilden Sie Gruppen und vergleichen Sie die Bedingungen bezüglich Mindestbestellmenge und Lieferfristen mit den Bedingungen anderer Lieferanten.

3.1.4 Wareneingang und Warenausgang

Wenn bestellte Ware angeliefert wird, wird vor dem Auspacken eine **Wareneingangskontrolle** durchgeführt: Stimmt die Lieferung mit dem Lieferschein überein? Stimmt die Lieferung mit der Bestellung überein? Ist die Verpackung unbeschädigt? Abweichungen werden notiert, dem Überbringer der Ware wird der Empfang schriftlich bestätigt. Anschließend wird die Ware ausgepackt und auf Mängel überprüft. Liegt ein Mangel oder ein Fehler vor, wird der Lieferant informiert.

Wareneingangsbuch vom 01.01.20XX–31.12.20XX

Firma Laika Hair & Beauty
Periode 1.20XX–12.20XX
Währung EURO

lfd. Nr.	Datum	Lieferant	Zahlung	Nr.	Bezeichnung	Bruttobetrag	Steuersatz	Nettobetrag	Nebenkosten	Abzüge	Einstandspreis
1	03.03.	Aria Friseurbedarf, 12345 Neustadt, Marktstraße 1	07.03.	14	10 x Styling Spray	79,90	20	66,58	0,00	0,00	66,58
1	03.03.	Aria Friseurbedarf, 12345 Neustadt, Marktstraße 1	07.03.	15	10 x Volume Shampoo	99,50	20	82,92	0,00	0,00	82,92
2	14.03.	Aria Friseurbedarf, 12345 Neustadt, Marktstraße 1	18.03.	16	1 Rollwagen	198,00	20	165,00	0,00	0,00	165,00
2	14.03.	Aria Friseurbedarf, 12345 Neustadt, Marktstraße 1	18.03.	17	20 Fl. Haarfarbe Nr. A5	98,00	20	81,67	0,00	0,00	81,67
2	14.03.	Aria Friseurbedarf, 12345 Neustadt, Marktstraße 1	18.03.	18	10 Fl. Haarfarbe Nr. B2	49,00	20	40,83	0,00	5,00	35,83
3	22.03.	Aria Friseurbedarf, 12345 Neustadt, Marktstraße 1	28.03.	19	1 x Kabinettware Föhnlotion (2 l)	49,00	20	40,83	0,00	5,00	35,83
3	22.03.	Aria Friseurbedarf, 12345 Neustadt, Marktstraße 1	28.03.	20	Hair Clips Kombi (10 Stk.)	4,95	20	4,13	0,00	0,00	4,13
Gesamtsumme						**578,35**		**481,96**	**0,00**	**10,00**	**471,96**

Wareneingangsbuch (Auszug)

Bei jedem Wareneingang wird im **Wareneingangsbuch** notiert:

- Tag des Wareneingangs
- Datum der Rechnung
- Name oder Firma und Anschrift des Lieferanten
- handelsübliche Bezeichnung der Ware

Grundsätzlich sollten Wareneingänge so bald wie möglich aufgezeichnet werden. Bei kleineren Betrieben mit nur wenigen Belegen können diese auch gesammelt und vierzehntägig verbucht werden.

Beim **Warenausgang** wird notiert:

- Tag des Warenausgangs
- Datum der Rechnung
- Name oder Firma und Anschrift des Abnehmers
- handelsübliche Bezeichnung der Ware
- Preis der Ware
- Belegnummer

Der Warenausgang muss lediglich dann ausgewiesen werden, wenn die Ware an andere gewerbliche Unternehmen zum Weiterverkauf oder zum Verbrauch als Hilfsstoffe geliefert wird. In Friseurbetrieben kommt dies jedoch nur ganz selten vor.

Aufgaben

1. Was geschieht in Ihrem Ausbildungsbetrieb, wenn Ware geliefert wird? Beschreiben Sie die Abläufe.
2. Fragen Sie Ihre Chefin, ob Sie eine eingehende Warenlieferung auspacken, kontrollieren und im Wareneingangsbuch aufnehmen dürfen.

3.1.5 Lagerhaltung

Im Friseursalon werden zwar keine großen Hallen zur Lagerung benötigt, aber ein kleiner Lagerraum ist je nach Betriebsgröße und Warensortiment durchaus erforderlich.

Räumliche Bedingungen für die Warenlagerung:
- trocken
- gut zu belüften
- sauber, leicht zu reinigen
- gut zugänglich
- ohne direkte Sonneneinstrahlung

Lagerraum

Ein Großteil der im Friseursalon benötigten Waren lagert im Geschäft, nämlich in den Verkaufsregalen und an den Bedienungsplätzen, wo ein Teil der Kabinett- und Verkaufsware benötigt wird. Well- und Fixierpräparate sowie Färbe- und Blondierpräparate werden in der sogenannten Mixecke aufbewahrt.
Die Tatsache, dass gleiche Waren an verschiedenen Orten gelagert werden, erschwert die Durchführung der Bestandsaufnahme (Inventur).

➜ vgl. S. 466 f.

Vor- und Nachteile großer und kleiner Lagerbestände

	großer Lagerbestand	kleiner Lagerbestand
Bestellhäufigkeit	niedriger	höher
Bezugspreis	niedriger	höher
Bezugskosten (Transport usw.)	niedriger	höher
Lagerhaltungskosten (z. B. Miete)	höher	niedriger
Kapitalbindung (Wert der Ware)	höher	niedriger
Verderb	höher	niedriger
Anpassung an den Bedarf	niedriger	höher
Verkaufsbereitschaft an Kundinnen	höher, da genug Ware verfügbar	niedriger, da geringer Bestand

Die Tabelle zeigt: Es gibt bei beiden Arten der Lagerhaltung sowohl Vor- als auch Nachteile. Generell ist es im Friseursalon nicht notwendig, einen großen Warenvorrat anzulegen. Die Zulieferfirmen können im Normalfall sehr kurzfristig liefern; große Stückzahlen werden meist nicht gebraucht. Allerdings sollte immer so viel Ware eingelagert sein, dass keine Engpässe entstehen.

Als Fazit bleibt: Jede Saloninhaberin muss von Fall zu Fall individuell entscheiden, ob sie von einer Ware viel oder wenig lagert und wie es wirtschaftlich für sie am besten ist.

3.1.6 Warenpflege

Gelagerte Ware ist auf Verderb und Sauberkeit zu prüfen. Staubige Ware oder verschmutzte Regalböden laden nicht zum Kauf ein.
Neue Ware wird hinter die alte Ware ins Lager eingeräumt, damit die älteren Produkte zuerst verbraucht bzw. verkauft werden.

3.1.7 Inventur

Es ist der 27. Dezember, das Weihnachtsgeschäft ist vollbracht, die meisten Ihrer Kundinnen waren bereits bei Ihnen, nur einige wenige kommen jetzt nach dem Weihnachtsfest noch zu Ihnen in den Salon. So ergibt es sich, dass wie in den meisten Friseurgeschäften zum Ende des Geschäftsjahres nun eine Inventur durchgeführt wird. **Inventur** bedeutet eine Bestandsaufnahme des Vermögens (Güter, Konto- und Kassenbestand) und der Schulden des Friseursalons zu einem bestimmten Stichtag.
Aus der Inventur ergibt sich das **Inventar**, das Bestandsverzeichnis.

Es gibt unterschiedliche **Inventurverfahren:**

- Bei den meisten Friseuren ist eine **Stichtagsinventur** üblich. Das bedeutet aber nicht, dass an einem Tag alles gezählt und in Inventurlisten eingetragen wird. Der Gesetzgeber gewährt Ihnen eine Zeit von 10 Tagen vor und 10 Tagen nach dem Stichtag. Stichtag ist in der Regel der 31. Dezember eines Jahres: Die Zu- und Abgänge während des Zählvorgangs werden durch entsprechende Belege (z. B. Kassenzettel oder Rechnung) fortgeschrieben bzw. zurückgerechnet.
- Bei der **verlegten Inventur** kann die Inventur bis zu drei Monate vor oder bis zu zwei Monate nach dem Bilanzstichtag durchgeführt werden.
- Bei der **permanenten Inventur** werden alle Vermögensgegenstände während des gesamten Geschäftsjahres fortlaufend erfasst. Der Lagerbestand muss entsprechend der Zu- und Abgänge permanent fortgeschrieben oder zurückgerechnet werden.
- Bei der **Stichprobeninventur** werden nur Bestandsproben genommen und der gesamte Vermögensbestand dann entsprechend hochgerechnet.

Die **Bewertung der Produkte** im Rahmen der Inventur erfolgt zu den Anschaffungskosten. Sollte ein Produkt beschädigt oder z. B. durch Sonneneinstrahlung unansehnlich geworden sein, kann es abgewertet werden. Wertsteigerungen sind nicht erlaubt!

Praxistipp

Sollte Ihnen beim Zählen ein beschädigtes Produkt in die Hände fallen, vermerken Sie einen Hinweis in der Inventurliste und nehmen Sie es aus dem Regal.
Ihre Chefin wird dann sehr wahrscheinlich eine Neubewertung durchführen und einen geringeren Wert für das Produkt in die Inventurliste eintragen.

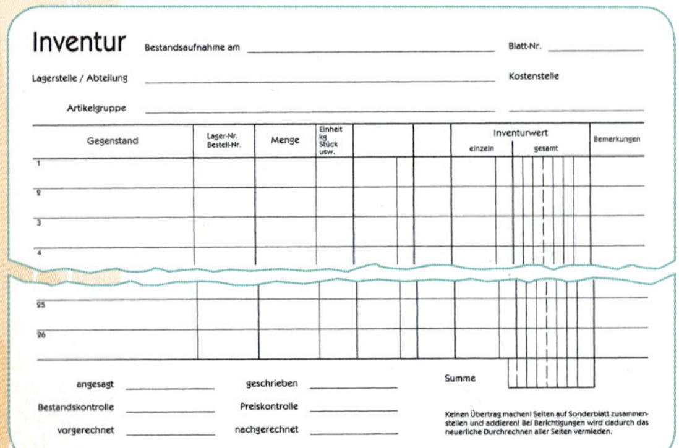

Inventurbuchseite

Zur **Durchführung der Inventur** im Salon gibt Ihre Chefin Ihnen einen Stift und eine mit dem PC erstellte Inventurliste oder Sie erhalten einen Schreibblock (Inventurkladde). Ihre Aufgabe wird es nun sein, alle Produkte der Reihe nach zu zählen und evtl. auch auszusortieren. Dabei sollten **Artikelnummer, Bezeichnung, Artikelgruppe, Lieferant, Verkaufspreis** und **Anzahl**, auch bei der aussortierten Ware, erfasst werden.
Sie sollten diesen Arbeitsauftrag sehr sorgfältig durchführen, damit hinterher die Buchführung stimmt. Am besten sprechen Sie mit den Kolleginnen ab, wer sich welches Regal vornimmt. Dann können Sie sicher sein, dass nichts versehentlich doppelt gezählt wird.

Praxistipp

Haben Sie einmal die Produkte in der Hand, bietet es sich an, sie auch gleich abzustauben und evtl. das Preisschild zu überprüfen. Vielleicht sollen auch die Verkaufspreise geändert werden? Fragen Sie Ihre Chefin!

Obwohl die Erfassung des gesamten Warenbestands viel Arbeit bedeutet, lohnt sich der Aufwand nicht nur für das Finanzamt, sondern auch für den Salon und sogar für die Kundinnen: Der Chefin bringt eine Inventur immer eine erneute Übersicht über das gesamte Warenlager und somit vielleicht auch über Schwund und eventuelle Ladenhüter. Für Sie und die Beratung Ihrer Kundinnen zahlt es sich aus, dass Sie durch die Inventur die Produkte neu kennengelernt haben oder aber Produkte zum Vorschein gekommen sind, die Sie lange vergessen hatten.

Aufgaben

1. a) Was versteht man unter einer Inventur?
   b) Warum wird eine Inventur durchgeführt?
   c) Welche Inventurverfahren gibt es?
   d) Zu welchem Zeitpunkt wird eine Inventur durchgeführt?
2. Beschreiben Sie den Ablauf einer Inventur in Ihrem Betrieb.
3. Erstellen Sie eine Liste aller Artikel, die Sie im Sortiment Ihres Salons zur Haarpflege vorrätig haben.

3.1.8 Preiskalkulation von Waren

Die **Bruttoverkaufspreise** für die angebotenen Waren in einem Friseursalon müssen genau berechnet (kalkuliert) werden. Nur mit einer vernünftigen Preisgestaltung und einem entsprechenden Leistungsangebot kann ein Salon seine Kundinnen binden und auf Dauer wirtschaftlich arbeiten.

Kalkulation von Bruttoverkaufspreisen
➜ vgl. Lernfeld 11, S. 437

Bei der Kalkulation muss die Saloninhaberin folgende Punkte berücksichtigen:
- Deckung der betrieblichen Kosten plus angemessener Gewinn
- Zielgruppe
- Preise der Mitbewerber (Konkurrenz)

Die Bruttoverkaufspreise müssen hoch genug sein, um neben dem **Bezugspreis** für die Waren auch alle im Salon anfallenden **Handlungskosten** zu decken und darüber hinaus einen **angemessenen Gewinn** für das Unternehmen zu erzielen. Nur ein Friseurbetrieb, der kostendeckend arbeitet und keine finanziellen Verluste macht, kann dauerhaft existieren. Je höher der Gewinn ausfällt, also der Erlös eines Salons nach Abzug sämtlicher Kosten, desto höher ist das Einkommen der Inhaberin. Andererseits dürfen die Preise aber nicht so hoch sein, dass die Kundinnen zur Konkurrenz abwandern. Steigen die betrieblichen Kosten, z. B. durch Anhebung der Strom- oder Wasserpreise, müssen die Handlungskosten und damit die Verkaufspreise für die im Salon angebotenen Waren entsprechend neu kalkuliert werden.

Außer den betrieblichen Kosten muss die Saloninhaberin bei der Preiskalkulation die **Zielgruppe** berücksichtigen, die sie mit ihrem Salonkonzept ansprechen möchte. Die Auswahl und die Preise der angebotenen Waren sollten genau zu ihren Kundinnen, also zu deren Alter, Ansprüchen und dem vorhandenen Einkommen, passen.
Dabei gilt der Grundsatz, dass viele Kundinnen höhere Preise mit einer höheren Qualität verbinden. Dies gilt vor allem für neu eingeführte Produkte, die die Kundinnen vorher nicht kannten und die sie nicht vergleichen können. Halten hochwertige Produkte was sie versprechen, kann die Saloninhaberin sie teurer verkaufen. Denn für eine höhere Qualität sind Kundinnen eher bereit, mehr zu bezahlen.

Darüber hinaus muss die Unternehmerin in ihre Preiskalkulation auch die Preise der **Mitbewerber** mit einbeziehen, also der Friseursalons in ihrer Nähe. Dieser Preisvergleich ist besonders wichtig bei denjenigen Waren, die die anderen Friseurbetriebe ebenfalls im Angebot haben. Können die Kundinnen keine Unterschiede zwischen den Angeboten erkennen, kann der Preis die entscheidende Rolle spielen. Bietet die Saloninhaberin jedoch Waren an, die in den umliegenden Salons nicht zu erhalten sind, hat sie mehr Freiheit bei der Festlegung der Preise. Diese besonderen Produkte können auch mit einem größeren Gewinn kalkuliert werden, um dafür diejenigen Waren, die andere Salons ebenfalls anbieten, zu einem niedrigeren Preis anzubieten.

Beispiel: Differenzkalkulation zur Berechnung des Gewinns
Bieten viele Friseurbetriebe z. B. ein Shampoo für 7,99 € an, kann die Saloninhaberin mithilfe der Differenzkalkulation ermitteln, ob sie das Shampoo zum gleichen Preis anbieten kann. Hierzu muss sie zunächst mit dem üblichen Kalkulationsschema (Vorwärtskalkulation) den Selbstkostenpreis ermitteln, anschließend durch Rückwärtskalkulation den Nettoverkaufspreis. Die Differenz dieser beiden Preise stellt den Gewinn in Euro dar. Bezieht sie anschließend das Ergebnis auf den Selbstkostenpreis, erhält sie den Gewinnzuschlag in %. Am **Beispiel Shampoo:**

Vorwärtskalkulation:		**Rückwärtskalkulation:**	
Bezugspreis	5,10 €	Bruttoverkaufspreis	7,99 €
+ 25 % Handlungskosten	1,28 €	– 19 % MwSt.	1,28 €
= Selbstkostenpreis	6,38 €	= Nettoverkaufspreis	6,71 €

Differenz: 6,71 € – 6,38 € = 0,33 €

$$\frac{0{,}33\,€ \cdot 100}{6{,}38\,€} = 5{,}17\,\%$$

Entsprechend könnte die Saloninhaberin das Shampoo ebenfalls für 7,99 € anbieten, wenn sie mit 5,17 % Gewinnzuschlag auskommt bzw. das Ergebnis durch höhere Gewinnzuschläge bei anderen Produkten oder Dienstleistungen ausgleichen kann. Muss sie jedoch mit einem höheren Gewinnzuschlag kalkulieren, bleibt ihr nur die Möglichkeit, das Shampoo teurer zu verkaufen als ihre Mitbewerber oder stattdessen an anderer Stelle (z.B. beim Einkauf oder den Handlungskosten) Kosten einzusparen.

Aufgabe

In einem Salon in der Nachbarschaft werden Haarpflegesets für 9,99 Euro angeboten, die bei Ihnen 15,99 Euro kosten. Wie entstehen solche Preisunterschiede? Gehen Sie auf die drei Aspekte Kosten, Zielgruppe und Mitbewerber ein.

3.2 Dienstleistungen

3.2.1 Dienstleistungsangebot

Dienstleistungsangebot eines Salons

Die verschiedenen Dienstleistungen, die ein Friseursalon anbietet, werden auch als **Sortiment** bezeichnet. Die meisten Dienstleistungen werden von allen Salons angeboten, unabhängig vom Salonkonzept:

- Haarwäsche und Haarpflege
- Haarschnitte
- Föhnfrisuren oder Einlegefrisuren
- farbliche Veränderungen des Haares
- dauerhafte Umformung des Haares
- Maniküre

Darüber hinaus haben viele Salons ihr Dienstleistungsangebot erweitert und bieten die eine oder andere der folgenden Dienstleistungen an:

- Haarverlängerung und Haarverdichtung
- Perücken
- pflegende und dekorative Kosmetik
- Nagelverlängerung und Nageldesign
- Pediküre

Genau wie die Entscheidung zum Einkauf und Verkauf bestimmter Produkte hängt auch die Entscheidung, welche Dienstleistungen angeboten werden sollen, davon ab,

- welche Kundenwünsche bestehen,
- welche technischen und modischen Neuerungen auf dem Markt sind,
- ob Mitbewerber in der Nähe diese Dienstleistung anbieten,
- ob mit der Dienstleistung ein Gewinn zu erzielen ist,
- ob die Mitarbeiterinnen die nötige fachliche Qualifikation haben,
- welche finanziellen Möglichkeiten zur Investition vorhanden sind.

Aufgabe

Ihr Salonsortiment soll um die Dienstleistung Haarverlängerung erweitert werden. Prüfen Sie:

- Wie ist der Kundenbedarf?
- Gibt es technische Neuerungen auf dem Markt?
- Bieten Betriebe in Ihrer Nähe dieselbe Dienstleistung an?
- Kann mit der Dienstleistung ein Gewinn erzielt werden?
- Müssen Mitarbeiterinnen geschult werden?
- Welche Finanzmittel werden benötigt?

3.2.2 Preiskalkulation von Dienstleistungen

Die Bruttobedienungspreise für die Dienstleistungen eines Salons wie z. B. Waschen, Schneiden, Legen werden unter Berücksichtigung der gleichen Kriterien – Kosten, Zielgruppe, Mitbewerber – kalkuliert wie die Bruttoverkaufspreise für Waren (vgl. vorheriges Kap. 3.1.8.). Bei der Berechnung der Bruttobedienungspreise müssen die im Salon anfallenden **Gemeinkosten** zusätzlich zu den **Lohnkosten**, dem **Gewinn** und ggf. den **Materialkosten** berücksichtigt werden.

Kalkulation von Bruttobedienungspreisen
➜ vgl. Lernfeld 6, S. 237 und Lernfeld 7, S. 277

3.3 Organisationsmittel

3.3.1 Standardsoftware

Als Standardsoftware bezeichnet man z.B. eine Office-Version von Microsoft oder auch „Open Office". Diese PC-Programme sind branchenübergreifend einsetzbar. Eine Standardsoftware ist nötig, damit Sie am Computer Briefe, Rechnungen oder vielleicht Bestellungen schreiben können, also für den gesamten Schriftverkehr. Ferner beinhalten die Programme eine Tabellenkalkulation, die sehr gut für statistische Zwecke eingesetzt werden kann.

Anwendungsmöglichkeiten:
- Schriftverkehr
- Lohnabrechnungen
- Arbeitszeitprotokolle
- Urlaubstabellen
- Umsatzstatistiken
- Inventur- und Inventarlisten
- Warenbedarfsanalyse
- Mitarbeiterbedarfsanalyse
- und vieles mehr

Kurz gesagt: Für die Büroarbeit ist der Computer auch im Friseursalon eine kaum entbehrliche Hilfe, mit der Bürozeiten minimiert werden können. Die gewonnene Zeit kann effektiver für Dienstleistungen oder für die Kundenpflege im Salon eingesetzt werden.

3.3.2 Branchensoftware

Im Bereich der Branchensoftware hat sich in den letzten Jahren viel getan. Es gibt immer mehr Anbieter, die spezielle Software für Friseurbetriebe und deren besondere Bedürfnisse im Programm führen. Die Kosten für diese spezielle **Salonsoftware** sind zwar oft höher als beim Einsatz von Standardsoftware, allerdings erhält der Nutzer auch genau die Funktionen (z.B. Kundenkartei, Kassenfunktion, Kassenbuchführung, Unternehmensanalysen, Kundenbonussysteme), die er in seinem Friseursalon benötigt.

Ein Beispiel für Branchensoftware sind auch professionelle Programme zur **Frisurenberatung am PC**. Obwohl diese Beratungssoftware im Vergleich zur Anfangszeit inzwischen erschwinglich ist, bieten jedoch nach wie vor nur wenige Salons diese Dienstleistung an. Dies liegt in erster Linie daran, dass die Beratung mit dem Computer sehr aufwendig ist und die Kundinnen nur selten bereit sind, diesen Aufwand zu bezahlen. Es muss ein Digitalfoto der Kundin angefertigt werden, das anschließend digital bearbeitet wird. Die meiste Zeit erfordert jedoch die eigentliche Beratung, also die Phase, in der man gemeinsam mit der Kundin die verschiedenen „Perücken" anprobiert. Für die Friseurin ist es auch immer wieder schwer, die Frisurenvorschläge 1:1 umzusetzen, da die Software in der Regel von Idealkundinnen ausgeht.

Anwendung von Branchensoftware im Friseursalon

Vor der Einführung einer neuen Software – sei es eine Standard- oder eine spezielle Salonsoftware – sollten Kosten, Aufwand und Nutzen für den Salon in jedem Fall gut abgewogen werden. Soll eine neue Software in einem Salon eingesetzt werden, ist es wichtig, dass alle, die damit arbeiten, sich mit dem Computer und den Funktionen der Software vertraut machen und diese in der Praxis gut anwenden können.

3.3.3 Warenwirtschaftssysteme

Anfang der 90er-Jahre kamen die ersten PC-gestützten Kassensysteme in die Friseursalons. Bis dahin hatten zwar schon einige Betriebe eine Registrierkasse, viele jedoch nur ein Buch, in dem die Einnahmen und Ausgaben notiert wurden. Es gab Kassenzettel für die einzelnen Bedienungsfälle. Abends schrieb die Chefin alle „Bedienungen", sortiert nach Damen, Herren und Verkauf, sowie die angefallenen Ausgaben auf einen Tageszettel. So ermittelte man Tag für Tag seine Umsätze und konnte den Kassenbestand kontrollieren – also ein sehr aufwendiges Verfahren mit geringem Nutzen.

Dagegen bieten die heutigen **Registrierkassen**, die alle Verkäufe und damit zusammenhängenden Daten zentral erfassen, wesentlich mehr Komfort. Es gibt sie in verschiedenen Umsetzungen und Ausführungen (je nach den Anforderungen der jeweiligen Branche). Mithilfe einer Registrierkasse lassen sich viele Zahlen am Ende eines Tages, Monats oder Jahres auswerten. Viele Registrierkassen stehen auch in direkter Verbindung mit einem Warenwirtschaftssystem (siehe unten).

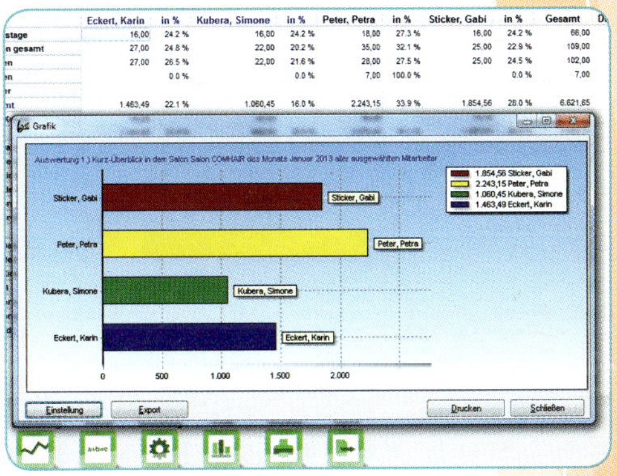

Mitarbeiterumsatzliste

Moderne **EDV-Kassensysteme** bieten der Saloninhaberin zahlreiche Möglichkeiten der Auswertung und Dokumentierung. Sie liefern z. B. Statistiken über die Umsätze pro Dienstleistung und damit wichtige Informationen für die Produktpolitik. Das elektronische Kassenbuch gibt schnell Aufschluss über die Vorgänge innerhalb eines bestimmten Zeitraums. Ein solch umfangreiches System zur Salonverwaltung nennt man **Warenwirtschaftssystem**. So lassen sich z. B. die folgenden Übersichten erstellen: Tages-, Monats- und Jahresabschlüsse, Umsatzlisten, Mitarbeiterumsatzlisten, Verkaufsstatistiken usw.

Laut Vorschrift des Finanzministeriums müssen seit Ende 2010 alle Friseurbetriebe ihre **Buchungsdaten** detailliert und unveränderbar **elektronisch erfassen** und **speichern**. Die Daten müssen für mindestens zehn Jahre aufgehoben werden und direkt aus der Kasse auslesbar sein. Für Salons mit älteren Kassensystemen gilt eine befristete Übergangsregelung.

Aufgabe

a) Erstellen Sie mit einem Kalkulationsprogramm (z. B. MS Excel) einen gedachten Tagesbericht mit insgesamt 35 verschiedenen Bedienungsfällen.
b) Lassen Sie die Tageseinnahmen ermitteln und berechnen Sie die abzuführende Umsatzsteuer von 19 %.
c) Wie würde sich der Umsatz verändern, wenn alle Preise um 5 % erhöht würden?
d) Erstellen Sie ein Diagramm, das die Umsatzentwicklung der einzelnen Dienstleistungen zeigt.

3.4 Teamarbeit

Ihr Platz im Team

Zum Team eines Friseursalons gehören die Meisterinnen, die Gesellinnen und die Auszubildenden und Praktikantinnen, also alle Mitarbeiterinnen des Betriebs. Es ist wichtig, dass jede von ihnen weiß, welche Stellung sie im Team hat, was ihre Aufgaben sind und welche Erwartungen an sie gestellt werden. Oft trifft man in Friseurbetrieben ein „altes" gewachsenes Team, das schon sehr lange miteinander arbeitet. Als Azubi muss man sich erst einmal in das bestehende Team einfinden. Jetzt, im dritten Ausbildungsjahr, sind Sie bestimmt längst im Salonteam integriert und haben einen festen Platz. Denken Sie aber bitte auch an die jüngeren Kolleginnen, die diesen Platz noch nicht gefunden haben und helfen Sie ihnen, sich in das Team einzufinden.

Teamentwicklung

Ein Team entwickelt sich in der Regel **dynamisch** (also schwungvoll und lebendig), man lernt voneinander und miteinander. Im Friseursalon könnte das beispielsweise bedeuten, dass eine Mitarbeiterin ganz besonders gut Haare hochstecken kann und dieses Können in einer Schulung an die Kolleginnen weitergibt.

Lernen im Team

Nicht nur die **Sachebene** (Ziele und Aufgaben) sollte bei der Teambildung bedacht werden, sondern auch die **Beziehungsebene**. Ein Team kann nur erfolgreich arbeiten, wenn das Gruppenklima entspannt ist und alle bereit sind, sich im Team zu integrieren. Wichtig ist, dass es auch Zeiten gibt, in denen man sich im Team austauschen kann. In manchen Friseurbetrieben gibt es dafür feste Zeiten, allerdings oft erst nach Feierabend. Hier gibt es auch die Möglichkeit, mit dem gesamten Team über Verbesserungsvorschläge zu sprechen.
Für die fachliche Weiterqualifizierung und die praktische Ausbildung der Auszubildenden werden die sogenannten **Übungsabende** eingerichtet.

Zuständigkeiten

Sicher haben Sie im Team einen festen Platz und werden mit vielen Arbeiten betraut. Sind Sie mit Ihren Zuständigkeiten zufrieden? Meinen Sie, dass man Ihnen auch mehr Verantwortung geben könnte? Besprechen Sie diese Fragen mit Ihrer Chefin; oft weiß diese gar nicht, welche Potenziale noch in Ihnen stecken.

Zeitmanagement

- Wer stellt abends die Waschmaschine an?
- Wer bewältigt morgens früh den Abwasch?
- Wer wickelt die Dauerwelle ab?
- Wer legt den Umhang um?
- Wer fegt den Salon aus?

All diese Fragen und noch viele mehr stellen sich Tag für Tag in einem Friseursalon. In einem funktionierenden Team bedarf es darauf keiner Antworten, denn jede Mitarbeiterin weiß genau, was sie wann zu tun hat. Da brauchen nicht viele Fragen gestellt zu werden, meist reichen Blicke, um sich zu verständigen. Die Kundinnen empfinden dies als angenehm und fühlen sich dadurch gut aufgehoben.
Außerdem werden durch das Arbeiten im Team die „Reibungsverluste" reduziert: Die Zeit, die man aufbringen müsste, um immer wieder alles von Neuem zu erklären und die Aufgaben ständig neu zu verteilen, kann so sinnvoller genutzt werden.

3.5 Qualitätsmanagement (QM)

Hinter jedem Friseurbetrieb steckt eine Idee, eine Salonphilosophie, die jede Mitarbeiterin nicht nur kennen, sondern vor allem selbst verfolgen muss. Nur dann kann ein Salon mit seinem Konzept wirklich erfolgreich sein.

➜ vgl. S. 458

Auch wenn zu Beginn eine gute Geschäftsidee vorhanden war, muss immer wieder geprüft werden, ob die Abläufe im Salon nicht noch zu verbessern sind, z. B. schneller und kundenfreundlicher gestaltet werden können. Die Saloninhaberin sollte sich stets vergewissern, ob die Qualität und damit die **Kundenzufriedenheit** und der **Erfolg** gesteigert werden können. Außerdem kommen ständig neue Ideen und auch Anforderungen auf sie und ihre Mitarbeiterinnen zu, denen sich das Team stellen muss.

Die **Überprüfung der Abläufe im Salon** übernimmt häufig die Chefin. In größeren Betrieben mit vielen Mitarbeiterinnen, vielen Kundinnen und einem großen Warenumsatz wird eine Überprüfung schwieriger. Hier gibt es inzwischen **Regelwerke**, die bestimmte Abläufe in einem Betrieb ganz genau beschreiben und damit standardisieren. Das erleichtert die Kontrolle dieser Abläufe.

Durch die regelmäßige Kontrolle mithilfe bestimmter Regeln (= Normen) soll die Qualität der Friseurdienstleistungen erhöht werden. Diese gezielte, systematische Vorgehensweise wird unter dem Begriff **Qualitätsmanagement (= QM)** zusammengefasst. Ein Beispiel für ein international gültiges und anerkanntes Qualitätsmanagementsystem ist die Normenreihe DIN EN ISO 9000 ff. Betriebe, die erfolgreich mithilfe dieses Regelwerkes ihre Qualität verbessern, gelten als qualifiziert nach DIN EN ISO 9001 und können sich dies von einer anerkannten unabhängigen Zertifizierungsstelle (z. B. TÜV, DEKRA, DQS) mit einem **Zertifikat** und einem entsprechenden **Prüfzeichen** bestätigen lassen. Ebenso kann auch die erfolgreiche Anwendung anderer branchenbezogener QM-Systeme nach einer unabhängigen Überprüfung bestätigt und ausgezeichnet werden.

Prüfzeichen für ein QM-System

Ein QM-System begleitet alle wesentlichen betrieblichen Arbeitsabläufe und durchleuchtet sie. Dadurch werden auch bei bereits guter Salonorganisation noch Verbesserungsmöglichkeiten deutlich.

Inhalte eines QM-Systems:

- Für jede Mitarbeiterin werden die zu erreichenden Ziele klar formuliert.
- Für jede Mitarbeiterin wird definiert, was ihre Aufgaben sind und wofür sie verantwortlich ist. Überschneiden sich die Aufgaben der Mitarbeiterinnen, z. B. bei der Frage, wer für die Sauberkeit der Kundenbedienungsplätze zu sorgen hat (die Friseurin oder die Auszubildende), legt die Salonleiterin die Zuständigkeiten ganz klar fest.
- Die Salonleitung versorgt alle Mitarbeiterinnen mit Informationen zu ihren Aufgaben (z. B. durch Checklisten zu einzelnen Arbeitsabläufen) und stellt ihnen die nötige Zeit und das erforderliche Material zur Verfügung. Auch für Fortbildungen stehen Mittel bereit.
- Bei jeder Mitarbeiterin wird die Durchführung der Arbeitsabläufe überwacht und bezüglich des Erfolgs bewertet. Jede Mitarbeiterin und besonders die Chefin ist verpflichtet, ihre Arbeit regelmäßig zu überprüfen und ggf. zu verbessern.
- Bei jeder Mitarbeiterin werden die Verbesserungsmöglichkeiten systematisch identifiziert und umgesetzt. So sollte sie, wenn sie in einem Aufgabenbereich weniger erfolgreich ist, ihre Schwierigkeiten erkennen und beheben können.

Umfang und Inhalte des Qualitätsmanagements werden oft in einem **Qualitätsmanagementhandbuch** schriftlich niedergelegt.

Wichtig sind dabei vor allem zwei Fragen:

- **Haben wir das Richtige gemacht?**
  D. h., entsprechen die Produkte/die Dienstleistungen dem, was der Markt/die Kundinnen brauchen?
- **Haben wir es richtig gemacht?**
  D. h., entsprechen die fertigen Produkte/die Dienstleistungen den vorgegebenen Anforderungen?

Beispiel für Qualitätsmanagement im Friseursalon:

- In einem QM-System wird der Wunsch einer Kundin ermittelt und entsprechend eine Dienstleistung oder ein Produkt angeboten. Das kann z. B. der Wunsch nach einem neuen Haarschnitt sein, der dann im Salon erstellt wird.
- Je nachdem wie zufrieden die Kundin mit dem Haarschnitt hinterher ist, wird der Ablauf dieser Dienstleistung verbessert. Ist die Kundin z. B. unzufrieden mit der Beratung, so wird dieser Aspekt der Dienstleistung verbessert.
- Die Chefin wird die entsprechende Mitarbeiterin dabei unterstützen, ihre Beratungsgespräche zu verbessern, z. B. durch eine Schulung. Stellt sie fest, dass ihr Team Bedarf an Schulung in bestimmten Bereichen hat, wird sie dafür die finanziellen Mittel und die Zeit bereitstellen.
- Beim nächsten Haarschnitt hat sich die Beratung der Mitarbeiterin durch die Schulung verbessert, die Kundin ist zufriedener mit dem Ergebnis.
- Vielleicht ist die Kundin auch in anderen Punkten nicht ganz zufrieden. Die entsprechende Friseurin würde dann erneut in den Verbesserungsprozess eintreten.

Da alle Leistungen der Mitarbeiterinnen und alle Abläufe im Salon nach diesem System regelmäßig kontrolliert und verbessert werden, steigt die Zufriedenheit der Kundinnen mit dem gesamten Salon. Eine gute Kundenbindung wiederum trägt dazu bei, dass höhere Umsätze erzielt werden können.

In einem QM-System wird ständig nach der Ursache von Problemen gesucht, um alle Prozesse (Dienstleistungen) und Produkte im Unternehmen immer wieder zu verbessern. Die ständige Kontrolle und die Suche nach Möglichkeiten der **Qualitätsverbesserung** sollten zum täglichen Arbeitsleben des gesamten Teams gehören.

➜ *vgl. Vorwort S. 3 und S. 440 f.*

Wenn Sie das Prinzip der **beruflichen Handlung in sechs Schritten** betrachten, werden Sie feststellen, dass auch dieses eine Qualitätsverbesserung durch Kontrolle und Bewertung der geleisteten Arbeit ermöglicht.

Qualitätsmanagement trägt dazu bei, die Zukunft des Friseursalons in einem dauerhaften Entwicklungs- und Verbesserungsprozess zu sichern.

Aufgabe

Welche Vorteile hat die regelmäßige Überprüfung der Arbeitsabläufe in einem Salon für die Chefin, die Mitarbeiterinnen und die Kundinnen?

Rechenaufgaben

1. Für Ihren Salon müssen eingekauft werden:

10 Stielkämme	zu je	4,75 €
2 Effilierscheren	zu je	39,90 €
3 Haarschneidescheren	zu je	125,95 €

Ihre Chefin bekommt beim Großhandel einen Rabatt von 25 % und bei Barzahlung kann sie 2 % Skonto abziehen. Welchen Betrag muss Ihre Chefin für die Bestellung überweisen, wenn sie auch noch 19 % MwSt. aufschlagen muss?

2. Berechnen Sie den Bruttobedienungspreis für eine Farbbehandlung.
Berücksichtigen Sie dabei folgende Posten:

Materialkosten:	4,95 €
Arbeitszeit:	90 Minuten
Stundenlohn:	11,95 €
Gemeinkosten:	40 % der Lohnkosten
Gewinn:	25 % der Selbstkosten
Mehrwertsteuer:	19 %

3. Ihre Chefin kauft vom Lieferanten 12 Flaschen Wellpräparat (je 500 ml) für insgesamt 239,40 €.
   a) Wie hoch ist der Bezugspreis für eine Flasche, wenn sie einen Rabatt von 15 % erhält?
   b) Wie teuer ist eine Behandlung, wenn dafür 75 ml benötigt werden?

4. Um kostendeckend arbeiten zu können, wird der Preis für einen Haarschnitt von 14,50 € auf 15,50 € erhöht. Um wie viel Prozent sind die Kosten für den Haarschnitt gestiegen?

5. Bei einer Neufärbung entstehen Selbstkosten in Höhe von 32,50 €. Berechnen Sie den Bruttobedienungspreis für die Färbung, wenn mit einem Zuschlag für Gewinn und Risiko in Höhe von 15 % und der gesetzlichen Mehrwertsteuer in Höhe von 19 % kalkuliert wird.

6. Die Tönung für eine Kundin kostet im Einkauf 5,95 €. Berechnen Sie die Selbstkosten des Friseursalons für die Farbbehandlung, wenn eine Friseurin mit einem Stundenlohn von 8,55 € 20 Minuten lang an der Tönung arbeitet. Die Gemeinkosten werden mit 110 % kalkuliert.

7. Für einen Herrenhaarschnitt benötigt eine Friseurin 25 Minuten bei einem Minutenkostensatz von 75 Cent. Berechnen Sie den Bruttobedienungspreis, wenn der Gewinn mit 5 % und die MwSt. mit 19 % berücksichtigt werden.

Komplexe Aufgabe

Ihrer Chefin wird ein interessantes Mietobjekt in einer Fußgängerzone angeboten. Das Geschäft würde sich hervorragend für einen Trendsalon eignen. Das jetzige Hauptgeschäft befindet sich am Stadtrand, ungefähr 15 Kilometer von der Fußgängerzone entfernt.

Da Sie nun kurz vor der Gesellenprüfung stehen, hat Ihre Chefin die Idee, dass Sie nach bestandener Gesellenprüfung den Salon als Filiale einrichten und dort arbeiten sollen.
Was muss dabei alles beachtet werden?

Bearbeiten Sie mindestens die folgenden Punkte:

- Salonkonzept
- Rechtsform und Geschäftsmodell
- Handwerksordnung
- Salongestaltung
- Marketing
- Außendarstellung des Salons
- Waren
- Dienstleistungen
- Personal
- Preispolitik
- Hard- und Software
- Team
- Kalkulation
- Qualitätsmanagement

Antworten auf viele Fragen finden Sie in den Lernfeldern 1, 2 und 12 dieses Buches und natürlich auch im Internet.

Lernfeld 13 Komplexe Friseurdienstleistungen durchführen

Eine ältere Dame hat sich zur Beratung angemeldet. Sie ist nach vielen Jahren zu einem Klassentreffen eingeladen und möchte zu diesem Anlass besonders gut aussehen.

Immer wieder kommen Kundinnen in den Salon, um sich ohne einen konkreten Wunsch beraten zu lassen. Sie möchten ihren Typ verändern oder zu einem bestimmten Anlass besonders gut oder verändert aussehen. Ihre Aufgabe als Friseurin ist es nun, mit der Kundin ein kreatives Behandlungskonzept zu erarbeiten.

Dafür müssen Sie alle **bisher erworbenen Kenntnisse** einsetzen, z. B.:
- die Kundin beraten und betreuen
- Frisuren empfehlen
- Haarschnitte durchführen und Frisuren erstellen
- Haare dauerhaft umformen
- Haare farblich verändern
- Hände und Nägel pflegen, Nägel und Gesicht dekorativ gestalten

Ergänzend dazu benötigen Sie **Kenntnisse über die besonderen Dienstleistungen**, die eine Friseurin erbringen kann, also z. B. über:
- Frisuren und dekoratives Make-up zu besonderen Anlässen
- Möglichkeiten des Nageldesigns
- Langhaartechniken und den Einsatz von Accessoires
- spezielle Colorationstechniken
- den Einsatz von Haarersatz, Haarverlängerung oder Haarverdichtung

Neben der Auswahl der passenden Dienstleistungen müssen Sie auch die **Zeitplanung** berücksichtigen und die **Kosten** für die typ- oder anlassbezogene Veränderung der Kundin kalkulieren.

1 Informieren

1.1 Individuelle Kundengegebenheiten

1.1.1 Kundenwunsch

→ *vgl. Lernfeld 2, S. 68 f.*

Den Kundenwunsch ermitteln Sie mit geschickter Fragetechnik und indem Sie aktiv zuhören. Sie unterstützen die Kundin mit einer Beratung und sinnvoll ausgewählten Hilfsmitteln, z. B. Bildvorlagen, PC-Programmen.
Es ist Ihre Aufgabe herauszufinden, ob die Kundin ihren Typ unterstreichen oder verändern möchte. Vielleicht wünscht die Kundin nur zu einem besonderen Anlass eine Veränderung und möchte nach diesem Anlass wieder so aussehen wie vorher.

Kundenwunsch: Typveränderung

Typveränderung

Hinter dem Wunsch einer umfassenden Typveränderung steckt häufig eine starke Unzufriedenheit mit dem jetzigen Aussehen. Eine Kundin, die ihren Typ, also ihren **Stil,** verändern möchte, hat oft genaue Vorstellungen davon, wie sie hinterher wirken möchte. Ihre Aufgabe als Friseurin ist es, diese Vorstellungen der Kundin durch ein Beratungsgespräch zu ermitteln und der Kundin die Dienstleistungen anzubieten, mit denen sich diese Zielvorstellung realisieren lässt.
Starke Veränderungen in der persönlichen Lebenssituation eines Menschen können Auslöser für den Wunsch nach einer Typveränderung sein. Erfragen Sie diese aber niemals direkt, um nicht in den persönlichen Bereich der Kundin einzudringen. Fragen Sie stattdessen nach Kleidung oder veränderten Gewohnheiten, um sich ein besseres Bild vom Kundenwunsch machen zu können.
Häufig sind neue modische Strömungen Anlass für Kundinnen, sich mit ihrem äußeren Erscheinungsbild zu beschäftigen. Werfen Sie in diesem Fall einen Blick auf die aktuelle Mode, um den Wunsch der Kundin besser verstehen zu können.

Die Ermittlung des **Farbtyps** ist für die Auswahl von Haarfarben und Make-up-Produkten wichtig. Achten Sie darauf, dass Kundinnen, die eine umfassende Typveränderung anstreben, möglicherweise Farben aus einem völlig neuen Bereich wünschen. Stellen Sie zur Ermittlung des genauen Kundenwunsches also auch Farben vor, die zunächst nicht zu der Kundin zu passen scheinen.
Beachten Sie bei der Ermittlung des Kundenwunsches eine Reihe weiterer Vorbedingungen, wie z.B. das **Alter** der Kundin. So verstehen ältere Kundinnen unter einer umfassenden Typveränderung vermutlich etwas anderes als junge Kundinnen, deren Äußeres sich noch sehr häufig ändert und die sich viel stärker und umfassender an neuen Trends orientieren. Fragen Sie ältere Kundinnen unbedingt nach ihren Erfahrungen mit bestimmten Haarfarben oder Frisuren. Sie haben bereits viele Trends und Frisuren ausprobiert und können daher beurteilen, ob sie sich diese Farb- oder Frisurenziele vorgestellt haben. Gute Erfahrungen führen sicher dazu, dass bestimmte Frisurenteile oder ganze Frisuren erneut gewünscht werden.

Kundenwunsch: anlassbezogene Veränderung

Anlassbezogene Veränderung

Kommt eine Kundin zu Ihnen, um sich für einen besonderen Anlass vorzubereiten, handelt es sich meist um einen für die Kundin bedeutenden Termin, z.B. eine große Feier oder ein gesellschaftlich bedeutender Anlass. Hier ist es besonders wichtig, dass die Kundin mit einem wirklich positiven Gefühl den Salon verlässt. Negative Gefühle, die an einen bedeutenden Anlass geknüpft sind, halten lange an. Zudem werden die nicht zufriedenstellenden Ergebnisse auf vielen Fotos dokumentiert und bleiben so unvergessen.
Fragen Sie unbedingt nach Stil und Farbe der **Kleidung**, die zu dem Anlass getragen werden soll. Die Kundin wünscht ein positives Gesamtbild, farbverändernde Haarbehandlungen, das dekorative Make-up und die Farben des Nageldesigns sind daher unbedingt auf die Kleidung abzustimmen. Der Farbtyp der Kundin ist in diesem Fall nicht so entscheidend.
Auch der Stil der Kundin steht bei diesem Kundenwunsch nicht so sehr im Vordergrund. Bei besonderen Anlässen wie Hochzeiten, Familienfeiern und sogar Filmpremieren oder Opernbällen gibt es sehr häufig traditionelle Frisuren zu sehen, die dann nur typgerecht leicht abgewandelt werden.

1.1.2 Zustand von Haar, Haut und Nägeln

Beurteilen Sie alle Gegebenheiten gründlich, da für jede auszuführende Dienstleistung andere Aspekte im Vordergrund stehen:

- Für **Frisur und Haarschnitt** sind Haarlänge, Textur, Fülle und Wuchsrichtung entscheidend.
- Für **chemische Behandlungen** wie oxidative Farbveränderungen oder dauerhafte Formveränderungen müssen Sie besonders den Zustand von Haar und Kopfhaut beachten.
- Für die **pflegende Kosmetik** müssen Sie die Haut sehr genau beurteilen, um die richtigen Reinigungs- und Pflegemaßnahmen durchführen zu können.
- **Nageldesign und Nagelmodellage** dürfen nur auf gesunden Nägeln durchgeführt werden. Achten Sie besonders auf Nagelveränderungen, die durch das Aufsetzen künstlicher Nägel verborgen oder gar verschlimmert werden können.
- Bevor Sie eine **Haarverlängerung oder -verdichtung** anbieten, müssen Sie den Zustand der Haare und der Kopfhaut prüfen. An feinem oder brüchigem Haar können keine Strähnen befestigt werden. Eine empfindliche Kopfhaut reagiert eventuell gereizt auf das zusätzliche Gewicht und die härteren Befestigungsstellen.

1.1.3 Weitere beeinflussende Gegebenheiten

Gesichts- und Kopfform

→ *vgl. Lernfeld 4, S. 132 f.*

Beachten Sie bei umfassenden Typveränderungen unbedingt die Gesichts- und Kopfform der Kundin. Je größer die gewünschte Veränderung, desto weniger kann sie sich vorstellen, wie das Ergebnis bei ihr aussieht. Es ist Ihre Aufgabe als Friseurin, darauf zu achten, dass alle Veränderungen zur Kopf- und Gesichtsform der Kundin passen.
Anlassbezogene Veränderungen sind häufig nicht dauerhaft. Achten Sie darauf, dass Frisur und Make-up der Kopf- und Gesichtsform entsprechend abgewandelt werden.

Proportionen

→ *vgl. Lernfeld 4, S. 131 und 142 f.*

Jede Typveränderung muss die Proportionen der Kundin berücksichtigen. Achten Sie besonders bei umfassenden Veränderungswünschen in Haarlänge oder Volumen auf Körpergröße und -form der Kundin.
Bei festlichen Anlässen spielt die Kleidung eine große Rolle. Lassen Sie sich die Kleidung genau beschreiben oder zeigen (z. B. ein Foto), damit Sie sehen, wie die Proportionen beeinflusst werden. Lange, schmale oder dunkle Kleider verlängern den Körper optisch; weite, helle oder gemusterte Formen wirken optisch verkürzend.

Soziales Umfeld

Jede Kundin ordnet sich einer Gruppe von Personen zu, die meist aus einem ähnlichen sozialen Umfeld kommen, also ähnliche Bildung und finanzielle Möglichkeiten und auch ähnliche Schönheitsideale haben. Berücksichtigen Sie diese Schönheitsideale, denn in der Regel möchte die Kundin auch nach der Typveränderung in ihrem sozialen Umfeld anerkannt werden. Eine gut verdienende Büroangestellte erwartet von einer Typveränderung vermutlich weniger tatsächliche Veränderung als eine modebewusste Verkäuferin, die immer den neuesten Trends folgt.
Bei anlassbezogenen Veränderungen informieren Sie sich über die Gebräuche und Traditionen, die bei diesem Anlass üblich sind. So wird auf deutschen Familienfesten sicher eine andere Aufmachung erwartet als auf Festen anderer Kulturkreise.

1.2 Mode und Zeitgeist

Mode unterliegt einem ständigen Wandel. Das trifft nicht nur auf Kleidung zu, sondern vor allem auch auf Frisuren und Make-up. In den letzten Jahrhunderten war es noch relativ einfach zu verfolgen, was gerade modisch war, da sich die Stilrichtungen nicht so schnell veränderten wie heutzutage. In unserer Zeit existieren viele Trends nebeneinander, die je nach Geschmack und Typ sehr unterschiedlich ausfallen.
Um als Friseurin den aktuellen Trends und den Wünschen der Kundinnen nach umfassender Typveränderung gerecht zu werden, müssen Sie sich auf dem Laufenden halten, was gerade „angesagt" ist: Besuchen Sie Veranstaltungen des Zentralverbands des Deutschen Friseurhandwerks, von Trendfriseuren und Ihrer Innung. Informieren Sie sich in Fach- oder Modezeitschriften und auch in Film, Fernsehen und in der Musikszene finden Sie immer wieder aktuelle Modestile. Lassen Sie sich auch von Menschen auf der Straße inspirieren.

Deutsche Meisterschaften der Friseure

Verbände

Der **Zentralverband des Deutschen Friseurhandwerks** veranstaltet regelmäßig Friseurmessen und Meisterschaften in allen Kategorien der Haarkunst. Zudem gibt der Zentralverband jedes Jahr Informationen über Trends auf seiner Homepage und in Fachzeitschriften heraus, an denen Sie sich orientieren können.
Die Landesinnungsverbände bieten oft zusätzlich halbjährlich oder jährlich Shows an, auf denen sie die neue Frisurenmode vorstellen.

→ *vgl. Lernfeld 1, S. 29*

Zeitschriften

Nutzen Sie **Fachzeitschriften**, um Ideen zu gewinnen. Hier stellen Trendfriseure ihre Modeempfehlungen für interessierte Kolleginnen vor, deshalb finden Sie hier auch gute Hinweise darauf, wie die neuen Trends umzusetzen sind.
In **Modezeitschriften**, die Ihre Kundinnen lesen, werden regelmäßig die neuen Trends vorgestellt. Um zu wissen, welche Vorstellungen eine Kundin hat, informieren Sie sich am besten auch regelmäßig in diesen Zeitschriften.

Fachzeitschriften

Modezeitschriften

Trendfriseure

Schönheit spielt in unserer Gesellschaft eine immer größer werdende Rolle. Die Trendsetter unter den Friseuren, die Haardesigner der Stars, haben mittlerweile selbst Starcharakter. So kann fast jeder modisch interessierte Mensch mit Namen wie Udo Walz oder Marlies Möller etwas anfangen. Diese Trendfriseure kreieren Frisurenmode.

Weltweit gibt es die Vereinigung Intercoiffure, zu der rund 3 500 Premiumfriseure aus mehr als 50 Ländern gehören. Alle Mitglieder sind Preisträger und Trendsetter, die versuchen, Trends zu setzen, die Friseurausbildung auf hohem Niveau durchzuführen und auch im Rahmen der Produktentwicklung die Qualität zu verbessern.

www.intercoiffure.de

Trends werden auch auf der Straße gesetzt

Trends von der Straße

Vor allem in Ballungsräumen und Zentren von Großstädten werden ständig neue Trends geboren. Ein Beispiel hierfür ist die Punk-Mode, die in den 70er- und 80er-Jahren noch der Abgrenzung dieser Gruppe nach außen diente und Symbol war für die politische Einstellung, die heute aber in allen Schichten der Gesellschaft zu finden ist.

Aus den Ghettos amerikanischer Großstädte kam vor allem in den 90er-Jahren und um die Jahrtausendwende die Hip-Hop- oder Rap-Kultur nach Deutschland. Diese Mode zeigt sich vor allem in der Kleidung und der Musik, aber auch in der Frisuren- und Bartgestaltung.

Stars und Sternchen

➜ *vgl. Lernfeld 4, S. 146 ff.*

Grundsätzlich gilt, dass schöne Menschen positiver wahrgenommen werden, als Menschen, die nicht oder nur wenig auf ihr Äußeres achten.

Miley Cyrus

Schon immer haben wenige die Mode für die Allgemeinheit vorgegeben. Waren das in vergangenen Jahrhunderten vor allem Adelige und Herrscher mit ihren Damen, so geben in unserer heutigen Zeit Stars und Sternchen vor, was „in" und was „out" ist.

Katy Perry

Vor wenigen Jahren sorgten internationale Stars wie Pink oder Katy Perry für Aufsehen durch ihre bunten Haarfarben, die bald auf allen Straßen zu finden waren.

Stars wie Rihanna oder Miley Cyrus präsentieren eine Neuauflage des Sidecut, der viel kopiert wurde.

Amy Winehouse

Josh Duhamel

Auch männliche Prominente zeigen sich mit schmal frisierten oder unterschnittenen Seitenpartien mit langem Deckhaar.
Der aktuelle Trend zum Undercut bei den Männer-Kurzhaarfrisuren war bereits in den 80er-Jahren sehr angesagt. Dank prominenter Sportler wie David Beckham oder Mario Gomez und Schauspielern wie Josh Duhamel oder Zac Efron gilt er heute wieder als absolute Szenefrisur.

Amy Winehouse, die inzwischen verstorbene englische Soul-Sängerin, orientierte sich bei ihrer Frisur an den Vorlagen der 60er-Jahre, dem sogenannten Beehive (deutsch: Bienenkorb), und setzte damit einen neuen Trend, der sogar auf den Laufstegen von Paris und Mailand kopiert wurde.

1.3 Frisuren zu besonderen Anlässen

Frisuren zu besonderen Anlässen können abhängig von den Modetrends oder klassisch sein. Je nach Anlass wünschen Kundinnen auch historische Elemente oder Elemente aus dem Reich der Fantasie. Häufig werden in die Frisuren zu besonderen Anlässen Haarschmuck oder Haarteile eingearbeitet. Immer jedoch sollen die Frisuren technisch perfekt, einfallsreich und auffällig gearbeitet sein.

1.3.1 Modische Frisuren zu besonderen Anlässen

Möchte die Kundin Events wie Preisverleihungen, Empfänge, Eröffnungen oder Filmpremieren besuchen, erwartet sie von Ihnen eine modisch aktuelle und kreative Frisur. Hilfestellung bieten auch hier die Stars und Sternchen, deren Frisuren für jede Filmpremiere oder Oskarverleihung neue, besondere und aktuelle Effekte enthalten.

Beispiele für modische Frisuren zu besonderen Anlässen		
Big Hair offen	Big Hair hochgesteckt	Extravagante Frisuren

Das Haar wird sehr voluminös getragen	Klassische Hochsteckfrisuren werden extrem voluminös getragen	Frisuren weisen ungewöhnliche Proportionen oder Kontraste auf

1.3.2 Klassische Frisuren zu besonderen Anlässen

Bei vielen Anlässen werden von den Gästen nicht nur eine bestimmte Kleidung, sondern auch Frisuren mit bestimmten Elementen erwartet. Dies sind vor allem **Hochzeiten**, **Jubiläen** oder **Bälle**, wie z. B. Opernball, Reiterball, Sportlerball, Abiball, Presseball.

Die Haare werden häufig hochgesteckt, sodass Nacken und Gesicht frei bleiben. Das Volumen der Frisur wird auf den Halsschmuck oder Schleier abgestimmt und kann so entweder im Nacken, am Hinterkopf oder auf dem Oberkopf liegen. Diese Frisuren wirken besonders weiblich, der freie Nacken wirkt verletzlich, der Kopf wird betont und optisch vergrößert. Elemente wie Spirallocken im Nacken oder gedrehte und lockige Frisurenteile sorgen dafür, dass die Frisur verspielt und weicher wirkt.

In Frisuren zu einem besonderen Anlass werden häufig Haarschmuck und Haarteile eingearbeitet.

Auch kurzes Haar kann und wird auf vielerlei Arten hochgesteckt, sodass auch bei diesen Kundinnen das Haar nicht in den Nacken oder das Gesicht fällt.

Beispiele für klassische Langhaarfrisuren

Klassische und verspielte Elemente	Klassische Elemente	Klassische und moderne Elemente	Klassische Elemente

glatte Flächen und Lockenelemente, gedrehte und umeinander gewebte Haarpartien, hochgesteckt, Volumen am Oberkopf, Gesicht und Nacken frei	glatte Flächen, hochgesteckt, Volumen am Hinterkopf, Gesicht und Nacken frei	glatte Flächen, hochgesteckt, starke Betonung des Hinterkopfes und des Nackens mit viel Volumen, Gesicht frei	klassischer Mittelscheitel, langes, gewelltes oder gelocktes Haar, Gesicht frei

Beispiele für klassische Kurzhaarfrisuren

Klassische und moderne Elemente	Klassische Elemente	Klassische und moderne Elemente	Klassische und verspielte Elemente

glatte Flächen, Haare aus dem Gesicht frisiert, Volumen am Oberkopf durch toupiertes und locker gestecktes Haar	Haare im Nacken und an den Seiten gedreht und flach festgesteckt, lockige, klar definierte Strähnen betonen den Oberkopf	klassischer Knoten im Nacken aus Eigenhaar oder als Haarteil, toupierter Hinterkopf, Vorderkopf und Seiten locker und offen frisiert, moderner Haarschmuck	glatte Flächen und Locken, Volumen am Hinterkopf durch Haarteil

1.3.3 Historische Frisuren oder Fantasiefrisuren zu besonderen Anlässen

Hier ist es oft schwer, typgerecht zu frisieren, da der Anlass im Vordergrund steht. Eine Party im Stil der 60er-Jahre oder ein Fest unter dem Motto „Karibik" erfordern spezielle Frisurenelemente, die eventuell schlecht zur Gesichtsform passen. Faschingsfete oder Maskenball können den Typ der Trägerin stark verändern. Dies ist bei der Prüfungsaufgabe „typgerechte und anlassbezogene Frisur" zu bedenken.

Beispiele für historische Frisuren

Frisur im Stil der 60er-Jahre	Frisur im Stil der 20er-Jahre	Frisur im Stil des Barock	Frisur im Stil der 50er-Jahre

durch Toupieren stark betonte Hinterköpfe	Wellenfrisuren ohne Volumen, kurzes oder tief im Nacken zusammengestecktes Haar	viel Volumen in Höhe und Breite, im Nacken fallen lange Strähnen herunter	Betonung des Vorderkopfes („Tolle"), flach anliegende Seiten- und Hinterkopfpartien, viel Glanz durch Frisiercreme

Beispiele für Fantasiefrisuren

Ungewöhnliche Proportionen		Ungewöhnliche Materialien	

Aufbau von extremem Volumen durch Haarteile und geeignete Hilfsmittel		Einsatz von ungewöhnlichen Materialien als Haarschmuck	

1.4 Besondere Dienstleistungsangebote des Salons

Zusätzlich zu den bereits bekannten Dienstleistungen – Haarschnitt, dauerhafte und nicht dauerhafte Farb- und Formveränderungen, Maniküre, Make-up – bieten viele Salons Dienstleistungen an, die sich vor allem für stärkere Typveränderungen oder für besondere Anlässe eignen. Für eine kundengerechte Beratung sollten Sie alle angebotenen Dienstleistungen in Ihre Überlegungen mit einbeziehen.

1.4.1 Pflegende Kosmetik – Visagistik

Pflegende Kosmetik

Die Kosmetikerin beschäftigt sich überwiegend mit der Pflege der Haut, eine Visagistin dagegen erstellt alle Arten von Make-ups.

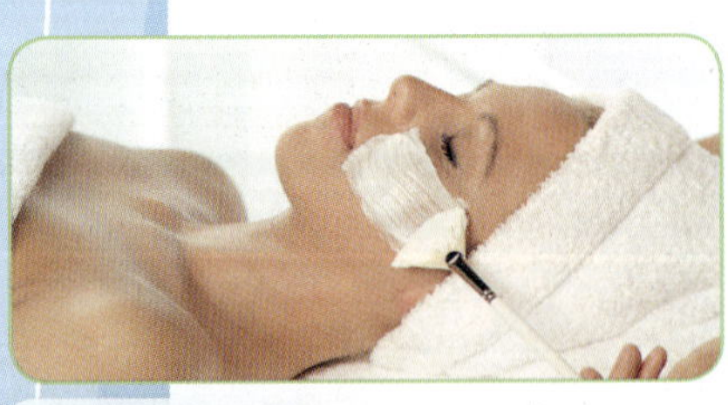

Enzympeeling

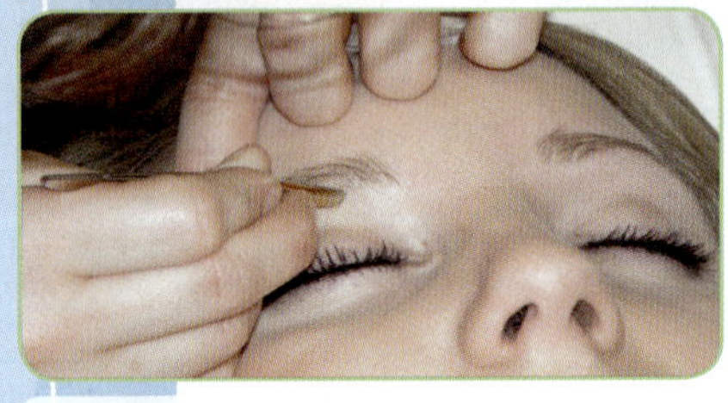

Zupfen der Augenbrauen

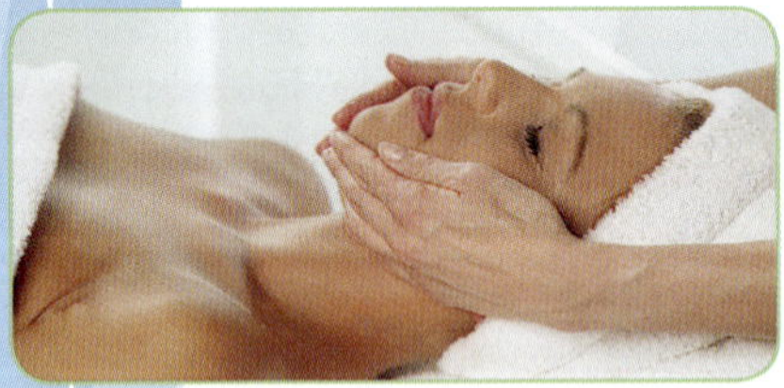

Gesichtsmassage

Beispiele für Behandlungsmethoden der pflegenden Kosmetik:

- Intensive Hautreinigung/Peeling
  Die intensive Hautreinigung wird nach der einfachen Reinigung durchgeführt. Man unterscheidet mechanische Peelings mit Schleifpartikeln und biologische Peelings mit Enzymen. → *vgl. S. 424*
  Bei der intensiven Hautreinigung wird die Hornschicht abgetragen oder abgelöst und damit die Aufnahmefähigkeit der Haut für Wirkstoffe erhöht, die Zellneubildung und die Durchblutung angeregt.
- Nicht dauerhafte Haarentfernung/Depilation
  Depilationsmethoden sind Zupfen, Schneiden, Rasieren, chemische Enthaarung und Wachsenthaarung. Das Haar wird mit der Wurzel herausgezogen und wächst erst nach 2–4 Wochen sichtbar nach. Die Depilation wird eingesetzt zur Entfernung eines Damenbarts und anderer störender Gesichtsbehaarung, zur Formung der Augenbrauen bis hin zur Entfernung aller Körperhaare.
- Massage
  Massagen fördern das Wohlbefinden, die Entspannung, aber auch die Durchblutung und Anregung bestimmter Bereiche. Verschiedene Massagegriffe mit unterschiedlicher Wirkung werden im Wechsel ausgeführt.
  Die Gesichtsmassage führt darüber hinaus zu glatter und rosiger Haut, Stoffwechselschlacken werden ausgeschwemmt und die körpereigenen Abwehrkräfte gestärkt.

Arbeitsplanung

→ *vgl. Lernfeld 11, S. 399 f.*
→ *vgl. Lernfeld 11, S. 423 ff.*

Im Anschluss an die Ermittlung des Hautsekretionstyps erstellen Sie einen Behandlungsplan, reinigen Gesicht und Dekolleté und wenden Methoden und Präparate bei kosmetisch zu behandelnden Hautveränderungen an. Dazu gehört auch die Entfernung unerwünschter Gesichtsbehaarung. Sie führen eine Massage durch, tragen eine Maske auf und beenden die Behandlung mit dem Auftragen einer Tagescreme.

Zeitplan pflegende Kosmetik

Arbeitsschritt	Ungefährer Zeitbedarf
kosmetische Behandlung	75 Minuten
Haarentfernung je nach Einsatzbereich: Augenbrauen, Körperbehaarung	5–60 Minuten

Kostenplanung

Bessere Ergebnisse werden durch eine regelmäßige monatliche kosmetische Behandlung erzielt. Die Kundin muss daher feste monatliche Kosten für die Kosmetikerin und die Heimpflegepräparate einplanen.

Visagistik

Beispiele für Arbeitstechniken zu verschiedenen Anlässen		
Kundenwunsch: Braut-Make-up	Kundenwunsch: Make-up für eine Gala mit kräftiger Beleuchtung	Kundenwunsch: Make-up für ein Dinner bei Kerzenlicht

Das Make-up wird bei Tageslicht getragen und soll besonders hübsch und frisch aussehen. Arbeiten Sie sehr exakt. Verwenden Sie zarte, pastellige Farben wie z. B. Apricot und Rosé auf Augen und Lippen.	Kronleuchter, Neonlicht oder kalte Strahler machen Unebenheiten sichtbar, Farben wirken eher hart und knallig. Für das Make-up wählen Sie daher dezente, getrübte Farben und arbeiten mit weichen Übergängen.	Kerzenlicht „schluckt" rote Farben und lässt das Make-up weich und schmeichelnd wirken. Tragen Sie das gesamte Make-up kräftig auf, besonders bei der Verwendung von Rot.

Arbeitsplanung

Erproben Sie das Make-up für besondere Anlässe einige Tage vorher. Eine pflegende Kosmetikbehandlung darf bis zu drei Tage vor dem Anlass durchgeführt werden.

→ *vgl. Lernfeld 11, S. 434*

Zeitplan Visagistik	
Arbeitsschritt	**Ungefährer Zeitbedarf**
Kundenberatung und Probe-Make-up	60 – 90 Minuten, Tage vorher
Camouflage auftragen	10 Minuten
Augenbrauen/Wimpern färben	15 Minuten
festliches Make-up erstellen	30 – 90 Minuten
künstliche Wimpern anbringen	10 Minuten

Kostenplanung

Für die Kundin entstehen evtl. Kosten für das Probe-Make-up; das eigentliche Make-up wird je nach Zeitaufwand berechnet.

Aufgabe

Eine Kundin ist in zwei Wochen zu einer Galaveranstaltung in der Stadthalle eingeladen. Sie schminkt sich selten und wünscht sich ein ganz besonderes Make-up mit pflegender Behandlung für die Gesichtshaut. Welche Dienstleistungen bieten Sie an? Stellen Sie einen Arbeits-, Zeit- und Kostenplan auf.

1.4.2 Langhaarfrisuren

Hochgesteckte Haare passen, je nach Look, zu den unterschiedlichsten Gelegenheiten. Ob im Büro oder abends zum Ausgehen, ob im Theater oder zur Hochzeit – Hochsteckfrisuren sind absolut im Trend.
Die Haare dürfen auch „unfrisiert" aussehen, z. B. durch einzelne Strähnen, die aus der Frisur heraushängen und so der Frisur einen natürlichen Look verleihen.

Duttvariante

Moderner Chignon

Arbeitstechniken

Die bekannteste klassische Hochsteckfrisur ist die **„Banane"**. Dafür kämmen Sie die Haare zu einer Seite und fixieren sie dort mit einer Klammer. Toupieren Sie die Längen leicht an und schlagen Sie dann die Haare zur Mitte ein, bis eine Banane entsteht. Fixieren Sie diese mit Klammern und Haarspray.

Eine ebenfalls klassische Hochsteckfrisur ist der **Dutt**. Dazu binden Sie die Haare auf der gewünschten Höhe zu einem Pferdeschwanz. Um mehr Volumen zu erzeugen, können Sie hier ein Knotenkissen verwenden, das Ihnen auch das Feststecken der Haare erleichtert. Anschließend legen Sie die Haare um das Kissen oder drehen diese zum Dutt auf und stecken ihn fest.
Eine verspieltere Variante erreichen Sie durch Strähnen, die aus dem Dutt hängen und ihn nicht ganz so streng wirken lassen.

Bereits im 19. Jahrhundert wurde der **Chignon** getragen, eine einfach nachzumachende und schicke Hochsteckvariante. Dazu binden Sie die Haare zu einem Pferdeschwanz zusammen und toupieren die Längen. Dann binden Sie die Enden mit einem weiteren Gummiband zusammen. Anschließend verbinden Sie Anfang und Ende des Schwanzes durch Klammern und fächern die Längen vorsichtig auf. Fixieren Sie den Chignon mit Spray.

Neben diesen klassischen Varianten gibt es unendlich viele Möglichkeiten, Haare hochzustecken – je nach Kundenwunsch romantisch-verspielt, klassisch oder modern. Sie finden in Frisurenzeitschriften, Fachbüchern und im Internet sehr viele Anleitungen, die Ihnen Schritt für Schritt erklären, wie Sie vorgehen müssen.

Arbeitsplanung

Um eine Hochsteckfrisur zu gestalten, benötigen Sie Haarnadeln, Haarschaum, Haarspray oder -lack, Haarspangen, Bürste und Kamm und, je nach Anlass, Accessoires, die Sie in die Frisur einarbeiten können. Ebenfalls nützlich können Haarteile und Tressen sein, wenn die natürliche Haarfülle der Kundin nicht ausreicht.

Berücksichtigen Sie folgende Punkte, bevor Sie mit dem Hochstecken beginnen:

- Waschen Sie die Haare der Kundin nicht unbedingt am selben Tag, sondern besser am Abend vorher. Die Haare haben so mehr „Griff".
- Drehen Sie die Haare vor dem Stecken auf Wickler – je nach gewünschter Frisur entweder auf große Volumenwickler oder auf kleinere Wickler, um Locken zu erzeugen.
- Verwenden Sie vor dem Trocknen der Haare Haarschaum, um eine bessere Haltbarkeit zu erzeugen.

- Toupieren Sie die Haare vor dem Ausfrisieren an, um mehr Stand und Volumen im Ansatzbereich zu erzielen.
- Teilen Sie vor dem Erstellen der Hochsteckfrisur das Haar in vier Bereiche ab – Hinterkopf – Oberkopf – Seitenpartie – Vorderkopf. Sie können so systematischer arbeiten und laufen nicht Gefahr, zu viele Haare auf einmal hochzustecken.
- Fixieren Sie die fertige Frisur mit Haarspray und vergewissern Sie sich, dass die Frisur „sitzt".

Hilfsmittel zur Erstellung von Hochsteckfrisuren

Zeitplanung

Für eine anlassbezogene Hochsteckfrisur benötigen Sie viel Zeit. Planen Sie diese entsprechend ein und informieren Sie auch im Vorfeld Ihre Kundin über die ungefähre Dauer.

Machen Sie auf jeden Fall einen Probedurchlauf mit Ihrer Kundin und fotografieren Sie das Ergebnis. Nichts wäre schlimmer, als wenn die Kundin z. B. an ihrem Hochzeitstag stundenlang beim Friseur sitzt, um anschließend festzustellen, dass sie mit dem Ergebnis nicht zufrieden ist.

Bestellen Sie die Kundin einige Tage vorher ein und nehmen Sie sich genügend Zeit, um eventuell auch unterschiedliche Frisuren ausprobieren zu können. Falls die Kundin auch eine farbliche Veränderung wünscht, führen Sie diese ebenfalls einige Tage vorher durch, um unschöne Farbränder zu vermeiden.

Je nach Arbeitstechnik planen Sie Zeit ein zum Waschen, Einlegen, Trocknen und Ausfrisieren und eventuell für das Einarbeiten von Haarersatz und / oder Accessoires.

Zeitplan für die Erstellung einer Langhaarfrisur

Arbeitsschritt	Ungefährer Zeitbedarf
Waschen oder Anfeuchten	5 Minuten
Einlegen	20 – 30 Minuten
Trocknungszeit (je nach Haarlänge und -fülle)	30 – 60 Minuten
Ausfrisieren (je nach Technik)	30 – 60 Minuten

Kostenplanung

Die Kostenplanung für eine anlassbezogene Langhaarfrisur kann je nach Zeit und eingesetzten Materialien deutlich variieren. Die Verwendung von Haarersatz oder Frisurenteilen wird extra berechnet.

Aufgaben

1. Suchen Sie ein Frisurenfoto mit einer Hochsteckfrisur. In welchen Arbeitsschritten wird diese Frisur erstellt?
2. Welchen Preis müssen Sie bei einer Arbeitszeit von 2,5 Stunden für die Hochsteckfrisur mindestens veranschlagen, wenn die Selbstkosten je Arbeitsminute 0,45 € betragen (Gewinn 35 %)?

1.4.3 Nageldesign – Nagelmodellage

Nageldesign

Fast alle Fingernägel können durch verschiedene Designtechniken kreativ gestaltet werden. Besonders gut eignen sich gesunde, längere Naturnägel oder großflächige Kunstnägel.

Arbeitstechniken			
Pinseltechnik	Airbrush	Marmorieren	Schmuck
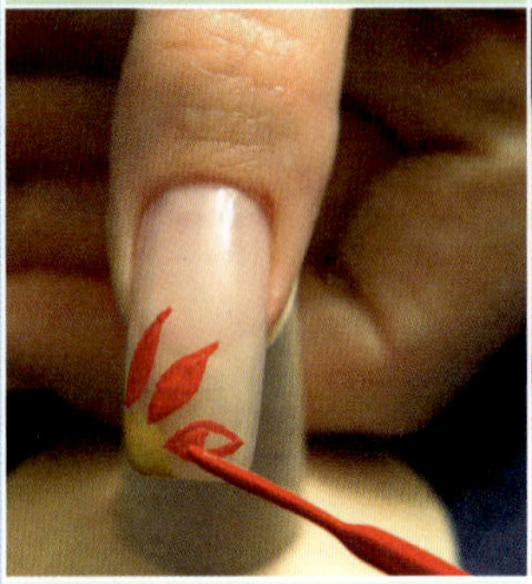		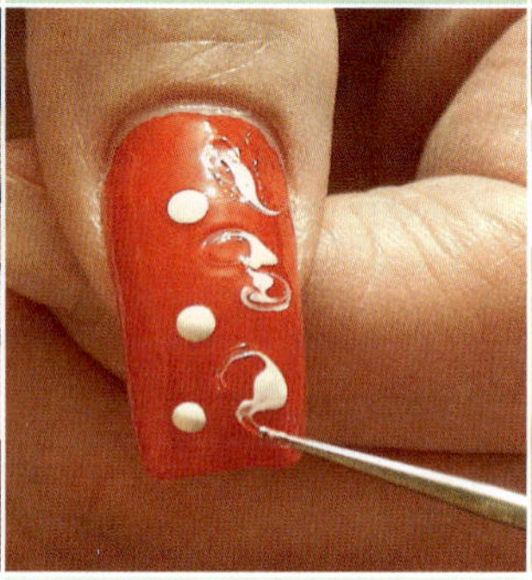	
Mit wasserfesten Farben und feinen Pinseln lassen sich alle erdenklichen Muster malen.	Mit einer kompressorbetriebenen Airbrush-Pistole wird Farbe aufgesprüht (z. B. auf eine Motivschablone).	Feuchte Lacke werden mit einem Spot-Swirl oder Zahnstocher ineinander verzogen.	In feuchte Lackschichten werden Perlen, Steinchen o. Ä. gelegt.

Arbeitsplanung

- Wählen Sie gemeinsam mit der Kundin die Farben und Schmuckelemente aus, die zu Kleidung, Farbtyp und Anlass passen.
- Grundieren Sie die Nägel.
- Lassen Sie jede Schicht trocknen, wenn die Farben nicht verlaufen sollen.
- Arbeiten Sie nass in nass, wenn die Farben verlaufen sollen.
- Drücken Sie Schmuckelemente in den noch feuchten Lack.
- Überziehen Sie das fertige Nageldesign zum Schutz mit einem Überlack.

Nagelmodellage

In den letzten Jahren wurden immer neue Technologien entwickelt, um Fingernägel künstlich zu verlängern und zu verschönern. Eine maßgefertigte Nagelmodellage – mit individuell angepassten Nägeln – wirkt absolut natürlich.

Nagelmodellage wird grundsätzlich nur bei gesunden Nägeln vorgenommen. Nagelveränderungen, z. B. durch Pilzerkrankungen, müssen ärztlich behandelt werden. Bestimmte Nagelanomalien, z. B. Rillen auf der Nagelplatte oder Weißfärbung, können durch Nagelmodellage verdeckt werden, wenn die Ursache zuvor ärztlicherseits geklärt wurde.

→ vgl. Lernfeld 10, S. 376 f.

Jugendliche unter 18 Jahren brauchen die Zustimmung eines Erziehungsberechtigten, um sich Kunstnägel setzen zu lassen.

→ vgl. Lernfeld 10, S. 391

Arbeitstechniken

Das **Lichthärtungssystem („Gel")** kann bei allen Nägeln angewendet werden, egal ob splitternd, dünn, weich oder normal.

Die **Zweikomponenten-Methode („Acryl")** eignet sich ebenfalls für alle Nägel, so z. B. auch zur Stabilisierung von brüchigen, weichen und spröden Nägeln, zum Ausbessern von eingerissenen Nägeln sowie z. B. für abgekaute Nägel.
Das **Wrap-Coat-System („Gewebe und Gel")** eignet sich zum Verstärken der eigenen Nägel, zum Reparieren von eingerissenen oder abgebrochenen Nägeln sowie für Kundinnen, die nicht an Kunstnägel gewöhnt sind. Für ältere Kundinnen und für Herren kann dieses System empfohlen werden, denn mit dieser Technik wirken die Nägel sehr natürlich.

Arbeitsplanung

- Vor und nach jeder Behandlung waschen sich Nagelmodellistin und Kundin ihre Hände mit einer antibakteriellen Lotion. Die Nägel der Kundin werden desinfiziert.
- Eventuell vorhandener Nagellack und Nagelhaut werden entfernt, die Naturnägel gekürzt und in Form gefeilt.
- Die Nagelplatte wird mit einer weichen Feile oder einem Buffer mattiert (angeraut) und von Staub befreit.
- Je nach Methode wird nun die Schicht aufgebracht, die den Nagel künstlich verlängern oder verstärken soll:
  - ein Tip (Kunststoffspitze), der anschließend mit Kunststoffmasse überzogen und bei Licht ausgehärtet wird (Gel)
  - ein Kunststoffgemisch, das auf dem Nagel in Form modelliert wird (Acryl)
  - ein Gewebe, das aufgelegt und in die Gelschicht eingearbeitet wird (Wrap-Coat-System)
- Danach werden Unebenheiten und Formfehler mit einer feinen Feile überarbeitet.
- Etwas Nagelöl vor dem Polieren gibt den Nägeln ein perfektes Aussehen.

Buffer

➜ vgl. Lernfeld 10, S. 391

Zeitplanung

Zeitplan für Nageldesign und Nagelmodellage

Arbeitsschritt	Ungefährer Zeitbedarf
Maniküre (wird häufig vor dem Nageldesign durchgeführt)	25 Minuten
Nagelmodellage neu	120 Minuten
Nagelmodellage auffüllen	90 Minuten
Nageldesign (je nach Aufwand)	20 – 30 Minuten

Kostenplanung

Die Erstbehandlung („Neuanlage") ist häufig relativ günstig, obwohl sie arbeits- und zeitaufwendig ist. Da eine Nagelmodellage mit dem Nagel herauswächst, ist eine Auffüllbehandlung nach vier bis sechs Wochen notwendig, die dann höher kalkuliert ist. Weisen Sie die Kundin auf die Folgekosten hin.

Aufgabe

Eine Kundin wünscht sich passend zu ihrem violetten Ballkleid ein Nageldesign. Entwerfen Sie drei Vorschläge für die Kundin.

1.4.4 Haarersatz

➜ *vgl. Lernfeld 4, S. 162*

Langes und volles Haar ist heute bei fast allen Kundinnen technisch machbar. Eine Person mit kurzem oder feinem Haar kann durch Einsetzen von Echt- oder Kunsthaar innerhalb weniger Stunden eine Traummähne erhalten. Inzwischen werden Haarverlängerungen und -verdichtungen von vielen Firmen angeboten.

Bevor Sie eine Haarverdichtung oder -verlängerung empfehlen, prüfen Sie, ob die Kundinnen die notwendigen **Voraussetzungen** erfüllen:

- Gesundes, normales Haar sollte mindestens 10 cm, feines Haar mindestens 15 cm lang sein.
- Sind die Haare oder die Kopfhaut sehr empfindlich, dürfen keine Strähnen eingesetzt werden. Besonders beim Schlafen merkt man die Verbindungsstellen. Bei empfindlichen Menschen kann das zusätzliche Gewicht der Strähnen zu Kopfschmerzen führen.
- Die Bereitschaft zu viel Pflege und regelmäßigen Friseurbesuchen muss vorhanden sein, um die Haare gepflegt zu erhalten.

Arbeitstechniken

Kundenwunsch	**Dauerhaft mehr Volumen und/oder Haarlänge,** was nicht unbedingt erkennbar, sondern natürlich und alltagstauglich sein soll.		**Modische Akzente,** die sichtbar aber nicht dauerhaft haltbar sein müssen.	
Beispiel	Haarverlängerung  	Haarverdichtung  	Farbsträhnen  	Längere Strähnen  
Material	verwendet wird meist **Echthaar**		verwendet wird meist **Synthetikhaar/Kunsthaar**	
Vor- und Nachteile	• teuer • meist aufwendig bearbeitetes indisches Haar, europäisches Haar ist kaum auf dem Markt • vermischt sich gut mit dem eigenen Haar • geeignet für natürliche Effekte • lässt sich wiederverwenden		• günstig, auch bei langen Strähnen • wenig Eigengewicht • splisst nicht • Farben waschen nicht aus • stabil in Chlor- und Salzwasser • schnelle Anbringung • teurere Kunsthaarsträhnen (aus Prolin) vermischen sich gut mit dem eigenen Haar	
Umfang	Strähnen werden dort angesetzt, wo das Haar verlängert oder verdichtet werden soll; meist am ganzen Kopf.		Strähnen werden dort angesetzt, wo die Frisur betont werden soll; meist nur in begrenzten Bereichen.	

Tipps zur Pflege von Haarersatz:

- Keine silikon-, alkohol- oder ölhaltigen Präparate verwenden, sonst können die Verbindungsstellen gelöst werden.
- Viele Firmen bieten Spezialpflegepräparate für Verlängerungen an. Bei unsachgemäßer Pflege gibt es keine Garantie auf Strähnen oder Verbindungsstellen.
- Bieten Sie den Kundinnen spezielle Bürsten an, mit denen die Haare gründlich zu bürsten sind, damit sie nicht verfilzen.

Arbeitsplanung

Die meisten Arbeitsschritte sind bei allen Haarverlängerungsmethoden ähnlich:

- Führen Sie immer eine sehr ausführliche Beratung von bis zu 60 Minuten durch, um spätere Reklamationen zu vermeiden.
- Legen Sie alle Werkzeuge und Materialien vorher bereit.
- Teilen Sie sauber ab, damit ein gleichmäßiger Zug auf die Haarwurzeln entsteht.
- Das abgeteilte Eigenhaar sollte immer so dick wie die einzusetzende Strähne sein.
- Lassen Sie an den Konturen rund um den Kopf 2,5 cm frei, damit die Bondings nicht zu sehen sind.
- Setzen Sie keine Strähnen tief im Nacken an, da die Haare dort schnell verfilzen.
- Setzen Sie die Extensions immer in Fallrichtung des Haares ein, damit sie später nicht abstehen oder abbrechen.
- Setzen Sie die Extensions im Abstand von 1 – 1,5 cm zur Kopfhaut an, sonst wird der Ansatz zu straff.
- Nehmen Sie sich viel Zeit, um die angesetzten Haare einzuschneiden, also durch das Schaffen von Übergängen eine harmonische Frisur zu gestalten.

Einarbeitung von Extensions

Zeitplan für die Einarbeitung von Haarersatz

Arbeitsschritt	Ungefährer Zeitbedarf
ausführliche Beratung	60 Minuten
Einsetzen der Haarteile (je nach Menge und Größe):	
• Einzelsträhne anbringen (ca. 150 – 300 Strähnen pro Kopf)	1 – 2 Minuten
• eine Tresse einkleben (ca. 20 Stück pro Kopf)	3 Minuten
Einschneiden der Haarteile	20 – 30 Minuten
Frisieren	10 Minuten

Kostenplanung

Neben den Kosten für Anschaffung und Einsetzen der Strähnen entstehen für die Kundin Folgekosten durch einen regelmäßig durchzuführenden Säuberungsschnitt. Dabei werden die ausgefallenen Naturhaare um die Bondingstellen herum gegen ein Verfilzen alle vier bis acht Wochen abgeschnitten. Außerdem müssen die Extensions nach drei bis fünf Monaten hochgesetzt, d. h. herausgenommen und näher am Ansatz neu angebracht werden. Echthaarsträhnen halten etwa zwei Jahre.

→ vgl. Lernfeld 5, S. 199

Aufgabe

Können Sie jeder Kundin eine Haarverlängerung empfehlen? Begründen Sie.

1.4.5 Coloration

➜ *vgl. Lernfeld 9, S. 340 ff.*

Der Begriff Coloration bezeichnet alle farbverändernden Dienstleistungen, die Sie bereits kennengelernt haben. Bei Frisuren zu besonderen Anlässen oder zur Typveränderung können Sie mit speziellen Colorationstechniken starke Effekte und Veränderungen erzielen. Um die Kundinnen hier richtig beraten zu können, sollten Sie daher wichtige Techniken und ihre Einsatzmöglichkeiten kennen.

Arbeitstechniken

Technik „Farbauswahl und -anordnung"	Technik „Flächeneinteilung"	Abteilungstechnik	Auftragetechnik
• Auffällige Wirkung: Kontrastreiche Farben liegen direkt nebeneinander. • Unauffällige Wirkung: Harmonische Farben liegen nebeneinander. ➜ *vgl. S. 336*	• Große Abteilungen in einer Farbe eingefärbt wirken stark und massiv. • Schmale und kleine Abteilungen ergeben kleinere und unauffällige Effekte. ➜ *vgl. S. 337*	• Waagerechte oder diagonale Abteilungen führen zu weichen Übergängen. • Zickzackabteilungen, z. B. bei der Sternform, lassen Farben an den Grenzen zwischen zwei Farbbereichen weicher ineinanderfallen. • Senkrechte Abteilungen lassen deutliche Strähneneffekte zu.	• Painting: Ein besonders natürliches, weich ineinander verlaufendes Farbergebnis wird durch Farbübergang innerhalb einer Haarsträhne erreicht. ➜ *vgl. S. 342* • In Folien oder sogar großflächig aufgetragene Farben sind vom restlichen Haar deutlich abgegrenzt.

Bildbeispiel: harmonische Farbwahl, leichte Hell-dunkel-Kontraste	Bildbeispiel: helle, kleine Fläche im Vorderkopfbereich dreieckig abgeteilt; große, dunklere Fläche im Hinterkopf- und Seitenbereich	Bildbeispiel: breite, sternförmige Abteilung, die vom Wirbel ausgeht; helle und dunkle Farben, die ineinander verlaufen und keine harten Kanten bilden	Bildbeispiel: in Längen und Vorderkopfpartie hellere Haare; natürlich wirkendes Ergebnis, da das Haar in diesen Bereichen auch durch die Sonne zuerst aufgehellt wird

Arbeitsplanung

➜ *vgl. Lernfeld 9, S. 338 ff.*

Spezielle Colorationstechniken sind von Fall zu Fall verschieden. Achten Sie bei der Planung auf eine sinnvolle Reihenfolge der Arbeitsschritte. Beachten Sie dabei:

- Teilen Sie die gesamte Kopfhautfläche ein und stecken Sie die später zu behandelnden Partien gut fest.

- Beginnen Sie mit dem Farbauftrag dort, wo die längste Einwirkzeit erforderlich ist und die größte Farbveränderung gewünscht wird. Weichen Sie von dieser Regel nur ab, wenn Sie sonst nicht alle Bereiche des Haares erreichen.
- Soll überwiegend in einer Grundfarbe gefärbt werden, sollten Sie die kleineren, anders zu färbenden Abteilungen zuerst einfärben und gut einwickeln. Diese Bereiche lassen sich später, nachdem das restliche Haar eingestrichen ist, kaum noch sauber mit einer anderen Farbe behandeln.
- Lassen Sie beim Ausspülen die Farben nicht ineinander verlaufen. Manche Farbstoffe haften schnell und dauerhaft da, wo sie es nicht sollen.

Zeitplan für Coloration

Arbeitsschritt	Ungefährer Zeitbedarf
mehrere Präparate nach Rezeptur anmischen	5 Minuten
Haarfläche einteilen, sauber abteilen, die erst später zu färbenden Bereiche feststecken	5 Minuten
Farbauftrag – je nach Anzahl der Farben und der Abteilungen; länger bei ungünstiger Ausgangshaarfarbe	20 – 40 Minuten
Einwirkzeit der am längsten wirkenden Farbe	30 – 45 Minuten
beim Ausspülen auf saubere Trennung der Farben achten, um unerwünschte Farbmischungen zu vermeiden	10 Minuten
absäuern und pflegen	5 – 15 Minuten

Kostenplanung

Die Kosten für spezielle Colorationstechniken sind etwas höher als bei anderen farbverändernden Behandlungen: erhöhter Materialeinsatz (mehrere Färbepräparate, mehr Folie), erhöhte Lohnkosten (verlängerte Auftragezeiten, verlängertes Abspülen).

Aufgaben

1. Suchen Sie zu jeder der vier Arbeitstechniken zwei Beispiele aus Frisurenzeitschriften heraus. Notieren Sie jeweils, welche Farben verwendet und wie sie angeordnet wurden. Beschreiben Sie die Einteilung der Flächen und der Abteilungen. Werden bestimmte Frisurenmerkmale hervorgehoben? Stellen Sie die Beispiele und Beschreibungen so zusammen, dass sie als Anschauungsmaterial für Kundengespräche einzusetzen sind.

2. Eine Kundin mit schulterlangem Haar wünscht einen stark angestuften Bob. Sie möchte ihr ungefärbtes Haar oxidativ in Schokobraun einfärben lassen, der Ponybereich soll zusätzlich einige rötliche Strähnen erhalten.
   a) **Arbeitsplanung:** In welchen Arbeitsschritten führen Sie die Behandlung durch? Erstellen Sie eine sinnvolle Reihenfolge.
   b) **Zeitplanung:** Wie lange wird die Behandlung etwa dauern? Geben Sie zu jedem Arbeitsschritt eine geschätzte Arbeitsdauer an.
   c) **Kostenplanung:** Welche Materialien werden bei der Behandlung verbraucht? Berechnen Sie den Materialverbrauch, wenn eine Tube Farbcreme 5,45 €, ein Liter H_2O_2 11,92 € im Einkauf kostet.

2 Planen

Immer wenn mehrere Dienstleistungen an einer Kundin zu erbringen sind, sollten Sie gründlich planen und folgende **Fragen** für sich beantworten:
- Welche Dienstleistungen kann ich zu diesem Kundenwunsch anbieten?
- In welcher Reihenfolge kann ich die Dienstleistungen am besten durchführen?
- Wie lange wird die Behandlung dauern?
- Wie hoch sind die Kosten für die gesamten Dienstleistungen?

2.1 Auswahl der Dienstleistungen

Nachdem Sie den Kundenwunsch erfahren haben, überlegen Sie, welche Dienstleistungen angeboten werden können:
- Für **Typveränderungen** können alle Dienstleistungen angeboten werden. Je umfassender die Veränderung, die die Kundin wünscht, desto mehr Dienstleistungen kommen infrage. Haarschnitt und farbliche Haarveränderungen sollten Sie bei diesen Kundinnen immer anbieten, neue Make-up-Farben können Sie passend zur neuen Haarfarbe empfehlen.
- Bei **anlassbezogenen Veränderungen** können ebenfalls alle Dienstleistungen angeboten werden. Für eine Hochzeit werden z. B. ein passendes Nageldesign und ein dekoratives Make-up gestaltet. Für farbliche Haarveränderungen ist vielleicht keine Zeit eingeplant; eine Hochsteckfrisur oder eine andere zum Typ passende Frisurenform sollte aber unbedingt erstellt werden.
  Nachdem Sie sich über die Kleidung und den Stil der Kundin gründlich informiert haben, entwerfen Sie ein Gestaltungskonzept für diese Kundin. Frisurenform, Make-up und Nageldesign müssen in Stil und Farben zusammenpassen, um eine harmonische Einheit zu bilden. Bei einer Braut wird z. B. häufig alles in Weiß und Gold gestaltet.

Anlassbezogene Veränderung

2.2 Reihenfolge der Dienstleistungen

Nachdem Sie alle Dienstleistungen ausgewählt haben, die zur Erfüllung des Kundenwunsches nötig sind, bringen Sie diese in eine sinnvolle Reihenfolge:
- Maßnahmen der **pflegenden Kosmetik** führen Sie vor oder nach einer Haarwäsche durch. Das **Make-up** wird auf jeden Fall nach der Haarwäsche und je nach Frisurenwunsch vor oder nach dem Frisieren erstellt.
- Für die Gestaltung von **Langhaarfrisuren** wird das Haar fast immer vorher gewaschen und auf Volumenwicklern eingelegt. Nach dem Hochstecken lassen sich nur noch Nägel oder Gesicht dekorativ behandeln.
- **Nagelmodellage** erfolgt meist unabhängig von anderen geplanten Dienstleistungen.
- **Nageldesign** können Sie auch zwischen anderen Behandlungen einplanen.
- Bei einer **Haarverlängerung** oder **-verdichtung** sollten Sie das Haar erst hinterher schneiden, trocknen und frisieren. Kleinere Haarteile, die als Blickfang und Volumengeber in Frisuren eingearbeitet werden, können Sie auch nach dem Trocknen beim Frisieren einsetzen.
- **Colorationen** werden meist vor dem Schneiden im trockenen Haar aufgetragen. Sollen jedoch die Haarlänge stark verändert oder bestimmte Frisurenteile farblich hervorgehoben werden, erfolgt der Haarschnitt vor der Coloration.

2.3 Zeitplanung

Terminplanung

Eine effektive Zeitplanung ist bei Ihrer täglichen Arbeit wichtig, besonders aber bei der Kombination mehrerer Dienstleistungen. Je effektiver Sie arbeiten, umso mehr schaffen Sie an einem Arbeitstag. Hierbei sollten Sie es aber nicht übertreiben; schließlich wollen Sie Ihren Kundinnen ja nicht das Gefühl geben, dass Sie versuchen, sie so schnell wie möglich wieder loszuwerden. Andererseits wünschen Kundinnen auch keine langen Wartezeiten zwischen den Behandlungen.

Langfristige Zeitplanung

Planen Sie die Dienstleistungen zum besonderen Anlass langfristiger. Raten Sie der Kundin, bereits einige Wochen früher **zur Probe** zum Hochstecken, Frisieren oder auch für ein dekoratives Make-up zu kommen. Sie könnten dann auch zusätzliche Hautpflege als Vorbereitung auf den besonderen Tag anbieten sowie Augenbrauen und Wimpern färben.
Sollen die Haare dauerhaft umgeformt und farblich verändert werden, führen Sie zunächst die Haarumformung und ein bis zwei Wochen später die farbliche Haarveränderung durch. Auch Haarverlängerungen oder -verdichtungen sollten unbedingt einige Tage vorher erfolgen. Gel- oder Acrylnägel sollten zu Beginn des Besuchs gestaltet werden; besser wäre ein Extratermin.

➜ *vgl. S. 496*

Zeitplanung im Salon

Beachten Sie bei der Zeitplanung die Dauer der einzelnen Behandlungsschritte. Sollte die Kundin bereits vorab zum Frisieren oder zum Make-up auf Probe gekommen sein, notieren Sie sich die Bedienungszeiten.

Beispiele für durchschnittliche Bedienungszeiten

Dienstleistung	Durchschnittlicher Zeitbedarf
Beratungsgespräch	5–15 Minuten
Haarwäsche	5 Minuten
Coloration	30–90 Minuten
Haarpflege	10 Minuten
Haarschnitt	25 Minuten
Föhnfrisur	30 Minuten
Wasserwelle auf Volumenwicklern (ohne Trockenzeit)	30 Minuten
dauerhafte Haarumformung	50–120 Minuten
Hochstecken	25 Minuten
Haarersatz	10–320 Minuten
Styling / Finish	10 Minuten
dekorative Gestaltung des Gesichts (Tages-Make-up)	20 Minuten
Maniküre	25 Minuten
Nageldesign	25 Minuten
Gel- oder Acrylnägel Neuanlage	120 Minuten
Gel- oder Acrylnägel auffüllen	90 Minuten

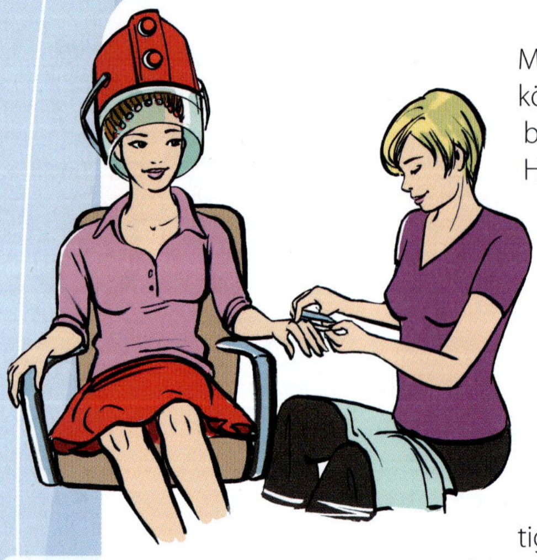

Nutzung der Wartezeit

Maniküre, Nageldesign oder das dekorative Gestalten des Gesichts können Sie in **Wartezeiten** einschieben. Das können die Einwirkzeit bei der Farbveränderung des Haares oder die Trocknungszeit der Haare auf Volumenwicklern sein.

Aufwendigere Techniken sollten Sie aber nach dem Trocknen und vor dem Styling durchführen. Sie können auch Teile der Frisur föhnen und andere Bereiche, die ins Gesicht frisiert werden, nach dem dekorativen Make-up gestalten.

Die dekorative Gestaltung des Gesichts und der Nägel sowie die Frisurenerstellung dürfen erst **unmittelbar vor dem Anlass** durchgeführt werden.

Verkaufsgespräche sollten Sie während der entsprechenden Tätigkeit führen, also z.B. Präparate zur Festigung der Frisur erst beim Frisurenfinish ansprechen.

Planen Sie besonders bei der anlassbezogenen Veränderung der Kundin, etwa einer Braut- oder Jubiläumsfrisur, ausreichend Zeit ein. Dieser Friseurbesuch wird immer in Erinnerung bleiben und Teil vieler Gespräche sein. Sie sorgen also für **positive Werbung**, wenn Sie die Kundin an ihrem besonderen Tag auch besonders zuvorkommend bedienen.

Praxistipp

Planen Sie ggf. das Anlegen der Kleidung ein, falls die Kundin dies nicht zu Hause erledigt.

Besonderheiten in der Zeitplanung

Wechselwirkung oxidativer und reduktiver Behandlungsverfahren

Bestimmte Arbeitsschritte lassen sich nicht miteinander kombinieren und müssen an unterschiedlichen Tagen durchgeführt werden. So bietet es sich nicht an, die Haare am selben Tag oxidativ zu färben und dauerhaft umzuformen. Ganz abgesehen von der langen Behandlungszeit für die Kundin würden die beiden Behandlungen sich gegenseitig beeinflussen. Erinnern Sie sich:

→ *vgl. Lernfeld 9, S. 332*
→ *vgl. Lernfeld 7, S. 250 ff.*

- Eine Färbung ist ein oxidativer Vorgang.
- Bei einer dauerhaften Umformung werden die Schwefelbrücken durch Reduktion getrennt.

Eine direkt nach einer Farbbehandlung durchgeführte dauerhafte Umformung würde die frisch oxidierten Farbstoffe reduzieren, sie also zerstören. Das Farbergebnis würde deutlich abgeschwächt, vielleicht sogar völlig zerstört. Es gilt der Grundsatz: **Je frischer die Farbe, desto mehr Farbstoffe werden wieder reduziert.**

Wenn zuerst eine Langzeitumformung durchgeführt wurde, ist das Haar anschließend stark strapaziert. Eine weitere chemische Behandlung, wie eine oxidative Färbung, würde das Haar zusätzlich stark belasten. Das kann dazu führen, dass die Sprungkraft der Welle stark nachlässt. Im schlimmsten Fall entstehen jedoch irreparable Haarschäden, die nur durch einen Schnitt wieder ausgeglichen werden können.

Aufgabe

Führen Sie einen Versuch mit drei identischen Haarsträhnen durch:

a) Färben Sie alle drei Haarsträhnen mindestens zwei Nuancen dunkler als die Ausgangshaarfarbe.
b) Führen Sie bei der ersten Strähne direkt im Anschluss eine dauerhafte Umformung durch.
c) Führen Sie bei der zweiten Strähne eine dauerhafte Umformung nach zwei Tagen durch.
d) Führen Sie bei der dritten Strähne eine dauerhafte Umformung nach einer Woche durch.
e) Vergleichen Sie die Well- und Farbergebnisse.

Beispiele für Arbeitspläne bei komplexen Friseurdienstleistungen

Gewünschte Dienstleistung / **Wann?**	Typveränderung mit Volumenwelle und Farbveränderung	Dauer in Min.	Abtanzball mit Hochsteckfrisur und Make-up	Dauer in Min.
Erster Salonbesuch	• Beratungsgespräch • Volumenwelle (Teildauerwelle) • Haarpflege • Haarschnitt • Föhnfrisur	10 90 10 25 30	• Beratungsgespräch • Haarschnitt • Einlegen auf Volumenwicklern • Probe der Hochsteckfrisur • Probe des Make-ups	10 25 75 25 25
Gesamtdauer		**165**		**160**
Zweiter Salonbesuch = Tag des besonderen Anlasses	• blondierte Strähnen nur am Vorderkopf • Maniküre mit Lackauftrag während der Einwirkzeit • Tages-Make-up • Föhnfrisur	60 – 20 30	• Einlegen auf Volumenwicklern (inkl. Trockenzeit) • Lackauftrag und Nageldesign während der Trocknungszeit • Hochstecken • Anbringen von Haarersatz (3 abnehmbare Strähnen) • Make-up	75 – 25 10 25
Gesamtdauer		**110**		**135**

2.4 Kostenplanung

Grundsätzlich sind die Preise für bestimmte Dienstleistungen bereits festgelegt. Eine aktuelle Preisliste muss im Salon ausgehängt sein, damit die Kundinnen sich vor einer Behandlung über die Kosten informieren können.

Preisliste (Beispiel)

Damen (inkl. Stylingpräparate)

Waschen, Schneiden, Föhnen/Einlegen		30,00 €
Waschen, Schneiden, Föhnen/Einlegen lang		35,00 €
Waschen, Schneiden, Selberföhnen		25,00 €
Föhnen/Einlegen		15,50 €
Föhnen/Einlegen lang		19,00 €
Trockenschnitt		20,00 €

Hochstecken (inkl. Haarnadeln)

Hochstecken einfach		20,00 €
Hochstecken aufwendig		25,00 €
Hochstecken mit Föhnen/Einlegen		35,00 €
Brautfrisur inkl. Schleierstecken		50,00 €

Pflege

Haarkur		3,00 €
Intensiv Haarkur		6,00 €

Herren (inkl. Stylingpräparate)

Waschen, Schneiden, Föhnen		21,00 €
Trockenschnitt		18,00 €
Tönung	ab	20,00 €
Strähnen	ab	14,00 €
Bart stutzen	ab	6,50 €
Musterrasur (Bart-Tattoo)	ab	5,00 €

Kinder

Trockenschnitt bis 12 J.		9,00 €
Trockenschnitt bis 15 J.		12,50 €
Waschen, Schneiden, Föhnen bis 12 J.		13,50 €
Waschen, Schneiden, Föhnen bis 15 J.		17,00 €

Coloration

Ansatzfärbung		22,00 €
Ganzfärbung kurz	ab	25,00 €
Ganzfärbung lang	ab	30,00 €
Tönung kurz	ab	20,00 €
Tönung lang	ab	24,00 €

Strähnen

Foliensträhnen Ansatz		33,00 €
Foliensträhnen mehrfarbig	ab	36,00 €
Foliensträhnen mehrfarbig lang	ab	40,00 €
Kammsträhnen	ab	14,00 €
Oberkopfsträhnen		20,00 €

Dauerwelle

Dauerwelle		39,50 €
Dauerwelle lang	ab	44,00 €
Oberkopfwelle	ab	20,00 €
Volumenwelle		24,50 €
Volumenwelle lang	ab	29,50 €

Kosmetik

Augenbrauen färben		4,00 €
Wimpern färben		6,50 €
Augenbrauen und Wimpern		9,50 €
Zupfen		4,00 €
Wimpernwelle		20,00 €
Make-up		15,50 €

Manche Kosten lassen sich jedoch nicht so ohne Weiteres bestimmen, sondern sind abhängig von der Art der Behandlung, den eingesetzten Materialien und der dafür benötigten Arbeitszeit.

➜ *vgl. Lernfeld 11, S. 437*
➜ *vgl. Lernfeld 6, S. 237 und Lernfeld 7, S. 277*
➜ *vgl. Lernfeld 8, S. 321*

Um der Kundin einen Gesamtpreis für alle Behandlungen nennen zu können, müssen Sie unterschiedliche Kalkulationsschemata anwenden können. Für das Material können Sie den **Bruttoverkaufspreis** kalkulieren, anhand der Arbeitszeit auch den **Bruttobedienungspreis**. Beides zusammen ergibt den Preis für die gesamte Dienstleistung.

Aufgaben

1. Informieren Sie sich in Katalogen oder im Internet über mögliche Materialpreise der auf S. 497 aufgeführten Dienstleistungen.
2. Berechnen Sie die jeweiligen Lohnkosten bei einem Stundenlohn von 9,20 €.
3. Berechnen Sie den jeweiligen Bruttobedienungspreis bei einem Minutenkostensatz von 0,48 €. Es kommen 37 % Gewinn und 19 % Mehrwertsteuer dazu.

2.5 Arbeits- und Zeitplanung für die Prüfung

Im zweiten Teil der gestreckten Gesellenprüfung wird neben den „klassischen Friseurdienstleistungen" wie Schneiden, Färben, Styling und Make-up auch die **Simulation eines Kundenberatungsgesprächs** gefordert.
Das Besondere an der gestreckten Gesellenprüfung ist vor allem, dass Sie als Prüfling über den Ablauf der Prüfung bestimmen. Von der Prüfungskommission wird Ihnen lediglich vorgegeben, wie viel Zeit Sie insgesamt haben. So stehen Ihnen für das „Ausführen einer umfangreichen modischen Friseurarbeit an der Dame zu einem besonderen Anlass mit einem darauf abgestimmten Make-up", ein zehnminütiges Beratungsgespräch zu den Kundenwünschen, eine „moderne Friseurarbeit am Herrn" und für Ihr gewähltes Modul insgesamt 315 Minuten zur Verfügung.
Um diesen Anforderungen gerecht zu werden, ist es notwendig, dass Sie einen detaillierten Arbeits- und Zeitplan erstellen, den Sie auch der Prüfungskommission vorlegen.

Selbstverständlich müssen Sie auch in Ihrem alltäglichen Arbeitsablauf solche Pläne erstellen. Hier können Sie sich jedoch in den meisten Fällen an den vom Salon vorgegebenen Zeiten orientieren und auf Ihre persönliche Einschätzung bestimmter Arbeitsabläufe zurückgreifen.
Bei der Planung Ihres Arbeitsablaufs müssen Sie sich zum einen klar sein über die **Techniken**, die Sie anwenden wollen, und über die Zeit, die diese Techniken in Anspruch nehmen. Planen Sie zusätzlich Zeit ein, in der Sie sich Ihre **Arbeitsmaterialien** zurechtlegen. Auch **Einwirk- und Trocknungszeiten** müssen Sie berücksichtigen; diese Zeiträume können Sie jedoch sinnvoll für andere Tätigkeiten nutzen.

In der Prüfung werden Ihnen **Zeitrichtwerte** vorgegeben, an denen Sie sich orientieren können, aber nicht müssen:

• Beratungsgespräch	10 Minuten
• modischer Damenhaarschnitt	50 Minuten
• Haarfarbe	60 Minuten
• Styling	30 Minuten
• Make-up zum Anlass	30 Minuten
• modische Friseurarbeit am Herrn	45 Minuten
• Wahlmodul	90 Minuten
	gesamt: 315 Minuten

Bestimmte Teile der Prüfung lassen sich nicht voneinander trennen. So werden das Beratungsgespräch, der Damenhaarschnitt, die oxidative Farbveränderung, das Styling und das anlassbezogene Make-up an demselben Modell durchgeführt. Herrenhaarschnitt und Wahlmodul werden an zwei weiteren Modellen gestaltet.
Somit können Sie Ihre praktische Gesellenprüfung in **drei unabhängige Prüfungsteile** gliedern.

Herrenhaarschnitt

Modische Friseurarbeit am Herrn

Bei der Planung des Herrenhaarschnitts müssen Sie sichergehen, dass Sie alle notwendigen Materialien vorbereitet haben und Ihre individuell benötigte Zeit gut einschätzen können. Daraus ergibt sich Ihr Zeitplan.

Modische Friseurarbeit an der Dame

Anders sieht es bei der Planung Ihres Damenmodells aus. Hierbei stellt sich zunächst die Frage, mit welchem der geforderten Punkte Sie anfangen möchten. Je nach Arbeitstechnik ist es entweder sinnvoll, die Haare zunächst zu schneiden und anschließend oxidativ zu färben oder zu tönen oder aber die genannten Arbeitsschritte in umgekehrter Reihenfolge anzugehen:

Fall 1: Oxidative Tönung (Intensivtönung) – sie wird, nach Herstellerangaben, häufig ins saubere, handtuchfeuchte Haar aufgetragen. Das bedeutet, dass die Haare zuvor gewaschen werden müssen. In diesem Fall bietet es sich an, die Haare zu waschen und erst zu schneiden, um anschließend in die handtuchtrockenen Haare (eventuell noch einmal mit der Sprühflasche nachfeuchten) die oxidative Tönung aufzutragen. Das spart – je nach Schnitt – Farbcreme und schont somit die Umwelt.

Fall 2: Oxidative Färbung – sie wird im Normalfall auf die trockenen Haare aufgetragen. Anschließend werden die Haare ausgespült und gewaschen. In diesem Fall ist es sinnvoller, zunächst die Farbbehandlung durchzuführen. Sie sparen sich so einen Arbeitsschritt: das Trocknen nach dem Schnitt. Das spart Energie und schont die Umwelt.

Die Zeitplanung hängt hierbei von Ihrer Technik und von Ihrer persönlichen Geschwindigkeit ab.

Arbeit am Damenmodell

Nach Färbung und Schnitt können Sie zunächst das **Styling** der Frisur angehen und abschließend das **Make-up** erstellen. Auch hier sollten Sie sich über den Ablauf im Klaren sein: Wenn Sie ein Styling planen, bei dem die Pony- oder Seitenpartie ins Gesicht hinein frisiert wird, ist es nicht sinnvoll, das Styling vor dem Make-up komplett zu vollenden. Sie würden sich sonst beim Schminken die Frisur wieder zerstören. In diesem Fall bietet es sich an, die Frisur komplett zu trocknen; Hinter- und Oberkopf können bereits ausfrisiert werden. Planen Sie eine Unterbrechung für das Make-up ein und gestalten Sie anschließend die Vorderkopfpartie.
Falls Sie die Haare einlegen, haben Sie während der Trocknungszeit die Möglichkeit, das Make-up zu gestalten.

Das **Beratungsgespräch** lässt sich günstig in die Einwirkzeit der oxidativen Farbbehandlung oder in eine mögliche Trocknungszeit legen. In dieser Zeit können Sie sowieso nicht an Ihrem Modell weiterarbeiten und verlieren so möglichst wenig Prüfungszeit.

Grundsätzlich gilt für alle Arbeiten: **Proben Sie den Ablauf** mindestens einmal vorher und stoppen Sie die benötigte Zeit. So können Sie einen möglichst genauen Ablaufplan erstellen, der Sie nicht zwischendurch in Zeitnot bringt. Zudem sind Sie bei der Durchführung sicherer, wenn Sie die Arbeitsschritte vorher schon einmal durchgeführt haben.

Aufgaben

1. Führen Sie anhand Ihrer Prüfungsvorbereitung für Ihr Damenmodell eine Dienstleistungskalkulation durch. Gehen Sie dabei von der durchschnittlichen Arbeitszeit aus.
   Der Minutenkostensatz beträgt 0,58 €. Hinzu kommen
   Gewinn: 35 %
   Mehrwertsteuer: 19 %
2. Informieren Sie sich über die eingesetzten Warenwerte.
3. Was würde Ihr Modell für die Behandlung bezahlen?
4. Welche weiteren Kosten können auftreten, wenn Sie für Ihre Kundin
   - ein Fotoshooting buchen wollen,
   - Extensions verwenden,
   - einen Termin außer Haus wahrnehmen?

   Informieren Sie sich auch hierzu über die gängigen Preise in Ihrem Ausbildungsbetrieb oder in kooperierenden Betrieben.

3 Entscheiden

Wünscht Ihre Kundin eine Typveränderung oder eine anlassbezogene Veränderung, sollten Sie sich sehr viel Zeit für die Beratung und die **Entscheidungsfindung** nehmen. Manche Salons berechnen daher die Kosten für die Beratung gesondert, andere kalkulieren sie bei den übrigen Dienstleistungen mit ein.

Eine neue Haarfarbe, ein neuer Haarschnitt, zusammen mit einem Nageldesign und einem dekorativen Make-up führen zu einer sehr auffälligen Veränderung des gesamten Erscheinungsbilds der Kundin. Um nach der langen Behandlung und den vielen Veränderungen eine wirklich zufriedene Kundin zu haben, müssen Sie Ihre Ideen zuvor ausführlich darstellen und sich das **Einverständnis** der Kundin **sichern**.

Beschreiben Sie das gesamte Konzept, besprechen Sie dann aber auch jede Dienstleistung noch einmal für sich und vermischen Sie die Informationen nicht. Die Kundin muss jede einzelne Dienstleistung verstehen und ihr zustimmen.

Beraten Sie die Kundin im Hinblick auf die Auswahl der Dienstleistungen. Legen Sie dar, welche Dienstleistungen sich in ihrer Wirkung ergänzen, und machen Sie deutlich, welche Dienstleistungen Sie nicht gleichzeitig anbieten können.

Stellen Sie Ihr Konzept **anschaulich und verständlich** vor. Eine Kundin, die komplett verändert oder auf einen besonderen Anlass vorbereitet werden möchte, ist oft unsicher. Sie hat meist keine Erfahrungen mit Frisuren, die nicht zu ihrem bisherigen Typ passen, oder mit festlichen Hochsteckfrisuren.

Veränderung des Erscheinungsbildes

Veranschaulichung anhand von Bildern

Veranschaulichung am Kopf der Kundin

Legen Sie geeignetes Anschauungsmaterial bereit, um der Kundin durch Bilder eine genaue Vorstellung Ihrer Vorschläge zu ermöglichen. Zeigen Sie der Kundin wenn möglich am eigenen Kopf, wie die Frisur wirkt und wo das Volumen entsteht.

Erleichtern Sie der Kundin die Entscheidung, indem Sie sie auch über die **Reihenfolge der Arbeitsschritte**, die **Zeitplanung** und die zu erwartenden **Kosten** informieren. Nur so können Sie sicherstellen, dass die Kundin gerade bei einem längeren Aufenthalt im Salon nicht ungeduldig wird, da sie immer weiß, welche Arbeitsschritte noch vor ihr liegen.
Unangenehme Überraschungen bezüglich der Dauer oder der Kosten für die Behandlung können so vermieden werden.

4 Ausführen

Führen Sie die Arbeitsschritte wie geplant aus.

Beachten Sie bei der Durchführung mehrerer Dienstleistungen folgende Punkte:

- Arbeitsplatz vorbereiten
- Arbeitssicherheit, Gesundheitsschutz und Umweltschutz beachten → *vgl. S. 20 f., 37 ff., 110 f.*
- Kundin über den Stand der Behandlung ständig auf dem Laufenden halten
- Zeitverzögerungen gleich erklären
- zwischendurch, passend zur Dienstleistung, beraten und verkaufen → *vgl. S. 117 ff.*
- Small Talk führen → *vgl. S. 65*
- Wartezeiten verkürzen, Wartezeiten nutzen (an einzuschiebende Dienstleistungen denken, z. B. Lackieren der Nägel während der Trocknungszeit) → *vgl. S. 64, 496*
- geplante Reihenfolge einhalten
- Hinweise bezüglich der Auftragereihenfolge usw. beachten
- alles sofort dokumentieren → *vgl. S. 236, 276, 320*
- zwischendurch aufräumen

Bei einer umfassenden Typveränderung sollten Sie der Kundin **Tipps für zu Hause** mitgeben, damit sie ihr neues Styling auch selbst erstellen kann. Sprechen Sie über das Haarstyling und bieten Sie Präparate an, die auf die neue Frisur abgestimmt sind. Bieten Sie auch passende Make-up-Farben an, damit der neue Typ der Kundin unterstrichen wird.

5 Kontrollieren

Fragen Sie die Kundin, ob sie mit allen Dienstleistungen – Farbe, Schnitt, Frisur, Make-up, Nageldesign – zufrieden ist.

Prüfen Sie das Ergebnis jeder Dienstleistung sofort, damit Sie ggf. die Möglichkeit zu einer Korrektur haben. Ergebnisse, die dem vereinbarten Ziel nicht entsprechen, wie z. B. falsche Haarlängen oder eine unbefriedigende farbliche Veränderung, müssen unbedingt **vor** der anschließenden dekorativen Gestaltung des Gesichts oder dem aufwendigen Hochstecken der Haare korrigiert werden.
Kontrollieren Sie die **Farbe** während der Einwirkzeit, damit Sie das Farbergebnis noch beeinflussen können. Korrigieren Sie Fehler in einem **Haarschnitt** sofort, um nicht später die Frisur neu erstellen zu müssen.

Ergebnisse der Kundin vorstellen

Fehler, die erst zum Schluss entdeckt werden und behoben werden müssen, verlängern die Bedienungszeit. Muss das Haar wieder angefeuchtet oder müssen neue farbverändernde Präparate aufgetragen werden, ist anschließend ein neues Make-up oder eine neue Frisur zu erstellen. Das ist für die Kundin unangenehm oder sogar unmöglich, falls sie anschließend ihren wichtigen Termin wahrnehmen möchte. Für Sie bedeutet es eine verlängerte Arbeitszeit, also höhere Kosten, die Sie nicht in Rechnung stellen können.

Vergessen Sie nicht, den **Haarzustand** im Anschluss zu prüfen und der Kundin geeignete Pflegepräparate zu empfehlen, damit sie ihr neues Erscheinungsbild lange erhalten kann.

Kontrollieren Sie unbedingt die **Haltbarkeit** der Frisur und des Make-ups, bevor die Kundin zu ihrem besonderen Termin aufbricht!

Empfehlen von Pflegepräparaten

6 Bewerten

Bewerten Sie nach der Kontrolle, ob die Arbeitsschritte zum gewünschten Ziel geführt haben und welche Sie ggf. zukünftig ändern sollten.
War die Arbeitsplanung für jeden einzelnen Arbeitsschritt richtig? Stimmte die Planung aller Arbeitsschritte?

Verbessern Sie Ihre Planung, wenn Sie feststellen, dass:
- die Reihenfolge der Arbeitsschritte ungünstig war
- es zu längeren Wartezeiten für die Kundin kam
- Sie manche Arbeitsschritte doppelt ausführen mussten
- die Zeitplanung zu knapp oder zu lang war
- Sie Hilfe bei bestimmten Arbeitsschritten brauchen, z. B. beim Befestigen von Haarersatz oder Schleiern
- Sie Arbeiten an Kolleginnen mit Leerlaufzeiten abgeben können, um Zeit und Lohnkosten zu sparen
- Sie von Ihrer Planung abgewichen und dadurch zu einem besseren Ergebnis gekommen sind

Notieren Sie erforderliche Änderungen sofort auf der Karteikarte.

Komplexe Aufgaben mit Fachrechnen

Fallbeispiel A: Typveränderung

Frau Schrader hat sich zum ersten Mal bei Ihnen angemeldet. Ihr Wunsch: „Ich habe meine Frisur schon sehr lange. Jetzt möchte ich etwas Modisches. Einen kürzeren Haarschnitt vielleicht? Meine grauen Haare möchte ich auf jeden Fall nicht mehr."

Frau Schrader ist direkt von der Arbeit – sie ist als Abteilungsleiterin in einem großen Versandhaus tätig – zu Ihnen gekommen. Die zierliche, schlanke Kundin trägt unter dem Blazer eine weiße Bluse mit einer silbernen Anstecknadel.

1. Ermitteln Sie alle beeinflussenden Gegebenheiten bei dieser Kundin. Nutzen Sie die oben im Text und im Foto enthaltenen Informationen.
Hilfestellung: Beurteilungsbogen ganz vorn im Buch.

2. Welche Haarschnitte und Frisuren sind zurzeit aktuell? Wählen Sie mindestens drei Vorschläge aus: Welche kommen für diese Kundin in Betracht?
Hilfestellung: Suchen Sie z. B. entsprechende Frisurenfotos der aktuellen Frisurenmode heraus, beschreiben Sie die Frisuren, nennen Sie Vorteile dieser Frisuren …

3. Entscheiden Sie sich für einen der Vorschläge und bieten Sie der Kundin drei Dienstleistungen dazu an. Begründen Sie Ihre Auswahl.
Hilfestellung: z. B.: „Eine Volumenwelle erleichtert das Frisieren des sehr festen Haares."

4. Führen Sie eine detaillierte Arbeitsplanung, Zeitplanung und Kostenplanung für diesen Vorschlag durch.
Hilfestellung:

Arbeitsschritt	Ungefährer Zeitbedarf	Ungefähre Kosten
Färbung	90 Minuten	35,00 €
Haarpflege	10 Minuten	5,00 €
usw.		

5. Nach Absprache mit der Kundin führen Sie die Dienstleistungen nach der Arbeitsplanung durch. Wählen Sie eine Dienstleistung aus und beschreiben Sie alle Arbeitsschritte, die Sie ausführen.
Hilfestellung: z. B. Färbung: Kundin einen wasserfesten Umhang umlegen, eine Serviette zum Schutz des Halses, …

6. Welche Dienstleistungen können Sie beim nächsten Besuch der Kundin zusätzlich anbieten? Begründen Sie.
Hilfestellung: z. B.: „Ich biete der Kundin feine Strähnen an, um Abwechslung in die Haarfarbe zu bringen."

7. Wie können Sie gezielt ältere Kundinnen für Ihren Salon und Ihre Dienstleistungen interessieren?
   a) Entwerfen Sie eine Schaufensterdekoration, die sich an diese Zielgruppe richtet.
   b) Welche Serviceleistungen können den Besuch in Ihrem Salon gerade für diese Kundinnen attraktiv machen?

8. Wie können die Kundinnen zu einem regelmäßigen Besuch in Ihrem Salon angeregt werden? Entwickeln Sie mindestens zwei Vorschläge.

Fallbeispiel B: besonderer Anlass „Abtanzball"

Die 15-jährige Anna hat am Abend ihren ersten Abtanzball. Zu dem neuen tollen Tanzkleid möchte sie eine passende Hochsteckfrisur, die ihrem Alter entspricht. Außerdem möchte sie auch gleich für den Abend geschminkt werden.
Anna mag keine künstlichen Nägel, ein Nageldesign fände sie aber schick.

Annas Haare sind blond, fein und schulterlang. Sie hat blaue Augen und ihre Haut weist Merkmale einer Sebostase auf.

1. Formulieren Sie den Kundenwunsch und stellen Sie alle beeinflussenden Gegebenheiten fest, die die Kundin mitbringt.
2. Erstellen Sie einen Vorschlag mit Arbeits-, Zeit- und Kostenplan für die Kundin. Unterstützen Sie die Vorstellungskraft der Kundin durch geeignete Zeichnungen oder Fotos.
3. Auf der Basis des Arbeits- und Zeitplans fertigen Sie einen detaillierten Behandlungsplan für Anna an, von dem Moment, in dem sie den Salon betritt, bis zur Verabschiedung. Beschreiben Sie die einzelnen Schritte, die Sie berücksichtigen müssen. Formulieren Sie ein Beratungsgespräch mit der Kundin, in dem Sie unterschiedliche Fragetechniken anwenden.
4. Zu welchem Preis können Sie ein Probe-Make-up anbieten, das etwa eine Woche vor dem Abtanzball durchgeführt wird?
   Hilfestellung: Kalkulieren Sie den Bedienungspreis bei einem Stundenlohn von 8,90 €, einem Gemeinkostenzuschlag von 150 % und einem zu erzielenden Gewinn von 25 %.
5. Entwerfen Sie eine Anzeige für die Tageszeitung, mit der Sie junge Kundinnen wie Anna ansprechen. Die Anzeige sollte neben der Frisur auch das Make-up und den Preis berücksichtigen. Gestalten Sie die Anzeige ansprechend.

Fallbeispiel C: Typveränderung

Riccardo ist 25 und sehr modebewusst. Durch ein Plakat ist er auf Ihren Salon aufmerksam geworden. Schon seit einiger Zeit wünscht sich Riccardo ein Bart-Tattoo. Zusätzlich möchte er eine modische Frisur, die zu seiner angesagten Markenkleidung passt.

Riccardo hat dunkle Haare, die bis zum Ohrläppchen reichen und einen dunklen Dreitagebart. Sein Bartwuchs ist gleichmäßig.

1. Entwerfen Sie ein Plakat, mit dem Sie männliche modebewusste Kunden wie Riccardo ansprechen. Das Plakat sollte neben der Frisur auch das Bart-Styling beinhalten. Gestalten Sie das Plakat ansprechend.
2. Auf der Basis eines Arbeits- und Zeitplans fertigen Sie einen genauen Behandlungsplan für Riccardo an, von dem Moment, in dem er den Salon betritt, bis zur Verabschiedung. Beschreiben Sie die einzelnen Schritte, die Sie berücksichtigen müssen. Formulieren Sie ein Beratungsgespräch mit Riccardo, in dem Sie unterschiedliche Fragetechniken anwenden. Berücksichtigen Sie Riccardos Stil. Unterstützen Sie Ihre Ausführungen wenn möglich mit Zeichnungen oder Fotos.

Fallbeispiel D: Typveränderung

Frau Klein hat eine Arbeitsstelle in einer neuen Stadt angenommen und wohnt erst seit zwei Wochen in der Nähe Ihres Salons. Sie möchte den „Neuanfang" auch optisch sichtbar machen und wünscht sich ein etwas feminineres Äußeres.

Frau Klein ist 29 Jahre alt, über 1,70 m groß und schlank.
Sie hat keine Kinder und ist bereit, Zeit für Pflege und Styling der Frisur und für ein Make-up aufzuwenden.

1. Ermitteln Sie alle beeinflussenden Kundengegebenheiten und erarbeiten Sie zwei verschiedene Vorschläge für Frau Klein. Erstellen Sie Skizzen oder Bilder, wenn Sie keine geeigneten Fotovorlagen finden, und begründen Sie Ihre Vorschläge.
2. Sie bieten Frau Klein eine Haarverdichtung und -verlängerung an. Welchen Bedienungspreis muss Frau Klein bezahlen? Kalkulieren Sie Ihre Kosten und legen Sie den Bedienungspreis fest (Stundenlohn 9,70 €, Gemeinkostenzuschlag 125 %, Gewinn 45 %).
3. Zu der Haarverlängerung kauft Frau Klein das geeignete Shampoo und die Haarpflege, dazu einen neuen Lippenstift und den passenden Nagellack. Welche Verkaufspreise kalkulieren Sie, wenn Sie für das Shampoo 5,49 €, für die Pflege 12,34 €, für den Lippenstift 6,95 € und für den Nagellack 11,57 € im Einkauf bezahlt haben (Handlungskosten 45 %, Gewinn 30 %)?

Fallbeispiel E: besonderer Anlass „Musicalpremiere"

Vier Wochen nachdem Frau Klein zur Haarverlängerung bei Ihnen im Salon war, ist sie zu der Premiere eines Musicals geladen. Zu diesem Anlass wünscht sie sich eine passende Frisur zu ihrem langen, schwarzen Abendkleid.
Das Kleid ist sehr schlicht, daher sollen die Frisur und ein entsprechendes Make-up gern auffällig gestaltet sein.
Die Nägel sollen auf jeden Fall farblich auf das Make-up abgestimmt werden. Leider sind die Nägel von Mittel und Ringfinger gerade erst abgebrochen.

1. Welche Vorschläge können Sie Frau Klein machen? Begründen Sie Ihre Vorschläge.
2. Welche Dienstleistungen bieten Sie an? Stellen Sie einen Arbeits-, Zeit- und Kostenplan für sich und für Frau Klein auf.
3. Ein Musical kommt neu in Ihre Stadt. Wie können Sie das Ereignis für eine Werbeaktion nutzen? Entwerfen Sie eine mögliche Werbekampagne.

English – Small talk

Always take the time to talk to clients, especially during longer stays in the salon.

Introduce yourself
Hello, my name is …
I am doing the services today, Mrs. …
Nice to meet you, Mrs. …
Nice to see you!
Good to see you again, Mr. …

Ask polite questions to show your interest in the client
How are you? – Fine, thank you.
How was the journey?
How did you find our salon?
How did you hear about our salon?
Did you come by car?

Ask polite questions if the client is on a journey
Why did you come to Germany?
Are you here on holiday?
Are you here in Germany on business?
Have you ever been to Germany before?
Have you been to … yet?
How do you like it here?

Stay positive!
That sounds interesting.
Really!
Wonderful.
Absolutely.
Right!
Well …
You're quite right …

Offer something
Would you like something to drink?
I could offer you a very special coffee from Costa Rica.
I would recommend a cold drink like mineral water or a glass of fresh juice. It is a hot day today.
Would you like something to read? We have the latest fashion magazines.
Would you like this magazine?

Make a pleasant remark
What a nice dress you have.
That is a pretty necklace.
I like this hair colour very much.

Don't seem nosy!

Use „Tag Questions"
The weather is great, isn't it?
The new spring colours are exiting, aren't they?
It's busy today, isn't it?
It's beautiful, isn't it?
That's a lovely picture, isn't it?
It was a short trip, wasn't it?

End the conversation politely
If you'll excuse me, I need to help with the next client.
Well, it's been nice talking to you, but I promised to clean up the salon before 6 pm.
It's been nice talking to you. Enjoy your new hairstyle.

Do not talk about religion, politics, salary, other financial matters, sexuality, serious health problems, people's physical appearance, marital status

Exercises

Write a dialogue for each situation. Choose from the example phrases.

1. A client has to wait. Introduce yourself and offer something to read and drink.
2. You are talking to another client who is on a journey through Europe.
3. The British friend of a good client has an appointment for hair colouring, a haircut and a manicure. How can you entertain the client with small talk? Start with the introduction and find as many topics to talk about as you can. End the conversation politely.

Vocabulary					
to introduce oneself	sich vorstellen	conversation	Gespräch	salary	Gehalt
polite	höflich	to excuse someone	jemanden entschuldigen	financial matters	Finanzangelegenheiten
journey	Reise	to promise	versprechen	serious health problems	ernsthafte Gesundheitsprobleme
on business	beruflich	to clean up	sauber machen		
stay positive	bleiben Sie positiv	pretty necklace	schöne Halskette	physical appearance	körperliche Erscheinung
fresh juice	frischer Saft	nosy	neugierig		
latest fashion	neueste Mode	politics	Politik	marital status	Familienstand

Alphabetisches Vokabelverzeichnis für alle Lernfelder

Wörterbuch allgemein: http://dict.leo.org/ **Speziell für Friseure:** http://www.ukhairdressers.com/glossary.asp
http://www.goodsalonguide.com/community/hair-beauty-glossary (in Englisch)

Englisch	Deutsch	LF
A		
(to) add	hinzufügen	3
advantage	Vorteil	8
aftercare	Heimpflege	10
allergic	allergisch	8
(to) allow	erlauben	10
appearance	Erscheinung	13
appointment	Termin, Verabredung	2
apprenticeship	Ausbildung	1
artificially coloured	gefärbt	4
atmospheric moisture	Luftfeuchtigkeit	6
B		
base coat	Unterlack	10
base line	Basislinie, Grundlinie	5
bleaching/ (to) bleach	Blondierung/blondieren, bleichen	8
blow-dry	Föhnfrisur	1
(to) blow dry	föhnen	6
blusher/(to) blush	Rouge/erröten	11
(to give) body	Volumen (geben)	8
buffer	Polierer	10
business/(to) be on business	Geschäft, Beruf/beruflich unterwegs sein	13
brittle	brüchig	11
(to) brush/brush	bürsten/Bürste	6
C		
cap technique	Haubensträhnen	9
certainly	sicher	8
chemicals	chemische Stoffe	2
clean/(to) clean (sth./up)	sauber/sauber machen, aufräumen	3, 10, 13
clear	klar, durchsichtig	10
client	Kunde/Kundin	2
clipper/(to) clip	Nagelknipser, schneiden	10
(to) club cut hair	Haar stumpf schneiden	5
coat	Schicht, Überzug	10
color/colour	Farbe (amerikanische Schreibweise)/ Farbe (britische Schreibweise)	8, 9
colour chart	Farbkarte	9
colour level	Farbtiefe	9
colour tone	Farbrichtung	9
colour type	Farbtyp	9
colouring technique	Färbetechnik	9
colouring treatment	Farbbehandlung	1, 8
comb/(to) comb	Kamm/kämmen	3
communication skills	kommunikative Fähigkeiten	1
completed	abgeschlossen	1
concealer	Abdeckstift	11
conditioner	Spülung	3
conditioning treatment	Pflegebehandlung	1
control/(to) get more control over something	Kontrolle/mehr Kontrolle über etwas bekommen	7
convenient	angenehm	2
conversation	Gespräch	13
cream	Creme	8
cut/(to) cut	Schnitt/schneiden	1, 5
cuticle remover	Nagelhautentferner	10
D		
daily	täglich	11

Englisch	Deutsch	LF
damage/(to) damage	Beschädigung/ beschädigen	6
dandruff	Schuppen	3
day off work	freier Tag	2
defined	begrenzt	6
(to) describe	beschreiben	4
design line	Konturenlinie	5
developer	Entwickler	8
development	Entwicklung, Entstehung	3
different	unterschiedlich, anders	4
disadvantage	Nachteil	8
discolouration	Verfärbung	10
(to) draw	zeichnen	11
dry	trocken	3
E		
early	früh	2
easy	einfach	7
easy to do hairstyle	einfache, praktische Frisur	7
elastic	elastisch	4
(to) excuse someone	jemanden entschuldigen	13
experience	Erfahrung	1
eye liner	Augenkonturenstift	11
eye pencil	Kajalstift	11
eye shadow	Lidschatten	11
eyelashes, top and bottom	Wimpern, obere und untere	11
eyelid, upper	Augenlid, oberes	11
F		
face	Gesicht	4
fashion	Mode	7, 13
fashion trend	Modetrend	7
feathered	federig	4
file	Feile	10
(to) fill out	ausfüllen	10
financial matters	Finanzangelegenheiten	13

Englisch	Deutsch	LF
fine	fein	7
first time application	hier: Erstfärbung	9
flower	Blume	8
fresh	frisch	13
fringe	Pony	4
frizzy	kraus	3
fullness	Fülle	7
fully (covered)	völlig, vollständig (abgedeckt)	8
future	Zukunft/zukünftig	3
G		
graduated cut	graduierter Schnitt	5
greasy	fettig, schmierig	3
H		
hair stylist	Friseur/Friseurin	1
hair up style	Hochsteckfrisur	1
haircut	Haarschnitt	2
hairline	Haaransatz	8
hairstyle	Frisur	7
health	Gesundheit	13
highlights	Strähnen	9
I		
intense	intensiv	8
(to) introduce oneself	sich vorstellen	13
J		
jagged outline	gezackter Umriss	4
journey	Reise	13
juice	Saft	13
L		
(to) last	halten	6
lasting ability	Haltbarkeit	8
latest (fashion)	neueste (Mode)	13
layer	Stufe	5
layered	gestuft	5

Englisch	Deutsch	LF
(to) leave in	nicht ausspülen	3
leave-in product	Produkt, das nicht ausgespült wird	3
length	Länge	5
(to) lighten	aufhellen	8
lip pencil	Lippenkonturenstift	11
lipstick	Lippenstift	11
liquid	flüssig/Flüssigkeit	6, 8
low	unten	6
M		
magazine	Zeitschrift, Magazin	7
marital status	Familienstand	13
matching/(to) match	passend/passen	11
matters	Angelegenheiten	13
moisture	Feuchtigkeit	6
N		
nail oil	Nagelöl	10
nail polish	Nagellack	10
nail polish corrector	Nagellackkorrekturstift	10
nail polish remover	Nagellackentferner	10
natural look	natürliches Aussehen	7
necessary	notwendig	1
necklace	Halskette	13
nosy	neugierig	13
(to) note down	notieren	2
O		
(to) offer	anbieten	1, 2
oily	ölig	3
on business	beruflich	13
one-length cut	kompakter Schnitt, alle Haare auf eine Linie geschnitten	5
opportunity	Gelegenheit	1
order	Reihenfolge	10
outline	Umriss	4
oxidation hair colour	oxidative Haarfarbe	8

Englisch	Deutsch	LF
P		
(to) paint	malen	10
palms	Handinnenflächen	6
part	Teil	6
partially	teilweise	8
parting	Scheitel	4
peeling/(to) peel	Schälpräparat/schälen	10
permanent	dauerhaft, Dauerwelle, dauerhafte Umformung	1, 3, 8
permanent waving, perm	Dauerwelle, dauerhafte Umformung	1, 3, 7
permed	gedauerwellt, dauerhaft umgeformt	4, 7
personal image	persönlicher Stil	7
physical appearance	körperliche Erscheinung	13
picture	Bild	7
pigmentation	Pigmentierung	11
plant	Pflanze	8
polite/(to) be polite	höflich/höflich sein	13
politics	Politik	13
popular	beliebt	11
porous	porös	3
powdered/powder	pulverisiert/Pulver	8
pretty	hübsch	13
(to) prevent	verhindern	10
production of new sebum	Produktion von neuem Talg/Sebum	3
(to) promise	versprechen	13
(to) push back	zurückschieben	10
R		
radial brush	Rundbürste	6
(to) recommend	empfehlen, raten, vorschlagen	10
redness	Rötung	11
retouch application	Ansatzfärbung	9
(to) rinse	spülen	3
roller setting	Einlegen	2

Englisch	Deutsch	LF
(to) run over the nails	über die Nägel ziehen	10

S

Englisch	Deutsch	LF
salary	Gehalt	1, 13
scalp	Kopfhaut	3
sebum	Talg	3
semi-permanent	„nicht dauerhaft"	8
serious health problems	ernsthafte Gesundheitsprobleme	13
service	Dienstleistung	1
setting lotion	Festiger (zum Einlegen der Haare)	6
shade	Farbton	8
shampoo/(to) shampoo	Shampoo, Haarwäsche/shampoonieren, Haare waschen	2
shape	Form	4, 5
sharp line	scharfe Linie	4
shiny	glänzend	4
(to) show dandruff	Schuppen haben	3
skin	Haut	11
smooth	glatt, weich	6
soft/(to) soften	weich/weich machen	10
solid cut	kompakter Schnitt	5
split ends	Haarspliss	3
split nails	gespaltene Nägel	10
(to) spoil	zerstören	11
sponge	Schwamm	11
stay positive	bleib positiv/bleiben Sie positiv	13
(to) stick	kleben	4
(to) straighten	glätten	1
straightening treatment	Glättungsbehandlung	1
strand	Strähne	6
streak	Strähne	9
(to) suit somebody	jemandem passen, jemandem recht sein	2
sure/(to) be sure	sicher/sicher sein	2

T

Englisch	Deutsch	LF
(to) take off	abnehmen	10
temporary	zeitweilig	8
thin	dünn	4
tight	eng	6
tool	Werkzeug	10
top coat	Decklack, Überlack	10
towel	Handtuch	6
towel-dry	handtuchtrocken	3
treatment/(to) treat	Behandlung/behandeln	1, 7

U

Englisch	Deutsch	LF
underneath	unter	11
upper	obere(s)	11

V

Englisch	Deutsch	LF
vegetable colour	Pflanzenfarbe	8
volume	Volumen, Fülle	3

W

Englisch	Deutsch	LF
waterproof	wasserfest	11
weaving highlights	Websträhnen	9
wide-toothed comb	weitzinkiger Kamm	6

Ausgewählte Inhaltsstoffe gemäß INCI-Liste

INCI-Bezeichnung	Trivialname/Deutsch	Wirkung
Acrylates …	Acrylate	Filmbildner
Alcohol	Ethanol, Alkohol	Lösungsmittel
Alcohol Denat.	Ethylalkohol, Ethanol denaturiert	Lösungsmittel, hautverträgliches Desinfektionsmittel, antibakteriell, entfettend, erfrischend
Ammonia	Ammoniak	Pufferstoff, Alkalisierungsmittel zum Quellen des Haares
Ammonium Persulfate	Ammoniumpersulfat	Bleichmittel
Ammonium Thioglycolate	Ammoniumthioglycolat	enthaarend, Reduktionsmittel
Ammonium Bicarbonate	Ammoniumbicarbonat	Pufferstoff (hält den pH-Wert konstant)
Aqua	Wasser	Lösungsmittel, Verdünnungsmittel, Transportmittel
Beeswax/Cera Alba	Beeswax, Bienenwachs	Emulgator, Filmbildner, geschmeidig machend, Konsistenzgeber
Bentonite	Tonerde	absorbierend, Emulsionsstabilisator, Viskositätsregler
Biotin	Biotin, Vitamin H, Vitamin B7	haarkonditionierend, haut-, haar- und nagelpflegend, antiseborrhoisch (die Talgproduktion hemmend)
Butane	Butan	Treibmittel
Butyl Methoxydibenzoylmethane	Butyl Methoxydibenzoylmethan	chemischer Breitbandfilter, UV-Absorber
Butylphenyl Methylpropional	Lilial	maskierend, parfümierend
Caffeine	Koffein	hautpflegend
Cellulose Gum	Zellulose	Viskositätsregler, Filmbildner, bindend, Emulsionsstabilisator
Cetrimonium Chloride	Cetrimoniumchlorid	Konservierungsmittel
Citral	Citral	maskierend
Citronellol	Citronellöl	maskierend
Coco-Betaine	Cocodimethylbetain	Tensid, schaumverstärkend
Disodium EDTA	Edetinsäure	Chelatbildner, Viskositätsregler, Inaktivierungsmittel für Metallrückstände im Haar
Ethylparaben	Ethylparaben, Benzoesäureester	Konservierungsmittel (die Entwicklung von Mikroorganismen hemmend)
Eugenol	Eugenol	vergällend, kräftigend
Geraniol	Geraniol	maskierend, parfümierend, kräftigend
Gluconolactone	Gluconolactone	Feuchthaltemittel, hautschützend
Glyceryl Polyacrylate	Glycerylmonostearat	Filmbildner, Emulgator, Konsistenzgeber, rückfettend, glättend
Hydrogen Peroxide	Wasserstoffperoxid	Oxidationsmittel, antimikrobiell

INCI-Bezeichnung	Trivialname/Deutsch	Wirkung
Hydroxyethyl Sorbitol	D-Glucitol	hautpflegend, feuchthaltend
Isobutane	Isobutan	Treibmittel
Isopropyl Alcohol	Isopropanol	schaumvermindernd, Lösungsmittel, viskositätsregelnd, hautverträgliches Desinfektionsmittel, Konservierungsmittel, reinigend, entfettend
Lanolin	Wollwachs	Emulgator, Tensid, antistatisch, geschmeidig machend, hautpflegend, haarkonditionierend
Laureth-4	Laurylether	Tensid, emulgierend, maskierend, antistatisch
Linalool	Geraniumöl	desodorierend
Magnesium Stearate	Magnesiumstearat	Farbstoff
Menthol	Menthol	lindernd, erfrischend, maskierend
Methylparaben	Methylparaben	Konservierungsmittel (hemmt Mikroorganismen)
Octylacrylamide	Octylacrylamid	Filmbildner, antistatisch, haarfixierend
Panthenol	Panthenol (Provitamin B5)	antistatisch, heilend, reizlindernd, hautpflegend, hautglättend, haarkonditionierend, feuchtigkeitsspendend
Parfum	Parfüm	desodorierend (geruchtilgend), maskierend
Paullinia Cupana Extract	Guarana-Extrakt	hautpflegend, kräftigend
PEG-40 Hydrogenated Castor Oil	Derivat des hydrierten Rizinusöls	Tensid, emulgierend
Phenoxyethanol	Phenoxyethanol	Konservierungsmittel
Phosphoric Acid	Phosphorsäure	Pufferstoff
Polyacrylic Acid	Polyacrylsäure	bindend, Emulsionsstabilisator, Filmbildner, Viskositätsregler
Polyquaternium-6	Kationisches Polymer	Pflegestoff, antistatisch, Filmbildner
Potassium Persulfate	Potassiumpersulfat	Oxidationsmittel
Propane	Propan	Treibmittel
Propylene Glycol	Propylenglykol	feuchthaltend, Lösungsmittel, hautpflegend, viskositäts-regelnd (die Zähigkeit regelnd)
Propylparaben	Propylparaben	Konservierungsmittel (hemmt Mikroorganismen)
PVP/VA Copolymer	Polyvinylpyrrolidon	Filmbildner, antistatisch, haarfixierend, Emulsionsstabilisator
Salicylic Acid	Salicylsäure	Konservierungsmittel, keratolytisch
Silica	Kieselsäure	Schleif- und Trübungsmittel, Viskositätsregler, Gelbildner, Peelingkörper
Simethicone	Simethikon	geschmeidig machend, haar- und hautpflegend
Sodium Cocoamphoacetate	Natriumcocoamphoacetat	Tensid, Schaumbildner, haarkonditionierend
Sodium Sulfite	Natriumsulfit	Konservierungsmittel, Reduktionsmittel, Stabilisierungs-mittel für Haarfarben
Sorbitol s. Hydroxyethyl Sorbitol		

Sachwortverzeichnis

A

A-Achse 187, 196, 338
ABCDE-Regel 93
abdecken 366
Abdeckprodukt
 auftragen 429, 435
Abdeckstift 415
Abfallentsorgung 20
Abnutzungsekzem 35
abpudern 431
Abrieb 317
Absatz 459
Absatzpolitik 452
Abschlussphase 119
absorbieren 284, 286, 318
abteilen 187
Abteilklammer 183, 218
Abteilung 188, 196
Abteilungslinie 189
abwickeln 228, 271
Acryl 391
additive Farben 284
Äderchen
 rote 429
Adhäsion 304
adstringieren 105, 248 f., 259, 262, 271, 273, 310
afrikanisches Haar 82, 169, 209, 221, 227, 245, 273, 303, 328, 330
Aftershave 200 f.
AGB 462
Ägypten 396
Ägypter 22, 146, 213, 334
AIDA-Modell 453
Aids 185
Airbrush 488
Akne 45
Aktionsfläche 449
aktiver Sauerstoff 332, 343, 357, 359
aktives Zuhören 69, 117, 368, 476
Alkalien 105, 248 f., 282
alkalisch 335
Alkalisierungsmittel 259 f., 345, 348, 361
Alkohol 108, 231
Alkohol-Wasser-Lösung 107
Allergen 35 f.
Allergie 35 f., 233, 266, 310, 313, 378
Allergiepass 356
Allergietest 356
Allergiker 108
allergische Reaktion 34, 36, 355 f.
allergisches Kontaktekzem 34 f.
allgemeine Geschäftsbedingungen 462
Allongeperücke 23
Alter 295, 379, 477
Alternativfrage 68
Altersflecken 92, 398, 435
Altershaut 399 f.
Alterswarzen 398
Ammoniak 259, 266, 345, 348 f.
ammoniakfreie Haarfarbe 349
anatomische Merkmale 401
Anlass 478, 481, 492, 496
anlassbezogene Veränderung 477, 494
Annahmeverzug 463
Ansatz 79
Ansatzdauerwelle 274
Ansatzfärbung 338, 364
Ansatzvolumen 223
Ansatzwicklung 258
anspruchsvolle Haut 415
 Make-up 415, 435
Ansteckungsgefahr 93
Ansteckungswege 46
ansteigend gestufte Form 173, 188, 193
Antike 22, 148
Antikörper 88
Antioxidantien 318, 348
Antischuppenshampoo 91
Antischuppenwirkstoffe 102, 105
antiseptisches Make-up 415
Anzeige 455
Aorta 40
Appell 67
Applikationstechnik 308
Applikator 111, 302
Arbeiten
 sicheres 48, 185, 222
Arbeitgebervertretung 29
Arbeitnehmervertretung 29
Arbeitskleidung 55
Arbeitsplan
 dauerhafte Umformung 265
 Farbveränderung 355, 367
 komplexe Friseurdienstleistung 497
 Make-up 422
Arbeitsplanung für die Prüfung 499
Arbeitsplatz 420
Arbeitsraum 17
Arbeitsstättenverordnung 17
Arbeitsunfall 32
Arbeitsvertrag 27
Arbeitsweise beim Schneiden 196
Arbeitszeit 26
Argument 121
Argumentation 120
argumentieren 119
Arm 377
Arterien 40
asiatisches Haar 82, 115, 169, 209, 227, 245, 260, 303, 328, 330
asymmetrisch 138
Atemwege 40
Atemwegserkrankung 40
Atherome 92
Atombindung 252
Atome 252
auffrischen Teint 435
Aufhellungsspray 346
Aufsteckdüse 220
auftragen des Blondier- oder Farbbreis 358
Auftragetechnik 340
Augen
 asiatische 402
 schminken 407 ff., 431 f.
Augenabstand 402
Augenbrauen 402, 425 ff.
 färben 426
 zupfen 425
Augenbrauengel 416
Augenbrauenpinsel 412
Augenbrauenpuder 416
Augenbrauenstift 416
Augencreme 416
Augenformen 402, 407 f.
 Betonung 409
Augenlotion 416
Augen-Make-up
 ➜ s. Augen schminken
Augen-Make-up-Entferner 414
Augenringe 429, 435
Ausbildung 23, 472
Ausbildungsberufsbild 24
Ausbildungsbetrieb 25 f.
Ausbildungsordnung 23 f.
ausdünnen 190, 196
Ausgangshaarfarbe 327
Ausgleich 429
 von Augenformen 407 f.

von Gesichtsformen 405 f.
von Hand-, Finger- und Nagelformen 380
von Kopf- und Gesichtsform 143 f.
von Körperproportionen 142
von Lippenformen 410
von Profil und Hals 145
aushangpflichtig 33, 44, 48
auskämmen 228
Außengestaltung Salon 446
ausspülen 112

B

B-Achse 187, 338
Backenbart 148
Bader 22
Bakterien 45, 91 f.
Banane 486
bandförmiges Haar 82
Barock 150, 214, 334, 483
Barockzeit 214
Bartflechte 93
Bartform 162 f.
Bartformung 199, 201
Bartgestaltung 162
Bart-Tattoo 163, 201
Barzahlungspreis 202
Basalzellen 87
Basalzellenschicht 85 f.
Basisfarbe 342
Basisform 193
Basislinie 169, 187 f., 196
Basisschnitt 172
Bedienungsbereich 16
Bedienungsplatz 16
Bedienungsstuhl 195
Bedienungszeiten 237, 495
Beehive 215, 480
befragen 94
befühlen 95
Begrüßung 54 f.
Begrüßungsphase 118, 155
Behandlungsphase 118
Behandlungsplan 109, 264, 421
Beleuchtung 285, 294, 446, 448
Beratung
typgerechte 153
visuelle 153
Beratungsgespräch 59, 68, 117, 122, 155 f., 500
Beratungskonzept 154
Beratungsphase 118, 156
Beruf 296, 379, 403
berufliche Handlung in sechs Schritten 3, 474
Berufsausbildungsvertrag 25
Berufsbildungsgesetz 23, 28
Berufsgenossenschaft 32
Berufsgeschichte 22
Berufskrankheit 32 f.
Berufskrankheiten-Verordnung 33
Berufsschule 23, 25 ff., 29
Beschaffungsmarkt 460
Beschwerde 71
Bestätigung 72
Bestätigungsfrage 68 f.
Bestätigungsphase 119, 156
Bestellmenge 461
Bestellzeitpunkt 461
Betonung
von Augenformen 409
von Gesichtsformen 405
von Hand-, Finger- und Nagelformen 380
von Kopf- und Gesichtsform 143 f.
von Körperproportionen 142
von Lippenformen 410
betrachten 94
betriebliche Unterweisung 37
Betriebsanweisung 33
Betriebsgründung 443
Betriebskosten 237
Betriebsrat 19, 29
Betriebsraum 16
Betriebsübernahme 443
Betriebswirtin im Handwerk 30
Beurteilung 94
Beurteilungsbogen 96, 118, 379, 404
bewerten 503
Beziehung 67
Bezugskosten 202, 437
Bezugspreis 437
BGB 462
Biedermeier 151, 334
Big Hair 481
Bildvorlage 168
Bindegewebe 86
Bindungen 248
Blauer Engel 20
Bleiverbindung 334
Blickkontakt 56
Blockplatzierung
horizontale 449
vertikale 449
Blocksträhne 327
Blondiercreme 346
blondieren 332
Blondiergel 346
Blondiergranulat 344 ff.
Blondierpräparat 344, 346, 352
Blondierpulver 332, 344 ff., 355, 359
Blondierung 282
Blondierverstärker 346, 359
Blutgefäße 85 f.
Blutkreislauf 40
Blutschwämmchen 92
Bob 146 f., 174, 191
A-Line- 148
asymmetrischer 147
Mod- 147
Pilz- 148
Sassoon- 147
Bombage 215
Bombagefrisur 149
Bonding 491
Schnitt 199
Technik 162
Borstenmischung 359, 365
Branchensoftware 470
Brauenshaper 413
Bräunungspuder 416
Braut-Make-up 485
Brille 402
Brillen-Make-up 409
Bromatfixierung 262
Bromatverbindungen 251
Brücken 248
Disulfid- 248
Doppelschwefel- 248, 251, 259, 261 f., 269 ff.
Salz- 248 f., 259
Wasserstoff- 248
Bruttobedienungspreis 469, 498
berechnen 237, 277, 321, 475
unter Berücksichtigung der Materialkosten 277
Bruttoverkaufspreis 467 f., 498
von Waren berechnen 437
Bubikopf 147
Bückzone 450
Buffer 489
Bumerangmethode 121
Bundesdatenschutzgesetz 62
Bunt-unbunt-Kontrast 300, 336
Bürgerliches Gesetzbuch 462
Bürste 217 f.
Bürstenhaarschnitt 191
Bürstenschleifgerät 412

C

C-Achse 187
Café-au-lait-Fleck 92
Calamistrum 214
Camouflage 436
Camouflagecreme 415
Camouflagestift 415
Cäsar 148
Cäsarenfrisur 148
Chignon 149, 486
Chipping-Technik 191
Chiroform 176
Cleopatrafrisur 146
Climazon 219
Clips 183, 218
Coloration 492 ff.
Computer ➜ s. PC
Computerprogramm 153 f., 470
Concealer 415, 439
Corium 85
Corporate Design 458
Corporate Identity 458
Cortex 80
Creative Shaper 256
Cremelidschatten 417
Creme-Make-up 415
Cremerouge 418
Cross-Check 197
Cross-Selling 449
Curfcut 179
Cut and Go 236
Cuticula 80
Cystein 260

D

Damenmodell 500
Dappenglas 413
Daten 122
dauerhafte Haarumformung 242 ff., 274, 365
  Arbeitsplan 265
  Fixieren 270 f.
  Kontrolle und Fehlerkorrektur 272
  Präparate 259 ff.
  Wellvorgang 268 f.
Dauerwelle ➜ s. dauerhafte Haarumformung
  2-Phasen- 254
  Enzym- 254
  saure 254
  thermogesteuerte 254
Dauerwellkamm 275
Dauerwellwicklermethode 341
Dehnbarkeit 81, 211, 275
Deklaration 107
Dekorationsmaterial 448
demi-permanent 305
Deodorant 88
Depilation 484
Dermis 85
Dermografentest 400
Desinfektion 47, 186, 195, 419
Desinfektionsmittel 186
desinfizieren 94, 178, 385
Deutsches Wagenrad 215
Diabetes 378
Diamant- und Saphierfeile 381
Dienstleistungsangebot 15, 469
Dienstleistungsbereich 448
Dienstleistungsberuf 55
Dienstleistungskalkulation 237, 277
  mit dem Minutenkostensatz 321
Dienstleistungs- und Produktangebot 442
Dienstleistungsunternehmen 23
Differenzkalkulation 468
Diffuser 220, 226
Dipol 97
  Anziehungskraft 97
direktziehender Farbstoff 302, 330, 333, 348, 350, 359
disconnected cuts 192
Distanz 60
Distanzzone 60
Distributionspolitik 452
Dokumentation 236, 276, 320, 360, 367
Doppelschwefelbrücke 212
Duftdrüse 88
Düfte 448
Duftstoffe 260, 345, 348
Durchmesser 81
durchziehen 339
Dutt 486

E

Echthaar 115 f., 161, 490
EDV-gestütztes System 62
EDV-Kassensystem 471
effilieren 179, 190
  schabend 191
Effiliergerät 180
Effilierschere 177
Effilierschneide 178
Effleurage 113, 389
Eichenwurzelrinde 334
Eigenschaften 211
Eincremen der Hände 39
einheitlich gestufte Form 173, 193
Einkaufsplanung 460
Einlegetechnik 224
Einmalhandschuhe 38
Einverständnis 501
Einwänden begegnen 120
Einwirkzeit 358, 360
Einzelunternehmen 444
Einzelwerbung 453
Ekzem 34 f.
  seborrhoisches 92
Elastizität 211, 244, 271, 275
Elektrogerät 48, 222
Elektronen 252
elektrostatisch 216
elektrostatische Aufladung 82, 105 f., 220, 228
Elvistolle 149
Empfänger 66
Empfangsbereich 16, 448
Empire 148
Emulgator 98, 100, 104, 260
emulgieren 98, 112, 271
Emulgiervorgang 361
Emulsion 100, 104, 271, 309
Emulsionstyp 415
Energiesparhandtuch 21, 111
Energiesparmaßnahmen 21, 110 f.
Energieverbrauch 21
  Berechnung 50
Enthaarung 484
entquellen 249
entscheiden 501
Entscheidungsfrage 68
Entwicklerflüssigkeit 343
entzündliche Hautveränderung 399
Entzündung 93 f.
Epidermis 85 f., 89
Ergonomie 40
ergonomische Aspekte 195
ergonomisches Arbeiten 385
ergrauen 290
Erscheinungsbild 55, 129, 403, 501
Erstausstattung Maniküre, Kosten 392
Erste Hilfe 49, 186
erweiternd verlaufende Form 173
Eton-(Boy-)Stil 147
Eugénie 151
Eumelanin 288, 328, 333
Existenzgründung 443
Exporthaar 115
Extensions 491
Eyeliner 417
Eyelinerpinsel 412

F

Facebook 455, 458
Fächerpinsel 412

Fachgespräch 204
Fachkompetenz 18
Fallrichtung 223
Falschlieferung 463
Falten 86, 399, 435
Fantasiefrisur 483
Farbabzug
alkalischer 363
oxidativer 363
reduktiver 363
saurer 363
Farbanordnung 337
Farbauftrag 338, 493
Farbausgleich 339, 364
Farbauswahl 297, 448
Farbbildner 332, 365
farbloser 359
Farbbrei 314, 348
Farbcreme 332, 348 f.
Färbeecke 17
Färbeeigenschaften 291
Farbempfehlung 301, 337, 380
Farben 284
aktive 299
dunkle 299
helle 299
kalte 293, 299
passive 299
warme 293, 299
färben 332
Farbentferner 351
Färbepräparat
oxidatives 326
Farbergebnis
fehlerhaftes 362
Farbfestiger 305
Farbföhnlotion 305
Farbharmonie 300 f., 336, 433
Farbkarte 283, 297
für Oxidationsfärbemittel 298
für Tönungen 298
Farbkontrast 300, 336
Farbkreis 286 f., 289
Farblack 384, 390
Farbmerkmale
kalte 293
warme 293
Farbpflege 317 f.
Farbreiniger 416
Farbrichtung 288 f., 297 f., 328
Farbschutz 308, 314
Farbshampoo 305, 318
Farbspray 307
Farbstoff 260, 285, 332
Abbau 333
direktziehender 302 ff., 330, 333, 348, 350, 359
größerer 309
kationischer 304
kleiner 309
künstlicher direktziehender 282
oxidativer 282, 327, 333
pflanzlicher direktziehender 282
unlöslicher 307
Farbstoffvorstufe 332, 348, 359
Farbsträhne 283, 490
Farbtiefe 289, 297 f., 328
Farbtonangebot 311, 326
Farbtuch 295
Farbtyp 293, 295, 301, 331, 337, 380, 397, 477
Merkmale 293
Farbtypbestimmung 294
Färbung
oxidative 246
farbveränderndes Präparat 282
Farbveränderung
Arbeitsablauf 357
Arbeitsplan 367
Farbverlust 317
Farbwahl 433
des Lidschattens 407
Farbwirkung 299 f.
Farbzusatz 345
Faser 85
elastische 86
kollagene 86
Faserschicht 80, 248
Faserstrangbündel 80
Fasson 174
Fassonschnitt 169, 191
Feedback 67 f.
Fehlhaltung 233
Feile 381, 388
Diamant- und Saphirfeile 381
Glasnagelfeile 381
Maniküriefeile 381
Mikrokristallfeile 381
Polierfeile 381, 390
Sandblattnagelfeile 381
feilen 385
Feinbau 212, 248
Fertigfarbstoff 304
Fettzelle 85 f.
Feuchtigkeitsspender 318
Feuermal 429
Fibrillen 80
Filiale 443
Filmbildner 231
Fingerform 375
Fingerhaltung 189
Fingerkuppenverband 186
Fingernagel 374
Finish 229
Finishpräparat 230
Inhaltsstoffe 231
Finishtechniken 228
Firmenname 444 f.
fixieren 270
Fixierpräparat 248, 251, 259, 262
auftragen 270
Fixiervorgang 271
Flachbürste 226
Flachwickler 254
Flat Top 191
Flaumhaare 159
Fluid-Make-up 415
Flyer 455
Föhn 220
Föhnfrisur 234
Föhnlotion 230
Föhntechniken 226
Föhnwellkamm 220
Folie 338
Foliensträhnen 340, 342
Fontange 150
Fontangefrisur 214
Form
ansteigend gestufte 173, 188, 193
einheitlich gestufte 173, 193
erweiternd verlaufende 173
graduierte 174, 193
kompakte 172, 193
Formeln zur Berechnung von Mengen und Konzentrationen 370
Fortbildung 30
Foundationpinsel 412
Fragebogen 122
Fragemethode 121
Fragetechnik 68, 476
Franchise-Salon 443
Franchising 443
Fransen 196
Franseneffekt 190
Französische Revolution 148, 151
freie Radikale 317 f.
freihandfärben 342
Fremdbild 57
Friktion 114, 389
Frisett 161
Frisiercreme 229 f.
frisieren 229
Frisiergewohnheiten 128, 155, 209, 243
Frisur
Beschreibung 152
Elemente 140
Fachbegriffe 137
Gestaltungsmerkmale 137
Oberfläche 139
Frisurenberatung 153
am PC 153, 470
Fehler 157
Frisurenbild 153
Frisurenelement 141
Frisurenform 138, 146

Frisurengestaltungs-
programm 153
Frisurenmappe 153
Frisurenoberfläche 139
Frisurenumriss 142f.
äußerer 138, 143
innerer 138, 143
Frisurenumrisslinie 196
Frisurenvarianten 235
frottieren 112
Frühbiedermeier 151, 214
Frühlingstyp 293, 301
Frührokoko 150
Führungslinie 187, 196
mobile 187
stationäre 187
Fußfehlstellung 43
Fußgesundheit 42
Fußgewölbe 43

G

Garçon-Stil 147
GbR 444
Gefahrstoffzeichen 49
Gefäßerkrankung 40
Gefäßveränderung 398f.
Gegenfarbe 286f., 328, 336, 415
Gegenfarben-Kontrast 300, 336
Gel 229, 304, 391
Gelbildner 104
Gelbstich 303
Gemeinkosten 237, 277, 321
Gemeinschaftswerbung 453
Gemisch
heterogenes 100
homogenes 100
Gerätewagen 195
Gerbsäure 313
Gerbsäuregehalt 310
Germanen 214, 335
geschädigtes Haar 95, 135
Geschäftsführung 444f.
Geschäftsmodell 442
geschlossene Frage 68, 118
Gesellenprüfung 204
Gesellschaft bürgerlichen Rechts 444
Gesellschaft mit beschränkter Haftung 445
Gesellschaftsnorm 55
Gesetz gegen unlauteren Wettbewerb 121, 454
Gesicht 296
Gesichtsform 132f., 143f., 401, 405f., 478
Ausgleich 143f., 405f.
Gesichtsreinigung 414, 423f.
Gesichtswasser 414
Gesprächsführung 68
Gesprächsführungstechniken 117
Gestik 56
Gesundheitsschutz 32, 44, 110, 195, 233, 266, 355, 385
Gewährleistung 461
Gewerkschaft 29
Gewinn 237, 467
Gewinnzuschlag 468
Glanz 81, 105
Glanz geben 229
glanzlos 83
Glanzspray 229
glasiges Haar 292, 364
Glasnagelfeile 381
Glätteisen 107, 221, 227
Glättungsbehandlung 273
Glättungshilfe 107
Glättungspräparat 273
Glatze 159
Glatzenbildung 170
Gleichmäßigkeitskontrolle 197
Glitterpuder 416
Glossstift 418
GmbH 445
graduierte Form 174, 193
Graduierung 188
Grateau, Marcel 214
Grauabdeckung 319
Greifzone 450
Griechen 22, 148f., 214
Gründerzeit 149, 151, 215
Grundfarbe 286
grundieren 430
Grundierung 406, 415
auftragen 430, 435
Grundlinie 187
Grützbeutel 92, 136

H

Haar 211
afrikanisches 82, 135, 169, 209f., 221, 227f., 245, 273, 303, 328, 330
asiatisches 82, 115, 135, 169, 209, 227, 245, 260, 303, 328, 330
Aufbau 211
bandförmiges 82, 244
befühlen 83
betrachten 83
dickes 81, 292, 330
Durchmesser 81, 135f.
Eigenschaften 81
europäisches 82
Feinbau 212
feines 81, 170, 232, 292, 330
gedrehtes 84
geschädigtes 95, 135
Glanz 81, 105
glasiges 292, 364
kaukasisches 82
mongolisches 82
negroides 82
ovales 82, 244
Querschnitt 82, 244
rundes 82, 244
strukturgeschädigtes 245f., 331
unpigmentiertes 290
weißes 291, 364
Haaranomalie 83f.
Haaransatz 79
Haaraufrichtemuskel 79, 85
Haarausfall 159f., 162
androgenetisch bedingter 159
diffuser 161
kreisförmiger 160
kreisrunder 170
Haarbalg 79
Haarbalgentzündung 92
Haarbruch 83, 272
Haardehnungsgerät 211
Haardichte 135f.
Haarentfernung 484
Haarersatz 115, 161, 199, 490
Haararten 115
Pflege 491
Reinigung und Pflege 116
Haareschneiden
Arbeitsmittel 175ff.
Basisschnitte 172ff.
Fingerhaltung 189
Hilfsmittel 184
Schneidetechniken 190ff.
Haarfarbe
für den Mann 351
oxidative 330, 350
Haarfarbenveränderung 355
Haarfestiger 230
Haarfollikel 79f., 84f., 87f., 92, 158ff.
Haarfülle 135, 158f., 161, 170
Haargel 229f.
Haarglanzspray 230
Haarglättung 273
Haarkeratin 329
Haarknötchenkrankheit 84
Haarkreide 307
Haarkur 106
Haarkurbehandlung 114
Haarlack 229f.
Haarlänge 209, 243
Haarmascara 307

Haarmatrix 79
Haarnadel 218
Haaröl 107
Haarpapille 79, 288
Haarpflegegewohnheiten 78
Haarpflegepräparat 100, 106, 318
Haarqualität 135, 169, 292
Haarquerschnitt 80, 209, 244, 288, 330
Haarreinigung 112
Haarreinigungsgewohnheiten 78
Haarsauna 310
Haarschäden 83
Haarschädigung 270, 274
Haarschaft 79, 83 f.
Haarschmuck 481
Haarschneidegerät 175
Haarschneidekamm 182
Haarschneidemaschine 181 f., 201
  Reinigung und Pflege 182
Haarschneideschere 175 ff.
  Handhabung 176
  Reinigung und Pflege 178
Haarschnitt 168, 196
  ansteigend gestufter 247
  Darstellung 171
  einheitlich gestufter 188
  graduierter 247
  kompakter 188
Haarschnittkontrolle 197, 503
Haarspitzenfluid 107
Haarspliss 83 f., 169
Haarspray 40, 229 f.
Haarstärke 81, 135 f., 169, 209, 244, 292, 330
Haarstärkenmessgerät 81, 244
Haarstruktur 83, 169, 210, 245 f., 292, 330
Haarteil 116
Haartresse 162
Haartyp 82
Haarumformung
  Methoden 208
Haar- und Hautpflegepräparat
  Wirkstoffe 105
Haar- und Kopfhautbeurteilung 62, 94 f., 122
Haarverdichtung 162, 215, 490, 494
Haarverlängerung 162, 215, 478, 490, 494
Haarverlängerungsmethode 491
Haarverlaufslinien 139
Haarwachs 230
Haarwäsche 111 f.
  Ansatz- 111
Haarwasser 104, 107
Haarwechsel 158
Haarwellung 135, 169, 209
Haarwirbel 134, 168 f.
Haarwuchsrichtung 134, 168, 209, 245
Haarwurzel 79, 158
Haarzustand 95
Haarzwiebel 79
Hacke 191
Hair-Tattoo 182
Hairweaving 162
Hallux valgus 43
Hals 145
Hämangiome 92
Hand 377
Handcreme 383
Handelsregister 444 f.
Handform 378
Handlungskosten 437, 467 f.
Handmaske 383
Handmassage 389
Handpackung 383
Handpeeling 382
Handwerkskammer 25, 28
Handwerksordnung 23, 28
Handzettel 455
harmonisch 300
Haube 219
Haubensträhnen 341
Haut 84
  afrikanische 398, 411, 416
  Alterung 86
  anspruchsvolle 415, 435
  asiatische 398, 411
  Aufbau 85
  befühlen 400
  betrachten 399
  Drüsen 87
  Elastizität 86
  entzündliche Veränderungen 398
  farbliche Veränderungen 397, 415
  fettige 90, 92
  normale 397, 399 f.
  reife 415 f., 435
  Schutzfunktionen 88
  trockene 90
Hautbeurteilung 399
Hauterkrankung 33 f.
Hautfaltentest 400
Hautkrebs 92
Hautreinigung 484
Hautschutz 34, 110
Hautschutzcreme 416
Hautschutzmaßnahmen 37
Hautschutzplan 33, 37, 110
Hautschutzpräparat 32, 39
Hautsekretionstyp 87, 89, 397, 399, 414
Hauttalg 87, 90, 92
Hautton 397, 405
Hautveränderung 91 f., 170, 378, 397
  entzündliche 92
Hautzustand 378
Heißwelle 253
Hell-dunkel-Kontrast 300, 336, 344
Hellerfärbung 349, 352
Henna 311 ff., 334
Hennabrei 314
Hepatitis 185
Herbsttyp 293, 301
Herpes 45
Herrenhaarschnitt 499
Herrensalon 366
Herstellerblock 449
Herz-Kreislauf-System 40
HFK-Welle 257
Highlights 327
Hinterkopf 137, 145
Hip-Hop 480
historische Frisiertechniken 213
historische Frisur 150, 483
Hitzeschutzpräparat 107
Hitzeschutzspray 227
HIV 185
Hochrokoko 150
Hochsteckfrisur 149, 151, 481, 486 f.
Homepage 458
Hornschicht 34, 85 ff.
Hornsubstanz 79
Hornzellen 86, 89, 91
Huckepackwicklung 256
Humankompetenz 18
Hutlinie 187, 196
Hydrolipidfilm 86, 88 ff., 104, 110, 267
hydrophil 98
hydrophob 98, 100
Hygiene 43 ff., 47, 110
Hygienemaßnahmen 419
Hygieneverordnung 44, 47, 186, 385
Hygroskopizität 211

I

Image 458
Immunsystem 36, 45, 88
Impulskauf 70
INCI 99, 107 f., 231, 259, 345, 348, 512

Indigo 312, 334
Indikatorpapier 250
Infektion 46, 93
  indirekte 46
Infektionserkrankung 46
Infektionsgefahr 185
Infektionsrisiko 93
Infektionsschutz 91
  Maßnahmen 186
Infektionsschutzgesetz 44, 186
Informationsphase 118, 155
In-Form-Wicklung 257
Infrarotstrahlen 284
Innenausstattung 448
Innung 29, 479
Intensivtönung 303, 319, 350, 500
  für den Mann 351
Intercoiffeur 479
Internet 455, 458, 460
Inventar 466
Inventur 466 f.
Ionenföhn 220
Iro 191
ISO 9000 473

J

Ja-aber-Methode 120
Jojobaöl 313
Juckreiz 90 f., 94
Jugendarbeitsschutzgesetz 26
Jugendstil 151, 215

K

Kabinettware 15, 237, 459
Käfigeffekt 332, 359
Kahlstellen 159 f.
Kaiserzeit 148
Kajalstift 417
Kalkseife 99
Kalkulation 451, 467 ff.
  mit dem Minutenkostensatz 321, 475
  von Dienstleistungen 237, 277
  von Handelswaren 437
Kalkulationsfaktor 437
Kalkulationsschema 468
Kalkulationszuschlag 437
Kalt-warm-Kontrast 300, 336
Kaltwelle 254
Kamille 312
Kamm 182, 216, 218
  grobzahniger 216
  Nadelstiel- 216
  Ondulations- 183, 216
  Stiel- 216
  Strähnen- 182
  Toupier- 216
  Wasserwell- 216, 225
Kämmbarkeit 106
Kammführungslinie 139
Kämmrichtung 188 f.
Kammsträhnen 341
Kämmwinkel 188
Kapillaren 40, 79, 85 f.
Kapillarität 243
kaschieren 366, 435
Kassensystem 276, 471
kassieren 276
Katalysator 357
kationische Substanzen 105 f., 231
kationische Wirkstoffe 317
Kaufentscheidung 70
Kaufmotiv 70
Kaufvertrag 462 f.
Keratin 79, 82 f., 86, 105, 251, 259, 270, 374
Keratinisierung 86
Keratinmasse 81
Keratinmoleküle 211, 248
Keratinozyten 79, 85 f.
keratolytisch 102, 105
KG 445
Kilowattstunde 50
Kinder 168
Kinn
  Ausgleich 145, 199
Kittsubstanz 79 f., 275
Klarfarbe 287
Klar-trüb-Kontrast 300, 336
klassische Kurzhaarfrisur 482
klassische Langhaarfrisur 482
Kleingewerbetreibender 444
Klingengerät 179
  Reinigung und Pflege 180
Knickstelle 219, 268
Knötchenbildung 84
Kolbe 147
Koleston 334
Komedonen 398
Kommahaare 160
Kommanditgesellschaft 445
Kommunikation 56, 60, 66
Kommunikationsmodell 66
Kommunikationspolitik 452 f.
Kommunikationsstörung 67
kommunizieren 119
kompakte Form 172, 193
Kompaktpuder 416
Kompaktpuder-Make-up 415
Kompetenzen
  fachliche 117
  kommunikative 18
  soziale 117
  sprachliche 117
Komplementärfarbe
  ➜ s. Gegenfarbe
Komplementär-Kontrast 300, 336
Kompresse 200 f., 412, 424
Kongo 162
Konservierungsstoffe 260
Kontaktaufnahme 118
Kontaktinfektion 46, 186
Kontaktphase 155
Kontrast 141
  Form- 141
  Längen- 141
  Richtungs- 141
  Volumen- 141
kontrollieren 503
Kontur 134, 137, 169
Konturenverlauf 134, 168
Konzentrat 369 f.
Konzentration Blondier-/Farbbrei 359
Kopfform 132, 143, 478
Kopfhaut 87, 89 f., 92, 136, 210, 247, 331
  Erkrankung 93
  fettende 136
  Probleme 78
  Rötungen 90
  Zustand 89, 94
Kopfhautwasser 107, 113
Kopflaus 93 f.
Kopfmassage 113 f.
Kopfschuppen 91, 93
Körnerzellenschicht 85 f.
Körperbau 131
Körperfarbe 285
Körperfülle 143
Körpergröße 142
Körperhaltung 56, 195
Körperproportionen 131, 142 f.
Körpersprache 56 f., 66, 95
Kosmetikerin 31, 484
Kosmetik-Verordnung 107 f., 351
Kosten 498
  für Erstausstattung
    Maniküre 392
Kostenplanung 498, 504
Krampfadern 40 f.
Krankheitserreger 45 ff., 89
kreative Techniken 342
Kreppeisen 221, 227
Kreuzscheiteltechnik 338

Kundenbefragung 83
Kundenberatung am PC
153, 470
Kundenbindung 64, 451
Kundendaten 62
Kundeneinwände 120
Kundenkarte 451
Kundenkartei 62, 122,
236, 276, 320
Kundentyp 58 f.
Kundenverwaltung 276
Kündigungsschutzgesetz
28
Kunsthaar 115, 490
künstliche Produkte 310
Kunstnagel 381, 391,
488 f.
Kupfersulfat 329
Kupplungskomponente
332, 348, 359
Kurzhaarfrisur 146, 482

L

Lachfältchen 435
Lackfarbe 380
Lackmuspapier 250
Ladung
negative 82
positive 82
Lagerhaltung 465
Lagerraum 465
Langhaarfrisur 482,
486 f., 494
Langzeitumformung
➜ s. dauerhafte Haarumformung
Latexschutzhandschuhe
38
Lawson 313
Leave-in-Haarpflegekur
104
Leave-in-Präparat 106 f.,
318
Leberfleck 92, 398
Lederhaut 85 f.
Leitmotiv 58
Lernkompetenz 18
Leuchtkraft 287
Licht 81, 284 f., 448
Lichthärtungssystem
391, 488
Lichtquelle 284 f.
Lichtreflex 327
Lichtschutzfaktor 88
Lichtschutzfilter 105
Lichtschwiele 88
Lidschatten 417
auftragen 431
Lidschattenapplikator
413
Lidschattengrundierung
430
Lidschattenpinsel 412
Lidschattenstift 417
Lidstrich 432
ziehen 432
Lieferbedingungen 461
Lieferfrist 461
Lieferungsverzug 463
Lipgloss 418
Lipide 87
lipophil 98
lipophob 98
Lippen
schminken 433
Lippenform 401, 410
Betonung 411
modellieren 410
Lippenkonturenstift 418
Lippen-Make-up 433
Lippenpinsel 412
Lippenstift 418
Listenpreis 202, 437
Litermaße 123
Locken 223, 229, 242
Korkenzieherlocken
223
Lockenstab 221, 227
Logo 458
Lohnkosten berechnen
203, 237
Lohn, produktiver 237
Lohntarifvertrag 27
Longlasting-Make-up
415
Lösungen 100, 104
alkalische 250
basische 249
erstellen 369 f.
saure 250
Lösungsmittel 100
Löwenmähne 215
Lowlights 327, 336
Luftsauerstoff 252, 351

M

Make-up 420, 485, 494,
500
Arbeitsablauf 423
Behandlungsplan 421
Beurteilungsbogen
404
Farbempfehlungen
411
festliches 434
Pflegeempfehlung
425
Make-up-Schwämmchen 413
Maniküre 374
Arbeitsplatz 385
Behandlungsplan 387
Beurteilungsbogen
379
Manikürschale 388
Männerhaarschnitt 480
Manteltarifvertrag 27
Marie Antoinette 150,
214
Markenblock 449
Marketing 442, 446,
451 ff.
Marketinginstrument
451
Marketing-Mix 451
Markschicht 80
Marktsituation 451
marmorieren 488
Maske 414, 425
Maskenbildnerin 31
Massage 113, 484
Hand und Arm 389
Reib- 389
Streich- 389
Massagecreme 389
Massagegriffe 389
Massageöl 383
Materialien 448
Materialkosten 237, 277
Mayer, Josef 215
Medien 153
Medulla 80
Mehrwertsteuer 202,
237, 437
Meisterprüfung 30, 443
Melanin 288, 290
Melanom 92 f.
Melanozyten 88, 92, 288,
290, 397
Mengenrabatt 202, 461
Meschenkamm 216
Messerformschnitt 149
Metall 267
Metallion 329
Metallsalz 246, 334
Metallsalzfarbe 329
Methanolamin (MEA)
349
Methodenkompetenz
18
Mikrofeinverzahnung
176, 178
Mikrokristallfeile 381
Mikroorganismen 45, 89
Mikrosporie 93
Milien 398
Mimik 56
Mimikfalten 435
Minderung 368, 463
Mindestbestellmenge
461
Mindestkapital 444 f.
Minicutter 182
Mini-GmbH 445
Minutenkostensatz
berechnen 321
Mischfarbe
erster Ordnung 286
zweiter Ordnung 286
Mischhaut 399
Mischtyp 294
Mischungskreuz 369
Mischungsrechnen 369
Mischungsverhältnis
262, 353 f.
berechnen 277, 369
Missverständnis 57, 63,
67

Mitbewerber 451, 454, 467 f.
Mittelalter 22, 334
Mittelscheitel 187
Mixecke 448
Mixtöne 347
Mobbing 19
Mode 479
modellieren 433
mit Grundierung 405
Modellierschere 177 f.
Modeton 353
Molekülspirale 211, 213
Montur 116
Mundpropaganda 71, 453
Mundschutz 385
Musik 448
Muttermal 92 f., 398
Mutterschutzgesetz 28

N

Nachbehandlung 361
Nachbehandlungspräparat 271
Nachbesserung 368
Nacherfüllung 463
nachfixieren 271
Nacken 145
Naevi 92, 398
Nagel
Bestandteile 374
Farbveränderung 377
Formung 388
lackieren 390
polieren 390
Strukturveränderung 376
Nagelanomalie 375 ff.
Nagelbad 388
Nagelbett 375
Nagelcreme 382
Nageldesign 391, 488, 494
Nagelfalz 374
Nagelform 375, 380
Nagelgestaltung 391
Nagelhärter 383
Nagelhaut 374
Behandlung 388
Nagelhautentferner 382
Nagelhautschere 381
Nagelhautzange 381
Nagellack 390
Auftragetechnik 390
Nagellackentferner 382
Nagellackkorrekturstift 384
Nagelmatrix 375, 388
Nagelmodellage 391, 488, 494
Nagelmond 374, 380
Nagelöl 382
Nagelpflege
Präparate 382
Nagelpilz 46
Nagelplatte 374
Nagelveränderung 375
Nagelverlängerung 391
Nagelwall 374
Nagelweißstift 384
Nagelwurzel 375
Nail-Art 391
Narbe 91, 429
Nase
Form 145, 401, 405
nass geschnitten 194
Nassrasur 200 f.
Nassschnitt 169
natürliche Haarfarbe 288 f.
Naturnagel 381
Naturpigment 328
Naturtonselektor 289
Negativwerbung 368
Nerven 85
Nessler, Karl 215, 253
Nettoverkaufspreis 437, 468
Netzmittel 98, 260, 268, 345, 348
Neufärbung 339
Neukunde 122, 452, 457
neutralisieren 105, 249, 259, 262, 357
Neuzeit 23
Newsletter 452, 455, 457
Nissen 93 f.
Nissenkamm 94
Nitrofarbstoffe 304
nonverbal 56, 66
Normalfärbung 352
Nuance 297 f.
Nuancierfarbstoffe 304
Nutzen von Präparaten/Behandlungen 118

O

Oberflächenspannung 101, 268
Oberhaut 85 f., 90
Oberkopf 137, 145
Objektverschiebung 192
offene Frage 68, 118
Öffentlichkeitsarbeit 452, 458
Ohr 145
Öl 313, 318, 345
Ondulation 214
Onduliereisen 214
Onlineshopping 452
optische Aufheller 345
Orbis 149
Ordnungssystem
der künstlichen Haarfarben 297
der natürlichen Haarfarben 288
Organisation im Salon 61 f., 459 ff.
Organisationsmittel 470
Ö/W-Emulsion 304
Oxidation 250 ff., 359
Oxidationshaarfarbe 326, 348
Oxidationsmittel 248, 251 f., 259, 262, 282, 343 ff., 348
oxidative Färbung 500
oxidative Haarfarbe 282
oxidative Tönung 500
Ozonschicht 233

P

Packung 106, 414, 425
Paddlebrush 217
Pagenkopf 146 f.
Painting 342, 492
Panthenol 313
Papeln 429
Papille 158
Papilloten 223, 225
Papillotieren 224
Papillotiertechnik 257
Paraffinbad 383
Passantenstopper 446, 455
Passee 187
Pastellfarbe 287
Pause 26
PC 61 f., 153, 276, 470 f.
PC-Programm 153
Peeling 414, 424, 484
biologisches 424
mechanisches 424
Peelingshampoo 309
Penetrationshilfe 306
Peptidspirale 212, 248, 251, 271
Personal 442
Personalraum 17
persönliche Kompetenz 18
Persulfat 332, 345 f.
Perücke 116, 161, 199
Petrissage 389
Pfanzenfarbe 314
Pferdefüßchen 381, 388
Pflanzenextrakt 105
Pflanzenfarbe 246, 282, 302, 310 ff., 334
Einwirkzeit 315
reine 311
Wirkungsweise 313
Pflanzentönung 311 f.
Pflegegel 106
Pflegemaßnahmen
für Haar und Kopfhaut 114
pflegende Kosmetik 484, 494
Pflegepräparat 318, 366
für Haar und Kopfhaut 104
Pflegespray 106
Pflegestoff 260
kationischer 263
Phäomelanin 288, 328, 333
pH-Teststreifen 250

pH-Wert 249 f., 306, 349
der Haut 201
Pickel 92
Pigmente 80, 285, 288
Abbau 333
Pigmentflecken 136
Pigmentierung 88, 399
Pigmentnaevi 92
Pigmentstörung 429
Pigmentveränderung 92
Pili anulati 84
Pili torti 84
Pilze 46, 91 f.
Pilzerkrankung 46, 375
Pilzinfektion 93
Pinsel 412
Augenbrauenpinsel 412
Eyelinerpinsel 412
Fächerpinsel 412
Foundationpinsel 412
Lidschattenpinsel 412
Lippenpinsel 412
Puderpinsel 412
Rougepinsel 412
Schattierpinsel 412
Pinselreiniger 413
Pinseltechnik 488
Pinzette 413
Plakat 455
Plankauf 70
Plastizität 211
Platzierung 449
Point-Cut-Schere 177
pointen 190
Polierfeile 381, 390
Polymere 102, 231
Pomade 149
Pomadenfrisur 215
Pompadour 150
Pony 196
Poren 87, 89, 399
porös 83, 245, 291 f., 303, 306
Porosität 344
Präparateauswahl 352 f.
Preis 119, 276, 451
Preisburger 119
Preisgespräch 119
Preisgestaltung 442, 451
Preiskalkulation 467 ff.
von Dienstleistungen 237, 277, 469
von Waren 437, 467
Preis-Leistungs-Verhältnis 468
Preisliste 498
Preisnachlass 461
Preispolitik 451
Preisschwelle 451
Preshave 200
Printmedien 153
Probewickler 268 f.
Produktblock 449
produktiver Lohn 237
Produktpalette 15
Produktpolitik 451, 471
Produktpräsentation 449
Produktsortiment 459
Profil 145
Proportionen 131, 140, 142, 210, 247, 296, 478
Prospekt 455
Protein 313
Protonen 252
Prüfung 499
Prüfungskommission 499
Prüfungsmappe 96, 265, 355, 422
Psoriasis 91
Public Relations 458
Puder 415 f.
Puderlidschatten 417
Puderpinsel 412
Puderquaste 413
Puderrouge 418
Pufferstoff 260, 348
Pumpzerstäuber 233
Punk 215, 480
Pusteln 429
Pyramidenwicklung 247, 258

Q

QM 473
QM-System 473 f.
Qualitätsmanagement 473 f.
Qualitätsmanagement-system 473
Qualitätssicherung 122
quellen 249
Quellung 263, 327
Quellvorgang 270
Querscheitel 187

R

Rabatt 202, 276, 437, 443, 461
Radikalfänger 318
Rap-Kultur 480
Rasiermesser 180
Rasiermesserschnitt-technik 149
Rasierpräparat 199 f.
Rasierwerkzeug 199
Rasur 199 f.
Rebonding 213
Rechnungspreis 437
Rechtsform 444 f.
Reckzone 450
Recycling 20
Reduktion 250 ff.
Reduktionsmittel 248, 250 ff., 254, 259 ff., 363
reflektieren 284, 318
Regalzone 450
Registrierkasse 471
Reibung 114
reife Haut
Make-up 415, 435
Reihung 141
Reinigung 47
Reinigungsgriffe 424
Reinigungsmilch 414
Reinigungspräparat
für Haare und Kopfhaut 101
Reinigungsvorgang 98
Reißfestigkeit 82 f., 271, 275
Reklamation 69, 71, 368
berechtigte 368
unberechtigte 368
Renaissance 147, 150, 334, 396
Rezeption 16, 54
Rezeptur 314, 352 f.
rhetorische Frage 68
Rhythmus 141, 337
Rillenfüller 384, 390
Ringelhaar 84
Rinse-out-Präparat 104, 106
Rokoko 150, 214, 396
Röllchenprobe 400
Romanik 146
Römer 22, 148 f., 214, 335
Rotlichtlampe 219
Rötung 91 ff., 398
Rouge 405 f., 418, 433
auftragen 433
Rougepinsel 412
Rückenproblem 42
Rückenschule 41
Rückhandgriff 179, 201
Rücktritt vom Kaufvertrag 368
Rückwärtskalkulation 468
Rundbürste 217, 226

S

Sachinhalt 66
Sachmängel 463
Salon
Außendarstellung 458
eigener 443
Gestaltung 446
Größe 442
Innenausstattung 448
Software 470
Salonkette 443
Salonkonzept 442, 469
Salonphilosophie 473
Salzbrücken 212
Sammelwerbung 453
Sauerstoff 250, 252
aktiver 251 f., 259, 332, 343 f., 357, 359
Luft- 252
Sauerstoffatom 97, 343
Saugfähigkeit 211, 245 f., 263
Säure 105, 248 f., 259, 262

Säureschutzmantel 88f.
Schadensersatz 368, 463
Schattierpinsel 412
Schattiervorschlag 431
Schaufenster 446f.
Schaufenstertyp 447
Schaum 98, 106
Schaumdauerwelle 261
Schaumfestiger 230
Schaumtönung 305
Scheibentechnik 340
Schere 175f.
  Haarschneide- 175, 178
  Slice- 175
Scherenblatt 175
Scherenform 176
Scherengröße 177
Scherpilzflechte 93
Schminkgewohnheit 396
Schmuck 488
Schneckentechnik 315
Schneidefelder 187, 196
Schneidehocker 195
Schneidekragen 184
schneiden 176
Schneidetechnik 190, 194
Schnelltrockner 384
Schnittanleitung 171
Schnittfehler 198
Schnittgrafik 172ff., 193
Schnittlinie 197
  Fachbegriffe 187
Schnittverletzung 186, 195
Schönheitsideal 396, 478
Schüppchen 400
Schuppen 90f., 107
Schuppenbildung 95
Schuppenflechte 91, 95, 104
Schuppenschicht 80f., 83
Schutzhandschuhe 32, 34f., 38f., 48, 110, 385
Schwefel 329
Schwefelatome 248
Schweiß 88
Schweißdrüsen 85, 87, 90, 397
  apokrine 87f.
  ekkrine 87
Schweißsekretion 87
Seborrhö 90, 95, 102
  oleosa 89f., 397, 399f.
  sicca 89f., 397, 399f.
Sebostase 89f., 95, 397, 399f.
Sebum 87
sechsteiliger Farbkreis 286
Segmentblock 449
Seife 99
Sekret 87
Sekretion 397
Selbstbild 57
Selbstkosten 237, 277, 321, 437, 475
Selbstoffenbarung 66
Selbstübertragung 46
semi-permanent 305
Sender 66
Sensibilisierung 36
Serviceleistung 64, 72
Shampoo 98f., 101
  Inhaltsstoffe 101
Shampooarten 102
shampoonieren 112
Shoeshine-Methode 341
Shop in Shop 443
sicheres Arbeiten 48, 185, 222
sicherheitstechnischer Aspekt 195
Sichtzone 450
Silikon 105, 231, 246, 275
Sisi 151
Skonto 202, 437, 461f.
Slicen 190
Sliceschneide 178
Small Talk 65
Sofortfixierung 262, 270f.
Software 470
Sommersprossen 92, 397
Sommertyp 293, 301
Sondermüll 266
Sonnenstrahlen 83
Sortiment 469
Sortimentsauswahl 451
Sortimentsbreite 459
Sortimentstiefe 459
soziale Netzwerke 458
Sozialkompetenz 18
Sparperlator 111
Spätbiedermeier 151, 214
Spatel 413, 419
Spätrokoko 150
Spektralfarben 284
Spiegelkontrolle 197
spiegeln 57
Spindelhaar 84
Spindelzellen 80
Spirale 139, 212
Spiralwicklung 247, 257
Sprache 152
Sprungkraft 81, 83, 244, 269, 271, 275
Spülung 106
Stabilisierungssäure 343, 357
Stachelzellenschicht 85f.
Stammkapital 445
Stammkunde 122, 128
Standardsoftware 470
Standardwicklung 257, 264
Standort 14f., 442
Star 480f.
Steckaufsatz 181, 192
Stehhilfe 42
Steigerung 141
Steilformwickler 219
  einlegen 225
Sterilisation 419
Stichverletzung 48
Stil 129, 210, 247, 296, 331, 337, 403, 477
Stirn 145
Stirnfransenfrisur 150
Stirnpartie 137
Strahlung 284
Strähnen 340
Strähneneffekt 229
Strähnentechnik 340f.
Streichmassage 113
Stromschlaggefahr 222
Stromunfall 48
Stromverbrauch berechnen 50
strukturgeschädigtes Haar 331
Strukturschädigung 83
Strukturumformung 274
Strukturveränderung 95
Stufenhaarschnitt 148
stumpfschneiden 179, 190
Stützhaare 170, 196
Stützwicklung 255
Styling 500
Styling Mousse 230
Stylingpräparat 228, 230
  Inhaltsstoffe 231
Stylingtechnik 213, 228
Stylingtipp 236
Subcutis 85
Substanzen
  kationische 105f., 231
  waschaktive 98
subtraktive Farben 285
Suggestivfrage 68
Swebenknoten 214
symmetrisch 138
Synthetikhaar 115f., 161, 490
synthetische Produkte 310

T

Tagescreme 414, 425
Tages-Make-up 433
Talgdrüsen 79, 85, 87, 90, 397
Talgdrüsensekretion 90
Talgproduktion 87, 107, 400
  erhöhte 95
  verminderte 95
Talgzysten 92, 429
Tampeln 137
Tarifvertrag 27
Tattoo 429
Team 18

technische Regeln für Gefahrstoffe 33
Teilblondierung 340
Teilfärbung 340
Teilumformung 258
Teint 435
Teleangiektasien 398
Telefongespräch 63
Temperatur 360
temporäre Farbveränderung 305
Tensidarten 99
Tenside 98 ff., 231, 271, 309
  amphotere 99
  anionische 99
  kationische 99
  nichtionische 99
  Reinigungswirkung 99
Terminplanung 61
Textur 139, 172 f., 190 f.
thermische Haarpressung 228
Thermowickler 222
Thioglykolsäure 250, 254
Tierhaar 115
Tip 391, 489
Tituskopf 148
Tizianrot 334
Tonspülung 305
Tönung 282, 302
  Einwirkzeit 309
  in Gelform; flüssig; als Emulsion 305
Tönungsfehler 309
Tönungsfestiger 305
Tönungspräparat 303 f., 307
  Anwendung 305
  Inhaltsstoffe 305
  saures 306
Tonus 400
Tonwickel 213
Toupet 161
toupieren 228
Toupiermethode 341
Trägersubstanz 304
Tränensäcke 429
Transparent-Make-up 415
treibgasfreie Produkte 40
Treibmittel 231
Trend 151, 479 f.
Trendfriseur 163, 479
TRGS 40
  401 34
  530 33, 37, 110, 266, 355
Trichophytie 93
Trichorrhexis nodosa 84
Trockenrasur 200
trocken schneiden 194
Trockenshampoo 103
Tröpfcheninfektion 46
Tropfenbildung 97 f.
Trübfarbe 287
Trübungsmittel 260
Tubenquetscher 20, 356
Turgor 400
Tutulus 149
Typ
  avantgardistischer 130, 403
  femininer 130, 403
  klassischer 130, 403
  maskuliner 130, 403
  natürlicher 129, 403
  romantischer 131, 403
  sportlicher 129, 403
Typisierung 58
Typveränderung 477 f., 483, 492, 494
T-Zone 399, 416

U

Überdehnung 267
Übergang 191, 201
Übergangschneiden 181, 191 f.
Überkrausung 272
Überlack 384, 390
Übertragungswege 46
Überzeugungskette 120
überziehen 189
Umformung 208
  dauerhafte ➜ s. dauerhafte Haarumformung
  Haltbarkeit 223
  nicht dauerhafte 208, 212
  trockene Haare 227
Umformungsergebnis 210, 223, 270
Umformungsgrad 223
Umformungstechnik 224, 227
Umformungsvorgang
  Einwirkzeit 269
  Temperatur 269
Umgangsformen 55
Umrisslinie 171
Umtausch 368
Umweltschutz 20, 110, 233, 266, 356
Undercut 174, 192
Unfallvermeidung 48
Unfallversicherung 32
Unterhaut 85 f.
Unterhautfettgewebe 86
Unterlack 383, 390
Unternehmensform 14, 443 ff.
Unternehmensgesellschaft 445
Unternehmensidentität 458
Unternehmenskonzept 443
Unternehmergesellschaft (haftungsbeschränkt) 445
Urlaub 27
Urlaubsanspruch 26
Urocaninsäure 88
UV-Filter 231, 313, 318
UV-Strahlen 88, 284
UV-Strahlung 83, 317
UWG 454

V

Variationsmöglichkeiten 156
Venektasien 398
Venenklappe 41
Venolen 40
Verabschiedung 72
verbal 66
Verbundplatzierung 449
Verbundwerbung 453
Verdickungsmittel 260, 345, 348
Verdünnungsmittel 369
Verhalten 55, 57
Verhornung 91
Verhornungsprozess 86
Verkaufsförderung 121
Verkaufsgespräch 117, 119, 496
Verkaufspreis 467
Verkaufsware 459
Vermarktung 446
Verrucae 92
Versandhandel 452
versetzte Wickeltechnik 257
Vertriebspolitik 452
vier Seiten einer Nachricht 66
Viren 45, 92
Visagistik 484 f.
Visagistin 31, 484
Vitiligo 398
Vokuhila 149, 173, 188
Volumen 138, 142 f., 172 ff., 223 f., 242
Volumenwelle 274
Volumenwellpräparat 261
Volumenwickler 218 f.
  Einlegen 224
Vorbehandlung 364
Vorbehandlungsmittel 267
Vorbehandlungspräparat 263, 267, 339, 350
Vorderkopf 137
Vorhandgriff 179, 201
vorpigmentieren 303, 312, 350, 364
Vorpigmentierungspräparat 350
Vorteil-Nachteil-Methode 121
Vorwärtskalkulation 468

W

Wachs 229
Wachstumsphase 158
Wahlmodul 499
Wahlqualifikation 391
Wahlqualifikationseinheiten 24
Walnussschale 312, 334
Wangentest 400
Waren 449 ff., 459
Angebot 451
Ausgang 464
Beschaffung 460
Eingang 464
Kalkulation 437
Lagerung 465
Pflege 465
Präsentation 449
Sortiment 459
Wareneingangsbuch 464
Wareneingangskontrolle 464
Warenwirtschaftssystem 471
Wärmegerät
zum Trocknen 219
zum Trocknen und Formen 220
Wärmeregulierung 87 f.
Wärmestau 358
Warmluftbürste 221
Wartezeit 64, 112, 496
Wartezone 16
Warze 45, 92
waschaktive Substanzen 98
Wascherde 104
Waschmaschine 111
Waschplatz 16
Wasser 97, 260
Einsparung 21, 110 f., 123
Oberflächenspannung 97 f.
Temperatur 112
Wasserbarriere 89
Wasserbindevermögen 86
Wassermolekül 97 f., 212 f., 343
Wasserstoff 250 ff.
Wasserstoffatom 97
Wasserstoffbrücke 212, 220, 223
Wasserstoffperoxid 251 f., 259, 262, 332, 343 f., 348
Wasserstoffperoxidkonzentration 352 ff.
Wassertropfen 220
Wasserwelle 225, 248
handgelegte 225, 229
Wasserwellkämmchen 218, 225
Webtechnik 340
Wechselwirkung oxidativer und reduktiver Behandlungsverfahren 496
Weißanteil 290, 328, 339, 353 f.
Weißfleckenkrankheit 398
Weiterbildung 29 f.
Wellen 224, 242
frisieren 229
Wellenreiter 218
Wellergebnis 269
Wellflüssigkeit 268
ausspülen 270
Wellpräparat 248, 259, 261
auftragen 268
einwirken 269
mild-alkalisches 261
neutrales 262
spezielles 261
thermogesteuertes 262
Welltechnik 214
Wellung 169
Wellvorgang 268
Einwirkzeit 269
Temperatur 269
Werbeaussage 319
kritischer Umgang 121
Werbebrief 455
Werbeerfolg 454
Werbeetat 457
Werbemaßnahme 456
Werbemittel 455, 457
Werbung 121, 453 f., 456 f.
Einzelwerbung 453
Gemeinschaftswerbung 453
Grenzen 454
Grundsätze 454
Sammelwerbung 453
Verbundwerbung 453
Werkzeugtasche 195
Wettbewerb 454
Wettbewerbsrecht 454
W-Fragen 68, 118, 456
Wickeln 224, 256 ff.
allgemeine Regeln 267
Wickeltechnik 256 f.
für komplette Haarumformungen 256
für Teilumformungen 258
Wickler 255
Papillotier- 255 f.
Spezial- 255
Spiral- 256
Standard- 255 f.
Wicklerart 256
Wicklerform 255
Wicklerstärke 255
Willenserklärung 462
Wimpern
färben 427
formen 428
tuschen 432
Wimpernblättchen 413
Wimpernfarbe 416
Wimpernröllchen 413, 428
Wimpernspirale 413
Wimperntusche 417
Wimpernwelle 428
Wimpernzange 413, 428
Winkel bei Haarumformungen 223
Wintertyp 293, 301
Wirbel 134, 169, 209, 245
Wirbelsäule 41 f.
Wrap-Coat-System 391, 489
Wuchsrichtung 134, 169, 201
Wunde 91, 186
Wurzelform 158, 160
Wurzelscheide 79, 158

Z

Zahlungsbedingungen 461 f.
Zahlungsverzug 463
Zahlungsziel 462
Zeitgeist 479
Zeitplanung 496, 500
für die Prüfung 499
Zeitrichtwert 499
Zentralverband des Deutschen Friseurhandwerks 29, 479
Zertifikat 473
Zertifizierung 473
Zielgruppe 14 f., 442, 451, 468
zuhören 69
aktiv 69, 117, 368, 476
Zulieferfirma 459
Zupfen der Augenbrauen 407
Zweikomponenten-Methode 391, 489
Zweites Empire 151, 335
Zwillingswicklung 256
Zwischenbehandlung 270
Zwischenbehandlungspräparat 263
zwölfteiliger Farbkreis 286

Bildquellenverzeichnis

123RF GmbH, Nidderau: S. 34/2 (Dmytro Nikitin); 113/2 (goodluz); 114/1 (goodluz)
Affinage Deutschland, Sundern: S. 350/4
akg-images GmbH, Berlin: S. 22/3; 147/1; 148/5; 149/4 (Album/Oronoz), 5 (Sotheby's); 334/2 (Sotheby's); 335/1–3
AKZENT direct GmbH, Gelnhausen: S. 382/4,5; 383/1,3; 391/2–4; 393/6,10,12
alessandro International GmbH, Düsseldorf: S. 384/4
American Nails GmbH, München: S. 382/1,2; 383/4,5; 384/1–3,5; 390/1; 393/1,2,7–9; 413/13; 489
Axel Springer Syndication GmbH, ullstein bild, Berlin: S. 238/1
Basler Haar-Kosmetik GmbH & Co. KG, Bietigheim-Bissingen: S. 20/3; 39/3–5; 182/5; 183/1,2,5; 216/3,6; 218/1,4; 219/3,4; 239/1; 305/1,4,5; 307/1
bd Björn Donner, Kiel: S. 455/1–3
BGW Berufsgenossenschaft für Gesundheitsdienst und Wohlfahrtspflege, Hamburg: S. 32/2,3; 33; 35/1; 37; 43/4; 110
BIOMARIS GmbH & Co. KG, Bremen: S. 416/3,8; 439/3
BODE Chemie GmbH, HARTMANN AG, Hamburg: S. 178/5
Börlind Gesellschaft für kosmetische Erzeugnisse mbH, Calw: S. 425/2
b p k, Bildagentur für Kunst, Kultur und Geschichte, Berlin: S. 150/1,4 (RMN – Grand Palais/Gérard Blot); 151/4; 334/4 (RMN-GP)
C3 System GmbH – IDEA Friseureinrichtungen, Essen: S. 16/1,2
cocon – Der Friseur am Siegesdenkmal, Freiburg: S. 23/2
Coiffeur Udo Walz, Berlin/Fotos by Ali Kepenek: S. 443/3; 448/2
COMHAIR GmbH, Wolfsburg: S. 62; 276; 470b (Bildschirmabbildung); 471
DailyDifferent, Weinsheim (Haarkreide.com): S. 307/2
Deutsche Pediculosis Gesellschaft e.V., Hannover: S. 94/1
DIN Deutsches Institut für Normung e.V., Berlin: S. 39/2
Dörflinger, Benno, Todtnau: S. 253/1–3
dpa-Picture-Alliance GmbH, Frankfurt am Main: S. 23/1 (akg-images); 31/2 (Nestor Bachmann); 51/3 (Angelika Warmuth); 82/1 (Andy Rain); 147/2; 148/4 (Ann Ronan Picture Library); 149/1 (akg-images), 3 (Hanne Jordan); 150/5 (Fine Art Images); 151/1 (akg-images/Erich Lessing), 2 (akg-images/Erich Lessing), 3 (akg-images); 163/1 (The Print Collector/Heritage-I), 3 (akg-images), 4 (The Print Collector/Heritage-I), 5 (United Archives), 8 (Anthony Devlin/PA Wire); 215/4 (akg-images), 5 (Holger Hollemann); 334/3 (akg-images/Erich Lessing); 480/4 (Uwe Geisler/Geisler-Fotopress), 5 (Jazz Archiv/Vas); 506/1 (Ursula Düren), 2 (Ursula Düren)
Dreher, Silke, Hamburg: S. 193/2; 205/12; 206/1–3; 207/1–3; 216/2,7; 217/1–5; 218/3; 219/2,5; 220/2–3; 221/1–6; 222/1,2; 224/7; 226/1–3; 227/2; 228/1,2; 229/1,2; 233; 234/1,2; 236/3; 238/9; 239/4,5
Dr. Grandel GmbH, Augsburg (www.grandel.de): S. 484/1,3
EFALOCK PROFESSIONAL TOOLS GmbH, Würzburg: S. 195/3
ellen wille THE HAIR-COMPANY GmbH, Schwalbach (www.ellen-wille.de): S. 161/4,5; 445/2
Ewers-Basbay, Ute, Hamburg (Fotomontagen): S. 153/2; 444/1,2; 445/1,2; 451/1; 469; 470
F1online digitale Bildagentur GmbH, Frankfurt am Main: S. 153/3 (Matthias Tunger/Saphire)
Fendl, Annabell, Kaufbeuren: S. 425/1
Flaegel, Peter, Hamburg: S. 386/2; 388/1–3; 390/2
Foto-Burg, Mauerstetten (www.foto-burg.de): S. 398/7; 400/1,2,4; 423/2,3
Fotolia Deutschland, Berlin © www.fotolia.de: S. 19/1 (Gernot Krautberger); 24/2 (Andrey Stratilatov), 5 (fotografiche.eu); 34/1 (Pixler); 36/1 (foto.fred); 39/1 (Africa Studio); 45/1 (Gina Sanders); 46/1 (Gabriele Schmidt); 49/5 (ZTS); 51/1 (Yuiry Chertok), 2 (Baltazar); 60/3 (Africa Studio), 4 (lightpoet), 5 (kasto); 89/2 (Claudia Paulussen); 90/1 (emeraldphoto), 2 (Claudia Paulussen); 94/2 (Ronald Schmöschke); 111/1 (contrastwerkstatt); 129/2 (contrastwerkstatt); 133/7 (Angelika Bentin); 136/3 (Andres Rodriguez); 149/2 (Stefan Redel); 153/2c (Buchcover 2: George Mayer); 164/1,2 (Yuri Arcurs); 173/1 (Christoph Hähnel); 192/6 (dancerP); 194/2 (Christoph Hähnel); 201/3 (Sandro Götze); 205/6 (Christoph Hähnel); 250/3 (B. Wylezich); 257/1 (Susanne Güttler), 9 (photography), 11 (puje); 285/1 (m.arc), 3 (drubig-photo); 312/1 (TMAX), 3 (Creative Studio); 383/2 (muehlberg); 398/5 (Picture-Factory); 416/1 (originalpunkt), 2 (HLPhoto), 4 (HLPhoto); 417/7; 418/4 (Irochka); 431/3 (Valua Vitaly); 435 (Christoph Hähnel); 444/1 (graphicsdeluxe), 2 (vectorscheffe); 445/1 (Peter Kögler); 451/1b (Logo auf Karte: Peter Kögler), 2 (Martina Berg); 452/1a (Logo: Peter Kögler); 469b (Logo: Peter Kögler); 472 (Tyler Olson); 475 (claudio); 477/1 (Christoph Hähnel); 481/1 (eclypse78); 482/3 (Fresbee), 4 (JackF); 484/2 (bbroianigo); 505/1 (Eisenhans), 2 (Sunil Kumar)
Freundin Verlag GmbH, München: S. 479/4
Friseurmeister Sylvia & Gerhard Ostler GbR, Wiesenfelden, © 2010 by Sabine Knott & Gerhard Ostler (www.hairtattoo-seminars.de): S. 163/7; 182/3; 201/1 (Fotos: Sabine Knott Styling/Friseurmeister & Hairtattoo-Ausbilder: Gerhard Ostler)
Friseurmuseum, Neu-Ulm: S. 254/1
Gentes Danubii (A) – Darstellung antiker Kulturen (www.gentes-danubii.at): S. 214/2
Getty Images Deutschland, München: S. 163/6 (WireImage); 213/1 (De Agostini/G. Dagli Orti); 273/2 (Gregg DeGuire/FilmMagic), 3 (Gregg DeGuire/FilmMagic); 480/2 (Fred Duval/FilmMagic), 3 (Jason LaVeris/FilmMagic)
Gharieni GmbH, Moers: S. 385/3
good stuff-deco, Essen: S. 453
Gruner + Jahr AG & Co KG, Hamburg: S. 479/5
Gustav Baehr GmbH, Waiblingen (www.fusspflege.com): S. 31/3; 381/2,5,8–10; 393/11; 412/2–10; 413/1–3,9
Gustav Fischer Verlag, Stuttgart (www.edition-fischer.de): S. 83/2; 84/2
GW Cosmetics GmbH, Leopoldsdorf, Österreich (vorher Gschwentner): S. 416/11–16
Haaro Friseurbedarf GmbH, Solingen: S. 195/1
hairkiller Europe S.à.r.l., Grevenmacher, Luxemburg: S. 458/1,2
Handwerkskammer Hamburg: S. 25; 30/1
Helbing, Hannelore, Hamburg: S. 24/1; 295/3–6; 378/4–6;

380/4,5; 381/3,4,6,7; 386/1; 393/5; 419/2; 420; 425/3; 426/2–8; 427/1–7; 428/1; 429/1,2; 431/1,2; 432/1–6; 433/1–6
Henkel Beauty Care Schwarzkopf Professional – Hans Schwarzkopf & Henkel GmbH, Hamburg: S. 104/2; 107/1; 125/5,6; 150/2; 275/3; 305/2; 343; 348/2
Hercules Sägemann GmbH, Lüneburg: S. 83/4
HILDEGARD BRAUKMANN Kosmetik GmbH & Co. KG, Burgwedel: S. 200/1,3
Hollmo-Stahlwaren, Solingen: S. 413/10
Hoting, Dr. Med. Edo, Hamburg: S. 83/3; 84/1,4; 91; 158/2–4; 160/1–5; 161/1–3
ILTIS GmbH, Rottenburg (www.4managers.de): S. 71/2
iStockphoto, Berlin: S. 24/3 (microgen); 41/3 (Tawintaew); 64/3 (Serghei Starus); 92/3 (jeridu); 116/1 (desertsolitaire); 119/2 (Michael Cavén); 130/1 (CAP53), 2 (SuperflyImages), 3 (Lynn Seeden), 4 (CAP53); 131/1 (Alexey Ivanov); 133/1 (Valua Vitaly), 4 (Juanmanina), 10 (btrenkel), 13 (Steve Debenport), 16 (Jordan Chesbrough); 134/2 (Daniela Andrea Spyropoulos); 136/1 (Huseyin Turgut Erkisi), 2 (Chepe Nicoli), 4 (Joshua Hodge Photography), 5 (soubrette); 137/2 (Jeanette Naumann); 138/2 (Carey Hope), 3 (Claudio Arnese); 139/1 (Tomasz Tulik), 4 (Kari Høglund), 5 (4x6), 6 (Chris Gramly), 7 (Valua Vitaly), 8 (Chris Gramly); 140/1 (Valua Vitaly), 2 (Dina Tulchenska), 3 (David Zerven); 141/1 (Larysa Dodz), 2 (Chris Gramly), 3 (Kateryna Govorushchenko), 4 (Facturia Singular), 5 (Christoph Hähnel), 6 (The Power of Forever Photography), 7 (Valua Vitaly); 147/3 (egorr), 4 (Kateryna Govorushchenko), 5 (Superfly Images); 148/1 (Martin Mc Elligott), 2 (Chris Gramly); 151/5 (Valua Vitaly); 153/2b (Buchcover 1: Jose Antonio Sánchez Reyes); 156/1,2 (Famke Backx); 159/2 (Andy L.); 165/4 (soubrette), 5 (Famke Backx); 169/1 (quynh anh trinh xuan); 170/1 (Jose Antonio Sánchez Reyes); 172/1 (Donna Coleman); 173/5 (Amanda Rohde); 190/4 (powerofforever); 194/1 (emre ogan), 3 (Sergeii Shalimov); 205/5 (Donna Coleman), 8 (Amanda Rohde), 10 (Jacob Wackerhausen), 14 (Nikolay Titov), 15 (Anna Bryukhanova); 208/2 (Anatoly Repin), 3 (Nikada); 209/2 (Bill Noll), 3 (Matthew Cole), 4 (Claudio Arnese); 215/3 (Chris Price), 5 (Sergey Smolyaninov); 219/6 (Jacom Stephens), 7 (zilli); 220/1 (diego cervo); 225/7 (ramzihachicho); 235/1 (coloroftime); 238/2 (Renee Lee), 3 (Bart Sadowski), 4 (Justin Horrocks), 5 (Nicole S. Young), 6 (ranplett); 239/3 (diego cervo), 6 (Stockphoto4u), 7 (Larysa Dodz); 242/2 (Tomasz Tulik), 3 (Larysa Dodz), 4 (Pascal Genest); 257/3 (coloroftime); 279/1 (Tomasz Tulik), 2 (Larysa Dodz), 3 (Pascal Genest); 282/2 (Denis Raev), 3 (Andrea Gingerich), 4 (Kateryna Govorushchenko), 5 (Nick Freund); 285/2 (Kirk Winslow), 4 (aldra), 5 (Dmitri Mihhailov), 6 (mbbirdy); 289/1 (Ivachenko), 2 (dawn liljenquist), 3 (Jacob Wackerhausen), 4 (Meredith Mullins); 290/1 (dardespot), 2 (diane), 3 (nicole waring), 4 (ityler); 312/2 (Nancy Nehring); 323/1 (nicole waring), 2 (Jacom Stephens), 3 (Jennifer Trenchard), 4 (Stockphoto4u); 327/2 (Valua Vitaly), 3 (Rich Legg), 4 (Robert Szajkowski), 5 (Norman Pogson); 328/1 (specularphoto), 2 (TriggerPhoto); 335/4 (Todd Taulman), 5 (Jennifer Sheets); 336/1 (saluha), 2 (Dina Tulchevska), 3 (Karen Massier), 4 (Jamie Evans), 5 (Norman Pogson), 6 (Chris Gramly); 344/1 (Kateryna Govorushchenko); 347 (Christine Kublanski); 366/3 (Alex Brosa); 371/1 (Ivanchenko); 374/2 (Osuelo); 385/2 (Miodrag Gajic); 391/5 (Christoph Hähnel); 398/2 (daisy1344); 403/1 (Miroslav Georgievic), 2 (digitalskillet), 3 (CAP53), 4 (Kateryna Govorushchenko), 5 (Carey Hope), 6 (Larysa Dodz), 7 (Alexey Ivanov); 405/2 (Olga Ekaterincheva); 416/5 (Natasha Litova); 418/2 (Cihan Taskan), 3 (Photo HamsterMan), 5 (Peter Garbet); 423/1 (Kateryna Govorushchenko); 431/4 (Valua Vitaly), 5 (Valua Vitaly), 6 (Denis Raev); 434/1 (dashek), 2 (Iwona Rajaszczak), 3 (Ufuk ZIVANA); 439/2 (Daniel R. Burch); 470a (IPGGutenbergUKLtd); 477/2 (3bugsmom); 481/2 (Valua Vitaly), 3 (Kateryna Govorushchenko); 482/1 (Valua Vitaly), 2 (Anton Zabelsky), 5 (Jim Jurica), 6 (Kateryna Govorushchenko), 7 (Jason Mann), 8 (Valua Vitaly); 483/1 (HultonArchive), 2 (Simon Podgorsek), 3 (Alija), 4 (Jonathan Downey), 5 (Kateryna Govorushchenko), 6 (Dmitry Galanternik), 7 (Juan Monino), 8 (Kateryna Govorushchenko); 485/1 (Kateryna Govorushchenko), 2 (Famke Backx); 486/1 (Stas Perov), 2 (Juan Monino); 488/4 (Igor Stepovik); 492/1 (afhunta), 2 (Larysa Dodz), 3 (Jamie Evans), 4 (coloroftime); 499 (gemenacom); 500 (Mümin Inan); 501/1–3 (Kateryna Govorushchenko); 503/2 (andresr); 504 (Martina Ebel)
J.7 school, Stuttgart: Titel; S. 257/5,7
JAGUAR United Salon Technologies, Solingen: S. 175/2; 176/2–4; 177/1–4; 178/3; 179/1; 180/1
Kao Germany GmbH (Goldwell), Darmstadt: S. 263/1; 306/3,4; 350/3; 351/1–3 (Bild 3, Foto: Annette Clasen); 363 (Foto: Annette Clasen); 367
Kevin Murphy USA Business Services Pty Ltd, Kalifornien, Los Angeles, USA: S. 307/3
Kleemiß, Britta, Glückstadt: S. 12/1–3; 13/1–3; 103/2; 106/2; 111/3; 112/1–4; 113/1; 126/1–3; 127/1–3; 162/4,5; 170/2; 254/2; 256/1–7; 257/2,4,6,8,10,12; 258/1–4; 259; 266; 267/3–8; 268/1–4; 269/1; 270/1; 274/2; 285/7,8; 289/5; 291; 292/2–6; 299/1,2; 301/1–4; 306/1; 308/2; 309/1,2; 311/2; 312/4,5,7; 314/1–3; 315/1,3,4; 319; 326/2; 327/1; 333/2; 337/1,2; 338/2,3; 340/1,2; 341/1–4; 342/1–6; 344/2; 353; 357/2,3; 358/1,3; 360/4–6; 361/1,2; 362; 372/1–3; 373/1–3; 394/1–3; 395/1–3; 448/3; 449; 457
Krausen, Scott, Mönchengladbach: S. 36/2; 40/1,2; 41/1; 42/1; 43/1,2; 46/2–6; 48/1–4; 79/1–3; 80/1; 81/1; 82/2; 85; 86; 87; 88; 89/1; 97/3–5; 98; 99/1–5; 100/1,2; 158/5; 159/1; 160/6; 186; 212/1–5; 220/5; 223/1–3; 243; 244/3,6,7; 246/1,2; 248/2; 249; 251/1–4; 252/1,2; 260; 267/2; 268/5; 270/2; 271/1,4; 288/1,3; 292/1; 304/1–3; 306/2; 317; 330; 331/1; 332/3; 333/1; 348/1; 358/2; 359/1; 375/1; 377/4; 378/1–3
Krüper, Werner, Steinhagen: S. 38/1–4
Kryolan GmbH, Berlin: S. 430/2–5
Lavendelfoto, Hamburg: S. 312/8
Lied, Beatrix Isabel, Hamburg (www.beautyislife.de): S. 295/3–6 (Tücher)
Lifestyle Deko, Kelkheim: S. 447/1
LOGOCOS NATURKOSMETIK AG, Salzhemmendorf: S. 311/3; 313/1–6; 415/4
L'ORÉAL Deutschland GmbH, Düsseldorf: S. 318/2; 349/2
L'ORÉAL Österreich GmbH, Wien: S. 318/1,3; 417/2,3
MALU WILZ Beauté GmbH, Karlsfeld: S. 436/2–4
MEDICAL SKIN CENTER, Dr. Hilton & Partner GbR, Düsseldorf: S. 398/6

MediDesign Frank Geisler, Berlin (www.medical-pictures.de): S. 93/1–5
MedienKontor Movie GmbH, Berlin: S. 115/2
mod´s hair Zentrale Deutschland ICF Coiffure Franchising GmbH, Düsseldorf: S. 443/1,2
MOHR-DEKO, Birgit Künkel, Oberhausen (www.mohr-deko.de): S. 447/2
OKAPIA KG Michael Grzimek & Co, Frankfurt am Main: S. 35/2 (Dr.med.J.P.Müller); 92/1 (J.Telner), 2 (S.Camacine/Science Source); 93/6 (Neufried); 376/6 (Neufried)
Omeisan Handelsgesellschaft mbH, Syke: S. 275/2
Petersen, Kirsten, Hamburg (aus: Fendl, Annabel A. „natürlich schön"): S. 430/1
Photographie Annette Clasen, Ellerbek: S. 18; 39/6–9; 52/1–3; 53/1–3; 54/2; 55/1; 57/1; 60/2; 61/2; 63/2; 64/2; 72/2; 74; 76/1–3; 77/1–3; 81/2; 94/4; 95/1–3; 97/2; 104/1; 111/2; 125/1,2; 134/1,3; 153/1; 155; 166/1–3; 167/1–3; 169/2,3; 177/5–7; 178/1,2,4; 179/2–4; 180/3; 184; 187/3; 189/4,5; 190/1,3; 191/1–4; 195/2; 197/1; 211/2; 224/1–3; 236/1; 240/1–3; 241/1–3; 244/1,2,4,5; 255/2–4; 267/1; 270/3,4; 271/2,3; 275/1; 280/1–3; 281/1–3; 283/2,3; 295/1,2; 301/5–8; 302/2–4; 306/5; 307/4; 308/1; 324/1–3; 325/1–3; 329; 331/2; 345/1–2; 349/1; 351/3 (mit Genehmigung der Kao Germany GmbH, Darmstadt); 356/1,2; 357/1; 360/2; 363 (mit Genehmigung der Kao Germany GmbH, Darmstadt); 440/1–3; 441/1–3; 446/2; 450; 487; 502/1,2; 507
Pokorny – Ihr Saloneinrichter, Showroom Düsseldorf: S. 17
Procter & Gamble Germany GmbH & Co Operations oHG, Schwalbach am Taunus: S. 200/2
Rufin cosmetic GmbH, Langenhagen: S. 103/1
Salon Ambience Deutschland, Medical & Beauty Deutschland, Viersen (www.salonambience.com): S. 114/3; 310/2
Shutterstock Images LLC, New York, USA: S. 31/1 (dean bertoncelj); 41/2 (Roblan); 43/3 (Alexander Bark); 44 (Voronin76); 45/2 (Ocskay Bence); 116/2 (exopixel); 122 (Kalavati); 129/1 (lithian); 139/2 (Valua Vitaly); 153/2a (Bücher: Picsfive); 236/2 (Kalavati); 312/6 (Tropper2000); 371/2 (Syda Productions); 393/3 (Dario Sabljak); 396/2 (Subbotina Anna); 398/1 (wk1003mike), 3 (Nathalie Speliers Ufermann), 4 (solkanar); 399 (Valua Vitaly); 413/12 (AlexKol Photography); 415/1 (Tarzhanova), 3 (Elena Stepanova); 416/9 (whitemaple); 417/4 (Evgeny Tomeev), 5 (imagehub); 426/1 (ipag); 439/4 (Leonid and Anna Dedukh), 6 (whitemaple); 448/1 (Eillen); 451/1a (Voronin76); 469a (Voronin76); 480/1 (Thai Soriano); 485/3 (Eduard Derule); 491 (Ivan Sazykin); 494 (Lucky_Irene); 503/1 (Karramba Production)
Solida GmbH & Co. KG, Helmstedt: S. 183/3,4; 218/2; 219/1
Staatliches Museum Ägyptischer Kunst, München: S. 146/1
Terra-Verlag GmbH, Konstanz: S. 479/2
Teufel, Margot, Stuttgart: S. 192/7
tiff.any GmbH, Berlin: S. 19/2; 20/1; 21; 30/2; 56; 133/3,6,9,12,15; 144/1,4,7,10,13; 185/1,2; 211/3; 236/2; 413/14; 452/1; 464; 466
Timm, Gabriele, Kaarst: S. 131/2; 132/1–4; 133/2,5,8,11,14,17; 138/1; 143; 144/2,3,5,6,8,9,11,12,14,15; 145/1–5; 165/1–3; 171/2–5; 172/2–4; 173/2–4,6–8; 174/2–4; 187/1,2; 188/1–9; 189/1–3; 193/3–5; 199/2; 204/2–4; 205/1–4; 293/1–4; 301/9–12; 315/2; 374/3; 375/2–6; 380/2,3; 390/3; 402/1–6; 406/1–10; 407/1–4; 408/1–5; 409/1–4; 410/1–7; 421
TONDEO Solingen, United Salon Technologies GmbH, Solingen: S. 180; 181/1,2; 182/1,2
TOP HAIR International GmbH, Gaggenau (Foto: Andrea Müller-Schulz): S. 479/3
Tusche-Kersandt, Elisabeth, Berlin: S. 146/2; 148/3; 150/3; 214/1,3–6; 215/2
TÜV SÜD AG, München: S. 473
Umweltbundesamt, Dessau: S. 20/2
UN Economic Commission for Europe, Genf, Schweiz (www.unece.org): S. 49/1–4
UNI DIA Verlag, Großhesselohe: S. 22/2; 334/1
Universitätsmedizin der Johannes Gutenberg-Universität Mainz – Hautklinik und Poliklinik, Mainz: S. 376/3–5,7; 377/1–3
Vereinte Dienstleistungsgewerkschaft (ver.di), Berlin: S. 29/2
Verlag Handwerk und Technik GmbH, Hamburg: S. 15; 42/2–5; 101/2; 174/1; 205/7; 214/7; 384/6; 389/1–7; 397; 400/3; 413/4–8,11; 416/6,10; 465
Verlocke GmbH, Mannheim: S. 162/1,2; 215/6,7; 490/1–8
Wagner, Sven, Friseurmeister, Kattendorf: S. 447/2
WALA Heilmittel GmbH, Bad Boll/Eckwälden: S. 107/2; 382/3; 393/4; 415/2; 417/1,6; 418/1; 439/1,5,7–9
WELLA Salon Division der Procter & Gamble Service GmbH, Schwalbach am Taunus: S. 80/2–4; 83/1; 106/1; 125/3,4; 238/7; 239/2; 288/2; 305/3; 312/9; 332/2; 334/5; 346; 350/1,2
Wild Beauty AG, Seeheim-Jugenheim: S. 366/2
Wimpernwelle GmbH, Berlin: S. 413/15; 428/2–8
Wolf, Sylvia, Wiesbaden: S. 14/1; 22/1; 26; 27; 32/1; 54/1; 57/2; 58/1–3; 59/1–3; 60/1; 61/1; 63/1; 64/1; 65; 66/1,2; 67; 68; 69; 70; 71/1; 72/1; 78; 97/1; 101/1; 109; 115/1; 117; 118/1–4; 119/1; 128; 137/1; 152; 154; 157/1–3; 158/1; 168; 171/1; 175/1; 193/1; 199/1; 205/16; 208/1; 209/1; 211/1; 216/1; 232; 235/2; 242/1; 248/1; 255/1; 263/2; 269/2–4; 273/1; 274/1; 282/1; 283/1; 297; 302/1; 310/1; 316; 326/1; 332/1; 338/1; 352; 359/2; 360/1,3; 364; 366/1; 368; 374/1; 380/1; 381/1; 385/1; 391/1; 396/1; 405/1; 412/1; 419/1; 436/1; 442; 446/1; 459; 463/1–4; 476; 495; 496
Wolter, Harro, Hamburg: S. 250/1,2
Wulff, Brigitte, Hamburg: S. 216/5; 424/1–5
www.airbrush-naildesign.com, MB-Collections, Hannover: S. 488/2
www.schmucknaegel.de, MB-Collections, Hannover: S. 488/1,3
www.wikipedia.de: S. 55/2 (public domain); 94/3 (Priwo); 163/2 (public domain); 375/7 (Uwe Jendricke)
Zack, Dieter, Hamburg: S. 24/4; 114/2; 135; 139/3; 162/3,6; 176/1; 181/3–5; 182/4; 190/2; 192/1–5; 196/1–4; 197/2; 200/4,5; 201/2; 204/1; 205/9,11,13; 220/4; 224/4–6; 225/1–6; 227/1,3; 238/8; 311/1
Zentralverband des Deutschen Friseurhandwerks, Köln: S. 29/1; 96; 265; 355; 422; 460/1,2; 479/1
Zentralverband des Deutschen Handwerks e.V. (ZDH), Berlin: S. 28

Die optimale Ergänzung:

Arbeitsheft
Das neue Friseurbuch
Lernfelder 1-5
von B. Kleemiß, H. Helbing,
unter Mitarbeit von A. Baisch.
128 Seiten, mehrfarbig, A4, Broschur,
gelocht und perforiert
978-3-582-**39363**-0

Arbeitsheft
Das neue Friseurbuch
Lernfelder 6-9
von B. Kleemiß
112 Seiten, mehrfarbig, A4, Broschur,
gelocht und perforiert
978-3-582-**39365**-4